ATLAS ROUTIER ET TOURISTIQUE FRANCE

Handwritten notes:
CAEN 344 miles
DIEPPE 387
LE HAVRE 390
CHERBOURG 418
CALAIS 482

Echelle 1:250 000

Edition 8 Novembre 2005

© Institut Géographique National et
Automobile Association Developments Limited 2005 (A02719).

Tous droits réservés. Aucun élément de cette édition ne pourra être reproduit, stocké dans un serveur ou transmis sous quelque forme que ce soit-électronique, mécanique, photocopie, enregistrement ou autre, sans l'autorisation écrite préalable des éditeurs

Réalisé et édité par l'Institut Géographique National (136 bis rue de Grenelle, 75700 Paris 07 SP) et par AA Publishing (appellation commerciale de Automobile Association Developments Limited, dont le siège social est sis à Fanum House, Basing View, Basingstoke, Hampshire RG21 4EA, UK. Numéro de registre 1878835).

ISBN 2-85595-598 X

Imprimé par Printer Industria, Grafica S.A., Barcelona, España.

Les informations contenues dans cet atlas sont supposées correctes à la date de leur impression. Quoi qu'il arrive, les éditeurs ne peuvent en aucun cas être tenus responsables d'éventuels dommages causés à l'utilisateur, imputables à la prise en compte desdites informations, ni d'éventuelles erreurs, omissions ou changements auxquels celles-ci pourraient être sujettes.

Si vous constatiez une erreur ou une omission dans cet atlas, nous vous remercions de la signaler à l'IGN (Direction Générale, 136 bis rue de Grenelle, 75700 Paris 07 SP). Ainsi, nous en tiendrons compte lors de notre prochaine Édition.

Sommaire

Tableau d'assemblage	page de garde
Principaux axes routiers	II–V
Légende	VI
Cartes de France	**1–201**
Cartes de Corse	**202–207**
Légende des plans de ville	208
Environs de Paris	209
Plan de Paris	210–211
Plans de ville	212–227
France administrative	228
Index des communes	229–282
Distances et Temps de Parcours	page de garde

Plans de ville

Aix-en-Provence	212	Chartres	217	Montpellier	222
Ajaccio	212	Cherbourg-Octeville	217	Nancy	223
Albi	212	Clermont-Ferrand	218	Nantes	223
Amiens	212	Colmar	218	Nice	223
Angers	212	Corte	218	Niort	223
Angoulême	212	Dieppe	218	Orléans	224
Annecy	213	Dijon	218	Paris	210
Auch	213	Dole	218	Pau	224
Avignon	213	Dunkerque	219	Perpignan	224
Bar-le-Duc	213	Épinal	219	Poitiers	224
Bastia	213	Grenoble	219	Porto-Vecchio	224
Bayeux	213	la Rochelle	219	Reims	224
Bayonne-Anglet-Biarritz	214	le Havre	219	Rennes	225
Belfort	214	le Mans	219	Rouen	225
Besançon	214	Lille	220	St-Brieuc	225
Boulogne-sur-Mer	214	Limoges	220	St-Étienne	225
Bordeaux	215	Lorient	220	St-Malo	225
Brest	215	Luxembourg	221	Strasbourg	226
Bruxelles/Brussel	216	Lyon-Villeurbanne	221	Tarbes	226
Caen	216	Marseille	222	Toulon	226
Calais	216	Melun	221	Toulouse	227
Cannes	217	Metz	221	Tours	227
Châlons-en-Champagne	217	Monaco	221	Vannes	227
Chambéry	217	Montauban	222		
Charleville-Mézières	217	Mont-de-Marsan	223		

II

ROYAUME-UNI
GB
Principaux axes routiers F
Routeplanner NL
Übersichtskarte D
Route planner GB
Organizador de ruta E
Guida agli itinerari I
MANCHE
OCÉAN
ATLANTIQUE
0 km 150
0 miles 100
Penzance
Plymouth
Weymouth
Poole
Portsmouth
Newhaven
Folkestone
Dover
Boulogne-sur-Mer
Abbeville
Dieppe
Bilbao
Rosslare
Roscoff
Îles Anglo-Normandes
Cherbourg-Octeville
Le Havre
Ouistreham
Bayeux
Caen
Lisieux
Rouen
Bernay
Évreux
Dreux
Chartres
St-Lô
Coutances
Vire
Argentan
Avranches
Alençon
Mortagne-au-Perche
Mamers
Nogent-le-Rotrou
Châteaudun
Lannion
Guingamp
Morlaix
Brest
Châteaulin
Quimper
St-Brieuc
St-Malo
Dinan
Pontivy
Lorient
Vannes
Belle-Île
Rennes
Fougères
Mayenne
Laval
Le Mans
Redon
Châteaubriant
Segré
Château-Gontier
La Flèche
Vendôme
Blois
Angers
Tours
St-Nazaire
Nantes
Ancenis
Saumur
Chinon
Loches
Î. de Noirmoutier
Î. d'Yeu
Cholet
Bressuire
Châtellerault
La Roche-sur-Yon
Parthenay
Poitiers
le Blanc
les Sables-d'Olonne
Fontenay-le-Comte
Niort
Montmorillon
Î. de Ré
La Rochelle
Rochefort
Î. d'Oléron
St-Jean-d'Angély
Confolens
Bellac
Limoges
Saintes
Cognac
Rochechouart
Royan
Angoulême
Jonzac
Nontron
Lesparre-Médoc
Blaye
Périgueux
Libourne
Bergerac
Sarlat-la-Canéda
Brive-la-Gaillarde
Arcachon
Bordeaux
Gourdon
Langon
Marmande
Cahors
Villeneuve-sur-Lot
Agen
Nérac
Condom
Castelsarrasin
Montauban
Mont-de-Marsan
76 27 50 14 61 28 72 53 22 29 35 56 44 49 37 85 79 86 36 17 16 87 33 24 46 47 82 40

PAYS-BAS
NL
BELGIQUE
B
LUXEMBOURG
L
ALLEMAGNE
D
SUISSE
CH
ITALIE
I
Dunkerque
GENT (GAND)
LEUVEN (LOUVAIN)
MAASTRICHT
KÖLN
Siegen
BRUXELLES / BRUSSEL
LIÈGE / LUIK
Aachen
Bonn
Saint-Omer
LILLE
Béthune
Montreuil
Lens
Douai
Valenciennes
MONS (BERGEN)
Charleroi
NAMUR (NAMEN)
Koblenz
Frankfurt A.M.
WIESBADEN
MAINZ
DARMSTADT
Arras
Cambrai
Avesnes-sur-Helpe
Péronne
St-Quentin
AMIENS
Vervins
Charleville-Mézières
Sedan
LUXEMBOURG
Montdidier
Laon
Rethel
Ludwigshafen
Mannheim
Heidelberg
Beauvais
Compiègne
Soissons
Vouziers
Thionville
Clermont
Briey
Boulay-Moselle
Forbach
SAARBRÜCKEN
Heilbronn
Senlis
Reims
Verdun
KARLSRUHE
Sarreguemines
Wissembourg
Pforzheim
STUTTGART
Pontoise
Meaux
Château-Thierry
Epernay
Ste-Menehould
METZ
Nanterre
Bobigny
Châlons-en-Champagne
Commercy
Château-Salins
Haguenau
Versailles
PARIS
Créteil
Torcy
Evry
Bar-le-Duc
Sarrebourg
Saverne
STRASBOURG
Vitry-le-François
St-Dizier
Toul
NANCY
Lunéville
Molsheim
Provins
Melun
Nogent-sur-Seine
Neufchâteau
St-Dié-des-Vosges
Sélestat
Fontainebleau
Troyes
Ribeauvillé
Pithiviers
Bar-sur-Aube
Chaumont
Épinal
Colmar
FREIBURG I.B.
Sens
Guebwiller
ORLÉANS
Montargis
Langres
Thann
Mulhouse
Auxerre
Vesoul
Lure
Belfort
Altkirch
BASEL
AARAU
ZÜRICH
Montbard
Montbéliard
Clamecy
Avallon
DIJON
BESANÇON
SOLOTHURN
Cosne-Cours-sur-Loire
Vierzon
Biel / Bienne
LUZERN
ZUG
BOURGES
Château-Chinon
Dole
BERN
Nevers
Autun
Beaune
NEUCHÂTEL
Issoudun
Châteauroux
Pontarlier
FRIBOURG / FREIBURG
Chalon-sur-Saône
St-Amand-Montrond
Lons-le-Saunier
Louhans
LAUSANNE
Châtre
Moulins
St-Claude
Gex
SION
Charolles
Mâcon
Thonon-les-Bains
GENÈVE
Montluçon
Nantua
Bourg-en-Bresse
Guéret
St-Julien-en-Genevois
Bonneville
Vichy
Roanne
Villefranche-sur-Saône
Annecy
AOSTA / AOSTE
Aubusson
Riom
CLERMONT-FERRAND
Thiers
LYON
Belley
Albertville
Montbrison
Ambert
La Tour-du-Pin
Chambéry
Ussel
Issoire
ST-ÉTIENNE
Vienne
St-Jean-de-Maurienne
TORINO
Tulle
Brioude
Yssingeaux
GRENOBLE
Mauriac
St-Flour
Le Puy-en-Velay
Tournon-sur-Rhône
Briançon
Aurillac
Valence
Privas
Die
Figeac
Largentière
Gap
CÚNEO
SAVONA
Mende
Barcelonnette
Rodez
Nyons
Villefranche-de-Rouergue
Florac
Digne-les-Bains
Millau
Alès
Carpentras
Forcalquier
le Vigan
AVIGNON
Apt
Albi
NÎMES
Castellane
MONACO
62
59
80
02
60
08
57
95
55
51
77
54
67
52
91
88
10
68
45
89
21
70
90
25
18
58
71
39
03
01
74
69
23
63
42
73
19
38
15
43
07
05
26
48
12
30
84
04
06

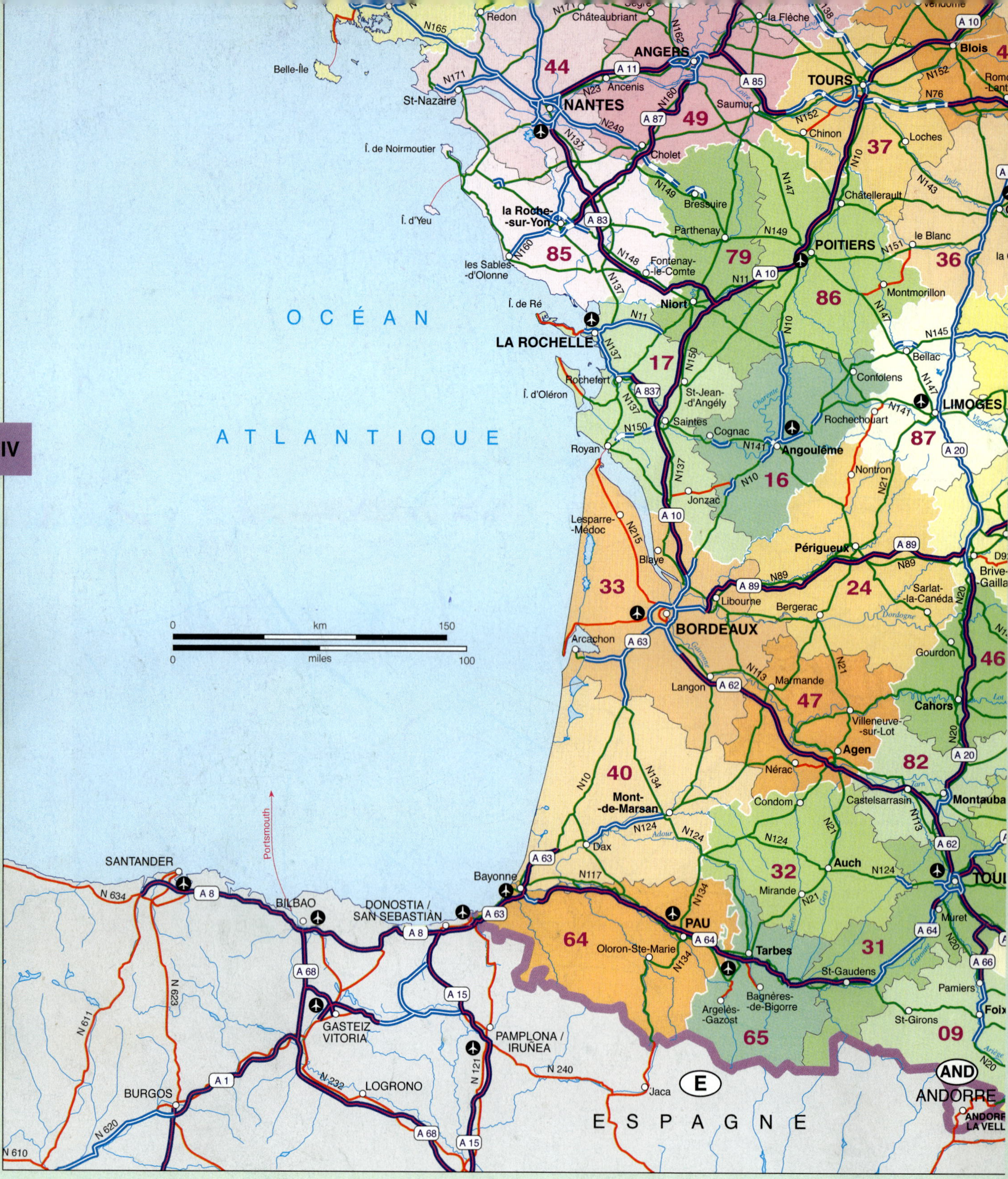

01 Ain
02 Aisne
03 Allier
04 Alpes-de-Haute-Provence
05 Hautes-Alpes
06 Alpes-Maritimes
07 Ardèche
08 Ardennes
09 Ariège
10 Aube
11 Aude
12 Aveyron
13 Bouches-du-Rhône
14 Calvados
15 Cantal
16 Charente
17 Charente-Maritime
18 Cher
19 Corrèze
2A Corse-du-Sud
2B Haute-Corse
21 Côte-d'Or
22 Côtes d'Armor
23 Creuse
24 Dordogne
25 Doubs
26 Drôme
27 Eure
28 Eure-et-Loir
29 Finistère
30 Gard
31 Haute-Garonne
32 Gers
33 Gironde
34 Hérault
35 Ille-et-Vilaine
36 Indre
37 Indre-et-Loire
38 Isère
39 Jura
40 Landes
41 Loir-et-Cher
42 Loire
43 Haute-Loire
44 Loire-Atlantique
45 Loiret
46 Lot
47 Lot-et-Garonne
48 Lozère
49 Maine-et-Loire
50 Manche
51 Marne
52 Haute-Marne
53 Mayenne
54 Meurthe-et-Moselle
55 Meuse
56 Morbihan
57 Moselle
58 Nièvre
59 Nord
60 Oise
61 Orne
62 Pas-de-Calais
63 Puy-de-Dôme
64 Pyrénées-Atlantiques
65 Hautes-Pyrénées
66 Pyrénées-Orientales
67 Bas-Rhin
68 Haut-Rhin
69 Rhône
70 Haute-Saône
71 Saône-et-Loire
72 Sarthe
73 Savoie
74 Haute-Savoie
75 Paris
76 Seine-Maritime
77 Seine-et-Marne
78 Yvelines
79 Deux-Sèvres
80 Somme
81 Tarn
82 Tarn-et-Garonne
83 Var
84 Vaucluse
85 Vendée
86 Vienne
87 Haute-Vienne
88 Vosges
89 Yonne
90 Territoire de Belfort
91 Essonne
92 Hauts-de-Seine
93 Seine-Saint-Denis
94 Val-de-Marne
95 Val-d'Oise

Autoroute, section à péage
Autosnelweg, gedeelte met tol
Autobahn, gebührenpflichtiger Abschnitt
Motorway, toll section
Autopista de pago
Autostrada, tratto a pedaggio

Autoroute, section libre, voie à caractère autoroutier
Autosnelweg, tolvrij gedeelte, weg van het type autosnelweg
Autobahn, gebührenfreier Abschnitt, Schnellstraße
Motorway, toll-free section, dual carriageway with motorway characteristics
Autopista gratuita, autovía
Autostrada, tratto libero, strada con caratteristiche autostradale

Autoroute en construction
Autosnelweg in aanleg
Autobahn im Bau
Motorway under construction
Autopista en construcción
Autostrada in costruzione

Route appartenant au réseau vert
Verbindingsweg tussen belangrijke plaatsen (groene verkeersborden)
Verbindungsstraße zwischen wichtigen Städten (grüne Verkehrsschilder)
Connecting road between main towns (green road signs)
Carretera de la red verde (comunicación entre dos ciudades importantes)
Strada di grande comunicazione fra città importante (cartelli stradali verdi)

Autre route de liaison principale
Hoofdweg
Hauptstraße
Other main road
Otra carretera principal
Strada di grande comunicazione

Limite d'État
Staatsgrens
Staatsgrenze
International boundary
Límite de Nación
Confine di Stato

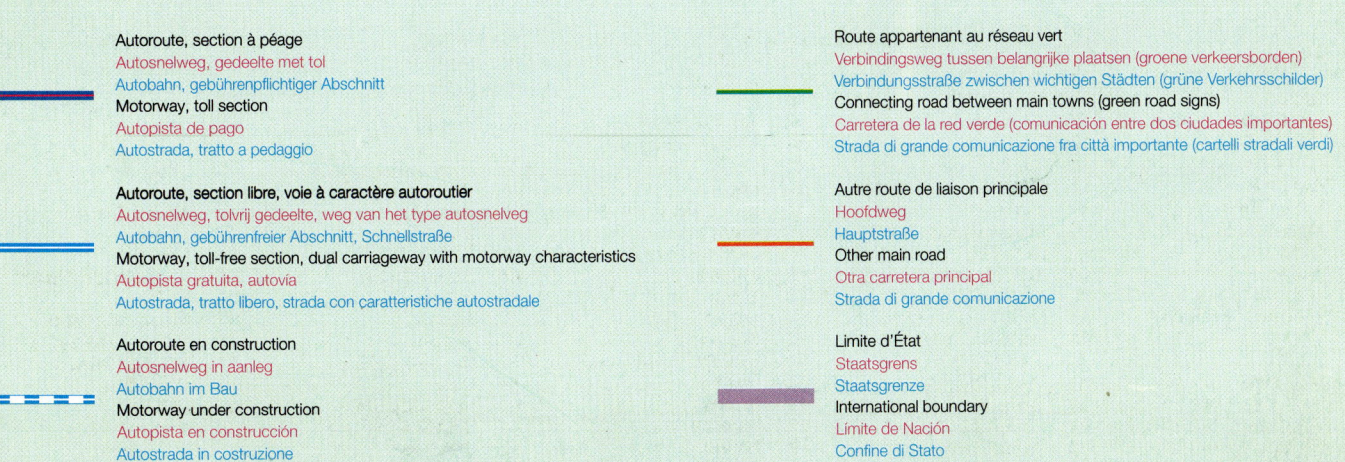

Légende (F)   (GB) Legend
Legenda (NL)   (E) Leyenda
Legende (D)   (I) Legenda

Autoroute, section à péage (1), Autoroute, section libre (2), Voie à caractère autoroutier (3) Autosnelweg, gedeelte met tol (1), Autosnelweg, tolvrij gedeelte (2), Weg van het type autosnelweg (3) Autobahn, gebührenpflichtiger Abschnitt (1), Autobahn, gebührenfreier Abschnitt (2), Schnellstraße (3)	Motorway, toll section (1), Motorway, toll-free section (2), Dual carriageway with motorway characteristics (3) Autopista de pago (1), Autopista gratuita (2), Autovía (3) Autostrada, tratto a pedaggio (1), Autostrada, tratto libero (2), Strada con caratteristiche autostradale (3)
Barrière de péage (1), Aire de service (2), Aire de repos (3) Tolversperring (1), Tankstation (2), Rustplaats (3) Mautstelle (1), Tankstelle (2), Rastplatz (3)	Tollgate (1), Service area (2), Rest area (3) Barrera de peaje (1), Área de servicio (2), Área de descanso (3) Barriera di pedaggio (1), Area di servizio (2), Area di riposo (3)
Échangeur: complet (1), partiel (2), numéro Knooppunt: volledig (1), gedeeltelijk (2), nummer Vollanschlußstelle (1), beschränkte Anschlußstelle (2), Nummer	Junction: complete (1), restricted (2), number Acceso: completo (1), parcial (2), número Svincolo: completo (1), parziale (2), numero
Autoroute en construction (1), Radar fixe (2) Autosnelweg in aanleg (1), Verkeersradar (2) Autobahn im Bau (1), Radarkontrolle (2)	Motorway under construction (1), Speed camera (fixed radar) (2) Autopista en construcción (1), Radar (2) Autostrada in costruzione (1), Radar (2)
Route appartenant au réseau vert Verbindingsweg tussen belangrijke plaatsen (groene verkeersborden) Verbindungsstraße zwischen wichtigen Städten (grüne Verkehrsschilder)	Connecting road between main towns (green road sign) Carretera de la red verde (comunicación entre dos ciudades importantes) Strada di grande comunicazione fra città importante (cartelli stradali verdi)
Autre route de liaison principale (1), Route de liaison régionale (2), Autre route (3) Hoofdweg (1), Streekverbindingsweg (2), Andere weg (3) Hauptstraße (1), Regionale Verbindungsstraße (2), Sonstige Straße (3)	Other main road (1), Regional connecting road (2), Other road (3) Otra carretera principal (1), Carretera regional (2), Carretera local (3) Strada di grande comunicazione (1), Strada di collegamento regionale (2), Altra strada (3)
Route en construction Weg in aanleg Straße im Bau	Road under construction Carretera en construcción Strad in construzione
Route irrégulièrement entretenue (1), Chemin (2) Onregelmatig onderhoude weg (1), Pad (2) Nicht regelmäßig instandgehaltene Straße (1), Fußweg (2)	Not regularly maintained road (1), Footpath (2) Carretera sin revestir (1), Camino (2) Strada di irregolare manutenzione (1), Sentiero (2)
Tunnel (1), Route interdite (2) Tunnel (1), Verboden weg (2) Tunnel (1), Gesperrte Straße (2)	Tunnel (1), Prohibited road (2) Túnel (1), Carretera prohibida (2) Galleria (1), Strada vietata (2)
Distances kilométriques (km), Numérotation: Autoroute, type autoroutier Afstanden in kilometers (km), Wegnummers: Autosnelweg Entfernungen in Kilometern, Straßennumerierung: Autobahn	Distances in kilometres (km), Road numbering: Motorway Distancia en kilómetros (km), Numeración de las carreteras: Autopista Distanze in chilometri (km), Numero di strada: Autostrada
Distances kilométriques sur route, Numérotation: Autre route Wegafstanden in kilometers, Wegnummers: Andere weg Straßenentfernungen in Kilometern, Straßennumerierung: Sonstige Straße	Distances in kilometres on road, Road numbering: Other road Distancia en kilómetros por carretera, Numeración de las carreteras: Otra carretera Distanze in chilometri su strada, Numero di strada: Altra strada
Chemin de fer, gare, arrêt, tunnel Spoorweg, station, halte, tunnel Eisenbahn, Bahnhof, Haltepunkt, Tunnel	Railway, station, halt, tunnel Ferrocarril, estación, parada, túnel Ferrovia, stazione, fermata, galleria
Aéroport (1), Aérodrome (2), Liaison maritime (3) Luchthaven (1), Vliegveld (2), Bootdienst met autovervoer (3) Flughafen (1), Flugplatz (2), Autofähre (3)	Airport (1), Airfield (2), Ferry route (3) Aeropuerto (1), Aeródromo (2), Línea marítima (ferry) (3) Aeroporto (1), Aerodromo (2), Collegamento marittimo (ferry) (3)
Zone bâtie (1), Zone industrielle (2), Bois (3) Bebouwde kom (1), Industriezone (2), Bos (3) Geschlossene Bebauung (1), Industriegebiet (2), Wald (3)	Built-up area (1), Industrial park (2), Woods (3) Zona edificada (1), Zona industrial (2), Bosque (3) Zona urbanistica (1), Zona industriale (2), Bosco (3)
Limite de département (1), de région (2), limite d'État (3) Departement- (1), gewest- (2), Staatsgrens Departementes- (1), Region- (2), Staatsgrenze (3)	Département (1), Region (2), International boundary (3) Límite de departamento (1), de región (2), de Nación (3) Confine di dipartimento (1), di regione (2), di Stato (3)
Limite de camp militaire (1), Limite de Parc (2) Grens van militair kamp (1), Parkgrens (2) Truppenübungsplatzgrenze (1), Naturparkgrenze (2)	Military camp boundary (1), Park boundary (2) Límite de campo militar (1) Límite de Parque (2) Limite di campo militare (1), Limite di parco (2)
Marais (1), Marais salants (2), Glacier (3) Moeras (1), Zoutpan (2), Gletsjer (3) Sumpf (1), Salzteiche (2), Gletscher (3)	Marsh (1), Salt pan (2), Glacier (3) Marisma (1), Salinas (2), Glaciar (3) Palude (1), Saline (2), Ghiacciaio (3)
Région sableuse (1), Sable humide (2) Zandig gebied (1), Getijdengebied (2) Sandgebiet (1), Gezeiten (2)	Dry sand (1), Wet sand (2) Zona arenosa (1), Arena húmida (2) Area sabbiosa (1), Sabbia bagnata (2)
Cathédrale (1), Abbaye (2), Église (3), Chapelle (4) Kathedraal (1), Abdij (2), Kerkgebouw (3), Kapel (4) Dom (1), Abtei (2), Kirche (3), Kapelle (4)	Cathedral (1), Abbey (2), Church (3), Chapel (4) Catedral (1), Abadía (2), Iglesia (3), Capilla (4) Cattedrale (1), Abbazia (2), Chiesa (3), Cappella (4)
Château (1), Château ouvert au public (2), Musée (3) Kasteel (1), Kasteel open voor publiek (2), Museum (3) Schloß (1), Schloßbesichtigung (2), Museum (3)	Castle (1), Castle open to the public (2), Museum (3) Castillo (1), Castillo abierto al público (2), Museo (3) Castello (1), Castello aperto al pubblico (2), Museo (3)
Localité d'intérêt touristique Bezienswaardige plaats Sehenswerter Ort	Town of tourist interest Localidad de interés turístico Località di interesse turistico
Phare (1), Moulin (2), Curiosité (3), Cimetière militaire (4) Vuurtoren (1), Molen (2), Bezienswaardigheid (3), Militaire begraafplaats (4) Leuchtturm (1), Mühle (2), Sehenswürdigkeit (3), Soldatenfriedhof (4)	Lighthouse (1), Mill (2), Place of interest (3), Military cemetery (4) Faro (1), Molino (2), Curiosidad (3), Cementerio militar (4) Faro (1), Mulino (2), Curiosità (3), Cimitero militare (4)
Grotte (1), Mégalithe (2), Vestiges antiques (3), Ruines (4) Grot (1), Megaliet (2), Historische overblijfselen (3), Ruïnes (4) Höhle (1), Megalith (2), Altertümliche Ruinen (3), Ruinen (4)	Cave (1), Megalith (2), Antiquities (3), Ruins (4) Cueva (1), Megálito (2), Vestigios antiguos (3), Ruinas (4) Grotta (1), Megalite (2), Vestigia antiche (3), Rovine (4)
Point de vue (1), Panorama (2), Cascade ou source (3) Uitzichtspunt (1), Panorama (2), Waterval of bron (3) Aussichtspunkt (1), Rundblick (2), Wasserfall oder Quelle (3)	Viewpoint (1), Panorama (2), Waterfall or spring (3) Punto de vista (1), Panorama (2), Cascada o fuente (3) Punto di vista (1), Panorama (2), Cascata o sorgente (3)
Station thermale (1), Sports d'hiver (2), Refuge (3), Activités de loisirs (4) Kuuroord (1), Wintersport (2), Schuilhut (3), Recreatieactiviteiten (4) Kurort mit Thermalbad (1), Wintersportort (2), Berghütte (3), Freizeittätigkeiten (4)	Spa (1), Winter sports resort (2), Refuge hut (3), Leisure activities (4) Estación termal (1), Estación de deportes de invierno (2), Refugio (3), Actividades de ocios (4) Stazione termale (1), Stazione di sport invernali (2), Rifugio (3), Attività di divertimenti (4)
Maison du Parc (1), Réserve naturelle (2), Parc ou jardin (3) Informatiebureau van natuurreservaat (1), Natuurreservaat (2), Park of tuin (3) Informationsbüro des Parks (1), Naturschutzgebiet (2), Park oder Garten (3)	Park visitor centre (1), Nature reserve (2), Park or garden (3) Casa del parque (1), Reserva natural (2), Parque o jardin (3) Casa del parco (1), Riserva naturale (2), Parco o giardino (3)
Chemin de fer touristique (1), Téléphérique (2) Toeristische trein (1), Kabelspoor (2) Touristische Kleinbahn (1), Seilbahn (2)	Tourist railway (1), Aerial cableway (2) Tren turístico (1), Teleférico (2) Ferrovia di interesse turistico (1), Teleferica (2)

1:250 000

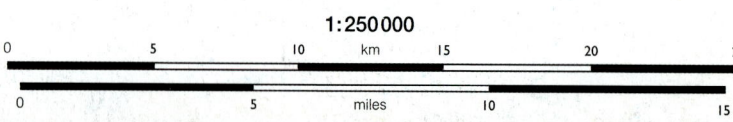

PAS DE CALAIS
CÔTE D'OPALE
Tunnel sous la Manche
Dover (Grande-Bretagne)
Grand-Fort-Philippe
Rés. Nat. du Platier d'Oye
Oye-Plage
CALAIS
Sangatte
Coquelles
Marck
CAP BLANC NEZ
Escalles
Peuplingues
Coulogne
Fréthun
Terminal Eurotunnel Gare T.G.V.
Hames-Boucres
Guînes
Wissant
CAP GRIS-NEZ
St-Inglevert
Audinghen
Leubringhen
Ardres
Marquise
Rinxent
Rety
Hardinghen
Licques
Ambleteuse
Wimereux
Wimille
Colline du Boulonnais
Colembert
BOULOGNE-SUR-MER
ST-MARTIN-BOULOGNE
Nausicaa aquarium
le Portel
Outreau
St-Léonard
St-Étienne-au-Mont
Équihen-Plage
PARC NAT. RÉGIONAL DES CAPS ET MARAIS D'OPALE
Desvres
Samer
Condette
Neufchâtel-Hardelot
Dannes
Camiers
Frencq
Étaples
le Touquet-Paris-Plage
Montcavrel
Montreuil
Hucqueliers
Fruges
Lumbres
Tournehem-sur-la-Hem
Zutkerque
Nortkerque
Audruicq
Licques
Renty
Recques-sur-Course
Marles-sur-Canche
Cucq
Merlimont
62
E
F
G
H
1
2
3
4
5
6
8
9

2
A
B
C
D
1
2
3
4
5
6
De Panne
(la Panne)
Dover
(Grande-Bretagne)
DUNKERQUE
St-Pol-sur-Mer
Fort-Mardyck
Grande-Synthe
Grand-Fort-Philippe
Loon-Plage
Gravelines
Leffrinckoucke
Zuydcoote
Bray-Dunes
Adinkerke
Veurne
(Furnes)
Ghyvelde
Coudekerque-Branche
Téteghem
Uxem
Capelle-la-Grande
Coudekerque
Armbouts-Cappel
Bourbourg
Spycker
Brouckerque
Steene
Bierne
Bergues
Hoymille
Warhem
Killem
Rexpoëde
Hondschoote
Quaëdypre
Socx
West-Cappel
Crochte
Pitgam
Looberghe
Drincham
Bissezeele
Wylder
Bambecque
Herzeele
Esquelbecq
Zegerscappel
Eringhem
Wormhout
Houtkerque
Poperinge
Watou
Bollezeele
Merckeghem
Millam
Rubrouck
Arnèke
Ledringhem
Winnezeele
Oudezeele
Steenvoorde
Zermezeele
Hardifort
Ochtezeele
Wemaers-Cappel
Noordpeene
Zuytpeene
Cassel
Terdeghem
Eecke
Godewaersvelde
Boeschepe
Watten
Wulverdinghe
Lederzeele
Broxeele
Volckerinckhove
Ruminghem
Holque
Audruicq
Polincove
Eperlecques
Houlle
Moulle
Serques
Tilques
St-Momelin
Nieurlet
Buysscheure
Bavinchove
Salperwick
Clairmarais
St-Martin-au-Laërt
St-Omer
Arques
Longuenesse
Tatinghem
Zudausques
Moringhem
Leulinghem
Boisdinghem
Quelmes
Wisques
Hallines
Wizernes
Blendecques
Helfaut
Heuringhem
Racquinghem
Renescure
Ebblinghem
Wallon-Cappel
Hazebrouck
Staple
Hondeghem
St-Sylvestre-Cappel
Caëstre
Flêtre
Méteren
Pradelles
Strazeele
Borre
Merris
Campagne-lès-Wardrecques
Wardrecques
Lynde
Sercus
Blaringhem
Steenbecque
Morbecque
Vieux-Berquin
le Doulieu
Neuf-Berquin
Merville
Estaires
la Gorgue
Haverskerque
St-Venant
St-Floris
Calonne-sur-la-Lys
Lestrem
Thiennes
Boëseghem
Aire-sur-la-Lys
Isbergues
Guarbecque
Robecq
Busnes
Ham-en-Artois
Lillers
Mazinghem
Norrent-Fontes
Rely
Linghem
Lambres
Witternesse
Quernes
Rombly
Mametz
Rebecques
Roquetoire
Wittes
Ecques
Quiestède
Inghem
Pihem
Clarques
Thérouanne
Herbelles
Cléty
Dohem
Delettes
Enguinegatte
Enquin-les-Mines
Estrée-Blanche
Erny-St-Julien
Bomy
Coyecques
Fléchin
Febvin-Palfart
Ligny-lès-Aire
Westrehem
Auchy-au-Bois
Ames
Amettes
Lespesses
Burbure
Allouagne
Lozinghem
Auchel
Marles-les-Mines
Calonne-Ricouart
Cauchy-à-la-Tour
Camblain-Châtelain
Divion
Bruay-la-Buissière
Haillicourt
Houdain
Barlin
Gosnay
Hesdigneul-lès-Béthune
Fouquereuil
Annezin
BÉTHUNE
Beuvry
Vendin-lès-Béthune
Chocques
Gonnehem
Mont-Bernanchon
Hinges
Locon
La Couture
Richebourg
Essars
Festubert
Verquin
Labourse
Noeux-les-Mines
Mazingarbe
Lumbres
Setques
Esquerdes
Wavrans-sur-l'Aa
Elnes
Remilly-Wirquin
Wismes
Ouve-Wirquin
Merck-St-Liévin
Fauquembergues
Renty
Audincthun
Dennebrœucq
Reclinghem
Mencas
Vincly
Matringhem
Radinghem
Senlis
Fruges
Coupelle-Vieille
Coupelle-Neuve
Verchin
Lugy
Lisbourg
Beaumetz-lès-Aire
Hézecques
Laires
Prédefin
Fontaine-lès-Boulans
Sains-lès-Pernes
Pernes
Nédonchel
Bailleul-lès-Pernes
Floringhem
Aumerval
Heuchin
Bergueneuse
Ruisseauville
Crépy
Équirre
Ambricourt
Tramecourt
Azincourt
Fressin
Avondance
Planques
St-Folquin
St-Georges-sur-l'Aa
Craywick
Vieille-Église
St-Omer-Capelle
Cappelle-Brouck
Ste-Marie-Kerque
St-Pierre-Brouck
Acquin-Westbécourt
Bayenghem-lès-Seninghem
Affringues
FLANDRE
MONTS
D'OPALE
Ghyvelde
Hoogstade
Alveringem
Oeren
Vinkem
Leisele
Beveren
Stavele
Westvleteren
Krombeke
Proven
Roesbrugge-Haringe
Oost-Cappel
Les Moëres
Houtem
Izenberghe
Linde
Fintelle
Pollinkhove
Gijverinkhove
Wulveringem
Bulskamp
De Moeren
Steenkerk
Sint-Rijkers
Eggewaartskapelle
Zwaantje
Fortem
Haringe
Klooster
Sint-Jan-Ter-Biezen
Reningelst
Berthen
Mont Noir
St-Jans-Cappel
Bailleul
Wulpen
Oosthoek
Avekapelle
Booitshoeke
A16
A18
A25
A26
N1
N39
N42
N43
N41
E40
E42
E15
Réserve de West-Hoek
Rés. Nat. de la Dune Marchand
Dunes
Beffroi
Couronne
Anc. Abb.
Moulin
Blockhaus d'Éperlecques
Abb.
Mont de Watten
Ste-Mildrède
Mont Cassel
Mont des Récollets
T. d'Orient
Mins du Nord et du Sud
Moulin de la Briarde
Moulin à vent
Trappe
Monts des Cats
Etg de Romelaëre
Watergangs
F. Dom. de Rihoult-Clairmarais
Jard. Public
Anc. Chap.
Mais. du Parc
Ascenseurs à Bateaux des Fontinettes
Chât. de Zuthove
Abb. St Paul de Wisques
Chemin de fer touristique
Baillage
Chât. de Criminil
Chât. de Hervarre
Collégiale
Beffroi
Cim. Brit.
la Lys
la Lawe
la Clarence
la Bourre
la Melde
l'Aa
Grand Riez
Canal de Bourbourg
Canal de Neufossé
Péage
Min du Nord
Beauvoorde
Houchin

3
Ramskapelle
Schore
Leke
Koekelare
Ichtegem
Engel
Veldegem
Sijslo
Hertsberge
Maria Aalter
Ouden
Aa
Vijver
Keiem
Mokker
Vijnendale
Berg-op-Zoom
Rudderwoorde
Kortekeer
Ringbeek
Wildenburg
Doornkerke
Bruwaam
Pervijze
Stuivekenskerke
Beerst
Cim. All.
Belhutte
Veld
Torhout (Thourout)
Hazelbeek
Oudank
Patte-Beurs
Boyau de la Mort
Bovekerke
Edewalle
Wingene
Ruiselede
Lotenhulle
Oostkerke
Kaaskerke
Mon. Comm.
Vladslo
Handzamevaart
Kortemark
Lichtervelde
Zwevezele
Hoothoek
Schuiferskapelle
Poeke
Lampernisse
Esen
Handzame
Egem
Oudekapelle
Onekapellen
Diksmuide (Dixmude)
Verken
Haantje
Egemkapel
Ondank
Kanegem
Zarren-Werken
Pittem
Tielt
Aarsele
Nieuwkapelle
Wounem
Koolskamp
Gits
Klerken
Terrest
Staden
Ardooie
Wontergem
Knocke
Houthulst
Hooglede
Beveren
Manegem
Marialoop
Dentergem
Gottem
Mach
Noordschote
Jonkershoven
Vijfwege
Oostnieuwkerke
Roeselare (Roulers)
Meulebeke
Markegem
Merkem
Hoekske
Kachtem
Emelgem
Kalberg
Wakken
Reninge
Vleteren
Bikschote
Mangelaar
Cim. Brit.
Westrozebeke
Rumbeke
Ingelmunster
Oostrozebeke
Zulte
Cim. All.
Poelkapelle
Zilverberg
Oekene
Izegem
Kokeldries
Sint-Baafs-Vijve
Luzerne
Zuidschote
Calvaire-Dolmen
Langemark-Poelkapelle
Passchendale
Bosmolens
Wielsbeke
Sint-Eloois-Vijve
Woesten
Boezinge
Sint-Juliaan
Moorslede
Vossemolen
Beitem
Lendelede
Hulste
Desselgem
Ooigem
Leie
Waregem
Elverdinge
Zonnebeke
Kerberg
Slijkskapelle
Sint-Pieter
Rollegem-Kapelle
Sint-Eloois-Winkel
Sint-Katarina-Kapel
Stokerij
Bavikhove
Spriete
Beveren
Deerlijk
Brielen
Sint-Jan
Katte
Brandhoek
Vlamertinge
Mon. Comm.
Remparts
Halles
Westhoek
Beselare
Dadizele
Ledegem
Kuurne
Harelbeke
Engenhoek
Kruisstraat
Terhand
Moorsele
Gullegem
Heule
Watermolen
Ieper (Ypres)
Schoon Walter
Pa du Broel
Hôtel de Ville
Stasegem
Vichte
Anzegem
Zillebeke
Geluveld
Bissegem
Sint-Lodewijk
Ingooigem
Remparts
Dikkebus
Voormezele
Marke
Kortrijk (Courtrai)
Zwevegem
Otegem
Geluwe
Zandvoorde
Wevelgem
De Klijte
Vierstraat
Hollebeke
Lauwe
Mont Scherpenberg
Houthem
Menen (Menin)
Barakken
Heestert
Mont Kemmel
Wijtschate
Oosttaverne
Wervik
Rekkem
Bellegem
Loker
Ossuaire
Heuvelland
Comines-Warneton (Komen-Waasten)
Halluin
Aalbeke
Moen
Avelgem
Dranouter
Wulvergem
Wervicq-Sud
Bousbecque
Sterhoek
Rollegem
Ruddervoorde
Outrijve
Bas-Warneton
Risquons Tout
Nouveau Monde
Tombroek
Sint-Denijs
Bossuit
Mesen (Messines)
Warneton
Comines
Roncq
Neuville-en-Ferrain
Mouscron (Moeskroen)
Kooigem
Koorgem
Helkijn
Jonckois
Nieuwkerke
Le Gheer
Ste-Marguerite
Linselles
Tourcoing
Luingne
Pottes
Deûlémont
Mont-à-Leu
Herseaux
Quesnoy-sur-Deûle
Petit Audenarde
Dottignies
Ploegsteert
Le Touquet
Les Ballons
Evregnies
Spiere-Helkijn
Rst-Mouleux
Frelinghien
Cim. All.
Chât. du Vert Bois
Mouvaux
Warcoing
Steenwerck
Nieppe
Base de Loisirs
Le Bizet
Bondues
Wattrelos
Estaimpuis
St-Léger
Hérinnes
Molembaix
Houplines
Marcq-en-Barœul
Roubaix
Leers Nord
Pecq
Wambrechies
Verlinghem
Anc. Min.
Leers
Chemin Vert
Armentières
La Chapelle-d'Armentières
Croix
Grd Place
Lys-lez-Lannoy
Estaimbourg
Erquinghem-Lys
Pérenchies
Marquette-lez-Lille
Wasquehal
La Fontaine
Lannoy
Esquelmes
Lompret
St-André-lez-Lille
Nechin
Bailleul
Obigies
Prémesques
La Madeleine
Hem
Toufflers
Ramegnies-Chin
Sailly-sur-la-Lys
Lambersart
Sailly-lez-Lannoy
Mont-St-Aubert
Fleurbaix
Capinghem
Hospice Comtesse
Citad.
St-Maurice
Mons-en-Barœul
Forest-sur-Marque
Willems
Templeuve
Pont-à-Chin
Kain
La Tombe
Bois-Grenier
Ennetières-en-Weppes
Lomme
Sequedin
Lille
Flers-le-Bourg
Blandain
Froyennes
Radinghem-en-Weppes
Englos
Porte de Paris
Villeneuve-d'Ascq
Hertain
Pont des Trous
Laventie
Escobecques
Hallennes-lez-Haubourdin
Hellemmes
Tressin
Chéreng
Baisieux
Marquain
Beffroi
Tournai
Le Maisnil
Erquinghem-le-Sec
Haubourdin
Loos
Lezennes
Anstaing
Lamain
Orcq
Fromelles
Beaucamps-Ligny
Gruson
Haudion
Vaulx
Aubers
Fournes-en-Weppes
Emmerin
Faches-Thumesnil
Ronchin
Mont des Tombes
Camphin-en-Pévèle
Chât. Fort
Neuve-Chapelle
Wattignies
Noyelles-lès-Seclin
Lesquin
Sainghin-en-Mélantois
Bouvines
Esplechin
Froidmont
Ère
Mémorial Indien
Herlies
Wavrin
Cysoing
St-Maur
Antoing
Wicres
Ancoisne
Houplin-Ancoisne
Templemars
Vendeville
Péronne-en-Mélantois
Wannehain
Bourghelles
Lorgies
Sainghin-en-Weppes
Lille-Lesquin
Fretin
Pyr.
Quennaumont
Illies
Seclin
Crypte
Louvil
Bachy
Rumes
Taintignies
Bruyelle
Marquillies
Don
Herrin
Avelin
Cobrieux
Allennes-les-Marais
Gondecourt
Ennevelin
Jollain-Merlin
La Glanerie
Petit Rumes
Pierre-Brunehaut
Lesdain
La Bassée
Hantay
Chemy
Templeuve
Genech
Laplaigne
Salomé
Annœullin
Carnin
Phalempin
Pont-à-Marcq
Brunehaut
Mortagne-du-Nord
Provin
Attiches
Mouchin
Howardries
Rongy
Douvrin
Billy-Berclau
Bauvin
Camphin-en-Carembault
Chât. de l'Ermitage
Tourmignies
Nomain
Haisnes
Meurchin
Carvin
Mérignies
Cappelle-en-Pévèle
Rumegies
Maulde
Wingles
Libercourt
Wahagnies
La Neuville
Mons-en-Pévèle
Bersée
Aix
Landas
Thun-St-Amand
Hulluch
Benifontaine
Estevelles
Pont-à-Vendin
Ostricourt
Oignies
Thumeries
Auchy-lez-Orchies
Orchies
Samain
Lecelles
Nivelle
Vendin-le-Vieil
La Pétrie
Faumont
Beuvry-la-Forêt
Rosult
Loos-en-Gohelle
Annay
Courrières
Moncheaux
Coutiches
Sars
E
F
G
H

GENT (GAND)
Lovendegem
Lochristi
Lokeren
Aalter
Destelbergen
Ruiselede
Nevele
Sint-Martens-Latem
Laarne
Melle
Wetteren
Tielt
Deinze
De Pinte
Merelbeke
Dentergem
Machelen
Nazareth
Oosterzele
Aalst
Meulebeke
Oostrozebeke
Zulte
Gavere
Sint-Lievens-Houtem
Erpe-Mere
Kruishoutem
Zingem
Wielsbeke
Waregem
Lede
Zwalm
Herzele
Deerlijk
Oudenaarde (Audenarde)
Zottegem
Harelbeke
Anzegem
Wortegem-Petegem
Kortrijk (Courtrai)
Zwevegem
Brakel
Maarkedal
Kluisbergen
Avelgem
Geraardsbergen (Grammont)
Ronse (Renaix)
Moerbeke
(Moeskroen)
Ellezelles (Elzele)
Flobecq (Vloesberg)
Lessines
Spiere-Helkijn
Celles
Mont-de-l'Enclus
Pecq
Frasnes-lez-Anvaing
Silly (Opzulik)
Ath (Aat)
Tournai (Doornik)
Leuze-en-Hainaut
Chièvres
Antoing
Rumes
Beloeil
Jurbise (Jurbeke)
Brunehaut
Péruwelz
Bernissart
Condé-sur-l'Escaut
St-Ghislain
Mons

5
Dendermonde
(Termonde)
Bornem
Puurs
Boom
Willebroek
Rumst
Sint-Katelijne-Waver
Mechelen (Malines)
Putte
Bonheiden
Keerbergen
Tremelo
Zele
Hamme
Sint-Amands
Buggenhout
Londerzeel
Kapelle-op-den-Bos
Zemst
Boortmeerbeek
Haacht
Lede
Alost
Lebbeke
Opwijk
Merchtem
Kampenhout
Rotselaar
Grimbergen
Meise
Vilvoorde (Vilvorde)
Steenokkerzeel
Herent
Wemmel
Affligem
Asse
Denderleeuw
Zaventem
Kortenberg
Leuven
(Louvain)
Liedekerke
Ternat
Kraainem
Bertem
Wezembeek-
Oppem
Roosdaal
Dilbeek
Ninove
Tervuren
Lennik
Gooik
Huldenberg
BRUXELLES/BRUSSEL
Hoeilaart
Overijse
Sint-Pieters-
Leeuw
Beersel
Sint-Genesius-Rode
(Rhode-St-Genèse)
Halle (Hal)
la Hulpe
(Terhulpen)
Herne
Waterloo
Rixensart
Wavre
Enghien
(Edingen)
Tubize
(Tubeke)
la Bruyère
Braine-l'Alleud (Eigenbrakel)
Braine-le-Château
(Kasteelbrakel)
Rebecq
Ittre
(Itter)
Ottignies-Louvain-la-Neuve
Court-St-Étienne
Mont-
-St-Guibert
Braine-le-Comte
('s Gravenbrakel)
Genappe
(Genepiën)
Chastre
Nivelles (Nijvel)
Villers-
-la-Ville
Soignies
(Zinnik)
Ecaussinnes
les Bons
Villers
Sombreffe
Seneffe
Pont-
-à-Celles
le Roeulx
Manage
Fleurus
la Louvière
Courcelles
Sambreville
Jemeppe
-sur-Sambre
(Bergen)

A
B
C
D
1
2
3
4
5
6
C
Ô
T
E
D
'
A
L
Centrale Nucl. de Paluel
Veulettes-sur-Mer
St-Martin-aux-Buneaux
Auberville-la-Manuel
Paluel
Butot-Vénesville
Malleville-les-Grès
les Petites Dalles
les Grandes Dalles
Vittefleur
St-Pierre-en-Port
Vinnemerville
Canouville
Écretteville-sur-Mer
Sassetot-le-Mauconduit
Criquetot-le-Mauconduit
Élétot
Clasville
Anneville
Ouainville
Senneville-sur-Fécamp
Ste-Hélène-Bondeville
Ancretteville-sur-Mer
Cany-Barville
N.-D. du Salut
Chât.
Fécamp
Angerville-la-Martel
Theuville-aux-Maillots
Bertreville
Bertheauville
Criquebeuf-en-Caux
Colleville
Thérouldeville
St-Léonard
Toussaint
Valmont
Gerponville
Vattetot-sur-Mer
Yport
Anc. Abb.
Ourville-en-Caux
Ganzeville
Contremoulins
Thiergeville
Froberville
Tourville-les-Ifs
Riville
Falaise d'Amont
Bénouville
Aquarium
Étretat
Chât. des Aygues
Épreville
Bec-de-Mortagne
Thiétreville
Sorquainville
Falaise d'Aval
Gerville
Chât. du Grand Daubeuf
Bordeaux-St-Clair
les Loges
Daubeuf-Serville
Limpiville
Ypreville-Biville
Thiouville
Cap d'Antifer
la Place
le Tilleul
Maniquerville
Mentheville
Phare d'Antifer
Fongueusemare
Auberville-la-Renault
Annouville-Vilmesnil
Chât. de Bailleul
Chât. du Vaudroc
Normanville
la Poterie-Cap-d'Antifer
Pierrefiques
Bénarville
Bennetot
Ste-Marguerite-sur-Fauville
Beaurepaire
Cuverville
Bretteville-du-Grand-Caux
Mon.
Angerville-Bailleul
Trémauville
Bruneval
Ste-Marie-au-Bosc
Villainville
Sausseuzemare-en-Caux
Grainville-Ymauville
Tocqueville-les-Murs
Fauville-en-Caux
Port Pétrolier du Havre-Antifer
Écrainville
St-Jouin-Bruneval
Gonneville-la-Mallet
Criquetot-l'Esneval
Goderville
Gonfreville-Caillot
St-Maclou-la-Brière
Hattenville
Bermonville
Bielleville
Anglesqueville-l'Esneval
Vergetot
Bornambusc
Vattetot-sous-Beaumont
Yébleron
Auzouville-Auberbosc
Ricarville
Heuqueville
Bréauté
Bernières
Cléville
St-Martin-du-Bec
Turretot
Manneville-la-Goupil
Mirville
Bolleville
Chap. des Blanques
Cauville-sur-Mer
Buglise
St-Sauveur-d'Émalleville
Houquetot
Rouville
Foucart
Chât. du Bec
Hermeville
N.-D.-du-Bec
Raffetot
Mannevillette
St-Sauveur
Virville
Beuzeville-la-Grenier
Bolleville
Angerville-l'Orcher
Nointot
Baclair
Lanquetot
Écqueville
Rolleville
St-Gilles-de-la-Neuville
Parc-d'Anxtot
Chât. de Bellefosse
St-Barthélemy
Fontenay
Épouville
Manéglise
Graimbouville
Péage
Bolbec
Beuzevillette
Trouville
Octeville-sur-Mer
Montivilliers
Étainhus
St-Jean-de-la-Neuville
Gruchet-le-Valasse
Lintot
Grand-Camp
Sainneville
Chât. des Fillières
St-Andrieux
Cim. de Brisegaret
Parc d'Attractions
Gommerville
St-Eustache-la-Forêt
la Trinité-du-Mont
St-Nicolas-de-la-Haie
Portsmouth
Épretot
les Trois-Pierres
Abb. du Valasse
le Havre-Octeville
Fontaine-la-Mallet
St-Martin-du-Manoir
St-Laurent-de-Brèvedent
St-Romain-de-Colbosc
St-Antoine-la-Forêt
Auberville-la-Campagne
CAP DE LA HEVE
Le Mont Gaillard
Man. de Bévilliers
Mélamare
Lillebonne
Anquetierville
Rouelles
Gournay
Gainneville
la Remuée
le Nouveau Monde
la Frénaye
Sanvic
Harfleur
Rogerville
St-Aubin-Routot
Dom.
Touffreville-la-Cable
Graville
Oudalle
St-Vincent-Cramesnil
la Cerlangue
St-Jean-de-Folleville
Théâtre Romain
Ste-Adresse
Prieuré de Graville
Sandouville
St-Jean-d'Abbetot
St-Nicolas-de-la-Taille
le Mesnil
Triquerville
Gonfreville-l'Orcher
St-Vigor-d'Ymonville
Tancarville
LE HAVRE
Val des Fontaines
Notre-Dame-de-Gravenchon
Quillebeuf-sur-Seine
Péage
Norville
Pont de Tancarville
St-Aubin-sur-Quillebeuf
Chât. d'Ételan
Réserve Naturelle de l'Estuaire de la Seine
Petiville
St-Maurice-d'Ételan
PARC
NAT.
RÉG.
Pont de Normandie
Pointe de la Roque
le Marais
Péage
Honfleur
Berville-sur-Mer
St-Samson-de-la-Roque
Rés. Nat. des Mannevilles
Vieux-Port
Côte de Grâce
Anc. Abb.
Aizier
N.-D. de Grâce
Vasouy
Vernier
Marais-Vernier
la Grand'Mare
Trouville-la-Haule
Cricquebœuf
Joble
Fatouville-Grestain
Conteville
Ste-Opportune-la-Mare
Villerville
Pennedepie
Équemauville
la Rivière-St-Sauveur
St-Pierre-du-Val
Foulbec
St-Thurien
Tocqueville
Barneville-la-Bertran
Ablon
Beaucher
Bouquelon
Bourneville
Trouville-
T. d'Orient.
Gonneville
Fiquefleur-
Josapha
A29
E44
A131
E05
N15
A13
16
17
22
24
30
32

E
F
G
H
M
A
N
C
H
E
Criel-sur-Mer
Mesnil-Val-Plage
Criel-Plage
Manoir de Briançon
Tocqueville-sur-Eu
Touffreville-sur-Eu
Centrale Nucléaire de Penly
Penly
Biville-sur-Mer
Assigny
Brunville
St-Martin-en-Campagne
Berneval-le-Grand
Belleville-sur-Mer
Tourville-la-Chapelle
Bracquemont
Derchigny
Greny
Intraville
Glicourt
Gouchaupre
DIEPPE
Newhaven (R.-U.)
Phare d'Ailly
Manoir
Ste-Marguerite-sur-Mer
Varengeville-sur-Mer
Parc du Bois des Moutiers
Quiberville
Grèges
Martin-Église
Sauchay
Ancourt
Bellengreville
Envermeu
St-Ouen-sous-Bailly
St-Aubin-sur-Mer
Longueil
Hautot-sur-Mer
Rouxmesnil-Bouteilles
Arques-la-Bataille
St-Nicolas-d'Aliermont
St-Valery-en-Caux
Veules-les-Roses
Sotteville-sur-Mer
Ouville-la-Rivière
Offranville
St-Aubin-le-Cauf
Dampierre-St-Nicolas
Blosseville
Le Bourg-Dun
St-Denis-d'Aclon
Sauqueville
Martigny
Aubermesnil-Beaumais
Notre-Dame-d'Aliermont
St-Jacques-d'Aliermont
Manneville-ès-Plains
La Chapelle-sur-Dun
Ambrumesnil
Gueures
Colmesnil-Manneville
Tourville-sur-Arques
Le Bois-Robert
Meulers
St-Sylvain
Ingouville
Cailleville
St-Pierre-le-Vieux
Avremesnil
Luneray
Manehouville
Anneville-sur-Scie
St-Germain-d'Étables
Ste-Agathe-d'Aliermont
Néville
Angiens
La Gaillarde
Thil-Manneville
Auppegard
Château de Bréauté
La Chapelle-du-Bourgay
Fréulleville
St-Vaast-d'Équiqueville
St-Riquier-ès-Plains
Le Mesnil-Durdent
Houdetot
St-Pierre-le-Viger
Gruchet-St-Siméon
Brachy
Hermanville
Crosville-sur-Scie
La Chaussée
Torcy-le-Petit
Ocqueville
Ste-Colombe
Fontaine-le-Dun
Greuville
Bertreville-St-Ouen
Dénestanville
Ricarville-du-Val
Crasville-la-Mallet
Ermenouville
Autigny
Crasville-la-Rocquefort
Lammerville
Omonville
Lintot-les-Bois
Ste-Foy
Sasseville
Drosay
Bourville
Brametot
Venestanville
Rainfreville
Bacqueville-en-Caux
Longueville-sur-Scie
St-Honoré
Torcy-le-Grand
Les Grandes-Ventes
Hautot-l'Auvray
Héberville
Sassetot-le-Malgardé
Tocqueville-en-Caux
Royville
Lamberville
Belmesnil
St-Crespin
Anglesqueville-la-Bras-Long
Canville-les-Deux-Églises
Biville-la-Rivière
St-Ouen-le-Mauger
St-Mards
Criquetot-sur-Longueville
Muchedent
Bosville
St-Vaast-Dieppedalle
Gonzeville
Bretteville-St-Laurent
Gonnetot
Saâne-St-Just
Gonneville-sur-Scie
Les Cent-Acres
Mesnil-Follemprise
Fultot
Benesville
St-Laurent-en-Caux
Lestanville
Beauval-en-Caux
Ardouval
Veauville-lès-Quelles
Reuville
Étalleville
Auzouville-sur-Saâne
St-Pierre-Bénouville
Heugleville-sur-Scie
Cropus
St-Hellier
Routes
Vicquemare
Château de Bimorel
N.-D.-du-Parc
Carville-Pot-de-Fer
Doudeville
Boudeville
Le Torp-Mesnil
Belleville-en-Caux
Biville-la-Baignarde
Auffay
Cressy
Sévis
Oherville
Robertot
Berville
Harcanville
Imbleville
St-Denis-sur-Scie
Sommesnil
Héricourt-en-Caux
Amfreville-les-Champs
Lindebeuf
Val-de-Saâne
Calleville-les-Deux-Églises
Bellencombre
Rosay
Anveville
Yvecrique
Vibeuf
La Fontelaye
Vassonville
La Crique
Ancourteville-sur-Héricourt
Hautot-St-Sulpice
Ouville-l'Abbaye
Bourdainville
St-Vaast-du-Val
Montreuil-en-Caux
Maucomble
Château du Boscol
Étoutteville
Criquetot-sur-Ouville
Yerville
Tôtes
St-Maclou-de-Folleville
Beaumont-le-Hareng
Cliponville
Grémonville
Bertrimont
St-Victor-l'Abbaye
Bracquetuit
Rocquefort
Veauville-lès-Baons
St-Martin-aux-Arbres
Ancretiéville-St-Victor
Varneville-Bretteville
Grigneuseville
St-Saëns
Hautot-le-Vatois
Autretot
Ectot-lès-Baons
Ectot-l'Auber
Gueutteville
Fresnay-le-Long
Étaimpuis
Château d'Haucourt
Écretteville-lès-Baons
Baons-le-Comte
Auzouville-l'Esneval
Hugleville-en-Caux
Beautot
Bosc-Bérenger
Motteville
St-Ouen-du-Breuil
Cottévrard
St-Martin-Osmonville
Yvetot
Ste-Marie-des-Champs
Flamanville
Saussay
Butot
La Houssaye-Béranger
Frichemesnil
Bosc-le-Hard
Écretteville-lès-Baons
Valliquerville
Cideville
Émanville
Grugny
Authieux-Ratiéville
Allouville-Bellefosse
Écalles-Alix
Limésy
Le Bocasse
Clères
Esteville
Yquebeuf
Rocquemont
St-Clair-sur-les-Monts
Ste-Austreberthe
Claville-Motteville
Auzebosc
Touffreville-la-Corbeline
Croix-Mare
Mesnil-Panneville
Sierville
St-Germain-sous-Cailly
Bois-Himont
Mont-de-l'If
Goupillières
Anceaumeville
Cailly
La Folletière
Fréville
Château d'Esneval
Fresquiennes
Mont-Cauvaire
La Rue-St-Pierre
Louvetot
Maulévrier-Ste-Gertrude
Carville-la-Folletière
Bouville
Pavilly
Fontaine-le-Bourg
St-André-sur-Cailly
Blacqueville
La Croix de Pierre
Base de Loisirs
Montville
Longuerue
Vieux-Manoir
Betteville
Barentin
Eslettes
St-Georges-sur-Fontaine
Pierreval
St-Arnoult
Caudebec-en-Caux
St-Wandrille-Rançon
Épinay-sur-Duclair
Villers-Écalles
Pissy-Pôville
Malaunay
Bosc-Guérard-St-Adrien
Quincampoix
Villequier
Pont de Brotonne
Ste-Marguerite-sur-Duclair
St-Paër
Houppeville
St-Nicolas-de-Bliquetuit
Maison du Parc
Roumare
St-Jean-du-Cardonnay
Isneauville
Morgny-la-Pommeraye
Vatteville-la-Rue
N.-D.-de-Bliquetuit
Le Houlme
Préaux
Blainville-Crevon
Le Trait
St-Pierre-de-Varengeville
La Vaupalière
Notre-Dame-de-Bondeville
Fontaine-sous-Préaux
Servaville-Salmonville
La Mailleraye-sur-Seine
Duclair
Berville-sur-Seine
Hénouville
Maromme
St-Martin-du-Vivier
Roncherolles-sur-le-Vivier
Martainville-Épreville
Château du Taillis
Déville-lès-Rouen
Bois-Guillaume
Anneville-Ambourville
Forêt de Brotonne
Yainville
Montigny
Mont-St-Aignan
Bihorel
ROUEN
Bois-l'Évêque
St-Jacques-sur-Darnétal
Darnétal
Auzouville-sur-Ry
St-Martin-de-Boscherville
Canteleu
Heurteauville
Jumièges
Le Petit-Quevilly
St-Léger-du-Bourg-Denis
Bois-d'Ennebourg
BOUCLES DE LA SEINE NORMANDE
Bardouville
Pavillon Flaubert
Ferme des Templiers
Manoir d'Agnès Sorel
Quevillon
Bonsecours
St-Aubin-Épinay
Le Mesnil-Esnard
Franqueville-St-Pierre
Fresne-le-Plan
La Haye-de-Routot
Château de Bonneval
Hauville
Le Landin
Le Mesnil-sous-Jumièges
Yville-sur-Seine
St-Pierre-de-Manneville
Le Grand-Quevilly
Sotteville-lès-Rouen
Jardin des Plantes
Amfreville-la-Mi-Voie
Montmain
Mesnil-Raoul
La Haye-Aubrée
PAYS DE CAUX
PAYS DE BRAY
Forêt d'Eawy
A28
A29
A150
A151
N27
N29
N15
N31
E44
E46
E402
Péage

8
A
B
C
D
1
2
3
4
5
6
CÔTE PICARDE
MARQUENTERRE
VIMEU
PONTHIEU
Montreuil
Berck
Merlimont
Cucq
Rang-du-Fliers
Verton
Groffliers
Waben
Baie de l'Authie
Fort-Mahon-Plage
Aquaclub de Belle-Dune
Bagatelle Parc d'Attractions
Quend
Quend-Plage
Rue
Arry
St-Quentin-en-Tourmont
Parc Ornithologique du Marquenterre
Rés. Nat. de la Baie de Somme
Le Crotoy
St-Valery-sur-Somme
Cayeux-sur-Mer
Maison de l'Oiseau
Noyelles-sur-Mer
Nouvion
Crécy-en-Ponthieu
Forest-l'Abbaye
Nampont
Argoules
Anc. Abb. de Valloire
Vron
Regnière-Écluse
Bernay-en-Ponthieu
Forest-Montiers
Abbeville
St-Vulfran
Chât. de Bagatelle
Pont-le-Grand
Boismont
Lanchères
Pendé
Brutelles
Ault
Onival
Friville-Escarbotin
Le Tréport
Calvaire des Terrasses
Mers-les-Bains
Eu
St-Laurent
Criel-sur-Mer
Manoir de Briançon
Étalondes
Incheville
Gamaches
Beauchamps
Longroy
Feuquières-en-Vimeu
Woincourt
Fressenneville
Chépy
Valines
Moyenneville
Toeufles
Béhen
Mareuil-Caubert
Huppy
Vismes
St-Maxent
Oisemont
Rambures
Bouttencourt
Blangy-sur-Bresle
Nesle-Normandeuse
Senarpont
Aumâtre
St-Maulvis
Doudelainville
Frucourt
Hallencourt
Allery
Heucourt-Croquoison
Envermeu
Londinières
Foucarmont
Neufchâtel
St-Martin-le-Gaillard
Baromesnil
Touffreville-sur-Eu
Tocqueville-sur-Eu
Penly
Biville-sur-Mer
Grandcourt
Bailly-en-Rivière
Fresnoy-Folny
Dancourt
St-Riquier-en-Rivière
Campneuseville
Réalcamp
Beaucamps-le-Vieux
Hodeng-au-Bosc
Lafresguimont-St-Martin
A16
A28
E402
N1
N2028
D940
D925
76
80

Hesdin
St-Pol-sur-Ternoise
Frévent
Auxi-le-Château
Doullens
St-Riquier
Domart-en-Ponthieu
Flixecourt
Picquigny
AMIENS
Longueau
Corbie
Villers-Bretonneux
Houdain
Bruay-la-Buissière
Divion
Avesnes-le-Comte
Pas-en-Artois
Acheux-en-Amiénois
Mailly-Maillet
Lucheux
Bernaville
Villers-Bocage
Airaines
Ailly-sur-Somme
Hangest-sur-Somme
Long
Conty
Boves
Dury
Sains-en-Amiénois
Tortefontaine
Marconnelle
Fillièvres
Canche
l'Authie
Somme
Amiens

Bruay-la-Buissière
Barlin
Lens
Liévin
Oignies
Ostricourt
Courrières
Harnes
Hénin-Beaumont
Leforest
Flines-lez-Raches
Douai
Pecquencourt
Aubigny-en-Artois
Arras
Vitry-en-Artois
Achicourt
Bapaume
Albert
Péronne
Doingt
Cambrai
Marcoing
Hermies
Havrincourt
Roisel
Épehy
Vermand
Athies
Ennemain
Bray-sur-Somme
Méaulte
Pommier
Hermaville
Habarcq
Duisans
Dainville
Beaurains
Croisilles
Combles
Moislains
Estrées-Deniécourt
Harbonnières
Rosières-en-Santerre
Santerre
A1
A2
A26
A29
N17
N25
N29
N30
N43
N44
N50
E15
E17
E19
E44

Orchies
Sameon
Lecelles
Rosult
St-Amand
Bruille-St-Amand
Nivelle
Vieux-Condé
Odomez
Bernissart
Condé-sur-l'Escaut
Beuvry-la-Forêt
St-Amand-les-Eaux
Fresnes-sur-Escaut
St-Aybert
Thivencelle
Hensies
St-Ghislain
Boussu
Quaregnon
Colfontaine
Frameries
PARC NAT. RÉG. SCARPE-ESCAUT
Escautpont
Bruay-sur-l'Escaut
Vicq
Crespin
Quiévrain
Dour
Marchiennes
Wandignies-Hamage
Raismes
Anzin
Onnaing
Quiévrechain
Quarouble
Rieulay
Wallers
Hélesmes
Aubry-du-Hainaut
Petite-Forêt
Beuvrages
St-Saulve
Rombies-et-Marchipont
Quévy
Fenain
Erre
Hornaing
Bellaing
Hérin
Oisy
VALENCIENNES
Marly
Estreux
Honnelles
Somain
Haveluy
Wavrechain-sous-Denain
La Sentinelle
Saultain
Curgies
Sebourg
Bellignies
Abscon
Escaudain
Denain
Trith-St-Léger
Aulnoy-lez-Valenciennes
Famars
Bavay
Anîche
Lourches
Rouvignies
Prouvy
Haulchin
Thiant
Maing
Préseau
Jenlain
Wargnies-le-Grand
Feignies
Mastaing
Roeulx
Neuville-sur-Escaut
Douchy-les-Mines
Artres
Maresches
Villers-Pol
Wargnies-le-Petit
St-Waast
Bermeries
Audignies
Maubeuge
Monchaux-sur-Écaillon
Quérénaing
Sepmeries
Preux-au-Sart
Amfroipret
Gommegnies
Mecquignies
Bouchain
Noyelles-sur-Selle
Lieu-St-Amand
Verchain-Maugré
Sommaing
Orsinval
Frasnoy
Obies
Neuf-Mesnil
Wavrechain-sous-Faulx
Hordain
Haspres
Vendegies-sur-Écaillon
Bermerain
Ruesnes
le Quesnoy
Villereau
Hautmont
Estrun
Avesnes-le-Sec
Saulzoir
St-Martin-sur-Écaillon
Beaudignies
Potelle
Boussières-sur-Sambre
Thun-l'Évêque
Iwuy
Villers-en-Cauchies
Montrécourt
Capelle
Escarmain
Ghissignies
Jolimetz
Forêt Notre-Dame des Flaquettes
Pont-sur-Sambre
Thun-St-Martin
Haussy
Vertain
Romeries
Louvignies-Quesnoy
Raucourt-au-Bois
Locquignol
Aulnoye-Aymeries
Bachant
Eswars
Ramillies
Naves
Avesnes-les-Aubert
St-Aubert
St-Vaast-en-Cambrésis
St-Python
Saleshes
Neuville-en-Avesnois
Englefontaine
Hecq
Berlaimont
Sassegnies
Leval
Escaudoeuvres
Rieux-en-Cambrésis
Solesmes
Beaurain
Poix-du-Nord
Vendegies-au-Bois
Forêt Dom. de Mormal
Monceau-St-Waast
St-Remy-Chaussée
Cagnoncles
Cauroir
St-Hilaire-lez-Cambrai
Boussières-en-Cambrésis
Quiévy
Briastre
Viesly
Croix-Caluyau
Robersart
Preux-au-Bois
Noyelles-sur-Sambre
Dompierre-sur-Helpe
CAMBRAI
Carnières
Awoingt
Estourmel
Béthencourt
Bévillers
Beauvois-en-Cambrésis
Neuvilly
Bousies
Forest-en-Cambrésis
Fontaine-au-Bois
Landrecies
Maroilles
Taisnières-en-Thiérache
St-Hilaire-sur-Helpe
Avesnes-sur-Helpe
PARC NAT. RÉG.
Rumilly-en-Cambrésis
Séranvillers-Forenville
Crèvecoeur-sur-l'Escaut
Wambaix
Cattenières
Fontaine-au-Pire
Haucourt-en-Cambrésis
Caudry
Inchy
Beaumont-en-Cambrésis
Montay
le Cateau-Cambrésis
Pommereuil
Marbaix
Grand-Fayt
Petit-Fayt
Esnes
Ligny-en-Cambrésis
Montigny-en-Cambrésis
Troisvilles
Ors
le Favril
Cartignies
Haut-Lieu
Lesdain
les Rues-des-Vignes
Caullery
Bertry
Reumont
Bazuel
Prisches
Boulogne-sur-Helpe
Clary
Maurois
Honnechy
St-Benin
Catillon-sur-Sambre
la Groise
Beaurepaire-sur-Sambre
Étroeungt
Walincourt-Selvigny
Dehéries
Malincourt
Maretz
Élincourt
St-Souplet
Escaufourt
St-Martin-Rivière
Mazinghien
Barzy-en-Thiérache
Villers-Outréaux
Busigny
Molain
Ribeauville
Rejet-de-Beaulieu
Fesmy-le-Sart
Bergues-sur-Sambre
Fontenelle
Floyon
Larouillies
Papleux
Aubencheul-aux-Bois
Serain
Vaux-Andigny
la Vallée-Mulâtre
Wassigny
Oisy
Boué
le Nouvion-en-Thiérache
la Flamengrie
Gouy
Prémont
Becquigny
Étreux
Forêt du Nouvion
Beaurevoir
Mennevret
Vénérolles
Hannapes
la Neuville-lès-Dorengt
Dorengt
Esquéhéries
Bohain-en-Vermandois
Brancourt-le-Grand
Petit-Verly
Tupigny
Buironfosse
Leschelles
la Capelle
Bellicourt
Estrées
Nauroy
Montbrehain
Ramicourt
Fresnoy-le-Grand
Seboncourt
Grand-Verly
Grougis
Iron
Lavaquerese
Lerzy
Froidestrées
Joncourt
Magny-la-Fosse
Sequehart
Étaves-et-Bocquiaux
Aisonville-et-Bernoville
Vadencourt
Lesquielles-St-Germain
Crupilly
Englancourt
Bellenglise
Levergies
Fontaine-Uterte
Croix-Fonsommes
Fonsommes
Villers-lès-Guise
Monceau-sur-Oise
Malzy
Erloy
Sorbais
Lehaucourt
Essigny-le-Petit
Montigny-en-Arrouaise
Noyales
Proix
Guise
Flavigny-le-Grand-et-Beaurain
Romery
Proisy
Marly-Gomont
Autreppes
St-Algis
Lesdins
Remaucourt
Macquigny
Wiège-Faty
Omissy
Morcourt
Fontaine-Notre-Dame
Hauteville
Audigny
Colonfay
le Sourd
la Vallée-au-Blé
Fayet
ST-QUENTIN
Homblières
Bernot
Neuvillette
Puisieux-et-Clanlieu
Voulpaix
Fontaine-lès-Vervins
Rouvroy
Harly
Mesnil-St-Laurent
Marcy
Mont-d'Origny
Origny-Ste-Benoite
Thenelles
Regny
le Hérie-la-Viéville
Sains-Richaumont
St-Pierre-lès-Franqueville
Gauchy
Neuville-St-Amand
Chevennes
Franqueville
Gercy
59
02

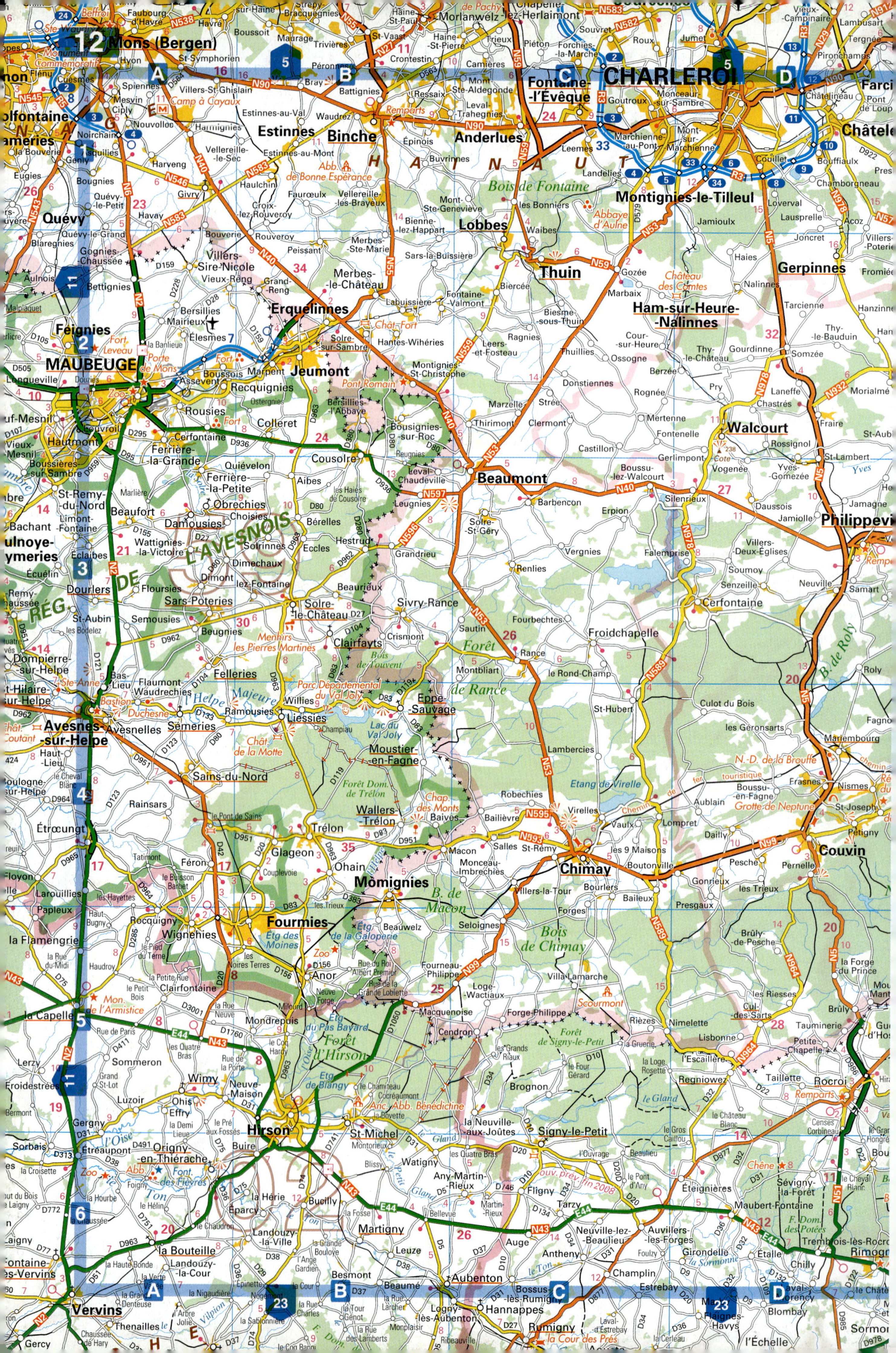

12
Mons (Bergen)
CHARLEROI
Fontaine-l'Évêque
Binche
Estinnes
Anderlues
Lobbes
Thuin
Montignies-le-Tilleul
Gerpinnes
Ham-sur-Heure-Nalinnes
Erquelinnes
Jeumont
Feignies
MAUBEUGE
Quévy
Walcourt
Beaumont
Philippeville
HAINAUT
Hautmont
Cousolre
Sivry-Rance
Froidchapelle
Cerfontaine
Couvin
Chimay
Momignies
Fourmies
Trélon
Avesnes-sur-Helpe
Sains-du-Nord
Hirson
Vervins
Aubenton
Signy-le-Petit
La Capelle
Étrœungt
Solre-le-Château
Sars-Poteries
Dourlers
Eppe-Sauvage
Liessies
Moustier-en-Fagne
Wallers-Trélon
Glageon
Anor
Macquenoise
Forêt de Rance
Bois de Chimay
Forêt de Signy-le-Petit
Forêt d'Hirson
Bois de Fontaine
Etang de Virelle
Lac du Val Joly
Parc Départemental du Val Joly
Nismes
Mariembourg
Rocroi
Maubert-Fontaine
Martigny
Hannappes
Rumigny
Eparcy
La Bouteille
Origny-en-Thiérache
Étréaupont
Wimy
Sommeron
Mondrepuis
St-Michel
Landouzy-la-Ville
Rémy-du-Nord
Beaufort
Bachant
Aulnoye-Aymeries
Ferrière-la-Grande
Rousies
Recquignies
Colleret
Marpent
Boussois
Bersillies-l'Abbaye
Solre-sur-Sambre
Merbes-le-Château
Villers-Sire-Nicole
Bettignies
Gognies-Chaussée
Beaurieux
Clairfayts
Felleries
Sémeries
Avesnelles
Rainsars
Wignehies
Clairfontaine
Féron
Ohain
Baives
Macon
Salles
Virelles
Lompret
Boussu-lez-Walcourt
Silenrieux
Daussois
Yves-Gomezée
Vogenée
Thy-le-Château
Ragnies
Leers-et-Fosteau
Grandrieu
Barbençon
Erpion
Vergnies
Renlies
Fourbechies
Rance
Montbliart
Lambercies
Robechies
Bailièvre
Forges
Bourlers
Baileux
Presgaux
Seloignes
Villers-la-Tour
Fourneau-Philippe
Forge-Philippe
Cendron
Brognon
Rièzes
Nimelette
Lisbonne
l'Escaillère
Regniowez
Petite-Chapelle
Brûly
Brûly-de-Pesche
Pesche
Gonrieux
Dailly
Aublain
Frasnes
Pernelle
Boussu-en-Fagne
Grotte de Neptune
N.-D. de la Brouffe
Gérardmé
Bossus-lès-Rumigny
Neuville-lez-Beaulieu
Auvillers-les-Forges
Tarzy
Fligny
Any-Martin-Rieux
Watigny
Leuze
Besmont
Beaumé
Logny-lès-Aubenton
Landouzy-la-Cour
Thenailles
Buire
Luzoir
Ohis
Neuve-Maison
Gergny
Lerzy
Sorbais
Froidestrées
Haudroy
Papleux
Larouillies
Floyon
Fontaine-les-Vervins

Sambreville
Floreffe
Fosse-la-Ville
Aiseau-Presles
Profondeville
Gesves
Ohey
Assesse
Hamois
Yvoir
Anhée
Mettet
Ciney
Dinant
Florennes
Onhaye
Hastière
Rochefort
Givet
Beauraing
Wellin
Tellin
Hierges
Aubrives
Vireux-Molhain
Vireux-Wallerand
Viroinval
Fumay
Revin
Gedinne
Bièvre
Paliseul
Bouillon
Nouzonville
Bogny-sur-Meuse
Monthermé
Deville
Haybes
Houyet
Ciergnon
Han-sur-Lesse
Daverdisse
Doische
Walcourt
Philippeville
Bois de Surice
Bois de Rienne
Bois de Mohimont
Bois de St-Remacle
Bois de Transinne
Forêt Domaniale d'Hargnies-Laurier
Vallée de la Semois
Roche de l'Uf
Roche à Sept Heures
Roche la Dame
Roches de Laifour
Croix d'Enfer
Grottes de Han
Parc de Lesse et Lomme
Fortifications
Fort de Charlemont
Centrale Nucléaire
Réserve Naturelle
Calvaire du Maquis des Manises
Mont Malgré Tout
Tombeau du Géant
Chaire à Prêcher
Château-Regnault
Saut des Sorcières
Thilay
Les Hautes-Rivières
Vresse-sur-Semois
Alle
Laforêt
Membre
Bohan
Hargnies
Fépin
Montigny-sur-Meuse
Chooz
Landrichamps
Rancennes
Foisches
Gimnée
Agimont
Heer
Waulsort
Falmignoul
Anseremme
Sorinnes
Leignon
Achêne
Natoye
Emptinne
Pessoux
Haversin
Serinchamps
Chevetogne
Jambline
Lavaux-Ste-Anne
Froidfontaine
Vonêche
Baronville
Focant
Halma
Lomprez
Chanly
Resteigne
Transinne
Maissin
Carlsbourg
Redu
Opont
Our
Graide
Louette-St-Pierre
Rienne
Willerzie
Bourseigne-Neuve
Malvoisin
Vencimont
Sart-Custinne
Patignies
Houdremont
Orchimont
Nafraiture
Monceau-en-Ardenne
Baillamont
Naomé
Plainevaux
Noirefontaine
Corbion
Sugny
Pussemange
E411
A4
N4
N97
N40
N95
N94
N935
N952
N945
N853
N899
N89
N5
N51
N63
N911

A
B
C
D
1
2
3
4
5
6
CAP DE LA HAGUE
Goury
St-Germain-des-Vaux
Auderville
Omonville-la-Petite
Omonville-la-Rogue
Digulleville
Eculleville
Baie Ecalgrain
Jobourg
Nez de Jobourg
Usine de retraitement
Hameau Dannery
Herqueville
Le Petit Beaumont
Champ de Tir du Castel Vendon
Rocher du Castel-Vendon
Gréville-Hague
Landemer
Urville-Nacqueville
Querqueville
Fort de Chavagnac
Beaumont-Hague
Man. de Dur-Écu
Dom. de Nacqueville
la Houlgate
Dublin (en saison)
Rosslare
Poole
Portsmouth
CHERBOURG-OCTEVILLE
Abb. du Vœu
Fort des Flamands
Ruines Mégalithiques les Pouquelées
Vauville
Rés. Nat. de la Mare de Vauville
Anse de Vauville
Branville-Hague
Tonneville
Équeurdreville-Hainneville
Ste-Croix-Hague
Flottemanville-Hague
Octeville
Tourlaville
Fort du Roule
Champ de Tir de Biville
Biville
Calv. des Dunes
Acqueville (l'Église)
Nouainville
le Saussey
la Glacerie
Vasteville
Sideville
Martinvast
Teurthéville-Hague
le Pont des Sablons
Pénitot
Héauville
Domaine de Beaurepaire
Hardinvast
Tollevast
Clairefontaine
la Croix Cosmé
Siouville-Hague
Helleville
Baudretot
Virandeville
Diélette
Centrale Nucléaire de Flamanville
Flamanville
Cap de Flamanville
le Bois
la Petite Siouville
Tréauville
St-Christophe-du-Foc
Couville
St-Martin-le-Gréard
Sotteville
Manoir de la Grande Maison
Breuville
les Landes
Brix
Benoîtville
Bricquebosq
Rauville-la-Bigot
les Pieux
la Belle Étoile
Houelle
Bréval
Grosville
Sottevast
St-Martin-le-Hébert
la Cour
Anse de Sciotot
St-Germain-le-Gaillard
le Rozel
Pierreville
Quettetot
Abb. N.-D. de Grâce
la Luzerne du Bas
Rocheville
Bricquebec
Chât.
la Croix Morain
le Pou
Surtainville
le Vrétot
les Perques
Sénoville (l'Épivent)
la Scye
Baubigny (l'Église)
Sortosville-en-Beaumont (Hameau-Costard)
St-Pierre-d'Arthéglise
le Valdécie
St-Jacques-de-Néhou
la Vallée de Beaubigny
les Moitiers-d'Allonne
Masse de Romond
la Haye-d'Ectot
St-Maurice-en-Cotentin
Carteret
Cap de Carteret
Guernsey
Barneville-Carteret
St-Jean-de-la-Rivière
Barneville-Plage
St-Georges-de-la-Rivière
Fierville-les-Mines
le Mesnil
Besneville
St-Simeon
Gennetot
Baptistère
Portbail
Chât. d'Olonde
St-Lô-d'Ourville
Chât. d'Omonville
Canville-la-Rocque
Lindbergh-Plage
Denneville-Plage
Denneville
St-Sauveur-de-Pierrepont
St-Nicolas-de-Pierrepont
Baudreville
St-Rémy-des-Landes
la Poudrière
Surville
Bolleville
St-Symphorien-le-Valois
la Haye-du-Puits
Glatigny
Montgardon
Bretteville-sur-Ay
Angoville-sur-Ay
Fenouillère
la Plage
St-Germain-sur-Ay-Plage
St-Germain-sur-Ay
le Gué de l'Orme
Créances
Lessay
Anc. Abb.
Rés. Nat.
Printania Plage
Armanville-Plage
Pirou-Plage
Pirou
Landes de Lessay
l'Éventard
Chât. de Pirou
la Feuillie
le Haut Mesnil
Bourgogne
Geffosses
Anneville-sur-Mer
Grande Maresquière
le Haut de Bingard
Cap Lévi
Phare du Cap Lévi
Fermanville
Cosqueville
Menhirs
St-Pierre-Église
Carneville
Maupertus-sur-Mer
Bretteville
Cherbourg-Maupertus
Théville
Gonneville
Digosville
Brillevast
Clitourps
Varouville
le Mesnil-au-Val
le Theil
Manoir de Barville
Base de Loisirs
Parc Animalier
Teurthéville-Bocage
Saussemesnil
Montaigu-la-Brisette
Chât. de Chiffrevast
St-Joseph
Tamerville
Octeville-l'Avenel
Valognes
Ruines Romaines d'Alauna
Hôtel de Beaumont
Hôpital Anc. Abb.
Pont Rilly
Négreville
Morville
Yvetot-Bocage
Sortosville
Montebourg
Huberville
Vaudreville
St-Germain-de-Tournebut
Flottemanville (le Ruage)
Hémevez
Éroudeville
Écausseville
Urville
le Ham (le Val)
Colomby
l'Étang-Bertrand
Magneville (le Férage)
Golleville
Ste-Colombe
Biniville
Hautteville-Bocage (Village-des-Fontaines)
Orglandes
Gourbesville
Reigneville-Bocage
Amfreville
Fresville
Néhou
St-Sauveur-le-Vicomte
Crosville-sur-Douve
Rauville-la-Place
la Bonneville
Picauville
Étienville
Taillepied
Catteville
Rés. Nat. des Marais de la Sensurière et de l'Adriennerie
Neuville-en-Beaumont
Varenguebec
Les Moitiers-en-Bauptois
Beuzeville-la-Bastille
Vindefontaine
Cretteville
Houtteville
Doville
Prétot-Ste-Suzanne
Chât. de Francquetot
Coigny (les Asselines)
Neufmesnil
Anc. Abb. de Blanchelande
Lithaire
Mont Castre
Camp Romain
St-Jores
Baupte
le Plessis-Lastelle (Beau-Coudray)
DES MARAIS
Mobecq
Gorges
Vesly
Laulne
Gonfreville
St-Patrice-de-Claids
Nay
St-Germain-sur-Sèves
Raids
Millières
Périers
St-Sébastien-de-Raids
St-Martin-d'Aubigny
Vaudrimesnil
St-Michel-de-la-Pierre
St-Aubin-du-Perron
St-Sauveur-Lendelin
la Ronde Haye
le Mesnil
36
37
50

E
F
G
H
1
2
3
4
5
6
POINTE DE BARFLEUR
Phare de Gatteville
Néville-sur-Mer
Gatteville-le-Phare
Gouberville
Tocqueville
Barfleur
Ste-Geneviève
Montfarville
Landemer
Anneville-en-Saire
Crasville
Manoir de la Crasvillerie
T. d'Orient
la Pernelle
Réville
la Buhotterie
Pointe de Saire
le Tronquet
Quettehou
Forts
Île de Tatihou
St-Vaast-la-Hougue
Morsalines
Fort de la Hougue
Crasville
Aumeville-Lestre
Chap.
Quinéville
Fontenay-sur-Mer
les Gougins
Chât. de Courcy
Dangueville
Ravenoville-Plage
Grand Hameau des Dunes
St-Marcouf
Fort de St-Marcouf
Azeville
Ravenoville
la Sellerie
Cibrantot
Foucarville
Monument
Neuville-au-Plain
Beuzeville-au-Plain
St-Germain-de-Varreville
Utah Beach
Ste-Mère-Église
St-Martin-de-Varreville
Monument
Turqueville
Audouville-la-Hubert
la Madeleine
Écoquenéauville
le Grand Chemin
Réserve Naturelle de Beau Guillot
Boutteville
Ste-Marie-du-Mont
Pouppeville
Sébeville
(les Fontaines)
Brucheville
Blosville
Hiesville
la Rue
le Grand Vey
Vierville
Houesville
Angoville-au-Plain
Brévands
le Moulin
P L A G E S   D U   D É B A
Pointe du Hoc
Grandcamp-Maisy
Mon.
St-Pierre-du-Mont
Maisy
Cricqueville-en-Bessin
Englesqueville-la-Percée
Vierville-sur-Mer
l'Hermerel
Chât. de Beaumont
Chât. de Vaumicel
Omaha Beach
Cim. Am.
Mémorial
Gefosse-Fontenay
(le Bas-de-Géfosse)
Asnières-en-Bessin
Louvières
Mon.
Cardonville
la Cambe
Deux-Jumeaux
St-Laurent-sur-Mer
Ste-Honorine-des-Pertes
Tour Vauban
Port-en-Bessin-Huppain
le Chaos
St-Clément
Osmanville
Cim. All.
Longueville
St-Louis
Formigny
Colleville-sur-Mer
Anc. Prieuré
Huppain
Commes
Longues-sur-Mer
Manvieux
Isigny-sur-Mer
St-Germain-du-Pert
Canchy
Aignerville
(Normanville)
Surrain
Russy
Étréham
Fosses de Soucy
la Baucquerie
Anc. Abb. Ste-Marie
Les Veys
(l'Église)
Monfréville
l'Aure
Écrammeville
Trévières
Mosles
Manoir d'Argouges
Maisons
Sully
Magny-en-Bessin
PARC NATUREL RÉGIONAL DU COTENTIN ET DU BESSIN
St-Hilaire-Petitville
Catz
Mais. du Parc
Cantepie
le Rivage
Auvers
Carentan
St-Pellerin
(le Bourg)
Hameau de la Madeleine
Vouilly
Colombières
Mandeville-en-Bessin
Chât. de Vaulaville
Tour-en-Bessin
Bayeux
Vaucelles
St-Vigor-le-Grand
Corbeauville
la Net du Pas
les Oubeaux
la Belle Croix
Bricqueville
Bernesq
Rubercy
le Long Bois
Cussy
Barbeville
St-Sulpice
Esquay-sur-Seulles
Vaussieux
les Terres Rouges
la Planque
Montmartin-en-Graignes
Castilly
Neuilly-la-Forêt
le Nid à Oies
la Poterie
Saonnet
Saon
Blay
Cottun
St-Martin-des-Entrées
St-Georges-de-Bohon
la Vire
Chât. de la Rivière
Lison
Cartigny-l'Épinay
la Folie
St-Marcouf
St-Martin-de-Blagny
le Breuil-en-Bessin
Crouay
St-Loup-Hors
Sainteny
le Bosq
Graignes
(le Nouveau-Bourg)
St-Jean-de-Daye
Airel
le Molay-Littry
Campigny
Ranchy
Subles
Guéron
Monceaux-en-Bessin
Nonant
Condé-sur-Seulles
St-André-de-Bohon
la Martinière
Auxais
le Mesnil-Angot
le Mesnil-Véneron
St-Fromond
les Vignettes
l'Épinay
Tournières
la Croix Hurault
Cannebert
Littry
le Tronquay
la Mesleerie
Noron-la-Poterie
Agy
Arganchy
Tribehou
Chât. de Montfort
le Dézert
Moon-sur-Elle
Ste-Marguerite-d'Elle
Man. de la Rivière
Cerisy-la-Forêt
Vaubadon
Castillon
la Drôme
Ellon
Marchésieux
le Hommet-d'Arthenay
Cavigny
Champ Ruffin
St-Jean-de-Savigny
Anc. Abb.
Rés. Nat. de la Forêt de Cerisy
Arboretum
la Rue aux Vaches
St-Paul-du-Vernay
Juaye-Mondaye
Remilly-sur-Lozon
les Champs-de-Losque
la Meauffe
St-Clair-sur-l'Elle
Blagny
la Maumissière
Trungy
la Belle Épine
Bernières-Bocage
Chouain
la Vallée aux Oiseaux
les Foulons
Couvains
Montfiquet
la Bazoque
Balleroy
Lignerolles
Lingèvres
Tilly-sur-Seulles
le Mesnil-Eury
Amigny
Pont-Hébert
Hameau Lavieille
la Malbrèche
St-Quentin
Cim. Brit.
le Mesnil-Vigot
Lozon
le Mesnil-Rouxelin
Rampan
Biniers-Fossard
Cahagnolles
Ste-Honorine-de-Ducy
Montreuil-sur-Lozon
la Chapelle
la Roque
le Grand Hamel
St-Georges
St-André-de-l'Épine
St-Georges-d'Elle
Litteau
la Perquelevée
Planquery
les Landes
Longraye
Torteval-Quesnay
Hottot-les-Bagues

A
B
C
D
1
2
3
4
5
6
15
BAIE
DE LA SEINE
ÉBARQUEMENT
Côte de Nacre
Côte
Portsmouth
Arromanches-les-Bains
Courseulles-sur-Mer
Bernières-sur-Mer
Réserve Naturelle de la Falaise du Cap Romain
Langrune-sur-Mer
St-Aubin-sur-Mer
Luc-sur-Mer
Lion-sur-Mer
Douvres-la-Délivrande
Hermanville-sur-Mer
Ouistreham
Merville-Franceville-Plage
Cabourg
Houlgate
Dives-sur-Mer
Villers-sur
Longues-sur-Mer
Manvieux
Tracy-sur-Mer
Asnelles
Ver-sur-Mer
Crépon
Ryes
Bazenville
Villiers-le-Sec
Creully
Fontaine-Henry
Thaon
Anguerny
Mathieu
Biéville-Beuville
Ranville
Bénouville
Hérouville-St-Clair
CAEN
Mondeville
Colombelles
Sannerville
Troarn
Cormelles-le-Royal
Ifs
Louvigny
Carpiquet
Bretteville-l'Orgueilleuse
Tilly-sur-Seulles
Villers-Bocage
Aunay-sur-Odon
Évrecy
Bretteville-sur-Laize
Thury-Harcourt
Cintheaux
St-Martin-de-Fontenay
Bourguébus
Argences
Moult
Mézidon-Canon
Cagny
Frénouville
Soliers
St-Sylvain
Conde-sur-Ifs
Potigny
Soulangy
Croissanville
Dozulé
Putot-en-Auge
Grangues
A13
N13
E46
A84
N158
PAYS

LE HAVRE
Ste-Adresse
CAP DE LA HEVE
Montivilliers
Harfleur
Gonfreville-l'Orcher
Octeville-sur-Mer
Épouville
Rolleville
St-Romain-de-Colbosc
Bolbec
Lillebonne
Gruchet-le-Valasse
Notre-Dame-de-Gravenchon
Quillebeuf-sur-Seine
Tancarville
Norville
Réserve Naturelle de l'Estuaire de la Seine
Pont de Normandie
Pont de Tancarville
Honfleur
Côte de Grâce
Trouville-sur-Mer
Deauville
Villerville
Cricquebœuf
Equemauville
Pont-Audemer
Beuzeville
Toutainville
St-Germain-Village
Corneville-sur-Risle
Pont-l'Évêque
Canapville
Beaumont-en-Auge
Blangy-le-Château
Cormeilles
Lieurey
Épaignes
Lisieux
Moyaux
Thiberville
Bernay
Orbec
Livarot
la Vespière
Broglie
St-Pierre-Azif
Touques
St-Gatien-des-Bois
Manerbe
Fervaques
Duranville
Boisney
Menneval
Courbépine
Plainville
Marais-Vernier
Bourneville
Pays d'Auge

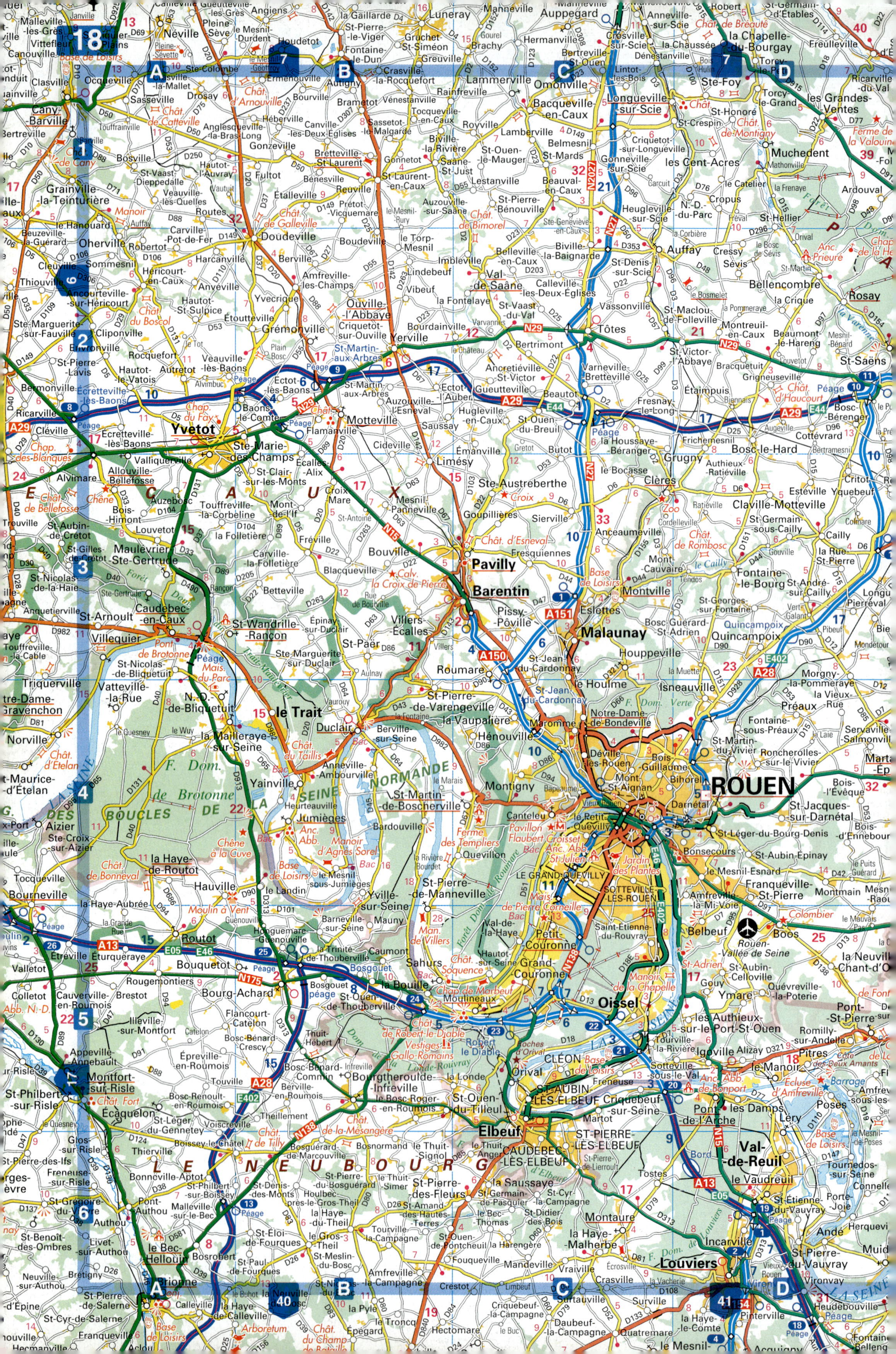
18
7
7
A
B
C
D
1
2
3
4
5
6
40
41
ROUEN
Yvetot
Barentin
Pavilly
Malaunay
Elbeuf
Louviers
Val-de-Reuil
Oissel
Le Trait
Duclair
Jumièges
Caudebec-en-Caux
Doudeville
Yerville
Tôtes
Auffay
Longueville-sur-Scie
Bacqueville-en-Caux
Montville
Isneauville
Clères
Bourg-Achard
Routot
Bourgtheroulde-Infreville
Montfort-sur-Risle
Brionne
Le Neubourg
Sotteville-lès-Rouen
Le Grand-Quevilly
Petit-Couronne
Grand-Couronne
Caudebec-lès-Elbeuf
St-Pierre-lès-Elbeuf
Darnétal
Bois-Guillaume
Maromme
Déville-lès-Rouen
Mont-St-Aignan
Boos
Pont-de-l'Arche
St-Saëns
Bosc-le-Hard
Fontaine-le-Bourg
Clerville
Pays de Caux
Boucles de la Seine Normande
F. Dom. de Brotonne
A13
A28
A29
A150
A151
A154
N15
N27
N31
N138
E05
E44
E46
E402

19
Foucarmont
Londinières
Fréauville
Smermesnil
Ste-Agathe-d'Allermont
Croixdalle
Osmoy-St-Valery
Bailleul-Neuville
Baillolet
Fesques
Callengeville
Aubermesnil-aux-Erables
Richemont
Aubéguimont
Beaucamps-le-Vieux
Beaucamps-le-Jeune
Lafresguimont-St-Martin
Landes-Vieilles-et-Neuves
Ellecourt
Morienne
Abb. d'Auchy
Gauville
Aumale
Marques
Le Caule-Ste-Beuve
Vatierville
Ménonval
Ste-Beuve-en-Rivière
Bures-en-Bray
Mesnières-en-Bray
St-Germain-sur-Eaulne
Mortemer
Auvilliers
Nullemont
Illois
Moulin de Pierre
Quincampoix-Fleuzy
Escles-St-Pierre
Offignies
Morvillers-St-Saturnin
Lignières-Châtelain
Marlers
Meigneux
Saulchoy-sous-Poix
Caulières
Lachapelle
Fresles
St-Martin-l'Hortier
Pommeréval
Quièvrecourt
Neufchâtel-en-Bray
Bully
Graval
Flamets-Frétils
Ronchois
Haudricourt
Gourchelles
Fouilloy
Hescamps
Méréaucourt
Ventes-St-Rémy
Esclavelles
Neuville-Ferrières
Bouelles
Nesle-Hodeng
St-Saire
Beaussault
Conteville
Lannoy-Cuillère
St-Valery
Abancourt
Romescamps
St-Thibault
Maucomble
Massy
Mesnil-Mauger
Fontaine-en-Bray
Criquiers
Blargies
Sarcus
Grandvilliers
Bosc-Mesnil
Ste-Geneviève
Compainville
Le Thil-Riberpré
Gaillefontaine
Formerie
Moliens
Broquiers
Bradiancourt
Neufbosc
Anc. Abb. de Beaubec
Beaubec-la-Rosière
Haucourt
Bouvresse
Monceaux-l'Abbaye
Feuquières
Brombos
Briot
Halloy
St-Martin-Osmonville
Montérolier
Sommery
Mathonville
Roncherolles-en-Bray
Serqueux
Forges-les-Eaux
Longmesnil
Campeaux
Boutavent
Mureaumont
St-Arnoult
Hautbos
Thieuloy-St-Antoine
Grumesnil
Canny-sur-Thérain
Omécourt
St-Deniscourt
Thérines
Mauquenchy
Bosc-Bordel
La Ferté-St-Samson
St-Michel-d'Halescourt
Pommereux
St-Samson-la-Poterie
Loueuse
Héricourt-sur-Thérain
Ernemont-Boutavent
Buchy
Bosc-Roger-sur-Buchy
Bosc-Edeline
Saumont-la-Poterie
Haussez
Doudeauville
Mercastel
Villers-Vermont
Fontenay-Torcy
Morvillers
Grémévillers
Ste-Croix-sur-Buchy
Vieux-Manoir
Bois-Héroult
Rouvray-Catillon
Sigy-en-Bray
Ménerval
Gancourt-St-Etienne
Bazancourt
Escames
Songeons
Buicourt
Gerberoy
Lachapelle-sous-Gerberoy
St-Germain-des-Essourts
Ernemont-sur-Buchy
Héronchelles
Bois-Guilbert
La Chapelle-St-Ouen
Argueil
Mésangueville
Hodeng-Hodenger
Dampierre-en-Bray
Château des Huguenots
St-Quentin-des-Prés
Hécourt
Wambez
Vrocourt
Hanvoile
Crillon
Boissay
Rebets
La Hallotière
Le Mesnil-Lieubray
Fry
Château de Bréмontier-Merval
Beauvoir-en-Lyons
Bréмontier-Merval
Cuy-St-Fiacre
Molagnies
Gournay-en-Bray
Hannaches
Villers-sur-Auchy
Glatigny
Lhéraule
Blainville-Crevon
St-Aignan-sur-Ry
Ry
Morville-sur-Andelle
Elbeuf-sur-Andelle
Elbeuf-en-Bray
Ferrières-en-Bray
Villembray
La Neuville-Vault
Savignies
St-Denis-le-Thiboult
Croisy-sur-Andelle
La Haye
La Feuillie
Hêtre de la Bunodière
Avesnes-en-Bray
Ernemont-la-Villette
Blacourt
Hodenc-en-Bray
Lachapelle-aux-Pots
Domaine de la Forestière
Vascœuil
Perruel
Letteguives
Forêt Domaniale de Lyons
Fleury-la-Forêt
Bézancourt
Bosquentin
Montroty
Neuf-Marché
St-Germer-de-Fly
St-Pierre-es-Champs
Espaubourg
St-Aubin-en-Bray
Parc St-Paul
Fresne-le-Plan
Renneville
Les Hogues
Le Tronquay
Lorleau
Lilly
Manoir de la Fontaine du Houx
Cuigy-en-Bray
Le Coudray-St-Germer
Ons-en-Bray
Perriers-sur-Andelle
Lyons-la-Forêt
Beauficel-en-Lyons
Bézu-la-Forêt
Martagny
Bouchevilliers
Puiseux-en-Bray
Lalande
Villers-St-Barthélemy
Bourg-Beaudouin
Vandrimare
Charleval
Rosay-sur-Lieure
Sources de Fouillebroc
Morgny
Mesnil-sous-Vienne
Talmontiers
Lalande-en-Son
Fleury-sur-Andelle
Menesqueville
Abb. de Mortemer
Touffreville
Lisors
Mainneville
Amécourt
Le Vauroux
Grainville
Radepont
Gaillardbois-Cressenville
Puchay
La Neuve-Grange
Longchamps
Sancourt
Hébécourt
Sérifontaine
Labosse
La Houssoye
Heudicourt
Doudeauville-en-Vexin
Flavacourt
Porcheux
Mesnil-Verclives
Saussay-la-Campagne
Nojeon-en-Vexin
Boutencourt
Amfreville-les-Champs
Bacqueville
Ecouis
St-Denis-le-Ferment
Bazincourt-sur-Epte
Eragny-sur-Epte
Énencourt-Léage
Thibivillers
Jouy-sous-Thelle
Houville-en-Vexin
Fresne-l'Archevêque
Le Thil
Étrépagny
Bézu-St-Eloi
Villers-sur-Trie
Hardivillers-en-Vexin
Heuqueville
Cuverville
Farceaux
Boisemont
Hacqueville
Donjon
Gisors
Trie-Château
Trie-la-Ville
Énencourt-le-Sec
Bachivillers
Daubeuf-près-Vatteville
Suzay
Ste-Marie-de-Vatimesnil
Chauvincourt-Provemont
Bernouville
Neaufles-St-Martin
Dolmen de la Pierre Trouée
Chaumont-en-Vexin
Boissy-le-Bois
Le Thuit
Richeville
Gamaches-en-Vexin
Dangu
Courcelles-lès-Gisors
Chambors
Reilly
Loconville
La Roquette
Parc Gaillard de Loisirs
Les Andelys
Harquency
Mouflaines
Villers-en-Vexin
Les Thilliers-en-Vexin
Noyers
Château de la Motte
Parc de loisirs du bois d'Hérouval
Lattainville
Delincourt
Fay-les-Étangs
Vézillon
Forêt-la-Folie
Cantiers
Château de Boisdenemets
Guerny
Boury-en-Vexin
Vaudancourt
Boubiers
Liancourt-St-Pierre
Tosny
Bernières-sur-Seine
Guitry
Authevernes
Cahaignes
St-Clair-sur-Epte
Parnes
Montjavoult
Montagny-en-Vexin
Monneville
Lavilletertre
Villers-sur-le-Roule
Guiseniers
Hennezis
Fontenay
Fours-en-Vexin
Château-sur-Epte
Buhy
La Chapelle-en-Vexin
Hadancourt-le-Haut-Clocher
Lierville
Courcelles-sur-Seine
Tourny
Menhir Gravier
N O R M A N D I E
B R A Y
V E X I N
E
F
G
H
8
41
42
20
A29
A28
N31
N14
N29
E46
E44
E402

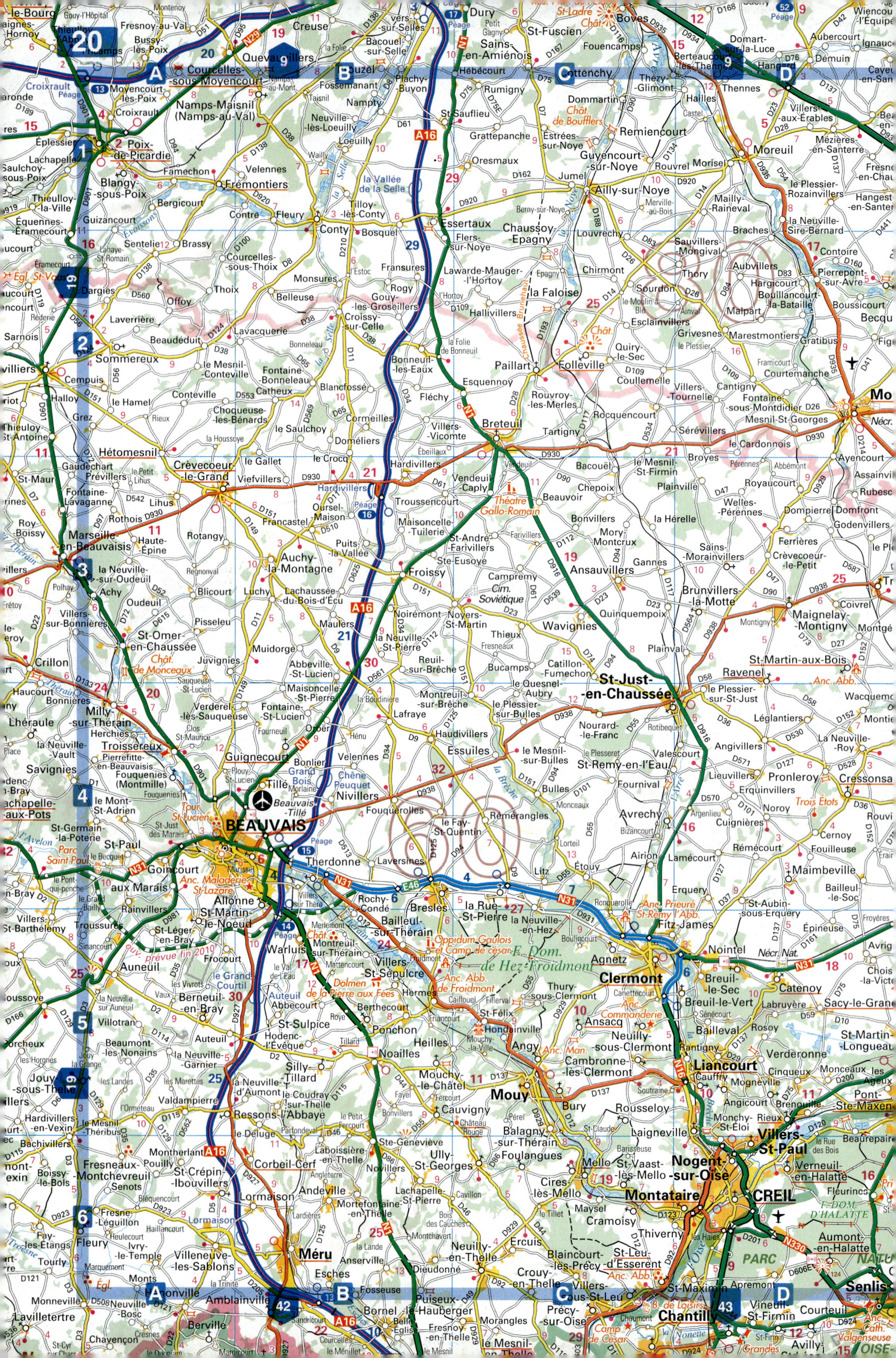
20
A
B
C
D
Poix-de-Picardie
Conty
Breteuil
Ailly-sur-Noye
Moreuil
Crèvecoeur-le-Grand
Marseille-en-Beauvaisis
Froissy
St-Just-en-Chaussée
BEAUVAIS
Clermont
Liancourt
Mouy
Noailles
Méru
Nogent-sur-Oise
Montataire
CREIL
Villers-St-Paul
Chantilly
Senlis
Beauvais-Tillé
Fitz-James
Bresles
St-Omer-en-Chaussée
Songeons
42
43
1
2
3
4
5
6

Rosières-en-Santerre
Chaulnes
Nesle
Ham
Guiscard
Roye
Montdidier
Noyon
Chauny
Lassigny
Ressons-sur-Matz
Thourotte
Compiègne
Margny-lès-Compiègne
Choisy-au-Bac
Vic-sur-Aisne
Attichy
Pierrefonds
Verberie
Pont-Ste-Maxence
Crépy-en-Valois
Villers-Cotterêts
Tracy-le-Mont
Ribécourt-Dreslincourt
Cuts
Blérancourt
Coucy
St-Simon
Guny
Estrées-St-Denis
Gournay-sur-Aronde
Béthisy-St-Pierre
Nanteuil-le-Haudouin
Chantilly
Morienval
Vauciennes
Longpont
Oigny-en-Valois
La Ferté-Milon
F. DOM. DE COMPIÈGNE
F. Dom. de Laigue
F. Dom. de Retz
COMPIÈGNE

22
A
B
C
D
1
2
3
4
5
6
Mesnil-St-Laurent
Regny
Thenelles
Origny-Ste-Benoite
Sains-Richaumont
St-Pierre-lès-Franqueville
Gercy
Neuville-St-Amand
Itancourt
Ribemont
Sissy
Châtillon-sur-Oise
Mézières-sur-Oise
Urvillers
Essigny-le-Grand
Pleine-Selve
Parpeville
Villers-le-Sec
Landifay-et-Bertaignemont
Chevennes
Housset
Martontaine
Gronard
Prisces
Burelles
Vohariès
Lugny
Rogny
Berlancourt
Thiernu
Marle
Bosmont-sur-Serre
Montigny-sous-Marle
Cilly
Châtillon-lès-Sons
Marcy-sous-Marle
Bois-lès-Pargny
Erlon
Voyenne
Menhir le Verzieux de Gargantua
Sons-et-Ronchères
Chevresis-Monceau
la Ferté-Chevresis
Surfontaine
Renansart
Moy-de-l'Aisne
Benay
Cerizy
Hinacourt
Gibercourt
Brissy-Hamégicourt
Alaincourt
Berthenicourt
Séry-lès-Mézières
Remigny
Vendeuil
Brissay-Choigny
Nouvion-et-Catillon
Nouvion-le-Comte
Mayot
Achery
Travecy
Anguilcourt-le-Sart
Mesbrecourt-Richecourt
Assis-sur-Serre
Montigny-sur-Crécy
Pargny-les-Bois
Crécy-sur-Serre
Dercy
Mortiers
Autremencourt
Toulis-et-Attencourt
Froidmont-Cohartille
la Neuville-Bosmont
St-Pierremont
Montigny-le-Franc
Cuirieux
Éboulleau
Vesles-et-Caumont
Grandlup-et-Fay
Pierrepont
Goudelancourt-lès-Pierrepont
Mâchecourt
Chalandry
Barenton-sur-Serre
Verneuil-sur-Serre
Pouilly-sur-Serre
Chéry-lès-Pouilly
Remies
Courbes
Danizy
la Fère
Tergnier
Beautor
Charmes
Mennessis
Liez
Monceau-lès-Leups
Versigny
Couvron-et-Aumencourt
St-Brice
Rogécourt
Rés. Nat. des Landes de Versigny
Fressancourt
Andelain
Condren
Deuillet
Servais
Bertaucourt-Epourdon
Chauny
Sinceny
Amigny-Rouy
Fourdrain
Brie
Crépy
Vivaise
Aulnois-sous-Laon
Châl. Féodal
Besny-et-Loizy
Barenton-Cel
Barenton-Bugny
Monceau-le-Waast
Missy-lès-Pierrepont
Chivres-en-Laonnois
Liesse-Notre-Dame
Gizy
Marchais
Sissonne
Samoussy
LAON
Chambry
Athies-sous-Laon
la Croisette
St-Gobain
Septvaux
Barisis
Roche de l'Hermitage
Anc. Prieuré du Tortoir
St-Nicolas-aux-Bois
Anc. Abb. de St-Nicolas
F. Dom. de St-Gobain
Bucy-lès-Cerny
Cerny-lès-Bucy
Molinchart
Cessières
Suzy
Laniscourt
Mons-en-Laonnois
Clacy-et-Thierret
Vaucelles-et-Beffecourt
Chivy-lès-Étouvelles
Étouvelles
Bourguignon-sous-Montbavin
Montbavin
Royaucourt-et-Chailvet
Eppes
Coucy-lès-Eppes
Montaigu
Mauregny-en-Haye
Courtrizy-et-Fussigny
St-Erme-Outre-et-Ramecourt
Parfondru
Veslud
Festieux
Bruyères-et-Montbérault
Chérêt
Vorges
Presles-et-Thierny
Nouvion-le-Vineux
Montchâlons
Orgeval
Aubigny-en-Laonnois
Arrancy
Bièvres
Ployart-et-Vaurseine
Ste-Croix
St-Thomas
Goudelancourt-lès-Berrieux
Berrieux
Corbeny
Fresnes
Verneuil-sous-Coucy
Folembray
Coucy-la-Ville
Prémontré
Anc. Abb. de Prémontré
Faucoucourt
Bassoles-Aulers
Wissignicourt
Brancourt-en-Laonnois
Merlieux-et-Fouquerolles
Lizy
Anizy-le-Château
Chaillevois
Coucy-le-Château-Auffrique
Quincy-Basse
Guny
Jumencourt
Landricourt
Pont-St-Mard
Pinon
Forêt de Pinon
Chavignon
Laval-en-Laonnois
Monthenault
Colligis-Crandelain
Urcel
Monampteuil
Lierval
Trucy
Chevregny
Pargny Filain
Filain
Chermizy-Ailles
Bouconville-Vauclair
Martigny-Courpierre
Chamouille
Pancy-Courtecon
Neuville-sur-Ailette
Parc de l'Ailette
Anc. Abb. de Vauclair
Arboretum
Ferme d'Hurtebise
Caverne du Dragon
Craonne
Craonnelle
Juvincourt-et-Damary
Crécy-au-Mont
Leuilly-sous-Coucy
Vauxaillon
Vaudesson
Allemant
Fort de la Malmaison
Epagny
Vézaponin
Neuville-sur-Margival
Margival
Laffaux
Nanteuil-la-Fosse
Juvigny
Terny-Sorny
Clamecy
Leury
Chavigny
Vuillery
Sancy-les-Cheminots
Aizy-Jouy
Vailly-sur-Aisne
Chavonne
Soupir
Ostrel
Braye-en-Laonnois
Cerny-en-Laonnois
Moussy-Verneuil
Vendresse-Beaulne
Paissy
Moulins
Cuissy-et-Geny
Jumigny
Vassogne
Oulches-la-Vallée-Foulon
Pontavert
la Ville-aux-Bois-lès-Pontavert
Beaurieux
Chaudardes
Cuiry-lès-Chaudardes
Concevreux
Bouffignereux
Roucy
Cormicy
Guyencourt
Cauroy-lès-Hermonville
Hermonville
Vauxrezis
Cuffies
Pasly
Crouy
Bucy-le-Long
Vregny
Celles-sur-Aisne
Condé-sur-Aisne
Chivres-Val
Missy-sur-Aisne
Presles-et-Boves
Cys-la-Commune
St-Mard
Pont-Arcy
Bourg-et-Comin
Villers-en-Prayères
Révillon
Glennes
Muscourt
Meurival
Ventelay
Bouvancourt
Pévy
SOISSONS
Pommiers
Anc. Abb. St-Jean-des-Vignes
Villeneuve-St-Germain
Venizel
Sermoise
Ciry-Salsogne
Vasseny
Braine
Anc. Abb. St-Yved
Chassemy
Brenelle
Dhuizel
Viel-Arcy
Longueval-Barbonval
Vauxtin
Serval
Merval
Blanzy-lès-Fismes
Romain
Montigny-sur-Vesle
Mercin-et-Vaux
Vauxbuin
Courmelles
Belleu
Septmonts
Billy-sur-Aisne
Acy
Serches
Augy
Couvrelles
Courcelles-sur-Vesles
Vauxcéré
Paars
Perles
Basileux-lès-Fismes
Courlandon
Fismes
Breuil
Magneux
Berzy-le-Sec
Ploisy
Noyant-et-Aconin
Rozières-sur-Crise
Buzancy
Ambrief
Nampteuil-sous-Muret
Chacrise
Muret-et-Crouttes
Cerseuil
Quincy-sous-le-Mont
Bazoches-sur-Vesles
Ville-Savoye
St-Thibaut
Jouaignes
Tannières
Lesges
Cuiry-Housse
Mont-Notre-Dame
Mont-St-Martin
St-Gilles
Unchair
Hourges
Vandeuil
Jonchery-sur-Vesle
Branscourt
Rosnay
Muizon
Gueux
Chaudun
Vierzy
Parcy-et-Tigny
Villers-Hélon
Louâtre
Hartennes-et-Taux
Droizy
Maast-et-Violaine
Launoy
Arcy-Ste-Restitue
Lhuys
Bruys
Chéry-Chartreuve
Courville
Mont-sur-Courville
Crugny
Serzy-et-Prin
Savigny-sur-Ardres
Treslon
Germigny
Coulommes-la-Montagne
le Plessier-Huleu
St-Rémy-Blanzy
Beugneux
Grand-Rozoy
Cramaille
Loupeigne
Mareuil-en-Dôle
Dravegny
Arcis-le-Ponsart
Brouillet
Faverolles-et-Coëmy
Tramery
Poilly
Méry-Prémecy
St-Euphraise-et-Clairizet
Billy-sur-Ourcq
Oulchy-la-Ville
Oulchy-le-Château
Saponay
Seringes-et-Nesles
Coulonges-Cohan
Lagery
Lhéry
Sarcy
Ville-en-Tardenois
Bruyères-sur-Fère
Fère-en-Tardenois
Breny
Nanteuil-N.-D.
Rozet-St-Albin
Chouy
Ourcq
Vichel
Montgru-St-Hilaire
Chambrecy
Bligny
Bouilly
Courmas
Aougny
Romigny
Abb. N.-D. d'Igny
Châl. de Fère
MASSIF DE ST-THIERRY
Trigny
Prouilly
THIÉRACHE
Route Charlemagne
Chemin des Dames
l'Oise
l'Aisne
la Serre
la Vesle
l'Ailette
A26
A4
E17
E46
E50
N2
N31
N32
N44

Hannappes
Rumigny
La Cour des Prés
Aouste
Abbaye de Bonne Fontaine
Blanchefosse-et-Bay
Liart
Rouvroy-sur-Audry
Rémilly-les-Pothées
St-Marcel
Plomion
Jeantes
Bancigny
Coingt
Iviers
Brunehamel
Nampcelles-la-Cour
Dagny-Lambercy
Morgny-en-Thiérache
Dohis
Cuiry-lès-Iviers
Parfondeval
Vigneux-Hocquet
Renneval
Archon
Grandrieux
Résigny
La Férée
Marlemont
St-Jean-aux-Bois
Maranwez
Thin-le-Moutier
Agnicourt-et-Séchelles
Chaourse
Montcornet
Rozoy-sur-Serre
Raillimont
Rouvroy-sur-Serre
Ste-Geneviève
Gros Frêne
Font-Rouge
Gouffre de Gibergeon
Signy-l'Abbaye
Forêt Domaniale de Signy-l'Abbaye
Noircourt
Berlise
Vaux-lès-Rubigny
Rubigny
Rocquigny
La Romagne
Montmeillant
Lalobbe
Draize
Jandun
Launois-sur-Vence
Chaumont-Porcien
Fraillicourt
Renneville
St-Berthauld
Givron
La Neuville-lès-Wasigny
Grandchamp
Wasigny
Doumely-Bégny
Mesmont
Wagnon
Neuvizy
Viel-St-Remy
Villers-le-Tourneur
Château de Harzillemont
Dizy-le-Gros
Le Thuel
Boncourt
Lappion
Waleppe
Sévigny-Waleppe
Hannogne-St-Rémy
Seraincourt
Remaucourt
Chappes
Novion-Porcien
Faissault
Hagnicourt
Justine-Herbigny
Hauteville
Sery
St-Quentin-le-Petit
Nizy-le-Comte
Banogne-Recouvrance
Son
Montagne de Sery
Corny-Machéroménil
Saulces-Monclin
Wignicourt
Inaumont
St-Fergeux
Arnicourt
Auboncourt-Vauzelles
Sorcy-Bauthémont
Camp de Sissonne
Le Thour
Château-Porcien
Ecly
Sorbon
Bertoncourt
Novy-Chevrières
Alland'Huy-et-Sausseuil
La Malmaison
Villers-devant-le-Thour
St-Germainmont
Condé-lès-Herpy
Herpy-l'Arlésienne
Taizy
Barby
Rethel
Nanteuil-sur-Aisne
Acy-Romance
Sault-lès-Rethel
Doux
Coucy
Amagne
Charbogne
L'Aisne
Gomont
Balham
Blanzy-la-Salonnaise
Biermes
Thugny-Trugny
Seuil
Givry
Attigny
Amifontaine
Asfeld
Aire
Avançon
Mont-Laurent
Proviseux-et-Plesnoy
Prouvais
Vieux-lès-Asfeld
Perthes
Saulces-Champenoises
Ménil-Annelles
Vaux-Champagne
Guignicourt
Neufchâtel-sur-Aisne
Évergnicourt
Avaux
Sault-St-Remy
St-Loup-en-Champagne
Tagnon
Annelles
Condé-sur-Suippe
Menneville
Brienne-sur-Aisne
Houdilcourt
Roizy
Bergnicourt
Le Châtelet-sur-Retourne
Neuflize
Pauvres
Variscourt
Pignicourt
Poilcourt-Sydney
L'Écaille
St-Remy-le-Petit
Juniville
Bignicourt
Aguilcourt
Bertricourt
St-Étienne-sur-Suippe
Alincourt
Ville-sur-Retourne
Dricourt
Leffincourt
Mont-St-Remy
Tourcelles-Chaumont
Orainville
Auménancourt
Boult-sur-Suippe
Bazancourt
Isles-sur-Suippe
Warmeriville
Ménil-Lépinois
Machault
Loivre
Bermericourt
Bourgogne
Aussonce
La Neuville-en-Tourne-à-Fuy
Cauroy
Brimont
Pomacle
Fresne-lès-Reims
Heutrégiville
Mont de Merlan
Courcy
Lavannes
St-Masmes
Hauviné
St-Clément-à-Arnes
St-Étienne-à-Arnes
Reims-Champagne
Bétheny
Witry-lès-Reims
Caurel
Selles
Époye
Pontfaverger-Moronvilliers
Bétheniville
St-Pierre-à-Arnes
St-Hilaire-le-Petit
Mémorial Américain
Berru
Nogent-l'Abbesse
Beine-Nauroy
St-Martin-l'Heureux
Sommepy-Tahure
Ste-Marie-à-Py
Champigny
St-Brice-Courcelles
Tinqueux
REIMS
Cernay-lès-Reims
Camp de Moronvilliers
Mont Cornillet
Dontrien
St-Souplet-sur-Py
Ormes
Bezannes
Cormontreuil
St-Léonard
Fort de la Pompelle
Vaudesincourt
Taissy
Trois-Puits
Monts de Champagne
Aubérive
Nécr. Nat. Cim. All.
Champfleury
Sillery
Prunay
Puisieulx
Villers-aux-Nœuds
Montbré
Prosnes
Beaumont-sur-Vesle
Val-de-Vesle
St-Hilaire-le-Grand
Souain-Perthes-lès-Hurlus

24
A
B
C
D
13
CHARLEVILLE-MÉZIÈRES
Nouzonville
Neufmanil
Aiglemont
Montcy-N.-D.
Warcq
Tournes
Lonny
Houldizy
Damouzy
Prix-lès-Mézières
Fagnon
Warnécourt
Évigny
St-Marcel
Gruyères
Mondigny
Champigneul-sur-Vence
St-Pierre-sur-Vence
Boulzicourt
La Francheville
Lumes
Villers-Semeuse
Vivier-au-Court
Vrigne-aux-Bois
St-Menges
Illy
Fleigneux
Sedan
Givonne
Glaire
Donchery
Balan
Bazeilles
Douzy
Pouru-St-Remy
Carignan
Blagny
Mouzon
Bouillon
Corbion
Nouvion-sur-Meuse
Flize
Dom-le-Mesnil
Élan
Poix-Terron
Villers-le-Tilleul
Cheveuges
Chéhéry
Remilly-Aillicourt
Villers-devant-Mouzon
Amblimont
Haraucourt
Chémery-sur-Bar
Raucourt-et-Flaba
Vendresse
Omont
Baâlons
Bouvellemont
Chagny
Louvergny
La Neuville-à-Maire
Artaise-le-Vivier
Le Mont-Dieu
Stonne
Beaumont-en-Argonne
Létanne
Pouilly-sur-Meuse
Martincourt-sur-Meuse
Stenay
Inor
Malandry
Tourteron
Suzanne
Le Chesne
Tannay
Sy
Oches
Sommauthe
Verrières
St-Pierremont
Vaux-en-Dieulet
Beaufort-en-Argonne
Laneuville-sur-Meuse
Beauclair
Attigny
Semuy
Rilly-sur-Aisne
Voncq
Brieulles-sur-Bar
Authe
Noirval
Quatre-Champs
Ste-Vaubourg
Vouziers
Buzancy
Harricourt
Bar-lès-Buzancy
Nouart
Mont-devant-Sassey
Doulcon
Dun-sur-Meuse
Grivy-Loisy
Mars-sous-Bourcq
Bourcq
Falaise
Savigny-sur-Aisne
Olizy-Primat
Grandpré
St-Juvin
Verpel
Bayonville
Bantheville
Romagne-sous-Montfaucon
Brieulles-sur-Meuse
Monthois
Senuc
Cornay
Fléville
Châtel-Chéhéry
Apremont
Montfaucon-d'Argonne
Séchault
Ardeuil-et-Montfauxelles
Varennes-en-Argonne
Vauquois
Boureuilles
Massiges
Ville-sur-Tourbe
Vienne-le-Château
Lachalade
Neuvilly-en-Argonne
Souain-Perthes-lès-Hurlus
Forêt de Muno
ARDENNES
FORÊT D'ARGONNE
Suippes
46
47
23
33

25
26
47
Forêt d'Herbeumont
Forêt de Chiny
Chiny
Florenville
Habay
Habay-la-Neuve
Habay-la-Vieille
Arlon (Aarlen)
Tintigny
Etalle
Virton
Meix-devant-Virton
St-Léger
Messancy
Aubange
Petange
Musson
Halanzy
Mont-St-Martin
Longwy
Longlaville
Herserange
Differdange
Montmédy
Avioth
Marville
Longuyon
Pierrepont
Spincourt
Étain
Damvillers
Verdun
Douaumont
Fort de Douaumont
Fort de Vaux
Belleville-sur-Meuse
Thierville-sur-Meuse
Charny-sur-Meuse
Champneuville
Sivry-sur-Meuse
Consenvoye
Azannes-et-Soumazannes
Ornes
Étang du Haut Fourneau
Forêt Dom. de Spincourt
Forêt Dom. de Verdun
Audun-le-Roman
Piennes
Joudreville
Mairy-Mainville
Mont-Bonvillers
Conflans-en-Jarnisy
Jeandelize
Boncourt
Gondrecourt-Aix
Rouvres-en-Woëvre
Fromezey
Warcq
Moranville
Eix
Blanzée
St-Laurent-sur-Othain
Rupt-sur-Othain
Mangiennes
Billy-sous-Mangiennes
Muzeray
Vaudoncourt
Loison
Gouraincourt
Senon
Amel-sur-l'Étang
Bouligny
Dommary-Baroncourt
Xivry-Circourt
Preutin-Higny
Murville
Landres
Fléville-Lixières
Lubey
Ozerailles
Mercy-le-Haut
Mercy-le-Bas
Joppécourt
Bazailles
Ville-au-Montois
Boismont
Beuveille
Baslieux
Laix
Morfontaine
Villers-la-Montagne
Cutry
Haucourt-Moulaine
Mexy
Réhon
Lexy
Cosnes-et-Romain
Gorcy
Tellancourt
Villers-la-Chèvre
Fresnois-la-Montagne
Cons-la-Grandville
Montigny-sur-Chiers
Ugny
Viviers-sur-Chiers
Colmey
Villette
Charency-Vezin
Allondrelle-la-Malmaison
Torgny
Écouviez
Verneuil-Grand
Verneuil-Petit
Thonnelle
Thonne-les-Prés
Thonne-le-Thil
Chauvency-St-Hubert
Chauvency-le-Château
Vigneul-sous-Montmédy
Quincy-Landzécourt
Iré-le-Sec
Jametz
Louppy-sur-Loison
Remoiville
Juvigny-sur-Loison
Brandeville
Lion-devant-Dun
Fontaines-St-Clair
Réville-aux-Bois
Étraye
Wavrille
Romagne-sous-les-Côtes
Chaumont-devant-Damvillers
Moirey-Flabas-Crépion
Ville-devant-Chaumont
Haumont-près-Samogneux
Samogneux
Brabant-sur-Meuse
Forges-sur-Meuse
Regnéville-sur-Meuse
Cumières-le-Mort-Homme
Béthincourt
Chattancourt
Marre
Bras-sur-Meuse
Fleury-devant-Douaumont
Vacherauville
Louvemont-Côte-du-Poivre
Beaumont-en-Verdunois
Mogeville
Morgemoulin
Maucourt-sur-Orne
Gincrey
Foameix-Ornel
Dieppe-sous-Douaumont
Vaux-devant-Damloup
Damloup
Abaucourt-Hautecourt
Herméville-en-Woëvre
Gussainville
Buzy-Darmont
Boinville-en-Woëvre
Braquis
Parfondrupt
Jean-lès-Buzy
Moulainville
Grimaucourt-en-Woëvre
Châtillon-sous-les-Côtes
Belrupt-en-Verdunois
Fromeréville-les-Vallons
Abbéville-lès-Conflans
Béchamps
Thumeréville
Mouaville
Affléville
Norroy-le-Sec
Anoux
Les Baroches
Dompierre
Avillers
Domprix
Anderny
Malavillers
Serrouville
Beuvillers
Errouville
Tiercelet
Thil
Hussigny-Godbrange
Saulnes
Villerupt
Redange
Rodange
Lamadelaine
Niedercorn
Fingig
Clemency
Hautcharage
Steinfort
Weyler
Autelbas
Sesselich
Toernich
Udange
Wolkrange
Hondelange
Buvange
Turpange
Guerlange
Bebange
Selange
Longeau
Aix-sur-Cloie
Battincourt
Rachecourt
Willancourt
Mussy-la-Ville
Baranzi
Signeulx
Ville-Houdlémont
Gomery
Bleid
Ethe
Belmont
Latour
Ruette
Grandcourt
St-Rémy
St-Pancré
Vire
Chenois
Harnoncourt
Lamorteau
Rouvroi
Dampicourt
Montquintin
Couvreux
Villers-la-Loue
Sommethonne
Houdrigny
Robelmont
Gérouville
Limes
Margny
Herbeuval
Sapogne-sur-Marche
Moiry
Fromy
Margut
Signy-Montlibert
La Ferté-sur-Chiers
Bièvres
Lamouilly
Auflance
Villers-devant-Orval
Abbaye d'Orval
Forêt de Merlanvaux
Pure
Puilly-et-Charbeaux
Tremblois-lès-Carignan
Mogues
Williers
Villers-sur-Semois
Valansart
Jamoigne
Prouvy
St-Vincent
Izel
Moyen
Les Bulles
Termes
Frenois
Breuvanne
Orsinfaing
Rossignol
Poncelle
Bellefontaine
La Hache
Fratin
Buzenol
Chantemelle
Châtillon
Habergy
Meix-le-Tige
Vance
Ste-Marie
Ansart
Villers-sur-Semois
Harinsart
Rulles
Houdemont
Marbehan
Mellier
Léglise
Thibésart
Nivelet
Assenois
Les Fosses
Suxy
Straimont
Martilly
Bohan
Rocher de Bohanan
Défilé du Paradis
Semois
Belvédère
Lacuisine
Martué
Leiche
Chassepierre
Cécile
Rocher du Chat
Herbeumont
Behême
Louftémont
Anlier
Vlessart
Parette
Roodt
Heinstert
Nobressart
Metzert
Lischert
Thiaumont
Hachy
Fouches
Sampont
Heinsch
Stockem
Freylange
Viville
Bonnert
Frassem
Walzing
Eischen
Gaichel
Heckbous
Hovelange
Beckerich
Huttange
Niederpall
Redange
Ell
Colpach-Haut
Colpach-Bas
Levelange
Oberpallen
Tontelange
Attert
Grendel
Nothomb
Petit Nobressart
Lannen
Nagem
Ospern
Rodenhoff
Schockville
Post
Bois de la Ronce
Vestiges Mérovingiens
Citadelle
Basilique
Ermitage de-St-Walfroy
Fort de Fermont
Mon. le Mort-Homme
Mon. de la Tranchée des Baïonnettes
Ossuaire
Mémorial
P. C. du Colonel Driant
Pal. Épiscopal
Citad.
Côte 304
Nécr. Nat.
Cim. All.
Autoroute de l'Est
E
F
G
H

26
LUXEMBOURG
Palais Grand-Ducal
Notre-Dame
Sandweiler
Schuttrange
Hesperange
Mamer
Strassen
Bertrange
Dippach
Garnich
Clémency
Bascharage
Sanem
Leudelange
Reckange-sur-Mess
Roeser
Weiler-la-Tour
Dalheim
Waldbredimus
Stadtbredimus
Remich
Lenningen
Wormeldange
Bettembourg
Frisange
Mondorf-les-Bains
Schifflange
Esch-sur-Alzette
Kayl
Dudelange
Audun-le-Tiche
Villerupt
Rumelange
Volmerange-les-Mines
Ottange
Crusnes
Aumetz
Tressange
Boulange
Angevillers
Hettange-Grande
Cattenom
Kœnigsmacker
Manom
THIONVILLE
Yutz
Basse-Ham
Rodemack
Contz-les-Bains
Schengen
Perl
Sierck-les-Bains
Apach
Kirsch-lès-Sierck
Montenach
Réméling
Kirschnaumen
Laumesfeld
Veckring
Kédange-sur-Canner
Metzervisse
Distroff
Kuntzig
Hayange
Nilvange
Knutange
Fontoy
Algrange
Audun-le-Roman
Serémange-Erzange
Florange
Terville
Uckange
Fameck
Guénange
Bertrange
Bousse
Richemont
Gandrange
Mondelange
Hagondange
Amnéville
Rombas
Moyeuvre-Grande
Briey
Jœuf
Homécourt
Marange-Silvange
Talange
Maizières-lès-Metz
Trémery
Ay-sur-Moselle
Hombourg-Budange
Vigy
Antilly
Sémécourt
Fèves
Norroy-le-Veneur
Woippy
Plesnois
Saulny
Amanvillers
Batilly
Giraumont
Jarny
Conflans-en-Jarnisy
Doncourt-lès-Conflans
Châtel-St-Germain
Lorry-lès-Metz
Plappeville
Le Ban-St-Martin
Longeville-lès-Metz
Scy-Chazelles
Moulins-lès-Metz
Rozérieulles
Gravelotte
Ars-sur-Moselle
Montigny-lès-Metz
METZ
St-Julien-lès-Metz
Vantoux
Noisseville
Montoy-Flanville
Coincy
Peltre
Jury
Marly
Augny
Ancy-sur-Moselle
Jouy-aux-Arches
Corny-sur-Moselle
Novéant-sur-Moselle
Gorze
Chambley-Bussières
Mars-la-Tour
Ville-sur-Yron
Vionville
Tronville
Sponville
Xonville
Onville
Waville
Arnaville
Bayonville-sur-Mad
St-Julien-lès-Gorze
Pagny-sur-Moselle
Arry
Lorry-Mardigny
Pournoy-la-Chétive
Coin-sur-Seille
Fleury
Cuvry
Verny
Chérisey
Mécleuves
Orny
Pontoy
Sorbey
Aube
Rémilly
Silly-en-Saulnois
Goin
Sillegny
Buchy
Luppy
Béchy
Flocourt
Metz-Nancy-Lorraine
Courcelles-Chaussy
Courcelles-sur-Nied
Laquenexy
Ars-Laquenexy
Pange
Maizeroy
Servigny-lès-Raville
Raville
Landonvillers
Retonfey
Ste-Barbe
Glatigny
Les Étangs
Vry
Sanry-lès-Vigy
Charly-Oradour
Malroy
Chieulles
Argancy
Ennery
Flévy
Bettelainville
Piblange
Gomelange
Burtoncourt
Mégange
Guinkirchen
Hinckange
Rouperldange
Éblange
Holling
Anzeling
Freistroff
Chémery-les-Deux
Vaudreching
Dalstein
Condé-Northen
Varize
Bannay
Helstroff
Narbéfontaine
Bionville-sur-Nied
Han-sur-Nied
Vatimont
Holacourt
Adaincourt
Voimhaut
Vittoncourt
Arriance
Chanville
Villers-Stoncourt
Bazoncourt
Lemud
Ancerville
Remerschen
Schwebsange
Wintrange
Bech-Kleinmacher
Wellenstein
Nennig
Tettingen-Butzdorf
Oberleuken
Merschweiller
Manderen
Ritzing
Launstroff
Büschdorf
Mettlach
Laumesfeld
Waldweistroff
St-François-Lacroix
Bibiche
Kemplich
Menskirch
Klang
Valmestroff
Stuckange
Volstroff
Inglange
Budling
Buding
Elzange
Oudrenne
Kerling-lès-Sierck
Hunting
Malling
Berg-sur-Moselle
Gavisse
Evrange
Zoufftgen
Roussy-le-Village
Breistroff-la-Grande
Boust
Basse-Rentgen
Hagen
Puttelange-lès-Thionville
Beyren-lès-Sierck
Mondorff
Usselskirch
Escherange
Entrange
Kanfen
Rochonvillers
Havange
Lommerange
Neufchef
Ranguevaux
Tucquegnieux
Bettainvillers
Avril
Mancieulles
Anoux
Moyeuvre-Petite
Vitry-sur-Orne
Clouange
Rosselange
Moutiers
Valleroy
Auboué
Moineville
Hatrize
Labry
Ste-Marie-aux-Chênes
St-Privat-la-Montagne
Roncourt
Bronvaux
Pierrevillers
Malancourt-la-Montagne
Montois-la-Montagne
Mancé
Lantéfontaine
Bois de Moyeuvre
Forêt Domaniale
Walibi-Lorraine
Zoo du Bois de Coulange
Château de la Grange
Fort Guentrange
Tour aux Puces
Ouvrage Immerhof
Abri Zeiterholz
Réserve Nat.
Ouvrage du Hackenberg et Chapelle
le Hackenberg
Clocher d'Ussel
Rés. Nat. de Montenach
Villa Romaine
Château de Malbrouck
Forêt de Mettlach
Mont St-Quentin
Fort de Queuleu
Abb. de Coat Malloueu
Anc. Logis Abbatial
Haut St-Pierre
Château de Chazeu
Château St-Sixte
Mon. N.-D. des Mineurs
Bois de Bettembourg
Bois des Tillots
Bois de la Labry
Bois St-Martin
LORRAINE
25
48
49
57
A
B
C
D
1
2
3
4
5
6
A1
A3
A4
A6
A13
A30
A31
E21
E23
E25
E29
E44
N3
N13
N16
N52
N53
N57
N153
D1
D2
D3
D8
D918
D954
D955

NATURPARK SAAR HUNSRÜCK
Saarburg
Merzig
Mettlach
Losheim
Weiskirchen
Nohfelden
Tholey
Monastère de St-Mauritius
Sankt Wendel
Symposium de Sculpture
Ottweiler
Dillingen
Saarlouis
Lebach
Heusweiler
Neunkirchen
Sankt Ingbert
Püttlingen
Völklingen
SAARBRÜCKEN
Saarbrücken-Ensheim
Petite-Rosselle
Stiring-Wendel
FORBACH
Schlossberg
Behren-lès-Forbach
Spicheren
Creutzwald
l'Hôpital
Complexe carbochimique de Carling-St-Avold
Freyming-Merlebach
Hombourg-Haut
Centrale Électrique Emile Huchet
N.-D. de St-Pierre
St-Avold
Fort du Bambesch
Longeville-lès-St-Avold
Faulquemont
Sarreguemines
Grosbliederstroff
Puttelange-aux-Lacs
Sarralbe
Bouzonville
Ham-sous-Varsberg
Boulay-Moselle
Kleinblittersdorf
Rilchingen-Hanweiler
Woustviller
Hambach
Zetting
Grundviller
Holving
Willerwald
Herbitzheim
Oermingen
Keskastel
Sarre-Union
Grostenquin
Morhange
Eincheville
Thicourt
Landroff
Harprich
Bérig-Vintrange
Altrippe
Maxstadt
Leyviller
Vahl-Ebersing
Laning
Lelling
Guessling-Hémering
Vahl-lès-Faulquemont
Boustroff
Bistroff
Freybouse
Hellimer
Diffembach-lès-Hellimer
Erstroff
Francaltroff
Léning
St-Jean-Rohrbach
Hilsprich
Le Val-de-Guéblange
Petit-Tenquin
Kappelkinger
Hazembourg
Kirviller
Hinsingen
Schopperten
A1
A4
A6
A8
A620
A623
E25
E29
E50
E422
N3
N4
N56
N61
N74
B269
B405
B406
B407
27
28
49
57

28
A
B
C
D
Altenglan
Wolfstein
Winnweiler
Kusel
Otterberg
Neunkirchen am Potzberg
Ramstein-Miesenbach
KAISERSLAUTERN
Landstuhl
Kindsbach
Reichswald
Homburg
Bexbach
Sickingerhöhe
Zweibrücken
Blieskastel
Waldfischbach-Burgalben
Rodalben
Pfälzer Wald
Pirmasens
Lemberg
Dahn
Hinterweidenthal
Volmunster
Bitche
Camp de Bitche
Forêt Dom. de Sturzelbronn
Forêt Domaniale de Mouterhouse
Forêt Domaniale de Lemberg
Niedersteinbach
Obersteinbach
Philippsbourg
Baerenthal
Niederbronn-les-Bains
Reichshoffen
Frœschwiller
Wœrth
PARC NATUREL RÉGIONAL DES VOSGES DU NORD
NATURPARK
Sarreguemines
Gros-Réderching
Petit-Réderching
Rohrbach-lès-Bitche
Bining
Enchenberg
Montbronn
St-Louis-lès-Bitche
Meisenthal
Soucht
Rosteig
Volksberg
Diemeringen
Ratzwiller
Oermingen
Reipertswiller
A6
A8
A62
E50
B10
B40
B270
B423
B424

29
Frankenthal
MANNHEIM
LUDWIGSHAFEN AM RHEIN
Bad Dürkheim
Eisenberg
Neustadt an der Weinstraße
Haßloch
Schifferstadt
Speyer
Landau in der Pfalz
Germersheim
Philippsburg
KARLSRUHE
Wissembourg
Kandel
Lauterbourg
Ettlingen
Rheinau
Brühl
Ketsch
Altrip
Neuhofen
Böhl
Iggelheim
Dudenhofen
Hanhofen
Harthausen
Schwegenheim
Lingenfeld
Bellheim
Rülzheim
Herxheim bei Landau
Wörth
Maximiliansau
Hagenbach
Edenkoben
Deidesheim
Grünstadt
Ramsen
Enkenbach
Frankenstein
Weidenthal
Elmstein
Lambrecht
Annweiler am Trifels
Klingenmünster
Bad Bergzabern
Erlenbach bei Dahn
Schweigen-Rechtenbach
Neulauterbach
Scheibenhard
Seebach
Riedseltz
Soultz-sous-Forêts
Hunspach
Hoffen
Mothern
Munchhausen
Eggenstein-Leopoldshafen
Linkenheim-Hochstetten
Graben-Neudorf
Dettenheim
Durmersheim
Rheinstetten
Malsch
Dürkheimer
PFÄLZERWALD
Bienwald
Diemersteine
RHEIN
Mutterstadt
Limburgerhof
Waldsee
Otterstadt
Altrußheim
Neulußheim
Oberhausen-Rheinhausen
Dammheim
Offenbach an der Queich
Minfeld
Steinfeld
Kapsweyer
Schaidt
Billigheim-Ingenheim
Insheim
Impflingen
Rohrbach
Hatzenbühl
Jockgrim
Rheinzabern
Kuhardt
Hördt
Leimersheim
Neupotz
Zeiskam
Lustadt
Hochstadt
Weingarten
Freisbach
Gommersheim
Böbingen
Altdorf
Venningen
Kirrweiler
Maikammer
Diedesfeld
Hambach an der Weinstraße
Lachen-Speyerdorf
Geinsheim
Duttweiler
Hockenheim
Ludwigshafen
Maudach
Dannstadt
Assenheim
Schauernheim
Ellerstadt
Fußgönheim
Gönnheim
Friedelsheim
Wachenheim an der Weinstraße
Forst an der Weinstraße
Ruppertsberg
Meckenheim
Hochdorf
Niederkirchen-Deidesheim
Königsbach an der Weinstraße
Gimmeldingen
Mußbach an der Weinstraße
Lindenberg
Neidenfels
Frankeneck
Esthal
Waldleiningen
Hochspeyer
Fischbach
Alsenborn
Carlsberg
Hertlingshausen
Altleiningen
Wattenheim
Tiefenthal
Hettenleidelheim
Battenberg
Bobenheim am Berg
Wiesenheim am Berg
Herxheim am Berg
Kallstadt
Freinsheim
Erpolzheim
Ungstein
Leistadt
Weisenheim am Sand
Lambsheim
Eppstein
Flomersheim
Studernheim
Oggersheim
Maxdorf
Birkenheide
Ruchheim
Bissersheim
Kirchheim an der Weinstraße
Sausenheim
Neuleiningen
Heßheim
Gerolsheim
Dirmstein
Sippersfeld
Münchweiler
Gonbach
Neuhemsbach
Appenthal
Harzofen
Iggelbach
Taubensuhl
Pfälzische Volksheilstätte
Eußerthal
Ramberg
Dernbach
Gleisweiler
Burrweiler
Weyher in der Pfalz
Rhodt unter Rietburg
Edesheim
Hainfeld
Flemlingen
Roschbach
Walsheim
Böchingen
Knöringen
Essingen
Nußdorf
Frankweiler
Albersweiler
Siebeldingen
Godramstein
Birkweiler
Ranschbach
Arzheim
Queichhambach
Gräfenhausen
Rinnthal
Sarnstall
Wilgartswiesen
Spirkelbach
Lug
Wernersberg
Schwanheim
Dimbach
Völkersweiler
Gossersweiler
Waldrohrbach
Bindersbach
Leinsweiler
Ilbesheim bei Landau
Wollmesheim
Mörzheim
Eschbach
Göcklingen
Heuchelheim
Klingen
Appenhofen
Ingenheim
Mühlhofen
Niederhorbach
Kapellen-Drusweiler
Barbelroth
Winden
Oberhausen
Hergersweiler
Dierbach
Vollmersweiler
Niederotterbach
Oberotterbach
Dörrenbach
Rechtenbach
Freckenfeld
Erlenbach bei Kandel
Steinweiler
Mörlheim
Ottersheim bei Landau
Knittelsheim
Herxheimweyher
Hayna
Darstein
Oberschlettenbach
Stein
Silz
Münchweiler
Schindhard
Busenberg
Vorderweidenthal
Blankenborn
Gleiszellen-Gleishorbach
Pleisweiler-Oberhofen
Birkenhördt
Böllenborn
Bobenthal
Schweighofen
Büchelberg
Neuburg am Rhein
Berg
Neuburgweier
Au am Rhein
Würmersheim
Elchesheim-Illingen
Bietigheim
Ötigheim
Rüppurr
Busenbach
Bruchhausen
Ettlingenweier
Spessart
Schluttenbach
Schöllbronn
Sulzbach
Neureut
Eggenstein
Blankenloch
Büchig
Stutensee
Friedrichstal
Spöck
Huttenheim
Rußheim
Liedolsheim
Sondernheim
Rheinsheim
Westheim
Mechtersheim
Heiligenstein
Gerghausen
Rheinhausen
Altlußheim
Oberhausen
Wallstadt
Ilvesheim
Neuhofen
Rohrhof
Heiligenstein
Oberhoffen-lès-Wissembourg
Rott
Climbach
Steinseltz
Cleebourg
Drachenbronn-Birlenbach
Ingolsheim
Keffenach
Memmelshoffen
Schœnenbourg
Lobsann
Retschwiller
Kutzenhausen
Aschbach
Trimbach
Stundwiller
Oberrœdern
Buhl
Hatten
Niederrœdern
Schaffhouse-près-Seltz
Eberbach-Seltz
Crœttwiller
Wintzenbach
Niederlauterbach
Oberlauterbach
Neewiller-près-Lauterbourg
Siegen
Salmbach
Schleithal
Altenstadt
Weiler
Petit Wingen
Kaidenbourg
Niederseebach
Ouvrage de Schœnenbourg
Mon. à la Bataille de Geisberg
Chât. de Hardenburg
Abb. de Limburg
Chât. de Hambach
Chât. Trifels
Chât. d'Eschbach
Château de Rietburg
Kalmit
Drachenfels
Rahnfels
Kesselberg
Rossberg
Kehrenkopf
Oberer Mundat Wald
Unterer Mundat Wald
Hardtwald
A6
A61
A65
A650
A35
A5
A8
B9
B10
B35
B36
B37
B38
B39
B48
B271
B427
E31
E50
E52

A
B
C
D
1
2
3
4
5
6
CÔTE DES LÉGE
les Abers
Île Vierge
Phare de la Vierge
Plouguerneau
Presqu'île Ste-Marguerite
Aber-Vrac'h
Landéda
Aber Benoît
Lannilis
St-Pabu
Lampaul-Ploudalmézeau
Portsall
Trémazan
Château
Kersaint
Pointe de Landunvez
Parc Animalier
Ploudalmézeau
Tréglonou
Phare du Four
Landunvez
Argenton
Plouguin
Menhir de Kervignen
Porspoder
Plourin
Kerazant
Coat-Méal
Menhirs
Tréouergat
Bourg-Blanc
Melon
Manoir
Brélès
Guipronvel
Lanildut
Kergroadès
Lanrivoaré
Milizac
Lampaul-Plouarzel
Domaine des Cerfs
la Récré des Trois Curés
les Trois Curés
l'Aber Ildut
Erragounan
Goues
Kerescar
Plouarzel
Phare de Trézien
Ruscumunoc
Menhir de Kerloas
St-Renan
Guilers
Bohars
Pointe de Corsen
Kerhornou
Lamber
Trégorff
Ploumoguer
Kerlazou
Penfeld
Illien
le Bouguen
Locmaria-Plouzané
Plouzané
Arsenal
Trébabu
Kerarmazé
la Trinité
le Conquet
Lochrist
Porsmilin
Trégana
Ste-Anne-du-Portzic
St-Pierre-Quilbignon
St-Mathieu
le Trez Hir
Plougonvelin
Abbaye
POINTE DE ST-MATHIEU
Pointe du Petit Minou
Goulet de Brest
Pointe des Espagnols
RADE DE BREST
Île d'Ouessant
Phare du Stiff
Rochers
Phare de Créac'h
Frugullou
Niou Uhella
Ouessant (Lampaul)
Notre-Dame de Bon Voyage
Feunteun Velen
Phare de la Jument
Passage du Fromveur
Phare de Kereon
30mn
Phare des Trois Pierres
Île-Molène
Île Molène
35mn
Réserve Naturelle d'Iroise
Île de Béniguet
Phare des Pierres Noires
PARC NATUREL
1h00
Roscanvel
Fort
Lanvernazal
Quélern
N.-D. de Rocamadour
St-Fiacre
Camaret-sur-Mer
Tour Vauban
Taladerc'h
Lanvéoc
Alignements de Lagatjar
POINTE DE PEN-HIR
les Tas de Pois
PRESQU'ÎLE DE
Gaoulac'h
Crozon
Château de Dinan
Rochers
Pointe de Dinan
Morgat
Pointe des Grottes
Grottes
la Palue
St-Hernot
Maison des Minéraux
Rostudel
52

E
F
G
H
1
2
4
5
6
32
53
N D E S
Rosslare (Irlande, en saison)
Cork (Irlande, en saison)
Plymouth (Royaume-Uni)
Île de Batz
Chapelle Ste-Anne
Jardin G. Delaselle
Île-de-Batz
Roscoff
Aquarium
Ste-Barbe
Jardin Exotique
Baie de Morlaix
Santec
St-Pol-de-Léon
Château de Kernévez
Carantec
Château du Taureau
Cairn de Barnénez
Réserve Ornithologique
Île Callot
Parc de Loisirs
Château de Tronjoly
Kerouzéré
Manoir de Kerlan
Cléder
Sibiril
Plougoulm
le Camp Louis
Menhir
Brignogan-Plage
Plounéour-Trez
Ludi Parc
Plouescat
Kerlouan
Guissény
Goulven
Tréguelc'Hier
Plounévez-Lochrist
Château de Kergonadéac'h
Manoir de Créac'h Ingar
Tréflaouénan
Château de Maillé
Plouénan
Henvic
Locquénolé
Plouézoc'h
Taulé
Morlaix
St-Martin-des-Champs
Keranroux
Château de Kerouartz
Kernilis
Plouider
Lesneven
Cim. All.
Basil.
Aqua-Country
le Folgoët
Lanhouarneau
St-Vougay
Plouzévédé
Trézilidé
Mespaul
Château de Kerjean
St-Méen
Trégarantec
Plougar
St-Derrien
Plougourvest
Plouvorn
Château de Penhoat
Ste-Sève
Loc-Brévalaire
Ploudaniel
le Drennec
Plouvien
Manoir de Trébodennic
Bodilis
Guiclan
Moulin de Trévilis
29
Plabennec
Trémaouézan
Plounéventer
St-Servais
Landivisiau
St-Thégonnec
Grotte de Roc'h Toul
Tumulus
Kersaint-Plabennec
St-Thonan
Lanneuffret
Plouédern
la Roche-Maurice
Lampaul-Guimiliau
Guimiliau
Pleyber-Christ
Brest-Guipavas
St-Divy
Guipavas
Landerneau
Loc-Eguiner
Ploudiry
la Martyre
Locmélar
Loc-Eguiner-St-Thégonnec
la Forest-Landerneau
Château de la Joyeuse Garde
Pencran
Tréflévénez
St-Sauveur
Plounéour-Ménez
le Relecq-Kerhuon
Conservatoire Botanique
Océanopolis
BREST
Pont A. Louppe
Dirinon
St-Urbain
Maison de la Rivière
Sizun
Commana
Roc'h Trédudon
MONTS D'ARRÉE
Plougastel-Daoulas
Calvaire
Loperhet
Irvillac
le Tréhou
Allée Couverte
Roc'h Trévézel
Botmeur
la Feuillée
Daoulas
St-Eloy
Réserve Naturelle du Venec
St-Michel de Brasparts
Dolmen
Parc Animalier
St-Rivoal
Brennilis
Hôpital-Camfrout
la Galopette
Logonna-Daoulas
Hanvec
F. Dom. du Cranou
Ferme St-Michel
Loqueffret
Anse de Poulmic
Landévennec
St-Guénolé
le Faou
Maison du Parc
Eglise
Brasparts
Lannédern
CROZON
Rosnoën
Calvaire
Lopérec
Argol
Trégarvan
F. Com. d'Argol
l'Aulne
Pont-de-Buis-lès-Quimerch
St-Ségal
Pleyben
Plonévez-du-Faou
le Cloître-Pleyben
Telgruc-sur-Mer
Ménez Hom
Dinéault
Port-Launay
Châteaulin
St-Nic
Pentrez-Plage
REGION NAL D'ARMORIQUE
N12
E50
N165
E60

CÔTE DE GRANIT ROSE
Réserve Naturelle des Sept Îles
Île aux Moines
Maison de Plougrescant
Île Tomé
Aquarium
Rochers
Trégastel-Plage
Ste-Anne
Ploumanac'h
Perros-Guirec
Trégastel
St-Quay-Perros
Station Ornithologique
Menhir
Station de télécom. spatiales
Planétarium
Trébeurden
Pleumeur-Bodou
Pointe de Bihit
Chât. de Kerduel
Lannion
Trélévern
Trévou-Tréguignec
Penvenan
Plouguiel
Tréguier
Louannec
Kermaria-Sulard
Coatréven
Camlez
Trézény
Lanmérin
Langoat
la Roche-Derrien
Rospez
Quemperven
Chât. de Kerivon
Baie de Morlaix
Baie de Lannion
Pointe de Primel
Rochers
Primel-Trégastel
Réserve Ornithologique
Plougasnou
St-Jean-du-Doigt
Fontaine
Pointe de Séhar
Locquémeau
Trédrez-Locquémeau
Ploulec'h
Locquirec
St-Michel-en-Grève
Grand Rocher
Notre-Dame des Joies
Guimaëc
Lanmeur
Plestin-les-Grèves
Ploumilliau
Ploubezre
Chât. de Coat Frec
Caouënnec-Lanvézéac
Château de Tonquédec
Tonquédec
Cavan
Prat
Manoir de Kerauzern
Château de Kergrist
Plouézoc'h
Tréduder
Plouzélambre
Château de Lesmaës
Château de Rosanbo
Lanvellec
Pluzunet
Bégard
Parc de Loisirs
Morlaix
Château de Kervézec
Garlan
Plouégat-Guérand
Château de Kermerzit
Trémel
Plufur
St-Nicolas
Ste-Geneviève
St-Martin-des-Champs
Plouigneau
le Ponthou
Plouégat-Moysan
Plounérin
Plouaret
le Vieux-Marché
Tregrom
Pédernec
Notre-Dame de Lorette
Ménez Bré
Louargat
Plounévez-Moëdec
Belle-Isle-en-Terre
Tréglamus
Grâce
Château de Lesquiffiou
Plourin-lès-Morlaix
Plougonven
Manoir de Mézédern
Botsorhel
Guerlesquin
Porz an Park
Loguivy-Plougras
Château
Loc-Envel
Plougras
Gurunhuel
Calvaire
Moustéru
Pleyber-Christ
le Cloître-St-Thégonnec
Lannéanou
Plougonver
la Chapelle-Neuve
Fontaine
Lohuec
Bolazec
Rochers du Cragou
Scrignac
Calanhel
Pont-Melvez
Bulat-Pestivien
Calvaire
Berrien
Plourac'h
Callac
Grotte
Notre-Dame des Cieux
Dolmen
Huelgoat
Locmaria-Berrien
Plusquellec
St-Servais
Maël-Pestivien
St-Gildas
Carnoët
Duault
Château de Rosviliou
Peumerit-Quintin
Poullaouen
Gorges du Corong
St-Nicodème
Lanrivain
Calvaire
Trémargat
Gorges de Toul-Goulic
Collorec
Plounévézel
Locarn
Kergrist-Moëlou
St-Nicolas-du-Pélem
Pont Gaulois
Treffrin
Kergloff
Maël-Carhaix
Plonévez-du-Faou
Carhaix-Plouguer
le Moustoir
Plounévez-Quintin
Notre-Dame de Folgoat
Landeleau
Cléden-Poher
Paule
Canal
Lannion
Morlaix

Île de Bréhat
Pointe de l'Arcouest
Phare du Paon
Côte de Goëlo
BAIE DE ST-BRIEUC
Paimpol
Abbaye de Beauport
Pointe de Plouézec
Pointe de Minard
Lézardrieux
Pontrieux
Plouha
St-Quay-Portrieux
Étables-sur-Mer
Binic
Pordic
Plérin
ST-BRIEUC
Langueux
Trégueux
Ploufragan
Guingamp
Châtelaudren
Plouagat
Quintin
Pledran
Quessoy
Moncontour
Corlay
Uzel
Plœuc-sur-Lié
Plémy
Lamballe
Hillion
Yffiniac
Pommeret
Landéhen
Forêt de Lorge
L'Hermitage-Lorge
Château de Lorge
Grève des Rosaires
Pointe du Roselier
Pointe de Pléneuf
Réserve Naturelle
Maison de la Baie
Lanvollon
Pléhédel
Plourivo
Pleudaniel
Plougrescant
Pleubian
Pleumeur-Gautier
Tréguier
Pommerit-le-Vicomte
Goudelin
Plélo
Plouvara
Trégomeur
Lantic
Tréveneuc
Plourhan
Bourbriac
Plésidy
St-Gilles-Pligeaux
Kerpert
Canihuel
Plussulien
Merléac
St-Hervé
Plouguenast
Langast
Plessala
St-Brandan
St-Bihy
Lanfains
Allineuc
Plaintel
St-Carreuc
Hénon
Trédaniel
Penguily
Bréhand
St-Trimoël
Andel
Coëtmieux
Morieux
Planguenoual
St-Alban
Pléneuf-Val-André
Erquy

A
B
C
D
36
1
2
3
4
5
6
33
56
GOLFE DE SAINT-MALO
CÔTE D'ÉMERAUDE
Côte de Penthièvre
Poole (Royaume-Uni, en saison)
Guernsey (Royaume-Uni)
Jersey (Royaume-Uni)
Weymouth (Royaume-Uni)
Portsmouth (Royaume-Uni)
CAP FRÉHEL
Réserve Naturelle
Fort de la Latte
Pointe de St-Cast
Cap d'Erquy
Pointe de Pléneuf
Pointe du Décollé
Grotte des Sirènes
Fort
le Grand Bé
Rochers Sculptés
Rothéneuf
la Guimorais
ST-MALO
Paramé
Dinard
Saint-Lunaire
Saint-Briac-sur-Mer
Lancieux
St-Jacut-de-la-Mer
Pointe du Chevet
Tour Solidor
St-Servan-sur-Mer
Usine Marémotrice
la Richardais
Grand Aquarium
Dinard-Pleurtuit-St-Malo
Ploubalay
Pleurtuit
le Minihic-sur-Rance
St-Suliac
St-Jouan-des-Guérets
St-Père
St-Méloir-des-Ondes
Château de la Chipaudière
Château du Bosq
Mont Marin
Erquy
Sables-d'Or-les-Pins
Tu-Es-Roc
Plévenon
Plurien
Fréhel
Pléboulle
Baie de la Frênaye
St-Cast-le-Guildo
Matignon
Pléneuf-Val-André
Château Bien-Assis
la Bouillie
Hénanbihen
Ruca
St-Pôtan
St-Alban
Planguenoual
Hénansal
St-Denoual
Créhen
Château de Largentaye
Pluduno
Plancoët
Trégon
Plessix-Balisson
Pleslin-Trigavou
Tréméreuc
Langrolay-sur-Rance
la Ville-ès-Nonais
Plouër-sur-Rance
Pleudihen-sur-Rance
Port St-Hubert
Château de la Touche à la Vache
Château du Bois de la Motte
Languenan
Quintenic
Landébia
Manoir de Vau-Madeuc
Pléven
Bourseul
Corseul
Temple de Mars
Château de Montafilan
Château de la Hunaudaye
Château de la Moglais
Haras National
Lamballe
Noyal
Plédéliac
Plorec-sur-Arguenon
St-Méloir-des-Bois
St-Michel-de-Plélan
St-Maudez
Aucaleuc
Quévert
Château de la Garaye
St-Samson-sur-Rance
Taden
Château de la Bellière
la Vicomte-sur-Rance
Manoir de la Grand'Cour
Château de la Conninais
Dinan
Léhon
Lanvallay
St-Hélen
Château de Coëtquen
Chât. de la Chesnaie
Plélan-le-Petit
la Landec
Vildé-Guingalan
Trélivan
Landéhen
Plestan
St-Rieul
Tramain
Jugon-les-Lacs
Bréhand
la Malhoure
St-Trimoël
Penguily
St-Glen
Dolo
Plénée-Jugon
Sévignac
le Gouray
Château de la Motte Basse
Boquen
Collinée
Rouillac
Château de Limoëlan
Broons
Trédias
Trémeur
Mégrit
Languédias
Chât. d'Yvignac
Plumaudan
Yvignac-la-Tour
Trébédan
Brusvily
Château de Chalonge
Bobital
St-Carné
Calorguen
Manoir de la Ferronnais
le Hinglé
Trévron
Château de Beaumanoir
Évran
Église
St-André-des-Eaux
St-Juvat
le Quiou
St-Judoce
Tréfumel
St-Maden
Château de Hac
Guenroc
Barrage de Rophémel
Plouasne
Château de Caradeuc
Château de Beaumont
Guitté
Caulnes
Langourla
Éréac
St-Jacut-du-Mené
Ste-Eutrope
les Champs-Géraux
Plesder
Trévérien
St-Thual
Château de Tourdelin
la Baussaine
Longaulnay
E50
E401
N176
N12
N137

E
36
F
G
37
H
35
Grande Île
Îles Chausey
Annoville
Lingreville
le Mesnil-Aubert
Guéhébert
Grimesnil
St-Denis-le-Gast
Lengronne
la Baleine
Bricqueville-sur-Mer
Cérences
Gavray
Bréhal
Chanteloup
Ver
Sourdeval-les-Bois
Coudeville-sur-Mer
le Mesnil-Amand
Montaigu-les-Bois
Bréville-sur-Mer
le Loreur
le Mesnil-Rogues
le Mesnil-Garnier
Donville-les-Bains
Longueville
Hudimesnil
le Mesnil-Villeman
Granville
Anctoville-sur-Boscq
St-Sauveur-la-Pommeraye
la Meurdraquière
Fleury
Pointe du Roc
Yquelon
Équilly
Beauchamps
Champrepus
St-Pair-sur-Mer
St-Planchers
St-Jean-des-Champs
Folligny
le Tanu
la Lande-d'Airou
St-Aubin-des-Préaux
Hocquigny
la Haye-Pesnel
Bourguenolles
St-Pierre-Langers
Anc. Abb. de la Lucerne
la Mouche
Jullouville
la Lucerne-d'Outremer
Champcervon
Carolles
la Rochelle-Normande
les Chambres
la Chaise-Baudouin
Cabane Vauban
Angey
Sartilly
Subligny
Ste-Pience
Braffais
Champeaux
St-Jean-le-Thomas
Montviron
Lolif
le Luot
Falaises de Champeaux
Champcey
Chavoy
Plomb
Dragey-Ronthon
Bacilly
Marcey-les-Grèves
St-Jean-de-la-Haize
Tirepied
Chât. de Brion
Ponts
la Gohannière
St-Senier-sous-Avranches
la Godefroy
Bec d'Andaine
Genêts
Vains
St-Ovin
Anc. Prieuré de St-Léonard
T. d'Orient
Mont Patton
Avranches
St-Loup
St-Martin-des-Champs
le Val-St-Père
Pointe du Grouin
Île des Landes
Pointe de la Chaîne
Cancale
BAIE
DU MONT-ST-MICHEL
le Mont-St-Michel
St-Benoît-des-Ondes
St-Quentin-sur-le-Homme
Ceaux
Pontaubault
la Gouesnière
Hirel
le Vivier-sur-Mer
Cherrueix
Courtils
Ducey
Ossuaire Allemand
Huisnes-sur-Mer
Servon
Précey
Poilley
Anc. Abb. de Montmorel
la Fresnais
Reptilarium
Notre-Dame de l'Espérance
St-Broladre
Beauvoir
Juilley
Tanis
Mont-St-Michel
St-Marcan
Roz-sur-Couesnon
St-Georges-de-Gréhaigne
St-Aubin-de-Terregatte
Mont-Dol
Crollon
St-Senier-de-Beuvron
Baguer-Pican
Sains
Pontorson
Macey
Vergoncey
St-Laurent-de-Terregatte
Roz-Landrieux
Dol-de-Bretagne
Menhir de Champ Dolent
Pleine-Fougères
la Croix-Avranchin
Miniac-Morvan
Plerguer
Baguer-Morvan
Villiers-le-Pré
Château de la Paluelle
Montjoie-St-Martin
Epiniac
la Boussac
Vieux-Viel
Aucey-la-Plaine
Vessey
Sougéal
St-James
Abbaye
le Tronchet
Trans-la-Forêt
Sacey
Carnet
Argouges
Base de Loisirs
Montanel
Bonnemain
Broualan
Parc de Loisirs
Lanhélin
Port Miniature
la Fontenelle
St-Ouen-la-Rouërie
Antrain
Lourmais
Cuguen
Château de Bonne Fontaine
Coglès
la Selle-en-Coglès
Montours
Château de la Balue
Tremblay
Meillac
Trémeheuc
Bazouges-la-Pérouse
Combourg
Noyal-sous-Bazouges
St-Brice-en-Coglès
St-Étienne-en-Coglès
St-Germain-en-Coglès
Lanrigan
Rimou
Château du Logis
la Chapelle-aux-Filtzméens
St-Léger-des-Prés
Marcillé-Raoul
St-Domineuc
Romazy
Chauvigné
St-Marc-le-Blanc
Zooloisirs
Québriac
Dingé
St-Rémy-du-Plain
Château du Moulinet
Base de Loisirs
St-Christophe-de-Valains
le Tiercent
Baillé
St-Hilaire-des-Landes
Tinténiac
Sens-de-Bretagne
Vieux-Vy-sur-Couesnon
Chât. de la Bélinaye
St-Sauveur-des-Landes
Romagné
Château de la Haye
Feins
St-Ouen-des-Alleux
Montreuil-sur-Ille
57
N176
E401
A84
E03
N175

A
B
C
D
14
1
2
3
4
5
6
Îles Chausey
Grande Île
Granville
Pointe du Roc
Donville-les-Bains
St-Pair-sur-Mer
Jullouville
Carolles
Cabane Vauban
Champeaux
St-Jean-le-Thomas
Falaises de Champeaux
Dragey-Ronthon
Chât. de Brion
Bec d'Andaine
Genêts
Anc. Prieuré de St-Léonard
BAIE DU MONT-ST-MICHEL
le Mont-St-Michel
Gouville-sur-Mer
Blainville-sur-Mer
St-Malo-de-la-Lande
Agon-Coutainville
Heugueville-sur-Sienne
Tourville-sur-Sienne
Regnéville-sur-Mer
Pointe d'Agon
Montmartin-sur-Mer
Hauteville-sur-Mer
Annoville
Lingreville
Hérenguerville
Muneville-sur-Mer
Bricqueville-sur-Mer
Bréhal
Coudeville-sur-Mer
Bréville-sur-Mer
Longueville
Anctoville-sur-Boscq
Yquelon
St-Planchers
St-Aubin-des-Préaux
St-Pierre-Langers
Angey
Geffosses
Anneville-sur-Mer
Montsurvent
Boisroger
Brainville
Pointe du Grouin
Île des Landes
Pointe de la Chaîne
Cancale
St-Coulomb
Château de Lupin
Château du Plessis Bertrand
Rochers Sculptés
Rothéneuf
Fort
ST-MALO
Paramé
Dinard
Saint-Lunaire
St-Servan-sur-Mer
Tour Solidor
Grand Aquarium
Usine Marémotrice
la Richardais
Dinard-Pleurtuit-St-Malo
Pleurtuit
le Minihic-sur-Rance
St-Suliac
Chât. de la Chipaudière
St-Méloir-des-Ondes
la Gouesnière
St-Jouan-des-Guérets
St-Père
Fort de Châteauneuf
Châteauneuf-d'Ille-et-Vilaine
St-Benoît-des-Ondes
Hirel
le Vivier-sur-Mer
Cherrueix
la Fresnais
Notre-Dame de l'Espérance
Mont-Dol
Dol-de-Bretagne
Menhir de Champ Dolent
St-Broladre
Roz-sur-Couesnon
St-Georges-de-Gréhaigne
Baguer-Pican
Pontorson
Pleine-Fougères
Sains
la Boussac
Epiniac
Baguer-Morvan
Roz-Landrieux
Miniac-Morvan
Plerguer
Lillemer
Pleslin-Trigavou
Plouër-sur-Rance
Pleudihen-sur-Rance
St-Samson-sur-Rance
Taden
Quévert
St-Hélen
Tressé
le Tronchet
Trans-la-Forêt
Sougéal
Vieux-Vie
Château de la Bellière
Manoir de la Grand'Cour
Château de la Garaye
Château du Bois de la Motte
Langrolay-sur-Rance
la Ville-ès-Nonais
Poole (Royaume-Uni, en saison)
Guernsey (Royaume-Uni)
Jersey (Royaume-Uni)
Weymouth (Royaume-Uni)
Portsmouth (Royaume-Uni)
ÉMERAUDE
N176
E401
N137

37
38
35
58
14
15
E
F
G
H
ST-LÔ
Coutances
Avranches
Vire
Villedieu-les-Poêles
Mortain
St-Hilaire-du-Harcouët
Torigni-sur-Vire
Tessy-sur-Vire
Percy
Gavray
Hambye
Marigny
Canisy
Cerisy-la-Salle
St-Sever-Calvados
Brécey
Ducey
Pontaubault
Sourdeval
Le Teilleul
Barenton
St-Pois
St-Amand
St-Martin-des-Besaces
Condé-sur-Vire
Montbray
Sourdeval-les-Bois
La Haye-Pesnel
Sartilly
Juvigny-le-Tertre
St-James
Isigny-le-Buat
St-Michel-de-Montjoie
Hébécrevon
Agneaux
Carantilly
Savigny
Montpinchon
Le Mesnil-Garnier
La Colombe
Beaumesnil
Campagnolles
La Graverie
Vaudry
Roullours
St-Germain-de-Tallevende-la-Lande-Vaumont
Chérencé-le-Roussel
Bellefontaine
Romagny
St-Symphorien-des-Monts
Buais
Savigny-le-Vieux
Les Loges-Marchis
Parigny
Martigny
Vengeons
Brouains
Perriers-en-Beauficel
Mont Robin
Les Roches de Ham
Vallée de la Vire-Gouvets
Barrage de la Roche qui Boit
Barrage de Vézins
Anc. Abb. de Hambye
Anc. Abb. de Montmorel
Anc. Abb. de la Lucerne
Anc. Abb. Blanche
Château de la Paluelle
Manoir de la Faucherie
L'Ermitage
Souterroscope des Ardoisières
Chât. du Logis de Vassy
Parc de Loisirs
Cascades
Haras National
Zoo
N O R M A
C O
D
A84
E401
E03
N174
N175
N176
N2175

38
Mondeville
Cormelles-le-Royal
Ifs
Louvigny
Verson
Mouen
Cheux
Tessel
Hottot-les-Bagues
Caumont-l'Éventé
Villers-Bocage
Cahagnes
Aunay-sur-Odon
Évrecy
Maltot
Fontenay-le-Marmion
Bretteville-sur-Laize
Cintheaux
St-Sylvain
Soignolles
Thury-Harcourt
Hamars
Mont Pinçon
Le Bény-Bocage
St-Charles-de-Percy
Clécy
Suisse Normande
Pont-d'Ouilly
Condé-sur-Noireau
Vassy
Pontécoulant
Cerisy-Belle-Étoile
Tinchebray
Flers
Athis-de-l'Orne
Putanges-Pont-Écrepin
Rabodanges
Briouze
La Ferrière-aux-Étangs
Messei
Bellou-en-Houlme
Lonlay-l'Abbaye
Domfront
Champsecret
Dompierre
La Ferté-Macé
Bagnoles-de-l'Orne
Juvigny-sous-Andaine
Passais
Rânes
Joué-du-Bois
Magny-le-Désert
Parc Naturel Régional
Forêt Domaniale des Andaines
14
61
37
58
59

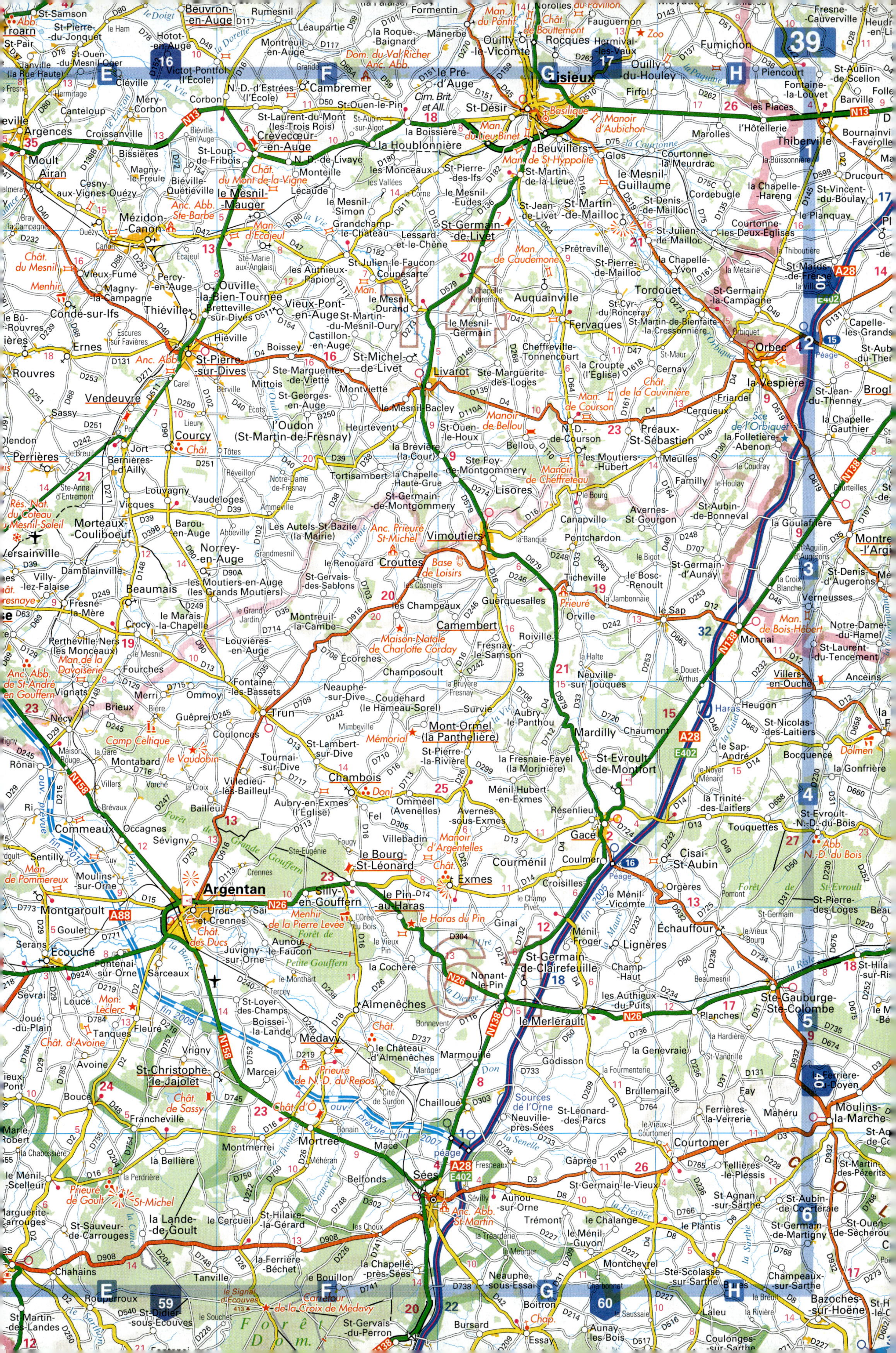
39
16
17
59
60
E
F
G
H
Lisieux
Orbec
Livarot
Vimoutiers
Camembert
Argentan
Sées
Gacé
Trun
Chambois
Exmes
Le Merlerault
Mortrée
Écouché
Mézidon-Canon
St-Pierre-sur-Dives
Cambremer
Crèvecœur-en-Auge
Beuvron-en-Auge
Thiberville
Moulins-la-Marche
Courtomer
Le Mêle-sur-Sarthe
St-Germain-de-Livet
Fervaques
Montreuil-la-Cambe
Coudehard
St-Evroult-de-Montfort
Croisilles
Nonant-le-Pin
Le Pin-au-Haras
Médavy
Almenêches
Carrouges
Rouperroux
Essay
Bursard
Aunou-sur-Orne
Chailloué
A28
A88
N13
N26
N138
N158
E402
Forêt de Gouffern
Haras du Pin
Maison Natale de Charlotte Corday

40
18
61
60
39
A
B
C
D
1
2
3
4
5
6
le Neubourg
Bernay
Beaumont-le-Roger
Beaumesnil
la Ferrière-sur-Risle
Conches-en-Ouche
Breteuil
Rugles
l'Aigle
Verneuil-sur-Avre
Damville
Broglie
Montreuil-l'Argillé
la Ferté-Frênel
Harcourt
Serquigny
Brionne
Tillières-sur-Avre
Brezolles
la Ferté-Vidame
Senonches
Tourouvre
Moulins-la-Marche
Soligny-la-Trappe
Lignerolles
Bazoches-sur-Hoëne
Ste-Céronne-lès-Mortagne
St-Sulpice-sur-Risle
Chaise-Dieu-du-Theil
Francheville
Bourth
Beaumont
Cauge
Claville
Louversey
St-Elier
Aulnay-sur-Iton
Orvaux
Chambord
Gauville
Crulai
Aube
Randonnai
Normandel
St-Maurice-lès-Charencey
Montigny-sur-Avre
Chennebrun
Mandres
Pullay
Piseux
Cintray
Grandvilliers
Roman
Nagel-Séez-Mesnil
le Fidelaire
Ambenay
Glos-la-Ferrière
Bois-Normand-près-Lyre
Champignolles
Grosley-sur-Risle
Plainville
Duranville
Menneval
Fontaine-l'Abbé
Chamblac
Barc
Combon
Ormes
Portes
27
61
28
Forêt de Conches
Forêt de Breteuil
PAYS D'OUCHE
Bois de Broglie
la Risle
l'Iton
l'Avre
N13
N26
N12
N138
A28
E402

41
42
61
62
18
19
E
F
G
H
2
3
4
5
6
Gaillon
Vernon
Évreux
Dreux
Mantes-la-Jolie
Mantes-la-Ville
Limay
Pacy-sur-Eure
Ivry-la-Bataille
Anet
Houdan
Nonancourt
Vernouillet
Maintenon
Épernon
Nogent-le-Roi
Châteauneuf-en-Thymerais
Tremblay-les-Villages
Bréval
Saint-André-de-l'Eure
Ézy-sur-Eure
Saussay
Bueil
La Couture-Boussey
Rosny-sur-Seine
Bonnières-sur-Seine
Gasny
La Roche-Guyon
Vétheuil
Septeuil
Longnes
Richebourg
Gambais
Montfort-l'Amaury
Bourdonné
Condé-sur-Vesgre
Saint-Léger-en-Yvelines
Poigny-la-Forêt
Gazeran
Hermeray
Saint-Hilarion
Coulombs
Chaudon
Villemeux-sur-Eure
Marville-Moutiers-Brûlé
Crécy-Couvé
Fontaine-les-Ribouts
Saint-Lubin-des-Joncherets
Saint-Rémy-sur-Avre
Guichainville
Grossoeuvre
Saint-Georges-Motel
Marcilly-sur-Eure
Croth
Abondant
Cherisy
Ste-Gemme-Moronval
Mézières-en-Drouais
Ménilles
Douains
Chambray
Autheuil-Authouillet
La Croix-St-Leufroy
Heudreville-sur-Eure
Courcelles-sur-Seine
Aubevoye
Tourny
Fours-en-Vexin
Écos
Bus-St-Rémy
St-Marcel
Giverny
Ste-Geneviève-lès-Gasny
Limetz-Villez
Bennecourt
Freneuse
Rolleboise
Guernes
Magnanville
Soindres
Auffreville-Brasseuil
Rosay
Flins-Neuve-Église
Tilly
Dammartin-en-Serve
Boinvilliers
Orgerus
Tacoignières
Bazainville
Maulette
Garancières
La Queue-les-Yvelines
Galluis
Grosrouvre
Dannemarie
Adainville
Grandchamp
Boutigny-Prouais
Goussainville
Champagne
Serville
Marchezais
Havelu
Bû
Rouvres
Boncourt
Oulins
St-Ouen-Marchefroy
Berchères-sur-Vesgre
St-Lubin-de-la-Haye
Gressey
PARC NATUREL
Forêt de Vernon
Forêt de Bizy
Forêt de Dreux
Forêt de Rosny
Château de Bizy
Château de la Madeleine
Château de Brécourt
Château de la Folletière
Château d'Anet
Chapelle Royale
Enceinte Préhistorique de Fort Harrouard
Anc. Abb. du Breuil Benoît
Pavillon de Chasse
Obélisque d'Ivry
Château de Vitré
Château de Herses
Donjon
Château de la Couarde
Château de la Mormaire
Château de Neuville
Château de Voisins
Parc Animalier du Château
Aqueduc de Maintenon
Dolmen
Site du Jamboree de la paix
Base de Loisirs
Belvédère
Menhir Gravier de Gargantua
Château de Baudemont
Abb. du Trésor
St-Germain-de-Secqueval
Rocher et Étang d'Angennes
Bergerie et Laiterie Nationale
Site Gallo-Romain
Cim. All.
Buisson de Mai
A13
A13A
A154
N12
N13
N15
N154
E05
E46

42
20
41
62
63
VEXIN FRANÇAIS
PARC NATUREL RÉGIONAL DU VEXIN FRANÇAIS
PARC NATUREL RÉGIONAL DE LA HAUTE VALLÉE DE CHEVREUSE
FORÊT DOMANIALE DE RAMBOUILLET
Magny-en-Vexin
Chambly
Beaumont-sur-Oise
Persan
L'Isle-Adam
Parmain
PONTOISE
Osny
CERGY-PONTOISE
Meulan
LES MUREAUX
Épône
Maule
Beynes
PLAISIR
ST-QUENTIN-EN-YVELINES
TRAPPES
St-Germain-en-Laye
NANTERRE
St-Denis
PARIS
VERSAILLES
PALAISEAU
St-Rémy-lès-Chevreuse
les Essarts-le-Roi
le Perray-en-Yvelines
Rambouillet
Limours
St-Arnoult-en-Yvelines
Paris-Orly
Conflans-Ste-Honorine
Herblay
Poissy
Orgeval
Montfort-l'Amaury
LES ULIS
Orsay
Massy
Lisses
ARPAJON
BRÉTIGNY-SUR-ORGE
EGLY

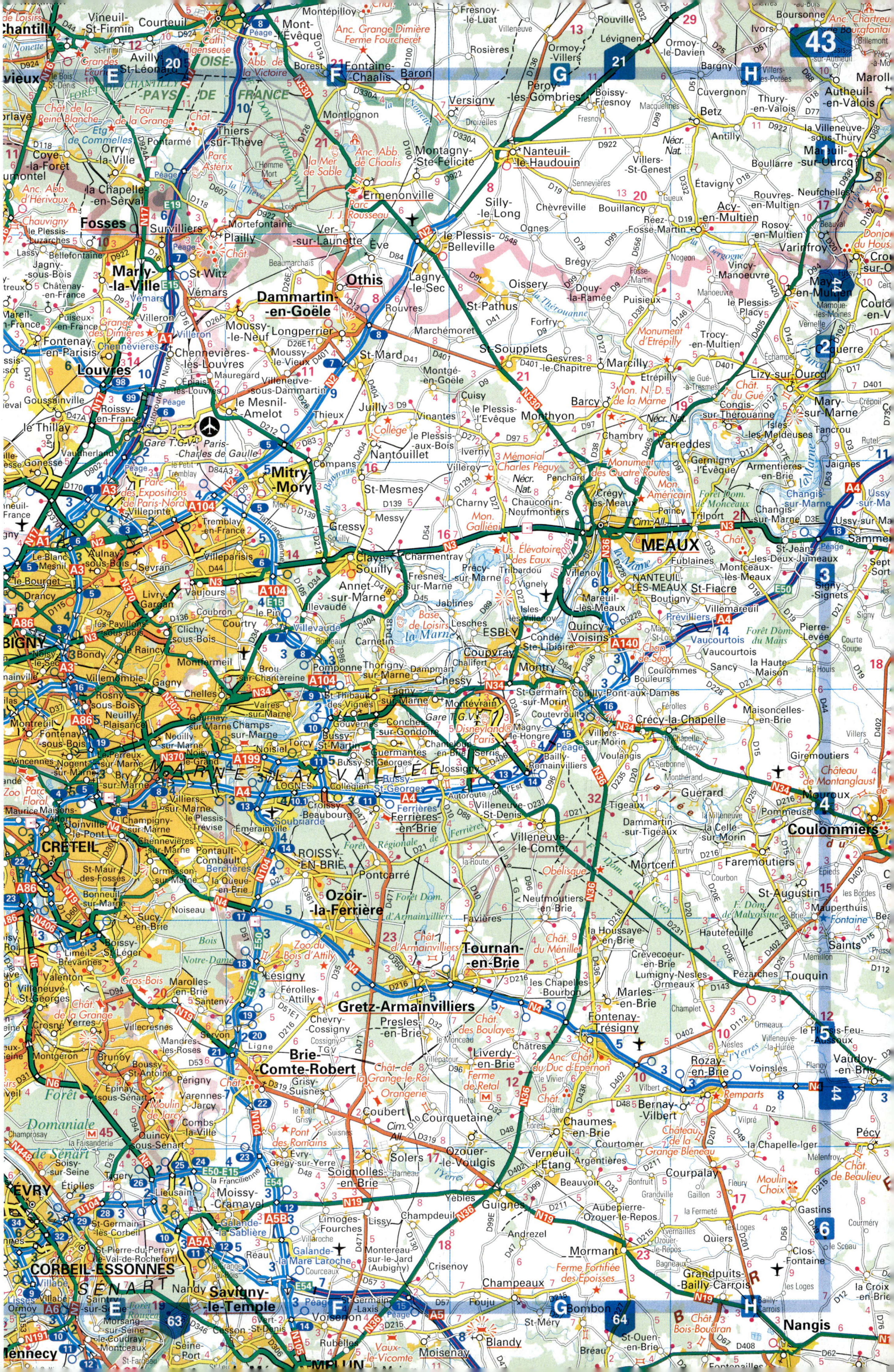
43
20
21
44
63
64
Chantilly
Vineuil-St-Firmin
Courteuil
Avilly-St-Léonard
Mont-l'Évêque
Fontaine-Chaalis
Baron
Rosières
Ormoy-Villers
Lévignen
Ormoy-le-Davien
Boursonne
Ivors
Bargny
Marolles
Autheuil-en-Valois
PAYS DE FRANCE
Thiers-sur-Thève
Pontarmé
Orry-la-Ville
Coye-la-Forêt
Montlognon
Versigny
Péroy-les-Gombries
Boissy-Fresnoy
Betz
Cuvergnon
Thury-en-Valois
Antilly
Nanteuil-le-Haudouin
Montagny-Ste-Félicité
Ermenonville
Villers-St-Genest
Étavigny
Boullarre
Mareuil-sur-Ourcq
La Villeneuve-sous-Thury
La Chapelle-en-Serval
Fosses
Survilliers
Mortefontaine
Plailly
Ver-sur-Launette
Silly-le-Long
Chèvreville
Bouillancy
Acy-en-Multien
Rouvres-en-Multien
Neufchelles
Rosoy-en-Multien
Varinfroy
Ève
Le Plessis-Belleville
Ognes
Réez-Fosse-Martin
Marly-la-Ville
St-Witz
Vémars
Dammartin-en-Goële
Othis
Lagny-le-Sec
Oissery
St-Pathus
Brégy
Douy-la-Ramée
Puisieux
Vincy-Manœuvre
May-en-Multien
Le Plessis-Placy
Moussy-le-Neuf
Longperrier
Rouvres
Marchémoret
Forfry
Trocy-en-Multien
Crouy-sur-Ourcq
Fontenay-en-Parisis
Louvres
Chennevières-lès-Louvres
St-Mard
Montgé-en-Goële
St-Soupplets
Gesvres-le-Chapitre
Marcilly
Étrépilly
Lizy-sur-Ourcq
Ocquerre
Le Mesnil-Amelot
Thieux
Juilly
Vinantes
Cuisy
Le Plessis-l'Évêque
Monthyon
Barcy
Chambry
Varreddes
Congis-sur-Thérouanne
Isles-les-Meldeuses
Mary-sur-Marne
Gare T.G.V.
Paris-Charles de Gaulle
Le Plessis-aux-Bois
Nantouillet
Iverny
Villeroy
Penchard
Germigny-l'Évêque
Armentières-en-Brie
Jaignes
Mitry-Mory
Compans
St-Mesmes
Charny
Chauconin-Neufmontiers
Crégy-lès-Meaux
Poincy
Trilport
Changis-sur-Marne
Ussy-sur-Marne
Messy
Gressy
Villepinte
Tremblay-en-France
Aulnay-sous-Bois
Sevran
Villeparisis
Claye-Souilly
Charmentray
Précy-sur-Marne
Trilbardou
MEAUX
Fublaines
Montceaux-lès-Meaux
St-Jean-les-Deux-Jumeaux
Sammeron
Nanteuil-lès-Meaux
St-Fiacre
Boutigny
Signy-Signets
Vaujours
Livry-Gargan
Annet-sur-Marne
Fresnes-sur-Marne
Jablines
Vignely
Isles-lès-Villenoy
Mareuil-lès-Meaux
Quincy-Voisins
Villemareuil
Pierre-Levée
Courtry
Coubron
Clichy-sous-Bois
Le Pin
Villevaudé
Carnetin
Lesches
ESBLY
Condé-Ste-Libiaire
Coupvray
Vaucourtois
Sancy
La Haute-Maison
BOBIGNY
Bondy
Le Raincy
Montfermeil
Brou-sur-Chantereine
Pomponne
Thorigny-sur-Marne
Dampmart
Chalifert
Chessy
Montry
St-Germain-sur-Morin
Coutevroult
Bouleurs
Coulommes
Chelles
Vaires-sur-Marne
Lagny-sur-Marne
Montévrain
Magny-le-Hongre
Couilly-Pont-aux-Dames
Crécy-la-Chapelle
Maisoncelles-en-Brie
Rosny-sous-Bois
Neuilly-Plaisance
Gournay-sur-Marne
Champs-sur-Marne
Noisiel
Torcy
Bussy-St-Georges
Disneyland Paris
Bailly-Romainvilliers
Villiers-sur-Morin
Voulangis
Giremoutiers
Montreuil
Fontenay-sous-Bois
Nogent-sur-Marne
Vincennes
MARNE-LA-VALLÉE
Lognes
Collégien
Guermantes
Jossigny
Serris
Guérard
Tigeaux
Mouroux
COULOMMIERS
Ferrières-en-Brie
Croissy-Beaubourg
Émerainville
Villeneuve-St-Denis
Villeneuve-le-Comte
Dammartin-sur-Tigeaux
La Celle-sur-Morin
Pommeuse
Faremoutiers
CRÉTEIL
Champigny-sur-Marne
Chennevières-sur-Marne
Pontault-Combault
ROISSY-EN-BRIE
Pontcarré
Mortcerf
St-Augustin
Maupertuis
St-Maur-des-Fossés
Bonneuil-sur-Marne
Ozoir-la-Ferrière
Neufmoutiers-en-Brie
Favières
La Houssaye-en-Brie
Hautefeuille
Saints
Sucy-en-Brie
Noiseau
Boissy-St-Léger
Limeil-Brévannes
Tournan-en-Brie
Crèvecœur-en-Brie
Lumigny-Nesles-Ormeaux
Pézarches
Touquin
Valenton
Villeneuve-St-Georges
Lésigny
Férolles-Attilly
Gretz-Armainvilliers
Marolles-en-Brie
Santeny
Les Chapelles-Bourbon
Marles-en-Brie
Fontenay-Trésigny
Crosne
Yerres
Villecresnes
Chevry-Cossigny
Presles-en-Brie
Mandres-les-Roses
Servon
Brie-Comte-Robert
Liverdy-en-Brie
Châtres
Rozay-en-Brie
Voinsles
Vaudoy-en-Brie
Montgeron
Brunoy
Boussy-St-Antoine
Épinay-sous-Sénart
Périgny
Varennes-Jarcy
Grisy-Suisnes
Coubert
Courquetaine
Chaumes-en-Brie
Bernay-Vilbert
Combs-la-Ville
Quincy-sous-Sénart
Forêt Domaniale de Sénart
Soisy-sur-Seine
Étiolles
Tigery
ÉVRY
Lieusaint
Moissy-Cramayel
Évry-Grégy-sur-Yerre
Soignolles-en-Brie
Solers
Ozouer-le-Voulgis
Verneuil-l'Étang
Argentières
Courpalay
Pécy
La Chapelle-Iger
Limoges-Fourches
Lissy
Champdeuil
Yèbles
Guignes
Beauvoir
Aubepierre-Ozouer-le-Repos
Gastins
CORBEIL-ESSONNES
SÉNART
Réau
Montereau-sur-le-Jard
Crisenoy
Andrezel
Mormant
Quiers
Clos-Fontaine
Grandpuits-Bailly-Carrois
Nandy
Savigny-le-Temple
Cesson
Champeaux
Fouju
Bombon
Nangis
Seine-Port
Vert-St-Denis
Voisenon
Rubelles
Moisenay
Blandy
St-Méry
Bréau
St-Ouen-en-Brie
Mennecy
MELUN

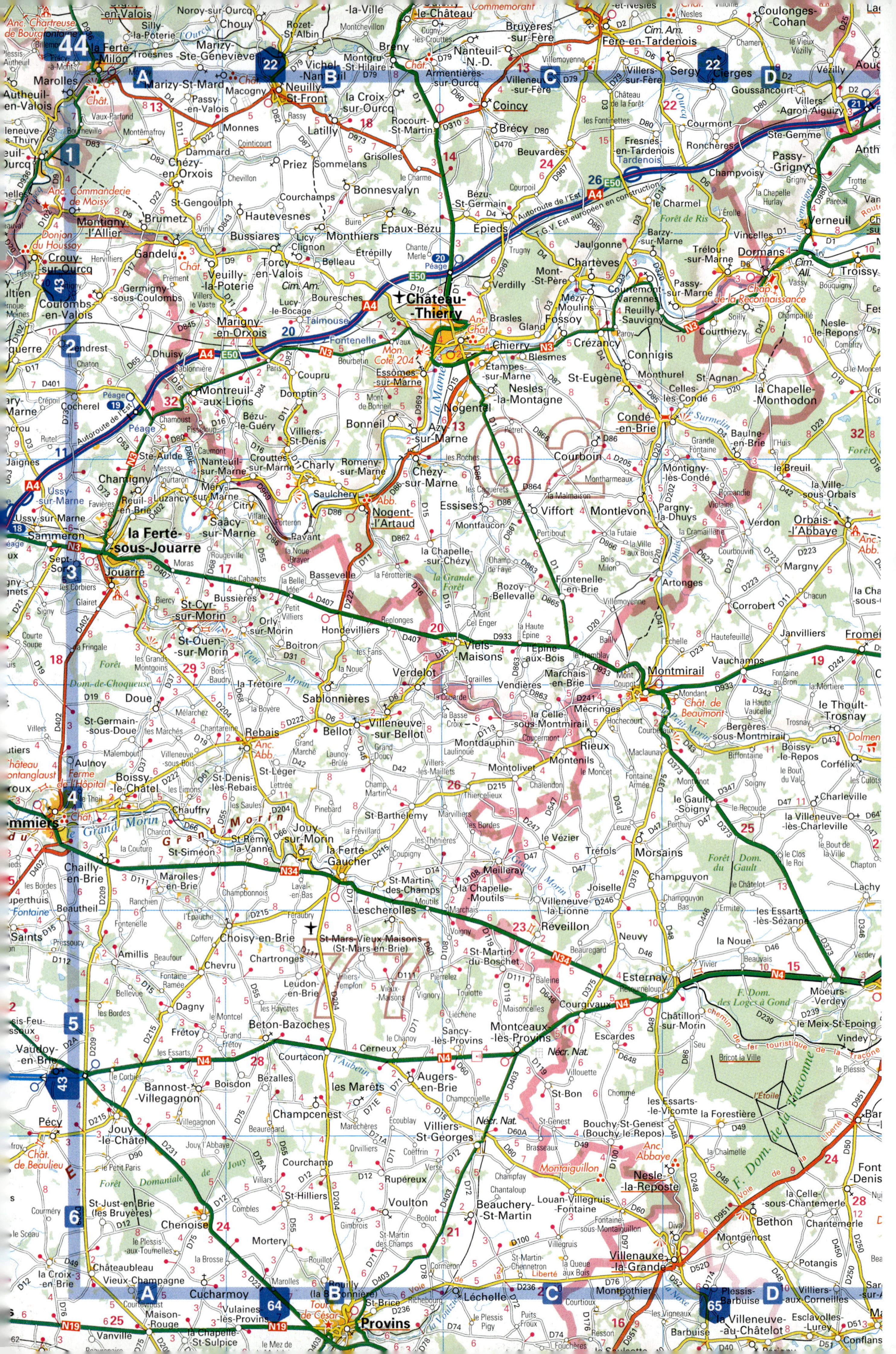
44
22
43
64
65
A
B
C
D
1
2
3
4
5
6
la Ferté-Milon
Marolles
Neuilly-St-Front
Château-Thierry
Nogentel
Essômes-sur-Marne
Brasles
Chierry
Blesmes
Gland
Mont-St-Père
Chartèves
Jaulgonne
Dormans
Fère-en-Tardenois
Sergy
Cierges
Coincy
Villers-Cotterêts
Montmirail
Viels-Maisons
Charly
Nogent-l'Artaud
Chézy-sur-Marne
la Ferté-sous-Jouarre
Jouarre
Saâcy-sur-Marne
Sammeron
Coulommiers
Rebais
Doue
Boissy-le-Châtel
Chailly-en-Brie
la Ferté-Gaucher
Jouy-sur-Morin
St-Cyr-sur-Morin
Sablonnières
Bellot
Villeneuve-sur-Bellot
Montolivet
Esternay
Sézanne
Courgivaux
Montceaux-lès-Provins
Villiers-St-Georges
Beton-Bazoches
Choisy-en-Brie
Provins
Villenaux-la-Grande
Nesle-la-Reposte
Jouy-le-Châtel
Chenoise
Bannost-Villegagnon
Vaudoy-en-Brie
Pécy
Condé-en-Brie
Orbais-l'Abbaye
Verneuil
Montlevon
Viffort
Artonges
Morsains
Réveillon
Champguyon
Moeurs-Verdey
Montigny-lès-Condé
Château-Thierry
Crouy-sur-Ourcq
Gandelu
Montigny-l'Allier
Marigny-en-Orxois
Bézu-le-Guéry
Cocherel
A4
E50
N3
N4
N34
N19
D1
02
77
51
Autoroute de l'Est
Forêt de Ris
Le Grand Morin
Petit Morin
la Marne
F. Dom. de la Traconne
Chât. de Beaumont
Chât. de Beaulieu
Mon. Cote 204
Chap. de la Réconciliation

Ville-en-Tardenois
Chambrecy
Romigny
Bligny
Bouilly
Courmas
Sacy
Villers-aux-Nœuds
Champfleury
Montbré
Puisieulx
Prunay
Prosnes
Baconnes
Villers-Allerand
Rilly-la-Montagne
Ludes
Verzenay
Beaumont-sur-Vesle
Val-de-Vesle (Thuisy)
Sept-Saulx
Marfaux
Pourcy
Chamery
Sermiers
Chigny-les-Roses
Mailly-Champagne
Verzy
Jonquery
Olizy
Champlat-et-Boujacourt
Cuchery
Nanteuil-la-Forêt
Mourmelon-le-Petit
Mourmelon-le-Grand
PARC NATUREL RÉGIONAL DE LA MONTAGNE DE REIMS
Germaine
Ville-en-Selve
Louvois
Villers-Marmery
Trépail
Billy-le-Grand
Vaudemange
Tauxières-Mutry
Bouzy
Ambonnay
Champillon
Hautvillers
Cumières
Dizy
Reuil
Venteuil
Damery
Mareuil-le-Port
Œuilly
Boursault
Vauciennes
Magenta
Ay
Mutigny
Avenay-Val-d'Or
Fontaine-sur-Ay
Tours-sur-Marne
Condé-sur-Marne
Isse
Aigny
Vraux
Juvigny
ÉPERNAY
Mardeuil
Mareuil-sur-Ay
Bisseuil
Pierry
Chouilly
Oiry
Plivot
Athis
Cherville
Jâlons
Aulnay-sur-Marne
Matougues
St-Martin-d'Ablois
Vinay
Chavot-Courcourt
Brugny-Vaudancourt
Moussy
Cuis
Cramant
les Istres-et-Bury
Recy
St-Gibrien
CHÂLONS-EN-CHAMPAGNE
St-Martin-sur-le-Pré
Fagnières
Avize
Flavigny
Oger
Grauves
Mancy
Morangis
Moslins
Mareuil-en-Brie
le Baizil
Corribert
Suizy-le-Franc
Montmort-Lucy
le Mesnil-sur-Oger
St-Mard-lès-Rouffy
Rouffy
Pocancy
Thibie
Compertrix
Coolus
Villers-aux-Bois
Chaltrait
Gionges
Vouzy
Villeneuve-Renneville-Chevigny
Chaintrix-Bierges
Vertus
Voipreux
Soulières
Givry-lès-Loisy
Loisy-en-Brie
Étréchy
Bergères-lès-Vertus
Beaunay
Étoges
Fèrebrianges
Champaubert
Baye
Congy
Talus-St-Prix
Villevenard
Coizard-Joches
Vert-Toulon (Vert-la-Gravelle)
Val-des-Marais (Coligny)
Pierre-Morains
Villeseneux
Soudron
Vatry
Bussy-Lettrée
Clamanges
Écury-le-Repos
Trécon
Germinon
Vélye
Écury-sur-Coole
Mairy-sur-Marne
Nuisement-sur-Coole
Breuvery-sur-Coole
St-Quentin-sur-Coole
Cernon
Coupetz
Marais de Saint-Gond
Oyes
Bannes
Reuves
Broussy-le-Petit
Broussy-le-Grand
Mondement-Montgivroux
Soizy-aux-Bois
Allemant
Broyes
Fère-Champenoise
Normée
Lenharrée
Vassimont-et-Chapelaine
Châlons-Vatry
Haussimont
Sommesous
Dommartin-Lettrée
Soudé
Connantray-Vaurefroy
Sézanne
Linthes
Connantre
Euvy
Montépreux
Linthelles
St-Remy-sous-Broyes
Corroy
Gourgançon
Pleurs
Gaye
Chichey
Marigny
Semoine
Poivres
Mailly-le-Camp
Queudes
Angluzelles-et-Courcelles
Thaas
Salon
Faux-Fresnay
Villiers-Herbisse
Trouans
Villeneuve-St-Vistre-et-Villevotte
La Chapelle-Lasson
Courcemain
Champfleury
Herbisse
Dosnon
Grandville
St-Ouen-Domprot
St-Saturnin
Marsangis
St-Quentin-le-Verger
Allemanche-Launay-et-Soyer
Anglure
Vouarces
Allibaudières
Granges-sur-Aube
Baudement
Boulages
Plancy-l'Abbaye
Viâpres-le-Petit
Champigny-sur-Aube
Lhuître
Marcilly-sur-Seine
St-Just-Sauvage
Bagneux
Étrelles-sur-Aube
Longueville-sur-Aube
Charny-le-Bachot
Rhèges
Bessy
Ormes
Pouan-les-Vallées
le Chêne
Vinets
CHAMPAGNE
51
10
A4
A26
E17
E50
N4
N44
N51
N77
45
46
65
66

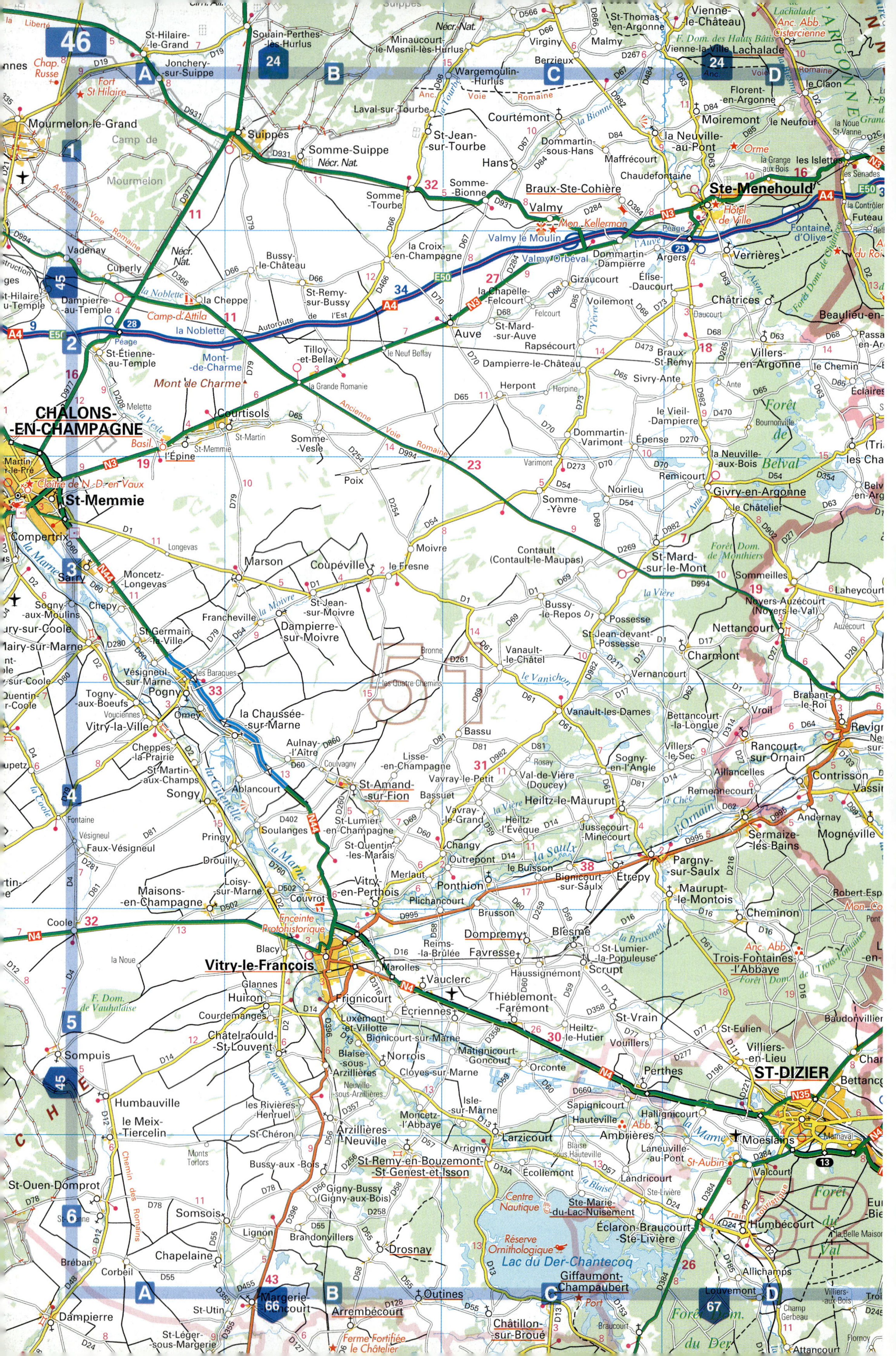

46
24
45
66
67
51
A
B
C
D
1
2
3
4
5
6
St-Hilaire-le-Grand
Souain-Perthes-lès-Hurlus
Minaucourt-le-Mesnil-lès-Hurlus
Nécr. Nat.
Virginy
Malmy
St-Thomas-en-Argonne
Vienne-le-Château
Lachalade
Anc. Abb. Cistercienne
F. Dom. des Hauts Bâtis
Vienne-la-Ville
Jonchery-sur-Suippe
Chap. Russe
Fort St Hilaire
Wargemoulin-Hurlus
Berzieux
Laval-sur-Tourbe
Courtémont
Voie Romaine
le Claon
Florent-en-Argonne
Moiremont
le Neufour
Mourmelon-le-Grand
Camp de Mourmelon
Suippes
Somme-Suippe
Nécr. Nat.
St-Jean-sur-Tourbe
Dommartin-sous-Hans
Hans
Maffrécourt
la Neuville-au-Pont
Orme
la Grange aux Bois
les Islettes
Chaudefontaine
Somme-Tourbe
Somme-Bionne
Braux-Ste-Cohière
Ste-Menehould
Hôtel de Ville
Valmy
Mon. Kellerman
Valmy le Moulin
Valmy Orbéval
Fontaine d'Olive
Futeau
Verrières
Argers
Dommartin-Dampierre
Élise-Daucourt
Vadenay
Cuperly
Nécr. Nat.
Bussy-le-Château
la Croix-en-Champagne
St-Remy-sur-Bussy
la Chapelle-Felcourt
Gizaucourt
Voilemont
Châtrices
St-Hilaire-au-Temple
Dampierre-au-Temple
la Noblette
la Cheppe
Camp d'Attila
Autoroute de l'Est
St-Mard-sur-Auve
Auve
Rapsécourt
Daucourt
Beaulieu-en-Argonne
Villers-en-Argonne
St-Étienne-au-Temple
Mont-de-Charme
Tilloy-et-Bellay
le Neuf Bellay
Dampierre-le-Château
Braux-St-Remy
Sivry-Ante
le Chemin
CHÂLONS-EN-CHAMPAGNE
Mont de Charme
Courtisols
la Grande Romanie
Herpont
le Vieil-Dampierre
Forêt de Belval
Bournonville
Basil.
l'Épine
St-Martin
St-Memmie
Somme-Vesle
Poix
Ancienne Voie Romaine
Dommartin-Varimont
Épense
la Neuville-aux-Bois
les Charmontois
Cloître de N.-D.-en-Vaux
St-Memmie
Varimont
Somme-Yèvre
Noirlieu
Remicourt
Givry-en-Argonne
le Châtelier
Compertrix
Longevas
Moivre
Contault (Contault-le-Maupas)
St-Mard-sur-le-Mont
Forêt Dom. de Monthiers
Sommeilles
Sarry
Moncetz-Longevas
Marson
Coupéville
le Fresne
Noyers-Auzécourt (Noyers-le-Val)
Laheycourt
Sogny-aux-Moulins
Chepy
Francheville
St-Jean-sur-Moivre
Dampierre-sur-Moivre
Bussy-le-Repos
Possesse
St-Jean-devant-Possesse
Nettancourt
Auzécourt
St-Germain-la-Ville
Bronne
Vanault-le-Châtel
Charmont
Vésigneul-sur-Marne
Pogny
les Baraques
les Quatre Chemins
le Vanichon
Vernancourt
Brabant-le-Roi
Togny-aux-Bœufs
Vouciennes
Omey
la Chaussée-sur-Marne
Vanault-les-Dames
Bettancourt-la-Longue
Vroil
Revigny
Vitry-la-Ville
Aulnay-l'Aître
Bassu
Cheppes-la-Prairie
St-Martin-aux-Champs
Songy
Ablancourt
Couvagny
Lisse-en-Champagne
Vavray-le-Petit
Rosay
Val-de-Vière (Doucey)
Sogny-en-l'Angle
Villers-le-Sec
Rancourt-sur-Ornain
Allancelles
Remennecourt
Contrisson
la Guenelle
Soulanges
St-Amand-sur-Fion
Bassuet
Vavray-le-Grand
Heiltz-l'Évêque
Heiltz-le-Maurupt
Jussecourt-Minecourt
Andernay
Mognéville
Fontaine
Vésigneul
Faux-Vésigneul
Pringy
St-Lumier-en-Champagne
St-Quentin-les-Marais
Changy
Outrepont
le Buisson
Bignicourt-sur-Saulx
Étrepy
Pargny-sur-Saulx
Sermaize-les-Bains
Drouilly
Loisy-sur-Marne
Vitry-en-Perthois
Merlaut
Ponthion
Plichancourt
Maurupt-le-Montois
Robert-Espagne
Maisons-en-Champagne
Couvrot
Brusson
Cheminon
Coole
Enceinte Protohistorique
Reims-la-Brûlée
Dompremy
Blesme
St-Lumier-la-Populeuse
Anc. Abb.
Trois-Fontaines-l'Abbaye
Blacy
Vitry-le-François
Marolles
Favresse
Haussignémont
Scrupt
la Noue
Glannes
Huiron
Frignicourt
Vauclerc
Thiéblemont-Farémont
F. Dom. de Vauhalaise
Courdemanges
Luxémont-et-Villotte
Écriennes
Bignicourt-sur-Marne
Heiltz-le-Hutier
St-Vrain
Vouillers
St-Eulien
Baudonvilliers
Châtelraould-St-Louvent
Blaise-sous-Arzillières
Norrois
Matignicourt-Goncourt
Orconte
Perthes
Villiers-en-Lieu
Sompuis
Cloyes-sur-Marne
Neuville-sous-Arzillières
ST-DIZIER
Bettancourt
Humbauville
les Rivières-Henruel
Isle-sur-Marne
Sapignicourt
Hauteville
Hallignicourt
le Meix-Tiercelin
St-Chéron
Moncetz-l'Abbaye
Arzillières-Neuville
Larzicourt
Ambrières
Moëslains
Marnaval
Monts Torlors
Arrigny
Blaise sous Hauteville
Laneuville-au-Pont
St-Aubin
Bussy-aux-Bois
St-Remy-en-Bouzemont-St-Genest-et-Isson
Écollemont
Landricourt
Valcourt
St-Ouen-Domprot
Chemin des Romains
Gigny-Bussy (Gigny-aux-Bois)
Ste-Livière
Somsois
Centre Nautique
Ste-Marie-du-Lac-Nuisement
Forêt du Val
Lignon
Brandonvillers
Éclaron-Braucourt-Ste-Livière
Humbécourt
Chapelaine
Drosnay
Réserve Ornithologique
Lac du Der-Chantecoq
Bréban
Corbeil
Allichamps
Giffaumont-Champaubert
Margerie-Hancourt
Outines
Louvemont
Villiers-aux-Bois
Dampierre
St-Utin
Arrembécourt
Port
Champ Gerbeau
St-Léger-sous-Margerie
Ferme Fortifiée le Châtelier
Châtillon-sur-Broué
Braucourt
Forêt Dom. du Der
Attancourt
Flornoy

47
48
67
68
24
25
55
Verdun
Thierville-sur-Meuse
Béthelainville
Neuvilly-en-Argonne
Fromeréville-les-Vallons
Sivry-la-Perche
Dombasle-en-Argonne
Récicourt
Aubréville
Belrupt-en-Verdunois
Haudainville
Haudiomont
Ronvaux
Watronville
Châtillon-sous-les-Côtes
Grimaucourt-en-Woëvre
Moulainville
Blanzée
Braquis
Manheulles
Fresnes-en-Woëvre
Pintheville
Riaville
Maizeray
Clermont-en-Argonne
Brabant-en-Argonne
Brocourt-en-Argonne
Jouy-en-Argonne
Nixéville-Blercourt
Dugny-sur-Meuse
Landrecourt-Lempire
Rarécourt
Ville-sur-Cousances
Les Souhesmes-Rampont (Souhesme-la-Grande)
Ancemont
Dieue-sur-Meuse
Sommedieue
Les Éparges
St-Remy-la-Calonne
Tresauvaux
Froidos
Lavoye
Julvécourt
Vadelaincourt
Lemmes
Senoncourt-les-Maujouy
Rupt-en-Woëvre
Génicourt-sur-Meuse
Mouilly
Dommartin-la-Montagne
Autrécourt-sur-Aire
Ippécourt
Souilly
Les Monthairons
Ambly-sur-Meuse
Ranzières
Vaux-lès-Palameix
Villers-sur-Meuse
St-André-en-Barrois
Récourt-le-Creux
Tilly-sur-Meuse
Troyon
Dompierre-aux-Bois
Waly
Foucaucourt-sur-Thabas
Nubécourt
Heippes
Rambluzin-et-Benoite-Vaux
Bouquemont
Woimbey
Seuzey
Lacroix-sur-Meuse
Évres
Beausite (Beauzée-sur-Aire)
Seuil-d'Argonne
Les Trois-Domaines (Issoncourt)
Thillombois
Bannoncourt
Lamorville
Chaillon
Valbois (Varvinay)
Heudicourt-sous-les-Côtes
Pretz-en-Argonne
Courcelles-sur-Aire
Neuville-en-Verdunois
Courouvre
Lahaymeix
Rouvrois-sur-Meuse
Dompcevrin
Vaubecourt
Rembercourt-Sommaisne (Rembercourt-aux-Pots)
Chaumont-sur-Aire
Érize-la-Petite
Longchamps-sur-Aire
Pierrefitte-sur-Aire
Fresnes-au-Mont
Les Paroches
Chauvoncourt
St-Mihiel
Maizey
Villotte-devant-Louppy
Lisle-en-Barrois
Les Hauts-de-Chée (Condé-en-Barrois)
Nicey-sur-Aire
Ville-devant-Belrain
Rupt-devant-St-Mihiel
Bislée
Kœur-la-Grande
Kœur-la-Petite
Han-sur-Meuse
Varnéville
Apremont-la-Forêt
Loupmont
Raival (Rosnes)
Belrain
Érize-la-Brûlée
Villotte-sur-Aire
Gimécourt
Loppy-le-Château
Villers-aux-Vents
Seigneulles
Baudrémont
Courcelles-en-Barrois
Sampigny
Mécrin
St-Julien-sous-les-Côtes
Laimont
Chardogne
Vavincourt
Rumont
Lavallée
Levoncourt
Ménil-aux-Bois
Pont-sur-Meuse
Boncourt-sur-Meuse
Girauvoisin
Érize-St-Dizier
Lignières-sur-Aire
Dagonville
Vadonville
Grimaucourt-près-Sampigny
Lérouville
Vignot
Commercy
Euville
Val-d'Ornain (Mussey)
Fains-Véel (Fains-les-Sources)
Behonne
Naives-Rosières (Naives-devant-Bar)
BAR-LE-DUC
Couvonges
Resson
Géry
Loisey-Culey
Cousances-lès-Triconville
Chonville-Malaumont
Erneville-aux-Bois (Ernecourt)
Beurey-sur-Saulx
Combles-en-Barrois
Savonnières-devant-Bar
Salmagne
Longeville-en-Barrois
Silmont
Guerpont
Trémont-sur-Saulx
Tannois
Willeroncourt
Nançois-le-Grand
St-Aubin-sur-Aire
Saulvaux (Saulx-en-Barrois)
Laneuville-au-Rupt
Sorcy-St-Martin
Ville-sur-Saulx
Tronville-en-Barrois
Nançois-sur-Ornain
Velaines
Ménil-la-Horgne
Void-Vacon
Brillon-en-Barrois
Saudrupt
Haironville
Montplonne
Ligny-en-Barrois
Chanteraine (Morlaincourt)
Méligny-le-Grand
Sommelonne
Bazincourt-sur-Saulx
Nant-le-Grand
Maulan
Nant-le-Petit
Méligny-le-Petit
Naives-en-Blois
Rupt-aux-Nonains
Lavincourt
Stainville
Givrauval
Longeaux
Menaucourt
Boviolles
Marson-sur-Barboure
Bovée-sur-Barboure
Broussey-en-Blois
Sauvoy
Ancerville
Aulnois-en-Perthois
Ménil-sur-Saulx
Nantois
Naix-aux-Forges
Reffroy
Villeroy-sur-Méholle
Vaucouleurs
Cousances-les-Forges
Le Bouchon-sur-Saulx
Villers-le-Sec
St-Amand-sur-Ornain
Tréveray
St-Joire
Mauvages
Chamouilley
Savonnières-en-Perthois
Juvigny-en-Perthois
Dammarie-sur-Saulx
Hévilliers
Demange-aux-Eaux
Montigny-lès-Vaucouleurs
Narcy
Brauvilliers
Couvertpuis
Baudignécourt
Delouze-Rosières
Bayard-sur-Marne
Morley
Biencourt-sur-Orge
Badonvilliers-Gérauvilliers
Épiez-sur-Meuse
Burey-en-Vaux
Fontaines-sur-Marne
Montiers-sur-Saulx
Ribeaucourt
Houdelaincourt
Maxey-sur-Vaise
Chevillon
Bonnet
Abainville
Gondrecourt-le-Château
Amanty
PLATEAU DU BARROIS
MEUSE
Voie Sacrée

48
26
A
B
C
D
St-Jean-lès-Buzy
Parfondrupt
Jeandelize
Puxe
Friauville
Jarny
Doncourt-lès-Conflans
Bruville
Verneville
Châtel-St-Germain
Saulny
Lorry-lès-Metz
Plappeville
Mont St-Quentin
Le Ban-St-Martin
Lessy
Scy-Chazelles
Moulins-lès-Metz
Longeville-lès-Metz
METZ
Montigny-lès-Metz
Peltre
Marly
Jury
Courcelles-sur-Nied
Mécleuves
Retonfey
Noisseville
Montoy-Flanville
Coincy
Ogy
Ars-Laquenexy
Villers-sous-Parey
Allamont
Brainville
Ville-sur-Yron
Hannonville-Suzémont
Mars-la-Tour
St-Marcel
Gravelotte
Rozérieulles
Ste-Ruffine
Jussy
Vaux
Rezonville
Vionville
Tronville
Flavigny
Ars-sur-Moselle
Ancy-sur-Moselle
Jouy-aux-Arches
Augny
Corny-sur-Moselle
Fleury
Pouilly
Chesny
Cuvry
Orny
Pournoy-la-Grasse
Pontoy
Hennemont
Pareid
Maizeray
Harville
Moulotte
Labeuville
Latour-en-Woëvre
Marchéville-en-Woëvre
St-Hilaire-en-Woëvre
Jonville-en-Woëvre
Saulx-lès-Champlon
Wadonville-en-Woëvre
Doncourt-aux-Templiers
Sponville
Xonville
Puxieux
Chambley-Bussières
Anc. Logis Abbatial
Gorze
Dornot
Novéant-sur-Moselle
Onville
Vandelainville
Waville
Arnaville
Bayonville-sur-Mad
Villecey-sur-Mad
Pagny-sur-Moselle
Arry
Marieulles
Lorry-Mardigny
Coin-lès-Cuvry
Pournoy-la-Chétive
Coin-sur-Seille
Pommérieux
Verny
Chérisey
Liéhon
Silly-en-Saulnois
Goin
Sillegny
Buchy
Metz-Nancy-Lorraine
Pagny-lès-Goin
Vigny
Solgne
Hannonville-sous-les-Côtes
Woël
Lachaussée
Hagéville
Etang de Lachaussée
Dampvitoux
Thillot
Avillers-Ste-Croix
St-Julien-lès-Gorze
Dommartin-la-Chaussée
Charey
Rembercourt-sur-Mad
Hattonchâtel
Hattonville
Xammes
Beney-en-Woëvre
Jaulny
Abb. de Ste Marie-aux-Bois
Prény
Vandières
Vittonville
Bouxières-sous-Froidmont
Louvigny
Cheminot
St-Jure
Secourt
Sailly-Achâtel
Vulmont
Vigneulles-lès-Hattonchâtel
Creüe
Lamarche en Woëvre
Thiaucourt-Regniéville
Villers-sous-Prény
Champey-sur-Moselle
Lesménils
Signal de Xon
PARC NAT. RÉG. DE LORRAINE
Chaillon
Nonsard-Lamarche
Pannes
Bouillonville
Viéville-en-Haye
Vilcey-sur-Trey
Norroy-lès-Pont-à-Mousson
Bois du Juré
Raucourt
Éply
Mailly-sur-Seille
Phlin
Thézey-St-Martin
Heudicourt-sous-les-Côtes
Base de Loisirs
Buxières-sous-les-Côtes
Lac de Madine
Euvezin
Essey-et-Maizerais
Pont-à-Mousson
Anc. Abb. des Prémontrés
Mousson
Morville-sur-Seille
Port-sur-Seille
Rouves
Abaucourt
Fey-en-Haye
Montauville
Maidières
Atton
Clémery
Nomeny
Limey-Remenauville
Memorial Américain
Montsec
Lahayville
Richecourt
St-Baussant
Mamey
Blénod-lès-Pont-à-Mousson
Jezainville
Ste-Geneviève
Loisy
Bezaumont
Landremont
Létricourt
Chenicourt
Loupmont
Seicheprey
Xivray-et-Marvoisin
Flirey
Lironville
Gouffre
Nécr. Nat.
Martincourt
Gézoncourt
Dieulouard
Ville-au-Val
Jeandelaincourt
Belleau
Sivry
Moivrons
Armaucourt
Bouconville-sur-Madt
Rambucourt
Beaumont
Bernécourt
Chât. de Pierrefort
Mandres-aux-Quatre-Tours
Noviant-aux-Prés
Manonville
Site de la Vallée d'Esch
Griscourt
Villers-en-Haye
Autreville-sur-Moselle
Belleville
Millery
Bratte
Villers-lès-Moivrons
Broussey-Raulecourt
Hamonville
Grosrouvres
Domèvre-en-Haye
Rogéville
Ansauville
Minorville
Tremblecourt
Marbache
Custines
Malleloy
Montenoy
Leyr
Faulx
Frémeréville-sous-les-Côtes
Forêt Dom. de la Reine
Manoncourt-en-Woëvre
Rosières-en-Haye
Saizerais
Pompey
Bouxières-aux-Chênes
Geville
Jouy-sous-les-Côtes
Sanzey
Royaumeix
Andilly
Avrainville
Frouard
Bouxières-aux-Dames
Eulmont
Amance
Laître-sous-Amance
Commercy
Anc. Abb. de Rangéval
Ménil-la-Tour
Cim. All. d'Andilly
Jaillon
Liverdun
Lay-St-Christophe
Dommartin-sous-Amance
Euville
Boucq
Lagney
Bouvron
Aingeray
Champigneulles
Agincourt
Francheville
Villey-St-Étienne
Sexey-les-Bois
Forêt
NANCY
Dommartemont
Essey-lès-Nancy
Seichamps
Vertuzey
Trondes
Lucey
Bruley
Fontenoy-sur-Moselle
Velaine-en-Haye
Parc d'Attractions
Malzéville
St-Max
Maxéville
Pulnoy
Sorcy-St-Martin
Troussey
Laneuveville-derrière-Foug
Pagney-derrière-Barine
Chap. du Cimetière
Mont St-Michel
Gondreville
Laxou
Villers-lès-Nancy
Saulxures-lès-Nancy
Foug
Écrouves
Toul
Forêt de Haye
Domaniale
de Haye
Tomblaine
Jarville-la-Malgrange
Pagny-sur-Meuse
Lay-St-Remy
Enc. Fortifiée
Dommartin-lès-Toul
Villey-le-Sec
Toul-Dommartin
Toul-Chaudeney
Ensemble Fortifié
Chaudeney-sur-Moselle
Trou de Ste-Reine
Vandœuvre-lès-Nancy
Clairlieu
Houdemont
Heillecourt
Laneuveville-devant-Nancy
Art-sur-Meurthe
Anc. Chartreuse
Ourches-sur-Meuse
Choloy-Ménillot
Pierre-la-Treiche
Maron
Chaligny
Chavigny
Cité d'Afrique
Ludres
Fléville-devant-Nancy
St-Nicolas
St-Germain-sur-Meuse
Ugny-sur-Meuse
Domgermain
Charmes-la-Côte
Sexey-aux-Forges
Neuves-Maisons
Messein
Lupcourt
Ville-en-Vermois
Rigny-la-Salle
Rigny-St-Martin
Mont-le-Vignoble
Bicqueley
Gye
Moutrot
Pont-St-Vincent
Bainville-sur-Madon
Richardménil
Azelot
Coyviller
Vaucouleurs
Chalaines
Blénod-lès-Toul
Crézilles
Viterne
Maizières
Méréville
Burthecourt-aux-Chênes
Château
Neuville-lès-Vaucouleurs
Gibeaumeix
Bulligny
Ochey
Thuilley-aux-Groseilles
Frolois
Flavigny-sur-Moselle
Montigny-lès-Vaucouleurs
Uruffe
Xeuilley
Tonnoy
Ferrières
Burey-en-Vaux
Chap. du Vieux-Astre
Marthemont
Pierreville
Anc. Prieuré
Sepvigny
Champougny
Vannes-le-Châtel
Bagneux
Allain
Thélod
Pulligny
Velle-sur-Moselle
Pagny-la-Blanche-Côte
Allamps
Barisey-la-Côte
Germiny
Houdelmont
Autrey
Ceintrey
Crévéchamps
Taillancourt
F. Dom. du Bois des Seigneurs
Crépey
Parey-St-Césaire
Voinémont
Montbras
Saulxures-lès-Vannes
Uruffe
Colombey-les-Belles
Clérey-sur-Brenon
Benney
St-Remimont
Selaincourt
Goviller
Houdreville
Omelmont
Gerbécourt-et-Haplemont
Lemainville
Ormes-et-Ville
Neuviller
Faverosse
Malvaux
Hammeville
68
69

49
Hombourg-Haut
Longeville-lès-St-Avold
St-Avold
Faulquemont
Courcelles-Chaussy
Pange
Rémilly
Morhange
Grostenquin
Albestroff
Munster
Mittersheim
Château-Salins
Vic-sur-Seille
Marsal
Dieuze
PARC NATUREL RÉGIONAL DE LORRAINE
Forêt Domaniale de Fénétrange
Delme
Nancy
Lunéville
Dombasle-sur-Meurthe
Varangéville
Einville-au-Jard
Arracourt
Lagarde
Moussey
Réchicourt-le-Château
Gondrexange
Blâmont
Forêt Domaniale de Parroy
Emberménil
St-Clément
Baccarat
Gerbéviller
Moyen
Flin
Vathiménil
Badonviller
Hablainville
Merviller
Rhodes
Azoudange
Fribourg
Langatte
Sarrebourg
Puttelange-aux-Lacs
St-Jean-Rohrbach
Freybouse
Baronville
Chambrey
Moyenvic
Bezange-la-Grande
Sornéville
Champenoux
Rosières-aux-Salines
Blainville-sur-l'Eau
Mont-sur-Meurthe
26
27
50
57
69
70

50
28
49
70
71
Sarreguemines
Bliesbruck
Parc Archéologique de Bliesbruck-Reinheim
Rimling
Nousseviller-lès-Bitche
Lengelsheim
Hanviller
Haspelschiedt
Rémelfing
Sarreinsming
Wiesviller
Woelfling-lès-Sarreguemines
Bettviller
Hottviller
Schorbach
Zetting
Neufgrange
Woustviller
Hambach
Gros-Réderching
Petit-Réderching
Fort Casso
Fort Simserhof
Bitche
Citad.
Camp de Bitche
Forêt Dom. de Sarreguemines
Sturzelbronn
Siltzheim
Wittring
Achen
St-Martin
Rohrbach-lès-Bitche
Siersthal
Lambach
Reyersviller
Eguelshardt
L. de Hasselfurt
Etting
Bining
Enchenberg
Lemberg
Forêt Domaniale de Lemberg
Forêt Domaniale de Mouterhouse
Willerwald
Herbitzheim
Kalhausen
Schmittviller
Montbronn
Mouterhouse
Philippsbourg
Baerenthal
Dom. de Hanau
Holving
Sarralbe
Oermingen
Rahling
St-Louis-lès-Bitche
Goetzenbruck
Meisenthal
Soucht
PARC NATUREL RÉGIONAL DES VOSGES
le Val-de-Guéblange
Keskastel
Dehlingen
Butten
Vœllerdingen
Ratzwiller
La Pierre des Douze Apôtres
Chât. de Grand-Arnsbourg
Chât. de Wasenbourg
Oberbronn
Lorentzen
Volksberg
Rosteig
Reipertswiller
Forêt Domaniale d'Ingwiller
Sarre-Union
Domfessel
Diemeringen
Mackwiller
Waldhambach
Weislingen
Wingen-sur-Moder
Wimmenau
Lichtenberg
Offwiller
Zinswiller
Harskirchen
Sarrewerden
Rimsdorf
Vestiges Romains
Thal-Drulingen
Frohmuhl
Puberg
Hinsbourg
Zittersheim
Rothbach
Gumbrechtshoffen
Bischholtz
Berg
Adamswiller
Tieffenbach
Burbach
Rexingen
Struth
Erckartswiller
Sparsbach
Ingwiller
Uhrwiller
Mulhausen
Bonnefontaine
Durstel
Bettwiller
Asswiller
Petersbach
Schillersdorf
Kindwiller
Diedendorf
Eywiller
Gungwiller
la Petite-Pierre
Weinbourg
Menchhoffen
Wolfskirchen
Drulingen
Obersoultzbach
Uttwiller
la Walck
Niederstinzel
Ottwiller
Maison du Parc
Chât.
Lohr
Weiterswiller
Niedersoultzbach
Pfaffenhoffen
Mittersheim
Eschwiller
Chât. de Géroldseck
Postroff
Weyer
Obermodern-Zutzendorf
Fénétrange
Siewiller
Schœnbourg
Bouxwiller
Schalkendorf
Ringeldorf
Grand Etang de Mittersheim
Baerendorf
Hirschland
Veckersviller
Bust
Maisons Troglodytes
Neuwiller-lès-Saverne
Kirrwiller-Bosselshausen
Buswiller
Grassendorf
Romelfing
Kirrberg
Rauwiller
Schalbach
Hangviller
Pfalzweyer
Eschbourg
Dossenheim-sur-Zinsel
Ringendorf
Issenhausen
Berthelming
Hellering-lès-Fénétrange
Bickenholtz
Metting
Berling
Printzheim
Lixhausen
Wickersheim-Wilshausen
Bettborn
Vescheim
Vilsberg
St-Michel
Ernolsheim-lès-Saverne
Hattmatt
Geiswiller
Gosselming
Oberstinzel
Gœrlingen
Fleisheim
Zilling
Quatre-Vents
Gottesheim
Bossendorf
Hilbesheim
Vieux-Lixheim
Wintersbourg
Hérange
Mittelbronn
Phalsbourg
St-Jean-Saverne
Steinbourg
Hochfelden
Dolving
Lixheim
Bourscheid
Brouviller
Danne-et-Quatre-Vents
Eckartswiller
Monswiller
Dettwiller
Wilwisheim
Mutzenhouse
Schaffhouse-sur-Zorn
Haut-Clocher
Villa Gallo-Romaine
Sarraltroff
Réding
St-Jean-Kourtzerode
Col de Saverne
Jard. Botanique
Ottersthal
Roseraie
Saverne
Lupstein
Ingenheim
Hohfrankenheim
Langatte
Waltembourg
Dannelbourg
Schlosserhoehe
Chât. des Rohan
Chât. du Ht-Barr
Littenheim
Gingsheim
Kerprich-aux-Bois
Nécr. Nat. des Prisonniers
Hommarting
Lutzelbourg
Henridorff
Forêt
Waldolwisheim
Altenheim
Duntzenheim
Hohatzenheim
Sarrebourg
Buhl-Lorraine
Chât. Hultehouse
Chât. du Grd et du Pt Geroldseck
Gottenhouse
Furchhausen
Saessolsheim
Diane-Capelle
Bébing
Imling
Niderviller
Plan Incliné
Arzviller
St-Louis
Garrebourg
Domaniale
Haegen
Schwenheim
Wolschheim
Friedolsheim
Maennolsheim
Rohr
Gougenheim
Barchain
Schneckenbusch
Guntzviller
Thal-Marmoutier
Lochwiller
Landersheim
Durningen
Héming
Xouaxange
Brouderdorff
Chap. St-Fridolin
de Saverne
Anc. Abb.
Marmoutier
Reutenbourg
Kleingœft
Westhouse-Marmoutier
Knœrsheim
Zeinheim
Willgottheim
Neufmoulins
Hesse
Plaine-de-Walsch
Haselbourg
Hommert
Chât. de l'Ochsenstein
Reinhardsmunster
Dimbsthal
Singrist
Zehnacker
Rangen
Neugartheim-Ittlenheim
Truchtersheim
Hermelange
Vallérysthal
Rocher du Nutzkopf
Hengwiller
Birkenwald
Salenthal
Jetterswiller
Hohengœft
Landange
Lorquin
Nitting
Troisfontaines
le Grand Ballerstein
Crastatt
Wintzenheim-Kochersberg
Dossenheim-Kochersberg
Hartzviller
Harreberg
Dabo
la Hoube
Allenwiller
Kuttolsheim
Laneuveville-lès-Lorquin
Voyer
Walscheid
Cim. All.
Rocher de Dabo
Obersteigen
Romanswiller
Nordheim
Aspach
Métairies-St-Quirin
Abreschviller
Langhardtkopf
Wangenbourg-Engenthal
Wasselonne
Marlenheim
Fessenheim-le-Bas
Fraquelfing
Niderhoff
Vasperviller
Grd Rosskopf
Wangenbourg
Cosswiller
Hurtigheim
Hattigny
Lettenbach
Train touristique
Grand Soldat
Wangen
Kirchheim
Furdenheim
Anc. Prieuré et Chapelle
Spitzberg
Schneeberg
Westhoffen
Odratzheim
Scharrachbergheim-Irmstett
Handschuheim
St-Quirin
Bertrambois
Lafrimbolle
Forêt Dom. de St-Quirin
Windsbourg
Traenheim
Dahlenheim
Balbronn
Osthoffen
Ergersheim
la Forêt
le Hu de Bâmes
Soultz-les-Bains
Ernolsheim-Bruche
Chât. du Nideck
Casc. du Nideck
Vestiges Gallo-Romains
Bergbieten
Flexbourg
Dangolsheim
Wolxheim
Turckheim
Cirey-sur-Vezouze
Turquestein-Blancrupt
Chât. de Hohenstein
Chât. de Ringelstein
Still
Molsheim
Avolsheim
Dachstein
Saussenrupt
la Marcairerie
Oberhaslach
Dinsheim-sur-Bruche
Heiligenberg
Chât. des Rohan
Mutzig
Large Stein
Anc. Abb.
Duppigheim
Duttlenheim
Val-et-Châtillon
Petitmont
Ricarville
Malcôte
Maison forestière
Rocher de Mutzig
Niederhaslach
Urmatt
Gresswiller
Dorlisheim
Altorf
Norroy
Parux
St-Sauveur
Refuge de la Boudouse
Table d'Orient
Lutzelhouse
Muhlbach-sur-Bruche
Mollkirch
Rosenwiller
Griesheim-près-Molsheim
Bréménil
Raon-lès-Leau
le Donon
Vestiges Gallo-Romains
Nécr. Nat.
Wisches
Refuge Guirbaden
Chât. de Guirbaden
Cim. Israélite
Rosheim
Bischoffsheim
Angomont
Raon-sur-Plaine
Luvigny
Col du Donon
Hersbach
Schwarzbach
Laubenheim
Grandfontaine
Russ
Grendelbruch
Bœrsch
Domaine de la Léonardsau
Krautergersheim
Vexaincourt
Anc. Mine
Muckenbach
Bionville
Allarmont
Schirmeck
Barembach
Signal de Grendelbruch
Klingenthal
Aquarium
Châteaux
Obernai
Meistratzheim
Celles-sur-Plaine
la Chapelotte
Scierie
Chât.
la Sciotte
Raon-l'Étape
Cim. All.
Maison Neuve
Broque
Anc. Camp du Struthof
Mémorial de la Déportation
Rothau
Nécr. Nat.
Neuenmatten
Chât. de Dreistein
Ottrott
St-Nabor
Bernardswiller
Niedernai
Pierre-Percée
Anc. Scierie

28
29
51
71
E
F
G
H
1
2
3
4
5
6
Wissembourg
Lauterbourg
Rastatt
Haguenau
Forêt de Haguenau
Bischwiller
Brumath
Mundolsheim
Bischheim
Schiltigheim
STRASBOURG
Kehl
Offenburg
Geispolsheim
Illkirch-Graffenstaden
Achern
Bühl
Sinzheim
Baden
Oberkirch
Appenweier
Willstätt
Renchen
Kappelrodeck
Sasbach
Lauf
Ottersweier
Rheinau
Gambsheim
Offendorf
Weyersheim
Hoerdt
La Wantzenau
Soufflenheim
Seltz
Beinheim
Hatten
Betschdorf
Surbourg
Soultz-sous-Forêts
Hunspach
Lembach
Niederbronn-les-Bains
Reichshoffen
Froeschwiller
Woerth
Morsbronn-les-Bains
Walbourg
Eschbach
Schweighouse-sur-Moder
Kaltenhouse
Oberhoffen-sur-Moder
Drusenheim
Herrlisheim
Sessenheim
Roeschwoog
Fort-Louis
Hügelsheim
Iffezheim
Karlsruhe Baden-Baden
Rheinmünster
Lichtenau
Stattmatten
Dalhunden
Wintzenbach
Mothern
Munchhausen
Kuppenheim
Oos
Bühlertal
Neuweier
Steinbach
Sasbachwalden
Ottenhöfen im Schwarzwald
Seebach
Lautenbach
Durbach
Ortenberg
Ohlsbach
Schutterwald
Neuried
Hindisheim
Plobsheim
Plan d'eau de Plobsheim
Fort Hoche
Eckbolsheim
Lingolsheim
Ostwald
Holtzheim
Wolfisheim
Oberhausbergen
Mittelhausbergen
Niederhausbergen
Souffelweyersheim
Reichstett
Vendenheim
Lampertheim
Eckwersheim
Strasbourg-Entzheim
Blaesheim
Lipsheim
Fegersheim
Ichtratzheim
Hipsheim
Nordhouse
Limersheim
Palais de l'Europe
Parc de l'Orangerie
Palais Rohan
la Petite France
Hornisgrinde
Rhin
Bienwald
Vosges du Nord
Château de Fleckenstein
Château de Froensbourg
Château de Hohenbourg
Château de Loewenstein
Château du Petit-Arnsbourg
Château de Wasigenstein
Château de Wineck
Château du Vieux-Windstein
Château du Nouveau-Windstein
Ligne Maginot
Ouvrage de Schoenenbourg
Mon. à la Bataille de Geisberg
Memorial Goethe
Réserve Naturelle
Fantasialand
Château d'Yburg
Cascade
Schliffkopf
Pfälzer
A35
A4
A5
A65
E25
E35
E52
N4
N63
N340
B3
B28
B33
B36
B500

30
A
B
C
D
1
2
3
4
5
6
Cap de la Chèvre
Rostudel
Maison des Minéraux
D255
DOUAR
Réserve du Cap Sizun
Pointe de Brézellec
Pointe du Van
St-They
Baie des Trépassés
Ar Men
Île de Sein
Île-de-Sein
Phare de la Vieille
POINTE DU RAZ
Chaussée de Sein
Lescoff
Kermeur
Cléden-Cap-Sizun
Goulien
Moulin-Castel
Beuzec-Cap-Sizun
Pors-Péron
Plogoff
Penn·ar·C'hoat
Primelin
St-Tugen
Quatre-Vents
Toulemonde
Esquibien
Audierne
Aquarium
Le Pouldu
Trébeuzec
Plouhinec
Pont-Croix
Confort-Meilars
Plozévet
Menhir
D7
D43
D43A
D784
D765
D2
D307
BAIE
D'AUDIERNE
POINTE DE PENMARC'H

53
54
E
F
G
H
1
2
3
4
5
6
31
Châteaulin
Port-Launay
Pleyben
St-Nic
St-Côme
Plomodiern
Ploéven
Cast
St-Coulitz
Lothey
Gouézec
Châteaune
Lennon
St-Thois
Douarnenez
Tréboul
Ploaré
Kerlaz
Plonévez-Porzay
Ste-Anne-la-Palud
Pointe de Leydé
St-Jean
Manoir du Moëllien
Locronan
Quéménéven
Briec
Edern
Landrévarzec
Chapelle de Quilinen
Poullan-sur-Mer
le Juch
Plogonnec
St-Pierre
Guengat
Pouldergat
Landudal
Langolen
Coray
C O R N O U A I L L E
Goyen
Gourlizon
Plonéis
QUIMPER
le Stangala
Odet-Loisirs
l'Odet
Guiler-sur-Goyen
Landudec
Plogastel-St-Germain
Pluguffan
Quimper-Pluguffan
Ergué-Gabéric
Elliant
Tourch
Rosporden
Pouldreuzic
Zoo de la Pommeraie
Peumérit
Tréogat
Plovan
Plonéour-Lanvern
Rés. Nat. Étang de Trunvel
Tréguennec
Barrage du Moulin Neuf
Tréméoc
Château Lanniron
Aquarive
Baie de Kérogan
Menhir
Plomelin
Site des Vire-Court
Château du Pérennou
Gouesnach
St-Évarzec
Pleuven
la Forêt-Fouesnant
Ste-Anne
Clohars-Fouesnant
Fouesnant
St-Yvy
Parc de Kersimonou
Melgven
St-Jean-Trolimon
Manoir de Trévilit
Église
Notre-Dame de Tronoën
Calvaire
N.-D.-de-Tréminou
Pont-l'Abbé
Combrit
Bénodet
Chât. de Cheffontaines
les Balnéides
Concarneau
Chât. de Keriolet
Ville Close Marinarium
Pointe du Cabellou
Trégunc
Pointe de la Torche
Plomeur
Château de Kernuz
Chât. de Kérazan
Île-Tudy
Loctudy
Anse de Bénodet
Pointe de Mousterlin
Penmarch
Guilvinec
Treffiagat
Plobannalec-Lesconil
Lesconil
Névez
Pointe de Trévignon
Île aux Moutons
Réserve Naturelle de St-Nicolas-des-Glénans
Îles de Glénan
Château de Trévarez
le Point de Vue
Chât. de Kergoaler
Notre-Dame des Trois Fontaines
la Roche du Feu

54
32
53
72
A
B
C
D
1
2
3
4
5
6
Landeleau
Cléden-Poher
St-Hernin
Carhaix
Notre-Dame de Folgoat
Paule
Canal
Gouarec
Rostrenen
Plouguernével
Glomel
Plévin
Tréogan
Motreff
Châteauneuf-du-Faou
Spézet
Notre-Dame du Crann
St-Goazec
Roc'h Toullaëron
Montagnes Noires
Gourin
Roudouallec
Étang du Coronc
Château de Coat-Couraval
Château de Trégarantec
Mellionnec
Plélauff
Lescouët-Gouarec
Perret
Silfiac
la Trinité-Langonnet
Plouray
Langonnet
Abbaye Notre-Dame
Langoëlan
St-Tugdual
Ploërdut
Guémené-sur-Scorff
Locmalo
Leuhan
Scaër
Guiscriff
Chât. de Kergoaler
le Saint
St-Sébastien
Priziac
le Croisty
Ste-Barbe
le Faouët
St-Nicolas
Parc Aquanature
St-Caradec-Trégomel
Lignol
Persquen
Lanvénégen
Meslan
Berné
Kernascléden
Inguiniel
Bubry
St-Thurien
Querrien
Bannalec
Ste-Véronique
La Roche du Diable
Locunolé
Guilligomarc'h
Mellac
le Trévoux
Tréméven
Quimperlé
Manoir de Kernault
Arzano
Manoir de Kermorgan
Plouay
Lanvaudan
Calan
Calvaire
Chap. de Trémalo
Pont-Aven
Château du Hénant
Riec-sur-Belon
Baye
Rédéné
Cléguer
Moëlan-sur-Mer
Inzinzac-Lochrist
Pont-Scorff
Caudan
Hennebont
Haras Nal
Languidic
St-Philibert
Abb. et Chât. de St-Maurice
Zoo
Clohars-Carnoët
Parc Animalier des Quinquis
Gestel
Guidel
Quéven
Brandérion
Port-Manec'h
le Pouldu
Doëlan
Anse du Pouldu
le Fort-Bloqué
Lanester
LORIENT
Kervignac
Nostang
Ploemeur
Base sous-Marine
Locmiquélic
Merlevenez
Citadelle
Larmor-Plage
Port-Louis
Riantec
Gâvres
Plouhinec
Ste-Hélène
Locoal-Mendon
Belz
Étel
Réserve Naturelle
Pen-Men
Grand Phare
Île de Groix
Groix
Port-Tudy
Trou de l'Enfer
Fort
Locmaria
Pointe des Chats
Réserve Naturelle
Manoir
Erdeven
Alignement
N164
N165
E60

Laniscat
St-Gelven
Caurel
Mûr-de-Bretagne
Lac de Guerlédan
Forêt de Quénécan
Ste-Brigitte
St-Aignan
St-Mayeux
St-Gilles-Vieux-Marché
St-Guen
le Quillio
St-Thélo
Uzel
Merléac
St-Jacques
St-Jean
St-Hervé
Plouguenast
Langast
Plessala
St-Gouéno
St-Gilles-du-Mené
Grâce-Uzel
Trévé
la Motte
St-Pabu
St-Caradec
St-Connec
Loudéac
Hémonstoir
Laurenan
Plémet
la Prénessaye
la Ferrière
la Chèze
Coëtlogon
St-Barnabé
St-Maudan
Notre-Dame de Bonne Encontre
St-Gonnery
Croixanvec
St-Gérand
Neulliac
Kergrist
Cléguérec
Malguénac
Pontivy
le Sourn
Noyal-Pontivy
Gueltas
Rohan
Notre-Dame de Timadeuc
Bréhan
St-Étienne-du-Gué-de-l'Isle
Plumieux
la Trinité-Porhoët
Mohon
Forêt de Lanouée
les Forges
Lanouée
Kerfourn
Crédin
Guern
Chât. de Rimaison
St-Thuriau
Melrand
Bieuzy
Calvaire
Site du Castennec
Château de la Villeneuve-Jacquelot
Pluméliau
Moustoir-Remungol
Naizin
Réguiny
Pleugriffet
Radenac
Josselin
Guégon
Lantillac
Buléon
Remungol
Moréac
St-Allouestre
Guéhenno
St-Barthélemy
Notre-Dame du Manéguen
Guénin
Baud
Statue de Vénus
Locminé
Château de Kerguéhennec
Bignan
Calvaire
Cruguel
Lizio
Colonne des Trente
St-Servant
la Chapelle-Neuve
Plumelin
Camors
Forêt Dom. de Camors
F. Dom. de Floranges
Moustoir-Ac
St-Jean-Brévelay
Plumelec
Ste-Suzanne
Sérent
Colpo
LANDES DE LANVAUX
Ste-Brigitte
Pluvigner
Brandivy
Plaudren
Trédion
Maquis de la Nouette
St-Guyomard
Landaul
Grand-Champ
Locmaria-Grand-Champ
Locqueltas
Notre-Dame de Burgo
Plumergat
Monterblanc
Forteresse de Largouët
Elven
Brech
Meucon
Camp Romain
St-Nolff
La Chartreuse d'Auray
Ste-Anne-d'Auray
Basilique
Champ des Martyrs
Plescop
Notre-Dame du Loc
St-Avé
Auray
Pluneret
Treffléan
la Vraie-Croix
Sulniac
Questembert
Ploemel
Bono
Plougoumelen
Ploeren
Notre-Dame de Béquerel
VANNES
Aquarium
Château de Trémohar
Crach
Baden
N164
N24
N165
E60
33
56
72
73

56
22
34
55
73
74
A
B
C
D
1
2
3
4
5
6
Langourla
Caulnes
Plouasne
Bécherel
St-Jouan-de-l'Isle
Plumaugat
Quédillac
Médréac
Irodouër
Lanrelas
Mérillac
St-Vran
St-Launeuc
Merdrignac
Trémorel
St-Méen-le-Grand
Montauban-de-Bretagne
Gomené
Loscouët-sur-Meu
St-Onen-la-Chapelle
Boisgervilly
Bédée
Pleumeleuc
Illifaut
Ménéac
Brignac
Gaël
Muel
St-Maugan
Iffendic
Montfort-sur-Meu
Breteil
Talensac
St-Brieuc-de-Mauron
Évriguet
Mauron
St-Léry
Concoret
St-Malon-sur-Mel
Monterfil
Le Verger
Guilliers
St-Malo-des-Trois-Fontaines
Néant-sur-Yvel
Tréhorenteuc
Paimpont
Plélan-le-Grand
St-Péran
Treffendel
Loyat
Taupont
Ploërmel
Campénéac
Beignon
Maxent
Baulon
Gourhel
Augan
Guer
Porcaro
Monterrein
Montertelot
Guillac
St-Abraham
Caro
Monteneuf
Réminiac
Les Brulais
Comblessac
Maure-de-Bretagne
Mernel
Guignen
Lohéac
Missiriac
Malestroit
St-Marcel
Ruffiac
Tréal
St-Nicolas-du-Tertre
Carentoir
Quelneuc
St-Séglin
Lieuron
Bruc-sur-Aff
Pipriac
St-Laurent-sur-Oust
Pleucadeuc
St-Congard
La Gacilly
Sixt-sur-Aff
St-Just
St-Martin
Les Fougerêts
Glénac
Molac
St-Gravé
Rochefort-en-Terre
Peillac
Pluherlin
Malansac
St-Jacut-les-Pins
St-Vincent-sur-Oust
Bains-sur-Oust
Renac
La Chapelle-de-Brain
Ste-Marie
Redon
St-Perreux
Masserac
Forêt de Paimpont
Château de Trécesson
Château de Coëtbo
Manoir de Bolangeard
Dolmen du Tréal
Alignements Mégalithiques
Montfort-sur-Meu
Fontaine de Barenton
Val sans retour
Coëtquidan
N164
N24
N166
Vilaine
l'Oust
l'Aff
le Meu

57
58
76
35
74
75
E
F
G
H
1
2
3
4
5
6
RENNES
Hédé
Guipel
Feins
Montreuil-sur-Ille
Andouillé-Neuville
Aubigné
Gahard
St-Ouen-des-Alleux
St-Marc-sur-Couesnon
Romagné
La Chapelle-St-Aubert
Vendel
Mézières-sur-Couesnon
St-Jean-sur-Couesnon
Billé
Combourtillé
St-Aubin-du-Cormier
St-Georges-de-Chesné
Château de la Haye
La Lande
Château de la Bélinaye
St-Brieuc-des-Iffs
les Iffs
St-Symphorien
St-Gondran
Langouet
Langan
Vignoc
Gévezé
Montreuil-le-Gast
St-Médard-sur-Ille
St-Aubin-d'Aubigné
St-Germain-sur-Ille
Ercé-près-Liffré
Chasné-sur-Illet
Gosné
Mouazé
Notre-Dame-sur-l'Eau
Melesse
Chevaigné
St-Sulpice-la-Forêt
Liffré
Mecé
Livré-sur-Changeon
St-Christophe-des-Bois
La Mézière
Château de Beauvais
Parthenay-de-Bretagne
Château de Clayes-Palys
Clayes
la Chapelle-des-Fougeretz
Betton
Forêt de Rennes
la Bouëxière
Dourdain
Château du Bois Cornillé
Taillis
Val-d'Izé
Montgermont
Pacé
St-Gilles
l'Hermitage
St-Grégoire
Thorigné-Fouillard
Landavran
Champeaux
Montreuil-sous-Pérouse
Marpiré
Château de l'Épinay
St-Nicolas
Cesson-Sévigné
Acigné
Noyal-sur-Vilaine
Brécé
Servon-sur-Vilaine
Châteaubourg
St-Jean-sur-Vilaine
Vezin-le-Coquet
le Rheu
Cintré
la Vallée des Canards
Chât. de Cucé
Chantepie
St-Didier
Pocé-les-Bois
St-Aubin-des-Landes
Cornillé
Rennes-St-Jacques
St-Jacques-de-la-Lande
Chavagne
Chartres-de-Bretagne
Bruz
Noyal-Châtillon-sur-Seiche
Vern-sur-Seiche
Domloup
Boisorcan
Châteaugiron
Ossé
Domagné
Louvigné-de-Bais
Torcé
Nouvoitou
St-Aubin-du-Pavail
Chancé
Château de Monbouan
Vergéal
la Ferme du Tessonnet
Parc Ornithologique
Pont-Péan
St-Erblon
Orgères
St-Armel
Amanlis
Piré-sur-Seiche
Moulins
Bais
Domalain
Guichen
Laillé
Bourgbarré
Corps-Nuds
Janzé
Boistrudan
Visseiche
Moutiers
Chanteloup
Château du Châtelier
Brie
Essé
la Roche aux Fées
Marcillé-Robert
la Guerche-de-Bretagne
Bourg-des-Comptes
Crevin
le Petit-Fougeray
Retiers
Arbrissel
Rannée
St-Senoux
Château de Boschet
Pléchâtel
Saulnières
le Sel-de-Bretagne
le Theil-de-Bretagne
Drouges
Poligné
St-Malo-de-Phily
Pancé
Château du Plessis
la Couyère
Tresboeuf
Ste-Colombe
Coësmes
F. de la Guerche
Forges-la-Forêt
la Bosse-de-Bretagne
Lalleu
Thourie
Bain-de-Bretagne
Château de la Robinais
Messac
Ercé-en-Lamée
Soulvache
Martigné-Ferchaud
Chelun
Eancé
la Noë-Blanche
Pomméniac
Teillay
Forêt de Teillay
Rougé
Fercé
Forêt d'Araize
Noyal-sur-Brutz
Villepot
Primaudais
St-Sulpice-des-Landes
la Dominelais
Ruffigné
Soudan
Ste-Anne-sur-Vilaine
Grand-Fougeray
Sion-les-Mines
St-Aubin-des-Châteaux
Châteaubriant
Carbay
Mouais
Chât. St-Clair
Pierric
Lusanger
Anc. Prieuré de la Primaudière
Juigné
44
35
A84
E03
E50
N137
N157
N136
N171

58
37
38
26
A
B
C
D
1
2
3
4
5
6
35
57
76
St-Georges-de-Reintembault
Monthault
Savigny-le-Vieux
Buais
Mantilly
Passais
Louvigné-du-Désert
Mellé
Landivy
Fougerolles-du-Plessis
Heussé
Villamée
Poilley
Pontmain
Château de Mausson
Château de Goué
la Dorée
Désertines
St-Fraimbault
Soucé
l'Épinay-le-Comte
St-Siméon
St-Aubin-Fosse-Louvain
Vieuvy
Lesbois
Couesmes-Vaucé
Parigné
la Bazouge-du-Désert
St-Mars-sur-la-Futaie
Landéan
Château de la Vieuville
Anciens Celliers
la Pierre Courcoulée
St-Ellier-du-Maine
Levaré
Hercé
Gorron
le Pas
Ambrières-les-Vallées
St-Berthevin-la-Tannière
Colombiers-du-Plessis
Brecé
le Loroux
Courcité
Carelles
Lecousse
Laignelet
Larchamp
Menhir de la Boussardière
Base de Loisirs
St-Mars-sur-Colmont
Oisseau
Fougères
la Chapelle-Janson
Châtillon-sur-Colmont
St-Denis-de-Gastines
Châtillon-sur-Colmont
Beaucé
Fleurigné
Javené
la Selle-en-Luitré
la Pellerine
Ernée
Vautorte
St-Georges-Buttavent
Parigné-sur-Braye
Dolm. de la Contrie
Chât. de Montflaux
Billé
Luitré
Parcé
Dompierre-du-Chemin
Château du Rocher
Montenay
St-Pierre-des-Landes
St-Baudelle
Moulay
Montreuil-des-Landes
Châtillon-en-Vendelais
Juvigné
Forêt de Mayenne
Placé
Contest
Chailland
Alexain
St-Hilaire-du-Maine
St-Germain-d'Anxure
Princé
Montautour
la Croixille
la Bigottière
St-Germain-le-Guillaume
Martigné-sur-Mayenne
Balazé
St-M'Hervé
la Baconnière
Andouillé
Sacé
la Bazouge-des-Alleux
Montreuil-sous-Pérouse
Bourgon
le Bourgneuf-la-Forêt
Montflours
Châlons-du-Maine
Vitré
la Chapelle-Erbrée
Launay-Villiers
St-Ouën-des-Toits
St-Germain-le-Fouilloux
Gesnes
St-Pierre-la-Cour
Olivet
St-Jean-sur-Mayenne
Louverné
Pocé-les-Bois
Erbrée
Bréal-sous-Vitré
Port-Brillet
le Genest-St-Isle
Changé
la Chapelle-Anthenaise
Château des Rochers Sévigné
Mondevert
la Brûlatte
Château de Ricoudet
Laval-le-Coudray
Bonchamp-lès-Laval
Argentré
Étrelles
Argentré-du-Plessis
la Gravelle
St-Berthevin
LAVAL
Louvigné
Soulgé-sur-Ouette
Loiron
Ruillé-le-Gravelais
le Pertre
St-Cyr-le-Gravelais
Ahuillé
Forcé
Montigné-le-Brillant
l'Huisserie
Bazougers
Beaulieu-sur-Oudon
Montjean
Chât. de Montjean
Entrammes
Parné-sur-Roc
St-Germain-du-Pinel
Gennes-sur-Seiche
Courbeveille
Nuillé-sur-Vicoin
Abbaye du Port du Salut
Availles-sur-Seiche
Cuillé
St-Poix
Méral
Astillé
Maisoncelles-du-Maine
Gastines
Origné
la Selle-Guerchaise
Laubrières
Cossé-le-Vivien
le Bignon-du-Maine
Fontaine-Couverte
Cosmes
Quelaines-St-Gault
Houssay
Villiers-Charlemagne
Brains-sur-les-Marches
la Roë
Ballots
la Chapelle-Craonnaise
la Rongère
St-Sulpice
Ruillé-Froid-Fonds
St-Michel-de-la-Roë
Athée
Livré
Denazé
Simplé
Peuton
N12
N176
N157
N162
N171
A81
E50

59
38
39
77
E
F
G
H
la Baroche-sous-Lucé
Beaulandais
la Chapelle-d'Andaine
Tessé-Froulay
Arboretum
Château de Couterne
Antoigny
St-Patrice-du-Désert
Lignières-Orgères
St-Martin-des-Landes
Rouperroux
St-Didier-sous-Écouves
Fontenai-les-Louvets
St-Denis-de-Villenette
Geneslay
Haleine
Couterne
St-Ouen-le-Brisoult
la Pallu
Longuenoë
Livaie
Château du Bois du Maine
Château de Chantepie
Méhoudin
Neuilly-le-Vendin
Belvédère
St-Ellier-les-Bois
Sept-Forges
Rennes-en-Grenouilles
Thubœuf
St-Julien-du-Terroux
St-Calais-du-Désert
Ciral
la Roche-Mabile
St-Nicolas-des-Bois
Loré
Madré
Couptrain
St-Samson
Lalacelle
Gandelain
Ste-Marie-du-Bois
Le Housseau-Brétignolles
St-Aignan-de-Couptrain
Pré-en-Pail
Mont des Avaloirs
St-Denis-sur-Sarthon
Lonrai
Ravigny
Lassay-les-Châteaux
Chevaigné-du-Maine
St-Cyr-en-Pail
Pacé
ALENÇON
Chantrigné
Charchigné
Javron-les-Chapelles
Boulay-les-Ifs
Champfrémont
Condé-sur-Sarthe
St-Loup-du-Gast
Montreuil-Poullay
le Horps
la Ferrière-Bochard
Mieuxcé
le Ribay
Villepail
Crennes-sur-Fraubée
Corniche de Pail
St-Pierre-des-Nids
Héloup
la Haie-Traversaine
le Ham
St-Cénéri-le-Gérei
Moulins-le-Carbonnel
St-Fraimbault-de-Prières
Champéon
Forêt de Pail
Gesvres
Villaines-la-Juhel
St-Léonard-des-Bois
Loupfougères
Hardanges
Les Alpes Mancelles
Gesnes-le-Gandelin
Château des Vaux
Averton
St-Paul-le-Gaultier
Mayenne
Aron
Marcillé-la-Ville
la Chapelle-au-Riboul
Courcité
St-Aubin-du-Désert
Assé-le-Boisne
St-Victeur
Grazay
Champgenéteux
St-Mars-du-Désert
St-Georges-le-Gaultier
Sougé-le-Ganelon
St-Ouen-de-Mimbré
St-Thomas-de-Courceriers
St-Aubin-de-Locquenay
Fresnay-sur-Sarthe
Camp Romain
Jublains
Hambers
Bais
Trans
St-Germain-de-Coulamer
Douillet
Montesson
LES COËVRONS
Château de la Lucazière
Mont-St-Jean
Montreuil-le-Chétif
Butte de Montaigu
Forêt de Bourgon
Château de Bourgon
Izé
Mont Rochard
St-Martin-de-Connée
Rocher le Saut du Serf
St-Christophe-du-Jambet
Montourtier
les Rubricaires
St-Pierre-sur-Orthe
Base de Loisirs
Deux-Évailles
Mézangers
Ste-Gemmes-le-Robert
Sillé-le-Guillaume
Pezé-le-Robert
Ségrie
Château du Rocher
Vimarcé
St-Rémy-de-Sillé
Vernie
St-Ouen-des-Vallons
Foultorte
le Grez
Château de la Roche Pichemer
Évron
Assé-le-Bérenger
St-Georges-sur-Erve
Rouessé-Vassé
Crissé
Neuvillalais
Mézières-sous-Lavardin
Montsûrs
Neau
Châtres-la-Forêt
Rouez
St-Céneré
St-Christophe-du-Luat
Château de Montecler
Mazagran
Voutré
Conlie
Abbaye de Champagne
Livet
Dolmens
Parennes
Tennie
Domfront-en-Champagne
la Chapelle-Rainsouin
Ste-Suzanne
Torcé-Viviers-en-Charnie
Neuvillette-en-Charnie
Neuvy-en-Champagne
St-Léger
Chammes
Signal des Viviers
Château de Sourches
Bernay
Villeray
Loriolet
Blandouet
St-Symphorien
Ruillé-en-Champagne
la Quinte
Vaiges
Chemiré-en-Charnie
Épineu-le-Chevreuil
Amné
St-Georges-le-Fléchard
St-Jean-sur-Erve
Thorigné-en-Charnie
St-Denis-d'Orques
Manoir de Beaumont
les Bordeaux
Joué-en-Charnie
Chassillé
Longnes
Chaufour-N.-D.
Grotte de Rochefort
St-Pierre-sur-Erve
Gripperies
Brains-sur-Gée
Coulans-sur-Gée
Château de Coulans
la Bazouge-de-Chemeré
Thorigné-en-Charnie
Viré-en-Champagne
Mareil-en-Champagne
Loué
Aubers-sous-Montfaucon
la Motte Henry
Soulgé
Grotte à Margot
Château du Coudray
Oratoire
Saulges
Bannes
Tassillé
Cranne-en-Champagne
Soulignè-Flacé
St-Denis-du-Maine
Chémeré-le-Roi
Brûlon
Roche de Pissegrèle
St-Christophe-en-Champagne
Base de Loisirs
Meslay-du-Maine
la Cropte
Château de Linières
Cossé-en-Champagne
Chevillé
la Massonnière
Vallon-sur-Gée
Château des Arsis
Préaux
Épineux-le-Seguin
Avessé
St-Ouen-en-Champagne
St-Pierre-des-Bois
Maigné
Louplande
Ballée
Chemiré-le-Gaudin
Poillé-sur-Vègre
Chantenay-Villedieu
Voivres-lès-le-Mans
Beaumont-Pied-de-Bœuf
Château de Verdelles
Fontenay-sur-Vègre
Pirmil
Auvers-le-Hamon
la Ballue
Fercé-sur-Sarthe
St-Loup-du-Dorat
Asnières-sur-Vègre
la Suze-sur-Sarthe
A81
A11
N12
N157
N176

ALENÇON
Mortagne-au-Perche
Mamers
LE MANS
la Ferté-Bernard
Bonnétable
Coulaines
Changé
Allonnes
Arnage
Mulsanne
Bellême
Le Mêle-sur-Sarthe
Fresnay-sur-Sarthe
Beaumont-sur-Sarthe
Ballon
Marolles-les-Braults
St-Paterne
Damigny
Valframbert
Sées
Vingt-Hanaps
Marchemaisons
Neufchâtel-en-Saosnois
St-Rémy-du-Val
Champfleur
Rouessé-Fontaine
René
Thoigné
Mézières-sur-Ponthouin
Courcemont
Savigné-l'Évêque
Montfort-le-Gesnois
Connerré
Tuffé
Dollon
Bouloire
Ardenay-sur-Mérize
Parigné-l'Évêque
Yvré-l'Évêque
Sargé-lès-le-Mans
La Chapelle-St-Aubin
Trangé
Rouillon
Pruillé-le-Chétif
Étival-lès-le-Mans
St-Georges-du-Bois
Ruaudin
Challes
Brette-les-Pins
NORMANDIE
MAINE
F. Dom. de Perseigne
Circuit Automobile
Camp d'Auvours
A28
A11
N12
N138
N157
N23
E402
E50
A
B
C
D
39
40
59
78

61
62
40
41
79
28
41
Senonches
Longny-au-Perche
Malétable
Moulicent
Neuilly-sur-Eure
la Lande-sur-Eure
Ardelles
Digny
Thimert-Gâtelles
Favières
les Menus
Manou
Belhomert-Guéhouville
Fontaine-Simon
St-Maurice-St-Germain
Pontgouin
Landelles
Courville-sur-Eure
Fontaine-la-Guyon
St-Victor-de-Réno
Monceaux-au-Perche
Moutiers-au-Perche
la Madeleine-Bouvet
la Loupe
Vaupillon
Meaucé
St-Éliph
Chuisnes
Rémalard
Dorceau
Boissy-Maugis
Bretoncelles
Coulonges-les-Sablons
St-Victor-de-Buthon
Montireau
Champrond-en-Gâtine
Friaize
le Thieulin
Villebon
Fruncé
St-Germain-le-Gaillard
Orrouer
Condé-sur-Huisne
Condeau
Verrières
St-Germain-des-Grois
Dancé
St-Pierre-la-Bruyère
Marolles-les-Buis
Frétigny
Montlandon
St-Denis-des-Puits
Cernay
Ollé
PARC NATUREL RÉGIONAL DU PERCHE
Nogent-le-Rotrou
Margon
Berd'huis
Préaux-du-Perche
St-Agnan-sur-Erre
St-Hilaire-sur-Erre
Brunelles
Coudreceau
St-Denis-d'Authou
Champrond-en-Perchet
la Gaudaine
Thiron-Gardais
Combres
Happonvilliers
Nonvilliers-Grandhoux
les Corvées-les-Yys
les Châtelliers-Notre-Dame
Marchéville
Magny
St-Éman
Illiers-Combray
Blandainville
St-Jean-Pierre-Fixte
Coutretot-St-Serge
Trizay-Coutretot-St-Serge
Souancé-au-Perche
Vichères
Argenvilliers
Beaumont-les-Autels
Chassant
Montigny-le-Chartif
Méréglise
la Croix-du-Perche
Frazé
Vieuvicq
Mottereau
St-Avit-les-Guespières
Mézières-au-Perche
Charonville
Les Étilleux
Coudray-au-Perche
Miermaigne
Luigny
Brou-Frazé
Brou-Dampierre
Bullou
Dangeau
Ceton
Béthonvilliers
Dampierre-sous-Brou
Brou
Yèvres
Unverre
Moulhard
St-Bomer
Authon-du-Perche
Charbonnières
les Autels-Villevillon
Trizay-lès-Bonneval
Cormes
Théligny
Courgenard
Soizé
St-Ulphace
Gréez-sur-Roc
la Bazoche-Gouet
Chapelle-Royale
Gohory
Logron
Montmirail
Melleray
Chapelle-Guillaume
le Gault-Perche
Arrou
Châtillon-en-Dunois
Lanneray
Marboué
Champrond
le Plessis-Dorin
St-Avit
Courtalain
St-Pellerin
Vibraye
Oigny
Arville
le Poislay
Boisgasson
St-Denis-les-Ponts
Souday
St-Agil
Droué
Boursay
Langey
Montigny-le-Gannelon
Cloyes-sur-le-Loir
la Chapelle-du-Noyer
Valennes
Berfay
Choue
la Chapelle-Vicomtesse
Bouffry
Ruan-sur-Egvonne
Mondoubleau
Cormenon
Baillou
Fontaine-Raoul
Villebout
Romilly-sur-Aigre
St-Marc-du-Cor
Rahay
Conflans-sur-Anille
Chauvigny-du-Perche
St-Jean-Froidmentel
Beauchêne
Romilly
St-Calais
Marolles-lès-St-Calais
Sargé-sur-Braye
le Temple
la Ville-aux-Clercs
St-Hilaire-la-Gravelle
Moisy
A11
E50
N23
N10
N157

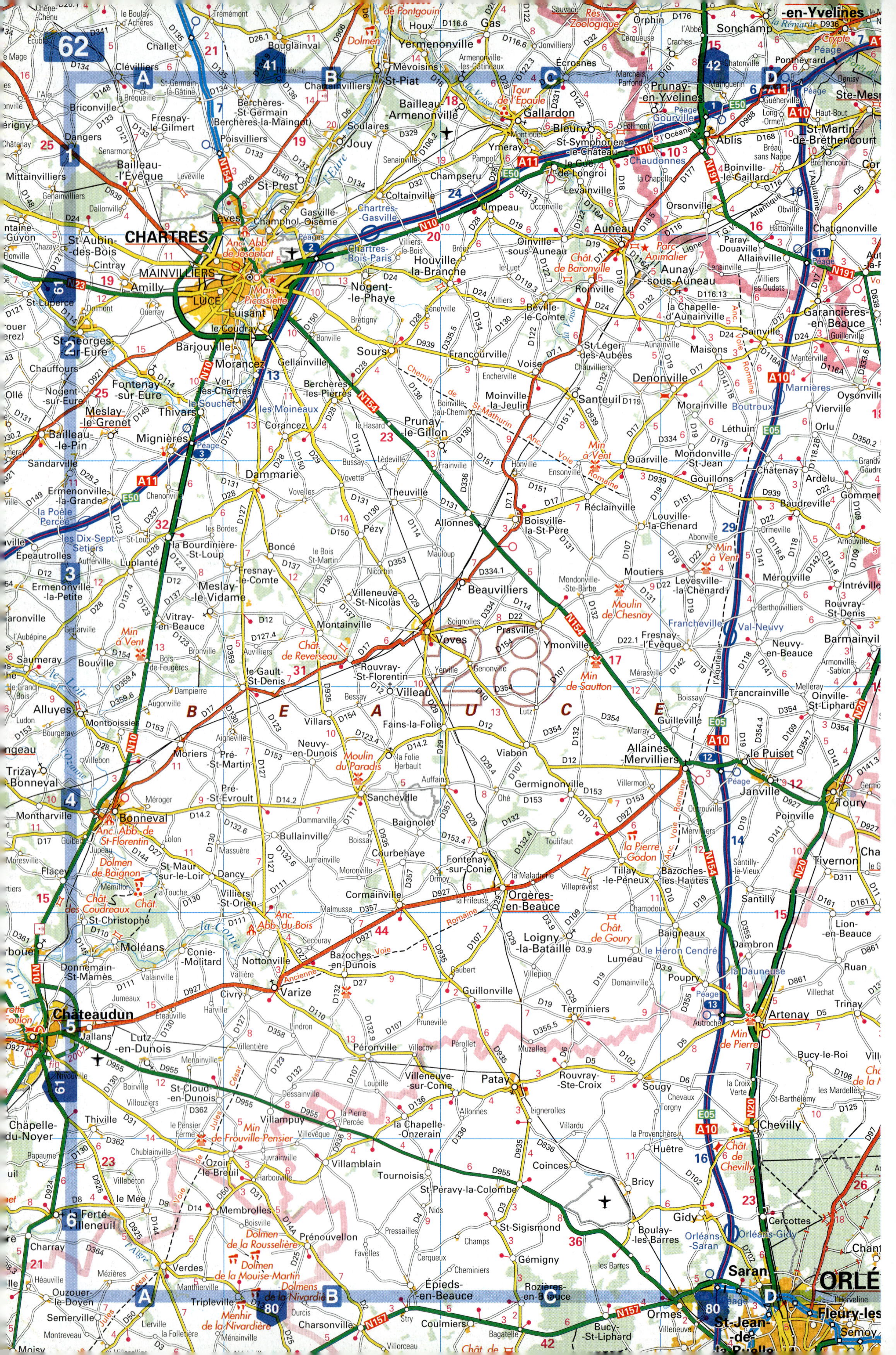

62
41
42
A
B
C
D
1
2
3
4
5
6
CHARTRES
Mainvilliers
Lucé
Luisant
le Coudray
Barjouville
Morancez
Lèves
Champhol
Oisème
Gasville-Oisème
Chartres-Gasville
Chartres-Bois-Paris
Houville-la-Branche
Nogent-le-Phaye
Sours
St-Prest
Jouy
Soulaires
Poisvilliers
Bouglainval
Challet
Clévilliers
Briconville
Fresnay-le-Gilmert
Bailleau-l'Évêque
Dangers
Mittainvilliers
St-Aubin-des-Bois
Cintray
Amilly
St-Luperce
St-Georges-sur-Eure
Chauffours
Nogent-sur-Eure
Fontenay-sur-Eure
Meslay-le-Grenet
Bailleau-le-Pin
Sandarville
Thivars
Mignières
Ermenonville-la-Grande
la Poële Percée
Épeautrolles
les Dix-Sept-Setiers
Luplanté
Ermenonville-la-Petite
Meslay-le-Vidame
Vitray-en-Beauce
Bouville
Saumeray
Alluyes
Montboissier
Trizay-lès-Bonneval
Bonneval
Montharville
Flacey
Moriers
Pré-St-Martin
Pré-St-Évroult
Dammarie
Fresnay-le-Comte
Le Gault-St-Denis
Chât. de Reverseau
Berchères-les-Pierres
Corancez
Prunay-le-Gillon
Théuville
Pézy
Villeneuve-St-Nicolas
Montainville
Beauvilliers
Voves
Rouvray-St-Florentin
Villeau
Allonnes
Boisville-la-St-Père
Moinville-la-Jeulin
Francourville
Voise
Santeuil
Réclainville
Ymonville
Min de Saulton
Prasville
Fains-la-Folie
Viabon
Neuvy-en-Dunois
Moulin du Paradis
Sancheville
Villars
B E A U C E
Allaines-Mervilliers
Germignonville
Baignolet
Fontenay-sur-Conie
Courbehaye
Orgères-en-Beauce
Tillay-le-Péneux
Bazoches-les-Hautes
la Pierre Godon
Loigny-la-Bataille
Chât. de Goury
Lumeau
Baigneaux
Poupry
Terminiers
Artenay
Min de Pierre
Cormainville
Bazoches-en-Dunois
Varize
Civry
Nottonville
Anc. Abb. du Bois
Villiers-St-Orien
Dancy
Bullainville
Conie-Molitard
Moléans
St-Christophe
Châteaudun
Jallans
Lutz-en-Dunois
Donnemain-St-Mamès
St-Maur-sur-le-Loir
Dolmen de Baignon
Chât. des Coudreaux
Anc. Abb. de St-Florentin
Guillonville
Péronville
Villeneuve-sur-Conie
Patay
Rouvray-Ste-Croix
Sougy
St-Cloud-en-Dunois
Villampuy
Min de Frouville-Pensier
Ozoir-le-Breuil
Villamblain
la Chapelle-Onzerain
Tournoisis
St-Péravy-la-Colombe
Coinces
Bricy
Gidy
Boulay-les-Barres
St-Sigismond
Gémigny
Chevilly
Chât. de Chevilly
Huêtre
Cercottes
Orléans-Gidy
Saran
ORLÉ
Fleury-les
St-Jean-de-la-Ruelle
Ormes
Bucy-St-Liphard
Coulmiers
Épieds-en-Beauce
Rozières-en-Beauce
Charsonville
Tripleville
Menhir de la Nivardière
Dolmens de la Nivardière
Dolmen de la Rousselière
Dolmen de la Mouise-Martin
Prénouvellon
Membrolles
Verdes
Ouzouer-le-Doyen
Semerville
Charray
la Ferté-Villeneuil
le Mée
Thiville
Chapelle-du-Noyer
Auneau
Aunay-sous-Auneau
Chât. de Baronville
Roinville
Béville-le-Comte
la Chapelle-d'Aunainville
Parc Animalier
Oinville-sous-Auneau
Umpeau
Levainville
le Gué-de-Longroi
Champseru
Coltainville
Bleury
St-Symphorien-le-Château
Ymeray
Gallardon
Bailleau-Armenonville
St-Piat
Mévoisins
Yermenonville
Gas
Houx
Écrosnes
Tour de l'Épaule
Orphin
Prunay-en-Yvelines
Ablis
Sonchamp
Boinville-le-Gaillard
Orsonville
Paray-Douaville
Allainville
Chatignonville
Garancières-en-Beauce
Sainville
Denonville
St-Léger-des-Aubées
Maisons
Oysonville
Vierville
Léthuin
Mondonville-St-Jean
Ouarville
Min à Vent
Louville-la-Chenard
Gouillons
Châtenay
Baudreville
Moutiers
Levesville-la-Chenard
Moulin de Chesnay
Fresnay-l'Évêque
Mérouville
Rouvray-St-Denis
Neuvy-en-Beauce
Trancrainville
Guilleville
Oinville-St-Liphard
le Puiset
Janville
Toury
Poinville
Santilly
Tivernon
Lion-en-Beauce
Dambron
Ruan
Trinay
Bucy-le-Roi
Ste-Mesme
St-Martin-de-Bréthencourt
Chaudonnes
Boutroux
Val-Neuvy
Francheville
Ardelu
Gommerville
Intréville
Barmainville
Mainvilliers
Champdoux
le Héron Cendré
la Daubeuse
Réserve Zoologique
Dolmen

63
42
43
64
81
E
F
G
H
1
2
3
4
5
6
St-Cyr-sous-Dourdan
St-Chéron
Égly
Leudeville
Mennecy
le Mée-sur-Seine
Roinville
Dourdan
St-Sulpice-de-Favières
Souzy-la-Briche
Villeconin
Chamarande
Torfou
Lardy
Itteville
St-Vrain
Ballancourt-sur-Essonne
Chevannes
Champcueil
St-Fargeau-Ponthierry
Dammarie-les-Lys
Auvers-St-Georges
la Ferté-Alais
Baulne
Mondeville
St-Sauveur-sur-École
Étréchy
Boissy-le-Sec
Boissy-le-Cutté
Cerny
Soisy-sur-École
Perthes
Chailly-en-Bière
Étampes
Morigny-Champigny
D'Huison-Longueville
Boutigny-sur-Essonne
PARC NATUREL
Dannemois
Courances
Fleury-en-Bière
Barbizon
Chalo-St-Mars
St-Hilaire
Bouville
Vayres-sur-Essonne
Moigny-sur-École
Milly-la-Forêt
Arbonne-la-Forêt
Puiselet-le-Marais
Valpuiseaux
Maisse
RÉGIONAL
FORÊT DOMANIALE
Chalou-Moulineux
Saclas
Guillerval
Gironville-sur-Essonne
Buno-Bonnevaux
Noisy-sur-École
Achères-la-Forêt
Pussay
Monnerville
Mespuits
Prunay-sur-Essonne
Tousson
Champmotteux
Boigneville
Boissy-aux-Cailles
La Chapelle-la-Reine
Méréville
Angerville
Estouches
Sermaises
Blandy
Brouy
Nangeville
Malesherbes
Larchant
Mainvilliers
Thignonville
Orveau-Bellesauve
DU GÂTINAIS FRANÇAIS
Andonville
Autruy-sur-Juine
Audeville
Intville-la-Guétard
Coudray
Augerville-la-Rivière
Guercheville
Erceville
Charmont-en-Beauce
Morville-en-Beauce
Engenville
Manchecourt
Dimancheville
Orville
Outarville
Léouville
Guigneville
Ramoulu
Marsainvilliers
Briarres-sur-Essonne
Puiseaux
Ondreville-sur-Essonne
Aulnay-la-Rivière
Bromeilles
Arville
Bazoches-les-Gallerandes
Greneville-en-Beauce
Pithiviers-le-Vieil
Pithiviers
Estouy
La Neuville-sur-Essonne
Châtillon-le-Roi
Dadonville
Échilleuses
Boësses
Jouy-en-Pithiverais
Crottes-en-Pithiverais
Yèvre-la-Ville
Givraines
Beaumont-du-Gâtinais
Attray
Montigny
Ascoux
Boynes
Barville-en-Gâtinais
Sceaux-du-Gâtinais
Aschères-le-Marché
Bouzonville-aux-Bois
Mareau-aux-Bois
Courcelles
Bordeaux-en-Gâtinais
Santeau
Bouilly-en-Gâtinais
Batilly-en-Gâtinais
Chilleurs-aux-Bois
Vrigny
Nancray-sur-Rimarde
Corbeilles
Neuville-aux-Bois
Courcy-aux-Loges
Beaune-la-Rolande
St-Michel
St-Lyé-la-Forêt
Chambon-la-Forêt
Juranville
Boiscommun
Chapelon
Bougy-lez-Neuville
St-Loup-des-Vignes
Mézières-en-Gâtinais
Nibelle
Montliard
Fréville-du-Gâtinais
Quiers-sur-Bézonde
Ladon
Loury
Rebréchien
Ingrannes
Bellegarde
Villemoutiers
Sully-la-Chapelle
Ouzouer-sous-Bellegarde
St-Maurice-Fessard
Traînou
Seichebrières
Sury-aux-Bois
Marigny-les-Usages
Étang de la Vallée
Combreux
Auvilliers-en-Gâtinais
Presnoy
Vennecy
Vitry-aux-Loges
Chailly-en-Gâtinais
Boigny-sur-Bionne
Fay-aux-Loges
Châtenoy

64
MELUN
le Mée-sur-Seine
Vaux-le-Pénil
Dammarie-les-Lys
Voisenon
Blandy
Moisenay
Maincy
Sivry-Courtry
Bombon
Bréau
St-Ouen-en-Brie
Château-Bois-Boudran
Nangis
Cucharmoy
Vanvillé
Maison-Rouge
Vulaines-lès-Provins
la Chapelle-St-Sulpice
43
44
29
A
B
C
D
la Chapelle-Gauthier
Fontenailles
Rampillon
Étang de Villefermoy
Châtillon-la-Borde
le Châtelet-en-Brie
les Écrennes
Fontaines
la Chapelle-Rablais
Lizines
Sognolles-en-Montois
St-Loup-de-Naud
Savins
Meigneux
Cessoy-en-Montois
Mons-en-Montois
Thénisy
Villeneuve-les-Bordes
Donnemarie-Dontilly
Chartrettes
Bois-le-Roi
Samois-sur-Seine
Fontaine-le-Port
Féricy
Héricy
Échouboulains
Coutençon
Gurcy-le-Châtel
Sigy
Paroy
Luisetaines
Chailly-en-Bière
Barbizon
Pamfou
Machault
Valence-en-Brie
Montigny-Lencoup
Vimpelles
les Ormes-sur-Voulzie
St-Sauveur-lès-Bray
Gorges d'Apremont
Fontainebleau
Vulaines-sur-Seine
Samoreau
Thomery
Champagne-sur-Seine
Jonchets-la Grande Paroisse
Laval-en-Brie
Forges
Salins
Châtenay-sur-Seine
Egligny
Mouy-sur-Seine
Mousseaux-lès-Bray
Bazoches-lès-Bray
Avon
Montereau-Fault-Yonne
Courcelles-en-Bassée
St-Germain-Laval
Gravon
Balloy
Marolles-sur-Seine
la Tombe
Vernou-la-Celle-sur-Seine
Moret-sur-Loing
Veneux-les-Sablons
la Grande-Paroisse
Varennes-sur-Seine
Cannes-Écluse
Barbey
Misy-sur-Yonne
FORÊT DE FONTAINEBLEAU
Bourron-Marlotte
Montigny-sur-Loing
Écuelles
Montarlot
Esmans
Villeneuve-la-Guyard
Vinneuf
Recloses
Ury
Épisy
Villecerf
Noisy-Rudignon
Ville-St-Jacques
la Brosse-Montceaux
Courlon-sur-Yonne
Serbonnes
Villiers-sous-Grez
Grez-sur-Loing
la Genevraye
Dormelles
Flagy
Montmachoux
Villeblevin
Chaumont
Champigny
Michery
Montcourt-Fromonville
Nemours
Larchant
Treuzy-Levelay
Thoury-Férottes
Diant
St-Agnan
Villemanoche
Pont-sur-Yonne
Nonville
Darvault
St-Pierre-lès-Nemours
St-Ange-le-Viel
Voulx
Blennes
Villethierry
Villeperrot
Nanteau-sur-Lunain
Chevry-en-Sereine
Château des Condé
St-Sérotin
Villenavotte
Ormesson
Chevrainvilliers
Fay-lès-Nemours
Lorrez-le-Bocage-Préaux
Vallery
Lixy
Brannay
Courtois-sur-Yonne
Bagneaux-sur-Loing
Poligny
Paley
Vaux-sur-Lunain
Nailly
Remauville
Chaintreaux
Villebéon
Grange Dimière
Dollot
Villebougis
la Madeleine-sur-Loing
Chéroy
Souppes-sur-Loing
Égreville
Montacher-Villegardin
St-Valérien
Fouchères
Villeroy
Subligny
Château-Landon
Bransles
Chevry-sous-le-Bignon
le Bignon-Mirabeau
Jouy
la Belliole
Villeneuve-la-Dondagre
Mondreville
Dordives
Chevannes
Bazoches-sur-le-Betz
Courtoin
Cornant
Égriselles-le-Bocage
Sceaux-du-Gâtinais
Préfontaines
Courtempierre
Nargis
Fontenay-sur-Loing
Ferrières-en-Gâtinais
Pers-en-Gâtinais
Rosoy-le-Vieil
Thierry
Foucherolles
Domats
Vernoy
Mérinville
Ervauville
Savigny-sur-Clairis
Griselles
la Selle-sur-le-Bied
St-Loup-de-Gonois
St-Hilaire-les-Andrésis
Piffonds
Bussy-le-Repos
Girolles
Corquilleroy
Cepoy
Forêt Domaniale de Montargis
GÂTINAIS
45
Courtemaux
Chantecoq
Courtenay
Paucourt
Louzouer
Thorailles
la Chapelle-St-Sépulcre
St-Martin-d'Ordon
St-Loup-d'Ordon
Verlin
Montargis
Châlette-sur-Loing
la Selle-en-Hermoy
Chuelles
les Châtaigniers
Villemandeur
Amilly
Cudot
la Réserve
St-Firmin-des-Bois
Montcorbon
St-Germain-des-Prés
Chevillon-sur-Huillard
Vimory
Conflans-sur-Loing
Mormant-sur-Vernisson
Gy-les-Nonains
Triguères
Douchy
Villefranche
Dicy
Sépeaux
Château-Renard
82
A5
A6
A19
A77
N6
N7
N60
N105
E15
E54
E60

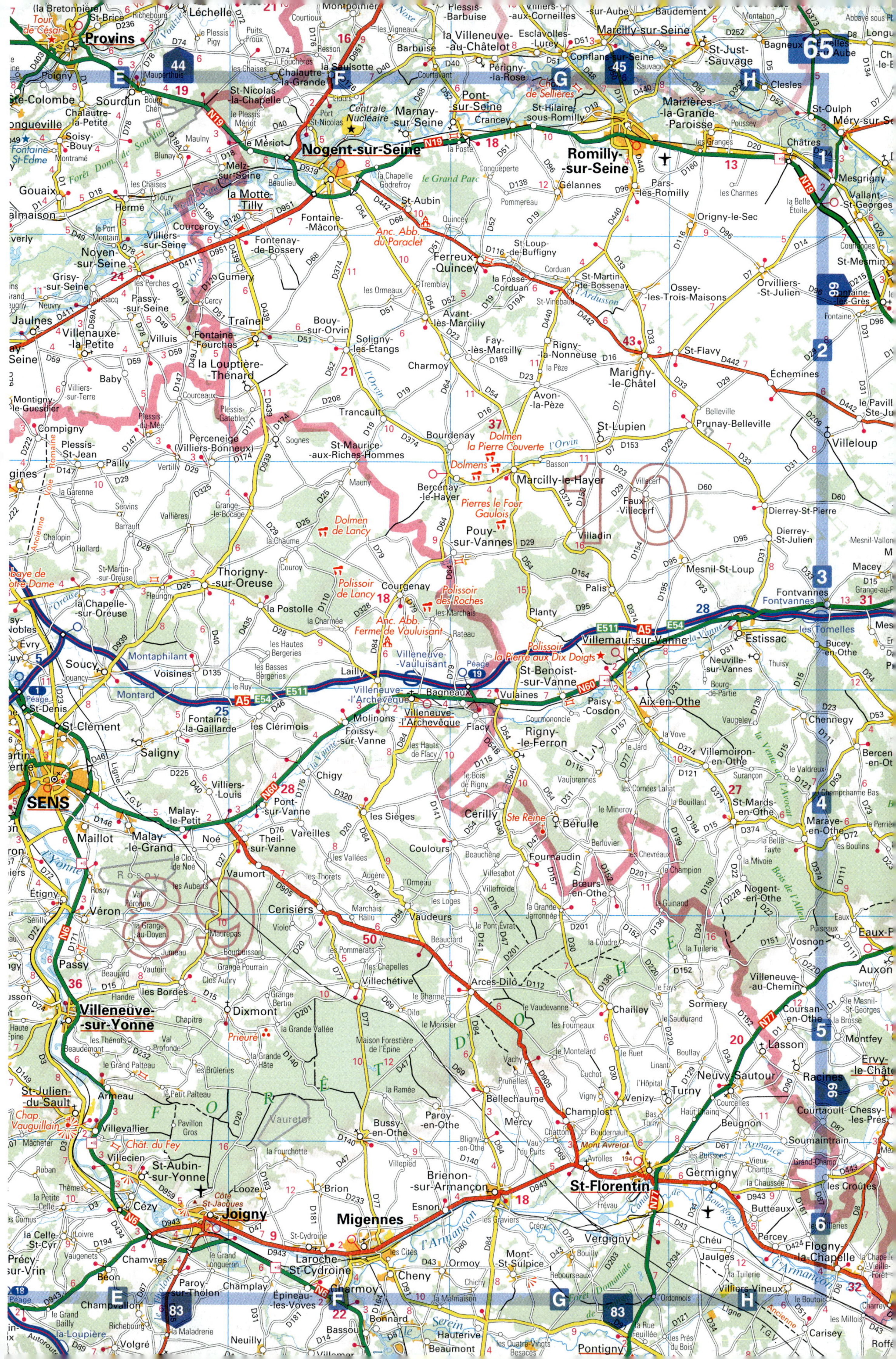
65
Provins
Nogent-sur-Seine
Romilly-sur-Seine
Marcilly-sur-Seine
Conflans-sur-Seine
St-Just-Sauvage
Méry-sur-Seine
Pont-sur-Seine
Marnay-sur-Seine
Centrale Nucléaire
La Motte-Tilly
Fontaine-Mâcon
St-Aubin
Anc. Abb. du Paraclet
Ferreux-Quincey
St-Martin-de-Bossenay
Maizières-la-Grande-Paroisse
Pars-lès-Romilly
Orvilliers-St-Julien
Noyen-sur-Seine
Villiers-sur-Seine
Jaulnes
Villenauxe-la-Petite
Traînel
Fontaine-Fourches
La Louptière-Thénard
Soligny-les-Étangs
Bouy-sur-Orvin
Avant-lès-Marcilly
Fay-lès-Marcilly
Rigny-la-Nonneuse
Marigny-le-Châtel
St-Flavy
Échemines
Trancault
Bourdenay
Dolmen la Pierre Couverte
Dolmens
St-Maurice-aux-Riches-Hommes
Perceneige (Villiers-Bonneux)
Marcilly-le-Hayer
Bercenay-le-Hayer
St-Lupien
Prunay-Belleville
Villeloup
Faux-Villecerf
Dierrey-St-Pierre
Dierrey-St-Julien
Pierres le Four Gaulois
Dolmen de Lancy
Pouy-sur-Vannes
Villadin
Mesnil-St-Loup
Thorigny-sur-Oreuse
Courgenay
Polissoir de Lancy
Polissoir des Roches
Anc. Abb. Ferme de Vauluisant
Palis
Planty
Fontvannes
Estissac
La Chapelle-sur-Oreuse
La Postolle
Villemaur-sur-Vanne
Polissoir la Pierre aux Dix Doigts
Soucy
Voisines
Montaphilant
Lailly
Villeneuve-l'Archevêque
Bagneaux
Vulaines
St-Benoist-sur-Vanne
Aix-en-Othe
Paisy-Cosdon
St-Denis
St-Clément
Fontaine-la-Gaillarde
Les Clérimois
Molinons
Foissy-sur-Vanne
Flacy
Rigny-le-Ferron
Saligny
SENS
Villiers-Louis
Chigy
Villemoiron-en-Othe
St-Mards-en-Othe
Maraye-en-Othe
Malay-le-Petit
Malay-le-Grand
Pont-sur-Vanne
Maillot
Noé
Theil-sur-Vanne
Vareilles
Les Sièges
Cérilly
Ste Reine
Berulle
Fournaudin
Bœurs-en-Othe
Nogent-en-Othe
Vaumort
Véron
Cerisiers
Vaudeurs
Coulours
Eaux-Puiseaux
Vosnon
Villechétive
Arces-Dilo
Chailley
Sormery
Villeneuve-au-Chemin
Auxon
Coursan-en-Othe
Lasson
Passy
Villeneuve-sur-Yonne
Les Bordes
Dixmont
Prieuré
Neuvy-Sautour
Turny
Racines
Ervy-le-Châtel
Courtaoult
Chessy-les-Prés
St-Julien-du-Sault
Armeau
Bellechaume
Mercy
Champlost
Venizy
Paroy-en-Othe
Bussy-en-Othe
Villevallier
Chat. du Fey
Villecien
St-Aubin-sur-Yonne
Beugnon
Soumaintrain
Germigny
St-Florentin
Brienon-sur-Armançon
Esnon
Migennes
Cézy
Joigny
Brion
Laroche-St-Cydroine
Cheny
Ormoy
Mont-St-Sulpice
Vergigny
Chéu
Jaulges
Percey
Flogny-la-Chapelle
Butteaux
Chamvres
Paroy-sur-Tholon
Champlay
Épineau-les-Voves
Charmoy
Bonnard
Hauterive
Beaumont
Pontigny
Villiers-Vineux
Champvallon
Neuilly
Béon
Précy-sur-Vrin
La Celle-St-Cyr
Forêt d'Othe
Vauretor
Carisey

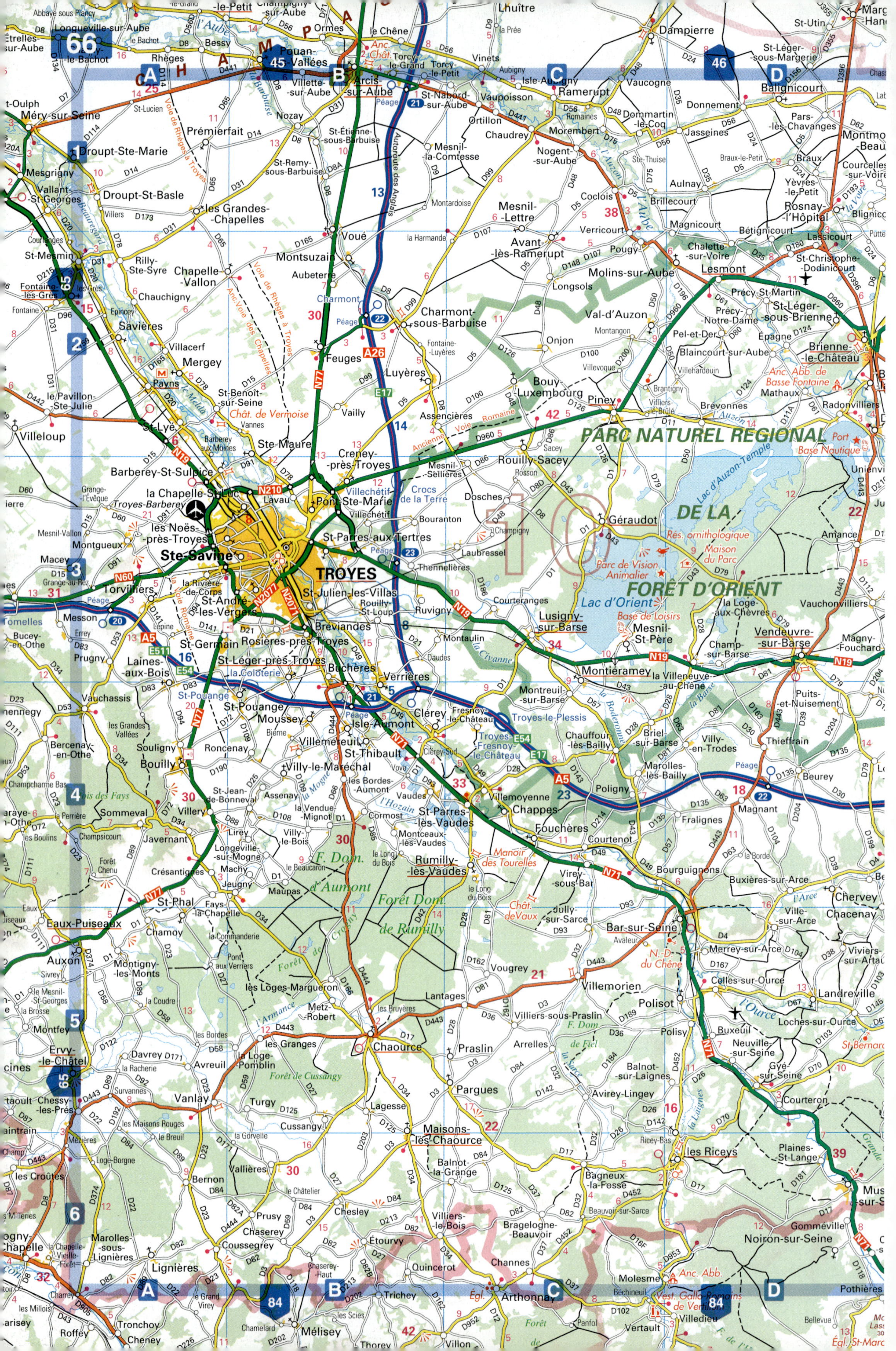
66
45
46
84
A
B
C
D
1
2
3
4
5
6
TROYES
Ste-Savine
PARC NATUREL REGIONAL
DE LA
FORÊT D'ORIENT
Lac d'Orient
Lac d'Auzon-Temple
Méry-sur-Seine
Droupt-Ste-Marie
Droupt-St-Basle
Mesgrigny
Vallant-St-Georges
St-Mesmin
Fontaine-les-Grès
Savières
Payns
St-Lyé
Villeloup
le Pavillon-Ste-Julie
Barberey-St-Sulpice
la Chapelle-St-Luc
les Noës-près-Troyes
Torvilliers
Montgueux
Macey
Messon
Prugny
Laines-aux-Bois
Vauchassis
St-Germain
St-André-les-Vergers
Rosières-près-Troyes
St-Léger-près-Troyes
St-Pouange
Bréviandes
Buchères
Verrières
Isle-Aumont
Moussey
Villemereuil
St-Thibault
Villy-le-Maréchal
Bouilly
Souligny
Sommeval
Javernant
Villery
St-Phal
Eaux-Puiseaux
Auxon
Ervy-le-Châtel
Chessy-les-Prés
Davrey
Avreuil
Vanlay
Turgy
Chaource
Praslin
Pargues
Maisons-lès-Chaource
Lagesse
Cussangy
Vallières
Bernon
Prusy
Chaserey
Coussegrey
Lignières
Étourvy
Chesley
Quincerot
Trichey
Mélisey
Arthonnay
Villon
Thorey
Roffey
Tronchoy
Cheney
les Riceys
Bagneux-la-Fosse
Noiron-sur-Seine
Gommeville
Bar-sur-Seine
Polisot
Villemorien
Vougrey
Courteron
Gyé-sur-Seine
Neuville-sur-Seine
Buxeuil
Loches-sur-Ource
Landreville
Celles-sur-Ource
Merrey-sur-Arce
Ville-sur-Arce
Chervey
Chacenay
Bourguignons
Courtenot
Fouchères
Chappes
Virey-sous-Bar
Rumilly-lès-Vaudes
St-Parres-lès-Vaudes
Vaudes
Clérey
Poligny
Magnant
Fralignes
Thieffrain
Vendeuvre-sur-Barse
Montiéramey
Lusigny-sur-Barse
Mesnil-St-Père
Géraudot
Piney
Rouilly-Sacey
Dosches
Bouranton
Laubressel
Thennelières
Ruvigny
St-Parres-aux-Tertres
Pont-Ste-Marie
Creney-près-Troyes
Ste-Maure
Vailly
Feuges
Luyères
Assencières
Bouy-Luxembourg
Charmont-sous-Barbuise
Voué
Montsuzain
Aubeterre
Chapelle-Vallon
Rilly-Ste-Syre
Chauchigny
Villacerf
Mergey
St-Benoît-sur-Seine
Prémierfait
les Grandes-Chapelles
Arcis-sur-Aube
Pouan-les-Vallées
Ormes
Bessy
Rhèges
Longueville-sur-Aube
Nozay
Villette-sur-Aube
St-Nabord-sur-Aube
Vaupoisson
Ramerupt
Dampierre
Chaudrey
Ortillon
Nogent-sur-Aube
Morembert
Mesnil-Lettre
Avant-lès-Ramerupt
Molins-sur-Aube
Val-d'Auzon
Onjon
Lesmont
Brienne-le-Château
Précy-St-Martin
St-Léger-sous-Brienne
Blaincourt-sur-Aube
Brévonnes
Radonvilliers
Rosnay-l'Hôpital
Balignicourt
Donnement
Jasseines
Aulnay
Brillecourt
Magnicourt
Chalette-sur-Voire
Pougy
Verricourt
Coclois
Amance
Vauchonvilliers
Magny-Fouchard
Puits-et-Nuisement
Beurey
Villy-en-Trodes
Briel-sur-Barse
Chauffour-lès-Bailly
Marolles-lès-Bailly
Montreuil-sur-Barse
Villemoyenne
Courteranges
Mesnil-Sellières
Chât. de Vermoise
Manoir des Tourelles
Chât. de Vaux
F. Dom. d'Aumont
Forêt Dom. de Rumilly
Maison du Parc
Parc de Vision Animalier
Base de Loisirs
Port Base Nautique
Rés. ornithologique
Anc. Abb. de Basse Fontaine
Crocs de la Terre
Autoroute des Anglais
Villechétif
St-Julien-les-Villas
A5
A26
N19
N71
N77
E17
E54

Arrembécourt
Outines
Châtillon-sur-Broué
Port
Forêt Dom. du Der
Louvemont
Troisfontaines-la-Ville
Fontaines-sur-Marne
Ferme Fortifiée le Châtelier
Joncreuil
Bailly-le-Franc
Droyes
Planrupt
Frampas
Attancourt
Wassy
Magneux
Rachecourt-sur-Marne
Chevillon
Chavanges
Rés. Nat.
Etang de la Horre
Puellemontier
Haras National
Montier-en-Der
Voillecomte
Sommancourt
Valleret
Maizières
Chatonrupt-Sommermont
Curel
Autigny-le-Petit
Autigny-le-Grand
Lentilles
Villeret
Ceffonds
Chap. St-Bercaire
Forêt du Der
Broussevall
Montreuil-sur-Blaise
Vaux-sur-Blaise
Domblain
Fays
Guindrecourt-aux-Ormes
Vecqueville
Joinville
Thonnance-lès-Joinville
Suzannecourt
Hampigny
Vallentigny
Longeville-sur-la-Laines
Robert-Magny-Laneuville-à-Rémy
Bailly-aux-Forges
Rachecourt-Suzémont
Doulevant-le-Petit
Ville-en-Blaisois
Morancourt
Nomécourt
Rupt
Maizières-lès-Brienne
Louze
Thilleux
Perthes-lès-Brienne
Épothémont
Sommevoire
Mertrud
Dommartin-le-Franc
Mathons
Courcelles-sur-Blaise
Baudrecourt
Fronville
Juzanvigny
la Ville-aux-Bois
Dommartin-le-St-Père
Charmes-la-Grande
Brachay
Blécourt
Ferrière-et-Lafolie
Mussey-sur-Marne
Crespy-le-Neuf
Doulevant-le-Château
Soulaines-Dhuys
St-Jean
Nully
Blumeray
Morvilliers
Chaumesnil
la Chaise
Trémilly
Thil
Arnancourt
Charmes-en-l'Angle
Flammerécourt
Donjeux
Rouvroy-sur-Marne
Leschères-sur-le-Blaiseron
Gudmont-Villiers
Petit-Mesnil
la Rothière
Ville-sur-Terre
Fuligny
Cirey-sur-Blaise
Rouécourt
Fresnay
Beurville
Forêt Dom. de Blinfey
Bouzancourt
Ambonville
Cerisières
Vernonvilliers
Éclance
Lévigny
Thors
Guindrecourt-sur-Blaise
Daillancourt
Froncles
Trannes
Maisons-lès-Soulaines
Rizaucourt-Buchey
Marbéville
Mirbel
Vignory
Jessains
Bossancourt
Saulcy
la Genevroye
Châl. Fort
Vouécourt
Dolancourt
Arsonval
Montier-en-l'Isle
Arrentières
Engente
Colombé-la-Fosse
Curmont
Forêt de l'Étoile
Soncourt-sur-Marne
Parc Nigloland
Ailleville
Colombé-le-Sec
Argentolles
Viéville
Vraincourt
Jaucourt
Bar-sur-Aube
Arganço
Maison-des-Champs
Fravaux
Proverville
Voigny
Lignol-le-Château
Rouvres-les-Vignes
Lamothe-en-Blaisy
Mémorial Ch. de Gaulle
Ormoy-lès-Sexfontaines
Oudincourt
Rochefort-la-Côte
Spoy
T. d'Orient
Pont Romain
Ste-Germaine
Colombey-les-Deux-Églises
la Boisserie
Sexfontaines
Lamancine
Bologne
Montmartin-le-Haut
Couvignon
Fontaine
Baroville
Bayel
Lachapelle-en-Blaisy
Annéville-la-Prairie
Meures
Meurville
Forêt de Bossican
Bergères
Forêt Dom. des Dhuits
Juzennecourt
Blaisy
Riaucourt
Darmannes
Urville
Bligny
Arconville
CLAIRVAUX
Montheries
Gillancourt
Brethenay
Condes
Longchamp-sur-Aujon
Vitry-le-Croisé
Champignol
Champignol-lez-Mondeville
Pénitencier Anc. Abb.
Fontaine de St-Bernard
Rennepont
Vaudrémont
F. Dom. du Bois Gérard
Autreville-sur-la-Renne
Côte d'Alun
Jonchery
Pont
Éguilly-sous-Bois
Mondeville
Maranville
Euffigneix
Donjon
Viaduc
CHAUMONT
Ville-sous-la-Ferté
Juvancourt
Buxières-lès-Villiers
Villiers-le-Sec
Noë-les-Mallets
Saint-Usage
Cirfontaines-en-Azois
Aizanville
Braux-le-Châtel
Laferté-sur-Aube
Pont-la-Ville
Orges
Bricon
Montsaon
Fontette
Semoutiers-Montsaon
Neuilly-sur-Suize
Châteauvillain Orges
Villars-en-Azois
Silvarouvres
Châteauvillain Val Marnay
Blessonville
Essoyes
Cunfin
F. Dom. de Beaumont
la Trinité
Châteauvillain
Parc aux Daims
F. Dom. de Corgebin
Verpillières-sur-Ource
Dinteville
Beaumont Ferme
Lanty-sur-Aube
Richebourg
Forêt Dom. d'Arc-en-Barrois
Grancey-sur-Ource
Autricourt
Gevrolles
Latrecey-Ormoy-sur-Aube
Coupray
Villiers-sur-Suize
Riel-les-Eaux
Pont de l'Abattoir
Cour-l'Évêque
le Bois Moyen
Arc-en-Barrois
Belan-sur-Ource
Montigny-sur-Aube
Veuxhaulles-sur-Aube
Bugnières
Thoires
Villers-Patras
Obtrée
Chaumont-le-Bois
Brion-sur-Ource
Bissey-la-Côte
Courban
Boudreville
Dancevoir
Aubepierre-sur-Aube
Giey-sur-Aujon
Ormancey
Vannaire
Massigny
La Montagne
Louesme
Lignerolles
Forêt Dom. d'Arc-en-Barrois
Ternat
Vix
Vauxbons
E
F
G
H
1
2
3
4
5
6
46
47
67
89
85
A5
E17
E54
N19
N67
10
52
21

68
47
48
52
67
86
A
B
C
D
1
2
3
4
5
6
Montiers-sur-Saulx
Paroy-sur-Saulx
Effincourt
Saudron
Bure
Bonnet
Abainville
Gondrecourt-le-Château
Maxey-sur-Vaise
Taillancourt
Montbras
Amanty
Saulxures-lès-Vannes
Osne-le-Val
Montreuil-sur-Thonnance
Thonnance-lès-Joinville
Suzannecourt
Pancey
Gillaumé
Echenay
Aingoulaincourt
Mandres-en-Barrois
Chât. de Beaupré
Chassey-Beaupré
Horville-en-Ornois
Cirfontaines-en-Ornois
Dainville-Bertheléville
Vaudeville-le-Haut
Vouthon-Bas
Vouthon-Haut
les Roises
Goussaincourt
Greux
Maison de Jeanne-d'Arc
Domrémy-la-Pucelle
Basilique du Bois-Chenu
Maxey-sur-Meuse
Moncel-sur-Vair
Brixey-aux-Chanoines
Ruppes
Jubainville
Clérey-la-Côte
Sauvigny
Seraumont
Saulxures-lès-Vannes
Sailly
Noncourt-sur-le-Rongeant
Thonnance-les-Moulins
Poissons
Lezéville
Germay
Avranville
Chermisey
Coussey
Frebécourt
Sionne
Chât. de Bourlémont
Soulosse-sous-Saint-Élophe
Autigny-la-Tour
Harchéchamp
Barville
St-Urbain-Maconcourt
Annonville
Germisay
Épizon
Grand
Ste-Libaire
Théâtre Romain
Midrevaux
Pargny-sous-Mureau
Rollainville
Houéville
Vaux-sur-St-Urbain
Morionvilliers
Trampot
Brechainville
Neufchâteau
Rebeuville
Donjeux
Domremy-Landéville
Pautaines-Augeville
Chambroncourt
Aillianville
Villouxel
Mont-lès-Neufchâteau
Dolaincourt
Busson
Leurville
Liffol-le-Grand
Fréville
Bazoilles-sur-Meuse
Certilleux
Rouvres-la-Chétive
Longchamp-sous-Châtenois
Doulaincourt-Saucourt
Roches-Bettaincourt (Bettaincourt-sur-Rognon)
Reynel
Orquevaux
Lafauche
Liffol-le-Petit
Circourt-sur-Mouzon
Tilleux
Darney-aux-Chênes
Landaville
Ollainville
Vesaignes-sous-Lafauche
Humberville
St-Blin
Prez-sous-Lafauche
Harréville-les-Chanteurs
Pompierre
Lemmecourt
Montot-sur-Rognon
Signéville
Vignes-la-Côte
Manois
Semilly
Jainvillotte
Beaufremont
Aulnois
Rimaucourt
Goncourt
Sartes
Gendreville
Morville
Anc. Abb. de Septfontaines
Andelot-Blancheville
Chalvraines
Sommerécourt
Malaincourt
Vaudoncourt
Rochefort-sur-la-Côte
Illoud
Outremecourt
Médonville
Chantraines
Anc. Abb.
Ecot-la-Combe
St-Thiébault
Vaudrecourt
Anc. Ville de la Motte
Aingeville
Briaucourt
Bourmont
Soulaucourt-sur-Mouzon
Urville
St-Ouen-lès-Parey
Cirey-lès-Mareilles
Clinchamp
Bourg-Ste-Marie
Brainville-sur-M.
Nijon
Vrécourt
Mareilles
Romain-sur-M.
Huilliécourt
Graffigny-Chemin
Riaucourt
Bourdons-sur-Rognon
Ozières
Hâcourt
Grand Repentir
Bois de Chaumont
Sauville
La Vacheresse-et-la-Rouillie
Darmannes
Consigny
Vroncourt-la-Côte
Malaincourt-sur-M.
Forcey
Thol-lès-Millières
Doncourt-sur-M.
Chaumont-la-Ville
Robécourt
Treix
Condes
Millières
Maisoncelles
Levécourt
Blevaincourt
Champigneulles-en-Bassigny
Rozières-sur-Mouzon
Martigny-les-Bains
Esnouveaux
Longchamp
Germainvilliers
Rocourt
Villotte
Ageville
Audeloncourt
Breuvannes-en-Bassigny
Damblain
Chamarandes-Choignes
Mennouveaux
Cuves
Perrusse
Anc. Prieuré
Clefmont
Tollaincourt
Romain-aux-Bois
CHAUMONT
Laville-aux-Bois
Lanques-sur-Rognon
Bussières-lès-Clefmont
Daillecourt
Lamarche
Chât. du Val des Écoliers
Biesles
Ninville
Bassoncourt
Verbiesles
Mandres-la-Côte
Noyers
Choiseul
Merrey
Abb. de Morimond
Luzy-sur-Marne
Sarcey
Rangecourt
Poulangy
Foulain
Is-en-Bassigny
Lavilleneuve
Larivière-Arnoncourt
Louvières
Mont-lès-Lamarche
Dolmen
Nogent
Val-de-Meuse (Montigny-le-Roi)
Aigremont
Parnoy-en-Bassigny
Marnay-sur-Marne
Sarrey
Serqueux
Vesaignes-sur-Marne
Poinson-lès-Nogent
Dammartin-sur-Meuse
le Châtelet-sur-Meuse (Pouilly-en-Bassigny)
Thivet
Vitry-lès-Nogent
Villiers-sur-Suize
Chauffourt
Fort de Dampierre
Val de Meuse
Bourbonne-les-Bains
Leffonds
Casc. de la Tuffière
Rolampont
Dampierre
Bonnecourt
Dammartin
Champ à la Croix
Faverolles
Frécourt
Vestiges Gallo-Romains
Rançonnières
Parc Animalier
Val de Gris
Fort de St-Menge
Changey
Neuilly-l'Évêque
Poiseul
Andilly-en-Bassigny
Vicq
Laneuvelle
Coiffy-le-Bas
Coiffy-le-Haut
Marac
Charmes
Chanoy
Celles-en-Bassigny
Lavernoy
Ormancey
Humes-Jorquenay
Bannes
Fort de Plesnoy
Montcharvot
St-Martin-lès-Langres
Champigny-lès-Langres
Orbigny-au-Mont
Orbigny-au-Val
Plesnoy
Marcilly-en-Bassigny
Terre-Natale (Varennes-sur-Amance)
Voisey
Fort de la pointe de diamant
Peigney
A31
E21
E54
E17
N74
N19

Colombey-les-Belles
Malvaux
Favières
Autreville
Harmonville
Saulxerotte
48
Selaincourt
Goviller
Dolcourt
Vitrey
Vézelise
Ognéville
Houdreville
Omelmont
Hammeville
Clérey-sur-Brenon
St-Césaire
Voinémont
Benney
Lemainville
Ormes-et-Ville
Gerbécourt-et-Haplemont
St-Remimont
Neuviller-sur-Moselle
Haigneville
Bayon
Froville
Méhoncourt
Lorey
Bremoncourt
Einvaux
Franconville
Haudonville
Landécourt
69
Gerbéviller
Moriviller
Clayeures
Rozelieures
Vennezey
St-Boingt
Loromontzey
St-Germain
St-Rémy-aux-Bois
Damas-aux-Bois
Hailainville
Essey-la-Côte
Tantonville
Haroué
Crantenoy
Chât. de Craon
Affracourt
Vaudeville
Vallée du Madon
Vaudigny
Xirocourt
Praye
Quevilloncourt
Vroncourt
Etreval
Forcelles-St-Gorgon
Thorey-Lyautey
Gélaucourt
Battigny
Dommarie-Eulmont
Chaouilley
Vaudémont
Saxon-Sion
Couvent
la Colline
Chât. T. d'Orient
Signal de Vaudémont
Inspirée
They-sous-Vaudemont
Housséville
St-Firmin
Jevoncourt
Germonville
Marainville-sur-Madon
Bralleville
Lebeuville
Gripport
Chamagne
Maison Natale de Claude Gellée
Socourt
Charmes
Essegney
Langley
Rehaincourt
Moriville
Portieux
Vincey
Châtel-sur-Moselle
Nomexy
Zincourt
Pallegney
Vaxoncourt
Igney
Girmont
Thaon-les-Vosges
Chavelot
Golbey
Épinal
Val au Renard
Gémonville
Tramont-St-André
Tramont-Emy
Fécocourt
Vandeléville
Aroffe
Soncourt
Vicherey
Tramont-Lassus
Pulney
Gugney
Grimonviller
Forcelles-sous-Gugney
Diarville
Battexey
Xaronval
Hergugney
Avrainville
Florémont
Pont-sur-Madon
Vomécourt-sur-Madon
Mon. de Lorraine T. d'Orient
Ubexy
Brantigny
Aouze
Pleuvezain
Beuvezin
Maconcourt
Fraisnes-en-Saintois
Courcelles
Bouzanville
Boulaincourt
Frenelle-la-Grande
Blémerey
Frenelle-la-Petite
Rainville
Aboncourt
Chef-Haut
Repel
Dommartin-sur-Vraine
St-Prancher
Juvaincourt
Oëlleville
Ambacourt
Bettoncourt
Savigny
Rugney
Gircourt-lès-Viéville
Bouxurulles
Évaux-et-Ménil
Chauffecourt
Mazirot
Varmonzey
Gugney-aux-Aulx
Rapey
Avillers
Jorxey
Bettegney-St-Brice
Regney
Frizon
St-Paul
Biécourt
Totainville
Épinal-Mirecourt
Puzieux
Poussay
Viocourt
Morelmaison
Rouvres-en-Xaintois
Baudricourt
Ramecourt
Domvallier
Villers
Gironcourt-sur-Vraine
45
Ménil-en-Xaintois
Dombasle-en-Xaintois
Thiraucourt
Mirecourt
Houécourt
Châtenois
Remicourt
Mattaincourt
Vroville
Ahéville
Madegney
Vaubexy
St-Vallier
Bouxières-aux-Bois
Oncourt
la Neuveville-sous-Châtenois
St-Menge
Viviers-lès-Offroicourt
Offroicourt
Hymont
Velotte-et-Tatignécourt
Racécourt
Bazegney
Derbamont
Circourt
Sandaucourt-les-Rappes
Gemmelaincourt
Estrennes
Bazoilles-et-Ménil
Maroncourt
Valleroy-aux-Saules
Hagécourt
Bouzemont
Madonne-et-Lamerey
Mazeley
Gigney
Fomerey
Bocquegney
Domèvre-sur-Avière
Parey-sous-Montfort
Dombrot-sur-Vair
Belmont-sur-Vair
Domjulien
Domèvre-sous-Montfort
Rozerotte
Madecourt
They-sous-Montfort
La Neuveville-sous-Montfort
Remoncourt
Rancourt
Mandres-sur-Vair
St-Remimont
Norroy
Mont St-Jean
Ste-Anne
Parc
Vittel
Bulgnéville
Lac de la Folie
Haréville
Valleroy-le-Sec
Valfroicourt
Bainville-aux-Saules
Begnécourt
Dompaire
Damas-et-Bettegney
Gelvécourt-et-Adompt
Les Ableuvenettes
Ville-sur-Illon
Gorhey
Hennecourt
Darnieulles
Uxegney
Les Forges
Chantraine
Sanchey
Fort de Sanchey
Roseraie
Contrexéville
Suriauville
Frénois
Pont-lès-Bonfays
Légéville-et-Bonfays
Pierrefitte
Dommartin-aux-Bois
Harol
Chaumousey
Girancourt
Réservoir de Bouzey
Base de Loisirs
Monthureux-le-Sec
Esley
Sans-Vallois
Les Vallois
Lignéville
Thuillières
Chât. Boffrand
Senonges
Dommartin-lès-Vallois
Lerrain
Dombrot-le-Sec
St-Baslemont
Dombasle-devant-Darney
Jésonville
Escles
Renauvoid
Provenchères-lès-Darney
Viviers-le-Gras
Relanges
Bonvillet
Darney
Belrupt
Vioménil
Source de la Saône
Charmois-l'Orgueilleux
Uzemain
Fort des Friches
Uriménil
Dounoux
Gignéville
Chât. de Lichécourt
Marey
Belmont-lès-Darney
Nonville
Attigny
Grandrupt-de-Bains
La Haye
Harsault
Zoo du Fer à Cheval
Xertigny
Serocourt
Frain
Morizécourt
Anc. Prieuré
Bleurville
Hennezel
Hautmougey
La Chapelle-aux-Bois
Les Voivres
Serécourt
Tignécourt
Monthureux-sur-Saône
Claudon
Gruey-lès-Surance
St-Julien
Isches
Fouchécourt
Godoncourt
Anc. Couvent des Cordeliers
Bains-les-Bains
Trémonzey
Ainvelle
Les Thons
Fignévelle
Regnévelle
Martinvelle
Passavant-la-Rochère
Pont-du-Bois
Ambiévillers
Montmotier
La Magny
Fontenoy-le-Château
Le Clerjus
Plombières-les-Bains
Lironcourt
Bousseraucourt
Selles
Pont Tournant
Châtillon-sur-Saône
Grignoncourt
Ameuvelle
La Basse-Vaivre
Vougécourt
Alaincourt
Fontenois-la-Ville
Aillevillers-et-Lyaumont
Jonvelle
Fresnes-sur-Apance
Enfonvelle
Bourbévelle
Montcourt
Demangevelle
Corre
Chât.
Montdoré
Vauvillers
Betoncourt-St-Pancras
Fleurey-lès-St-Loup
Dampvalley-St-Pancras
Mailleroncourt-St-Pancras
Cuve
Ranzevelle
Hurecourt
Girefontaine
Bouligney
Magnoncourt
Corbenay
Fougerolles
Parc Animalier
Melay
Blondefontaine
Villars-le-Pautel
87
Aisey-et-Richecourt
Ormoy
Saponcourt
Polaincourt-et-Clairefontaine
Anchenoncourt-et-Chazel
Melincourt
Anjeux
Jasney
La Pisseure
St-Loup-sur-Semouse
Fontaine-lès-Luxeuil
Chât. des Bouly
Dampierre
Betaucourt
Raincourt

70
49
50
69
25
55
88
A
B
C
D
1
2
3
4
5
6
Baccarat
Deneuvre
Bertrichamps
Raon-l'Étape
Senones
Moyenmoutier
Étival-Clairefontaine
Celles-sur-Plaine
Pierre-Percée
Rambervillers
Forêt de Rambervillers
Jeanménil
St-Michel-sur-Meurthe
Nompatelize
St-Dié-des-Vosges
Ste-Marguerite
Saulcy-sur-Meurthe
St-Léonard
Provenchères-sur-Fave
Bruyères
Brouvelieures
Bois-de-Champ (Maillefaing)
Corcieux
Granges-sur-Vologne
Fraize
Plainfaing
Gérardmer
Xonrupt-Longemer
le Hohneck
Docelles
Archettes
Éloves
Pouxeux
Arches
Remiremont
St-Étienne-lès-Remiremont
St-Amé
Le Syndicat (Bréhavillers)
Vagney
Gerbamont (Lejole)
Rochesson
la Bresse
Cornimont
Ventron
Saulxures-sur-Moselotte
Rupt-sur-Moselle
Ferdrupt
Ramonchamp
le Thillot
Fresse-sur-Moselle
St-Maurice-sur-Moselle
Ballon-d'Alsace
Plombières-les-Bains
le Val-d'Ajol
Fougerolles
Épinal
Dogneville
Deyvillers
Jeuxey
Aydoilles
Raon-aux-Bois
Hadol
Dommartin-lès-Remiremont
Oderen
Kruth
Wildenstein
Fellering
Urbès
Bussang
Mittlach
Metzeral
Moyen
Gerbéviller
Vallois
Rehaupal
le Tholy
Champ-le-Duc
Lépanges-sur-Vologne
Autrey
Ste-Hélène
Rehaincourt
Badménil-aux-Bois
Domèvre-sur-Durbion
Fontenay
Longchamp
Forêt Dom. de Rambervillers
F. Dom. de Champ

71
50
51
89
E
F
G
H
Schirmeck
Rothau
Neuviller-la-Roche
Natzwiller
Wildersbach
Waldersbach
Belmont
Le Hohwald
Barr
Obernai
Ottrott
Bernardswiller
Niedernai
Meistratzheim
Goxwiller
Valff
Heiligenstein
Bourgheim
Gertwiller
Mittelbergheim
Zellwiller
Westhouse
Schaeffersheim
Bolsenheim
Uttenheim
Erstein
Nordhouse
Limersheim
Osthouse
Matzenheim
Sand
Gerstheim
Obenheim
Benfeld
Kertzfeld
Stotzheim
Andlau
Eichhoffen
St-Pierre
Epfig
Itterswiller
Bernardvillé
Reichsfeld
Albé
Breitenbach
Nothalten
Blienschwiller
Dambach-la-Ville
Huttenheim
Sermersheim
Kogenheim
Rossfeld
Herbsheim
Daubensand
Boofzheim
Rhinau
Witternheim
Friesenheim
Ebersmunster
Ebersheim
Hilsenheim
Diebolsheim
Bindernheim
Wittisheim
Muttersholtz
Sélestat
Châtenois
Scherwiller
Dieffenthal
Thanvillé
St-Maurice
Villé
Triembach-au-Val
Maisonsgoutte
Steige
Bassemberg
Lalaye
Urbeis
Fouchy
Neuve-Église
Dieffenbach-au-Val
Neubois
La Vancelle
Lièpvre
Rombach-le-Franc
Ste-Croix-aux-Mines
Ste-Marie-aux-Mines
Colroy-la-Roche
St-Blaise-la-Roche
Saales
Bourg-Bruche
Lubine
Kintzheim
Orschwiller
Thannenkirch
Rodern
St-Hippolyte
Rorschwihr
Bergheim
Ribeauvillé
Hunawihr
Zellenberg
Riquewihr
Guémar
Illhaeusern
Ostheim
Beblenheim
Mittelwihr
Bennwihr
Sigolsheim
Kientzheim
Kaysersberg
Ammerschwihr
Houssen
Holtzwihr
Riedwihr
Jebsheim
Muntzenheim
Baltzenheim
Artzenheim
Marckolsheim
Elsenheim
Grussenheim
Ohnenheim
Heidolsheim
Hessenheim
Mussig
Bœsenbiesen
Baldenheim
Sundhouse
Schwobsheim
Schœnau
Saasenheim
Richtolsheim
Artolsheim
Bootzheim
Mackenheim
Sasbach
Jechtingen
Burkheim
Oberrotweil
Vogtsburg
COLMAR
Ingersheim
Turckheim
Wintzenheim
Niedermorschwihr
Horbourg-Wihr
Andolsheim
Wickerschwihr
Bischwihr
Fortschwihr
Urschenheim
Durrenentzen
Kunheim
Widensolen
Sundhoffen
Biesheim
Neuf-Brisach
Volgelsheim
Vogelgrun
Algolsheim
Breisach am Rhein
Wolfgantzen
Appenwihr
Logelheim
Ste-Croix-en-Plaine
Weckolsheim
Hettenschlag
Wettolsheim
Eguisheim
Husseren-les-Châteaux
Herrlisheim-près-Colmar
Hattstatt
Gueberschwihr
Pfaffenheim
Rouffach
Westhalten
Soultzmatt
Niederhergheim
Dessenheim
Oberhergheim
Biltzheim
Niederentzen
Oberentzen
Rustenhart
Nambsheim
Balgau
Fessenheim
Hirtzfelden
Munwiller
Gundolsheim
Meyenheim
Merxheim
Réguisheim
Roggenhouse
Blodelsheim
Munchhouse
Rumersheim-le-Haut
Ensisheim
Ungersheim
Issenheim
Raedersheim
Guebwiller
Soultz-Haut-Rhin
Bergholtz
Orschwihr
Lautenbach
Lautenbachzell
Murbach
Buhl
Wuenheim
Hartmannswiller
Berrwiller
Bollwiller
Feldkirch
Pulversheim
Staffelfelden
Wattwiller
Uffholtz
Willer-sur-Thur
Bitschwiller-lès-Thann
Steinbach
Ruelisheim
Battenheim
Chalampé
Neuenburg
Müllheim
Bad Krozingen
Heitersheim
Hartheim
Munster
Gunsbach
Walbach
Zimmerbach
Wihr-au-Val
Soultzbach-les-Bains
Griesbach-au-Val
Eschbach-au-Val
Luttenbach-près-Munster
Breitenbach-Haut-Rhin
Wasserbourg
Osenbach
Le Bonhomme
Fréland
Lapoutroie
Orbey
Labaroche
Aubure
Ihringen
Gottenheim
Merdingen
Wasenweiler
Achkarren
Bickensohl
Kiechlinsbergen
Königschaffhausen
Endingen
Forchheim
Wyhl
Weisweil
Oberhausen
Niederhausen
Rust
Kappel-Grafenhausen
Schwanau
Meißenheim
Plan d'eau de Plobsheim
Usine Hydro-Électrique de Gerstheim
Usine Hydro-Électr. de Rhinau-Sundhouse
Us. Hydro-Électr. de Marckolsheim
Us. Hydro-Électr. de Vogelgrün
Usine Hydro-Électrique de Fessenheim
Europapark
Tuniberg
Kaiserstuhl
FREIBURG IM BREISGAU
VOSGES
BALLONS
Forêt Domaniale de la Hardt Nord
Ht-Kœnigsbourg
Parc des Cigognes
Ste-Odile
Illwald
N83
N59
N415
A35
E25
A5
E35

Erdeven
Alignement de Kerzerho
Dolmen de Crucuno
Dolmen de Rondossec
Crach
Plessis-Kaër
Bono
Plougoumelen
Notre-Dame de-Béquerel
VANNES
Aquarium
Séné
Baden
Arradon
Pointe d'Arradon
Plouharnel
Ste-Barbe
Alignements de Carnac
Tumulus St-Michel
Carnac
Carnac-Plage
la Trinité-sur-Mer
St-Philibert
Larmor-Baden
Île-aux-Moines
Île-d'Arz
Île d'Arz
Île aux Moines
GOLFE DU MORBIHAN
Réserve Naturelle
Noyal
le Hézo
St-Armel
Tumulus
Locmariaquer
Dolmen des Marchands
Côte des Mégalithes
Penthièvre
Kerhostin
Portivy
Pointe du Percho
St-Pierre-Quiberon
Beg Rohu
PRESQU'ÎLE DE QUIBERON
Côte Sauvage
Port-Haliguen
Quiberon
Pointe du Conguel
Ilot de Toul Braz
Phare de la Teignouse
passage de la Teignouse
Pointe de Kerpenhir
Port-Navalo
Arzon
Port du Crouesty
Tumulus de César
Château de Kerlévenan
Manoir de Caden
Sarzeau
St-Colombier
Baie de Quiberon
St-Gildas-de-Rhuys
Suscinio
Penvins
Kerfontaine
le Rohaliguen
45 mn
Pointe des Poulains
Fort Sarah-Bernardt
Sauzon
Grotte de l'Apothicairerie
Grotte de Port Fouquet
Pointe de Taillefer
Citadelle
le Palais
Kerlédan
Port de Donnant
Donnant
Port Coton
Aiguilles
Bangor
Grand Phare
Domois
Port Goulphar
le Grand Cosquet
Samzun
BELLE-ÎLE
Pointe de Kerdonis
Locmaria
Pointe du Skeul
Île-d'Houat
Site Archéologique
Île d'Houat
île aux Chevaux
Île d'Hœdic
Hœdic
A
B
C
D
1
2
3
4
5
6

Theix
Berric
Lauzach
la Trinité-Surzur
Surzur
Ambon
Damgan
le Tour-du-Parc
Billiers
Muzillac
Noyal-Muzillac
le Guerno
Parc Zoologique
Château de Trémohar
Château de Plessis Josso
Limerzel
Caden
Péaule
Château de Léhellac
Béganne
la Vilaine
Allaire
St-Perreux
Redon
St-Jean-la-Poterie
St-Nicolas-de-Redon
Rieux
Fégréac
Théhillac
Sévérac
St-Dolay
Nivillac
Marzan
Sérac
Arzal
St-Jean-Baptiste
Dolmen le Crapaud
la Roche-Bernard
Bge d'Arzal
Pénestin
Camoël
Férel
Herbignac
la Chapelle-des-Marais
Missillac
Chât. de la Bretesche
Ste-Reine-de-Bretagne
Pontchâteau
St-Gildas-des-Bois
Drefféac
Pointe du Bile
Île Dumet
Asserac
Chât. de Ranrouet
Menhir
Crossac
Besné
Mesquer
St-Molf
Piriac-sur-Mer
Pointe du Castelli
St-Lyphard
PARC NATUREL RÉGIONAL DE BRIÈRE
la Grande Brière
St-Joachim
Mais. du Parc
St-Malo-de-Guersac
Prinquiau
la Turballe
Moulin du Diable
Guérande
Parc Animalier
Montoir-de-Bretagne
Donges
St-André-des-Eaux
Porte St-Michel
Océarium
le Croisic
Pointe du Croisic
Batz-sur-Mer
le Pouliguen
Chât. de Careil
Trignac
ST-NAZAIRE
Paimbœuf
Corsept
la Baule-Escoublac
Pornichet
Grotte des Korrigans
Chapelle
Pont de St-Nazaire
Port et Base sous-marine
Côte d'Amour
St-Brevin-les-Pins
St-Viaud
St-Père-en-Retz
St-Michel-Chef-Chef
la Plaine-sur-Mer
Pointe St-Gildas
Préfailles
Chauvé
Pornic
Allée Couverte
Corniche de la Noëveillard
Dolmen de la Joselière
Côte de Jade
Baie de Bourgneuf
la Bernerie-en-Retz
les Moutiers-en-Retz
Lanterne des Morts
Bourgneuf-en-Retz
Pointe de l'Herbaudière
Anc. Abb. de la Blanche
Pointe des Charniers
Phare des Dames
LA LOIRE
E
F
G
H
55
56
73
74
90

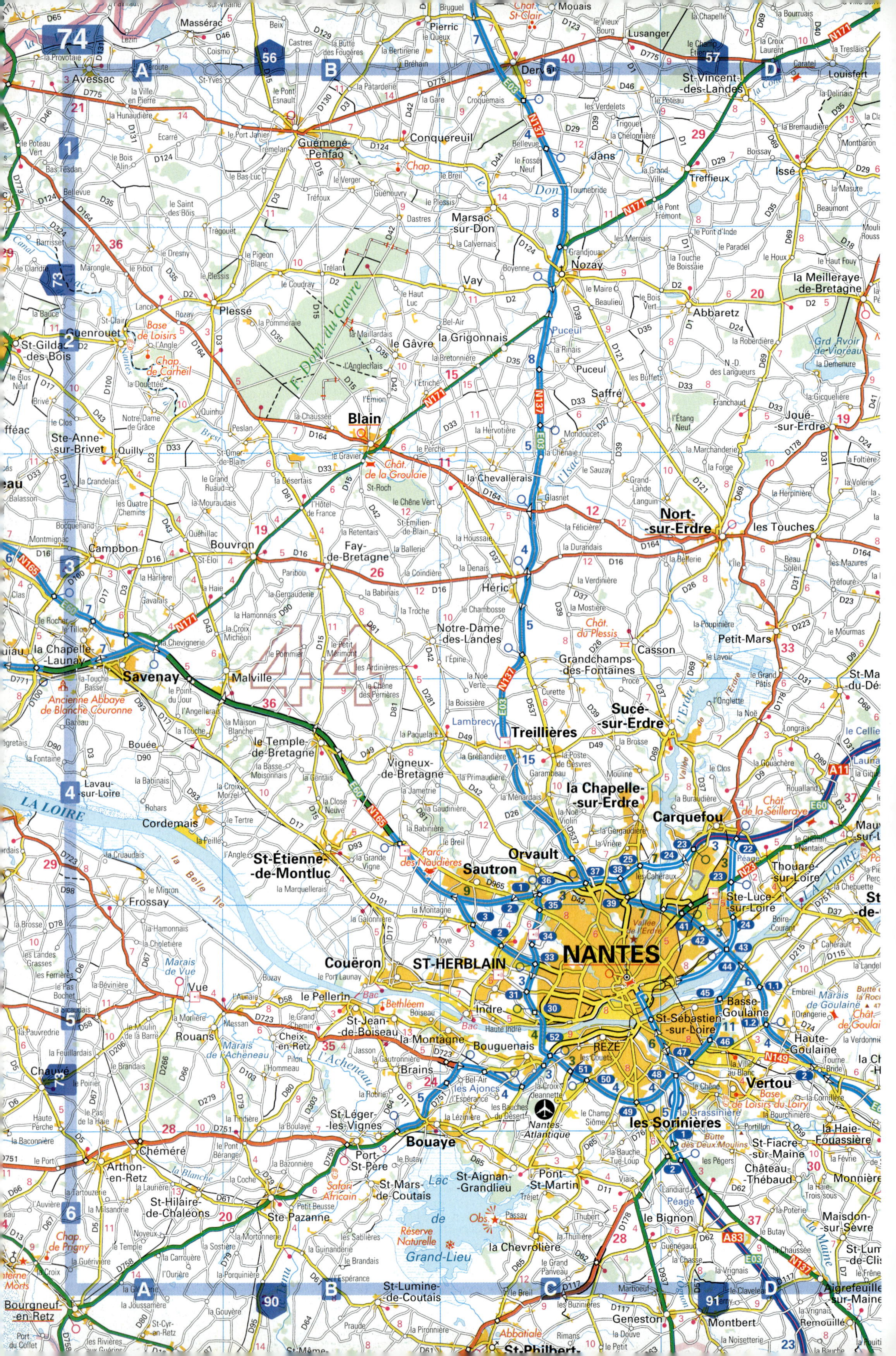
56
57
73
90
91
44
Avessac
Masserac
Guémené-Penfao
Conquereuil
Derval
Lusanger
St-Vincent-des-Landes
Louisfert
Jans
Treffieux
Issé
Marsac-sur-Don
Nozay
Vay
Plessé
Guenrouet
St-Gildas-des-Bois
Ste-Anne-sur-Brivet
Quilly
Le Gâvre
la Grigonnais
F. Dom. du Gavre
Blain
Chât. de la Groulaie
Puceul
Saffré
Abbaretz
la Meilleraye-de-Bretagne
Joué-sur-Erdre
Nort-sur-Erdre
les Touches
Campbon
Bouvron
Fay-de-Bretagne
Héric
Notre-Dame-des-Landes
Grandchamps-des-Fontaines
Casson
Petit-Mars
La Chapelle-Launay
Savenay
Malville
Ancienne Abbaye de Blanche Couronne
Le Temple-de-Bretagne
Vigneux-de-Bretagne
Treillières
Sucé-sur-Erdre
La Chapelle-sur-Erdre
Carquefou
Bouée
Lavau-sur-Loire
LA LOIRE
Cordemais
St-Étienne-de-Montluc
Orvault
Sautron
Parc des Naudières
Thouaré-sur-Loire
Ste-Luce-sur-Loire
Frossay
Couëron
ST-HERBLAIN
NANTES
Vue
Le Pellerin
St-Jean-de-Boiseau
Indre
La Montagne
Bouguenais
Rezé
St-Sébastien-sur-Loire
Basse-Goulaine
Haute-Goulaine
Vertou
Rouans
Cheix-en-Retz
Brains
Chauvé
St-Léger-les-Vignes
Bouaye
Nantes-Atlantique
les Sorinières
Chéméré
Arthon-en-Retz
Port-St-Père
St-Mars-de-Coutais
St-Aignan-Grandlieu
Pont-St-Martin
St-Fiacre-sur-Maine
Château-Thébaud
St-Hilaire-de-Chaléons
Ste-Pazanne
Lac de Grand-Lieu
Réserve Naturelle
la Chevrolière
Le Bignon
Maisdon-sur-Sèvre
Bourgneuf-en-Retz
St-Lumine-de-Coutais
Geneston
Montbert
Aigrefeuille-sur-Maine
Remouillé
St-Philbert-

75
57
76
91
92
Segré
Candé
Ancenis
Varades
Chalonnes-sur-Loire
Beaupréau
Cholet
Clisson
VALLET
St-Macaire-en-Mauges
Champtoceaux
Montrevault
LES MAUGES
49
Freigné
Bécon-les-Granits
Le Louroux-Béconnais
Vern-d'Anjou
Challain-la-Potherie
Erbray
Riaillé
St-Mars-la-Jaille
Ligné
Couffé
Mésanger
St-Florent-le-Vieil
Champtocé-sur-Loire
Montjean-sur-Loire
La Pommeraye
Chaudron-en-Mauges
Jallais
Gesté
Tillières
Montfaucon-Montigné
Roussay
Gorges
Mouzillon
Le Landreau
Landemont
Drain
Liré
Oudon
A11
N23
N249
A87

76
58
57
75
92
A
B
C
D
1
2
3
4
5
6
Les-Marches
St-Michel-de-la-Roë
la Roë
Ballots
Athée
Livré
Denazé
Simplé
Peuton
Marigné-Peuton
Loigné-sur-Mayenne
St-Sulpice
Ruillé-Froid-Fonds
Chât. du Puy
Fromentières
Longuefuy
Gennes-s
Chelun
St-Aignan-sur-Roë
la Selle-Craonnaise
Niafles
Craon
Chât. de la Lande
Laigné
Château-Gontier
Azé
Bazouges
la Rouaudière
St-Saturnin-du-Limet
Congrier
Senonnes
St-Martin-du-Limet
Bouchamps-lès-Craon
Pommerieux
Ampoigné
Chevrollière
Château de St-Ouen
Zoo
Renazé
St-Erbion
Chérancé
Mée
St-Fort
Chemazé
la Boissière
St-Quentin-les-Anges
Château Mortier Crolle
la Chapelle-Hullin
Châtelais
Chazé-Henry
Grugé-l'Hôpital
Bouillé-Ménard
l'Hôtellerie-de-Flée
St-Sauveur-de-Flée
la Ferrière-de-Flée
Château de Bouillé-Théval
Ménil
Manoir de l'Escoublère
Coudray
Argenton-Notre-Dame
Chât. de Magnanne
Base de Loisirs
Daon
Chât. de Mortreux
Pouancé
Carbay
la Prévière
Armaillé
Vergonnes
Bourg-l'Évêque
Bel-Air
Combrée
la Petite Couère
Noyant-la-Gravoyère
Nyoiseau
Montguillon
la Jaille-Yvon
Marigné
Menhir Pierre Frite
Noëllet
Juigné-des-Moutiers
St-Michel-et-Chanveaux
le Tremblay
le Bourg-d'Iré
Segré
Ste-Gemmes-d'Andigné
le Hardas
Louvaines
Avrié
St-Martin-du-Bois
Chenillé-Changé
Chât. des Rues
Chambellay
Chât. de Bois-Montboucher
Querré
St-Henis
Logis du Coudray
la Chapelle-sur-Oudon
Château de Dieusie
Chât. de la Lorie
Andigné
la Jaillette
Chât. de Verney
Champteussé-sur-Baconne
Challain-la-Potherie
Montreuil-sur-Maine
Marans
Chât. de Raguin
Chazé-sur-Argos
Gené
Vern-d'Anjou
le Lion-d'Angers
Thorigné-d'Anjou
Château de l'Isle-Briand
Sceaux-d'Anjou
Écuillé
Moulin du Rat
Loiré
Chât. de la Motte-Glain
le Pin
Vritz
Brain-sur-Longuenée
Grez-Neuville
Le Moulin Neuf
Angrie
Pruillé
Chât. de Monrepos
Feneu
Candé
Freigné
la Pouëze
l'Erdre
Ste-Emerance
la Membrolle-sur-Longuenée
Chât. de la Thibaudière
Mars-la-Jaille
le Louroux-Béconnais
le Plessis-Macé
St-Clément-de-la-Place
Montreuil-Juigné
Chât. de la Perrière
la Cornuaille
Bécon-les-Granits
la Meignanne
Maumusson
St-Lambert-la-Potherie
la Commanderie
Chât. de Landeronde
Belligné
Beaucouzé
Villemoisan
Pouillé-les-Côteaux
la Rouxière
St-Augustin-des-Bois
St-Léger-des-Bois
St-Jean-de-Linières
la Roche-Blanche
St-Sigismond
la Chapelle-St-Sauveur
Chât. de Lancrau
Montilets
Réveillon
St-Martin-du-Fouilloux
St-Herblon
Varades-le-Génetais
Varades la Bédoire
Chât. du Pin
Champtocé-sur-Loire
St-Georges-sur-Loire
Chât. de Serrant
Bouchemaine
Chât. de Vair
Ingrandes
le Fresne-sur-Loire
St-Germain-des-Prés
Prieuré de l'Epinay
Chât. de Chevigné
Ancenis
Anetz
Varades
Montrelais
Montjean-sur-Loire
Moulin de la Roche
Savennières
Béhuard
Mûrs-Erigné
Chât. Juigné
Anc. Abb.
la Possonnière
Denée
le Marillais
St-Florent-le-Vieil
le Mesnil-en-Vallée
Château de St-Offange
Liré
Chât. de la Bourgonnière
St-Laurent-du-Mottay
la Pommeraye
Moulin de Bêne
Chalonnes-sur-Loire
Rochefort-sur-Loire
Bouzillé
Château de la Mauvaisinière
la Chapelle-St-Florent
Chât. de la Baronnière
Cirque de Courossé
T. d'Orient
St-Aubin-de-Luigné
Beausse
St-Laurent-de-la-Plaine
Chaudefonds-sur-Layon
Botz-en-Mauges
Chât. de la Haute Guerche
Chât. de la Fresnaye
T. d'Orient
Beaulieu-sur-Layon
St-Lambert-du-Lattay
St-Laurent-des-Autels
la Boissière-sur-Èvre
le Fuilet
Chaudron-en-Mauges
Bourgneuf-en-Mauges
Rablay-sur-Layon
St-Rémy-en-Mauges
St-Pierre-Montlimart
St-Quentin-en-Mauges
Ste-Christine
la Jumellière
Montrevault
la Salle-et-Chapelle-Aubry
Neuvy-en-Mauges
le Pin-en-Mauges
St-Christophe-la-Couperie
St-Lézin
Chanzeaux
Champ-sur-Layon
LES MAUGES
N171
N162
N23
N260
A11
A87
E60
D775
D923
D963
D770

77
59
93
78
72
Sablé-sur-Sarthe
Solesmes
Juigné-sur-Sarthe
Asnières-sur-Vègre
Auvers-le-Hamon
Bouessay
Grez-en-Bouère
Bouère
Parcé-sur-Sarthe
Noyen-sur-Sarthe
Pirmil
Fercé-sur-Sarthe
La Suze-sur-Sarthe
Malicorne-sur-Sarthe
Mézeray
Cérans-Foulletourte
Louailles
Vion
Précigné
Pincé
St-Denis-d'Anjou
Miré
Morannes
Chemiré-sur-Sarthe
Contigné
Brissarthe
Daumeray
Châteauneuf-sur-Sarthe
Champigné
Juvardeil
Étriché
Cheffes
Tiercé
Huillé
Baracé
Lézigné
Durtal
La Chapelle-d'Aligné
Bazouges-sur-le-Loir
La Flèche
Crosmières
Bousse
Villaines-sous-Malicorne
Ligron
Clermont-Créans
Mareil-sur-Loir
Thorée-les-Pins
Cré
Les Rairies
Fougeré
Clefs
St-Quentin-lès-Beaurepaire
Montigné-lès-Rairies
Chevire-le-Rouge
Montpollin
Vaulandry
Genneteil
Chigné
Seiches-sur-le-Loir
Montreuil-sur-Loir
Soucelles
Corzé
Marcé
Beauvau
Jarzé
Échemiré
Baugé
Pontigné
Le Vieil-Baugé
Briollay
Villevêque
Écouflant
St-Sylvain-d'Anjou
Pellouailles-les-Vignes
ANGERS
St-Barthélemy-d'Anjou
Trélazé
Andard
Brain-sur-l'Authion
Le Plessis-Grammoire
Sarrigné
Cornillé-les-Caves
Bauné
Lué-en-Baugeois
Fontaine-Milon
Sermaise
St-Georges-du-Bois
Fontaine-Guérin
Chartrené
Cuon
Boce
Le Guédeniau
La Lande-Chasles
Mouliherne
Linières-Bouton
Corné
Mazé
Gée
Beaufort-en-Vallée
Brion
Longué-Jumelles
Vernantes
St-Philbert-du-Peuple
Blou
Neuillé
Vivy
Allonnes
Brain-sur-Allonnes
Les Ponts-de-Cé
Juigné-sur-Loire
St-Jean-des-Mauvrets
La Daguenière
La Bohalle
Blaison-Gohier
St-Sulpice
St-Mathurin-sur-Loire
La Ménitré
St-Rémy-la-Varenne
St-Saturnin-sur-Loire
Le Thoureil
Les Rosiers-sur-Loire
Gennes
St-Georges-des-Sept-Voies
Chemellier
Grézillé
St-Clément-des-Levées
St-Martin-de-la-Place
Chênehutte-Trèves-Cunault
St-Mélaine-sur-Aubance
Soulaines-sur-Aubance
Brissac-Quincé
Vauchrétien
Notre-Dame-d'Allençon
Faye-d'Anjou
Saulgé-l'Hôpital
Louerre
Noyant-la-Plaine
Ambillou-Château
Thouarcé
Dénezé
SAUMUR
Vallée de la Loire
LA LOIRE
LOIRE-ANJ
A11
A85
N23
N147
E501
E60

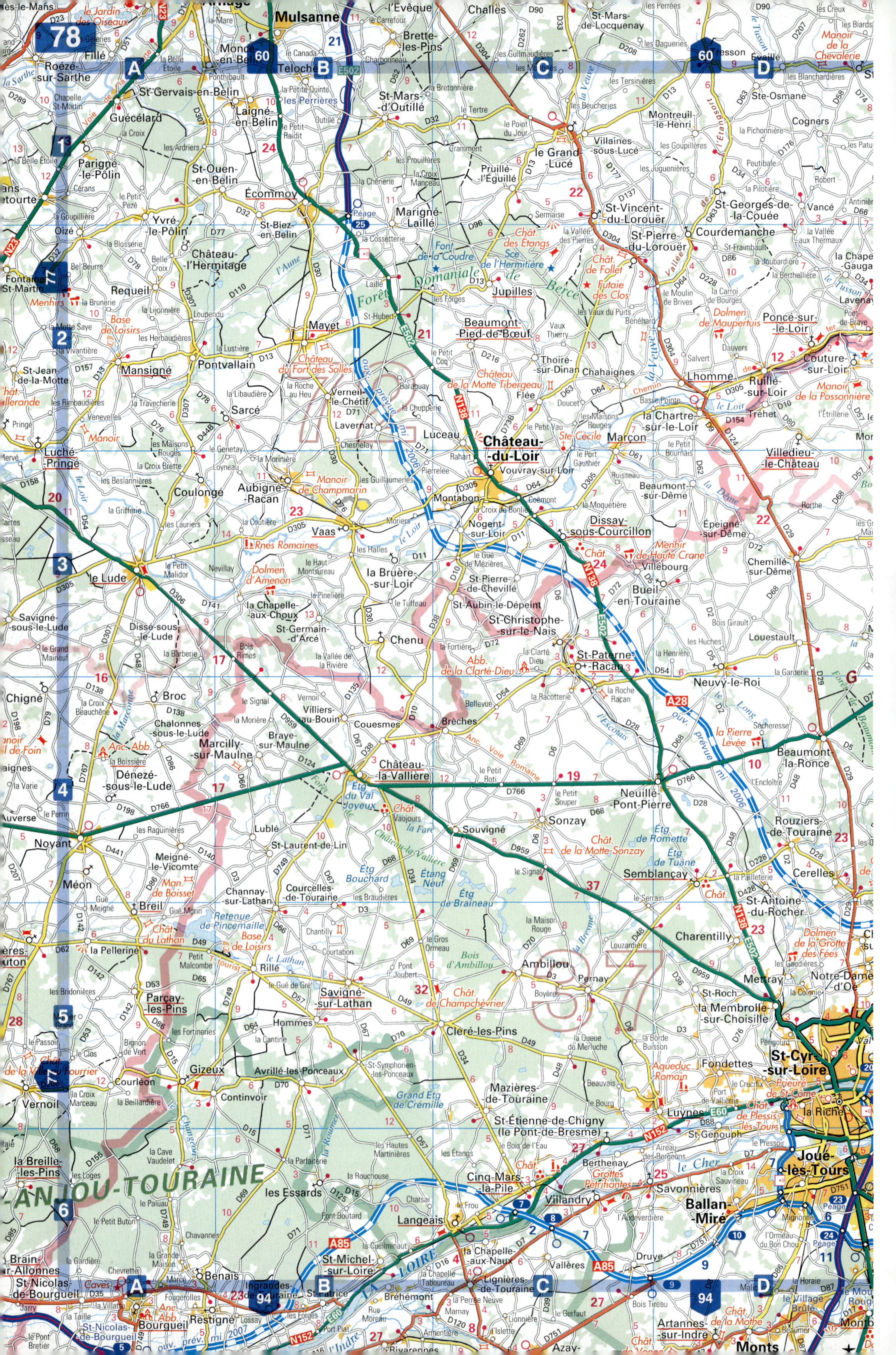
78
Mulsanne
Teloche
Roëzé-sur-Sarthe
St-Gervais-en-Belin
Guécélard
Laigné-en-Belin
Parigné-le-Pôlin
St-Ouen-en-Belin
Écommoy
Yvré-le-Pôlin
Château-l'Hermitage
St-Biez-en-Belin
Brette-les-Pins
St-Mars-d'Outillé
Challes
St-Mars-de-Locquenay
le Grand-Lucé
Villaines-sous-Lucé
Montreuil-le-Henri
Ste-Osmane
Cogners
Pruillé-l'Éguillé
Marigné-Laillé
St-Vincent-du-Lorouër
St-Pierre-du-Lorouër
St-Georges-de-la-Couée
Courdemanche
Vancé
Forêt Domaniale de Bercé
Jupilles
Requeil
Mayet
Mansigné
Pontvallain
Beaumont-Pied-de-Bœuf
Thoiré-sur-Dinan
Chahaignes
Lhomme
Ruillé-sur-Loir
Poncé-sur-le-Loir
Couture-sur-Loir
St-Jean-de-la-Motte
Sarcé
Verneil-le-Chétif
Lavernat
Luceau
Château-du-Loir
Vouvray-sur-Loir
Flée
Marçon
la Chartre-sur-le-Loir
Villedieu-le-Château
Luché-Pringé
Aubigné-Racan
Coulongé
Vaas
Montabon
Nogent-sur-Loir
Dissay-sous-Courcillon
Beaumont-sur-Dême
Épeigné-sur-Dême
Chemillé-sur-Dême
le Lude
la Bruère-sur-Loir
St-Pierre-de-Chevillé
St-Aubin-le-Dépeint
St-Christophe-sur-le-Nais
Bueil-en-Touraine
Villebourg
Louestault
la Chapelle-aux-Choux
St-Germain-d'Arcé
Chenu
St-Paterne-Racan
Neuvy-le-Roi
Dissé-sous-le-Lude
Savigné-sous-le-Lude
Broc
Chalonnes-sous-le-Lude
Marcilly-sur-Maulne
Villiers-au-Bouin
Couesmes
Brèches
Braye-sur-Maulne
Château-la-Vallière
Beaumont-la-Ronce
Dénezé-sous-le-Lude
Neuillé-Pont-Pierre
Souvigné
Sonzay
Rouziers-de-Touraine
Noyant
Lublé
St-Laurent-de-Lin
Semblançay
Cerelles
Méon
Meigné-le-Vicomte
Channay-sur-Lathan
Courcelles-de-Touraine
St-Antoine-du-Rocher
Breil
Charentilly
la Pellerine
Rillé
Ambillou
Pernay
Mettray
Notre-Dame-d'Oé
Parçay-les-Pins
Savigné-sur-Lathan
Cléré-les-Pins
St-Roch
la Membrolle-sur-Choisille
Hommes
Gizeux
Avrillé-les-Ponceaux
Continvoir
Courléon
Vernoil
Mazières-de-Touraine
Fondettes
St-Cyr-sur-Loire
Luynes
St-Étienne-de-Chigny (le Pont-de-Bresme)
St-Genouph
la Riche
Joué-lès-Tours
la Breille-les-Pins
ANJOU-TOURAINE
les Essards
Cinq-Mars-la-Pile
Villandry
Savonnières
Ballan-Miré
Langeais
St-Michel-sur-Loire
la Chapelle-aux-Naux
Lignières-de-Touraine
Vallères
Druye
Brain-sur-Allonnes
St-Nicolas-de-Bourgueil
Benais
Ingrandes-de-Touraine
St-Patrice
Bréhémont
Restigné
Bourgueil
Artannes-sur-Indre
Monts
LA LOIRE
le Cher
le Loir
72
37
A85
A28
E502
E60
N138
N152
94
60

St-Calais
Marolles-lès-St-Calais
Sargé-sur-Braye
le Temple
la Ville-aux-Clercs
St-Hilaire-la-Gravelle
Morée
Moisy
St-Gervais-de-Vic
Savigny-sur-Braye
Épuisay
Danzé
Busloup
Fréteval
la Chapelle-Huon
Bessé-sur-Braye
Azé
Pezou
Lisle
Lignières
Vievy-le-Rayé
Fortan
Mazangé
Gare de Vendôme-Villiers-sur-Loir T.G.V.
St-Firmin-des-Prés
Renay
Beauvilliers
Ouques
Bonneveau
Fontaine-les-Coteaux
Lunay
Villiers-sur-Loir
Meslay
la Chapelle-Enchérie
St-Ouen
Areines
Vendôme
Naveil
Rocé
Faye
Épiais
Ste-Gemmes
Troo
Sougé
St-Jacques-des-Guérets
les Roches-l'Évêque
Thoré-la-Rochette
Coulommiers-la-Tour
Villetrun
Baigneaux
Villeneuve-Frouville
Boisseau
Montoire-sur-le-Loir
Lavardin
St-Rimay
Houssay
Marcilly-en-Beauce
Villerable
Ste-Anne
Selommes
Rhodon
Conan
Artins
Ternay
Huisseau-en-Beauce
Crucheray
Villeromain
Périgny
Villemardy
St-Martin-des-Bois
Sasnières
Nourray
Champigny-en-Beauce
St-Arnoult
Ambloy
Prunay-Cassereau
St-Amand-Longpré
Lancé
Tourailles
Pray
Villefrancoeur
la Chapelle-Vendômoise
Averdon
les Hermites
Monthodon
Villechauve
Authon
St-Gourgon
Gombergean
Lancôme
Landes-le-Gaulois
Marolles
la Ferrière
Villeporcher
Neuville-sur-Brenne
St-Cyr-du-Gault
Français
St-Bohaire
Fossé
Villebarou
Château-Renault
St-Laurent-en-Gâtines
Saunay
St-Étienne-des-Guérets
Herbault
St-Lubin-en-Vergonnois
St-Sulpice-de-Pommeray
BLOIS
St-Nicolas-des-Motets
Orchaise
Molineuf
Forêt Domaniale de Blois
Morand
Santenay
Chambon-sur-Cisse
St-Gervais-la-Forêt
Auzouer-en-Touraine
Nouzilly
Crotelles
Villedômer
Dame-Marie-les-Bois
Seillac
Coulanges
Chailles
Autrèche
Chouzy-sur-Cisse
Monnaie
Neuillé-le-Lierre
Mesland
Onzain
Candé-sur-Beuvron
les Montils
Reugny
Montreuil-en-Touraine
Monteaux
Veuves
Chaumont-sur-Loire
Monthou-sur-Bièvre
Valaire
St-Ouen-les-Vignes
Limeray
Cangey
Rilly-sur-Loire
LA LOIRE
Chançay
Pocé-sur-Cisse
Mosnes
Fougères-sur-Bièvre
Parçay-Meslay
Nazelles-Négron
Sambin
Feings
Rochecorbon
Vouvray
Vernou-sur-Brenne
Noizay
Amboise
Chargé
Vallières-les-Grandes
St-Pierre-des-Corps
TOURS
Montlouis-sur-Loire
St-Règle
Souvigny-de-Touraine
Pontlevoy
Thenay
St-Avertin
Larçay
Lussault-sur-Loire
Forêt d'Amboise
St-Martin-le-Beau
Véretz
Azay-sur-Cher
Dierre
Chambray-lès-Tours
la Croix-en-Touraine
Civray-de-Touraine
Chissay-en-Touraine
Montrichard
Bourré
Monthou-sur-Cher
Chenonceaux
Athée-sur-Cher
Bléré
St-Georges-sur-Cher
Faverolles-sur-Cher
St-Julien-de-Chédon
Thésée
Francueil
Veigné
Esvres
Truyes
Épeigné
Mareuil-sur-Cher
A10
A85
N10
N152
N157
N76

Semerville
Moisy
Lierville
Charsonville
Coulmiers
Ormes
St-Jean-de-Ruelle
Fleury-les
St-Jean-de-Braye
St-Jean-le-Blanc
Ingré
Ouzouer-le-Marché
Huisseau-sur-Mauves
Bucy-St-Liphard
Châť. de Montpipeau
Menhir de la Nivardière
Binas
Baccon
Dolmen de la Mouïse
Chaingy
la Chapelle-St-Mesmin
St-Pryvé-St-Mesmin
Olivet
St-Hilaire-St-Mesmin
Autainville
la Colombe
Villermain
St-Ay
Mareau-aux-Prés
St-Laurent-des-Bois
St-Léonard-en-Beauce
Marchenoir
Lorges
Cravant
Meung-sur-Loire
Cléry-St-André
Mézières-lez-Cléry
Baule
Messas
Dry
le Plessis-l'Échelle
Briou
Roches
Josnes
Villorceau
Châť. de Boisgibault
Ardon
la Madeleine-Villefrouin
Talcy
Concriers
Beaugency
Châť. de Dunois
Lailly-en-Val
Tavers
Séris
Maves
Villexanton
Lestiou
Jouy-le-Potier
Centrale Électrique de St-Laurent-des-Eaux
St-Laurent-Nouan
Avaray
Courbouzon
la Chapelle-St-Martin-en-Plaine
Mulsans
Mer
Ligny-le-Ribault
Blois-Villerbon
Blois-Menars
Villerbon
Suèvres
Muides-sur-Loire
Crouy-sur-Cosson
la Ferté-St-Cyr
Menars
Cour-sur-Loire
St-Dyé-sur-Loire
Montlivault
Maslives
Thoury
Villeny
Yvoy-le-Marron
Chaumont-sur-Tharonne
St-Claude-de-Diray
la Chaussée-St-Victor
Chambord
Étg de Bonneville
Vineuil
Huisseau-sur-Cosson
Forêt Domaniale de Boulogne
Dhuizon
la Marolle-en-Sologne
St-Gervais-la-Forêt
Mont-près-Chambord
Neuvy
Montrieux-en-Sologne
Chailles
Châť. de Villesavin
Bracieux
Châť. d'Herbault
Châť. de Beauregard
Cellettes
Tour-en-Sologne
Bauzy
Neung-sur-Beuvron
la Ferté-Beauharnais
St-Viâtre
Cour-Cheverny
Fontaines-en-Sologne
Vernou-en-Sologne
Cheverny
Chitenay
Cormeray
Courmemin
Marcilly-en-Gault
Millançay
Fresnes
Châť. Roujoux
Contres
Soings-en-Sologne
Mur-de-Sologne
Veilleins
Loreux
Oisly
Sassay
Choussy
Lassay-sur-Croisne
Selles-St-Denis
Couddes
Rougeou
Gy-en-Sologne
Romorantin-Lanthenay
Villeherviers
Aliotis Aquarium
Châť. de Gué-Péan
Chémery
Méhers
Man. de Beauregard
St-Romain-sur-Cher
Pruniers-en-Sologne
Billy
Villefranche-sur-Cher
I.G.N. Sologne
Mareuil-sur-Cher
Noyers
Châtillon
Selles
St-Julien
Langon
Mennetou
LA LOIRE
41
SOLOGNE
A
B
C
D
1
2
3
4
5
6
A10
A71
A85
N152
N157
N76
62
79
96

St-Aubrais
Boigny-sur-Bionne
Fay-aux-Loges
Vitry-aux-Loges
Beauchamps-sur-Huillard
Chécy
Combleux
Mardié
Bou
St-Denis-en-Val
St-Denis-de-l'Hôtel
Darvoy
Jargeau
Châteauneuf-sur-Loire
Châtenoy
Coudroy
Vieilles-Maisons-sur-Joudry
Lorris
Noyers
Thimory
la Cour-Marigny
Sandillon
Férolles
St-Martin-d'Abbat
Germigny-des-Prés
St-Aignan-des-Gués
Bouzy-la-Forêt
Bray-en-Val
Montereau
le Moulinet-sur-Solin
St-Cyr-en-Val
Ouvrouer-les-Champs
Sigloy
St-Benoît-sur-Loire
les Bordes
Guilly
Bonnée
Vienne-en-Val
Tigy
Neuvy-en-Sullias
St-Père-sur-Loire
Ouzouer-sur-Loire
Dampierre-en-Burly
Marcilly-en-Villette
Sully-sur-Loire
St-Aignan-le-Jaillard
Viglain
Lion-en-Sullias
Vannes-sur-Cosson
Nevoy
St-Gondon
Ménestreau-en-Villette
St-Florent
Poilly-lez-Gien
Sennely
Isdes
Villemurlin
Vouzon
Souvigny-en-Sologne
Cerdon
Coullons
Lamotte-Beuvron
Chaon
Autry-le-Châtel
Clémont
Brinon-sur-Sauldre
Argent-sur-Sauldre
Nouan-le-Fuzelier
Blancafort
Pierrefitte-sur-Sauldre
Aubigny-sur-Nère
Ste-Montaine
Concressault
Barlieu
Souesmes
Oizon
Ménétréol-sur-Sauldre
Dampierre-en-Crot
Salbris
Ennordres
Villegenon
Presly
la Chapelle-d'Angillon
Salbris-Theillay
Nançay
Ivoy-le-Pré
la Chapelotte
Theillay
Neuvy-sur-Barangeon
Méry-ès-Bois
Henrichemont
Orçay
Étang du Puits
Château de la Verrerie
Château de Béthune
Station de Radioastronomie
Parc de Bruel
Château de Lauroy
Ancienne Abbaye
LA LOIRE
le Cosson
DOMANIALE
45
18
A71
N20
E09
N60
E60

82
64
81
98
A
B
C
D
Thimory
Oussoy-en-Gâtinais
St-Hilaire-sur-Puiseaux
Solterre
Cortrat
Montbouy
Montcresson
Pressigny-les-Pins
Amphithéâtre de Chenevières
Varennes-Changy
Ouzouer-des-Champs
Le Jardin des Arbres
Nogent-sur-Vernisson
Arboretum des Barres
Le Moulinet-sur-Solin
Langesse
La Chapelle-sur-Aveyron
St-Maurice-sur-Aveyron
Châtillon-Coligny
Donjon
Ste-Geneviève-des-Bois
Étg de Beaumont
Les Choux
Boismorand
O R L É A N S
Adon
Chât. des Pêcheurs
La Bussière
Feins-en-Gâtinais
Étg de la Grande Brosse
Escrignelles
Grand Étg de Pont-Chevron
Gien
Le Ginkgo
Le Tulipier
Ouzouer-sur-Trézée
St-Martin-sur-Ocre
St-Brisson-sur-Loire
Pont Canal
St-Firmin-sur-Loire
Briare
Autry-le-Châtel
Châtillon-sur-Loire
Écluse des Mantelots
Ousson-sur-Loire
Bonny-sur-Loire
Beaulieu-sur-Loire
Cernoy-en-Berry
Pierrefitte-ès-Bois
Neuvy-sur-Loire
Belleville-sur-Loire
Santranges
Sury-près-Léré
Léré
Barlieu
Sury-ès-Bois
Vailly-sur-Sauldre
La Celle-sur-Loire
Chât. de Villatte
Savigny-en-Sancerre
Boulleret
Myennes
Cosne-Cours-sur-Loire
St-Père
Chap. de la Commanderie
Villegenon
Thou
Jars
Subligny
Ste-Gemme-en-Sancerrois
Bannay
Le Noyer
Sury-en-Vaux
Menetou-Râtel
Verdigny
St-Satur
Sancerre
Ménétréol-sous-Sancerre
Thauvenay
Sens-Beaujeu
Neuilly-en-Sancerre
Crézancy-en-Sancerre
Vinon
St-Bouize
Couargues
Tracy-sur-Loire
Pouilly-sur-Loire
St-Andelain
St-Laurent-l'Abbaye
St-Quentin-sur-Nohain
St-Martin-sur-Nohain
Pougny
Suilly-la-Tour
Chât. des Granges
Ste-Colombe-des-Bois
Cessy-les-Bois
Donzy
Prieuré N.-D. du Pré
Chât. de la Motte Josserand
Perroy
St-Loup
St-Vérain
Alligny-Cosne
Bitry
Dampierre-sous-Bouhy
Bouhy
St-Amand-en-Puisaye
Arquian
Annay
Treigny
Ste-Colombe-sur-Loing
Chât. de Ratilly
Chât. de Boutissaint
Parc Naturel St-Hubert de Boutissaint
Chantier de Guédelon
Moutiers-en-Puisaye
St-Sauveur-en-Puisaye
St-Fargeau
Ronchères
Mézilles
Lavau
Faverelles
Thou
Batilly-en-Puisaye
Dammarie-en-Puisaye
Champoulet
Étg des Blondeaux
Étg de la Tuilerie
St-Privé
Bléneau
Breteau
Étg de la Grande Rue
Les Sept Écluses
Rogny-les-Sept-Écluses
Champcevrais
Dammarie-sur-Loing
Aillant-sur-Milleron
Le Charme
Champignelles
Manoir du Parc Viel
Villeneuve-les-Genêts
Tannerre-en-Puisaye
Villiers-St-Benoît
Grandchamp
Malicorne
Marchais-Beton
Chambeugle
St-Martin-sur-Ouanne
St-Denis-sur-Ouanne
Perreux
Sommecaise
Charny
Chât. de Vienne
Chevillon
Dicy
Sépeaux
Chêne-Arnoult
Fontenouilles
Melleroy
Château-Renard
Chât. de la Motte
45
18
58
LOIRE
C H E R
N I V E R N A I S

83
Champvallon
Volgré
Joigny
La Ferté-Loupière
Villiers-sur-Tholon
Aillant-sur-Tholon
Laduz
Fleury-la-Vallée
Poilly-sur-Tholon
Chassy
St-Maurice-Thizouaille
St-Aubin-Château-Neuf
St-Martin-sur-Ocre
Egleny
Lindry
Beauvoir
Merry-la-Vallée
Charbuy
St-Georges-sur-Baulche
Perrigny
AUXERRE
Augy
Quenne
Villefargeau
Chevannes
Vallan
Gurgy
Appoigny
Chichery
Guerchy
Branches
Neuilly
Villemer
Bassou
Bonnard
Hauterive
Beaumont
Seignelay
Chemilly-sur-Yonne
Héry
Rouvray
Pontigny
Venouse
Monéteau
Montigny-la-Resle
Villeneuve-St-Salves
Lignorelles
Ligny-le-Châtel
Varennes
Méré
Maligny
Villy
Fontenay-près-Chablis
La Chapelle-Vaupelteigne
Bleigny-le-Carreau
Chablis
Beine
Fleys
Béru
Chichée
Chemilly-sur-Serein
Venoy
Courgis
Préhy
Chitry
St-Bris-le-Vineux
St-Cyr-les-Colons
Champs-sur-Yonne
Irancy
Vincelottes
Vincelles
Escolives-Ste-Camille
Jussy
Gy-l'Evêque
Escamps
Coulanges-la-Vineuse
Migé
Val-de-Mercy
Cravant
Bazarnes
Accolay
Vermenton
Sacy
Nitry
Joux-la-Ville
Toucy
Parly
Pourrain
Diges
Moulins-sur-Ouanne
Fontaines
Lalande
Leugny
Coulangeron
Ouanne
Fontenoy
Levis
Sementron
Saints
Merry-Sec
Mouffy
Charentenay
Ste-Pallaye
Prégilbert
Trucy-sur-Yonne
Fontenay-sous-Fouronnes
Courson-les-Carrières
Fouronnes
Molesmes
Fontenailles
Taingy
Mailly-le-Château
Mailly-la-Ville
Lucy-sur-Cure
Bessy-sur-Cure
Arcy-sur-Cure
St-Moré
Voutenay-sur-Cure
Thury
Lainsecq
Sougères-en-Puisaye
Forêt de Frétoy
Festigny
Merry-sur-Yonne
Châtel-Censoir
Bois-d'Arcy
Brosses
Druyes-les-Belles-Fontaines
Coulanges-sur-Yonne
Crain
Lucy-sur-Yonne
Andryes
Surgy
Pousseaux
Lichères-sur-Yonne
Montillot
Blannay
Givry
Sermizelles
Vault-de-Lugny
Sainpuits
Etais-la-Sauvin
Oisy
Billy-sur-Oisy
Asquins
Vézelay
St-Père
Pontaubert
Entrains-sur-Nohain
Clamecy
Trucy-l'Orgueilleux
Armes
Chamoux
Chevroches
Dornecy
Tharoiseau
Pierre-Perthuis
Breugnon
Rix
Brèves
Fontenay-près-Vézelay
Domecy-sur-Cure
Menestreau
La Chapelle-St-André
Courcelles
Ouagne
Villiers-sur-Yonne
Asnois
Metz-le-Comte
St-Aubin-des-Chaumes (Charancy)
St-André-en-Morvan
Bazoches
Neuffontaines
Menou
Villiers-le-Sec
St-Pierre-du-Mont (la Pouge)
St-Germain-des-Bois
Amazy
Tannay
Flez-Cuzy (Cuzy)
Vignol
Varzy
Oudan
Cuncy-lès-Varzy
Beuvron
Lys
St-Didier
Saizy
Moissy-Moulinot (Moissy)
Monceaux-le-Comte
Talon
Grenois
Parigny-la-Rose
Marcy
Ruages
Dirol
Challement
Taconnay
Asnan
Anthien
Pouques-Lormes
Magny-Lormes
Lormes
Corvol-d'Embernard
Champlemy
Chevannes-Changy
Brinon-sur-Beuvron
Chazeuil
Germenay
Morache
Marigny
Châteauneuf-Val-de-Bargis
St-Malo-en-Donziois
Forêt de Frétoy
Basilique de la Madeleine
Parc Préhistorique Imaginaire Cardo-Land
Château de Faulin
Grottes de St-Moré
Grottes d'Arcy
Camp Antique
Site Archéologique
Carrière souterraine
Obélisque
Oppidum
Roche Percée
Château de Vauban
Château de Corbelin
Gorges de Narvau
PUISAYE
A6
E15
E60
N6
N151
N65
N77
D965
D956
D944
D951
D957
D977
D36
D39
Autoroute du Soleil
Soleil Levant
Péage
E
F
G
H
1
2
3
4
5
6
84
99
65

84
66
66
100
100
83
83
A
B
C
D
1
2
3
4
5
6
Tonnerre
Bernouil
Annemoine
Vézinnes
Dyé
Vézannes
Junay
Épineuil
Tronchoy
Cheney
Mélisey
Molosmes
Thorey
Rugny
Villon
Arthonnay
Vertault
Villedieu
Vestiges Gallo-Romains de Vertillum
Larrey
Boux
Étrochey
Ste-Colombe-sur-Seine
Poinçon-lès-Larrey
Cérilly
Channay
Nicey
Griselles
Marcenay
Bissey-la-Pierre
Laignes
Cruzy-le-Châtel
Baon
Tanlay
Pimelles
Paisson
Gigny
Gland
Argentenay
St-Martin-sur-Armançon
Commissey
Anc. Abb.
Tissey
Collan
Serrigny
Fleys
Béru
Viviers
Yrouerre
Lézinnes
Ancy-le-Libre
Sennevoy-le-Haut
Sennevoy-le-Bas
Balot
Massoult
Nesle-et-Massoult
Fontaines-les-Sèches
Jully (la Maine)
Stigny
Ancy-le-Franc
Vireaux
Pacy-sur-Armançon
Sambourg
Poilly-sur-Serein
Fresnes
L'Armançon
Chassignelles
Anc. Chapelle St-Marc
Argenteuil-sur-Armançon
Coulmier-le-Sec
Planay
Puits
Savoisy
Verdonnet
Ravières
Nuits
Fulvy
Villiers-les-Hauts
Ste-Vertu
Môlay
Annay-sur-Serein
Lichères-près-Aigremont
Aigremont
Moulins-en-Tonnerrois
Asnières-en-Montagne
Château de Rochefort
Cry
Perrigny-sur-Armançon
Arrans
Étais
Forêt Dom. du Grand Jailly
Villaines-en-Duesmois
Noyers
Pasilly
Censy
Jouancy
Sarry
Étivey
Aisy-sur-Armançon
Rougemont
Buffon
Nitry
Grimault
Annoux
Châtel-Gérard
Anc. Prieuré de Vausse
Domaine des Anc. Forges
Hôtel de Buffon
Montbard
Marmagne
Anc. Abb. de Fontenay
Touillon
St-Rémy
Massangis
Quincy-le-Vicomte
Quincerot
Crépand
Nogent-lès-Montbard (Nogent-le-Petit)
Fain-lès-Montbard
Fresnes
Éringes
Montmorency
Hervaux
Coutarnoux
Dissangis
Bierry-les-Belles-Fontaines
Château d'Anstrude
Fain-lès-Moutiers
St-Germain-lès-Senailly
Courcelles-lès-Montbard
Seigny
Bussy-le-Grand
L'Isle-sur-Serein
Talcy
Marmeaux
Senailly
Grignon
Benoisey
Ménétreux-le-Pitois
Thory
Ste-Colombe
Blacy
Thizy
Santigny
Vassy
Pisy
Moutiers-St-Jean
Athie
Viserny
Montigny-Montfort
Angely
Provency
Lucy-le-Bois
Annay-la-Côte
Maison Forte
Anc. Abb.
Villaines-les-Prévôtes
Lantilly
Venarey-les-Laumes
Alise-Ste-Reine
Montréal
Trévilly
Corsaint
Jeux-lès-Bard
Genay
Bard-lès-Époisses
Mussy-la-Fosse
Tharot
Étaule
Sauvigny-le-Bois
Annéot
Sceaux
Guillon
Vignes
Époisses
Corrombles
Millery
Villars-et-Villenotte
Massingy-lès-Semur
Pouillenay
Château de Villiers
Avallon
Pontaubert
Anc. Prieuré St-Jean
Maison Dieu
Cisery
Toutry
La Chaponne
Savigny-en-Terre-Plaine
Sauvigny-le-Beuréal
Forléans
Torcy-et-Pouligny (Torcy)
Vic-de-Chassenay
Semur-en-Auxois
Jailly
Magny-la-Ville
Souhey
Chassey
Marigny-le-Cahouët
Magny
Cussy-les-Forges
Le Moulin Cadoux
St-André-en-Terre-Plaine
Vieux-Château
Montberthault
Courcelles-lès-Semur
St-Euphrône
Pont-et-Massène
Lac de Pont
Villeneuve-sous-Charigny
Charigny
Zoo de l'Auxois
Arnay-sous-Vitteaux
Ste-Magnance
Courcelles-Frémoy
Ruffey
La Come
Thoste
Montigny-St-Barthélemy
Flée
Rouilly
Brianny
Montigny-sur-Armançon
Ste-Colombe
Braux
Velogny
Marcilly-et-Dracy
St-Brancher
St-Germain-des-Champs
Bussières
Beauvilliers
Rouvray
Sincey-lès-Rouvray
Bierre-lès-Semur
Aisy-sous-Thil
Collégiale de Thil
Château de Fermenot
Marcigny-sous-Thil
Clamerey
St-Thibault
Chastellux-sur-Cure
St-Andeux
Dompierre-en-Morvan
Précy-sous-Thil
Nan-sous-Thil
Normier
Quarré-les-Tombes
St-Léger-Vauban
St-Germain-de-Modéon
La Roche-en-Brenil
Vic-sous-Thil
Montlay-en-Auxois
Juillenay
Lacour-d'Arcenay
Fontangy
Noidan
Marigny-l'Église
Roche des Fées
Zoo
Abb. de la Pierre-qui-Vire
Réservoir du Crescent
Chalaux
Forêt Dom. au Duc
Lac de St-Agnan
St-Didier
Molphey
La Motte-Ternant
Charny
Thorey-sous-Charny
Gissey-le-Vieil
Croix Thomas
Le Chien Blanc
Blancey
Éguilly
St-Martin-du-Puy
St-Agnan
Missery
Pont-St-Jean
MORVAN
AUXOIS
Lac de Chaumeçon
Base de Loisirs
Dun-les-Places
Mon. des Fusillés
Saulieu
Villargoix
Champeau-en-Morvan
St-Brisson
Thoisy-la-Berchère
Chailly-sur-Armançon
Serein
A6
E15
E60
N6
21
22
23
26
Péage
Autoroute du Soleil
T.G.V.
Ligne

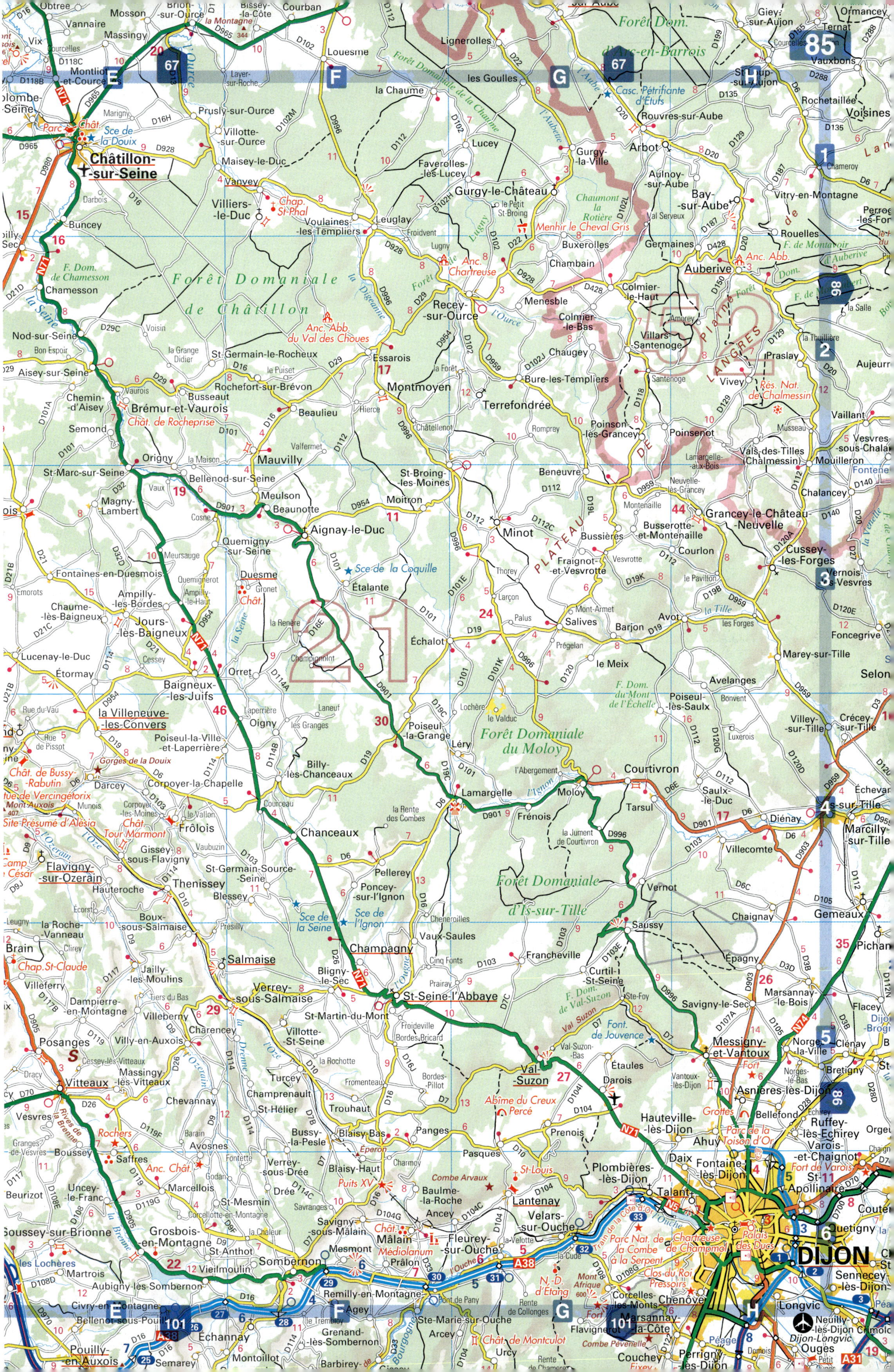

85
67
E
F
G
H
1
2
3
4
5
6
98
101
Châtillon-sur-Seine
Forêt Domaniale de Châtillon
Forêt Dom. d'Arc-en-Barrois
Lignerolles
les Goulles
la Chaume
Rouvres-sur-Aube
Arbot
Gurgy-la-Ville
Gurgy-le-Château
Lucey
Faverolles-lès-Lucey
Buxerolles
Chambain
Germaines
Auberive
Colmier-le-Haut
Colmier-le-Bas
Menesble
Recey-sur-Ource
Esssarois
Montmoyen
Terrefondrée
Chaugey
Bure-les-Templiers
Poinson-lès-Grancey
Poinsenot
Vals-des-Tilles (Chalmessin)
Vivey
Praslay
Aujeurres
Vaillant
Mouilleron
Chalancey
Grancey-le-Château-Neuvelle
Busserotte-et-Montenaille
Courlon
Cussey-les-Forges
Vernois-lès-Vesvres
Foncegrive
Marey-sur-Tille
Selongey
Avelanges
Poiseul-lès-Saulx
Villey-sur-Tille
Crécey-sur-Tille
Courtivron
Tarsul
Saulx-le-Duc
Diénay
Is-sur-Tille
Marcilly-sur-Tille
Villecomte
Vernot
Chaignay
Gemeaux
Saussy
Epagny
Savigny-le-Sec
Marsannay-le-Bois
Messigny-et-Vantoux
Asnières-lès-Dijon
Ruffey-lès-Echirey
Varois-et-Chaignot
St-Apollinaire
Quetigny
DIJON
Sennecey-lès-Dijon
Longvic
Neuilly-lès-Dijon
Dijon-Longvic
Ouges
Chenôve
Marsannay-la-Côte
Perrigny-lès-Dijon
Couchey
Flavignerot
Corcelles-les-Monts
Plombières-lès-Dijon
Talant
Daix
Fontaine-lès-Dijon
Ahuy
Hauteville-lès-Dijon
Prenois
Darois
Étaules
Val-Suzon
Francheville
Curtil-St-Seine
Forêt Domaniale d'Is-sur-Tille
St-Seine-l'Abbaye
Champagny
Vaux-Saules
Poncey-sur-l'Ignon
Pellerey
Chanceaux
Lamargelle
Moloy
Frénois
Léry
Poiseul-la-Grange
Forêt Domaniale du Moloy
Échalot
Étalante
Salives
Barjon
Avot
le Meix
Minot
Fraignot-et-Vesvrotte
Bussières
Beneuvre
St-Broing-les-Moines
Moitron
Aignay-le-Duc
Beaunotte
Meulson
Mauvilly
Beaulieu
Rochefort-sur-Brévon
Busseaut
Brémur-et-Vaurois
Chât. de Rocheprise
St-Germain-le-Rocheux
Villiers-le-Duc
Vanvey
Maisey-le-Duc
Villotte-sur-Ource
Prusly-sur-Ource
Louesme
Courban
Mosson
Vannaire
Montliot-et-Courcelles
Buncey
Chamesson
Nod-sur-Seine
Aisey-sur-Seine
Chemin-d'Aisey
Semond
Orrigny
St-Marc-sur-Seine
Magny-Lambert
Bellenod-sur-Seine
Quemigny-sur-Seine
Duesme
Ampilly-les-Bordes
Fontaines-en-Duesmois
Chaume-lès-Baigneux
Jours-lès-Baigneux
Lucenay-le-Duc
Étormay
Baigneux-les-Juifs
Orret
Oigny
la Villeneuve-les-Convers
Poiseul-la-Ville-et-Laperrière
Billy-lès-Chanceaux
Darcey
Corpoyer-la-Chapelle
Frôlois
Gissey-sous-Flavigny
Flavigny-sur-Ozerain
Thenissey
St-Germain-Source-Seine
Blessey
Hauteroche
Boux-sous-Salmaise
Salmaise
la Roche-Vanneau
Jailly-les-Moulins
Verrey-sous-Salmaise
Bligny-le-Sec
Villeberny
Dampierre-en-Montagne
Villeferry
Charencey
Villotte-St-Seine
St-Martin-du-Mont
Posangues
Vitteaux
Villy-en-Auxois
Massingy-lès-Vitteaux
Chevannay
Turcey
Champrenault
St-Hélier
Trouhaut
Blaisy-Bas
Blaisy-Haut
Bussy-la-Pesle
Verrey-sous-Drée
Drée
Saffres
Boussey
Vesvres
Marcellois
Uncey-le-Franc
St-Mesmin
Grosbois-en-Montagne
Soussey-sur-Brionne
Beurizot
St-Anthot
Vieilmoulin
Sombernon
Mesmont
Savigny-sous-Mâlain
Mâlain
Ancey
Fleurey-sur-Ouche
Velars-sur-Ouche
Lantenay
Pasques
Panges
Baulme-la-Roche
Remilly-en-Montagne
Agey
Ste-Marie-sur-Ouche
Pont de Pany
Grenand-lès-Sombernon
Arcey
Urcy
Barbirey
Échannay
Montoillot
Semarey
Pouilly-en-Auxois
Bellenot-sous-Pouilly
Civry-en-Montagne
Aubigny-lès-Sombernon
Martrois
Forêt Domaniale de la Chaume
Plateau de Langres
Forêt Domaniale

86
85
68
102
52
21
A
B
C
D
Langres
Chalindrey
Fayl-Billot
Longeau-Percey
Champlitte
Gray
Pesmes
Mirebeau-sur-Bèze
Pontailler-sur-Saône
Fontaine-Française
Selongey
Genlis
Saints-Geosmes
Balesmes-sur-Marne
Prauthoy
Montsaugeon
St-Seine-sur-Vingeanne
Beaumont-sur-Vingeanne
Dampierre-sur-Salon
Beaujeu-St-Vallier-Pierrejux-et-Quitteur
Autrey-lès-Gray
Arc-lès-Gray
Lamarche-sur-Saône
Champagney
Auxonne
Bèze
Is-sur-Tille
Arc-sur-Tille
Chevigny-St-Sauveur
Sennecey-lès-Dijon
Quetigny
Belleneuve
Lux
Orville
Véronnes
Sacquenay
Chazeuil
Occey
Cusey
Isômes
Vaux-sous-Aubigny
Rivière-les-Fosses
Villegusien-le-Lac
Chassigny
Dommarien
Grenant
Saulles
Coublanc
Belmont
Genevrières
Champsevraine (Bussières-lès-Belmont)
Haute-Amance
Terre-Natale (Varennes-sur-Amance)
Champigny-sous-Varennes
Laferté-sur-Amance
Pierremont-sur-Amance (Pierrefaites)
Torcenay
Chaudenay
Rougeux
Noidant-Chatenoy
Heuilley-Cotton
Palaiseul
Heuilley-le-Grand
Rivières-le-Bois
Grandchamp
Maâtz
Achey
Montot
Oyrières
Vars
Chargey-lès-Gray
Bouhans-et-Feurg
Nantilly
Poyans
Gray-la-Ville
Mantoche
Esmoulins
Apremont
Essertenne-et-Cecey
Renève
Jancigny
Talmay
Heuilley-sur-Saône
Perrigny-sur-l'Ognon
Montseugny
Broye-Aubigney-Montseugny
Mutigney
Chevigney
Valay
Vadans
Germigney
Noiron
Cresancey
Champtonnay
Bard-lès-Pesmes
Malans
Jallerange
Sornay
Montagney
Motey-Besuche
Fort de Plesnoy
Fort de la pointe de diamant
Fort de Peigney
Fort de la Bonnelle
Fort de la Marmotte
Fort Vercingétorix
Fort de Montlandon
Chât. de Rosières
Anc. Chât. de la Romagne
Maison Forte
La Colombière
Forêt Domaniale des Hauts Bois
Forêt Dom. de St-Léger
Forêt Dom. de Longchamp
Canal de la Marne à la Saône
la Saône
la Vingeanne
la Bèze
la Tille
l'Ognon
Réservoir de la Mouche
Réservoir de la Liez
A31
N19
E54
N74
E17
E21

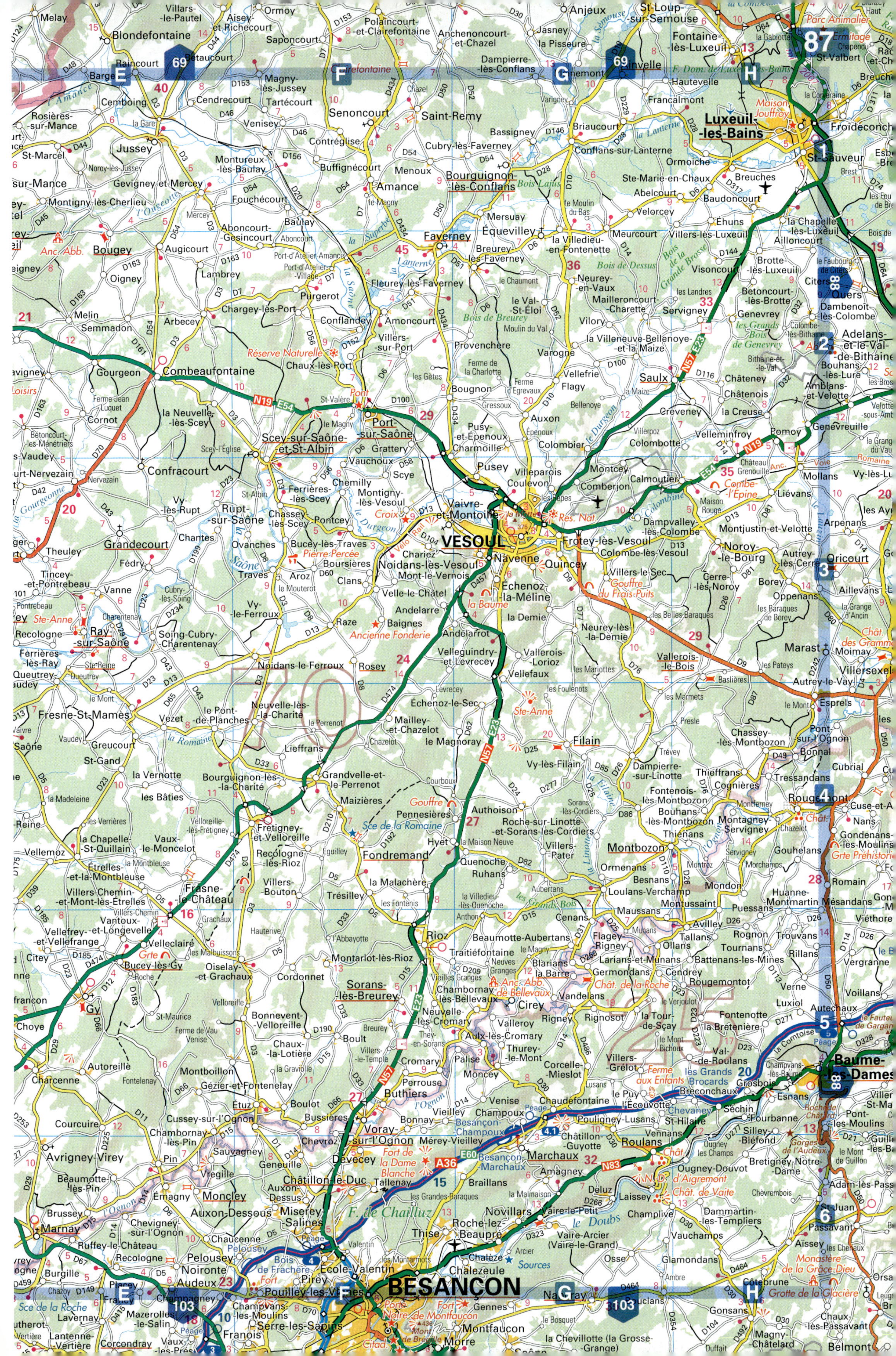

87
69
40
Blondefontaine
Jussey
Luxeuil-les-Bains
St-Sauveur
Fontaine-lès-Luxeuil
Saint-Remy
Amance
Faverney
Bourguignon-lès-Conflans
Conflans-sur-Lanterne
Bougey
Port-sur-Saône
Combeaufontaine
Scey-sur-Saône-et-St-Albin
Confracourt
Grandecourt
VESOUL
Vaivre-et-Montoille
Noidans-lès-Vesoul
Navenne
Quincey
Frotey-lès-Vesoul
Saulx
Noroy-le-Bourg
Oricourt
Ray-sur-Saône
Rosey
Filain
Villersexel
Fresne-St-Mamès
Montbozon
Rougemont
Fondremand
Rioz
Frasne-le-Château
Sorans-lès-Breurey
Cirey
Baume-les-Dames
Marchaux
Roulans
Voray-sur-l'Ognon
Devecey
Châtillon-le-Duc
Moncley
Marnay
Pouilley-les-Vignes
École-Valentin
BESANÇON
Montfaucon
Serre-les-Sapins
N19
E54
N57
E23
A36
E60
N83
1
2
3
4
5
6
E
F
G
H
103
88

88
70
104
PARC NATUREL
Ballon-d'Alsace
Ballon de Servance
Faucogney-et-la-Mer
Servance
Esmoulières
Haut-du-Them-Château-Lambert
Belfahy
Plancher-les-Mines
Giromagny
Auxelles-Haut
Auxelles-Bas
Lepuix
Rougegoutte
Grosmagny
Étueffont
Rougemont-le-Château
Masevaux
Sewen
Dolleren
Oberbruck
Kirchberg
Niederbruck
Sickert
Wegscheid
Lauw
Sentheim
Bourbach-le-Haut
Bourbach-le-Bas
Lamadelaine-Val-des-Anges
Riervescemont
Vescemont
Rougemont-le-Château
Petitmagny
Romagny-sous-Rougemont
Leval
Petitefontaine
Felon
Bourg-sous-Châtelet
Anjoutey
Angeot
St-Germain-le-Châtelet
Lagrange
Larivière
Vauthiermont
Bellemagny
Fontaine
Frais
Foussemagne
Chavannes-sur-l'Étang
Montreux-Vieux
Montreux-Château
Bessoncourt
Menoncourt
Eguenigue
Lacollonge
Phaffans
Denney
Roppe
Vétrigne
Éloie
Offemont
Valdoie
Sermamagny
Chaux
Lachapelle-sous-Chaux
Évette-Salbert
Cravanche
Plancher-Bas
Champagney
Ronchamp
Mélisey
St-Barthélemy
Montessaux
Belonchamp
Écromagny
Ternuay-Melay-et-St-Hilaire
Fresse
Froideconche
Breuchotte
Amage
Ste-Marie-en-Chanois
La Bruyère
la Proiselière-et-Langle
les Fessey
la Voivre
la Lanterne-et-les-Armonts
la Corbière
Belmont
Magnivray
Rignovelle
Lantenot
Linexert
Franchevelle
St-Germain
la Neuvelle-lès-Lure
Malbouhans
Froideterre
Lure
Roye
la Côte
Magny-Danigon
Clairegoutte
Frédéric-Fontaine
Échavanne
Frahier-et-Chatebier
Chenebier
Étobon
Chalonvillars
BELFORT
Essert
Bavilliers
Danjoutin
Pérouse
Chèvremont
Vézelois
Andelnans
Meroux
Botans
Dorans
Urcerey
Argiésans
Buc
Mandrevillars
Échenans-sous-Mont-Vaudois
Luze
Couthenans
Héricourt
Chagey
Belverne
Lomont
Courmont
Faymont
Champey
Coisevaux
Verlans
Trémoins
Tavey
Vyans-le-Val
Laire
Aibre
Chavanne
Semondans
Raynans
Issans
Désandans
Arcey
Échenans
Allondans
Ste-Suzanne
Dung
MONTBÉLIARD
Sochaux
Exincourt
Étupes
Audincourt
Arbouans
Courcelles-lès-Montbéliard
Présentevillers
Bart
Bavans
Voujeaucourt
Valentigney
Mandeure
Seloncourt
Hérimoncourt
Dasle
Beaucourt
Delle
Badevel
Vandoncourt
Taillecourt
Dampierre-les-Bois
Fesches-le-Châtel
Morvillars
Bourogne
Brebotte
Froidefontaine
Grandvillars
Joncherey
Faverois
Méziré
Brognard
Dambenois
Allenjoie
Nommay
Châtenois-les-Forges
Trévenans
Sevenans
Moval
Bermont
Banvilliers
Bretigney
Sainte-Marie
Montenois
Onans
Geney
Accolans
Faimbe
Étrappe
Médière
Longevelle-sur-Doubs
Colombier-Fontaine
Blussangeaux
L'Isle-sur-le-Doubs
Rang
Blussans
Soye
Appenans
Mancenans
Pompierre-sur-Doubs
Fontaine-lès-Clerval
Santoche
Clerval
Chaux-lès-Clerval
Anteuil
St-Georges-Armont
Hyémondans
Lanthenans
Sourans
Goux-lès-Dambelin
Dambelin
Neuchâtel-Urtière
Pont-de-Roide
Rémondans-Vaivre
Villars-sous-Dampjoux
Feule
Dampjoux
Solemont
Noirefontaine
Liebvillers
St-Hippolyte
Montécheroux
Chamesol
Glère
Vaufrey
Soulce-Cernay
Indevillers
Courtefontaine
Blamont
Pierrefontaine-lès-Blamont
Villars-lès-Blamont
Dannemarie
Abbévillers
Mathay
Bourguignon
Écurcey
Autechaux-Roide
Glay
Meslières
Thulay
Bondeval
Roches-lès-Blamont
Vermondans
Écot
Villars-sous-Écot
Lougres
Dampierre-sur-le-Doubs
Étouvans
Berche
Beutal
Longevelle
Uzelle
Cuse-et-Adrisans
Gondenans-les-Moulins
Gondenans-Montby
Fontenelle-Montby
Romain
Viéthorey
Vergranne
Voillans
Branne
l'Hôpital-St-Lieffroy
Hyèvre-Paroisse
Hyèvre-Magny
Roche-lès-Clerval
Baume-les-Dames
Crosey-le-Grand
Crosey-le-Petit
Lomont-sur-Crête
Villers-St-Martin
Pont-les-Moulins
Cusance
Guillon-les-Bains
Montivernage
Vellevans
Servin
Lanans
Vaudrivillers
Ouvans
Courtetain-et-Salans
Landresse
Orsans
Vellerot-lès-Vercel
Villers-la-Combe
Germéfontaine
Villers-Chief
Bremondans
Passavant
Belmont
Épenouse
Pierrefontaine-les-Varans
Sancey-le-Long
Sancey-le-Grand
Belvoir
Rahon
Orve
Chazot
Randevillers
Vernois-lès-Belvoir
Vyt-lès-Belvoir
Valonne
Rosières-sur-Barbèche
Froidevaux
Valoreille
Fleurey
Provenchère
Surmont
Belleherbe
Vaucluse
Vauclusotte
Orgeans-Blanchefontaine
Cour-St-Maurice
Battenans-Varin
Charmoille
Mont-de-Vougney
Frambouhans
Bretonvillers
Rosureux
Vellevans
St-Julien-lès-Russey
Les Écorces
Charquemont
Maîche
Cernay-l'Église
Damprichard
Les Bréseux
Mancenans-Lizerne
Thiébouhans
Belfays
Urtière
Ferrières-le-Lac
Fessevillers
Trévillers
Montandon
Les Plains-et-Grands-Essarts
Vautenaivre
Goumois
Les Pommerats
Muriaux
Charmauvillers
Noirmont
Les Breuleux
Le Peuchapatte
Les Emibois
Saignelégier
Montjoie-le-Château
Rocourt
Réclère
Damvant
Grandfontaine
Roche-d'Or
Fahy
Croix
Courtedoux
Chevenez
Bure
Villars-le-Sec
Courtemaîche
St-Dizier-l'Évêque
Montbouton
Lebetain
Florimont
Fêche-l'Église
Milandre
Boncourt
Sentheim
Villersexel
Villargent
Georfans
Mélecey
Grammont
Fallon
Abbenans
Cubry
Villers-la-Ville
Sénargent-Mignafans
Villafans
Longevelle
Aillevans
Oricourt
Gouhenans
Athesans-Étroitefontaine
Granges-le-Bourg
Granges-la-Ville
Saulnot
Villers-sur-Saulnot
Secenans
Crevans-et-la-Chapelle-lès-Granges
Vellechevreux-et-Courbenans
Beveuge
St-Sulpice
St-Ferjeux
Moimay
Mignavillers
Le Val-de-Gouhenans
Moffans-et-Vacheresse
Frotey-lès-Lure
Lyoffans
Andornay
Magny-Jobert
Palante
Magny-Vernois
Vouhenans
Vy-lès-Lure
Les Aynans
Arpenans
la Vergenne
Courchaton
Marvelise
Gémonval
Adelans-et-le-Val-de-Bithaine
Quers
Dambenoit-lès-Colombe
Bouhans-lès-Lure
Velotte
Esprels
Les Magny
Ougnon
Villers-Pater
Montby
Le Doubs
A36
N19
N83
E54
E60
N463
N99
Montagnes du Lomont

MULHOUSE
BASEL (Bâle)
Lörrach
Weil am Rhein
Altkirch
Delémont
Solothurn
Grenchen
Thann
Cernay
Wittelsheim
Brunstatt
Müllheim
Neuenburg
Ottmarsheim
Kingersheim
Illzach
Pfastatt
Lutterbach
Rixheim
Riedisheim
Habsheim
Zimmersheim
Eschentzwiller
Didenheim
Hochstatt
Flaxlanden
Bruebach
Zillisheim
Illfurth
Steinbrunn-le-Haut
Landser
Dietwiller
Sierentz
Kembs
Rosenau
Village-Neuf
Huningue
Saint-Louis
Hésingue
Blotzheim
Hegenheim
Allschwil
Binningen
Riehen
Birsfelden
Muttenz
Münchenstein
Arlesheim
Dornach
Aesch
Reinach
Therwil
Oberwil
Leymen
Flüh
Mariastein
Ettingen
Hofstetten
Metzerlen
Laufen
Breitenbach
Zwingen
Grellingen
Duggingen
Röschenz
Kleinlützel
Soyhières
Courroux
Courrendlin
Moutier
Roches
Choindez
Crémines
Gänsbrunnen
Welschenrohr
Balm-bei-Gunsa
Selzach
Bettlach
Hirsingue
Waldighofen
Ferrette
Feldbach
Bisel
Seppois-le-Bas
Dannemarie
Ballersdorf
Carspach
Aspach
Hagenbach
Burnhaupt-le-Haut
Burnhaupt-le-Bas
Aspach-le-Bas
Aspach-le-Haut
Reiningue
Heimsbrunn
Morschwiller-le-Bas
Réchésy
Pfetterhouse
Courtelevant
Porrentruy
Courgenay
Alle
Miécourt
Charmoille
Pleujouse
Lucelle
Asuel
Bourrignon
Mettembert
Develier
Rossemaison
Courtételle
Courfaivre
Bassecourt
Glovelier
St-Ursanne
Montmelon
Saignelégier
Tavannes
Reconvilier
Malleray
Bévilard
Court
Sorvilier
Tramelan
Sonceboz
Péry
Lengnau
Zuchwil
Biberist
Derendingen
Luterbach
Subingen
Wangen
Langendorf
Oberdorf
Rüttenen
Riedholz
Günsberg
Hubersdorf
Flumenthal
Attiswil
Farnern
Rumisberg
Wolfisberg
Schelten
Mervelier
Montsevelier
Vermes
Envelier
Seehof
Corban
Courchapoix
Vicques
Recolaine
Rebeuvelier
Vellerat
Châtillon
Erschwil
Beinwil
Meltingen
Zullwil
Nunningen
Büsserach
Fehren
Grindel
Bärschwil
Wahlen
Liesberg
Movelier
Pleigne
Ederswiler
Roggenburg
Winkel
Oberlarg
Levoncourt
Courtavon
Liebsdorf
Durlinsdorf
Bendorf
Ligsdorf
Koestlach
Moernach
Oltingue
Sondersdorf
Raedersdorf
Lutter
Wolschwiller
Biederthal
Rodersdorf
Bouxwiller
Fislis
Linsdorf
Werentzhouse
Durmenach
Roppentzwiller
Muespach
Muespach-le-Haut
Knoeringue
Steinsoultz
Oberdorf
Grentzingen
Henflingen
Willer
Bettendorf
Berentzwiller
Jettingen
Hundsbach
Franken
Hausgauen
Schwoben
Wittersdorf
Tagsdorf
Emlingen
Heiwiller
Wahlbach
Zaessingue
Helfrantzkirch
Michelbach-le-Bas
Michelbach-le-Haut
Ranspach-le-Bas
Ranspach-le-Haut
Attenschwiller
Folgensbourg
Hagenthal-le-Bas
Hagenthal-le-Haut
Buschwiller
Wentzwiller
Neuwiller
Schönenbuch
Kappelen
Brinckheim
Stetten
Magstatt-le-Bas
Magstatt-le-Haut
Bartenheim
Uffheim
Koetzingue
Waltenheim
Geispitzen
Schlierbach
Rantzwiller
Luemschwiller
Tagolsheim
Walheim
Spechbach-le-Bas
Spechbach-le-Haut
Heidwiller
Eglingen
St-Bernard
Gildwiller
Falkwiller
Balschwiller
Ueberkumen
Buethwiller
Gommersdorf
Wolfersdorf
Elbach
Retzwiller
Traubach-le-Bas
Traubach-le-Haut
Bréchaumont
Guevenatten
Sternenberg
Bretten
Diefmatten
Hecken
Galfingue
Bernwiller
Ammerzwiller
Froeningen
Guewenheim
Michelbach
Leimbach
Rammersmatt
Roderen
Willer-sur-Thur
Bitschwiller-lès-Thann
Steinbach
Uffholtz
Vieux-Thann
Wattwiller
Staffelfelden
Richwiller
Baldersheim
Battenheim
Ruelisheim
Wittenheim
Sausheim
Bantzenheim
Chalampé
Niederweiler
Badenweiler
Vögisheim
Auggen
Lipburg
Feldberg
Obereggenen
Niedereggenen
Schliengen
Mauchen
Bad Bellingen
Hertingen
Liel
Feuerbach
Sitzenkirch
Kandern
Riedlingen
Tannenkirch
Hammerstein
Holzen
Welmlingen
Mappach
Wintersweiler
Egringen
Wollbach
Fischingen
Schallbach
Rümmingen
Eimeldingen
Märkt
Binzen
Haltingen
Ötlingen
Tüllingen
Tumringen
Haagen
Hauingen
Efringen-Kirchen
Istein
Huttingen
Kleinkems
Blansingen
Rheinweiler
Bamlach
Niffer
Petit-Landau
Homburg
Steinenstadt
Hardt Nord
SUNDGAU
LE RHIN
Ajoie
Blauen
Hohe Winde
Weissenstein
Hasenmatt
Graitery
le Moron
Montagnes
Röti
Raimeux
Plagne
Vauffelin
Romont
Corgémont
Cortébert
Mont-Tramelan
Sombeval
Tramelan
La Chaux-des-Breuleux
Les Reussilles
Les Genevez
Lajoux
Fornet-Dessus
Fornet-Dessous
Saulcy
Rebévelier
Undervelier
Soulce
Sornetan
Souboz
Monible
Châtelat
Champoz
Loveresse
Saicourt
Saules
Bellelay
Le Fuet
Les Enfers
Montfaucon
Montfavergier
St-Brais
Epauvillers
Epiquerez
Ocourt
Seleute
Montenol
Bressaucourt
Courtemautruy
Fontenais
Villars
Fregiécourt
Cornol
les Rangiers
Montavon
Séprais
Boécourt
Berlincourt
Bure
Coeuve
Courchavon
Vendlincourt
Damphreux
Lugnez
Bonfol
Beurnevésin
Montignez
Buix
Courcelles
Florimont
Cluse de la Sorne
Gorges du Pichoux
Le Pichoux
les Ecorcheresses
Hautes Roches
Cluse des Roches
Gorges de Moutier
Perrefitte
Eschert
Grandval
Corcelles
Cluse de Court
Gorges de Court
Pierre Pertuis
Mulhouse
Bâle-Mulhouse
Goetheanum
Angenstein
Chât. de Thierstein
Chât. de Morimont
Chât. du Landskron
Chap. de Vorbourg
la Chaive
le Glaserberg
Räschberg
Ferme de Löwenburg
Les Champés
Vestiges Antiques
Anc. Monastère
Anc. Abb. de Bellelay
St-Morand
Burnkirch
Mon. Comm.
Parc Zoologique et Botanique
Temple St-Étienne
Abb. d'Oelenberg
Collégiale St-Thiébaut
Hydro-Électrique d'Ottmarsheim
Hydro-Électrique de Kembs
Rés. Nat. de la Petite Camargue Alsacienne
N.-D. du Chêne
Hôtel de Ville
Zoo
Tinguely
Remparts
Usine
A35
A36
A5
A3
A2
A16
A18
N6
N18
N30
E25
E35
E54
E27

Pointe de l'Herbaudière
Anc. Abb. de la Blanche
Pointe des Charniers
l'Herbaudière
la Madeleine
le Grand Vieil
73
Phare des Dames
Plage de Luzéronde
Bois de la Chaise
Noirmoutier-en-l'Île
Aquarium
Crypte
Réserve Naturelle des Marais de Mullembourg
la Bosse
l'Épine
la Guérinière
le Fier
Île de Noirmoutier
Barbâtre
les Onchères
la Frandière
la Fosse
Passage du Gois (Praticable à marée basse)
Fromentine
la Barre-de-Monts
la Graffinière
Notre-Dame-de-Monts
les Vignes
St-Jean-de-Monts
Atlantis
Orouet
la Pège
St-Hilaire-de-Riez
Sion sur l'Océan
Corniche Vendéenne
St-Gilles-Croix-de-Vie
Givrand
la Sauzaie
la Parée
le Marais Girard
Brem-sur-Mer
Parc de Loisirs
St-Nicolas de Brem
les Granges
Menhir la Conche Verte
l'Île-d'Olonne
Olonne-sur-Mer
la Girvière
la Chaume
Fort St-Nicolas
Phare de l'Armandèche
les Sables-d'Olonne
Zoo
la Pironnière
Puits d'Enfer
Baie de
Pointe du But
Dolmens
l'Île-d'Yeu (Port Joinville)
Île d'Yeu
le Grand Phare
Chât.
St-Sauveur
Pointe du Châtelet
Port de la Meule
la Croix
Phare des Corbeaux
Pointe de la Tranche
Côte Sauvage
Bourgneuf-en-Retz
Port du Collet
les Rivières aux Guérins
74
Fresnay-en-Retz
la Haute Folie
la Glénerie
la Joussemière
la Gouvère
St-Cyr-en-Retz
Machecoul
Chât. de Gilles de Retz
les Brochets
Port des Champs
Bouin
la Neuve
la Frette
Chélevé
le Falleron
la Vacheresse
les Bochettes
le Frêne
le Marais Salé
Bois-de-Céné
M A R A I S
l'Epoids
Beauvoir-sur-Mer
la Chauvinerie
Abb.
l'Île Chauvet
Châteauneuf
la Croix Rouge
le Grand Pont
la Chapelle
le Petit Moulin
la Loge
St-Gervais
la Pierre Blanche
Base de Loisirs
la Garnache
Chât.
Belle-Fontaine
les Morandières
St-Urbain
les Quatre Moulins
la Croix Joslain
le Mollin
Mln à Vent de Rairé
Sallertaine
Pont Habert
Challans
le Pré Cheminée
la Grande Croix
B R E T O N
le Vieux Cerne
la Vairée
la Botte
la Lande
le Perrier
Chât. de la Vérie
le Bois Notaire
Soullans
les Mattes
la Bloire
Garanger
le Ligneron
Chât. Fort
Commequiers
Villevert
Villeneuve
N.-D.-de-Riez
Beaulieu
Dolmen de la Pierre Folle
le Vigneau
le Pas Opton
St-Maixent-sur-Vie
le Fenouiller
la Ganacherie
St-Révérend
l'Aiguillon-sur-Vie
Chât. de Beaumarchais
Lac du Jaunay
la Chaize-Giraud
Landevieille
Bretignolles-sur-Mer
la Fremière
la Salaire
la Burelière
Champclou
la Baudière
F. Dom. d'Olonne
A
B
C
D
1
2
3
4
5
6

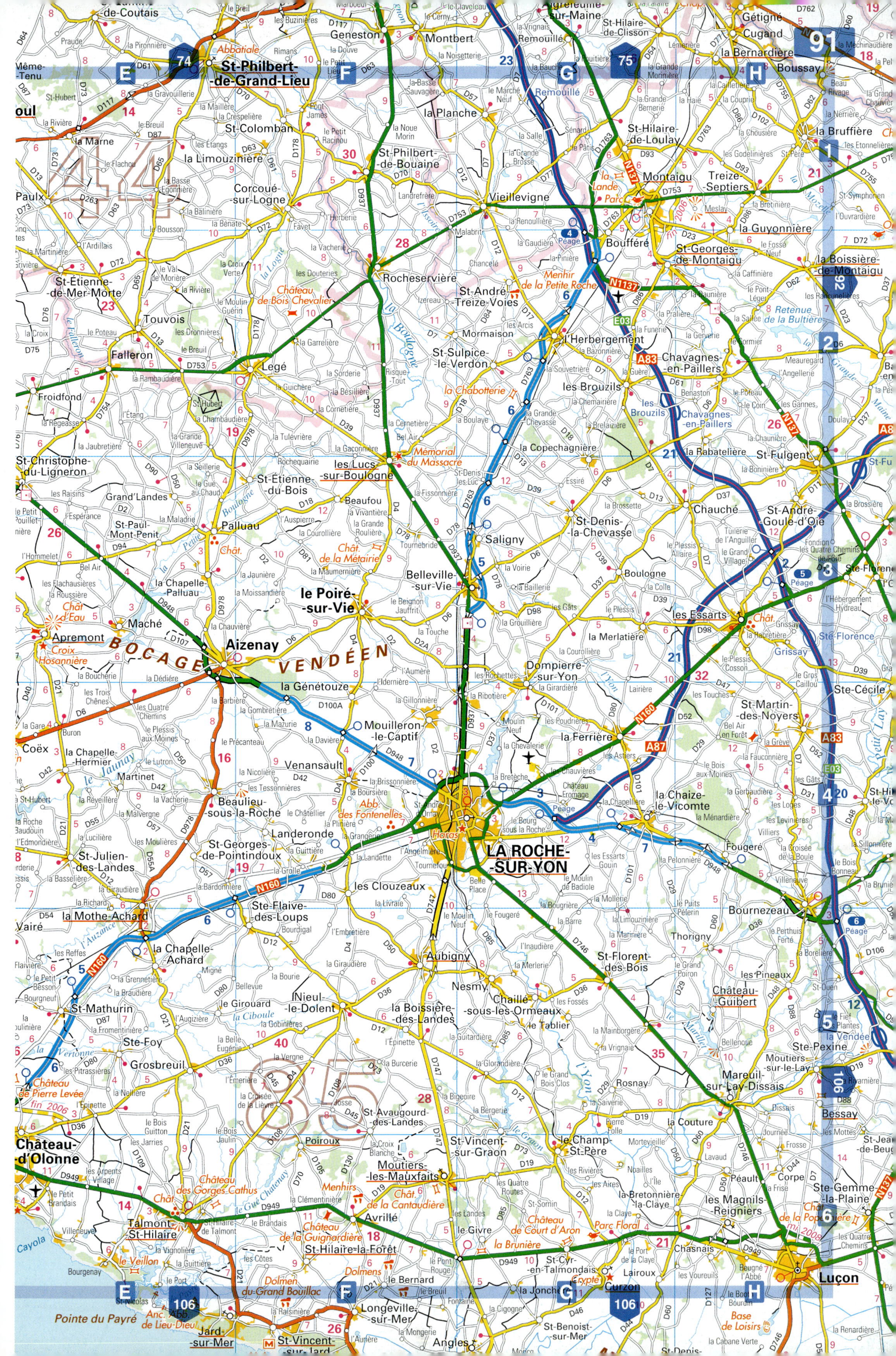

19
91
74
75
92
106
E
F
G
H
St-Philbert-de-Grand-Lieu
Abbatiale
Geneston
Montbert
Remouillé
St-Hilaire-de-Clisson
Gétigné
Cugand
la Bernardière
Boussay
la Bruffière
St-Colomban
la Limouzinière
Corcoué-sur-Logne
St-Philbert-de-Bouaine
la Planche
Vieillevigne
St-Hilaire-de-Loulay
Montaigu
Treize-Septiers
la Guyonnière
Boufféré
St-Georges-de-Montaigu
la Boissière-de-Montaigu
Rocheservière
St-André-Treize-Voies
Menhir de la Petite Roche
Château de Bois Chevalier
St-Étienne-de-Mer-Morte
Touvois
Falleron
Legé
Mormaison
St-Sulpice-le-Verdon
l'Herbergement
Chavagnes-en-Paillers
les Brouzils
Froidfond
St-Christophe-du-Ligneron
les Lucs-sur-Boulogne
Mémorial du Massacre
St-Étienne-du-Bois
St-Fulgent
Chauché
St-André-Goule-d'Oie
Grand'Landes
Palluau
St-Paul-Mont-Penit
St-Denis-la-Chevasse
Saligny
Belleville-sur-Vie
Boulogne
le Poiré-sur-Vie
la Chapelle-Palluau
les Essarts
Apremont
Maché
Aizenay
BOCAGE VENDÉEN
la Génétouze
Dompierre-sur-Yon
Mouilleron-le-Captif
la Ferrière
St-Martin-des-Noyers
Ste-Cécile
Coëx
la Chapelle-Hermier
Venansault
Martinet
Beaulieu-sous-la-Roche
la Chaize-le-Vicomte
Fougeré
Landeronde
St-Georges-de-Pointindoux
St-Julien-des-Landes
LA ROCHE-SUR-YON
les Clouzeaux
la Mothe-Achard
Ste-Flaive-des-Loups
Bournezeau
la Chapelle-Achard
Aubigny
Nesmy
Chaillé-sous-les-Ormeaux
St-Florent-des-Bois
Thorigny
Château-Guibert
St-Mathurin
Nieul-le-Dolent
la Boissière-des-Landes
le Tablier
Ste-Foy
Grosbreuil
Rosnay
Ste-Pexine
Mareuil-sur-Lay-Dissais
Moutiers-sur-le-Lay
Bessay
St-Avaugourd-des-Landes
Château de Pierre Levée
Château-d'Olonne
Poiroux
St-Vincent-sur-Graon
le Champ-St-Père
la Couture
Moutiers-les-Mauxfaits
Château des Gorges-Cathus
Menhirs
Château de la Cantaudière
Péault
Ste-Gemme-la-Plaine
Talmont-St-Hilaire
Avrillé
la Bretonnière-la-Claye
les Magnils-Reigniers
Château de la Guignardière
St-Hilaire-la-Forêt
Château de Court d'Aron
Parc Floral
Chasnais
Luçon
Cayola
le Veillon
Dolmen du Grand Bouillac
Dolmens
St-Cyr-en-Talmondais
Curzon
Longeville-sur-Mer
Pointe du Payré
Anc. Abb. de Lieu-Dieu
Jard-sur-Mer
St-Vincent-sur-Jard
Angles
St-Benoist-sur-Mer
Base de Loisirs
N137
N160
A83
A87
E03
D948
D937
D763

92
75
76
18
49
LES MAUGES
A
B
C
D
Montrevault
le Pin-en-Mauges
St-Lézin
Chanzeaux
la Poitevinière
la Chapelle-Rousselin
Beaupréau
le Fief-Sauvin
Chemillé
Valanjou
Jallais
la Jubaudière
Gesté
la Chapelle-du-Genêt
Andrezé
Melay
Villedieu-la-Blouère
Bégrolles-en-Mauges
St-Georges-des-Gardes
la Salle-de-Vihiers
Tillières
St-Macaire-en-Mauges
le May-sur-Èvre
la Tourlandry
Vihiers
St-Germain-sur-Moine
Montfaucon-Montigné
St-André-de-la-Marche
Trémentines
Vezins
Coron
St-Crespin-sur-Moine
Roussay
St-Léger-sous-Cholet
CHOLET
Nuaillé
Chanteloup-les-Bois
la Romagne
la Séguinière
la Plaine
Torfou
St-Christophe-du-Bois
Mazières-en-Mauges
Toutlemonde
Somloire
Tiffauges
le Longeron
St-Aubin-des-Ormeaux
Mortagne-sur-Sèvre
la Tessoualle
Yzernay
Maulévrier
St-Pierre-des-Échaubrognes
Les Cerqueux
St-Martin-des-Tilleuls
les Landes-Genusson
la Verrie
St-Laurent-sur-Sèvre
Boissière-de-Montaigu
la Gaubretière
Nueil-les-Aubiers
Beaurepaire
Chambretaud
St-Malô-du-Bois
Treize-Vents
Mauléon
Bazoges-en-Paillers
les Épesses
les Herbiers
Mesnard-la-Barotière
St-Mars-la-Réorthe
St-Amand-sur-Sèvre
la Petite-Boissière
Combrand
le Pin
Bretignolles
Les Châtelliers-Châteaumur
St-Michel-Mont-Mercure
la Pommeraie-sur-Sèvre
Vendrennes
la Flocellière
Montravers
Cerizay
Cirières
St-Paul-en-Pareds
Ste-Florence
le Boupère
Pouzauges
St-Mesmin
Rochetrejoux
St-André-sur-Sèvre
Mouchamps
la Forêt-sur-Sèvre
Courlay
Ste-Cécile
St-Prouant
Monsireigne
St-Vincent-Sterlanges
la Meilleraie-Tillay
Montournais
St-Jouin-de-Milly
St-Germain-de-Prinçay
Réaumur
Menomblet
Moncoutant
Sigournais
Chavagnes-les-Redoux
St-Hilaire-le-Vouhis
Chantonnay
Tallud-Ste-Gemme
St-Germain-l'Aiguiller
St-Pierre-du-Chemin
Moutiers-sous-Chantemerle
la Chapelle-St-Étienne
Mouilleron-en-Pareds
Cheffois
la Tardière
Bazoges-en-Pareds
Breuil-Barret
St-Maurice-le-Girard
la Châtaigneraie
St-Paul-en-Gâtine
l'Absie
Antigny
la Caillère-St-Hilaire
Thouarsais-Bouildroux
la Réorthe
Loge-Fougereuse
107
91
COLLINES
VENDÉENNES
85
A87
N160
N249
N149
E62
A83
N137
Bge de Ribou
Lac de Verdon
Base de Loisirs
Château
Moulins
Mont des Alouettes
le Grand Parc
Château du Puy du Fou
Abbaye de la Grainetière
Tombe de Clémenceau
Prieuré de Chassay-Grammont
Retenue de Rochereau
Puy Crapaud
Forêt de Nuaillé
Monument de la Rochejaquelein
Parc Oriental
Chât. de la Coudraie-Noyer
Chât. de la Durbelière
Chât. de Tournelais
Dolmen
Réserve Ornithologique
Péage

93
Saumur
Doué-la-Fontaine
Montreuil-Bellay
Thouars
Parthenay
Argenton-Château
Loudun
Airvault
Moncontour
Montsoreau
Fontevraud-l'Abbaye
St-Germain-sur-Vienne
Candes-St-Martin
Varennes-sur-Loire
Turquant
Parnay
Souzay-Champigny
Villebernier
Distré
Varrains
Chacé
Artannes-sur-Thouet
St-Cyr-en-Bourg
St-Just-sur-Dive
Brézé
Le Coudray-Macouard
Montfort
Courchamps
Cizay-la-Madeleine
Brossay
Vaudelnay
Le Puy-N.-D.
Louresse-Rochemenier
Dénezé-sous-Doué
Rou-Marson
Meigné
les Ulmes
Forges
Martigné-Briand
Brigné
Faveraye-Mâchelles
Aubigné-sur-Layon
Tigné
La Fosse-de-Tigné
St-Georges-sur-Layon
Cernusson
Tancoigné
Concourson-sur-Layon
Trémont
les Verchers-sur-Layon
St-Macaire-du-Bois
Passavant-sur-Layon
Nueil-sur-Layon
Cléré-sur-Layon
Les Cerqueux-sous-Passavant
Genneton
Cersay
Bouillé-Loretz
St-Martin-de-Sanzay
Brion-près-Thouet
Argenton-l'Église
Bouillé-St-Paul
Ulcot
Massais
St-Cyr-la-Lande
Tourtenay
Pouançay
Berrie
Antoigné
St-Léger-de-Montbrillais
Les Trois-Moutiers
Bournand
Ternay
Curçay-sur-Dive
Ranton
Glénouze
St-Léger-de-Montbrun
St-Martin-de-Mâcon
Louzy
Ste-Verge
Ste-Radegonde
Mauzé-Thouarsais
St-Jacques-de-Thouars
St-Jean-de-Thouars
Le Breuil-sous-Argenton
Boësse
Sanzay
Moutiers-sous-Argenton
La Coudre
St-Aubin-du-Plain
La Chapelle-Gaudin
Coulonges-Thouarsais
Luché-Thouarsais
Ste-Gemme
Geay
Pierrefitte
St-Varent
Glénay
Luzay
Missé
Taizé
Oiron
Brie
St-Jouin-de-Marnes
St-Généroux
Irais
Availles-Thouarsais
Marnes
Pas-de-Jeu
St-Laon
Mouterre-Silly
Martaizé
Aulnay
St-Clair
St-Jean-de-Sauves
Mazeuil
Cuhon
Massognes
Faye-l'Abbesse
Boussais
Chiché
Boismé
Tessonnière
Louin
St-Loup-Lamairé
Maisontiers
Amailloux
Lageon
Gourgé
Aubigny
Pressigny
Thénezay
Chalandray
Ayron
Maillé
Vouzailles
Cherves
Doux
La Grimaudière
Assais-les-Jumeaux
Craon
Le Chillou
St-Germain-de-Longue-Chaume
Clessé
Fénery
Adilly
Viennay
Châtillon-sur-Thouet
La Peyratte
La Ferrière-en-Parthenay
Lhoumois
Oroux
Pougne-Hérisson
St-Aubin-le-Cloud
Le Tallud
Azay-sur-Thouet
La Chapelle-Bertrand
Neuvy-Bouin
Traves
Largeasse
Vernoux-en-Gâtine
Chapelle-St-Laurent
Parc Nat.
La Loire
Le Thouet
Le Layon
F. de Brignon
Camp Militaire de Fontevraud
Chât. de Tennessus
Chât. de Clisson
Rocher de la Vierge
Chât. de la Roche Faton
Chât. de Maurivet
Pont Roman
Tumulus Motte de Puy Taillé
Dolm.
Chât. de Retournay
Base de Loisirs
Cirque de Missé
Dolm. de Chantebrault
Butte de Moncoué
Pigeonnier Souterrain
Dolm. de la Pierre Levée
Rés. Nat. du Toarcien
Chât. du Pressoir
Chap. des Rosiers
Chât. des Dorides
Chât. de l'Ebaupinay
Chât. du Bois de Sanzay
l'Abbaye d'Asnières
Villages Troglodytiques
Moulin la Montagne
Grd Dolmen
N147
N149
E62
D938
D759
77
94
107
108
E
F
G
H
1
2
3
4
5
6
79

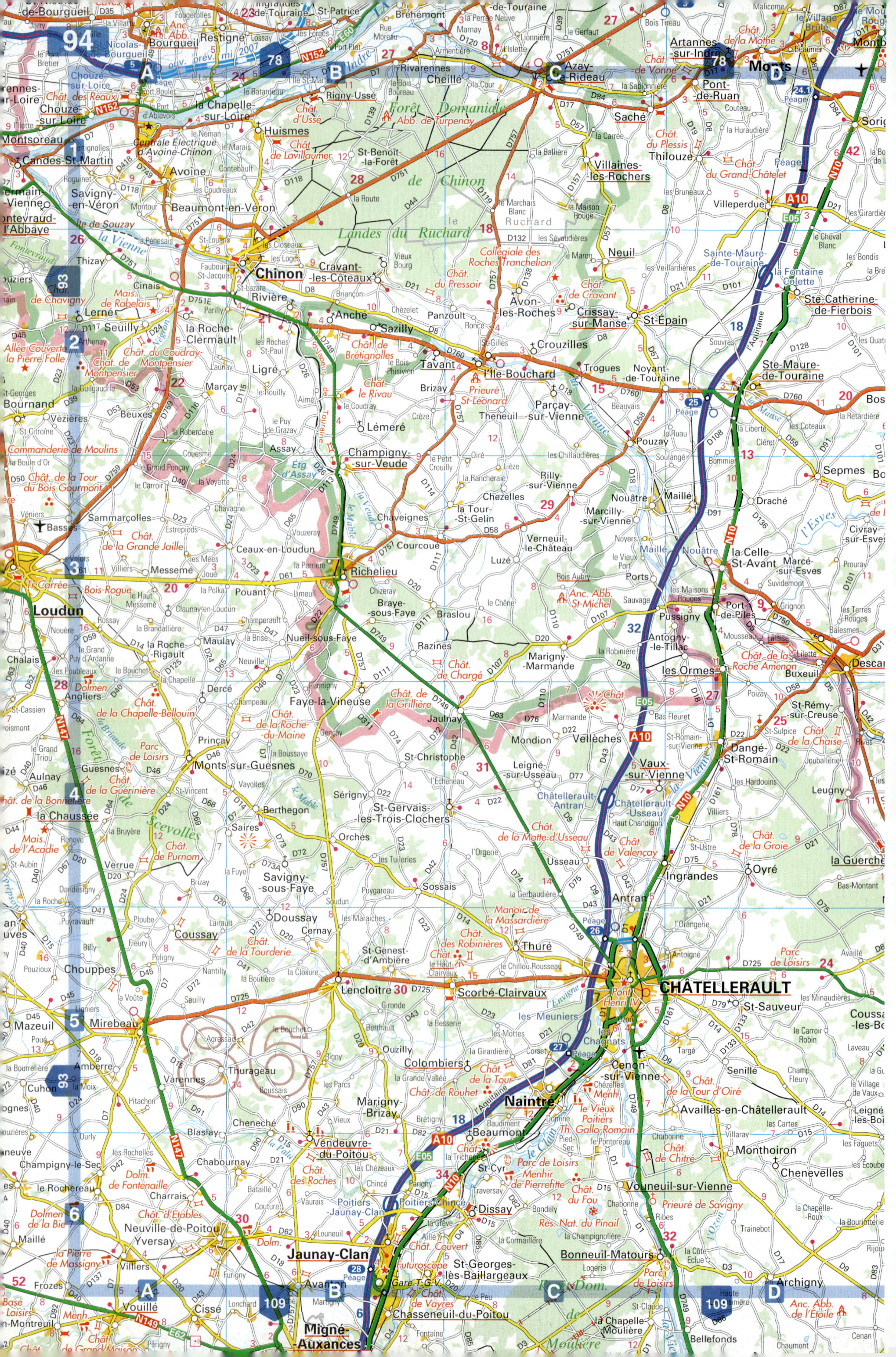

94
78
93
109
A
B
C
D
Bourgueil
Restigné
Chouzé-sur-Loire
Montsoreau
Candes-St-Martin
Savigny-en-Véron
Avoine
La Chapelle-sur-Loire
Huismes
Rigny-Ussé
Rivarennes
Cheillé
Azay-le-Rideau
Artannes-sur-Indre
Monts
Pont-de-Ruan
Saché
Thilouze
Villaines-les-Rochers
Villeperdue
Forêt Domaniale de Chinon
Landes du Ruchard
Beaumont-en-Véron
Fontevraud-l'Abbaye
Chinon
Cravant-les-Côteaux
Rivière
Anché
Sazilly
Tavant
L'Ile-Bouchard
Crouzilles
Avon-les-Roches
Crissay-sur-Manse
Neuil
St-Épain
Sainte-Maure-de-Touraine
Ste-Catherine-de-Fierbois
Ste-Maure-de-Touraine
Noyant-de-Touraine
Trogues
Parçay-sur-Vienne
Pouzay
Lerné
Seuilly
La Roche-Clermault
Ligré
Marçay
Lémeré
Champigny-sur-Veude
Rilly-sur-Vienne
Chezelles
La Tour-St-Gelin
Chaveignes
Courcoué
Marcilly-sur-Vienne
Nouâtre
Maillé
Sepmes
Drache
Verneuil-le-Château
Luzé
Richelieu
Braslou
Braye-sous-Faye
Loudun
Messemé
Pouant
Ceaux-en-Loudun
Sammarçolles
Bournand
Beuxes
La Roche-Rigault
Maulay
Nueil-sous-Faye
Razines
Marigny-Marmande
Antogny-le-Tillac
Pussigny
Port-de-Piles
Les Ormes
La Celle-St-Avant
Descartes
Buxeuil
Faye-la-Vineuse
Jaulnay
Dercé
Angliers
Prinçay
Monts-sur-Guesnes
Mondion
Vellèches
Dangé-St-Romain
St-Rémy-sur-Creuse
Vaux-sur-Vienne
Leigné-sur-Usseau
St-Christophe
Sérigny
St-Gervais-les-Trois-Clochers
Orches
Berthegon
Saires
Savigny-sous-Faye
Doussay
Coussay
Aulnay
Guesnes
La Chaussée
Usseau
Ingrandes
Oyré
Antran
Thuré
Sossais
St-Genest-d'Ambière
Lencloître
Scorbé-Clairvaux
CHÂTELLERAULT
St-Sauveur
Chouppes
Mirebeau
Thurageau
Ouzilly
Colombiers
Naintré
Cenon-sur-Vienne
Availles-en-Châtellerault
Senillé
Beaumont
Marigny-Brizay
Vendeuvre-du-Poitou
Cheneché
Blaslay
Chabournay
Varennes
Amberre
Champigny-le-Sec
Le Rochereau
Charrais
Neuville-de-Poitou
Yversay
Jaunay-Clan
Dissay
St-Cyr
Vouneuil-sur-Vienne
Monthoiron
Chenevelles
Bonneuil-Matours
Archigny
St-Georges-lès-Baillargeaux
Chasseneuil-du-Poitou
Migné-Auxances
Avanton
Cissé
Vouillé
Villiers
Maillé
Futuroscope
Bellefonds
La Chapelle-Moulière
A10
E05
N10
N147
N149
E62

95
96
109
110
E
F
G
H
1
2
3
4
5
6
Veigné
Esvres
Truyes
Cormery
Lanterne des Morts
Courçay
Cigogné
Sublaines
Luzillé
Épeigné-les-Bois
Céré-la-Ronde
Chât. de Montpoupon
Parc de Beauval
Mareuil-sur-Cher
St-Branchs
Reignac-sur-Indre
Manoir de la Follaine
Azay-sur-Indre
Chédigny
Tauxigny
St-Quentin-sur-Indrois
le Liège
Orbigny
Genillé
Chambourg-sur-Indre
St-Bauld
le Louroux
Etg du Louroux
Dolus-le-Sec
Chanceaux-près-Loches
Manthelan
Beaumont-Village
Chemillé-sur-Indrois
Base de Loisirs
Montrésor
Villeloin-Coulangé
Nouans-les-Fontaines
Ferrière-sur-Beaulieu
Chartreuse du Liget
St-Jean du Liget
Forêt Domaniale de Loches
Loches
Donjon
Beaulieu-lès-Loches
37
Chât. de Grillemont
Perrusson
Sennevières
Loché-sur-Indrois
Écueillé
la Chapelle-Blanche-St-Martin
Vou
Mouzay
St-Jean-St-Germain
Varennes
Ciran
Villedômain
Ligueil
Esves-le-Moutier
Verneuil-sur-Indre
St-Senoch
St-Hippolyte
Cussay
Bridoré
Fléré-la-Rivière
St-Cyran-du-Jambot
Préaux
Ferrière-Larçon
Paulmy
Betz-le-Château
Châtillon-sur-Indre
Tr de César
St-Médard (la Février)
Neuilly-le-Brignon
St-Flovier
Abilly
la Celle-Guenand
Chât. de l'Île-Savary
Palluau-sur-Indre
Clion
le Grand-Pressigny
le Petit-Pressigny
Charnizay
Obterre
Dolmen Palais de Gargantua
Cléré-du-Bois
Murs
St-Genou
Arpheuilles
36
Villiers
Parc Zoologique de la Haute-Touche
Forêt de Preuilly
Barrou
Chaumussay
Saulnay
Preuilly-sur-Claise
Azay-le-Ferron
Paulnay
Lésigny
Chambon
Boussay
Bossay-sur-Claise
Martizay
Mézières-en-Brenne
Chât. de la Vervolière
la Roche-Posay
Yzeures-sur-Creuse
St-Michel-en-Brenne
Vendœuvres
Rés. Nat. de Chérine
Etang de Bellebouche
Pleumartin
Néons-sur-Creuse
Tournon-St-Pierre
Tournon-St-Martin
Lureuil
Linge
Étg de la Gabrière
PARC NATUREL RÉGIONAL
Vicq-sur-Gartempe
Chât. de la Brosse
Chât. de Jutreau
Lurais
Etg de la Mer Rouge
Maison du Parc
Migné
Angles-sur-l'Anglin
St-Pierre-de-Maillé
Preuilly-la-Ville
Fontgombault
Pouligny-St-Pierre
Douadic
Rosnay
Sauzelles
le Blanc
Dolmen et Cromlech
la Puye

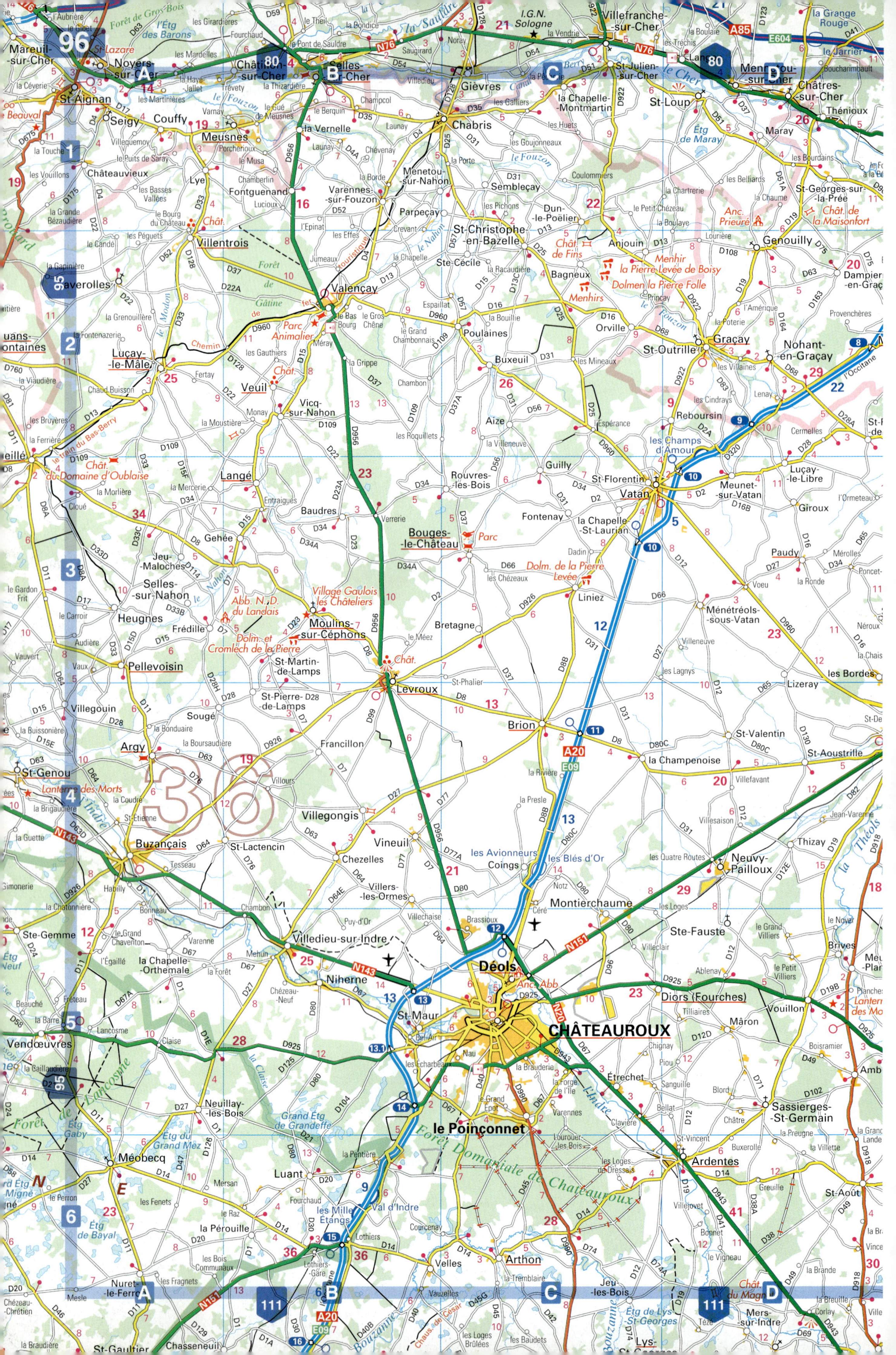

96
80
80
95
95
111
111
A
B
C
D
1
2
3
4
5
6
36
Mareuil-sur-Cher
Noyers-sur-Cher
St-Aignan
Seigy
Couffy
Meusnes
Châtillon-sur-Cher
Selles-sur-Cher
Gièvres
Villefranche-sur-Cher
St-Julien-sur-Cher
Mennetou-sur-Cher
Châtres-sur-Cher
Thénioux
St-Loup
Maray
La Chapelle-Montmartin
Chabris
I.G.N. Sologne
La Sauldre
le Cher
Forêt de Gros-Bois
l'Étg des Barons
Beauval
la Vernelle
Varennes-sur-Fouzon
Menetou-sur-Nahon
Sembleçay
Parpeçay
Dun-le-Poëlier
St-Christophe-en-Bazelle
Ste-Cécile
Anjouin
Genouilly
St-Georges-sur-la-Prée
Châtr. de la Maisonfort
Anc. Prieuré
Châteauvieux
Lye
Fontguenand
Villentrois
Valençay
Forêt de Gâtine
Parc Animalier
Poulaines
Bagneux
Menhir la Pierre Levée de Boisy
Dolmen la Pierre Folle
Menhirs
Orville
Graçay
St-Outrille
Nohant-en-Graçay
Dampierre-en-Graçay
Châvaroles
Luçay-le-Mâle
Veuil
Vicq-sur-Nahon
Buxeuil
Aize
Reboursin
les Champs d'Amour
Luçay-le-Libre
Meunet-sur-Vatan
Giroux
Guilly
St-Florentin
Vatan
Rouvres-les-Bois
Langé
Baudres
Bouges-le-Château
Parc
Fontenay
la Chapelle-St-Laurian
Dolm. de la Pierre Levée
Liniez
Ménétréols-sous-Vatan
Paudy
Gehée
Jeu-Maloches
Selles-sur-Nahon
Heugnes
Village Gaulois les Châteliers
Abb. N.D. du Landais
Moulins-sur-Céphons
Dolm. et Cromlech de la Pierre
Fredille
Bretagne
St-Martin-de-Lamps
Levroux
Châtr.
St-Pierre-de-Lamps
Pellevoisin
Villegouin
Sougé
Brion
Lizeray
les Bordes
St-Valentin
la Champenoise
St-Aoustrille
Argy
St-Genou
Lanterne des Morts
Francillon
Villegongis
Buzançais
St-Lactencin
Vineuil
Chezelles
Villers-les-Ormes
Coings
les Avionneurs
les Blés d'Or
Neuvy-Pailloux
Thizay
Montierchaume
Ste-Fauste
Brives
Ste-Gemme
la Chapelle-Orthemale
Villedieu-sur-Indre
Niherne
Déols
Anc. Abb.
CHÂTEAUROUX
Diors (Fourches)
Vouillon
Mâron
St-Maur
Vendœuvres
Neuillay-les-Bois
Étrechet
Sassierges-St-Germain
le Poinçonnet
Forêt Domaniale de Châteauroux
Ardentes
Méobecq
Luant
Grand Étg de Grandeffe
St-Août
Forêt de Lancosme
Étg de Bayal
la Pérouille
Val d'Indre
les Mille Étangs
Velles
Arthon
Jeu-les-Bois
Nuret-le-Ferron
Chasseneuil
St-Gaultier
Mers-sur-Indre
Étg de Lys-St-Georges
Châtr. du Magnet
Lys-St-Georges
A85
A20
A20 E09
N76
N143
N151
E604
l'Indre
la Claise
la Théols

97
81
E
F
G
H
VIERZON
Méry-sur-Cher
St-Hilaire-de-Court
Massay
Mereau
Brinay
Foëcy
Vignoux-sur-Barangeon
St-Laurent
Vouzeron
Forêt Domaniale de Vierzon
Forêt Domaniale de Vouzeron
Neuvy-sur-Barangeon
Allouis
Mehun-sur-Yèvre
Quincy
Lury-sur-Arnon
Cerbois
Chéry
Reuilly
Lazenay
Limeux
Preuilly
Ste-Thorette
Marmagne
Berry-Bouy
St-Doulchard
BOURGES
St-Germain-du-Puy
Moulins-sur-Yèvre
Osmoy
Nohant-en-Goût
Allogny
St-Martin-d'Auxigny
St-Éloy-de-Gy
Vasselay
Fussy
St-Palais
Quantilly
Menetou-Salon
Henrichemont
Achères
Parassy
Aubinges
les Aix-d'Angillon
Rians
Soulangis
St-Georges-sur-Moulon
Vignoux-sous-les-Aix
Pigny
St-Michel-de-Volangis
Ste-Solange
Brécy
la Chapelle-St-Ursin
Trouy
Morthomiers
Villeneuve-sur-Cher
St-Florent-sur-Cher
Plou
Poisieux
Migny
Diou
Ste-Lizaigne
Issoudun
Parc Aquatique
Chârost
St-Georges-sur-Arnon
Saugy
Civray
St-Caprais
Arçay
Lissay-Lochy
Plaimpied-Givaudins
St-Just
Soye-en-Septaine
Savigny-en-Septaine
Crosses
Vornay
Jussy-Champagne
Annoix
Senneçay
Vorly
Levet
St-Denis-de-Pâlin
St-Germain-des-Bois
Dun-sur-Auron
Ste-Lunaise
Lunery
Lapan
Corquoy (Effe)
Primelles
St-Ambroix
Chouday
Ségry
Mareuil-sur-Arnon
Serruelles
Châteauneuf-sur-Cher
Chavannes
Contres
Parnay
Uzay-le-Venon
Chezal-Benoît
St-Baudel
Villecelin
Montlouis
St-Symphorien
Venesmes
St-Loup-des-Chaumes
Crézançay-sur-Cher
Vallenay
Bruère-Allichamps
la Celle
Meillant
Arpheuilles
Bommiers
Pruniers
Ineuil
Lignières
St-Hilaire-en-Lignières
Touchay
Ids-St-Roch
Morlac
Farges-Allichamps
Nozières
Orval
St-Amand-Montrond
Colombiers
Drevant
Coust
St-Georges-de-Poisieux
Ainay-le-Vieil
St-Christophe-en-Boucherie
la Berthenoux
Verneuil-sur-Igneraie
Rezay
Arcomps
Loye-sur-Arnon
St-Pierre-les-Bois
Marçais
Orcenais
111
112
18

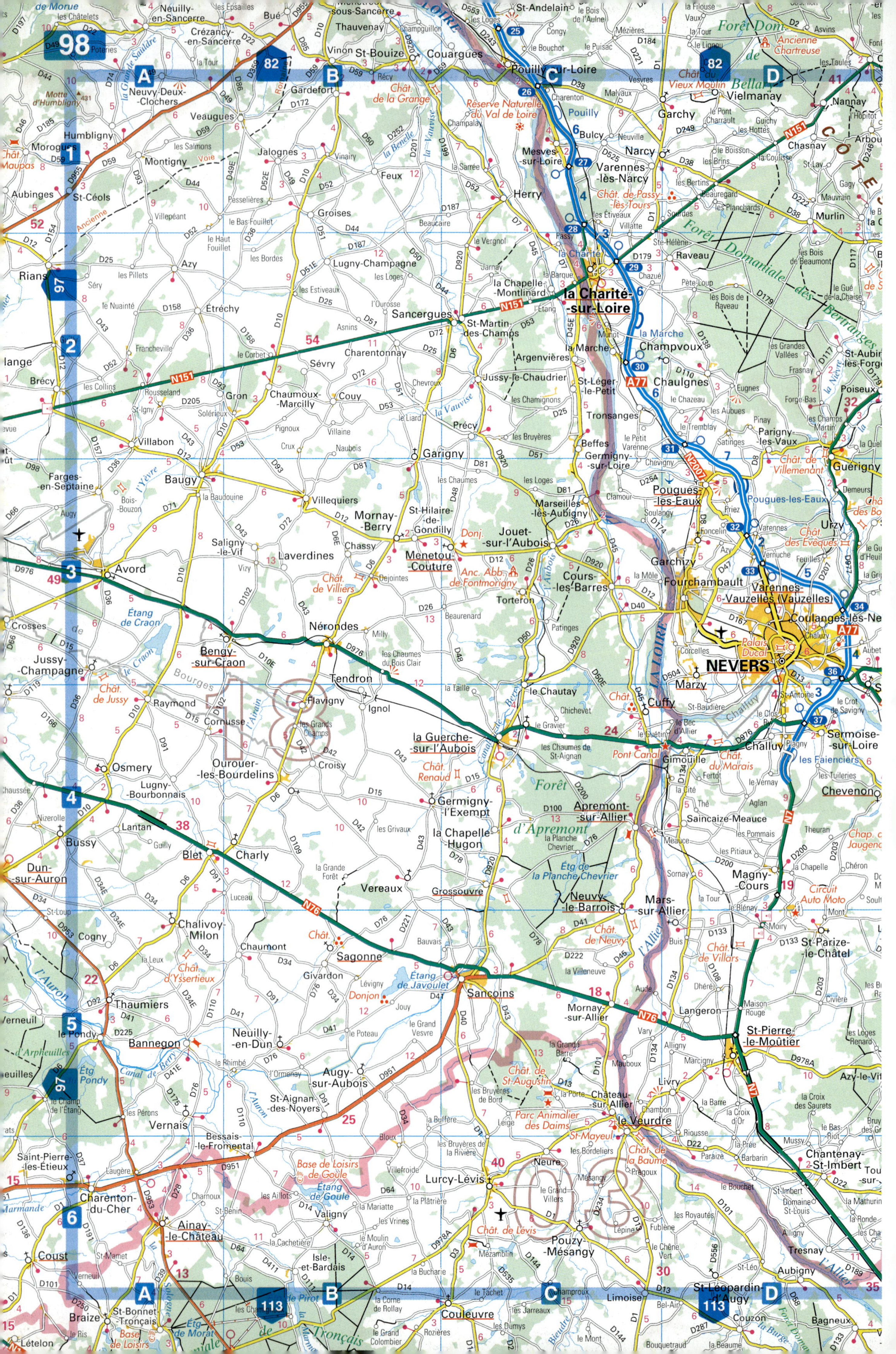

98
82
97
113
A
B
C
D
1
2
3
4
5
6
Neuilly-en-Sancerre
Crézancy-en-Sancerre
Thauvenay
St-Bouize
Couargues
Vinon
St-Andelain
Pouilly-sur-Loire
Neuvy-Deux-Clochers
Gardefort
Chât. de la Grange
Réserve Naturelle du Val de Loire
Humbligny
Morogues
Chât. Maupas
Veaugues
Jalognes
Montigny
Feux
Herry
Mesves-sur-Loire
Bulcy
Narcy
Varennes-lès-Narcy
Chât. de Passy-lès-Tours
Garchy
Vielmanay
Nannay
Chasnay
Forêt Dom.
Ancienne Chartreuse
Chât. du Vieux Moulin
Aubinges
St-Céols
Groises
Lugny-Champagne
Azy
Rians
Étréchy
Sancergues
St-Martin-des-Champs
la Chapelle-Montlinard
la Charité-sur-Loire
Raveau
Murlin
Forêt Domaniale des Bertranges
Champvoux
la Marche
Chaulgnes
Argenvières
Charentonnay
Sévry
Jussy-le-Chaudrier
St-Léger-le-Petit
Tronsanges
Brécy
Gron
Chaumoux-Marcilly
Couy
Précy
Garigny
Beffes
Germigny-sur-Loire
Parigny-les-Vaux
Chât. de Villemenant
Guérigny
Pougues-les-Eaux
Urzy
Villabon
Baugy
Farges-en-Septaine
Villequiers
Mornay-Berry
St-Hilaire-de-Gondilly
Jouet-sur-l'Aubois
Marseilles-lès-Aubigny
Garchizy
Fourchambault
Varennes-Vauzelles (Vauzelles)
Coulanges-lès-Nevers
Avord
Saligny-le-Vif
Laverdines
Chassy
Menetou-Couture
Anc. Abb. de Fontmorigny
Donj.
Cours-les-Barres
Torteron
Chât. de Villiers
Nérondes
Bengy-sur-Craon
Étang de Craon
Crosses
Jussy-Champagne
Chât. de Jussy
Raymond
Cornusse
Flavigny
Tendron
Ignol
le Chautay
Cuffy
Marzy
NEVERS
Palais Ducal
Sermoise-sur-Loire
la Guerche-sur-l'Aubois
Chât. Renaud
Pont Canal
Gimouille
Chât. du Marais
Challuy
Chevenon
Osmery
Ourouer-les-Bourdelins
Croisy
Lugny-Bourbonnais
Germigny-l'Exempt
la Chapelle-Hugon
Forêt d'Apremont
Apremont-sur-Allier
Saincaize-Meauce
Bussy
Lantan
Blet
Charly
Dun-sur-Auron
Vereaux
Grossouvre
Étg de la Planche Chevrier
Neuvy-le-Barrois
Mars-sur-Allier
Magny-Cours
Circuit Auto Moto
Chalivoy-Milon
Cogny
Chaumont
Chât.
Sagonne
Chât. de Neuvy
St-Parize-le-Châtel
Chât. de Villars
Chât. d'Ysssertieux
Givardon
Étang de Javoulet
Donjon
Sancoins
Thaumiers
Bannegon
Neuilly-en-Dun
Mornay-sur-Allier
Langeron
St-Pierre-le-Moûtier
le Pondy
Étg Pondy
Canal de Berry
Augy-sur-Aubois
Chât. de St-Augustin
Parc Animalier des Daims
Château-sur-Allier
le Veurdre
Livry
Azy-le-Vif
Vernais
St-Aignan-des-Noyers
Bessais-le-Fromental
Chât. de la Baume
Saint-Pierre-les-Étieux
Base de Loisirs de Goule
Étang de Goule
Lurcy-Lévis
Neure
Chantenay-St-Imbert
Charenton-du-Cher
Ainay-le-Château
Valigny
Chât. de Lévis
Pouzy-Mésangy
Coust
Isle-et-Bardais
Aubigny
Tresnay
Braize
St-Bonnet-Tronçais
Couleuvre
Limoise
St-Léopardin-d'Augy
Couzon
Bagneux
Lételon
Étg de Morat
Base de Loisirs
N151
N76
N7
A77
LA LOIRE
l'Allier
l'Auron
18
03

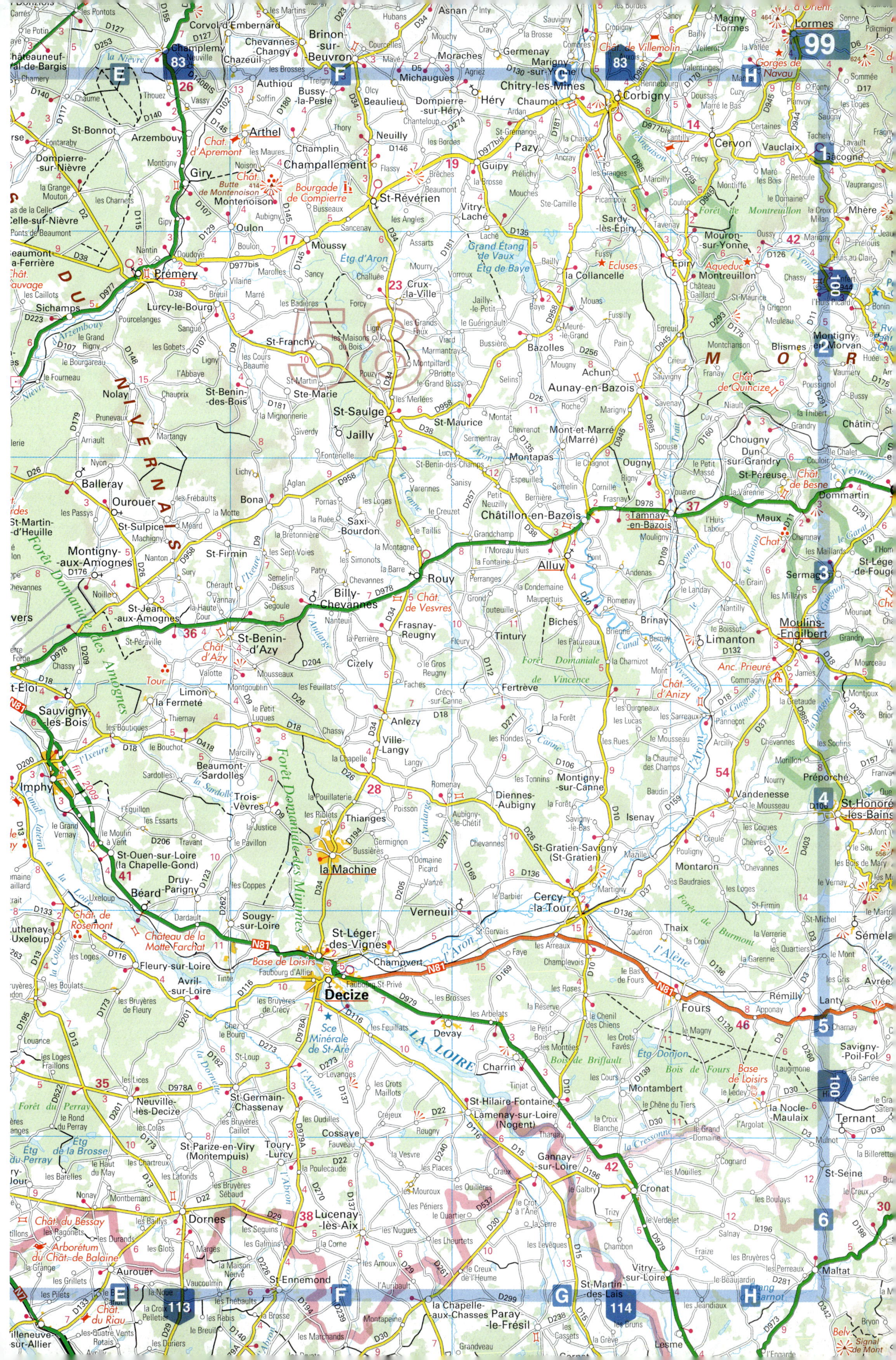

E
F
G
H
83
99
100
113
114
Lormes
Corvol-d'Embernard
Champlemy
Brinon-sur-Beuvron
Chevannes-Changy
Chazeuil
Asnan
Moraches
Michaugues
Germenay
Marigny-sur-Yonne
Chitry-les-Mines
Corbigny
Magny-Lormes
Châteauneuf-Val-de-Bargis
Authiou
Bussy-la-Pesle
Beaulieu
Dompierre-sur-Héry
Héry
Chaumot
St-Bonnot
Arzembouy
Arthel
Chât. d'Apremont
Champlin
Champallement
Neuilly
Pazy
Cervon
Vauclaix
Gâcogne
Dompierre-sur-Nièvre
Giry
Montenoison
Butte de Montenoison
Bourgade de Compierre
St-Révérien
Guipy
Vitry-Laché
Mhère
Oulon
Moussy
Etg d'Aron
Grand Étang de Vaux
Étg de Baye
Sardy-lès-Epiry
Epiry
Mouron-sur-Yonne
Montreuillon
Forêt de Montreuillon
Prémery
Lurcy-le-Bourg
Crux-la-Ville
La Collancelle
Écluses
Aqueduc
Sichamps
St-Franchy
Bazolles
Montigny-en-Morvan
Blismes
Nolay
Ste-Marie
St-Saulge
Jailly
St-Benin-des-Bois
Aunay-en-Bazois
Achun
Chât. de Quincize
St-Maurice
Mont-et-Marré (Marré)
Montapas
Ougny
Chougny
Dun-sur-Grandry
St-Péreuse
Chât. de Besne
Châtin
Dommartin
Balleray
Ourouër
St-Sulpice
Bona
Saxi-Bourdon
Châtillon-en-Bazois
Tamnay-en-Bazois
Maux
Montigny-aux-Amognes
St-Firmin
Rouy
Alluy
Sermages
St-Léger-de-Fougeret
Forêt Domaniale des Amognes
St-Jean-aux-Amognes
Billy-Chevannes
Chât. de Vesvres
Frasnay-Reugny
Tintury
Biches
Brinay
Limanton
Moulins-Engilbert
Nevers
St-Benin-d'Azy
Chât. d'Azy
Cizely
Forêt Domaniale de Vincence
Anc. Prieuré
Chât. d'Anizy
St-Éloi
Sauvigny-les-Bois
Limon
la Fermeté
Fertrève
Anlezy
Ville-Langy
Beaumont-Sardolles
Forêt Domaniale des Minimes
Imphy
Montigny-sur-Canne
Diennes-Aubigny
Trois-Vèvres
Thianges
Vandenesse
Préporché
St-Honoré-les-Bains
Isenay
St-Ouen-sur-Loire (la Chapelle-Gond)
la Machine
St-Gratien-Savigny (St-Gratien)
Montaron
Béard
Druy-Parigny
Verneuil
Cercy-la-Tour
Sougy-sur-Loire
St-Léger-des-Vignes
Thaix
Forêt de Burmont
Sémelay
Chât. de Rosemont
Château de la Motte Farchat
Luthenay-Uxeloup
Fleury-sur-Loire
Avril-sur-Loire
Base de Loisirs
Champvert
Decize
Fours
Rémilly
Lanty
Avrée
Devay
Sce Minérale de St-Aré
LA LOIRE
Charrin
Bois de Briffault
Montambert
Étg Donjon
Base de Loisirs
Savigny-Poil-Fol
Neuville-lès-Decize
St-Germain-Chassenay
St-Hilaire-Fontaine
Lamenay-sur-Loire (Nogent)
La Nocle-Maulaix
Ternant
Forêt du Perray
Étg de la Brosse
St-Parize-en-Viry (Montempuis)
Toury-Lurcy
Cossaye
Gannay-sur-Loire
Cronat
St-Seine
Chât. du Bessay
Arborétum du Chât. de Balaine
Dornes
Lucenay-lès-Aix
Aurouër
St-Ennemond
Vitry-sur-Loire
St-Martin-des-Lais
Maltat
la Chapelle-aux-Chasses
Paray-le-Frésil
Chât. du Riau
Villeneuve-sur-Allier
Lesme
Belv. Signal de Mont
58
NIVERNAIS
MORVAN

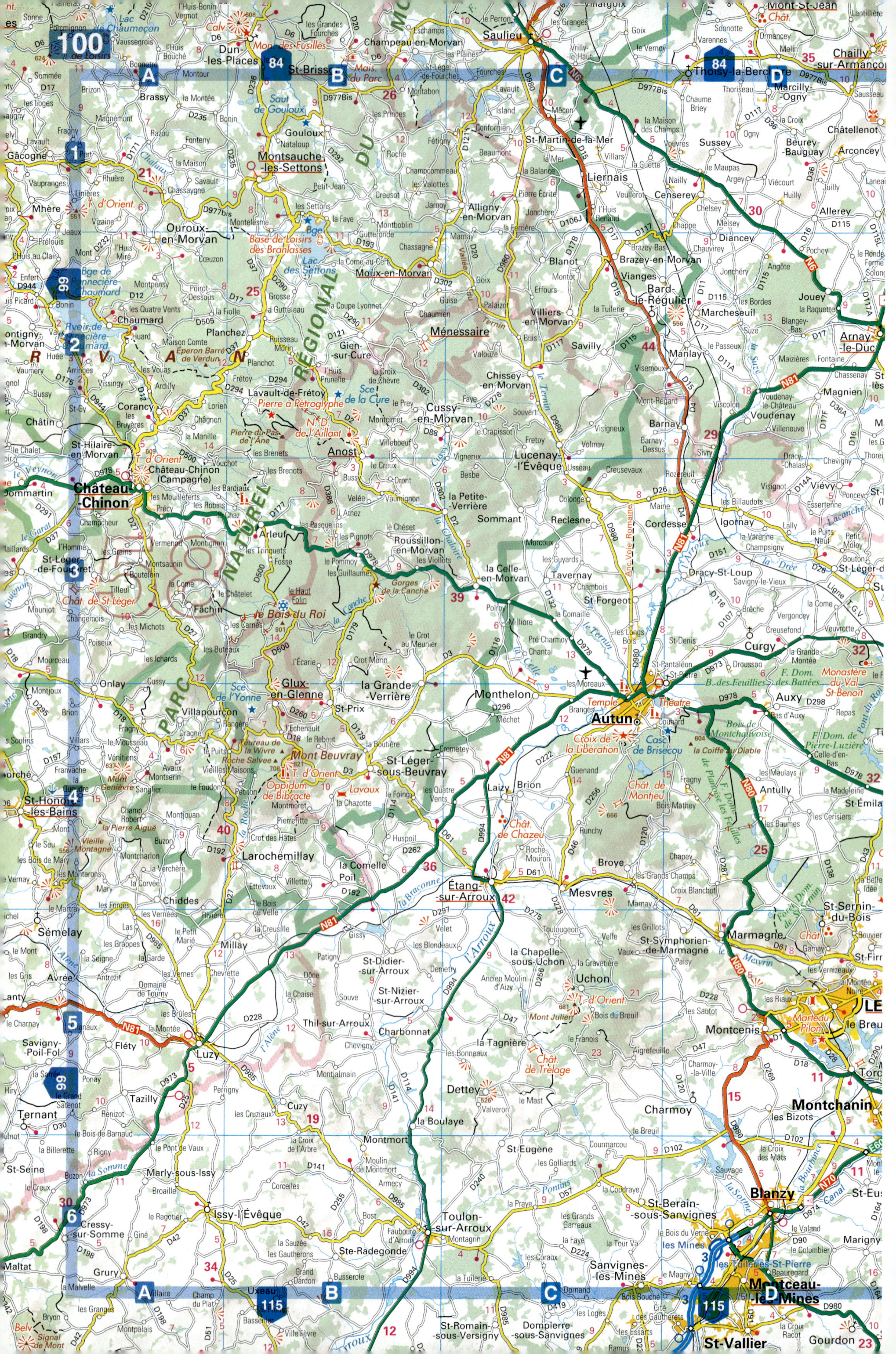

100
84
A
B
C
D
Saulieu
Dun-les-Places
St-Brisson
Champeau-en-Morvan
Thoisy-la-Berchère
Chailly-sur-Armançon
Montsauche-les-Settons
Gouloux
Saut de Gouloux
Liernais
St-Martin-de-la-Mer
Ouroux-en-Morvan
Alligny-en-Morvan
Base de Loisirs des Branlasses
Lac des Settons
Moux-en-Morvan
Brazey-en-Morvan
Bard-le-Régulier
Chaumard
Planchez
Ménessaire
Villiers-en-Morvan
Savilly
Manlay
Arnay-le-Duc
Gien-sur-Cure
Lavault-de-Frétoy
Pierre à Pétroglyphe
Chissey-en-Morvan
Cussy-en-Morvan
Anost
Corancy
Château-Chinon
Château-Chinon (Campagne)
St-Hilaire-en-Morvan
Lucenay-l'Évêque
Barnay
Voudenay
La Petite-Verrière
Sommant
Reclesne
Cordesse
Igornay
Arleuf
Roussillon-en-Morvan
La Celle-en-Morvan
Tavernay
St-Forgeot
Dracy-St-Loup
St-Léger-de-Fougeret
Fâchin
Le Bois du Roi
Curgy
PARC NATUREL RÉGIONAL DU MORVAN
Glux-en-Glenne
La Grande-Verrière
Monthelon
Autun
Onlay
Villapourçon
Mont Beuvray
St-Léger-sous-Beuvray
Croix de la Libération
Casc. de Brisecou
St-Honoré-les-Bains
Oppidum de Bibracte
Laizy
Brion
Antully
Larochemillay
Étang-sur-Arroux
Mesvres
Chiddes
Sémelay
Millay
La Chapelle-sous-Uchon
St-Symphorien-de-Marmagne
Marmagne
St-Sernin-du-Bois
St-Didier-sur-Arroux
St-Nizier-sur-Arroux
Uchon
Luzy
Thil-sur-Arroux
Charbonnat
Montcenis
Le Creusot
Dettey
Charmoy
Montchanin
Ternant
Cuzy
Montmort
St-Eugène
Marly-sous-Issy
Blanzy
Issy-l'Évêque
Toulon-sur-Arroux
St-Berain-sous-Sanvignes
Cressy-sur-Somme
Ste-Radegonde
Sanvignes-les-Mines
Grury
Montceau-les-Mines
115
Uxeau
St-Romain-sous-Versigny
Dompierre-sous-Sanvignes
St-Vallier
Gourdon

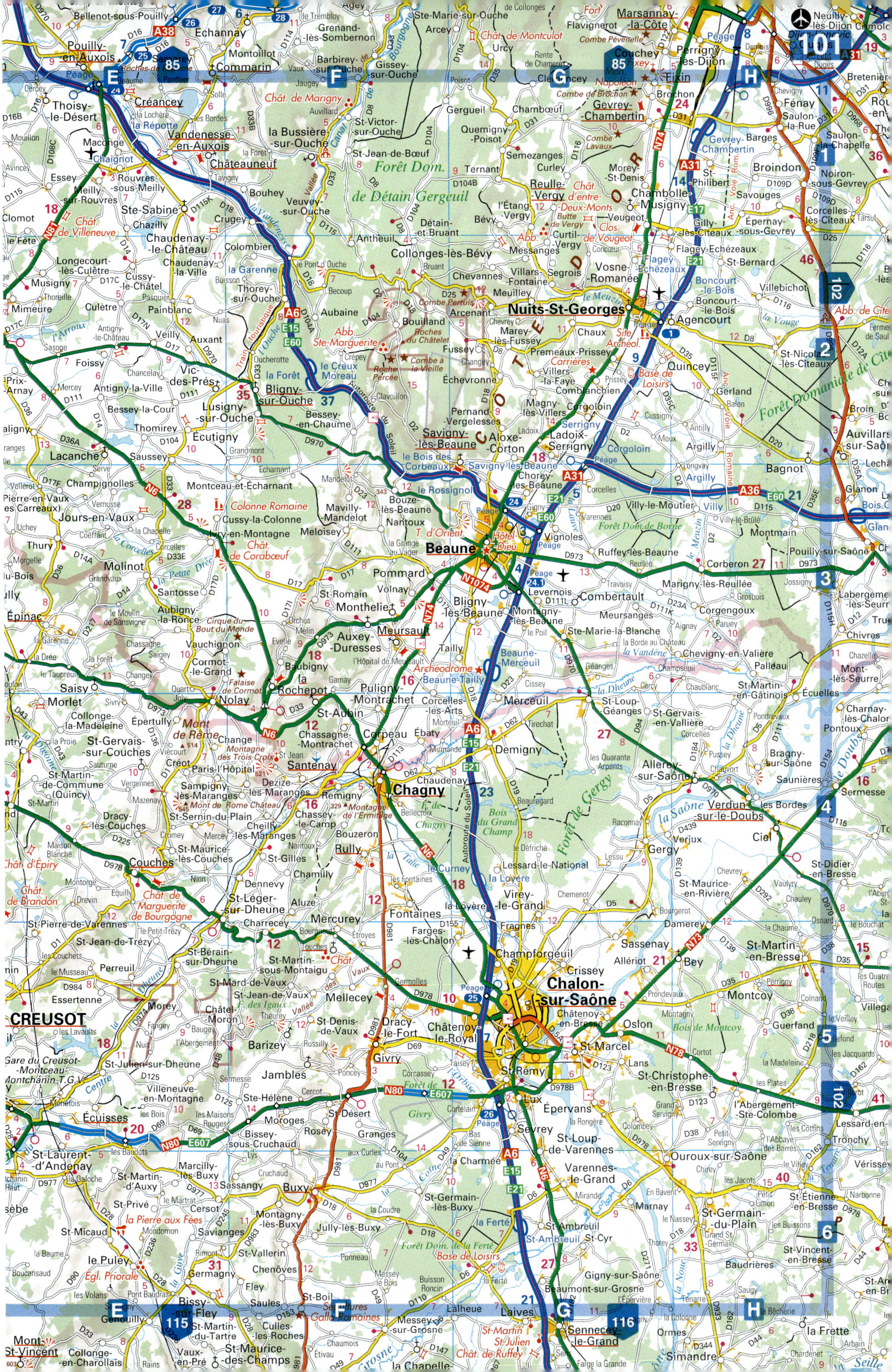

85
102
115
116
Dijon
Pouilly-en-Auxois
Échannay
Commarin
Créancey
Thoisy-le-Désert
Vandenesse-en-Auxois
Châteauneuf
La Bussière-sur-Ouche
Sombernon
Gissey-sur-Ouche
Marsannay-la-Côte
Perrigny-lès-Dijon
Couchey
Fixin
Brochon
Gevrey-Chambertin
Fénay
Saulon-la-Rue
Saulon-la-Chapelle
Forêt Dom. de Détain Gergeuil
Morey-St-Denis
Chambolle-Musigny
Vougeot
Reulle-Vergy
Broindon
Noiron-sous-Gevrey
Corcelles-lès-Cîteaux
Ste-Sabine
Chazilly
Chaudenay-le-Château
Collonges-lès-Bévy
Vosne-Romanée
Nuits-St-Georges
Agencourt
Boncourt-le-Bois
Villebichot
Bouilland
Quincey
Gerland
St-Nicolas-lès-Cîteaux
Forêt Domaniale de Cîteaux
Bligny-sur-Ouche
Lusigny-sur-Ouche
Savigny-lès-Beaune
Aloxe-Corton
Ladoix-Serrigny
Corgoloin
Argilly
Bagnot
Auvillars-sur-Saône
Lacanche
Champignolles
Cussy-la-Colonne
Beaune
Villy-le-Moutier
Montmain
Pouilly-sur-Saône
Jours-en-Vaux
Molinot
Ruffey-lès-Beaune
Corberon
Pommard
Volnay
Meursault
Combertault
Marigny-lès-Reullée
Labergement-lès-Seurre
Auxey-Duresses
Bligny-lès-Beaune
Chevigny-en-Valière
Mont-lès-Seurre
Nolay
La Rochepot
Puligny-Montrachet
Merceuil
St-Loup-Géanges
Écuelles
St-Aubin
Chassagne-Montrachet
Santenay
Corpeau
Chagny
Demigny
Allerey-sur-Saône
Verdun-sur-le-Doubs
Saunières
Sermesse
Remigny
Rully
Couches
Dennevy
St-Léger-sur-Dheune
Mercurey
Fontaines
Lessard-le-National
Virey-le-Grand
Gergy
Champforgeuil
Crissey
Chalon-sur-Saône
Châtenoy-le-Royal
St-Marcel
Oslon
St-Rémy
Lux
Givry
Dracy-le-Fort
Sassenay
Bey
St-Martin-en-Bresse
Montcoy
Creusot
Écuisses
St-Laurent-d'Andenay
Buxy
Sevrey
St-Loup-de-Varennes
Varennes-le-Grand
Épervans
St-Christophe-en-Bresse
Ouroux-sur-Saône
St-Germain-du-Plain
St-Ambreuil
Laives
Sennecey-le-Grand
Gigny-sur-Saône
Beaumont-sur-Grosne
Le Puley
Germagny
St-Vallerin
Mont-St-Vincent
St-Boil
Genouilly
St-Martin-du-Tartre

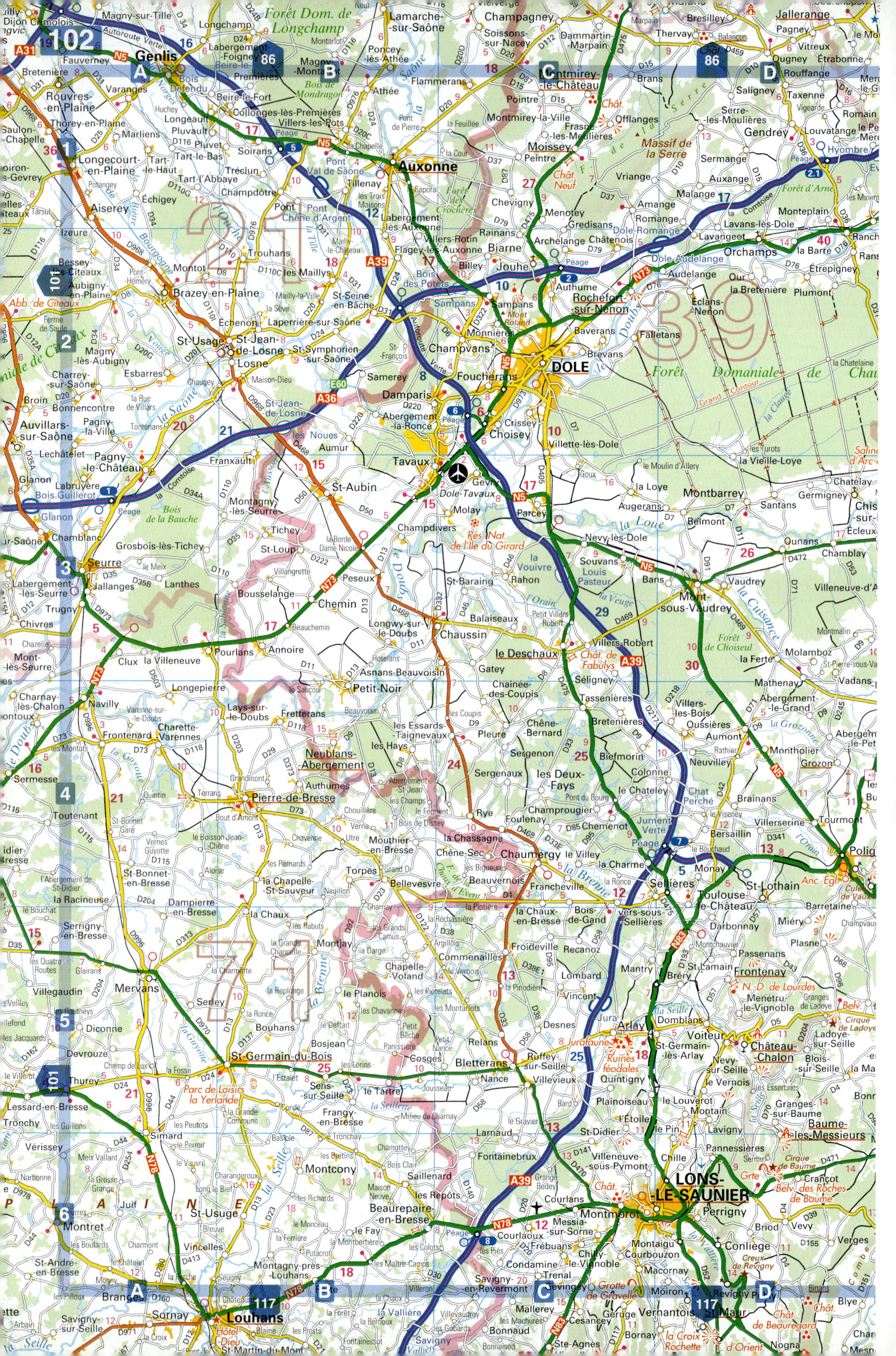
102
Genlis
Magny-sur-Tille
Longchamp
Forêt Dom. de Longchamp
Lamarche-sur-Saône
Champagney
Jallerange
Bretenière
Rouvres-en-Plaine
Varanges
Fauverney
Longecourt-en-Plaine
Auxonne
Montmirey-le-Château
Offlanges
Massif de la Serre
Moissey
Gendrey
Aiserey
Tillenay
Flammerans
Athée
Pointre
Chevigny
Menotey
Amange
Romange
Orchamps
Lavans-lès-Dole
Montplain
Brazey-en-Plaine
Bessey-lès-Cîteaux
Abb. de Cîteaux
Trouhans
Les Maillys
St-Seine-en-Bâche
Billey
Jouhe
Authume
Rochefort-sur-Nenon
Audelange
Éclans-Nenon
St-Usage
St-Jean-de-Losne
Losne
St-Symphorien-sur-Saône
Laperrière-sur-Saône
Échenon
Champvans
Monnières
Sampans
DOLE
Baverans
Brevans
Falletans
39
Forêt Domaniale de Chaux
Samerey
Foucherans
Damparis
Abergement-la-Ronce
Crissey
Choisey
Villette-lès-Dole
Esbarres
Charrey-sur-Saône
Bonnencontre
Auvillars-sur-Saône
Pagny-la-Ville
Pagny-le-Château
Lechâtelet
Glanon
Labruyère
Aumur
Tavaux
Dole-Tavaux
Gevry
Molay
Parcey
St-Aubin
Franxault
Montagny-lès-Seurre
Champdivers
Rés. Nat. de l'Île du Girard
La Vieille-Loye
Montbarrey
Santans
Germigney
Augerans
Belmont
Nevy-lès-Dole
Souvans
Louis Pasteur
Chamblanc
Seurre
Grosbois-lès-Tichey
Tichey
St-Loup
Jallanges
Lanthes
Peseux
Chemin
Rahon
St-Baraing
Bans
Mont-sous-Vaudrey
Vaudrey
Chamblay
Trugny
Chivres
Boussélange
Annoire
Longwy-sur-le-Doubs
Chaussin
Balaiseaux
Villers-Robert
Le Deschaux
Chât. de Fabulys
Pourlans
Clux
La Villeneuve
Mont-lès-Seurre
Asnans-Beauvoisin
Gatey
Séligney
Tassenières
La Ferté
Mathenay
Molamboz
Charnay-lès-Chalon
Navilly
Longepierre
Petit-Noir
Chainée-des-Coupis
Frontenard
Charette-Varennes
Lays-sur-le-Doubs
Fretterans
Les Essards-Taignevaux
Pleure
Chêne-Bernard
Bretenières
Villers-les-Bois
Oussières
Aumont
Sermesse
Neublans-Abergement
Les Hays
Sergenon
Biefmorin
Colonne
Neuvilley
Toutenant
Pierre-de-Bresse
Authumes
Sergenaux
Les Deux-Fays
Le Chateley
Brainans
Rye
Foulenay
Champrougier
Chemenot
Villerserine
Tourmont
Poligny
Mouthier-en-Bresse
La Chassagne
Chaumergy
Le Villey
La Charme
Sellières
Monay
St-Lothain
St-Bonnet-en-Bresse
La Chapelle-St-Sauveur
Torpes
Bellevesvre
Chêne-Sec
Beauvernois
Francheville
Toulouse-le-Château
Barretaine
La Racineuse
Dampierre-en-Bresse
La Chaux
La Chaux-en-Bresse
Bois-de-Gand
Vers-sous-Sellières
Darbonnay
Miéry
Serrigny-en-Bresse
Montjay
Froideville
Recanoz
Plasne
Passenans
Frontenay
Villegaudin
Mervans
Serley
Le Planois
Chapelle-Voland
Commenailles
Lombard
Mantry
Brery
N.-D. de Lourdes
Diconne
Bouhans
Desnes
Vincent
Domblans
Arlay
Voiteur
Château-Chalon
Devrouze
St-Germain-du-Bois
Bosjean
Relans
Bletterans
Ruffey-sur-Seille
St-Germain-lès-Arlay
Nevy-sur-Seille
Ladoye-sur-Seille
Thurey
Sens-sur-Seille
Le Tartre
Nance
Villevieux
Quintigny
Blois-sur-Seille
Lessard-en-Bresse
Parc de Loisirs la Yerlande
Frangy-en-Bresse
Plainoiseau
Le Louverot
Baume-les-Messieurs
Tronchy
Simard
Larnaud
St-Didier
L'Étoile
Lavigny
Vérissey
Montcony
Fontainebrux
Villeneuve-sous-Pymont
Pannessières
Saillenard
Les Repôts
Courlans
Montmorot
LONS-LE-SAUNIER
Perrigny
Crançot
Juif
St-Usuge
Beaurepaire-en-Bresse
Messia-sur-Sorne
Conliège
Vevy
Montret
Vincelles
Le Fay
Courlaoux
Chilly-le-Vignoble
Montaigu
Briod
St-André-en-Bresse
Montagny-près-Louhans
Condamine
Trenal
Courbouzon
Macornay
Savigny-en-Revermont
Branges
Sornay
Louhans
117
Gevingey
Grotte de Gravelle
Moiron
Vernantois
St-Maur
Revigny
Savigny-sur-Seille
St-Martin-du-Mont
La Vallière
Mallerey
Bonnaud
Cesancey
Gerugé
Bornay
Ste-Agnès
La Croix Rochette
Chât. de Beauregard
Blye
21
71
A
B
C
D
1
2
3
4
5
6

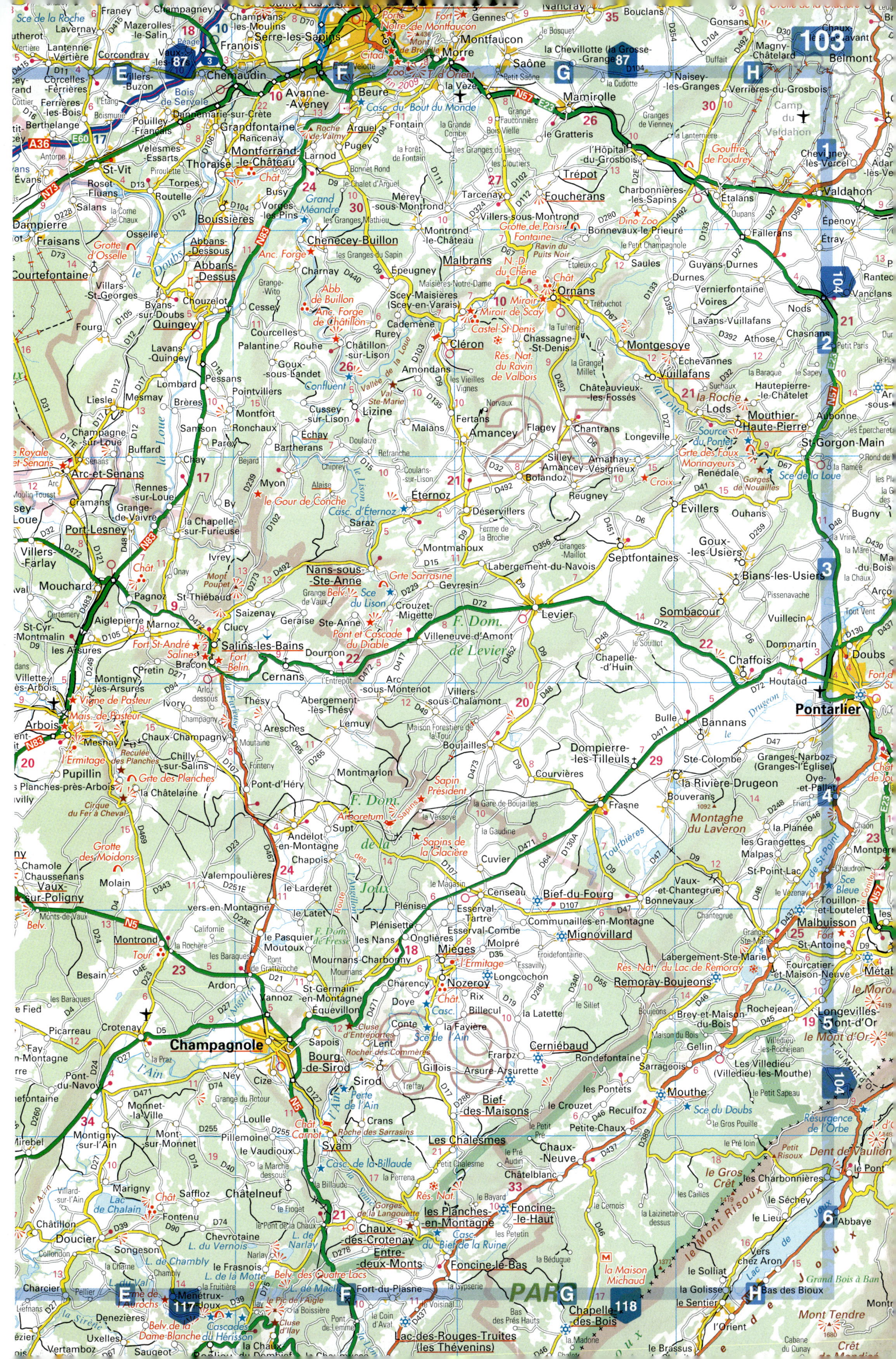

103
104
118
117
87
E
F
G
H
1
2
3
4
5
6
Vesoul
Montfaucon
Morre
Saône
Mamirolle
Chemaudin
Avanne-Aveney
Beure
Grandfontaine
Montferrand-le-Château
Thoraise
St-Vit
Boussières
Abbans-Dessus
Quingey
Chenecey-Buillon
Épeugney
Malbrans
Ornans
Cléron
Montgesoye
Vuillafans
Lods
Mouthier-Haute-Pierre
Valdahon
Étalans
Tarcenay
Foucherans
Trépot
Saules
Arc-et-Senans
Port-Lesney
Mouchard
Villers-Farlay
Lizine
Amancey
Éternoz
Nans-sous-Ste-Anne
Levier
Septfontaines
Sombacour
Chaffois
Pontarlier
Doubs
Salins-les-Bains
Cernans
Arbois
Pupillin
Mesnay
Montigny-lès-Arsures
Dompierre-les-Tilleuls
Frasne
La Rivière-Drugeon
Bannans
Bulle
Courvières
Boujailles
Mignovillard
Bief-du-Fourg
Vaux-et-Chantegrue
Malbuisson
Labergement-Ste-Marie
Remoray-Boujeons
Mieges
Nozeroy
Champagnole
Bourg-de-Sirod
Sirod
Syam
Andelot-en-Montagne
Vaux-sur-Poligny
Montrond
Cerniébaud
Bief-des-Maisons
Mouthe
Les Chalesmes
Chaux-Neuve
Foncine-le-Haut
Foncine-le-Bas
Les Planches-en-Montagne
Chaux-des-Crotenay
Entre-deux-Monts
Châtelneuf
Doucier
Ménétrux-en-Joux
Chapelle-des-Bois
Bellefontaine
Les Rousses
Longevilles-Mont-d'Or
Rochejean
Le Mont d'Or
Mont Tendre
Lac des Rousses
Lac-des-Rouges-Truites (les Thévenins)
F. Dom. de Levier
F. Dom. de la Joux

104
88
103
119
A
B
C
D
1
2
3
4
5
6
Bremondans
Villers-la-Combe
Germéfontaine
Pierrefontaine-les-Varans
Longevelle-lès-Russey
Bretonvillers
Rosureux
Frambouhans
Charquemont
le Noirmont
les Breuleux
le Peuchapatte
Belmont
Epenouse
Eysson
Domprel
Laval-le-Prieuré
Plaimbois-du-Miroir
St-Julien-lès-Russey
les Ecorces
les Fontenelles
Cerneux-Vensil
les Bois
Grandfontaine-sur-Creuse
Vercel-Villedieu-le-Camp
Adam-lès-Vercel
la Sommette
Plaimbois-Vennes
Consolation-Maisonnettes
Mont-de-Laval
Montbéliardot
le Luhier
le Russey
Bonnétage
Fournet-Blancheroche
Biaufond
Cerneux Godat
Chaux d'Abel
Sonvilier
la Ferrière
Renan
Longechaux
Loray
Guyans-Vennes
Vennes
N. D. de la Consolation
Cirque de Consolation
le Mémont
le Bizot
le Valanvron
Valdahon
Flangebouche
Avoudrey
Orchamps-Vennes
Fuans
la Bosse
le Barboux
Gorges du Doubs
Grand'Combe-des-Bois
Montagne de l'Envers
Passonfontaine
Fournets-Luisans
le Bélieu
la Chenalotte
Narbief
Mont Pouillerel
la Chaux-de-Fonds
les Convers
Mont d'Amin
Villiers
Dombresson
Noël-Cerneux
les Planchettes
les Eplatures
Vanclans
Longemaison
les Fins
Saut du Doubs
Roches de Moron
le Crêt du Locle
la Corbatière
Chézard-St-Martin
Cernier
Fontainemelon
Morteau
Villers-le-Lac
les Brenets
le Locle
la Sagne
Tête de Ran
les Hauts-Geneveys
Fontaines
Savagnier
Chaumont
Les Combes (la Motte)
Montlebon
le Prévoux
le Quartier
Sommet Martel
le Crêt
Engollon
Saules
Vilars
Fenin
Hauterive
Arc-sous-Cicon
Gilley
Grand'Combe-Châteleu
le Cerneux-Péquignot
Petit Martel
les Geneveys-sur-Coffrane
Boudevilliers
Valangin
Coffrane
la Coudre
la Chaux
Défilé d'entre Roches
la Chaux-du-Milieu
le Cachot
les Ponts-de-Martel
Plamboz
Montmollin
Corcelles
Peseux
Neuchâtel
Auvernier
Colombier
Areuse
Cortaillod
Bôle
Cormondrèche
Rochefort
la Tourne
les Grattes
Montbenoît
la Longeville
Ville-du-Pont
la Châtagne
Réserve Naturelle
les Gras
la Brévine
Bugny
Montflovin
Maisons-du-Bois-Lièvremont
Hauterive-la-Fresse
Crêt de Sapel
Crêt du Cervelet
Martel Dernier
Noiraigue
Brot-Plamboz
Brot-Dessous
Chambrelien
Boudry
Perreux
Bevaix
Montagne de Boudry
Pointe du Grain
Champ-du-Moulin
Arçon
les Alliés
Mont Brenin
Travers
Val de Travers
Creux du Van
la Chaille
Portalban
Chabrey
Delley
les Friques
les Cornées
le Grand Taureau
les Bayards
le Petit Cemet
St-Sulpice
Couvet
Boveresse
Môtiers
Montalchez
Gorgier
Gletterens
St-Aubin
Doubs
Fort du Larmont Supérieur
Meudon
les Verrières
Fleurier
Provence
St-Aubin-Sauges
Sauges
Chevroux
Vallon
Pontarlier
Verrières-de-Joux
Montagne de Buttes
Buttes
Mutrux
Fresens
Vaumarcus
Forel
Grandcour
Ressudens
Verneaz
Autavaux
la Cluse
la Côte-aux-Fées
Lac de Neuchâtel
Rueyres-les-Prés
Dompierre
la Cluse-et-Mijoux (le Frambourg)
Grotte aux Fées
le Chasseron
Mauborget
Fontanezier
Corcelles-près-Concise
Concise
Estavayer-le-Lac
Montbrelloz
Morens
Sevaz
Bussy
Corcelles-près-Payerne
Villars-Burquin
Romairon
Vaugondry
Bonvillars
Font
Lully
Grandevent
Fontaines-sur-Grandson
Onnens
Châbles
Châtillon
Frasses
Payerne
Cousset
les Fourgs
la Vraconne
les Rasses
Bullet
Novalles
Fiez
Champagne
Bollion
Montet
Cheyres
Granges-de-Vesin
la Chaux
Ste-Croix
la Mothe
Vugelles-la-Mothe
Giez
Corselettes
la Vounaise
Seiry
Vesin
Fétigny
la Sagne
Orges
Valeyres-sous-Montagny
Grandson
Yvonand
Arrissoules
Aumont
l'Auberson
Vuiteboeuf
Pency
Esserts
Montagny
les Tuileries
Cheseaux-Noréaz
Montborget
Murist
Franex
Nuvilly
Mont de Baulmes
Baulmes
Villars-sous-Champvent
Champvent
Chamblon
Villars-Epeney
Rovray
Chavannes-le-Chêne
Sassel
Ménières
Granges-sous-Trey
les Hôpitaux-Vieux
Les Hôpitaux-Neufs
le Suchet
Mont de Chamblon
Yverdon-les-Bains
Montelaz
Noréaz
la Mauguettaz
Chêne-Pâquier
Treytorrens
Chapelle
Trey
Granges-près-Marnand
Marnand
Métabief
Mathod
Treycovagnes
Suscévaz
Cuarny
Molondin
Combremont-le-Grand
Cheiry
Villeneuve
l'Abergement
Rances
Valeyres-sous-Rances
Pomy
Cronay
Champtauroz
Villarzel
Le Morond
Jougne
la Piagette
Sergey
Mosaïques d'Urba
Gressy
Belmont-sur-Yverdon
Valeyres-sous-Ursins
Donneloye
Mézery-près-Donneloye
Demoret
Combremont-le-Petit
Surpierre
Praratoud
Henniez
Seigneux
Rossens
Longevilles-Mont-d'Or
Ballaigues
les Clées
Lignerolle
la Russille
Ependes
Essert-Pittet
Epautheyes
Ursins
Gossens
Prahins
Chanéaz
Vuissens
Prévondavaux
Forel-sur-Lucens
Cremin
Cerniaz
Villaz-St-Pierre
Saut du Day
Montcherand
Agiez
Orbe
Suchy
Orzens
Bioley-Magnoux
Denezy
Villars-le-Comte
les Granges
Villars-Bramard
Dompierre
Lussy
Vallorbe
Bretonnières
Premier
Bofflens
Essertines-sous-Yverdon
Nonfoux
Oppens
Correvon
Oulens-sur-Lucens
Lucens
Prévonloup
Billens
Romont
Romainmôtier-Envy
Croy
Chavornay
Corcelles-sur-Chavornay
Pailly
Ogens
Thierrens
Neyruz-sur-Moudon
Bussy-sur-Moudon
Curtilles
Lovatens
Hennens
Villaranon
Mézières
Vaulion
Juriens
Envy
Arnex-sur-Orbe
Bavois
Penthéréaz
Vuarrens
Rueyres
Bercher
St-Cierges
Correvon
Sarzens
Brenles
Villariaz
Dent de Vaulion
Orny
Goumoens-le-Jux
Villars-le-Terroir
Fey
Boulens
Villars-Mendraz
Chapelle-sur-Moudon
Martherenges
Moudon
Chesalles-sur-Moudon
Chavannes-sur-Moudon
Siviriez
Villaraboud
Vuisternens-devant-Romont
le Pont
la Praz
Pompaples
Ferreyres
Peyres-Possens
Naz
Sottens
Rossenges
Syens
Bressonnaz
Vucherens
Vu Armarens
le Saulgy
Morlens
Chavannes-les-Forts
la Magne
Mormont
la Sarraz
Eclépens
Goumoens-la-Ville
Eclagnens
Sugnens
Poliez-le-Grand
Dommartin
Montaubion-Chardonney
Hermenches
Villangeaux
Ursy
Esmonts
Prez-vers-Siviriez
Lieffrens
Sommentier
la Joux
l'Abbaye
Moiry
Villars-Lussery
Oulens-sous-Echallens
Echallens
Peney-le-Jorat
Mont-la-Ville
Chevilly
Lussery
St-Barthélemy
Poliez-Pittet
Villars-Tiercelin
Ropraz
Corcelles-le-Jorat
Vulliens
Rue
Blessens
Vuarmarens
les Ecasseys
le Crêt
Cuarnens
Daillens
Bettens
Bioley-Orjulaz
Bottens
Carrouge
Ecublens
Promasens
Mossel
Bouloz
Grattavache
l'Isle
la Chaux
Penthalaz
Assens
Froideville
Mézières
Porsel
Progens
Villars-Bozon
Mauraz
Cossonay
Boussens
Etagnières
Montpreveyres
Gilarens
Fiaugères
Montricher
Chavannes-le-Veyron
Senarclens
Vufflens-la-Ville
Sullens
Cugy
Mont Jorat
Servion
Ferlens
Oron-la-Ville
St-Martin
Chesalles-sur-Oron
Semsales
Grancy
Gollion
Cheseaux-sur-Lausanne
Vuibroye
Pampigny
Sévery
Vullierens
Mex
Villars-
Romanel-
les Cullayes
Châtillens
Oron-le-Châtel
Bussigny
la Rougève

105
Grenchen
Biel
Bienne
Le Chasseral
Mont Sujet
Lac de Bienne
Lac de Morat
BERN
Köniz
Fribourg
Düdingen
Murten
Kerzers
Aarberg
Lyss
Ins
La Neuveville
Le Landeron
Erlach
St-Imier
Schwarzenburg
Münsingen
Worb
Belp
Gurnigel
Lac de la Gruyère
Gruyères
Charmey
Zweisimmen
Moléson-Village
Avenches
Estavayer
Plasselb
Col de la Balisa
Kaiseregg
Schafberg
Gantrisch
Stockhorn
Niederhorn
Mont Vully
Mont de Diesse
Jardin Botanique
Fosse aux Ours
Zoo
Chartreuse de la Valsainte
Pont du Javroz
Abbaye de Hauterive
Ville Ancienne
Pierre Pertuis
Gorges du Taubenloch
Gorges de Twann
Presqu'île St-Pierre
Remparts
Univ.
Barrage
E
F
G
H
1
2
3
4
5
6

106
91
92
120
A
B
C
D
1
2
3
4
5
6
Aubigny
Nesmy
Nieul-le-Dolent
Chaillé-sous-les-Ormeaux
la Boissière-des-Landes
St-Florent-des-Bois
Thorigny
Château-Guibert
les Pineaux
Ste-Hermine
St-Juire-Champgillon
Ste-Pexine
Mareuil-sur-Lay-Dissais
Moutiers-sur-le-Lay
Bessay
Rosnay
la Couture
St-Avaugourd-des-Landes
St-Vincent-sur-Graon
le Champ-St-Père
Moutiers-les-Mauxfaits
Poiroux
Avrillé
St-Hilaire-la-Forêt
la Bretonnière-la-Claye
les Magnils-Reigniers
Péault
Corpe
Ste-Gemme-la-Plaine
St-Aubin-la-Plaine
St-Jean-de-Beugné
Luçon
Nalliers
Chasnais
Lairoux
Curzon
St-Cyr-en-Talmondais
la Jonchère
le Bernard
Longeville-sur-Mer
Angles
St-Benoist-sur-Mer
St-Denis-du-Payré
Grues
Triaize
Moreilles
Chaillé-les-Marais
Puyravault
Champagne-les-Marais
Ste-Radégonde-des-Noyers
Jard-sur-Mer
St-Vincent-sur-Jard
Mais. de Clemenceau
Château des Gorges-Cathus
Menhirs
Chât. de la Cantaudière
Château de la Guignardière
Dolmens
Dolmen du Grand Bouillac
Château de Court d'Aron
Parc Floral
la Brunière
Crypte
Tour
Base de Loisirs
Rés. Nat. de St-Denis du Payré
Anc. Abb.
St-Michel-en-l'Herm
la Tranche-sur-Mer
Pointe du Grouin du Cou
la Faute-sur-Mer
l'Aiguillon-sur-Mer
M A R A I S
P O I T E V I N
85
Chât. de la Popelinière
Pertuis Breton
Anse de l'Aiguillon
Pointe d'Arçay
Pointe de l'Aiguillon
Pointe St-Clément
Charron
Marans
Esnandes
Andilly
Villedoux
Marsilly
Nieul-sur-Mer
l'Houmeau
Lagord
Puilboreau
St-Xandre
Dompierre-sur-Mer
Ste-Soulle
Périgny
LA ROCHELLE
Aytré
St-Rogatien
Bourgneuf
Clavette
Montroy
la Jarne
la Jarrie
Salles-sur-Mer
Angoulins
Croix-Chapeau
Châtelaillon-Plage
St-Vivien
Thairé
Ballon
Yves
Fouras
St-Laurent-de-la-Prée
Breuil-Magné
Phare des Baleines
les Portes-en-Ré
St-Clément-des-Baleines (le Chabot)
Rés. Nat. de Lileau des Niges
Ars-en-Ré
Loix
St-Martin-de-Ré
la Couarde-sur-Mer
le Bois-Plage-en-Ré
la Flotte
Anc. Abb. des Châteliers
Fort de la Prée
Rivedoux-Plage
Ste-Marie-de-Ré
ÎLE DE RÉ
Ph. de Chanchardon
Ph. de Chauveau
Vieux Port
Aquarium
Temple
Chât. de Buzay
Chât. de l'Herbaudière
Rés. Nat. du Marais d'Yves
Pertuis d'Antioche
Rades des Basques
Ph. de Chassiron
St-Denis-d'Oléron
le Moulin des Combes
la Brée-les-Bains
St-Georges-d'Oléron
Île d'Aix
Mais. de l'Empereur
Fort Boyard
Pointe de la Fumée

107
92
108
120
121
E
F
G
H
1
2
3
4
5
6
79
la Caillère-St-Hilaire
Thouarsais-Bouildroux
Antigny
la Chataigneraie
la Chapelle-aux-Lys
St-Paul-en-Gâtine
l'Absie
Vernoux-en-Gâtine
Loge-Fougereuse
St-Sulpice-en-Pareds
Cezais
St-Maurice-des-Noues
la Cressonnière
Scillé
Secondigny
Allonne
St-Laurent-de-la-Salle
St-Cyr-des-Gâts
Vouvant
Vallée de la Mère
Tr Mélusine
Grotte du Père de Montfort
F. Dom. de Mervent-Vouvant
St-Hilaire-de-Voust
Puy-de-Serre
Marillet
le Busseau
le Beugnon
St-Martin-des-Fontaines
Marsais-Ste-Radégonde
St-Valérien
l'Hermenault
Bourneau
Chât.
la Citardière
Foussais-Payré
Faymoreau
la Chapelle-Thireuil
Fenioux
le Retail
la Boissière-en-Gâtine
Mazières-en-Gâtine
Pamplie
Pouillé
Sérigné
Mervent
Barrage
Zoo du Gros Roc
Chât. de la Roussière
Puihardy
St-Marc-la-Lande
Chât. de Nuchèze
Pissotte
l'Orbrie
St-Michel-le-Cloucq
St-Maixent-de-Beugné
Xaintray
Cours
Petosse
Longèves
Fontenay-le-Comte
Chât. de Terre-Neuve
St-Hilaire-des-Loges
Coulonges-sur-l'Autize
Ardin
Champdeniers-St-Denis
Rochers de la Chaise
Béceleuf
Germond-Rouvre
Auzay
St-Médard-des-Prés
Xanton-Chassenon
St-Pompain
Ste-Ouenne
le Langon
Chaix
St-Martin-de-Fraigneau
Nieul-sur-l'Autize
Anc. Abb.
les Moulières
Faye-sur-Ardin
la Canepetière
Chât. de Gazeau
le Poiré-sur-Velluire
Fontaines
Montreuil
Oulmes
Villiers-en-Plaine
la Chateaudrie
St-Maxire
Chât. de Coudray-Salbart
Chât. de la Taillée
Échiré
Doix
Bouillé-Courdault
St-Pierre-le-Vieux
Maillezais
Abb.
Croix Hosannière
Liez
Benet
St-Rémy
St-Gelais
Chauray
la Taillée
le Gué-de-Velluire
Vix
Maillé
St-Sigismond
le Mazeau
Sciecq
l'Île-d'Elle
Damvix
Centre Névralgique de la Gestion des Eaux
Aquarium de la Venise Verte
Coulon
Magné
NIORT
Anc. Hôt. de Ville
Donj.
le Pilori
Vouillé
Taugon
la Ronde
le Vanneau-Irleau
la Sèvre Niortaise
Bessines
Arçais
Ste-Macrine
Lanterne des Morts
Aiffres
Les Ruralies
St-Cyr-du-Doret (Margot)
St-Georges-de-Rex
Amuré
Sansais
St-Symphorien
St-Jean-de-Liversay
la Grève-sur-Mignon
St-Hilaire-la-Palud
Frontenay-Rohan-Rohan
Courçon
Tumulus
Fors
Ferrières
Arboretum
la Laigne
Cramchaban
le Bourdet
Épannes
Nuaillé-d'Aunis
Angliers
St-Sauveur-d'Aunis
Prin-Deyrançon
Vallans
Granzay-Gript
St-Martin-de-Bernegoue
Juscorps
Vérines
Benon
la Rochénard
Faisanderie
Anais
le Gué-d'Alleré
Mauzé-sur-le-Mignon
la Foye-Monjault
Marigny
St-Romans-des-Champs
Forêt de Benon
Beauvoir-sur-Niort
Médard-d'Aunis
Bouhet
St-Pierre-d'Amilly (la Revetizon)
Usseau
Le Moulin de Rimbault
Forêt
Les Fosses (Vaubalier)
St-Georges-du-Bois
Thorigny-sur-le-Mignon
Prissé-la-Charrière
Villiers-en-Bois
Virson
Puyravault
St-Saturnin-du-Bois
Priaires
Doeuil-sur-le-Mignon
Dom. de Chizé
Zoorama
Aigrefeuille-d'Aunis
Chambon
Marsais
Belleville
Surgères
Forges
Doeuil-sur-le-Mignon
St-Étienne-la-Cigogne
Boisserolles
le Thou
St-Germain-de-Marencennes
St-Mard
St-Félix
Villeneuve-la-Comtesse
St-Séverin-sur-Boutonne
la Croix-Comtesse
Ardillières
Landrais
Breuil-la-Réorte
Bernay-St-Martin
Migré
Vergné
Dampierre-sur-Boutonne
Ciré-d'Aunis
Vandré
Chervettes
St-Martial (la Grève)
Blanzay-sur-Boutonne
Loulay
Muron
Courant
St-Laurent-de-la-Barrière
Puyrolland (Tournay)
la Jarrie-Audouin
St-Georges-de-Longuepierre
Genouillé
Lozay
St-Pierre-de-l'Isle
Aulnay
Croix Hosannière
Loire-les-Marais
Annezay
Nachamps
la Benâte
Nuaillé-sur-Boutonne
St-Crépin
St-Loup
Landes
St-Pardoult
Chantemerle-sur-la-Soie
Antezant-la-Chapelle
Paillé
St-Denis-du-Pin
Moragne
N148
N11
N248
N150
A83
A10
E03
E5

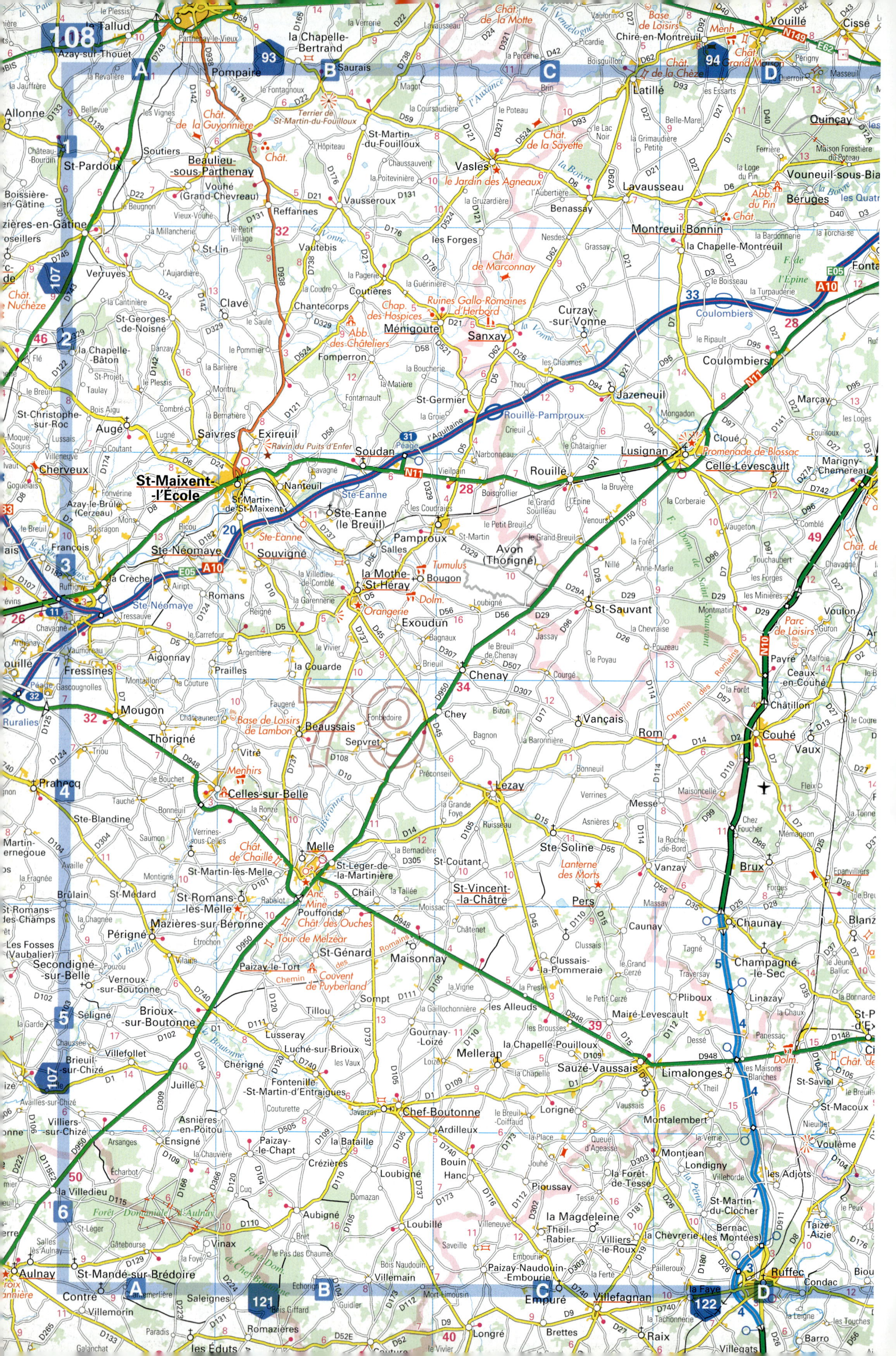

108
93
94
107
121
122
A
B
C
D
1
2
3
4
5
6
Azay-sur-Thouet
Parthenay
Pompaire
la Chapelle-Bertrand
Saurais
Chât. de la Motte
Base de Loisirs
Chiré-en-Montreuil
Vouillé
Cissé
Latillé
Chât. de la Chèze
Chât. Grand Maison
Allonne
St-Pardoux
Soutiers
Beaulieu-sous-Parthenay
Vouhé (Grand-Chevreau)
Chât. de la Guyonnière
Terrier de St-Martin-du-Fouilloux
St-Martin-du-Fouilloux
Vasles
le Jardin des Agneaux
Chât. de la Sayette
Quinçay
Vouneuil-sous-Biard
Béruges
Abb. du Pin
Lavausseau
Benassay
Montreuil-Bonnin
la Chapelle-Montreuil
Reffannes
Vausseroux
Vautebis
les Forges
Chât. de Marconnay
Verruyes
Clavé
Chantecorps
Coutières
Chap. des Hospices
Ruines Gallo-Romaines d'Herbord
Ménigoute
Sanxay
Curzay-sur-Vonne
Coulombiers
St-Georges-de-Noisné
la Chapelle-Bâton
Abb. des Châteliers
Fomperron
Jazeneuil
St-Germier
Rouillé-Pamproux
Augé
Saivres
Exireuil
Ravin du Puits d'Enfer
Soudan
Lusignan
Promenade de Blossac
Celle-Lévescault
Marçay
Cloué
Marigny-Chémereau
Cherveux
St-Maixent-l'École
Nanteuil
Ste-Eanne
Ste-Eanne (le Breuil)
Rouillé
Pamproux
Avon (Thorigné)
Azay-le-Brûlé (Cerzeau)
François
Ste-Néomaye
Souvigné
la Mothe-St-Héray
Tumulus
Bougon
la Crèche
Romans
Orangerie
Exoudun
St-Sauvant
Parc de Loisirs
Tressauve
Aigonnay
Prailles
la Couarde
Chenay
Payré
Ceaux-en-Couhé
Fressines
Mougon
Thorigné
Base de Loisirs de Lambon
Beaussais
Sepvret
Chey
Vançais
Rom
Châtillon
Couhé
Vaux
Vitré
Menhirs
Celles-sur-Belle
Lezay
Messé
Prahecq
Ste-Blandine
Chât. de Chaillé
Melle
St-Léger-de-la-Martinière
St-Coutant
Ste-Soline
St-Martin-lès-Melle
St-Vincent-la-Châtre
Lanterne des Morts
Brux
St-Romans-lès-Melle
Anc. Mine
Pouffonds
Chât. des Ouches
Pers
Chaunay
Brûlain
St-Médard
Périgné
Mazières-sur-Béronne
Tour de Melzéar
St-Génard
Maisonnay
Caunay
Clussais-la-Pommeraie
Champagné-le-Sec
Secondigné-sur-Belle
Vernoux-sur-Boutonne
Paizay-le-Tort
Couvent de Puyberland
Sompt
les Alleuds
Pliboux
Linazay
Brioux-sur-Boutonne
Séligné
Tillou
Lusseray
Gournay-Loizé
Mairé-Levescault
Villefollet
Brieuil-sur-Chizé
Chérigné
Luché-sur-Brioux
Melleran
la Chapelle-Pouilloux
Sauzé-Vaussais
Limalonges
Dolm.
Juillé
Fontenille-St-Martin-d'Entraigues
Chef-Boutonne
Lorigné
Villiers-sur-Chizé
Asnières-en-Poitou
Ensigné
Paizay-le-Chapt
la Bataille
Crézières
Ardilleux
Montalembert
Bouin
Hanc
Loubigné
Montjean
Londigny
les Adjots
Vouleme
la Villedieu
Forêt Domaniale d'Aulnay
Aubigné
Pioussay
la Magdeleine
St-Martin-du-Clocher
Bernac (les Montées)
Loubillé
Theil-Rabier
Villiers-le-Roux
la Chevrerie
Taizé-Aizie
Vinax
Aulnay
St-Mandé-sur-Brédoire
Villemain
Paizay-Naudouin-Embourie
Ruffec
Condac
Contré
Saleignes
Empuré
Villefagnan
la Faye
Villemorin
Romazières
Longré
Brettes
Raix
Barro
les Éduts
Villegats
A10
E05
N11
N10
N149
E62

Migné-Auxances
Chasseneuil-du-Poitou
Montamisé
Buxerolles
POITIERS
Poitiers-Biard
Biard
Hypogée Martyrium
Baptistère St-Jean
Grtes de la Norée
St-Benoît
Mignaloux-Beauvoir
Nouaillé-Maupertuis
Ligugé
Smarves
Roches-Prémarie-Andillé
Iteuil
Vivonne
Château-Larcher
la Villedieu-du-Clain
Gizay
Aslonnes
Nieuil-l'Espoir
Vernon
Dienné
Fleuré
Lhommaizé
Verrières
Mazerolles
Lussac-les-Châteaux
Civaux
la Tour au Cognum
Chauvigny
Jardres
St-Julien-l'Ars
Sèvres-Anxaumont
Bignoux
Lavoux
Bonnes
Liniers
Savigny-Lévescault
Pouillé
Tercé
Valdivienne (St-Martin-la-Rivière)
Leignes-sur-Fontaine
Paizay-le-Sec
St-Savin
Antigny
Jouhet
Pindray
Montmorillon
Sillars
Chapelle-Viviers
Saulgé
Plaisance
Moulismes
Persac
Queaux
Gouex
Bouresse
St-Laurent-de-Jourdes
St-Maurice-la-Clouère
Gençay
Magné
Brion
St-Secondin
Champagné-St-Hilaire
la Ferrière-Airoux
Sommières-du-Clain
Château-Garnier
Usson-du-Poitou
Moussac
Nérignac
Adriers
l'Isle-Jourdain
le Vigeant
St-Martin-l'Ars
Payroux
Joussé
Champniers
St-Romain
la Chapelle-Bâton
Mauprévoir
Savigné
Charroux
Millac
Mouterre-sur-Blourde
Luchapt
St-Barbant
Asnières-sur-Blour
Oradour-Fanais
Availles-Limouzine
Pressac
Asnois
Genouillé
St-Gaudent
Surin
Chatain
Pleuville
Épenède
Abzac
Lessac
Brillac
St-Germain-de-Confolens
Esse
Benest
Alloue
Hiesse
Nanteuil-en-Vallée
Vieux-Ruffec
Champagne-Mouton
St-Coutant
Lesterps
Bussière-Boffy
Confolens
Gajoubert
86
16

110
109
95
96
123
124
A
B
C
D
1
2
3
4
5
6
DE LA BRENNE
36
87
le Blanc
St-Gaultier
Chasseneuil
Ruffec
Ciron
Chitray
Rivarennes
Thenay
le Pont-Chrétien-Chabenet
Mérigny
Ingrandes
Concremiers
Oulches
St-Aigny
Sauzelles
Mauvières
St-Hilaire-sur-Benaize
Béthines
Bélâbre
Chalais
Luzeret
Prissac
Chazelet
St-Civran
Sacierges-St-Martin
St-Gilles
Roussines
Lignac
Dunet
la Trimouille
Liglet
Journet
St-Léomer
Montmorillon
Thollet
Coulonges
Tilly
Chaillac
St-Benoît-du-Sault
Bourg-Archambault
Brigueil-le-Chantre
Bonneuil
Beaulieu
Mouhet
St-Martin-le-Mault
Lussac-les-Églises
Jouac
Cromac
Azerables
Lathus-St-Rémy
Verneuil-Moustiers
St-Georges-les-Landes
Mailhac-sur-Benaize
St-Sulpice-les-Feuilles
Azat-le-Ris
Tersannes
St-Léger-Magnazeix
Vareilles
Arnac-la-Poste
Thiat
Bussière-Poitevine
Oradour-St-Genest
la Bazeuge
St-Hilaire-la-Treille
Darnac
Dinsac
Magnac-Laval
le Dorat
Dompierre-les-Églises
St-Maurice-la-Souterraine
St-Sornin-la-Marche
St-Sornin-Leulac
St-Bonnet-de-Bellac
Villefavard
St-Amand-Magnazeix
Fromental
la Croix-sur-Gartempe
St-Ouen-sur-Gartempe
Peyrat-de-Bellac
Droux
St-Pierre-de-Fursac
Blanzac
Châteauponsac
Rancon
Bellac
Mézières-sur-Issoire
Balledent
Bessines-sur-Gartempe
Folles
St-Junien-les-Combes
Bersac-sur-Rivalier
Roussac
Laurière
Nouic
Berneuil
Mortemart
Blond
St-Symphorien-sur-Couze
St-Pardoux
St-Sulpice-Laurière
Breuilaufa
Vaulry
Razès
St-Léger-la-Montagne
Montrol-Sénard
le Buis
Lanterne des Morts
Dolmen
Chât.
Ruines
Étang Bienfait
A20
E09
N151
N145
N147
E62

111
96
E
F
G
H
1
2
3
4
5
6
112
124
125
Argenton-sur-Creuse
St-Marcel
Tendu
Mosnay
Bouesse
Buxières-d'Aillac
Lys-St-Georges
Mers-sur-Indre
Montipouret
Nohant-Vic
St-Chartier
Verneuil-sur-Igneraie
la Berthenoux
Thevet-St-Julien
Vicq-Exemplet
Lourouer-St-Laurent
Neuvy-St-Sépulchre
Sarzay
la Châtre
Montgivray
Lacs
Montlevicq
Le Pêchereau
Malicornay
Gournay
Maillet
Mouhers
Fougerolles
le Magny
Chavin
Le Menoux
Badecon-le-Pin
Cluis
Chassignolles
St-Denis-de-Jouhet
Briantes
La Motte-Feuilly
Ceaulmont
Gargilesse-Dampierre
Pommiers
Bazaiges
Baraize
Crozon-sur-Vauvre
Crevant
Pouligny-St-Martin
Ste-Sévère-sur-Indre
Cuzion
Orsennes
Montchevrier
la Buxerette
Pouligny-Notre-Dame (la Chaume Blanche)
St-Plantaire
Éguzon-Chantôme
Aigurande
Nouziers
Vigoulant
Sazeray
Vijon
Lourdoueix-St-Michel
Méasnes
Lourdoueix-St-Pierre
la Forêt-du-Temple
Mortroux
la Cellette
Tercillat
Bussière-St-Georges
Crozant
Fresselines
Nouzerolles
Moutier-Malcard
Nouzerine
Bazelat
la Chapelle-Baloue
Chambon-Ste-Croix
Chéniers
Linard
Malval
Genouillac
Bétête
Lafat
Maison-Feyne
Villard
Bonnat
St-Dizier-les-Domaines
St-Germain-Beaupré
Sagnat
Dun-le-Palestel
la Celle-Dunoise
Clugnat
Châtelus-Malvaleix
Jalesches
St-Léger-Bridereix
St-Agnant-de-Versillat
Colondannes
St-Sulpice-le-Dunois
le Bourg-d'Hem
Champsanglard
Roches
Naillat
Anzême
Jouillat
Ladapeyre
La Souterraine
Fleurat
Bussière-Dunoise
Glénic
Blaudeix
Rimondeix
St-Vaury
St-Fiel
Ajain
Lizières
St-Priest-la-Feuille
St-Priest-la-Plaine
St-Sulpice-le-Guérétois
GUÉRET
Jarnages
St-Laurent
Pionnat
Vigeville
Chamborand
le Grand-Bourg
la Brionne
St-Étienne-de-Fursac
St-Silvain-Montaigut
St-Léger-le-Guérétois
Ste-Feyre
Mazeirat
St-Hilaire-la-Plaine
la Saunière
St-Victor-en-Marche
Montaigut-le-Blanc
Bénévent-l'Abbaye
Marsac
Savennes
Peyrabout
St-Christophe
Moutier-d'Ahun
Augères
la Chapelle-Taillefert
St-Yrieix-les-Bois
Ahun
Mourioux-Vieilleville
Ceyroux
Aulon
Azat-Châtenet
St-Éloi
Lépinas
Lavaveix-les-Mines
Arrènes
Maisonnisses
Janaillat
Sardent
sous-Parsat
St-Goussaud
St-Dizier-Leyrenne
Chamberaud
St-Martial-le-Mont
la Chapelle-St-Martial
le Donzeil
Jabreilles-les-Bordes
23

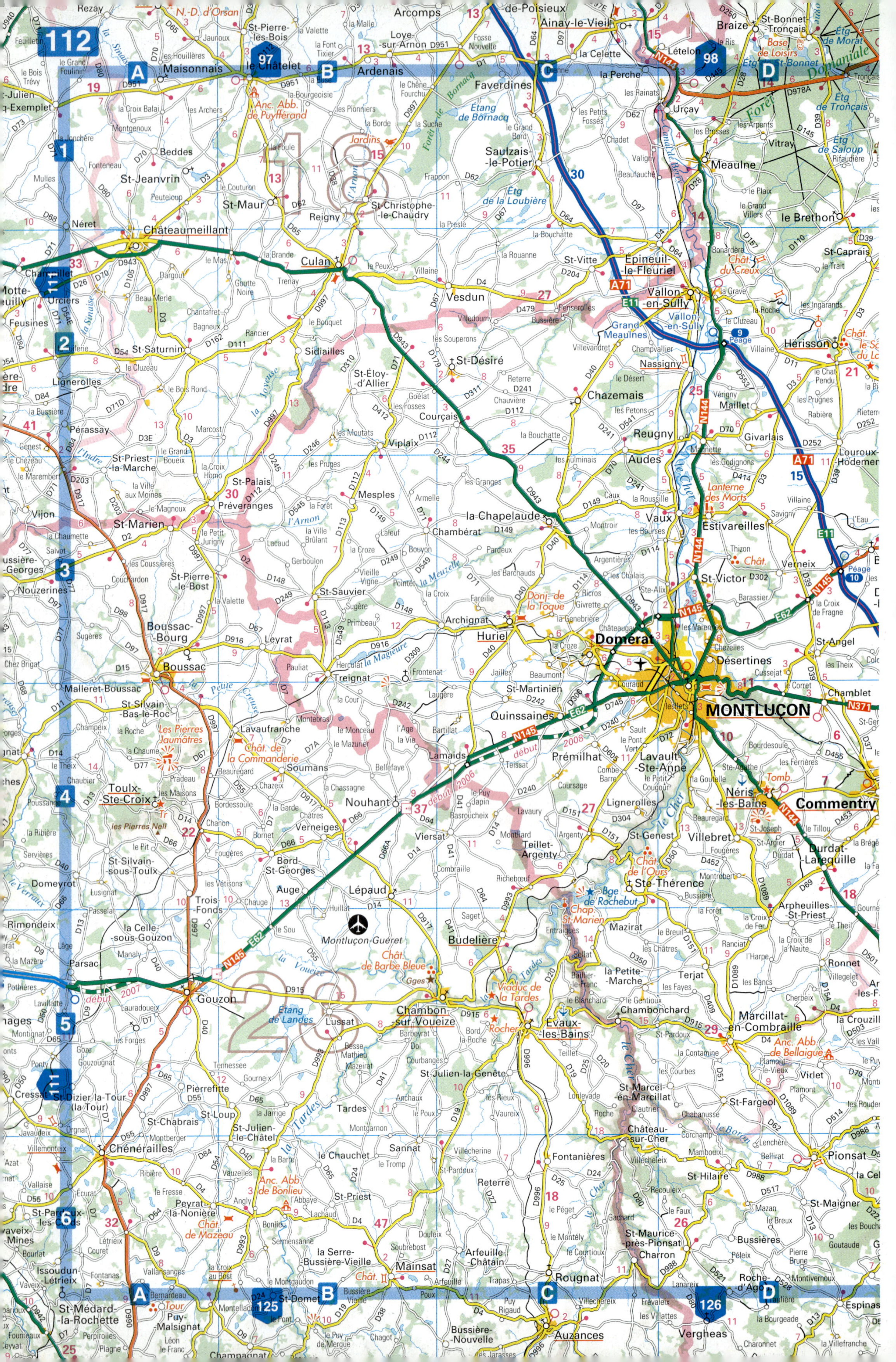

112
97
98
111
125
126
118
28
A
B
C
D
1
2
3
4
5
6
N.-D. d'Orsan
St-Pierre-les-Bois
Arcomps
de-Poisieux
Ainay-le-Vieil
Braize
St-Bonnet-Tronçais
Etg de Morat
Base de Loisirs
Forêt Domaniale
Maisonnais
le Châtelet
Ardenais
Loye-sur-Arnon
la Celette
Lételon
la Perche
Urçay
Anc. Abb. de Puyferrand
Faverdines
Étang de Bornacq
Forêt de Tronçais
Etg de Tronçais
Vitray
Etg de Saloup
Beddes
Jardins
Saulzais-le-Potier
Meaulne
St-Jeanvrin
St-Maur
St-Christophe-le-Chaudry
Étg de la Loubière
le Brethon
Néret
Châteaumeillant
Reigny
Culan
Épineuil-le-Fleuriel
St-Vitte
Chât. du Creux
St-Caprais
Vesdun
Vallon-en-Sully
Grand Meaulnes
Hérisson
Chât. le Sc du La
St-Saturnin
Sidiailles
St-Éloy-d'Allier
St-Désiré
Nassigny
Lignerolles
Courçais
Chazemais
Maillet
Perassay
Viplaix
Reugny
Givarlais
St-Priest-la-Marche
St-Palais
Préveranges
Mesples
Audes
Louroux-Hodement
Vijon
St-Marien
la Chapelaude
Lanterne des Morts
Estivareilles
Chambérat
Vaux
Chât.
Verneix
St-Pierre-le-Bost
St-Sauvier
St-Victor
Nouzerines
Donj. de la Toque
Boussac-Bourg
Leyrat
Archignat
Huriel
Domérat
Boussac
Treignat
Désertines
St-Angel
Malleret-Boussac
St-Silvain-Bas-le-Roc
Les Pierres Jaumâtres
Lavaufranche
St-Martinien
Quinssaines
MONTLUÇON
Chamblet
Chât. de la Commanderie
Soumans
Lamaids
Prémilhat
Lavault-Ste-Anne
Toulx-Ste-Croix
Nouhant
Néris-les-Bains
Commentry
Lignerolles
Tomb.
Les Pierres Nell
Verneiges
Viersat
Teillet-Argenty
St-Genest
Villebret
Durdat-Larequille
St-Silvain-sous-Toulx
Bord-St-Georges
Chât. de l'Ours
Domeyrot
Auge
Lépaud
Ste-Thérence
Bge de Rochebut
Trois-Fonds
Chap. St-Marien
Arpheuilles-St-Priest
Rimondeix
la Celle-sous-Gouzon
Montluçon-Guéret
Budelière
Mazirat
Parsac
Chât. de Barbe Bleue
la Petite-Marche
Terjat
Ronnet
Gouzon
Viaduc de la Tardes
Étang de Landes
Lussat
Chambon-sur-Voueize
Évaux-les-Bains
Chambonchard
Marcillat-en-Combraille
Rocher
Anc. Abb. de Bellaigue
St-Julien-la-Genête
Virlet
Cressat
St-Dizier-la-Tour (la Tour)
Pierrefitte
St-Marcel-en-Marcillat
Tardes
St-Loup
St-Fargeol
St-Chabrais
St-Julien-le-Châtel
Château-sur-Cher
Chénérailles
le Chauchet
Sannat
Fontanières
Pionsat
St-Hilaire
Peyrat-la-Nonière
Anc. Abb. de Bonlieu
St-Priest
Reterre
Chât. de Mazeau
St-Maigner
St-Maurice-près-Pionsat
Charron
Bussières
la Serre-Bussière-Vieille
Arfeuille-Châtain
Mainsat
Rougnat
Issoudun-Létrieix
Roche-d'Agoux
St-Médard-la-Rochette
St-Domet
Puy-Malsignat
Tour
Bussière-Nouvelle
Auzances
Vergheas
Espinasse
Champagnat
A71
E11
N144
N145
E62
N371
Péage
début 2006
début 2007
2008

113
98
E
F
G
H
Couleuvre
Franchesse
Bagneux
Villeneuve-sur-Allier
Trévol
Cérilly
St-Plaisir
Bourbon-l'Archambault
Agonges
St-Menoux
Marigny
Avermes
MOULINS
Yzeure
Theneuille
Ygrande
Autry-Issards
Souvigny
Neuvy
Coulandon
Bressolles
le Vilhain
Louroux-Bourbonnais
St-Aubin-le-Monial
Gipcy
Meillers
Vieure
Saint-Hilaire
Cosne-d'Allier
Venas
Buxières-les-Mines
Noyant-d'Allier
Châtillon
Besson
Chemilly
Sauvagny
Tortezais
Cressanges
Bresnay
Rocles
Tronget
le Montet
St-Sornin
Chavenon
Murat
Villefranche-d'Allier
Chappes
Deux-Chaises
Treban
Châtel-de-Neuvre
Meillard
la Ferté-Hauteriive
Monétay-sur-Allier
Contigny
Le Theil
Laféline
Verneuil-en-Bourbonnais
St-Priest-en-Murat
Sazeret
Doyet
Bézenet
Montmarault
St-Marcel-en-Murat
Voussac
Bransat
Saulcet
St-Pourçain-sur-Sioule
Louchy-Montfand
Montvicq
Malicorne
St-Bonnet-de-Four
Target
Hyds
Louroux-de-Beaune
Beaune-d'Allier
Blomard
Fleuriel
Chareil-Cintrat
Colombier
Vernusse
Monestier
Deneuille-les-Chantelle
Chirat-l'Église
Chantelle
Fourilles
Bayet
la Celle
Lapeyrouse
Louroux-de-Bouble
Barberier
Étroussat
St-Didier-la-Forêt
Coutansouze
Chezelle
Bellenaves
Ussel-d'Allier
Taxat-Senat
Charroux
St-Germain-de-Salles
Broût-Vernet
Buxières-sous-Montaigut
Montaigut
Durmignat
Échassières
Valignat
Veauce
Jenzat
Le Mayet-d'École
St-Pont
Vendat
St-Éloy-les-Mines
Youx
Moureuille
Nades
Lalizolle
Sussat
Naves
St-Bonnet-de-Rochefort
Servant
Vicq
Chouvigny
Saulzet
Escurolles
Monteignet-sur-l'Andelot
Cognat-Lyonne
Espinasse-Vozelle
Menat
Ébreuil
St-Quintin-sur-Sioule
Mazerier
Gannat
Neuf-Église
Pouzol
St-Rémy-de-Blot
Poëzat
Biozat
Brugheas
Ste-Christine
Lisseuil
Marcillat
Champs
St-Genès-du-Retz
Charmes
St-Agoulin
Chaptuzat
Effiat
Montpensier
St-Julien-la-Geneste
Ayat-sur-Sioule
Blot-l'Église
St-Pardoux
St-Hilaire-la-Croix
Joserand
Aigueperse
Randan
St-Gervais-d'Auvergne
Châteauneuf-les-Bains
126
127
114
A71
E11
E62
N79
N7
N9
N144
A719
N209

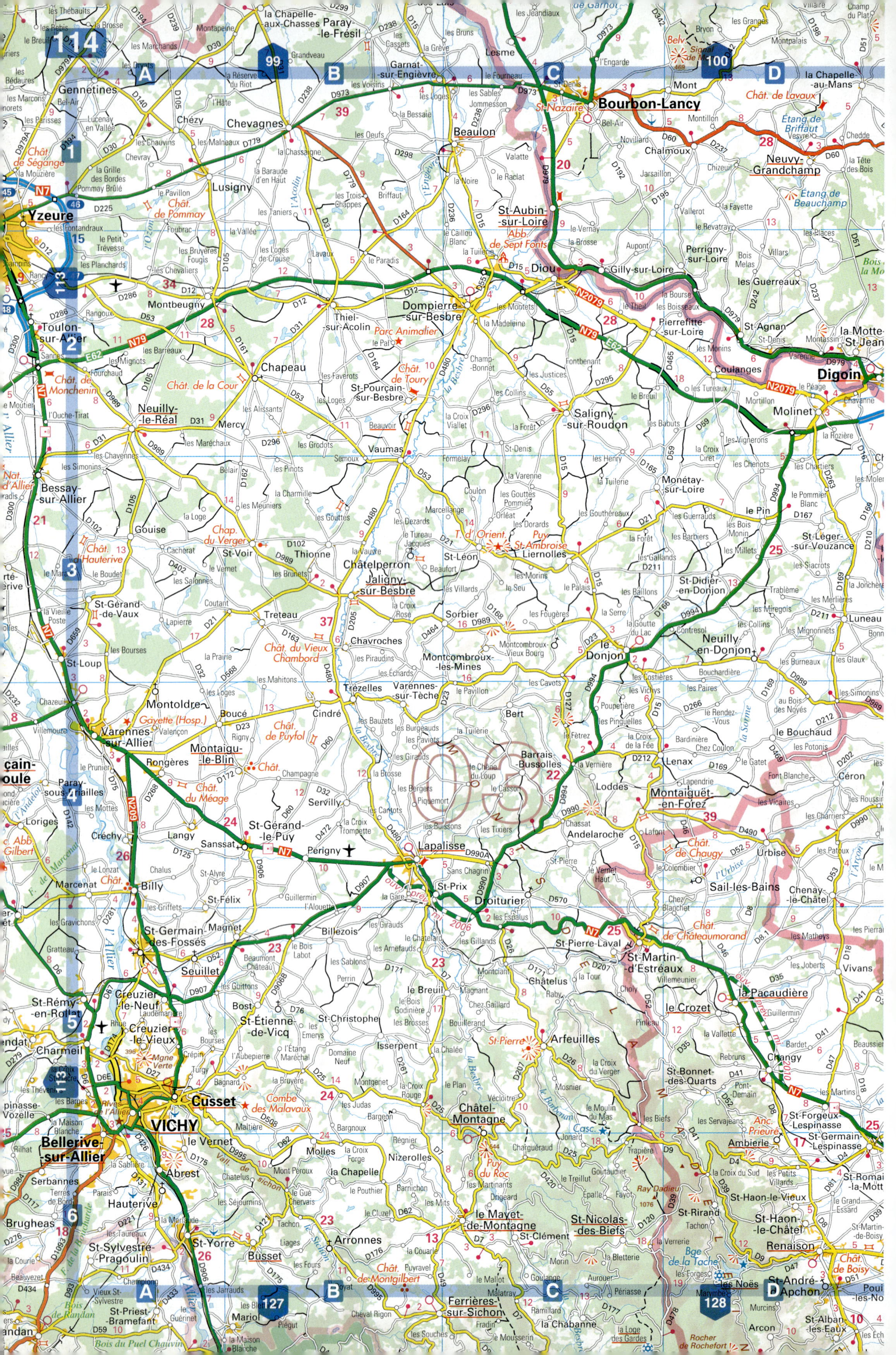
114
99
100
113
127
128
A
B
C
D
1
2
3
4
5
6
Gennetines
Chevagnes
Lusigny
Yzeure
Beaulon
Garnat-sur-Engièvre
Paray-le-Frésil
la Chapelle-aux-Chasses
Bourbon-Lancy
St-Nazaire
Chalmoux
Neuvy-Grandchamp
Château de Lavaux
Étang de Briffaut
Étang de Beauchamp
St-Aubin-sur-Loire
Abb. de Sept Fonts
Diou
Gilly-sur-Loire
Perrigny-sur-Loire
Dompierre-sur-Besbre
Parc Animalier
Thiel-sur-Acolin
Montbeugny
Toulon-sur-Allier
Pierrefitte-sur-Loire
St-Agnan
Digoin
Molinet
Coulanges
Chapeau
Neuilly-le-Réal
Mercy
Château de la Cour
Château de Toury
St-Pourçain-sur-Besbre
Vaumas
Saligny-sur-Roudon
Bessay-sur-Allier
Château de Pommay
Château de Ségange
Château de Montchenin
Gouise
Thionne
St-Voir
Château du Verger
Château de Hauterive
Châtelperron
Jaligny-sur-Besbre
St-Léon
Liernolles
St-Ambroise
T. d'Orient
Monétay-sur-Loire
Le Pin
St-Léger-sur-Vouzance
St-Didier-en-Donjon
Neuilly-en-Donjon
Luneau
St-Gérand-de-Vaux
Treteau
Sorbier
Chavroches
Château du Vieux Chambord
Montcombroux-les-Mines
Le Donjon
St-Loup
Montoldre
Trézelles
Varennes-sur-Tèche
Bert
Varennes-sur-Allier
Gayette (Hosp.)
Boucé
Cindré
Château de Puyfol
Montaiguet-le-Blin
Barrais-Bussolles
Lenax
Le Bouchaud
Montaiguët-en-Forez
Lodde
Rongères
Paray-sous-Briailles
Château du Méage
Servilly
St-Gérand-le-Puy
Sanssat
Langy
Créchy
Loriges
Perigny
Lapalisse
Andelaroche
Château de Chaugy
Urbise
Sail-les-Bains
Chenay-le-Châtel
Billy
Marcenat
St-Félix
St-Prix
Droiturier
St-Pierre-Laval
St-Martin-d'Estréaux
Château de Châteaumorand
Magnet
Billezois
St-Germain-des-Fossés
Seuillet
Creuzier-le-Neuf
Creuzier-le-Vieux
Bost
St-Étienne-de-Vicq
St-Christophe
Isserpent
Le Breuil
Châtelus
Le Crozet
La Pacaudière
Vivans
St-Rémy-en-Rollat
Charmeil
Arfeuilles
St-Bonnet-des-Quarts
Changy
Cusset
VICHY
Bellerive-sur-Allier
Combe des Malavaux
Châtel-Montagne
St-Forgeux-Lespinasse
St-Germain-Lespinasse
Ambierle
Abrest
Le Vernet
Molles
Nizerolles
La Chapelle
Puy du Roc
St-Haon-le-Vieux
St-Haon-le-Châtel
St-Rirand
Serbannes
Hauterive
Brugheas
Le Mayet-de-Montagne
St-Clément
St-Nicolas-des-Biefs
Renaison
St-Yorre
St-Sylvestre-Pragoulin
Busset
Arronnes
Château de Montgilbert
Château de Boisy
St-André-d'Apchon
St-Priest-Bramefant
Mariol
Ferrières-sur-Sichon
La Chabanne
St-Alban-les-Eaux
Bois de Randan
Bois du Puel Chauvin
Ray Dadieu
Rocher de Rochefort
Bge de la Tache
Les Noës
l'Allier
la Besbre
la Loire
N7
N79
N209
N2079
E62
03

115
100
116
128
129
E
F
G
H
Gueugnon
Vendenesse-sur-Arroux
Perrecy-les-Forges
St-Vallier
-les-Mines
Mont-St-Vincent
St-Clément-sur-Guye
Ciry-le-Noble
St-Romain-sous-Gourdon
Pouilloux
Génelard
Palinges
Chât. de Digoine
St-Bonnet-de-Vieille-Vigne
Grandvaux
Martigny-le-Comte
Ballore
la Guiche
Chevagny-sur-Guye
St-Martin-de-Salencey
St-André-le-Désert
Rigny-sur-Arroux
St-Vincent-Bragny
St-Aubin-en-Charollais
Baron
Mornay
St-Bonnet-de-Joux
Massy
St-Vincent-des-Prés
St-Léger-lès-Paray (les Mûriers)
Volesvres
Champlecy
Fontenay
Viry
Chiddes
Vitry-en-Charollais
Paray-le-Monial
Charolles
Vendenesse-lès-Charolles
Suin
Sivignon
Bergesserin
Hautefond (Boyer)
Lugny-lès-Charolles
Changy
Vaudebarrier
Beaubery
Verosvres
Trivy
St-Yan
Poisson
Nochize (le Bourg)
Marcilly-la-Gueurce
Ozolles
Brandon
Clermain
St-Julien-de-Civry
Versaugues
Montceaux-l'Étoile
Ouroux-sous-le-Bois-Ste-Marie
Dompierre-les-Ormes
Montagny-sur-Grosne
Vindecy
St-Didier-en-Brionnais
St-Germain-en-Brionnais
St-Symphorien-des-Bois
Colombier-en-Brionnais
Chât. de Rambuteau
Varenne-l'Arconce
Amanzé
Gibles
Bois-Ste-Marie
Matour
Tramayes
Anzy-le-Duc
Sarry
Curbigny
Bourg-le-Comte
Baugy
la Clayette
Varennes-sous-Dun
St-Léger-sous-la-Bussière
Briant
Vareilles
Châtenay
St-Pierre-le-Vieux
Germolles-sur-Grosne
Marcigny
St-Christophe-en-Brionnais
Baudemont
St-Bonnet-des-Bruyères
Trades
Semur-en-Brionnais
Ste-Foy
St-Laurent-en-Brionnais
la Chapelle-sous-Dun
Aigueperse
St-Christophe
St-Martin-du-Lac
Vauban
Mussy-sous-Dun
Anglure-sous-Dun
St-Igny-de-Vers
St-Mamert
Ligny-en-Brionnais
Chassigny-sous-Dun
Ouroux
Monsols
St-Julien-de-Jonzy
St-Maurice-lès-Châteauneuf
St-Clément-de-Vers
Melay
Iguerande
Châteauneuf
Chauffailles
St-Germain-la-Montagne
Avenas
Fleury-la-Montagne
St-Edmond
Tancon
St-Igny-de-Roche
Azolette
Propières
St-Pierre-la-Noaille
Coublanc
Maizilly
Les Ardillats
Briennon
Charlieu
St-Nizier-sous-Charlieu
St-Denis-de-Cabanne
Belmont-de-la-Loire
Écoche
Belleroche
Chénelette
Vernay
St-Didier-sur-Beaujeu
Beaujeu
la Bénisson-Dieu
Pouilly-sous-Charlieu
Chandon
Mars
Arcinges
Poule-les-Écharmeaux
Quincié-en-Beaujolais
Noailly
Chât. de Montrenard
Villers
Le Cergne
Ranchal
Chap. N.-D. de la Rochette
St-Hilaire-sous-Charlieu
Guinzier
Thel
Marchampt
Vougy
Nandax
Jarnosse
Boyer
Sevelinges
Cours-la-Ville
St-Bonnet-le-Troncy
Claveisolles
Mably
St-Nizier-d'Azergues
Coutouvre
Pont-Trambouze
Mardore
St-Vincent-de-Reins
Lamure-sur-Azergues
Vaux-en-Beaujolais
Roanne-Renaison
ROANNE
Riorges
Perreux
Montagny
Bourg-de-Thizy
la Chapelle-de-Mardore
Marnand
Meaux-la-Montagne
Grandris
Salles-Arbuissonnas-en-Beaujolais
St-Léger-sur-Roanne
le Coteau
Ouches
St-Vincent-de-Boisset
Combre
Thizy
Cublize
Chambost-Allières
St-Cyr-le-Chatoux
Montmelas-St-Sorlin
Rivolet
CHAROLAIS
BRIONNAIS
71
69
42
la Loire

116
101
102
115
129
130
A
B
C
D
1
2
3
4
5
6
Tournus
Mâcon
MÂCON
Bourg-en-Bresse
BOURG-EN-BRESSE
Villefranche-sur-Saône
VILLEFRANCHE-SUR-SAÔNE
Belleville
Cluny
Romenay
Cuisery
Sennecey-le-Grand
St-Gengoux-le-National
Sercy
Brancion
Cormatin
Chapaize
Ozenay
Farges-lès-Mâcon
Uchizy
Montbellet
Lugny
Azé
Pont-de-Vaux
Bâgé-le-Châtel
Replonges
St-Laurent-sur-Saône
Pont-de-Veyle
Crottet
St-Cyr-sur-Menthon
Vonnas
Mézériat
Montrevel-en-Bresse
St-Trivier-de-Courtes
Viriat
Polliat
Attignat
Châtillon-sur-Chalaronne
St-Paul-de-Varax
Villars-les-Dombes
Ars-sur-Formans
Montmerle-sur-Saône
Thoissey
Romanèche-Thorins
Fleurie
Chénas
Juliénas
Crêches-sur-Saône
Solutré-Pouilly
Vergisson
Prissé
La Roche-Vineuse
Berzé-le-Châtel
Berzé-la-Ville
Milly-Lamartine
Pierreclos
Beaujeu
Quincié-en-Beaujolais
Villié-Morgon
Corcelles-en-Beaujolais
St-Georges-de-Reneins
Arnas
Jassans-Riottier
Fareins
Chaleins
Messimy-sur-Saône
St-Trivier-sur-Moignans
Sandrans
Marlieux
St-André-de-Bâgé
Feillens
Manziat
Vésines
Sancé
Charnay-lès-Mâcon
Hurigny
Laizé
Clessé
Viré
Fleurville
St-Albain
Senozan
Asnières-sur-Saône
Ozan
Chevroux
Boissey
Foissiat
Jayat
Marsonnas
Dommartin
St-Sulpice
Malafretaz
Étrez
Curtafond
Confrançon
Buellas
Vandeins
St-Denis-lès-Bourg
St-Rémy
Montracol
Condeissiat
Servas
Neuville-les-Dames
Chaveyriat
St-Julien-sur-Veyle
Biziat
Laiz
Grièges
Cruzilles-lès-Mépillat
Illiat
Sulignat
St-Didier-sur-Chalaronne
St-Étienne-sur-Chalaronne
Dompierre-sur-Chalaronne
Mogneneins
Peyzieux-sur-Saône
Genouilleux
Guéreins
Valeins
Baneins
Relevant
Chaneins
Francheleins
Lurcy
St-Étienne-des-Oullières
Odenas
Charentay
St-Lager
Cercié
Chiroubles
Émeringes
Chânes
Leynes
Chaintré
Fuissé
Vinzelles
Davayé
Chasselas
Pruzilly
Serrières
Bussières
Sologny
Bourgvilain
Mazille
Ste-Cécile
Jalogny
Donzy-le-Pertuis
Blanot
Cortambert
Massilly
Taizé
Ameugny
Malay
Savigny-sur-Grosne
Bissy-sous-Uxelles
Bresse-sur-Grosne
Étrigny
Mancey
Jugy
Boyer
Vers
Royer
Plottes
Martailly-lès-Brancion
Chissey-lès-Mâcon
Cruzille
Grevilly
Bissy-la-Mâconnaise
Chardonnay
Burgy
Péronne
St-Maurice-de-Satonnay
Charbonnières
Igé
Verzé
Chevagny-les-Chevrières
Lacrost
Préty
le Villars
la Truchère
Sarmoyer
Arbigny
St-Bénigne
Gorrevod
Chavannes-sur-Reyssouze
Servignat
St-Étienne-sur-Reyssouze
St-Julien-sur-Reyssouze
St-Jean-sur-Reyssouze
Mantenay-Montlin
Lescheroux
Vescours
Courtes
Vernoux
Curciat-Dongalon
St-Nizier-le-Bouchoux
Ratenelle
Simandre
Ormes
Huilly-sur-Seille
Loisy
Jouvençon
Brienne
la Chapelle-Thècle
la Genête
Rancy
Ménetreuil
Montpont-en-Bresse
la Chapelle-Naude
Savigny-sur-Seille
Branges
Sornay
la Frette
Bâgé-la-Ville
St-Didier-d'Aussiat
St-Genis-sur-Menthon
St-Martin-le-Châtel
St-Jean-sur-Veyle
Perrex
Bey
Garnerans
St-André-d'Huiriat
Chanoz-Châtenay
Romans
St-André-le-Bouchoux
St-Georges-sur-Renon
St-Germain-sur-Renon
la Chapelle-du-Châtelard
St-Nizier-le-Désert
le Plantay
Bouligneux
Ste-Olive
Savigneux
Ambérieux-en-Dombes
Frans
Beauregard
Villeneuve
Denicé
Lacenas
Rivolet
Blacé
St-Julien
Salles-Arbuissonnas-en-Beaujolais
le Perréon
Vaux-en-Beaujolais
Avenas
Vauxrenard
Lantignié
Régnié-Durette
St-Jean-d'Ardières
Taponas
Dracé
Lancié
la Chapelle-de-Guinchay
St-Symphorien-d'Ancelles
Varennes-lès-Mâcon
St-Amour-Bellevue
Cormoranche-sur-Saône
Les Sablons
Mont de Bessay
Roche de Solutré
Mont St-Romain
Dombes
D O M B E S
B R E S S E
M Â C O N N A I S
B E A U J O L A I S
Hôtel-Dieu
Gallo-Romaines
Grottes de Blanot
Grottes d'Azé
Temple Ste-Catherine
Rés. Nat. de la Truchère
Gisement Préhistorique
Ferme de la Forêt
Bois de Vescours
Ferme de Sougey
Base de loisirs Plaine Tonique
Château de Loriol
Ferme des Planons
Étang Quinard
Ancien Prieuré
Chât. de Montceau
Chât. de Lamartine
Camp Retranché
Chât. des Essertaux
Chât. de la Teyssonnière
Chât. de Longe
Abb. N.-D. des Dombes
Parc Ornithologique
Chât. de Vauxrenard
Château de Fléchères
Chât. de Laye
Chât. de la Chaize
Chât. de la Palud
Touroparc
Chât. de Ruffey
A6
A40
E15
E21
E62
N6
N79
N83
N479

117
102
Louhans
St-Martin-du-Mont
Savigny
Flacey-en-Bresse
Cesancey
Ste-Agnès
Vincelles
St-Laurent-la-Roche
Rotalier
Vernantois
Bornay
Beaufort
Orbagna
Augea
Cuisia
Rosay
Cressia
Augisey
Varessia
Présilly
Moutonne
Rothonay
Beffia
Orgelet
Poids-de-Fiole
Courbette
Nogna
Pont-de-Poitte
Patornay
Mesnois
Boissia
Clairvaux-les-Lacs
Cogna
Saugeot
Bonlieu
Barésia-sur-l'Ain
Soucia
Thoiria
Châtel-de-Joux
Prénovel
Meussia
Étival
Chaux-des-Prés
Les Piards
Frontenaud
Le Miroir
Cousance
Gizia
Digna
Chevreaux
Cuiseaux
Champagnat
Dommartin-lès-Cuiseaux
Varennes-St-Sauveur
Joudes
Montagna-le-Reconduit
Balanod
Véria
Gigny
Graye-et-Charnay
Pimorin
Chavéria
Nancuise
Monnetay
Chambéria
Sarrogna
Maisod
Onoz
Charchilla
Moirans-en-Montagne
Crenans
Les Crozets
Lect
Condal
St-Amour
Thoissia
Nanc-lès-St-Amour
Andelot-Morval
Louvenne
Montrevel
La Boissière
Chatonnay
Légna
Savigny
Fétigny
Marigna-sur-Valouse
Villards-d'Héria
St-Lupicin
Ravilloles
Lavans-lès-St-Claude
St-Jean-d'Étreux
Coligny
Florentia
Val-d'Épy
St-Julien
Lains
Dramelay
Arinthod
Cernon
Vouglans
Chisséria
Dessia
Martigna
Jeurre
St-Hymetière
Vescles
Montcusel
Valfin-sur-Valouse
Cézia
Chemilla
Genod
Vosbles
Chancia
Condes
Lavans-sur-Valouse
Vaux-lès-St-Claude
Molinges
Chassal
Larrivoire
Villard-St-Sauveur
Pirajoux
Salavre
Verjon
Broissia
Bourcia
Villeneuve-lès-Charnod
Montfleur
Charnod
Cornod
Coisia
Dortan
Lavancia-Epercy
Rogna
Vulvoz
Viry
Choux
Les Bouchoux
Villemotier
Marboz
Courmangoux
Pouillat
Pressiat
Germagnat
Aromas
Arbent
Forêt de Macretet
Béligneux
Bény
Marmont
Chavannes-sur-Suran
Treffort-Cuisiat
Corveissiat
Thoirette
Matafelon-Granges
Samognat
Géovreisset
Oyonnax
Bellignat
Forêt d'Échallon
Belleydoux
Giron
Échallon
Champfromier
Meillonnas
St-Étienne-du-Bois
Sonthonnax-la-Montagne
Simandre-sur-Suran
Izernore
Groissiat
Martignat
Apremont
Charix
Plagne
St-Germain-de-Joux
Montanges
Jasseron
Ramasse
Drom
Cize
Grand-Corent
Bolozon
Nurieux-Volognat
Géovreissiat
Montréal-la-Cluse
Brion
Nantua
Port
Lalleyriat
Le Poizat
Châtillon-en-Michaille
Bourg-en-Bresse
Viriat
Ceyzériat
Villereversure
Revonnas
Hautecourt-Romanèche
Leyssard
Peyriat
Serrières-sur-Ain
St-Martin-du-Frêne
Maillat
Les Neyrolles
Tossiat
Journans
Certines
Bohas-Meyriat-Rignat
Challes
Ceignes
Cerdon
Labalme
Condamine
Chevillard
Plateau de Retord
St-Martin-du-Mont
Neuville-sur-Ain
Poncin
St-Alban
Vieu-d'Izenave
Outriaz
Brénod
Lantenay
Le Petit-Abergement
Le Grand-Abergement
Injoux-Génissiat
Mérignat
Druillat
Pont-d'Ain
Jujurieux
Corcelles
Izenave
Champdor
Dompierre-sur-Veyle
Varambon
St-Jean-le-Vieux
Boyeux-St-Jérôme
L'Abergement-de-Varey
Aranc
Hotonnes
Hauteville-Lompnes
Ambronay
Douvres
Nivollet-Montgriffon
Châtillon-la-Palud
Chanay
Corbonod
130
131
118
A39
A40
A42
A404
N83
N84
N75
N78
E21
E62

118
103
104
117
131
132
A
B
C
D
1
2
3
4
5
6
PARC
NAT.
REG.
DU
HAUT-JURA
GENÈVE
Annemasse
Gaillard
St-Julien-en-Genevois
Ferney-Voltaire
Divonne-les-Bains
Gex
Nyon
THONON-LES-BA
Bellegarde-sur-Valserine
St-Claude
Morez
Les Rousses
Bonneville
La Roche-sur-Foron
Thorens-Glières
Cruseilles
Reignier
St-Genis-Pouilly
Meyrin
Carouge
Annemasse
Douvaine
Sciez
Bons-en-Chablais
Chens-sur-Léman
Yvoire
Excenevex
Gland
Rolle
Allaman
Aubonne
Morges
St-Cergue
Col de la Faucille
Col du Marchairuz
Mont Tendre
Crêt de la Neige
Mont Salève
Lamoura
Lajoux
Mijoux
Septmoncel
Prémanon
Longchaumois
Bellefontaine
Les Moussières
Les Bouchoux
La Pesse
Chézery-Forens
Collonges
Valleiry
Viry
Archamps
Collonges-sous-Salève
Monnetier-Mornex
Arbusigny
Frangy
Chaumont
Vanzy
Éloise
Savigny
Minzier
Chavannaz
Musièges
Choisy
Mésigny
Allonzier-la-Caille
Sallenôves
Desingy
Chilly
Clermont
Fessy
Boëge
Bogève
Lucinges
Fillinges
Bonne
Contamine-sur-Arve
Marcellaz
Amancy
Etaux
St-Pierre-en-Faucigny
St-Sixt
Évires
Cuvat
la Balme-de-Sillingy
Rés. Nat. de la Haute Chaîne du Jura
Défilé de l'Écluse
Lac Léman

LAUSANNE
Morges
St-Sulpice
Pully
Lutry
Ouchy
Cully
Epesses
Chexbres
Vevey
La Tour-de-Peilz
Montreux
Clarens
Blonay
Col de Sonloup
Rochers de Naye
Château de Chillon
Villeneuve
Aigle
Bex
St-Maurice
Monthey
Collombey
Vouvry
Bouveret
St-Gingolph
Évian-les-Bains
Lugrin
Meillerie
Neuvecelle
Publier
Thollon-les-Mémises
Bernex
Larringes
Fèternes
Allinges
Abondance
Châtel
Morgins
Pas de Morgins
Champéry
Val-d'Illiez
Dent du Midi
Lac de Montriond
Montriond
Morzine
Avoriaz
Les Gets
St-Jean-d'Aulps
Bellevaux
Lullin
Mégevette
Mieussy
St-Jeoire
Taninges
Samoëns
Morillon
Sixt-Fer-à-Cheval
Cluses
Scionzier
Marignier
Thyez
Magland
le Reposoir
Sallanches
Servoz
Martigny-Bourg
Col de la Forclaz
Vallorcine
Finhaut
Barrage d'Emosson
Aiguille du Chardonnet
Aiguille d'Argentière
C H A B L A I S
F A U C I G N Y
L É M A N
Gorges du Pont du Diable
Portes du Soleil
Grand Mont Ruan
Tour Sallière
Pic de Tenneverge
Pointe de la Finive
Le Molésan
Dent de Valère
Col de la Colombière
Chaîne du Bargy
Chartreuse du Reposoir
Cascade du Rouget
Désert de Platé

106
107
134
St-Georges-d'Oléron
Fouras
St-Laurent-de-la-Prée
Breuil-Magné
St-Pierre-d'Oléron
Port-des-Barques
Tonnay-Charente
ROCHEFORT
Soubise
St-Hippolyte
Cabariot
Champdolent
Dolus-d'Oléron
Moëze
Rochefort-St-Agnant
Échillais
Bords
ÎLE D'OLÉRON
le Château-d'Oléron
Parcs à Huîtres
Croix Hosannière
le Grand-Village-Plage
Fort du Chapus
Bourcefranc-le-Chapus
Beaugeay
St-Agnant
Trizay
Romegoux
St-Trojan-les-Bains
Hiers-Brouage
Beurlay
Ste-Radegonde
Marennes
St-Just-Luzac
St-Jean-d'Angle
la Gripperie-St-Symphorien
Champagne
Pont-l'Abbé-d'Arnoult
St-Sulpice-d'Arnoult
Pointe de Gatseau
Pointe de Maumusson
La Tremblade
Tour de Broue
St-Sornin
Ste-Gemme
Forêt Dom. de la Coubre
PRESQU'ÎLE D'ARVERT
Arvert
Étaules
Nieulle-sur-Seudre
Chaillevette
Corme-Royal
Nancras
Balanzac
les Mathes
Mornac-sur-Seudre
le Gua
Sablonceaux
Luchat
Ph. de la Coubre
POINTE DE LA COUBRE
Zoo Palmyrosa
St-Augustin (Charosson)
Breuillet
l'Éguille
St-Romain-de-Benet
Pisany
Saujon
Camp Romain de César
St-Sulpice-de-Royan
Grde Passe de l'Ouest
Embouchure de la Gironde
Ph. de Terre Nègre
St-Palais-sur-Mer
Vaux-sur-Mer
Royan
Médis
Thézac
Nécropole Nationale
Meursac
Promenade de la Corniche
Corme-Écluse
Thaims
Phare de Cordouan
St-Georges-de-Didonne
Pointe de Vallières
Chât. de Didonne
Grézac
Semussac
Cozes
POINTE DE GRAVE
Phare de Grave
Phare St-Nicolas
le Verdon-sur-Mer
Conche des Nonnes
Meschers-sur-Gironde
Grotte Matata
Arces
Site Archéologique du Fâ
Talmont-sur-Gironde
Soulac-sur-Mer
Barzan
St-Seurin-d'Uzet
Boutenac-Touvent
LA GIRONDE
Talais
Mortagne-sur-Gironde
Ermitage St-Martial
Grayan-et-l'Hôpital
Phare de Richard
St-Fort-sur-Gironde
St-Romain-sur-Gironde
St-Vivien-de-Médoc
Jau-Dignac-et-Loirac (le Centre)
MÉDOC
Min de Vensac
Vensac
Valeyrac
Montalivet-les-Bains
Vendays-Montalivet
Queyrac
Bégadan
St-Christoly-Médoc
Gaillan-
Couquèques

121
107
108
122
135
E
F
G
H
St-Crépin
St-Loup
Landes
Chantemerle-sur-la-Soie
Tonnay-Boutonne
Puy-du-Lac
la Vergne
St-Denis-du-Pin
Nuaillé-sur-Boutonne
St-Pardoult
Antezant-la-Chapelle
Paillé
Vervant
Poursay-Garnaud
les Églises-d'Argenteuil
Contre
Villemorin
Saleignes
Paradis
les Éduts
Courcelles
St-Julien-de-l'Escap
St-Jean-d'Angély
Voissay
Torxé
Ternant
les Nouillers
Archingeay
Bignay
Taillant
Mazeray
Fenioux
Grandjean
Lanterne des Morts
St-Savinien
le Mung
Geay
Varaize
Fontenet
St-Pierre-de-Juillers
St-Martin-de-Juillers
Cherbonnières
Loiré-sur-Nie
Gibourne
le Gicq
Seigné
Néré
Fontaine-Chalendray
Bazauges
Cressé
les Touches-de-Périgny
la Brousse
Asnières-la-Giraud
Ste-Même
Aumagne
Blanzac-lès-Matha
Bagnizeau
Gourvillette
Beauvais-sur-Matha
Bresdon
St-Ouen
Matha
Haimps
Massac
la Frédière
St-Hilaire-de-Villefranche
Pile Romaine Fanal d'Ébéon
Nantillé
Crazannes
Port-d'Envaux
Taillebourg
Annepont
Juicq
Authon-Ébéon
Aujac
Courcerac
Thors
Sonnac
Louzignac
Siecq
Ballans
Brie-sous-Matha
Écoyeux
le Douhet
Aqueduc
St-Vaize
Brizambourg
Villars-les-Bois
Migron
Mons
Neuvicq-le-Château
Bréville
Macqueville
Écurat
Vénérand
Bussac-sur-Charente
Fontcouverte
le Seure
Mesnac
St-Sulpice-de-Cognac
St-Georges-des-Coteaux
SAINTES
Thermes Romains
Arènes
Arc de Triomphe de Germanicus
la Chapelle-des-Pots
St-Bris-des-Bois
Burie
St-Césaire
Abb. de Fontdouce
Chât. de Chenel
Cherves-Richemont
Ste-Sévère
Houlette
Courbillac
Pessines
St-Sauvant
Varzay
les Gonds
Chaniers
Chermignac
Courcoury
Théâtre Gallo-Romain
Dompierre-sur-Charente
Chérac
Louzac-St-André
Javrezac
Cognac
Parc François 1er
Abb. de Châtre
Chât. des Valois
Boutiers-St-Trojan
Nercillac
Réparsac
Chassors
Julienne
Jarnac
St-Brice
Bourg-Charente
Dolm. de Garde-Épée
Tumulus
Les Métairies
Retaud
Croix Hosannière
St-Laurent-de-Cognac
St-Sever-de-Saintonge
Marais des Breuils
Rouffiac
Merpins
Châteaubernard
Thénac
Préguillac
Brives-sur-Charente
Salignac-sur-Charente
Montils
Ars
Gimeux
Gensac-la-Pallue
Mainxe
Gondeville
St-Même-les-Carrières
Rioux
Tesson
Berneuil
Colombiers
Le Jard
St-Simon-de-Pellouaille
St-Seurin-de-Palenne
Pérignac
Salles-d'Angles
Genté
Segonzac
St-Preuil
Bouteville
St-André-de-Lidon
St-Léger
Coulonges
Lonzac
Celles
Angeac-Champagne
Juillac-le-Coq
Chât. de Beauregard
Villars-en-Pons
Jazennes
Bougneau
St-Martial-sur-Né
St-Fort-sur-le-Né
Gémozac
Tanzac
Pons
Donjon
Anc. Hôp. des Pèlerins
Chât. d'Usson
Biron
Échebrune
Germignac
Cierzac
Verrières
Lignières-Sonneville
Le Puy du Mont
Bonneville
Mazerolles
Avy
Givrezac
Belluire
Jarnac-Champagne
Chadenac
Ste-Lheurine
St-Palais-du-Né
Ambleville
Criteuil-la-Magdeleine
Touzac
St-Quantin-de-Rançanne
Fléac-sur-Seugne
Champagnolles
St-Palais-de-Phiolin
St-Germain-du-Seudre
Marignac
Neuillac
Archiac
Arthenac
Lachaise
St-Eugène
Lagarde-sur-le-Né
Brie-sous-Mortagne
St-Grégoire-d'Ardennes
Mosnac
St-Genis-de-Saintonge
St-Georges-Antignac
Clion
Neulles
Clam
Bois
Reaux
Brie-sous-Archiac
Barret
Barbezieux
Plassac
Lorignac
St-Maurice-de-Tavernole
St-Martial-de-Vitaterne
Moings
Allas-Champagne
Guimps
St-Sigismond-de-Clermont
St-Germain-de-Lusignan
Jonzac
Meux
St-Ciers-du-Taillon
St-Dizant-du-Gua
Ste-Ramée
Guitinières
Anc. Abb. de la Tenaille
St-Ciers-Champagne
Montchaude
Salles-de-Barbezieux
St-Hilaire-du-Bois
Champagnac
St-Germain-de-Vibrac
Lamérac
Reignac
Consac
St-Dizant-du-Bois
Nieul-le-Virouil
St-Maigrin
Sémillac
St-Martial-de-Mirambeau
Semoussac
Allas-Bocage
St-Simon-de-Bordes
Ozillac
St-Médard
Mortiers
Fontaines-d'Ozillac
Agudelle
Condéon
St-Georges-des-Agoûts
Mirambeau
Villexavier
Léoville
Baignes-Ste-Radegonde
Abb. St-Étienne
Touvérac
Tugéras-St-Maurice
Salignac-de-Mirambeau
Soubran
Chaunac
Vibrac
Vanzac
St-Bonnet-sur-Gironde
Sorlin-de-Conac
Oriolles
la Charente
la Seugne
la Boutonne

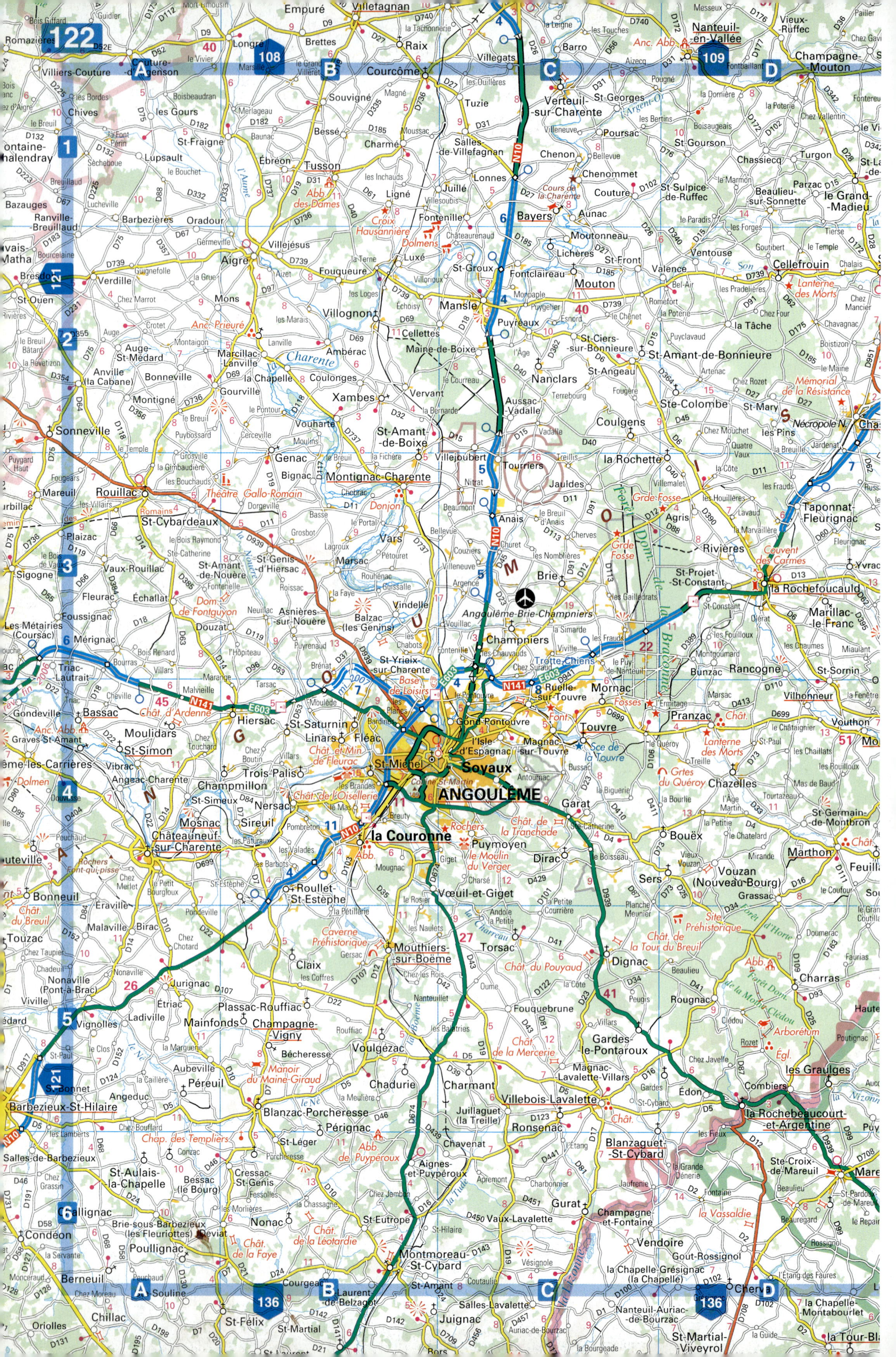

122
108
109
121
136
A
B
C
D
1
2
3
4
5
6
Villefagnan
Empuré
Brettes
Raix
Courcôme
Villegats
Barro
Nanteuil-en-Vallée
Champagne-Mouton
Vieux-Ruffec
Romazières
Villiers-Couture
Longré
Souvigné
Tuzie
Verteuil-sur-Charente
St-Georges
Chives
les Gours
Bessé
Charmé
Salles-de-Villefagnan
Chenon
Poursac
St-Gourson
Chassiecq
Turgon
St-Fraigne
Lupsault
Ébréon
Tusson
Lonnes
Chenommet
Couture
St-Sulpice-de-Ruffec
Beaulieu-sur-Sonnette
Le Grand-Madieu
Bazauges
Ligné
Juillé
Bayers
Aunac
Ranville-Breuillaud
Barbezières
Oradour
Fontenille
Abb. des Dames
Croix Hausannière
Dolmens
Moutonneau
Villejésus
Aigre
Luxé
Lichères
St-Front
Valence
Ventouse
Cellefrouin
Verdille
Fouqueyre
St-Groux
Fontclaireau
Mouton
St-Ouen
Mons
Villognon
Mansle
Puyréaux
Lanterne des Morts
Anc. Prieuré
Cellettes
Maine-de-Boixe
la Tâche
Auge-St-Médard
Marcillac-Lanville
Charente
Ambérac
St-Ciers-sur-Bonnieure
St-Amant-de-Bonnieure
Anville (la Cabane)
Bonneville
la Chapelle
Coulonges
Nanclars
St-Angeau
Mémorial de la Résistance
Gourville
Xambes
Vervant
Aussac-Vadalle
Ste-Colombe
Montigné
Vouharte
St-Amant-de-Boixe
Coulgens
St-Mary
Nécropole N.
Sonneville
Genac
Villejoubert
Tourriers
la Rochette
les Pins
Bignac
Montignac-Charente
Jauldes
Théâtre Gallo-Romain
Donjon
Mareuil
Rouillac
St-Cybardeaux
Anais
Agris
Taponnat-Fleurignac
Plaizac
Vars
Rivières
Sigogne
Vaux-Rouillac
St-Amant-de-Nouère
St-Genis-d'Hiersac
Marsac
Brie
St-Projet-St-Constant
Couvent des Carmes
La Rochefoucauld
Fleurac
Échallat
Dom. de Fontguyon
Asnières-sur-Nouère
Vindelle
Balzac (les Genins)
Angoulême-Brie-Champniers
Marillac-le-Franc
Les Métairies (Coursac)
Foussignac
Mérignac
Douzat
Champniers
Triac-Lautrait
St-Yrieix-sur-Charente
Trotte-Chiens
Bunzac
Rancogne
St-Sornin
Gondeville
Bassac
Chât. d'Ardenne
Hiersac
Base de Loisirs
Ruelle-sur-Touvre
Mornac
Vilhonneur
Graves-St-Amant
Moulidars
St-Saturnin
Linars
Fléac
Gond-Pontouvre
Pranzac
Touvre
St-Simon
l'Isle-d'Espagnac
Magnac-sur-Touvre
Sce de la Touvre
Lanterne des Morts
Chât. et Mln de Fleurac
Trois-Palis
St-Michel
Soyaux
Angeac-Charente
Champmillon
ANGOULÊME
Grtes du Quéroy
Chazelles
Dolmen
Chât. de l'Oisellerie
St-Simeux
Nersac
Garat
St-Germain-de-Montbron
Mosnac
Sireuil
la Couronne
Chât. de la Tranchade
Bouëx
Châteauneuf-sur-Charente
Puymoyen
Dirac
Marthon
Rochers Font-qui-pisse
le Moulin du Verger
Vouzan (Nouveau Bourg)
Feuillade
Sers
Roullet-St-Estèphe
Vœuil-et-Giget
Bonneuil
Chât. du Breuil
Eraville
Malaville
Birac
Site Préhistorique
Touzac
Caverne Préhistorique
Mouthiers-sur-Boëme
Torsac
Chât. de la Tour du Breuil
Dignac
Claix
Chât. du Pouyaud
Charras
Nonaville (Pont-à-Brac)
Jurignac
Viville
Étriac
Plassac-Rouffiac
Fouquebrune
Rougnac
Vignolles
Ladiville
Mainfonds
Champagne-Vigny
Gardes-le-Pontaroux
Arborétum
Bécheresse
Voulgézac
Chât. de la Mercerie
Les Graulges
St-Bonnet
Aubeville
Péreuil
Manoir du Maine-Giraud
Magnac-Lavalette-Villars
Chadurie
Charmant
Édon
Combiers
Barbezieux-St-Hilaire
Angeduc
Blanzac-Porcheresse
Villebois-Lavalette
La Rochebeaucourt-et-Argentine
Juillaguet (la Treille)
Pérignac
Ronsenac
Chap. des Templiers
St-Léger
Chavenat
Blanzaguet-St-Cybard
Salles-de-Barbezieux
Abb. de Puypéroux
Aignes-et-Puypéroux
Ste-Croix-de-Mareuil
St-Aulais-la-Chapelle
Bessac (le Bourg)
Cressac-St-Genis
Gurat
Challignac
Champagne-et-Fontaine
la Vassaldie
Condéon
Brie-sous-Barbezieux (les Fleuriottes)
Deviat
Nonac
St-Eutrope
Vaux-Lavalette
Vendoire
Poullignac
Chât. de la Faye
Chât. de la Léotardie
Gout-Rossignol
Montmoreau-St-Cybard
la Chapelle-Grésignac (la Chapelle)
Berneuil
Souline
Courgeac
Laurent-de-Belzagot
St-Amant
Cherval
Chillac
St-Félix
Salles-Lavalette
Nanteuil-Auriac-de-Bourzac
La Chapelle-Montabourlet
Oriolles
St-Martial
Juignac
St-Martial-Viveyrol
La Tour-Blanche

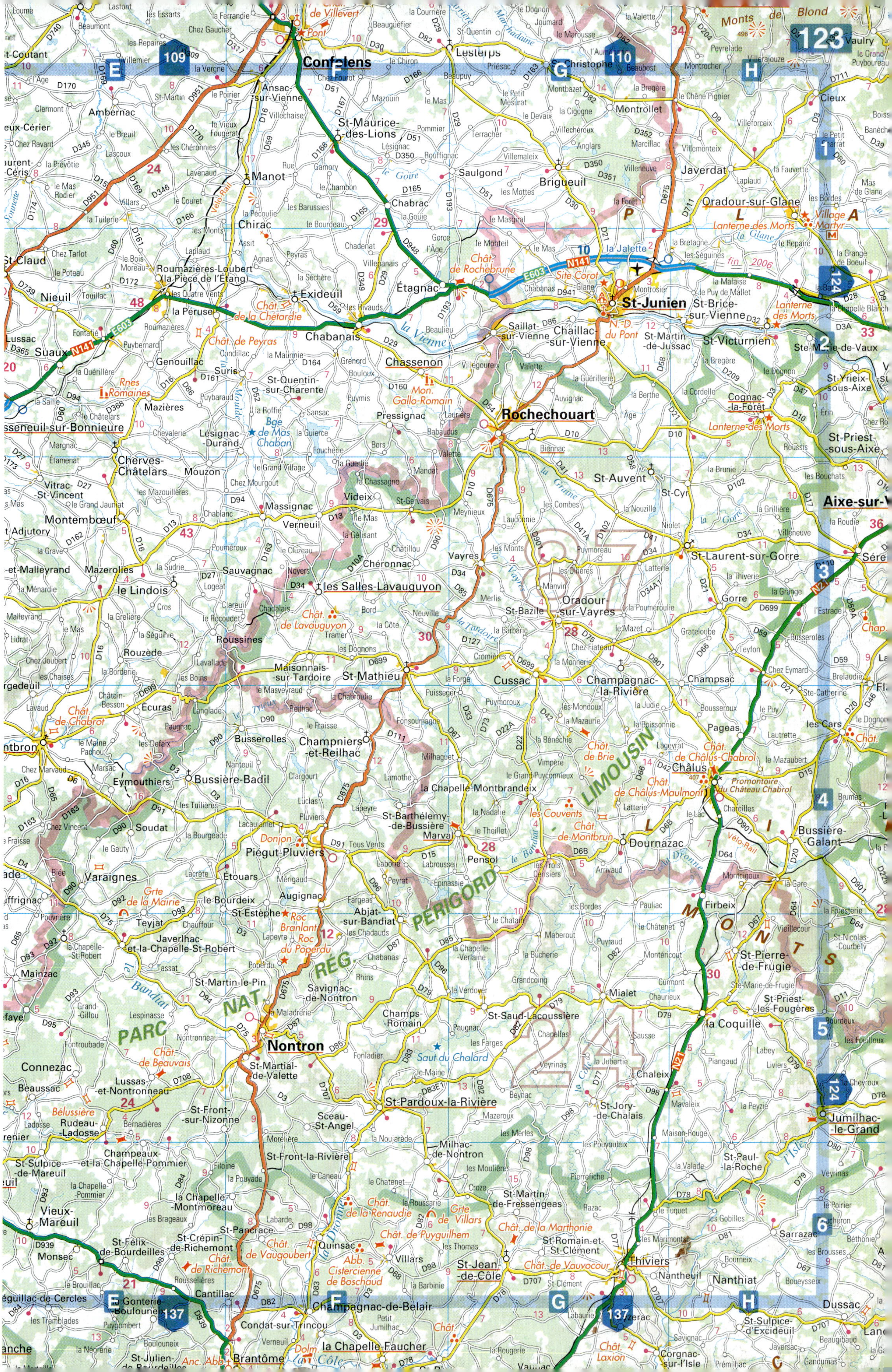

123
109
110
124
137
Confolens
Lesterps
St-Christophe
Ansac-sur-Vienne
St-Maurice-des-Lions
Ambernac
Manot
Chabrac
Saulgond
Brigueuil
Javerdat
Oradour-sur-Glane
Village Martyr
Lanterne des Morts
Roumazières-Loubert
Chirac
Étagnac
Exideuil
St-Junien
St-Brice-sur-Vienne
Nieuil
Chât. de Rochebrune
Site Corot
Chabanais
Saillat-sur-Vienne
Chaillac-sur-Vienne
St-Victurnien
la Vienne
Suaux
la Péruse
Chât. de la Chétardie
Chât. de Peyras
Genouillac
Chassenon
Mon. Gallo-Romain
Rnes Romaines
St-Quentin-sur-Charente
Cognac-la-Forêt
Rochechouart
Mazières
Pressignac
Lesignac-Durand
Bge de Mas Chaban
Chasseneuil-sur-Bonnieure
Cherves-Châtelars
Mouzon
St-Auvent
St-Priest-sous-Aixe
Vitrac-St-Vincent
Videix
Aixe-sur-Vienne
Montembœuf
Massignac
Verneuil
Chéronnac
St-Laurent-sur-Gorre
Vayres
Mazerolles
Sauvagnac
les Salles-Lavauguyon
le Lindois
Oradour-sur-Vayres
Gorre
Chât. de Lavauguyon
St-Bazile
Rouzède
Roussines
Maisonnais-sur-Tardoire
St-Mathieu
Cussac
Champagnac-la-Rivière
Champsac
Chât. de Chabrot
Ecuras
Champniers-et-Reilhac
Pageas
Busserolles
Chât. de Brie
LIMOUSIN
Châlus
Chât. de Châlus-Chabrol
Chât. de Châlus-Maulmont
Promontoire du Château Chabrol
Eymouthiers
Bussière-Badil
la Chapelle-Montbrandeix
Soudat
St-Barthélemy-de-Bussière
Marval
les Couvents
Chât. de Montbrun
Dournazac
Bussière-Galant
Donjon
Piégut-Pluviers
Pensol
Varaignes
Étouars
PÉRIGORD
Augignac
Firbeix
MONTS
Grte de la Mairie
le Bourdeix
Teyjat
St-Estèphe
Roc Branlant
Roc du Poperdu
Abjat-sur-Bandiat
Javerlhac-et-la-Chapelle-St-Robert
St-Pierre-de-Frugie
St-Martin-le-Pin
RÉG
NAT
PARC
Savignac-de-Nontron
Mialet
St-Priest-les-Fougères
la Coquille
Champs-Romain
St-Saud-Lacoussière
Nontron
Chât. de Beauvais
Saut du Chalard
St-Martial-de-Valette
Connezac
Lussas-et-Nontronneau
Chaleix
Jumilhac-le-Grand
St-Pardoux-la-Rivière
St-Front-sur-Nizonne
St-Jory-de-Chalais
Bélussière
Rudeau-Ladosse
Sceau-St-Angel
Milhac-de-Nontron
St-Paul-la-Roche
Champeaux-et-la-Chapelle-Pommier
St-Front-la-Rivière
St-Sulpice-de-Mareuil
la Chapelle-Montmoreau
Vieux-Mareuil
Chât. de la Renaudie
Grte de Villars
St-Martin-de-Fressengeas
Chât. de la Marthonie
St-Crépin-de-Richemont
St-Pancrace
Chât. de Puyguilhem
Sarrazac
St-Romain-et-St-Clément
St-Félix-de-Bourdeilles
Chât. de Vaugoubert
Quinsac
Villars
Thiviers
Monsec
Chât. de Richemont
Abb. Cistercienne de Boschaud
St-Jean-de-Côle
Chât. de Vauvocour
Nanthiat
Cantillac
Gonterie-Boulouneix
Champagnac-de-Belair
Dussac
Condat-sur-Trincou
la Chapelle-Faucher
St-Sulpice-d'Excideuil
Brantôme
Chât. Laxion
Corgnac-sur-l'Isle

124
110
111
123
138
A
B
C
D
1
2
3
4
5
6
LIMOGES
Couzeix
le Palais-sur-Vienne
Panazol
Isle
Feytiat
Limoges-Bellegarde
Condat-sur-Vienne
Bosmie-l'Aiguille (le Boucheron)
Aixe-sur-Vienne
Verneuil-sur-Vienne
Séreilhac
Nieul
Veyrac
St-Gence
Peyrilhac
Nantiat
Chamboret
Thouron
Compreignac
Razès
Bonnac-la-Côte
St-Jouvent
Chaptelat
Rilhac-Rancon
Ambazac
St-Sylvestre
St-Léger-la-Montagne
Jabreilles-les-Bordes
Châtelus-le-Marcheix
St-Martin-Ste-Catherine
St-Laurent-les-Églises
St-Priest-Taurion
St-Martin-Terressus
le Châtenet-en-Dognon
Sauviat-sur-Vige
Moissannes
St-Just-le-Martel
Royères
St-Léonard-de-Noblat
Champnétery
Cheissoux
Bujaleuf
Eybouleuf
Aureil
Eyjeaux
Boisseuil
le Vigen
Solignac
St-Paul
St-Denis-des-Murs
Masléon
Roziers-St-Georges
Neuvic-Entier
Châteauneuf-la-Forêt
St-Hilaire-Bonneval
Pierre-Buffière
St-Genest-sur-Roselle
St-Bonnet-Briance
Linards
Glanges
St-Méard
Nexon
Jourgnac
Burgnac
Flavignac
Lavignac
St-Maurice-les-Brousses
St-Jean-Ligoure
St-Priest-Ligoure
Vicq-sur-Breuilh
Magnac-Bourg
St-Germain-les-Belles
St-Vitte-sur-Briance
la Croisille-sur-Briance
Surdoux
St-Gilles-les-Forêts
St-Hilaire-les-Places
Rilhac-Lastours
Janailhac
la Meyze
la Roche-l'Abeille
Château-Chervix
Ladignac-le-Long
le Chalard
St-Yrieix-la-Perche
Coussac-Bonneval
Masseret
Lamongerie
Meilhards
Benayes
Montgibaud
Salon-la-Tour
Condat-sur-Ganaveix
Eyburie
Glandon
St-Julien-le-Vendômois
St-Éloy-les-Tuileries
Ségur-le-Château
Lubersac
St-Martin-Sepert
St-Ybard
Uzerche
Espartignac
Pierrefitte
Chamboulive
St-Pardoux-Corbier
Arnac-Pompadour
St-Cyr-les-Champagnes
Payzac
Lanouaille
Sarlande
Jumilhac-le-Grand
Beynac
St-Martin-le-Vieux
Meilhac
la Porcherie
LIMOUSIN
MONTS D'AMBAZAC
MONTS DE BLOND
MONTS DU LIMOUSIN
Porte de Corrèze
Forêt de Fayat
la Vienne
la Briance
la Vige
A20
E09
N141
N21
N120
87

125
111
112
126
139
E
F
G
H
Bourganeuf
Pontarion
Aubusson
Felletin
Royère-de-Vassivière
Lac de Vassivière
Peyrat-le-Château
Eymoutiers
Gentioux-Pigerolles
Faux-la-Montagne
Lac de la Vaud-Gelade
St-Martin-Château
Beaumont-du-Lac
Nedde
Rempnat
Tarnac
PARC NATUREL RÉG
PLATEAU DE MILLEVACHES
DE MILLEVACHES
EN LIMOUSIN
Millevaches
St-Setiers
Sornac
la Courtine
Fèniers
Clairavaux
Croze
Gioux
Vallière
St-Yrieix-la-Montagne
St-Marc-à-Loubaud
la Nouaille
St-Quentin-la-Chabanne
Bugeat
Viam
Lacelle
Treignac
Chamberet
Meymac
Ambrugeat
St-Angel
Davignac
Égletons
Soudeilles
Darnets
Moustier-Ventadour
Rosiers-d'Égletons
Sarran
St-Augustin
Chaumeil
Madranges
Affieux
Veix
Pradines
Bonnefond
Gourdon-Murat
Pérols-sur-Vézère
Toy-Viam
Peyrelevade
Chavanac
Combressol
Maussac
Palisse
Alleyrat
Chaveroche
St-Merd-les-Oussines
Massif des Monédières
Mont Bessou
Rnes Romaines des Cars
Chât. de Rochefort
Chât. du Lieuteret
Chât. de Ventadour
Forêt de Clairavaux
Camp de la Courtine
23
19
N141
E70
A89

126
112
113
125
140
A
B
C
D
Bellegarde-en-Marche
Lupersat
Le Compas
Sermur
Brousse
Les Mars
Auzances
Bussière-Nouvelle
Dontreix
Charensat
Vergheas
Biollet
Espinasse
St-Priest-des-Champs
St-Gervais-d'Auvergne
Sauret-Besserve
Viaduc des Fades
Queuille
Vitrac
St-Georges-de-Mons
Étang de Chancelade
Retenue des Fades Besserves
Châtelard
Lioux-les-Monges
Chard
Mautes
Montel-de-Gelat
Villosanges
Miremont
Les Ancizes-Comps (les Ancizes)
St-Jacques-d'Ambur
Chapdes-Beaufort
La Chartreuse de Port-Ste-Marie
Montfermy
Pulvérières
La Villetelle
St-Bard
Mérinchal
La Villeneuve
St-Oradoux-près-Crocq
St-Pardoux-d'Arnet
La Mazière-aux-Bons-Hommes
St-Maurice-près-Crocq
Crocq
Basville
St-Avit
Tralaigues
Landogne
Pontaumur
Gorges du Sioulet
La Celle
Condat-en-Combraille
Combrailles
La Goulette
Bromont-Lamothe
Pontgibaud
St-Ours
St-Étienne-des-Champs
St-Hilaire-les-Monges
Dolmen
Fernoël
Giat
Voingt
Puy-St-Gulmier
Cisternes-la-Forêt
St-Pierre-le-Chastel
Château Bonnabaud
Mazaye
Magnat-l'Étrange
St-Agnant-près-Crocq
Flayat
Étang de la Ramade
Verneugheol
Sauvagnat
Prondines
Gelles
Ceyssat
Malleret
Herment
Tortebesse
Olby
St-Merd-la-Breuille
St-Oradoux-de-Chirouze
St-Germain-près-Herment (Farges)
Heume-l'Église
St-Pierre-Roche
St-Bonnet-près-Orcival
Laroche-près-Feyt
Lastic
Briffons
Rochefort-Montagne
Perpezat
Château de Cordès
Orcival
Feyt
Lamazière-Haute
St-Julien-Puy-Lavèze
Vernines
Aurières
St-Martial-le-Vieux
Couffy-sur-Sarsonne
Eygurande
Monestier-Merlines
Bourg-Lastic
Courteix
Merlines
St-Sulpice
Laqueuille
Saulzet-le-Froid
Lac de Servière
La Banne d'Ordanche
Roche Tuilière
Roche Sanadoire
Maison de la Flore
Aix
Chavanon
Messeix
St-Sauves-d'Auvergne
Avèze
Murat-le-Quaire
St-Pardoux-le-Neuf
Lignareix
Savennes
St-Étienne-aux-Clos
Menhir
La Bourboule
Mont-Dore
Chambon-sur-Lac
Ussel
St-Fréjoux
Confolent-Port-Dieu
Singles
Tauves
Puy de Sancy
Roche de Vendeix
Rocher de l'Aigle
Rés. Nat. de la Vallée de Chaudefour
Monts Dore
St-Exupéry-les-Roches
Thalamy
Port-Dieu Anc. Prieuré
Larodde
La Tour-d'Auvergne
Chastreix
Mestes
St-Bonnet-près-Bort
Monestier-Port-Dieu
Trémouille-St-Loup
Bagnols
Veyrières
Labessette
St-Victour
St-Étienne-la-Geneste
Margerides
Cros
St-Donat
Picherande
Chirac-Bellevue
Beaulieu
Plateau de l'Artense
Lac Chauvet
Compains
Ste-Marie-Lapanouze
Chât. de Val
Lanobre
Roche-le-Peyroux
St-Julien-près-Bort
Liginiac
Sarroux
Bort-les-Orgues
Champs-sur-Tarentaine-Marchal
St-Genès-Champespe
Égliseneuve-d'Entraigues
Les Orgues
Saut de la Saule
Espinchal
Chanterelle
VOLCANS D'AUVERGNE
RÉGIONAL
Forêt de Châteauvert

CLERMONT-FERRAND
Chamalières
Royat
Beaumont
Aubière
Cournon-d'Auvergne
Riom
Mozac
Châtelguyon
Volvic
Marsat
Ménétrol
Châteaugay
Blanzat
Cébazat
Gerzat
Sayat
Nohanent
Durtol
Orcines
Aulnat
Lempdes
Pont-du-Château
Lezoux
Billom
Vertaizon
Dallet
Mezel
Chauriat
Vic-le-Comte
Issoire
Brassac-les-Mines
Aigueperse
Montpensier
Randan
Maringues
Ennezat
Thuret
Aydat
Murol
Besse-et-St-Anastasie
St-Nectaire
Champeix
Plauzat
Veyre-Monton
Les Martres-de-Veyre
Mirefleurs
Orcet
Le Cendre
Romagnat
Ceyrat
St-Genès-Champanelle
Aubière
Pérignat-lès-Sarliève
Busséol
Sauxillanges
Brenat
Parentignat
Nonette
St-Germain-Lembron
Lempdes-sur-Allagnon
Auzon
Jumeaux
Esteil
Auzelles
Ceilloux
Courpière
Ravel
Moissat
Espirat
Bongheat
Glaine-Montaigut
Neuville
Puy-Guillaume
Ris
Châteldon
Paslières
Orléat
Peschadoires
Néronde-sur-Dore
Seychalles
Beauregard-l'Évêque
Lussat
Les Martres-d'Artière
Chappes
St-Beauzire
Luzillat
Vinzelles
Crevant-Laveine
Bulhon
Culhat
Manzat
Combronde
Charbonnières-les-Varennes
Enval
St-Saturnin
Tallende
St-Amant-Tallende
Le Crest
Chanonat
La Sauvetat
Authezat
Coudes
Montpeyroux
Yronde-et-Buron
Sauvagnat-Ste-Marthe
St-Yvoine
Perrier
Solignat
Vodable
Chassagne
Ternant-les-Eaux
Villeneuve
Boudes
Chalus
Vichel
St-Gervazy
Charbonnier-les-Mines
Ardes
Apchat
la Godivelle
St-Alyre-ès-Montagne
Valbeleix
Saurier
St-Diéry
St-Floret
St-Pierre-Colamine (Lomprat)
Grandeyrolles
Ludesse
Olloix
St-Sandoux
Manglieu
Sugères
Estandeuil
St-Dier-d'Auvergne
Condat-lès-Montboissier
Chaméane
Usson
St-Jean-St-Gervais
Chassignolles
PARC NATUREL
Puy de Dôme
Clermont-Ferrand-Auvergne
Limagne
l'Allier
la Dore
A71
A72
A75
A89
A710
A711
E11
E70
N89
N9
113
114
141
128
E
F
G
H

128
Ferrières-sur-Sichon
La Chabanne
Arcon
St-Alban-les-Eaux
Ouches
Le Coteau
Lentigny
Villerest
Commelle-Vernay
Châteldon
Lachaux
Laprugne
St-Priest-la-Prugne
Cherier
Villemontais
St-Cyr-de-Favières
Cordelle
Vendranges
Puy de Montoncel
Gorges de la Loire
Bully
St-Victor-Montvianeix
St-Just-en-Chevalet
St-Polgues
St-Priest-la-Roche
Palladuc
St-Rémy-sur-Durolle
Arconsat
Chausseterre
St-Romain-d'Urfé
Juré
Dancé
St-Paul-de-Vézelin
St-Jodard
Chabreloche
Amions
Souternon
Thiers
La Monnerie-le-Montel
Celles-sur-Durolle
Cervières
Champoly
St-Marcel-d'Urfé
Grézolles
St-Georges-de-Baroille
St-Julien-d'Oddes
St-Martin-la-Sauveté
Ste-Agathe
Noirétable
Viscomtat
St-Thurin
St-Julien-la-Vêtre
St-Germain-Laval
Pommiers
Escoutoux
St-Priest-la-Vêtre
St-Didier-sur-Rochefort
Ailleux
Cezay
St-Jean-la-Vêtre
St-Laurent-Rochefort
Bussy-Albieux
Arthun
Ste-Foy-St-Sulpice
Vollore-Ville
Vollore-Montagne
St-Sixte
L'Hôpital-sous-Rochefort
La Côte-en-Couzan (Morand)
Aubusson-d'Auvergne
La Chamba
La Valla-sur-Rochefort
Débats-Rivière-d'Orpra (Ligeay)
Leigneux
Boën
Palogneux
La Chambonie
La Renaudie
Jeansagnière (La Chaize)
St-Just-en-Bas
Sail-sous-Couzan
Trelins
Ste-Agathe-la-Bouteresse
St-Étienne-le-Molard
Augerolles
Olmet
Le Brugeron
Chalmazel
St-Georges-en-Couzan
Marcoux
Montverdun
Sauviat
Marcilly-le-Châtel
St-Paul-d'Uzore
Domaize
St-Gervais-sous-Meymont
Olliergues
St-Pierre-la-Bourlhonne
Col du Béal
Sauvain
Pralong
Chalain-d'Uzore
Tours-sur-Meymont
Marat
St-Bonnet-le-Courreau
Mornand-en-Forez
Vertolaye
Monts du Forez
Champdieu
Ceilloux
Cunlhat
La Chapelle-Agnon
Châtelneuf
Montbrison
Bertignat
Job
Roche
Essertines-en-Châtelneuf
Savigneux
Lérigneux
Écotay-l'Olme
Grandval
La Forie
Valcivières
Bard
Thiolières
St-Amant-Roche-Savine
Verrières-en-Forez
St-Thomas-la-Garde
St-Romain-le-Puy
St-Éloy-la-Glacière
Le Monestier
Lézigneux
Ambert
Chazelles-sur-Lavieu
St-Georges-Haute-Ville
Échandelys
St-Martin-des-Olmes
St-Ferréol-des-Côtes
St-Anthème
Gumières
Lavieu
Margerie-Chantagret
Boisset-St-Priest
Champétières
Fournols
Grandrif
Soleymieux
St-Jean-Soleymieux
Chambon-sur-Dolore
St-Clément-de-Valorgue
PARC NATUREL RÉGIONAL DU LIVRADOIS-FOREZ
St-Romain
Marols
Marsac-en-Livradois
Baffie
La Chaulme
La Chapelle-en-Lafaye
Luriecq
St-Bonnet-le-Chastel
St-Just
Saillant
Montarcher
St-Germain-l'Herm
Chaumont-le-Bourg
Églisolles
Viverols
Beurières
St-Bonnet-le-Bourg
Novacelles
St-Bonnet-le-Château
La Tourette
Fayet-Ronaye
Estivareilles
Arlanc
Dorangès
Medeyrolles
Sauvessanges
St-Nizier-de-Fornas
St-Sauveur-la-Sagne
Dore-l'Église
Usson-en-Forez
Apinac
142

129
115
116
130
143
Tarare
L'Arbresle
Feurs
Balbigny
Amplepuis
Régny
Lay
Neulise
St-Symphorien-de-Lay
St-Marcel-de-Félines
Néronde
Bussières
Pouilly-lès-Feurs
Civens
Salvizinet
Panissières
Montrottier
Bessenay
Brussieu
Courzieu
Vaugneray
Craponne
Francheville
Brindas
Chaponost
Brignais
Dardilly
Lozanne
Châtillon
Anse
Bagnols
Charnay
Oingt
Ternand
Valsonne
Dième
St-Véran
St-Clément-sur-Valsonne
St-Appolinaire
Ronno
Cublize
Chamelet
St-Just-d'Avray
Joux
Violay
St-Forgeux
Affoux
Villechenève
Longessaigne
Chambost-Longessaigne
Montchal
Rozier-en-Donzy
Cottance
Essertines-en-Donzy
Jas
Salt-en-Donzy
St-Barthélemy-Lestra
St-Martin-Lestra
Haute-Rivoire
Souzy
Ste-Foy-l'Argentière
St-Genis-l'Argentière
Yzeron
Duerne
Aveize
Virigneux
Meys
Maringes
Bellegarde-en-Forez
Grézieu-le-Marché
Viricelles
Pomeys
Chazelles-sur-Lyon
St-Symphorien-sur-Coise
Larajasse
Coise
Riverie
St-Galmier
Chevrières
Chamboeuf
Aveizieux
St-Bonnet-les-Oules
St-Héand
Sorbiers
St-Chamond
Rive-de-Gier
la Grand-Croix
St-Étienne
Villars
Roche-la-Molière
Firminy
Unieux
Fraisses
Veauche
St-Just-St-Rambert
Andrézieux-Bouthéon
Montrond-les-Bains
Cuzieu
Unias
Rivas
St-André-le-Puy
Chambéon
Magneux-Haute-Rive
Marclopt
Givors
Mornant
Taluyers
Orliénas
Soucieu-en-Jarrest
Thurins
Messimy
Montagny
Chassagny
Trèves
Échalas
Longes
Pélussin
Malleval
Condrieu
Ste-Croix-en-Jarez
Doizieux
la Terrasse-sur-Dorlay
Planfoy
Tarentaise
le Bessat
MONTS DU LYONNAIS
PARC NATUREL RÉGIONAL
Crêt de l'Œillon

130
116
117
129
144
A
B
C
D
Beauregard
Savigneux
Ambérieux-en-Dombes
Ars-sur-Formans
Jassans-Riottier
Misérieux
St-Didier-de-Formans
Ste-Euphémie
Rancé
Toussieux
Trévoux
Reyrieux
Parcieux
Massieux
Civrieux
Genay
Quincieux
Mionnay
Monthieux
St-Jean-de-Thurigneux
St-André-de-Corcy
St-Marcel
Lapeyrouse
Parc Ornithologique
Versailleux
Joyeux
Birieux
Chât. du Montellier
le Montellier
Chalamont
Châtillon-la-Palud
Villette-sur-Ain
Crans
Rignieux-le-Franc
Camp des Fromentaux
St-Éloi
Villieu-Loyes-Mollon
Meximieux
Pérouges
Faramans
Chazey-sur-Ain
Charnoz-sur-Ain
Château de Ste-Julie
Ste-Julie
Leyment
Vaux-en-Bugey
Ambutrix
St-Denis-en-Bugey
St-Maurice-de-Rémens
Bourg-St-Christophe
Bressolles
Béligneux
Pizay
Ste-Croix
Tramoyes
Montluel
Dagneux
Balan
Beynost
St-Maurice-de-Beynost
Miribel
Neyron
Thil
Niévroz
Blyes
St-Jean-de-Niost
St-Vulbas
Loyettes
Hières-sur-Amby
Villette-d'Anthon
Anthon
Jonage
Jons
Parc de Loisirs de Miribel-Jonage
Le Grand Large
Montluel
St-Maurice-de-Gourdans
Camp de la Valbonne
La Valbonne
Neuville-sur-Saône
Montanay
Albigny-sur-Saône
Fleurieu-sur-Saône
Curis-au-Mont-d'Or
Poleymieux-au-Mont-d'Or
Couzon-au-Mont-d'Or
Rochetaillée-sur-Saône
Fontaines-sur-Saône
Fontaines-St-Martin
Sathonay-Camp
Sathonay-Village
Rillieux-la-Pape
Caluire-et-Cuire
Limonest
St-Didier-au-Mont-d'Or
Champagne-au-Mont-d'Or
Dardilly
Écully
Tassin-la-Demi-Lune
Ste-Foy-lès-Lyon
La Mulatière
Oullins
Pierre-Bénite
St-Genis-Laval
Irigny
Vernaison
Charly
Millery
Grigny
Givors
Villeurbanne
LYON
Vaulx-en-Velin
Décines-Charpieu
Chassieu
Bron
Meyzieu
Pusignan
Genas
St-Priest
St-Fons
Vénissieux
Feyzin
Corbas
Mions
Toussieu
Marennes
Chaponnay
St-Pierre-de-Chandieu
Chât. de Chandieu
St-Symphorien-d'Ozon
Simandres
Sérézin-du-Rhône
Solaize
Ternay
Communay
Villette-de-Vienne
Luzinay
Chuzelles
Chasse-sur-Rhône
Seyssuel
Serpaize
St-Just-Chaleyssin
Valencin
Heyrieux
Lyon-Saint-Exupéry
Gare T.G.V.
Colombier-Saugnieu
Charvieu-Chavagneux
Janneyrias
Pont-de-Chéruy
Tignieu-Jameyzieu
Chavanoz
Crémieu
Villemoirieu
Satolas-et-Bonce
Chât. de Bonce
Chamagnieu
Panossas
St-Bonnet-de-Mure
St-Laurent-de-Mure
Grenay
Frontonas
la Verpillière
St-Quentin-Fallavier
L'Isle d'Abeau
Villefontaine
Vaulx-Milieu
Bourgoin-Jallieu
Ruy
Diémoz
Parc Animalier
Bonnefamille
Chât. de Moidières
Roche
St-Alban-de-Roche
Four
Domarin
Maubec
Chât. Bienassis
Chozeau
Veyssilieu
Vénérieu
St-Marcel-Bel-Accueil
Moras
St-Hilaire-de-Brens
Trept
Annoisin-Chatelans
Optevoz
Siccieu-St-Julien-et-Carisieu
Soleymieu
Dizimieu
Vernas
Chât. de Vernas
Oytier-St-Oblas
St-Georges-d'Espéranche
Septème
Pont-Évêque
Estrablin
Vienne
Moidieu-Détourbe
Charantonnay
Artas
Beauvoir-de-Marc
Royas
Meyrieu-les-Étangs
St-Jean-de-Bournay
Savas-Mépin
Villeneuve-de-Marc
Meyssiès
Eyzin-Pinet
Châtonnay
Ste-Anne-sur-Gervonde
Culin
Tramolé
Les Éparres
Badinières
Eclose
Châteauvilain
Chèzeneuve
Crachier
Nivolas-Vermelle
Sérézin-de-la-Tour
St-Agnin-sur-Bion
Meyrié
Champier
Nantoin
Lieudieu
Semons
Arzay
Commelle
St-Julien-de-l'Herms
Bossieu
Ornacieux
La Côte-St-André
Gillonnay
Penol
Balbins
Sardieu
St-Romain-en-Gal
Ste-Colombe
St-Cyr-sur-le-Rhône
Loire-sur-Rhône
Ampuis
Tupin-et-Semons
Condrieu
Chonas-l'Amballan
Reventin-Vaugris
St-Sorlin-de-Vienne
Jardin
Les Côtes-d'Arey
Chalons
Cour-et-Buis
Montseveroux
Vernioz
Cheyssieu
Auberives-sur-Varèze
Clonas-sur-Varèze
St-Prim
St-Clair-du-Rhône
St-Alban-du-Rhône
St-Maurice-l'Exil
Assieu
Monsteroux-Milieu
St-Romain-de-Surieu
la Chapelle-de-Surieu
Moissieu-sur-Dolon
Chât. de Bresson
Primarette
Pommier-de-Beaurepaire
Pisieu
Revel-Tourdan
Faramans
Bellegarde-Poussieu
Ville-sous-Anjou
Roussillon
Salaise-sur-Sanne
Sonnay
Pact
St-Barthélemy
Pajay
Marcilloles
Brézins
Grenoble-St-Geoirs
Le Péage-de-Roussillon
Sablons
St-Pierre-de-Bœuf
Malleval
LE RHÔNE

131
117
118
132
145
Ambérieu-en-Bugey
Hauteville-Lompnes
Seyssel
Rumilly
Aix-les-Bains
Belley
Culoz
Champagne-en-Valromey
Virieu-le-Grand
Artemare
Lac du Bourget
Le Rhône
Chambéry
Chambéry-Aix-les-Bains
Le Bourget-du-Lac
Yenne
Morestel
Les Avenières
St-Genix-sur-Guiers
Aoste
Le Pont-de-Beauvoisin
La Tour-du-Pin
Les Abrets
St-Laurent-du-Pont
Voiron
Les Échelles
Entre-deux-Guiers
St-Geoire-en-Valdaine
Montferrat
Lac de Paladru
Charavines
Le Grand-Lemps
Rives
Myans
Col du Granier
Col de l'Épine
Saint-Sorlin-en-Bugey
Lagnieu
Sault-Brénaz
Villebois
Brangues
Cheignieu-la-Balme
Rossillon
Innimond
Lhuis
Conzieu
Champagneux
Novalaise
Aiguebelette-le-Lac
Lac d'Aiguebelette
St-Béron
St-Franc
St-Christophe-sur-Guiers
St-Pierre-d'Entremont
St-Pierre-de-Chartreuse
Parc Naturel Régional de Chartreuse
Massif de la Chartreuse
Le Touvet
Albanais

132
118
119
131
146
146
A
B
C
D
1
2
3
4
5
6
Annecy
Annecy-le-Vieux
Seynod
Cran-Gevrier
Meythet
Poisy
Epagny
Metz-Tessy
Pringy
Argonay
Sillingy
la Balme-de-Sillingy
Château de Promery
Naves-Parmelan
Dingy-St-Clair
la Balme-de-Thuy
Thônes
Nécropole Nationale de Morette
Alex
Veyrier-du-Lac
Menthon-St-Bernard
Talloires
Lac d'Annecy
Sévrier
St-Jorioz
Duingt
Doussard
Faverges
Seythenex
Ugine
Albertville
Chap. N.-D. des Neiges
le Grand-Bornand
St-Jean-de-Sixt
les Villards-sur-Thônes
la Clusaz
Col des Aravis
la Giettaz
Manigod
Chaîne des Aravis
Praz-sur-Arly
Flumet
Notre-Dame-de-Bellecombe
St-Nicolas-la-Chapelle
Crest-Voland
Col des Saisies
Signal de Bisanne
Villard-sur-Doron
Queige
Beaufort
Sallanches
Cordon
Alby-sur-Chéran
Gruffy
Cusy
Lovagny
Chavanod
Marcellaz-Albanais
Rumilly
Vaulx
Nonglard
St-Sylvestre
Chapeiry
Quintal
Leschaux
Crêt de Châtillon
Bellecombe-en-Bauges
la Motte-en-Bauges
Lescheraines
Arith
St-Offenge-Dessous
St-Offenge-Dessus
Parc Nat. Rég. du Massif des Bauges
le Châtelard
Doucy-en-Bauges (la Chapelle)
Abb. de Tamié
Fort d'Orient
Mercury
Gilly-sur-Isère
Grignon
Tours-en-Savoie
la Bâthie
Cevins
Feissons-sur-Isère
Aigueblanche
Moûtiers
Salins-les-Thermes
Bains
St-François-de-Sales
le Noyer
Aillon-le-Vieux
École
Jarsy
la Compôte
Aillon-le-Jeune
Ste-Reine
Grésy-sur-Isère
Frontenex
Cléry
Verrens-Arvey
Notre-Dame-des-Millières
Ste-Hélène-sur-Isère
Bonvillard
Fréterive
Chamousset
Aiton
Aiguebelle
Randens
Bourgneuf
Chamoux-sur-Gelon
St-Pierre-d'Albigny
Château de Miolans
Thoiry
Puygros
Curienne
Barby
Challes-les-Eaux
St-Jeoire-Prieuré
Chignin
Myans
Montmélian
Arbin
Francin
la Chavanne
Villard-d'Héry
Bourgneuf
Betton-Bettonet
Villard-Léger
St-Georges-des-Hurtières
Montsapey
Argentine
St-Alban-des-Hurtières
Bourget-en-Huile
St-Pierre-de-Belleville
Grand Pic de la Lauzière
Épierre
St-Léger
la Chapelle
Montgellafrey
St-Rémy-de-Maurienne
Montaimont
St-Martin-sur-la-Chambre
la Chambre
St-Étienne-de-Cuines
Ste-Marie-de-Cuines
Montvernier
Pontamafrey-Montpascal
St-Alban-des-Villards
Col de la Madeleine
le Cheval Noir
St-François-Longchamp
St-Martin-de-Belleville
les Allues
les Avanchers-Valmorel
Villarlurin
St-Jean-de-Belleville
Chapareillan
Pontcharra
Allevard
St-Pierre-d'Allevard
le Cheylas
Goncelin
la Rochette
Arvillard
Détrier
la Croix-de-la-Rochette
Rotherens
Étable
le Verneil
Presle
Valmorel
Bellachat
le Grand Arc
Fort de Montperché
la Ferrière
Haute Vallée
Chambéry
Barberaz
la Ravoire
Lac de St-Guérin
le Grand Mont
Fort du Mont
Beaufort
Montgirod
Hautecour
Fontaine-le-Puits
la Léchère
Bonneval
Rognaix
Esserts-Blay
St-Paul-sur-Isère
Pointe Percée
Mont Mirantin
A41
A43
A430
N90
N212
N508
E70
E712

Chamonix-Mont-Blanc
Passy
Servoz
St-Gervais-les-Bains
les Houches
Megève
Mont d'Arbois
Mont Joly
les Contamines-Montjoie
Aiguille du Midi
MASSIF DU MONT BLANC
MONT BLANC
Mer de Glace
Aiguille Verte
Grandes Jorasses
Aiguille de Bionnassay
Aiguille de tré la Tête
Dôme du Goûter
Glacier de Bionnassay
Col de Voza
Col du Bonhomme
Col de la Seigne
Refuge Robert Blanc
Chalet-Refuge des Mottets
Lac de la Girotte
Hauteluce
Lac de la Gittaz
Cormet de Roselend
Lac de Roselend
Pointe de la Terrasse
Aiguille du Grand Fond
le Roignais
la Pierra Menta
Fort du Truc
Bourg-St-Maurice
Séez
Montvalezan
la Rosière
Col du Petit St-Bernard
Lancebranlette
Cromlech
Villaroger
Ste-Foy-Tarentaise
Arc 1600
Arc 1800
Arc 2000
Aiguille Rouge
Mont Pourri
Landry
Bellentre
Aime
Mâcot-la-Plagne
Peisey-Nancroix
Plagne Bellecôte
Belle Plagne
Sommet de Bellecôte
Champagny-en-Vanoise
Bozel
St-Bon-Tarentaise
Courchevel 1550
Courchevel 1650 Moriond
Courchevel 1850
Méribel-les Allues
Sommet de la Saulire
Pralognan-la-Vanoise
Aiguille du Fruit
Rés. Nat. Plan de Tuéda
le Grand Bec
la Grande Casse
Grande Motte
Tignes
Lac du Chevril
Val-d'Isère
Rocher de Bellevarde
Col de l'Iseran
Pointe des Lessières
Bonneval-sur-Arc
Bessans
Pointe de Méan Martin
Pointe de Charbonnel
PARC NATIONAL DE LA VANOISE
TARENTAISE
Courmayeur
Entrèves
la Palud
Dolonne
Pré-St-Didier
La Thuile
Morgex
la Salle
Avise
Villeneuve
Arvier
Valgrisenche
Planaval
Testa del Rutor
Becca du Lac
Pointe d'Archeboc
Rhêmes-Notre-Dame
Rhêmes-St-Georges
Valsavarenche
Grande Rousse Nord
Grande Traversière
Pointe de la Galise
Grande Aiguille Rousse
Levanna Occidentale
Uia di Ciamarella
l'Albaron
Mont Dolent
la Fouly
Tête des Vares
Monts Rouges de Triolet
la Chenalette
Col du Grand St-Bernard
Testa Barasson
St-Rhémy
Saint-Oyen
San Leonardo
Bella Comba
Gran Golliaz
PARCO DEL GRAN
Chalet du Plan Tuéda
Refuge du Saut
Refuge du Plan du Lac
Refuge de la Femma
Chap. St-Antoine
Chap. St-Sébastien

120
148
A
B
C
D
1
2
3
4
5
6
Vendays-Montalivet
Bégadan
St-Christoly-Médoc
Gaillan-en-Médoc
Couquèques
Civrac-en-Médoc
St-Yzans-de-Médoc
Prignac-en-Médoc
Lesparre-Médoc
Blaignan (Caussan)
Ordonnac
St-Germain-d'Esteuil
St-Seurin-de-Cadourne
Théâtre gallo-romain
St-Estèphe
Vertheuil
Naujac-sur-Mer
Cissac-Médoc
Chât. Lafite
Chât. Mouton
St-Sauveur
Pauillac
St-Julien-Beychevelle
Hourtin
Lac d'Hourtin
Phare d'hourtin
St-Laurent-Médoc
Lanessan
Cussac-Fort-Médoc
Base de Loisirs
Lac de Carcans
Carcans
Carcans-Plage
Hourtin-Plage
Listrac-Médoc
Moulis-en-Médoc
Brach
Étang de Cousseau
Rés. Nat. de l'Étang de Cousseau
Castelnau-de-Médoc
Avensan
Lacanau-Océan
Lacanau
Lac de Lacanau
Ste-Hélène
Salaunes
Saumos
le Porge-Océan
le Porge
le Temple
St-Médard-en-Jalles
Camp de Souge
Martignas-sur-Jalle
St-Jean-d'Illac
BORDEAUX
Bordeaux-Mérignac
le Grand-Crohot
Lège-Cap-Ferret
Arès
Rés. Nat. des prés Salés d'Arès Lège-Cap Ferret
Parcs à Huîtres
Andernos-les-Bains
Lanton
Dunes Boisées
le Truc Vert
Forêt Domaniale du Flamand
F. Dom. d'Hourtin
F. Dom. de Carcans
Lacanau
F. Dom. de Lacanau
F. Com. du Porge
F. Dom. de Lège et Garonne
FORÊT DES
HAUT MÉDOC
BASSIN
N215
N1215
D6
D3
D5
D106
D107
A63
33

Sorlin-de-Conac
St-Georges-des-Agoûts
Mirambeau
Villexavier
Léoville
Baignes-Ste-Radegonde
St-Bonnet-sur-Gironde
Soubran
Salignac-de-Mirambeau
Tugéras-St-Maurice
Chaunac
Vibrac
Vanzac
Messac
Brau
Chardes
Orioles
Pleine-Selve
Rouffignac
Chartuzac
Expiremont
Mérignac
Chantillac
Bors (Canton de Baignes-Ste-Radegonde)
St-Palais
Boisredon
Courpignac
Chamouillac
Souméras (Chez Galant)
Coux
Pommiers-Moulons
Sousmoulins
Le Pin
Chatenet
Chevanceaux
Boisbreteau
Guizengeard (Chez Thomas)
St-Ciers-sur-Gironde
St-Caprais-de-Blaye
Montendre
Jussas
Ste-Colombe
Polignac
Pouillac
Centrale Nucléaire
St-Aubin-de-Blaye
Marcillac
St-Palais-de-Négrignac
Braud-et-St-Louis
Donnezac
Corignac
Chepniers
Montlieu-la-Garde
Neuvicq
Étauliers
Reignac
Orignolles
St-Martin-d'Ary
Montguyon
Anglade
Île de Patiras
Bussac-Forêt
Eyrans
St-Androny
Cartelègue
Générac
Saugon
Campugnan
Bedenac
Clérac
Fours
Mazion
St-Genès-de-Blaye
St-Seurin-de-Cursac
St-Girons-d'Aiguevives
St-Yzan-de-Soudiac
St-Pierre-du-Palais
Blaye
Cars
St-Savin
St-Christoly-de-Blaye
Saint-Mariens
Cercoux
Plassac
Berson
St-Vivien-de-Blaye
Cavignac
Laruscade
La Clotte
Lamarque
Villeneuve
St-Trojan
Teuillac
Pugnac
Cézac
Lapouyade
Chamadelle
Comps
Mombrier
Cubnezais
Tizac-de-Lapouyade
Lagorce
Les Peintures
Île du Nord
Bayon-sur-Gironde
St-Seurin-de-Bourg
Lansac
Tauriac
Marsas
Marcenais
Maransin
Bayas
Margaux
Bourg
Peujard
Gauriaguet
St-Ciers-d'Abzac
Guîtres
Coutras
Cantenac
Île Cazeau
Labarde
Prignac-et-Marcamps
St-Laurent-d'Arce
Aubie-et-Espessas
St-Martin-de-Laye
St-Martin-du-Bois
Sablons
Arsac
Macau
Ambès
St-Gervais
Virsac
St-Antoine
Salignac
St-Genès-de-Fronsac
Périssac
Bonzac
Abzac
LA GARONNE
St-André-de-Cubzac
Mouillac
Galgon
St-Denis-de-Pile
Ludon-Médoc
Vérac
Savignac-de-l'Isle
Le Pian-Médoc
St-Louis-de-Montferrand
La Lande-de-Fronsac
Villegouge
Cubzac-les-Ponts
Tarnès
Cadillac-en-Fronsadais
Lugon-et-l'Île-du-Carnay
Saillans
Lalande-de-Pomerol
Parempuyre
St-Vincent-de-Paul
St-Romain-la-Virvée
Asques
St-Germain-de-la-Rivière
St-Aignan
La Rivière
Fronsac
Lussac
Dordogne
Néac
Ambarès-et-Lagrave
St-Loubès
Izon
St-Michel-de-Fronsac
Pomerol
Montagne
Blanquefort
Bassens
Ste-Eulalie
St-Sulpice-et-Cameyrac
Vayres
Libourne
Puisseguin
Eysines
Bruges
Carbon-Blanc
Montussan
St-Émilion
St-Christophe-des-Bardes
Le Haillan
Yvrac
Arveyres
Beychac-et-Caillau
Artigues-près-Bordeaux
Cenon
St-Sulpice-de-Faleyrens
Génissac
St-Laurent-des-Combes
St-Hippolyte
Mérignac
Pompignac
Tresses
St-Germain-du-Puch
Floirac
Salleboeuf
Moulon
Branne
Vignonet
Ste-Terre
Camarsac
Tizac-de-Curton
Cabara
Bègles
Talence
Pessac
Fargues-St-Hilaire
Bonnetan
Croignon
Baron
St-Quentin-de-Baron
Grézillac
Lugaignac
Bouliac
Loupes (les Faures)
Espiet
Guillac
St-Aubin-de-Branne
St-Jean-de-Blaignac
Ste-Florence
Lignan-de-Bordeaux
Cursan
Le Pout
Camiac-et-St-Denis
Daignac
Naujan-et-Postiac
St-Vincent-de-Pertignas
Latresne
Cénac
Gradignan
Villenave-d'Ornon
Sadirac
Dardenac
Créon
La Sauve
Blésignac
Faleyras
Jugazan
Canéjan
Cadaujac
Camblanes-et-Meynac
Madirac
St-Genès-de-Lombaud
Rauzan
Cestas
Quinsac
St-Caprais-de-Bordeaux
ENTRE
Romagne
Courpiac
Cambes
Haux
Targon
Lugasson
Léognan
St-Médard-d'Eyrans (le Bourg)
Isle-St-Georges
Baurech
Tabanac
Bellebat
Cessac
Frontenac
Blasimon
Ayguemorte
Baigneaux

136
122
135
150
A
B
C
D
1
2
3
4
5
6
Chillac
Ste-Souline
St-Laurent-de-Belzagot
Salles-Lavalette
Nanteuil-Auriac-de-Bourzac
Cherval
La Chapelle-Montabourlet
La Tour-Blanche
Cercles
Oriolles
Châtignac
Passirac
St-Félix
St-Martial
Juignac
Bors (Canton de Montmoreau-St-Cybard)
St-Martial-Viveyrol
Verteuillac
Chapdeuil
Villa Romaine de la Coue d'Auzenat
St-Laurent-des-Combes
Palluaud
Bouteilles-St-Sébastien
Bourg-des-Maisons
Brossac
Montboyer
Montignac-le-Coq
St-Paul-Lizonne
Lusignac
Coutures
Boisbreteau
Brie-sous-Chalais
Pillac
St-Séverin
Guizengeard (Chez Thomas)
Courlac
Bertric-Burée
St-Vallier
Bardenac
Bellon
Curac
Petit-Bersac
Celles
Grand-Brassac
Châ. de Montardy
Orival
Nabinaud
Allemans
Boresse-et-Martron
Yviers
Chalais
Laprade
St-Romain
Aubeterre-sur-Dronne
Égl. Souterraine Monolithe
Comberanche-et-Épeluche
Châ. de la Rigale
Montagrier
Sauvignac
Rouffiac
St-Quentin-de-Chalais
Bourg-du-Bost
Villetoureix
St-Antoine-Cumond
Chassaignes
Rioux-Martin
St-Avit
les Essards
Bonnes
Ribérac
St-Méard-de-Drône
St-Victor
Médillac
Bazac
Chenaud
la Dronne
St-Privat-des-Prés
Festalemps
St-Martin-de-Ribérac
Douchapt
la Genétouze
Vanxains
St-Vincent-Jalmoutiers
St-Pardoux-de-Drône
Boscamnant
Parcoul
St-Aulaye
St-Sulpice-de-Roumagnac
Segonzac
Châ. de la Martinie
le Fouilloux
Puymangou
Ponteyraud
Siorac-de-Ribérac
Châ. de Chanteràc
St-Aquilin
St-Aigulin
Chantérac
St-Martin-de-Coux
La Roche-Chalais
la Jemaye
St-Vincent-de-Connezac
St-André-de-Double
St-Jean-d'Ataux
Servanches
Abb. de la Trappe de Bonne Espérance
Échourgnac
St-Germain-du-Salembre
la Barde
Chamadelle
Les Églisottes-et-Chalaures
Forêt de la Mole
D O U B L E
Beauronne
Neuvic
St-Christophe-de-Double
St-Étienne-de-Puycorbier
Douzillac
Eygurande-et-Gardedeuil
St-Michel-de-Double
St-Barthélemy-de-Bellegarde
St-Louis-en-l'Isle
le Fieu
St-Martin-l'Astier
St-Front-de-Pradoux
Péage de Mussidan
Vallereuil
St-Laurent-des-Hommes
St-Médard-de-Mussidan
Sourzac
Porchères
St-Antoine-sur-l'Isle
Chartreuse
Mussidan
St-Médard-de-Guizières
Camps-sur-l'Isle
St-Seurin-sur-l'Isle
Le Pizou
Moulin-Neuf
Ménesplet
St-Martial-d'Artenset
Fournils
Bourgnac
Issac
Montpon-Ménestérol
Châ. de Montréal
Petit-Palais-et-Cornemps
St-Sauveur-de-Puynormand
Gours
Puynormand
Beaupouyet
St-Géry
Beleymas
Église-Neuve-d'Issac
St-Sauveur-Lalande
les Lèches
Abbaye
Minzac
Villefranche-de-Lonchat
St-Martin-de-Gurson
Lussac
Francs
Tayac
Carsac-de-Gurson
St-Rémy
St-Géraud-de-Corps
Bosset
St-Jean-d'Eyraud
Montagne
St-Cibard
Les Salles-de-Castillon (Lamour)
Laveyssière
Puisseguin
St-Philippe-d'Aiguille
Montpeyroux
Fraisse
St-Georges-Blancaneix
Gardegan-et-Tourtirac
Châ. de Matecoulon
Monfaucon
Lunas
Ginestet
St-Genès-de-Castillon
St-Christophe-des-Bardes
Belvès-de-Castillon
St-Vivien
Montazeau
St-Méard-de-Gurçon
Ste-Colombe
Castagnes
Châ. de Montaigne (Tour)
Bonneville-et-St-Avit-de-Fumadières
Nastringues
le Fleix
St-Étienne-de-Lisse
St-Magne-de-Castillon
St-Michel-de-Montaigne
Fougueyrolles
la Force
St-Pey-d'Armens
Castillon-la-Bataille
Montcaret
Vélines
St-Avit-St-Nazaire
Prigonrieux
Ste-Terre
Lamothe-Montravel
Port-Ste-Foy-et-Ponchapt
St-Pierre-d'Eyraud
Mouliets-et-Villemartin
St-Seurin-de-Prats
St-Antoine-de-Breuilh
Ste-Foy-la-Grande
Gardonne
Lamonzie-St-Martin (le Rieu-de-Laysse)
Civrac-sur-Dordogne
Pineuilh
BERGERAC
St-Jean-de-Blaignac
Flaujagues
Pessac-sur-Dordogne
Eynesse
St-Philippe-du-Seignal
Ste-Florence
le Barrail
St-André-et-Appelles
St-Pey-de-Castets
Pujols
Juillac
Gensac
St-Avit-de-Soulège
Ste-Radegonde
Saussignac
Gageac-et-Rouillac
St-Laurent-des-Vignes
Bossugan
Doulezon
Les Lèves-et-Thoumeyragues
Razac-de-Saussignac
Mérignas
Vaure
Coubeyrac
la Roquille
Ligueux
Rouffignac-de-Sigoulès
Min. de Malfourat
St-Quentin-de-Caplong
Cunèges
Pomport
Ruch
St-Antoine-du-Queyret
Caplong
Monestier
Le Moulin de Labarthe
Base de Loisirs
Massugas
Riocaud
Listrac-de-Durèze
Sigoulès
Margueron
Thénac
Blasimon
Mauriac
Pellegrue
Landerrouat
Villeneuve-de-Duras
Flaugeac
Auriolles
Mescoules
Cleyrac
Soussac
Châ. de Puychagut
Théobon
Loubès
Singleyrac
la Dordogne
l'Isle
Dronne
A89
E70
N89
Péage
Palombières

137
123
E
F
G
H
Champagnac-de-Belair
Condat-sur-Trincou
la Chapelle-Faucher
Brantôme
St-Julien-de-Bourdeilles
St-Pierre-de-Cole
Vaunac
Lempzours
Corgnac-sur-l'Isle
St-Jory-las-Bloux
Clermont-d'Excideuil
St-Médard-d'Excideuil
St-Sulpice-d'Excideuil
Dussac
Paussac-et-St-Vivien
Valeuil
Bourdeilles
Puits de Fontas
Creyssac
St-Front-d'Alemps
Négrondes
St-Germain-des-Prés
Excideuil
St-Pantaly-d'Excideuil
St-Martial-d'Albarède
St-Raphaël
Sencenac-Puy-de-Fourches
Biras
Eyvirat
Ligueux
Sorges
Coulaures
Agonac
Egl. St-Martin
Lisle
Bussac
Savignac-les-Eglises
Mayac
Tourtoirac
Tocane-St-Apre
Château-l'Évêque
Cornille
Chât. de Jaillac
Abbaye de Merlande
Mensignac
la Chapelle-Gonaguet
Chât. de Caussade
Sarliac-sur-l'Isle
St-Vincent-sur-l'Isle
St-Pantaly-d'Ans
Ste-Eulalie-d'Ans
Chourgnac
Temple-Laguyon
Champcevinel
Antonne-et-Trigonant
Chât. des Bories
Cubjac
la Boissière-d'Ans
Chancelade
Trélissac
Escoire
Brouchaud
Gabillou
Granges-d'Ans
Ste-Orse
Coulounieix-Chamiers
Marsac-sur-l'Isle
Léguillac-de-l'Auche
Bassillac
le Change
Blis-et-Born
Montagnac-d'Auberoche
Annesse-et-Beaulieu (Gravelle)
PÉRIGUEUX
Boulazac
Eyliac
Razac-sur-l'Isle
Atur
St-Laurent-sur-Manoire
Limeyrat
Ajat
St-Astier
Montrem
Coursac
Lanterne des Morts
Ste-Marie-de-Chignac
St-Pierre-de-Chignac
St-Antoine-d'Auberoche
Thenon
St-Léon-sur-l'Isle
Notre-Dame-de-Sanilhac
St-Crépin-d'Auberoche
Fossemagne
Milhac-d'Auberoche
Manzac-sur-Vern
Chalagnac
Marsaneix
St-Geyrac
Bars
Grignols
St-Paul-de-Serre
Creyssensac-et-Pissot
Eglise-Neuve-de-Vergt
Chât. de l'Herm
Jaure
la Douze
Fanlac
St-Jean-d'Estissac
Bourrou
Grun-Bordas
Breuilh
Rouffignac-St-Cernin-de-Reilhac
Villamblard
St-Hilaire-d'Estissac
Lacropte
Plazac
St-Maime-de-Péreyrol
Vergt
Salon
St-Félix-de-Reilhac-et-Mortemart
Grotte de Rouffignac
Thonac
Douville
St-Amand-de-Vergt
Veyrines-de-Vergt
Mauzens-et-Miremont
Fleurac
St-Léon-sur-Vézère
Peyzac-le-Moustier
Montagnac-la-Crempse
Beauregard-et-Bassac
Fouleix
St-Michel-de-Villadeix
Cendrieux
St-Julien-de-Crempse
Chât. de la Gaubertie
Journiac
Savignac-de-Miremont
Abri de la Madeleine
Tursac
Manaurie
St-Martin-des-Combes
Clermont-de-Beauregard
St-Laurent-des-Bâtons
Campsegret
Ste-Alvère
St-Avit-de-Vialard
Carpe Diem
Grand Roc
St-Félix-de-Villadeix
St-Georges-de-Montclard
St-Marcel-du-Périgord
Ste-Foy-de-Longas
le Bugue
les Eyzies-de-Tayac-Sireuil
Font de Gaume
Queyssac
Chât. de Montastruc
Lamonzie-Montastruc
Liorac-sur-Louyre
Pressignac-Vicq
Pezuls
Paunat
Campagne
Meyrals
Caverne de Bara-Bahau
Aquarium
Limeuil
Audrix
St-Cyprien
Creysse
Mouleydier
Cause-de-Clérans
Baneuil
Mauzac-et-Grand-Castang
Trémolat
Calès
Alles-sur-Dordogne
St-Chamassy
Castels
St-Germain-et-Mons
St-Capraise-de-Lalinde
Lalinde
Badefols-sur-Dordogne
le Buisson-de-Cadouin
Coux-et-Bigaroque
Bézenac
Berbiguières
Cours-de-Pile
Bergerac-Roumanière
Varennes
Couze-et-St-Front
Pontours
Languais
Allas-les-Mines
Siorac-en-Périgord
Marnac
Verdon
Molières
Cloître
Urval
Cladech
St-Germain-de-Belvès
St-Nexans
St-Aubin-de-Lanquais
Faux
Bayac
Chât. de Bannes
Bourniquel
Chât. la Bourlie
Monplaisant
Carves
Conne-de-Labarde
Monsac
St-Avit-Sénieur
Belvès
Sagelat
Veyrines-de-Domme
Colombier
Monmadalès
Beaumont-du-Périgord
Grives
Bouniagues
St-Cernin-de-Labarde
151
Naussannes
Bouillac
St-Pardoux-et-Vielvic
St-Amand-de-Belvès
Monsaguel
Montaut
Bardou
Labouquerie
Montferrand-du-Périgord
St-Avit-Rivière
Larzac
St-Laurent
St-Perdoux
A89
E70
N21
N89
24
1
2
3
4
5
6
138

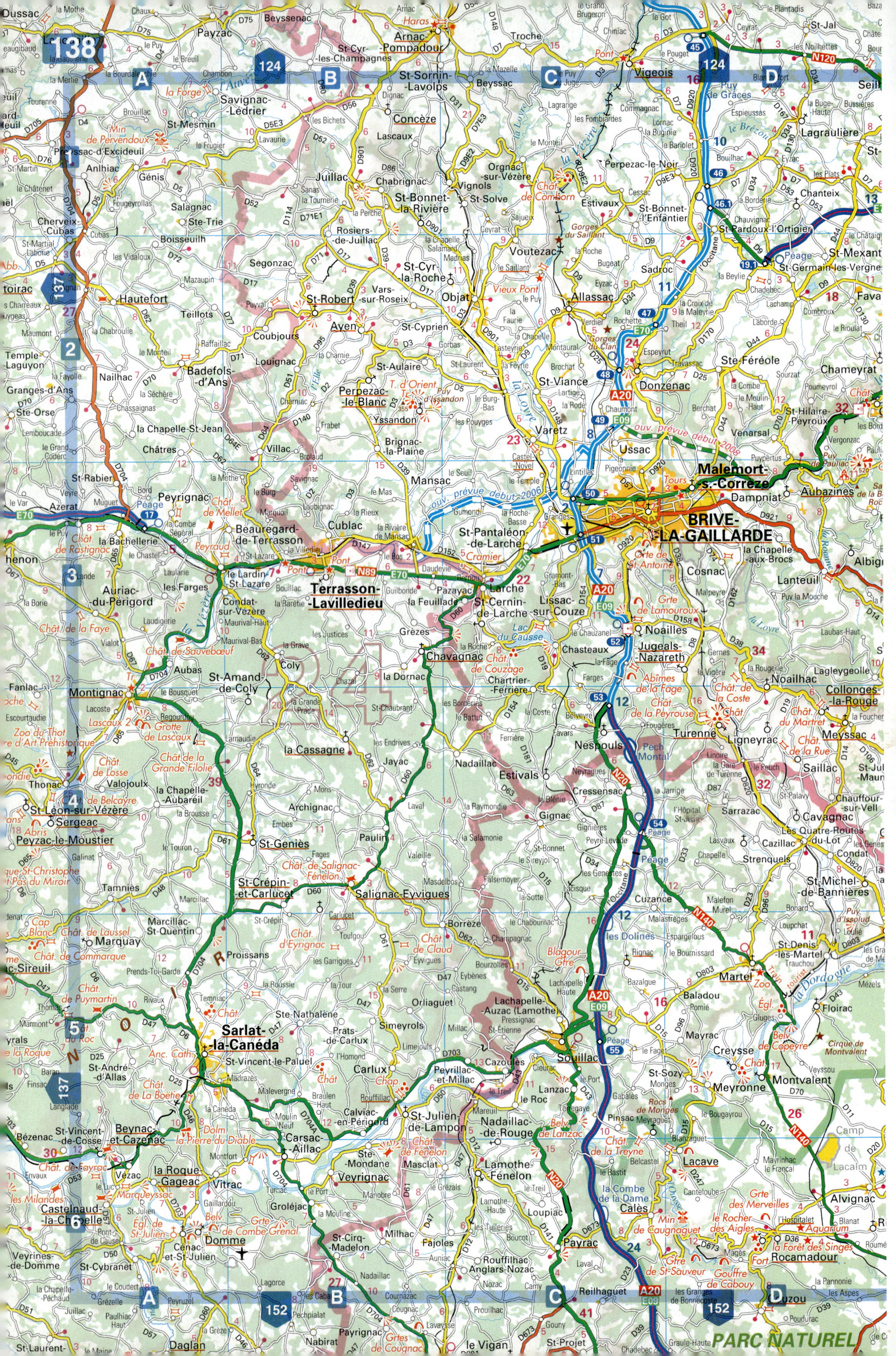

138
124
137
152
A
B
C
D
2
3
4
5
6
Dussac
Payzac
Beyssenac
Arnac-Pompadour
Haras
St-Cyr-les-Champagnes
Troche
Vigeois
Pont
St-Jal
Seilh
Savignac-Lédrier
St-Mesmin
la Forge
St-Sornin-Lavolps
Beyssac
Concèze
Lascaux
Orgnac-sur-Vézère
Vignols
Chabrignac
St-Bonnet-la-Rivière
St-Solve
Juillac
Génis
Anlhiac
Payssac-d'Excideuil
Salagnac
Ste-Trie
Boisseuilh
Cherveix-Cubas
Rosiers-de-Juillac
Segonzac
Hautefort
Teillots
Coubjours
St-Robert
Ayen
Vars-sur-Roseix
St-Cyr-la-Roche
Objat
Vieux Pont
Voutezac
Allassac
Estivaux
Perpezac-le-Noir
St-Bonnet-l'Enfantier
Sadroc
St-Pardoux-l'Ortigier
St-Mexant
St-Germain-les-Vergnes
Lagraulière
Chanteix
Temple-Laguyon
Nailhac
Badefols-d'Ans
Louignac
Granges-d'Ans
Ste-Orse
St-Aulaire
St-Cyprien
Perpezac-le-Blanc
Yssandon
T. d'Orient
Puy d'Issandon
Brignac-la-Plaine
St-Viance
Varetz
Donzenac
Ste-Féréole
Chameyrat
St-Hilaire-Peyroux
Venarsal
Ussac
Malemort-s.-Corrèze
Dampniat
Aubazines
la Chapelle-St-Jean
Châtres
Villac
Mansac
St-Rabier
Azerat
Peyrignac
Beauregard-de-Terrasson
Cublac
St-Pantaléon-de-Larche
BRIVE-LA-GAILLARDE
la Bachellerie
Auriac-du-Périgord
les Farges
le Lardin-St-Lazare
Terrasson-Lavilledieu
Larche
St-Cernin-de-Larche
Pazayac
Lissac-sur-Couze
Cosnac
la Chapelle-aux-Brocs
Lanteuil
Albignac
Condat-sur-Vézère
Coly
Chavagnac
la Dornac
Grèzes
Chasteaux
Noailles
Jugeals-Nazareth
Noailhac
Collonges-la-Rouge
Montignac
St-Amand-de-Coly
Aubas
la Cassagne
Jayac
Nadaillac
Estivals
Nespouls
Turenne
Ligneyrac
Meyssac
Saillac
Thonac
Valojoulx
la Chapelle-Aubareil
Archignac
St-Léon-sur-Vézère
Sergeac
Peyzac-le-Moustier
St-Geniès
Paulin
Gignac
Cressensac
Cavagnac
Sarrazac
Cazillac
Strenquels
St-Crépin-et-Carlucet
Salignac-Eyvigues
Tamniès
Marcillac-St-Quentin
Marquay
Proissans
Borrèze
Cuzance
St-Michel-de-Bannières
St-Denis-lès-Martel
Martel
Baladou
Floirac
Sarlat-la-Canéda
Ste-Nathalène
Prats-de-Carlux
Simeyrols
Orliaguet
Lachapelle-Auzac
Souillac
St-Vincent-le-Paluel
St-André-d'Allas
Carlux
Peyrillac-et-Millac
Cazoulès
Lanzac
Mayrac
Creysse
Meyronne
Montvalent
St-Sozy
Beynac-et-Cazenac
Vézac
Carsac-Aillac
Calviac-en-Périgord
St-Julien-de-Lampon
Nadaillac-de-Rouge
Pinsac
Lacave
Alvignac
Bézenac
St-Vincent-de-Cosse
la Roque-Gageac
Vitrac
Ste-Mondane
Veyrignac
Masclat
Lamothe-Fénelon
Castelnaud-la-Chapelle
Groléjac
Loupiac
Calès
Domme
Cénac-et-St-Julien
St-Cirq-Madelon
Milhac
Fajoles
Payrac
Rocamadour
Veyrines-de-Domme
St-Cybranet
Rouffilhac
Anglars-Nozac
Reilhaguet
Duzou
Daglan
Nabirat
Payrignac
le Vigan
St-Projet
St-Laurent
PARC NATUREL
Peyzac
Abris
Grotte de Lascaux
Zoo du Thot
A20
E70
E09
N20
N89
N140
N120

St-Salvadour
Meyrignac-l'Église
Rosiers-d'Égletons
Moustier-Ventadour
Châl. de Ventadour
Neuvic
Corrèze
Vitrac-sur-Montane
Orliac-de-Bar
Lamazière-Basse
Montaignac-St-Hippolyte
Chapelle-Spinasse
Bar
Clément
Eyrein
St-Hilaire-Luc
St-Pantaléon-de-Lapleau
St-Hilaire-Foissac
Naves
Gimel-les-Cascades
Etg. de Ruffaud
Les Angles-sur-Corrèze
St-Priest-de-Gimel
Champagnac-la-Noaille
Lafage-sur-Sombre
Lapleau
Latronche
TULLE
Chanac-les-Mines
Clergoux
Marcillac-la-Croisille
Soursac
St-Bonnet-Avalouze
St-Martial-de-Gimel
St-Pardoux-la-Croisille
Bge de la Valette
St-Merd-de-Lapleau
Laval-sur-Luzège
Bge de l'Aigle
Chalvignac
Laguenne
Ladignac-sur-Rondelles
Espagnac
Châl. de Pebeyre
Gumond
Mauriac
Châl. de la Morguie
Pandrignes
St-Paul
Gros-Chastang
Bassignac-le-Haut
Auriac
Brageac
Marc-la-Tour
la Dordogne
Cornil
Ste-Fortunade
la Roche-Canillac
St-Martin-la-Méanne
Darazac
Chaussenac
Ally
Lagarde-Enval
St-Sylvain
Champagnac-la-Prune
Forgès
St-Bazile-de-la-Roche
St-Bonnet-Elvert
Rilhac-Xaintrie
le Chastang
Casc. de Murel
Bge du Chastang
Servières-le-Château
St-Privat
Pleaux
Barriac-les-Bosquets
Albussac
Beynat
St-Chamant
St-Martial-Entraygues
St-Julien-aux-Bois
Roche de Vic
Neuville
Châl. de Soulages
Bge du Sablier
Argentat
Ménoire
Monceaux-sur-Dordogne
Hautefage
St-Geniez-ô-Merle (Soult)
St-Cirgues-la-Loutre
Gorges de la Maronne
Lostanges
St-Bonnet-les-Tours-de-Merle
Tours de Merle
Bge d'Enchanet
L.d'Enchanet
Chenailler-Mascheix
St-Hilaire-Taurieux
Cros-de-Montvert
Arnac
St-Bazile-de-Meyssac
Tudeils
Vallée de la Dordogne
Sexcles
Goulles
Châl. de Rieu
Châl. de la Pachevie
Tours de Carbonnières
Marcillac-la-Croze
Puy-d'Arnac
Brivezac
la Chapelle-St-Géraud
St-Santin-Cantalès
Nonards
Bassignac-le-Bas
Reygade
Mercœur
St-Julien-le-Pèlerin
Rouffiac
St-Victor
Curemonte
Montvert
Beaulieu-sur-Dordogne
Camps-St-Mathurin-Léobazel
Végennes
Sioniac
Altillac
Manoir du Battut
Gorges de la Cère
Tunnel du Cambou
Tunnel d'Aulhac
Nieudan
Queyssac-les-Vignes
Châl. d'Estresse
Laroquebrou
Vayrac
Cahus
Lamativie
St-Gérons
St-Étienne-Cantalès
Bétaille
Billac
Laval-de-Cère
Siran
Bge de St-Étienne-Cantalès
St-Paul-des-Landes
Astaillac
Liourdres
Gagnac-s.-Cère
Comiac
Biars-s.-Cère
Calviac
Carennac
Estal
Lacapelle-Viescamp
Puybrun
Bretenoux
Glanes
Teyssieu
Glénat
Tauriac
Girac
Cornac
Belmont-Bretenoux
Prudhomat
Bonneviole
Châl. de Castelnau
St-Michel-Loubéjou
Châl. de Gruniac
la Ségalassière
Pers
St-Laurent-les-Tours
Loubressac
St-Médard-de-Presque
Frayssinhes
Sousceyrac
Omps
Autoire
St-Jean-Lespinasse
Tours
St-Céré
Lacam-d'Ourcet
St-Saury
Roumégoux
St-Mamet-la-Salvetat
Gouffre de Padirac
Montal
Châl. des Anglais
Latouille-Lentillac
le Rouget
Cirque d'Autoire
Grte de Presque
Padirac
Chap. N.-D. de Verdale
Sénaillac-Latronquière
Labastide-du-Haut-Mont
Parlan
Cayrols
St-Vincent-du-Pendit
St-Paul-de-Vern
St-Jean-Lagineste
Ladirat
Thégra
Mayrinhac-Lentour
Bessonies
Bannes
Molières
Latronquière
Gorses
Lavergne
Châl. de Naucase
Rouziers
Gramat
Aynac
Saignes
Leyme
Terrou
St-Hilaire
St-Médard-Nicourby
St-Julien-de-Toursac (les Estresses)
Boisset
Parc de Vision
Espeyroux
Laurèsses
Quézac
Rueyres
Labathude
Sabadel-
Châl. d'Entraygues
Leynhac
A89
A20
N120
N89
N122
N140
E70
125
140
153
E
F
G
H
1
2
3
4
5
6
19
15
46

140
126
139
154
Mauriac
Ydes
Saignes
Bort-les-Orgues
Champagnac
Bassignac
Sauvat
Antignac
Vebret
Riom-ès-Montagnes
Menet
Trizac
Auzers
Moussages
Le Vigean
Salins
Anglards-de-Salers
St-Vincent-de-Salers
Plateau de Trizac
Collandres
St-Hippolyte
Apchon
Cheylade
Plateau du Limon
Condat
Marcenat
Landeyrat
Ségur-les-Villas
Dienne
Le Claux
Le Falgoux
Vallée du Falgoux
Salers
St-Paul-de-Salers
St-Martin-Valmeroux
Fontanges
Puy Violent
MONTS DU CANTAL
Pas de Peyrol
Puy Mary
Puy de Peyre Arse
Puy Chavaroche
PARC NAT. RÉG. DES VOLCANS
Lavigerie
Laveissière
Murat
Chastel-s.-Murat
St-Chamant
St-Projet-de-Salers
Mandailles-St-Julien
St-Jacques-des-Blats
Puy du Rocher
Plomb du Cantal
Albepierre-Bredons
St-Cernin
Tournemire
Girgols
Laroquevieille
St-Cirgues-de-Jordanne
Lascelle
Thiézac
Marmanhac
Jussac
Reilhac
Naucelles
Vic-sur-Cère
St-Clément
Malbo
Brezons
Cézens
St-Simon
Polminhac
Pailherols
Jou-sous-Monjou
AURILLAC
Arpajon-sur-Cère
Ytrac
Sansac-de-Marmiesse
St-Mamet-la-Salvetat
Roannes-St-Mary
Carlat
Vézac
Labrousse
Thérondels
Paulhenc
Pierrefort
St-Martin-sous-Vigouroux
Narnhac
Prunet
Mur-de-Barrez
Taussac
Brommat
Ste-Geneviève-sur-Argence
Cantoin
Lacroix-Barrez
Lacapelle-del-Fraisse
Leucamp
Ladinhac
Marcolès
Sansac-Veinazès
Murols
Alpuech
Lacalm
Vitrac-en-Viadène
15
12

141
127
142
155
E
F
G
H
1
2
3
4
5
6
la Godivelle
St-Alyre-ès-Montagne
Réserve Naturelle
Ardes
Mazoires
Parc Animalier du Cézallier
Dolmen l'Usteau du Loup
Apchat
Lempdes-sur-Allagnon
Frugères-les-Mines
Vézézoux
Auzon
Chassignolles
St-Hilaire
Vergongheon
Azérat
Léotoing
Torsiac
Lafayette-Lorlanges
St-Géron
Bournoncle-St-Pierre
Agnat
Champagnac-le-Vieux
Cohade
Lorlanges
Anzat-le-Luguet
Monts du Cézallier
Autrac
Tour et Anc. Clocher
St-Étienne-sur-Blesle (le Cheylat)
Blesle
Chaniat
Lamothe
Espalem
Beaumont
Paulhac
Leyvaux
Grenier-Montgon
Brioude
Basilique
Fontannes
Javaugues
Frugières-le-Pin
St-Laurent-Chabreuges
Laurie
Plateau de Chalet
St-Beauzire
Lavaudieu
Anc. Abb.
Vieille-Brioude
Prieuré
Pradiers
Brèche de Giniol
Vèze
Molèdes
Chap. de Chastre
Auriac-l'Église
Ste Madeleine
Massiac
Lubilhac
Chât. Féodal
Domeyrat
Dolmen
St-Just-près-Brioude
Molompize
Chât. d'Aurouze
l'Alagnon
la Chomette
Paulhac
Charmensac
Bonnac
Chap. de Vauclair
Salzuit
Villeneuve-d'Allier
St-Ilpize
Val d'Allier
St-Privat-du-Dragon
Couteuges
Peyrusse
Ferrières-St-Mary
Ste-Anastasie
St-Mary-le-Plain
Mercoeur
la Chapelle-Laurent
Chap.
Blassac
Valjouze
St-Poncy
Lavoûte-Chilhac
Anc. Abb.
Pont
Chilhac
Cerzat
Falaise de Blot
Tour de Merdogne
Joursac
Neussargues-Moissac
Rézentières
Vieillespesse
Celoux
St-Cirgues
Aubazat
Mazeyrat-d'Allier
Arlet
Celles (Ribes)
Talizat
St-Austremoine
Chazelles
Langeac
Rageade
Lastic
Coltines
Cronce
Ferrussac
Soulages
Chastel
Ussel
Casc. de Baboric
Coren
Montchauvet
Mentières
Montchamp
Védrines-St-Loup
Chanteuges
Valuéjols
Roffiac
Andelat
Tiviers
St-Flour
Pinols
Forêt de la Margeride
Dolmen la Tuile des Fées
Tailhac
Pébrac
Vabres
St-Georges
Chât. de Varillettes
Ruynes-en-Margeride
Gorges de l'Ander
les Orgues
Paulhac
Tanavelle
les Ternes
Villedieu
Desges
Auvers
Viaduc de Garabit
Garabit
Anglards-de-St-Flour
Mon. National aux Maquis Mont Mouchet
Table au Loup Dolm.
Menh.
Menh. Pierre Plantade
Cussac
Clavières
Chaliers
Lorcières
la Besseyre-St-Mary
Paulhac-en-Margeride
Venteuges
Saugues
Alleuze
Chât. d'Alleuze
L. du Bge de Grandval
Faverolles
Chât. Pompignac
Chât. de Chassan
Longevialle
Vallée de la Haute Truyère
Lavastrie
Neuvéglise
Oradour
Loubaresse
Julianges
Chaulhac
Belv. de Mallet
Bge de Grandval
Fridefont
St-Privat-du-Fau
Grèzes
Tour
St-Marc
St-Just
Albaret-Ste-Marie
Blavignac
St-Léger-du-Malzieu
le Malzieu-Forain (l'Estivalet)
le Malzieu-Ville
Remparts
Chanaleilles
L. du Bge de Lanau
Bge de Lanau
St-Martial
Espinasse
Gorges de la Truyère
Chât. de Montvallat
Chaudes-Aigues
Maurines
Albaret-le-Comtal
Les Monts-Verts (le Bacon)
Arzenc-d'Apcher
Anterrieux
St-Juéry
St-Pierre-le-Vieux (Vareilles)
Prunières
Lajo
Parc Animalier Bisons d'Europe
Fournels
Termes
Jabrun
Deux-Verges
Noalhac
la Fage-St-Julien
St-Chély-d'Apcher
Tour
Apcher
Chauchailles
St-Rémy-de-Chaudes-Aigues
St-Laurent-de-Veyrès
St-Alban-sur-Limagnole
Ste-Eulalie
les Bessons
Fau-de-Peyre
la Fage-Montivernoux
Brion
A75
E11
N122
N102
N9

142
128
A
B
C
D
1
2
3
4
5
6
La Chaise-Dieu
Craponne-sur-Arzon
St-Pal-de-Chalencon
Usson-en-Forez
Apinac
St-Hilaire-Cusson-la-Valmitte
St-Victor-sur-Arlanc
Dore-l'Église
St-Sauveur-la-Sagne
St-Alyre-d'Arlanc
Malvières
Bonneval
Cistrières
Connangles
Julliange
St-Georges-Lagricol
St-Julien-d'Ance
Tiranges
Valprivas
Bas-en-Basset
Chât. de Rochebaron
Boisset
Beauzac
Retournac
Vorey
Chamalières-sur-Loire
Roche-en-Régnier
St-Pierre-du-Champ
Chomelix
Beaune-sur-Arzon
Félines
Sembadel
Vals-le-Chastel
Domeyrat
Paulhaguet
Collat
St-Pal-de-Senouire
la Chapelle-Bertin
Monlet
Allègre
Mont Bar
Céaux-d'Allègre
Bellevue-la-Montagne
Mazerat-Aurouze
Varennes-St-Honorat
Chavaniac-Lafayette
St-Georges-d'Aurac
Ste-Eugénie-de-Villeneuve
Vernassal
Fix-St-Geneys
St-Paulien
St-Geneys-près-St-Paulien
St-Vincent
Rosières
Mézères
St-Julien-du-Pinet
Bessamorel
Beaulieu
Lavoûte-sur-Loire
Chât. de Lavoute-Polignac
Chât. de la Rochelambert
Blanzac
Borne
Loudes
Vissac-Auteyrac
Vazeilles-Limandre
Siaugues-Ste-Marie (Siaugues-St-Romain)
Mazeyrat-d'Allier
St-Arcons-d'Allier
Chanteuges
St-Jean-de-Nay
Chaspuzac
St-Vidal
Polignac
Chadrac
Aiguilhe
LE PUY-EN-VELAY
Brives-Charensac
Blavozy
St-Germain-Laprade
St-Julien-Chapteuil
St-Pierre-Eynac
St-Étienne-Lardeyrol
Malrevers
Chaspinhac
le Pertuis
Espaly-St-Marcel
Vals-près-le-Puy
Ceyssac
Sanssac-l'Église
Vergezac
le Vernet
St-Bérain
Prades
St-Julien-des-Chazes
Pébrac
Bains
St-Christophe-sur-Dolaison
Coubon
Cussac-sur-Loire
Solignac-sur-Loire
Lantriac
Laussonne
St-Privat-d'Allier
St-Didier-d'Allier
Monistrol-d'Allier
Saugues
St-Jean-Lachalm
Séneujols
le Brignon
le Monastier-sur-Gazeille
Freycenet-la-Tour
Cayres
Alleyras
St-Préjet-d'Allier
Croisances
Esplantas
Vazeilles-près-Saugues
Grèzes
St-Martin-de-Fugères
Présailles
Freycenet-la-Cuche
Monts Breysse
Goudet
Costaros
Ouides
Le Bouchet-St-Nicolas
Lac du Bouchet
Alleyrac
Arlempdes
Salettes
Chanaleilles
Thoras
St-Vénérand
St-Christophe-d'Allier
Chambon-le-Château
St-Haon
Landos
Barges
St-Arcons-de-Barges
Vielprat
Issarlès
le Lac-d'Issarlès
Lachapelle-Graillouse
St-Symphorien
St-Bonnet-de-Montauroux
Rauret
St-Paul-de-Tartas
Coucouron
Laval-Atger
Grandrieu
St-Paul-le-Froid
St-Étienne-du-Vigan
Fontanes
Pradelles
Auroux
Réservoir de Naussac
Lespéron
Lavillatte
156
N102
N88
43
48

143
Firminy
Fraisses
Aurec-sur-Loire
129
St-Romain-les-Atheux
St-Genest-Malifaux
Planfoy
Tarentaise
le Bessat
Véranne
Maclas
St-Appolinard
Colombier
Graix
Thélis-la-Combe
la Versanne
DU PILAT
St-Ferréol-d'Auzoure
St-Just-Malmont
Pont-Salomon
la Chapelle-d'Aurec
Monistrol-sur-Loire
Jonzieux
St-Didier-en-Velay
St-Victor-Malescours
la Séauve-sur-Semène
St-Romain-Lachalm
Marlhes
St-Régis-du-Coin
St-Sauveur-en-Rue
Bourg-Argental
St-Marcel-lès-Annonay
Boulieu-lès-Annonay
Burdignes
Davézieux
Annonay
Peaugres
Félines
St-Julien-Molin-Molette
Ste-Sigolène
St-Pal-de-Mons
Riotord
Villevocance
Vanosc
Roiffieux
Vernosc-lès-Annonay
St-Maurice-de-Lignon
les Villettes
Dunières
Monestier
St-Julien-Molhesabate
Vocance
St-Alban-d'Ay
Quintenas
Grazac
Lapte
Raucoules
Montfaucon-en-Velay
St-Julien-Vocance
St-Symphorien-de-Mahun
St-Romain-d'Ay
Montregard
St-Bonnet-le-Froid
Satillieu
St-Jeure-d'Ay
Yssingeaux
Chenereilles
Tence
St-André-en-Vivarais
St-Pierre-sur-Doux
Lalouvesc
Préaux
le Mas-de-Tence
Vaudevant
St-Victor
Araules
St-Jeures
le Chambon-sur-Lignon
Rochepaule
Lafarre
Pailharès
St-Félicien
Colombier-le-Vieux
Devesset
Bozas
Mazet-St-Voy
St-Jeure-d'Andaure
Arlebosc
Nozières
Empurany
Boucieu-le-Roi
Mars
St-Agrève
Labatie-d'Andaure
le Crestet
Colombier-le-Jeune
Champclause
Montusclat
Désaignes
Lamastre
Gilhoc-sur-Ormeze
Fay-sur-Lignon
les Vastres
St-Julien-Boutières
Intres
St-Front
St-Barthélemy-Grozon
St-Basile
Champis
Alboussière
St-Clément
Lachapelle-sous-Chanéac
Chanéac
St-Martin-de-Valamas
St-Jean-Roure
St-Prix
Nonières
St-Apollinaire-de-Rias
Châteauneuf-de-Vernoux
Boffres
Chaudeyrolles
la Rochette
St-Cierge-sous-le-Cheylard
St-Julien-Labrousse
Vernoux-en-Vivarais
Mont Mézenc
le Cheylard
St-Michel-d'Aurance
St-Jean-Chambre
Borée
Arcens
Mariac
Accons
St-Barthélemy-le-Meil
Chalencon
Silhac
St-Julien-le-Roux
St-Christol
Beauvène
St-Martial
St-Andéol-de-Fourchades
Dornas
Gluiras
St-Maurice-en-Chalencon
St-Genest-Lachamp
St-Michel-de-Chabrillanoux
St-Fortunat-sur-Eyrieux
LE GERBIER DE JONC
le Chambon
St-Sauveur-de-Montagut
Dunière-sur-Eyrieux
Marcols-les-Eaux
Albon-d'Ardèche
St-Pierreville
Ste-Eulalie
Lachamp-Raphaël
Mézilhac
St-Étienne-de-Serre
les Ollières-sur-Eyrieux
St-Vincent-de-Durfort
Sagnes-et-Goudoulet
Issamoulenc
Cros-de-Géorand
Usclades-et-Rieutord
Péreyres
St-Julien-du-Gua
Pranles
St-Julien-en-St-Alban
Creysseilles
Pourchères
Lyas
PRIVAS
Flaviac
Cirgues-en-Montagne
Burzet
Lavio
St-Joseph-des-Bancs
Veyras
Coux
St-Symphorien-sous-Chomérac
157
MONTS D'ARDÈCHE
VIVARAIS

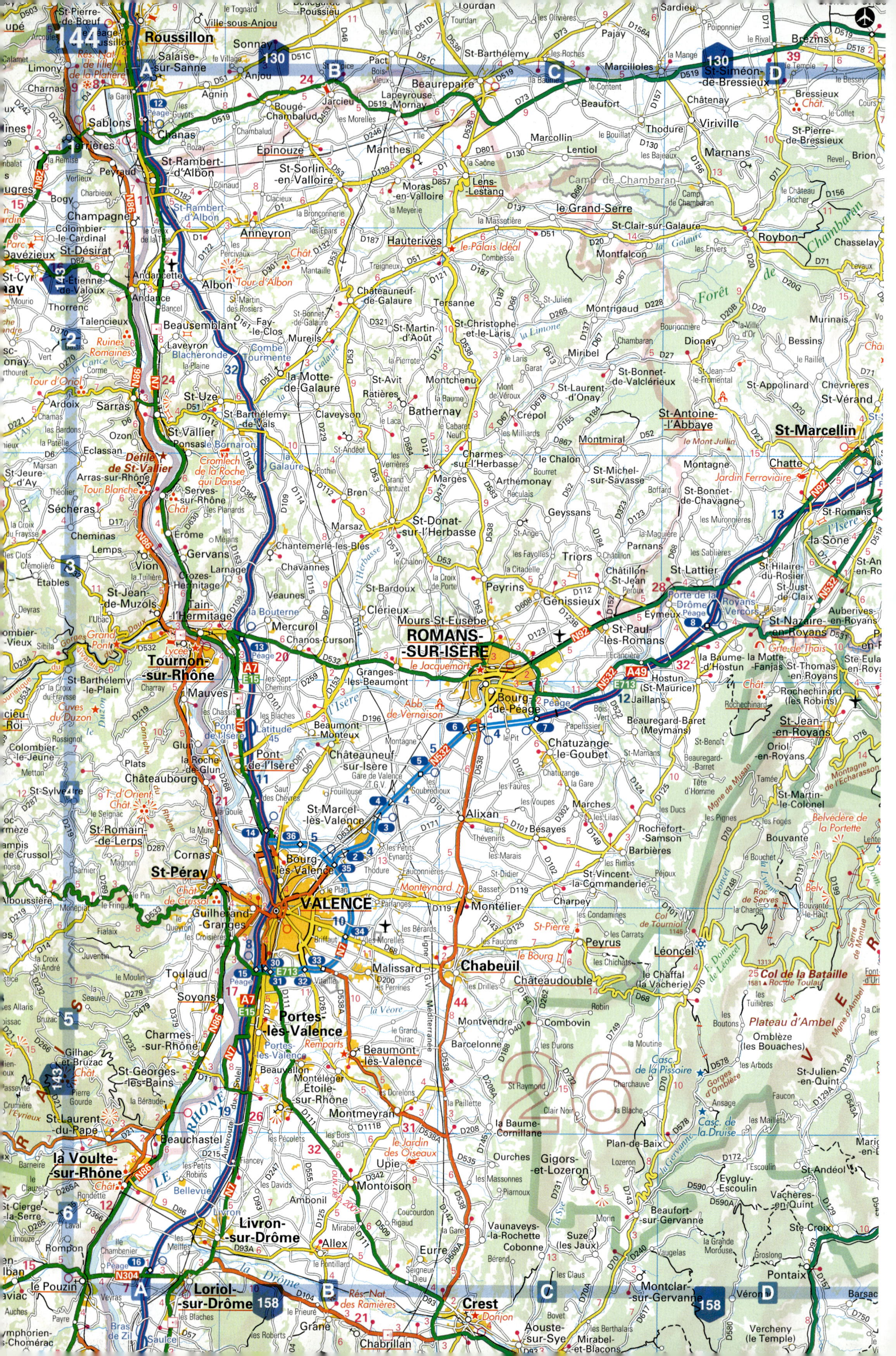

Roussillon
Salaise-sur-Sanne
Sonnay
Beaurepaire
St-Siméon-de-Bressieux
Sablons
Chanas
St-Rambert-d'Albon
Épinouze
St-Sorlin-en-Valloire
Manthes
Moras-en-Valloire
Lens-Lestang
Viriville
Marnans
le Grand-Serre
Anneyron
Hauterives
Roybon
Albon
Andancette
Beausemblant
Châteauneuf-de-Galaure
Tersanne
la Motte-de-Galaure
St-Uze
St-Vallier
St-Barthélemy-de-Vals
Claveyson
Bathernay
St-Antoine-l'Abbaye
St-Marcellin
Sarras
Ozon
Eclassan
Arras-sur-Rhône
Serves-sur-Rhône
Sécheras
Érôme
Gervans
Charmes-sur-l'Herbasse
Margès
St-Donat-sur-l'Herbasse
Marsaz
Chantemerle-les-Blés
Chavannes
Peyrins
Génissieux
Triors
Crozes-Hermitage
Tain-l'Hermitage
Tournon-sur-Rhône
Mercurol
Chanos-Curson
Clérieux
Mours-St-Eusèbe
ROMANS-SUR-ISÈRE
St-Paul-lès-Romans
St-Nazaire-en-Royans
St-Jean-en-Royans
Bourg-de-Péage
Granges-les-Beaumont
Chatuzange-le-Goubet
Beaumont-Monteux
Châteauneuf-sur-Isère
Pont-de-l'Isère
La Roche-de-Glun
Châteaubourg
St-Marcel-lès-Valence
Alixan
Besayes
Rochefort-Samson
Barbières
Cornas
St-Péray
Bourg-lès-Valence
VALENCE
Montélier
Guilherand-Granges
Malissard
Chabeuil
Châteaudouble
Peyrus
Léoncel
Toulaud
Soyons
Portes-lès-Valence
Beaumont-lès-Valence
Montvendre
Combovin
Charmes-sur-Rhône
St-Georges-les-Bains
Beauvallon
Montéléger
Étoile-sur-Rhône
Montmeyran
St-Laurent-du-Pape
Beauchastel
la Voulte-sur-Rhône
Upie
Montoison
Ourches
Gigors-et-Lozeron
Plan-de-Baix
Livron-sur-Drôme
Allex
Eurre
Loriol-sur-Drôme
Le Pouzin
Crest
Chabrillan
Grâne
Montclar-sur-Gervanne
Vaunaveys-la-Rochette
Suze (les Jaux)
Col de la Bataille
Plateau d'Ambel
Camp de Chambaran
Forêt de Chambaran

131
145
146
159
E
F
G
H
1
2
3
4
5
6
Rives
Moirans
Voreppe
Tullins
St-Étienne-de-St-Geoirs
St-Geoirs
St-Michel-de-St-Geoirs
St-Paul-d'Izeaux
Izeaux
Renage
Beaucroissant
Sillans
Coublevie
St-Cassien
St-Julien-de-Raz
Charnècles
St-Jean-de-Moirans
la Buisse
Pommiers-la-Placette
PARC NATUREL
Voiron
Vourey
Réaumont
Pont St-Bruno
St-Pierre-de-Chartreuse
Charmant Som
St-Quentin-sur-Isère
Veurey-Voroize
Mont-St-Martin
Proveysieux
Sarcenas
le Sappey-en-Chartreuse
Fontanil-Cornillon
Quaix-en-Chartreuse
Fort du St-Eynard
St-Ismier
Biviers
Montbonnot-St-Martin
Crolles
Bernin
Froges
Villard-Bonnot
St-Nazaire-les-Eymes
Ste-Agnès
St-Mury-Monteymond
la Combe-de-Lancey
le Versoud
Domène
St-Jean-le-Vieux
Revel
Noyarey
Polienas
Montaud
la Rivière
l'Albenc
Vinay
Chantesse
Vatilieu
Serre-Nerpol (les Caves)
Quincieu
Morette
la Forteresse
Cras
N.-D.-de-l'Osier
St-Égrève
St-Martin-le-Vinoux
Corenc
la Tronche
Meylan
Sassenage
Seyssinet-Pariset
Fontaine
GRENOBLE
Gières
ST-MARTIN-D'HÈRES
St-Martin-d'Uriage
Venon
Poisat
Eybens
Herbeys
Echirolles
Seyssins
Engins
St-Nizier-du-Moucherotte
Autrans
Rovon
St-Gervais
Cognin-les-Gorges
Malleval
Izeron
St-Pierre-de-Chérennes
Beauvoir-en-Royans
Méaudre
Lans-en-Vercors
Claix
Bresson
le Pont-de-Claix
Vaulnaveys-le-Haut
Brié-et-Angonnes
Vaulnaveys-le-Bas
Jarrie
Champagnier
Chamrousse
Croix de Chamrousse
Livet-et-Gavet (Riouperoux)
Varces-Allières-et-Risset
Vizille
Montchaboud
Notre-Dame-de-Mésage
Séchilienne
St-Barthélemy-de-Séchilienne
Vif
St-Paul-de-Varces
Villard-de-Lans
Rencurel
Presles
Choranche
Châtelus
St-Julien-en-Vercors
Corrençon-en-Vercors
Champ-sur-Drac
St-Pierre-de-Mésage
St-Georges-de-Commiers
Laffrey
la Morte (le Couvent)
PARC NATUREL
RÉGIONAL
DU VERCORS
Échevis (la Cure)
St-Laurent-en-Royans
St-Martin-en-Vercors
le Gua
St-Jean-de-Vaulx
Notre-Dame-de-Commiers
St-Théoffrey
Cholonge
Notre-Dame-de-Vaulx
Monteynard (les Blais)
la Motte-d'Aveillans (Aveillans)
Villard-St-Christophe
Lavaldens
Château-Bernard
St-Martin-de-la-Cluze
Avignonet
Miribel-Lanchâtre (Lanchâtre)
St-Guillaume
St-Andéol
les Grands Goulets
la Chapelle-en-Vercors
St-Agnan-en-Vercors
Vassieux-en-Vercors
Sinard
la Motte-St-Martin
Pierre-Châtel
St-Honoré
Nantes-en-Ratier
Oris-en-Rattier
la Valette
Valbonnais
VALBONNAIS
St-Paul-lès-Monestier
Monestier-de-Clermont
Treffort
Marcieu
Susville (Nantison)
la Mure
Sousville
Siévoz
Gresse-en-Vercors
Col de l'Allimas
Roissard
Mayres-Savel
Prunières
Ponsonnas
Cognet
St-Pierre-de-Méaroz
St-Laurent-en-Beaumont
St-Michel-en-Beaumont
la Salle-en-Beaumont
Ste-Luce
St-Michel-les-Portes
St-Arey
St-Jean-d'Hérans
St-Sébastien
Quet-en-Beaumont
Mont Aiguille
St-Martin-de-Clelles
Clelles
Cornillon-en-Trièves (le Grand Oriol)
Lavars
Cordéac
Mens
TRIÈVES
Chichilianne
Percy
le Monestier-du-Percy
Prébois
Pellafol
Ambel
Grande Tête de l'Obiou
St-Baudille-et-Pipet
St-Maurice-en-Trièves
Lalley
Tréminis
Col de Menée
Cirque d'Archiane
Chamaloc
Romeyer
Die
Ponet-et-St-Auban
Col de la Croix Haute
St-Disdier
Agnières-en-Dévoluy
Tréschenu-Creyers (Bénevise)
Molières-Glandaz
Laval-d'Aix
Aix-en-Diois (Pont de Quart)
la Drôme

146
132
160
145
A
B
C
D
St-Jean-de-Maurienne
Ste-Marie-de-Cuines
St-Alban-des-Villards
St-Colomban-des-Villards
Pontamafrey-Montpascal
Montvernier
Hermillon
Jarrier
St-Pancrace
Villargondran
Montricher-Albanne (le Bochet)
Albiez-le-Jeune
Fontcouverte-la-Toussuire
Villarembert
St-Julien-Mont-Denis
St-Martin-de-la-Porte
St-Michel-de-Maurienne
Orelle
Grand Perron des Encombres
Haute Vallée du Bréda
Châtel de Monteynard
Theys
Hurtières
le Champ-près-Froges
Froges
Col du Glandon
Col de la Croix de Fer
St-Sorlin-d'Arves
St-Jean-d'Arves
Albiez-Montrond (Albiez-le-Vieux)
Col du Télégraphe
St-Martin-d'Arc
Valmeinier
Valloire
Massif d'Allevard
Lac de Grand-Maison
St-Mury-Monteymond
Croix Chamrousse
Grand Pic de Belledonne
Vaujany
Oz
Allemond
Pic de l'Etendard
Pic du Lac Blanc
Aiguilles d'Arves
Aiguille de l'Epaisseur
Aiguilles de la Saussaz
Aiguille du Goléon
Aiguille d'Argentière
Villard-Reculas
Huez
Clavans-en-Haut-Oisans (Clavans-le-Haut)
Besse
Le Bourg-d'Oisans
Auris
le Freney-d'Oisans
Mont-de-Lans
Mizoën
Oratoire du Chazelet
la Grave
Villar-d'Arêne
Col du Galibier
Col du Lautaret
Jardin Alpin du Lautaret
Rés. Nat. de Combeynot
Glacier de la Girose
LA MEIJE
Glacier de Mont-de-Lans
Les Deux Alpes
Vénosc
Villard-Reymond
Villard-Notre-Dame
Chantelouve (les Bosses)
Roche de la Muzelle
St-Christophe-en-Oisans
La Bérarde
Rés. Nat. de la Hte Vallée du Vénéon
BARRE DES ECRINS
MT PELVOUX
Pré de Madame Carle
Rés. Nat. du Torrent de St-Pierre
PARC NATIONAL DES ECRINS
MASSIF DES
OISANS
VALGAUDEMAR
Entraigues
le Périer
Valjouffrey (la Chalp)
Rés. Nat. du Haut Béranger
Pic des Souffles
Rés. Nat. de la Haute Séveraisse
La Salette-Fallavaux (l'Eglise)
N.-D. de la Salette
Corps
Aspres-les-Corps
Villar-Loubière
La Chapelle-en-Valgaudémar
St-Maurice-en-Valgodemard
St-Firmin
St-Jacques-en-Valgodemard
Ambel
Beaufin
Monestier-d'Ambel
Chauffayer
Les Costes
St-Eusèbe-en-Champsaur
La Motte-en-Champsaur
Les Infournas
St-Disdier
Champoléon
Rés. Nat. du Cirque du Grand Lac des Estaris
Orcières
St-Bonnet-en-Champsaur
St-Michel-de-Chaillol
Le Noyer
Col du Noyer
Pelvoux
St-Antoine
Vallouise
Puy-St-Vincent
Ailefroide
Freissinières
73
38
05

PARC NATIONAL DE LA VANOISE
Mt du Borgne
Aiguille de Péclet
Lanslevillard
Lanslebourg-Mont-Cenis
Termignon
Sollières-Sardières (Sollières-l'Endroit)
Col du Mont Cenis
Lac du Mt Cenis
Pointe de Charbonnel
Pointe de Ronce
Pointes de la Grande Fesouse
Aussois
Bramans
Villarodin-Bourget
Avrieux
Modane
Fourneaux
St-André
Freney
Lac de Bissorte
Aiguille de Scolette
Dents d'Ambin
MASSIF DU MONT CENIS
Moncenisio
Novalesa
Rocciamelone
Bar Cenisio
Molaretto
San Martino
Venaus
Mompantero
Foresto
Bussoleno
Susa
Giaglione
Meana-di-Susa
Tanze
Mattie
Giordani
Val de Suze
Glacier Sommeiller
Chiomonte
Gravere
Madona della Losa
Frais
Exilles
Forte d'Exilles
Molière
San Colombano
Eclause
Salbertrand
Gran Bosco
Montagne Seu
Monte Orsiera
Mont Thabor
l'Argentier
Rochemolles
Bardonecchia
les Arnauds
Melezet
Pian del Colle
Beaulard
Savoulx
Signols
Traverses
Oulx
Gad
Monfol
Sauze d'Oulx
Jouvenceaux
Sportinia
Pourrières
Fraisse
Souchères Basses
Usseaux
Balboutet
Fenestrelle
Mentoulles
Chambons
Villaretto
Balma
Roure
Meano
Pragelato
Monte Albergian
Traverses
Névache
Désertes
Fenils
Solomiac
Mollières
Sestrière
Cesena-Torinese
San Sicario
Champlas-Séguin
Champlas-du Col
Laval
Balsiglia
Gros Passet
Massello
Maniglia
Chiabrano
Perrero
Salza-di-Pinerolo
Bric Ghinivert
Val-des-Prés
Montgenèvre
C. de Montgenèvre
Clavière
Bousson
Rollières
Sauze di Cesana
Thures
Lauze
Ruilles
Thuras
Argentiera
Fontane
Rodoretto
Prali Villa
Ghigo
Pomieri
Ribba
la Salle-les-Alpes
St-Chaffrey
BRIANÇONNAIS
Briançon
Puy-St-Pierre
Puy-St-André
Villar-St-Pancrace
Cervières
Punta Ciatagnera
Bric Froid
Grand Glaiza
Punta Cornour
Bric Bouchet
Pic de Rochebrune
St-Martin-de-Queyrières
Col d'Izoard
Abriès
Ristolas
Aiguilles
QUEYRAS
Arvieux
Château-Ville-Vieille (Château-Queyras)
Molines-en-Queyras
St-Véran
Malpertus
Villanova
Pralapia
Monte Granero
Belvédère du Viso
Col Agnel
Piano del Re
MONTE VISO
L'Argentière-la-Bessée
la Roche-de-Rame
Champcella
St-Crépin
Mont-Dauphin
Eygliers
Ceillac
Combe du Queyras
PARC NAT. RÉG. DU QUEYRAS
Tête des Toillies
Punta tre Chiosis
N.-D.-de-Clausis
133
161

BASSIN D'ARCACHON
Île aux Oiseaux
Parcs à Huîtres
Arcachon
Lanton
Pisciculture
Certes
Audenge
Marcheprime
Biganos
Le Teich
Gujan-Mestras
La Teste-de-Buch
Base de Loisirs
Parc Ornithologique
Château Ruat
Phare du Cap-Ferret
Cap-Ferret
CAP FERRET
Rés. Nat. du Banc d'Arguin
Dune du Pilat
Pyla sur Mer
Le Pilat
Pilat Plage
Truc de la Truque
Notre-Dame des Monts
Mios
Salles
Belin-Béliet
Le Vieux Lugos
Mais. du Parc
Lugos
Caudos
Cazaux
Étang de Cazaux et de Sanguinet
Sanguinet
Forêt Com. de Biscarrosse
F. Dom. de la Teste
Biscarrosse Plage
Biscarrosse
Petit Étang de Biscarrosse
Étang de Biscarrosse et de Parentis
Parentis-en-Born
Ychoux
Liposthey
Pissos
Saugnacq-et-Muret
St-Roch
Ste-Eulalie-en-Born
Pontenx-les-Forges
Étang d'Aureilhan
Aureilhan
Mimizan
Mimizan Plage
St-Paul-en-Born
Labouheyre
Commensacq
Écomusée de la Grande Lande
Escource
Solférino
Bias
F. Dom. de Mimizan
St-Julien-en-Born
Contis les Bains
Mézos
Onesse-et-Laharie
Pierre de Brimann
Lüe
PARC NATUREL RÉGIONAL
A660
N250
A63
N10
E70
E5
D3
D650
D652
D46
D626
D44
A B C D
1 2 3 4 5 6
134
162
163
40

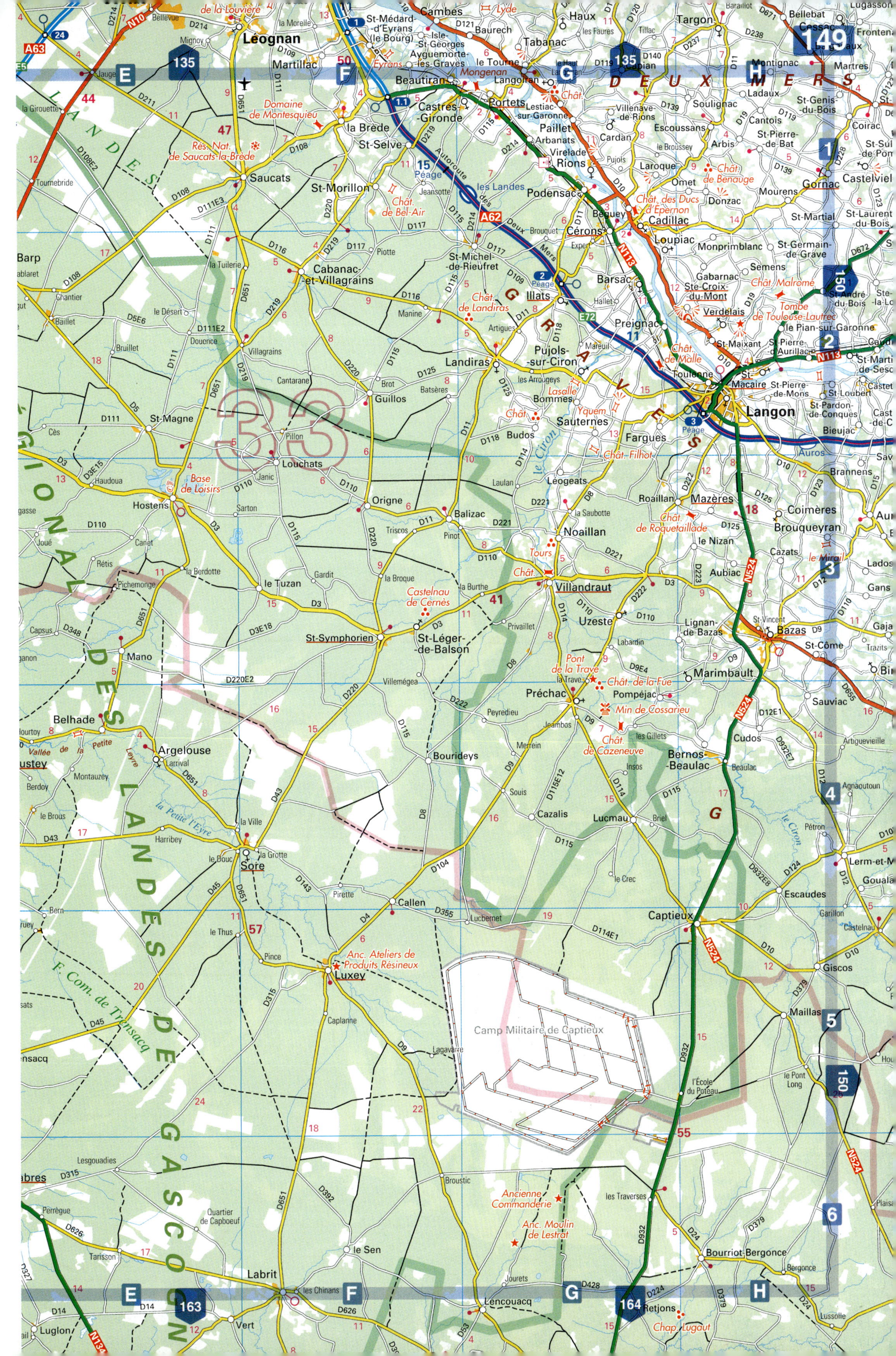
149
135
135
150
150
163
164
Léognan
Martillac
Saucats
la Brède
St-Selve
St-Morillon
Cabanac-et-Villagrains
Castres-Gironde
Beautiran
Portets
Podensac
Cérons
Barsac
Preignac
Illats
Landiras
Pujols-sur-Ciron
Langon
Sauternes
Fargues
Budos
Guillos
Louchats
Origne
Balizac
St-Magne
Hostens
le Tuzan
St-Symphorien
St-Léger-de-Balson
Villandraut
Noaillan
Uzeste
Préchac
Bazas
Captieux
Sore
Luxey
Callen
Argelouse
Belhade
Mano
Bourideys
Lucmau
Cazalis
Escaudes
Giscos
Maillas
Labrit
Lencouacq
Retjons
Bourriot-Bergonce
Cadillac
Loupiac
Rions
Paillet
Langoiran
Tabanac
Cambes
Haux
Targon
Cardan
Escoussans
Omet
Donzac
Monprimblanc
Gabarnac
Ste-Croix-du-Mont
Verdelais
St-Maixant
St-Macaire
St-Pierre-d'Aurillac
Mazères
Roaillan
Coimères
Brouqueyran
Aubiac
Lignan-de-Bazas
Marimbault
Pompéjac
Cudos
Bernos-Beaulac
Sauviac
St-Côme
Castelviel
Gornac
Mourens
Soulignac
Arbis
Camp Militaire de Captieux
Anc. Ateliers de Produits Résineux
Ancienne Commanderie
Anc. Moulin de Lestrat
Chât. de la Fue
Min de Cossarieu
Chât. de Cazeneuve
Chât. de Roquetaillade
Chât. de Landiras
Chât. de Malle
Chât. Filhot
Chât. Malromé
Tombe de Toulouse-Lautrec
Base de Loisirs
Rés. Nat. de Saucats-la-Brède
Domaine de Montesquieu
Chât. de Bel-Air
Chap. Lugaut
Castelnau de Cernès
Pont de la Trave
DEUX MERS
GRAVES
LANDES DE GASCOGNE
F. Com. de Trensacq
33

150
136
149
164
165
Blasimon
Mauriac
Auriolles
Pellegrue
Landerrouat
Villeneuve-de-Duras
Thénac
Mescoules
Cleyrac
Daubèze
Cazaugitat
St-Astier
Loubès-Bernac
Sainte-Innocence
Sauveterre-de-Guyenne
Caumont
St-Ferme
Esclottes
Savignac-de-Duras
St-Sernin
Ste-Eulalie-d'Eymet
Fonroque
Castelmoron-d'Albret
Ste-Colombe-de-Duras
Baleyssagues
St-Jean-de-Duras (Raynaud)
Soumensac
St-Brice
Coirac
St-Sulpice-de-Pommiers
St-Martin-du-Puy
Rimons
Castelviel
Dieulivol
Duras
Eymet
Landerrouet-sur-Ségur
le Puy
Pardaillan
St-Laurent-du-Bois
St-Félix-de-Foncaude
St-Martin-de-Lerm
Neuffons
Monségur
Cours-de-Monségur
Auriac-sur-Dropt
la Sauvetat-du-Dropt
Agnac
Mesterrieux
Coutures
Taillecavat
Camiran
Loubens
St-Sulpice-de-Guilleragues
Lévignac-de-Guyenne
St-Pierre-sur-Dropt
Moustier
St-Exupéry
Bagas
Roquebrune
Ste-Gemme
Monteton
Roumagne
St-Pardoux-Isaac
Morizès
les Esseintes
St-Sève
St-Hilaire-de-la-Noaille
St-Vivien-de-Monségur
Allemans-du-Dropt
Miramont-de-Guyenne
Gironde-sur-Dropt
la Réole
Fossès-et-Baleyssac
Caubon-St-Sauveur
Puysserampion
Cambes
Casseuil
Montagoudin
St-Michel-de-Lapujade
Lavergne
Barie
Bassanne
Floudès
Castelnau-sur-Gupie
Lachapelle
Peyrière
Blaignac
Fontet
Mongauzy
Bourdelles
Lamothe-Landerron
St-Martin-Petit
Lagupie
St-Avit
Armillac
Puybarban
Loupiac-de-la-Réole
Hure
Mauvezin-sur-Gupie
Montignac-Toupinerie
Castillon-de-Castets
Pondaurat
Jusix
Beaupuy
Escassefort
Seyches
Savignac
Ste-Bazeille
St-Barthélemy-d'Agenais
Noaillac
Meilhan-sur-Garonne
Couthures-sur-Garonne
Marmande
Virazeil
Puymiclan
Tourtrès
Auros
Gaujac
Agmé
Berthez
Labretonie
Lados
Aillas
St-Sauveur-de-Meilhan
Marcellus
Birac-sur-Trec
Gans
St-Pardoux-du-Breuil
Longueville
Verteuil-d'Agenais
Labescau
Sigalens
Montpouillan
Gontaud-de-Nogaret
Hautesvignes
Gajac
Cocumont
Fourques-sur-Garonne
Taillebourg
Fauguerolles
Sendets
Samazan
Caumont-sur-Garonne
Birac
Cauvignac
Fauillet
Romestaing
Guérin
Sénestis
Varès
Grateloup-St-Gayrand
Masseilles
Ste-Marthe
le Mas-d'Agenais
Tonneins
Lavazan
Bouglon
Grignols
Cours-les-Bains
Argenton
Grézet-Cavagnan
Lagruère
Marions
Sillas
Calonges
Ruffiac
Ste-Gemme-Martaillac (Blalas)
Villeton
Clairac
Antagnac
Poussignac (l'École)
Razimet
Lafitte
Lerm-et-Musset
Labastide-Castel-Amouroux (Veyries)
Puch-d'Agenais
Monheurt
Bourran
Goulade
St-Martin-Curton
Beauziac (Bouchet)
Leyritz-Moncassin
Casteljaloux
Villefranche-du-Queyran
Nicole
Aiguillon
la Réunion (Mirande)
St-Léon
Damazan
St-Léger
Lagarrigue
Galapian
St-Michel-de-Castelnau
Anzex
Pindères
Lartigue
Pompogne
Caubeyres
Buzet-sur-Baïse
Port-Ste-Marie
Bazens
Sauméjan
Fargues-sur-Ourbise
St-Pierre-de-Buzet
Thouars-sur-Garonne
Clermont-Dessous
Ambrus
Allons
Houeillès
Xaintrailles
Mongaillard
Feugarolles
Vianne
Bruch
Montesquieu
Barbaste
Lavardac
Espiens
Durance
Boussès
Montagnac-sur-Auvignon
Nérac
Calignac
Losse
Lubbon
Arx
Baudignan
Andiran
Saumont
F. Dom. de Campet
Forêt Dom. de Capbourteil
la Garonne
A62
E72
N113
Chât. de Puychagut
Chât. des Guilleragues
Signal du Mirail
Rés. Nat. de l'Étang de la Mazière
Chap. St-Sabin
Tour d'Avance
Moulin Fortifié
Chât. de Henri IV

151
137
152
165
166
E
F
G
H
Issigeac
Bardou
Nojals-et-Clotte
Ste-Croix
Montferrand-du-Périgord
St-Romain-de-Monpazier
Marsalès
Monpazier
Capdrot
Mazeyrolles
Castillonnès
Villeréal
Biron
Lacapelle-Biron
Sauveterre-la-Lémance
St-Front-sur-Lémance
Montaut
Monflanquin
Gavaudun
Cancon
Castelnaud-de-Gratecambe
St-Pastour
Monsempron-Libos
Fumel
Soturac
Montayral
St-Vite
Monclar
Casseneuil
Ste-Livrade-sur-Lot
Villeneuve-sur-Lot
Pujols
St-Sylvestre-sur-Lot
Penne-d'Agenais
Tournon-d'Agenais
Courbiac
Montaigu-de-Quercy
Hautefage-la-Tour
Frespech
Laroque-Timbaut
Cassignas
Laugnac
Monbalen
Prayssas
Lacour
Beauville
Engayrac
Bourg-de-Visa
Tourailles
Foulayronnes
St-Hilaire-de-Lusignan
Colayrac-St-Cirq
Pont-du-Casse
Brassac
St-Maurin
AGEN
Bon-Encontre
Castelculier
Puymirol
Tayrac
Montjoi
Castelsagrat
Roquefort
Estillac
Boé
Moirax
Aubiac
Layrac
Lamagistère
Caudecoste
Laplume
Donzac
Valence
Goudourville
Moissac

152
138
151
166
167
PARC NA
Gourdon
le Vigan
Payrignac
Nabirat
St-Pompont
Florimont-Gaumier
Léobard
Salviac
Cazals
Dégagnac
Rampoux
Lavercantière
Concorès
St-Germain-du-Bel-Air
Frayssinet
Séniergues
Montfaucon
Vaillac
Labastide-Murat
Soulomès
Villefranche-du-Périgord
Sauveterre-la-Lémance
Montcléra
St-Caprais
les Arques
Thédirac
Uzech
Ussel
Lamothe-Cassel
St-Sauveur-la-Vallée
Frayssinet-le-Gélat
Goujounac
Pomarède
Lherm
Montgesty
Catus
St-Denis-Catus
Mechmont
Gigouzac
St-Martin-de-Vers
Lauzès
Nadillac
Cassagnes
Pontcirq
les Junies
St-Médard
Nuzéjouls
Boissières
Maxou
Francoulès
Montcabrier
Duravel
Puy-l'Évêque
Prayssac
Castelfranc
Labastide-du-Vert
Calamane
St-Pierre-Lafeuille
Valroufié
Cours
Lentillac-du-Causse
Crayssac
Mercuès
Espère
Caillac
Luzech
Pradines
Laroque-des-Arcs
Vire-sur-Lot
Grézels
Bélaye
Albas
Lagardelle
Douelle
St-Vincent-Rive-d'Olt
Lamagdelaine
Arcambal
Vers
St-Géry
Bouziès
CAHORS
Cath. St-Étienne
Mont St-Cyr
Sérignac
Floressas
Cambayrac
Trespoux-Rassiels
Sauzet
Carnac-Rouffiac
Fargues
Masquières
St-Matré
Saux
Courbiac
Villesèque
Labastide-Marnhac
le Montat
Flaujac-Poujols
Aujols
Laburgade
Concots
Bagat-en-Quercy
St-Pantaléon
Belmontet
Valprionde
Ste-Croix
St-Daunès
Lascabanes
Lhospitalet
Cieurac
Lalbenque
Montcuq
Belvèze
Lebreil
Cézac
Pern
Fontanes
St-Cyprien
Ste-Alauzie
Bouloc
Montlauzun
Ste-Juliette
St-Laurent-Lolmie
St-Paul-de-Loubressac
Labastide-de-Penne
Montdoumerc
Lauzerte
Montagudet
Castelnau-Montratier
Flaugnac
Belfort-du-Quercy
Puylaroque
Sauveterre
Cazes-Mondenard
Montpezat-de-Quercy
Miramont-de-Quercy
Montbarla (St-Georges)
Montfermier
Montalzat
Cayriech
Montesquieu
Durfort-Lacapelette
Molières
Vazerac
Auty
Septfonds
Monteils
Caussade
Puycornet
Mirabel
St-Vincent
L'Honor-de-Cos (Léribosc)
Lafrançaise
Moissac
Réalville
A20
E09
N20
A
B
C
D
1
2
3
4
5
6

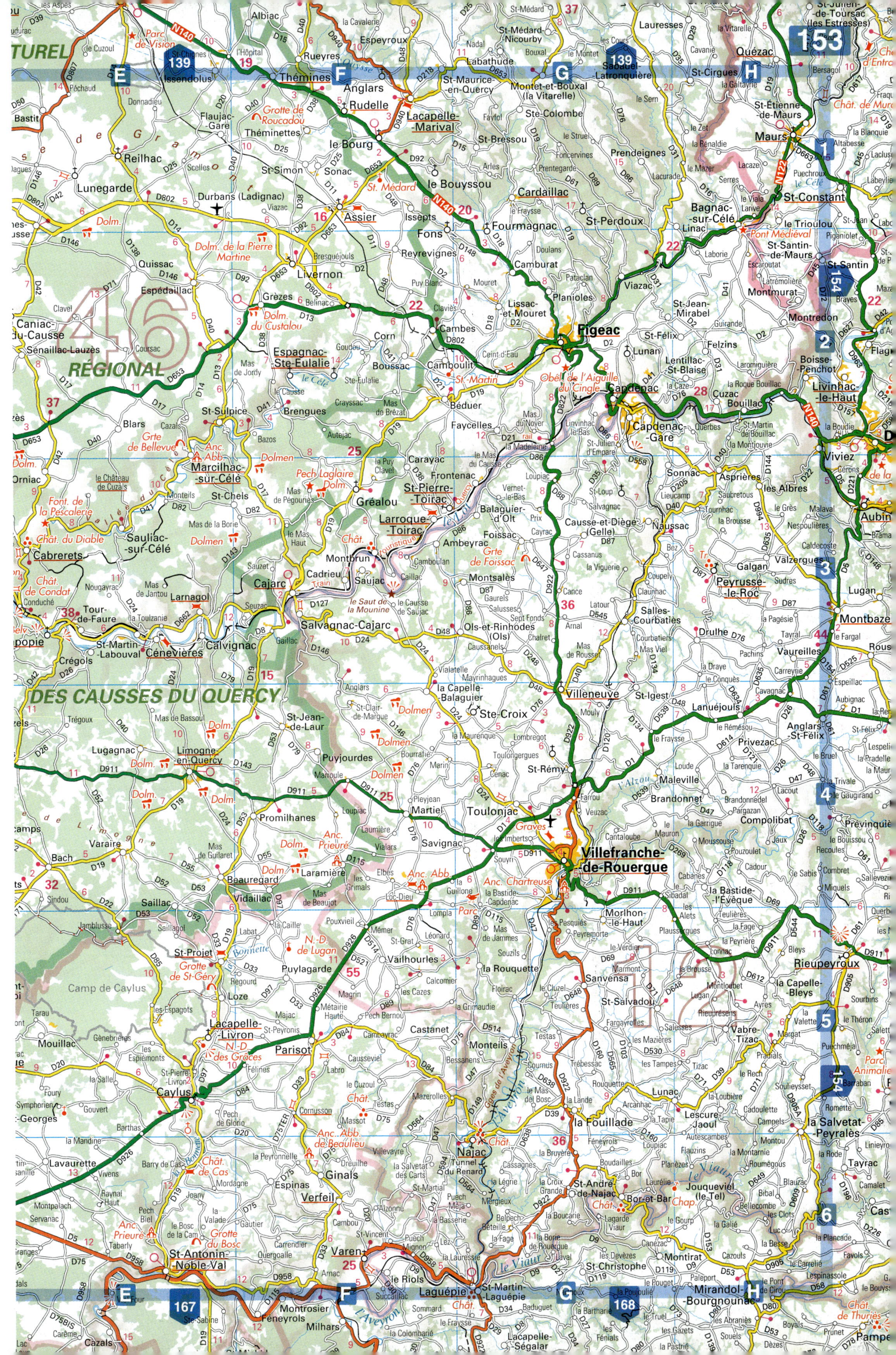
153
139
E
F
G
H
RÉGIONAL
46
DES CAUSSES DU QUERCY
Figeac
Capdenac
Capdenac-Gare
Villefranche-de-Rouergue
Villeneuve
Cajarc
Gramat
Thémines
Issendolus
Albiac
Rueyres
Anglars
Rudelle
Lacapelle-Marival
Le Bouyssou
Assier
Livernon
Reilhac
Lunegarde
Quissac
Espédaillac
Grèzes
Cambes
Corn
Boussac
Béduer
Faycelles
Espagnac-Ste-Eulalie
Brengues
Sauliac-sur-Célé
Marcilhac-sur-Célé
Cabrerets
Gréalou
St-Pierre-Toirac
Larroque-Toirac
Montbrun
Saujac
Salvagnac-Cajarc
Calvignac
Cénevières
Larnagol
Tour-de-Faure
St-Martin-Labouval
Crégols
Limogne-en-Quercy
Lugagnac
Varaire
Bach
Beauregard
Vidaillac
Saillac
Laramière
Promilhanes
Puyjourdes
St-Jean-de-Laur
La Capelle-Balaguier
Ste-Croix
Martiel
Toulonjac
Savignac
Morlhon-le-Haut
Sanvensa
St-Salvadou
Maleville
Brandonnet
Compolibat
Rieupeyroux
La Capelle-Bleys
Vabre-Tizac
Lunac
La Fouillade
Najac
St-André-de-Najac
Bor-et-Bar
Jouqueviel (le Tel)
Montirat
Mirandol-Bourgnounac
St-Christophe
Laguépie
St-Martin-Laguépie
Lacapelle-Ségalar
Varen
Verfeil
Ginals
Parisot
Caylus
Lacapelle-Livron
Puylagarde
Loze
Mouillac
Lavaurette
St-Antonin-Noble-Val
Féneyrols
Montrosier
Milhars
Cazals
Vailhourles
Castanet
Monteils
La Rouquette
Villeneuve
Lanuéjouls
Privezac
Anglars-St-Félix
Peyrusse-le-Roc
Galgan
Valzergues
Montbazens
Vaureilles
Drulhe
Salles-Courbatiès
Causse-et-Diège (Gelle)
Naussac
Sonnac
Asprières
Les Albres
Balaguier-d'Olt
Foissac
Ambeyrac
Montsalès
Ols-et-Rinhodes (Ols)
Frontenac
Carayac
Cambouliт
Cuzac
Bouillac
Livinhac-le-Haut
Viviez
Aubin
Boisse-Penchot
Felzins
Lentillac-St-Blaise
St-Félix
Lunan
St-Jean-Mirabel
Viazac
Planioles
Lissac-et-Mouret
Camburat
Fourmagnac
Cardaillac
St-Perdoux
Prendeignes
St-Bressou
Ste-Colombe
Montet-et-Bouxal (la Vitarelle)
St-Maurice-en-Quercy
Labathude
St-Médard-Nicourby
Laurresses
Quézac
St-Cirgues
Bagnac-sur-Célé
St-Constant
Maurs
St-Étienne-de-Maurs
St-Santin-de-Maurs
St-Santin
Montmurat
Montredon
Figeac
Reyrevignes
Fons
Issepts
Durbans (Lagnac)
Sonac
Le Bourg
St-Simon
Théminettes
Flaujac-Gare
Blars
St-Sulpice
Caniac-du-Causse
Sénaillac-Lauzès
Orniac
Grotte de Roucadour
Grottes de Cougnac
Dolmen
Camp de Caylus
Gorges de l'Aveyron
l'Aveyron
le Célé
le Lot
le Viaur
N140
N122
A20
D911
D922
Graves
Villefranche

154
140
153
168
169
A
B
C
D
1
2
3
4
5
6
Leynhac
St-Antoine
Sansac-Veinazès
Labesserette
Ladinhac
Leucamp
Murols
Lapeyrugue
St-Symphorien-de-Thénières
Cassuéjouls
Calvinet
Montsalvy
St-Hippolyte
Montézic
Sénezergues
Mourjou
Cassaniouze
Campouriez
St-Amans-des-Cots
Laguiole
Soulages-Bonneval
Fournoulès
Vieillevie
Grand-Vabre
Entraygues-sur-Truyère
Le Fel
Florentin-la-Capelle
Montpeyroux
St-Santin
St-Parthem
Conques
Espeyrac
Sénergues
Golinhac
le Nayrac
Flagnac
Almont-les-Junies
Decazeville
Noailhac
St-Cyprien-sur-Dourdou
St-Félix-de-Lunel
Campuac
Estaing
Coubisou
Firmi
Cransac
Aubin
Pruines
Villecomtal
Mouret
Sébrazac
Espalion
St-Côme-d'Olt
Nauviale
Bessuéjouls
Auzits
Muret-le-Château
Rodelle
Lugan
Montbazens
Escandolières
St-Christophe-Vallon
Marcillac-Vallon
Valady
Bozouls
Gabriac
Bournazel
Roussennac
Goutrens
Salles-la-Source
Clairvaux-d'Aveyron
Rignac
Sébazac-Concourès
Montrozier
Rodez-Marcillac
Onet-le-Château
Belcastel
Mayran
Balsac
Bertholène
Laissac
Druelle
RODEZ
Le Monastère
Olemps
Ste-Radegonde
Agen-d'Aveyron
Colombiès
Moyrazès
Luc
Flavin
Pont-de-Salars
Castanet
Boussac
Baraqueville
Prades-Salars
Pradinas
Manhac
Calmont
Trémouilles
Canet-de-Salars
Sauveterre-de-Rouergue
Quins
Camboulazet
Comps-la-Grand-Ville
Ste-Juliette-sur-Viaur
Naucelle
Cabanès
Castelmary
Camjac
Salmiech
Arvieu
Salles-Curan
Lac de Pareloup
Crespin
Tauriac-de-Naucelle
Centrès
Cassagnes-Bégonhès
Pampelonne
Rullac-St-Cirq
Auriac-Lagast
Alrance
12
Causse du Comtal
F. des Palanges
N88
N140

141
155
156
169
170
48
A U B R A C
Monts d'Aubrac
Lacalm
la Trinitat
Brion
Grandvals
la Fage-Montivernoux
les Bessons
Fau-de-Peyre
Rimeize
Fournels
Aumont-Aubrac
St-Urcize
Recoules-d'Aubrac
Malbouzon
la Chaze-de-Peyre
Serverette
Javols
Nasbinals
Prinsuéjols
Ste-Colombe-de-Peyre
St-Sauveur-de-Peyre
Recoules-de-Fumas
Ribennes
Marchastel
Lac des Salhiens
Grte de Déroc
Casc. de Déroc
la Baume
le Buisson
Parc du Gévaudan
Lachamp
Aubrac
Forêt Dom. d'Aubrac
St-Chély-d'Aubrac
Station de Ski de Brameloup
Refuge des Rajas
le Signal de Mailhe-Biau
St-Laurent-de-Muret
Antrenas
St-Léger-de-Peyre
Servières
Prades-d'Aubrac
Castelnau-de-Mandailles
la Bête du Gévaudan
Marvejols
Montrodat
Gabrias
Chirac
Palhers
les Salces
les Hermaux
le Monastier-Pin-Moriès
Grèzes
Barjac
Aurelle-Verlac
Trélans
Lassouts
St-Geniez-d'Olt
Pomayrols
St-Pierre-de-Nogaret
St-Germain-du-Teil
les Salelles
Cultures
Esclanèdes
Chanac
Ste-Eulalie-d'Olt
Pierrefiche
la Capelle-Bonance
St-Saturnin-de-Lenne
St-Martin-de-Lenne
St-Laurent-d'Olt
Banassac
la Canourgue
Campagnac
St-Saturnin
Sabot de Malepeyre
Coussergues
Vimenet
Causse de Sévérac
Buzeins
Gaillac-d'Aveyron
Dolmens
la Tieule
Ste-Enimie
Laval-du-Tarn
Recoules-Prévinquières
Lapanouse
Sévérac-le-Château
St-Georges-de-Lévéjac
le Massegros
Point Sublime
Gorges du Tarn
la Malène
Mas-St-Chély
Vézins-de-Lévézou
St-Rome-de-Dolan
les Vignes
Hures-la-Parade
St-Pierre-des-Tripiers
Causse Méjan
PARC
St-Léons
St-Laurent-de-Lévézou
Verrières
Rivière-sur-Tarn
Mostuéjouls
le Rozier
Peyreleau
Meyrueis
St-Beauzély
Compeyre
Aguessac
Paulhe
St-André-de-Vézines
Castelnau-Pégayrols
Péage de St-Germain
la Roque-Ste-Marguerite
Nant
A75
E11
N9
N88
N106
N108
N2009
E
F
G
H

156
142
171
170
155
A
B
C
D
1
2
3
4
5
6
MARGERIDE
MENDE
Florac
48
MONT LOZÈRE
CÉVENNES
PARC NAT DES CÉVENNES
St-Denis-en-Margeride
Châteauneuf-de-Randon
Langogne
Lespéron
Chastanier
Laubert
Bagnols-les-Bains
Le Bleymard
Villefort
Génolhac
Le Pont-de-Montvert
St-Germain-de-Calberte
St-Jean-du-Gard
Barre-des-Cévennes
Ste-Croix-Vallée-Française
St-André-de-Valborgne
Meyrueis
Balsièges
Ispagnac
Quézac
Chasseradès
La Bastide-Puylaurent
Prévenchères
Luc
Rieutort-de-Randon
Chastel-Nouvel
Lanuéjols
Cocurès
Bédouès
Vialas
Concoules
Chamborigaud
St-Étienne-de-Lugdarès
St-Laurent-les-Bains
Réservoir de Naussac
Sources de l'Allier
Source du Tarn
Pic Cassini
Mont Aigoual
Corniche des Cévennes
St-Étienne-Vallée-Française
St-Martin-de-Boubaux
Le Collet-de-Dèze
St-Privat-de-Vallongue
Cassagnas
St-Julien-d'Arpaon
St-Laurent-de-Trèves
Vebron
Rousses
Gatuzières
Fraissinet-de-Fourques

St-Cirgues-en-Montagne
Burzet
Labastide-sur-Bésorgues
St-Joseph-des-Bancs
Gourdon
Pourchères
Veyras
PRIVAS
157
143
E
F
G
H
Mazan-l'Abbaye
le Roux
Montpezat-sous-Bauzon
Antraigues-sur-Volane
Genestelle
St-Étienne-de-Boulogne
St-Michel-de-Boulogne
St-Priest
Alissas
Chomérac
N. D. de Prévenchère
St-Pierre-de-Colombier
Juvinas
Chirols
Asperjoc (Thieure)
St-Andéol-de-Vals
Chât. de Boulogne
Freyssenet
Rochessauve
Meyras
Thueyts
Chât. de Ventadour
Vals-les-Bains
St-Julien-du-Serre
Chaussée des Géants
Barnas
Mayres
60
N102
Pont-de-Labeaume
Lalevade-d'Ardèche
Fabras
Vesseaux
St-Laurent-sous-Coiron
Darbres
Berzème
St-Gineis-en-Coiron
St-Pierre-la-Roche
Col de la Croix de Bauzon
Jaujac
Labégude
Ucel
St-Privat
Prades
Mercuer
le Bruget
la Souche
St-Cirgues-de-Prades
Aubenas
Lussas
Troglodytes
Col de la Croix Millet
Lentillères
St-Étienne-de-Fontbellon
St-Didier-sous-Aubenas
Mirabel
St-Jean-le-Centenier
St-Pons
Oppidum de Jastres
158
Prunet
Chazeaux
Ailhon
Col Meyrand
le Tanargue
Valgorge (le Villard)
Laboule
la Chaume du Cros
Rocher
Fons
St-Sernin
Lavilledieu
N102
Aubignas
Lachapelle-sous-Aubenas
Ville Antique
Alba-la-Romaine
Dompnac
Joannas
Rocles
Tauriers
Chassiers
Vogüé
St-Germain
Villeneuve-de-Berg
Largentière
Vinezac
Remparts
Sanilhac
Beaumont
St-Mélany
Montréal
Uzer
Lanas
St-Maurice-d'Ardèche
Village Féodal
St-Andéol-de-Berg
Sablières
St-André-Lachamp
Laurac-en-Vivarais
Tour
Balazuc
Rochecolombe
St-Maurice-d'Ibie
St-Thomé
Valvignères
Ribes
Vernon
Rosières
Joyeuse
Planzolles
Chauzon
Pradons
Faugères
Lablachère
St-Pierre-St-Jean
Payzac
Malarce-sur-la-Thines
Défilés de Ruoms
les Pommiers
Labeaume
Ruoms
Lagorce
Gras
Larnas
St-Montan
Ggés de la Baume
Mas de la Vignasse
Dolmen
Remparts
St-Genest-de-Beauzon (le Suel)
Dent de Rez
Sampzon
Gravières
Chambonas
Les Salelles
St-Alban-Auriolles
Vallon-Pont-d'Arc
St-Remèze
Gorges
Chandolas
Grospierres
Grte des Tunnels
Grte des Huguenots
le Pont d'Arc
Bourg-St-Andéol
les Vans
Man. de Casteljau
Salavas
Gorges
Belv. de Gaud
Aven de Marzal
Berrias-et-Casteljau
82
Grte d'Ebbo
Rés. Nat.
Bidon
4
Banne
Beaulieu
Cirque de Gaud
Labastide-de-Virac
le Roure
Belv. de Gournier
Cirque de la Madeleine
Maladrerie des Templiers
Grte de St-Marcel
St-Marcel-d'Ardèche
Vagnas
Bessas
Aven de la Forestière
Grte de la Madeleine
Belv. de la Madeleine
Aven d'Orgnac
l'Ardèche
St-Paul-le-Jeune
Malbosc
Orgnac-l'Aven
St-Martin-d'Ardèche
St-Just
St-André-de-Cruzières
Barjac
le Garn
Aiguèze
Bordezac
Gagnières
Grte de la Cocalière
Laval-St-Roman
Peyremale
Courry
St-Sauveur-de-Cruzières
St-Julien-de-Peyrolas
Bessèges
St-Privat-de-Champclos
St-Christol-de-Rodières
St-Paulet-de-Caisson
Robiac-Rochessadoule
Meyrannes
St-Brès
Montclus
Issirac
Salazac
Pont-St-Esprit
Chât. de Portes
Dom. du Rouvergue
Molières-sur-Cèze
St-Ambroix
St-Jean-de-Maruéjols-et-Avéjan
Chât.
St-André-de-Roquepertuis
La Chartreuse de Valbonne
le Martinet
St-Victor-de-Malcap
Tharaux
Carsan
St-Florent-sur-Auzonnet
Larnac
30
Forêt Dom. de Valbonne
St-Denis
Rochegude
Cornillon
St-Alexandre
St-Jean-de-Valériscle
les Mages
Rivières
Méjannes-le-Clap
St-Laurent-de-Carnols
Potelières
Bois de Goudargues
Goudargues
Grand-Combe
St-Julien-de-Cassagnas
Laval-Pradel
Parc Ornithologique des Isles
Chât. d'Allègre
Menhir de la Pierre Plantée
La Roque-sur-Cèze
St-Michel-d'Euzet
St-Nazaire
Rousson
Allègre-les-Fumades (la Bégude)
Concluses
Casc. du Sautadet
St-Gervais
Fons-sur-Lussan
Verfeuil
Bagnols-sur-Cèze
St-Martin-de-Valgalgues
St-Julien-les-Rosiers
Salindres
Bouquet
St-André-d'Olérargues
Navacelles
Chât.
Servas
Lussan
Sabran
Chap. des Templiers
Les Plans
Chât. de Fan
St-Privat-des-Vieux
Brouzet-les-Alès
Mont Bouquet
St-Marcel-de-Careiret
le Guidon du Bouquet
Vallérargues
ALÈS
E
F
G
H
171
Seynes
58
la Bruguière
172
St-Laurent-la-Vernède
Cavillargues
St-Pons-la-Calm
Tresques
Laudun-l'Ardoise
Mons
St-Just-et-Vacquières
Fontarèches
La Bastide-d'Engras
Méjannes-lès-Alès
St-Paul

158
144
40
157
172
173
26
84
A
B
C
D
1
2
3
4
5
6
Flaviac
Loriol-sur-Drôme
Crest
Aouste-sur-Sye
Mirabel-et-Blacons
Saillans
Veronne
Vercheny (le Templ)
Grane
Chabrillan
Divajeu (Lambres)
Autichamp
Chomérac
Baix
Saulce-sur-Rhône
Cliousclat
Mirmande
St-Lager-Bressac
St-Bauzile
St-Vincent-de-Barrès
Rochessauve
Pierre-Roche
Cruas
la Coucourde
Les Tourrettes (le Logis-Neuf)
Marsanne
Condillac
la Roche-sur-Grane
la Répara-Auriples
Roynac
Puy-St-Martin
Saou
Soyans
Francillon-sur-Roubion
le Poët-Célard
Piégros-la-Clastre
Aubenasson
St-Sauveur-en-Diois
Espenel
Chastel-Arnaud
Bourdeaux
Bézaudun-sur-Bîne
les Tonils
Crupies
Mornans
St-Martin-sur-Lavezon
Meysse
Rochemaure
Aubignas
Ancône
Savasse
Sauzet
St-Marcel-lès-Sauzet
Bonlieu-sur-Roubion
Cléon-d'Andran
Manas
Charols
Pont-de-Barret
Rochebaudin
Félines-sur-Rimandoule
Truinas
Eyzahut
St-Gervais-sur-Roubion
Salettes
la Bâtie-Rolland
le Teil
MONTÉLIMAR
Montboucher-sur-Jabron
Puygiron
la Bégude-de-Mazenc
Souspierre
le Poët-Laval
Dieulefit
Comps
Orcinas
Vesc
Bouvières
Rochefort-en-Valdaine (Chambaud)
Portes-en-Valdaine
la Touche
Espeluche
Aleyrac
Allan
Montjoux
Chaudebonne (les Nauds)
Valouse
Viviers
Malataverne
Châteauneuf-du-Rhône
Montjoyer
Roche-St-Secret-Béconne
Teyssières
Salles-sous-Bois
Réauville
Montbrison-sur-Lez
Taulignan
le Pègue
St-Ferréol-Trente-Pas
Donzère
Roussas
Valaurie
Grignan
Rousset-les-Vignes
St-Pantaléon-les-Vignes
Condorcet
Pierrelatte
les Granges-Gontardes
la Garde-Adhémar
Chantemerle-lès-Grignan
Chamaret
Grillon
Colonzelle
Valréas
Venterol
Nyons
Aubres
les Pilles
St-Paul-Trois-Châteaux
Clansayes
Montségur-sur-Lauzon
Richerenches
Solérieux
la Baume-de-Transit
Vinsobres
St-Restitut
Visan
Mirabel-aux-Baronnies
Châteauneuf-de-Bordette
Piégon
Bénivay-Ollon
Lapalud
Suze-la-Rousse
Bouchet
Tulette
St-Maurice-sur-Eygues
Buisson
Villedieu
Mérindol-les-Oliviers
Bollène
St-Roman-de-Malegarde
Puyméras
Faucon
Propiac
Pierrelongue
Mollans-sur-Ouvèze
Pont-St-Esprit
Lamotte-du-Rhône
Rochegude
Ste-Cécile-les-Vignes
Cairanne
Rasteau
Roaix
Vaison-la-Romaine
St-Romain-en-Viennois
St-Marcellin-lès-Vaison
Entrechaux
Crestet
Mondragon
Mornas
Uchaux (la Galle)
Lagarde-Paréol
Séguret
Sablet
Beaumont-du-Ventoux
Malaucène
Vénéjan
St-Étienne-des-Sorts
Piolenc
Sérignan-du-Comtat
Travaillan
Gigondas
Suzette
Bagnols-sur-Cèze
Camaret-sur-Aigues
Violès
Lafare
la Roque-Alric
le Barroux
Chusclan
ORANGE
Vacqueyras
St-Hippolyte-le-Graveyron
Bédoin
Orsan
Codolet
Jonquières
Beaumes-de-Venise
Caromb
Laudun-l'Ardoise
Aubignan
Modène
St-Pierre-de-Vassols
Caderousse
Courthézon
Loriol-du-Comtat
LE RHÔNE
Dentelles de Montmirail
Forêt de Saou
Théâtre Antique
Village Troglodytique de Barry
Centre Atomique de Marcoule
Monastère de la Trappe d'Aiguebelle
Anc. Abb. Barbara
Grte de Rochecourbière
Canal de Donzère-Mondragon
N-D. de Fresneau
A7
E15
N7
N86

159
145
Aurel
Châtillon-en-Diois
Glandage
Col de la Croix Haute
Lus-la-Croix-Haute
Molières-Glandaz
Laval-d'Aix
Aix-en-Diois
St-Roman
Menée
Châtillon-en-Diois
Montmaur-en-Diois
Menglon
Recoubeau-Jansac
Barnave
St-Benoit-en-Diois
Rimon-et-Savel
Pennes-le-Sec
Aucelon
Montlaur-en-Diois
Luc-en-Diois
Miscon
Forêt Domaniale du Claps
Boulc
Tunnel de Boulc
St-Julien-en-Beauchêne
Lesches-en-Diois
Val-Maravel
Beaurières
Montbrand
Poyols
Pradelle
Rochefourchat
Brette (le Monestier)
Beaumont-en-Diois
Jonchères
la Faurie
la Haute-Beaume
la Beaume
Aspres-sur-Buëch
St-Pierre-d'Argençon
Veynes
St-Nazaire-le-Désert
Volvent
Bellegarde-en-Diois
Charens
les Prés
St-Dizier-en-Diois
Valdrôme
la Bâtie-des-Fonds
Aspremont
Chabestan
Gumiane
Chalancon
Establet
la Motte-Chalancon
Cornillon-sur-l'Oule
la Charce
Bruis
Montmorin
la Piarre
Sigottier
la Bâtie-Montsaléon
Arnayon
Villeperdrix
Cornillac
Pommerol
St-May
Rémuzat
Sahune
Montréal-les-Sources
Moydans
Ribeyret
l'Épine
Serres
Montclus
le Bersac
Savournon
Rosans
Verclause
Pelonne
St-André-de-Rosans
Sorbiers
Montjay
Méreuil
Montrond
St-Genis
Eyguians
Lagrand
Le Poët-Sigillat
Arpavon
Ste-Jalle
Bellecombe-Tarendol
St-Sauveur-Gouvernet
Montferrand-la-Fare
Lemps
Roussieux
Chauvac-Laux-Montaux
Villebois-les-Pins
Étoile-St-Cyrice
Orpierre
Laragne-Montéglin
Ste-Euphémie-sur-Ouvèze
Vercoiran
St-Auban-sur-l'Ouvèze
Montguers
Laborel
Ste-Colombe
Châteauneuf-de-Chabre
la Roche-sur-le-Buis
Buis-les-Baronnies
la Rochette-du-Buis
Montaulban-sur-l'Ouvèze
Izon-la-Bruisse
Ballons
Barret-sur-Méouge
Antonaves
Eygaliers
Plaisians
Mévouillon
Vers-sur-Méouge
Eygalayes
Lachau
Salérans
Aulan
Villefranche-le-Château
Séderon
Éourres
Brantes
Savoillan
Reilhanette
Montbrun-les-Bains
Barret-de-Lioure
les Omergues
Montfroc
Curel
St-Vincent-sur-Jabron
Châteauneuf-Miravail
Aurel
Ferrassières
Redortiers
Sault
St-Trinit
Revest-du-Bion
la Rochegiron
Saumane
Flassan
D I O I S
B A R O N N I E S
B O C H A I N E
D E V O L U Y
M O N T A G N E D E L U R E
MONT VENTOUX
Col de Perty
Nécropole Nationale
Montagne de Chabre
Sommet de Lure
05
04
160
173
174

160
146
175
174
159
A
B
C
D
1
2
3
4
5
6
05
CHAMPSAUR
GAP
DIGNE-LES-BAINS
Sisteron
Château-Arnoux-St-Auban
Le Noyer
St-Étienne-en-Dévoluy
Col du Noyer
Col des Rioupes
Superdévoluy
Col du Festre
Montagne d'Aurouze
Observatoire
la Cluse
Forêt Domaniale des Sauvas
Montmaur
Chât. du Terrail
Ste-Philomène
Veynes
Furmeyer
Châteauneuf-d'Oze
Manteyer
la Roche-des-Arnauds
la Freissinouse
Céüse 2000
Mgne de Céüse
Pelleautier
Neffes
Rabou
Château de Charance
Bénévent-et-Charbillac (les Gentillons)
Poligny
la Fare-en-Champsaur (les Baraques)
St-Bonnet-en-Champsaur
St-Julien-en-Champsaur
St-Laurent-du-Cros
Laye
Forest-St-Julien
Col Bayard
Laiterie de Col Bayard
Col de Manse
Chauvet
St-Michel-de-Chaillol
Buissard
St-Léger-les-Mélèzes
Chabottes
Ancelle
St-Jean-St-Nicolas (Pont-du-Fossé)
Orcières
le Mourre Froid
Réallon
Puy-St-Eusèbe
St-Apollinaire
Prunières
Chorges
Savines-le-Lac
la Bâtie-Neuve
la Rochette
Man. de Kapados
Rambaud
la Bâtie-Vieille
Montgardin
Avançon
St-Étienne-le-Laus
Salle du Bal des Demoiselles Coiffées
Jarjayes
Valserres
Remollon
Théus
Rousset
Espinasses
Lac de Serre-Ponçon
Bge de Serre-Ponçon
le Sauze-du-Lac
Pontis
les Demoiselles Coiffées
la Bréole
St-Vincent-les-Forts
Plateau de Dormillouse
Col St-Jean
Montclar (Serre-Nauzet)
F. Dom. de la Blanche
Seyne
Citad.
Selonnet
Chabanon
le Grand Puy
Ferme Béridon
Auzet
Verdaches
Clues de Verdaches
Barles
Clues de Barles
Beaujeu
la Javie
le Brusquet
Draix
Archail
Marcoux
N.-D. du Bourg
Centre Géologique de St-Benoît
Site de l'Ichtyosaure
la Robine-sur-Galabre
Thoard
Hautes-Duyes
le Castellard-Melan
Champtercier
St-Jérôme
Base de Loisirs
Aiglun
Mirabeau
Malijai
Châteauvieux
Lettret
Tallard
Chât.
Fouillouse
Lardier-et-Valença
la Saulce
Curbans
Venterol
Piégut
Rochebrune
Gigors
Bréziers
Bellaffaire
Turriers
St-Martin-lès-Seyne
Faucon-du-Caire
le Caire
la Motte-du-Caire
Clamensane
Bayons
Valavoire
Nibles
Châteaufort
Vaumeilh
Sigoyer
Thèze
Valernes
St-Geniez
N.-D. de Dromont
Rocher de Dromont
Défilé de la Pierre Écrite
Authon
Entrepierres
Sisteron
Citad.
Vieux Noyers
Bevons
Noyers-sur-Jabron
Valbelle (les Richaud)
Forêt Domaniale du Jabron
Peipin
Aubignosc
Salignac
Sourribes
Égl. St-Martin
Volonne
l'Escale
Château-neuf-Val-St-Donat (les Chabannes)
Mallefougasse-Augès
le Belvédère de Peyruis
Chap. St-Donat
Montfort
Cruis
Ribiers
Mison
le Poët
Upaix
Ventavon
Monêtier-Allemont
Claret
Melve
Vitrolles
Barcillonnette
Esparron
St-Auban-d'Oze
Col des Guérins
Sigoyer
le Saix
Lazer
Laragne-Montéglin
Montagne de St-Genis
Lure
Abb. N.-D. de Lure
A51
N85
N94
E712
Péage
la Durance
Val de Durance
Route Napoléon

161
147
175
176
E
F
G
H
1
2
3
4
5
6
Mont-Dauphin
Eygliers
Réotier
Guillestre
Risoul
Risoul 1850
Ceillac
St-Clément-sur-Durance
Châteauroux-les-Alpes
St-Marcellin
Vars (Ste-Marie)
Refuge-Hôtel des Cassettes
Ref. Napoléon
St-André-d'Embrun
Embrun
Crévoux
Crots
Baratier
St-Sauveur
Picomtal
les Orres
Pramouton
Station des Orres
Col de Vars
Cheminées de Fées
Pont du Châtelet
St-Paul-sur-Ubaye
Redoute de Berwick
Meyronnes
Fort de Tournoux
Larche
la Condamine-Châtelard
Ste-Anne-la-Condamine
Jausiers
Base de Loisirs
Barcelonnette
Faucon-de-Barcelonnette
St-Pons
les Thuiles
Méolans-Revel (la Fresquière)
le Lauzet-Ubaye
Pra-Loup
les Molanès
Uvernet-Fours
Enchastrayes
le Sauze
le Super-Sauze
Grande Séolane
les Agneliers
Col d'Allos
T. d'Orient.
la Foux d'Allos
Allos
N.-D. de Valvert
Lac d'Allos
Colmars
Casc. de la Lance
Villars-Colmars
Beauvezer
Thorame-Haute
Thorame-Basse
Cime de la Bonette
Col de Restefond
Col de la Bonette
Col de la Cayolle
Mont Pelat
Entraunes
St-Martin-d'Entraunes
Villeneuve-d'Entraunes
Guillaumes
Sauze
Valberg
Beuil
Péone
Châteauneuf-d'Entraunes
Gorges de Daluis
Daluis
St-Dalmas-le-Selvage
St-Étienne-de-Tinée
Auron
Mt Ténibre
Colle della Maddalena
L. della Maddalena
Argentera
Bersezio
Pontebernardo
Acceglio
Chiappera
Tête de Sautron
Aiguille de Chambeyron
Pic de Panestrel
Lac St-Anne
Ste-Anne
Chianale
Pontechianale
Castello
Monte Chersogno
Pelvo d'Elva
Monte Ferra
Tête des Toillies
Prads-Haute-Bléone
Lambruisse
Parc National
Embrunais
Ubaye
04
06
la Durance
l'Ubaye
le Verdon
le Var
la Tinée

A
B
C
D
1
2
3
4
5
6
148
178
179
40
Mézos
Cusson
St-Julien-en-Born
Lit-et-Mixe
Uza
le Cout
Cap de l'Homy-Plage
F. Dom. de Lit-et-Mixe
Lévignacq
Mixe
Lugadets
Naboude
Tirevest
Lesperon
Bernadic
Criéré
F. Dom. de Vielle St-Girons
St-Girons Plage
Vielle-St-Girons
Souquet
Quartier de Labaste
Chancerelle
Linxe
Bénédit
Vielle
Étang de Léon
Rés. Nat. du Courant d'Huchet
Huchet
Courant d'Huchet
St-Michel-Escalus
Rouncaou
Léon
l'Atelier
la Palue
Castets
St-Michel
Maa
Moliets Plage
Moliets-et-Maa
Haou de Cé
Menjouay
Jacquelous
Messanges
Moïsan
Herm
Cluquelardit
Azur
Magesq
Vieux-Boucau-Port-d'Albret-Plage
Quartier Caliot
Quartier de Laudouar
Vieux-Boucau-les-Bains
Étang de Soustons
Lessègues
Baron
Magescq
Jeansous
Houdin
Jeantic
Brousmaout
Soustons
F. Com. de Soustons
Quartier Manga
les Écureuils
le Bas Hardy
Etg de Hardy
Marthian
la Bagnère
Balenton
le Penon
Marcadérou
le Lac Blanc
Lac Blanc
Rés. Nat. Etang Noir
le Bas Tosse
Clapet
la Pince
Atlantic Park
Eyrlax
Mées
Dax
le Haut Tosse
Lescrouzades
Bas Mées
les Semis
Seignosse
Tosse
Saubion
Côte Basque
St-Geours-de-Maremne
Bains de Saubusse
Angoumé
Seyresse
Lac d'Hossegor
Sorts
Casablanca
Rivière-Saas-et-Gourby
Soorts-Hossegor
Angresse
Autoroute de la Côte Basque
la Gare
St-Vincent-de-Tyrosse
Tercis-les-Bains
Oeyreluy
Saubusse
Siest
Capbreton
Sarga
Josse
Barbé
Heugas
Pey
Orist
Péage
Bénesse-Maremne
Moulin de Bénesse
St-Jean-de-Marsacq
Saubrigues
Orx
Cassouat
St-Lon-les-Mines
Labenne Océan
Labenne
Ondres-Plage
Navachon
Buc
St-Martin-de-Hinx
l'Adour
Bélus
Cagnotte
La Pinède des Singes
L. d'Yrieu
St-Étienne-d'Orthe
Rasport
St-Robert
Tarnos-plage
Ondres
St-André-de-Seignanx
Camiade
le Port
Port-de-Lanne
Pouriaou
Biarrotte
Château d'Aspremont
Tarnos
St-Martin-de-Seignanx
Biaudos
Ste-Marie-de-Gosse
Orthevielle
le Séqué
Peyrehorade
Barre de l'Adour
Boucau
Quartier Neuf
Hastingues
Vieux Chât. Montréal
Gauneille
Oeyregave
Labas
St-Laurent-de-Gosse
Chât.
Abb. d'Arthous
Blancpignon
Bousquet
St-Barthélemy
base de Loisirs
Sames
la Chambre d'Amour
Cinq Cantons
Citadelle
St-Étienne
Margut
les Barthes
Château de Montpellier
la Bourgade
Loustau
Rocher de la Vierge
ANGLET
BAYONNE
Guiche
Comexa
Urcuit
la Joyeuse
BIARRITZ
Mouguerre-Port
Lahonce
Urt
Butte de Miremont
St-Pé-de-Léren (Chalosse)
Biarritz-Bayonne-Anglet
St-Pierre-d'Irube
Croix de Mouguerre
Bergerou
Peyrolle
Chât. de Gramont
Chapelle d'Ordios
Ilbarritz
Oyarzabal
Mouguerre
la Gaïté
Bidache
Ste-Madeleine
Bassussarry
les Salines
Briscous
Bardos
Quartier Lambert
Came
Larrandou
Bidart
Villefranque
Elizaberry
St-Jean-Ferme
Labastide-Villefranche
Guéthary
Arbonne
Arcangues
Heguia
Arrauntz
Arancou
Elizaldia
Pilota Plaza
la Bastide-Clairence
Chouric
Alotz
Herauritz
Chap.
Alcharberry
Viellenave-sur-Bidouze
Bergouey-Viellenave
la Bidouze
Ahetze
la Nive
A63
A64
N10
N117
N124
E5
E70
E80
D1
D10E
D652
D42
D16
D50
D150
D33
D12

163
148
149
164
179
180
E
F
G
H
1
2
3
4
5
6
Onesse-et-Laharie
Laharie
Sindères
Morcenx
Cité des Cigales
Plaisance
Garrosse
Arjuzanx
Arengosse
Chât. de Castillon
Ygos-St-Saturnin
Garein
Luglon
Vert
Brocas
Chicot
Cère
Parentis
Souquet
Cerbouyère
Villenave
Ousse-Suzan
Suzan
Geloux
St-Martin-d'Oney
Campet-et-Lamolère
Uchacq-et-Parentis
MONT-DE-MARSAN
Estuchat
Rion-des-Landes
Le Pelletet
Beylongue
Boos
Lestage
Marcel
St-Yaguen
Carcen-Ponson
Meilhan
St-Pierre-du-Mont
St-Perdon
Campagne
Laluque
Lacornère
Lesgor
Tartas
Carcarès-Ste-Croix
Champigny
Bégaar
Le Leuy
Haut-Mauco
Benquet
Gourbera
Les Miraclès
Pontonx-sur-l'Adour
St-Jean-de-Lier
Audon
Gouts
Vicq-d'Auribat
Onard
Souprosse
Lamothe
Cauna
Bas-Mauco
Aurice
Chât. d'Estignols
Gousse
Cassen
Buglose
Téthieu
St-Vincent-de-Paul
Préchacq-les-Bains
Louer
St-Geours-d'Auribat
Poyanne
Laurède
Nerbis
Mugron
Toulouzette
St-Sever
St-Maurice-sur-Adour
St-Paul-lès-Dax
Yzosse
Candresse
Goos
Gamarde-les-Bains
Lourquen
Montaut
Banos
Audignon
Montgaillard
Montsoué
Eyres-Moncube
Narrosse
Montfort-en-Chalosse
Nousse
Lahosse
St-Aubin
Hauriet
Larbey
Maylis
Anc. Église
Doazit
Dumes
Sarraziet
Coudures
Hinx
Poyartin
Gibret
Baigts
Caupenne
Saugnac-et-Cambran
Sort-en-Chalosse
Garrey
Ozourt
Castelnau-Chalosse
Donzacq
Foix-Candale
Bergouey
Serreslous-et-Arribans
Horsarrieu
Ste-Colombe
Vielle-Tursan
Chât. des Évêques
Mimbaste
Bénesse-lès-Dax
Clermont
Bastennes
Gaujacq
St-Cricq-Chalosse
Crypte de St-Girons
Hagetmau
Serres-Gaston
Aubagnan
Samadet
Pomarez
Brassempouy
Maison de la Dame
Cazalis
Pouillon
Gaas
Castel-Sarrazin
Momuy
Labastide-Chalosse
Lacrabe
Morganx
Monségur
Moulin de Mant
Misson
Estibeaux
Mouscardès
Tilh
Amou
Castaignos-Souslens
Nassiet
Habas
Arsague
Bonnegarde
Marpaps
Argelos
Beyries
Poudenx
Peyre
Mant
Labatut
Ossages
St-Girons
Bonnut
Sault-de-Navailles
Bassercles
Castelner
Monget
Malaussanne
Lahontan
St-Cricq-du-Gave
Puyoô
Ramous
Bellocq
St-Boès
Baigts-de-Béarn
Sallespisse
Lacadée
Labeyrie
St-Médard
Arget
Montagut
Piets-Plasence-Moustrou
Cabidos
Arzacq-Arraziguet
Abb. Laïque
Casteide-Candau
Hagetaubin
Bérenx
Salles-Mongiscard
Tour Moncade
Pont Vieux
Orthez
Magret
Balansun
Mesplède
Morlanne
Garos
Bouillon
Carresse-Cassaber
Salies-de-Béarn
Auterrive
Castagnède
Base de Loisirs
Castétis
Pomps
Uzan
Géus-d'Arzacq
Larreule
Lanneplaà
Haut de Départ
Biron
Sarpourenx
Argagnon
Arthez-de-Béarn
Casteide (Canton d'Arthez-de-Béarn)
Doazon
L'Hôpital-d'Orion
Laà-Mondrans
Castetner
la Commanderie
Escos
Oraàs
Urdès
Boumourt
Mazerolles
N10
N124
N134
N117
A64
D933S
D924

164
149
150
163
180
181
L A N D E S
Lencouacq
Retjons
Chap. Lugaut
Losse
Lubbon
Arx
Baudignan
Bélis
Arue
St-Gor
Vielle-Soubiran
Estampon
Lapeyrade
Andrioux
Rimbez-et-Baudiets
Chicot
Maillères
Roquefort
Estigarde
Canenx-et-Réaut
Sarbazan
Herré
Créon-d'Armagnac
St-Pé-St-Simon
Pouydesseaux
St-Justin
Betbezer-d'Armagnac
St-Julien-d'Armagnac
Gabarret
Lucbardez-et-Bargues
Bostens
Labastide-d'Armagnac
Lagrange
Escalans
Lacquy
Châl. de Briat
St-Avit
Gaillères
Ste-Foy
N.-D. des Cyclistes
Mauvezin-d'Armagnac
Parlebosq (Sarran)
Castelnau-d'Auzan
MONT-DE-MARSAN
le Frêche
Châl. Gayrosse
Cazaubon
Base de Loisirs
Lac de l'Uby
Villeneuve-de-Marsan
Lannemaignan
Mauléon-d'Armagnac
Larée
Bougue
St-Cricq-Villeneuve
Arthez-d'Armagnac
Perquie
Montégut
Marguestau
Campagne-d'Armagnac
Bretagne-d'Armagnac
Mazerolles
Laglorieuse
Pujo-le-Plan
Châl. de Ravignan
Castex-d'Armagnac
Estang
Eauze
Bretagne-de-Marsan
Artassenx
Monguilhem
Maupas
Lias-d'Armagnac
Réans
Ayzieu
Bourdalat
Toujouse
Bascons
Maurrin
St-Gein
Hontanx
Monlezun-d'Armagnac
Panjas
Bourrouillan
Castandet
Laujuzan
Salles-d'Armagnac
Mormès
Manciet
St-Maurice-sur-Adour
Grenade-sur-l'Adour
Caupenne-d'Armagnac
Perchède
Ste-Christie-d'Armagnac
Espas
Larrivière
Bordères-et-Lamensans
le Vignau
Lussagnet
le Houga
Nogaro
Cazères-sur-l'Adour
Magnan
Lanne-Soubiran
Cravencères
Anc. Abb. St-Jean de la Castelle
Cloître
Séailles (Lagouardère)
Renung
Loubédat
Avéron-Bergelle
Fargues
Luppé-Violles
Urgosse
Sion
Margouët
Duhort-Bachen
Arblade-le-Haut (Cadet)
Châl. du Lau
St-Griède
Sorbets
Buanes
Classun
Aire-sur-l'Adour
Vergoignan
St-Martin-d'Armagnac
Bétous
Lelin-Lapujolle
Sabazan
Eugénie-les-Bains
Barcelonne-du-Gers
Arblade-le-Bas
Vielle-Tursan
Ste-Quitterie
Caumont
Bouzon-Gellenave (St-Go)
Aignan
Bahus-Soubiran
Fustérouau (Thomas)
St-Loubouer
Bernède
St-Germé
Maulichères
Sarragachies
Aubagnan
Castelnau-Tursan
Gée-Rivière
Termes-d'Armagnac
Tour
Urgons
Pécorade
Corneillan
Tarsac
St-Mont
Izotges
Pouydraguin
Samadet
Geaune
Lannux
Riscle
Loussous-Débat
Payros-Cazautets
Sorbets
Latrille
Labarthète
Cahuzac-sur-Adour
Tasque
Couloumé-Mondebat
Arboucave
Clèdes
Maurìes
Ségos
Aurensan
Cannet (Tucot)
Goux
Galiax
Lasserade
Puyol-Cazalet
Miramont-Sensacq
St-Agnet
Verlus
Maumusson-Laguian
Plaisance
Lacajunte
Sarron
Projan
Viella
St-Lanne
Préchac-sur-Adour
Pimbo
Moncla
Portet
Jû-Belloc
Beaumarchés
Philondenx
Lauret
Diusse
Aydie
Castelnau-Rivière-Basse
St-Aunix-Lengros
Poursiugues-Boucoue
Castetpugon
Mont-Disse
Garlin
Boueilh-Boueilho-Lasque
Héres
Tieste-Uragnoux (le Château)
Madiran
Cabidos
Tadousse-Ussau
Conchez-de-Béarn
Ladevèze-Rivière
Arzacq-Arraziguet
Coublucq
Baliracq-Maumusson
Mascaraàs-Haron
Aurions-Idernes
Arrosès
Soublecause
Ladevèze-Ville (Castex)
Vignes
Pouliacq
Ribarrouy
Cadillon
Labatut-Rivière
Crouseilles
Claracq
St-Jean-Poudge
Hagedet
Garlède-Mondebat
Mialos
Taron-Sadirac-Viellenave
Burosse-Mendousse
Séméacq-Blachon
Lasserre
Caussade-Rivière
Armentieux
Méracq
Lème
Mouhous
Châl. d'Arricau
Arricau-Bordes
Monpezat
Lascazères
Auriébat
Fichous-Riumayou
Villefranque
Larreule
Séby
Lalonquette
Carrère
Lannecaube
Gayon
Castillon (Canton de Lembeye)
Estirac
Auga
Lonçon
Theze
Lalongue
Lespielle
Moncaup
Sombrun
Viven
Argelos
Corbère-Abères
Momas
Auriac
Cosledàà-Lube
Escurès
Lembeye
Bassillon-Vauzé
Lahitte-Toupière
Maubourguet

165
150
151
166
181
182
Réaup-Lisse
Andiran
Fréchou
Laplume
Nomdieu
Marmont-Pachas
Astaffort
Mézin
Poudenas
Sos
Lannes
Lagrangerie
Pomarède
Lasserre
Francescas
Moncrabeau
Lamontjoie
St-Vincent-de-Lamontjoie
Ligardes
Pouy-Roquelaure
St-Mézard
Ste-Maure-de-Peyriac
Fources
Mothes
Gazaupouy
Berrac
Sempesserre
Ste-Mère
Montréal
Villa Gallo Romaine
Labarrère
Larroque-sur-l'Osse
Condom
Larressingle
Beaumont
Castelnau-sur-l'Auvignon
La Romieu
Collégiale
Caussens
Blaziert
Castéra-Lectourois
Lacassagne
Lectoure
Terraube
Marsolan
St-Orens-Pouy-Petit
Béraut
Roquepine
Lagraulet-du-Gers
Mouchan
Cassaigne
Gondrin
Cazeneuve
Château du Busca-Maniban
Anc. Abb. de Flaran
Valence-sur-Baïse
Maignaut-Tauzia
Chât. de Tauzia
St-Puy
Mas-d'Auvignon
Pauilhac
Fleurance
Lamothe-Goas
Mansencôme
Roques
Lagardère
Courrensan
Ramouzens
Noulens
Bascous
Justian
Lannepax
Mourède
Beaucaire
Ayguetinte
Larroque-St-Sernin
Castéra-Verduzan
Cézan
Réjaumont
Montestruc-sur-Gers
Préchac
Puységur
Bezolles
Rozès
Min de Bonas
Bonas
Marambat
Vic-Fezensac
Dému
St-Paul-de-Baïse
Jegun
Lavardens
Mérens
Roquefort
Gavarret-sur-Aulouste
Ste-Christie
Tourrenquets
Mirepoix
Peyrusse-Massas
Castillon-Debats
Chât. Pimbat de Cruzalet
Préneron (St-André)
Roquebrune
St-Jean-Poutge
Caillavet
Antras (le Gay)
Tour Gallo-Romaine
St-Lary
Roquelaure
Castillon-Massas
Chât. du Rieutort
Preignan
Chât. Castelmore
Belmont
Lupiac
Castelnavet
Tudelle
Bazian
Biran
Ordan-Larroque
Castin
Auch-Lamothe
Duran
Chât. de St-Cricq
Montaut-les-Créneaux
Leboulin (l'Échac)
Lahitte
Marsan
Montégut
Statue de d'Artagnan
AUCH
Cazaux-d'Anglès
Riguepeu
Le Brouilh-Monbert
Chât. de Mazères
St-Pierre-d'Aubézies
Peyrusse-Grande
Peyrusse-Vieille
Callian
St-Arailles
Mirannes
Barran
Pessan
Pavie
Gazax-et-Baccarisse
Louslitges
Castelnau-d'Anglès
L'Isle-de-Noé
Lasséran
St-Jean-le-Comtal
Auterive
Donj.
Bassoues
Armous-et-Cau
Montesquiou
Lasseube-Propre
Boucagnères
Haulies
Tourdun
Scieurac-et-Flourès
Mascaras (le Château)
Pouylebon
Mouchès
Lamazère
Miramont-d'Astarac
Orbessan
Durban
Traversères
Marciac
Laveraët
St-Christaud
Monclar-sur-Losse
Estipouy
Labéjan
Idrac-Respaillès
Chap. St-Roch
Sansan
Ornézan
Mirande
Bars
Monlezun
Pallanne
Chât. de Marignan
St-Martin
St-Médard
Loubersan
Seissan
Faget-Abbatial
Sémézies-Cachan
Ricourt
Marseillan
Berdoues
Labarthe
Monferran-Plavès
Lamaguère
Blousson-Sérian
Tillac
St-Maur
Laas
Clermont
32
47
N124
N21

166
151
152
165
182
183
A
B
C
D
1
2
3
4
5
6
Valence
Moissac
Lafrançaise
Castelsarrasin
St-Nicolas-de-la-Grave
Auvillar
Golfech
Lamagistère
Donzac
Dunes
Pommevic
Goudourville
Boudou
Malause
Lizac
Montastruc
Barry-d'Islemade
Albefeuille-Lagarde
la Ville-Dieu-du-Temple
Labastide-du-Temple
Meauzac
Les Barthes
Miradoux
Flamarens
St-Antoine
Gimbrède
Sistels
Bardigues
St-Michel
Mansonville
Castelmayran
Caumont
St-Aignan
Castelferrus
Angeville
St-Arroumex
Asques
Castéra-Bouzet
Peyrecave
Castet-Arrouy
Lachapelle
Plieux
Gramont
Marsac
Montgaillard
Puygaillard-de-Lomagne
Balignac
Lavit
Gensac
Coutures
Fajolles
Garganvillar
Lafitte
Labourgade
Montain
Larrazet
Sérignac
Escatalens
St-Porquier
Montbeton
Lacourt-St-Pierre
Montech
Finhan
Bourret
Montbartier
Monbéqui
Bessens
Mas-Grenier
St-Sardos
Belbèse
Comberouger
Dieupentale
Grisolles
Verdun-sur-Garonne
Savenès
Bouillac
Beaupuy
Escazeaux
Vigueron
Beaumont-de-Lomagne
Base de Loisirs
Gaudonville
Esparsac
Glatens
Cumont
Lamothe-Cumont
Auterive
Gimat
Pessoulens
Tournecoupe
St-Léonard
St-Clar
Avezan
Mauroux
St-Créac
Maumusson
Castéron
l'Isle-Bouzon
Urdens
Brugnens
Cadeilhan
Bajonnette
Estramiac
Marignac
Avensac
Homps
Maubec
Faudoas
Goas
Solomiac
Monfort
Taybosc
St-Brès
Ste-Gemme
Labrihe
Sérempuy
Sarrant
Brignemont
Cabanac-Séguenville
Gariès
Lagraulet-St-Nicolas
Bellesserre
Aucamville
St-Cézert
Grenade
le Burgaud
Cox
Drudas
Launac
Larra
Merville
Puyssegur
Pelleport
Laréole
Ste-Anne
Cadours
Caubiac
le Grès
Thil
Bretx
Daux
St-Paul-sur-Save
Montaigut-sur-Save
Menville
Lévignac
Puycasquier
Mansempuy
Mauvezin
Place Centrale
Chât. du Bartras
St-Georges
Cologne
Sirac
St-Orens
Ardizas
Encausse
St-Cricq
Lac de Thoux-St-Cricq
Thoux
Garac
Vignaux
Bellegarde-Ste-Marie
le Castéra
Ste-Livrade
Pradère-les-Bourguets
Augnax
St-Antonin
Crastes
Nougaroulet
Ansan
St-Sauvy
Touget
Blanquefort (l'Arnauton)
Ste-Marie
St-Germier
Roquelaure-St-Aubin
Catonvielle
Escornebœuf (En-Gaillardet)
Monbrun
Beaupuy
Razengues
Ségoufielle
Aubiet
Marsan
Lussan
l'Isle-Arné
Gimont
Clermont-Savès
l'Isle-Jourdain
Giscaro
Maurens
Monferran-Savès
Frégouville
Juilles
St-Caprais
Montiron
Castelnau-Barbarens
Bédéchan
Aurimont
St-André
Marestaing
Castillon-Savès
Chât. Caumont
Endoufielle
Auradé
Lahas
Tirent-Pontéjac
Boulaur
Saramon
Bézéril
Noilhan
Cazaux-Savès
Polastron
St-Martin-Gimois
Mongausy
St-Soulan
Labastide-Savès
Pompiac
St-Thomas
Seysses-Savès
Ste-Foy-de-Peyrolières
Nizas
Samatan
Chât. de la Tour
Savignac-Mona
Bragayrac
Montamat
Gaujac
Pellefigue
St-Elix
Sémézies-Cachan
Lias
Fontenilles
Bonrepos-sur-Aussonnelle
Empeaux
Saiguède
Fonsorbes
St-Lys
Plaisance-du-Touch
Africa Safari Zoo
Léguevin
Pujaudran
Rudelle
Brax
Pibrac
La Salvetat-St-Gilles
Villeneuve-Tolosane
Cambernard
Lamasquère
82
32
N113
N124
N224
A62
E72

L'Honor-de-Cos (Léribosc)
Réalville
Piquecos
Albias
Lamothe-Capdeville
Nègrepelisse
Montricoux
Bruniquel
Penne
Gorges de l'Aveyron
Vaour
St-Étienne-de-Tulmont
MONTAUBAN
Vaïssac
Puygaillard-de-Quercy
Larroque
Puycelci
F. Dom. de la Grésigne
Génébrières
Bressols
St-Nauphary
La Salvetat-Belmontet
Monclar-de-Quercy
Castelnau-de-Montmiral
Corbarieu
Montdurausse
Verlhac-Tescou
Reyniès
Labastide-St-Pierre
Villebrumier
Montgaillard
Salvagnac
Gaillac
Orgueil
Nohic
Beauvais-sur-Tescou
Tauriac
Villemur-sur-Tarn
Lisle-sur-Tarn
Montans
Fronton
Villaudric
Bondigoux
Layrac-sur-Tarn
Grazac
Rabastens
Coufouleux
Mirepoix-sur-Tarn
Villematier
Roquemaure
Castelnau-d'Estrétefonds
Bouloc
Villeneuve-lès-Bouloc
Vacquiers
Montjoire
Bessières
Buzet-sur-Tarn
Mézens
St-Sulpice
St-Lieux-lès-Lavaur
Giroussens
Cépet
St-Sauveur
Paulhac
St-Jory
Bruguières
Labastide-St-Sernin
Gémil
Montastruc-la-Conseillère
Roqueserière
Lugan
St-Jean-de-Rives
Gratentour
Montberon
Garidech
Ambres
Lespinasse
Pechbonnieu
St-Loup-Cammas
Lavaur
Labastide-St-Georges (le Gravas)
Castelginest
Lapeyrouse-Fossat
Gagnac-sur-Garonne
St-Alban
St-Geniès-Bellevue
Gragnague
Bonrepos-Riquet
Fonbeauzard
Launaguet
Castelmaurou
Fenouillet
Aucamville
Rouffiac-Tolosan
Verfeil
Massac-Séran
St-Jean
l'Union
St-Marcel-Paulel
Beaupuy
Belcastel
Blagnac
Montrabé
Lavalette
Teulat
Marzens
COLOMIERS
Balma
Pin-Balma
Mondouzil
Bannières
Viviers-lès-Lavaur
Roquevidal
Mons
Drémil-Lafage
Gauré
Bourg-St-Bernard
Villeneuve-lès-Lavaur
Veilhes
Maurens-Scopont
Flourens
Vallesvilles
Vendine
Francarville
Saussens
Cambon-lès-Lavaur
Algans
Quint-Fonsegrives
TOULOUSE
St-Pierre-de-Lages
Lanta
Prunet
Loubens-Lauragais
Cuq-Toulza
Aigrefeuille
Lauzerville
St-Orens-de-Gameville
Mascarville
Albiac
Ramonville-St-Agne
Auzielle
Ste-Foy-d'Aigrefeuille
Aurin
Caraman
Portet-sur-Garonne
Labège
Castanet-Tolosan
Escalquens
Préserville
Maureville
Auriac-sur-Vendinelle
Vieille-Toulouse
Pinsaguel
Vigoulet-Auzil
Mervilla
Pechabou
Belberaud
Fourquevaux
Roquettes
Pins-Justaret
Lacroix-Falgarde
Rebigue
Pompertuzat
Montlaur (St-Lautier)
Labastide-Beauvoir
Mourvilles-Basses
Ségreville
Cambiac
152
153
168
183
184
A20
A62
A61
A68
A680
A620
A66
N124
N126
N88
N20
E09
E72

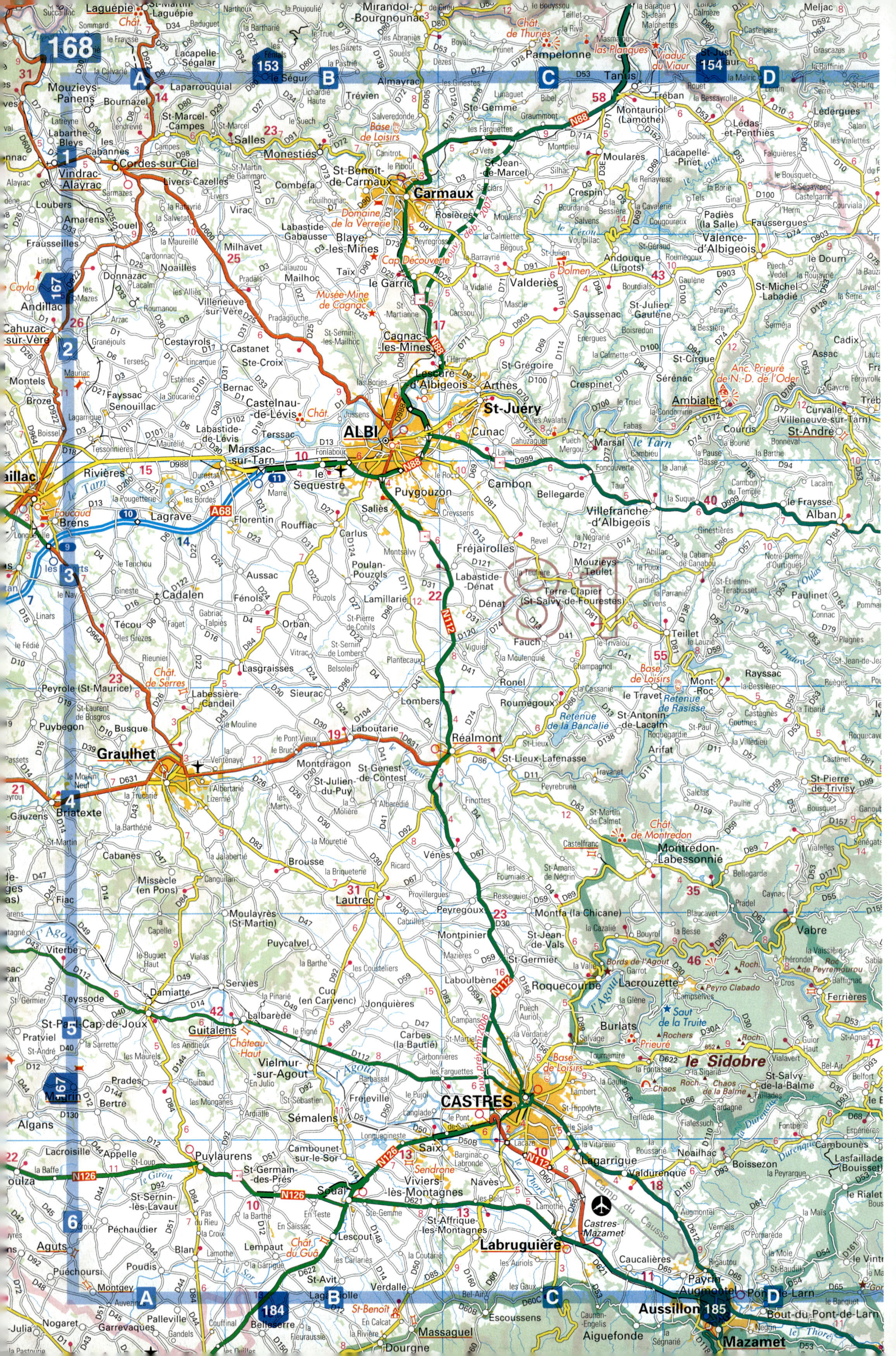
Laguépie
Mirandol-Bourgnounac
Pampelonne
Viaduc du Viaur
Tanus
Mouzieys-Panens
Cordes-sur-Ciel
Vindrac-Alayrac
Monestiés
Salles
St-Benoît-de-Carmaux
Carmaux
Blaye-les-Mines
Le Garric
Valderiès
Valence-d'Albigeois
Andillac
Cahuzac-sur-Vère
Cagnac-les-Mines
Lescure-d'Albigeois
Arthès
St-Juéry
Castelnau-de-Lévis
ALBI
Marssac-sur-Tarn
le Sequestre
Puygouzon
Cambon
Villefranche-d'Albigeois
Ambialet
Rivières
Lagrave
Brens
Florentin
Fréjairolles
Mouzieys-Teulet
Cadalen
Labastide-Dénat
Dénat
Lamillarié
Orban
Lasgraisses
Labessière-Candeil
Réalmont
Lombers
Graulhet
Briatexte
Montdragon
St-Genest-de-Contest
St-Julien-du-Puy
Montredon-Labessonnié
Vènes
Lautrec
Brousse
Missècle (en Pons)
Moulayrès (St-Martin)
Montfa (la Chicane)
Peyregoux
St-Jean-de-Vals
Roquecourbe
Lacrouzette
Vabre
Damiatte
Viterbe
Teyssode
St-Paul-Cap-de-Joux
Guitalens
Vielmur-sur-Agout
Sémalens
Fréjeville
CASTRES
le Sidobre
Burlats
Saïx
Viviers-lès-Montagnes
Navès
Lagarrigue
Valdurenque
Noailhac
Boissezon
Puylaurens
St-Germain-des-Prés
Soual
St-Affrique-les-Montagnes
Labruguière
Castres-Mazamet
Caucalières
Payrin-Augmontel
Aussillon
Mazamet
Pont-de-Larn
Bout-du-Pont-de-Larn
Verdalle
Escoussens
Massaguel
Dourgne
Aiguefonde
Algans
Appelle
Péchaudier
Aguts
Puéchoursi
Montgey
Palleville
Garrevaques
Nogaret
Poudis
Blan
Lempaut
Lescout
Cambounet-sur-le-Sor
Prades
Bertre
Maurens
Cuq (en Carivenc)
Jonquières
Carbes (la Bautié)
Laboulbène
Montpinier
St-Germier
Puycalvel
Serviès
Fiac
Cabanès
Busque
Peyrole (St-Maurice)
Puybegon
Técou
Fénols
Aussac
Rouffiac
Carlus
Saliès
Sieurac
Laboutarie
Fauch
Ronel
Roumégoux
St-Antonin-de-Lacalm
Arifat
Mont-Roc
Rayssac
St-Pierre-de-Trivisy
Teillet
Paulinet
Curvalle
St-André
Alban
Le Fraysse
Bellegarde
Marsal
Crespinet
Saussenac
Sérénac
Cunac
St-Grégoire
Cadix
Assac
St-Michel-Labadié
Ledergues
Faussergues
Lédas-et-Penthiès
Moularès
Lacapelle-Pinet
Andouque (Ligots)
Crespin
Rosières
Montauriol (Lamothe)
Tréban
Almayrac
Trévien
Ste-Gemme
St-Jean-de-Marcel
Combefa
Labastide-Gabausse
Virac
Milhavet
Noailles
Villeneuve-sur-Vère
Mailhoc
Cestayrols
Castanet
Ste-Croix
Bernac
Labastide-de-Lévis
Senouillac
Faussac
Broze
Montels
Livers-Cazelles
St-Marcel-Campes
Bournazel
Laparrouquial
Lacapelle-Ségalar
le Ségur
Donnazac
Souel
Frausseilles
Amarens
Loubers
Labarthe-Bleys
Les Cabannes
Château de Montredon
Base de Loisirs
Cap Découverte
Musée-Mine de Cagnac
Domaine de la Verrerie
Château de Thuriès
Les Planques
Anc. Prieuré de N.-D. de l'Oder
Dolmen
Château de Serres
Château-Haut
Château du Guâ
Sendrone
Saut de la Truite
Peyro Clabado
Chaos de la Balme
Bords de l'Agout
Retenue de Rassisse
Retenue de la Bancalié
Camp du Causse
le Tarn
l'Agout
le Thoré
le Dadou
le Cérou
A68
N88
N112
N126
153
154
167
184
185
A
B
C
D
1
2
3
4
5
6

169
154
155
185
186
Millau
Creissels
Durenque
Villefranche-de-Panat
Réquista
Connac
Brousse-le-Château
Broquiès
Ayssènes
Le Truel
St-Victor-et-Melvieu
Viala-du-Tarn
St-Rome-de-Tarn
Comprégnac
St-Georges-de-Luzençon
Viaduc de Millau
St-Rome-de-Cernon
La Bastide-Pradines
Ste-Eulalie
Roquefort-sur-Soulzon
St-Affrique
Vabres-l'Abbaye
St-Izaire
Montclar
Coupiac
La Bastide-Solages
Plaisance
Balaguier-sur-Rance
St-Sernin-sur-Rance
Calmels-et-le-Viala
St-Juéry
Rebourguil
Montlaur
Versols-et-Lapeyre
St-Félix-de-Sorgues
Marnhagues-et-Latour
St-Jean-et-St-Paul
Tournemire
St-Jean-d'Alcapiès
RÉGION DES GRANDS CAUSSES
Montagnol
Sylvanès
Camarès
Gissac
Belmont-sur-Rance
Combret
Montfranc
Pousthomy
Massals
St-Salvi-de-Carcavès
Laval-Roquecezière
St-Sever-du-Moustier
Murasson
Mounes-Prohencoux
Peux-et-Couffouleux
Brusque
Fayet
Tauriac-de-Camarès
Arnac-sur-Dourdou
Mélagues
Avène
Barre
Moulin-Mage
Lacaune
Gijounet
Viane
Lacaze
Senaux
Escroux
Murat-sur-Vèbre
Nages
Castanet-le-Haut
St-Geniès-de-Varensal
St-Gervais-sur-Mare
Rosis
Lamalou-les-Bains
Le Poujol-sur-Orb
Colombières-sur-Orb
St-Martin-de-l'Arçon
Olargues
Vieussan
St-Julien
St-Vincent-d'Olargues
Fraisse-sur-Agout
Cambon-et-Salvergues
la Salvetat-sur-Agout
Castelnau-de-Brassac
Brassac
Lamontélarié
Anglès
Le Soulié
St-Étienne-d'Albagnan
Prémian
Riols
St-Pons-de-Thomières
Labastide-Rouairoux
St-Amans-Valtoret
St-Nazaire-de-Ladarez
Roquebrun
Berlou
Ferrières-Poussarou
Forêt Dom. de Lacaune
MONTS DE LACAUNE
Forêt Dom. de l'Espinouse
PARC NATUREL RÉGIONAL DU HAUT-LANGUEDOC
Lac de Villefranche-de-Panat
Lac du Laouzas
Lac de la Raviège
Lac des Saints-Peyres
12
34
A75

170
155
156
169
186
187
A
B
C
D
1
2
3
4
5
6
NATUREL
ÉGIONAL
CAUSSES
12
34
Creissels
la Roque-Ste-Marguerite
Corniche du Rajol
Gorges
la Dourbie
Gorges de la Dourbie
Forêt Domaniale de l'Aigoual
MONT AIGOUAL
Abîme de Bramabiau
Arboretum de l'Hort de Dieu
St-Sauveur-Camprieu
Trèves
Revens
Causse-Bégon
Dourbies
Cantobre
Camp d'Instruction du Larzac
Nant
St-Jean-du-Bruel
Valleraugue
Pic de Barette
Serre de la Lusette
St-André-de-Majencoules
Arphy
Mandagout (Beaulieu)
Aulas
Mars
Le Vigan
Vieux Pont
Avèze
Molières-Cavaillac
Bréau-et-Salagosse
Aumessas
Assas
Arrigas
Arre
Bez-et-Esparon
Alzon
Campestre-et-Luc
Sauclières
la Cavalerie
l'Hospitalet-du-Larzac
Ste-Eulalie-de-Cernon
Remparts
Causse du Larzac
la Couvertoirade
Dolmen
Causse de Campestre
Montdardier
Forêt Dom. de la Vis
Blandas
Cirque de Navacelles
Vissec
Rogues
Gorniès (l'Escoutet)
Gorges de la Vis
Sorbs
Cornus
St-Beaulize
Fondamente
le Caylar
St-Michel
Plateau de Guilhaumard
les Rives
Romiguières
St-Maurice-Navacelles
St-Jean-de-Buèges
St-André-de-Buèges
Montagne de la Séranne
St-Félix-de-l'Héras
Pas de l'Escalette
le Belvédère
Grotte de Labeil
Pégairolles-de-l'Escalette
Cirque du Bout du Monde
St-Pierre-de-la-Fage
la Vacquerie-et-St-Martin-de-Castries
Pégairolles-de-Buèges
Sce de la Buèges
Ceilhes-et-Rocozels
Forêt Dom. de Joncels
Roqueredonde
Soubès
St-Étienne-de-Gourgas
St-Privat
Ermitage N.-D. de Belle Grâce
Forêt Domaniale de St-Guilhem-le-Désert
Avène
Joncels
Lodève
Fozières
Anc. Prieuré de St-Michel de Grandmont
St-Baudille
Cirque de l'Infernet
St-Guilhem-le-Désert
Abb. de Gellone
Montcalmès Église
Grte de Clamouse
Puéchabon
Lunas
le Bousquet-d'Orb
Olmet-et-Villecun
Jardin Botanique
Soumont
Usclas-du-Bosc
le Rocher des Vierges
St-Jean-de-la-Blaquière
Arboras
Montpeyroux
St-Jean-de-Fos
Aniane
St-Saturnin-de-Lucian
St-Guiraud
Jonquières
Lagamas
St-Félix-de-Lodez
Pont de Gignac
Gignac
Forêt Dom. des Monts d'Orb
Graissessac
Camplong
St-Étienne-Estréchoux
la Tour-sur-Orb
Dio-et-Valquières
N.-D. de Roubignac
Dolmens
Celles
Octon
Lac du Salagou
Base de Loisirs
Clermont-l'Hérault
Ceyras
St-André-de-Sangonis
N.-D. d'Hortus
Brenas
Carlencas-et-Levas
Mérifons
Liausson
Cirque de Mourèze
N.-D. du Peyrou
Manufacture Royale
Mourèze
Salasc
Villeneuvette
Nébian
Brignac
Popian
Pouzols
St-Bauzille-de-la-Sylve
Aumelas (Mas Arnaud)
Chât.
Bédarieux
Villemagne-l'Argentière
Hérépian
Lamalou-les-Bains
le Pradal
Valmascle
Canet
le Pouget
Vendémian
le Cardonnet
Pézènes-les-Mines
Cabrières
Lieuran-Cabrières
Péret
Aspiran
Tressan
Puilacher
Bélarga
Plaissan
Les Aires
Chât. St-Michel
Faugères
Fos
Roquessels
Montesquieu (le Mas Rolland)
Caussiniojouls
Cabrerolles
Vailhan
Neffiès
Fontès
Adissan
Paulhan
Lavagnac
Campagnan
St-Pargoire
Usclas-d'Hérault
St-Pons-de-Mauchiens
Laurens
Gabian
Ancien Prieuré
Roujan
Nizas
Caux
Lézignan-la-Cèbe
Cazouls-d'Hérault
Montagnac
Anc. Abb. de Valmagne
Villeveyrac
Autignac
St-Nazaire
Margon
Pouzolles
Oppidum
Causses-et-Veyran
A75
N9
N109
N1009
E11
N2009

156
157
171
172
187
188
E
F
G
H
1
2
3
5
6
30
ALÈS
St-Jean-du-Gard
Saumane
Mialet
Générargues
Anduze
Bagard
St-Christol-lès-Alès
St-Hilaire-de-Brethmas
Vézénobres
Boisset-et-Gaujac
Ribaute-les-Tavernes
Lasalle
Soudorgues
Tornac
Lézan
Massillargues-Attuech
Cardet
Cassagnoles
Massanes
Maruéjols-lès-Gardon
St-Bénézet
Lédignan
Boucoiran-et-Nozières
Brignon
Moussac
Sumène
St-Julien-de-la-Nef
St-Hippolyte-du-Fort
Ganges
Laroque
Conqueyrac
Sauve
Durfort-et-St-Martin-de-Sossenac
Savignargues
Aigremont
Puechredon
St-Théodorit
Moulézan
Quissac
Montmirat
Crespian
Vic-le-Fesq
Combas
Montpezat
St-Mamert-du-Gard
Gajan
St-Bauzille-de-Putois
Brissac
Pompignan
Ferrières-les-Verreries
Claret
Corconne
Vacquières
Sauteyrargues
Carnas
St-Clément
Fontanès
Aspères
Salinelles
Villevieille
Sommières
Souvignargues
Calvisson
Congénies
Aujargues
Nages-et-Solorgues
Clarensac
Notre-Dame-de-Londres
St-Martin-de-Londres
Mas-de-Londres
Cazevieille
Viols-en-Laval
Rouet
Valflaunès
St-Mathieu-de-Tréviers
St-Jean-de-Cuculles
Les Matelles
Boisseron
Saussines
Galargues
St-Christol
Restinclières
Beaulieu
Sussargues
St-Drézéry
Aubais
Aigues-Vives
Vergèze
Codognan
Gallargues-le-Montueux
Lunel
Marsillargues
Lunel-Viel
Valergues
St-Just
Lansargues
Mudaison
Candillargues
Mauguio
Castries
Vendargues
Le Crès
Jacou
Clapiers
Assas
Teyran
Prades-le-Lez
St-Clément-de-Rivière
Montferrier-sur-Lez
Grabels
St-Gély-du-Fesc
Combaillaux
Vailhauquès
Argelliers
Montarnaud
MONTPELLIER
Castelnau-le-Lez
St-Georges-d'Orques
Juvignac
Murviel-lès-Montpellier
Pignan
Lavérune
St-Jean-de-Védas
Saussan
Fabrègues
Lattes
Pérols
Montpellier-Méditerranée
Palavas-les-Flots
Villeneuve-lès-Maguelone
Mireval
Vic-la-Gardiole
Gigean
Poussan
Étang de Mauguio
la Grande-Motte
le Grau-du-Roi
Aigues-Mortes
St-Laurent-d'Aigouze
Golfe d'Aigues-Mortes
Étang de Vic
Forêt Dom. de la Fage
Bois de Lens
Tour de Constance
Remparts
Salins du Midi
Aquarium
Zoo de Lunaret
Grte des Demoiselles
Pic St Loup
N110
N106
N113
N109
A9
E15
E80

172
157
158
171
189
A
B
C
D
1
2
3
4
5
6
Seynes
la Bruguière
St-Laurent-la-Vernède
Tresques
l'Ardoise
Caderousse
Orange-le-Grès
Fontarèches
la Bastide-d'Engras
Pougnadoresse
le Pin
Connaux
St-Paul-les-Fonts
Lascours
Montfaucon
Belvézet
Bois de St-Quentin
les Grands Bois
Gaujac
St-Victor-la-Coste
N.-D. de Mayran
St-Geniès-de-Comolas
Aigaliers
Vallabrix
la Capelle-et-Masmolène
St-Quentin-la-Poterie
St-Victor-des-Oules
St-Hippolyte-de-Montaigu
Pouzilhac
Chât. le Castellas
St-Laurent-des-Arbres
Lirac
Roquemaure
Château-du-Pape
Baron
Foissac
Serviers-et-Labaume
Montaren-et-St-Médiers
Égl. St-Geniès
Forêt de St-Martin
Sauveterre
Sorgues
Uzès
St-Siffret
Flaux
Valliguières
Tavel
St-Agricol
Pujaut
LE RHÔNE
Castelnau-Valence
Collorgues
Aubussargues
Garrigues-Ste-Eulalie
Arpaillargues-et-Aureillac
St-Maximin
St-Dézéry
Argilliers
Vers-Pont-du-Gard
St-Hilaire-d'Ozilhan
Rochefort-du-Gard
Villeneuve-lès-Avignon
Anc. Abb.
Fort St-André
AVIGNON
St-Chaptes
Bourdic
Castille
Castillon-du-Gard
Estézargues
Blauzac
Collias
Sanilhac-Sagriès
St-Pierre
St-Privat
Pont du Gard
Remoulins
les Angles
Palais des Papes
Ste-Anastasie (Russan)
Gardon
Gorges du Gardon
Plateau de St-Nicolas
St-Bonnet-du-Gard
Rabasse
Fournès
Domazan
Saze
Dions
les Espélugues Gouffre
la Calmette
Gorges
Lédenon
Poulx
Sernhac
Théziers
Rognonas
la Durance
Camp des Garrigues
Aquarium Tropical
Cabrières
Aramon
Barbentane
Châteaurenard
Nîmes-Marguerittes
Bezouce
Meynes
St-Gervasy
Montfrin
St-Marcellin
St-Pierre-de-Mézoargues
St-Michel de Frigolet
Chât.
Boulbon
Graveson
NÎMES
Marguerittes
Comps
Vallabrègues
la Montagnette
Tour Magne
Planétarium
Arènes
Redessan
Chap. St-Laurent
Abb. St-Roman
Maillane
Caveirac
Rodilhan
Manduel
Jonquières-St-Vincent
Bornes Milliaires
Chât. Gaillard
Tarascon
Mas-Blanc-des-Alpilles
Chât. de Roussan
Langlade
Bouillargues
Beaucaire
Caissargues
Nîmes-Costières
Milhaud
Garons
St-Étienne-du-Grès
Tr. du Cardinal
les Antiques
N.-D. du Château
Bernis
Nîmes-Arles-Camargue
Bellegarde
Chaîne des Alpilles
Uchaud
Aubord
Vestric-et-Candiac
Chât. d'Estoublon
Fontvieille
les Baux-de-Provence
St-Blaise
Moulin de Daudet
Paradou
Maussane-les-Alpilles
Générac
Beauvoisin
Chât. Condiac
Aqueduc
Ste-Croix
Meunerie
St-Pierre de Montmajour
Vauvert
Péage d'Arles
Fourques
Arènes
ARLES
13
St-Gilles
Anc. Abb.
Petit Rhône
Chât. de la Jansonne
Raphèle-lès-Arles
St-Martin-de-Crau
Écluse de St-Gilles
Canal du Rhône à Sète
Étang de Scamandre
Étang du Charnier
Maison du Parc
Mas du Pont de Rousty
Tr. d'Amphoux
Marais de Meyranne
PARC
Marais de la Grand Mar
Chât. d'Avignon
Domaine de Méjanes
Chât. de l'Armellière
GRAND RHÔNE
Mortes
NATUREL
RÉGIONAL
Étang de Vaccarès
Réserve Naturelle Zoologique et Botanique
la Petite Camargue
DE
CAMARGUE
Parc Ornithologique
Phare de la Gacholle
A9
A54
N86
N100
N113
N570
N572
N580
N568
E15
E80

173
Courthézon
Aubignan
Loriol-du-Comtat
Sarrians
Sault
Monieux
Mormoiron
Villes-sur-Auzon
Mazan
Carpentras
Synagogue
Bédarrides
Aquarium Oxygène
Monteux
Althen-des-Paluds
Entraigues-sur-la-Sorgue
Pernes-les-Fontaines
St-Didier
Venasque
Malemort-du-Comtat
Blauvac
Méthamis
VAUCLUSE
PLATEAU DE
N.-D. de Vie
Vedène
St-Saturnin-lès-Avignon
le Pontet
Velleron
le Beaucet
La Roque-sur-Pernes
Saumane-de-Vaucluse
Rés. Nat. Géologique du Luberon
Murs
Lioux
St-Saturnin-lès-Apt
Villars
Jonquerettes
le Thor
Châteauneuf-de-Gadagne
Caumont-sur-Durance
L'Isle-sur-la-Sorgue
Fontaine-de-Vaucluse
Village des Bories
Lagnes
Cabrières-d'Avignon
Gordes
Sénanque
Joucas
Roussillon
Gargas
Apt
Saignon
St-Pantaléon
Goult
Beaumettes
Chartreuse de Bonpas
Noves
Cabannes
Cavaillon
Robion
Taillades
Maubec
Oppède (les Poulivets)
Ménerbes
Lacoste
Bonnieux
Buoux
Sivergues
St-Andiol
Plan-d'Orgon
Mollégès
Orgon
Cheval-Blanc
MONTAGNE DU
PARC NATUREL RÉGIONAL
Petit Luberon
Forêt Domaniale du Luberon
Mérindol
Puget
Lauris
Puyvert
Lourmarin
Vaugines
Cucuron
Cadenet
Eygalières
Sénas
Mallemort
Charleval
La Roque-d'Anthéron
Alpilles
Aureille
Eyguières
Lamanon
Alleins
Vernègues
Aurons
Mouriès
SALON-DE-PROVENCE
Pélissanne
Lambesc
Rognes
St-Estève-Janson
St-Cannat
Grans
Lançon-Provence
Miramas
Éguilles
Coudoux
Ventabren
la Fare-les-Oliviers
Velaux
St-Chamas
Cornillon-Confoux
Istres
Étang de Berre
Rognac
Berre-l'Étang
VITROLLES
St-Mitre-les-Remparts
Cabriès
Bouc-Bel-Air
Marseille-Provence

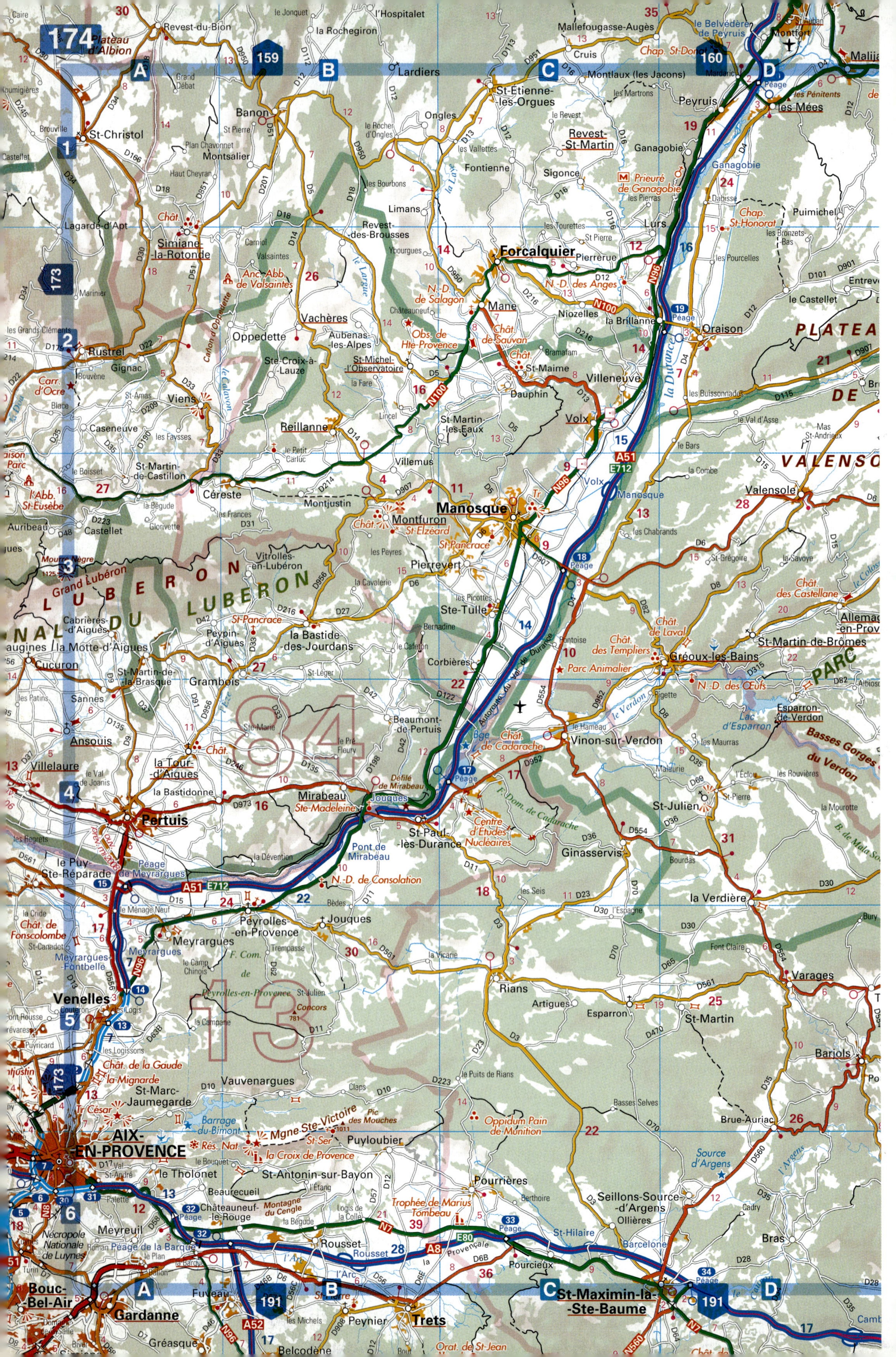
174
159
160
173
191
Plateau d'Albion
Revest-du-Bion
la Rochegiron
l'Hospitalet
Mallefougasse-Augès
Cruis
Montlaux (les Jacons)
Chap. St-Donat
le Belvédère de Peyruis
Montfort
Malijai
Lardiers
St-Etienne-les-Orgues
Banon
St-Christol
Montsalier
Ongles
Revest-St-Martin
Peyruis
les Mées
Les Pénitents
Ganagobie
Prieuré de Ganagobie
Fontienne
Sigonce
Limans
Lurs
Chap. St-Honorat
Puimichel
Simiane-la-Rotonde
Lagarde-d'Apt
Revest-des-Brousses
Forcalquier
Pierrerue
Anc. Abb. de Valsaintes
N.-D. de Salagon
N.-D. des Anges
Mane
Niozelles
la Brillanne
Oraison
Le Castellet
PLATEAU
Vachères
Oppedette
Aubenas-les-Alpes
Obs. de Hte-Provence
Châ. de Sauvan
St-Michel-l'Observatoire
St-Maime
Rustrel
Gignac
Ste-Croix-à-Lauze
Dauphin
Villeneuve
DE
Carr. d'Ocre
Viens
la Durance
Caseneuve
Reillanne
St-Martin-les-Eaux
Volx
Manosque
Valensole
VALENSOLE
St-Martin-de-Castillon
Céreste
Montjustin
Villemus
Montfuron
St Elzéard
St-Pancrace
L'Abb. St-Eusèbe
Castellet
Auribeau
Vitrolles-en-Luberon
Pierrevert
Mourre Nègre
Grand Luberon
LUBERON
Ste-Tulle
Châ. des Castellane
Cabrières-d'Aigues
Peypin-d'Aigues
la Bastide-des-Jourdans
Châ. de Laval
Châ. des Templiers
Gréoux-les-Bains
St-Martin-de-Brômes
la Motte-d'Aigues
Cucuron
St-Martin-de-la-Brasque
Grambois
Corbières
Parc Animalier
N.-D. des Œufs
PARC
Sannes
84
Beaumont-de-Pertuis
Lac d'Esparron
Esparron-de-Verdon
Basses Gorges du Verdon
Ansouis
Châ. de Cadarache
Vinon-sur-Verdon
Villelaure
la Tour-d'Aigues
Défilé de Mirabeau
Jouques
la Bastidonne
Mirabeau
Ste-Madeleine
St-Paul-lès-Durance
Centre d'Études Nucléaires
St-Julien
Pertuis
Pont de Mirabeau
Ginasservis
le Puy-Ste-Réparade
Péage de Meyrargues
A51
E712
N.-D. de Consolation
la Verdière
Châ. de Fonscolombe
Meyrargues
Peyrolles-en-Provence
Jouques
Rians
Artigues
Esparron
St-Martin
Varages
Venelles
13
Barjols
Châ. de la Gaude
la Mignarde
Vauvenargues
St-Marc-Jaumegarde
Tr. César
Barrage du Bimont
Mgne Ste-Victoire
Pic des Mouches
Oppidum Pain de Munition
Brue-Auriac
AIX-EN-PROVENCE
Rés. Nat.
St-Ser
la Croix de Provence
Puyloubier
Source d'Argens
le Tholonet
St-Antonin-sur-Bayon
Pourrières
Seillons-Source-d'Argens
Ollières
Beaurecueil
Châteauneuf-le-Rouge
Trophée de Marius Tombeau
Meyreuil
Nécropole Nationale de Luynes
Péage de la Barque
Rousset
A8
E80
St-Hilaire
Barcelone
Bras
Bouc-Bel-Air
Gardanne
Fuveau
Trets
Peynier
Pourcieux
St-Maximin-la-Ste-Baume
Gréasque
Belcodène
Orat. de St-Jean
A52

175
160
161
176
191
192
E
F
G
H
1
2
3
4
5
6
Mirabeau
Aiglun
Mallemoisson
le Chaffaut-St-Jurson
Châteauredon
Mézel
Beynes
Entrages
Clumanc
Lambruisse
Thorame-Haute Gare
Méailles
le Fugeret
Allons
Annot
la Mure-Argens
St-André-les-Alpes
Moriez
Chaudon-Norante
St-Jacques
Barrême
St-Lions
F. Dom. des Trois Asses
F. Dom. de Cousson
Réserve Géologique de Haute Provence
Angles
Vergons
St-Julien-du-Verdon
Lac de Castillon
Clue de Vergons
Barrage de Castillon-Demandolx
Demandolx
Senez
Clue de Taulanne
Clue de la Roche Percée
Castellane
N.-D. du Roc
Bge de Chaudanne
Crête du Teillon
Sommet de Pré Chauvin
Vieux Chasteuil
Porte St-Jean
Clue de Chasteuil
Rougon
Clue de Carejuan
Point Sublime
Belv. de l'Escalès
Belv. de la Maline
Balcons de la Mescla
Chastillon
Pont de l'Artuby
Tunnel du Fayet
Etroit des Cavaliers
Corniche Sublime
Cirque de Vaumale
Grand Canyon du Verdon
Belv. du Galetas
Belv. de Mayreste
Col d'Illoire
La Palud-sur-Verdon
Aiguines
les Salles-sur-Verdon
Lac de Sainte-Croix
Moustiers-Sainte-Marie
N.-D. de Beauvoir
PARC NATUREL RÉGIONAL DU VERDON
F. Dom. du Montdenier
Gorges de Trévans
Majastres
St-Jurs
Estoublon
Bras-d'Asse
St-Julien-d'Asse
St-Jeannet
Puimoisson
Riez
Chap. Notre-Dame
Baptistère
Roumoules
Chât. de Campagne
Montagnac-Montpezat
Ste-Croix-de-Verdon
Bauduen
N.-D. de Baudinard
Baudinard-sur-Verdon
St-Laurent-du-Verdon
Artignosc-sur-Verdon
Quinson
Trigance
Comps-sur-Artuby
la Garde
Bargème
Brenon
la Martre
Châteauvieux
le Bourguet
la Bastide
Canyon de l'Artuby
Avens
Camp de Canjuers
Col du Bel Homme
Bargemon
Seillans
Claviers
Callas
Montferrat
Châteaudouble
Gorges de Châteaudouble
Figanières
DRAGUIGNAN
Pierre de la Fée
Cascade de Pennafort
Trans-en-Provence
la Motte
Le Muy
les Arcs
Taradeau
Anc. Abb. de la Celle Roubaud
Lorgues
N.-D. de Benva
Flayosc
Ampus
Tourtour
Villecroze
Chât. de Taurenne
Aups
N.-D. de Liesse
N.-D. de Spéluque
Vérignon
Moissac-Bellevue
Régusse
Montmeyan
Fox-Amphoux
Sillans-la-Cascade
Salernes
Cotignac
N.-D. de Grâce
Entrecasteaux
St-Antonin-du-Var
Anc. Abb. du Thoronet
le Thoronet
Carcès
Lac de Carcès
Correns
Montfort-sur-Argens
Châteauvert
Vins-sur-Caramy
Cabasse
le Val
Vidauban
Mines
04
83

161
175
193
PARC NATIONAL DU MERCANTOUR
Entraunes
St-Martin-d'Entraunes
Villeneuve-d'Entraunes
Châteauneuf-d'Entraunes
Guillaumes
Sauze
Péone
Valberg
Beuil
Roubion
Roure
Isola
Isola 2000
Vieux Clocher
Col de la Lombarde
Cime de la Lombarde
Tête des Portettes
St-Sauveur-sur-Tinée
Valdeblore (la Roche)
Rimplas
Ilonse
Pierlas
Marie
Clans
Bairols
Lieuche
Thiéry
Rigaud
Tournefort
Massoins
Villars-sur-Var
Touët-sur-Var
Malaussène
Puget-Théniers
Puget-Rostang
Auvare
la Croix-sur-Roudoule
St-Léger
Daluis
Sausses
Castellet-lès-Sausses
Braux
Annot
St-Benoît
Entrevaux
Méailles
Gorges de Daluis
Gorges Sup. du Cians
Gorges Inf. du Cians
Mont Mounier
Mont St-Honorat
le Grand Coyer
Croix de Valberg
Dôme de Barrot
Mont Fracha
Pointe des Quatre Cantons
Mont Brune
Mont Vial
la Penne
Ascros
St-Antonin
Cuébris
Pierrefeu
Toudon
Tourette-du-Château
Revest-les-Roches
Bonson
Gilette
la Rochette
St-Pierre
Val-de-Chalvagne
Ubraye
Amirat
Collongues
les Mujouls
Sallagriffon
Sigale
Roquesteron
Roquestéron-Grasse
Aiglun
Briançonnet
Gars
Soleilhas
St-Auban
le Mas
Conségudes
les Ferres
Bouyon
Bézaudun-les-Alpes
le Broc
Carros
St-Martin-du-Var
Montagne du Cheiron
Coursegoules
Gréolières
Cipières
Plateau de Calern
Caussols (St-Lambert)
Observatoire
Gourdon
Courmes
Tourrettes-sur-Loup
le Bar-sur-Loup
Vence
la Gaude
St-Jeannet
Gattières
St-Paul
la Colle-sur-Loup
Cagnes-sur-Mer
St-Laurent-du-Var
Villeneuve-Loubet
Biot
Valbonne
Mouans-Sartoux
Mougins
Antibes
Vallauris
Roquefort-les-Pins
le Rouret
Opio
Châteauneuf-Grasse
Grasse
Cabris
Spéracèdes
le Tignet
Peymeinade
St-Cézaire-sur-Siagne
St-Vallier-de-Thiey
Escragnolles
Andon
Caille
Séranon
Valderoure
Peyroules (la Rivière)
la Roque-Esclapon
Mons
Seillans
Fayence
Tourrettes
Callian
Montauroux
Auribeau-sur-Siagne
la Roquette-sur-Siagne
Pégomas
Tanneron
Route Napoléon
Nice
Baie

ALTA VALLE PESIO E TANARO
REGIONALE DELL' ARGENTERA
Limone Piemonte
Riserva Naturale
Limonetto
Tunnel de Tende
Réserve de Chasse de Valdieri
Cima Sud Argentera
Réserve de Chasse du Mercantour
Cime du Gélas
Mt. Clapier
Cima delle Saline
Carnino Superiore
Upega
Viozene
Monesi
Mendatica
Triora
Vievola
St-Sauveur
Tende
la Brigue
N.-D. des Fontaines
Vallée des Merveilles
Gravures Rupestres
Refuge des Merveilles
Refuge de la Madone de Fenestre
St-Martin-Vésubie
Venanson
Roquebillière
Belvédère
St-Dalmas-de-Tende
Fontan
Saorge
Anc. Couvent des Franciscains
la Madone de Poggio
Gorges de Saorge
Breil-sur-Roya
Verdeggia
Realdo
Creppo
Triora
Corte
Molini di Triora
Andagna
Agaggio
Cetta
Peralla
Gavano
Buggio
Monte Ceppo
Pigna
Castel-Vittorio
Vignai
Bajardo
Ceriana
Monte Bignone
Apricale
Isolabona
Perinaldo
San Romolo
Verrezo
Poggio
Monte Alto
Rochetta-Nervia
Fanghetto
Olivetta-San-Michele
Olivetta
Airole
Collabassa
Dolceaqua
Pont
Château
Soldano
Torri
San Biagio della Cima
Vallebona
Seborga
Bevera
Camporosso
San Remo
Coldirodi
Ospedaletti
Capo Nero
Vallecrosia
Sasso di Bordighera
Bordighera
Mad. della Ruota
Punta di Migliarese
Vestige
Ventimiglia
Latte
Mortola
Jardin
Capo Mortola
Capo Sant'Ampeglio
San Pancrazio
San Antonio
Scalza
Castellar
Mont Razet
T. d'Orient
Castillon
C. de Castillon
Sospel
Pont
Moulinet
Col de Turini
l'Authion
Forêt de Turini
la Bollène-Vésubie
Lantosque
Pierre Plate T. d'Orient.
Belv. du Saut des Français
Duranus
Lucéram
Col de Braus
Chap. St-Grat
Coaraze
Levens
Bendejun
Berre-les-Alpes
l'Escarène
Touët-de-l'Escarène
Contes
Châteauneuf-Villevieille
Tourrette-Levens
Peille
Ste-Agnès
Peillon
Blausasc
Gorbio
Castagniers
Aspremont
Mont Chauve d'Aspremont
Grte St-André
Cantaron
Falicon
St-André-de-la-Roche
Drap
la Trinité
Notre-Dame
la Turbie
Beausoleil
Monte-Carlo
Roquebrune-Cap-Martin
Cap Martin
Koaland
l'Annonciade
MENTON
MONACO
la Condamine
Cap-d'Ail
Èze
Jardin
Beaulieu-sur-Mer
Villefranche-sur-Mer
St-Jean-Cap-Ferrat
Cap Ferrat
Zoo
Citad.
Mont Boron
Ste-Réparate
St-Nicolas
NICE
Côte d'Azur
l'Île Rousse 3h00
Bastia 4h00
Ajaccio 4h00
Calvi 3h00
des Anges
CORNICHES DE LA RIVIERA
RIVIERA DU PONANT
E
F
G
H
1
2
3
4
5
6

193

Guéthary
Arbonne
Arcangues
Bidart
Ahetze
Ustaritz
Jatxou
Halsou
Hasparren
la Bastide-Clairence
Ayherre
Bonloc
St-Jean-de-Luz
Ciboure
Urrugne
Hendaye
Irun
Hondarribia (Fuenterrabia)
Biriatou
Ascain
St-Pée-sur-Nivelle
Larressore
Souraïde
Espelette
Cambo-les-Bains
Mont Ursuya
Mendionde
Macaye
Louhossoa
Itxassou
Pas de Roland
Sare
Ainhoa
la Rhune
Montagne de Ciboure
Mandale
Xoldokocana
Peñas de Haya
Ermitage de St-Martial
Endarlatsa
Bera (Vera de Bidasoa)
Zalain
Lesaka
Frain
Igantzi
Etxalar
Berrizaun
Arantza
Artikutza
Ibanteli
Grotte de Sare
Atxuria
Zugarramurdi
Urdax (Urdazubi)
Dancharia
Telleria
Artzamendi
Baïgoura
Hélette
Bidarray
Pont
Irissarry
Ossès
St-Martin-d'Arrossa
Pic d'Iparla
Pic de Tutulia
Gorramendi
Alcurrunz
Amaiur (Maya)
Bozate
Erratzu
Col d'Ispéguy
Azpilkueta
Arizkun
Elizondo
St-Étienne-de-Baïgorry
Etchaux
Dolmen d'Arrodondo
Dolmen d'Artxvita
Irouléguy
Anhaux
Ascarat
Uhart-Cize
St-Jean-Pied-de-Port
Ispoure
Lasse
Caro
St-Michel
Sunbilla
Elgorriaga
Ituren
Auritz
Latsaga
Doneztebe (Santesteban)
Legasa
Oteitza
Oyeregui
Oronoz
Narbarte
Lekaroz
Irurita
Arraioz
Ciga
Gartzain
Zuraurre de Ciga
Aniz
Oitz
Donamaria
Urrotz
Berroeta
Almandoz
Saldías
Beintza-Labaien
Eratsun
Banca
Aldudes
Urepel
Esnazu
Borde
Arnéguy
Luzaide (Valcarlos)
Ondarolle
Chocoa
Maneixhandy
Orreaga (Roncesvalles)
Auritz (Burguete)
Puerto de Velato
Ventas de Arraitz
Arraitz
Lantz
Alkotz
Eltzaburu
Ilarregi
Orokieta
Jauntsarats
Igoa
Arrarats
Auza
Etxaleku
Larraintzar
Beunza
Urritzola Galain
Lizaso
Olagüe
Embalse de Eugi
Eugi
Iragi
Urtasun
Egozkue
Cilveti
Biskarreta-Gerendiain
Auritzberri (Espinal)
Mezkiritz
Lintzoain
Erro
Esnotz
Zubiri
Usetxi
Leazkue
Erice
Arostegui
Zarrantz
Muskitz
Cia
Nuin
Larumbe
Usi
Osinaga
Marcaláin
Ciaurriz
Etsain
Leranotz
Inbuluzketa
Ostiz
Sarasibar
Esquiroz
Larrasoaña
Akerreta (Venta de Aquerreta)
Olave
Anoz
Ollacarizqueta
Orrio
Zuriain
Errea
Ardaitz
Urdiroz
Orondritz
Aintzioa
Saragüeta
Lusarreta
Villanueva
Arrieta
Imízcoz
Garralda
Aribe
Garaioa
Olaldea
Abaurrea Baja
Orbaitzeta
Orbara
Aria
Oroz-Betelu
Gorraiz
Azparren
Erremendia
Lacabe
Arce
Nagore
Usoz
Artozqui
Orbaiz
Itoiz
Ayechu
Elcóaz
Ongoz
Agoitz
Erdozáin
Beortegui
Lizoáin
Urroz
Mendióroz
Eransus
Echálaz
Elia
Egulbati
Ilurdotz
Sorauren
Oricáin
Arre
Zabaldika
Huarte
Burlada
Egüés
Ardanaz
Azoa
Aranguren
Lérruz
Mutilva Baja
Tajonar
Pamplona (Iruñea)
Cizur Mayor (Zizur Nagusi)
Cizur Menor
Gazolaz
Paternáin
Eskirotz
Arazuri
Orcoyen
Loza
Ansoáin
Ballariáin
Ororbia
Ariz
Zunzarren
Gurpegui
Ballariáin
Erice
Vallée de la Bidassoa
Vallée de la Nive des Aldudes
Route Impériale des Cimes
Sokorri
Urtubie
Abbadie
Fort
Ibardin
Chap. St-Sauveur
Musée-Demeure d'Edmond Rostand
Base de Loisirs
Lac de St-Pée
PAYS BASQUE
A B C D
1 2 3 4 5 6
162

162
163
179
180
194
E
F
G
H
1
2
3
4
5
6
64
Arancou
Escos
Oraàs
Laàs
L'Hôpital-d'Orion
Laà-Mondrans
Biron
Sarpourenx
Argagnon
Castetner
Loubieng
Arraute-Charritte
Bergouey-Viellenave
Abitain
Athos-Aspis
Burgaronne
Orion
Orriule
Ilharre (Plaça)
Sauveterre-de-Béarn
Andrein
Barraute-Camu
Autevielle-St-Martin-Bideren
Guinarthe-Parenties
Osserain-Rivareyte
St-Gladie-Arrive-Munein
Lagor
Abidos
Os-Marsillon
Mourenx
Usine de Lacq
Orègue
Masparraute
Labets-Biscay
Gabat
Arbouet-Sussaute
Castetbon
Narp
Ossenx
Sauvelade
Isturits
Amorots-Succos
Béguios
Amendeuix-Oneix
Espiute
Montfort
Audaux
Bugnein
Vielleségure
St-Martin-d'Arberoue
Luxe-Sumberraute
Garris
Arbérats-Sillègue
Gestas
Rivehaute
Araujuzon
Araux
Viellenave-de-Navarrenx
Bastanès
Lahourcade
Méharin
St-Palais
Aïcirits-Camou-Suhast
Domezain-Berraute
Nabas
Méritein
Béhasque-Lapiste
Etcharry
Castetnau-Camblong
Navarrenx
Armendarits
Beyrie-sur-Joyeuse
Site Archéologique d'Elligna
Pont de Quinquil
Aroue-Ithorots-Olhaïby
Lichos
Charre
Château de Mongaston
Susmiou
Sus
Jasses
Ogenne-Camptort
Iholdy
Orsanco
Larribar-Sorhapuru
Charritte-de-Bas
Arrast-Larrebieu
Angous
Dognen
Lay-Lamidou
Lucq-de-Béarn
Uhart-Mixe
Gurs
Préchacq-Navarrenx
Anc. Abb.
Lohitzun-Oyhercq
Espès-Undurein
Moncayolle-Larrory-Mendibieu
Préchacq-Josbaig
Saucède
Cim. Basque
Lantabat (St-Martin)
Ostabat-Asme
Arhansus
Ainharp
Aren
Suhescun
Larceveau-Arros-Cibits
Juxue
Viodos-Abense-de-Bas
Berrogain-Laruns
L'Hôpital-St-Blaise
Geüs-d'Oloron
St-Goin
Poey-d'Oloron
Chéraute
Géronce
Aïnhice-Mongelos
Pagolle
Château d'Andurain
Mauléon-Licharre
Orin
Verdets
Jaxu
Gamarthe
Bunus
Garindein
Moumour
Estos
Ibarrolle
Château d'Harispe
Lacarre
St-Just-Ibarre
Col d'Osquich
Musculdy
Ordiarp
Gotein-Libarrenx
Roquiague
Barcus
Esquiule
Pont Ste-Marie
Bidos
St-Antoine
Pont
Idaux-Mendy
Chap. St-Blaise
Bussunarits-Sarrasquette
Base de Loisirs
Hosta
Aussurucq
Menditte
Sauguis-St-Étienne
La Madeleine
Agnos
Ahaxe-Alciette-Bascassan
Mendive
Lecumberry
Ossas-Suhare
Elicabia
Trois-Villes
Féas
Béhorléguy
Ance
Dolmen de Chuberam
Source de la Bidouze
Forêt des Arbailles
Gouffre
Camou-Cihigue
Alos-Sibas-Abense
Tardets-Sorholus
Asasp-Arros
Aramits
Font. d'Ahusquy
Alçay-Alçabéhéty-Sunharette
Lanne-en-Barétous
Issor
Ancienne Abbaye
Lichans-Sunhar
Laguinge-Restoue
Montory
Arette
St-Sauveur
Lacarry-Arhan-Charritte-de-Haut
Etchebar
Haux
Sce de la Nive
Licq-Athérey
Tumulus
Lourdios-Ichère
Les Chalets d'Iraty
Forêt d'Iraty
Larrau
Ste-Engrâce (la Caserne)
Ste-Engrâce
Osse-en-Aspe
Irati
Pic d'Orhy
Gorges d'Holzarté et d'Holhadubi
Gorges de Kakouetta
Gorges d'Ehujarré
Arette la Pierre St-Martin
Lées-Athas
Sierra de Abodi
Pic Lakhoura
Gouffre Lépineux
Pic d'Anie
Refugio Belagua
Lescun
Ochagavía
Izalzu
Jaurrieta
Ezcároz
Uztárroz
Oronz
Esparza
Ibilcieta
Sarriés
Isaba
Zuriza
Reserva Nacional de los Valles
Urzainqui
Refugio de Oza
Refuge d'Arlet
PARC
Igal
Izal
Güesa
Roncal
Vidangoz

Mourenx
Lacq
Artix
Lescar
Lons
PAU
Billère
Jurançon
Gan
Oloron-Ste-Marie
Morlaàs
Soumoulou
Nay
Coarraze
Pontacq
Bénéjacq
Montaut
St-Pé-de-Bigorre
LOURDES
Argelès-Gazost
Arudy
Laruns
Eaux-Bonnes
Arrens-Marsous
Cauterets
Luz-St-Sauveur
Pierrefitte-Nestalas
Bedous
Etsaut
Urdos
Sarrance
Lurbe-St-Christau
Ogeu-les-Bains
Sévignacq-Meyracq
Louvie-Juzon
Aucun
Pic de Ger
Pic du Midi d'Ossau
Balaïtous
Pic de Pibeste
Col du Pourtalet
Col d'Aubisque
Col de Soulor
Lac d'Artouste
Lac de Gaube
Vallée d'Ossau
Vallée d'Aspe
NATIONAL DES PYRÉNÉES
64

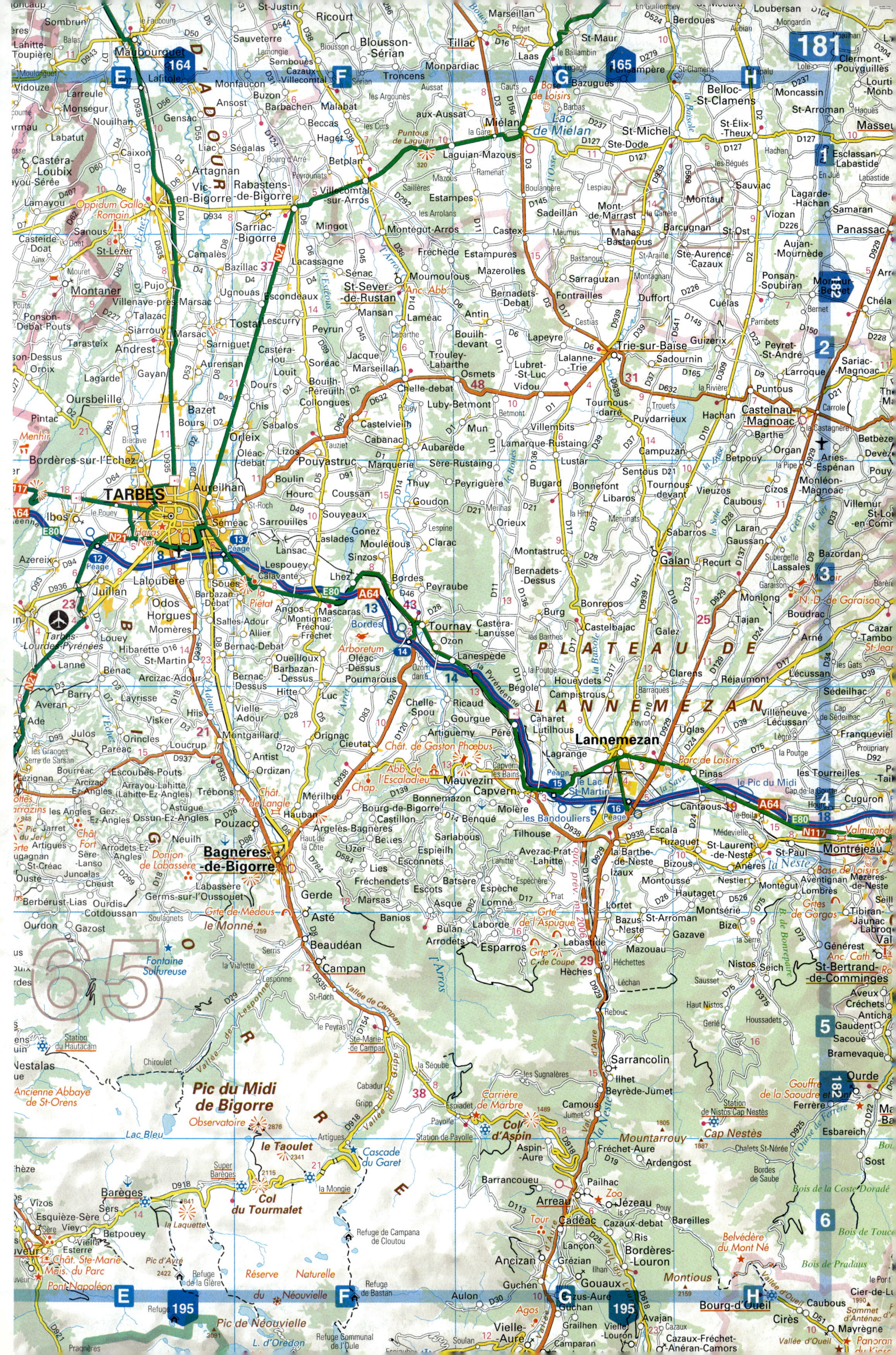
181
164
165
182
195
65
E
F
G
H
1
2
3
5
6
TARBES
Lannemezan
Bagnères-de-Bigorre
PLATEAU DE LANNEMEZAN
Maubourguet
Vic-en-Bigorre
Rabastens-de-Bigorre
Mielan
Lac de Miélan
Trie-sur-Baïse
Castelnau-Magnoac
Montréjeau
St-Bertrand-de-Comminges
Tournay
Capvern
Mauvezin
Galan
Montrejeau
Arreau
Cadéac
Campan
Beaudéan
Gerde
Asté
Juillan
Tarbes-Lourdes-Pyrénées
Ibos
Aureilhan
Séméac
Soues
Laloubère
Odos
Horgues
Momères
Orleix
Bordères-sur-l'Échez
Oursbelille
Andrest
Montaner
Castéra-Loubix
Lafitole
Artagnan
Sarriac-Bigorre
St-Sever-de-Rustan
Pouyastruc
Chelle-debat
Castelvieilh
Sabalos
Lescurry
Tostat
Marsac
Sarniguet
Oppidum Gallo Romain
Chât. de Gaston Phœbus
Abb. de l'Escaladieu
Arboretum
Pic du Midi de Bigorre
Observatoire
le Taoulet
Col du Tourmalet
Barèges
Lac Bleu
Cascade du Garet
Col d'Aspin
Aspin-Aure
Sarrancolin
Mountarrouy
Cap Nestès
Pic de Néouvielle
Réserve Naturelle du Néouvielle
Fontaine Sulfureuse
Vallée de Campan
Vallée de Lesponne
ADOUR
BIGORRE
Bourg-d'Oueil
Vielle-Aure
Guchen
Ancizan
Grézian
Bordères-Louron
Montious
Belvédère du Mont Né
Pic du Midi
Gouffre de la Saoude
Ourde
Esbareich
Pont-Napoléon
Ste-Marie-de-Campan
Esquièze-Sère
Chât. Ste-Marie
Sers
Viey
Betpouey
Esterre
Viella
Labassère
Pouzac
Hauban
Mérilheu
Trébons
Montgaillard
Ordizan
Antist
Orignac
Cieutat
Bonnemazon
Bourg-de-Bigorre
Castillon
Esconnets
Espieilh
Sarlabous
Tilhouse
Molère
Avezac-Prat-Lahitte
la Barthe-de-Neste
Izaux
Escala
Tuzaguet
St-Laurent-de-Neste
Anères
St-Paul
Valmirande
Pinas
Cantaous
Lagrange
Clarens
Réjaumont
Lécussan
Sédeilhac
Franquevielle
les Tourreilles
Cuguron
Galez
Castelbajac
Bonrepos
Burg
Campistrous
Bégole
Lanespède
Ozon
Oléac-Dessus
Poumarous
Chelle-Spou
Ricaud
Gourgue
Artiguemy
Péré
Caharet
Lutilhous
Houeydets
Sabarros
Recurt
Gaussan
Lassales
Monlong
Tajan
Arné
Boudrac
Bazordan
Villemur
Monléon-Magnoac
Organ
Betpouy
Cizos
Caubous
Vieuzos
Laran
Tournous-Devant
Sentous
Campuzan
Libaros
Bonnefont
Lustar
Lamarque-Rustaing
Villembits
Aubarède
Sère-Rustaing
Peyriguère
Mun
Thuy
Goudon
Clarac
Lespouey
Calavanté
Lhez
Bordes
Peyraube
Sinzos
Gonez
Mouledous
Laslades
Souyeaux
Coussan
Hourc
Boulin
Lizos
Oléac-debat
Sarrouilles
Lansac
Angos
Montignac
Mascaras
Fréchou-Fréchet
Allier
Salles-Adour
Bernac-Debat
Bernac-Dessus
Barbazan-Debat
Barbazan-Dessus
Oueilloux
Hitte
Luc
Vielle-Adour
Hiis
Visker
Orincles
Loucrup
Escoubès-Pouts
Hibarette
Arcizac-Adour
Layrisse
Barry
Averan
Ade
Julos
Paréac
Bourréac
Lanne
Louey
Bénac
Azereix
Sombrun
Larreule
Monségur
Nouilhan
Labatut
Lamayou
Sanous
St-Lézer
Camalès
Pujo
Villenave-près-Marsac
Talazac
Siarrouy
Tarasteix
Oroix
Lagarde
Gayan
Bazet
Bours
Pintac
Caixon
Gensac
Liac
Ségalas
Ansost
Monfaucon
Buzon
Barbachen
Malabat
Beccas
Haget
Betplan
Villecomtal-sur-Arros
Mingot
Bazillac
Ugnouas
Escondeaux
Lacassagne
Sénac
Mansan
Peyrun
Castéra-Lou
Soréac
Louit
Dours
Aurensan
Chis
Bouilh-Péreuilh
Collongues
Jacque
Marseillan
Lameac
Moumoulous
Fréchède
Estampures
Mazerolles
Bernadets-Debat
Fontrailles
Sarraguzan
Antin
Bouilh-devant
Trouley-Labarthe
Osmets
Lubret-St-Luc
Vidou
Luby-Betmont
Lapeyre
Lalanne-Trie
Tournous-darré
Puydarrieux
Sadournin
Guizerix
Puntous
Hachan
Barthe
Larroque
Peyret-St-André
Sariac-Magnoac
Duffort
Cuélas
Ponsan-Soubiran
Aujan-Mournède
Panassac
St-Ost
Barcugnan
Manas-Bastanous
Mont-de-Marrast
Sadeillan
Montaut
Sauviac
Viozan
Lagarde-Hachan
Samaran
Ste-Aurence-Cazaux
Castex
Montégut-Arros
Estampes
Laguian-Mazous
Puntous de Laguian
aux-Aussat
Monpardiac
Tillac
Troncens
Blousson-Sérian
Ricourt
Sauveterre
St-Justin
Laas
Marseillan
St-Maur
Bazugues
Berdoues
Loubersan
Clermont-Pouyguilles
Bellloc-St-Clamens
Moncassin
St-Arroman
St-Élix-Theux
St-Michel
Ste-Dode
Esclassan-Labastide
Masseube
Chéla
Bernet
Mont-Bernet
Mazères-de-Neste
Montégut
Aventignan
Lombrès
Grtes de Gargas
Tibiran-Jaunac
Générest
Nistos
Seich
Bizous
Montoussé
Hautaget
Montsérié
Bize
Bazus-Neste
St-Arroman
Gazave
Mazouau
Labastide
Hèches
Lortet
Esparros
Laborde
Asque
Bulan
Arrodets
Batsère
Espèche
Lomné
Frèchendets
Marsas
Banios
Lies
Uzer
Bettes
Argelès-Bagnères
Neuilh
Astugue
Ossun-Ez-Angles
Arrayou-Lahitte
Germs-sur-l'Oussouet
Cotdoussan
Ourdis
Juncalas
Ourdon
Gazost
Grte de Médous
le Monné
Serris
St-Roch
le Peyras
la Séoube
Cabadur
Gripp
Artigues
la Mongie
Payolle
Espiadet
Carrière de Marbre
Camous
Ilhet
Beyrède-Jumet
Fréchet-Aure
Ardengost
Barrancoueu
Pailhac
Jézeau
Bareilles
Cazaux-debat
Ris
Lançon
Gouaux
Avajan
Cazaux-Fréchet-Anéran-Camors
Cirès
Caubous
Mayrègne
Aulon
Soulan
Cier-de-Luchon
Sost
Bramevaque
Gaudent
Sacoue
Créchets
Antichan
Aveux
Nestalas
Vizos
Station du Hautacam
Ancienne Abbaye de St-Orens
Chiroulet
Refuge de Campana de Cloutou
Refuge de la Glère
Refuge de Bastan
Refuge Communal de l'Oule
L. d'Orédon
Pic d'Aÿré
Pragnères
Zoo
Tour
Agos
Grailhen
Camparan
Vielle-Louron
Génos
Bois de la Coste Dorade
Bois de Pradaus
Bois de Touca
Sommet d'Anténac
Panoram du Kiosq
Vallée d'Oueil
Haras Nat.
Le Pic du Midi
Parc de Loisirs
le Lac St-Martin
les Bandouliers
Grte de l'Aspugue
Grte C.de Coupe
Chât. de Langle
Chap.
Donjon de Labassère
Chât. Fort
Grte
Menhir
Base de Loisirs
N.-D. de Garaison
Anc. Cath.
Anc. Abb.
Station de Payolle
la Pietat
A64
E80
N21
N117

182
165
166
181
196
A
B
C
D
1
2
3
4
5
6
Samatan
Lombez
Simorre
Masseube
Boulogne-sur-Gesse
L'Isle-en-Dodon
St-Gaudens
Montréjeau
Martres-Tolosane
Cazères
Salies-du-Salat
St-Martory
Aurignac
Rieumes
Montesquieu-Guittaut
Puymaurin
Anan
Cadeillan
Espaon
Boissède
Mirambeau
Montadet
Nénigan
Lunax
Péguilhan
St-Ferréol-de-Comminges
Lalanne-Arqué
Montbernard
Mondilhan
St-Pé-Delbosc
Ciadoux
Escanecrabe
Montgaillard-sur-Save
Lilhac
Castéra-Vignoles
Esparron
Fabas
Lussan-Adeilhac
Peyrissas
Samouillan
Benque
Francon
Montégut-Bourjac
Le Fousseret
Fustignac
Castelnau-Picampeau
Montoussin
Lescuns
Mondavezan
Alan
Terrebasse
Marignac-Laspeyres
Palaminy
Couladère
Boussens
Roquefort-sur-Garonne
Mazères-sur-Salat
Cassagne
Marsoulas
Montsaunès
Mane
Touille
Betchat
His
Castagnède
Lacave
Mercenac
Caumont
Lorp-Sentaraille
St-Lizier
Prat-Bonrepaux
Montgauch
Cazavet
Montégut-en-Couserans
Moulis
Audressein
Castillon-en-Couserans
Arrien-en-Bethmale
Bethmale
Sentein
Bonac-Irazein
Vallée du Biros
Vallée de Bethmale
Col de Portet d'Aspet
Portet-d'Aspet
Col de Menté
Boutx
Fos
Argut-Dessous
Arlos
Lez
St-Béat
Marignac
Cierp-Gaud
Chaum
Fronsac
Saléchan
Mauléon-Barousse
Ourde
Sarp
Izaourt
Aveux
Créchets
Gembrie
Samuran
Troubat
Bagiry
Siradan
Thèbe
Anla
Ilheu
Luscan
Bertren
Génos
Malvezie
Galié
Lourde
Ore
St-Pé-d'Ardet
Antichan-de-Frontignes
Frontignan-de-Comminges
Arguenos
Juzet-d'Izaut
Cazaunous
Sengouagnet
Milhas
Arbas
Aspet
Izaut-de-l'Hôtel
Arbon
Col des Ares
Encausse-les-Thermes
Soueich
Cabanac-Cazaux
Payssous
Sauveterre-de-Comminges
Barbazan
Valcabrère
Labroquère
Loures-Barousse
St-Bertrand-de-Comminges
Régades
Aspret-Sarrat
Rieucazé
Lespiteau
Miramont-de-Comminges
Labarthe-Rivière
Valentine
Clarac
Bordes-de-Rivière
Pointis-de-Rivière
Ausson
Gourdan-Polignan
Huos
Martres-de-Rivière
Ardiège
Cier-de-Rivière
Villeneuve-de-Rivière
Ponlat-Taillebourg
Estancarbon
Labarthe-Inard
Beauchalot
Savarthès
Pointis-Inard
Ganties
Figarol
Montespan
Rouède
Castelbiague
Mauvezin-de-Prat
Chein-Dessus
Estadens
Montastruc-de-Salies
Urau
Herran
Francazal
Fougaron
Gouffre de la Henne-Morte
Montgaillard-de-Salies
La Bastide-du-Salat
Mancioux
Proupiary
Sepx
Castillon-de-St-Martory
Lestelle-de-St-Martory
Arnaud-Guilhem
Laffite-Toupière
Cazeneuve-Montaut
Auzas
Latoue
Saux-et-Pomarède
Landorthe
St-Médard
Larcan
Lodes
Lalouret-Laffiteau
Cardeilhac
St-Marcet
Aulon
Peyrouzet
St-Elix-Séglan
Bouzin
Le Fréchet
Cassagnabère-Tournas
St-Lary-Boujean
Saman
Charlas
Montmaurin
Lespugue
Nizan-Gesse
Sarrecave
Larroque
Sarremezan
Balesta
Cazaril-Tamboures
St-Plancard
Sédeilhac
Loudet
Le Cuing
Franquevielle
Cuguron
Blajan
Gensac-de-Boulogne
Lalanne
Villemur
St-Loup-en-Comminges
Montbardon
Molas
Monties
Sarcos
Aussos
Panassac
Arrouède
Chélan
Cabas-Loumassès
Manent-Montané
Sariac-Magnoac
Mont-d'Astarac
Castérets
Thermes-Magnoac
Betbèze
Devèze
Pouy
Esclassan-Labastide
Bellegarde
Moncorneil-Grazan
Betcave-Aguin
Villefranche
Meilhan
Sère
Gaujan
Monferran-Plavès
Pouy-Loubrin
Clermont-Pouyguillès
Lourties-Monbrun
Tachoires
Lamaguère
St-Élix
Montamat
Gaujac
Pellefigue
Sauveterre
Sabaillan
Tournan
Puylausic
Sauvimont
Savignac-Mona
Monblanc
Sabonnères
Bragayrac
Beaufort
Pébées
Montgras
Lahage
St-Loube
Montégut-Savès
Forgues
Monès
Laymont
St-Lizier-du-Planté
Le Pin-Murelet
Plagnole
Garravet
Frontignan-Savès
Mauvezin
Montpézat
Martisserre
Agassac
Castelgaillard
Ambax
Goudex
Sajas
Lautignac
Savères
St-Araille
Montastruc-Savès
Sénarens
Cazac
Riolas
Labastide-Paumès
Pouy-de-Touges
Labastide-Clermont
Coueilles
St-Frajou
St-Laurent
Polastron
Casties-Labrande
Gratens
Salerm
Marignac-Lasclares
Lafitte
St-André
Foux
Boussan
Montoulieu-St-Bernard
Bachas
Sana
Mauran
Montclar-de-Comminges
St-Michel
Le Plan
Plagne
Ausseing
Belbèze-en-Comminges
Cérizols
Fabas
Escoulis
Bédeille
Tourtouse
Bagert
Taurignan-Castet
Engomer
Aucazein
Argein
Uchentein
Balacet
Buzan
Orgibet
Augirein
St-Jean-du-Castillonnais
Galey
St-Lary
Balaguères
Villeneuve
Arrout
Salsein
Les Bordes-sur-Lez
Antras
La Bellongue
Forêt Dom. de Bellongue-Sud
Val de Burat
Burgalays
Guran
Cazaux-Layrisse
Bachos
Binos
Signac
Sost
Esténos
Baren
Cier-de-Luchon
Juzet-de-Luchon
Vallée de Luchon
Vallée de Luchon
Monte Umbre
Melles
Canejan
Mayrègne
Artigue
Gaud
Fourc
Valmirande
Comminges
A64
A645
N117
N125
E80
Ch. de la Tour
Mon. du Maquis de Meilhan
Grottes Gorges de la Save
Villa Gallo-Romaine
St-Julien
Grte Tr. de Savoie
Vest.
Falaises de la Garonne
Base de Loisirs
Rives de la Noue
Piton de Montpezat
Défilé de l'Escalère
Pile du Pont
Chap. Ste-Matrone
Gttes de Marsoulas
Ste-Radegonde
Villa Gallo-Romaine
Château des Comtes de Comminges
Base de Loisirs
Carr.
Station du Mourtis
Forêt Dom. de Bellongue-Nord
Forêt Domaniale de l'Estelas
Pile Romaine
Murailles Gallo-Romaines
Cap de Gauch
Forêt Dom. de Bethmale
F. Dom. de St-Lary
Bois du Hourmigué
Bois de Toucouloule
Peyre d'Aguida
Sommet d'Anténac
Panorama du Kiosque
Lac de la Gimone
la Garonne
la Save
la Louge
la Nère
le Salat
la Noue
la Gesse
la Gimone
le Touch
COMMINGES
St-Jean
Garaison
Anc. Cath.
Rnes Romaines
Genérest
Tibiran-Jaunac
Seilhan
Mazères-de-Neste
Bramevaque
Saccourvielle
Gaudent
Antichan
Cazarilh
Ste-Marie
Lège
Eup
Bezins-Garraux
Boutx
Chaum
Sentaraille
Gajan
Salsein
Sor
Moulis
Valentine

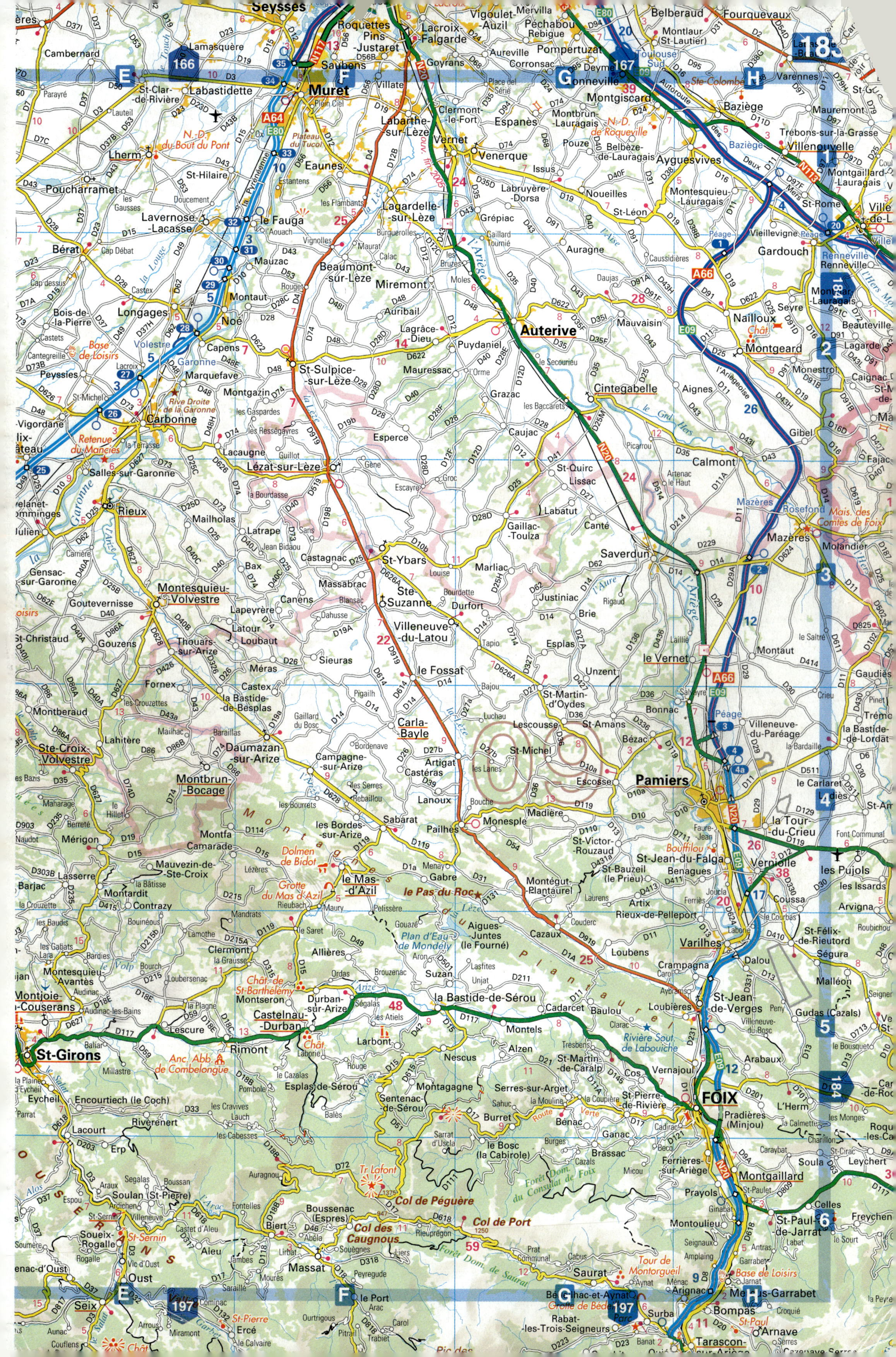

166
167
183
184
197
E
F
G
H
Seysses
Roquettes
Pins-Justaret
Saubens
Muret
Lacroix-Falgarde
Vigoulet-Auzil
Pechabou
Pompertuzat
Belberaud
Fourquevaux
Montlaur
Deyme
Donneville
Montgiscard
Baziège
Villenouvelle
Ayguesvives
Labarthe-sur-Lèze
Clermont-le-Fort
Espanès
Vernet
Venerque
Eaunes
Lherm
Lamasquère
Labastidette
St-Clar-de-Rivière
Poucharramet
Lavernose-Lacasse
le Fauga
Lagardelle-sur-Lèze
Grépiac
Labruyère-Dorsa
Noueilles
Montesquieu-Lauragais
St-Léon
Bérat
Mauzac
Beaumont-sur-Lèze
Miremont
Auragne
Gardouch
Longages
Montaut
Noé
Capens
Auterive
Lagrâce-Dieu
Puydaniel
Mauvaisin
Nailloux
Montgeard
Peyssies
Carbonne
Marquefave
St-Sulpice-sur-Lèze
Mauressac
Grazac
Cintegabelle
Aignes
Salles-sur-Garonne
Lézat-sur-Lèze
Esperce
Caujac
Gibel
Calmont
Rieux
Mailholas
Latrape
Castagnac
St-Ybars
Gaillac-Toulza
Saverdun
Mazères
Montesquieu-Volvestre
Massabrac
Ste-Suzanne
Marliac
Justiniac
Brie
le Vernet
Montaut
Gouzens
Thouars-sur-Arize
Latour
Loubaut
Villeneuve-du-Latou
Sieuras
Méras
le Fossat
Unzent
St-Martin-d'Oydes
Fornex
La Bastide-de-Besplas
Castex
Carla-Bayle
Lescousse
St-Amans
Bonnac
Montberaud
Lahitère
Daumazan-sur-Arize
Campagne-sur-Arize
Artigat
St-Michel
Escosse
Bézac
Villeneuve-du-Paréage
Ste-Croix-Volvestre
Montbrun-Bocage
Pamiers
Mérigon
Montfa
Camarade
les Bordes-sur-Arize
Sabarat
Pailhès
Monesple
Madière
St-Victor-Rouzaud
La Tour-du-Crieu
Mauvezin-de-Ste-Croix
Dolmen de Bidot
le Mas-d'Azil
Grotte du Mas d'Azil
St-Jean-du-Falga
Benagues
Verniolle
les Pujols
Montardit
Contrazy
Gabre
Montégut-Plantaurel
Artix
Rieux-de-Pelleport
Coussa
Clermont
Allières
Aigues-Juntes
Cazaux
Varilhes
St-Félix-de-Rieutord
Montjoie-en-Couserans
Montesquieu-Avantès
Durban-sur-Arize
Suzan
Loubens
Dalou
Ségura
Malléon
St-Girons
Castelnau-Durban
Rimont
la Bastide-de-Sérou
Cadarcet
Baulou
Loubières
St-Jean-de-Verges
Gudas
Lescure
Montels
Alzen
Nescus
Vernajoul
Arabaux
Encourtiech
Rivèrenert
Esplas-de-Sérou
Montagagne
Serres-sur-Arget
Burret
Bénac
St-Pierre-de-Rivière
FOIX
Pradières
Lacourt
Erp
Ganac
Brassac
Ferrières-sur-Ariège
Montgaillard
Soula
Leychert
Soulan
Col de Péguère
Col de Port
Prayols
Celles
Biert
Boussenac
Col des Caugnous
Montoulieu
St-Paul-de-Jarrat
Freychenet
Aleu
Massat
Saurat
Oust
Seix
Le Port
Mercus-Garrabet
Bompas
Surba
Tarascon-sur-Ariège
Arnave
Ercé

184
167
168
183
198
A
B
C
D
1
2
3
4
5
6
Revel
Sorèze
Durfort
Dourgne
Massaguel
Escoussens
Belleserre
Cahuzac
St-Amancet
Arfons
Laprade
Lacombe
Fontiers-Cabardès
Caudebrond
Cuxac-Cabardès
Brousses-et-Villaret
Fraisse-Cabardès
Montolieu
Moussoulens
Saissac
St-Denis
Vaudreuille
les Cammazes
Lac des Cammazes
Bassin de Lampy
Bassin de St-Ferréol
Menhir de Picarel
Grotte de Calel
Casc. de Malamort
Labécède-Lauragais
Verdun-en-Lauragais
Villemagne
Cenne-Monestiés
St-Papoul
St-Martin-Lalande
Villepinte
Carlipa
St-Martin-le-Vieil
Raissac-sur-Lampy
Alzonne
Pezens
Ste-Eulalie
Villesèquelande
Caux-et-Sauzens
Carcassonne-Arzens
Montréal
Arzens
Alairac
Lavalette
Roullens
Bram
Villasavary
Villesiscle
Fanjeaux
Lasserre-de-Prouille
Villeneuve-lès-Montréal
Cailhavel
Brézilhac
Ferran
Cailhau
Gramazie
Villarzel-du-Razès
Preixan
Rouffiac-d'Aude
Montclar
Cambieure
Brugairolles
Malviès
St-Martin-de-Villereglan
Cépie
Lauraguel
Pieusse
St-Hilaire
Limoux
N.-D. de Marceille
Malras
Gaja-et-Villedieu
St-Polycarpe
La Digne-d'Aval
la Digne-d'Amont
Magrie
Cournanel
Tourreilles
Roquetaillade
Alet-les-Bains
Cathédrale N.-D.
Conilhac-de-la-Montagne
la Serpent
Luc-sur-Aude
Antugnac
Montazels
Couiza
Espéraza
Rennes-le-Château
Campagne-sur-Aude
Granès
St-Ferriol
Brenac
Quillan
Belvianes-et-Cavirac
St-Just-et-le-Bézu
St-Julia-de-Bec
Coustaussa
Nébias
Ginoles
Coudons
Belvis
Puivert
Rivel
Villefort
Montjardin
Chalabre
Sonnac-sur-l'Hers
Camon
Corbières
Courtauly
Villelongue-d'Aude
la Bezole
Castelreng
Ajac
St-Benoît
St-Couat-du-Razès
Bourigeole
Festes-et-St-André
Pomy
Loupia
Donazac
Pauligne
Alaigne
Belvèze-du-Razès
Routier
Escueillens-et-St-Just-de-Bélengard
Bellegarde-du-Razès
Mazerolles-du-Razès
Montgradail
Hounoux
St-Gaudéric
Plavilla
Orsans
Fenouillet-du-Razès
la Courtète
Peyrefitte-du-Razès
Gueytes-et-Labastide
Caudeval
Moulin-Neuf
Lignairolles
Seignalens
Malegoude
Cazals-des-Baylès
Mirepoix
Château de Terride
Ste-Foi
St-Julien-de-Briola
Généville
Cazalrenoux
la Cassaigne
Ribouisse
Lafage
Pécharic-et-le-Py
Cahuzac
Gaja-la-Selve
Pech-Luna
Mayreville
St-Amans
Fonters-du-Razès
Laurac
Laurabuc
Mireval-Lauragais
Villeneuve-la-Comptal
Fendeille
Castelnaudary
Mas-Stes-Puelles
Payra-sur-l'Hers
Peyrefitte-sur-l'Hers
Montauriol
Salles-sur-l'Hers
Fajac-la-Relenque
Ste-Camelle
Mézerville
La Louvière-Lauragais
St-Sernin
Molleville
Cumiès
Baraigne
Belflou
Marquein
St-Michel-de-Lanès
Gourvieille
Labastide-d'Anjou
Col de Naurouze
Obél. de Riquet
Montferrand
Avignonet-Lauragais
Villefranche-de-Lauragais
Beauteville
Souilhanels
Ricaud
Airoux
Soupex
Puginier
Tréville
Issel
Peyrens
Souilhe
St-Paulet
Montmaur
la Pomarède
Mourvilles-Hautes
Folcarde
Rieumajou
Vallègue
Montgaillard-Lauragais
Lux
St-Vincent
Juzès
Maurens
Cessales
Beauville
Toutens
St-Germier
Vaux
St-Félix-Lauragais
Bélesta-en-Lauragais
les Cassés
Butte des Trois Moulins
Falga
Roumens
Nogaret
St-Julia
Garrevaques
Palleville
Cambiac
Belpech
Plaigne
Villautou
Gaudiès
Tremoulet
La Bastide-de-Lordat
Lapenne
St-Félix-de-Tournegat
Vals
Manses
Teilhet
Rieucros
Coutens
Besset
Tourtrol
Viviès
Arvigna
Roumengoux
La Bastide-de-Bousignac
Lagarde
Chât. Féodal
St-Julien-de-Gras-Capou
St-Quentin-la-Tour
Troye-d'Ariège
Dun
Limbrassac
Vira
Calzan
Aigues-Vives
Tabre
Léran
Barrage de Montbel
Montbel
Régat
Laroque-d'Olmes
La Bastide-sur-l'Hers
Le Peyrat
Ste-Colombe-sur-l'Hers
Esclagne
Pradettes
Lieurac
Sautel
Ilhat
Roquefort-les-Cascades
Raissac
Dreuilhe
Lavelanet
Péreille
Roquefixade
Nalzen
Leychert
Freychenet
Villeneuve-d'Olmes
Montferrier
Montségur
Bénaix
Fougax-et-Barrineuf
Bélesta
Notre-Dame du Val d'Amour
Sce de Fontestorbes
Lesparrou
St-Jean-d'Aigues-Vives
l'Aiguillon
Forêt de Bélesta
Gorges de la Frau
Sce de l'Esquille
Carcassonne
Canal du Midi
A61
E80
N113

185
Aussillon
Pont-de-Larn
St-Amans-Soult
Labastide-Rouairoux
Rouairoux
Albine
Riols
Pardailhan
Verreries-de-Moussans
Montagne Noire
Pic de Nore
Pradelles-Cabardès
Castans
Lespinassière
Ferrals-les-Montagnes
Cassagnoles
Rieussec
Boisset
Vélieux
St-Jean-de-Minervois
Miraval-Cabardès
Labastide-Esparbairenque
Roquefère
Serre de Montredon
Mas-Cabardès
Mont Simel
Roc de l'Aigle
Gouffre de Cabrespine
Cabrespine
Roc de Tonnerre
le Pech
Citou
La Planette
Pech de Bade
Grotte de la Coquille
Minerve
La Caunette
Aigues-Vives
Agel
Bize-Minervois
Villardonnel
Fournes-Cabardès
Trassanel
Lastours
Salsigne
Salleles-Cabardès
Caunes-Minervois
Félines-Minervois
Centeilles
St-Germain
Cesseras
Azillanet
La Livinière
Siran
Trausse
Villeneuve-Minervois
Conques-sur-Orbiel
Villegly
Villarzel-Cabardès
St-Pierre-ès-Liens
Villarlong
Peyriac-Minervois
Rieux-Minervois
Laure-Minervois
Pépieux
Azille
Olonzac
Homps
Beaufort
Oupia
Pouzols-Minervois
Mailhac
Ginestas
Ste-Valière
Mirepeisset
Villalier
Bagnoles
Malves-en-Minervois
Menhir
St-Frichoux
la Redorte
Tourouzelle
Argens-Minervois
Roubia
Paraza
Ventenac-en-Minervois
St-Nazaire-d'Aude
Raissac-d'Aude
Carcassonne
Villedubert
Bouilhonnac
Trèbes
Rustiques
Badens
Aigues-Vives
Puichéric
Canal du Midi
Castelnau-d'Aude
Escales
Roquecourbe-Minervois
Montbrun-des-Corbières
Canet
Villedaigne
Marcorignan
Cruscades
Palaja
Cazilhac
Fontiès-d'Aude
Montirat
Cavanac
Couffoulens
Leuc
Verzeille
Château de Miramont
Montagne d'Alaric
Comigne
Fontcouverte
Luc-sur-Orbieu
Ornaisons
Bizanet
Monze
Pradelles-en-Val
Mas-des-Cours
Roc de l'Aigle
Camplong-d'Aude
Fabrezan
Ferrals-les-Corbières
Boutenac
Montlaur
Villefloure
Ladern-sur-Lauquet
Fajac-en-Val
Arquettes-en-Val
Abb. de Rieunette
Forêt Dom. de Castillou
Villar-en-Val
Serviès-en-Val
Lagrasse
Tournissan
Ribaute
Thézan-des-Corbières
St-André-de-Roquelongue
Montséret
Villetritouls
Taurize
Rieux-en-Val
Greffeil
Labastide-en-Val
St-Laurent-de-la-Cabrerisse
Villebazy
Cabannes-en-Val
Mayronnes
Division de Crausse-Rabassié
Clermont-sur-Lauquet
St-Pierre-des-Champs
Talairan
Coustouge
Jonquières
Fontjoncouse
Portel-des-Corbières
Villar-St-Anselme
Belcastel-et-Buc
Plateau de Lacamp
Forêt Dom. de Lacamp
St-Martin-des-Puits
Caunette-sur-Lauquet
Lairière
Chât. de Durfort
Villardebelle
Missègre
Vignevieille
Termes
Villerouge-Termenès
Albas
Villesèque-des-Corbières
Terroles
Valmigère
Bouisse
Montjoi
Salza
Chât. de Termes
Félines-Termenès
Durban-Corbières
Véraza
Gorges de l'Orbieu
Lanet
Mouthoumet
Davejean
Cascastel-des-Corbières
Villeneuve-les-Corbières
Quintillan
Palairac
Peyrolles
Arques
Albières
Laroque-de-Fa
Fraissé-des-Corbières
St-Jean-de-Barrou
Serres
Forêt Domaniale du Rialsesse
Auriac
Dolmen la Table des Morts
Dernacueillette
Massac
Maisons
Embres-et-Castelmaure
Rennes-les-Bains
Forêt Dom. de l'Orme Mort
Montgaillard
Sougraigne
Fourtou
Gorges
Chât. d'Aguilar
Tuchan
Bugarach
Pech de Bugarach
Soulatgé
Rouffiac-des-Corbières
Cubières-sur-Cinoble
Duilhac-sous-Peyrepertuse
le Verdouble
Padern
Paziols
Camps-sur-l'Agly
Corbières
Parc Naturel
199
200

186
169
170
185
200
St-Pons-de-Thomières
Riols
Courniou
Ferrières-Poussarou
Berlou
Roquebrun
Causses-et-Veyran
St-Geniès-de-Fontedit (St-Geniès-le-Bas)
Autignac
Pardailhan
Verreries-de-Moussans
Rieussec
Babeau-Bouldoux
St-Chinian
Prades-sur-Vernazobre
Pierrerue
Cessenon-sur-Orb
Cazedarnes
Murviel-lès-Béziers
Puimisson
Thézan-lès-Béziers
Corneilhan
Ferrals-les-Montagnes
Boisset
Vélieux
St-Jean-de-Minervois
Assignan
Villespassans
Cébazan
Creissan
Puisserguier
Cazouls-lès-Béziers
Lignan-sur-Orb
Maraussan
BÉZIERS
Minerve
La Caunette
Aigues-Vives
Agel
Bize-Minervois
Cruzy
Quarante
Maureilhan
Montady
Capestang
Colombiers
Pech de Bade
Centeilles
Cesseras
Azillanet
Aigne
Siran
La Livinière
Pépieux
Olonzac
Azille
Homps
Beaufort
Oupia
Pouzols-Minervois
Mailhac
Argeliers
Montouliers
Mirepeisset
Ouveillan
Montels
Poilhes
Nissan-lez-Enserune
Lespignan
Vendres
Oppidum d'Ensérune
Abb. de Fontcalvy
Ste-Valière
Ginestas
St-Nazaire-d'Aude
Sallèles-d'Aude
Cuxac-d'Aude
Salles-d'Aude
Fleury
Coursan
La Redorte
Tourouzelle
Argens-Minervois
Roubia
Paraza
Ventenac-en-Minervois
Raissac-d'Aude
St-Marcel-sur-Aude
Moussan
Castelnau-d'Aude
Escales
Canet
Marcorignan
Névian
Vinassan
Armissan
Roquecourbe-Minervois
Montbrun-des-Corbières
Conilhac-Corbières
St-Couat-d'Aude
Lézignan-Corbières
Villedaigne
Cruscades
Montredon-des-Corbières
NARBONNE
Ornaisons
Luc-sur-Orbieu
Moux
Fontcouverte
Bizanet
Pech-Loubat
Narbonne-Jonquières
Narbonne-Plage
Gouffre de l'Œil-Doux
Montagne de la Clape
Aquajet
Boutenac
Ferrals-les-Corbières
Fabrezan
Camplong-d'Aude
Gaussan
Anc. Abb. de Fontfroide
Bages
Prat de Cest
Gruissan
Gruissan-Plage
Étang de Bages et de Sigean
Étang de l'Ayrolle
Ribaute
Lagrasse
Tournissan
Thézan-des-Corbières
St-André-de-Roquelongue
Montséret
St-Laurent-de-la-Cabrerisse
Peyriac-de-Mer
Réserve Africaine
PARC NAT. RÉG. DE LA NARBONNAISE
Portel-des-Corbières
Talairan
Coustouge
Fontjoncouse
Jonquières
Sigean
Port-la-Nouvelle
Île Ste-Lucie
Villesèque-des-Corbières
Villerouge-Termenès
Albas
Durban-Corbières
Roquefort-des-Corbières
La Palme
Félines-Termenès
Cascastel-des-Corbières
Villeneuve-les-Corbières
Quintillan
Palairac
Fraissé-des-Corbières
St-Jean-de-Barrou
Embres-et-Castelmaure
Feuilla
Caves
Treilles
Leucate
Leucate-Plage
Maisons
Tuchan
Padern
Paziols
Château d'Aguilar
Fitou
Opoul-Périllos
Vingrau
Port Leucate
Aquamagic
Château de Salses

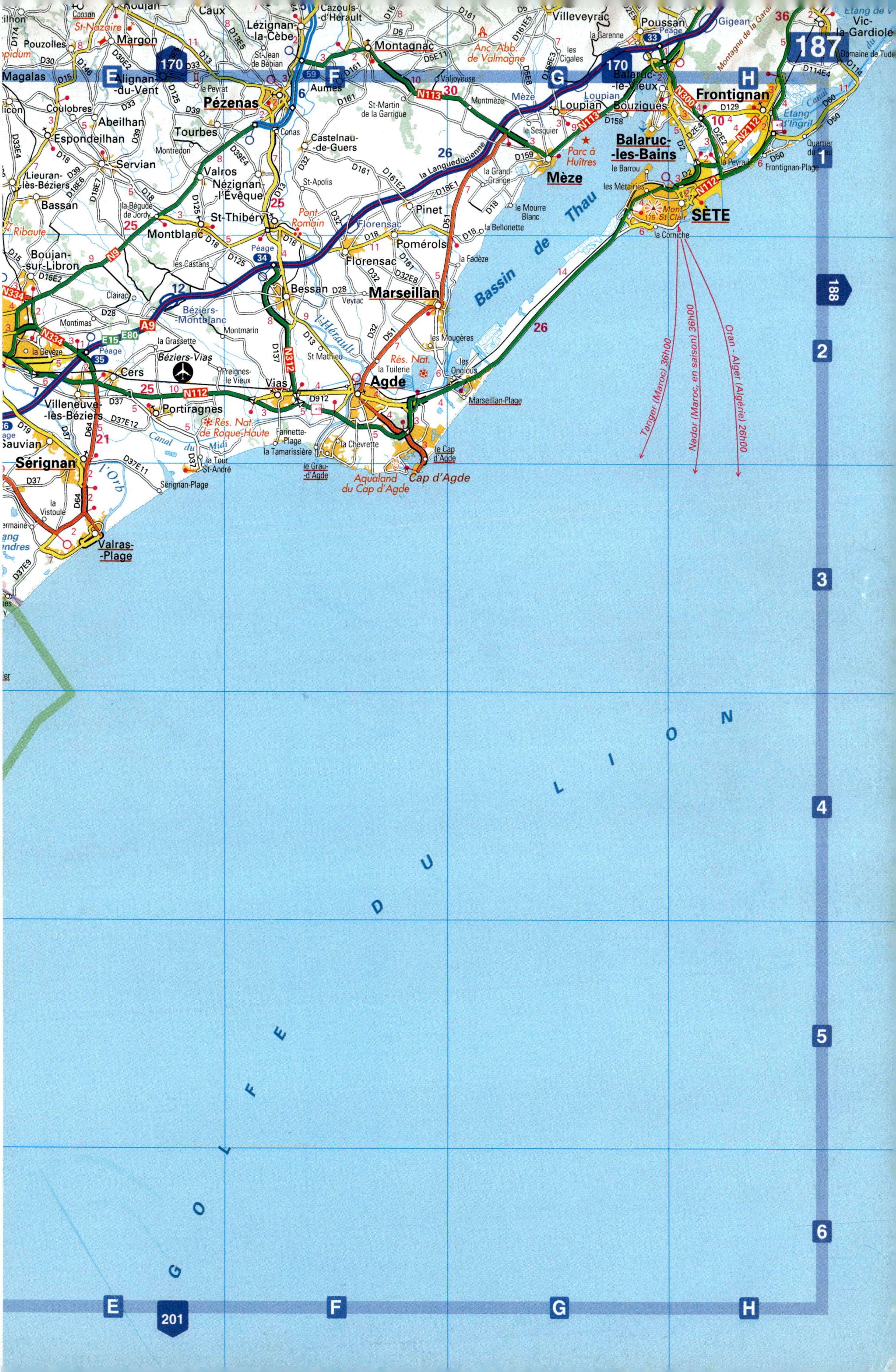

187
188
201
170
E
F
G
H
1
2
3
4
5
6
Vic-la-Gardiole
Villeveyrac
Poussan
Gigean
Montagnac
Anc. Abb. de Valmagne
Lézignan-la-Cèbe
Cazouls-d'Hérault
Caux
Margon
St-Nazaire
Pouzolles
Magalas
Alignan-du-Vent
Pézenas
Aumes
St-Jean de Bébian
Coulobres
Abeilhan
Espondeilhan
Tourbes
Castelnau-de-Guers
St-Martin de la Garrigue
Valjoyeuse
Montmèze
Mèze
Loupian
Bouzigues
Balaruc-le-Vieux
Frontignan
Balaruc-les-Bains
Étang d'Ingril
Frontignan-Plage
Quartier du Lac
Servian
Lieuran-lès-Béziers
Bassan
Valros
Nézignan-l'Évêque
St-Apolis
la Languedocienne
la Grand-Grange
Parc à Huîtres
le Barrou
les Métairies
Mont St-Clair
SÈTE
la Corniche
Montredon
la Bégude de Jordy
Montblanc
St-Thibéry
Pont Romain
Florensac
Pinet
Pomérols
le Mourre Blanc
la Bellonette
la Fadèze
Bassin de Thau
Ribaute
Boujan-sur-Libron
les Castans
Péage
Bessan
Veyrac
Marseillan
Clairac
Béziers-Montblanc
Montimas
la Grassette
Montmarin
l'Hérault
les Mougères
St Mathieu
la Devèze
Béziers-Vias
Rés. Nat.
la Tuilerie
les Onglous
Marseillan-Plage
Cers
Preignes-le Vieux
Vias
Agde
Villeneuve-lès-Béziers
Portiragnes
Rés. Nat. de Roque-Haute
Farinette-Plage
la Tamarissière
la Chevrette
le Cap d'Agde
Cap d'Agde
Aqualand du Cap d'Agde
le Grau-d'Agde
Canal du Midi
la Tour St-André
Sauvian
Sérignan
Sérignan-Plage
l'Orb
la Vistoule
Valras-Plage
Tanger (Maroc) 36h00
Nador (Maroc, en saison) 36h00
Oran - Alger (Algérie) 26h00
A9
E15
E80
N9
N112
N113
N312
N334
N300
GOLFE DU LION

188
171
172
187
A
B
C
D
1
2
3
4
5
6
NTPELLIER
Nîmes
Grabels
Castelnau-le-lez
le Crès
Clapiers
Jacou
Vendargues
Castries
Baillargues
St-Brès
Mauguio
Lattes
Pérols
Palavas-les-Flots
Villeneuve-lès-Maguelone
Mireval
Vic-la-Gardiole
St-Jean-de-Védas
Juvignac
Lunel
Lunel-Viel
Marsillargues
Aimargues
St-Laurent-d'Aigouze
Aigues-Mortes
la Grande-Motte
le Grau-du-Roi
Vauvert
Gallargues-le-Montueux
Aigues-Vives
Vergèze
Codognan
Uchaud
Vestric-et-Candiac
Bernis
Milhaud
Caissargues
Aubord
Générac
Beauvoisin
Calvisson
Nages-et-Solorgues
Langlade
Clarensac
Caveirac
Montpezat
Sommières
Villevieille
Aujargues
Congénies
Boisseron
Saussines
Galargues
Restinclières
St-Christol
St-Geniès-des-Mourgues
Sussargues
Beaulieu
St-Drézéry
Montaud
Assas
Teyran
Guzargues
Prades-le-Lez
St-Clément-de-Rivière
Montferrier-sur-Lez
St-Mathieu-de-Tréviers
St-Jean-de-Cuculles
les Matelles
Valergues
Lansargues
St-Just
St-Nazaire-de-Pézan
Mudaison
Candillargues
Saturargues
Villetelle
Étang de Mauguio
Étang du Charnier
Étang de Scamandre
Golfe d'Aigues-Mortes
Montpellier-Méditerranée
Étang de Vic
M E R
30
34

189
172
173
190
E
F
G
H
1
2
3
4
5
6
Vallabrègues
Mas Menan
Redessan
Manduel
Bouillargues
Nîmes-Garons
Garons
Bellegarde
Sautebraut
Chap. St-Laurent
Jonquières-St-Vincent
Bornes Milliaires
Mas du Mistral
Pauvre Ménage
les Garrigues
Mas des Sables
Mas St-Louis
les Lecques
les Corrèges
Bellevue
Abb. St-Roman
Chât. Gaillard
St-Roman
Servan
Beaucaire
Tarascon
St-Pierre
LE RHÔNE
Maillane
Mas du Grand Bel-Air
Mas-Blanc-des-Alpilles
Laurade
St-Etienne-du-Grès
St-Gabriel
Lansac
N.-D. du Château
Chât. de Roussan
Tr du Cardinal
les Antiques
Site Antique de Glanum
St-Paul
Eyragues
le Clos Serein
Chât. de Lagoy
St-Rémy-de-Provence
Mas de Panière
Branquay
Verquières
les Paluds de Noves
St-Andiol
Plan-d'Orgon
Mollégès
Ste-Croix
Chap. St-Vere
Mas de la Brune
St-Sixte
Refuge de Jean Moulin
Eygalières
le Mazet
Chaîne des Alpilles
Mas de Gros
Mas d'Auge
le Logis Neuf
Chât.
les Baux-de-Provence
St-Blaise
Rochers d'Entreconque
Chât. d'Estoublon
Fontvieille
St-Roch
Viguier
Moulin de Daudet
Aqueduc
Train des Alpilles
Paradou
Maussane-les-Alpilles
les Calans
Mas de Fléchon
le Destet
les Baumettes
Aureille
Roquemartine
Eyguièr
Clos Bernard
Ste-Croix
St-Pierre de Montmajour
Meunerie
le Grand Barbegal
l'Hauture
Mouriès
Mas de Brau
Trébon
Arènes
ARLES
Fourques
Péage d'Arles
Truchet
Petit Rhône
Tête de la Camargue
St-Gilles
Abb.
la Furanne
Saliers
Gimeaux
Pont de Crau
les Tourades
Chât. de la Jansonne
Moulès
Raphèle-les-Arles
Caphan
Tournière
13
le Moulin de Chambremont
Mas de Payan
Mas Fa Susa
Mas d'Archimbaud
la Jasse
St-Martin-de-Crau
St-Hippolyte
Péage de St-Martin-de-Crau
la Cabanasse
Merle
Capellan
Suffren
Entressen
Figarès
Ecluse de St-Gilles
Rhône du
Petit Mas de Vert
Barret
Mas de Bouvier
Marais de Meyranne
Mas du Moulin
la Dynamite
l'Olivier
Beauregard
le Grand Mas
Vergière
Maison du Parc
Ste-Cécile
Tour de Mondony
Mas du Pont de Rousty
Gageron
Tr d'Amphoux
Azegat
Albaron
PARC
Marais de la Grand Mar
Mas d'Agon
le Paty de la Trinité
Villeneuve
Domaine de Méjanes
Étang de Vaccarès
NATUREL
RÉGIONAL
Chât. de l'Armellière
GRAND RHÔNE
Paulon
Tour de Vazel
Tour de Cazeau
Mas Thibert
Mas d'Icard
Mas Guirand
la Bayanne
la Cure
Pioch Badet
les Frignants
Réserve Naturelle
Zoologique et Botanique
le Sambuc
Mas de Fielouse
Tour du Vallat
Grand Manusclat
Grand Boisviel
le Retour des Aires
DE
CAMARGUE
Cacharel
Parc Ornithologique
le Boumian
Salin-de-Badon
Peaudure
la Porcelette
le Radeau
St-Christophe
Mas des Bannes
les Carabins
la Saladelle
Fos-sur-Mer
Chap. St-Blaise
Stes-Maries-de-la-Mer
Phare de la Gacholle
Badon
Campane Mas
le Grand Plan du Bourg
Golfe des Saintes-Maries e Beauduc
Tourvieille
Ponsard
Salin de Giraud
Faraman
Bac
le Malebarge
Phare de St-Gervais
Port-de-Bouc
Fort
Port-St-Louis-du-Rhône
GOLFE DE FOS
MÉDITERRANÉE
A54
E80
N113
N572
N570
N568
N268
N1569
D35
D36
D37
D570

SALON-DE-PROVENCE
Pélissanne
Lambesc
Rognes
St-Cannat
Meyrargues
Venelles
Éguilles
AIX-EN-PROVENCE
Le Tholonet
Miramas
Grans
Lançon-Provence
Cornillon-Confoux
St-Chamas
Pont Flavien
La Fare-les-Oliviers
Coudoux
Ventabren
Velaux
Rognac
Berre-l'Étang
Étang de Berre
Étang de Vaïne
ISTRES
Oppidum du Castellan
St-Mitre-les-Remparts
VITROLLES
Marseille-Provence
MARIGNANE
Saint-Victoret
Gignac-la-Nerthe
Les Pennes-Mirabeau
Cabriès
Bouc-Bel-Air
Simiane-Collongue
Gardanne
Gréasque
Mimet
St-Savournin
Cadolive
Septèmes-les-Vallons
MARTIGUES
Châteauneuf-les-Martigues
Le Rove
Ensuès-la-Redonne
Sausset-les-Pins
Carry-le-Rouet
Cap Couronne
Chaîne de l'Estaque
Habitation Néolithique
Allauch
Plan-de-Cuques
MARSEILLE
Île Ratonneau
Île Pomègues
Îles du Frioul
Chât. d'If
Cap Croisette
Île Maire
Île de Jarre
Île Riou
les Calanques
Cap Canaille
La Penne-sur-Huveaune
Carnoux-en-Provence
Oran (Algérie) 26h00
Alger (Algérie) 20h30
Béjaïa (Algérie) 20h30
Skikda (Algérie) 20h30
Tunis (Tunisie) 23h00
Calvi 11h30
Ajaccio 12h00
Bastia 13h00
Porto-Vecchio 14h00
Porto Torres (Sardaigne) 17h00
L'Île-Rousse 11h30
Propriano 14h30
A
B
C
D
1
2
3
4
5
6
173
174
189

191
174
192
E
F
G
H
1
2
3
4
5
6
83
N.-D. de Consolation
Peyrolles-en-Provence
Jouques
Bèdes
les Seis
la Verdière
Montmeyan
Bury
Font Claire
Varages
Tavernes
Amphoux
Fox-Amphoux
Sillans-la-Cascade
Rians
Artigues
Esparron
St-Martin
la Vicarie
Trempasse
St-Julien
Concors
Barjols
Pontevès
Cotignac
le Puits de Rians
Claps
Basses Selves
Brue-Auriac
N.-D. de Grâce
Palière
Châteauvert
Correns
Montfort-sur-Argens
Carcès
Vallon Sourn
Mgne Ste-Victoire
Pic des Mouches
Puyloubier
St-Ser
la Croix de Provence
St-Antonin-sur-Bayon
Oppidum Pain de Munition
Pourrières
Berthoire
Source d'Argens
Seillons-Source-d'Argens
Ollières
Cadry
Bras
Miraval
Montagne du Cengle
Logis de la Colle
la Bégude
Trophée de Marius Tombeau
Rousset
Peage
St-Hilaire
Barcelone
E80
Provençale
A8
N7
Pourcieux
St-Maximin-la-Ste-Baume
la Grande Bastide
le Val
Vins-sur-Caramy
l'Arc
St-Pierre
Peynier
Trets
les Michels
Cambarette
Provençale
A52
Belcodène
Bout de Nice
Kirbon
Orat. de St-Jean du Puy
Montmorin
la Sorbière
Châ. de Valbelle
Tourves
les Gaetans
les Censiès
Brignoles
la Celle
Abb.
Camps-la-Source
Train touristique du centre Var
le Baume de Marron
le Pigeonnier
les Boyers
la Bouilladisse
le Regagnas
Pas de la Couelle
la Chaumette
Valjancelle
Rougiers
Rimbert
St-Julien
la Gayolle
St-Peyre
le Moulin de Redon
N560
St-Zacharie
Châ.
Mgne de la Loube
la Destrousse
Auriol
Parc du Moulin Blanc
N.-D. d'Orgnon
Nans-les-Pins
Besse-sur-Issole
Roquevaire
B. de la Laxe
Pas de Peyruis
la Glacière
F. Dom.
Mazaugues
Forcalqueiret
Ste-Anastasie-sur-Issole
St-Vincent
Lascours
Plan-d'Aups-Ste-Baume
Nazareth
Hôtellerie
Chap. des Parisiens
de la Ste-Baume
Font Mauresque
Taillane
F. Dom. de Mazaugues
la Roquebrussanne
Fiouissac
Garéoult
Châ. du Castellas
Péage du Pont de l'Etoile
St-Pilon
Roque Forcade
Rocbaron
St-Jean de Garguier
les Quatre Chemins
Bertagne
Chaîne de la Ste-Baume
Néoules
Riboux
Signes
Puget-Ville
Gémenos
AUBAGNE
Abb.
Vallon de St-Pons
Parc de St-Pons
Cuges-les-Pins
Méounes-lès-Montrieux
Ste-Philomène
le Grand Rouvière
Ok Corral
Montrieux-le-Vieux
les Calottes
les Garrigues
A57
A50
Roquefort
Rouvière
le Lion d'Or
le Camp
Circuit Automobile Paul Ricard
la Tête de l'Évêque
Chartreuse Montrieux-le-Jeune
Belgentier
Cuers
Roquefort-la-Bédoule
F. de Font-Blanche
Pas d'Ouillier
le Grand Caunet
la Bégude
Ste-Anne du Castellet
la Ragle
le Brûlat
la Reymonnette
Forêt Domaniale des Morières
Valcros
la Foux
la Bouisse
la Bayole
Solliès-Toucas
Ceyreste
Baou de la Saoupe
Plaines-Baronnes
le Castellet
le Beausset
Robœuf
Valaury
Solliès-Pont
Sauvebonne
la Cadière-d'Azur
Aqualand
Notre-Dame
le Vieux-Beausset
Mont Caume
le Revest-les-Eaux
Châ. des Forbin
Solliès-Ville
la Ciotat-Plage
le Liouquet
les Lecques
St-Cyr-sur-Mer
Maren
le Plan du Castellet
le Broussan
Dardennes
la Farlède
le Coudon
LA CIOTAT
Île Verte
N.-D. de la Garde
Bec de l'Aigle
Cap St-Louis
la Madrague
le Port d'Alon
le Gros Cerveau
Zoo
Evenos
Gges d'Ollioules
les Pomets
Tr. Beaumont
Mont Faron
Fauverie
la Chaberte
la Crau
Mesclans
les Maurettes
Pointe du Défend
Pointe des Termes
Pointe des Engraviers
Bandol
Sanary
Ollioules
les Routes
la Valette-du-Var
la Bigue
St-Augustin
Châ.
St-Bernard
Hyères
Île de Bendor
Pointe de la Cride
Sanary-sur-Mer
St-Pierre aux Liens
Bucarin
LA SEYNE-SUR-MER
le Mourillon
TOULON
le Cap Brun
la Garde
le Pradet
la Moutonne
le Paradis
les Oiseaux
Carqueiranne
Hyères-le-Palyvestre
SIX-FOURS-LES-PLAGES
les Sablettes
Balaguier
Tamaris
Nécropole Nationale
la Garonne
Fort
le Pradon
Île des Embiez
Aquarium
St-Pierre des Embiez
le Brusc
les Plaines
Fabrégas
St-Elme
St-Mandrier-sur-Mer
Presqu'île de St-Mandrier
Parc Animalier
N.-D. de la Garde ou du Mai
Cap Sicié
Cap de Carqueiranne
Porto Torres (Sardaigne) 8h45
Ajaccio 7h00
l'Île Rousse (en saison) 6h45
Bastia (en saison) 10h00
Rome (Italie) 14h30
Étg des Pasquiers
la Madrague
Châ. des

192
175
176
191
A
B
C
D
1
2
3
4
5
6
Aups
Ampus
Châteaudouble
Bargemon
Claviers
Callas
Tourrettes
N.-D. de Spéluque
Montferrat
Gorges de Châteaudouble
N.-D. des Cyprès
Bagnols-en-Forêt
St-Paul-en-Forêt
Chât. de Taurenne
Tourtour
Villecroze
Sillans-la-Cascade
Salernes
Figanières
Pierre de la Fée
DRAGUIGNAN
Cascade de Pennafort
Flayosc
Cotignac
Entrecasteaux
Notre-Dame
St-Antonin-du-Var
N.-D. de Benva
Lorgues
Trans-en-Provence
la Motte
Saut du Capelan
le Muy
Anc. Abb. de la Celle Roubaud
les Arcs
Taradeau
Oppidum
Anc. Abb. du Thoronet
le Thoronet
Mines
Carcès
Lac de Carcès
Vins-sur-Caramy
Cabasse
Vidauban
Ste-Brigitte
Roquebrune-sur-Argens
Rocher de Roquebrune
N.-D. de la Roquette
N.-D. de Pitié
Puget-sur-Argens
Le Safari de l'Estérel
Mosquée
Chât. Aurélien
Aquatica
Vieux Revest
le Luc
le Cannet-des-Maures
Parc Mini-France
Oppidum
Flassans-sur-Issole
Gonfaron
le Village des Tortues
les Mayons
Carnoules
Pignans
N.-D. des Anges
la Sauvette
Collobrières
Chartreuse de la Verne
Plan-de-la-Tour
la Garde-Freinet
Fort Freinet
Ste-Maxime
Pointe des Sardinaux
Sémaphore
Golfe de St-Tropez
St-Tropez
Citadelle
Grimaud
Cogolin
Ste-Anne
Moulin
Gassin
Ramatuelle
Moulins de Paillas
Cap Camarat
la Croix-Valmer
Cavalaire-sur-Mer
Cap Lardier
Cap Taillat ou Cap Cartaya
Parc Nautique Niagara
Rayol-Canadel-sur-Mer
Nécropole Nationale
Col du Canadel
Bormes-les-Mimosas
Pierre d'Avenon
N.-D. de Constance
le Lavandou
Col de Babaou
FORÊT DOMANIALE DES MAURES
MASSIF DES MAURES
Jard. d'Oiseaux Tropicaux
la Londe-les-Maures
Pierrefeu-du-Var
HYÈRES
Chât. St-Bernard
Jard. Olbius Riquier
le Palyvestre
Cap Bénat
Fort de Brégançon
Chât.
CORNICHE DES MAURES
PRESQU'ÎLE DE GIENS
ÎLES D'HYÈRES
Île de Port Cros
Île de Bagaud
Île du Levant
Pointe de Port Man
Fort du Moulin
Vallon de la Solitude
PARC NATIONAL DE PORT-CROS
ÎLE DE PORQUEROLLES
Plage Notre-Dame
Fort Ste-Agathe
Phare de Porquerolles
Hyères-Plage
83
A8
E80
N7
A57
N98
D25
Estérel

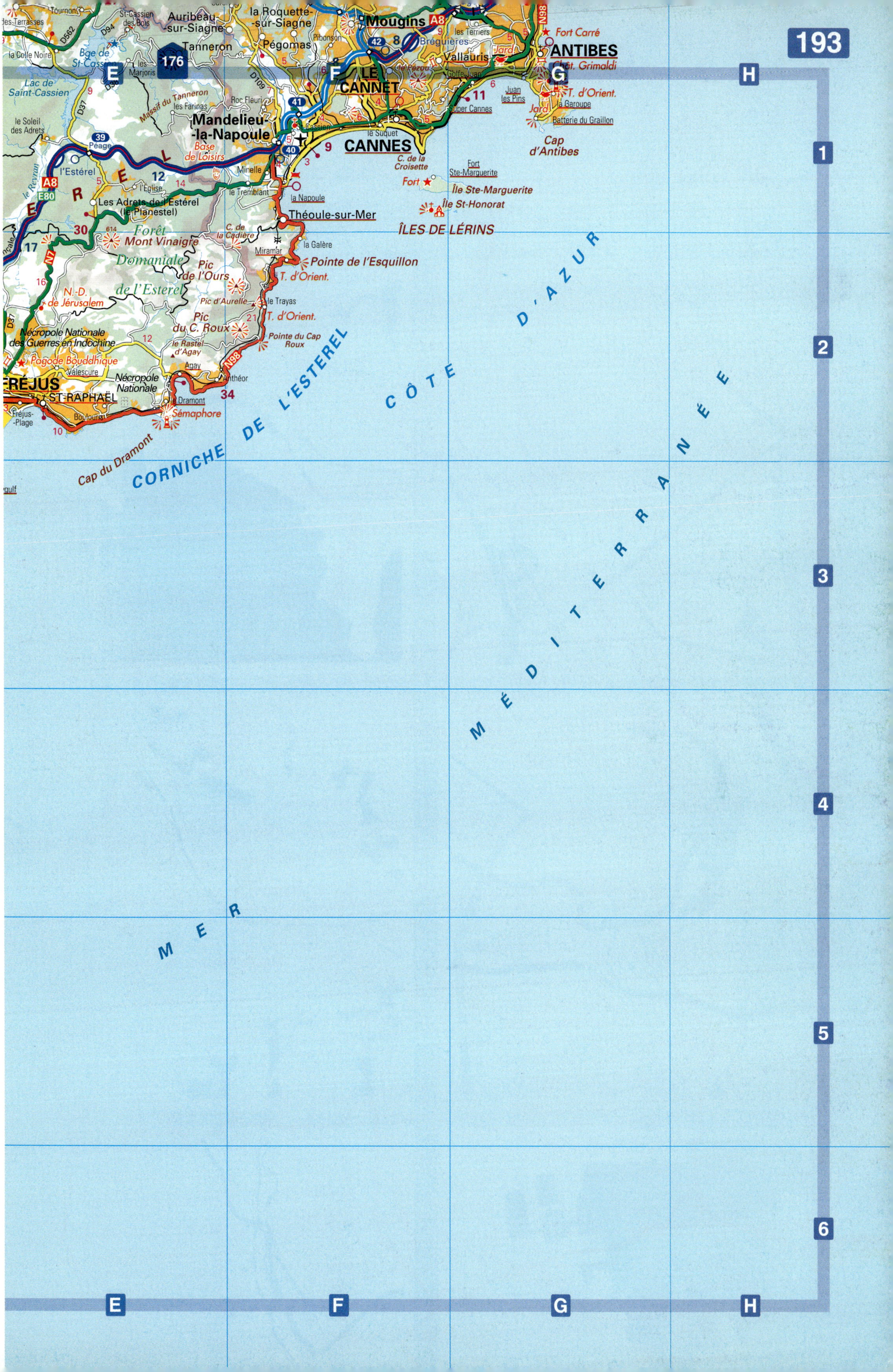
176
Auribeau-sur-Siagne
la Roquette-sur-Siagne
Mougins
Tanneron
Pégomas
Bréguières
Vallauris
Fort Carré
ANTIBES
Chât. Grimaldi
LE CANNET
Lac de Saint-Cassien
Massif du Tanneron
Mandelieu-la-Napoule
Base de Loisirs
CANNES
Juan les Pins
T. d'Orient.
la Garoupe
Batterie du Graillon
Cap d'Antibes
C. de la Croisette
Fort Ste-Marguerite
Île Ste-Marguerite
Île St-Honorat
ÎLES DE LÉRINS
l'Estérel
Les Adrets-de-l'Estérel (le Planestel)
la Napoule
Théoule-sur-Mer
Forêt Domaniale de l'Esterel
Mont Vinaigre
C. de la Cadière
la Galère
Miramar
Pointe de l'Esquillon
T. d'Orient.
Pic de l'Ours
N.-D. de Jérusalem
Pic d'Aurelle
le Trayas
Pic du C. Roux
T. d'Orient.
Pointe du Cap Roux
Nécropole Nationale des Guerres en Indochine
Pagode Bouddhique
le Rastel d'Agay
Agay
Anthéor
Nécropole Nationale
FRÉJUS
ST-RAPHAËL
Fréjus-Plage
Boulouris
le Dramont
Sémaphore
Cap du Dramont
CORNICHE DE L'ESTEREL
CÔTE D'AZUR
MER MÉDITERRANÉE
E
F
G
H
1
2
3
4
5
6

194
180
179
64
N
A
B
C
D
1
2
3
4
5
6
Gurmençon
Asasp-Arros
Lurbe-St-Christau
Escot
Sarrance
Bedous
Accous
Osse-en-Aspe
Lées-Athas
Lescun
Cette-Eygun
Etsaut
Borce
Urdos
Issor
Lourdios-Ichère
Eysus
Ogeu-les-Bains
Buzy
Bescat
Rébénacq
Sévignacq-Meyracq
Ste-Colome
Arudy
Izeste
Louvie-Juzon
Castet
Bielle
Bilhères
Gère-Bélesten
Aste-Béon
Louvie-Soubiron
Laruns
Béost
Eaux-Bonnes
Aydius
Lys
Bruges-Capbis-Mifaget
Asson
Igon
Montaut
Lestelle-Bétharram
St-Pé-de-Bigorre
Peyrouse
Arthez-d'Asson
Ferrières
Arbéost
Argelès-Gazost
Arras-en-Lavedan
Arcizans-Dessus
Gaillagos
Aucun
Arrens-Marsous
Pouey-Laün
Estaing
Cauterets
Salles
Ouzous
Sère-en-Lavedan
Agos-Vidalos
Pic de Pibeste
Dolmen Capbis de Teberne
Cromlechs de lou Couraus
Défilé d'Escot
Tumulus
Ancienne Abbaye
Réserve Naturelle de la Vallée d'Ossau
Grtes de Bétharram
N.-D. de Bétharram
Zoo
Pont
Col d'Aubisque
Col de Soulor
Val d'Azun
Gourette
Pic de Ger
Gorges du Bitet
Gorges d'Enfer
Fort du Portalet
Chemin de la Mâture
Vallée d'Aspe
Vallée d'Ossau
Vallée du Valentin
Artouste-Fabrèges
Pic de la Sagette
Train touristique du Lac d'Artouste
Lac d'Artouste
Lac de Bious-Artigues
Lac d'Estaing
Pic du Midi d'Ossau
Col du Pourtalet
Col du Somport
Candanchu
Balaïtous
PARC NATIONAL DES PYRÉNÉES OCCIDENTALES
Vignemale
Pont d'Espagne
Lac de Gaube
Refuge Wallon
Sierra de Bernera
Campamento de Rio Seta
Túnel du Somport
Los Aroñones
Cucuruzuelo
Collarada
Canfranc
Villanúa
Aragüés del Puerto
Jasa
Aisa
Sinués
Esposa
Aratorés
Borau
Castiello de Jaca
Bescós de Garcipollera
Villanovilla
Araguás del Solano
Jaca
Aragón
N240
N330
N260
el Formigal
Sallent de Gállego
Lanuza
Escarrilla
Sandiniés
Tramacastilla de Tena
Panticosa
el Pueyo de Jaca
Baños de Panticosa
Sierra de Sandaruelo
Reserva Nacional de Viñamala
Pena Telera
Piedrafita
Búbal
Hoz de Jaca
Polituara
Tendenera
Sierra de Tendenera
Monte Sarasé
Biescas
Gavín
Yésero
Linás de Broto
Torla
Broto
Viu
Oto
Buesa
Sarvisé
Aso de Sobremonte
Yosa de Sobremonte
Acumuer
Asún
Betés
Orós Alto
Orós Bajo
Oliván
Escuer
Arguisal
Espierre
Lárrede
Senegüe
Javierre del Obispo
Latas
Satué
Ofuria
Cortillas
Basarán
Ayerbe de Broto
Bergua
Asín de Broto
Sabiñánigo
Cartirana
Navasilla
Jarlata
Pardinilla
Martillué
Orante
Barós
Ulle
Navasa
Atarés
Santa Cruz de la Serós
Oroel
Guasa
Gracionépel
Espuéndolas
Borrés
Larrés
Sorripas
Ipas
Lérés
Isín
Guasillo
Asieso
Baraguás
Ascara
Novés
Canias
Aurin
Sasal
Binué
Abena
Isún de Basa
Puente de Sabiñánigo
Sasa

PLATEAU DE LANNEMEZAN
Lannemezan
Bagnères-de-Bigorre
Lourdes
Pic du Midi de Bigorre
Observatoire
Col du Tourmalet
Col d'Aspin
Barèges
Luz-St-Sauveur
Gèdre
Gavarnie
Pic de Néouvielle
Réserve Naturelle du Néouvielle
Pic Long
Pics d'Estaragne
Aragnouet
St-Lary-Soulan
Vielle-Aure
Arreau
Sarrancolin
Campan
Beaudéan
Gerde
Asté
Mauvezin
Capvern
Pierrefitte-Nestalas
Argelès-Gazost
Lac Bleu
le Taoulet
Cascade du Garet
Payolle
Pic de l'Abeillé
Pic Schrader ou Grand Batchimale
Pic d'Arriouère
Reserva Nacional de Los Circos
Monte Perdido
Valle de Pineta
Valle de Araza
Punta Suelza
Posets
Bielsa
Parzán
Montinier
Salinas de Sin
Desfiladero de las Devotas
Embalse de Plan de Escun
Punta Llerga
Lafortunada
Benasque
Bourg-d'Oueil
Loudenvielle
Cirque de Gavarnie
Pic du Marboré
Pics de la Cascade
Chaos de Coumély
Héas
Cirque de Troumouse
Tunnel d'Aragnouet-Bielsa
65
181
196

196
182
195
A
B
C
D
2
3
4
5
6
St-Plancard
Lalouret-Laffiteau
Larcan
Ste-Radegonde
Cazeneuve-Montaut
Auzas
Laffite-Toupière
Boussens
Montclar-de-Comminges
Sédeilhac
Lodes
St-Ignan
Latoue
Proupiary
Mancioux
Roquefort-sur-Garonne
Loudet
Saux-et-Pomarède
Castillon-de-St-Martory
Arnaud-Guilhem
St-Martory
Mazères-sur-Salat
Ausseing
Villeneuve-Lécussan
Franquevielle
le Cuing
Landorthe
Villeneuve-de-Rivière
St-Médard
Cassagne
Belbèze-en-Comminges
les Tourreilles
Ponlat-Taillebourg
St-Gaudens
Savarthès
Lestelle-de-St-Martory
Cuguron
Bordes-de-Rivière
Labarthe-Inard
Montsaunès
Escoulis
Villa Gallo-Romaine
Valentine
Beauchalot
la Garonne
Salies-du-Salat
Marsoulas
Clarac
Estancarbon
Valmirande
Montréjeau
Ausson
Pointis-de-Rivière
Labarthe-Rivière
Miramont-de-Comminges
Mane
Betchat
Gourdan-Polignan
Martres-de-Rivière
Pointis-Inard
Montespan
Figarol
Touille
Ardiège
Rieucazé
Lespiteau
Ganties
Aventignan
Mazères-de-Neste
Cier-de-Rivière
Aspret-Sarrat
Montgaillard-de-Salies
la Bastide-du-Salat
Tibiran-Jaunac
Labroquère
Sauveterre-de-Comminges
Régades
Encausse-les-Thermes
Soueich
Castagnède
C O M M I N G E S
Valcabrère
Barbazan
Estadens
Castelbiague
Lacave
Mercenac
Générest
St-Bertrand-de-Comminges
Loures-Barousse
Payssous
Cabanac-Cazaux
Montastruc-de-Salies
Mauvezin-de-Prat
Prat-Bonrepaux
Seich
Sarp
Izaourt
Luscan
Izaut-de-l'Hôtel
Chein-Dessus
Francazal
Aveux
Créchets
Anla
Ilheu
Malvezie
Col des Ares
Arbon
Aspet
Urau
Montgauch
Antichan
Bertren
Génos
Gaudent
Sacoué
Gembrie
Mont-de-Galié
St-Pé-d'Ardet
Sengouagnet
Milhas
Arbas
Fougaron
Cazavet
Bramevaque
Troubat
Samuran
Bagiry
Galié
Lourde
Antichan-de-Frontignes
Moncaup
Cazaunous
Juzet-d'Izaut
Gouffre de la Henne-Morte
Ste-Marie
Herran
Ourde
Thèbe
Siradan
Frontignan-de-Comminges
Arguenos
Razecueillé
Gouffre de la Saoudre et Pont
Ferrère
Mauléon-Barousse
Cazarilh
Saléchan
Fronsac
Col de Portet d'Aspet
Esbareich
Estenos
Chât. des Comtes de Comminges
Bezins-Garraux
Chaum
Base de Loisirs
Portet-d'Aspet
Balagué
Balaguères (Alas)
Buzan
St-Jean-du-Castillonnais
Galey
Villeneuve
Arrout
Audressein
Sost
Bois du Hourmigué
Eup
Col de Menté
Orgibet
Illartein
Augirein
Aucazein
Argein
Cescau
Cierp-Gaud
Marignac
St-Béat
Boutx
Station du Mourtis
la Bellongue
Sor
Castillon-en-Couserans
Bois de la Coste Dorade
Signac
Gaud
Lez
Argut-dessus
Salsein
Binos
Val de Burat
Bachos
Burgalays
Guran
Arlos
Argut-Dessous
les Bordes-sur-Lez
Uchentein
Arrien-en-Bethmale
Bois de Toucoulude
Cazaux-Layrisse
Lège
Baren
Fos
Bois de Pradaus
Cier-de-Luchon
Vallée de Luchon
Melles
Cap de Gauch
Antras
Sentein
Bonac-Irazein
Vallée de Bethmale
Caubous
Gouaux-de-Luchon
Tr. à Signaux
Vallée du Biros
Cirès
Mayrègne
Monte Umbre
Refuge Jacques Husson
Estoéou
Eylie
Vallée d'Oueil
Panorama du Kiosque
Pratviel de Salles
Artigue
Bausèn
Canejan
St-Paul-d'Oueil
Antignac
Salles-et-Pratviel
Sant Joan de Toran
Réserve Dom. du Mont Valier
Billière
Benque-Dessous-et-Dessus
Sode
Cathervielle
Castillon-de-Larboust
Moustajon
Saccourvielle
Juzet-de-Luchon
Les
Forêt Dom. du Biros
St-Aventin
Trébons-de-Luchon
Cazarril-Laspènes
Garin
Cazeaux-de-Larboust
Montauban-de-Luchon
Pic de Barlonguère
Gouaux-de-Larboust
Bagnères-de-Luchon
Bossòst
St-Mamet
Superbagnères
Col du Portillon
Arrès de Jos
Mair de Diu de Montgarri
Lac d'Oô
Vallée du Lys
Vilamòs
Arrò
Begòs
Es Bòrdes (las Bordas)
Vila
Montcorbau
Gouffre d'Enfer
Hospice de France
Arròs
Aubèrt
Vilac
Val d'Aran
Bagergue
Unha
Gessa
Vaquèira-Beret
Vielha (Viella)
Gausac
Casarilh
Garòs
Salardú
Vaquèira
Port de Venasque
Refuge de Venasque
Casau
Betren
Escunhau
Arties
Vielha e Mijaran
Montanas Aiguas Pasas
Gùells del Joeu
Tuca
Trou du Toro
Baños de Benasque
Refugio de la Renclusa
Arreu
Casau
Puerto de Viella
Puerto de la Bonaigua
Sorpe
Pico de Aneto
Pico de la Maladeta
Túnel de Vielha
Refugio de la Restanca
Refugio de Colomers
València
Benasque
Cerler
Refugio de Saboredo
Refugio Ventosa Icalvell
Refugio d'Amitges
Ancilés
Parque Nacional de Aigües Tortes
L. de San Mauricio
Palanca de los Pasos
Bordas Castanesa
Caldes de Boí
Espot
Super-Espot
Eresué
Ramastué
Aneto
Senet
Arasán
Bono
Puig Gelado
Erill la Vall
Boí

197
183
184
198
E
F
G
H
1
2
3
4
5
6
Pamiers
Foix
St-Girons
St-Lizier
Montjoie-en-Couserans
Ste-Croix-Volvestre
Montbrun-Bocage
Daumazan-sur-Arize
Carla-Bayle
le Fossat
Sabarat
le Mas-d'Azil
Grotte du Mas d'Azil
Dolmen de Bidot
le Pas du Roc
Plan d'Eau de Mondely
Aigues-Juntes (le Fourné)
Varilhes
Verniolle
St-Jean-du-Falga
Castelnau-Durban
Durban-sur-Arize
la Bastide-de-Sérou
Chât. de St-Barthélémy
Rivière Sout. de Labouiche
Anc. Abb. de Combelongue
Rimont
Esplas-de-Sérou
Murailles Gallo-Rom.
Pile Romaine
Montagagne
Sentenac-de-Sérou
Serres-sur-Arget
St-Pierre-de-Rivière
Pradières (Minjou)
Ferrières-sur-Ariège
Montgaillard
Tr Lafont
Col de Péguère
Col de Port
Col des Caugnous
Massat
Biert
Boussenac (Espres)
Soulan (St-Pierre)
Oust
Seix
Chât. de Minabat
Chât. de la Garde
Vallée d'Ustou
Couflens
Aulus-les-Bains
Garbet
St-Pierre
Col de Latrape
Casc. de Fouillet
Casc. d'Ars
Saurat
Tour de Montorgueil
Grotte de Bédeilhac
Bédeilhac-et-Aynat
Tarascon-sur-Ariège
Base de Loisirs
Mercus-Garrabet
Ussat
Grotte de Lombrives
Grotte de Niaux
Grotte de la Vache
N.-D. de Sabart
Niaux
Capoulet-et-Junac
Miglos
Vicdessos
Auzat
Suc-et-Sentenac
Pic des Trois Seigneurs
Pic de Piouloù
Pic de Peyroutet
Mont Valier
Pic de Montaud
Pic de Soubirou
Cirque de Cagateille
Cap de Ruhos
Pic de Certescans
Pic de Montareing
Pic de Marterat
Pic de Turguilla
Pointe des Trois Comtes
Mont Rouch
Sierra de Pilas
Sierra dels Canals
Pic Rouge de Bassiès
Pic de Brougat
Pic du Port de Sullo
Pic d'Estats
Pic du Montcalm
Pic de Malcaras
Pic de l'Aspre
Pic de Bourbonne
Pic de Tristagne
Pic du Port
Pic du Pas du Bouc
Pic de Thoumasset
Pic du Midi de Siguer
Cap de la Coste Grande
Pic de Médécourbe
Pic des Bareytes
Pic de Serrère
Pic de la Portaneille
Forêt Dom. du Montcalm
Forêt Dom. de Goulier-Auzat
Valls d'Andorra
Ordino
la Massana
Canillo
Soldeu
Ransol
Meritxell
San Joan de Caselles
el Serrat
Llorts
Ribera de Cardós
Tavascan
Esterri d'Àneu
Alòs de Isil
Isil
Escaló
Lladorre
Areu
Alins
Norís
09
Couserans
Montagnes du Plantaurel

198
184
197
A
B
C
D
1
2
3
4
5
6
St-Paul-de-Jarrat
Freychenet
Villeneuve-d'Olmes
Bénaix
Montferrier
Montségur
l'Aiguillon
Bélesta
Sce de Fontestorbes
Forêt de Bélesta
Fougax-et-Barrineuf
Gorges de la Frau
Nébias
Quillan
Ginoles
Coudons
Belvis
Belvianes-et-Cavirac
Mercus-Garrabet
Arnave
Cazenave-Serres-et-Allens
Ornolac-Ussat-les-Bains
Sce de l'Esqueille
Pas de l'Ours
Roquefeuil
Belcaire
Espezel
Belfort-sur-Rebenty
Joucou
Quirbajou
Marsa
Axat
Pic de St-Barthélemy
Montagne de Tabe
Carrière de Talc
Senconac
Caychax
Verdun
Les Cabannes
Albiès
Axiat
Vernaux
Lordat
Caussou
Garanou
Luzenac
Unac
Bestiac
Tignac
Vaychis
Perles-et-Castelet
Savignac-les-Ormeaux
Ax-les-Thermes
Comus
Camurac
Prades
Montaillou
Mérial
Niort-de-Sault
Mazuby
Rodome
Aunat
Bessède-de-Sault
Artigues
Fontanès-de-Sault
Campagna-de-Sault
Gorges du Rebenty
Pic de Serembarre
La Fajolle
Escouloubre
Roquefort-de-Sault
Le Bousquet
Mijanès
Rouze
Ignaux
Sorgeat
Ascou
Orgeix
Orlu
Quérigut
Carcanières
Le Pla
Puyvalador
Fontrabiouse
Formiguères
Col de Sansa
Mérens-les-Vals
Étang de Naguille
Pic d'Étang Faury
Casc. des Bésines
l'Hospitalet-près-l'Andorre
Col de Puymorens
Porté-Puymorens
Puig Carlit
Puig Occidental de Coll Roig
Les Angles
Matemale
Mont Llaret
Lac des Bouillouses
La Llagonne
Mont-Louis
Font-Romeu-Odeillo-Via
Bolquère
Pic de Cabanette
Port d'Envalira
Pas de la Casa
Pics Orientaux de Font Nègre
Pic Negre d'Envalira
Pic de Camp Colomer
Chaos de Targassonne
Dorres
Angoustrine-Villeneuve-des-Escaldes
Latour-de-Carol
Enveitg
Ur
Puigcerdà
Bourg-Madame
Llívia
Saillagouse
Err
Ste-Léocadie
Osséja
Palau-de-Cerdagne
Valcebollère
Puigmal d'Err
PARC NATUREL RÉGIONAL
Réserve Naturelle de la Vallée d'Eyne
Pic du Géant
Núria
Bellver de Cerdaña
Alp
La Molina
Super Molina
Tossa
Ribes de Freser (Ribas de Freser)
Planoles
SIERRA DEL CADI
Guils de Cerdanya
Meranges
Talltorta
Urús
Das
Riu
Castellar de Nuc
Sant Vicenç de Rus
Gréixer
09
E09
N20
N22
N116
N152
N260
N320
C1411
D118
D613

185
186
200
66
E
F
G
H
1
2
3
4
5
6
C O R B
F E N O U I L L È D E S
R O U S S I L
C O N F L E N T
HAUT VALLESPIR
CHAÎNE DES AL
DES PYRÉNÉES CATALANES
PIC DU CANIGOU
Granès
Rennes-les-Bains
Sougraigne
Bugarach
Fourtou
Soulatgé
Rouffiac-des-Corbières
Montgaillard
Tuchan
Padern
Paziols
Vingrau
Châţ. d'Aguilar
Nouvelle
St-Just-et-le-Bézu
St-Julia-de-Bec
St-Louis-et-Parahou
Pech de Bugarach
Camps-sur-l'Agly
Cubières-sur-Cinoble
Duilhac-sous-Peyrepertuse
Château de Peyrepertuse
Cucugnan
Chât. de Quéribus
le Verdouble
Col de St-Louis
Ermitage St-Antoine de Galamus
Gorges de Galamus
Grau de Maury
Caune de l'Arago
Prugnanes
St-Paul-de-Fenouillet
Maury
Caudiès-de-Fenouillèdes
Lapradelle
Lesquerde
Tautavel
Puilaurens
N.-D. de Laval
Gorges de St-Jaume
Fenouillet
Clue de la Fou
Forêt Domaniale en Malo-Bac Estable
Salvezines
Fosse
St-Martin
St-Arnac
Latour-de-France
Estagel
Cases-de-Pène
Espira-de-l'Agly
Gincla
Vira
le Vivier
Felluns
Ansignan
Lansac
Rasiguères
Planèzes
Calce
Peyrestortes
Baixas
Montfort-sur-Boulzane
Prats-de-Sournia
Trilla
Bge de l'Agly
Caramany
Cassagnes
Montner
Rabouillet
Sournia
Pézilla-de-Conflent
Belvédère de Força Réal
St-Estève
Pic Dourmidou
Campoussy
Trévillach
Bélesta
Corneilla-la-Rivière
Pézilla-la-Rivière
Villeneuve-la-Rivière
Tarerach
Montalba-le-Château
Néfiach
Millas
St-Féliu-d'Amont
St-Féliu-d'Avall
le Soler
Toulouges
Mosset
Molitg-les-Bains
Arboussols
Ille-sur-Têt
Rodès
Corbère-les-Cabanes
Corbère
Urbanya
Campôme
Eus
Marquixanes
Vinça
Bouleternère
St-Michel-de-Llotes
Thuir
Catllar
Prades
Ria-Sirach
Los Masos
Rigarda
Joch
Finestret
Espira-de-Conflent
Castelnou
Ponteilla
Llupia
Trouillas
Nohèdes
Rés. Nat. de Nohèdes
Conat
Rés. Nat. de Conat
Codalet
St-Michel de Cuxa
Estoher
Casefabre
Ste-Colombe-de-la-Commanderie
Terrats
Fort Libéria
Villefranche-de-Conflent
Grtes des Canalettes
Corneilla-de-Conflent
Taurinya
Clara
Glorianes
Boule-d'Amont
Caixas
Fourques
Passa
Rés. Nat. de Jujols
Jujols
Serdinya
Fillols
Col de Millères
Baillestavy
La Trinité
Col Fourtou
Montauriol
Tordères
Tresserre
Olette
Fuilla
Vernet-les-Bains
Les Gorges du Llech
Prunet-et-Belpuig
Calmeilles
Llauro
Souanyas
Escaro
Sahorre
Valmanya
La Bastide
St-Marsal
Oms
Nyer
Défilé des Graus
Casteil
St-Martin du Canigou
Taillet
Vivès
Thuès-les-Bains
Vallée de la Rotja
Puig Sec
Puig del Roc Nègre
Taulis
Notre-Dame de Roure
St-Jean-Pla-de-Corts
Vieux Pont du Diable
Céret
Maureillas-las-Illas
les Cluses
Py
Réserve Naturelle de Py
Crête des Sept Hommes
Montbolo
Reynès
Mantet
Amélie-les-Bains-Palalda
Corsavy
Arles-sur-Tech
Réserve Naturelle de Mantet
Puig de la Collada Verda
Rés. Nat. de Prats de Mollo la Preste
Forêt Dom. du Haut Vallespir
Montferrer
Montalba-d'Amélie
Stèle des Evadés
Pic de la Dona
Valter
Pla des Hospitalets
la Preste
Tour de Mir
Fort Lagarde
Prats-de-Mollo-la-Preste
le Tech
Roc de France
Serralongue
St-Laurent-de-Cerdans
Mont Capell
Maçanet de Cabrenys
Setcasas
Espinavell
Col d'Ares
Sierra de Fembra Morta
Mont Falgas
Lamanère
Mont Nègre
Coustouges
Tours de Cabrens
Embalse de la Buadella
Tregura de Dalt
Molló
Freixenet de Dalt
Rocabruna
Vilallonga de Ter
Llanars (Llanás)
Beget
Camprodon
Bassegoda
Albaña
San Lorenzo de la Muga
Vilatenim
Llíurona
Vilarig
Ogassa
San Pablo de Seguriés
Oix
Sadernes
Toralles

200
185
186
199
199
A
B
C
D
A
B
C
D
1
2
3
4
5
6
CORBIÈRES
FENOUILLÈDES
CONFLENT
ROUSSILLON
HAUT VALLESPIR
CHAÎNE DES ALBÈRES
CATALANES
66
PIC DU CANIGOU
Prades
Ille-sur-Têt
Millas
Thuir
Céret
Rivesaltes
St-Estève
Toulouges
le Soler
Baho
Bompas
Pia
Estagel
St-Paul-de-Fenouillet
Sournia
Vinça
Prats-de-Mollo-la-Preste
Arles-sur-Tech
Amélie-les-Bains-Palalda
Maureillas-las-Illas
le Boulou
les Cluses
le Perthus
Col du Perthus
Fort de Bellegarde
St-Laurent-de-Cerdans
Serralongue
Coustouges
Vernet-les-Bains
Villefranche-de-Conflent
Corneilla-de-Conflent
Molitg-les-Bains
Mosset
Catllar
Ria-Sirach
Codalet
Taurinya
Fillols
Sahorre
Castell
Espira-de-Conflent
Finestret
Joch
Rigarda
Marquixanes
Eus
Arboussols
Rodès
Bouleternère
St-Michel-de-Llotes
Corbère-les-Cabanes
Corbère
Néfiach
St-Féliu-d'Amont
St-Féliu-d'Avall
Corneilla-la-Rivière
Pézilla-la-Rivière
Villeneuve-la-Rivière
Baixas
Calce
Peyrestortes
Espira-de-l'Agly
Cases-de-Pène
Tautavel
Vingrau
Paziols
Tuchan
Padern
Cucugnan
Duilhac-sous-Peyrepertuse
Soulatgé
Rouffiac-des-Corbières
Cubières-sur-Cinoble
Camps-sur-l'Agly
Bugarach
Pech de Bugarach
Fourtou
Sougraigne
Montgaillard
Maury
Lesquerde
Caudiès-de-Fenouillèdes
Fenouillet
Prugnanes
Fosse
St-Martin
St-Arnac
Lansac
Ansignan
Felluns
Vira
le Vivier
Prats-de-Sournia
Rabouillet
Pézilla-de-Conflent
Trilla
Caramany
Cassagnes
Rasiguères
Planèzes
Latour-de-France
Montner
Bélesta
Trévillach
Campoussy
Tarerach
Montalba-le-Château
Casefabre
Castelnou
Ste-Colombe-de-la-Commanderie
Llupia
Ponteilla
Terrats
Trouillas
Villemolaque
Fourques
Passa
Tresserre
Banyuls-dels-Aspres
Brouilla
St-Génis-des-Fontaines
Villelongue-dels-Monts
Montesquieu-des-Albères
Llauro
Tordères
Montauriol
Caixas
Calmeilles
Oms
Prunet-et-Belpuig
Boule-d'Amont
Glorianes
Baillestavy
Valmanya
La Bastide
St-Marsal
Taulis
Taillet
Vivès
St-Jean-Pla-de-Corts
Reynès
Montbolo
Corsavy
Montferrer
le Tech
Lamanère
Canohès
Pollestres
Villeneuve-de-la-Raho
Bages
Montescot
St-Jean-Lasseille
Perpignan-Rivesaltes
Opoul-Périllos
Château de Salses
Mas de Vespeill
Domaine de Mont Pins
Mas Amiel
Mas de las Fonts
Caladroy
Réserve Naturelle de Py
Rés. Nat. de Prats de Mollo la Preste
Forêt Dom. du Haut Vallespir
Fort Lagarde
Tour de Mir
Col d'Ares
Mont Falgas
Mont Nègre
Mont Capell
Roc de France
Stèle des Évadés
Vieux Pont du Diable
Gorges de la Fou
Gorges de Galamus
Ermitage St-Antoine de Galamus
Grau de Maury
Clue de la Fou
Pont
Bge de l'Agly
Belvédère de Força Réal
Chât. de Peyrepertuse
Chât. de Quéribus
Chât. d'Aguilar
Caune de l'Arago
Palais des Rois de Majorque
St-Michel de Cuxa
Grtes des Canalettes
Col de Millères
Gorges de St-Vincent
St-Martin du Canigou
Puig del Roc Nègre
Crête des Sept Hommes
Prieuré
La Trinité
Anc. Prieuré
Caves
Col Fourtou
Tours de Cabrens
Maçanet de Cabrenys
la Junquera
Agullana
l'Estrada
Capmany
Darnius
Embalse de la Buadella
San Lorenzo de la Muga
Albanya
Bassegoda
Molló
Rocabruna
Beget
Espinavell
Freixenet de Dalt
Llanars (Llanás)
Sierra Cembra Morta
Tapis
Vilarig
Llers
Pont de Molins
Terrades
Buadella
les Escaules
Vilatenim
Cistella
Vilanant
Sadernes
Oix
Toralles
Vallespir
la Têt
l'Agly
le Verdouble
la Boulzane
Sierra
Serrabonne
Céret
Pic du Canigou
N116
A9
E15
N9

Leucate
Leucate-Plage
Fitou
les Cabanes de Fitou
186
187
Étang de Leucate ou de Salses
Port Leucate
Aquamagic
les Capitelles
le Lydia
Salses-le-Château
Port-Barcarès
le Barcarès
St-Laurent-de-la-Salanque
Claira
Torreilles
Torreilles-Plage
Villelongue-de-la-Salanque
Ste-Marie-Plage
Ste-Marie
la Têt
Canet-en-Roussillon
Aquarium
PERPIGNAN
Canet-Plage
Cabestany
St-Nazaire
Étang de Canet
Saleilles
Alénya
Théza
Corneilla-del-Vercol
St-Cyprien-Plage
St-Cyprien
Latour-Bas-Elne
Elne
Parc Aquatique
Mas Riols
le Tech
Réserve Naturelle du Mas Larrieu
CÔTE VERMEILLE
Palau-del-Vidre
Taxo d'Amont
Taxo d'Aval
Argelès Plage
St-André
Argelès-sur-Mer
le Racou
Collioure
Sorède
Cap Gros
Port-Vendres
Dolm. de Cova de l'Alarb
Chât. des Templiers
Cap Béar
Tanger (Maroc) 36h00
la Vallée Heureuse
la Vall
Notre-Dame de la Consolation
Valbonne
Cosprons
Cap Oullestrell
Rés. Nat. de la Forêt de Massane
Tour Madeloc
Banyuls-sur-Mer
Cap du Troc
Aquarium Laboratoire-Arago
Cap l'Abeille
Mas Parer
Puig del Mas
Cap Rédéris
Mas de les Abelles
Réserve Naturelle de Cerbère-Banyuls
Cerbère
Cap Cerbère
Col des Balistres
Port Bou
Molinàs
Colera
Vilartolí
Espolla
San Clemente Sasebas
Rabós
Vilamaniscle
Llansá
Setcases
Masarach
Mollet de Peralada
Garriguella
Puerto de la Selva
Monasterio de San Pedro de Roda
la Selva de Mar
Vilajuiga
Pau
Cap de Creus
Cabanas
Peralada
Marza
Pedret
Palau-Saverdera
Port-Lligat (Maison de S. Dalí)
Cadaqués
COSTA BRAVA
els Hostalets
Vilabertran
Vilanova de la Muga
Muga
Vilatenim
Castelló d'Empúries (Castelló de Ampurias)
Rosas
Santa Margarida
Vila-Sacra
E
F
G
H
1
2
3
4
5
6

A
B
C
D
1
2
3
4
5
6
Marseille 11h30
Nice 3h45
Savona (Italie) 6h00
Marseille 11h30
Toulon (en saison) 5h45
Nice 5h30
Savona (Italie, en saison) 3h15
Punta di l'Acciolu
Tour
Ogliastro
Phare de la Pietra
L'Île-Rousse
Tour de Saleccia
Lozari
Tour
N197
Punta di Vallitone
Marine de Davia
Punta di Varcale
Corbara
Monticello
Occiglioni
Santa-Reparata-di-Balagna
Monte Négru
Algajola
Citadelle
Marine de Sant'Ambrogio
Punta Spano
Tour
Pigna
Couvent de Corbara
Sant'Antonino
Belgodère
Palasca
Toccone
Punta Caldanu
Tour
la Revellata
Lumio
Aregno
Lavatoggio
Anc. Couvent de Tuani
Costa
Occhiatana
Ville-di-Paraso
Grotte des Veaux Marins
Citadelle
Calvi
Bocca di Salvi
Cateri
Avapessa
Speloncato
Nessa
San Petru
B
A
L
A
G
N
E
Montegrosso (Lunghignano)
Muro
Feliceto
Pioggiola
Olmi-Cappella
Vallica
N.-D. de la Serra
Petra Maio
San Raineru
Cassano
Montemaggiore
Zilia
San Parteo
Mausoléo
Capu di a Conca
Punta di Cantaleli
Prigugio
Calvi-Ste-Catherine
Anc. Couvent d'Alzi Pratu
Santa Restituta
Monte Grosso
Capo Cavallo
Sémaphore
204
Moncale
Calenzana
204
Torre Truccia
Truccia
Monte Cintu
Suare
Tarazone
Capu a u Dente
Monte Padru
Torre
la Figarel
Refuge
Forêt Domaniale de Tartagine Melaja

CAP CORSE
Tour
Île de la Giraglia
Tour d'Agnello
Réserve Naturelle des Îles Finocchiarola
Tollare
Capo Grosso
Barcaggio
Cima di a Campana
Tour Santa Maria
Capo Bianco
Moulin Mattéi
Granaggiolo
Col de la Serra
Port de Centuri
Ersa (Botticella)
Macinaggio
Île de Capense
Centuri (Camera)
Rogliano (Bettolacce)
Tomino (Stopione)
Morsiglia (Baragogna)
Pecorile
Mucchieta
Pastina
Marine de Meria
Meria
Col de Santa Lucia
Pino
Luri (Piazza)
Campu
Punta di Stintinu
Tour de Sénèque
Santa Severa
Minerviu
Barrettali (Chiesa)
Cagnano (Ortale)
Porticciolo
Marine de Giottani
Monte Alticcione
Tour de l'Osse
Conchigliu
Bergerie du Liou
Pietracorbara (Oreta)
Marinca
Canari (Pieve)
Marine de Pietracorbara
Tour de Castellare
Punta di Canelle
Cima di e Follicie
Anc. Couv. Santa Catalina
Canelle
Ogliastro
Sisco (Chioso)
Crosciano
Marine de Sisco
Barrigioni
Albo
Olcani (Lainosa)
Tour de Sacro
Monte Stello
Mausoleo
Brando (Erbalunga)
Nonza
Santa Maria di e Nevi
Couvent
Olmeta-di-Capocorso (Piazza)
Poretto
Lavasina
Negru
Santa-Maria-di-Lota (Figarella)
Miomo Tour
Monte Foscu
Grigione
GOLFE DE ST-FLORENT
Farinole (Bracolaccia)
Castagnetu
San-Martino-di-Lota (Pietranera)
Punta di Mignola
Punta di Curza
Punta Vecchiaia
Ville-di-Pietrabugno (Guaitella)
Alga Putrica
Saleccia
Punta Mortella
Patrimonio (Santa Maria)
Tour de Toga
Cardo
BASTIA
Cima d'Ortella
Menhir
Pigno
Citadelle
Domaine de Fonaverte
Barbaggio (Piazze)
Col de Teghime
Lupino
DESERT DES AGRIATES
Citad.
Anc. Cath. du Nebbio
Montesoro
Cim. All.
Dolmen
St-Florent
Genova (Italie, en saison) 4h30
Toulon (en saison) 8h30
Marseille 12h00
Nice 4h45
Savona (Italie) 8h00
Livorno (Italie) 7h00
Casta
Lumio
Furiani
Club de la Marana
Ifana
Chap. San Quilico
Bocca di Vezzu
Poggio-d'Oletta
Chap. Santa Maria
Corto Morello
Biguglia
Étang de Biguglia
Oletta
Réserve Naturelle de l'Étang de Biguglia
Monte Filetto
Cime du Zuccarello
Casatorra
NEBBIO
Olmeta-di-Tuda
Pineto
l'Ostriconi
Monte Ambrica
Santo-Pietro-di-Tenda
Égl. San Pietro
Vallecalle
Défilé de Lancone
Île San Damiano
Cima a Muzelli
San-Gavino-di-Tenda
Ortale
Purettone
Chapelle Santa Margarita
Rapale
Menhir
San Michele
Monte a Torricella
Urtaca
Sorio
Pieve
Murato
Rutali
Novella
Lama
Monte Astu
Chap. San Cesaro
Borgo
Rivinco
la Marana
Bastia-Poretta
Cima di Tattoni
Bocca di Tenda
Pineto
2B
Pietralba
Vignale
Lucciana
San Perteo
la Canonica
Cité Antique
Pedanu
Monte Reghia di Pozzo
Scolca
Bigorno
Volpajola
Casamozza
le Golo
Camp du Cap Sud
Lento
Campitello
Barchetta
Prunelli-di-Casacconi
CASINCA
Vescovato
Canavaggia
Monte Tevisi
Campile
Olmo
Querciolo
Marina di Sorbo
Castifao
Costa Roda
Venzolasca
Loreto-di-Casinca
Sorbo-Ocagnano
Pont Génois
Bisinchi
Moltifao
Crocicchia
Penta-Acquatella
Monte Sant'Angelo
Castellare-di-Casinca
Égl. St-Pancrace
Valle-di-Rostino
Ortiporio
Ferlaggia
Silvareccio
Porri
Tour
San Pellegrino
Le Vieux Pont
Ponte Leccia
Santa Maria di Riscamone
Castello-di-Rostino (Barančiasche)
Casabianca
Piano
Casalta
Giocatojo
Taglio
E F G H
1 2 3 4 5 6

202
A
B
C
D
1
2
3
4
5
6
Torre Truccia
Monte Cintu
Capu a u Dente
Monte Padru
Cima di a Statoja
Gorges
Pont Génois
Chaos de Bocca Rezza
Monte Corona
Capu Ladroncellu
Cirque de Bonifatu
a Muvrella
Capu Biancu
Capu a u Perdatu
Capu di a Mursetta
l'Argentella
Capu di l'Argentella
Punta di Ciuttone
Bocca Bassa
Tour Maraghiu
Golfe de Galéria
Forêt Comm. du Filosorma
Galéria
Punta Muvrareccia
Punta Bianca
Punta Validori
Capu Tondu
FILOSORMA
PARC NATUREL
MONTE CINTO
Capu Larghia
Punta Minuta
Capu Falu
Manso
Calca
Chiorna
Forêt de Tetti
Forêt Domaniale du Fango
Forêt du Perticatu
Mont Estremo
Capu Tafunatu
Paglia Orba
Corscia
Lozzi
Calacuccia
Barrage
Casamaccioli
Albertacce
Calasima
NIOLO
Punta Palazzu
Tour
Isola di Gargalu
Réserve Naturelle de Scandola
Capu Licchia
Col de Palmarella
Girolata
Golfe de Girolata
Punta Muchillina
Bocca a Croce
Osani
Curzu
Cap Seninu
Partinello
Punta a Scopa
Serriera
Pinetu
Refuge de Puscaghia
Cascade de Radule
Col de Vergio
Castellu di Vergio
Capu di u Facciatu
Forêt Dom. de Valdu-Niellu
Punta Artica
Capu a u Tozzu
Forêt Comm. de Corte Campotile
GOLFE DE PORTO
Bussaglia
Porto Marina
Porto
Ota
Pont Génois
Évisa
Cascade
Cimatella
Capu a Chiostru
Lac de Mélo
Capu a i Sorbi
Tour de Turghiu
Capu Rossu
e Calanche
Piana
Passerelle de Pinello
Gorges de Spelunca
Marignana
Cristinacce
Col de Sevi
RÉGIONAL
Renno (Poggio)
Cascade
Monte Sant'Eliseo
Soccia
Orto
Poggiolo
Guagno
u Fiume Grossu
Punta di Monte Ghiuvanni
Monte Ravu
Capu Ricciu
Capu di Calazzu
Balogna
Letia
Guagno-les-Bains
Tour
Punta di Crulia
Capu di Radi
Capu a a Cuma
Vico
Murzo
Couvent de St-François
Nesa
Forêt Domaniale de Libio
Mont Tretorre
Pastricciola
Forêt de Pastricciola
Punta d'Orchinu
Tour d'Omigna
Marchese
Cargèse
Égl. Grecque
Punta di Cargèse
Grotte de Molendinu
Cathédrale Sant'Appiano
Figure d'Appriciani
Tour de Sagone
Coggia (Cruciate)
Arbori (Mercolaccia)
Rochers
Rosazia
Monte Cervellu
Salice
Rezza (Nucicchie)
Azzana
Punta di Trio
Sagone
Vedolaccia
Lopigna
Arro
Ambiegna
GOLFE DE SAGONE
Tour de Capigliolo
Casaglione
Tiuccia
u Castellu
LA CIRNACA
Sari-d'Orcino
Église San-Giovanni
Statue Menhir
Vero
Tavera
Golfe di a Liscia
Tour d'Ancone
Cannelle
Sant'Andréa-d'Orcino
Sarrola-Carcopino
Tavaco
Ucciani
Carbuccia
GRAVONA
Calcatoggio
Appietto
Valle-di-Mezzana (Poggiale)
Peri
Cascade d'Aziana
Cuttoli-Corticchiato (Casarimacciu)
Pevani
Résidences du Golfe de Lava
Tour Pelusella
Golfu di Lava
Afa
Alata
Tuscia
Tolla
Pont de Zipitoli
Bge de Tolla
Ocana
2A
Poggio
Capo di Feno
Villanova
Château de la Punta
Punta Pozzo di Borgo
Mezzavia
Bastelicaccia (Suaralta)
Eccica-Suarella
Cauro
Tour
Pagliaggioli
Castelluccio
Anse de Minaccia
Chap. Impériale
Capigliolo
Monte Salario
Citadelle
Ajaccio-Campo dell'Oro
AJACCIO
Tour de Capitello
Chap. des Grecs
Scudo
Marina Viva
Porticcio
Source Minérale d'Altaccia
Santa-Maria-Siché
Grosseto-Prugna
Cardo-Torgia
Pointe de la Parata
Tour
Îles Sanguinaires
Tour Castelluccio
206
Nice 7h00
Toulon 7h00
Marseille 12h00
D'AJACCIO
Monte Rosso
Albitreccia
Molini
Isolella
Bisinao
Urbalacone
Zigliara

Corte
Omessa
Soveria
Castirla
Tralonca
Santa-Lucia-di-Mercurio
Sermano
Bustanico
Alando
Alzi
Mazzola
Castellare-di-Mercurio
Favalello
Sant'Andréa-di-Bozio (Rebbia)
Morosaglia
Castineta
Piedicroce
Campana
Carcheto-Brustico
Piobetta
Pietricaggio
Valle-d'Alesani
Ortale
Novale
Pietra-di-Verde
Cervione
Valle-di-Campoloro (Mucchietu)
San-Giuliano (Favalello)
Sant'Andréa-di-Cotone (Chigliacci)
San-Nicolao
Santa-Lucia-di-Moriani (San Nicolao)
Moriani-Plage
Chiatra
Canale-di-Verde
Linguizzetta
Moita
Matra
Pianello
Zuani
Zalana
Ampriani
Tox
Tallone
Pietraserena
Piedicorte-di-Gaggio
Altiani
Giuncaggio
Pancheraccia
Erbajolo
Focicchia
Poggio-di-Venaco
Riventosa
Casanova
Santo-Pietro-di-Venaco
Venaco
Noceta
Rospigliani
Vezzani
Pietroso
Antisanti
Casevecchie
Vivario
Muracciole
2B
le Tavignano
Gorges
Aléria
Ghisonaccia
Ghisoni
Défilé de l'Inzecca
Lugo-di-Nazza
Poggio-di-Nazza
Prunelli-di-Fiumorbo
Isolaccio-di-Fiumorbo
San-Gavino-di-Fiumorbo
Serra-di-Fiumorbo
Ventiseri
Chisa
Solaro
Sari-Solenzara
Solenzara
FIUMORBO
Col de Verde
Bocognano
Bastelica
Palneca
Ciamannacce
Tasso
Sampolo
Cozzano
Zicavo
Guitera-les-Bains
Corrano
Zévaco
Frasseto
Azilone-Ampaza
Olivese
Forciolo
Monte Renoso
Monte d'Oro
Monte Cardo
Monte Incudine
Monte Malo
Punta di Tintennaja
Col de Vizzavona
Forêt Domaniale de Rospa-Sorba
Étang de Diane
Étang del Sale
Étang d'Urbino
Étang de Palu
Tour de Diane
Tour de Bravona
Tour d'Alistro
Phare d'Alistro
Tour de Vignale
Marine de Bravone
Riva Bella
Casabianda
Pénitencier de Casabianda
Ancien Fort Génois
Site Archéologique
N198
N200
N193
203
207
E
F
G
H
1
2
3
4
5
6

206
Îles Sanguinaires
Tour Castelluccio
204
GOLFE D'AJAC
A
B
C
D
1
2
3
4
5
6
Tour
Presqu'île de l'Isolella
Isolella
Pietrosella
Molini
Bisinao
Urbalacone
Albitreccia
Zigliara
Cognocoli-Monticchi
ORNANO
TARAVO
Marato
Pila-Canale
Menhir u Cantonu
Ponte Vecchiu
Sant' Amanza
Verghia
Forêt Domaniale de Chiavari
Col de Cortone
Sarraluccia
Site Protohistorique de Calzola-Castelluccio
Petreto-Bicchisano
Tour
Punta di a Castagna
Portigliolo
Coti-Chiavari
Pratavone
Calzola
Suartu
Casalabriva
Acqua Doria
Tassinca
Site Préhistorique de Filitosa
Calvese
Sollacaro
Tour
u Paladinu
Menhir
Pietra Rossa
Capu di Muru
Tour
Cala di Cigliu
Capu Neru
Tour de Capannella
Serra-di-Ferro
Tour de Micalona
Olmeto
Tour de Capriona
Porto Pollo
Punta di Porto Pollo
Abbartello
Anciens Bains de Baraci
Marseille 12h30
GOLFE DE VALINCO
Tour de la Calanca
Propriano
Viggianello
Spin'a Cavallu Pont Génois
u Rizzanese
Porto-Tórres (Sardaigne) 3h30
Portigliolo
Jumenta Grossa
Menhirs u Frate e a Sora
Punta di Campomoro
Tour
Belvédère
Tivolaggio
Bilia
Belvédère-Campomoro
Capu di Locu
Menhir de Capu di Locu
Grossa
San Giovanni
Monte
Menhir de Vaccil-Vecchiu
Giuncheto
Orasi
Alignement de Paglia
Tour
Alturaja
Capu di Senetosa
Menhirs
Alignement de Stantari
Fortin
Tizzano
Dolmen de Fontanaccia
Alignement du Renaju
Capu di Zivia
Roccapina
Rocher du Lion de Roccapina

CORSE
COL DE BAVELLA
Aiguilles de Bavella
Quenza
Zonza
Serra-di-Scopamène
Sorbollano
Aullène
Levie
Ste-Lucie-de-Tallano
Olmiccia
Carbini
Col de Mela
Conca
Lecci
Porto-Vecchio
Golfe de Porto-Vecchio
Punta di a Chiappa
Îles Cerbicale
Réserve Naturelle des Îles Cerbicale
Champ de Tir du Toro
Sotta
Figari
Figari Sud-Corse
Pianottoli-Caldarello
Monacia-d'Aullène
Montagne de Cagna
L'Uomo di Cagna
Tour de Sponsaglia
Rés. Nat. des Tre Padule de Suartone
Golfu Di Sant'Amanza
Tour de Sant'Amanza
Golfe de Ventilegne
Capo di Feno
Bonifacio
Citadelle
Aquarium
Grotte Marine de Sdragonato
Île Cavallo
Ancienne Carrière Romaine
CAPO PERTUSATO
Pyramide de la Sémillante
ÎLES LAVEZZI
Réserve Naturelle des Bouches de Bonifacio
BOUCHES DE BONIFACIO
Marseille 14h00
La Spezia (Italie, en saison) 12h00
(en saison) 2h00
Napoli (Italie, en saison) 15h00
1h00
Ìsola la Presa
Ìsola Santa Maria
Ìsola Ràzzoli
Faro Punta Filetto
Monte Budello
Ìsola Budelli
PARCO NAZIONALE DELL' ARCIPELAGO DE LA MADDALENA
ÌSOLA MADDALENA
Becco di Vela
Ìsola Spargi
Punta Falcone
Santa Teresa di Gallura
Capo Testa
la Ficaccia
la Licciola
Punta Sardegna
la Maddalena
Casa di Garibaldi
ÌSOLA CAPRERA
Ìsola San Stefano
Stagnal
Palau
Capo d' Orso
Ìsola delle Bisce
Porto Liscia
Porto Pollo
SARDEGNA
GOLFO DELL' ASINARA

Légende de plans de ville      Town plan legend
Legenda stadsplattegronden (NL)   (E)   Leyenda Plano de Ciudad
Legende: Stadtpläne   (I)   Legenda Pianta di Città

Autoroute, section à péage
Autosnelweg, gedeelte met tol
Autobahn, gebührenpflichtiger Abschnitt
Motorway, toll section
Autopista de pago
Autostrada, tratto a pedaggio

Autoroute, section libre
Autosnelweg, tolvrij gedeelte
Autobahn, gebührenfreier Abschnitt
Motorway, toll-free section
Autopista gratuita
Autostrada, tratto libero

Voie à caractère autoroutier
Weg van het type autosnelweg
Schnellstraße
Dual carriageway with motorway characteristics
Autovía
Strada con caratteristiche autostradale

Échangeur: complet (1), partiel (2), numéro
Knooppunt: volledig (1), gedeeltelijk (2), nummer
Vollanschlußstelle (1), beschränkte Anschlußstelle (2), Nummer
Junction: complete (1), restricted (2), number
Acceso: completo (1), parcial (2), número
Svincolo: completo (1) parziale (2), numero

Barrière de péage (1), aire de service (2)
Tolversperring (1), tankstation (2)
Mautstelle (1), Tankstelle (2)
Tollgate (1), service area (2)
Barrera de peaje (1), área de servicio (2)
Barriera di pedaggio (1), area di servizio (2)

Route appartenant au réseau vert
Verbindingsweg tussen belangrijke plaatsen (groene verkeersborden)
Verbindungsstraße zwischen wichtigen Städten (grüne Verkehrsschilder)
Connecting road between main towns (green road sign)
Carretera de la red verde (comunicación entre dos ciudades importantes)
Strada di grande comunicazione fra città impotante (cartelli stradali verdi)

Autre route de liaison principale
Hoofdweg
Hauptstraße
Other main road
Otra carretera principal
Strada di grande comunicazione

Route de liaison régionale
Regionale streekverbindingsweg
Regionale Verbindungsstraße
Regional connecting road
Carretera regional
Strada di collegamento regionale

Autre route
Andere weg
Sonstige Straße
Other road
carretera local
Altra strada

Tunnel routier
Wegtunnel
Straßentunnel
Road tunnel
Túnel
Galleria stradale

Bâtiment administratif (1), église, chapelle (2), hôpital (3)
Administratief gebouw (1), kerk, kapel (2), ziekenhuis (3)
Verwaltungsgebäude (1), Kirche, Kapelle (2), Krankenhaus (3)
Administrative building (1), church, chapel (2), hospital (3)
Edificio administrativo (1), iglesia, capilla (2), hospital (3)
Edificio pubblico (1), chiesa, cappella (2), ospedale (3)

Limite de commune, de canton
Gemeente-, provinciegrens
Gemeindegrenze, Kreisgrenze
Commune, canton boundary
Límite de municipio, límite de cantón
Confine di comune, confine di cantone

Limite d'arrondissement, de département
Arrondissements-, departementsgrens
Bezirksgrenze, Departementsgrenze
Arrondissement, département boundary
Límite de arrondissement, límite de departamento
Confine di arrondissement, confine di dipartimento

Limite de région, d'État
Gewest-, Staatsgrens
Regionsgrenze, Staatsgrenze
Region, international boundary
Límite de región, límite de Nación
Confine di regione, confine di Stato

Zone bâtie, superficie > 8 ha (1), < 8 ha (2), zone industrielle (3)
Bebouwde kom, groter dan 8 ha (1), kleiner dan 8 ha (2), industriezone (3)
Geschlossene Bebauung, über 8 ha (1), unter 8 ha (2), industriegebiet (3)
Built-up area, more than 8 ha (1), less than 8 ha (2), industrial park (3)
Zona edificada: más de 8 ha (1), menos de 8 ha (2), zona industrial (3)
Zona urbanistica, più di 8 ha (1), meno di 8 ha (2), zona industriale (3)

Environs de Paris
Omgevingskaart Parijs
Umgebung von Paris

F **GB**
NL **E**
D **I**

Paris environs
Alrededores de Paris
Dintorni di Parigi

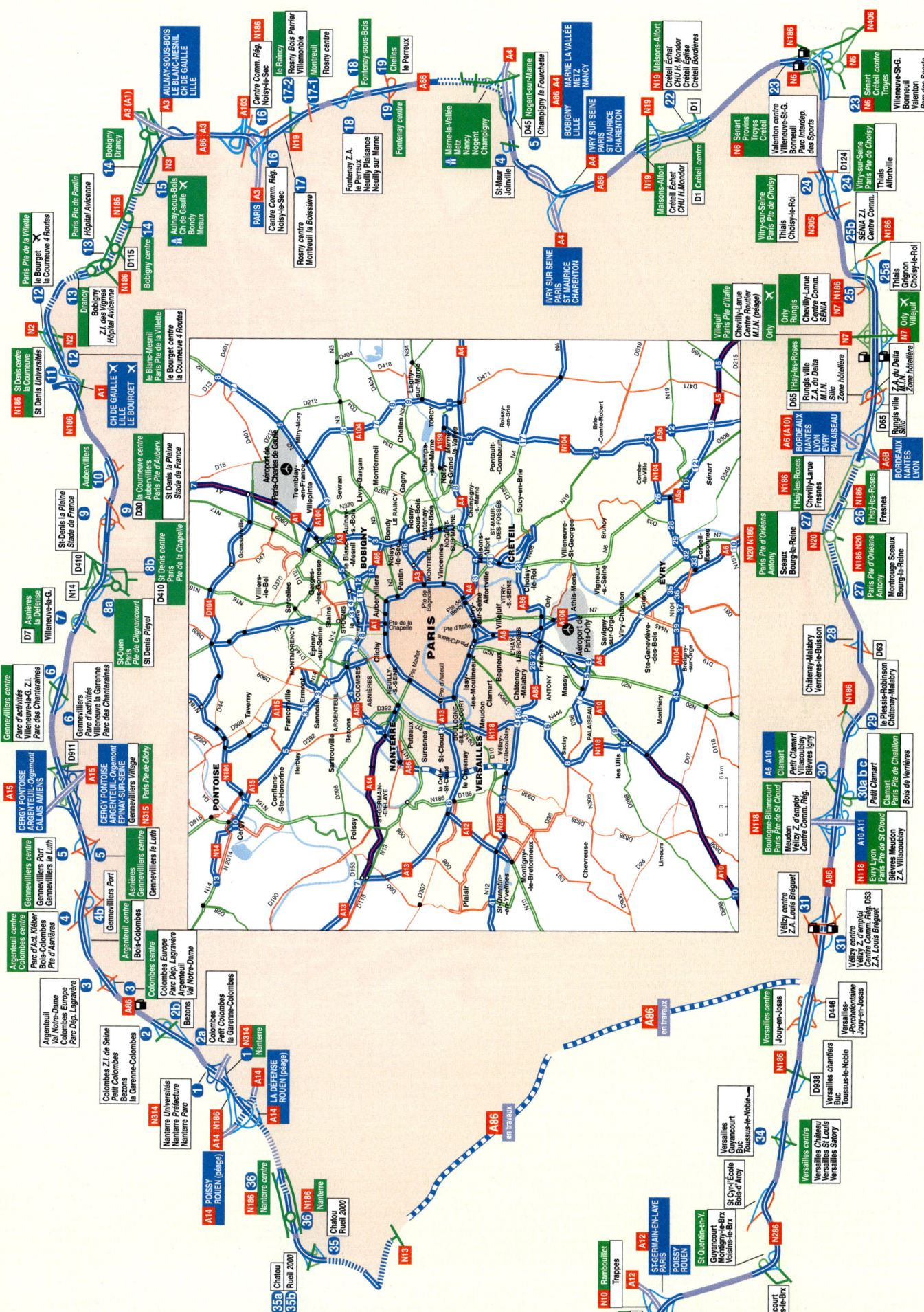

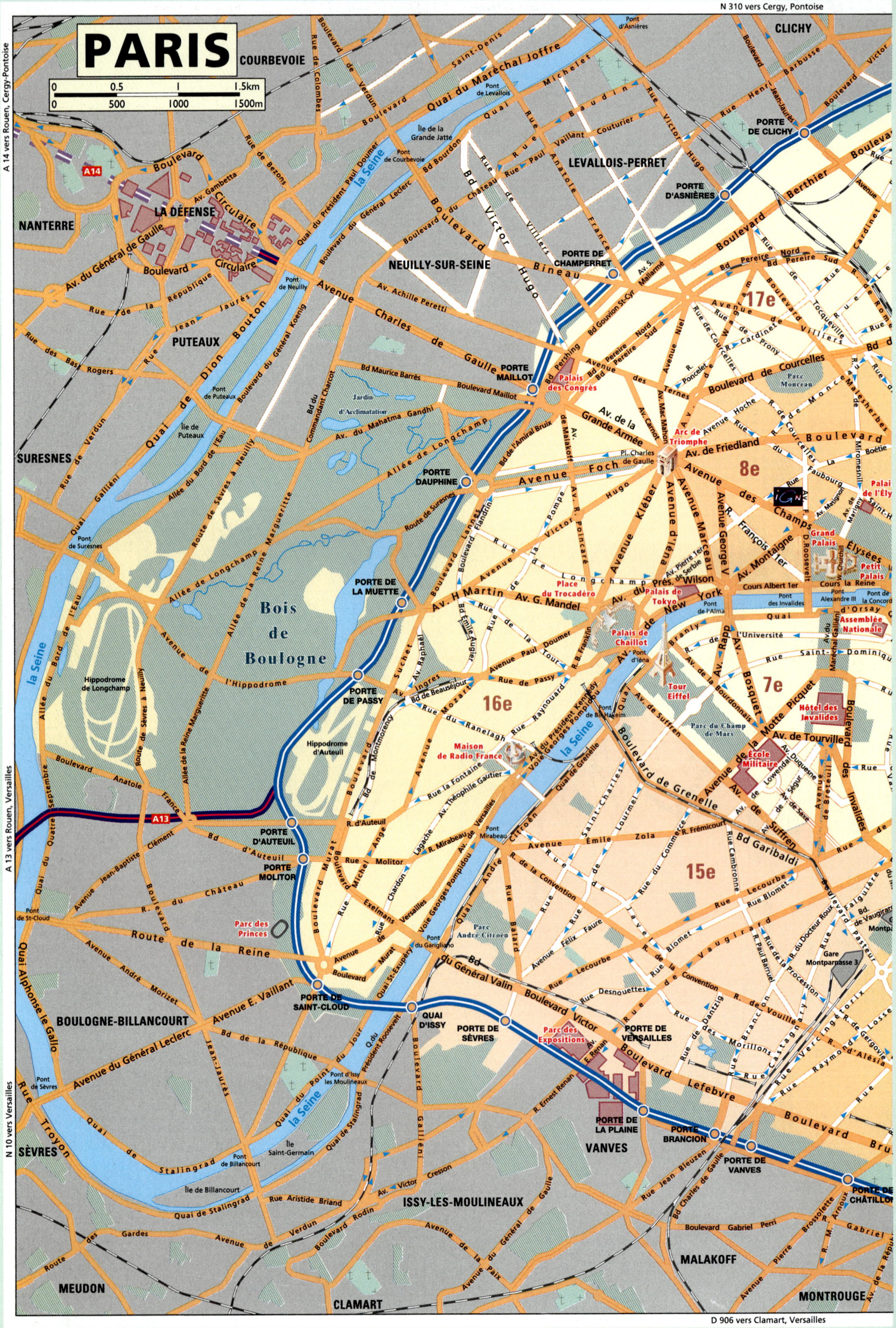
PARIS
0 0.5 1 1.5km
0 500 1000 1500m
N 310 vers Cergy, Pontoise
A 14 vers Rouen, Cergy-Pontoise
A 13 vers Rouen, Versailles
N 10 vers Versailles
D 906 vers Clamart, Versailles
COURBEVOIE
CLICHY
LEVALLOIS-PERRET
LA DÉFENSE
NANTERRE
NEUILLY-SUR-SEINE
PUTEAUX
SURESNES
BOULOGNE-BILLANCOURT
SÈVRES
MEUDON
CLAMART
ISSY-LES-MOULINEAUX
VANVES
MALAKOFF
MONTROUGE
Bois de Boulogne
Hippodrome de Longchamp
Hippodrome d'Auteuil
Jardin d'Acclimatation
Parc des Princes
Parc André Citroën
Parc Monceau
Parc du Champ de Mars
17e
8e
16e
7e
15e
PORTE DE CLICHY
PORTE D'ASNIÈRES
PORTE DE CHAMPERRET
PORTE MAILLOT
PORTE DAUPHINE
PORTE DE LA MUETTE
PORTE DE PASSY
PORTE D'AUTEUIL
PORTE MOLITOR
PORTE DE SAINT-CLOUD
QUAI D'ISSY
PORTE DE SÈVRES
PORTE DE VERSAILLES
PORTE DE LA PLAINE
PORTE BRANCION
PORTE DE VANVES
PORTE DE CHÂTILLON
Palais des Congrès
Arc de Triomphe
Pl. Charles de Gaulle
Grand Palais
Petit Palais
Palais de l'Élysée
Place du Trocadéro
Palais de Chaillot
Palais de Tokyo
Tour Eiffel
Maison de Radio France
Hôtel des Invalides
École Militaire
Assemblée Nationale
Parc des Expositions
Gare Montparnasse 3
la Seine
Île de la Grande Jatte
Île de Puteaux
Île Saint-Germain
Île de Billancourt
Pont d'Asnières
Pont de Levallois
Pont de Courbevoie
Pont de Neuilly
Pont de Puteaux
Pont de Suresnes
Pont de St-Cloud
Pont de Sèvres
Pont de Billancourt
Pont d'Issy les Moulineaux
Pont du Garigliano
Pont Mirabeau
Pont de Bir-Hakeim
Pont d'Iéna
Pont de l'Alma
Pont des Invalides
Pont Alexandre III
Pont de la Concorde
A14
A13
Avenue des Champs Élysées
Avenue de la Grande Armée
Avenue Foch
Avenue Kléber
Avenue d'Iéna
Avenue Marceau
Avenue George V
Avenue Montaigne
Av. de Friedland
Av. H Martin
Av. G. Mandel
Avenue Paul Doumer
Avenue Charles de Gaulle
Boulevard Berthier
Boulevard de Courcelles
Boulevard Malesherbes
Boulevard de Grenelle
Bd Garibaldi
Boulevard Lefebvre
Boulevard Victor
Bd du Général Valin
Boulevard Murat
Boulevard Exelmans
Rue de Vaugirard
Rue de la Convention
Rue Lecourbe
Cours Albert 1er
Cours la Reine
Quai d'Orsay
Av. de Tourville
Avenue de Suffren
Avenue de la Motte Picquet
Route de la Reine
Avenue du Général Leclerc
Avenue E. Vaillant
Quai Alphonse le Gallo
Quai de Stalingrad
Boulevard Circulaire
Quai du Maréchal Joffre
Quai du Président Paul Doumer
Boulevard de Dion Bouton
Allée de Longchamp
Allée de la Reine Marguerite
Route de l'Hippodrome
Av. du Mahatma Gandhi
Bd Maurice Barrès
Boulevard Maillot
Boulevard Bineau
Avenue de Villiers
Avenue de Wagram
Avenue Niel

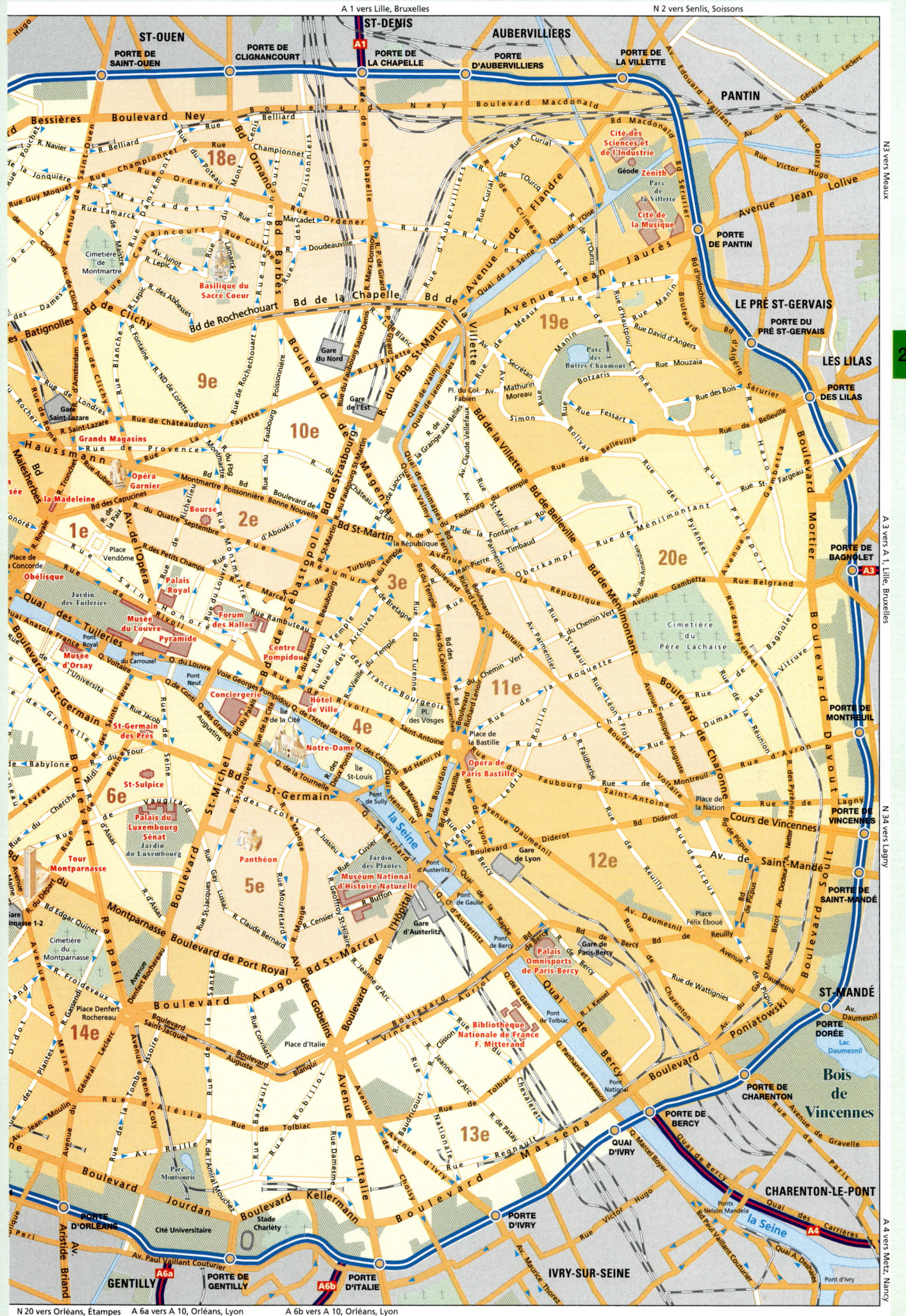

AIX-EN-PROVENCE
l'Hôpital
la Violette
Av. H. Pontier
Bd F. et É. Zola
Av. J. et M. Fontenaille
D10
la Torse
Av. Ste Victoire
Hôt. de V.
S.-préf.
Palais de Justice
Route de Galice
Rocade Ouest
Av. J. Darnas
Bd de la République
Crs Mirabeau
Bd des Poilus
Avenue de l'Europe
Bd du Roi René
R. P. de Coubertin
Encagnane
Cours Gambetta
Av. P. Puget
Av. J. Perry
Cuques
D17
N7
Av. du Pigonnet
le Pigonnet
les Fenouillères
Av. G. Berger
Av. J.-P. Coste
Rocade Sud
A8
A51
l'Arc
7
6
30
31
0
500
1000 m

AJACCIO
Can. de la Gravona
le Finosello
Chem. de la Crx d'Alexandre
Boulevard
Extérieur
Av. du Docteur N. Franchini
N194
Pietralba
la Pépinière
Av. du Maréchal Juin
Cours du Prince Impérial
Av. du Mont Thabor
Rue N. Péraldi
les Cannes
St-Joseph
Chem. de Biancarello
Av. Kennedy
N193
Av. Col. Colonna d'Ornano
D11
Av. de la Gde Armée
Palais de Justice
Golfe d'Ajaccio
Crs Napoléon
Boulevard Sampiero
Hôtel de ville
Préfecture
Avenue de Verdun
Av. du Gal Leclerc
Bd P. Rossini
0
500
1000 m

ALBI
Mazicou
Cantepau
R. Ed. Marty
Colletou
Rue du Cap. Julia
Av. Albert Thomas
la Négrouillère
Mas de Rasque
la Mouline
Canavières-Haut
la Madeleine
Boulevard Alsace-Lorraine
Pont du 22 Août 1944
Av. du Loirat
Tarn
Av. du Mal de Lattre de Tassigny
Préfecture
Hôtel du Département
Rue Marcel Ricard
la Maladrerie
Rue A. Cavaillé
Hôtel de ville
Palais de Justice
R. de la Berchère
Rue de Jalard
Rue de Finlande
Rue de Ciron
Av. Colonel Teyssier
la Curvellière
Av. de Gaulle
Rue du Roc
Avenue François Verdier
Av. Gal Avenue Maréchal Foch
Rue des Pavillons
Avenue Gambetta
Bd du Lude
Av. du Prés. Kennedy
Rue Blanche
Avenue Maréchal Franchet-d'Esperey
N88
0
500
1000 m

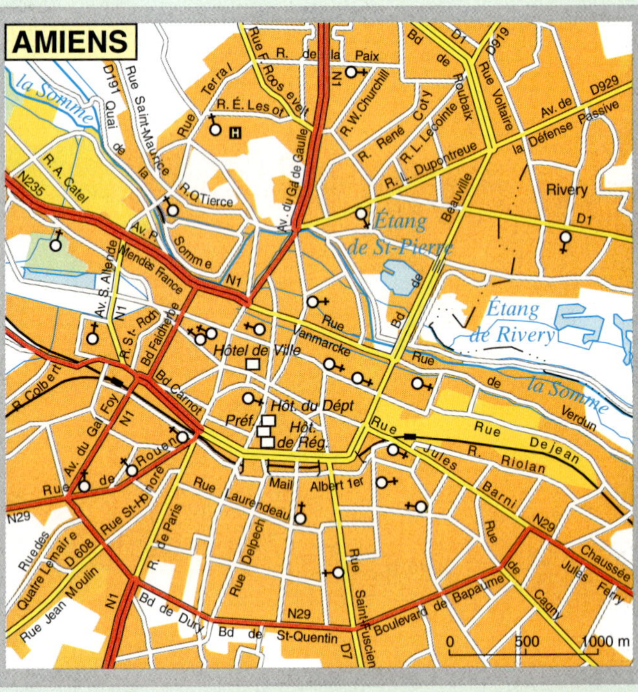
AMIENS
la Somme
Quai de la Somme
Rue Saint-Maurice
R. É. Lesot
R. du Gal de Gaulle
R. W. Churchill
Bd de Roubaix
Rue Voltaire
D929
Av. de la Défense Passive
R. Tierce
N235
Étang de St-Pierre
Rivery
D1
Étang de Rivery
N1
Hôtel de Ville
Rue Vanmarcke
Bd Faidherbe
Bd Carnot
Hôt. du Dépt
Préf.
Hôt. de Rég.
Rue de Verdun
Rue Dejean
Rue Jules Barni
R. Riolan
Rue de Rouen
Mail Albert 1er
Rue Laurendeau
N29
Rue Delpech
Rue des Quatre Lemaire
D608
Rue Jean Moulin
Bd de Dury
Bd de St-Quentin
Rue Saint-Fuscien
Boulevard de Bapaume
Chaussée Jules Ferry
D7
0
500
1000 m

ANGERS
Bd G. Ramon
Monplaisir
Bd Henri Dunant
Av. Victor Chatenay
N23
Bd de la Romanerie
Bd Daviers
la Maine
Rue du Maine
Rue de la Chalouère
la Croix Blanche
St-Jacques
Hôtel de Ville
R. V. Hugo
les Banchais
Palais de Justice
Rue des Portières
Préfecture
Av. Montaigne
R. Franklin
Rue d'Angers
Lafayette
Rue Volney
Bd P. de Coubertin
Rue Léonard
Rue de Strasbourg
Bd J. Portet
Beauval
la Roseraie
Rue Blanchoin
Saumuroise
N160
D952
Bd Robert d'Arbrissel
N260
0
500
1000 m

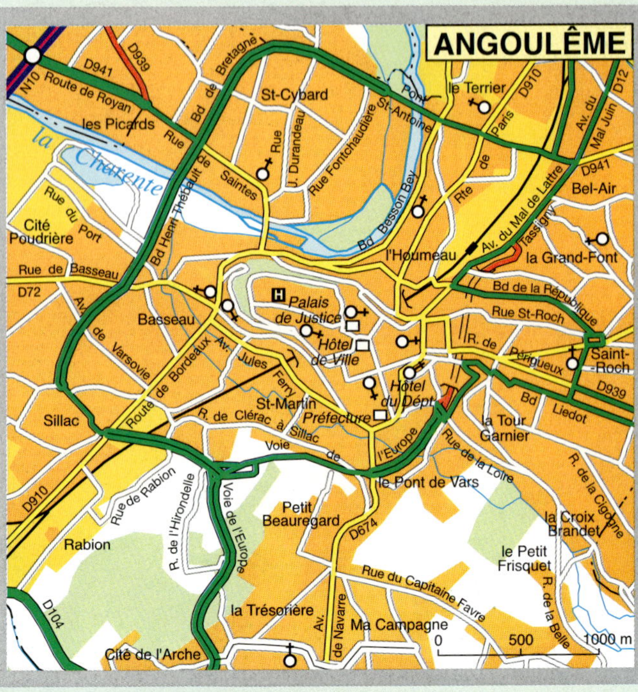
ANGOULÊME
N10
D941
D939
Route de Royan
les Picards
St-Cybard
Rue J. Durandeau
Rue Fontchaudière
St-Antoine
le Terrier
D910
Av. du Mal Juin
D12
la Charente
Bd de Bretagne
Rue de Saintes
Bd Besson Bey
D941
Bel-Air
Cité Poudrière
Rue du Port
l'Houmeau
Av. du Mal de Lattre de Tassigny
la Grand-Font
Rue de Basseau
D72
Palais de Justice
Bd de la République
Basseau
Rue St-Roch
Hôtel de Ville
Hôtel du Dépt
Saint-Roch
D939
Préfecture
St-Martin
R. de Clérac
Sillac
Route de Bordeaux
Av. Jules Ferry
la Tour Garnier
Liedot
Rue de la Loire
le Pont de Vars
Rue de Rabion
Rabion
R. de l'Hirondelle
Voie de l'Europe
Petit Beauregard
D674
la Croix Brandet
le Petit Frisquet
D910
la Trésorière
Rue du Capitaine Favre
Ma Campagne
D104
Cité de l'Arche
0
500
1000 m

ANNECY

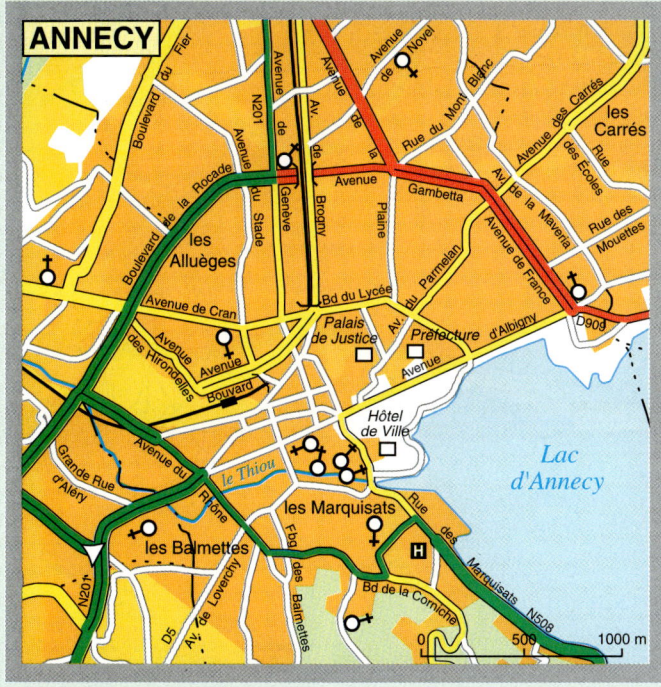
ANNECY
Boulevard du Fier
Avenue de Novel
Rue du Mont Blanc
Avenue des Carrés
les Carrés
Rue des Écoles
Avenue Gambetta
Av. de la Mavéria
Rue des Mouettes
Boulevard de la Rocade
les Allùèges
Avenue de Cran
Bd du Lycée
Avenue de France
Av. du Parmelan
Palais de Justice
Préfecture
Avenue d'Albigny
Avenue des Hirondelles
Hôtel de Ville
Lac d'Annecy
le Thiou
Grande Rue d'Aléry
Avenue du Rhône
les Marquisats
Rue des Marquisats
les Balmettes
Fbg des Balmettes
Av. de Loverchy
Bd de la Corniche
N201
N508
N201
D5
D909
0 500 1000 m

AUCH

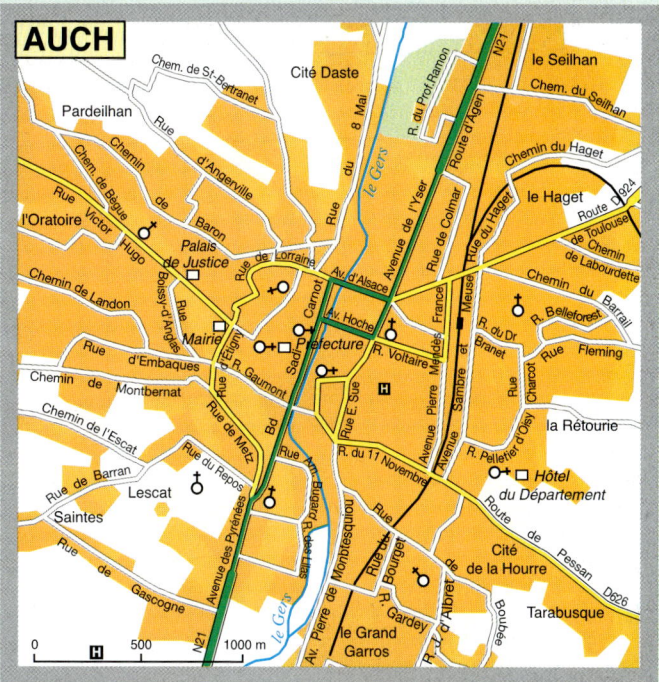
AUCH
Chem. de St-Bertranet
Cité Daste
le Seilhan
Chem. du Seilhan
Pardeilhan
Rue d'Angeville
le Gers
Route d'Agen
Chemin du Haget
le Haget
Route de Toulouse
Chemin de Labourdette
l'Oratoire
Rue Victor Hugo
Rue de Baron
Palais de Justice
Chemin de Landon
Préfecture
Mairie
Av. d'Alsace
Avenue de l'Yser
Rue de Colmar
Chemin du Barrail
R. Belleforest
Rue Fleming
R. Voltaire
Rue d'Embaques
Chemin de Montbernat
Chemin de l'Escat
la Rétourie
Rue du Repos
Rue de Barran
Lescat
Saintes
Rue de Gascogne
Hôtel du Département
Route de Pessan
Cité de la Hourre
Tarabusque
le Grand Garros
R. Gardey
Av. Pierre de Montesquiou
Avenue des Pyrénées
N21
D626
0 500 1000 m

AVIGNON

AVIGNON
Jardin Neuf
Bd du Rhône
le Rhône
Pont d'Avignon
Quai St-Lazare
St-Véran
Route de Lyon
N100
Hôtel de Ville
Rue Carreterie
Av. de la Folie
Préfecture
Clos de Saint-Jean
Bd Limbert
Bd St-Michel
Palais de Justice
Fontcouverte
Bd St-Roch
Route de Montfavet
Saint-Roch
Avenue Pierre Sémard
Bd de la 1ère D.B.
Av. Monclar
Av. St-Ruf
Cité Louis Gros
les Rotondes
Av. de la Trillade
N7
St-Ruf
Monclar
Route de Tarascon
Rocade Charles de Gaulle
Clos Saint-Henri
Raymond
N570
0 500 1000 m

BAR-LE-DUC

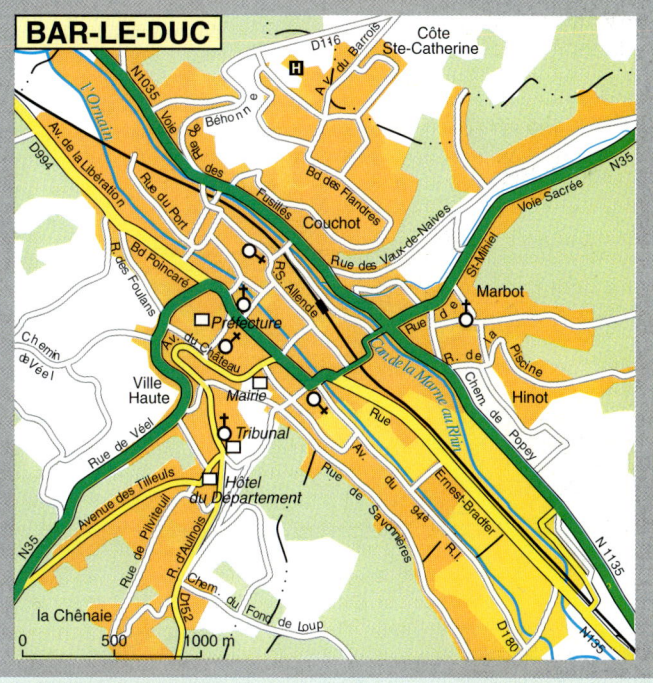
BAR-LE-DUC
Côte Ste-Catherine
D116
Av. du Barrois
l'Ornain
N1035
Voie de Béhonne
Rue des Fusillés
Bd des Flandres
Av. de la Libération
D994
Rue du Port
Couchot
Rue des Vaux-de-Naives
Voie Sacrée
N35
Bd Poincaré
R. des Foulans
Préfecture
Marbot
Chemin de Véel
Can. de la Marne au Rhin
Ville Haute
Mairie
Tribunal
Hinot
Rue de Véel
Avenue des Tilleuls
Hôtel du Département
Rue de Savonnières
Rue Ernest-Bradfer
R. d'Aulnois
Chem. du Fond de Loup
la Chênaie
N1135
D152
D180
0 500 1000 m

BASTIA

BASTIA
Ruisseau de Toga
l'Annonciade
D80
Toga
Route de Petrabugno
le Fango
Bd du Fango
Préfecture
Hôtel de Ville
Cardo
Gradiccia
Bd B. Danési
Bd Paoli
Palais de Justice
Bd A. Gaudin
Fort Lacroix
la Citadelle
R. C. Vezzani
Monserato
D81
N193
0 500 1000 m

BAYEUX

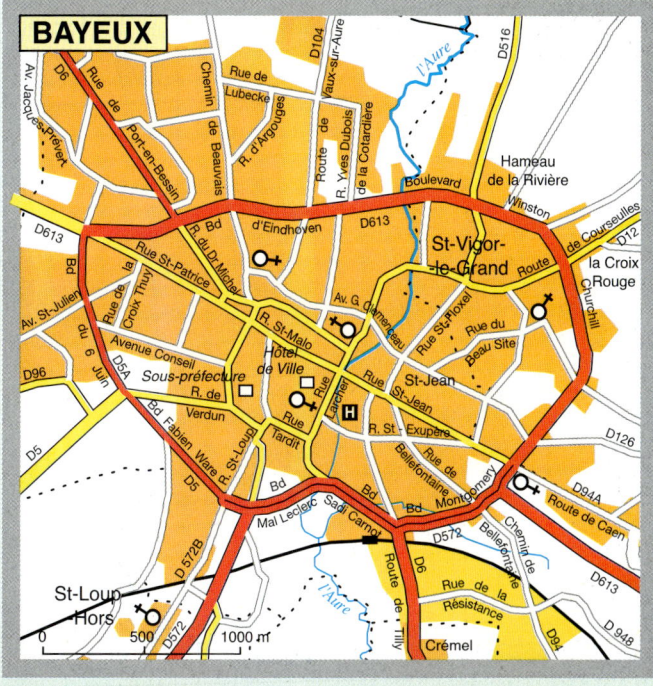
BAYEUX
Av. Jacques-Prévert
D6
Rue de Port-en-Bessin
Chemin de Beauvais
Rue de Lubecke
R. d'Argouges
D104
Route de Vaux-sur-Aure
R. Yves Dubois
Rue de la Cotardière
l'Aure
D516
Hameau de la Rivière
Boulevard Winston Churchill
D613
Bd d'Eindhoven
St-Vigor-le-Grand
Route de Courseulles
D12
la Croix Rouge
Rue St-Patrice
Bd du Dr Michel
Bd St-Julien
Av. St-Julien
R. St-Malo
Av. G. Clemenceau
Rue St-Floxel
Rue du Beau Site
Avenue Conseil
Sous-préfecture
Hôtel de Ville
St-Jean
Rue St-Jean
R. de Verdun
R. St-Exupère
D96
D5
Bd Fabien Ware
R. St-Loup
Rue Tardif
Rue de Bellefontaine
Bd Montgomery
D126
D94A
Route de Caen
Bd Sadi Carnot
Mal Leclerc
D572
Route de Tilly
Chemin de Bellefontaine
Rue de la Résistance
St-Loup Hors
Crémel
D948
0 500 1000 m

BAYONNE-ANGLET-BIARRITZ
Pointe Saint-Martin
la Chambre d'Amour
Cinq Cantons
Bellevue
Montbrun
Barbot
Camiade
Hardoy
St-Étienne
St-Esprit
Sous-préfecture
Palais de Justice
Hôtel de Ville
Lachepaillet
Tivoli
Sarcelou
Saint-Amand
Saint-Léon
le Limpou
Lahubiague
Lembeye
Marracq
Tribunal
Mairie
Lahouze
Aguilera
Chassin
Mairie Biarritz
Moulinau
St-Jean
Aritxague
St-Martin
Beau-Soleil
Bellevue
A63
N10
D5
D52
D636
D932
0 500 1000 m

Étang des Forges
les Forges
la Miotte
la Savoureuse
Pal. de Just.
Préf.
Hôtel de Ville
Hôt. du Dépt
le Mont
les Résidences
A36
13
N83
N19
D483A
D465
D483
0 500 1000 m
BELFORT

BESANÇON
la Viotte
la Vaite
les Chaprais
Brégille
Battant
Hôtel de Ville
Palais de Justice
Préfecture
Hôtel du Département
Hôtel de Région
le Doubs
N57
N83
D70
0 500 1000 m

BOULOGNE-SUR-MER
Bassin Loubet
Darse Sarraz-Bournet
Quai Amiral Huguet
Quai de l'Europe
Saint-Pierre
Beaurepaire
Capécure
Préf.
Hôtel de Ville
Palais de Justice
Henriville
la Madeleine
Cité Ostrohove
D 940
N1
D 236
0 500 1000 m

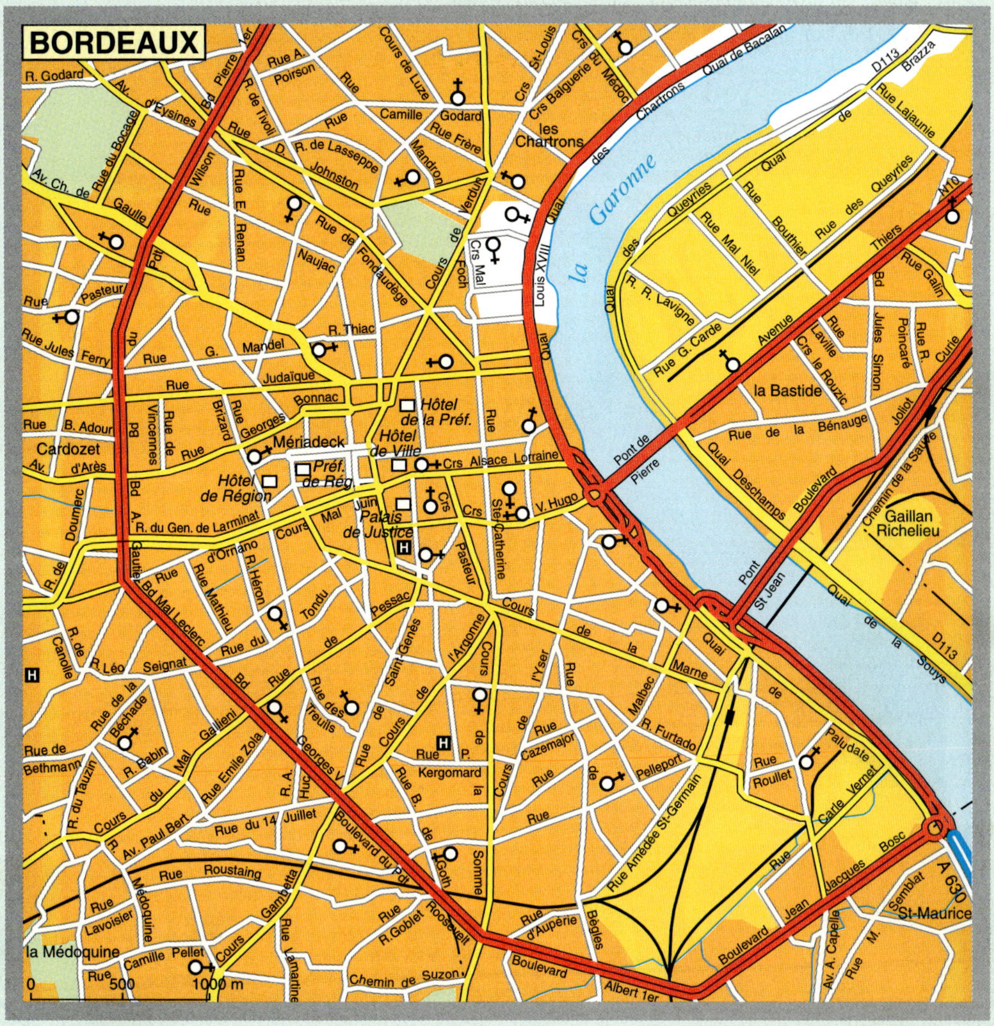
BORDEAUX
les Chartrons
la Garonne
Quai de Bacalan
Quai des Chartrons
Quai des Queyries
Cours de Luze
Crs St-Louis
Crs Balguerie
Crs de Médoc
Cours de Verdun
Crs Mal Foch
Quai Louis XVIII
Rue Fondaudège
Rue Judaïque
Mériadeck
Hôtel de la Préf.
Hôtel de Ville
Hôtel de Région
Préf. de Rég.
Palais de Justice
Cardozet
Cours d'Albret
Crs Alsace Lorraine
Crs V. Hugo
Cours Pasteur
Cours de la Marne
Cours d'Yser
Cours de la Somme
Cours de l'Argonne
Rue Ste-Catherine
Pont de Pierre
Pont St-Jean
la Bastide
Avenue Thiers
Rue de la Bénauge
Quai Deschamps
Gaillan Richelieu
Quai de la Souys
Quai de Paludate
Rue Amédée St-Germain
Boulevard Albert 1er
Boulevard Jean Jacques Bosc
St-Maurice
A 630
D113
N10
Rue Roustaing
Cours Gambetta
Rue du 14 Juillet
Av. Paul Bert
la Médoquine
Chemin de Suzon
0
500
1000 m

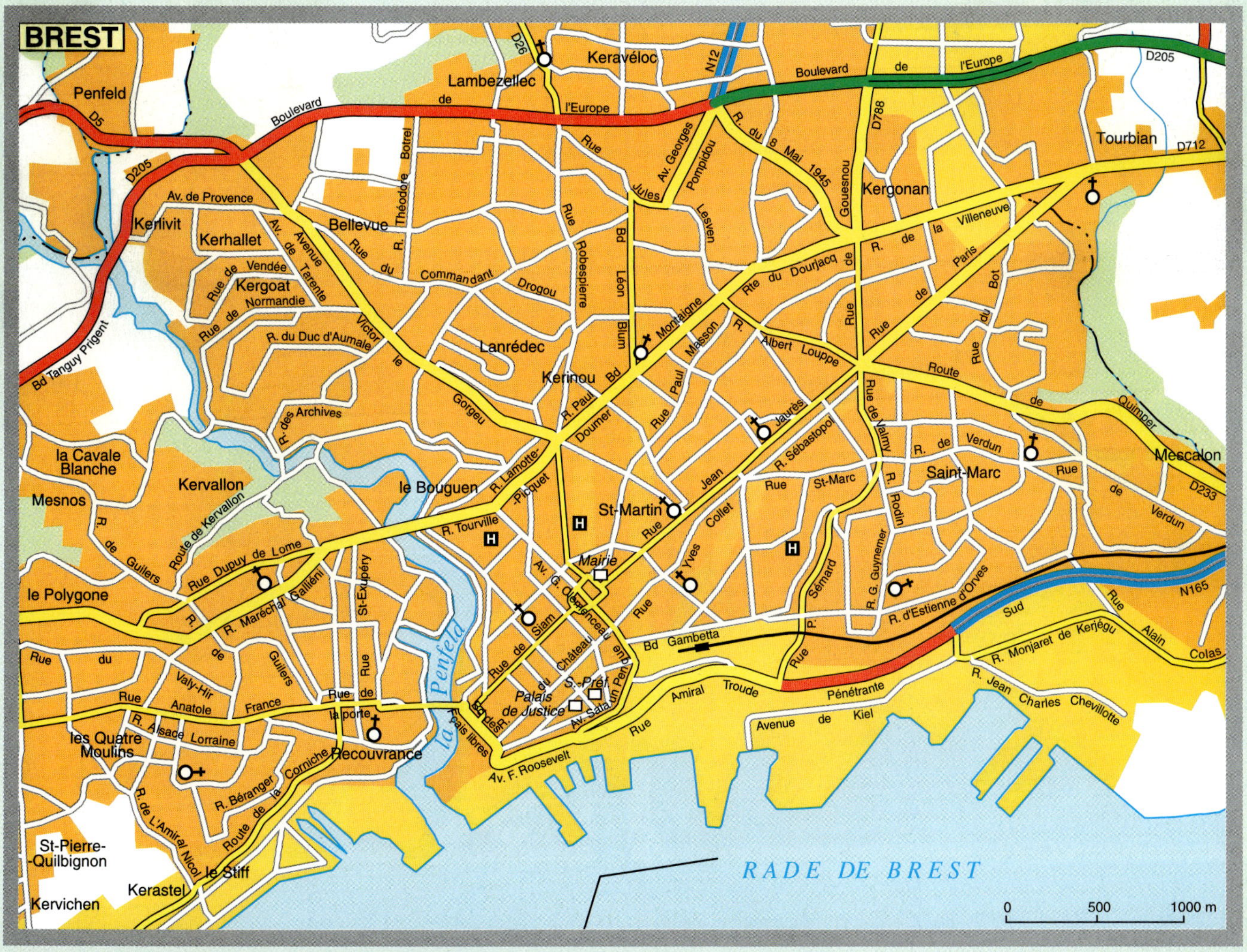
BREST
Penfeld
Keravéloc
Lambezellec
Boulevard de l'Europe
Boulevard
Tourbian
Kergonan
Kerlivit
Kerhallet
Bellevue
Kergoat
Av. de Provence
Avenue de Tarente
Lanrédec
Kerinou
Rue Jean Jaurès
Rte du Dourjacq
Route de Quimper
Mescalon
Saint-Marc
la Cavale Blanche
Kervallon
Mesnos
le Bouguen
St-Martin
Mairie
Route de Kervallon
Rue Dupuy de Lome
le Polygone
R. Maréchal Gallieni
Bd Gambetta
Palais de Justice
S.-Préf.
Recouvrance
les Quatre Moulins
Penfeld
Rue Amiral Troude
Avenue de Kiel
Av. F. Roosevelt
R. Jean Charles Chevillotte
R. Monjaret de Kerjégu
Rue Alain Colas
Pénétrante
Sud
St-Pierre-Quilbignon
Kerastel
le Stiff
Kervichen
RADE DE BREST
N12
N165
D205
D712
D788
D233
D26
0
500
1000 m

215

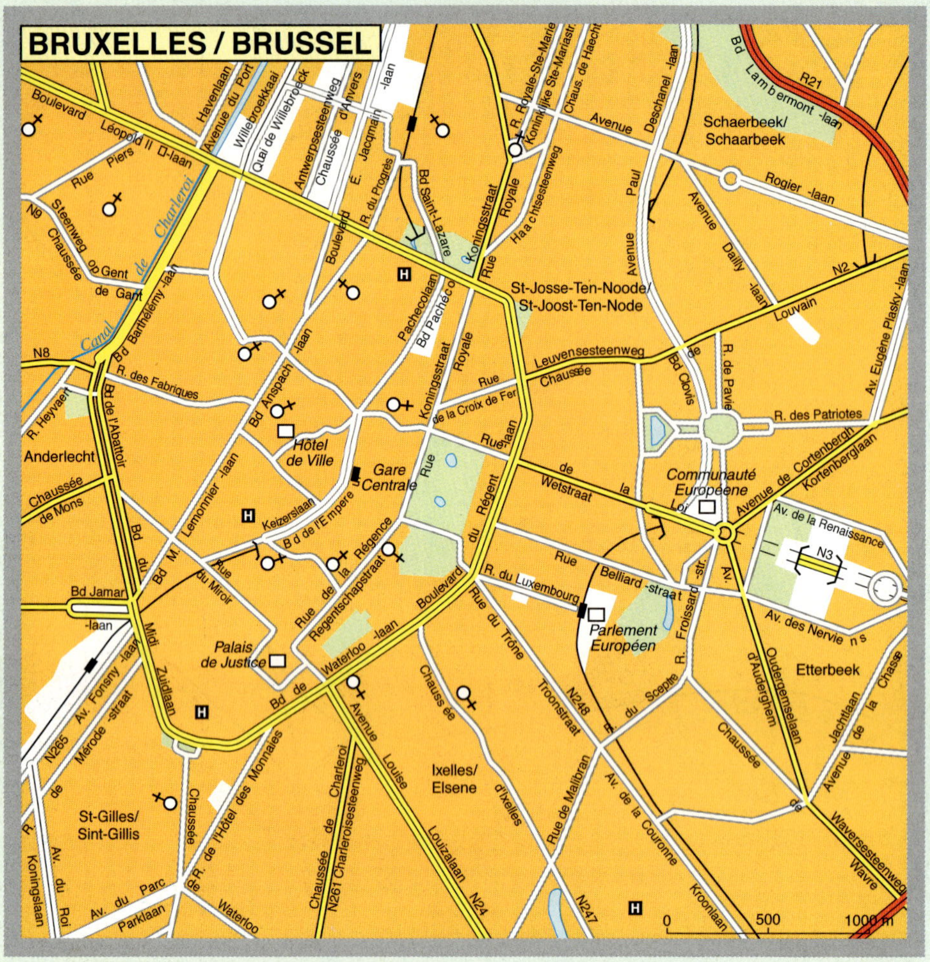

BRUXELLES / BRUSSEL
Boulevard Leopold II -laan
Havenlaan
Avenue du Port
Willebroekkaai
Quai de Willebroeck
Antwerpsesteenweg
Chaussée d'Anvers
E. Jacqmain -laan
Bd Saint-Lazare
R. Royale-Ste-Marie
Koninklijke Ste-Mariastr.
Chaus. de Haecht
Haachtsesteenweg
Rue Royale
Koningsstraat
Avenue Deschanel -laan
Avenue Paul
Bd Lambermont -laan
R21
Schaerbeek/
Schaerbeek
Rogier -laan
Avenue Dailly -laan
Louvain
N2
Av. Eugène Plasky -laan
Rue Piers
N9
Steenweg op Gent
Chaussée de Gand
Canal de Charleroi
Bd Barthélemy -laan
R. des Fabriques
R. du Progrès
St-Josse-Ten-Noode/
St-Joost-Ten-Node
Leuvensesteenweg
Chaussée
Bd Clovis
R. de Pavie
R. des Patriotes
N8
R. Heyvaert
Bd de l'Abattoir
Anderlecht
Bd Anspach -laan
Pachecolaan
Bd Pachéco
Rue Royale
Koningsstraat
Rue de la Croix de Fer
Hôtel de Ville
Gare Centrale
Rue Laan
de Wetstraat
la
Communauté Européenne
Avenue de Cortenbergh
Kortenberglaan
Chaussée de Mons
Bd M. Lemonnier -laan
Keizerslaan
Bd de l'Empereur
Rue de la Régence
Regentschapstraat
Boulevard du Régent
Av. de la Renaissance
N3
Bd Jamar -laan
Bd du Midi
Rue du Miroir
R. du Luxembourg
Rue Belliard -straat
R. Froissart -str.
Av.
Av. des Nervie n s
Etterbeek
Palais de Justice
Bd de Waterloo -laan
Parlement Européen
Oudergemselaan
d'Auderghem
Chaussée
N265
Av. Fonsny -laan
Zuidlaan
Mérode -straat
Avenue Louise
Chaussée
Trônestraat
N248
du Sceptre
Jachtlaan
Avenue de la Chasse
Ixelles/
Elsene
d'Ixelles
Rue de Mérode
St-Gilles/
Sint-Gillis
Chaussée
de R. de l'Hôtel des Monnaies
Chaussée de Charleroi
N261 Charleroisesteenweg
Louizalaan N24
Rue de Malibran
Av. de la Couronne
Kroonlaan
N247
Waversesteenweg
Wavre
R. Koningslaan
Av. du Roi
Av. du Parc
Parklaan
Waterloo
0 500 1000 m

CAEN
la Folie
D177
la Folie-Couvrechef
Av. Maréchal Montgomery
D60
D226B
le Bois
D401
Hérouville-St-Clair
le Val
5
4
6
7
N814
Pierre Heuzé
Bd de la Haute Folie
Route de Ouistreham
D515
Bd de la Paix
Rue le Chemin Vert
R. de Cussy
Rue de Rosel
Rue du Chemin Vert
Authie
Av. de Courseulles
Rue des Rosiers
Rue de Bruxelles
Rue de la Délivrande
Rue de Lebisey
R. d'Hérouville
St-Gilles
Avenue G. Clemenceau
St-Jean Eudes
3
Boulevard des Sources
Viaduc
N814
Hôtel de Région
Rue de Bayeux
Pal. de Just.
Hôtel du Dépt
Av. de Tourville
la Haie Vigné
Bd A. Detolle
R. Caponière
Hôtel de Ville
Préfecture
St-Jean
Cours Caffarelli
2
Cours Montalivet
St-Ouen
Boulevard Yves Guillou
Cours Gén. Kœnig
Rue d'Auge
les Charmettes
D675
R. Pasteur
Vaucelles
D613
D405
la Noë
Boulevard Maréchal Lyautey
Rue V. Lépine
Bas de Venoix
D 212B
0 500 1000 m
la Grâce de Dieu

CALAIS
Digue Gaston Berthe
Boulevard du Général de Gaulle
Bassin des Chasses
Ponts H. Hénon
Bd des Alliés
Bassin Carnot
Rte du Quai de la Loire
Rue du Quai de la Loire
D' Desserte de l'Hoverport
Rue du Nord
D 119
Bd de la République
Calais Nord
R. Royale
Boulevard du 8 Mai
Sous-préfecture
Av. P. de Coubertin
Rue Mollien
Rue Pascal
le Petit Courgain
Rue de Phalsbourg
D 119
D 940
Rue de Verdun
Calais Saint-Pierre
Bd Jacquard
Hôtel de Ville
Rue de Pic
R. Anatole France
Blériot
Canal de la Rivière Neuve
Quartier du Fort Nieulay
Av. R. Salengro
R. des Quatre Coins
Avenue Louis
la Nouvelle France
R. de Maubeuge
Bd Léon Gambetta
Bd Lafayette
Bd de l'Egalité
N 1
N 1
les Cailloux
Palais de Justice
Rue Massena
Bd Victor Hugo
R. de Haguenau
les Fontinettes
R. Leveurs
Rue du Four à Chaux
D 127
A 16
43
Boulevard Curie
D119
0 500 1000 m

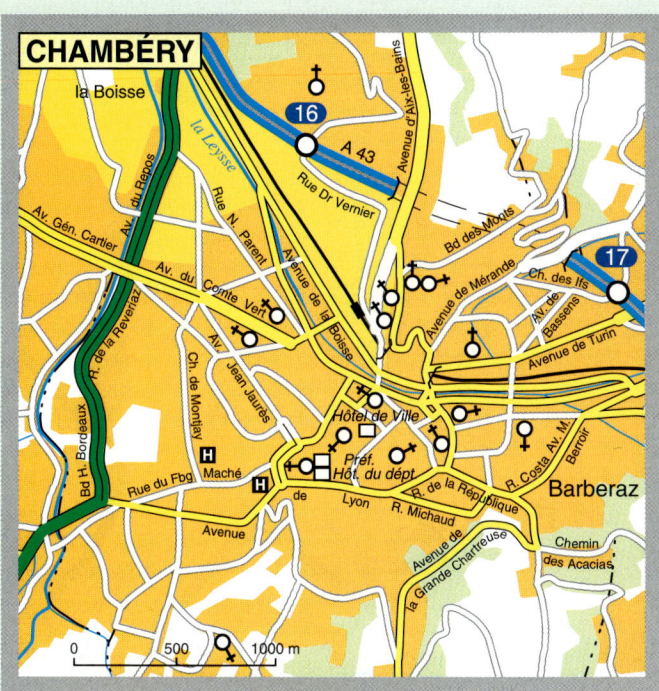

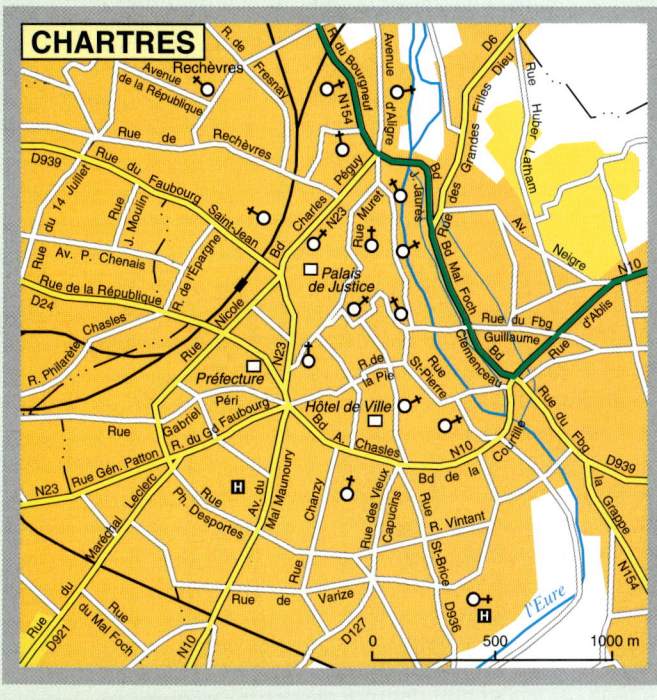
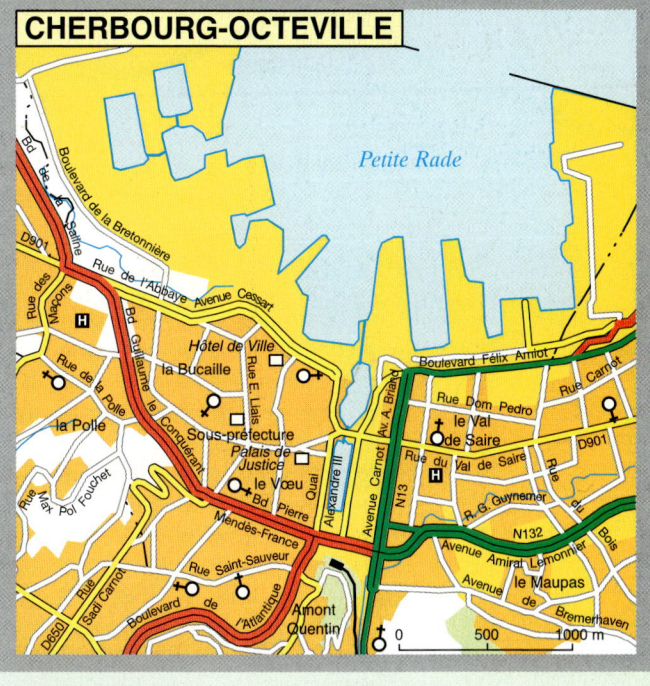

217

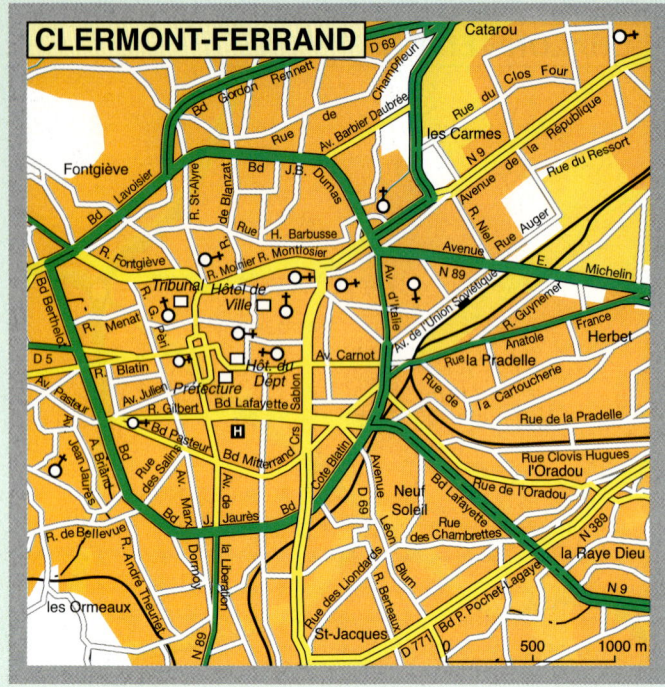
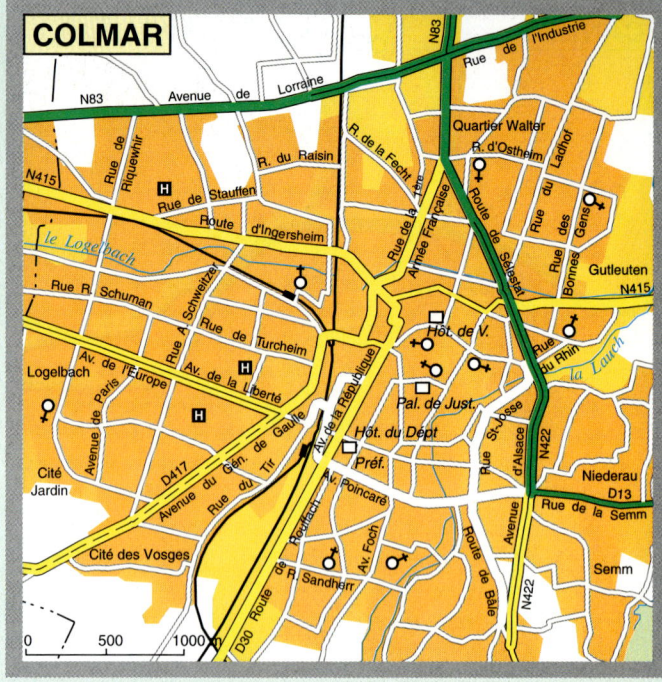
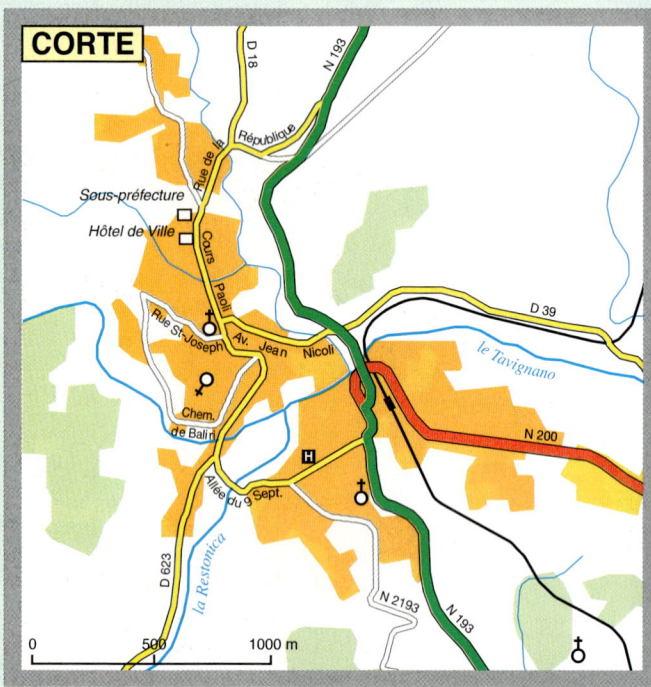
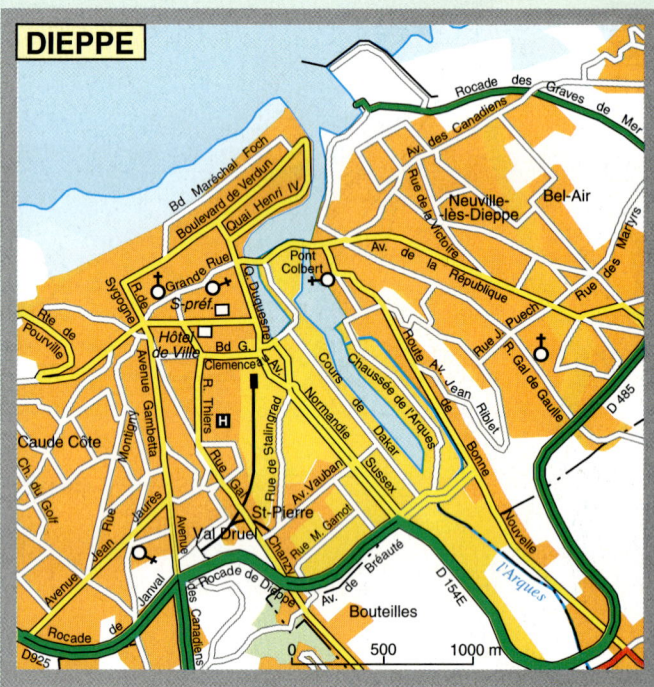

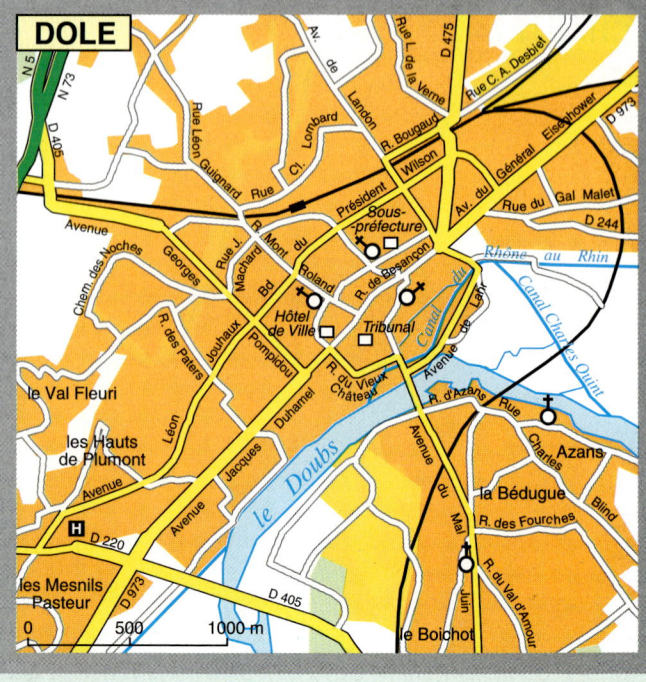

DUNKERQUE
Digue de Mer
Digue des Alliés
Canal Exutoire
Avenue Kléber
Malo les Bains
Av. A. Geeraert
Boulevard de la République
Rosendaël
Chaussée des Darses
Rue du 110e R. I.
Rue M. Hénaux
R. des Pêcheurs
Mairie
Palais de Justice
Sous-préfecture
Stade
Furnes
Route de
Rue de la République
Av. de Pte Synthe
Allée de la Villette
Bd Victor Hugo
Boulevard Vauban
R. Buffon
Rue H. Ghesquière
Coudekerque-Branche
33
A 16
N 1
0 500 1000 m

ÉPINAL
D157
D12
Rue Albert Camus
Bellevue
Rue Charles Perrault
Av. des Provinces
Avenue des Cèdres
Rue E. Renan
R. de la Côte Cabiche
Rue du Gén. Haxo
Rue J. Jaurès
Avenue Dutac
Rue de Nancy
Quai de Dogneville
Rue de Bellevue
R. Antoine Reveille
Av. du Prés. Kennedy
R. Émile Zola
N420
R. du Professeur Roux
Chemin de la Justice
St-Michel
Ancien Chemin de Bruyères
Voie Carpentier
D36
Rue des Forges
Rue N.D. de Lorette
Lyautey
R. du Mal.
R. de la Chipotte
Hôtel de Ville
Palais de Justice
Faubourg d'Ambrail
Razimont
la Tabagie
Rue Français
A. Briand
Préfecture
Hôtel du Département
Rue des Soupirs
Chemin du Serpent
Av. Victor Hugo
Quai des Bons Enfants
R. d'Alsace
Av. de Provence
la Moselle
Chantraine
0 500 1000 m

GRENOBLE
St-Laurent
A48
A480
Rue Félix Esclangon
Palais de Justice
Préfecture
Hôt. du Dépt
Mairie
Bd Mal Leclerc
N2087
Av. Gabriel Péri
Av. A. Croizat
Cours Berriat
Cours Jean Jaurès
Bd Gambetta
Bd Maréchal Foch
Bd Clemenceau
la Croix Rouge
la Bajatière
Bd Joseph Vallier
Rue Ampère
Av. Rhin et Danube
le Drac
les Eaux Claires
la Capuche
Rue de Stalingrad
Rue Marcelin Berthelot
Avenue Jean Perrot
Avenue des Jeux Olympiques
Rue des Alliés
Cité Paul Mistral
Cours de la Libération
Avenue Léon Blum
Av. Marie Reynoard
Grenoble-Sud
Cité Teisseire
les Maisons Neuves
Ville Neuve
Av. E. Esmonin
Av. du Général de Gaulle
les Granges
N87
2
3
4
5
8
0 500 1000 m

LA ROCHELLE
la Trompette
Bd de Cognehors
Bd André Sautel
N11
Cité de St-Maurice
Rue de Jericho
R. Jourdan
Av. Edmond Grasset
D21
Av. du Gén. Leclerc
Chem. du Prompart
Cité des Fleurs
St-Éloi
Avenue du Cimetière
Avenue de Rompsay
Rue de Périgny
Avenue Jean Guiton
la Genette
Palais de Justice
Mairie
R. Thiers
Préfecture
Hôtel du Département
Allées du Mail
le Petit Marseille
Jean-Paul Sartre
Canal de la Moulinette
Marais de Tasdon
la Ville en Bois
la Sole
Tasdon
Av. Jean Moulin
les Minimes
Av. Jean Monnet
la Petite Courbe
la Courbe
Bellevue
Cité de Bongraine
D939
0 500 1000 m

LE HAVRE
Forêt de Montgeon
Bléville
la Mare Rouge
Rte d'Octeville
R. Maurice Genevois
R. Weber
Sous Bretonne
la Mare au Clerc
Sanvic
R. Barbusse
R. A. Copieux
Rue de la Cavée Verte
Rue du 329 ème
Rue L. Blanc
Rue P. Mendès France
Cours de la République
R. Gal de Gaulle
Bd Albert 1er
Rue Félix Faure
Rue A. Briand
R. Mal Joffre
Hôtel de Ville
S.-préf.
Pal. de just.
Av. Foch
Bd de Strasbourg
Quai Georges V
Quai Colbert
Bd W. Churchill
N 15
l'Eure
Rue Marceau
Bd Amiral Mouchez
D481
Bd Clemenceau
Avenue Lucien Corbeaux
Avenue C. Colomb
R. Cuvier
0 500 1000 m

LE MANS
N 138
D 300
les Maillets
Rue de Degré
Chasse Royale
Av. Fr. Chancel
Rue des Maillets
D301
N 157
Avenue Rubillard
Rue Voltaire
Rue Gambetta
Rue du Pavé
Rue A. Paré
Bd du Général Patton
Av. de la Libération
Quai Amiral Lalande
Quai Louis Blanc
Mairie
le Vieux Mans
Pal. de Just.
Hôt. du Dépt
Préf.
Rue Prémartine
Rue de Flore
R. de L'Éventail
Rue de la Mariette
les Ardriers
Av. Olivier Heuzé
Bd de la Gare
Bd Émile Zola
Rue Nationale
Rue Chanzy
D 314
Rue des Marais
la Sarthe
l'Huisne
Boulevard Demorieux
Boulevard des Fusillés
Avenue H. Lefeuvre
R. de la Bertinière
Bd Winston Churchill
Rue de Préau
Rue Henri Barbusse
St-Georges-du-Plain
les Batignolles
D 309
N 138R
0 500 1000 m

LILLE
Lambersart
Canal de la Deûle
Av. M. Delobel
Faubourg Saint-Maurice
Palais de Justice
Hôtel du Département
Préfecture
Hôtel de Ville
les Bois Blancs
Boulevard Robert Shuman
Rue St-Sébastien
Rue Royale
R. Nationale
Boulevard Vauban
Rue Solférino
Rue Gambetta
Bd de la Moselle
Boulevard de Metz
Bd de Strasbourg
Boulevard d'Alsace
Rue de Douai
Bd de Belfort
R. de Marquillies
le Petit Maroc
A 25
A1
1
2
3
4
5
0
500
1000 m

LIMOGES
le Puy Reyjeau
Corgnac
Préfecture
Hôt. du Dépt
Palais de Justice
Hôtel de Région
Hôtel de Ville
Vanteaux
Naugeat
la Vienne
Romanet
Saint-Lazare
Av. Émile Labussière
Bd du Vigenal
Av. de Locarno
Rue de Ste-Anne
A20
N520
N141
N21
32
33
34
0
500
1000 m

LORIENT
Keryado
Kerentrech
Lanester
le Scorff
le Moustoir
Hôtel de Ville
Lanveur
Merville
Pal. de Just.
Sous-Préfecture
Quéhellio-Sachoy
Kergroise
Rade de Lorient
Bd E.Cosmao Dumanoir
Bd Léon Blum
Av. du Gén. De Gaulle
Bd A.Thomas
R. B. Frachon
Rue François Toullec
Bd Jacques Cartier
Bd de la République
N 465
D 765
0
500
1000 m

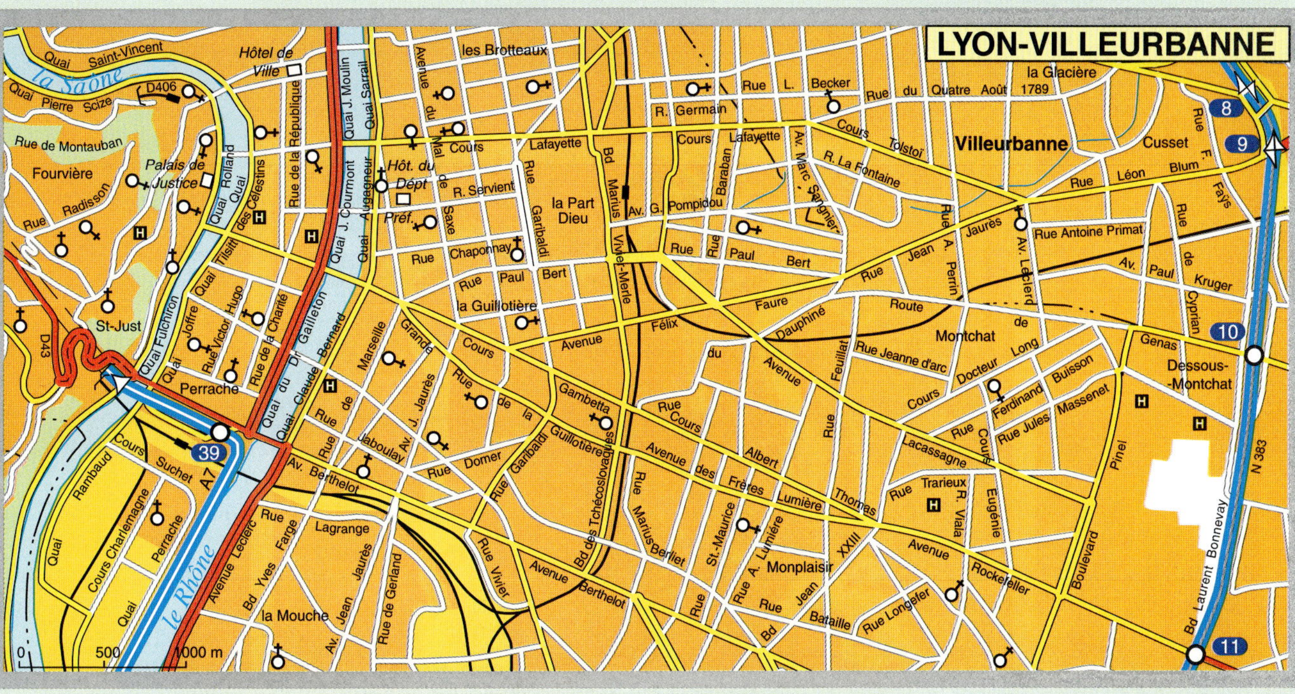
LYON-VILLEURBANNE
Villeurbanne
la Glacière
Cusset
Fourvière
St-Just
Perrache
la Part Dieu
la Guillotière
Montchat
Monplaisir
Dessous-Montchat
Genas
la Mouche
Le Rhône
la Saône
Hôtel de Ville
Palais de Justice
Hôt. du Dépt
Préf.
les Brotteaux
Cours Lafayette
Cours Gambetta
Avenue Berthelot
Cours Albert Thomas
Bd Laurent Bonnevay
Rue Garibaldi
Quai Saint-Vincent
Quai Pierre Scize
Rue de Montauban
A7
D406
D43
N 383
8
9
10
11
39
0
500
1000 m

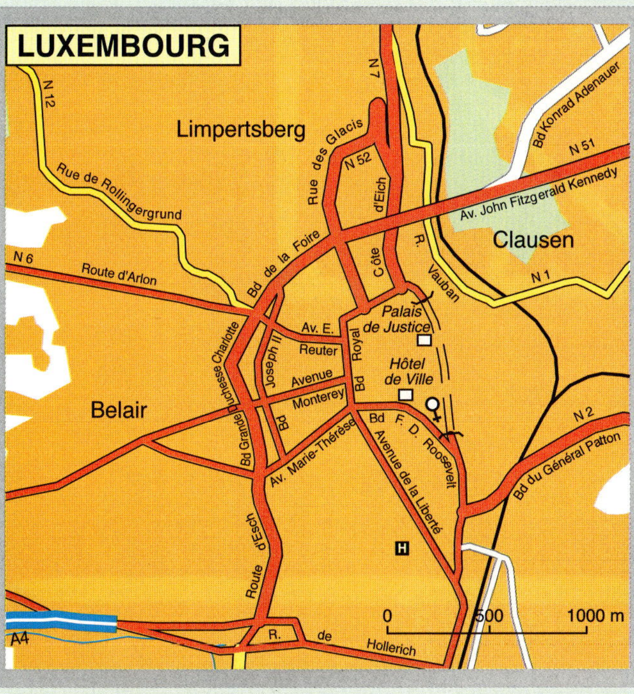
LUXEMBOURG
Limpertsberg
Clausen
Belair
Palais de Justice
Hôtel de Ville
Rue de Rollingergrund
Route d'Arlon
Av. John Fitzgerald Kennedy
Bd Konrad Adenauer
Bd de la Foire
Rue des Glacis
Côte d'Eich
Avenue de la Liberté
Av. Marie-Thérèse
Bd F. D. Roosevelt
Bd du Général Patton
Route d'Esch
R. de Hollerich
N 12
N 7
N 51
N 52
N 6
N 1
N 2
A4
0
500
1000 m

MELUN
Trois Moulins
St-Barthélémy
St-Liesne
les Fourneaux
St Ambroise
Palais de Justice
Hôtel de Ville
Hôt. du Dépt
Préfecture
la Seine
l'Almont
Av. de Corbeil
Av. Général Patton
Av. des Courtilleraies
Quai H. Rossignol
Promenade de Vaux
Quai Maréchal Joffre
Av. de la Libération
Rue Albert Moreau
N105
N6
N36
D414
D39
D416
N372
0
500
1000 m

METZ
Devant les Ponts
St-Pierre
Queuleu
Hôtel de Région
Hôt. du Dépt
Préfecture
Hôtel de Ville
Palais de Justice
la Moselle
Ile du Saulcy
la Seille
Bd du Pontiffroy
Rue du Fort Gambetta
Avenue de Blida
Bd Paixhans
Bd de Trèves
Av. Foch
Avenue de Plantières
Rue aux Arènes
Av. André Malraux
Bd St-Symphorien
R. du Canal
N 233
D 955
N 57
D 913
A 31
33
32
0
500
1000 m

MONACO
MONTE-CARLO
la Roussa
Tenao
la Noix
Bordina
Beausoleil
Grima
la Condamine
Fontvieille
Mairie
Palais de Justice
Grande Corniche
Moyenne Corniche
Bd de la Turbie Supérieure
Avenue Princesse Grace
Bd Princesse Charlotte
Av. d'Ostende
Boulevard Charles III
Bd d'Italie
A 8
D 2564
D 53
N 7
0
500
1000 m

MARSEILLE
Rade de Marseille
les Crottes
A 557
36
Bon Secours
Bd. Alexandre Fleming
D 908
D 4c
Av. J.-P. Sartre
St-Maurent
Bd. F. de Lesseps
A 55
2
A 7
Av. R. Salengro
Bd. de Plombières
Chutes Lavie
Belle de Mai
les Chartreux
St-Lazare
37
Av. de St-Barnabé
Bd. des Dames
Hôt. rég.
la Blancarde
Bd. de la Libération
la Canebière
Hôt. de V.
Cours Lieutaud
Rue Saint-Pierre
St-Pierre
D 2
Pharo
Bd. Ch. Livon
Pal. de Just.
Préf.
Boulevard Baille
la Timone
St-Lambert
A 50
Endoume
N 8
Bompard
la Capelette
Rue Paradis
Av. du Prado
le Roucas Blanc
Périer
Bd. Schloesing
Bd. Rabatau
Bd. R. Rolland
Corniche Président John Kennedy
la Plage
Av. du Prado
D 559
St-Giniez
Bd. Michelet
Ste-Marguerite
0
500
1000 m

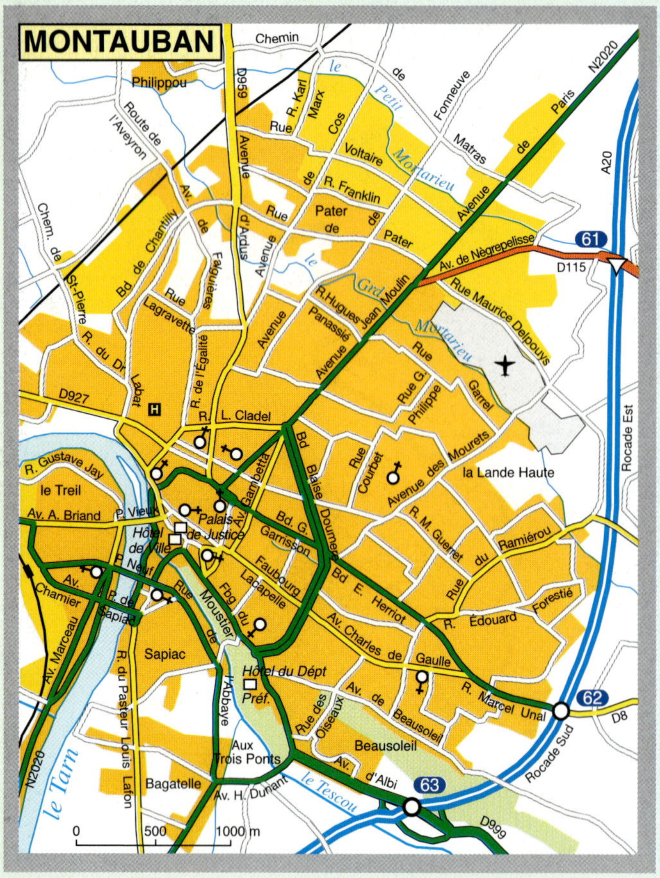
MONTAUBAN
Chemin de Fonneuve
Philippou
Route de l'Aveyron
D959
R. Karl Marx
Rue Cos
Voltaire
N2020
Matras
Avenue de Paris
le Petit Montarieu
R. Franklin
Pater
Av. de Nègrepelisse
61
D115
A20
Rue Maurice Delpouys
Chem. de St-Pierre
Bd. de Chantilly
Rue Lagravette
R. du Dr. Labat
D927
R. de l'Égalité
L. Cladel
Av. Gambetta
Rocade Est
R. Gustave Jay
le Treil
Av. A. Briand
Palais de Justice
Hôtel de Ville
Bd. Garrisson
Bd. Blaise Doumerc
Avenue des Mourets
la Lande Haute
R. M. Guerret
Rue du Ramiérou
Rue Forestié
Bd. E. Herriot
R. Édouard
Av. Chamier
Sapiac
Av. Marceau
Faubourg Lacapelle
Av. Charles de Gaulle
R. Marcel Unal
62
D8
Rocade Sud
Hôtel du Dépt
Préf.
Rue des Oiseaux
Av. de Beausoleil
Beausoleil
Aux Trois Ponts
Bagatelle
Av. H. Dunant
le Tescou
Av. d'Albi
63
D999
le Tarn
R. du Pasteur Louis Lafon
0
500
1000 m

MONTPELLIER
R. du Pioch de Boutonnet
Castelnau
Avenue Saint-Lazare
N 113
D21
Boutonnet
R. St-Vincent-de-Paul
R. de Nazareth
Avenue de Nîmes
Av. St-Maurice de Sauret
Saint-Maur
le Lez
Avenue de la Pompignane
les Beaux-Arts
Rue Lakanal
Av. Xavier de Ricard
les Aubes
Av. Bouisson-Bertrand
Quai du Verdanson
A. Broussonnet
la Pompignane
D 986
Bd Henri IV
Av. de la Citadelle
Avenue Jean Mermoz
R. du Moulin de Semalen
Palais de Justice
Préfecture
Promenade du Peyrou
Rue Foch
Allée Henri II de Montmorency
N 109
R. St-Guilhem
Hôtel de Ville
Bd d'Antigone
Antigone
Hôtel de Région
Comédie
Gambetta
Cours Gambetta
R. de la République
Avenue du Pont Juvénal
Rue Chaptal
R. du Grd St-Jean
Av. de Strasbourg
Chem. Moularès
Av. du Pirée
Av. G. Clemenceau
Bd Berthelot
Av. de la Liberté
Av. de Palavas
Aiguerelles
Bd Vieussens
Rabelais
Rue F. Fabrèges
Trinquat
D 116
D 986
0
500
1000 m

MONT-DE-MARSAN
Sablière
Av. de Sabres
Nonères
Avenue de Nonères
la Douze
Av. du Maréchal Foch
D932
Boulevard Saint-Médard
Av. P. de Coubertin
Rue du St-Jean-d'Août
Av. Henri Farbos
Palais de Justice
Préfecture
Avenue Cronstadt
Hôtel du Département
Hôtel de Ville
le Midou
Chemin de Thore
la Midouze
Quai Silguy
Avenue Éloi Ducom
D1
R. de la Croix Blanche
d'Alingsås
Av. des Martyrs de la Résistance
Bd de la République
Av. G. R. P. Lisse
R. Clemenceau
Boulevard
Bd de Majourau
Dagas
Lamoustey
Bd Brémontier
Avenue du Houga
Biarnès
Rue des Saules
le Pouy
D30
Bd de d'Aquitaine
Avenue de Saint-Sever
D933S
Av. du Président John Fitzgerald Kennedy
D624
0
500
1000 m

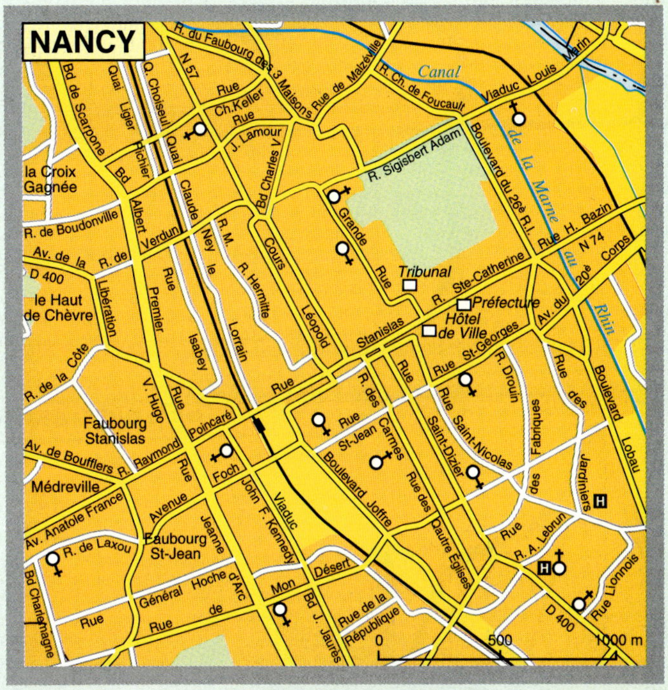
NANCY
R. du Faubourg des 3 Maisons
Rue de Metz
Canal
R. Ch. de Foucault
Viaduc Louis Marin
Bd de Scarpone
Quai Ligier Richier
Q. Choiseul
N57
Rue Ch. Keller
R. J. Lamour
Bd Charles V
R. Sigisbert Adam
Boulevard du 26e R.I.
de la Marne
la Croix Gagnée
R. de Boudonville
Bd Albert I
Rue Claude le Lorrain
Grande Rue
Rue H. Bazin
N74
Av. de la Libération
D400
le Haut de Chèvre
Tribunal
R. Ste-Catherine
Préfecture
Hôtel de Ville
Rue Stanislas
Rue St-Georges
Av. du 20e Corps
Rhin
R. de la Côte
R. Hermite
Cours Léopold
R. Drouin
Rue des Fabriques
Boulevard Lobau
Faubourg Stanislas
V. Hugo
Rue Isabey
Rue Poincaré
Rue St-Jean
Rue St-Nicolas
Av. de Boufflers
R. Raymond Poincaré
Mon Désert
Rue des Carmes
Rue Saint-Dizier
Jardiniers
Médreville
Av. Anatole France
Avenue Foch
Boulevard Joffre
Rue des Quatre Eglises
R. A. Lebrun
Viaduc
R. de Laxou
Faubourg St-Jean
John F. Kennedy
Rue Jeanne d'Arc
Rue de la République
D400
Rue L'Ionnois
Bd Charlemagne
Rue du Général Hoche
Bd J. Jaurès
0
500
1000 m

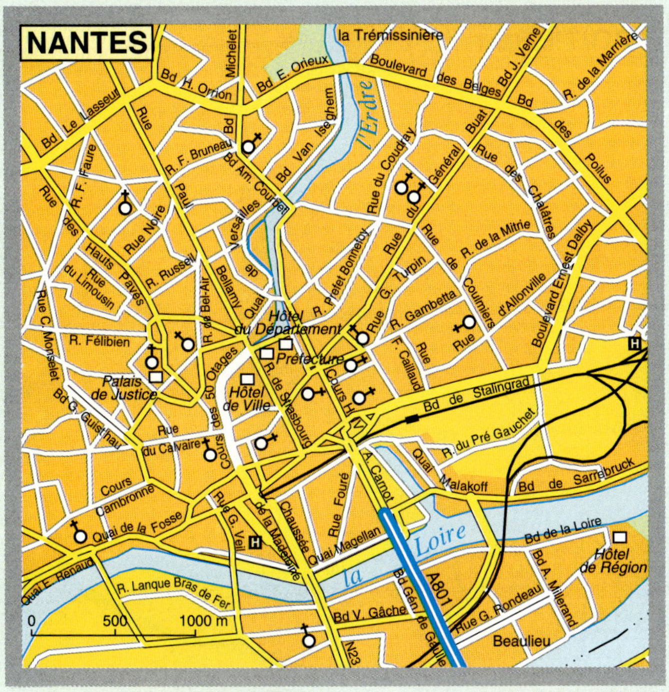
NANTES
la Trémissinière
Michelet
Bd H. Orrion
Bd E. Orieux
Boulevard des Belges
Bd J. Verne
R. de la Marrière
Bd Le Lasseur
l'Erdre
Bd Van Iseghem
Bd Am. Courbet
R. F. Bruneau
Rue des Poilus
R. F. Faure
Rue Paul Bellamy
Rue du Coudray
Rue du Général Buat
Rue des Chalâtres
Rue Noire
R. de la Mitrie
Haut Pavés
Rue du Limousin
R. Russeil
Versailles
R. Bel-Air
Hôtel du Département
R. Pitre Chevalier
Rue G. Turpin
Boulevard Ernest Dalby
R. Gambetta
Rue Coulmiers
Rue d'Allonville
R. Félibien
Préfecture
Palais de Justice
Rue du Calvaire
Hôtel de Ville
Cours des 50 Otages
R. de Strasbourg
Cours Kennedy
F. Cailliaud
Bd de Stalingrad
Quai Malakoff
Bd de Sarrebruck
R. du Pré Gauchet
Cours Cambronne
Quai de la Fosse
Rue Fouré
Chaussée de la Madeleine
Quai Magellan
Carnot
Bd de la Loire
Hôtel de Région
la Loire
A801
Quai E. Renaud
R. Lanque Bras de Fer
Bd V. Gâche
Bd G. de Gaulle
Rue G. Rondeau
Bd A. Millerand
Beaulieu
N23
0
500
1000 m

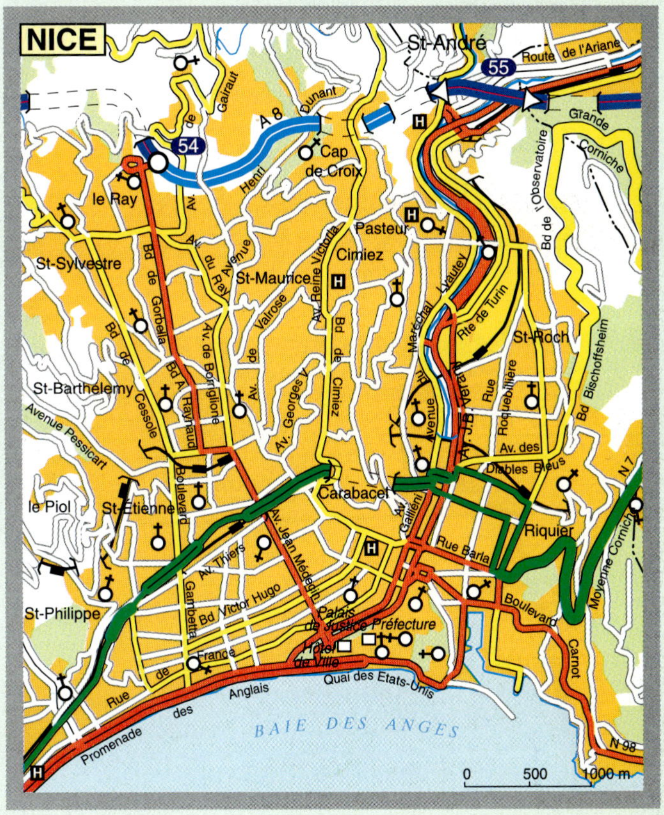
NICE
St-André
55
Route de l'Ariane
Av. de Gairaut
A 8
Dunant
54
Cap de Croix
Grande Corniche
le Ray
Henri
Pasteur
Bd de l'Observatoire
St-Sylvestre
Bd de Gorbella
Av. du Ray
Cimiez
St-Maurice
Av. Reine Victoria
Lyautey
Rte de Turin
Bd Bischoffsheim
Av. de Valrose
Av. Georges V
Bd de Cimiez
St-Roch
St-Barthélemy
Bd de Cessole
Avenue Pessicart
Av. de Borriglione
Bd A. Raynaud
Maréchal
République
Rue Roquebillière
Av. des Diables Bleus
N7
le Piol
St-Étienne
Bd Gambetta
Carabacel
Riquier
Moyenne Corniche
Av. Thiers
Av. Jean Médecin
Rue Barla
St-Philippe
Bd Victor Hugo
Palais de Justice
Préfecture
Boulevard Carnot
Rue de France
Hôtel de Ville
Quai des États-Unis
Promenade des Anglais
BAIE DES ANGES
N 98
0
500
1000 m

NIORT
la Route de Fontenay
Avenue de Nantes
Rte de Coulonges
D744
R. de Cholette
D743
N148
Rue de la Verrerie
Antes
R. d'Antes
Rue de la Recouvrance
Telouze
la Côte St-Hubert
le Vivier
Leclerc
le Pontreau
l'Europe
N148
Castel Parc
Rue de l'Atlantique
R. du Vivier
Avenue S. Allende
R. des Sablières
la Sèvre Niortaise
D850
Bessac
R. de la Blauderie
Genève
R. de Bessac
Rue de Strasbourg
R. de Comporté
la Tour Chabot
R. Gambetta
Hôtel du Dépt
Préfecture
Av. de Paris
Rue de Bellune
Av. de Wellingborough
Palais de Justice
R. St-Gelais
Hôtel de Ville
Boulevard
Ribray
R. de Ribray
Av. de la Venise Verte
Rue des Équarts
Rue du Clou Bouchet
Av. de Limoges
D948
Rue de l'Yser
Rue J. Daguerre
Rue de la Rochelle
Rue Jean Ch. de Gaulle
Rue de Brioux
Rue Henri Sellier
Rue B. Pascal
Av. L. Pasteur
Rue de Goise
Route d'Aiffres
Rue de Pied de Fond
Av. de St-Jean-d'Angély
Pied de Fond
Bd de L. Tardy
Rue de la Plaine
D811
Bd J. Moulin
Jaurès
R. Massujat
St-Florent
D850
0
500
1000 m

ORLÉANS
les Chaises
Faubourg St-Vincent
Fbg Bannier
Hôtel du Département
Palais de Justice
Hôtel de Ville
Préfecture
Cité de l'Argonne
Faubourg St-Jean
Faubourg Bourgogne
St-Marc
St-Loup
Belneuf
la Barrière St-Marc
la Loire
St-Jean-le-Blanc
la Croix St-Marceau
la Saussaye
Clos Rosé
Clos du Pavé
le Pont de Bois
Levée de la Rosette
N20
N152
N157
D951
0
500
1000 m

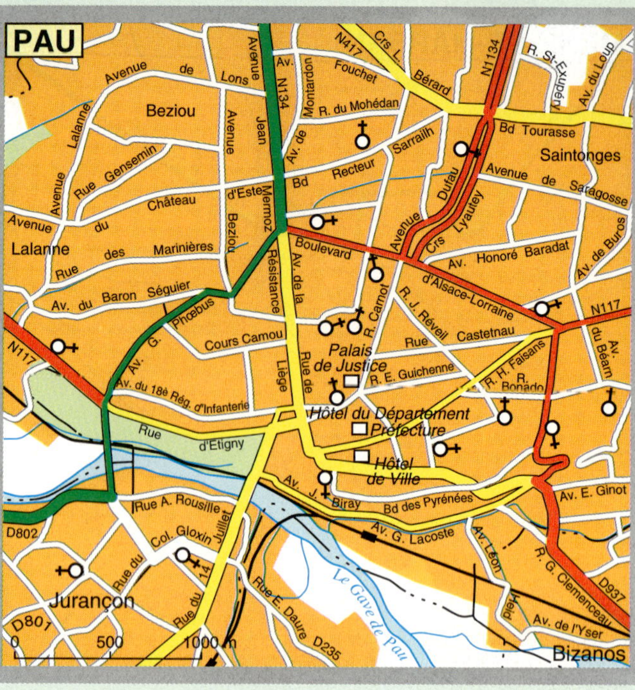
PAU
Beziou
Lalanne
Saintonges
Palais de Justice
Préfecture
Hôtel du Département
Hôtel de Ville
Jurançon
Bizanos
Le Gave de Pau
Bd des Pyrénées
N134
N117
N1134
D802
D937
0
500
1000 m

PERPIGNAN
la Têt
le Bas Vernet
Préf.
Hôt. du Dépt
Hôtel de Ville
Pal. de Just.
St-Assiscle
la Basse
Malloles
St-Martin
Moulin à Vent
A9
N9
D617
0
500
1000 m

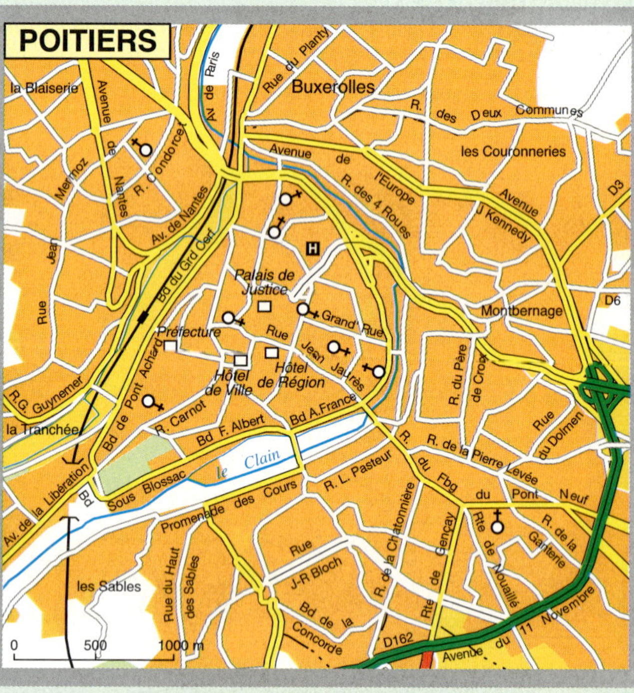
POITIERS
la Blaiserie
Buxerolles
les Couronneries
Montbernage
Palais de Justice
Préfecture
Hôtel de Ville
Hôtel de Région
le Clain
la Tranchée
les Sables
D6
D9
D162
0
500
1000 m

PORTO-VECCHIO
Poretta
Golfe de Porto-Vecchio
Mairie
N198
N2198
D368
D159
D568
D659
D768
0
500
1000 m

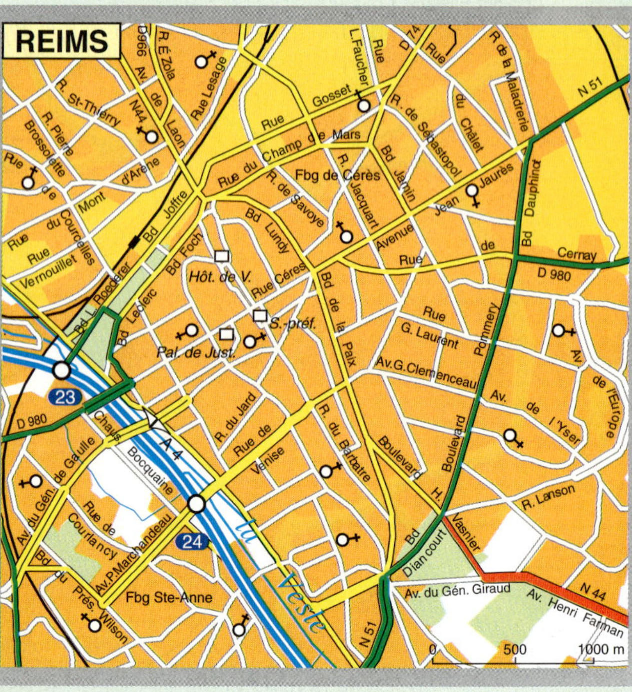
REIMS
Fbg de Cérès
Hôt. de V.
S.-préf.
Pal. de Just.
Fbg Ste-Anne
la Vesle
Cernay
23
24
A 4
N 51
N 44
D 980
0
500
1000 m

RENNES
Beauregard
Préfecture
Avenue Charles Tillon
Villejean
St-Martin
Canal d'Ille et Rance
Maurepas
Av. de Rochester
Bd Volney
Rue de Fougères
Sévigné-Fougères
Bd de Verdun
Rue de St-Malo
St-Martin d'Antrain
Boulevard
Guéhenno
Bd de Metz
Sévigné
Rue de Brest
Palais de Justice
Hôtel de Région
Hôtel de Ville
Rue de Paris
Av. Aristide Briand
Avenue Sergent Maginot
la Vilaine
Quai de la Prévalaye
Bd de la Liberté
Bd Voltaire
Bd Solférino
Rue Saint-Hélier
Bd de Guines
Bd du colombier
Beaumont
Bd J. Cartier
Sainte-Thérèse
Quineleu
N 12
N 24
N 137
N 157
D 463
D 163
0 500 1000 m

SAINT-BRIEUC
le Légué
Bd Harel de la Noë
St-Jouan
Rue T. Ribot
St-Michel
Ginglin
le Gouëdic
la Ville Hellio
Préfecture
Hôtel de Ville
Palais de Justice
Rue Bagot
Av. Corneille
Rue de Brest
Rue du 71ème
Bd Charner
Bd Carnot
Rue Luzel
Rue A. France
le Carpont
Rue de Trégueux
Rue Paul Bert
Douvenant
les Villes Moisans
D 712
D 700
D 45
D 27
D 1
N 12
Trégueux
St-Rivily
Tréfois
0 500 1000 m

SAINT-MALO
D 155
Pasteur
Avenue
Hôtel de Ville
Palais de Justice
Sous-Préfecture
Chaussée du Sillon
Bd. Th. Botrel
Av. du 47ème R.I.
Boulevard Gambetta
Avenue Louis Martin
Avenue Aristide Briand
Quai St-Louis
Quai du Naye
Quai de Trichet
Av. Roosevelt
Bd des Talards
Avenue de Marville
Rue J.P.
Rue P. de Coubertin
de Triquerville
les Bas Sablons
la Cité
Rue de la Cité
Saint-Servan-sur-Mer
Pointe des Corbières
Rue de la Motte
Rue des Antilles
la Découverte
Bd Léonce Demalvilain
les Corbières
Pointe de la Vicomté
la Giclais
le Rosais
N 137
D 301
0 500 1000 m

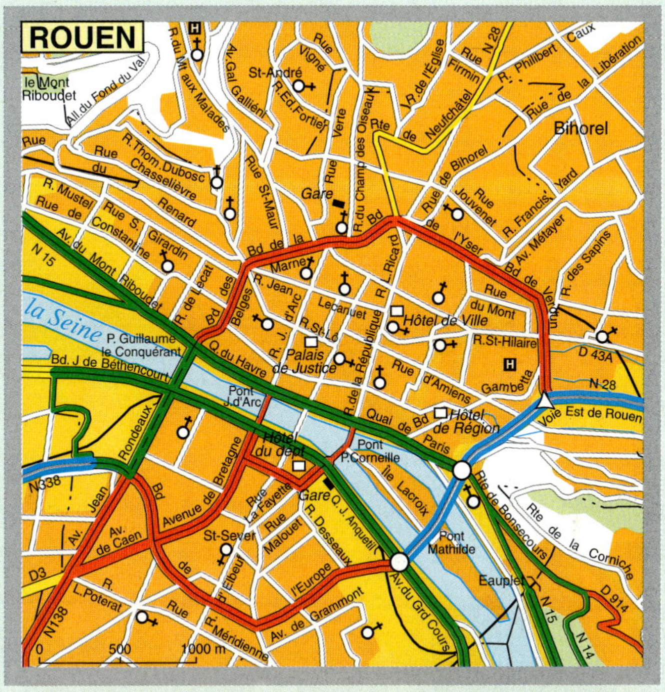
ROUEN
le Mont Riboudet
St-André
Bihorel
Hôtel de Ville
Gare
R. Jeanne d'Arc
Palais de Justice
Rue du Mont Riboudet
la Seine
Bd. J. de Béthencourt
Pont J. d'Arc
Pont P. Corneille
Hôtel de Région
Quai de Paris
Avenue de Bretagne
St-Sever
Av. de Caen
Pont Mathilde
Eauplet
Rte de la Corniche
Av. de Grammont
N 15
N 28
N 138
N 338
D 43A
Voie Est de Rouen
0 500 1000 m

SAINT-ÉTIENNE
le Marais
Méons
15
Rue St-Simon
le Soleil
Chavassieux
Montaud
A72
le Monteil
Crêt de Roch
Préf.
Hôt. de Ville
Monthieu
Michon
Pal. de Just.
St-François
Villebœuf
la Dame Blanche
20
Montmartre
le Devey
la Cotonne
la Marandinière
21
la Béraudière
le Mont
le Portail Rouge
23
D201
N88
0 500 1000 m

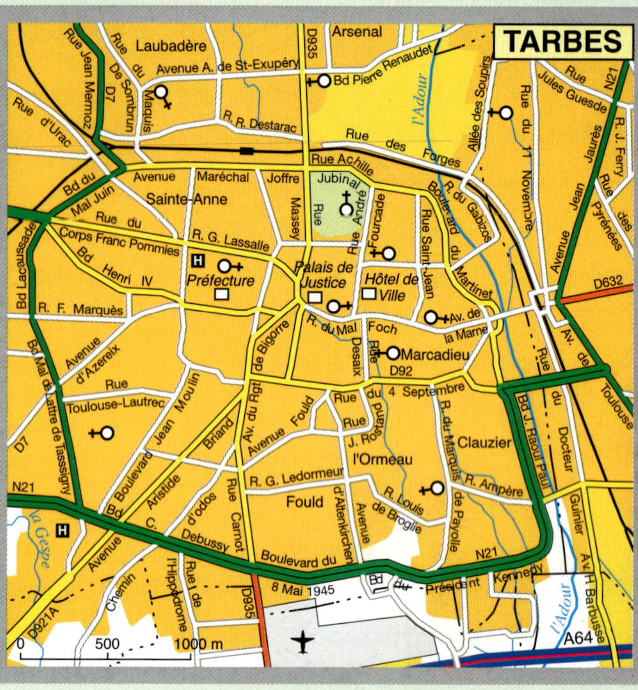
TARBES
Arsenal
Laubadère
Avenue A. de St-Exupéry
Bd Pierre Renaudet
l'Adour
Rue Jean Mermoz
Rue de Sombrun
Rue du Maquis
D7
D935
R. Destarac
Rue d'Urac
Rue des Forges
Allée des Soupirs
Rue du 11 Novembre
Rue Jules Guesde
R. J. Ferry
Rue des Pyrénées
N21
Avenue Jaurès
Rue Achille Jubinal
Bd du Mal Juin
Avenue Maréchal Joffre
Sainte-Anne
Rue du Corps Franc Pommies
R. G. Lassalle
Bd Henri IV
Préfecture
Palais de Justice
Hôtel de Ville
Rue André Fourcade
Rue Massey
Rue Saint-Jean
Boulevard du Martinet
R. du Gabizos
D632
Bd Lacaussade
R. F. Marquès
Avenue d'Azereix
Rue Toulouse-Lautrec
Av. de la Marne
R. du Mal Foch
Rue Desaix
Marcadieu
D92
Av. du Rgt de Bigorre
Rue du 4 Septembre
Avenue Fould
J. Rostand
l'Ormeau
Clauzier
R. Ampère
Bd J. Raoul Paul
Rue du Docteur Guinier
Av. de Toulouse
Bd Mal de Lattre de Tassigny
Boulevard Jean Moulin
Rue Briand
R. G. Ledormeur
Fould
R. Louis de Broglie
Rue Carnot
Rue d'Alsace-Lorraine
Rue de Pacuolle
C. Debussy
Aristide
Boulevard du 8 Mai 1945
Bd du Président Kennedy
la Gespe
Avenue
D921A
Chemin de l'Hippodrome
Rue
Av. H. Barbusse
l'Adour
A64
0 500 1000 m

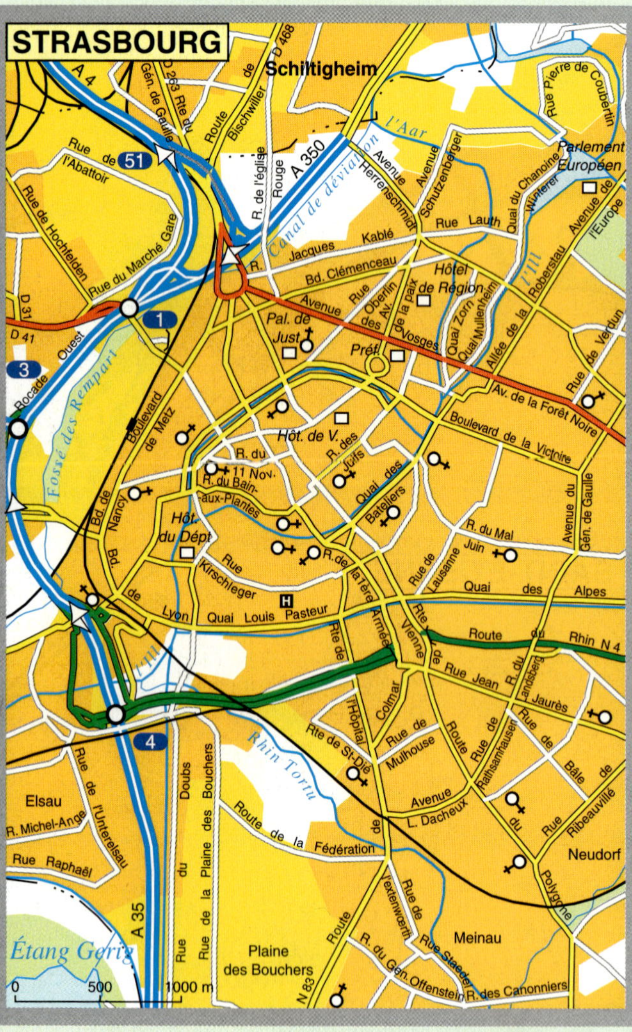
STRASBOURG
Schiltigheim
D 468
D 263
Rte du Gén. de Gaulle
Route de Bischwiller
A 4
Rue de l'Abattoir
51
R. de l'église Rouge
A 350
Canal de dérivation
l'Aar
Avenue Herrenschmidt
Avenue Schutzenberger
Rue Pierre de Coubertin
Parlement Européen
Quai du Chanoine Winterer
Avenue de l'Europe
Rue de Hochfelden
Rue du Marché Gare
R. Jacques Kablé
Rue Lauth
Bd Clémenceau
Hôtel de Région
D 31
D 41
1
Rocade Ouest
3
Avenue des Vosges
Rue Oberlin
Av. de la paix
Quai Zorn
Quai Mullenheim
Allée de la Robertsau
l'Ill
Pal. de Just.
Préf.
Rue de Verdun
Av. de la Forêt Noire
Fossé des Remparts
Boulevard de Metz
Hôt. de V.
R. des Juifs
Boulevard de la Victoire
R. du 11 Nov.
R. du Bain-aux-Plantes
Quai des Bateliers
Bd de Nancy
Hôt. du Dépt
R. du Mal Juin
Avenue du Gén. de Gaulle
Bd. de Lyon
Rue Kirschleger
R. de la 1ère Armée
Rue de Lausanne
Quai des Alpes
Quai Louis Pasteur
Rte de l'Hôpital
Rte de Vienne
Route du Rhin N 4
Rue Jean Jaurès
R. du Landsberg
Rue de Bâle
Rte de Colmar
Rue de Mulhouse
Route de Ratisbonne
Rue de Ribeauvillé
Rte de St-Dié
Rhin Tortu
4
Avenue L. Dacheux
Rue du Polygone
Neudorf
Elsau
R. Michel-Ange
Rue de l'Unterelsau
Rue Raphaël
Rue du Doubs
Rue de la Plaine des Bouchers
Route de la Fédération
Rue de Fextenwoerth
Rue Stoedel
Meinau
A 35
Étang Gerig
Plaine des Bouchers
N 83
Route
R. du Gén. Offenstein
R. des Canonniers
0 500 1000 m

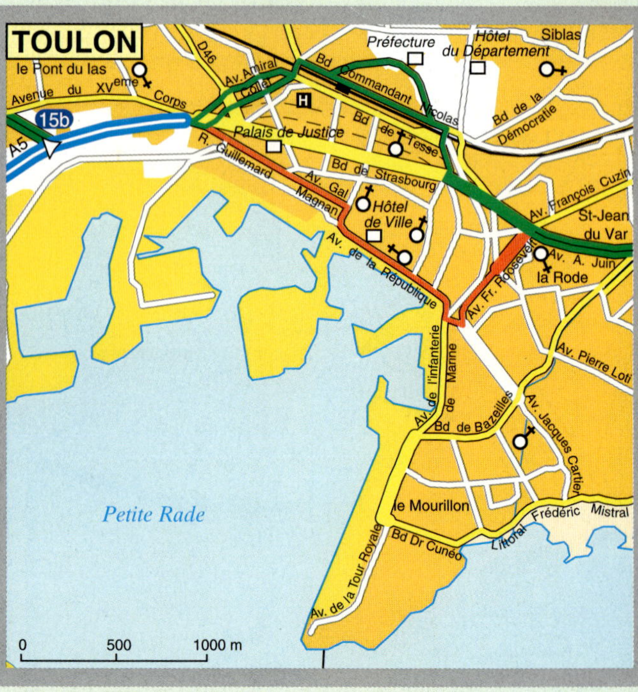
TOULON
Préfecture
Hôtel du Département
Siblas
le Pont du las
Avenue du XVème Corps
D46
Av. Amiral Collet
Bd Commandant Nicolas
Bd de la Démocratie
15b
A5
Palais de Justice
Bd de Tessé
R. Guillemard
Bd de Strasbourg
Av. Gal Magnan
Hôtel de Ville
Av. François Cuzin
St-Jean du Var
Av. de la République
Av. A. Juin
la Rode
Av. Fr. Roosevelt
Av. de l'Infanterie de Marine
Av. Pierre Loti
Bd de Bazeilles
Av. Jacques Cartier
Petite Rade
le Mourillon
Bd Dr Cunéo
Littoral Frédéric Mistral
Av. de la Tour Royale
0 500 1000 m

TOULOUSE
St-Michel du Touch
les Sept Deniers
les Minimes
Hôtel du Département
Bd des Minimes
Bd de Suisse
Bd de l'Embouchure
Bd de la Marquette
Arnaud Bernard
Matabiau
les Ponts Jumeaux
les Amidonniers
Casselardit
Canal de Brienne
la Garonne
Mairie
Préfecture
Metz
Av. de Grande-Bretagne
Bourrassol
Av. de Lombez
Faubourg Saint-Cyprien
Palais de Justice
Route de Saint-Simon
Bosc
Fontaine l'Estang
la Croix de Pierre
Av. de Muret
Hôtel de Région
St-Michel
le Busca
St-Roch
Sauzelong
Empalot
Cité Universitaire
la Pointe
le Mirail
Reynerie
Rangueil
Route d'Espagne
Avenue d'Empalot
Rte de Narbonne
la Fourguette
Bellefontaine
A620
A64
N20
N113
D124
D2
D4
D4d
D15
D23
N124
N88
0
500
1000 m

TOURS
St-Symphorien
Ste-Radegonde-de-Touraine
St-Cyr-sur-Loire
Portillon
Quai Paul Bert
la Grande Île Aucard
la Loire
Quai d'Orléans
Proudhon
la Poudrière
la Riche
Préf.
Hôt. du Dépt
Hôt. de V.
Pal. de Just.
St-Pierre-des-Corps
Bd Béranger
Rue de Boisdenier
Boulevard Thiers
Avenue de Grammont
Rue Édouard Vaillant
Avenue Georges Pompidou
Bd Louis XI
Rue Febvotte
Boulevard R. Wagner
Bd Winston Churchill
St-Sauveur
le Cher
Lac de la Bergeronnerie
les Fontaines
St-Avertin
A10
N10
N152
N76
D751
D140
D7
D86
0
500
1000 m

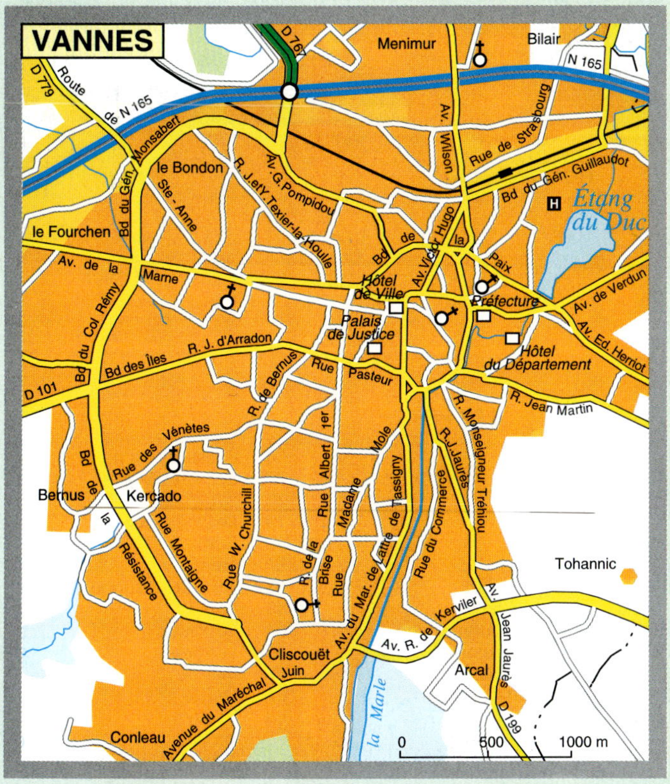
VANNES
Menimur
Bilair
Route de N 165
N 165
le Bondon
Ste-Anne
Av. G. Pompidou
Rue de Strasbourg
Bd du Gén. Guillaudot
Étang du Duc
le Fourchen
Av. de la Marne
Av. Victor Hugo
Hôtel de Ville
Préfecture
Av. de Verdun
Palais de Justice
Hôtel du Département
Av. Ed. Herriot
R. J. d'Arradon
Bd des Iles
Rue Pasteur
R. Jean Martin
Rue des Vénètes
Bernus
Kercado
Rue Montaigne
Rue W. Churchill
Rue du Commerce
Tohannic
Av. R. de Kervilier
Av. Jean Jaurès
Cliscouët
Arcal
Conleau
Avenue du Maréchal Juin
la Marle
D 101
D 779
D 199
0
500
1000 m

France administrative · Département map · Overzicht departementen · Mapa departamental · Departementskarte · Carta dipartimentale

01	Ain	28	Eure-et-Loir	52	Haute-Marne
02	Aisne	29	Finistère	53	Mayenne
03	Allier	30	Gard	54	Meurthe-et-Moselle
04	Alpes-de-Haute-Provence	31	Haute-Garonne	55	Meuse
05	Hautes-Alpes	32	Gers	56	Morbihan
06	Alpes-Maritimes	33	Gironde	57	Moselle
07	Ardèche	34	Hérault	58	Nièvre
08	Ardennes	35	Ille-et-Vilaine	59	Nord
09	Ariège	36	Indre	60	Oise
10	Aube	37	Indre-et-Loire	61	Orne
11	Aude	38	Isère	62	Pas-de-Calais
12	Aveyron	39	Jura	63	Puy-de-Dôme
13	Bouches-du-Rhône	40	Landes	64	Pyrénées-Atlantiques
14	Calvados	41	Loir-et-Cher	65	Hautes-Pyrénées
15	Cantal	42	Loire	66	Pyrénées-Orientales
16	Charente	43	Haute-Loire	67	Bas-Rhin
17	Charente-Maritime	44	Loire-Atlantique	68	Haut-Rhin
18	Cher	45	Loiret	69	Rhône
19	Corrèze	46	Lot	70	Haute-Saône
2A	Corse-du-Sud	47	Lot-et-Garonne	71	Saône-et-Loire
2B	Haute-Corse	48	Lozère	72	Sarthe
21	Côte-d'Or	49	Maine-et-Loire	73	Savoie
22	Côtes d'Armor	50	Manche	74	Haute-Savoie
23	Creuse	51	Marne	75	Paris
24	Dordogne			76	Seine-Maritime
25	Doubs			77	Seine-et-Marne
26	Drôme			78	Yvelines
27	Eure			79	Deux-Sèvres
				80	Somme
				81	Tarn
				82	Tarn-et-Garonne
				83	Var
				84	Vaucluse
				85	Vendée
				86	Vienne
				87	Haute-Vienne
				88	Vosges
				89	Yonne
				90	Territoire de Belfort
				91	Essonne
				92	Hauts-de-Seine
				93	Seine-Saint-Denis
				94	Val-de-Marne
				95	Val-d'Oise

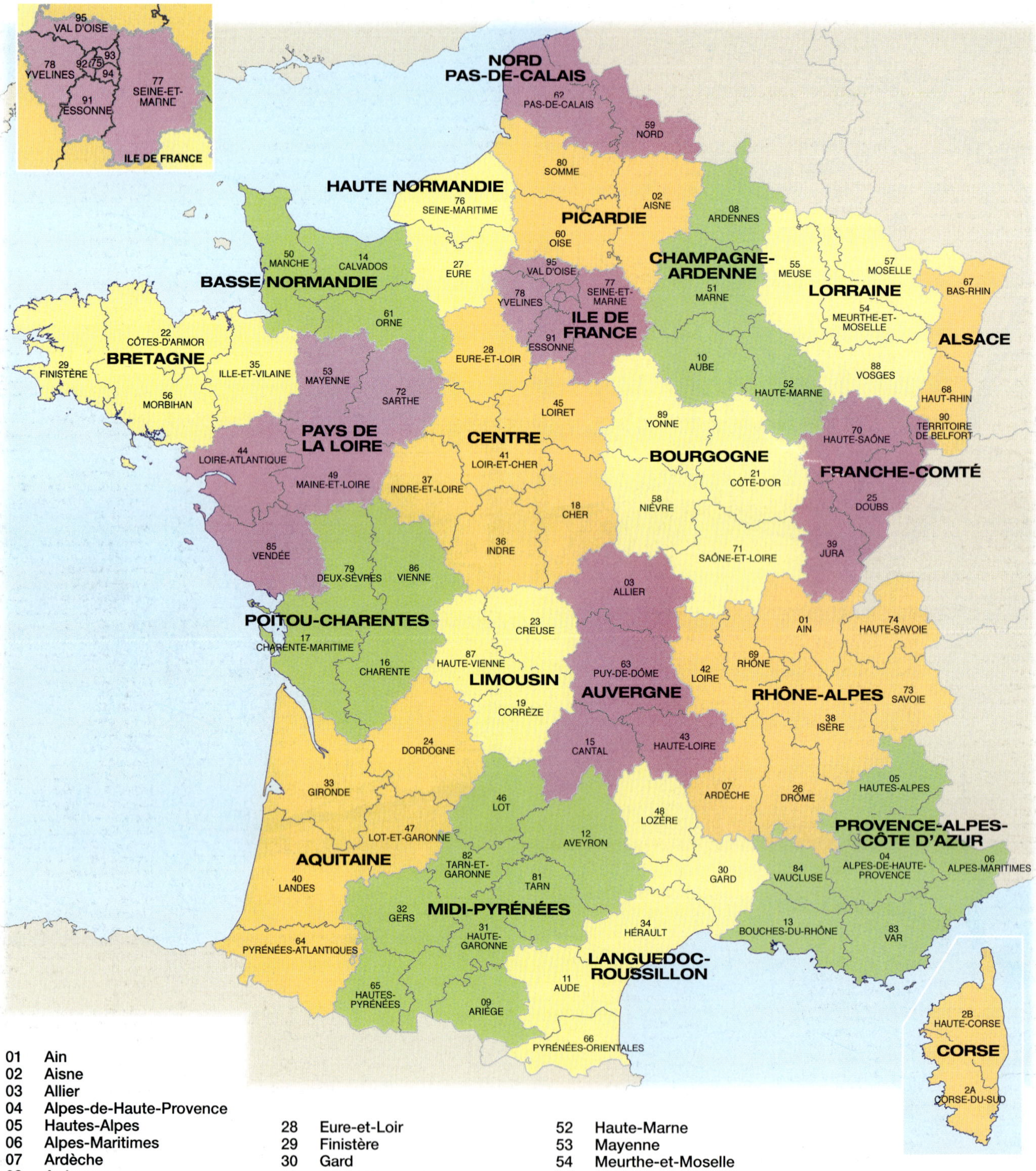

A

Aast (64) 180 D2
Abainville (55) 47 G6
Abancourt (59) 10 D3
Abancourt (60) 19 G2
Abaucourt (54) 48 D3
Abaucourt-Hautecourt (55) 25 F6
Abbans-Dessous (25) 103 E2
Abbans-Dessus (25) 103 E2
Abbaretz (44) 74 D2
l'Abbaye 152 B1
Abbécourt (02) 21 H3
Abbecourt (60) 20 B5
Abbenans (25) 88 A4
Abbeville (80) 8 D4
Abbéville-la-Rivière (91) 63 F3
Abbéville-lès-Conflans (54) 25 H6
Abbeville-Saint-Lucien (60) 20 B3
Abbévillers (25) 88 D4
Abeilhan (34) 187 E1
Abelcourt (70) 87 H1
Abère (64) 180 D1
l'Abergement-Clémenciat (01) 116 C5
l'Abergement-de-Cuisery (71) 116 C1
l'Abergement-de-Varey (01) 117 F6
Abergement-la-Ronce (39) 102 B2
Abergement-le-Grand (39) 102 D4
Abergement-le-Petit (39) 102 D4
Abergement-lès-Thésy (39) 103 F4
l'Abergement-
-Sainte-Colombe (71) 101 H5
Abidos (64) 180 A1
Abilly (37) 95 E4
Abitain (64) 179 F1
Abjat-sur-Bandiat (24) 123 F5
Ablain-Saint-Nazaire (62) 10 A1
Ablaincourt-Pressoir (80) 10 B6
Ablainzevelle (62) 10 B3
Ablancourt (51) 46 B4
Ableiges (95) 42 B2
les Ableuvenettes (88) 69 G3
Ablis (78) 62 D1
Ablon (14) 17 F2
Ablon-sur-Seine (94) 42 D5
Aboën (42) 129 E6
Aboncourt (54) 69 E2
Aboncourt (57) 26 C4
Aboncourt-Gesincourt (70) 87 F2
Aboncourt-sur-Seille (57) 49 E3
Abondance (74) 119 F3
Abondant (28) 41 F4
Abos (64) 180 A1
Aboul 154 D3
Abreschviller (57) 50 B5
Abrest (03) 114 A6
les Abrets (38) 131 F5
Abriès (05) 147 G5
Abscon (59) 11 E2
l'Absie (79) 92 D6
Abzac (16) 109 G6
Abzac (33) 135 H4
Accolans (25) 88 A4
Accolay (89) 83 G3
Accons (07) 143 F5
Accous (64) 180 A5
Achain (57) 49 F3
Achen (57) 28 A6
Achenheim (67) 51 E5
Achères (18) 97 G1
Achères (78) 42 B3
Achères-la-Forêt (77) 63 H3
Achery (02) 22 A2
Acheux-en-Amiénois (80) 9 H4
Acheux-en-Vimeu (80) 8 C4
Acheville (62) 10 B1
Achey (70) 86 C3
Achicourt (62) 10 B2
Achiet-le-Grand (62) 10 B4
Achiet-le-Petit (62) 10 B4
Achun (58) 99 G2
Achy (60) 20 A3
Acigné (35) 57 G2
Aclou (27) 40 B1
Acon (27) 40 D4
Acq (62) 10 A2
Acqueville (14) 16 B6
Acqueville (50) 14 B2
Acquigny (27) 41 E1
Acquin-Westbécourt (62) 2 A4
Acy (02) 22 B5
Acy-en-Multien (60) 43 H1
Acy-Romance (08) 23 G3
Adaincourt (57) 26 D6
Adainville (78) 41 H5
Adam-lès-Passavant (25) 87 H6
Adam-lès-Vercel (25) 104 A1
Adamswiller (67) 50 B2
Adast (65) 180 D5
Adé (65) 181 E4
Adelange (57) 27 E6
Adelans-et-
-le-Val-de-Bithaine (70) 87 H2
Adervielle-Pouchergues (65) 195 H4
Adilly (79) 93 F6
Adinfer (62) 10 A3
Adissan (34) 170 C6
les Adjots (16) 108 D6
Adon (45) 82 B2
les Adrets (38) 146 A1
les Adrets-de-l'Estérel (83) 193 E1
Adriers (86) 109 H4
Afa (2A) 204 C5
Affieux (19) 125 E5
Affléville (54) 25 H5
Affoux (69) 129 F2
Affracourt (54) 69 G1
Affringues (62) 1 H4
Agassac (31) 182 C2
Agay 193 E2
Agde (34) 187 F2
Agel (34) 185 H2
Agen (47) 151 F6
Agen-d'Aveyron (12) 154 C4
Agencourt (21) 101 H2
Agenville (80) 9 F3
Agenvillers (80) 9 E3
les Ageux (60) 20 D5
Ageville (52) 68 B4
Agey (21) 85 F6
Aghione (2B) 205 G4
Agincourt (54) 48 D4
Agmé (47) 150 D3
Agnac (47) 150 D1
Agnat (43) 141 H1
Agneaux (50) 37 G1
les Agneliers 161 F4
Agnetz (60) 20 C5
Agnez-lès-Duisans (62) 10 A2
Agnicourt-et-Séchelles (02) 23 E2
Agnières (62) 10 A2
Agnières-en-Dévoluy (05) 160 A1
Agnin (38) 144 A1
Agnos (64) 180 A3
Agny (62) 10 B2
Agon-Coutainville (50) 36 D1
Agonac (24) 137 F1
Agonès (34) 171 E3
Agonges (03) 113 G1
Agos-Vidalos (65) 180 D4
Agris (16) 122 D3
Agudelle (17) 121 F6
les Agudes 195 H4
Aguessac (12) 155 F6
Aguilcourt (02) 23 E4
Aguts (81) 168 A6
Agy (14) 15 H6
Ahaxe-Alciette-Bascassan (64) 179 E3
Ahetze (64) 178 B1
Ahéville (88) 69 G3
Ahuillé (53) 58 C5
Ahun (23) 111 H6
Ahuy (21) 85 H5
Aibes (59) 12 B3
Aibre (25) 88 B3
Aïcirits-Camou-Suhast (64) 179 F2
Aiffres (79) 107 H4
Aigaliers (30) 172 A1
l'Aigle (61) 40 B4
Aiglemont (08) 24 B1
Aiglepierre (39) 103 E3
Aigleville (27) 41 F2
Aiglun (04) 175 E1
Aiglun (06) 176 B4
Aignan (32) 164 D4
Aignay-le-Duc (21) 85 F3
Aigne 109 E2
Aigne (34) 185 H2
Aigné (72) 60 A5
Aignerville (14) 15 G5
Aignes (31) 183 H2
Aignes-et-Puypéroux (16) 122 B6
Aigneville (80) 8 C4
Aigny (51) 45 G2
Aigonnay (79) 108 A3
Aigre (16) 122 B2
Aigrefeuille (31) 167 F6
Aigrefeuille-d'Aunis (17) 107 E5
Aigrefeuille-sur-Maine (44) 74 D6
Aigremont (30) 171 G2
Aigremont (52) 68 D5
Aigremont (78) 42 B3
Aigremont (89) 84 A2
Aiguebelette-le-Lac (73) 131 G5
Aigue Belle 192 B5
Aiguebelle (73) 132 C4
Aigueblanche (73) 132 D5
Aiguefonde (81) 168 C6
Aigueparse 151 H2
Aigueperse (63) 127 F1
Aigueperse (69) 115 G4
Aigues-Juntes (09) 183 G5
Aigues-Mortes (30) 171 H6
Aigues-Vives (09) 184 B5
Aigues-Vives (11) 185 F3
Aigues-Vives (30) 171 H4
Aigues-Vives (34) 185 H2
Aiguevives 95 H1
Aiguèze (30) 157 H5
Aiguilhe (43) 142 C4
Aiguilles (05) 147 G5
l'Aiguillon (09) 184 B6
Aiguillon (47) 150 D5
l'Aiguillon-sur-Mer (85) 106 B3
l'Aiguillon-sur-Vie (85) 90 D4
Aiguines (83) 175 F3
Aigurande (36) 111 G3
Ailefroide 146 D5
Ailhon (07) 157 F2
Aillant-sur-Milleron (45) 82 C2
Aillant-sur-Tholon (89) 83 E1
Aillas (33) 150 A3
Ailleux (42) 128 C3
Aillevans (70) 88 A3
Ailleville (10) 67 E3
Aillevillers-et-Lyaumont (70) 69 H6
Aillianville (52) 68 B2
Aillières-Beauvoir (72) 60 B2
Aillon-le-Jeune (73) 132 A4
Aillon-le-Vieux (73) 132 A3
Ailloncourt (70) 87 H2
Ailly (27) 41 E1
Ailly-le-Haut-Clocher (80) 9 E4
Ailly-sur-Noye (80) 20 C1
Ailly-sur-Somme (80) 9 F5
Aimargues (30) 171 H4
Aime (73) 133 E4
Aime la Plagne 133 E5
Ainay-le-Château (03) 98 A6
Ainay-le-Vieil (18) 97 H6
Aincille (64) 179 E3
Aincourt (95) 42 A2
Aincreville (55) 24 D5
Aingeray (54) 48 C4
Aingeville (88) 68 D3
Aingoulaincourt (52) 68 A1
Ainharp (64) 179 F2
Ainhice-Mongelos (64) 179 E3
Ainhoa (64) 178 C2
Ainvelle (70) 87 G1
Ainvelle (88) 69 E5
Airaines (80) 9 E5
Airan (14) 16 D5
Aire (08) 23 F4
Aire-sur-la-Lys (62) 2 B5
Aire-sur-l'Adour (40) 164 B4
Airel (50) 15 F6
les Aires (34) 170 A6
Airion (60) 20 C4
Airon-Notre-Dame (62) 8 C1
Airon-Saint-Vaast (62) 8 C1
Airoux (11) 184 B2
Airvault (79) 93 G5
Aiserey (21) 102 A1
Aisey-et-Richecourt (70) 69 E6
Aisey-sur-Seine (21) 85 E2
Aisonville-et-Bernoville (02) 11 F5
Aïssey (25) 87 H6
Aisy 16 C6
Aisy-sous-Thil (21) 84 C5
Aisy-sur-Armançon (89) 84 C3
Aiti (2B) 205 F1
Aiton (73) 132 B4
Aix (19) 126 A4
Aix (59) 3 H6
les Aix-d'Angillon (18) 97 H2
Aix-en-Diois (26) 159 E1
Aix-en-Ergny (62) 1 H5
Aix-en-Issart (62) 1 G6
Aix-en-Othe (10) 65 G4
Aix-en-Provence (13) 174 A6
Aix-la-Fayette (63) 127 H5
Aix-les-Bains (73) 131 H3
Aix-Noulette (62) 10 A1
Aixe-sur-Vienne (87) 124 A3
Aizac (07) 157 F1
Aizanville (52) 67 G5
Aize (36) 96 C2
Aizecourt-le-Bas (80) 10 C5
Aizecourt-le-Haut (80) 10 C5
Aizelles (02) 22 D4
Aizenay (85) 91 E3
Aizier (27) 6 D6
Aizy-Jouy (02) 22 B4
Ajac (11) 184 C5
Ajaccio (2A) 204 C6
Ajain (23) 111 H5
Ajat (24) 137 H3
Ajoncourt (57) 48 D3
Ajou (27) 40 B3
Ajoux (07) 143 G6
Alaigne (11) 184 C4
Alaincourt (02) 22 A1
Alaincourt (70) 69 F6
Alaincourt-la-Côte (57) 49 E3
Alairac (11) 184 D3
Alaise 103 F3
Alan (31) 182 C3
Alando (2B) 205 F2
Alata (2A) 204 C5
Alba-la-Romaine (07) 157 H2
Alban (81) 168 D3
Albaret-le-Comtal (48) 141 F5
Albaret-Sainte-Marie (48) 141 G5
Albaron 172 B5
Albas (11) 185 G5
Albas (46) 152 B3
Albé (67) 71 F2
Albefeuille-Lagarde (82) 166 D1
l'Albenc (38) 145 E2
Albens (73) 131 H2
Albepierre-Bredons (15) 140 D3
l'Albère (66) 200 D4
Albert (80) 10 A5
Albertacce (2B) 204 D2
les Alberts 146 D5
Albertville (73) 132 C3
Albestroff (57) 49 H2
Albi (81) 168 B2
Albiac (31) 167 H6
Albiac (46) 139 E6
Albias (82) 167 E1
Albières (11) 185 F6
Albiès (09) 198 A2
Albiez-le-Jeune (73) 146 C1
Albiez-Montrond (73) 146 C2
Albignac (19) 138 D3
Albigny-sur-Saône (69) 130 A2
Albine (81) 185 F1
Albinhac 140 C6
Albitreccia (2A) 204 D6
Albon (26) 144 A2
Albon-d'Ardèche (07) 143 G6
Alboussière (07) 144 A4
les Albres (12) 153 H3
Albussac (19) 139 E3
Alby-sur-Chéran (74) 132 A2
Alçay-Alçabéhéty-
-Sunharette (64) 179 F4
Aldudes (64) 178 C4
Alembon (62) 1 G3
Alençon (61) 60 A2
Alénya (66) 201 E3
Aléria (2B) 205 H4
Alès (30) 157 E6
Alet-les-Bains (11) 184 D5
Alette (62) 1 G6
Aleu (09) 183 E6
Alex (74) 132 B1
Alexain (53) 58 C3
Aleyrac (26) 158 C3
Alfortville (94) 43 E4
Algajola (2B) 202 C5
Algans (81) 167 H5
Algolsheim (68) 71 G5
Algrange (57) 26 B3
Alièze (39) 117 G1
Alignan-du-Vent (34) 187 E1
Alincourt (08) 23 G4
Alincthun (62) 1 G4
Alise-Sainte-Reine (21) 84 D4
Alissas (07) 157 H1
Alix (69) 129 H1
Alixan (26) 144 C4
Alizay (27) 18 D5
Allain (54) 48 B6
Allaines (80) 10 C5
Allaines-Mervilliers (28) 62 D4
Allainville (28) 41 F5
Allainville (78) 62 D2
Allaire (56) 73 H1
Allamont (54) 48 A1
Allamps (54) 48 B6
Allan (26) 158 B3
Allanche (15) 141 E2
Alland'Huy-et-Sausseuil (08) 23 H3
Allarmont (88) 50 A6
Allas-Bocage (17) 121 F6
Allas-Champagne (17) 121 G5
Allas-les-Mines (24) 137 H6
Allassac (19) 138 C2
Allauch (13) 190 D3
Allègre (43) 142 B2
Allègre-les-Fumades (30) 157 F6
Alleins (13) 173 G4
Allemagne-en-Provence (04) 174 D3
Allemanche-Launay-
-et-Soyer (51) 45 E6
Allemans (24) 136 C1
Allemans-du-Dropt (47) 150 D2
Allemant (02) 22 B4
Allemant (51) 45 E5
Allemond (38) 146 A2
Allenay (80) 8 B4
Allenc (48) 156 B3
Allenjoie (25) 88 D3
Allennes-les-Marais (59) 3 F6
Allenwiller (67) 50 C5
Allerey (21) 100 D1
Allerey-sur-Saône (71) 101 H4
Allériot (71) 101 G5
Allery (80) 8 D5
Alles-sur-Dordogne (24) 137 G5
les Alleuds (49) 77 E6
les Alleuds (79) 108 C5
les Alleux (08) 24 B4
Alleuze (15) 141 F4
Allevard (38) 132 A6
Allèves (74) 132 A3
Allex (26) 144 B6
Alleyrac (43) 142 D5
Alleyras (43) 142 B5
Alleyrat (19) 125 H5
Alleyrat (23) 125 G1
Allez-et-Cazeneuve (47) 151 F4
Alliancelles (51) 46 D4
Alliat (09) 197 H4
Allibaudières (10) 45 G6
Allichamps (52) 46 D6
Allier (65) 181 F3
Allières (09) 183 F5
les Alliés (25) 104 A3
Alligny-Cosne (58) 82 C5
Alligny-en-Morvan (58) 100 C1
Allineuc (22) 33 F6
Allinges (74) 119 E3
Allogny (18) 97 G1
Allondans (25) 88 C4
Allondaz (73) 132 C3
Allondrelle-la-Malmaison (54) 25 F3
Allonne (60) 20 B4
Allonne (79) 107 H1
Allonnes (28) 62 C3
Allonnes (49) 77 H6
Allonnes (72) 60 A6
Allons (04) 175 H1
Allons (47) 150 A5
Allonville (80) 9 G5
Allonzier-la-Caille (74) 118 C6
Allos (04) 161 F5
Allouagne (62) 2 C6
Alloue (16) 109 F6
Allouis (18) 97 F2
Allouville-Bellefosse (76) 7 E5
les Allues (73) 132 D5
les Alluets-le-Roi (78) 42 B3
Alluy (58) 99 G3
Alluyes (28) 62 A4
Ally (15) 140 A3
Ally (43) 141 G3
les Allymes 131 E1
Almayrac (81) 168 B1
Almenêches (61) 39 F5
Almont-les-Junies (12) 154 A2
Alos (09) 183 E6
Alos (81) 167 H2
Alos-Sibas-Abense (64) 179 G4
Aloxe-Corton (21) 101 G2
l'Alpe d'Huez 146 A3
Alpe du Grand Serre 145 H4
Alpuech (12) 140 D6
Alquines (62) 1 H4
Alrance (12) 154 C6
Alsting (57) 27 G4
Altagène (2A) 207 E2
Altenckendorf (67) 50 D3
Altenach (68) 89 E3
Altenheim (67) 50 D4
Altenstadt 29 E5
Althen-des-Paluds (84) 173 E1
Altiani (2B) 205 F3
Altier (48) 156 C3
Altillac (19) 139 E4
Altkirch (68) 89 F2
Altorf (67) 50 D6
Altrippe (57) 27 F6
Altviller (57) 27 F5
Altwiller (67) 50 A2
Aluze (71) 101 F4
Alvignac (46) 138 D6
Alvimare (76) 6 D5
Alzen (09) 183 G5
Alzi (2B) 205 F2
Alzing (57) 27 E4
Alzon (30) 170 C2
Alzonne (11) 184 D3
Amage (70) 88 A1
Amagne (08) 23 H3
Amagney (25) 87 G6
Amailloux (79) 93 F5
Amance (10) 66 D3
Amance (54) 48 D4
Amance (70) 87 F1
Amancey (25) 103 G2
Amancy (74) 118 D5
Amange (39) 102 C1
Amanlis (35) 57 G3
Amanty (55) 68 C1
Amanvillers (57) 26 B5
Amanzé (71) 115 F3
Amarens (81) 168 A1
Amathay-Vésigneux (25) 103 G3
Amayé-sur-Orne (14) 16 B5
Amayé-sur-Seulles (14) 38 A1
Amazy (58) 83 G6
Ambacourt (88) 69 F2
Ambarès-et-Lagrave (33) 135 F5
Ambax (31) 182 C2
Ambazac (87) 124 C1
Ambel (38) 146 A5
Ambenay (27) 40 B4
Ambérac (16) 122 B2
Ambérieu-en-Bugey (01) 130 D1
Ambérieux (69) 129 H1
Ambérieux-en-Dombes (01) 116 C6
Ambernac (16) 123 E1
Amberre (86) 94 A5
Ambert (63) 128 B5
Ambès (33) 135 F4
Ambeyrac (12) 153 F3
Ambialet (81) 168 D2
Ambiegna (2A) 204 C4
Ambierle (42) 114 D6
Ambiévillers (70) 69 G5
Ambillou (37) 78 C5
Ambillou-Château (49) 93 F1
Ambilly (74) 118 C4
Amblagnieu 131 E2
Amblainville (60) 20 B6
Amblans-et-Velotte (70) 87 H2
Ambleny (02) 21 H5
Ambléon (01) 131 F3
Ambleteuse (62) 1 F3
Ambleville (16) 121 H5
Ambleville (95) 41 H1
Amblie (14) 16 B3
Amblimont (08) 24 C2
Ambloy (41) 79 F3
Ambly-Fleury (08) 23 H4
Ambly-sur-Meuse (55) 47 G2
Amboise (37) 79 F5
Ambon (56) 73 E1
Ambonil (26) 144 B6
Ambonnay (51) 45 G2
Ambonville (52) 67 G3
Ambrault (36) 96 D5
Ambres (81) 167 H4
Ambricourt (62) 2 A6
Ambrief (02) 22 B5
Ambrières (51) 46 C5
Ambrières-les-Vallées (53) 58 D2
Ambrines (62) 9 H2
Ambronay (01) 117 F6
Ambrugeat (19) 125 G5
Ambrumesnil (76) 7 G2
Ambrus (47) 150 C5
Ambutrix (01) 130 D1
Amécourt (27) 19 G5
Amel-sur-l'Étang (55) 25 G5
Amelécourt (57) 49 F3
l'Amélie 120 B5
Amélie-les-Bains-Palalda (66) 199 G4
Amendeuix-Oneix (64) 179 F1
Amenoncourt (54) 49 G5
Amenucourt (95) 41 H1
Ames (62) 2 C6
Amettes (62) 2 B6
Ameugny (71) 116 A2
Ameuvelle (88) 69 E6
Amfreville (14) 16 C4
Amfreville (50) 14 D4
Amfreville-la-Campagne (27) 18 B6
Amfreville-la-Mi-Voie (76) 18 D4
Amfreville-les-Champs (27) 19 E5
Amfreville-les-Champs (76) 7 F4
Amfreville-sous-les-Monts (27) 18 D5
Amfreville-sur-Iton (27) 41 E1
Amfroipret (59) 11 G2
Amiens (80) 9 G6
Amifontaine (02) 23 E4
Amigny (50) 15 E6
Amigny-Rouy (02) 22 A3
Amillis (77) 44 A5
Amilly (28) 62 A2
Amilly (45) 64 B6
Amions (42) 128 D2
Amirat (06) 176 B4
Ammerschwihr (68) 71 F4
Ammerzwiller (68) 89 E2
Amné (72) 59 H5
Amnéville (57) 26 B4
Amoncourt (70) 87 F2
Amondans (25) 103 F2
Amont-et-Effreney (70) 70 B6
Amorots-Succos (64) 179 E1
Amou (40) 163 F5
Amphion-les-Bains 119 E2
Ampilly-le-Sec (21) 85 E2
Ampilly-les-Bordes (21) 85 E3
Amplepuis (69) 129 F1
Amplier (62) 9 G4
Ampoigné (53) 76 C1
Amponville (77) 63 H3
Ampriani (2B) 205 G2
Ampuis (69) 130 A5
Ampus (83) 175 G5
Amuré (79) 107 G4
Amy (60) 21 F2
Anais (16) 122 C3
Anais (17) 107 E4
Anan (31) 182 B2
Ance (64) 179 H3
Anceaumeville (76) 7 G5
Anceins (61) 40 A4
Ancelle (05) 160 C1
Ancemont (55) 47 G1
Ancenis (44) 75 F4
Ancerville (55) 47 E5
Ancerville (57) 26 D6
Ancerviller (54) 49 H6
Ancey (21) 85 G6
Anchamps (08) 13 E5
Anché (37) 94 B2
Anché (86) 108 D3
Anchenoncourt-
-et-Chazel (70) 87 F1
Anciens Bains de Baraci 206 D2
Ancienville (02) 21 H6
Ancier (70) 86 D5
Ancinnes (72) 60 A2
Ancizan (65) 181 G6
les Ancizes-Comps (63) 126 D2
Ancône (26) 158 A2
Ancourt (76) 7 H2
Ancourteville-
-sur-Héricourt (76) 7 E4
Ancretiéville-Saint-Victor (76) 7 F4
Ancretteville-sur-Mer (76) 6 D3
Ancteville (50) 37 E1
Anctoville (14) 38 A1
Anctoville-sur-Boscq (50) 35 G2
Ancy (69) 129 G2
Ancy-le-Franc (89) 84 B2
Ancy-le-Libre (89) 84 B2
Ancy-sur-Moselle (57) 26 B6
Andainville (80) 8 D6
Andance (07) 144 A2
Andancette (26) 144 A2
Andard (49) 77 E5
Andé (27) 18 D6
Andechy (80) 21 E2
Andel (22) 33 H4
Andelain (02) 22 A2
Andelaroche (03) 114 C4
Andelarre (70) 87 F3
Andelarrot (70) 87 G3
Andelat (15) 141 E4
Andelnans (90) 88 C3
Andelot-Blancheville (52) 68 A3
Andelot-en-Montagne (39) 103 F4
Andelot-Morval (39) 117 F2
Andelu (78) 42 A3
les Andelys (27) 19 E6
Andernay (55) 46 D4
Andernos-les-Bains (33) 134 B6
Anderny (54) 26 A3
Andert 131 F2
Andert-et-Condon (01) 131 F2
Andeville (60) 20 B6
Andigné (49) 75 H1
Andillac (81) 167 H2
Andilly (17) 106 D4
Andilly (54) 48 B4
Andilly (74) 118 B5
Andilly (95) 42 D2
Andilly-en-Bassigny (52) 68 C6
Andiran (47) 165 F1
Andlau (67) 71 F1
Andoins (64) 180 C2
Andolsheim (68) 71 F4
Andon (06) 176 B5
Andonville (45) 63 E3
Andornay (70) 88 B2
Andouillé (53) 58 C4
Andouillé-Neuville (35) 57 F1
Andouque (81) 168 C2
Andrein (64) 179 G1
Andres (62) 1 G3
Andrest (65) 181 E2
Andrésy (78) 42 B3
Andrezé (49) 75 G5
Andrezel (77) 43 G6
Andrézieux-Bouthéon (42) 129 E5
Andryes (89) 83 F4
Anduze (30) 171 G1
Anères (65) 181 H4
Anet (28) 41 F4
Anetz (44) 75 F3
Angaïs (64) 180 C3
Angé (41) 79 H6
Angeac-Champagne (16) 121 G4
Angeac-Charente (16) 122 A4
Angecourt (08) 24 C2
Angeduc (16) 122 A5
Angely (89) 84 B4
Angeot (90) 88 D2
Angers (49) 77 E4
Angerville (14) 16 D4
Angerville (91) 63 E3
Angerville-Bailleul (76) 6 C4
Angerville-la-Campagne (27) 41 E2
Angerville-la-Martel (76) 6 D3

Angerville-l'Orcher (76) 6 B5
Angervilliers (91) 42 B6
Angeville (82) 166 C2
Angevillers (57) 26 B3
Angey (50) 35 G2
Angicourt (60) 20 D5
Angiens (76) 7 E3
Angirey (70) 87 E4
Angivillers (60) 20 D4
Anglade (33) 135 E2
Anglards-de-Saint-Flour (15) 141 F4
Anglards-de-Salers (15) 140 B2
Anglars 154 D4
Anglars (46) 153 F1
Anglars-Juillac (46) 152 B3
Anglars-Nozac (46) 138 C6
Anglars-Saint-Félix (12) 153 H4
Angletort (01) 131 G1
Anglemont (88) 70 B2
Angles (04) 175 H2
les Angles (30) 172 D2
les Angles (65) 181 E4
les Angles (66) 198 C4
Anglès (81) 169 E6
Angles (85) 106 B2
les Angles-sur-Corrèze (19) 139 E1
Angles-sur-l'Anglin (86) 95 E6
Anglesqueville-la-Bras-Long (76) 7 E3
Anglesqueville-les-Murs 7 E2
Anglesqueville-l'Esneval (76) 6 B4
Anglet (64) 162 A6
Angliers (17) 107 E4
Angliers (86) 94 A4
Anglure (51) 45 E6
Anglure-sous-Dun (71) 115 G4
Angluzelles-et-Courcelles (51) 45 E5
Angoisse (24) 124 A6
Angomont (54) 50 A6
Angos (65) 181 F3
Angoulême (16) 122 B4
Angoulins (17) 106 D5
Angoumé (40) 162 D4
Angous (64) 179 G2
Angoustrine 198 C4
Angoustrine-Villeneuve-des-Escaldes (66) 198 C4
Angoville (14) 38 C3
Angoville-au-Plain (50) 15 E5
Angoville-sur-Ay (50) 14 C5
Angres (62) 10 B1
Angresse (40) 162 B4
Angrie (49) 75 G2
Anguerny (14) 16 B4
Anguilcourt-le-Sart (02) 22 B2
Angy (60) 20 C5
Anhaux (64) 178 D3
Anhiers (59) 10 D1
Aniane (34) 170 D5
Aniche (59) 11 E2
Anisy (14) 16 B4
Anizy-le-Château (02) 22 B4
Anjeux (70) 69 G6
Anjou (38) 144 B1
Anjouin (36) 96 C2
Anjoutey (90) 88 D2
Anla (65) 182 A5
Anlezy (58) 99 F4
Anlhiac (24) 138 A1
Annay (58) 82 C4
Annay (62) 3 E6
Annay-la-Côte (89) 84 A4
Annay-sur-Serein (89) 84 A2
Annebault (14) 17 E4
Annecy (74) 132 B1
Annecy-le-Vieux (74) 132 B1
Annelles (08) 23 G4
Annemasse (74) 118 C4
Annéot (89) 84 A4
Annepont (17) 121 E2
Annequin (62) 2 D6
Annesse-et-Beaulieu (24) 137 E2
Annet-sur-Marne (77) 43 F3
Anneux (59) 10 D3
Anneville-Ambourville (76) 7 F6
Anneville-en-Saire (50) 15 E2
Annéville-la-Prairie (52) 67 H4
Anneville-sur-Mer (50) 36 D1
Anneville-sur-Scie (76) 7 G3
Anneyron (26) 144 B1
Annezay (17) 107 F6
Annezin (62) 2 D6
Annœullin (59) 3 F6
Annoire (39) 102 B3
Annois (02) 21 H2
Annoisin-Chatelans (38) 130 D3
Annoix (18) 97 H4
Annonay (07) 143 H2
Annonville (52) 68 A2
Annot (04) 176 A3
Annouville-Vilmesnil (76) 6 C4
Annoux (89) 84 B3
Annoville (50) 36 D2
Annweiler am Trifels 29 E4
Anor (59) 12 B5
Anos (64) 180 C1
Anost (71) 100 B2
Anould (88) 70 D3
Anoux (54) 25 H5
Anoye (64) 180 D1
Anquetierville (76) 6 D5
Anrosey (52) 86 D1
Ansac-sur-Vienne (16) 123 F1
Ansacq (60) 20 C5
Ansan (32) 166 A4
Ansauville (54) 48 B4
Ansauvillers (60) 20 C3
Anse (69) 129 H1
Anserville (60) 20 B6
Ansignan (66) 199 F2
Ansost (65) 181 F1
Ansouis (84) 174 A4
Anstaing (59) 3 G5
Antagnac (47) 150 B4
Anterrieux (15) 141 E6
Anteuil (25) 88 B5
Antezant-la-Chapelle (17) 121 F1
Anthé (47) 151 H4
Anthelupt (54) 49 E5
Anthenay (51) 45 E1
Antheny (08) 12 C6
Anthéor 193 E2
Antheuil (21) 101 F2
Antheuil-Portes (60) 21 E4
Anthien (58) 83 H6
Anthon (38) 130 C2
Anthy-sur-Léman (74) 118 D3
Antibes (06) 193 G1
Antichan (65) 182 A5
Antichan-de-Frontignes (31) 182 A5
Antignac (15) 140 B1
Antignac (31) 196 A4
Antigny (85) 92 C6
Antigny (86) 109 H2
Antigny-la-Ville (21) 101 E2
Antigny-le-Château 101 E2
Antilly (57) 26 C4
Antilly (60) 43 H1
Antin (65) 181 G2
Antisanti (2B) 205 F3
Antist (65) 181 F4
Antogny le Tillac (37) 94 D3
Antoigné (49) 93 G2
Antoigny (61) 59 F1
Antoingt (63) 127 F5
Antonaves (05) 159 H5
Antonne-et-Trigonant (24) 137 G2
Antony (92) 42 D5
Antraigues-sur-Volane (07) 157 F1
Antrain (35) 35 G5
Antran (86) 94 C5
Antras (09) 182 C6
Antras (32) 165 G4
Antrenas (48) 155 G2
Antugnac (11) 184 D5
Antully (71) 100 D4
Anvéville (76) 7 E4
Anville (16) 122 A2
Anvin (62) 9 G1
Any-Martin-Rieux (02) 12 C6
Anzat-le-Luguet (63) 141 E1
Anzeling (57) 26 D4
Anzême (23) 111 G4
Anzex (47) 150 C5
Anzin (59) 11 F1
Anzin-Saint-Aubin (62) 10 B2
Anzy-le-Duc (71) 115 E4
Aoste (38) 131 F4
Aougny (51) 44 D1
Aouste (08) 23 G1
Aouste-sur-Sye (26) 158 C1
Aouze (88) 69 E2
Apach (57) 26 D2
Apchat (63) 141 F1
Apcher 141 G6
Apchon (15) 140 C2
Apinac (42) 128 D6
Appelle (81) 168 A6
Appenai-sous-Bellême (61) 60 D3
Appenans (25) 88 B4
Appenwihr (68) 71 G4
Appeville (50) 14 D5
Appeville-Annebault (27) 18 A5
Appietto (2A) 204 C5
Appilly (60) 21 H3
Appoigny (89) 83 F1
Apprieu (38) 131 E6
Appy (09) 198 A2
Apremont (01) 117 G4
Apremont (08) 24 C5
Apremont (60) 20 D6
Apremont (70) 86 C5
Apremont (73) 131 H5
Apremont (85) 91 E3
Apremont-la-Forêt (55) 47 H3
Apremont-sur-Allier (18) 98 C4
Aprey (52) 86 A2
Apt (84) 173 H3
Arabaux (09) 183 H5
Arâches-la-Frasse (74) 119 F5
Aragnouet (65) 195 F4
Aragon (11) 185 E2
Aramits (64) 179 H4
Aramon (30) 172 C3
Aranc (01) 117 F6
Arancou (64) 162 D6
Arandas (01) 131 E1
Arandon (38) 131 E3
Araujuzon (64) 179 G1
Araules (43) 143 E3
Araux (64) 179 G1
Arbanats (33) 149 G1
Arbas (31) 182 C5
Arbecey (70) 87 E2
Arbellara (2A) 206 D2
Arbent (01) 117 G3
Arbéost (65) 180 C5
Arbérats-Sillègue (64) 179 F2
Arbignieu (01) 131 F3
Arbigny (01) 116 C2
Arbigny-sous-Varennes (52) 86 C1
Arbin (73) 132 A5
Arbis (33) 149 H1
Arblade-le-Bas (32) 164 C4
Arblade-le-Haut (32) 164 C4
Arbois (39) 103 E4
Arbon (31) 182 B5
Arbonne (64) 162 A6
Arbonne-la-Forêt (77) 63 H2
Arboras (34) 170 C4
Arbori (2A) 204 C4
Arbot (52) 85 G1
Arbouans (25) 88 C4
Arboucave (40) 164 A5
Arbouet-Sussaute (64) 179 F1
Arbourse (58) 98 D1
Arboussols (66) 199 F3
l'Arbresle (69) 129 G2
Arbrissel (35) 57 H4
Arbus (64) 180 A2
Arbusigny (74) 118 C5
Arc-en-Barrois (52) 67 G6
Arc-et-Senans (25) 103 E3
Arc-lès-Gray (70) 86 C4
Arc-sous-Cicon (25) 104 A2
Arc-sous-Montenot (25) 103 F4
Arc-sur-Tille (21) 86 A6
Arc 1800 133 F4
Arc 2000 133 F4
Arcachon (33) 148 B1
Arçais (79) 107 F4
Arcambal (46) 152 D3
Arcangues (64) 162 A6
Arçay (18) 97 G4
Arçay (86) 93 H3
Arceau (21) 86 A5
Arcelot 86 A5
Arcenant (21) 101 G2
Arcens (07) 143 F5
Arces (17) 120 D5
Arces-Dilo (89) 65 G5
Arcey (21) 85 G6
Arcey (25) 88 B4
Archail (04) 160 D6
Archamps (74) 118 C5
Archelange (39) 102 C2
Arches (15) 140 A1
Arches (88) 70 A4
Archettes (88) 70 A4
Archiac (17) 121 G5
Archignac (24) 138 B4
Archignat (03) 112 C3
Archigny (86) 94 D6
Archingeay (17) 121 E1
Archon (02) 23 F1
Arcinges (42) 115 F5
Arcins (33) 134 D3
Arcis-le-Ponsart (51) 22 C6
Arcis-sur-Aube (10) 66 B1
Arcizac-Adour (65) 181 E3
Arcizac-ez-Angles (65) 181 E4
Arcizans-Avant (65) 180 D5
Arcizans-Dessus (65) 180 D5
Arcomps (18) 97 G6
Arçon (25) 104 A3
Arcon (42) 128 C1
Arconcey (21) 100 D1
Arçonnay (72) 60 A2
Arconsat (63) 128 B2
Arconville (10) 67 F4
Arc Pierre Blanche 1600 133 F4
les Arcs (83) 175 H6
Arcueil (94) 42 D4
Arcy-Sainte-Restitue (02) 22 B6
Arcy-sur-Cure (89) 83 H4
Ardelles (28) 61 G1
Ardelu (28) 62 D3
Ardenais (18) 112 B1
Ardenay-sur-Mérize (72) 60 C6
Ardengost (65) 181 G6
Ardentes (36) 96 D6
Ardes (63) 127 F6
Ardeuil-et-Montfauxelles (08) 24 B5
Ardiège (31) 182 A4
les Ardillats (69) 115 H5
Ardilleux (79) 108 B5
Ardillières (17) 107 E6
Ardin (79) 107 G2
Ardizas (32) 166 C4
Ardoix (07) 144 A2
Ardon (39) 103 F5
Ardon (45) 80 D2
Ardouval (76) 7 H3
Ardres (62) 1 H3
Arêches 132 D3
Aregno (2B) 202 C5
Areines (41) 79 G2
Aren (64) 179 H2
Arengosse (40) 163 F1
Arenthon (74) 118 D5
Arès (33) 134 B6
Aresches (39) 103 F4
Aressy (64) 180 C2
Arette (64) 179 H4
Arette la Pierre Saint-Martin 179 G5
Arfeuille-Châtain (23) 112 C6
Arfeuilles (03) 114 C5
Arfons (81) 184 D1
Argagnon (64) 163 G6
Arganchy (14) 15 H6
Argançon (10) 67 E3
Argancy (57) 26 C4
Argein (09) 182 D6
Argelès-Bagnères (65) 181 F4
Argelès-Gazost (65) 180 D5
Argelès-sur-Mer (66) 201 E4
Argelès Plage 201 E4
Argeliers (11) 186 B2
Argelliers (34) 171 E4
Argelos (40) 163 G5
Argelos (64) 180 C1
Argelouse (40) 149 E4
Argences (14) 16 D5
Argens-Minervois (11) 185 H3
Argent-sur-Sauldre (18) 81 G4
Argentan (61) 39 E5
Argentat (19) 139 F3
Argentenay (89) 84 B2
Argenteuil (95) 42 C3
Argenteuil-sur-Armançon (89) 84 B2
Argentière 119 H6
l'Argentière-la-Bessée (05) 147 E5
Argentières (77) 43 G6
Argentine (73) 132 C5
Argenton (47) 150 B4
Argenton-Château (79) 93 E3
Argenton-l'Église (79) 93 F3
Argenton-Notre-Dame (53) 76 D2
Argenton-sur-Creuse (36) 111 E1
Argentré (53) 58 D5
Argentré-du-Plessis (35) 58 A5
Argenvières (18) 98 C2
Argenvilliers (28) 61 F3
Argers (51) 46 C2
Arget (64) 163 H6
Argiésans (90) 88 C3
Argillières (70) 86 D3
Argilliers (30) 172 B2
Argilly (21) 101 H2
Argis (01) 131 E1
Argiusta-Moriccio (2A) 207 E1
Argœuves (80) 9 F5
Argol (29) 31 E6
Argonay (74) 132 B1
Argouges (50) 35 H5
Argoules (80) 8 D2
Argueil (76) 19 F3
Arguel (25) 103 F1
Arguel (80) 8 D6
Arguenos (31) 182 B5
Argut-Dessous (31) 182 B6
Argy (36) 96 A4
Arhansus (64) 179 F2
Aries-Espénan (65) 181 H2
Arifat (81) 168 C4
Arignac (09) 183 H6
Arinthod (39) 117 G3
Arith (73) 132 A3
Arjuzanx (40) 163 F1
Arlanc (63) 128 B6
Arlay (39) 102 C5
Arlebosc (07) 143 H4
Arlempdes (43) 142 C5
Arles (13) 172 C4
Arles-sur-Tech (66) 199 G5
Arlet (43) 141 H3
Arleuf (58) 100 B3
Arleux (59) 10 D2
Arleux-en-Gohelle (62) 10 B2
Arlos (31) 182 B6
Armaillé (49) 76 A2
Armancourt (60) 21 E5
Armancourt (80) 21 E2
Armaucourt (54) 48 D3
Armbouts-Cappel (59) 2 B2
Armeau (89) 65 E5
Armendarits (64) 179 E2
Armenonville-les-Gâtineaux 62 C1
Armenteule (65) 195 H4
Armentières (59) 3 E4
Armentières-en-Brie (77) 43 H3
Armentières-sur-Avre (27) 40 C5
Armentières-sur-Ourcq (02) 44 B1
Armentieux (32) 164 D6
Armes (58) 83 F5
Armillac (47) 150 D2
Armissan (11) 186 D3
Armix (01) 131 F2
Armous-et-Cau (32) 165 E5
Armoy (74) 119 E3
Arnac 124 B6
Arnac (15) 139 H4
Arnac-la-Poste (87) 110 D4
Arnac-Pompadour (19) 124 B6
Arnac-sur-Dourdou (12) 169 G4
Arnage (72) 60 A6
Arnancourt (52) 67 G2
Arnas (69) 116 A6
Arnaud-Guilhem (31) 182 C4
Arnave (09) 197 H4
Arnaville (54) 26 B6
Arnay-le-Duc (21) 100 D2
Arnay-sous-Vitteaux (21) 84 D5
Arnayon (26) 159 E3
Arné (65) 181 H3
Arnéguy (64) 178 D4
Arnèke (59) 2 C3
Arnicourt (08) 23 G3
Arnières-sur-Iton (27) 40 D2
Arnos (64) 163 H6
Arnouville-lès-Gonesse (95) 42 D3
Arnouville-lès-Mantes (78) 41 H3
Aroffe (88) 69 E2
Aromas (39) 117 F4
Aron (53) 59 E3
Aroue-Ithorots-Olhaïby (64) 179 F2
Aroz (70) 87 F3
Arpaillargues-et-Aureillac (30) 172 A2
Arpajon (91) 42 C6
Arpajon-sur-Cère (15) 140 B5
Arpavon (26) 159 E4
Arpenans (70) 87 H3
Arpheuilles (18) 97 H5
Arpheuilles (36) 95 H4
Arpheuilles-Saint-Priest (03) 112 D5
Arphy (30) 170 D1
Arquenay (53) 59 E6
Arques (11) 185 E5
Arques (12) 154 D5
les Arques (46) 152 B2
Arques (62) 2 B4
Arques-la-Bataille (76) 7 G2
Arquettes-en-Val (11) 185 F4
Arquèves (80) 9 H4
Arquian (58) 82 C4
Arracourt (54) 49 F4
Arradon (56) 72 D1
Arraincourt (57) 49 F2
Arrancourt (91) 63 F3
Arrancy (02) 22 D4
Arrancy-sur-Crusne (55) 25 G4
Arrans (21) 84 C3
Arras (62) 10 B2
Arras-en-Lavedan (65) 180 D5
Arras-sur-Rhône (07) 144 A3
Arrast-Larrebieu (64) 179 G2
Arraute-Charritte (64) 179 E1
Arraye-et-Han (54) 48 D3
Arrayou-Lahitte (65) 181 E4
Arre (30) 170 C2
Arreau (65) 181 G6
Arrelles (10) 66 C5
Arrembécourt (10) 46 B6
Arrènes (23) 111 E6
Arrens-Marsous (65) 180 C5
Arrentès-de-Corcieux (88) 70 C4
Arrentières (10) 67 F3
Arrest (80) 8 C4
Arreux (08) 13 E6
Arriance (57) 26 D6
Arricau-Bordes (64) 164 C6
Arrien (64) 180 D2
Arrien-en-Bethmale (09) 182 D6
Arrigas (30) 170 C2
Arrigny (51) 46 C6
Arro (2A) 204 C4
Arrodets (65) 181 G5
Arrodets-ez-Angles (65) 181 E4
Arromanches-les-Bains (14) 16 A3
Arronnes (03) 114 B6
Arronville (95) 42 C1
Arros-de-Nay (64) 180 C3
Arrosès (64) 164 C6
Arrou (28) 61 G5
Arrouède (32) 182 A2
Arrout (09) 182 D5
Arry (57) 26 B6
Arry (80) 8 C2
Ars (16) 121 G4
Ars (23) 125 G1
Ars-en-Ré (17) 106 A4
Ars-Laquenexy (57) 26 C5
Ars-les-Favets (63) 113 E5
Ars-sur-Formans (01) 130 A1
Ars-sur-Moselle (57) 26 B6
Arsac (33) 135 E4
Arsac-en-Velay (43) 142 C4
Arsague (40) 163 F5
Arsans (70) 86 D5
Arsonval (10) 67 E3
Arsure-Arsurette (39) 103 G5
les Arsures (39) 103 E3
Arsy (60) 21 E5
Art-sur-Meurthe (54) 48 D5
Artagnan (65) 181 E1
Artaise-le-Vivier (08) 24 B3
Artaix (71) 115 E4
Artalens-Souin (65) 180 D5
Artannes-sur-Indre (37) 94 D1
Artannes-sur-Thouet (49) 93 G1
Artas (38) 130 C5
Artassenx (40) 164 A3
Artemare (01) 131 F2
Artemps (02) 21 H1
Artenay (45) 62 D5
Arthaz-Pont-Notre-Dame (74) 118 C5
Arthel (58) 99 F1
Arthémonay (26) 144 C3
Arthenac (17) 121 G5
Arthenas (39) 117 F1
Arthès (81) 168 C2
Arthez-d'Armagnac (40) 164 B2
Arthez-d'Asson (64) 180 C4
Arthez-de-Béarn (64) 163 G6
Arthezé (72) 77 G2
Arthies (95) 42 A2
Arthon (36) 96 C6
Arthon-en-Retz (44) 74 A6
Arthonnay (89) 66 C6
Arthun (42) 128 D3
Artigat (09) 183 G4
Artignosc-sur-Verdon (83) 175 E4
Artigue (31) 196 A4
Artigueloutan (64) 180 C2
Artiguelouve (64) 180 B2
Artiguemy (65) 181 F4
Artigues 134 D2
Artigues (09) 198 C2
Artigues (11) 198 D2
Artigues (65) 181 E4
Artigues (83) 174 C5
les Artigues-de-Lussac (33) 135 H4
Artigues-près-Bordeaux (33) 135 F5
Artins (41) 79 E2
Artix (09) 183 G4
Artix (64) 180 A1
Artolsheim (67) 71 G3
Artonges (02) 44 C3
Artonne (63) 127 F1
Artou-Sainte-Fabrèges 180 B6
Artres (59) 11 F2
Artzenheim (68) 71 G4
Arudy (64) 180 B4
Arue (40) 164 A1
Arvert (17) 120 B3
Arveyres (33) 135 G5
Arvieu (12) 154 C6
Arvieux (05) 147 F5
Arvigna (09) 184 A5
Arvillard (73) 132 B5
Arville (41) 61 F5
Arville (77) 63 H4
Arvillers (80) 21 E1
Arx (40) 150 B6
Arzacq-Arraziguet (64) 164 A6
Arzal (56) 73 F2
Arzano (29) 54 C4
Arzay (38) 130 C6
Arzembouy (58) 99 E1
Arzenc-d'Apcher (48) 141 F5
Arzenc-de-Randon (48) 156 B1
Arzens (11) 184 D3
Arzillières-Neuville (51) 46 B5
Arzon (56) 72 C1
Arzviller (57) 50 B4
Asasp-Arros (64) 180 A4
Ascain (64) 178 B1
Ascarat (64) 178 D3
Aschbach (67) 29 F6
Aschères-le-Marché (45) 63 E5
Asco (2B) 204 D1
Ascombegui 179 E2
Ascou (09) 198 B2
Ascou-Pailhères 198 C2
Ascoux (45) 63 F5
Ascros (06) 176 C3
Asfeld (08) 23 F4
Aslonnes (86) 109 F2
Asnan (58) 83 F6
Asnans-Beauvoisin (39) 102 C3
Asnelles (14) 16 A3
Asnières (27) 17 G4
Asnières-en-Bessin (14) 15 G4
Asnières-en-Montagne (21) 84 C2
Asnières-en-Poitou (79) 108 B5
Asnières-la-Giraud (17) 121 F2
Asnières-lès-Dijon (21) 85 H5
Asnières-sous-Bois (89) 83 G5
Asnières-sur-Blour (86) 109 H5
Asnières-sur-Nouère (16) 122 B3
Asnières-sur-Oise (95) 42 D1
Asnières-sur-Saône (01) 116 B3
Asnières-sur-Seine (92) 42 D3
Asnières-sur-Vègre (72) 77 G1
Asnois (58) 83 G5
Asnois (86) 109 E5
Aspach (57) 50 A5
Aspach (68) 89 F2
Aspach-le-Bas (68) 89 E1
Aspach-le-Haut (68) 89 E1
Aspères (30) 171 G3
Asperjoc (07) 157 G1
Aspet (31) 182 B5
Aspin-Aure (65) 181 G6
Aspin-en-Lavedan (65) 180 D4
Aspiran (34) 170 C6
Aspremont (05) 159 H3
Aspremont (06) 177 E5
les Aspres (61) 40 A5
Aspres-lès-Corps (05) 146 A5
Aspres-sur-Buëch (05) 159 H2
Aspret-Sarrat (31) 182 B4
Asprières (12) 153 H3
Asque (65) 181 F4
Asques (33) 135 F4
Asques (82) 166 B2
Asquins (89) 83 H5
Assac (81) 168 D2
Assainvillers (80) 21 E3
Assais-les-Jumeaux (79) 93 G5
Assas (34) 171 F4
Assat (64) 180 C3
Assay 82 B4
Assay (37) 94 B2
Assé-le-Bérenger (53) 59 F4
Assé-le-Boisne (72) 59 H3
Assé-le-Riboul (72) 60 A4
Assenay (10) 66 B4
Assencières (10) 66 B2
Assenoncourt (57) 49 G4
Assérac (44) 73 F3
Assevent (59) 12 A2
Assevillers (80) 10 B6
Assier (46) 153 F1
Assieu (38) 130 A6
Assignan (34) 185 H1
Assigny (18) 82 B5
Assigny (76) 7 H1
les Assions (07) 157 E4
Assis-sur-Serre (02) 22 B2
Asson (64) 180 C4
Assouste 180 B5
Asswiller (67) 50 B3
Assy 133 E1
Astaffort (47) 165 H1
Astaillac (19) 139 E5
Asté (65) 181 F5
Aste-Béon (64) 180 B5
Astet (07) 157 E1
Astillé (53) 58 C6
Astis (64) 180 C1
Aston (09) 198 A2
Astugue (65) 181 E4
Athée (21) 102 B1
Athée (53) 58 B6
Athée-sur-Cher (37) 79 F6
Athesans-Étroitefontaine (70) 88 A3
Athie (21) 84 C4
Athie (89) 84 A4
Athienville (54) 49 F4
Athies (62) 10 B2
Athies (80) 10 C6
Athies-sous-Laon (02) 22 C3
Athis (51) 45 G2
Athis-de-l'Orne (61) 38 C4
Athis-Mons (91) 42 D5
Athos-Aspis (64) 179 F1
Athose (25) 103 H2
Attainville (95) 42 D2
Attancourt (52) 67 G1
les Attaques (62) 1 G2
Attenschwiller (68) 89 G3
Attiches (59) 3 F6
Attichy (60) 21 G4
Attignat (01) 116 D4
Attignat-Oncin (73) 131 G5
Attignéville (88) 68 D2
Attigny (08) 24 A4
Attigny (88) 69 F5
Attilloncourt (57) 49 E4

Attilly (02) 10 D6
Attin (62) 1 F6
Atton (54) 48 C3
Attray (45) 63 E5
Attricourt (70) 86 B4
Atur (24) 137 F3
Aubagnan (40) 163 H4
Aubagne (13) 191 E4
Aubaine (21) 101 F2
Aubais (30) 171 H4
Aubarède (65) 181 F2
Aubas (24) 138 A3
Aubazat (43) 141 H3
Aubazines (19) 138 D3
Aube (57) 26 C6
Aube (61) 40 A5
Aubéguimont (76) 19 G1
Aubenas (07) 157 G2
Aubenas-les-Alpes (04) 174 B2
Aubenasson (26) 158 D1
Aubencheul-au-Bac (59) 10 D2
Aubencheul-aux-Bois (02) 11 E5
Aubenton (02) 12 B6
Aubepierre-
-Ozouer-le-Repos (77) 43 G6
Aubepierre-sur-Aube (52) 67 G6
l'Aubépin (39) 117 E2
Auberchicourt (59) 10 D2
Aubercourt (80) 20 D1
Aubergenville (78) 42 A3
Aubérive (51) 23 H6
Auberive (52) 85 H2
Auberives-en-Royans (38) 144 D3
Auberives-sur-Varèze (38) 130 A6
Aubermesnil-aux-Érables (76) 19 F1
Aubermesnil-Beaumais (76) 7 G2
Auberoche 137 G2
Auberoques 155 F4
Aubers (59) 3 E5
Aubertin (64) 180 B2
Auberville (14) 16 D3
Auberville-la-Campagne (76) 6 D5
Auberville-la-Manuel (76) 6 D3
Auberville-la-Renault (76) 6 C4
Aubervilliers (93) 42 D3
Aubeterre 113 H5
Aubeterre (10) 66 B2
Aubeterre-sur-Dronne (16) 136 C2
Aubeville (16) 122 A5
Aubevoye (27) 41 F1
Aubiac (33) 149 H3
Aubiac (47) 151 E6
Aubiat (63) 127 F1
Aubie-et-Espessas (33) 135 F4
Aubière (63) 127 F3
Aubiet (32) 166 A5
Aubignan (84) 158 C6
Aubignas (07) 157 H2
Aubigné (35) 57 F1
Aubigné (79) 108 B6
Aubigné-Racan (72) 78 B3
Aubigné-sur-Layon (49) 93 E1
Aubignosc (04) 160 B6
Aubigny 26 C5
Aubigny (03) 98 D6
Aubigny (14) 38 D3
Aubigny (79) 93 G5
Aubigny (80) 9 H6
Aubigny (85) 91 F5
Aubigny-au-Bac (59) 10 D2
Aubigny-aux-Kaisnes (02) 21 G1
Aubigny-en-Artois (62) 10 A2
Aubigny-en-Laonnois (02) 22 D4
Aubigny-en-Plaine (21) 102 A2
Aubigny-la-Ronce (21) 101 E3
Aubigny-les-Pothées (08) 23 G1
Aubigny-lès-Sombernon (21) 85 E6
Aubigny-sur-Nère (18) 81 G5
Aubigny-sur-Badin 86 B3
Aubilly (51) 22 D6
Aubin (12) 154 A3
Aubin (64) 180 B1
Aubin-Saint-Vaast (62) 9 E1
Aubinges (18) 97 H1
Auboncourt-Vauzelles (08) 23 H3
Aubonne (25) 103 H2
Aubord (30) 172 A4
Auboué (54) 26 A4
Aubous (64) 164 C5
Aubrac 155 E2
Aubres (26) 158 D4
Aubréville (55) 47 E1
Aubrives (08) 13 F4
Aubrometz (62) 9 F2
Aubry-du-Hainaut (59) 11 F1
Aubry-en-Exmes (61) 39 F4
Aubry-le-Panthou (61) 39 G4
Aubure (68) 71 E3
Aubussargues (30) 172 A2
Aubusson (23) 125 G1
Aubusson (61) 38 B4
Aubusson-d'Auvergne (63) 128 A3
Aubvillers (80) 20 D2
Auby (59) 10 C1
Aucaleuc (22) 34 C5
Aucamville (31) 167 E5
Aucamville (82) 166 D3
Aucazein (09) 182 C6
Aucelon (26) 159 E1
Aucey-la-Plaine (50) 35 G5
Auch (32) 165 G5
Auchel (62) 2 C6
Auchonvillers (80) 10 A4
Auchy-au-Bois (62) 2 B6
Auchy-la-Montagne (60) 20 B3
Auchy-lès-Hesdin (62) 9 F1
Auchy-les-Mines (62) 3 E6
Auchy-lez-Orchies (59) 3 G6
Aucors 123 E5
Aucun (65) 180 C5
Audaux (64) 179 G1
Audelange (39) 102 D2
Audeloncourt (52) 68 C4
Audembert (62) 1 F3
Audenfort 1 H3
Audenge (33) 148 C1
Auderville (50) 14 A1
Audes (03) 112 C2
Audeux (25) 87 E6
Audeville (45) 63 F3
Audierne (29) 52 D2
Audignicourt (02) 21 H4
Audignies (59) 11 H2
Audignon (40) 163 G4
Audigny (02) 11 G6
Audincourt (25) 88 C4
Audincthun (62) 2 A5
Audinghen (62) 1 F3
Audon (40) 163 F3
Audour 115 H3
Audouville-la-Hubert (50) 15 E4
Audrehem (62) 1 H3
Audressein (09) 182 D6
Audresselles (62) 1 F3
Audrieu (14) 16 A4
Audrix (24) 137 G5
Audruicq (62) 1 H3
Audun-le-Roman (54) 26 A3
Audun-le-Tiche (57) 26 A2
Auenheim (67) 51 G3
Auffargis (78) 42 A5
Auffay 7 G3
Auffay (76) 7 G4
Aufferville (77) 63 H4
Auffreville-Brasseuil (78) 41 H3
Auflance (08) 25 E2
Auga (64) 164 A6
Augan (56) 56 B4
Auge (08) 12 C6
Auge (23) 112 B4
Augé (79) 108 A2
Auge-Saint-Médard (16) 122 A2
Augea (39) 117 F1
Auger-Saint-Vincent (60) 21 F6
Augerans (39) 102 D3
Augères (23) 111 F6
Augerolles (63) 128 A3
Augers-en-Brie (77) 44 B5
Augerville-la-Rivière (45) 63 G3
Augicourt (70) 87 E2
Augignac (24) 123 F4
Augirein (09) 182 C6
Augisey (39) 117 F1
Augnat (63) 127 F6
Augnax (32) 166 A4
Augne (87) 125 E3
Augny (57) 26 B6
Auguaise (61) 40 A5
Augy (02) 22 B5
Augy (89) 83 G2
Augy-sur-Aubois (18) 98 B5
Aujac (17) 121 G2
Aujac (30) 156 D4
Aujan-Mournède (32) 181 H1
Aujargues (30) 171 G4
Aujeurres (52) 86 A2
Aujols (46) 152 D4
Aulan (26) 159 F5
Aulas (30) 170 D2
Aulhat-Saint-Privat (63) 127 G5
Aullène (2A) 207 E1
Aulnat (63) 127 F3
Aulnay 7 F5
Aulnay (10) 66 D1
Aulnay (17) 107 H6
Aulnay (86) 93 H4
Aulnay-la-Rivière (45) 63 G4
Aulnay-l'Aître (51) 46 B4
Aulnay-sous-Bois (93) 43 E3
Aulnay-sur-Iton (27) 40 D2
Aulnay-sur-Marne (51) 45 G2
Aulnay-sur-Mauldre (78) 42 A3
les Aulneaux (72) 60 B2
Aulnois (88) 68 D3
Aulnois-en-Perthois (55) 47 E5
Aulnois-sous-Laon (02) 22 C3
Aulnois-sur-Seille (57) 48 D3
Aulnoy (77) 44 A4
Aulnoy-lez-Valenciennes (59) 11 F2
Aulnoy-sur-Aube (52) 85 H1
Aulnoye-Aymeries (59) 11 H3
Aulon (23) 111 F6
Aulon (31) 182 B3
Aulon (65) 181 G6
Aulos (09) 198 A2
Ault (80) 8 B4
Aulus-les-Bains (09) 197 F4
Aulx-lès-Cromary (70) 87 G5
Aumagne (17) 121 G2
Aumale (76) 19 G1
Aumâtre (80) 8 D6
Aumelas (34) 170 D5
Auménancourt (51) 23 E5
Aumerval (62) 2 B6
Aumes (34) 187 F1
Aumessas (30) 170 C2
Aumetz (57) 26 A3
Aumeville-Lestre (50) 15 E3
Aumont (39) 102 D4
Aumont (80) 9 E6
Aumont-Aubrac (48) 155 G1
Aumont-en-Halatte (60) 20 D6
Aumontzey (88) 70 C3
Aumur (39) 102 B2
Aunac (16) 122 C1
Aunat (11) 198 D2
Aunay-en-Bazois (58) 99 G2
Aunay-les-Bois (61) 60 B1
Aunay-sous-Auneau (28) 62 D2
Aunay-sous-Crécy (28) 41 F5
Aunay-sur-Odon (14) 16 A6
Auneau (28) 62 C2
Auneuil (60) 20 A5
Aunou-le-Faucon (61) 39 F5
Aunou-sur-Orne (61) 39 G6
Auppegard (76) 7 G3
Aups (83) 175 F4
Auquainville (14) 17 F6
Auquemesnil (76) 8 A5
Auradé (32) 166 C6
Auradou (47) 151 G4
Auragne (31) 183 G2
Auray (56) 55 E6
Aure (08) 24 A5
Aurec-sur-Loire (43) 143 E1
Aureil (87) 124 C3
Aureil-Maison 68 D5
Aureilhan (40) 148 A5
Aureilhan (65) 181 E3
Aureille (13) 173 E4
Aurel (26) 159 E1
Aurel (84) 159 F6
Aurelle 155 E3
Aurelle-Verlac (12) 155 F3
Aurensan (32) 164 B5
Aurensan (65) 181 E2
Aureville (31) 183 G1
Auriac (11) 185 F6
Auriac (19) 139 G2
Auriac (64) 180 C1
Auriac-du-Périgord (24) 138 A3
Auriac-Lagast (12) 154 C6
Auriac-l'Église (15) 141 F2
Auriac-sur-Dropt (47) 150 C1
Auriac-sur-Vendinelle (31) 167 H6
Auriat (23) 124 D2
Auribail (31) 183 F2
Auribeau (84) 174 A3
Auribeau-sur-Siagne (06) 176 C6
Aurice (40) 163 G3
Auriébat (65) 164 D6
Aurières (63) 126 D4
Aurignac (31) 182 C3
Aurillac (15) 140 B5
Aurimont (32) 166 A6
Aurin (31) 167 G6
Auriol (13) 191 E3
Auriolles (33) 136 B6
Aurions-Idernes (64) 164 C6
Auris (38) 146 B3
Auris-en-Oisans 146 B3
Auron 161 H5
Aurons (13) 173 G4
Auros (33) 150 A3
Aurouër (03) 99 E6
Auroux (48) 142 B6
Aussac (81) 168 B3
Aussac-Vadalle (16) 122 C2
Ausseing (31) 182 D4
Aussevielle (64) 180 B2
Aussillon (81) 168 D6
Aussois (73) 147 F1
Ausson (31) 182 A4
Aussonce (08) 23 G5
Aussonne (31) 167 E5
Aussos (32) 182 A2
Aussurucq (64) 179 F3
Autainville (41) 80 A1
Autechaux (25) 87 H5
Autechaux-Roide (25) 88 C5
les Autels (02) 23 F1
les Autels-Saint-Bazile (14) 39 F3
les Autels-Villevillon (28) 61 F4
Auterive (31) 183 G2
Auterive (32) 165 H5
Auterive (82) 166 B3
Auterrive (64) 163 E6
Autet (70) 86 D4
Auteuil (60) 20 A5
Auteuil (78) 42 A4
Autevielle-Saint-Martin-
-Bideren (64) 179 F1
Authe (08) 24 B4
Autheuil (28) 61 H6
Autheuil (61) 40 B6
Autheuil-Authouillet (27) 41 E2
Autheuil-en-Valois (60) 43 H1
Autheux (80) 9 F4
Authevernes (27) 19 G6
Authezat (63) 127 F4
Authie (14) 16 B4
Authie (80) 9 H4
Authieule (80) 9 G4
les Authieux (27) 41 E3
les Authieux-du-Puits (61) 39 G5
les Authieux-Papion (14) 17 E5
Authieux-Ratiéville (76) 7 G5
les Authieux-sur-Calonne (14) 17 F3
les Authieux-sur-le-Port-
-Saint-Ouen (76) 18 D5
Authion 177 F3
Authiou (58) 99 F1
Authoison (70) 87 G4
Authon (04) 160 C5
Authon (41) 79 F3
Authon-du-Perche (28) 61 F4
Authon-Ébéon (17) 121 G2
Authon-la-Plaine (91) 62 D2
Authou (27) 18 A6
Authuille (80) 10 A4
Authume (39) 102 C2
Authumes (71) 102 B4
Autichamp (26) 158 C1
Autignac (34) 170 A6
Autigny (76) 7 F3
Autigny-la-Tour (88) 68 D2
Autigny-le-Grand (52) 67 H1
Autigny-le-Petit (52) 67 H1
Autingues (62) 1 H3
Autoire (46) 139 E5
Autoreille (70) 87 E5
Autouillet (78) 42 A4
Autrac (43) 141 F1
Autrans (38) 145 F2
Autrèche (37) 79 F4
Autrechêne (90) 88 D3
Autrêches (60) 21 H4
Autrecourt-et-Pourron (08) 24 C2
Autrécourt-sur-Aire (55) 47 E2
Autremencourt (02) 22 D2
Autrepierre (54) 49 G5
Autreppes (02) 11 H6
Autretot (76) 7 E4
Autreville (02) 21 H3
Autreville (88) 69 E1
Autréville-Saint-Lambert (55) 24 D3
Autreville-sur-la-Renne (52) 67 G4
Autreville-sur-Moselle (54) 48 C3
Autrey (54) 48 D6
Autrey (88) 70 B2
Autrey-le-Vay (70) 87 H4
Autrey-lès-Cerre (70) 87 H3
Autrey-lès-Gray (70) 86 C4
Autricourt (21) 67 E6
Autruche (08) 24 C4
Autruy-sur-Juine (45) 63 E3
Autry (08) 24 B5
Autry-Issards (03) 113 G2
Autry-le-Châtel (45) 81 H4
Autun (71) 100 C4
Auty (82) 152 C6
Auvare (06) 176 B3
Auve (51) 46 C2
Auvernaux (91) 63 H1
Auvers (43) 141 H4
Auvers (50) 15 E5
Auvers-le-Hamon (72) 59 F6
Auvers-Saint-Georges (91) 63 F1
Auvers-sous-Montfaucon (72) 59 H5
Auvers-sur-Oise (95) 42 C2
Auverse (49) 77 H4
Auvet-et-la-Chapelotte (70) 86 C4
Auvillar (82) 166 B1
Auvillars (14) 17 E4
Auvillars-sur-Saône (21) 101 H2
Auvillers-les-Forges (08) 12 C6
Auvilliers (76) 19 F1
Auvilliers-en-Gâtinais (45) 63 H6
Aux-Aussat (32) 181 G1
Auxais (50) 15 E6
Auxange (39) 102 D1
Auxant (21) 101 E2
Auxelles-Bas (90) 88 C2
Auxelles-Haut (90) 88 C2
Auxerre (89) 83 F2
Auxey-Duresses (21) 101 F3
Auxi-le-Château (62) 9 F3
Aux Marais (60) 20 A4
Auxon (10) 66 A5
Auxon (70) 87 G2
Auxon-Dessous (25) 87 F6
Auxon-Dessus (25) 87 F6
Auxonne (21) 102 B1
Auxy (45) 63 H5
Auxy (71) 100 D4
Auzainvilliers (88) 69 E3
Auzances (23) 112 C6
Auzas (31) 182 C3
Auzat (09) 197 G4
Auzat-la-Combelle (63) 127 G6
Auzay (85) 107 E2
Auzebosc (76) 7 E5
Auzelles (63) 127 H4
Auzers (15) 140 B2
Auzet (04) 160 D4
Auzeville-Tolosane (31) 167 F6
Auzielle (31) 167 F6
Auzits (12) 154 A3
Auzon (43) 127 G6
Auzouer-en-Touraine (37) 79 F4
Auzouville-Auberbosc (76) 6 D4
Auzouville-l'Esneval (76) 7 F4
Auzouville-sur-Ry (76) 19 E4
Auzouville-sur-Saâne (76) 7 F3
Availles-en-Châtellerault (86) 94 D5
Availles-Limouzine (86) 109 G5
Availles-sur-Seiche (35) 58 A6
Availles-Thouarsais (79) 93 G4
Avajan (65) 181 G6
Avallon (89) 84 A5
les Avanchers-Valmorel (73) 132 D5
Avançon (05) 160 C2
Avançon (08) 23 F4
Avanne-Aveney (25) 103 F1
Avant-lès-Marcilly (10) 65 F2
Avant-lès-Ramerupt (10) 66 C2
Avanton (86) 94 B6
Avapessa (2B) 202 C6
Avaray (41) 80 B2
Avaugour 33 E4
Avaux (08) 23 E4
Aveize (69) 129 G4
Aveizieux (42) 129 F5
Avelanges (21) 85 H3
Avelesges (80) 9 E6
Avelin (59) 3 F6
Aveluy (80) 10 A5
Avenas (69) 116 A5
Avenay (14) 16 B5
Avenay-Val-d'Or (51) 45 F2
Avène (34) 170 A4
les Avenières (38) 131 F4
Avensac (32) 166 B3
Avensan (33) 134 D3
Aventignan (65) 181 H4
Aveny 41 H1
Averan (65) 181 E4
Averdoingt (62) 9 H2
Averdon (41) 79 H3
Avermes (03) 113 H1
Avernes (95) 42 A2
Avernes-Saint-Gourgon (61) 39 G3
Avernes-sous-Exmes (61) 39 G4
Avérole 133 H6
Avéron-Bergelle (32) 164 D4
Averton (53) 59 G2
Avesnelles (59) 12 A4
Avesnes (62) 1 H6
Avesnes-Chaussoy (80) 8 D6
Avesnes-en-Bray (76) 19 G4
Avesnes-en-Saosnois (72) 60 C3
Avesnes-en-Val (76) 8 B6
Avesnes-le-Comte (62) 9 H2
Avesnes-le-Sec (59) 11 E3
Avesnes-les-Aubert (59) 11 E3
Avesnes-lès-Bapaume (62) 10 B4
Avesnes-sur-Helpe (59) 12 A4
Avessac (44) 74 A1
Avessé (72) 59 F6
Aveux (65) 182 A5
Avezac-Prat-Lahitte (65) 181 G4
Avezan (32) 166 A3
Avèze (30) 170 D2
Avèze (63) 126 B4
Avezé (72) 60 D4
Aviernoz (74) 118 C6
Avignon (84) 172 D2
Avignon-
-lès-Saint-Claude (39) 118 A3
Avignonet (38) 145 G4
Avignonet-Lauragais (31) 184 A2
Avillers (54) 25 H5
Avillers (88) 69 G2
Avillers-Sainte-Croix (55) 48 A2
Avilley (25) 87 H5
Avilly-Saint-Léonard (60) 43 E1
Avion (62) 10 B1
Avioth (55) 25 E3
Aviré (49) 75 H1
Avirey-Lingey (10) 66 C5
Aviron (27) 40 D2
Avize (51) 45 F3
Avocourt (55) 24 D6
Avoine (37) 94 A1
Avoine (61) 39 E5
Avoise (72) 77 G1
Avolsheim (67) 50 D5
Avon (77) 64 A2
Avon (79) 108 C3
Avon-la-Pèze (10) 65 G2
Avon-les-Roches (37) 94 C2
Avondance (62) 2 A6
Avord (18) 98 A3
Avoriaz 119 G4
Avosnes (21) 85 E6
Avot (21) 85 H3
Avoudrey (25) 104 A1
Avrainville (54) 48 B4
Avrainville (88) 69 G2
Avrainville (91) 63 F1
Avranches (50) 35 H3
Avranville (88) 68 C2
Avrechy (60) 20 C4
Avrée (58) 100 A5
Avremesnil (76) 7 F2
Avressieux (73) 131 G4
Avreuil (10) 66 A5
Avricourt (54) 49 H5
Avricourt (57) 49 H5
Avricourt (60) 21 F2
Avrieux (73) 147 F1
Avrigney-Virey (70) 87 E6
Avrigny (60) 20 D5
Avril (54) 26 A4
Avril-sur-Loire (58) 99 E5
Avrillé (49) 76 D4
Avrillé (85) 91 F6
Avrillé-les-Ponceaux (37) 78 B5
Avrilly 113 H1
Avrilly (03) 115 E3
Avrilly (27) 41 E3
Avrilly (61) 38 B6
Avrolles 65 G6
Avroult (62) 2 A5
Avy (17) 121 F5
Awoingt (59) 11 E3
Ax-Bonascre le Saquet 198 B2
Ax-les-Thermes (09) 198 B2
Axat (11) 198 D2
Axiat (09) 198 A2
Ay (51) 45 F2
Ay-sur-Moselle (57) 26 C4
Ayat-sur-Sioule (63) 113 E6
Aydat (63) 127 E4
Aydie (64) 164 C5
Aydius (64) 180 A5
Aydoilles (88) 70 A3
Ayen (19) 138 B2
Ayencourt (80) 20 D2
Ayette (62) 10 B3
Ayguatébia-Talau (66) 198 D4
Ayguemorte-les-Graves (33) 149 F1
Ayguesvives (31) 183 H1
Ayguetinte (32) 165 F3
les Ayguinards 145 G2
Ayherre (64) 178 D1
Ayn (73) 131 G4
Aynac (46) 139 E6
les Aynans (70) 88 A3
Ayrens (15) 140 A4
Ayron (86) 93 H6
Ayros-Arbouix (65) 180 D5
Ayse (74) 119 E5
Ayssènes (12) 169 F1
Aytré (17) 106 D5
les Ayvelles (08) 24 B1
Ayzac-Ost (65) 180 D5
Ayzieu (32) 164 D3
Azannes-
-et-Soumazannes (55) 25 F5
Azas (31) 167 G4
Azat-Châtenet (23) 111 F6
Azat-le-Ris (87) 110 B4
Azay-le-Brûlé (79) 108 A3
Azay-le-Ferron (36) 95 G5
Azay-le-Rideau (37) 94 C1
Azay-sur-Cher (37) 79 E6
Azay-sur-Indre (37) 95 F1
Azay-sur-Thouet (79) 108 A1
Azé (41) 79 F1
Azé (53) 76 D1
Azé (71) 116 B2
Azelot (54) 48 D6
Azerables (23) 110 D3
Azerailles (54) 49 G6
Azerat (24) 138 A3
Azérat (43) 141 G1
Azereix (65) 181 E3
Azet (65) 195 G4
Azeville (50) 15 E3
Azillanet (34) 185 G2
Azille (11) 185 G3
Azilone-Ampaza (2A) 205 E6
Azincourt (62) 9 F1
Azolette (69) 115 G5
Azoudange (57) 49 G4
Azur (40) 162 C3
Azy (18) 98 A2
Azy-le-Vif (58) 99 E5
Azy-sur-Marne (02) 44 B2
Azzana (2A) 204 D4

B

Baâlon (55) 25 E3
Baâlons (08) 24 A3
Babeau-Bouldoux (34) 186 B1
Babœuf (60) 21 G3
Baby (77) 65 E2
Baccarat (54) 70 B1
Baccon (45) 80 B1
Bach (46) 153 E4
Bachant (59) 11 H3
Bachas (31) 182 C3
la Bachellerie (24) 138 A3
Bachivillers (60) 20 A6
Bachos (31) 182 A6
Bachy (59) 3 G6
Bacilly (50) 35 G3
Baconnes (51) 45 H1
la Baconnière (53) 58 C4
Bacouël (60) 20 C3
Bacouel-sur-Selle (80) 9 F6
Bacourt (57) 49 E2
Bacquepuis (27) 40 D2
Bacqueville (27) 19 E5
Bacqueville-en-Caux (76) 7 G3
Bac Saint-Maur 3 E5
Badailhac (15) 140 C5
Badaroux (48) 156 A3
Badecon-le-Pin (36) 111 E2
Badefols-d'Ans (24) 138 A2
Badefols-sur-Dordogne (24) 137 F5
Baden (56) 72 C1
Badens (11) 185 F3
Badevel (25) 88 D4
Badinières (38) 130 D5
Badménil-aux-Bois (88) 70 A2
Badonviller (54) 49 H6
Badonvillers-
-Gérauvilliers (55) 47 H6
Baerendorf (67) 50 A3
Baerenthal (57) 28 C6
la Baffe (88) 70 A4
Baffie (63) 128 C6
Bagard (30) 171 G1
Bagas (33) 150 A2
Bagat-en-Quercy (46) 152 B4
Bâgé-la-Ville (01) 116 C3
Bâgé-le-Châtel (01) 116 C4
Bagert (09) 182 D4
Bages (11) 186 C4
Bages (66) 200 D3
Bagiry (31) 182 A5
Bagnac-sur-Célé (46) 153 H1
Bagneaux (89) 65 G4
Bagneaux-sur-Loing (77) 64 A4
Bagnères-de-Bigorre (65) 181 F4
Bagnères-de-Luchon (31) 196 A4
Bagneux (02) 22 A4
Bagneux (03) 113 G1
Bagneux (36) 96 C2
Bagneux (51) 45 E6
Bagneux (54) 48 B6
Bagneux (92) 42 D4
Bagneux-la-Fosse (10) 66 C6
Bagnizeau (17) 121 G2
Bagnoles (11) 185 E3
Bagnoles-de-l'Orne (61) 38 C6
Bagnolet (93) 42 D4
Bagnols (63) 126 C5
Bagnols (69) 129 G1
Bagnols-en-Forêt (83) 192 D1
Bagnols-les-Bains (48) 156 B3
Bagnols-sur-Cèze (30) 157 H6
Bagnot (21) 101 H2
Baguer-Morvan (35) 35 E4
Baguer-Pican (35) 35 F4
Baho (66) 200 D2
Bahus-Soubiran (40) 164 A4
Baigneaux (28) 62 D5
Baigneaux (33) 149 H1
Baigneaux (41) 79 H2
Baignes (70) 87 F3
Baignes-
-Sainte-Radegonde (16) 121 H6
Baigneux-les-Juifs (21) 85 E3
Baignolet (28) 62 B4
Baigts (40) 163 F4
Baigts-de-Béarn (64) 163 F6
Baillargues (34) 171 G5
Baillé (35) 35 H6

Bailleau-Armenonville (28) 62 C1
Bailleau-le-Pin (28) 62 A2
Bailleau-l'Évêque (28) 62 A1
Baillestavy (66) 199 F4
Baillet-en-France (95) 42 D2
Bailleul (59) 2 D4
Bailleul (61) 39 E4
le Bailleul (72) 77 G2
Bailleul (80) 8 D5
Bailleul-aux-Cornailles (62) 9 H1
Bailleul-la-Vallée (27) 17 G4
Bailleul-le-Soc (60) 20 D4
Bailleul-lès-Pernes (62) 2 B6
Bailleul-Neuville (76) 19 E1
Bailleul-Sir-Berthoult (62) 10 B2
Bailleul-sur-Thérain (60) 20 B5
Bailleulmont (62) 10 A3
Bailleulval (62) 10 A3
Bailleval (60) 20 D5
Baillolet (76) 19 E1
Baillou (41) 61 E6
Bailly 83 G2
Bailly (60) 21 G4
Bailly (78) 42 B4
Bailly-aux-Forges (52) 67 G1
Bailly-en-Rivière (76) 8 A6
Bailly-le-Franc (10) 67 E1
Bailly-Romainvilliers (77) 43 G4
Bain-de-Bretagne (35) 57 E5
Baincthun (62) 1 F4
Bainghen (62) 1 G4
Bains (43) 142 B4
Bains-du-Boulou 200 D4
Bains-les-Bains (88) 69 G5
Bains-sur-Oust (35) 56 C6
Bains de Guitera 205 E6
Bainville-aux-Miroirs (54) 69 G1
Bainville-aux-Saules (88) 69 F3
Bainville-sur-Madon (54) 48 C6
Bairols (06) 176 D3
Bais (35) 57 H4
Bais (53) 59 F3
Baisieux (59) 3 G5
Baissey (52) 86 A2
Baives (59) 12 B4
Baix (07) 158 A1
Baixas (66) 199 H2
Baizieux (80) 9 H5
le Baizil (51) 45 E3
Bajamont (47) 151 F5
Bajonnette (32) 166 A3
Bajus (62) 9 H1
Balacet (09) 182 C6
Baladou (46) 138 D5
Balagny-sur-Thérain (60) 20 C5
Balaguères (09) 182 D5
Balaguier-d'Olt (12) 153 G3
Balaguier-sur-Rance (12) 169 E3
Balaiseaux (39) 102 C3
Balaives-et-Butz (08) 24 B2
Balan (01) 130 C2
Balan (08) 24 C2
Balanod (39) 117 E2
Balansun (64) 163 G6
Balanzac (17) 120 D3
Balaruc-le-Vieux (34) 187 G1
Balaruc-les-Bains (34) 187 G1
Balâtre (80) 21 F2
Balazé (35) 58 A4
Balazuc (07) 157 G3
Balbigny (42) 129 E2
Balbins (38) 130 D6
Balbronn (67) 50 D5
Baldenheim (67) 71 G3
Baldersheim (68) 89 F1
la Baleine (50) 35 H1
Baleix (64) 180 D1
Balesmes 94 D3
Balesmes-sur-Marne (52) 86 B1
Balesta (31) 182 A3
Baleyssagues (47) 150 C1
Balgau (68) 71 G5
Balham (08) 23 F4
Balignac (82) 166 B2
Balignicourt (10) 66 D1
Bâlines (27) 40 D5
Balinghem (62) 1 H3
Baliracq-Maumusson (64) 164 B6
Baliros (64) 180 C3
Balizac (33) 149 F3
Ballainvilliers (91) 42 D5
Ballaison (74) 118 D3
Ballan-Miré (37) 78 D6
Ballancourt-sur-Essonne (91) 63 G1
Ballans (17) 121 H2
Ballay (08) 24 B4
Balledent (87) 110 C6
Ballée (53) 59 E6
Balleray (58) 99 E3
Balleroy (14) 15 G6
Ballersdorf (68) 89 E3
Balléville (88) 69 E2
Ballon (17) 107 E6
Ballon (72) 60 B4
le Ballon d'Alsace 88 C1
Ballon de Servance 88 C1
Ballons (26) 159 G5
Ballore (71) 115 G2
Ballots (53) 58 B6
Balloy (77) 64 D2
Balma (31) 167 F5
la Balme (73) 131 G3
la Balme-de-Sillingy (74) 132 A1
la Balme-de-Thuy (74) 132 B1
la Balme-d'Épy (39) 117 F3
la Balme-les-Grottes (38) 130 D2
Balnot-la-Grange (10) 66 C6
Balnot-sur-Laignes (10) 66 D5
Balogna (2A) 204 C3
Balot (21) 84 D2
Balsac (12) 154 B4
Balschwiller (68) 89 E2
Balsièges (48) 156 A3
Baltzenheim (68) 71 G4
Balzac (16) 122 B3
Bambecque (59) 2 C2
Bambiderstroff (57) 27 E5
Ban-de-Laveline (88) 70 D3
Ban-de-Sapt (88) 70 D2
le Ban-Saint-Martin (57) 26 B5
Ban-sur-Meurthe-Clefcy (88) 70 D3
Banassac (48) 155 G4
Banca (64) 178 C3
Bancigny (02) 23 E1
Bancourt (62) 10 C4
Bandol (83) 191 F5
Baneins (01) 116 C5
Baneuil (24) 137 F5
Bangor (56) 72 A3
Banios (65) 181 F4
Banize (23) 125 F2
Bannalec (29) 54 A3
Bannans (25) 103 H4
Bannay (18) 82 B6
Bannay (51) 45 E4
Bannay (57) 26 D5
Banne (07) 157 E4
Bannegon (18) 98 A5
Bannes (46) 139 F6
Bannes (51) 45 F4
Bannes (52) 68 B6
Bannes (53) 59 F6
Banneville-la-Campagne (14) 16 C4
Banneville-sur-Ajon (14) 16 A5
Bannières (81) 167 G5
Bannoncourt (55) 47 G2
Bannost-Villegagnon (77) 44 A5
Banogne-Recouvrance (08) 23 F3
Banon (04) 174 B1
Banos (40) 163 G4
Bans (39) 102 D3
Bansat (63) 127 G5
Bantanges (71) 116 D1
Banteux (59) 10 D4
Banthelu (95) 42 A1
Bantheville (55) 24 D5
Bantigny (59) 10 D3
Bantouzelle (59) 10 D4
Bantzenheim (68) 71 G6
Banvillars (90) 88 C3
Banville (14) 16 B3
Banvou (61) 38 B5
Banyuls-dels-Aspres (66) 200 D4
Banyuls-sur-Mer (66) 201 F4
Baon (89) 84 B1
Baons-le-Comte (76) 7 E4
Bapaume (62) 10 B4
Bar (19) 139 E1
Bar-le-Duc (55) 47 E4
Bar-lès-Buzancy (08) 24 C4
Bar-sur-Aube (10) 67 F3
le Bar-sur-Loup (06) 176 C5
Bar-sur-Seine (10) 66 D5
Baracé (49) 77 F3
Baraigne (11) 184 A2
Baraize (36) 111 E2
Baralle (62) 10 C3
les Baraques-en-Vercors 145 E4
Baraqueville (12) 154 B5
Barastre (62) 10 C4
Baratier (05) 161 E2
Barbachen (65) 181 F1
Barbaggio (2B) 203 F4
Barbaira (11) 185 F3
Barbaise (08) 23 H2
Barbas (54) 49 H5
Barbaste (47) 150 C6
Barbâtre (85) 90 B1
Barbazan (31) 182 A5
Barbazan-Debat (65) 181 F3
Barbazan-Dessus (65) 181 F3
Barbechat (44) 75 E4
la Barben (13) 173 G5
Barbentane (13) 172 D2
Barberaz (73) 131 H4
Barberey-Saint-Sulpice (10) 66 A3
Barberier (03) 113 H5
Barbery (14) 16 B6
Barbery (60) 21 E6
Barbeville (14) 15 H5
Barbey (77) 64 C2
Barbey-Seroux (88) 70 C4
Barbezières (16) 122 A1
Barbezieux-Saint-Hilaire (16) 121 H5
Barbières (26) 144 C4
Barbirey-sur-Ouche (21) 101 F1
Barbizon (77) 63 H2
Barbonne-Fayel (51) 44 D5
Barbonval 22 C5
Barbonville (54) 49 E6
Barbotan les Thermes 164 C2
le Barboux (25) 104 C1
Barbuise (10) 44 D6
Barby (08) 23 G3
Barby (73) 132 A4
Barc (27) 40 C2
le Barcarès (66) 201 E2
Barcelonne (26) 144 C5
Barcelonne-du-Gers (32) 164 B4
Barcelonnette (04) 161 F3
Barchain (57) 50 A4
Barcillonnette (05) 160 A3
Barcugnan (32) 181 G2
Barcus (64) 179 G3
Barcy (77) 43 G2
Bard (42) 128 D4
Bard-le-Régulier (21) 100 C2
Bard-lès-Époisses (21) 84 C4
Bard-lès-Pesmes (70) 86 D6
la Barde (17) 136 A3
Bardenac (16) 136 A1
Bardigues (82) 166 B1
le Bardon (45) 80 C1
Bardos (64) 162 C6
Bardou (24) 151 F1
Bardouville (76) 7 F6
Barèges (65) 181 E6
Bareilles (65) 181 G6
Barembach (67) 50 B6
Baren (31) 182 A6
Barentin (76) 7 F5
Barenton (50) 37 H6
Barenton-Bugny (02) 22 C2
Barenton-Cel (02) 22 C2
Barenton-sur-Serre (02) 22 C2
Barésia-sur-l'Ain (39) 117 G1
Barfleur (50) 15 E2
Bargème (83) 175 H3
Bargemon (83) 175 H4
Barges (21) 101 H1
Barges (43) 142 C6
Barges (70) 87 E1
Bargny (60) 43 H1
Barie (33) 150 A2
les Barils (27) 40 C5
Barinque (64) 180 C1
Barisey-au-Plain (54) 48 B6
Barisey-la-Côte (54) 48 B6
Barisis (02) 22 A3
Barizey (71) 101 F5
Barjac (09) 182 D4
Barjac (30) 157 G5
Barjac (48) 155 H3
Barjols (83) 174 D5
Barjon (21) 85 G3
Barjouville (28) 62 B2
Barles (04) 160 D4
Barlest (65) 180 D3
Barleux (80) 10 C6
Barlieu (18) 82 A5
Barlin (62) 10 A1
Barly (62) 9 H3
Barly (80) 9 G3
Barmainville (28) 62 D3
Barnas (07) 157 E1
Barnave (26) 159 E1
Barnay (71) 100 D2
Barneville-Carteret (50) 14 B4
Barneville-la-Bertran (14) 17 F3
Barneville-sur-Seine (27) 18 B5
la Baroche-sous-Lucé (61) 38 B6
les Baroches (54) 26 A4
Baromesnil (76) 8 B5
Baron (30) 172 A1
Baron (33) 135 G6
Baron (60) 43 F1
Baron (71) 115 F2
Baron-sur-Odon (14) 16 B5
Baronville (57) 49 F2
Barou-en-Auge (14) 39 E3
Baroville (10) 67 F4
le Barp (33) 148 D2
la Barque 174 A6
Barquet (27) 40 C2
Barr (67) 71 F1
Barrais-Bussolles (03) 114 C4
Barran (32) 165 G5
Barrancoueu (65) 181 G6
Barras (04) 160 C6
Barraute-Camu (64) 179 G1
Barraux (38) 132 A5
la Barre (39) 102 D2
la Barre (70) 87 G5
Barre (81) 169 G4
la Barre-de-Monts (85) 90 B2
la Barre-de-Semilly (50) 37 G1
Barre-des-Cévennes (48) 156 B5
la Barre-en-Ouche (27) 40 B3
Barrême (04) 175 G2
Barret (16) 121 H5
Barret-de-Lioure (26) 159 F5
Barret-sur-Méouge (05) 159 H5
Barretaine (39) 102 D4
Barrettali (2B) 203 F3
Barriac-les-Bosquets (15) 139 H3
Barro (16) 122 C1
Barrou (37) 95 E4
le Barroux (84) 158 D6
Barry (65) 181 E4
Barry-d'Islemade (82) 166 D1
Bars (24) 137 H3
Bars (32) 165 F6
Barsac (26) 144 D6
Barsac (33) 149 G2
Barsanges 125 G5
Barst (57) 27 F5
Bart (25) 88 C4
Bartenheim (68) 89 G2
Barthe (65) 181 H2
la Barthe-de-Neste (65) 181 G4
Bartherans (25) 103 F2
les Barthes (82) 166 D1
Bartrès (65) 180 D4
Barville 7 E3
Barville (27) 17 G5
Barville (61) 60 B1
Barville (88) 68 D2
Barville-en-Gâtinais (45) 63 G5
Barzan (17) 120 D5
Barzun (64) 180 D3
Barzy-en-Thiérache (02) 11 G4
Barzy-sur-Marne (02) 44 C2
Bas-en-Basset (43) 142 D1
Bas-et-Lezat (63) 113 H6
Bas-Lieu (59) 12 A4
Bas-Mauco (40) 163 H3
Bascons (40) 164 A3
Bascous (32) 165 E3
Baslieux (54) 25 H4
Baslieux-lès-Fismes (51) 22 C5
Baslieux-sous-Châtillon (51) 45 E1
Basly (14) 16 B3
Bassac (16) 122 A4
Bassan (34) 187 E1
Bassanne (33) 150 A2
Basse-Goulaine (44) 74 D5
Basse-Ham (57) 26 C3
Basse-Rentgen (57) 26 C2
Basse-sur-le-Rupt (88) 70 C5
la Basse-Vaivre (70) 69 F6
la Bassée (59) 3 E6
Bassemberg (67) 71 F2
Basseneville (14) 16 D4
Bassens (33) 135 F5
Bassens (73) 131 H4
Bassercles (40) 163 G5
Basses (86) 94 A3
Basseux (62) 10 A3
Bassevelle (77) 44 B3
Bassignac (15) 140 A1
Bassignac-le-Bas (19) 139 E4
Bassignac-le-Haut (19) 139 G2
Bassigney (70) 87 G1
Bassillac (24) 137 G2
Bassillon-Vauzé (64) 180 D1
Bassing (57) 49 G3
Bassoles-Aulers (02) 22 A3
Bassoncourt (52) 68 C5
Bassou (89) 83 F1
Bassoues (32) 165 E5
Bassu (51) 46 C4
Bassuet (51) 46 B4
Bassurels (48) 156 B6
Bassussarry (64) 162 A6
Bassy (74) 118 A6
Bastanès (64) 179 G2
Bastelica (2A) 205 E5
Bastelicaccia (2A) 204 C6
Bastennes (40) 163 F5
Bastia (2B) 203 G4
la Bastide (66) 199 G4
la Bastide (83) 176 A5
la Bastide-Clairence (64) 162 C6
la Bastide-de-Besplas (09) 183 E4
la Bastide-de-Bousignac (09) 184 B5
la Bastide-de-Lordat (09) 183 H4
la Bastide-de-Sérou (09) 183 F5
la Bastide-d'Engras (30) 172 B1
la Bastide-des-Jourdans (84) 174 B3
la Bastide-du-Salat (09) 182 D4
la Bastide-l'Évêque (12) 153 H4
la Bastide-Pradines (12) 169 H2
la Bastide-Puylaurent (48) 156 D2
la Bastide-Solages (12) 169 E2
la Bastide-sur-l'Hers (09) 184 B5
la Bastidonne (84) 174 A4
le Bastit (46) 153 E1
Basville (23) 126 A2
la Bataille (79) 108 B6
Bathelémont-
-lès-Bauzemont (54) 49 F5
Bathernay (26) 144 B2
la Bâthie (73) 132 D4
la Bâtie-des-Fonds (26) 159 G2
la Bâtie-Divisin (38) 131 F5
la Bâtie-Montgascon (38) 131 F4
la Bâtie-Montsaléon (05) 159 H3
la Bâtie-Neuve (05) 160 C2
la Bâtie-Rolland (26) 158 B2
la Bâtie-Vieille (05) 160 C2
les Bâties (70) 87 E4
Batilly (54) 26 A5
Batilly (61) 38 D5
Batilly-en-Gâtinais (45) 63 G5
Batilly-en-Puisaye (45) 82 B3
Bats (40) 164 A5
Batsère (65) 181 G4
Battenans-les-Mines (25) 87 H5
Battenans-Varin (25) 88 C6
Battenheim (68) 89 F1
Batterie du Graillon 193 G1
Battexey (88) 69 G2
Battigny (54) 69 E1
Battrans (70) 86 D5
Batz-sur-Mer (44) 73 E4
Batzendorf (67) 51 E3
Baubigny (21) 101 F3
Baubigny (50) 14 B4
la Bauche (73) 131 G5
Baud (56) 55 E4
Baudement (51) 45 E6
Baudemont (71) 115 F4
Baudignan (40) 164 D1
Baudignécourt (55) 47 G6
Baudinard-sur-Verdon (83) 175 E4
Baudoncourt (70) 87 H1
Baudonvilliers (55) 47 E5
Baudre (50) 37 G1
Baudrecourt (52) 67 G2
Baudrecourt (57) 49 E2
Baudreix (64) 180 C3
Baudrémont (55) 47 G4
Baudres (36) 96 B3
Baudreville (28) 62 D3
Baudreville (50) 14 C5
Baudricourt (88) 69 F2
Baudrières (71) 101 H6
Bauduen (83) 175 E4
Baugé (49) 77 G4
Baugy (18) 98 A3
Baugy (60) 21 E4
Baugy (71) 115 E4
Baulay (70) 87 F1
Baule (45) 80 C2
la Baule-Escoublac (44) 73 F4
Baulme-la-Roche (21) 85 F6
Baulne (91) 63 G1
Baulne-en-Brie (02) 44 D2
Baulny (55) 24 C5
Baulon (35) 56 D4
Baulou (09) 183 G5
la Baume (74) 119 F3
la Baume-Cornillane (26) 144 C5
la Baume-de-Transit (26) 158 B4
la Baume-d'Hostun (26) 144 D3
Baume-les-Dames (25) 87 H5
Baume-les-Messieurs (39) 102 D6
Bauné (49) 77 F4
Baupte (50) 14 D5
Bauquay (14) 16 A6
la Bauquerie 15 H5
Baurech (33) 135 F6
la Baussaine (35) 34 D6
Bauvin (59) 3 E6
les Baux-de-Breteuil (27) 40 C3
les Baux-de-Provence (13) 172 D4
les Baux-Sainte-Croix (27) 40 D3
Bauzemont (54) 49 F5
Bauzy (41) 80 B4
Bavans (25) 88 C4
Bavay (59) 11 H2
Bavelincourt (80) 9 H5
Bavent (14) 16 C4
Baverans (39) 102 C2
Bavilliers (90) 88 C3
Bavinchove (59) 2 C3
Bavincourt (62) 9 H3
Bax (31) 183 F3
Bay (70) 86 D6
Bay-sur-Aube (52) 85 H1
Bayac (24) 137 F6
Bayard-sur-Marne (52) 47 E6
Bayas (33) 135 H3
Baye (29) 54 B4
Baye (51) 45 E4
Bayecourt (88) 70 A3
Bayel (10) 67 F4
Bayencourt (80) 10 A4
Bayenghem-
-lès-Eperlecques (62) 2 A3
Bayenghem-
-lès-Seninghem (62) 1 H4
Bayers (16) 122 C1
Bayet (03) 113 H4
Bayeux (14) 15 H5
Bayon (54) 69 G1
Bayon-sur-Gironde (33) 135 E3
Bayonne (64) 162 B6
Bayons (04) 160 C4
Bayonville (08) 24 C4
Bayonville-sur-Mad (54) 26 A6
Bayonvillers (80) 10 A6
Bazac (16) 136 B2
Bazaiges (36) 111 E2
Bazailles (54) 25 H4
Bazainville (78) 41 H4
Bazancourt (51) 23 F5
Bazancourt (60) 19 G3
Bazarnes (89) 83 G3
Bazas (33) 149 H3
Bazauges (17) 121 H1
Bazegney (88) 69 G3
Bazeilles (08) 24 C2
Bazeilles-sur-Othain (55) 25 F3
Bazelat (23) 111 E3
Bazemont (78) 42 A3
Bazens (47) 150 D5
Bazentin (80) 10 B5
Bazenville (14) 16 A3
Bazet (65) 181 E2
la Bazeuge (87) 110 B4
Bazian (32) 165 F5
Bazicourt (60) 21 E5
Baziège (31) 183 H1
Bazien (88) 70 B1
Bazillac (65) 181 E2
Bazincourt-sur-Epte (27) 19 G5
Bazincourt-sur-Saulx (55) 47 E5
Bazinghen (62) 1 F3
Bazinval (76) 8 B5
la Bazoche-Gouet (28) 61 F4
Bazoches (58) 83 H6
Bazoches-au-Houlme (61) 38 D4
Bazoches-en-Dunois (28) 62 B5
Bazoches-lès-Bray (77) 64 D2
Bazoches-
-les-Gallerandes (45) 63 E4
Bazoches-les-Hautes (28) 62 C4
Bazoches-sur-Guyonne (78) 42 A4
Bazoches-sur-Hoëne (61) 39 H6
Bazoches-sur-le-Betz (45) 64 C5
Bazoches-sur-Vesles (02) 22 C5
la Bazoge (50) 37 G5
la Bazoge (72) 60 A5
la Bazoge-Montpinçon (53) 59 E3
Bazoges-en-Paillers (85) 92 A4
Bazoges-en-Pareds (85) 92 B6
Bazoilles-et-Ménil (88) 69 F3
Bazoilles-sur-Meuse (88) 68 D3
Bazolles (58) 99 G2
Bazoncourt (57) 26 D6
la Bazoque (14) 15 G6
la Bazoque (61) 38 B4
Bazoques (27) 17 H5
Bazordan (65) 182 A3
la Bazouge-de-Chemeré (53) 59 E5
la Bazouge-des-Alleux (53) 58 D4
la Bazouge-du-Désert (35) 58 B1
Bazougers (53) 58 D5
Bazouges-la-Pérouse (35) 35 F5
Bazouges-sur-le-Loir (72) 77 G3
Bazuel (59) 11 G4
Bazugues (32) 181 G1
Bazus (31) 167 F4
Bazus-Aure (65) 181 G6
Bazus-Neste (65) 181 G5
le Béage (07) 143 E5
Béalcourt (80) 9 F3
Béalencourt (62) 9 F1
Béard (58) 99 E4
Beaubec-la-Rosière (76) 19 F2
Beaubery (71) 115 G3
Beaubray (27) 40 C3
Beaucaire (30) 172 C3
Beaucaire (32) 165 F3
Beaucamps-le-Jeune (80) 19 G1
Beaucamps-le-Vieux (80) 8 D6
Beaucamps-Ligny (59) 3 E5
Beaucé (35) 58 A2
Beaucens (65) 180 D5
le Beaucet (84) 173 F2
Beauchalot (31) 182 C4
Beauchamp (95) 42 C2
Beauchamps (50) 35 H2
Beauchamps (80) 8 B5
Beauchamps-sur-Huillard (45) 63 G6
Beauchastel (07) 144 A5
Beauche (28) 40 D5
Beauchemin (52) 68 A6
Beauchêne 92 C5
Beauchêne (41) 61 F6
Beauchêne (61) 38 A5
Beauchery-Saint-Martin (77) 44 C6
Beauclair (55) 24 D4
Beaucoudray (50) 37 F2
Beaucourt (90) 88 D4
Beaucourt-en-Santerre (80) 20 D1
Beaucourt-sur-l'Ancre (80) 10 A4
Beaucourt-sur-l'Hallue (80) 9 H5
Beaucouzé (49) 76 D4
Beaucroissant (38) 145 E1
Beaudéan (65) 181 F5
Beaudéduit (60) 20 A2
Beaudignies (59) 11 G3
Beaudricourt (62) 9 G3
Beaufai (61) 40 A5
Beaufay (72) 60 C4
Beauficel (50) 37 G4
Beauficel-en-Lyons (27) 19 F4
Beaufin (38) 146 A6
Beaufort (31) 182 D1
Beaufort (34) 185 G2
Beaufort (38) 144 C1
Beaufort (39) 117 F1
Beaufort (59) 12 A3
Beaufort (73) 132 D3
Beaufort-Blavincourt (62) 9 H2
Beaufort-en-Argonne (55) 24 D4
Beaufort-en-Santerre (80) 21 E1
Beaufort-en-Vallée (49) 77 G5
Beaufort-sur-Gervanne (26) 144 C6
Beaufou (85) 91 F3
Beaufour-Druval (14) 17 E4
Beaufremont (88) 68 D3
Beaugas (47) 151 E3
Beaugeay (17) 120 C2
Beaugency (45) 80 B2
Beaugies-sous-Bois (60) 21 G2
Beaujeu (04) 160 D5
Beaujeu (69) 115 H5
Beaujeu-Saint-Vallier-
-Pierrejux-et-Quitteur (70) 86 D4
Beaulandais (61) 38 B6
Beaulencourt (62) 10 B4
Beaulieu 122 D6
Beaulieu 67 E3
Beaulieu (07) 157 F4
Beaulieu (14) 38 A3
Beaulieu (15) 126 B6
Beaulieu (21) 85 F2
Beaulieu (34) 171 G4
Beaulieu (36) 110 C3
Beaulieu (38) 145 E2
Beaulieu (43) 142 C3
Beaulieu (58) 99 F1
Beaulieu (61) 40 B5
Beaulieu (63) 127 G6
Beaulieu-en-Argonne (55) 47 E2
Beaulieu-les-Fontaines (60) 21 F2
Beaulieu-lès-Loches (37) 95 F2
Beaulieu-sous-la-Roche (85) 91 E4
Beaulieu-sous-Parthenay (79) 108 A1
Beaulieu-sur-Dordogne (19) 139 E4
Beaulieu-sur-Layon (49) 76 D6
Beaulieu-sur-Loire (45) 82 B4
Beaulieu-sur-Mer (06) 177 E5
Beaulieu-sur-Oudon (53) 58 B5
Beaulieu-sur-Sonnette (16) 122 D1
Beaulon (03) 114 C1
Beaumais (14) 39 E3
Beaumarchés (32) 164 D5
Beaumat (46) 152 D2
Beaumé (02) 12 B6
la Beaume (05) 159 G2
Beauménil (88) 70 B3
Beaumerie-Saint-Martin (62) 8 D1
Beaumes-de-Venise (84) 158 C6
Beaumesnil (14) 37 G3
Beaumesnil (27) 40 B2
Beaumettes (84) 173 G3
Beaumetz (80) 9 F4
Beaumetz-lès-Aire (62) 2 A6
Beaumetz-lès-Cambrai (62) 10 C4
Beaumetz-lès-Loges (62) 10 A3
Beaumont (07) 157 E3
Beaumont (19) 125 E6
Beaumont (32) 165 F2
Beaumont (43) 141 G1
Beaumont (54) 48 A3
Beaumont (63) 127 F3
Beaumont (74) 118 C5
Beaumont (86) 94 C6
Beaumont (89) 83 F1
Beaumont-de-Lomagne (82) 166 B3
Beaumont-de-Pertuis (84) 174 B4
Beaumont-du-Gâtinais (77) 63 H4
Beaumont-du-Lac (87) 125 E3
Beaumont-du-Périgord (24) 137 F6
Beaumont-du-Ventoux (84) 158 D6
Beaumont-en-Argonne (08) 24 C3
Beaumont-en-Auge (14) 17 E3
Beaumont-en-Beine (02) 21 H2

Beaumont-en-Cambrésis (59) 11 F4
Beaumont-en-Diois (26) 159 F2
Beaumont-en-Verdunois (55) 25 F5
Beaumont-en-Véron (37) 94 A1
Beaumont-Hague (50) 14 B2
Beaumont-Hamel (80) 10 A4
Beaumont-la-Ferrière (58) 98 D2
Beaumont-la-Ronce (37) 78 D4
Beaumont-le-Hareng (76) 7 H4
Beaumont-le-Roger (27) 40 B2
Beaumont-les-Autels (28) 61 F3
Beaumont-les-Nonains (60) 20 A5
Beaumont-lès-Randan (63) 127 G1
Beaumont-lès-Valence (26) 144 B5
Beaumont-Monteux (26) 144 B4
Beaumont-Pied-de-Bœuf (53) 59 E6
Beaumont-Pied-de-Bœuf (72) 78 C2
Beaumont-Sardolles (58) 99 F4
Beaumont-sur-Dême (72) 78 D3
Beaumont-sur-Grosne (71) 101 G6
Beaumont-sur-Lèze (31) 183 F2
Beaumont-sur-Oise (95) 42 D1
Beaumont-sur-Sarthe (72) 60 A3
Beaumont-sur-Vesle (51) 45 G1
Beaumont-sur-Vingeanne (21) 86 B4
Beaumont-Village (37) 95 G2
Beaumontel (27) 40 B2
Beaumotte-Aubertans (70) 87 G5
Beaumotte-lès-Pin (70) 87 E6
Beaunay (51) 45 E3
Beaune (21) 101 G3
Beaune-d'Allier (03) 113 E4
Beaune-la-Rolande (45) 63 G5
Beaune-sur-Arzon (43) 142 C2
Beaunotte (21) 85 F3
Beaupont (01) 117 E3
Beaupouyet (24) 136 C4
Beaupréau (49) 75 G5
Beaupuy (31) 167 F5
Beaupuy (32) 166 C5
Beaupuy (47) 150 C2
Beaupuy (82) 166 C3
Beauquesne (80) 9 G4
Beaurain 11 G6
Beaurain (59) 11 F3
Beaurains (62) 10 B2
Beaurains-lès-Noyon (60) 21 G3
Beaurainville (62) 8 D1
Beaurecueil (13) 174 A6
Beauregard 122 D6
Beauregard (01) 116 B6
Beauregard (46) 153 E4
Beauregard-Baret (26) 144 C4
Beauregard-de-Terrasson (24) 138 B3
Beauregard-et-Bassac (24) 137 E4
Beauregard-l'Évêque (63) 127 G3
Beauregard-Vendon (63) 127 F1
Beaurepaire (38) 144 C1
Beaurepaire (60) 20 D5
Beaurepaire (76) 6 B4
Beaurepaire (85) 92 A4
Beaurepaire-en-Bresse (71) 102 B6
Beaurepaire-sur-Sambre (59) 11 H4
Beaurevoir (02) 11 E5
Beaurières (26) 159 G2
Beaurieux (02) 22 C5
Beaurieux (59) 12 B3
Beauronne (24) 136 D3
Beausemblant (26) 144 A2
Beausite (55) 47 E2
Beausoleil (06) 177 F5
Beaussac (24) 123 E5
Beaussais (79) 108 B4
Beaussault (76) 19 F2
Beausse (49) 75 G4
le Beausset (83) 191 F5
Beauteville (31) 184 A2
Beautheil (77) 44 A5
Beautiran (33) 149 F1
Beautor (02) 22 A2
Beautot (76) 7 G4
Beauvain (61) 38 D6
Beauvais (60) 20 A4
Beauvais-sur-Matha (17) 121 H2
Beauvais-sur-Tescou (81) 167 F3
Beauval (80) 9 G4
Beauval-en-Caux (76) 7 G3
Beauvallon 192 D3
Beauvallon (26) 144 B5
Beauvau (49) 77 F4
Beauvène (07) 143 G5
Beauvernois (71) 102 C4
Beauvezer (04) 161 F5
Beauville (31) 184 A1
Beauville (47) 151 G5
Beauvilliers (28) 62 C3
Beauvilliers (41) 79 H1
Beauvilliers (89) 84 B5
Beauvoir 114 B2
Beauvoir (50) 35 G4
Beauvoir (60) 20 C3
Beauvoir (77) 43 G6
Beauvoir (89) 83 E2
Beauvoir-de-Marc (38) 130 C5
Beauvoir-en-Lyons (76) 19 F4
Beauvoir-en-Royans (38) 145 E3
Beauvoir-sur-Mer (85) 90 C2
Beauvoir-sur-Niort (79) 107 H5
Beauvoir-Wavans (62) 9 F3
Beauvois (62) 9 F1
Beauvois-en-Cambrésis (59) 11 E4
Beauvois-en-Vermandois (02) 10 D6
Beauvoisin (26) 158 D4
Beauvoisin (30) 172 A4
Beaux (43) 142 D2
Beauzac (43) 142 D2
Beauzelle (31) 167 E5
Beauzens 137 H3
Beauziac (47) 150 B4
Bébing (57) 50 A4
Beblenheim (68) 71 F3
Bec-de-Mortagne (76) 6 C4
le Bec-Hellouin (27) 18 A6
le Bec-Thomas (27) 18 C6
Beccas (32) 181 F1
Béceleuf (79) 107 G2
Béchamps (54) 25 H6
Bécherel (35) 56 D1
Bécheresse (16) 122 B5
Béchy (57) 26 D6
Bécon-les-Granits (49) 75 H2
Bécordel-Bécourt (80) 10 A5
Bécourt (62) 1 G5
Becquigny (02) 11 F5
Becquigny (80) 21 E2
Bédarieux (34) 170 A5
Bédarrides (84) 173 E1
Beddes (18) 112 A1
Bédéchan (32) 166 A6
Bédée (35) 56 D2
Bédeilhac-et-Aynat (09) 183 G6
Bédeille (09) 182 D4
Bédeille (64) 180 D2
Bedenac (17) 135 G2
Bédoin (84) 158 D6
Bédouès (48) 156 B4
Bedous (64) 180 A5
Béduer (46) 153 F2
Beffes (18) 98 C2
Beffia (39) 117 F1
Beffu-et-le-Morthomme (08) 24 C5
Bégaar (40) 163 F3
Bégadan (33) 120 C6
Béganne (56) 73 G1
Bégard (22) 32 D3
Bègles (33) 135 E6
Beg Meil 53 G4
Begnécourt (88) 69 G3
Bégole (65) 181 G3
Bégrolles-en-Mauges (49) 75 G6
la Bégude-de-Mazenc (26) 158 C2
Bègues (03) 113 G5
Béguey (33) 149 G1
Béguios (64) 179 E1
Béhagnies (62) 10 B4
Béhasque-Lapiste (64) 179 F2
Béhen (80) 8 D4
Béhencourt (80) 9 H5
Béhéricourt (60) 21 G3
Behonne (55) 47 E4
Béhorléguy (64) 179 E3
Béhoust (78) 41 H4
Behren-lès-Forbach (57) 27 G4
Béhuard (49) 76 D5
Beignon (56) 56 C4
Beillé (72) 60 C5
Beine (89) 83 G2
Beine-Nauroy (51) 23 F6
Beinheim (67) 51 G2
Beire-le-Châtel (21) 86 A5
Beire-le-Fort (21) 102 A1
Beissat (23) 125 H3
Bel-Air 33 H6
Bélâbre (36) 110 B2
Belair 180 B3
Belan-sur-Ource (21) 67 E6
Bélarga (34) 170 C6
Bélaye (46) 152 B3
Belberaud (31) 167 F6
Belbèse (82) 166 C3
Belbeuf (76) 18 D5
Belbèze-de-Lauragais (31) 183 G1
Belbèze-en-Comminges (31) 182 D4
Belcaire (11) 198 C1
Belcastel 138 D6
Belcastel (12) 154 A4
Belcastel (81) 167 G5
Belcastel-et-Buc (11) 185 F5
Belcodène (13) 191 E3
Bélesta (09) 184 B6
Bélesta (66) 199 G2
Bélesta-en-Lauragais (31) 184 A1
Beleymas (24) 137 E4
Belfahy (70) 88 C1
Belfays (25) 88 D6
Belflou (11) 184 A2
Belfonds (61) 39 F6
Belfort (90) 88 C2
Belfort-du-Quercy (46) 152 D5
Belfort-sur-Rebenty (11) 198 C1
Belgeard (53) 59 E3
Belgentier (83) 191 G4
Belgodère (2B) 202 D5
Belhade (40) 149 E4
Belhomert-Guéhouville (28) 61 G1
le Bélieu (25) 104 B2
Béligneux (01) 130 C2
Belin-Béliet (33) 148 D3
Bélis (40) 164 A1
Bellac (87) 110 B5
Bellaffaire (04) 160 C3
Bellaing (59) 11 F1
Bellancourt (80) 9 E4
Bellange (57) 49 F3
Bellavilliers (61) 60 C2
le Bellay-en-Vexin (95) 42 A1
Belle-Église (60) 42 C1
Belle-et-Houllefort (62) 1 F4
Belle-Isle-en-Terre (22) 32 C4
Belleau (02) 44 B2
Belleau (54) 48 D3
Bellebat (33) 135 H6
Bellebrune (62) 1 G4
Bellechassagne (19) 125 H4
Bellechaume (89) 65 G5
Bellecombe 132 A5
Bellecombe (39) 118 A3
Bellecombe-en-Bauges (73) 132 B3
Bellecombe-Tarendol (26) 159 E4
Bellefond (21) 85 H5
Bellefond (33) 135 H6
Bellefonds (86) 109 G1
Bellefontaine (39) 118 B1
Bellefontaine (50) 37 G5
Bellefontaine (88) 70 A5
Bellefontaine (95) 43 E2
Bellefosse (67) 71 E1
Bellegarde (30) 172 B4
Bellegarde (32) 182 A1
Bellegarde (45) 63 G6
Bellegarde (81) 168 C3
Bellegarde-du-Razès (11) 184 C4
Bellegarde-en-Diois (26) 159 F2
Bellegarde-en-Forez (42) 129 F4
Bellegarde-en-Marche (23) 125 H1
Bellegarde-Poussieu (38) 130 B6
Bellegarde-Sainte-Marie (31) 166 C5
Bellegarde-sur-Valserine (01) 118 A5
Belleherbe (25) 88 B6
Belle Hutte 70 D5
Bellemagny (68) 89 E2
Bellême (61) 60 D2
Bellenaves (03) 113 G5
Bellencombre (76) 7 H4
Belleneuve (21) 86 A5
Bellenglise (02) 11 E5
Bellengreville (14) 16 C5
Bellengreville (76) 7 H2
Bellenod-sur-Seine (21) 85 E3
Bellenot-sous-Pouilly (21) 85 E6
Bellentre (73) 133 E4
Belle Plagne 133 E5
Belleray (55) 47 G1
Bellerive-sur-Allier (03) 114 A6
Belleroche (42) 115 G5
Belles-Forêts (57) 49 H3
Belleserre (81) 184 C1
Bellesserre (31) 166 C4
Belleu (02) 22 A5
Belleuse (80) 20 B2
Bellevaux (74) 119 E4
Bellevesvre (71) 102 B4
Belleville 133 E2
Belleville (54) 48 C4
Belleville (69) 116 B5
Belleville (79) 107 G5
Belleville-en-Caux (76) 7 G4
Belleville-
-et-Châtillon-sur-Bar (08) 24 B4
Belleville-sur-Loire (18) 82 B4
Belleville-sur-Mer (76) 7 H1
Belleville-sur-Meuse (55) 25 E6
Belleville-sur-Vie (85) 91 G3
Bellevue 133 F1
Bellevue-la-Montagne (43) 142 C2
Belley (01) 131 G3
Belleydoux (01) 117 H4
Bellicourt (02) 11 E5
la Bellière (61) 39 E6
la Bellière (76) 19 F3
Bellignat (01) 117 G4
Belligné (44) 75 G3
Bellignies (59) 11 H2
la Belliole (89) 64 D4
Belloc (09) 184 B5
Belloc-Saint-Clamens (32) 181 H1
Bellocq (64) 163 E6
Bellon (16) 136 B1
Bellonne (62) 10 C2
Bellot (77) 44 B4
Bellou (14) 17 F6
Bellou-en-Houlme (61) 38 C5
Bellou-le-Trichard (61) 60 D3
Bellou-sur-Huisne (61) 61 E2
Belloy (60) 21 E3
Belloy-en-France (95) 42 D2
Belloy-en-Santerre (80) 10 B6
Belloy-Saint-Léonard (80) 8 D6
Belloy-sur-Somme (80) 9 F5
Belluire (17) 121 F5
Belmesnil (76) 7 G3
Belmont (25) 103 H1
Belmont (32) 165 E4
Belmont (38) 131 E5
Belmont (39) 102 D3
Belmont (52) 86 C2
Belmont (67) 71 E1
Belmont (70) 88 A1
Belmont-Bretenoux (46) 139 F5
Belmont-d'Azergues (69) 129 H2
Belmont-de-la-Loire (42) 115 G5
Belmont-lès-Darney (88) 69 F4
Belmont-Luthézieu (01) 131 F2
Belmont-Sainte-Foi (46) 152 D5
Belmont-sur-Buttant (88) 70 B3
Belmont-sur-Rance (12) 169 F3
Belmont-sur-Vair (88) 69 E3
Belmont-Tramonet (73) 131 G4
Belmontet (46) 152 A4
Belonchamp (70) 88 B1
Belpech (11) 184 A3
Belrain (55) 47 F3
Belrupt (88) 69 F4
Belrupt-en-Verdunois (55) 47 G1
Bélus (40) 162 D5
Belval (08) 24 A1
Belval (50) 37 E2
Belval (88) 70 D1
Belval-Bois-des-Dames (08) 24 C4
Belval-en-Argonne (51) 46 D3
Belval-sous-Châtillon (51) 45 E1
Belvédère (06) 177 E2
Belvédère-Campomoro (2A) 206 C3
Belverne (70) 88 B3
Belvès (24) 137 H6
Belvès-de-Castillon (33) 136 A5
Belvèze (82) 152 A4
Belvèze-du-Razès (11) 184 C4
Belvézet (30) 172 A1
Belvezet (48) 156 C2
Belvianes-et-Cavirac (11) 198 D1
Belvis (11) 198 C1
Belvoir (25) 88 B5
Belz (56) 54 D6
Bémécourt (27) 40 C4
Bénac (09) 183 G5
Bénac (65) 181 E3
Benagues (09) 183 H4
Benais (37) 78 A6
Bénaix (09) 184 B6
Bénaménil (54) 49 G6
Bénarville (76) 6 D4
Benassay (86) 108 C1
la Benâte (17) 107 G6
Benay (02) 22 A1
Benayes (19) 124 C5
Bendejun (06) 177 E4
Bendorf (68) 89 F4
Bénéjacq (64) 180 C3
Benerville-sur-Mer (14) 17 E3
Bénesse-lès-Dax (40) 163 E5
Bénesse-Maremne (40) 162 B4
Benest (16) 109 F6
Bénestroff (57) 49 G3
Bénesville (76) 7 F3
Benet (85) 107 G3
Beneuvre (21) 85 G3
Bénévent-et-Charbillac (05) 146 B6
Bénévent-l'Abbaye (23) 111 E6
Beney-en-Woëvre (55) 48 B2
Benfeld (67) 71 G1
Bengy-sur-Craon (18) 98 B3
Bénifontaine (62) 3 E6
Béning-lès-Saint-Avold (57) 27 F5
la Bénisson-Dieu (42) 115 E5
Bénivay-Ollon (26) 158 D4
Bennecourt (78) 41 G2
Bennetot (76) 6 D4
Benney (54) 48 D6
Bennwihr (68) 71 F3
Bénodet (29) 53 F4
Benoisey (21) 84 D4
Benoîte-Vaux 47 F2
Benoîtville (50) 14 B3
Benon 134 D3
Benon (17) 107 E4
Bénonces (01) 131 E2
Bénouville (14) 16 C4
Bénouville (76) 6 B3
Benque (31) 182 C3
Benqué (65) 181 G4
Benque-Dessous-
-et-Dessus (31) 196 A4
Benquet (40) 163 H3
Bentayou-Sérée (64) 180 D1
Bény (01) 117 E3
le Bény-Bocage (14) 37 H3
Bény-sur-Mer (14) 16 B3
Béon (01) 131 G2
Béon (89) 65 E6
Béost (64) 180 B5
la Bérarde 146 C4
Bérat (31) 183 E2
Béraut (32) 165 F2
Berbérust-Lias (65) 181 E4
Berbezit (43) 142 A2
Berbiguières (24) 137 H6
Berceau
de Saint-Vincent-de-Paul 163 E4
Bercenay-le-Hayer (10) 65 G3
Bercenay-en-Othe (10) 66 A4
Berche (25) 88 C4
Berchères-les-Pierres (28) 62 B2
Berchères-Saint-Germain (28) 62 B1
Berchères-sur-Vesgre (28) 41 G4
Berck (62) 8 C1
Berck-Plage 8 C1
Bercloux (17) 121 F2
Bercu 3 H6
Berd'Huis (61) 61 E3
Berdoues (32) 165 F6
Bérelles (59) 12 B3
Bérengeville-
-la-Campagne (27) 40 D1
Berentzwiller (68) 89 G3
Bérenx (64) 163 F6
Béréziat (01) 116 C3
Berfay (72) 61 E6
Berg (67) 50 B2
Berg-sur-Moselle (57) 26 C2
Berganty (46) 153 E3
Bergbieten (67) 50 D5
Bergerac (24) 136 D5
Bergères (10) 67 E4
Bergères-lès-Vertus (51) 45 F3
Bergères-
-sous-Montmirail (51) 44 D4
Bergesserin (71) 115 H3
Bergheim (68) 71 F3
Bergholtz (68) 71 F6
Bergholtzzell (68) 71 E5
Bergicourt (80) 20 A1
Bergnicourt (08) 23 G4
Bergonne (63) 127 F5
Bergouey (40) 163 G4
Bergouey-Viellenave (64) 179 F1
Bergueneuse (62) 2 B6
Bergues (59) 2 C2
Bergues-sur-Sambre (02) 11 G4
Berhet (22) 32 D2
Bérig-Vintrange (57) 27 F6
Bérigny (50) 37 H1
Berjou (61) 38 C3
Berlaimont (59) 11 H3
Berlancourt (02) 22 D1
Berlancourt (60) 21 G2
Berlats (81) 169 E4
Berlencourt-le-Cauroy (62) 9 H2
Berles-au-Bois (62) 10 A3
Berles-Monchel (62) 9 H2
la Berlière (08) 24 C3
Berling (57) 50 B3
Berlise (02) 23 F2
Berlou (34) 169 H6
Bermerain (59) 11 F3
Berméricourt (51) 23 E5
Bermeries (59) 11 G2
Bermering (57) 49 G2
Bermesnil (80) 8 D6
Bermicourt (62) 9 F1
Bermont (90) 88 C3
Bermonville (76) 6 D4
Bernac (16) 108 D6
Bernac (81) 168 A2
Bernac-Debat (65) 181 E3
Bernac-Dessus (65) 181 E3
Bernadets (64) 180 C1
Bernadets-Debat (65) 181 G2
Bernadets-Dessus (65) 181 G3
le Bernard (85) 91 F6
la Bernardière (85) 91 H1
Bernardswiller (67) 50 D6
Bernardvillé (67) 71 F1
Bernâtre (80) 9 F3
Bernaville (80) 9 F4
Bernay 109 E2
Bernay (27) 17 H5
Bernay (72) 59 H5
Bernay-en-Ponthieu (80) 8 D2
Bernay-Saint-Martin (17) 107 G6
Bernay-Vilbert (77) 43 H5
Berné (56) 54 C3
Bernécourt (54) 48 B3
Bernède (32) 164 B4
la Bernerie-en-Retz (44) 73 H6
Bernes (80) 10 D6
Bernes-sur-Oise (95) 42 D1
Bernesq (14) 15 G5
Berneuil (16) 122 A6
Berneuil (17) 121 E4
Berneuil (80) 9 F4
Berneuil (87) 110 B6
Berneuil-en-Bray (60) 20 A5
Berneuil-sur-Aisne (60) 21 G4
Berneval-le-Grand (76) 7 H1
Berneville (62) 10 A2
Bernex (74) 119 F3
Bernienville (27) 40 D2
Bernières (76) 6 D4
Bernières-d'Ailly (14) 16 D6
Bernières-le-Patry (14) 38 A4
Bernières-sur-Mer (14) 16 B3
Bernières-sur-Seine (27) 19 E6
Bernieulles (62) 1 G6
Bernin (38) 145 H1
Bernis (30) 172 A4
Bernolsheim (67) 51 E4
Bernon (10) 66 A6
Bernos-Beaulac (33) 149 H4
Bernot (02) 11 F6
Bernouil (89) 84 A1
Bernouville (27) 19 G5
Bernoville 11 F5
Bernwiller (68) 89 E2
Berny-en-Santerre (80) 10 B6
Berny-Rivière (02) 21 H4
Bérou-la-Mulotière (28) 40 D5
Berrac (32) 165 G2
Berre-les-Alpes (06) 177 E4
Berre-l'Étang (13) 173 G6
Berriac (11) 185 E3
Berrias-et-Casteljau (07) 157 F4
Berric (56) 73 E1
Berrie (86) 93 G2
Berrien (29) 32 A5
Berrieux (02) 22 D4
Berrogain-Laruns (64) 179 G2
Berru (51) 23 F6
Berrwiller (68) 71 E6
Berry-au-Bac (02) 22 D4
Berry-Bouy (18) 97 F2
le Bersac (05) 159 H3
Bersac-sur-Rivalier (87) 110 D6
Bersaillin (39) 102 D4
Bersée (59) 3 G6
Bersillies (59) 12 A2
Berson (33) 135 E3
Berstett (67) 51 E4
Berstheim (67) 51 E3
Bert (03) 114 C4
Bertangles (80) 9 G5
Bertaucourt-Epourdon (02) 22 A2
Berteaucourt-les-Dames (80) 9 F4
Berteaucourt-
-lès-Thennes (80) 20 D1
Bertheauville (76) 6 D3
Berthecourt (60) 20 B5
Berthegon (86) 94 B4
Berthelange (25) 103 E1
Berthelming (57) 50 A3
Berthemont-les-Bains 177 E2
Berthen (59) 2 D3
Berthenay (37) 78 C6
Berthenicourt (02) 22 A1
Berthenonville (27) 41 H1
la Berthenoux (36) 97 E6
Berthez (33) 150 A3
Bertholène (12) 154 D4
Berthouville (27) 17 H4
Bertignat (63) 128 B4
Bertignolles (10) 66 D4
Bertincourt (62) 10 C4
Bertoncourt (08) 23 G3
Bertrambois (54) 50 A5
Bertrancourt (80) 9 H4
Bertrange (57) 26 B3
Bertre (81) 168 A5
Bertren (65) 182 A5
Bertreville (76) 6 D3
Bertreville-Saint-Ouen (76) 7 G3
Bertric-Burée (24) 136 D1
Bertrichamps (54) 70 C1
Bertricourt (02) 23 E4
Bertrimont (76) 7 G4
Bertrimoutier (88) 70 D2
Bertry (59) 11 F4
Béru (89) 84 A2
Béruges (86) 108 D1
Bérulle (10) 65 G4
Bérus (72) 60 A2
Berville (76) 7 F4
Berville (95) 42 B1
Berville-en-Roumois (27) 18 B5
Berville-la-Campagne (27) 40 C2
Berville-sur-Mer (27) 6 C6
Berville-sur-Seine (76) 7 F6
Berviller-en-Moselle (57) 27 E4
Berzé-la-Ville (71) 116 A3
Berzé-le-Châtel (71) 116 A3
Berzème (07) 157 H1
Berzieux (51) 46 C1
Berzy-le-Sec (02) 22 A5
la Besace (08) 24 C3
Besain (39) 103 E5
Besanceuil 116 A1
Besançon (25) 103 F1
Bésayes (26) 144 C4
Bescat (64) 180 B4
Bésignan (26) 159 E4
Bésingrand (64) 180 A1
Beslon (50) 37 F3
Besmé (02) 21 H3
Besmont (02) 12 B6
Besnans (70) 87 H4
Besné (44) 73 H3
Besneville (50) 14 C4
Besny-et-Loizy (02) 22 C3
Bessac (16) 122 A6
Bessais-le-Fromental (18) 98 B6
Bessamorel (43) 142 D3
Bessan (34) 187 F2
Bessancourt (95) 42 C2
Bessans (73) 133 G6
Bessas (07) 157 F4
le Bessat (42) 143 G1
Bessay (85) 91 H5
Bessay-sur-Allier 113 H1
Bessay-sur-Allier (03) 114 A3
Besse (15) 140 A3
Bessé (16) 122 B1
Besse (24) 152 A1
Besse (38) 146 B3
Besse-et-Saint-Anastaise (63) 127 E5
Bessé-sur-Braye (72) 79 E1
Besse-sur-Issole (83) 192 A3
Bessède-de-Sault (11) 198 D2
Bessèges (30) 157 E5
Bessenay (69) 129 G3
Bessens (82) 166 D3
Besset (09) 184 A4
Bessey (42) 129 H6
Bessey-en-Chaume (21) 101 F2
Bessey-la-Cour (21) 101 E2
Bessey-lès-Cîteaux (21) 102 A2
la Besseyre-Saint-Mary (43) 141 H4
Bessières (31) 167 F4
Bessines (79) 107 G4
Bessines-sur-Gartempe (87) 110 D6
Bessins (38) 144 D2
Besson (03) 113 H2
Bessoncourt (90) 88 D2
Bessonies (46) 139 G6
les Bessons (48) 141 G6
Bessuéjouls (12) 154 D3
Bessy (10) 66 A1
Bessy-sur-Cure (89) 83 H3
Bestiac (09) 198 A2
Bétaille (46) 139 E5
Betaucourt (70) 87 F1
Betbèze (65) 182 A2
Betbezer-d'Armagnac (40) 164 C2
Betcave-Aguin (32) 182 B1
Betchat (09) 182 D4
Bétête (23) 111 H3
Béthancourt-en-Valois (60) 21 F6
Béthancourt-en-Vaux (02) 21 H2
Béthelainville (55) 25 E6
Béthemont-la-Forêt (95) 42 C2
Béthencourt (59) 11 F4
Béthencourt-sur-Mer (80) 8 B4
Béthencourt-sur-Somme (80) 21 G1
Bétheniville (51) 23 G5
Bétheny (51) 23 E5
Béthincourt (55) 25 E6
Béthines (86) 110 A2
Béthisy-Saint-Martin (60) 21 F5
Béthisy-Saint-Pierre (60) 21 F5
Bethmale (09) 182 D6
Bethon (51) 44 D6
Béthon (72) 60 A2
Bethoncourt (25) 88 C3
Béthonsart (62) 9 H1
Béthonvilliers (28) 61 F4
Bethonvilliers (90) 88 D2
Béthune (62) 2 D6
Bétignicourt (10) 66 D2
Beton-Bazoches (77) 44 B5
Betoncourt-lès-Brotte (70) 87 H2
Betoncourt-
-Saint-Pancras (70) 69 G6
Betoncourt-sur-Mance (70) 86 D1
Bétous (32) 164 D4
Betplan (32) 181 F1
Betpouey (65) 181 E6
Betpouy (65) 181 H2
Bétracq (64) 164 C6
Betschdorf (67) 51 F2
Bettainvillers (54) 26 A4
Bettancourt-la-Ferrée (52) 46 D5
Bettancourt-la-Longue (51) 46 D4
Bettange (57) 26 D4
Bettant (01) 130 D1
Bettborn (57) 50 A3

Bettegney-Saint-Brice (88) 69 G2
Bettelainville (57) 26 C4
Bettembos (80) 19 H1
Bettencourt-Rivière (80) 9 E5
Bettencourt-Saint-Ouen (80) 9 F5
Bettendorf (68) 89 F3
Bettes (65) 181 F4
Betteville (76) 7 E5
le Bettex 133 E1
Bettignies (59) 12 A2
Betting-lès-Saint-Avold (57) 27 F5
Bettlach (68) 89 G3
Betton (35) 57 F2
Betton-Bettonet (73) 132 B5
Bettoncourt (88) 69 G2
Bettrechies (59) 11 G2
Bettviller (57) 28 A5
Bettwiller (67) 50 B3
Betz (60) 43 H1
Betz-le-Château (37) 95 F3
Beugin (62) 9 H1
Beugnâtre (62) 10 B4
Beugneux (02) 22 B6
Beugnies (59) 12 A3
le Beugnon (79) 107 H1
Beugnon (89) 65 H5
Beugny (62) 10 C4
Beuil (06) 161 H6
le Beulay (88) 70 D2
Beulotte-Saint-Laurent (70) 70 B6
Beure (25) 103 F1
Beurey (10) 66 D4
Beurey-Bauguay (21) 100 D1
Beurey-sur-Saulx (55) 47 E4
Beurières (63) 128 B6
Beurizot (21) 84 D6
Beurlay (17) 120 D2
Beurville (52) 67 F3
Beussent (62) 1 G6
Beuste (64) 180 C3
Beutal (25) 88 B4
Beutin (62) 1 F6
Beuvardes (02) 44 C1
Beuveille (54) 25 G4
Beuvezin (54) 69 E2
Beuville 16 C4
Beuvillers (14) 17 F5
Beuvillers (54) 26 A3
Beuvrages (59) 11 F1
Beuvraignes (80) 21 E2
Beuvrequen (62) 1 F3
Beuvreuil 19 G3
Beuvrigny (50) 37 G2
Beuvron (58) 83 F6
Beuvron-en-Auge (14) 16 D4
Beuvry (62) 2 D6
Beuvry-la-Forêt (59) 11 E1
Beux (57) 26 C6
Beuxes (86) 94 A2
Beuzec-Cap-Sizun (29) 52 D2
Beuzeville (27) 17 G3
Beuzeville-au-Plain (50) 15 E4
Beuzeville-la-Bastille (50) 14 D4
Beuzeville-la-Grenier (76) 6 C5
Beuzeville-la-Guérard (76) 6 D4
Beuzevillette (76) 6 D5
Bévenais (38) 131 E6
Beveuge (70) 88 A3
Béville-le-Comte (28) 62 C2
Bévillers (59) 11 E3
Bevons (04) 160 A5
Bévy (21) 101 G1
Bey (01) 116 B4
Bey (71) 101 H5
Bey-sur-Seille (54) 49 E4
Beychac-et-Caillau (33) 135 G5
Beylongue (40) 163 F2
Beynac (87) 124 A3
Beynac-et-Cazenac (24) 138 A6
Beynat (19) 139 E3
Beynes (04) 175 F1
Beynes (78) 42 A4
Beynost (01) 130 B2
Beyrède-Jumet (65) 181 G5
Beyren-lès-Sierck (57) 26 C2
Beyrie-en-Béarn (64) 180 B1
Beyrie-sur-Joyeuse (64) 179 E2
Beyries (40) 163 G5
Beyssac (19) 138 C1
Beyssenac (19) 124 B6
le Bez (81) 168 D5
Bez-et-Esparon (30) 170 D2
Bézac (09) 183 G4
Bezalles (77) 44 B5
Bézancourt (76) 19 F4
Bezange-la-Grande (54) 49 E4
Bezange-la-Petite (57) 49 F4
Bezannes (51) 23 E6
Bézaudun-les-Alpes (06) 176 D4
Bézaudun-sur-Bîne (26) 158 D2
Bezaumont (54) 48 C3
Bèze (21) 86 A4
Bézenac (24) 137 H6
Bézenet (03) 113 E4
Bézéril (32) 166 B6
Béziers (34) 186 D2
Bezinghem (62) 1 G5
Bezins-Garraux (31) 182 B6
la Bezole (11) 184 C5
Bezolles (32) 165 F3
Bezons (95) 42 C3
Bezonvaux (55) 25 F6
Bezouce (30) 172 B3
Bézouotte (21) 86 B5
Bézu-la-Forêt 19 F4
Bézu-la-Forêt (27) 19 F4
Bézu-le-Guéry (02) 44 B2
Bézu-Saint-Éloi (27) 19 G5
Bézu-Saint-Germain (02) 44 C1
Bézues-Bajon (32) 182 A1
Biache-Saint-Vaast (62) 10 C2
Biaches (80) 10 C5
Bians-les-Usiers (25) 103 H3
Biard (86) 109 E1
Biarne (39) 102 C2
Biarre (80) 21 F2
Biarritz (64) 162 A6
Biarrotte (40) 162 C5
Biars-sur-Cère (46) 139 E5
Bias (40) 148 A6
Bias (47) 151 F4
Biaudos (40) 162 C5
Bibiche (57) 26 D3
Biblisheim (67) 51 F2
Bibost (69) 129 G3
Bichancourt (02) 21 H3
Biches (58) 99 G3
Bickenholtz (57) 50 B3
Bicqueley (54) 48 B5
Bidache (64) 162 D6
Bidarray (64) 178 D2
Bidart (64) 162 A6
Bidestroff (57) 49 G3
Biding (57) 27 F6
Bidon (07) 157 H4
Bidos (64) 180 A3
Biécourt (88) 69 E2
Biederthal (68) 89 G4
Bief (25) 88 C5
Bief-des-Maisons (39) 103 F5
Bief-du-Fourg (39) 103 G4
Biefmorin (39) 102 C4
Biefvillers-lès-Bapaume (62) 10 B4
Bielle (64) 180 B4
Biencourt (80) 8 C5
Biencourt-sur-Orge (55) 47 G6
Biennac 123 G2
Bienville (60) 21 F4
Bienville-la-Petite (54) 49 F5
Bienvillers-au-Bois (62) 10 A3
Biermes (08) 23 G4
Biermont (60) 21 E3
Bierné (53) 77 E1
Bierne (59) 2 C2
Bierre-lès-Semur (21) 84 C5
Bierry-
-les-Belles-Fontaines (89) 84 C4
Biert (09) 183 F6
Bierville (76) 7 H5
Biesheim (68) 71 G4
Biesles (52) 68 A5
Bietlenheim (67) 51 F4
Bieujac (33) 149 H2
Bieuxy (02) 22 A4
Bieuzy (56) 55 E3
Biéville (50) 37 H1
Biéville-Beuville (14) 16 C4
Biéville-Quétiéville (14) 16 D5
Bièvres (02) 22 C4
Bièvres (08) 25 E3
Bièvres (91) 42 C5
Biffontaine (88) 70 C3
Biganos (33) 148 C1
Bignac (16) 122 B3
Bignan (56) 55 G4
Bignay (17) 121 F1
la Bigne (14) 38 A2
Bignicourt (08) 23 H4
Bignicourt-sur-Marne (51) 46 B5
Bignicourt-sur-Saulx (51) 46 C4
le Bignon (44) 74 D6
le Bignon-du-Maine (53) 58 D6
le Bignon-Mirabeau (45) 64 C4
Bignoux (86) 109 F1
Bigorno (2B) 203 F6
la Bigottière (53) 58 C3
Biguglia (2B) 203 G5
Bihorel (76) 7 G6
Bihucourt (62) 10 B4
Bilhères (64) 180 B4
Bilia (2A) 206 D3
Bilieu (38) 131 F5
Billac (19) 139 E5
Billancelles (28) 61 H1
Billancourt (80) 21 F1
les Billanges (87) 124 D1
les Billaux (33) 135 H4
Billé (35) 57 H1
Billecul (39) 103 G5
Billère (64) 180 B2
Billey (21) 102 C2
Billezois (03) 114 B5
Billiat (01) 117 H5
Billième (73) 131 G3
Billière (31) 196 A4
Billiers (56) 73 E2
Billio (56) 55 G4
Billom (63) 127 G3
Billy (03) 114 A4
Billy (14) 16 C5
Billy (41) 80 B6
Billy-Berclau (62) 3 E6
Billy-Chevannes (58) 99 F3
Billy-le-Grand (51) 45 G1
Billy-lès-Chanceaux (21) 85 F4
Billy-Montigny (62) 10 C1
Billy-sous-Mangiennes (55) 25 G5
Billy-sur-Aisne (02) 22 A5
Billy-sur-Oisy (58) 83 F5
Billy-sur-Ourcq (02) 22 A6
Biltzheim (68) 71 F5
Bilwisheim (67) 51 E4
Bimont (62) 1 G6
Binans 102 D6
Binarville (51) 24 C6
Binas (41) 80 A1
Bindernheim (67) 71 H2
Binges (21) 86 B6
Binic (22) 33 G3
Bining (57) 28 A6
Biniville (50) 14 D4
Binos (31) 182 A6
Binson-et-Orquigny (51) 45 E2
Bio (46) 139 E6
Biol (38) 131 E5
la Biolle (73) 131 H3
Biollet (63) 126 C1
Bion (50) 37 H5
Bioncourt (57) 49 E4
Bionville (54) 50 A6
Bionville-sur-Nied (57) 26 D5
Biot (06) 176 D6
le Biot (74) 119 F3
Bioule (82) 167 F1
Bioussac (16) 108 D6
Biozat (03) 113 H6
Birac (16) 122 A5
Birac (33) 150 A3
Birac-sur-Trec (47) 150 C3
Biran (32) 165 F4
Biras (24) 137 E1
Biriatou (64) 178 A1
Birieux (01) 130 B1
Birkenwald (67) 50 C5
Biron (17) 121 F4
Biron (24) 151 G2
Biron (64) 163 F6
Biscarrosse (40) 148 B3
Biscarrosse Plage 148 A3
Bischheim (67) 51 E5
Bischholtz (67) 50 D2
Bischoffsheim (67) 50 D6
Bischwihr (68) 71 G4
Bischwiller (67) 51 F3
Bisel (68) 89 F3
Bisinchi (2B) 203 F6
Bislée (55) 47 G3
Bissert (67) 50 A2
Bisseuil (51) 45 G2
Bissey-la-Côte (21) 67 F6
Bissey-la-Pierre (21) 84 D1
Bissey-sous-Cruchaud (71) 101 F6
Bissezeele (59) 2 C2
Bissières (14) 16 D5
Bissy-la-Mâconnaise (71) 116 B2
Bissy-sous-Uxelles (71) 116 A1
Bissy-sur-Fley (71) 101 E6
Bisten-en-Lorraine (57) 27 E5
Bistroff (57) 27 F6
Bitche (57) 28 B5
Bitry (58) 82 D5
Bitry (60) 21 G4
Bitschhoffen (67) 51 E3
Bitschwiller-lès-Thann (68) 89 E1
Bivès (32) 166 A3
Biviers (38) 145 G2
Biville (50) 14 B2
Biville-la-Baignarde (76) 7 G4
Biville-la-Rivière (76) 7 F3
Biville-sur-Mer (76) 7 H1
Bivilliers (61) 40 A6
Bizanet (11) 185 H4
Bizanos (64) 180 B2
Bize (52) 86 D1
Bize (65) 181 H5
Bize-Minervois (11) 185 H2
Bizeneuille (03) 112 D3
Biziat (01) 116 C4
Bizonnes (38) 131 E5
le Bizot (25) 104 B1
les Bizots (71) 100 D5
Bizou (61) 61 E1
Bizous (65) 181 H4
Bizy 41 F2
Blacé (69) 116 A6
Blacourt (60) 19 H4
Blacqueville (76) 7 E5
Blacy (51) 46 B5
Blacy (89) 84 B4
Blaesheim (67) 51 E6
Blagnac (31) 167 E5
Blagny (08) 24 D2
Blagny-sur-Vingeanne (21) 86 B5
Blaignac (33) 150 A2
Blaignan (33) 134 D1
Blain (44) 74 B2
Blaincourt-lès-Précy (60) 20 C6
Blaincourt-sur-Aube (10) 66 D2
Blainville-Crevon (76) 7 H5
Blainville-sur-l'Eau (54) 49 E6
Blainville-sur-Mer (50) 36 D1
Blainville-sur-Orne (14) 16 C4
Blairville (62) 10 A3
Blaise-sous-Arzillières (51) 46 B5
Blaison-Gohier (49) 77 F5
Blaisy (52) 67 G4
Blaisy-Bas (21) 85 F5
Blaisy-Haut (21) 85 F6
Blajan (31) 182 A3
Blamont (25) 88 C5
Blâmont (54) 49 H5
Blan (81) 168 A6
le Blanc (36) 110 B1
le Blanc-Mesnil (93) 43 E3
Blancafort (18) 81 H4
Blancey (21) 84 D6
Blancfossé (60) 20 B2
Blanche-Église (57) 49 G4
Blanchefort 138 D1
Blanchefosse-et-Bay (08) 23 F1
Blancherupt (67) 71 E1
Blandainville (28) 61 H3
Blandas (30) 170 C3
Blandin (38) 131 E5
Blandouet (53) 59 F5
Blandy (77) 43 G6
Blandy (91) 63 F3
Blangerval-Blangermont (62) 9 F2
Blangy-le-Château (14) 17 F4
Blangy-sous-Poix (80) 20 A1
Blangy-sur-Bresle (76) 8 C5
Blangy-sur-Ternoise (62) 9 F1
Blangy-Tronville (80) 9 H6
Blannay (89) 83 H4
Blanot (21) 100 C2
Blanot (71) 116 A2
Blanquefort (32) 166 A5
Blanquefort (33) 135 E5
Blanquefort-sur-Briolance (47) 151 H2
Blanzac (43) 142 C3
Blanzac (87) 110 B5
Blanzac-lès-Matha (17) 121 G2
Blanzac-Porcheresse (16) 122 B5
Blanzaguet-Saint-Cybard (16) 122 C5
Blanzat (63) 127 E2
Blanzay (86) 108 D5
Blanzay-sur-Boutonne (17) 107 H6
Blanzée (55) 25 F6
Blanzey 48 D4
Blanzy (71) 100 D6
Blanzy-la-Salonnaise (08) 23 F4
Blanzy-lès-Fismes (02) 22 C5
Blargies (60) 19 G2
Blarians (25) 87 G5
Blaringhem (59) 2 B4
Blars (46) 153 E2
Blaru (78) 41 G2
Blasimon (33) 136 A6
Blaslay (86) 94 A6
Blassac (43) 141 H3
Blaudeix (23) 111 H5
Blausasc (06) 177 E4
Blauvac (84) 173 G1
Blauzac (30) 172 A2
Blavignac (48) 141 G5
Blavozy (43) 142 D4
Blay (14) 15 G5
Blaye (33) 135 E3
Blaye-les-Mines (81) 168 B1
Blaymont (47) 151 G5
Blaziert (32) 165 G2
Blécourt (52) 67 H2
Blécourt (59) 10 D3
Bleigny-le-Carreau (89) 83 G1
Blémerey (54) 49 G5
Blémerey (88) 69 F2
Blendecques (62) 2 B4
Bléneau (89) 82 C3
Blennes (77) 64 C3
Blénod-
-lès-Pont-à-Mousson (54) 48 C3
Blénod-lès-Toul (54) 48 B6
Bléquin (62) 1 H5
Blérancourt (02) 21 H3
Bléré (37) 79 F6
Blériot-Plage 1 G2
Bléruais (35) 56 C2
Blésignac (33) 135 G6
Blesle (43) 141 F1
Blesme (51) 46 C5
Blesmes (02) 44 C2
Blessac (23) 125 G1
Blessey (21) 85 F4
Blessonville (52) 67 G5
Blessy (62) 2 B5
Blet (18) 98 A4
Bletterans (39) 102 C5
Bleurville (88) 69 E5
Bleury (28) 62 C1
Blevaincourt (88) 68 D4
Blèves (72) 60 C1
Blévy 41 E6
le Bleymard (48) 156 C3
le Bleymard Mont-Lozère 156 C3
Blicourt (60) 20 A3
Blienschwiller (67) 71 F2
Blies-Ebersing (57) 27 H5
Blies-Guersviller (57) 27 H5
Bliesbruck (57) 28 A5
Blieux (04) 175 G2
Blignicourt (10) 66 D1
Bligny (10) 67 E4
Bligny (51) 22 D6
Bligny-le-Sec (21) 85 F5
Bligny-lès-Beaune (21) 101 G3
Bligny-sur-Ouche (21) 101 F2
Blincourt (60) 21 E5
Blingel (62) 9 F1
Blis-et-Born (24) 137 G2
Blismes (58) 99 H2
Blodelsheim (68) 71 G6
Blois (41) 79 H4
Blois-sur-Seille (39) 102 D5
Blomac (11) 185 F3
Blomard (03) 113 F4
Blombay (08) 12 D6
Blond (87) 110 A6
Blondefontaine (70) 87 E1
Blonville-sur-Mer (14) 17 E3
Blossac 57 E3
Blosseville (76) 7 E2
Blosville (50) 15 E4
Blot-l'Église (63) 113 F6
Blotzheim (68) 89 G3
Blou (49) 77 H6
Blousson-Sérian (32) 181 F1
la Bloutière (50) 37 F3
Bloye (74) 131 H2
Bluffy (74) 132 B1
Blumeray (52) 67 F2
Blussangeaux (25) 88 B4
Blussans (25) 88 B4
Blye (39) 102 D6
Blyes (01) 130 D2
le Bô (14) 38 C3
Bobigny (93) 43 E3
Bobital (22) 34 C5
le Bocasse (76) 7 G5
Bocé (49) 77 G4
Bocognano (2A) 205 E4
Bocquegney (88) 69 G3
Bocquencé (61) 39 H4
le Bodéo (22) 33 F6
Bodilis (29) 31 G3
Boé (47) 151 F6
Boëcé (61) 60 C1
Boëge (74) 118 D4
Boeil-Bezing (64) 180 C3
Boën (42) 128 D3
Bœrsch (67) 50 D6
Boeschepe (59) 2 D3
Boëseghem (59) 2 C5
Bœsenbiesen (67) 71 G3
Boësse (79) 93 E3
Boëssé-le-Sec (72) 60 D4
Boësses (45) 63 G4
Bœurs-en-Othe (89) 65 G4
Boffles (62) 9 F3
Boffres (07) 143 H5
Bogard 33 H5
Bogève (74) 118 D4
Bogny-sur-Meuse (08) 13 F6
Bogy (07) 144 A1
Bohain-en-Vermandois (02) 11 F5
Bohal (56) 56 A5
la Bohalle (49) 77 E5
Bohars (29) 30 D4
Bohas-Meyriat-Rignat (01) 117 F5
Boigneville (91) 63 G3
Boigny-sur-Bionne (45) 81 E1
Boinville-en-Mantois (78) 41 H3
Boinville-en-Woëvre (55) 25 G6
Boinville-le-Gaillard (78) 62 D1
Boinvilliers (78) 41 H3
Boiry-Becquerelle (62) 10 B3
Boiry-Notre-Dame (62) 10 C2
Boiry-Saint-Martin (62) 10 B3
Boiry-Sainte-Rictrude (62) 10 B3
Bois (17) 121 E5
le Bois (73) 132 D5
Bois-Anzeray (27) 40 B3
Bois-Arnault (27) 40 B4
Bois-Bernard (62) 10 C1
Bois-Bouzon 98 A3
Bois-Colombes (92) 42 D3
Bois-d'Amont (39) 118 B1
Bois-d'Arcy (78) 42 B4
Bois-d'Arcy (89) 83 G4
Bois-de-Céné (85) 90 D2
Bois-de-Champ (88) 70 C3
Bois-de-Gand (39) 102 C4
Bois-de-la-Pierre (31) 183 E2
Bois-d'Ennebourg (76) 7 H6
le Bois-d'Oingt (69) 129 G1
Bois-Grenier (59) 3 E5
Bois-Guilbert (76) 19 E3
Bois-Guillaume (76) 7 G6
le Bois-Hellain (27) 17 G4
Bois-Héroult (76) 19 E3
Bois-Herpin (91) 63 F2
Bois-Himont (76) 7 E5
Bois-Jérôme-Saint-Ouen (27) 41 G1
Bois-le-Roi (27) 41 F4
Bois-le-Roi (77) 64 A1
Bois-lès-Pargny (02) 22 C1
Bois-l'Évêque (76) 7 H6
Bois-Normand-près-Lyre (27) 40 B3
le Bois-Plage-en-Ré (17) 106 B4
le Bois-Robert (76) 7 G2
Bois-Sainte-Marie (71) 115 G3
Bois Aubry 94 C3
Boisaugeais 122 D1
Boisbergues (80) 9 F3
Boisbreteau (16) 135 H1
Boiscommun (45) 63 G5
le Bois de Cise 8 B4
Boisdinghem (62) 2 A4
Boisdon (77) 44 B5
le Bois du Four 155 E5
Boisemont (27) 19 F6
Boisemont (95) 42 B2
le Bois Février 58 A2
le Bois Frou 59 E1
Boisgasson (28) 61 G5
Boisgervilly (35) 56 C2
le Bois Glaume 57 F4
Boisjean (62) 8 D1
le Boisle (80) 9 E2
Boisleux-au-Mont (62) 10 B3
Boisleux-Saint-Marc (62) 10 B3
Boismé (79) 93 E5
Boismont (54) 25 H4
Boismont (80) 8 C3
Bois Morand 109 H2
Boismorand (45) 82 A2
Boisney (27) 40 B1
Boisredon (17) 135 F1
Boisroger (50) 36 D1
Boissay (76) 19 E3
la Boisse (01) 130 B2
Boisse (24) 151 F1
Boisse-Penchot (12) 153 H2
Boisseau (41) 79 H2
Boisseaux (45) 63 E3
Boissède (31) 182 C1
Boissei-la-Lande (61) 39 F5
Boisserolles (79) 107 H5
Boisseron (34) 171 G4
les Boisses 133 G5
Boisset (15) 139 H6
Boisset (34) 185 G1
Boisset (43) 142 D1
Boisset-et-Gaujac (30) 171 G1
Boisset-lès-Montrond (42) 129 E4
Boisset-les-Prévanches (27) 41 F3
Boisset-Saint-Priest (42) 128 D5
Boissets (78) 41 G4
Boissettes (77) 63 H1
Boisseuil (87) 124 B3
Boisseuilh (24) 138 A2
Boissey (01) 116 C3
Boissey (14) 17 E6
Boissey-le-Châtel (27) 18 B6
Boissezon (81) 168 D6
Boissia (39) 117 H1
la Boissière 78 A4
la Boissière (14) 17 E5
la Boissière (27) 41 F3
la Boissière (34) 170 D5
la Boissière (39) 117 F2
la Boissière (53) 76 B2
la Boissière-d'Ans (24) 137 H2
la Boissière-de-Montaigu (85) 91 H2
la Boissière-des-Landes (85) 91 F5
la Boissière-du-Doré (44) 75 E5
la Boissière-École (78) 41 H5
la Boissière-en-Gâtine (79) 107 H1
la Boissière-sur-Èvre (49) 75 F4
Boissières (30) 171 H4
Boissières (46) 152 C3
Bois Sir Amé 97 H4
Boissise-la-Bertrand (77) 63 H1
Boissise-le-Roi (77) 63 H1
Boisson 157 F5
Boissy-aux-Cailles (77) 63 H3
Boissy-en-Drouais (28) 41 E5
Boissy-Fresnoy (60) 43 G1
Boissy-la-Rivière (91) 63 F2
Boissy-l'Aillerie (95) 42 B2
Boissy-Lamberville (27) 17 H5
Boissy-le-Bois (60) 19 H6
Boissy-le-Châtel (77) 44 A4
Boissy-le-Cutté (91) 63 F1
Boissy-le-Repos (51) 44 D4
Boissy-le-Sec (91) 63 E1
Boissy-lès-Perche (28) 40 C5
Boissy-Maugis (61) 61 E2
Boissy-Mauvoisin (78) 41 G3
Boissy-Saint-Léger (94) 43 E5
Boissy-sans-Avoir (78) 42 A4
Boissy-sous-Saint-Yon (91) 63 F1
le Bois Thibaut 59 E1
le Bois Tiffrais 92 B5
Boistrudan (35) 57 G4
Boisville-la-Saint-Père (28) 62 C3
Boisyvon (50) 37 G4
Boitron (61) 39 G6
Boitron (77) 44 B3
Bolandoz (25) 103 G3
Bolazec (29) 32 B4
Bolbec (76) 6 C5
Bollène (84) 158 A5
la Bollène-Vésubie (06) 177 E3
Bolleville (50) 14 C5
Bolleville (76) 6 D5
Bollezeele (59) 2 B3
Bollwiller (68) 71 F6
Bologne (52) 67 H4
Bolozon (01) 117 F4
Bolquère (66) 198 C4
Bolsenheim (67) 71 G1
Bombon (77) 43 G6
Bommes (33) 149 G2
Bommiers (36) 97 E5
Bompas (09) 183 H6
Bompas (66) 200 D2
Bomy (62) 2 B5
Bon-Encontre (47) 151 F6
Bona (58) 99 F3
Bonac-Irazein (09) 182 C6
Bonas (32) 165 F4
Bonboillon (70) 86 D6
Boncé (28) 62 B3
Bonchamp-lès-Laval (53) 58 D5
Boncourt (02) 23 E2
Boncourt (27) 41 F2
Boncourt (28) 41 F4
Boncourt (54) 25 H6
Boncourt-le-Bois (21) 101 H2
Boncourt-sur-Meuse (55) 47 H4
Bondaroy (45) 63 F4
Bondeval (25) 88 C4
Bondigoux (31) 167 F3
les Bondons (48) 156 B4
Bondoufle (91) 42 D6
Bondues (59) 3 F4
Bondy (93) 43 E3
Bongheat (63) 127 H3
le Bonhomme (68) 71 E3
Bonifacio (2A) 207 F5
Bonlier (60) 20 B4
Bonlieu (39) 118 A1
Bonlieu-sur-Roubion (26) 158 B2
Bonloc (64) 178 D1
Bonnac (09) 183 H4
Bonnac (15) 141 F2
Bonnac-la-Côte (87) 124 B1
Bonnal (25) 87 H4
Bonnard (89) 65 F6
Bonnat (23) 111 G4
Bonnaud (39) 117 F1
Bonnay (25) 87 F5
Bonnay (71) 116 A1
Bonnay (80) 9 H5
Bonne (74) 118 D4
Bonnebosq (14) 17 E4
Bonnecourt (52) 68 C6
Bonnée (45) 81 G2
Bonnefamille (38) 130 C4
Bonnefoi (61) 40 A5
Bonnefond (19) 125 F5
Bonnefont (65) 181 G3
Bonnefontaine (39) 103 E5
Bonnegarde (40) 163 G5
Bonneil (02) 44 B2
Bonnelles (78) 42 B6
Bonnemain (35) 35 E5
Bonnemaison (14) 16 A6
Bonnemazon (65) 181 F4
Bonnencontre (21) 102 A2
Bonnes (16) 136 B2
Bonnes (86) 109 G1

Bonnesvalyn (02) 44 B1
Bonnet (55) 68 B1
Bonnétable (72) 60 C4
Bonnétage (25) 104 C1
Bonnetan (33) 135 F5
Bonneuil (16) 121 H4
Bonneuil (36) 110 C3
Bonneuil-en-France (95) 43 E3
Bonneuil-en-Valois (60) 21 G6
Bonneuil-les-Eaux (60) 20 B2
Bonneuil-Matours (86) 94 C6
Bonneuil-sur-Marne (94) 43 E4
Bonneval (28) 62 A4
Bonneval (43) 142 B1
Bonneval (73) 132 D5
Bonneval-sur-Arc (73) 133 H6
Bonnevaux (25) 103 G4
Bonnevaux (30) 156 D4
Bonnevaux (74) 119 F3
Bonnevaux-le-Prieuré (25) 103 G2
Bonneveau (41) 79 E2
Bonnevent-Velloreille (70) 87 F5
Bonneville (16) 122 A2
la Bonneville (50) 14 D4
Bonneville (74) 118 D5
Bonneville (80) 9 F4
Bonneville-Aptot (27) 18 A6
Bonneville-et-Saint-Avit-
-de-Fumadières (24) 136 B5
Bonneville-la-Louvet (14) 17 G4
la Bonneville-sur-Iton (27) 40 D2
Bonneville-sur-Touques (14) 17 E3
Bonnières (60) 20 A4
Bonnières (62) 9 G3
Bonnières-sur-Seine (78) 41 G2
Bonnieux (84) 173 G3
Bonningues-lès-Ardres (62) 1 H3
Bonningues-lès-Calais (62) 1 G2
Bonnœil (14) 38 C3
Bonnœuvre (44) 75 E2
Bonnu 111 E3
Bonnut (64) 163 F5
Bonny-sur-Loire (45) 82 B4
Bono (56) 55 E6
Bonrepos (65) 181 G3
Bonrepos-Riquet (31) 167 G5
Bonrepos-
-sur-Aussonnelle (31) 166 C6
Bons-en-Chablais (74) 118 D4
Bons-Tassilly (14) 16 C6
Bonsecours (76) 7 G6
Bonsmoulins (61) 40 A5
Bonson (06) 176 D4
Bonson (42) 129 E5
Bonvillard (73) 132 C4
Bonvillaret (73) 132 C4
Bonviller (54) 49 F5
Bonvillers (60) 20 C3
Bonvillet (88) 69 F4
Bony (02) 10 D5
Bonzac (33) 135 H4
Bonzée (55) 47 H1
Boô-Silhen (65) 180 D5
Boofzheim (67) 71 H2
Boos (40) 163 E2
Boos (76) 18 D5
Bootzheim (67) 71 G3
Boqueho (22) 33 F4
Bor-et-Bar (12) 153 G6
Boran-sur-Oise (60) 42 D1
Borce (64) 180 A6
Bord-Saint-Georges (23) 112 B4
Bordeaux (33) 135 E5
Bordeaux-en-Gâtinais (45) 63 H5
Bordeaux-Saint-Clair (76) 6 B4
Bordères (64) 180 C3
Bordères-et-Lamensans (40) 164 A4
Bordères-Louron (65) 181 G6
Bordères-sur-l'Échez (65) 181 E3
les Bordes (36) 96 D3
les Bordes (45) 81 G2
Bordes (64) 180 C3
Bordes (65) 181 F3
les Bordes (71) 101 H4
les Bordes (89) 65 E5
les Bordes-Aumont (10) 66 B4
Bordes-de-Rivière (31) 182 A4
les Bordes-sur-Arize (09) 183 F4
les Bordes-sur-Lez (09) 182 D6
Bordezac (30) 157 E5
Bords (17) 120 D1
Borée (07) 143 E5
le Boréon 177 E2
Boresse-et-Martron (17) 136 A1
Borest (60) 43 F1
Borey (70) 87 H3
Borgo (2B) 203 G5
Bormes-les-Mimosas (83) 192 B5
le Born (31) 167 F3
le Born (48) 156 A2
Bornambusc (76) 6 C4
Bornay (39) 117 F1
la Borne 125 G1
la Borne 97 H1
Borne (07) 156 D2
Borne (43) 142 B3
Bornel (60) 20 B6
Boron (90) 88 D3
Borre (59) 2 D4
Borrèze (24) 138 B5
Bors (Canton de Baignes-
-Sainte-Radegonde) (16) 135 H1
Bors (Canton de Montmoreau-
-Saint-Cybard) (16) 136 C1
Bort-les-Orgues (19) 126 B6
Bort-l'Étang (63) 127 H3
Borville (54) 69 H1
le Bosc (09) 183 G6
le Bosc (34) 170 C4
Bosc-Bénard-Commin (27) 18 B5
Bosc-Bénard-Crescy (27) 18 B5
Bosc-Bérenger (76) 7 H4
Bosc-Bordel (76) 19 E3
Bosc-Edeline (76) 19 E3
Bosc-Guérard-Saint-Adrien (76) 7 G5
Bosc-Hyons (76) 19 G4
Bosc-le-Hard (76) 7 H4
Bosc-Mesnil (76) 19 E2
le Bosc-Renoult (61) 39 G3
Bosc-Renoult-en-Ouche (27) 40 B3
Bosc-Renoult-
-en-Roumois (27) 18 A5
le Bosc-Roger-
-en-Roumois (27) 18 B5
Bosc-Roger-sur-Buchy (76) 19 E3
Boscamnant (17) 136 A2
Bosdarros (64) 180 B3
Bosgouet (27) 18 B5
Bosguérard-
-de-Marcouville (27) 18 B6
Bosjean (71) 102 B5
le Bosmelet 7 G4
Bosmie-l'Aiguille (87) 124 A3
Bosmont-sur-Serre (02) 22 D1
Bosmoreau-les-Mines (23) 125 E1
Bosnormand (27) 18 B6
Bosquel (80) 20 B1
Bosquentin (27) 19 F4
Bosrobert (27) 18 A6
Bosroger (23) 125 H1
Bossancourt (10) 67 E3
Bossay-sur-Claise (37) 95 F5
la Bosse (25) 104 B1
la Bosse (72) 60 D4
la Bosse-de-Bretagne (35) 57 F5
Bossée (37) 95 E2
Bossendorf (67) 50 D3
Bosset (24) 136 D4
Bosseval-et-Briancourt (08) 24 B1
Bossey (74) 118 C5
Bossieu (38) 130 C6
Bossugan (33) 136 A6
Bossus-lès-Rumigny (08) 12 C6
Bost (03) 114 B5
Bostens (40) 164 A2
Bosville (76) 7 E3
Botans (90) 88 C3
Botlézan 32 D3
Botmeur (29) 31 H5
Botsorhel (29) 32 B4
les Bottereaux (27) 40 B3
les Bottières 146 C1
Botz-en-Mauges (49) 75 G4
Bou (45) 81 E1
Bouafle (78) 42 A3
Bouafles (27) 19 E6
Bouan (09) 197 H4
Bouaye (44) 74 B5
Boubers-lès-Hesmond (62) 1 H6
Boubers-sur-Canche (62) 9 F2
Boubiers (60) 19 H6
Bouc-Bel-Air (13) 173 H6
Boucagnères (32) 165 H6
Boucard 82 A6
Boucau (64) 162 B5
Boucé (03) 114 A4
Boucé (61) 39 E5
le Bouchage (16) 109 E6
le Bouchage (38) 131 F3
Bouchain (59) 11 E2
Bouchamps-lès-Craon (53) 76 B1
le Bouchaud (03) 114 D4
Bouchavesnes-Bergen (80) 10 C5
Bouchemaine (49) 76 D5
Boucheporn (57) 27 E5
le Bouchet 95 G6
le Bouchet 143 H6
Bouchet (26) 158 B5
le Bouchet (74) 132 C2
le Bouchet-Saint-Nicolas (43) 142 B5
Bouchevilliers (27) 19 G4
Bouchier 147 E5
Bouchoir (80) 21 E1
Bouchon (80) 9 E5
le Bouchon-sur-Saulx (55) 47 F6
les Bouchoux (39) 117 H3
Bouchy-Saint-Genest (51) 44 C6
Boucieu-le-Roi (07) 143 H4
Bouclans (25) 87 G6
Boucoiran-et-Nozières (30) 171 H2
Bouconville (08) 24 B6
Bouconville-sur-Madt (55) 48 A3
Bouconville-Vauclair (02) 22 D4
Bouconvillers (60) 42 A1
Boucq (54) 48 A4
Boudes (63) 127 F6
Boudeville (76) 7 F3
Boudou (82) 166 C1
Boudrac (31) 181 H3
Boudreville (21) 67 F6
Boudy-de-Beauregard (47) 151 F3
Boué (02) 11 G5
Bouée (44) 74 A4
Boueilh-Boueilho-Lasque (64) 164 B6
Bouelles (76) 19 F2
Bouër (72) 60 D5
Bouère (53) 77 E1
Bouessay (53) 77 F1
Bouesse (36) 111 F1
Bouëx (16) 122 D4
la Bouëxière (35) 57 G2
Bouffémont (95) 42 D2
Boufféré (85) 91 G2
Bouffignereux (02) 22 D5
Boufflers (80) 9 E2
Bouffry (41) 61 G6
Bougainville (80) 9 E6
Bougarber (64) 180 B1
Bougé-Chambalud (38) 144 B1
Bouges-le-Château (36) 96 C3
Bougey (70) 87 E2
Bougival (78) 42 C4
Bouglainval (28) 41 G6
Bougligny (77) 64 A4
Bouglon (47) 150 B4
Bougneau (17) 121 F4
Bougnon (70) 87 F4
Bougon (79) 108 B3
Bougue (40) 164 A2
Bouguenais (44) 74 C5
Bougy (14) 16 A5
Bougy-lez-Neuville (45) 63 E5
Bouhans (71) 102 B5
Bouhans-et-Feurg (70) 86 C4
Bouhans-lès-Lure (70) 88 A2
Bouhans-lès-Montbozon (70) 87 H4
Bouhet (17) 107 E5
Bouhey (21) 101 F1
Bouhy (58) 82 D5
Bouilh-Devant (65) 181 F2
Bouilh-Péreuilh (65) 181 F2
Bouilhonnac (11) 185 E3
Bouillac (12) 153 H2
Bouillac (24) 137 G6
Bouillac (82) 166 C3
la Bouilladisse (13) 191 E3
Bouillancourt-en-Séry (80) 8 C5
Bouillancourt-la-Bataille (80) 20 D2
Bouillancy (60) 43 G1
Bouilland (21) 101 F2
Bouillargues (30) 172 B3
la Bouille (76) 18 B5
Bouillé-Courdault (85) 107 F3
Bouillé-Loretz (79) 93 F2
Bouillé-Ménard (49) 76 B2
Bouillé-Saint-Paul (79) 93 F3
la Bouillie (22) 34 A4
le Bouillon (61) 39 F6
Bouillon (64) 163 H6
Bouillonville (54) 48 B2
Bouilly (10) 66 A4
Bouilly (51) 22 D6
Bouilly-en-Gâtinais (45) 63 F5
Bouin (79) 108 C6
Bouin (85) 90 C1
Bouin-Plumoison (62) 9 E1
Bouisse (11) 185 E5
Bouix (21) 84 C1
Boujailles (25) 103 G4
Boujan-sur-Libron (34) 187 E2
Boulages (10) 45 F6
Boulaincourt (88) 69 F2
Boulancourt (77) 63 G3
Boulange (57) 26 A3
Boulaur (32) 166 A6
le Boulay (37) 79 E3
Boulay-les-Barres (45) 62 C6
Boulay-les-Ifs (53) 59 G2
le Boulay-Morin (27) 41 E2
Boulay-Moselle (57) 26 D4
la Boulaye (71) 100 B5
Boulazac (24) 137 F3
Boulbon (13) 172 C3
Boulc (26) 159 G1
Boule-d'Amont (66) 199 G4
Bouleternère (66) 199 G3
Bouleurs (77) 43 G3
Bouleuse (51) 22 D6
Bouliac (33) 135 F6
Boulieu-lès-Annonay (07) 143 H2
Bouligneux (01) 116 C6
Bouligney (70) 69 G6
Bouligny (55) 25 H5
Boulin (65) 181 F3
Boullarre (60) 43 H1
le Boullay-
-les-Deux-Églises (28) 41 F6
Boullay-les-Troux (91) 42 B5
le Boullay-Mivoye (28) 41 F6
le Boullay-Thierry (28) 41 F6
Boulleret (18) 82 B5
Boulleville (27) 17 G3
Bouloc (31) 167 E4
Bouloc (82) 152 A5
Boulogne (85) 91 G3
Boulogne-Billancourt (92) 42 C4
Boulogne-la-Grasse (60) 21 E3
Boulogne-sur-Gesse (31) 182 A2
Boulogne-sur-Helpe (59) 11 H4
Boulogne-sur-Mer (62) 1 F4
Bouloire (72) 60 D6
Boulon (14) 16 B5
Boulot (70) 87 F5
le Boulou (66) 200 D4
Boulouris 193 E2
Boult (70) 87 F5
Boult-aux-Bois (08) 24 B4
Boult-sur-Suippe (51) 23 F5
le Boulvé (46) 152 A4
Boulzicourt (08) 24 A2
le Boumian 189 E4
Boumourt (64) 180 A1
Bouniagues (24) 137 E6
le Boupère (85) 92 B5
Bouquehault (62) 1 G3
Bouquelon (27) 17 H2
Bouquemaison (80) 9 G3
Bouquemont (55) 47 G2
Bouquet (30) 157 F6
Bouquetot (27) 18 B5
Bouqueval (95) 43 E2
Bouranton (10) 66 B3
Bouray-sur-Juine (91) 63 F1
Bourbach-le-Bas (68) 89 E1
Bourbach-le-Haut (68) 88 D1
Bourberain (21) 86 B4
Bourbévelle (70) 69 E6
Bourbilly 84 C5
Bourbon-Lancy (71) 114 C1
Bourbon-l'Archambault (03) 113 F1
Bourbonne-les-Bains (52) 68 D6
la Bourboule (63) 126 C5
Bourbourg (59) 2 A2
Bourbriac (22) 32 D4
Bourcefranc-le-Chapus (17) 120 B2
Bourcia (39) 117 F3
Bourcq (08) 24 A4
Bourdainville (76) 7 F4
Bourdalat (40) 164 B3
Bourdeau (73) 131 H3
Bourdeaux (26) 158 D2
Bourdeilles (24) 137 E1
le Bourdeix (24) 123 E4
Bourdelles (33) 150 B2
Bourdenay (10) 65 F2
le Bourdet (79) 107 G4
Bourdettes (64) 180 C3
Bourdic (30) 172 A2
Bourdineau 150 C5
la Bourdinière-Saint-Loup (28) 62 A3
le Bourdon 82 D3
Bourdon (80) 9 E5
Bourdonnay (57) 49 G4
Bourdonné (78) 41 H5
Bourdons-sur-Rognon (52) 68 B4
Bourecq (62) 2 C5
Bouresches (02) 44 B2
Bouresse (86) 109 G3
Bouret-sur-Canche (62) 9 G2
Boureuilles (55) 24 C6
le Bourg 146 C5
Bourg (33) 135 F3
le Bourg (46) 153 F1
Bourg (52) 86 B2
Bourg-Achard (27) 18 B5
Bourg-Archambault (86) 110 A3
Bourg-Argental (42) 143 G1
Bourg-Beaudouin (27) 19 E5
Bourg-Blanc (29) 30 D4
Bourg-Bruche (67) 71 E2
Bourg-Charente (16) 121 H4
Bourg-de-Bigorre (65) 181 F4
Bourg-de-Péage (26) 144 C4
Bourg-de-Sirod (39) 103 F5
Bourg-de-Thizy (69) 115 G6
Bourg-de-Visa (82) 151 H5
Bourg-des-Comptes (35) 57 E4
Bourg-des-Maisons (24) 136 D1
le Bourg-d'Hem (23) 111 G4
le Bourg-d'Iré (49) 75 G1
le Bourg-d'Oisans (38) 146 A3
Bourg-d'Oueil (31) 181 H6
Bourg-du-Bost (24) 136 C2
le Bourg-Dun (76) 7 F2
Bourg-en-Bresse (01) 117 E4
Bourg-et-Comin (02) 22 C4
Bourg-Fidèle (08) 12 D6
Bourg-la-Reine (92) 42 D4
Bourg-Lastic (63) 126 B4
Bourg-le-Comte (71) 115 E4
Bourg-le-Roi (72) 60 A2
Bourg-lès-Valence (26) 144 B4
Bourg-l'Évêque (49) 76 B2
Bourg-Madame (66) 198 C5
Bourg-Saint-Andéol (07) 158 A4
Bourg-Saint-Bernard (31) 167 G5
Bourg-Saint-Christophe (01) 130 C2
le Bourg-Saint-Léonard (61) 39 F4
Bourg-Saint-Maurice (73) 133 F4
Bourg-Sainte-Marie (52) 68 C4
Bourg-sous-Châtelet (90) 88 D2
Bourgaltroff (57) 49 G3
Bourganeuf (23) 125 E1
Bourgbarré (35) 57 F4
Bourgeauville (14) 17 E4
Bourges (18) 97 G3
le Bourget (93) 43 E3
le Bourget-du-Lac (73) 131 H4
Bourget-en-Huile (73) 132 B5
Bourgheim (67) 71 G1
Bourghelles (59) 3 G5
Bourgnac (24) 136 D4
Bourgneuf (17) 106 D5
Bourgneuf (73) 132 B4
Bourgneuf-en-Mauges (49) 75 H4
Bourgneuf-en-Retz (44) 74 A6
le Bourgneuf-la-Forêt (53) 58 B4
Bourgogne (51) 23 E5
Bourgoin-Jallieu (38) 130 D4
Bourgon (53) 58 B4
la Bourgonce (88) 70 C2
Bourgougnague (47) 150 D2
Bourgtheroulde-Infreville (27) 18 B5
Bourguébus (14) 16 C5
Bourgueil (37) 78 A6
Bourguenolles (50) 35 H2
le Bourguet (83) 175 H3
Bourguignon (25) 88 C5
Bourguignon-
-lès-Conflans (70) 87 G1
Bourguignon-
-lès-la-Charité (70) 87 F4
Bourguignon-lès-Morey (70) 86 D2
Bourguignon-sous-Coucy (02) 21 H3
Bourguignon-
-sous-Montbavin (02) 22 B3
Bourguignons (10) 66 C4
Bourgvilain (71) 116 A3
Bourideys (33) 149 F4
Bouriège (11) 184 D5
Bourigeole (11) 184 C5
Bourisp (65) 195 G4
Bourlens (47) 151 H4
Bourlon (62) 10 D3
Bourmont (52) 68 C4
Bournainville-Faverolles (27) 17 G5
Bournan (37) 95 E3
Bournand (86) 93 H2
Bournazel 138 D1
Bournazel (12) 154 A3
Bournazel (81) 168 A1
Bourneau (85) 107 F1
Bournel (47) 151 F2
Bourneville (27) 17 H3
Bournezeau (85) 91 H4
Bourniquel (24) 137 F6
Bournois (25) 88 A4
Bournoncle-Saint-Pierre (43) 141 G1
Bournonville (62) 1 G4
Bournos (64) 180 B1
Bourogne (90) 88 D3
Bourran (47) 150 D4
Bourré (41) 79 H6
Bourréac (65) 181 E4
Bourret (82) 166 D2
Bourriot-Bergonce (40) 149 H6
Bourron-Marlotte (77) 64 A3
Bourrou (24) 137 E4
Bourrouillan (32) 164 D3
Bours (62) 9 G1
Bours (65) 181 E2
Boursault (51) 45 E2
Boursay (41) 61 F5
Bourscheid (57) 50 B4
Bourseul (22) 34 B5
Bourseville (80) 8 B4
Boursières (70) 87 F3
Boursies (59) 10 C4
Boursin (62) 1 G4
Boursonne (60) 21 G6
Bourth (27) 40 C4
Bourthes (62) 1 G5
Bourville (76) 7 F3
Boury-en-Vexin (60) 19 G6
Bousbach (57) 27 G5
Bousbecque (59) 3 F4
le Bouscat (33) 135 E5
Bousies (59) 11 G3
Bousignies (59) 11 E1
Bousignies-sur-Roc (59) 12 B2
le Bousquet 154 D2
le Bousquet (11) 198 D2
le Bousquet-d'Orb (34) 170 A5
Boussac (12) 154 A5
Boussac (23) 112 A3
la Boussac (35) 35 F5
Boussac (46) 153 F2
Boussac-Bourg (23) 112 A3
Boussais (79) 93 F5
Boussan (31) 182 C3
Boussay (37) 95 E5
Boussay (44) 91 H1
Bousse (57) 26 C4
Bousse (72) 77 H2
Bousselange (21) 102 B3
Boussenac (09) 183 F6
Boussenois (21) 86 A3
Boussens (31) 182 C3
Bousseraucourt (70) 69 E6
Boussès (47) 150 B6
Bousseviller (57) 28 B5
Boussey (21) 85 E5
Boussicourt (80) 20 D2
Boussières (25) 103 E1
Boussières-en-Cambrésis (59) 11 E3
Boussières-sur-Sambre (59) 11 H3
Boussois (59) 12 A2
Boussy (74) 131 H2
Boussy-Saint-Antoine (91) 43 E5
Boust (57) 26 B2
Boustroff (57) 27 E6
Bout-du-Pont-de-Larn (81) 168 D6
Boutancourt (08) 24 B2
Boutavent (60) 19 G2
la Bouteille (02) 12 A6
Bouteilles-
-Saint-Sébastien (24) 136 C1
Boutenac (11) 185 H4
Boutenac-Touvent (17) 120 D5
Boutencourt (60) 19 H5
Boutervilliers (91) 63 E2
Bouteville (16) 121 H4
Boutiers-Saint-Trojan (16) 121 G3
Boutigny (77) 43 G3
Boutigny-Prouais (28) 41 G5
Boutigny-sur-Essonne (91) 63 G2
Bouttencourt (80) 8 C5
Boutteville (50) 15 E4
Boutx (31) 182 B6
Bouvaincourt-sur-Bresle (80) 8 B5
Bouvancourt (51) 22 D5
Bouvante (26) 144 D4
Bouvées 166 B4
Bouvelinghem (62) 1 H4
Bouvellemont (08) 24 A3
Bouverans (25) 103 G4
Bouvesse-Quirieu (38) 131 E2
Bouvières (26) 158 D2
Bouvignies (59) 11 E1
Bouvigny-Boyeffles (62) 10 A1
Bouville (28) 62 A3
Bouville (76) 7 F5
Bouville (91) 63 F2
Bouvincourt-
-en-Vermandois (80) 10 C6
Bouvines (59) 3 G5
Bouvresse (60) 19 G2
Bouvron (44) 74 B3
Bouvron (54) 48 B4
Boux-sous-Salmaise (21) 85 E5
Bouxières-aux-Bois (88) 69 G3
Bouxières-aux-Chênes (54) 48 D4
Bouxières-aux-Dames (54) 48 D4
Bouxières-
-sous-Froidmont (54) 48 C2
Bouxurulles (88) 69 G2
Bouxwiller (67) 50 D3
Bouxwiller (68) 89 F3
Bouy (51) 45 H1
Bouy-Luxembourg (10) 66 C2
Bouy-sur-Orvin (10) 65 F2
Bouyon (06) 176 D4
le Bouyssou (46) 153 F1
Bouzais (18) 97 H6
Bouzancourt (52) 67 G3
Bouzanville (54) 69 F2
Bouze-lès-Beaune (21) 101 F3
Bouzel (63) 127 G3
Bouzemont (88) 69 G3
Bouzeron (71) 101 F4
Bouzic (24) 152 B1
Bouziès (46) 152 D3
Bouzigues (34) 187 G1
Bouzillé (49) 75 F4
Bouzin (31) 182 C3
Bouzincourt (80) 10 A5
Bouzols 142 C4
Bouzon-Gellenave (32) 164 D4
Bouzonville (57) 27 E4
Bouzonville-aux-Bois (45) 63 F5
Bouzy (51) 45 G2
Bouzy-la-Forêt (45) 81 G1
Bovée-sur-Barboure (55) 47 H5
Bovel (35) 56 D4
Bovelles (80) 9 F6
Boves (80) 9 G6
Boviolles (55) 47 G5
Boyardville 120 B1
Boyaval (62) 2 B6
Boyelles (62) 10 B3
Boyer (42) 115 F6
Boyer (71) 116 B1
Boyeux-Saint-Jérôme (01) 117 F6
Boynes (45) 63 G5
Boz (01) 116 C3
Bozas (07) 143 H3
Bozel (73) 133 E5
Bozouls (12) 154 D3
Brabant-en-Argonne (55) 47 E1
Brabant-le-Roi (55) 46 D4
Brabant-sur-Meuse (55) 25 E5
Brach (33) 134 C3
Brachay (52) 67 G2
Braches (80) 20 D2
Brachy (76) 7 F3
Bracieux (41) 80 B4
Bracon (39) 103 E3
Bracquemont (76) 7 G2
Bracquetuit (76) 7 H4
Bradiancourt (76) 19 E2
Braffais (50) 37 F4
Bragassargues (30) 171 G2
Bragayrac (31) 182 D1
Brageac (15) 139 H2
Bragelogne-Beauvoir (10) 66 C6
Bragny-sur-Saône (71) 101 H4
Braillans (25) 87 G6
Brailly-Cornehotte (80) 9 E3
Brain (21) 85 E5
Brain-sur-Allonnes (49) 77 H6
Brain-sur-l'Authion (49) 77 E5
Brain-sur-Longuenée (49) 75 H2
Brainans (39) 102 D4
Braine (02) 22 B5
Brains (44) 74 B5
Brains-sur-Gée (72) 59 H5
Brains-sur-les-Marches (53) 58 A6
Brainville (50) 36 D1
Brainville (54) 48 A1
Brainville-sur-Meuse (52) 68 C4
Braisnes (60) 21 F4
Braize (03) 98 A6
Bralleville (54) 69 G2
Bram (11) 184 C3
Bramans (73) 147 F1
Brameloup Village 155 E2
Brametot (76) 7 F3
Bramevaque (65) 182 A5
Bran (17) 135 G1
Branceilles (19) 139 E4
Branches (89) 83 F1
Brancion 116 D1
Brancourt-en-Laonnois (02) 22 B3
Brancourt-le-Grand (02) 11 E5
Brandérion (56) 54 D5
Brandeville (55) 25 E4
Brandivy (56) 55 F5
Brando (2B) 203 G3
Brandon (71) 115 H3
Brandonnet (12) 153 H4
Brandonvillers (51) 46 B6
Branféré 73 F1
Branges (71) 102 A6
Brangues (38) 131 F3
Brannay (89) 64 D4
Branne (25) 88 A5
Branne (33) 135 H5
Brannens (33) 149 H3
Branoux-les-Taillades (30) 156 D5
Brans (39) 102 C1
Bransat (03) 113 H4
Branscourt (51) 22 D6
Bransles (77) 64 B4
Brantes (84) 159 E5
Brantigny 66 C2
Brantigny (88) 69 G2
Brantôme (24) 137 F1
Branville (14) 17 E4
Branville-Hague (50) 14 B2
Branzac 140 A3
Braquis (55) 25 G6
Bras (83) 174 D6
Bras-d'Asse (04) 175 E2
Bras-sur-Meuse (55) 25 E6
Brasc (12) 169 E2
Brasles (02) 44 C2
Braslou (37) 94 B3
Brasparts (29) 31 G6
Brassac (09) 183 G6
Brassac (81) 169 E5
Brassac (82) 151 H5
Brassac-les-Mines (63) 127 G6
Brassempouy (40) 163 G5
les Brasses 118 D4

Brasseuse (60) 21 E6
Brassy (58) 100 A1
Brassy (80) 20 A2
Bratte (54) 48 D4
Braucourt 67 F1
Braud-et-Saint-Louis (33) 135 E2
Brauvilliers (55) 47 E6
Braux (04) 176 A3
Braux (10) 66 D1
Braux (21) 84 D5
Braux-le-Châtel (52) 67 G5
Braux-Saint-Remy (51) 46 D2
Braux-Sainte-Cohière (51) 46 C1
Brax (31) 166 D5
Brax (47) 151 E6
Bray (27) 40 C1
Bray (71) 116 A2
Bray-Dunes (59) 2 C1
Bray-en-Val (45) 81 G2
Bray-et-Lû (95) 41 H1
Bray-lès-Mareuil (80) 8 D4
Bray-Saint-Christophe (02) 21 H1
Bray-sur-Seine (77) 64 D2
Bray-sur-Somme (80) 10 B5
Braye (02) 22 A4
Braye-en-Laonnois (02) 22 C4
Braye-en-Thiérache (02) 23 E1
Braye-sous-Faye (37) 94 B3
Braye-sur-Maulne (37) 78 B4
Brazey-en-Morvan (21) 100 C2
Brazey-en-Plaine (21) 102 A2
Bréal-sous-Montfort (35) 56 D3
Bréal-sous-Vitré (35) 58 B4
Bréançon (95) 42 B1
Bréau (77) 64 B1
Bréau-et-Salagosse (30) 170 D2
Bréau sans Nappe 62 D1
Bréauté (76) 6 C4
Bréban (51) 46 A6
Brebières (62) 10 C2
Brebotte (90) 88 D3
Brécé (35) 57 G3
Brecé (53) 58 C2
Brécey (50) 37 F4
Brech (56) 55 E6
Brechainville (88) 68 B2
Bréchamps (28) 41 G5
Bréchaumont (68) 89 E2
Brèches (37) 78 C4
Breconchaux (25) 87 H5
Brectouville (50) 37 G2
Brécy 16 A4
Brécy (02) 44 C1
Brécy (18) 98 A2
Brécy-Brières (08) 24 B5
la Brède (33) 149 F1
Bredons 140 D3
Brée (53) 59 E4
la Brée-les-Bains (17) 106 B6
Bréel (61) 38 C4
Brégançon 192 B5
Brégnier-Cordon (01) 131 F4
Brégy (60) 43 G2
Bréhain (57) 49 F3
Bréhain-la-Ville (54) 25 H4
Bréhal (50) 35 G1
Bréhan (56) 55 G3
Bréhand (22) 33 H5
Bréhec 33 F2
Bréhémont (37) 78 B6
Bréhéville (55) 25 E4
Breidenbach (57) 28 B5
Breil (49) 78 A5
le Breil-sur-Mérize (72) 60 C6
Breil-sur-Roya (06) 177 F3
la Breille-les-Pins (49) 77 H6
Breilly (80) 9 F5
Breistroff-la-Grande (57) 26 C2
Breitenau (67) 71 F2
Breitenbach (67) 71 F2
Breitenbach-Haut-Rhin (68) 71 E5
Brélès (29) 30 C4
Brélidy (22) 32 D3
Brem-sur-Mer (85) 90 D5
Bréménil (54) 49 H6
Brêmes (62) 1 H3
Brémoncourt (54) 69 H1
Bremondans (25) 88 A6
Brémontier-Merval (76) 19 F4
Brémoy (14) 38 A2
Brémur-et-Vaurois (21) 85 E2
Bren (26) 144 B3
Brenac (11) 184 D6
Brenas (34) 170 B5
Brenat (63) 127 G5
Brénaz (01) 131 G1
Brenelle (02) 22 B5
Brengues (46) 153 F2
Brennes (52) 86 A2
Brennilis (29) 31 H5
Brénod (01) 117 G6
Brenon (83) 175 H3
Brenouille (60) 20 D5
Brenoux (48) 156 A3
Brens (01) 131 G3
Brens (81) 168 A3
Brenthonne (74) 118 D3
Breny (02) 44 B1
la Bréole (04) 160 D3
Brères (25) 103 E2
Bréry (39) 102 D5
Bresdon (17) 121 H2
les Bréseux (25) 88 C6
Bresilley (70) 86 D6
Bresle (80) 9 H5
Bresles (60) 20 B4
Bresnay (03) 113 H3
Bresolettes (61) 40 A6
la Bresse (88) 70 C5
Bresse-sur-Grosne (71) 116 A1
Bressey-sur-Tille (21) 86 A6
Bressieux (38) 144 D1
Bressolles (01) 130 C2
Bressolles (03) 113 H2
Bressols (82) 167 E2
Bresson (38) 145 G2
Bressoncourt 68 B2
Bressuire (79) 93 E4
Brest (29) 30 D5
Brestot (27) 18 A5
Bretagne (36) 96 C3
Bretagne (90) 88 D3
Bretagne-d'Armagnac (32) 165 E3
Bretagne-de-Marsan (40) 164 A3
Bretagnolles (27) 41 F3
Breteau (45) 82 B3
Breteil (35) 56 D2
Bretenière (21) 101 H1
la Bretenière (25) 87 H5
la Bretenière (39) 102 D2
Bretenières (39) 102 C4
Bretenoux (46) 139 E5
Breteuil (27) 40 C4
Breteuil (60) 20 C2
Brethel (61) 40 A5
Brethenay (52) 67 H4
le Brethon (03) 112 D1
Bretigney (25) 88 B4
Bretigney-Notre-Dame (25) 87 H6
Bretignolles (79) 92 D4
Bretignolles-sur-Mer (85) 90 D4
Bretigny (21) 85 H5
Brétigny (27) 18 A6
Brétigny (60) 21 G3
Brétigny-sur-Orge (91) 42 D6
Bretoncelles (61) 61 F2
la Bretonnière-la-Claye (85) 106 C2
Bretonvillers (25) 88 B6
Brette (26) 159 E2
Brette-les-Pins (72) 78 B1
Bretten (68) 89 E2
Brettes (16) 108 C6
Bretteville (50) 14 D2
Bretteville-du-Grand-Caux (76) 6 C4
Bretteville-le-Rabet (14) 16 C6
Bretteville-l'Orgueilleuse (14) 16 B4
Bretteville-Saint-Laurent (76) 7 F3
Bretteville-sur-Ay (50) 14 C5
Bretteville-sur-Dives (14) 16 D6
Bretteville-sur-Laize (14) 16 C6
Bretteville-sur-Odon (14) 16 B4
Brettnach (57) 27 E4
Bretx (31) 166 D4
Breuches (70) 87 H1
Breuchotte (70) 88 A1
Breugnon (58) 83 F5
le Breuil (03) 114 C5
le Breuil (51) 44 D3
Breuil (51) 22 D5
le Breuil (69) 129 G2
le Breuil (71) 101 E5
Breuil (80) 21 G1
Breuil-Barret (85) 92 C6
le Breuil-Bernard (79) 92 D6
Breuil-Bois-Robert (78) 41 H3
le Breuil-en-Auge (14) 17 F4
le Breuil-en-Bessin (14) 15 G5
Breuil-la-Réorte (17) 107 F6
Breuil-le-Sec (60) 20 D5
Breuil-le-Vert (60) 20 D5
Breuil-Magné (17) 106 D6
le Breuil-Mingot 109 E1
le Breuil-sous-Argenton (79) 93 E3
le Breuil-sur-Couze (63) 127 G6
Breuilaufa (87) 110 B6
Breuilh (24) 137 F4
Breuillet (17) 120 C3
Breuillet (91) 42 C6
Breuilpont (27) 41 F3
Breurey-lès-Faverney (70) 87 G2
Breuschwickersheim (67) 51 E5
Breuvannes-en-Bassigny (52) 68 C4
Breuvery-sur-Coole (51) 45 H4
Breuville (50) 14 C3
Breux (55) 25 E3
Breux-Jouy (91) 42 C6
Breux-sur-Avre (27) 40 D5
Brévainville (41) 61 H6
Bréval (78) 41 G3
Brévands (50) 15 E5
Brevans (39) 102 C2
le Brévedent (14) 17 F4
Brèves (58) 83 G5
les Bréviaires (78) 42 A5
Bréviandes (10) 66 B3
la Brévière (14) 17 E6
Bréville (16) 121 H2
Bréville-les-Monts (14) 16 C4
Bréville-sur-Mer (50) 35 G1
Brévillers (62) 9 E2
Brévillers (80) 9 G3
Brevilliers (70) 88 C3
Brévilly (08) 24 D2
Brévonnes (10) 66 D2
Bréxent-Enocq (62) 1 F6
Brey-et-Maison-du-Bois (25) 103 H5
Brézé (49) 93 G2
Bréziers (05) 160 C3
Brézilhac (11) 184 C4
Brézins (38) 144 D1
Brezolles (28) 40 D5
Brezons (15) 140 D4
Briançon (05) 147 E4
Briançonnet (06) 176 A4
Brianny (21) 84 D5
Briant (71) 115 F4
Briantes (36) 111 H2
Briare (45) 82 A3
Briarres-sur-Essonne (45) 63 G4
Brias (62) 9 G1
Briastre (59) 11 F3
Briatexte (81) 168 A4
Briaucourt (52) 68 A4
Briaucourt (70) 87 G1
Bricon (52) 67 G5
Briconville (28) 62 A1
Bricot la Ville 44 D5
Bricquebec (50) 14 C3
Bricquebosq (50) 14 B3
Bricqueville (14) 15 G5
Bricqueville-la-Blouette (50) 37 E2
Bricqueville-sur-Mer (50) 35 G1
Bricy (45) 62 C6
Brides-les-Bains (73) 132 D5
la Bridoire (73) 131 G5
Bridoré (37) 95 G3
Brie (02) 22 B3
Brie (09) 183 G3
Brie (16) 122 C3
Brie (35) 57 F4
Brie (79) 93 G4
Brie (80) 10 C6
Brie-Comte-Robert (77) 43 F5
Brié-et-Angonnes (38) 145 G3
Brie-sous-Archiac (17) 121 G5
Brie-sous-Barbezieux (16) 122 A6
Brie-sous-Chalais (16) 136 A1
Brie-sous-Matha (17) 121 H2
Brie-sous-Mortagne (17) 120 D5
Briec (29) 53 G2
Briel-sur-Barse (10) 66 C4
Brielles (35) 58 A5
Brienne (71) 116 C1
Brienne-la-Vieille (10) 66 D2
Brienne-le-Château (10) 66 D2
Brienne-sur-Aisne (08) 23 E4
Briennon (42) 115 E5
Brienon-sur-Armançon (89) 65 G6
Brières-les-Scellés (91) 63 F2
Brieuil-sur-Chizé (79) 108 A5
Brieulles-sur-Bar (08) 24 B4
Brieulles-sur-Meuse (55) 24 D5
Brieux (61) 39 E4
Briey (54) 26 A4
Briffons (63) 126 C4
Brignac 55 H5
Brignac (34) 170 C5
Brignac (56) 56 A2
Brignac-la-Plaine (19) 138 B2
Brignais (69) 130 A4
Brignancourt (95) 42 B1
Brigné (49) 93 E1
Brignemont (31) 166 B4
Brignogan-Plage (29) 31 F2
Brignoles (83) 191 H3
Brignon (30) 171 H2
le Brignon (43) 142 C5
la Brigue (06) 177 G2
Brigueil-le-Chantre (86) 110 B3
Brigueuil (16) 123 G1
Briis-sous-Forges (91) 42 C6
Brillac (16) 109 H6
la Brillanne (04) 174 D2
Brillecourt (10) 66 C1
Brillevast (50) 14 D2
Brillon (59) 11 E1
Brillon-en-Barrois (55) 47 E5
Brimeux (62) 8 D1
Brimont (51) 23 E5
Brin-sur-Seille (54) 49 E4
Brinay (18) 97 E2
Brinay (58) 99 G3
Brinckheim (68) 89 G2
Brindas (69) 129 H3
Bringolo (22) 33 F4
Brinon-sur-Beuvron (58) 99 F1
Brinon-sur-Sauldre (18) 81 F4
Briod (39) 102 D6
Briollay (49) 77 E4
Brion (01) 117 G5
Brion (36) 96 C4
Brion (38) 144 D1
Brion (48) 155 F1
Brion (49) 77 G5
Brion (71) 100 C4
Brion (86) 109 F3
Brion (89) 65 F6
Brion-près-Thouet (79) 93 G3
Brion-sur-Ource (21) 67 E6
la Brionne (23) 111 F5
Brionne (27) 18 A6
Briord (01) 131 E2
Briosne-lès-Sables (72) 60 C4
Briost 10 C6
Briot (60) 19 H2
Briou (41) 80 B2
Brioude (43) 141 G1
Brioux-sur-Boutonne (79) 108 A5
Briouze (61) 38 C5
Briquemesnil-Floxicourt (80) 9 F6
Briquenay (08) 24 B4
Briscous (64) 162 C6
Brison-Saint-Innocent (73) 131 H3
Brissac (34) 171 E3
Brissac-Quincé (49) 77 E6
Brissarthe (49) 77 E2
Brissay-Choigny (02) 22 A2
Brissy-Hamégicourt (02) 22 A1
Brive-la-Gaillarde (19) 138 C3
Brives (36) 96 D5
Brives-Charensac (43) 142 C4
Brives-sur-Charente (17) 121 F4
Brivezac (19) 139 E4
Brix (50) 14 C3
Brixey-aux-Chanoines (55) 68 D1
Brizambourg (17) 121 F2
Brizay (37) 94 C2
Brizeaux (55) 47 E2
Brizon (74) 119 E5
le Broc (06) 176 D4
Broc (49) 78 A4
le Broc (63) 127 G5
Brocas 163 G4
Brocas (40) 163 H1
Brochon (21) 101 G1
Brocourt (80) 8 D6
Brocourt-en-Argonne (55) 47 E1
Broglie (27) 17 H6
Brognard (25) 88 C3
Brognon (08) 12 C5
Brognon (21) 86 A5
Broin (21) 101 H2
Broindon (21) 101 H1
Broissia (39) 117 F3
Brombos (60) 19 H2
Bromeilles (45) 63 H4
Brommat (12) 140 C6
Brommes 140 C5
Bromont-Lamothe (63) 126 D2
Bron (69) 130 B3
Bronvaux (57) 26 B4
Broons (22) 34 B6
la Broque (67) 50 B6
Broquiers (60) 19 H2
Broquiès (12) 169 F2
Brossac (16) 136 A1
Brossainc (07) 143 H1
Brossay (49) 93 F2
la Brosse-Montceaux (77) 64 C3
Brosses (89) 83 G4
Brosville (27) 40 D1
Brotte-lès-Luxeuil (70) 87 H2
Brotte-lès-Ray (70) 86 D3
Brou 117 E4
Brou (28) 61 G4
Brou-sur-Chantereine (77) 43 F3
Brouage 120 C2
Brouains (50) 37 G5
Broualan (35) 35 F5
Brouay (14) 16 A4
Brouchaud (24) 137 H2
Brouchy (80) 21 G2
Brouck (57) 26 D5
Brouckerque (59) 2 B2
Brouderdorff (57) 50 B4
Broué (28) 41 G5
Brouennes (55) 25 E3
le Brouilh-Monbert (32) 165 F5
Brouilla (66) 200 D4
Brouillet (51) 22 D6
Brouqueyran (33) 149 H3
la Brousse (17) 121 G2
Brousse (23) 126 B1
Brousse (63) 127 H4
Brousse (81) 168 B4
Brousse-le-Château (12) 169 E2
Brousses-et-Villaret (11) 184 D2
Brousseval (52) 67 G1
Broussey-en-Blois (55) 47 H5
Broussey-Raulecourt (55) 48 A4
Broussy-le-Grand (51) 45 E4
Broussy-le-Petit (51) 45 E4
Broût-Vernet (03) 113 H5
Brouvelieures (88) 70 B3
Brouville (54) 49 G6
Brouviller (57) 50 B4
Brouy (91) 63 F3
Brouzet-lès-Alès (30) 157 F6
Brouzet-lès-Quissac (30) 171 G3
les Brouzils (85) 91 G2
Broxeele (59) 2 B3
Broye (71) 100 C4
Broye-Aubigney-Montseugny (70) 86 C6
Broye-les-Loups-et-Verfontaine (70) 86 B4
Broyes (51) 45 E5
Broyes (60) 20 D2
Broze (81) 167 H2
Brû (88) 70 B2
Bruailles (71) 117 E1
Bruay-la-Buissière (62) 2 C6
Bruay-sur-l'Escaut (59) 11 F1
Bruc-sur-Aff (35) 56 C5
Brucamps (80) 9 E4
Bruch (47) 150 D5
Brucheville (50) 15 E4
Brucourt (14) 16 D4
Brue-Auriac (83) 174 D5
Bruebach (68) 89 F2
Brueil-en-Vexin (78) 42 A2
Bruère-Allichamps (18) 97 G5
la Bruère-sur-Loir (72) 78 B3
la Bruffière (85) 91 H1
Brugairolles (11) 184 D4
le Brugeron (63) 128 B3
Bruges (33) 135 E5
Bruges-Capbis-Mifaget (64) 180 C4
Brugheas (03) 114 A6
Brugnac (47) 150 D3
Brugnens (32) 166 A3
Brugny-Vaudancourt (51) 45 E2
la Bruguière (30) 157 G6
Bruguières (31) 167 E4
Bruille-lez-Marchiennes (59) 11 E2
Bruille-Saint-Amand (59) 4 B6
Bruis (05) 159 F3
Brûlain (79) 108 A4
les Brulais (35) 56 C4
Brulange (57) 49 F2
la Brûlatte (53) 58 B5
Bruley (54) 48 B5
Brullemail (61) 39 G5
Brullioles (69) 129 G3
Brûlon (72) 59 G6
Brumath (67) 51 E4
Brumetz (02) 44 A1
Brunehamel (02) 23 F1
Brunelles (28) 61 F3
les Brunels (11) 184 C1
Brunembert (62) 1 G4
Brunémont (59) 10 D2
Brunet (04) 174 D2
Bruneval 6 B4
Bruniquel (82) 167 G1
Brunoy (91) 43 E5
Brunstatt (68) 89 F2
Brunville (76) 7 H1
Brunvillers-la-Motte (60) 20 D3
Brusque (12) 169 H4
le Brusquet (04) 160 D5
Brussey (70) 87 E6
Brussieu (69) 129 G3
Brusson (51) 46 C4
Brusvily (22) 34 C6
Brutelles (80) 8 B4
Bruville (54) 26 A5
Brux (86) 108 D4
la Bruyère (70) 88 A1
Bruyères (88) 70 B3
Bruyères-et-Montbérault (02) 22 C3
Bruyères-le-Châtel (91) 42 C6
Bruyères-sur-Fère (02) 44 C1
Bruyères-sur-Oise (95) 42 D1
Bruys (02) 22 B6
Bruz (35) 57 E3
Bry (59) 11 G2
Bry-sur-Marne (94) 43 E4
Bû (28) 41 G4
le Bû-sur-Rouvres (14) 16 C6
Buais (50) 37 G6
Buanes (40) 164 A4
Bubertré (61) 40 A6
Bubry (56) 54 D3
Buc (78) 42 C4
Buc (90) 88 C3
Bucamps (60) 20 C3
Bucéels (14) 16 A4
Bucey-en-Othe (10) 65 H3
Bucey-lès-Gy (70) 87 E5
Bucey-lès-Traves (70) 87 F3
Buchelay (78) 41 H3
Buchères (10) 66 B3
Buchy (57) 48 D2
Buchy (76) 19 E3
Bucilly (02) 12 B6
Bucquoy (62) 10 A4
Bucy-le-Long (02) 22 A5
Bucy-le-Roi (45) 62 D5
Bucy-lès-Cerny (02) 22 B3
Bucy-lès-Pierrepont (02) 22 D2
Bucy-Saint-Liphard (45) 62 C6
Budelière (23) 112 C5
Buding (57) 26 C3
Budling (57) 26 C3
Budos (33) 149 G2
Bué (18) 82 B6
Bueil (27) 41 F3
Bueil-en-Touraine (37) 78 D3
Buellas (01) 116 D4
Buethwiller (68) 89 F2
Buffard (25) 103 E3
Buffières (71) 115 H3
Buffignécourt (70) 87 F1
Buffon (21) 84 C3
Bugarach (11) 185 E6
Bugard (65) 181 G3
Bugeat (19) 125 F5
Buglose 163 E3
Bugnein (64) 179 G1
Bugnicourt (59) 10 D2
Bugnières (52) 67 H6
Bugny (25) 103 H3
le Bugue (24) 137 G5
Buhl (67) 29 F6
Buhl (68) 71 E5
Buhl-Lorraine (57) 50 A4
Buhy (95) 41 H1
Buicourt (60) 19 H3
Buigny-l'Abbé (80) 9 E4
Buigny-lès-Gamaches (80) 8 C5
Buigny-Saint-Maclou (80) 8 D3
Buire (02) 12 B6
Buire-au-Bois (62) 9 F2
Buire-Courcelles (80) 10 C5
Buire-le-Sec (62) 8 D1
Buire-sur-l'Ancre (80) 10 A5
Buironfosse (02) 11 H5
le Buis (87) 110 C6
Buis-les-Baronnies (26) 159 E5
Buis-sur-Damville (27) 40 D4
Buissard (05) 160 C1
la Buisse (38) 145 F1
Buisses 176 C2
la Buissière (38) 132 A6
le Buisson 132 A2
le Buisson (48) 155 G2
le Buisson (51) 46 C4
Buisson (84) 158 C5
le Buisson-de-Cadouin (24) 137 G5
Buissoncourt (54) 49 E5
Buissy (62) 10 C3
Bujaleuf (87) 124 D3
Bulan (65) 181 G5
Bulat-Pestivien (22) 32 D5
Bulcy (58) 98 C1
Buléon (56) 55 G4
Bulgnéville (88) 69 E3
Bulhon (63) 127 G2
Bullainville (28) 62 B4
Bulle (25) 103 H4
Bullecourt (62) 10 C3
Bulles (60) 20 C4
Bulligny (54) 48 B6
Bullion (78) 42 B6
Bullou (28) 61 H3
Bully 16 B5
Bully (42) 128 D1
Bully (69) 129 G2
Bully (76) 19 E2
Bully-les-Mines (62) 10 B1
Bulson (08) 24 C2
Bult (88) 70 B2
Bun (65) 180 D5
Buncey (21) 85 E1
Buneville (62) 9 G2
Buno-Bonnevaux (91) 63 G2
Bunus (64) 179 E3
Bunzac (16) 122 D3
Buoux (84) 173 H3
Burbach (67) 50 A2
la Burbanche (01) 131 F2
Burbure (62) 2 C6
Burcin (38) 131 E6
Burcy (14) 38 A3
Burcy (77) 63 H4
Burdignes (42) 143 G2
Burdignin (74) 118 D4
Bure (55) 68 B1
Buré (61) 60 C1
Bure-les-Templiers (21) 85 G2
Burelles (02) 22 D1
Bures (54) 49 F4
Bures (61) 39 H6
Bures-en-Bray (76) 19 E1
Bures-les-Monts (14) 37 H2
Bures-sur-Yvette (91) 42 C5
le Buret (53) 59 E6
Burey (27) 40 C2
Burey-en-Vaux (55) 48 A6
Burey-la-Côte (55) 68 D1
Burg (65) 181 G3
Burgalays (31) 182 A6
Burgaronne (64) 179 G1
le Burgaud (31) 166 D4
Burgille (25) 87 E6
Burgnac (87) 124 A3
Burgy (71) 116 B2
Burie (17) 121 G3
Buriville (54) 49 G6
Burlats (81) 168 C5
Burlioncourt (57) 49 F3
Burnand (71) 116 A1
Burnevillers (25) 88 D5
Burnhaupt-le-Bas (68) 89 E2
Burnhaupt-le-Haut (68) 89 E2
Buros (64) 180 C2
Burosse-Mendousse (64) 164 B6
Burret (09) 183 G5
Bursard (61) 60 B1
Burthecourt-aux-Chênes (54) 48 D6
Burtoncourt (57) 26 D4
Burtulet 32 C5
Bury 79 H4
Bury (60) 20 C5
Burzet (07) 157 F1
Burzy (71) 115 H1
Bus (62) 10 C4
Bus-la-Mésière (80) 21 E2
Bus-lès-Artois (80) 9 H4
Bus-Saint-Rémy (27) 41 G1
Buschwiller (68) 89 G3
Busigny (59) 11 F4
Busloup (41) 79 G1
Busnes (62) 2 C5
Busque (81) 168 A4
Bussac (24) 137 E2
Bussac-Forêt (17) 135 G2
Bussac-sur-Charente (17) 121 E2
Bussang (88) 70 C6
le Busseau (79) 107 G1
Busseaut (21) 85 E2
Busséol (63) 127 G4
Busserolles (24) 123 F4
Busserotte-et-Montenaille (21) 85 G3
Busset (03) 114 B6
Bussiares (02) 44 B2
la Bussière (45) 82 B2
la Bussière (86) 109 H1
Bussière-Badil (24) 123 E4
Bussière-Boffy (87) 109 H6
Bussière-Dunoise (23) 111 F4
Bussière-Galant (87) 123 H4
Bussière-Nouvelle (23) 126 A1
Bussière-Poitevine (87) 110 A4
Bussière-Saint-Georges (23) 112 A3
la Bussière-sur-Ouche (21) 101 F1
Bussières (21) 85 G3
Bussières (42) 129 E2
Bussières (63) 112 D6
Bussières (70) 87 F5
Bussières (71) 116 A3
Bussières (77) 44 B3
Bussières (89) 84 B5
Bussières-et-Pruns (63) 127 F1
Busson (52) 68 B2
Bussu (80) 10 C5
Bussunarits-Sarrasquette (64) 179 E3
Bussus-Bussuel (80) 9 E4
Bussy (18) 98 A4
Bussy (60) 21 G2
Bussy-Albieux (42) 128 D3
Bussy-aux-Bois 46 B6
Bussy-en-Othe (89) 65 F5
Bussy-la-Pesle (21) 85 F5
Bussy-la-Pesle (58) 99 F1
Bussy-le-Château (51) 46 B2
Bussy-le-Grand (21) 85 E4
Bussy-le-Repos (51) 46 C3
Bussy-le-Repos (89) 64 D5
Bussy-lès-Daours (80) 9 H6
Bussy-lès-Poix (80) 20 A1
Bussy-Lettrée (51) 45 H4
Bussy-Saint-Georges (77) 43 F4
Bussy-Saint-Martin (77) 43 F4
Bust (67) 50 B3
Bustanico (2B) 205 F2
Bustince-Iriberry (64) 179 E3
Buswiller (67) 50 D3
Busy (25) 103 F1
Buthiers (70) 87 F5

Buthiers (77) 63 G3
Butot (76) 7 G4
Butot-Vénesville (76) 6 D3
Butry-sur-Oise (95) 42 C2
Butteaux (89) 65 H6
Butten (67) 28 A6
Buverchy (80) 21 G2
Buvilly (39) 102 D4
la Buxerette (36) 111 F2
Buxerolles (21) 85 G1
Buxerolles (86) 109 E1
Buxeuil (10) 66 D5
Buxeuil (36) 96 C2
Buxeuil (86) 94 D3
Buxières-d'Aillac (36) 111 F1
Buxières-lès-Clefmont (52) 68 B4
Buxières-les-Mines (03) 113 F2
Buxières-lès-Villiers (52) 67 H4
Buxières-sous-les-Côtes (55) 48 A3
Buxières-sous-Montaigut (63) 113 E5
Buxières-sur-Arce (10) 66 D4
Buxy (71) 101 F6
Buysscheure (59) 2 B3
Buzan (09) 182 C6
Buzançais (36) 96 A4
Buzancy (02) 22 A5
Buzancy (08) 24 C4
Buzeins (12) 155 E4
Buzet-sur-Baïse (47) 150 C5
Buzet-sur-Tarn (31) 167 G4
Buziet (64) 180 B3
Buzignargues (34) 171 G4
Buzon (65) 181 F1
Buzy (64) 180 B4
Buzy-Darmont (55) 25 G6
By (25) 103 E3
Byans-sur-Doubs (25) 103 E2

C

Cabanac (65) 181 F2
Cabanac-Cazaux (31) 182 B5
Cabanac-et-Villagrains (33) 149 F2
Cabanac-Séguenville (31) 166 C4
la Cabanasse (66) 198 D4
la Cabane 195 G4
Cabanès (12) 154 A6
Cabanès (81) 168 A4
le Cabanial (31) 167 H6
les Cabannes (09) 198 A2
Cabannes (13) 173 E3
les Cabannes (81) 168 A1
Cabara (33) 135 H5
Cabariot (17) 120 D1
Cabas-Loumassès (32) 182 A2
Cabasse (83) 175 F6
Cabasson 192 B5
Cabestany (66) 201 E3
Cabidos (64) 163 H6
Cabourg (14) 16 D3
Cabrerets (46) 153 E3
Cabrerolles (34) 170 A6
Cabrespine (11) 185 F2
Cabrières (30) 172 B2
Cabrières (34) 170 C6
Cabrières-d'Aigues (84) 174 A3
Cabrières-d'Avignon (84) 173 F2
Cabriès (13) 190 C3
Cabris (06) 176 B6
Cachan (94) 42 D4
Cacharel 172 B6
Cachen (40) 164 A1
Cachy (80) 9 H6
Cadalen (81) 168 A3
Cadarcet (09) 183 G5
Cadarsac (33) 135 G5
Cadaujac (33) 135 F6
Cadéac (65) 181 G6
Cadeilhan (32) 166 A3
Cadeilhan-Trachère (65) 195 G4
Cadeillan (32) 182 C1
Cademène (25) 103 F2
Caden (56) 73 G1
Cadenet (84) 173 H4
Caderousse (84) 158 B6
la Cadière-d'Azur (83) 191 F5
la Cadière-et-Cambo (30) 171 E2
Cadillac (33) 149 G1
Cadillac-en-Fronsadais (33) 135 G4
Cadillon (64) 164 C6
Cadix (81) 168 D2
Cadolive (13) 190 D3
Cadouin 137 G6
Cadours (31) 166 C4
Cadrieu (46) 153 F3
Caen (14) 16 B4
Caëstre (59) 2 D4
Caffiers (62) 1 G3
Cagnac-les-Mines (81) 168 B2
Cagnano (2B) 203 F3
Cagnes-sur-Mer (06) 176 D6
Cagnicourt (62) 10 C3
Cagnoncles (59) 11 E3
Cagnotte (40) 162 D5
Cagny (14) 16 C5
Cagny (80) 9 G6
Cahagnes (14) 38 A1
Cahagnolles (14) 15 H6
Cahaignes (27) 19 F6
Cahan (61) 38 C3
Caharet (65) 181 G4
Cahon (80) 8 C4
Cahors (46) 152 C3
Cahus (46) 139 F5
Cahuzac (11) 184 B3
Cahuzac (47) 151 E1
Cahuzac (81) 184 C1
Cahuzac-sur-Adour (32) 164 C5
Cahuzac-sur-Vère (81) 168 A2
Caignac (31) 183 H2
le Cailar (30) 171 H5
Cailhau (11) 184 C4
Cailhavel (11) 184 C4
Cailla (11) 198 D1
Caillac (46) 152 C3
Caillavet (32) 165 F4
Caille (06) 176 A5
la Caillère-Saint-Hilaire (85) 92 B6
Cailleville (76) 7 E2
Caillouël-Crépigny (02) 21 H3
Caillouet-Orgeville (27) 41 F2
Cailloux-sur-Fontaines (69) 130 A2
Cailly (76) 7 H5
Cailly-sur-Eure (27) 41 E1
la Caine (14) 16 A6
Cainet 16 B4
Cairanne (84) 158 C5
le Caire (04) 160 B4
Cairon (14) 16 B4
Caisnes (60) 21 G3
Caissargues (30) 172 A3
Caix (80) 21 E1
Caixas (66) 199 G4
Caixon (65) 181 E1
Cajarc (46) 153 F3
Calacuccia (2B) 204 D2
Calais (62) 1 G2
Calamane (46) 152 C3
Calan (56) 54 C4
Calanhel (22) 32 C5
Calavanté (65) 181 F3
Calcatoggio (2A) 204 C5
Calce (66) 199 H2
Caldégues 198 C5
Calenzana (2B) 202 C6
Calès (24) 137 F5
Calès (46) 138 C6
Calignac (47) 150 D6
Caligny (61) 38 B4
Callac 55 H5
Callac (22) 32 C5
Callas (83) 175 H5
Callen (40) 149 F4
Callengeville (76) 19 F1
Calleville (27) 18 A6
Calleville-les-Deux-Églises (76) 7 G4
Callian (32) 165 E5
Callian (83) 176 B6
Calmeilles (66) 199 G4
Calmels-et-le-Viala (12) 169 F2
la Calmette (30) 171 H2
Calmont (12) 154 B5
Calmont (31) 183 H2
Calmoutier (70) 87 H3
Caloire (42) 129 E6
Calonges (47) 150 C4
Calonne-Ricouart (62) 2 C6
Calonne-sur-la-Lys (62) 2 D5
Calorguen (22) 34 D5
la Calotterie (62) 1 F6
Caluire-et-Cuire (69) 130 A2
Calvi (2B) 202 B6
Calviac (46) 139 G5
Calviac-en-Périgord (24) 138 B5
Calvignac (46) 153 E3
Calvinet (15) 154 A1
Calvisson (30) 171 H4
Calzan (09) 184 A5
Camalès (65) 181 E2
Camarade (09) 183 E4
Camarès (12) 169 G3
Camaret-sur-Aigues (84) 158 B6
Camaret-sur-Mer (29) 30 D5
Camarsac (33) 135 G5
Cambayrac (46) 152 B4
la Cambe (14) 15 F5
Cambernard (31) 183 E1
Cambernon (50) 37 E1
Cambes (33) 135 F6
Cambes (46) 153 F2
Cambes (47) 150 C2
Cambes-en-Plaine (14) 16 B4
Cambia (2B) 205 F2
Cambiac (31) 184 A1
Cambieure (11) 184 C4
Camblain-Châtelain (62) 2 C6
Camblain-l'Abbé (62) 10 A1
Camblanes-et-Meynac (33) 135 F6
Cambligneul (62) 10 A1
Cambo-les-Bains (64) 178 C1
le Cambon 155 E3
Cambon (81) 168 C3
Cambon-et-Salvergues (34) 169 G5
Cambon-lès-Lavaur (81) 167 H5
Camboulazet (12) 154 B5
Camboulit (46) 153 F2
Cambounès (81) 168 D5
Cambounet-sur-le-Sor (81) 168 B6
le Cambout (22) 55 H3
Cambrai (59) 10 D3
Cambremer (14) 17 E5
Cambrin (62) 2 D6
Cambron (80) 8 D4
Cambronne-lès-Clermont (60) 20 C5
Cambronne-lès-Ribécourt (60) 21 F4
Camburat (46) 153 G2
Came (64) 162 D6
Camélas (66) 199 G3
Camelin (02) 21 H3
Camembert (61) 39 G3
Cametours (50) 37 F1
Camiac-et-Saint-Denis (33) 135 G6
Camiers (62) 1 F5
Camiran (33) 150 A2
Camjac (12) 154 B6
Camlez (22) 32 D2
les Cammazes (81) 184 C1
Camoël (56) 73 F2
Camoins les Bains 190 D4
Camon (09) 184 B5
Camon (80) 9 G6
Camors (56) 55 E4
Camou-Cihigue (64) 179 F4
Camous (65) 181 G5
Campagna-de-Sault (11) 198 C2
Campagnac (12) 155 F4
Campagnac (81) 167 H1
Campagnac-lès-Quercy (24) 152 A1
Campagnan (34) 170 C6
Campagne (24) 137 G5
Campagne (34) 171 G4
Campagne (40) 163 G3
Campagne (60) 21 G2
Campagne-d'Armagnac (32) 164 D3
Campagne-
-lès-Boulonnais (62) 1 H5
Campagne-lès-Guines (62) 1 G3
Campagne-lès-Hesdin (62) 8 D1
Campagne-
-lès-Wardrecques (62) 2 B4
Campagne-sur-Arize (09) 183 F4
Campagne-sur-Aude (11) 184 D6
Campagnolles (14) 37 H3
Campan (65) 181 F5
Campana (2B) 205 F1
Campandré-Valcongrain (14) 16 A6
Camparan (65) 195 G4
Campbon (44) 74 A3
Campeaux (14) 37 H2
Campeaux (60) 19 G3
Campel (35) 56 D4
Campénéac (56) 56 B4
Campestre-et-Luc (30) 170 C2
Campet-et-Lamolère (40) 163 G2
Camphin-en-Carembault (59) 3 F6
Camphin-en-Pévèle (59) 3 G5
Campi (2B) 205 G2
Campigneulles-
-les-Grandes (62) 8 C1
Campigneulles-les-Petites (62) 8 D1
Campigny (14) 15 H6
Campigny (27) 17 H3
Campile (2B) 203 F6
Campistrous (65) 181 G4
Campitello (2B) 203 F6
Camplong (34) 170 A5
Camplong-d'Aude (11) 185 G4
Campneuseville (76) 8 C6
Campo (2A) 204 D6
Campôme (66) 199 E3
Campouriez (12) 154 C1
Campoussy (66) 199 F2
Campremy (60) 20 C3
Camprond (50) 37 E1
Camps-en-Amiénois (80) 9 E6
Camps-la-Source (83) 191 H3
Camps-Saint-Mathurin-
-Léobazel (19) 139 F4
Camps-sur-l'Agly (11) 185 E6
Camps-sur-l'Isle (33) 136 A4
Campsas (82) 167 E3
Campsegret (24) 137 E5
Campuac (12) 154 C2
Campugnan (33) 135 F2
Campuzan (65) 181 H2
Camurac (11) 198 B2
Canac 155 F4
Canale-di-Verde (2B) 205 G2
Canals (82) 166 D3
Canaples (80) 9 F4
Canappeville (27) 40 D1
Canapville (14) 17 E3
Canapville (61) 39 G3
Canari (2B) 203 F3
Canaules-et-Argentières (30) 171 G2
Canavaggia (2B) 203 F6
Canaveilles (66) 199 E4
Cancale (35) 35 E3
Canchy (14) 15 G5
Canchy (80) 8 D3
Cancon (47) 151 F3
Candas (80) 9 G4
Candé (49) 75 G2
Candé-sur-Beuvron (41) 79 H5
Candes-Saint-Martin (37) 93 H1
Candillargues (34) 171 G5
Candor (60) 21 F2
Candresse (40) 163 E4
le Caneau 123 F6
Canehan (76) 8 A5
Canéjan (33) 135 E6
Canens (31) 183 F3
Canenx-et-Réaut (40) 164 A1
Canet (11) 185 H3
Canet (34) 170 C5
Canet-de-Salars (12) 154 D5
Canet-en-Roussillon (66) 201 E2
Canet-Plage 201 E3
Canettemont (62) 9 G2
Cangey (37) 79 G5
Caniac-du-Causse (46) 152 D2
Canihuel (22) 33 E6
Canilhac (48) 155 F4
Canisy (50) 37 F1
Canlers (62) 2 A6
Canly (60) 21 E5
Cannectancourt (60) 21 F3
Cannelle (2A) 204 C5
Cannes (06) 193 F1
Cannes-Écluse (77) 64 C2
Cannes-et-Clairan (30) 171 G3
Cannessières (80) 8 D5
le Cannet (06) 193 F1
Cannet (32) 164 C5
le Cannet-des-Maures (83) 192 B3
Canny-sur-Matz (60) 21 F3
Canny-sur-Thérain (60) 19 G3
Canohès (66) 200 D3
Canon 16 D5
la Canourgue (48) 155 G4
Canouville (76) 6 D3
Cantaing-sur-Escaut (59) 10 D3
Cantaous (65) 181 H4
Cantaron (06) 177 E5
Canté (09) 183 G3
Canteleu (76) 7 G6
Canteleux (62) 9 G3
Canteloup (14) 16 D5
Canteloup (50) 14 D2
Cantenac (33) 135 E4
Cantenay-Épinard (49) 76 D4
Cantiers (27) 19 F6
Cantigny (80) 20 D2
Cantillac (24) 123 F6
Cantin (59) 10 D2
Cantobre 170 B1
Cantoin (12) 140 D6
Cantois (33) 149 H1
Canville-la-Rocque (50) 14 C4
Canville-les-Deux-Églises (76) 7 F3
Cany-Barville (76) 6 D3
Caorches-Saint-Nicolas (27) 17 H5
Caouënnec-Lanvézéac (22) 32 D2
Caours (80) 8 D4
Cap-d'Ail (06) 177 F5
le Cap-Ferret 148 A1
Capbreton (40) 162 B4
le Cap Brun 191 G5
le Cap d'Agde 187 F2
Capdenac (46) 153 G2
Capdenac-Gare (12) 153 G2
Capdrot (24) 151 H1
la Capelle 155 G4
la Capelle (02) 12 A5
Capelle (59) 11 F3
la Capelle-Balaguier (12) 153 F4
la Capelle-Bleys (12) 153 H5
la Capelle-Bonance (12) 155 F3
la Capelle-et-Masmolène (30) 172 B1
Capelle-Fermont (62) 10 A2
la Capelle-lès-Boulogne (62) 1 F4
Capelle-les-Grands (27) 17 G6
Capelle-lès-Hesdin (62) 9 E2
Capendu (11) 185 F3
Capens (31) 183 E2
Capestang (34) 186 C2
Capian (33) 149 G1
Capinghem (59) 3 F5
Caplong (33) 136 B6
Capoulet-et-Junac (09) 197 H4
Cappel (57) 27 G5
Cappelle-Brouck (59) 2 A2
Cappelle-en-Pévèle (59) 3 G6
Cappelle-la-Grande (59) 2 B2
Cappy (80) 10 B5
la Capte 192 A6
Captieux (33) 149 H5
Capvern (65) 181 G4
Capvern les Bains 181 G4
Caragoudes (31) 167 G6
Caraman (31) 167 G6
Caramany (66) 199 G2
Carantec (29) 31 H2
Carantilly (50) 37 F1
Caratel 74 D1
Carayac (46) 153 F3
Carbay (49) 57 H6
Carbes (81) 168 B5
Carbini (2A) 207 F2
Carbon-Blanc (33) 135 F5
Carbonne (31) 183 E2
Carbuccia (2A) 204 D5
Carcagny (14) 16 A4
Carcanières (09) 198 D2
Carcans (33) 134 B3
Carcans-Plage 134 B3
Carcarès-Sainte-Croix (40) 163 F3
Carcassonne (11) 185 E3
Carcen-Ponson (40) 163 F2
Carcès (83) 175 F6
Carcheto-Brustico (2B) 205 F1
Cardaillac (46) 153 G1
Cardan (33) 149 G1
Cardeilhac (31) 182 B3
Cardesse (64) 180 A2
Cardet (30) 171 G1
Cardo-Torgia (2A) 204 D6
Cardonnette (80) 9 G5
le Cardonnois (80) 20 D2
Cardonville (14) 15 F5
Cardroc (35) 56 D1
Carel 16 D6
Carelles (53) 58 C2
Carency (62) 10 A1
Carennac (46) 139 E5
Carentan (50) 15 E5
Carentoir (56) 56 C5
Cargèse (2A) 204 B4
Cargiaca (2A) 207 E2
Carhaix-Plouguer (29) 32 B6
Carignan (08) 24 D2
Carignan-de-Bordeaux (33) 135 F6
Carisey (89) 65 H6
Carla-Bayle (09) 183 F4
Carla-de-Roquefort (09) 184 A5
le Carlaret (09) 183 H4
Carlat (15) 140 B5
Carlencas-et-Levas (34) 170 B5
Carlepont (60) 21 G3
Carling (57) 27 F5
Carlipa (11) 184 C2
Carlucet 138 B4
Carlucet (46) 152 D1
Carlus (81) 168 B3
Carlux (24) 138 B5
Carly (62) 1 F5
Carmaux (81) 168 B1
Carmez 55 E2
Carnac (56) 72 B1
Carnac-Rouffiac (46) 152 B4
Carnas (30) 171 G3
la Carneille (61) 38 C4
Carnet (50) 35 H5
Carnetin (77) 43 F3
Carneville (50) 14 D2
Carnières (59) 11 E3
Carnin (59) 3 F6
Carnoët (22) 32 B5
Carnon 171 G6
Carnon-Plage 171 G6
Carnoules (83) 192 A4
Carnoux-en-Provence (13) 191 E4
Carnoy (80) 10 B5
Caro (56) 56 B4
Caro (64) 178 D3
Carolles 35 G2
Carolles (50) 36 D4
Caromb (84) 158 D6
Carpentras (84) 173 F1
Carpineto (2B) 205 G2
Carpiquet (14) 16 B4
Carquebut (50) 15 E4
Carquefou (44) 74 D4
Carqueiranne (83) 191 H5
le Carré 145 H1
Carrépuis (80) 21 F2
Carrère (64) 164 B6
Carresse-Cassaber (64) 163 E6
Carrières-sous-Poissy (78) 42 B3
Carrières-sur-Seine (78) 42 C3
Carro 190 A4
Carros (06) 176 D4
Carrouges (61) 39 E6
les Carroz 119 F6
Carry-le-Rouet (13) 190 B4
Cars (33) 135 E3
les Cars (87) 123 H4
Carsac-Aillac (24) 138 B6
Carsac-de-Gurson (24) 136 B4
Carsan (30) 157 H5
Carsix (27) 40 B1
Carspach (68) 89 F3
Cartelègue (33) 135 E2
Carteret 14 B4
Carticasi (2B) 205 F2
Cartignies (59) 11 H4
Cartigny (80) 10 C6
Cartigny-l'Épinay (14) 15 F6
Carves (24) 137 H6
Carville (14) 37 H3
Carville-la-Folletière (76) 7 F5
Carville-Pot-de-Fer (76) 7 E4
Carvin (62) 3 F6
Casabianca (2B) 205 F1
Casaglione (2A) 204 C4
Casalabriva (2A) 206 D1
Casalta (2B) 205 G1
Casamaccioli (2B) 204 D2
Casanova (2B) 205 E3
Cascastel-des-Corbières (11) 185 H5
Casefabre (66) 199 G3
Caseneuve (84) 174 A2
Cases-de-Pène (66) 199 H2
Casevecchie (2B) 205 G3
Cassagnabère-Tournas (31) 182 B3
Cassagnas (48) 156 C5
la Cassagne (24) 138 B4
Cassagne (31) 182 D4
Cassagnes (46) 152 A2
Cassagnes (66) 199 G2
Cassagnes-Bégonhès (12) 154 C6
Cassagnoles (30) 171 G1
Cassagnoles (34) 185 G2
la Cassaigne (11) 184 B3
Cassaigne (32) 165 F2
Cassaignes (11) 184 D6
Cassan 170 B6
Cassaniouze (15) 154 B1
Cassano 202 C6
Cassel (59) 2 C3
Cassen (40) 163 F3
Casseneuil (47) 151 F3
les Cassés (11) 184 B1
Casseuil (33) 150 A2
Cassignas (47) 151 G5
la Cassine 24 B3
Cassis (13) 190 D5
Casson (44) 74 C3
Cassuéjouls (12) 154 D1
Cast (29) 53 F1
Castagnac (31) 183 F3
Castagnède (31) 182 C5
Castagnède (64) 163 E6
Castagniers (06) 177 E4
Castaignos-Souslens (40) 163 G5
Castandet (40) 164 A3
Castanet 156 D3
Castanet (12) 154 A5
Castanet (81) 168 B2
Castanet (82) 153 F5
Castanet-le-Haut (34) 169 H5
Castanet-Tolosan (31) 167 F6
Castans (11) 185 F1
Casteide-Cami (64) 180 A1
Casteide-Candau (64) 163 H6
Casteide-Doat (64) 181 E1
Casteil (66) 199 F4
Castel-Novel 138 C2
Castel-Sarrazin (40) 163 F5
Castelbajac (65) 181 G3
Castelbiague (31) 182 C5
Castelbouc 156 A4
Castelculier (47) 151 F6
Castelferrus (82) 166 C2
Castelfranc 168 C4
Castelfranc (46) 152 B3
Castelgaillard (31) 182 C2
Castelginest (31) 167 E4
Casteljaloux (47) 150 B4
Castella (47) 151 F5
Castellane (04) 175 H2
Castellar (06) 177 F4
le Castellard-Melan (04) 160 C5
Castellare-di-Casinca (2B) 203 G6
Castellare-di-Mercurio (2B) 205 F2
le Castellet (04) 174 D2
le Castellet (83) 191 F5
Castellet (84) 174 A3
Castellet-lès-Sausses (04) 176 A3
Castello-di-Rostino (2B) 203 F6
Castellu di Verghio 204 C2
Castelmary (12) 154 A6
Castelmaurou (31) 167 F5
Castelmayran (82) 166 C1
Castelmoron-d'Albret (33) 150 B1
Castelmoron-sur-Lot (47) 151 E4
Castelnau-Barbarens (32) 166 A5
Castelnau-Chalosse (40) 163 F4
Castelnau-d'Anglès (32) 165 F5
Castelnau-d'Arbieu (32) 165 H3
Castelnau-d'Aude (11) 185 G3
Castelnau-d'Auzan (32) 164 D2
Castelnau-de-Brassac (81) 169 E5
Castelnau-de-Guers (34) 187 F1
Castelnau-de-Lévis (81) 168 B2
Castelnau-de-Mandailles (12) 155 E3
Castelnau-de-Médoc (33) 134 D4
Castelnau-de-Montmiral (81) 167 H2
Castelnau-d'Estrétefonds (31) 167 E4
Castelnau-Durban (09) 183 F5
Castelnau-le-Lez (34) 171 F5
Castelnau-Magnoac (65) 181 H2
Castelnau-Montratier (46) 152 C5
Castelnau-Pégayrols (12) 155 E6
Castelnau-Picampeau (31) 182 D2
Castelnau-Rivière-Basse (65) 164 C5
Castelnau-sur-Gupie (47) 150 B2
Castelnau-sur-l'Auvignon (32) 165 G2
Castelnau-Tursan (40) 164 A5
Castelnau-Valence (30) 171 H2
Castelnaud-
-de-Gratecambe (47) 151 F3
Castelnaud-la-Chapelle (24) 138 A6
Castelnaudary (11) 184 B2
Castelnavet (32) 165 E5
Castelner (40) 163 H5
Castelnou (66) 199 H3
Castelreng (11) 184 C5
Castels (24) 137 H5
Castelsagrat (82) 151 H6
Castelsarrasin (82) 166 C1
Castelvieilh (65) 181 F2
Castelviel (33) 150 A1
le Castéra (31) 166 C5
Castéra-Bouzet (82) 166 B2
Castéra-Lanusse (65) 181 G3
Castéra-Lectourois (32) 165 H2
Castéra-Lou (65) 181 F2
Castéra-Loubix (64) 181 E1
Castéra-Verduzan (32) 165 F3
Castéra-Vignoles (31) 182 B3
Castéras (09) 183 F4
Casterets (65) 182 A2
Castéron (32) 166 B3
Castet (64) 180 B4
Castet-Arrouy (32) 166 A2
Castetbon (64) 179 G1
Castétis (64) 163 G6
Castetnau-Camblong (64) 179 G2
Castetner (64) 179 H1
Castetpugon (64) 164 B5
Castets (40) 162 D2
Castets-en-Dorthe (33) 149 H2
Castex (09) 183 F4
Castex (32) 181 G2
Castex-d'Armagnac (32) 164 C3
Casties-Labrande (31) 182 D2
Castifao (2B) 203 E6
Castiglione (2B) 205 E1
Castillon (06) 177 F4
Castillon (14) 15 H6
Castillon (65) 181 F4
Castillon (Canton
d'Arthez-de-Béarn) (64) 163 H6
Castillon (Canton
de Lembeye) (64) 164 C6
Castillon-de-Castets (33) 150 A2
Castillon-de-Larboust (31) 196 A4
Castillon-
-de-Saint-Martory (31) 182 C4
Castillon-Debats (32) 165 E4
Castillon-du-Gard (30) 172 C2
Castillon-en-Auge (14) 17 E6
Castillon-en-Couserans (09) 182 D6
Castillon-la-Bataille (33) 136 A5
Castillon-Massas (32) 165 G4
Castillon-Savès (32) 166 B6
Castillonnès (47) 151 E1
Castilly (14) 15 F5
Castin (32) 165 G4
Castineta (2B) 205 F1
Castirla (2B) 205 E2
Castres (02) 21 H1
Castres (81) 168 C5
Castres-Gironde (33) 149 G1
Castries (34) 171 G5
le Cateau-Cambrésis (59) 11 F4
le Catelet (02) 11 E5
le Catelier (76) 7 G3
Catenay (76) 19 E3
Catenoy (60) 20 D5
Cateri (2B) 202 C6
Caterragio 205 H4
Cathervielle (31) 196 A4
Catheux (60) 20 B2
Catigny (60) 21 F2
Catillon-Fumechon (60) 20 C3
Catillon-sur-Sambre (59) 11 G4
Catllar (66) 199 F3
Catonvielle (32) 166 B5
Cattenières (59) 11 E4

Cattenom (57) 26 C3
Catteville (50) 14 C4
Catuélan 33 H5
Catus (46) 152 C2
Catz (50) 15 E5
Caubeyres (47) 150 C5
Caubiac (31) 166 C4
Caubios-Loos (64) 180 B1
Caubon-Saint-Sauveur (47) 150 C2
Caubous (31) 181 H6
Caubous (65) 181 H3
Caucalières (81) 168 C6
la Cauchie (62) 10 A3
Cauchy-à-la-Tour (62) 2 C6
Caucourt (62) 10 A1
Caudan (56) 54 C5
Caudebec-en-Caux (76) 7 E5
Caudebec-lès-Elbeuf (76) 18 C6
Caudebronde (11) 185 E2
Caudecoste (47) 151 F6
Caudeval (11) 184 B4
Caudiès-de-Conflent (66) 198 D4
Caudiès-de-Fenouillèdes (66) 199 E1
Caudrot (33) 150 A2
Caudry (59) 11 F4
Cauffry (60) 20 D5
Caugé (27) 40 D2
Caujac (31) 183 G2
Caulaincourt (02) 10 D6
le Caule-Sainte-Beuve (76) 19 F1
Caulières (80) 19 H1
Caullery (59) 11 E4
Caulnes (22) 56 C1
Caumont (02) 21 H2
Caumont (09) 182 D5
Caumont (27) 18 B5
Caumont (32) 164 C4
Caumont (33) 150 B1
Caumont (62) 9 E2
Caumont (82) 166 C2
Caumont-l'Éventé (14) 38 A1
Caumont-sur-Durance (84) 173 E2
Caumont-sur-Garonne (47) 150 C3
Caumont-sur-Orne (14) 16 B6
Cauna (40) 163 G3
Caunay (79) 108 C5
Cauneille (40) 162 D5
Caunes-Minervois (11) 185 F2
la Caunette (34) 185 H2
Caunette-sur-Lauquet (11) 185 E5
Caunettes-en-Val (11) 185 F4
Caupenne (40) 163 F4
Caupenne-d'Armagnac (32) 164 C3
la Caure (51) 45 E3
Caurel (22) 55 E1
Caurel (51) 23 F5
Cauro (2A) 204 D6
Cauroir (59) 11 E3
le Cauroy 9 H2
Cauroy (08) 23 H5
Cauroy-lès-Hermonville (51) 23 E5
le Causé (82) 166 B3
Cause-de-Clérans (24) 137 F5
Caussade (82) 152 D6
Caussade-Rivière (65) 164 D6
Causse-Bégon (30) 170 B1
Causse-de-la-Selle (34) 170 D3
Causse-et-Diège (12) 153 G3
Caussens (32) 165 F2
Causses-et-Veyran (34) 186 D1
Caussiniojouls (34) 170 A6
Caussols (06) 176 B5
Caussou (09) 198 B2
Cauterets (65) 180 D6
Cauverville-en-Roumois (27) 18 A5
Cauvicourt (14) 16 C6
Cauvignac (33) 150 A3
Cauvigny (60) 20 B5
Cauville (14) 16 A6
Cauville-sur-Mer (76) 6 A5
Caux (34) 170 C6
Caux-et-Sauzens (11) 184 D3
Cauzac (47) 151 G5
Cavagnac (46) 138 D4
Cavaillon (84) 173 F3
Cavalaire-sur-Mer (83) 192 C5
la Cavalerie (12) 170 A2
Cavalière 192 C5
Cavan (22) 32 D3
Cavanac (11) 185 E4
Cavarc (47) 151 F1
Caveirac (30) 171 H3
Caves (11) 186 C6
Cavignac (33) 135 G3
Cavigny (50) 15 F6
Cavillargues (30) 157 H6
Cavillon (80) 9 F6
Cavron-Saint-Martin (62) 9 E1
Caychax (09) 198 A2
Cayeux-en-Santerre (80) 20 D1
Cayeux-sur-Mer (80) 8 B3
le Caylar (34) 170 B3
Caylus (82) 153 E5
Cayrac (82) 167 F1
Cayres (43) 142 C5
Cayriech (82) 152 D5
le Cayrol (12) 154 D2
Cayrols (15) 139 H6
Cazac (31) 182 C2
Cazalis (33) 149 G4
Cazalis (40) 163 G5
Cazalrenoux (11) 184 B3
Cazals (46) 152 B2
Cazals (82) 167 G1
Cazals-des-Baylès (09) 184 B4
Cazaril-Laspènes (31) 196 A4
Cazaril-Tambourès (31) 181 H3
Cazarilh (65) 182 A5
Cazats (33) 149 H3
Cazaubon (32) 164 C2
Cazaugitat (33) 150 B1
Cazaunous (31) 182 B5
Cazaux (09) 183 G5
Cazaux-d'Anglès (32) 165 E5
Cazaux-Debat (65) 181 G6
Cazaux-Fréchet-
-Anéran-Camors (65) 195 H4
Cazaux-Layrisse (31) 182 A6
Cazaux-Savès (32) 166 B6
Cazaux-Villecomtal (32) 181 F1
Cazavet (09) 182 D5
Cazeaux-de-Larboust (31) 196 A4
Cazedarnes (34) 186 C1
Cazenave-Serres-
-et-Allens (09) 198 A1
Cazeneuve (32) 165 E3
Cazeneuve-Montaut (31) 182 C3
Cazères (31) 182 D3
Cazères-sur-l'Adour (40) 164 B4
Cazes-Mondenard (82) 152 B5
Cazevieille (34) 171 E4
Cazideroque (47) 151 H4
Cazilhac 170 A4
Cazilhac (11) 185 E3
Cazilhac (34) 171 E2
Cazillac (46) 138 D4
Cazoulès (24) 138 C5
Cazouls-d'Hérault (34) 170 C6
Cazouls-lès-Béziers (34) 186 D2
Ceaucé (61) 58 D1
Ceaulmont (36) 111 E2
Céaux (50) 35 H4
Céaux-d'Allègre (43) 142 B2
Ceaux-en-Couhé (86) 108 D4
Ceaux-en-Loudun (86) 94 B3
Cébazan (34) 186 C1
Cébazat (63) 127 F2
Ceffonds (52) 67 F1
Ceignes (01) 117 F5
Ceilhes-et-Rocozels (34) 170 A4
Ceillac (05) 161 G1
Ceilloux (63) 127 H4
Ceint d'Eau 153 G2
Ceintrey (54) 48 D6
la Celette (18) 112 C1
la Celle (03) 113 E5
la Celle (18) 97 G5
Cellé (41) 79 E1
la Celle (63) 126 B2
la Celle (83) 191 H3
la Celle-Condé (18) 97 F5
la Celle-Dunoise (23) 111 F4
la Celle-en-Morvan (71) 100 C3
la Celle-Guenand (37) 95 F4
la Celle-les-Bordes (78) 42 B6
Celle-Lévescault (86) 108 D3
la Celle-Saint-Avant (37) 94 D3
la Celle-Saint-Cloud (78) 42 C4
la Celle-Saint-Cyr (89) 65 E6
la Celle-
-sous-Chantemerle (51) 44 D6
la Celle-sous-Gouzon (23) 112 A5
la Celle-sous-Montmirail (02) 44 C4
la Celle-sur-Loire (58) 82 C5
la Celle-sur-Morin (77) 43 H4
la Celle-sur-Nièvre (58) 98 D1
Cellefrouin (16) 122 D2
Celleneuve 171 F5
Celles (09) 183 H6
Celles (15) 141 E3
Celles (17) 121 G4
Celles (24) 136 D1
Celles (34) 170 B5
Celles-en-Bassigny (52) 68 C6
Celles-lès-Condé (02) 44 D2
Celles-sur-Aisne (02) 22 B4
Celles-sur-Belle (79) 108 B4
Celles-sur-Durolle (63) 128 A2
Celles-sur-Ource (10) 66 D5
Celles-sur-Plaine (88) 70 C1
la Cellette (23) 111 H3
la Cellette (63) 112 D6
Cellettes (16) 122 C2
Cellettes (41) 80 A4
le Cellier (44) 75 E4
Cellier-du-Luc (07) 156 D1
Cellieu (42) 129 G5
Cellule (63) 127 F1
Celon (36) 110 D2
Celoux (15) 141 G3
Celsoy (52) 86 C1
Cély (77) 63 H2
Cemboing (70) 87 E1
Cempuis (60) 20 A2
Cénac (33) 135 F6
Cénac-et-Saint-Julien (24) 138 A6
Cenans (70) 87 G5
Cendras (30) 157 E6
le Cendre (63) 127 F3
Cendrecourt (70) 87 E1
Cendrey (25) 87 G5
Cendrieux (24) 137 G4
Cénevières (46) 153 E3
Cenne-Monestiés (11) 184 C2
Cenon (33) 135 F5
Cenon-sur-Vienne (86) 94 C5
Censeau (39) 103 G4
Censerey (21) 100 D1
Censy (89) 84 B3
les Cent-Acres (76) 7 G3
Centrès (12) 154 B6
Centuri (2B) 203 F2
Cenves (69) 116 A4
Cépet (31) 167 E4
Cépie (11) 184 D4
Cepoy (45) 64 A5
Céran (32) 165 H3
Cérans-Foulletourte (72) 78 A1
Cerbère (66) 201 F5
Cerbois (18) 97 E2
Cercanceaux 64 A4
Cercié (69) 116 A5
Cercier (74) 118 B6
Cercles (24) 136 D1
Cercottes (45) 62 D6
Cercoux (17) 135 H3
le Cercueil (61) 39 F6
Cercy-la-Tour (58) 99 G4
Cerdon (01) 117 F5
Cerdon (45) 81 G3
Cère (40) 163 H2
Céré-la-Ronde (37) 95 G1
Cerelles (37) 78 D4
Cerences (50) 35 G1
Céreste (04) 174 B3
Céret (66) 199 H4
Cerfontaine (59) 12 A2
le Cergne (42) 115 G5
Cergy (95) 42 B2
Cérilly (03) 113 E1
Cérilly (21) 84 D1
Cérilly (89) 65 G4
Cerin 131 F2
Cerisé (61) 60 A2
Cerisières (52) 67 H3
Cerisiers (89) 65 F4
Cerisy (80) 10 A6
Cerisy-Belle-Étoile (61) 38 B4
Cerisy-Buleux (80) 8 D5
Cerisy-la-Forêt (50) 15 G6
Cerisy-la-Salle (50) 37 F2
Cerizay (79) 92 D5
Cérizols (09) 182 D4
Cerizy (02) 22 A1
la Cerlangue (76) 6 C5
Cernans (39) 103 F3
Cernay (14) 17 F6
Cernay (28) 61 H2
Cernay (68) 89 E1
Cernay (86) 94 B5
Cernay-en-Dormois (51) 24 B6
Cernay-la-Ville (78) 42 B5
Cernay-l'Église (25) 88 C6
Cernay-lès-Reims (51) 23 F6
Cerneux (77) 44 B5
Cernex (74) 118 B5
Cerniébaud (39) 103 G5
Cernion (08) 23 G1
Cernon (39) 117 G3
Cernon (51) 45 H4
Cernoy (60) 20 D4
Cernoy-en-Berry (45) 82 A4
Cernusson (49) 93 E1
Cerny (91) 63 G1
Cerny-en-Laonnois (02) 22 C4
Cerny-lès-Bucy (02) 22 B3
Céron (71) 114 D4
Cérons (33) 149 G2
Cerqueux (14) 17 G6
les Cerqueux (49) 92 D3
les Cerqueux-
-sous-Passavant (49) 93 E2
Cerre-lès-Noroy (70) 87 H3
Cers (34) 187 E2
Cersay (79) 93 F3
Cerseuil (02) 22 B5
Cersot (71) 101 E6
Certilleux (88) 68 D2
Certines (01) 117 E5
Cervens (74) 118 D3
Cervières (05) 147 F5
Cervières (42) 128 B2
Cerville (54) 49 E5
Cervione (2B) 205 G2
Cervon (58) 99 H1
Cerzat (43) 141 H3
Césancey (39) 102 C6
Césarches (73) 132 C3
Césarville-Dossainville (45) 63 F3
Cescau (09) 182 D6
Cescau (64) 180 B1
Cesny-aux-Vignes-Ouézy (14) 16 D5
Cesny-Bois-Halbout (14) 16 B6
Cessac (33) 135 H6
Cessales (31) 184 A1
Cesse (55) 24 D3
Cessenon-sur-Orb (34) 186 C1
Cessens (73) 131 H2
Cesseras (34) 185 G2
Cesset (03) 113 G4
Cesseville (27) 40 D1
Cessey (25) 103 F2
Cessey-sur-Tille (21) 86 A6
Cessières (02) 22 B3
Cessieu (38) 131 E4
Cesson (77) 43 F6
Cesson-Sévigné (35) 57 F2
Cessoy-en-Montois (77) 64 D1
Cessy (01) 118 B3
Cessy-les-Bois (58) 82 D6
Cestas (33) 135 E6
Cestayrols (81) 168 A2
Ceton (61) 61 E4
Cette-Eygun (64) 180 A5
Céüse 2000 160 A2
Cevins (73) 132 D4
Ceyras (34) 170 C5
Ceyrat (63) 127 E3
Ceyreste (13) 191 E5
Ceyroux (23) 111 E6
Ceyssac (43) 142 C4
Ceyssat (63) 126 D3
Ceyzériat (01) 117 E5
Ceyzérieu (01) 131 G2
Cézac (33) 135 F3
Cézac (46) 152 C4
Cezais (85) 107 F1
Cézan (32) 165 G3
Cezay (42) 128 C3
Cézens (15) 140 D4
Cézia (39) 117 G3
Cézy (89) 65 E6
Chabanais (16) 123 F2
la Chabanne (03) 114 C6
Chabanon 160 D4
la Chabasse 128 A4
Chabenet 110 D1
Chabestan (05) 159 H3
Chabeuil (26) 144 C5
Chablis (89) 83 H2
Châbons (38) 131 E6
Chabottes (05) 160 C1
Chabournay (86) 94 B6
Chabrac (16) 123 F1
Chabreloche (63) 128 B2
Chabrignac (19) 138 B1
Chabrillan (26) 158 C1
Chabris (36) 96 C1
Chacé (49) 93 G1
Chacenay (10) 66 D4
Chacrise (02) 22 B5
Chadebec 138 D2
Chadeleuf (63) 127 F5
Chadenac (17) 121 F5
Chadenet (48) 156 B3
Chadrac (43) 142 C4
Chadron (43) 142 C4
Chadurie (16) 122 B5
le Chaffal (26) 144 D5
le Chaffaut-Saint-Jurson (04) 175 E1
Chaffois (25) 103 H3
Chagey (70) 88 C3
Chagnon (42) 129 G5
Chagny (08) 24 A3
Chagny (71) 101 F4
Chahaignes (72) 78 C2
Chahains (61) 39 E6
Chaignay (21) 85 H4
Chaignes (27) 41 F2
Chail (79) 108 B4
Chaillac (36) 110 C3
Chaillac-sur-Vienne (87) 123 G2
Chailland (53) 58 C3
Chaillé-les-Marais (85) 106 D3
Chaillé-sous-
-les-Ormeaux (85) 91 G5
Chailles (41) 79 H4
Chaillevette (17) 120 C3
Chaillevois (02) 22 B3
Chailley (89) 65 G5
Chaillol 1600 160 C1
Chaillon (55) 47 H2
Chailloué (61) 39 G5
Chailly-en-Bière (77) 63 H2
Chailly-en-Brie (77) 44 A4
Chailly-en-Gâtinais (45) 63 H6
Chailly-lès-Ennery (57) 26 C4
Chailly-sur-Armançon (21) 100 D1
Chainaz-les-Frasses (74) 132 A2
Chaînée-des-Coupis (39) 102 C4
Chaingy (45) 80 C1
Chaintré (71) 116 B4
Chaintreaux (77) 64 B4
Chaintrix-Bierges (51) 45 G3
la Chaise 99 G1
la Chaise (10) 67 E2
la Chaise-Baudouin (50) 37 F4
la Chaise-Dieu (43) 142 B1
Chaise-Dieu-du-Theil (27) 40 B4
Chaix (85) 107 E2
la Chaize-Giraud (85) 90 D4
la Chaize-le-Vicomte (85) 91 G4
Chalabre (11) 184 C5
Chalagnac (24) 137 F3
Chalain-d'Uzore (42) 128 D4
Chalain-le-Comtal (42) 129 E4
Chalaines (55) 48 A6
Chalais (16) 136 B2
Chalais (36) 110 C2
Chalais (86) 93 H3
Chalamont (01) 116 D6
Chalampé (68) 71 G6
Chalancey (52) 85 H3
Chalancon (26) 159 E3
Chalandray (86) 93 H6
Chalandry (02) 22 C2
Chalandry-Elaire (08) 24 B2
le Chalange (61) 39 G6
le Chalard (87) 124 A5
Chalautre-la-Grande (77) 65 F1
Chalautre-la-Petite (77) 65 E1
Chalaux (58) 84 A6
la Chaldette 141 E6
Chaleins (01) 116 B6
Chaleix (24) 123 G5
Chalencon 142 D2
Chalencon (07) 143 G5
les Chalesmes (39) 103 F6
Chalet Hôtel des Cortalets 199 F4
Chalet Reynard 159 E6
les Chalets d'Irati 179 F4
Châlette-sur-Loing (45) 64 A6
Chalette-sur-Voire (10) 66 D2
Chaley (01) 131 E1
Chalèze (25) 87 G6
Chalezeule (25) 87 F6
Chaliers (15) 141 G5
Chalifert (77) 43 G3
Chaligny (54) 48 C5
Chalinargues (15) 141 E3
Chalindrey (52) 86 B1
Chalivoy-Milon (18) 98 A5
Challain-la-Potherie (49) 75 G1
Challans (85) 90 D2
Challement (58) 83 G6
Challerange (08) 24 B5
Challes (01) 117 F5
Challes (72) 60 C6
Challes-les-Eaux (73) 132 A4
Challet (28) 62 A1
Challex (01) 118 B4
Challignac (16) 122 A6
Challonges (74) 118 A6
Challuy (58) 98 D4
Chalmaison (77) 64 D1
Chalmazel (42) 128 C3
Chalmoux (71) 114 D1
Chalo-Saint-Mars (91) 63 E2
le Chalon (26) 144 C2
Chalon-sur-Saône (71) 101 G5
Chalonnes-sous-le-Lude (49) 78 A4
Chalonnes-sur-Loire (49) 75 H4
Châlons (38) 130 B6
Châlons-du-Maine (53) 58 D4
Châlons-en-Champagne (51) 45 H3
Châlons-sur-Vesle (51) 23 E5
Châlonvillars (70) 88 C2
Chalou-Moulineux (91) 63 E2
la Chalp 147 F5
Chaltrait (51) 45 F3
Chalus (63) 127 F6
Châlus (87) 123 H4
Chaluzy 98 D3
Chalvignac (15) 139 H2
Chalvraines (52) 68 B3
Chamadelle (33) 136 A3
Chamagne (88) 69 G1
Chamagnieu (38) 130 C3
Chamalières (63) 127 E3
Chamalières-sur-Loire (43) 142 D2
Chamaloc (26) 145 E6
Chamant (60) 21 E6
Chamarande (91) 63 F1
Chamarandes-Choignes (52) 68 A4
Chamaret (26) 158 B4
la Chamba (42) 128 B3
Chambain (21) 85 G2
Chambeire (21) 86 B6
Chambellay (49) 76 D2
Chambéon (42) 129 E3
Chambérat (03) 112 B3
Chamberaud (23) 111 H6
Chamberet (19) 125 E5
Chambéria (39) 117 G2
Chambéry (73) 131 H4
Chambeugle (89) 82 C1
Chambezon (43) 141 G1
Chambilly (71) 115 E4
Chamblac (27) 17 H6
Chamblanc (21) 102 A3
Chamblay (39) 102 D3
Chambles (42) 129 E6
Chamblet (03) 112 D4
Chambley-Bussières (54) 26 A6
Chambly (60) 42 C1
Chambœuf (21) 101 G1
Chambœuf (42) 129 F5
Chambois (61) 39 F4
Chambolle-Musigny (21) 101 G1
le Chambon (07) 143 F5
Chambon (17) 107 E5
Chambon (18) 97 G5
Chambon (30) 156 D5
Chambon (37) 95 E5
Chambon-des-Neiges 126 D5
le Chambon-Feugerolles (42) 129 F6
Chambon-la-Forêt (45) 63 F5
Chambon-le-Château (48) 142 B5
Chambon-Sainte-Croix (23) 111 F3
Chambon-sur-Cisse (41) 79 H4
Chambon-sur-Dolore (63) 128 A5
Chambon-sur-Lac (63) 126 D5
le Chambon-sur-Lignon (43) 143 F3
Chambon-sur-Voueize (23) 112 C5
Chambonas (07) 157 E4
Chambonchard (23) 112 C5
la Chambonie (42) 128 B3
Chamborand (23) 111 E5
Chambord (27) 40 A3
Chambord (41) 80 B3
Chamboret (87) 124 A1
Chamborigaud (30) 156 D5
Chambornay-
-lès-Bellevaux (70) 87 G5
Chambornay-lès-Pin (70) 87 E5
Chambors (60) 19 H6
Chambost-Allières (69) 115 H6
Chambost-Longessaigne (69) 129 F3
la Chambotte 131 H2
Chamboulive (19) 125 E6
Chambourcy (78) 42 B3
Chambourg-sur-Indre (37) 95 F2
Chambray (27) 41 F2
Chambray-lès-Tours (37) 78 D6
la Chambre (73) 132 C6
Chambrecy (51) 45 E1
les Chambres (50) 35 H2
Chambretaud (85) 92 B4
Chambrey (57) 49 E4
Chambroncourt (52) 68 B2
Chambry (02) 22 C3
Chambry (77) 43 G2
Chaméane (63) 127 H5
Chamelet (69) 129 G1
Chamery (51) 45 F1
Chamesey (25) 88 B6
Chamesol (25) 88 C5
Chamesson (21) 85 E2
Chameyrat (19) 138 D2
Chamigny (77) 44 A3
Chamilly (71) 101 F4
Chammes (53) 59 F5
Chamole (39) 102 D4
Chamonix-Mont-Blanc (74) 133 F1
Chamouillac (17) 135 F1
Chamouille (02) 22 C4
Chamouilley (52) 47 E6
Chamousset (73) 132 B4
Chamoux (89) 83 G5
Chamoux-sur-Gelon (73) 132 B4
Chamoy (10) 66 A5
le Champ-de-la-Pierre (61) 38 D6
Champ-d'Oiseau (21) 84 D4
Champ-Dolent (27) 40 D3
Champ-du-Boult (14) 37 G4
Champ-Haut (61) 39 G5
Champ-Laurent (73) 132 B5
Champ-le-Duc (88) 70 B3
le Champ-près-Froges (38) 145 H1
le Champ-Saint-Père (85) 91 G6
Champ-sur-Barse (10) 66 D3
Champ-sur-Drac (38) 145 G3
Champ-sur-Layon (49) 76 D6
Champagnac (15) 140 A1
Champagnac (17) 121 G6
Champagnac-de-Belair (24) 123 F6
Champagnac-la-Noaille (19) 139 G1
Champagnac-la-Prune (19) 139 F3
Champagnac-la-Rivière (87) 123 G3
Champagnac-le-Vieux (43) 141 H1
Champagnat (23) 125 H1
Champagnat (71) 117 E2
Champagnat-le-Jeune (63) 127 H6
Champagne (07) 144 A1
Champagne (17) 120 D2
Champagne (28) 41 G5
Champagné (72) 60 B5
Champagne-
-au-Mont-d'Or (69) 130 A3
Champagne-en-Valromey (01) 131 F1
Champagne-et-Fontaine (24) 122 C6
Champagné-le-Sec (86) 108 D5
Champagné-les-Marais (85) 106 D3
Champagne-Mouton (16) 122 D1
Champagné-
-Saint-Hilaire (86) 109 E4
Champagne-sur-Loue (39) 103 E2
Champagne-sur-Oise (95) 42 C1
Champagne-sur-Seine (77) 64 B2
Champagne-
-sur-Vingeanne (21) 86 B5
Champagne-Vigny (16) 122 B5
Champagneux (73) 131 F4
Champagney (25) 87 E6
Champagney (39) 86 C6
Champagney (70) 88 B2
Champagnier (38) 145 G3
Champagnole (39) 103 F5
Champagnolles (17) 121 E5
Champagny (21) 85 F5
Champagny-en-Vanoise (73) 133 E5
Champagny-
-sous-Uxelles (71) 116 A1
Champallement (58) 99 F1
Champanges (74) 119 E3
Champaubert (51) 45 E3
Champcella (05) 147 E6
Champcenest (77) 44 B5
Champcerie (61) 38 D4
Champcervon (50) 35 H2
Champcevinel (24) 137 F2
Champcevrais (89) 82 C2
Champcey (50) 35 G3
Champclause (43) 143 E4
Champcueil (91) 63 G1
Champdeniers-
-Saint-Denis (79) 107 H2
Champdeuil (77) 43 F6
Champdieu (42) 128 D4
Champdivers (39) 102 B3
Champdolent (17) 120 D1
Champdor (01) 117 G6
Champdôtre (21) 102 B1
Champdray (88) 70 B4
Champeau-en-Morvan (21) 100 B1
Champeaux (35) 57 H2
Champeaux (50) 35 G3
les Champeaux (61) 39 F3
Champeaux (77) 43 G6
Champeaux-et-
-la-Chapelle-Pommier (24) 123 E6
Champeaux-sur-Sarthe (61) 39 H6
Champeix (63) 127 F5
Champenard (27) 41 F1
la Champenoise (36) 96 C4
Champenoux (54) 49 E4
Champéon (53) 59 E2
Champétières (63) 128 B5
Champey (70) 88 B3
Champey-sur-Moselle (54) 48 C2
Champfleur (72) 60 A2
Champfleury (10) 45 F6
Champfleury (51) 23 E6
Champforgeuil (71) 101 G5
Champfrémont (53) 59 H2
Champfromier (01) 117 H4
Champgenéteux (53) 59 F3
Champguyon (51) 44 C4
Champhol (28) 62 B1
Champhorent 146 B4
Champien (80) 21 F2
Champier (38) 130 D5
Champigné (49) 76 D3
Champignelles (89) 82 C2
Champigneul-
-Champagne (51) 45 G3
Champigneul-sur-Vence (08) 24 A2
Champigneulle (08) 24 C5
Champigneulles (54) 48 D4
Champigneulles-
-en-Bassigny (52) 68 D4
Champignol-
-lez-Mondeville (10) 67 E4
Champignolles (21) 101 E3
Champignolles (27) 40 B3
Champigny 93 H1
Champigny (51) 23 E6
Champigny (89) 64 D3
Champigny-en-Beauce (41) 79 H3
Champigny-la-Futelaye (27) 41 F4
Champigny-le-Sec (86) 94 A6
Champigny-lès-Langres (52) 68 B6
Champigny-
-sous-Varennes (52) 86 D1

Champigny-sur-Aube (10) 45 G6
Champigny-sur-Marne (94) 43 E4
Champigny-sur-Veude (37) 94 B3
Champillet (36) 111 H2
Champillon (51) 45 F2
Champis (07) 144 A4
Champlan (91) 42 D5
Champlat-et-Boujacourt (51) 45 E1
Champlay (89) 65 F6
Champlecy (71) 115 F2
Champlemy (58) 99 E1
Champlin (08) 12 C6
Champlin (58) 99 F1
Champlitte (70) 86 C3
Champlive (25) 87 G6
Champlost (89) 65 G5
Champmillon (16) 122 B4
Champmotteux (91) 63 G3
Champnétery (87) 124 D2
Champneuville (55) 25 E6
Champniers (16) 122 C3
Champniers (86) 109 E4
Champniers-et-Reilhac (24) 123 F4
Champoléon (05) 146 C6
Champoly (42) 128 C2
Champosoult (61) 39 G3
Champougny (55) 48 A6
Champoulet (45) 82 C3
Champoux (25) 87 G5
Champrenault (21) 85 F5
Champrepus (50) 35 H2
Champrond (72) 61 E5
Champrond-en-Gâtine (28) 61 G2
Champrond-en-Perchet (28) 61 F3
Champrougier (39) 102 C4
Champs (02) 21 H3
Champs (61) 40 A6
Champs (63) 113 G6
les Champs-de-Losque (50) 15 E6
les Champs-Géraux (22) 34 D5
Champs-Romain (24) 123 F5
Champs-sur-Marne (77) 43 F4
Champs-sur-Tarentaine-
-Marchal (15) 126 B6
Champs-sur-Yonne (89) 83 G2
Champsac (87) 123 H3
Champsanglard (23) 111 G4
Champsecret (61) 38 B6
Champseru (28) 62 C1
Champsevraine (52) 86 C2
Champtercier (04) 160 C6
Champteussé-
-sur-Baconne (49) 76 D3
Champtocé-sur-Loire (49) 75 H3
Champtoceaux (49) 75 E4
Champtonnay (70) 86 D5
Champvallon (89) 65 E6
Champvans (39) 102 C2
Champvans (70) 86 C5
Champvans-les-Moulins (25) 87 E6
Champvert (58) 99 F5
Champvoisy (51) 44 D1
Champvoux (58) 98 D2
Chamrousse (38) 145 H3
Chamvres (89) 65 E6
Chanac (48) 155 H3
Chanac-les-Mines (19) 139 E2
Chanaleilles (43) 141 H5
Chanas (38) 144 A1
Chanat-la-Mouteyre (63) 127 E2
Chanay (01) 117 H6
Chanaz (73) 131 G2
Chançay (37) 79 E5
Chancé (35) 57 G3
Chanceaux (21) 85 F4
Chanceaux-près-Loches (37) 95 F2
Chanceaux-sur-Choisille (37) 78 D5
Chancelade (24) 137 F2
Chancenay (52) 46 D5
Chancey (70) 86 D6
Chancia (39) 117 G3
Chandai (61) 40 B5
Chandolas (07) 157 F4
Chandon (42) 115 F5
Chanéac (07) 143 F5
Chaneins (01) 116 B5
Chânes (71) 116 B4
le Change (24) 137 G2
Changé (53) 58 C4
Change (71) 101 E4
Changé (72) 60 B6
Changey (52) 68 B6
Changis-sur-Marne (77) 43 H3
Changy (42) 114 D5
Changy (51) 46 C4
Changy (71) 115 F3
Chaniat (43) 141 H1
Chaniers (17) 121 F3
Channay (21) 84 C1
Channay-sur-Lathan (37) 78 B5
Channes (10) 66 C6
Chanonat (63) 127 F4
Chanos-Curson (26) 144 B3
Chanousse (05) 159 G4
Chanoy (52) 68 A6
Chanoz-Châtenay (01) 116 C5
Chanteau (45) 62 D6
Chantecoq (45) 64 C5
Chantecorps (79) 108 B2
Chanteheux (54) 49 F5
Chanteix (19) 138 D1
Chantelle (03) 113 G4
Chanteloup (27) 40 D3
Chanteloup (35) 57 F4
Chanteloup (50) 35 G1
Chanteloup (79) 92 D5
Chanteloup-en-Brie (77) 43 F4
Chanteloup-les-Bois (49) 92 D2
Chanteloup-les-Vignes (78) 42 B3
Chantelouve (38) 146 A4
Chantemerle 147 E4
Chantemerle (51) 44 D6
Chantemerle-les-Blés (26) 144 B3
Chantemerle-lès-Grignan (26) 158 B4
Chantemerle-sur-la-Soie (17) 121 E1
Chantenay-Saint-Imbert (58) 98 D6
Chantenay-Villedieu (72) 59 G6
Chantepie (35) 57 F3
Chantérac (24) 136 D2
Chanteraine (55) 47 G5
Chanterelle (15) 140 D1
Chantes (70) 87 E3
Chantesse (38) 145 E2
Chanteuges (43) 142 A3
Chantillac (16) 135 H1
Chantilly 78 B5
Chantilly (60) 43 E1
Chantonnay (85) 92 A6
Chantraine (88) 69 H4
Chantraines (52) 68 A3
Chantrans (25) 103 G2
Chantrigné (53) 59 E2
Chanu (61) 38 A5
Chanville (57) 26 D6
Chanzeaux (49) 76 D6
Chaon (41) 81 F4
Chaouilley (54) 69 F1
Chaource (10) 66 B5
Chaourse (02) 23 E2
Chapaize (71) 116 A1
Chapareillan (38) 132 A5
Chapdes-Beaufort (63) 126 D2
Chapdeuil (24) 136 D1
Chapeau (03) 114 B2
Chapeiry (74) 132 A2
Chapelaine (51) 46 A6
la Chapelaude (03) 112 C3
la Chapelle 113 G6
la Chapelle (03) 114 B6
la Chapelle (08) 24 C1
la Chapelle (16) 122 B2
la Chapelle (73) 132 C5
la Chapelle-Achard (85) 91 E5
la Chapelle-Agnon (63) 128 A4
la Chapelle-Anthenaise (53) 58 D4
la Chapelle-au-Mans (71) 114 D1
la Chapelle-au-Moine (61) 38 B5
la Chapelle-au-Riboul (53) 59 E3
la Chapelle-Aubareil (24) 138 A4
la Chapelle-aux-Bois (88) 69 H5
la Chapelle-aux-Brocs (19) 138 D3
la Chapelle-aux-Chasses (03) 99 F6
la Chapelle-aux-Choux (72) 78 B3
la Chapelle-
-aux-Filtzméens (35) 35 E6
la Chapelle-aux-Lys (85) 92 D6
la Chapelle-aux-Naux (37) 78 C6
la Chapelle-aux-Saints (19) 139 E4
la Chapelle-Baloue (23) 111 E3
la Chapelle-Basse-Mer (44) 75 E4
la Chapelle-Bâton (79) 108 A2
la Chapelle-Bâton (86) 109 E5
la Chapelle-Bayvel (27) 17 G4
la Chapelle-Bertin (43) 142 A2
la Chapelle-Bertrand (79) 108 B1
la Chapelle-Biche (61) 38 B5
la Chapelle-Blanche (22) 56 C1
la Chapelle-Blanche (73) 132 A5
la Chapelle-Blanche-
-Saint-Martin (37) 95 E2
la Chapelle-Bouëxic (35) 56 D4
la Chapelle-Caro (56) 56 A4
la Chapelle-Cécelin (50) 37 F4
la Chapelle-Chaussée (35) 57 E1
la Chapelle-Craonnaise (53) 58 B6
la Chapelle-d'Abondance (74) 119 G3
la Chapelle-d'Alagnon (15) 140 D3
la Chapelle-d'Aligné (72) 77 G2
la Chapelle-d'Andaine (61) 38 C6
la Chapelle-d'Angillon (18) 81 G6
la Chapelle-
-d'Armentières (59) 3 E4
la Chapelle-d'Aunainville (28) 62 D2
la Chapelle-d'Aurec (43) 143 E1
la Chapelle-de-Bragny (71) 116 B1
la Chapelle-de-Brain (35) 56 D6
la Chapelle-de-Guinchay (71) 116 B4
la Chapelle-de-la-Tour (38) 131 E4
la Chapelle-de-Mardore (69) 115 G6
la Chapelle-de-Surieu (38) 130 B6
Chapelle-des-Bois (25) 118 B1
la Chapelle-
-des-Fougeretz (35) 57 E2
la Chapelle-des-Marais (44) 73 G3
la Chapelle-des-Pots (17) 121 F3
la Chapelle-
-devant-Bruyères (88) 70 C3
Chapelle-d'Huin (25) 103 G3
la Chapelle-du-Bard (38) 132 B6
la Chapelle-du-Bois (72) 60 D4
la Chapelle-
-du-Bois-des-Faulx (27) 41 E1
la Chapelle-du-Bourgay (76) 7 G3
la Chapelle-du-Châtelard (01) 116 C6
la Chapelle-du-Genêt (49) 75 G5
la Chapelle-du-Lou (35) 56 D1
la Chapelle-
-du-Mont-de-France (71) 115 H3
la Chapelle-
-du-Mont-du-Chat (73) 131 H3
la Chapelle-du-Noyer (28) 61 H5
la Chapelle-en-Juger (50) 37 F1
la Chapelle-en-Lafaye (42) 128 D6
la Chapelle-en-Serval (60) 43 E1
la Chapelle-
-en-Valgaudémar (05) 146 B5
la Chapelle-en-Valjouffrey 146 A5
la Chapelle-en-Vercors (26) 145 E4
la Chapelle-en-Vexin (95) 41 H1
la Chapelle-Enchérie (41) 79 H2
la Chapelle-Engerbold (14) 38 B3
la Chapelle-Erbrée (35) 58 A4
la Chapelle-Faucher (24) 137 F1
la Chapelle-Felcourt (51) 46 C2
la Chapelle-Forainvilliers (28) 41 G5
la Chapelle-Fortin (28) 40 C6
la Chapelle-Gaceline (56) 56 C5
la Chapelle-Gaudin (79) 93 E4
la Chapelle-Gaugain (72) 78 D2
la Chapelle-Gauthier (27) 17 G6
la Chapelle-Gauthier (77) 64 B1
la Chapelle-Geneste (43) 142 B1
la Chapelle-Glain (44) 75 F1
la Chapelle-Gonaguet (24) 137 E2
la Chapelle-Grésignac (24) 122 D6
Chapelle-Guillaume (28) 61 F5
la Chapelle-Hareng (27) 17 G5
la Chapelle-Haute-Grue (14) 17 E6
la Chapelle-Hermier (85) 91 E4
la Chapelle-Heulin (44) 75 E5
la Chapelle-Hugon (18) 98 C4
la Chapelle-Hullin (49) 76 A2
la Chapelle-Huon (72) 79 E1
la Chapelle-Iger (77) 43 H6
la Chapelle-Janson (35) 58 B2
la Chapelle-la-Reine (77) 63 H3
la Chapelle-Lasson (51) 45 E6
la Chapelle-Launay (44) 74 A3
la Chapelle-Laurent (15) 141 G3
la Chapelle-lès-Luxeuil (70) 87 H1
la Chapelle-Marcousse (63) 127 F6
la Chapelle-Montabourlet (24) 122 D6
la Chapelle-
-Montbrandeix (87) 123 G4
la Chapelle-Monthodon (02) 44 D2
la Chapelle-Montligeon (61) 60 D1
la Chapelle-Montlinard (18) 98 C2
la Chapelle-Montmartin (41) 96 C1
la Chapelle-Montmoreau (24) 123 F6
la Chapelle-Montreuil (86) 108 D2
Chapelle-Morthemer 109 G2
la Chapelle-Moulière (86) 94 C6
la Chapelle-Moutils (77) 44 C4
la Chapelle-Naude (71) 116 D1
la Chapelle-Neuve (22) 32 C4
la Chapelle-Neuve (56) 55 F4
la Chapelle-Onzerain (45) 62 B5
la Chapelle-Orthemale (36) 96 A5
la Chapelle-Palluau (85) 91 E3
la Chapelle-Pouilloux (79) 108 C5
la Chapelle-près-Sées (61) 39 F6
la Chapelle-Rablais (77) 64 C1
la Chapelle-Rainsouin (53) 59 E5
la Chapelle-Rambaud (74) 118 C5
la Chapelle-Réanville (27) 41 F2
la Chapelle-Rousselin (49) 75 H5
Chapelle-Royale (28) 61 G4
la Chapelle-Saint-André (58) 83 E5
la Chapelle-Saint-Aubert (35) 57 H1
la Chapelle-Saint-Aubin (72) 60 A5
la Chapelle-Saint-Étienne (79) 92 D6
la Chapelle-Saint-Florent (49) 75 F4
la Chapelle-Saint-Fray (72) 60 A5
la Chapelle-Saint-Géraud (19) 139 F4
la Chapelle-Saint-Jean (24) 138 A2
la Chapelle-Saint-Laud (49) 77 F3
la Chapelle-
-Saint-Laurent (79) 93 E5
la Chapelle-
-Saint-Laurian (36) 96 C3
la Chapelle-Saint-Luc (10) 66 B3
la Chapelle-Saint-Martial (23) 125 F1
la Chapelle-Saint-Martin (73) 131 G4
la Chapelle-Saint-Martin-
-en-Plaine (41) 80 A3
la Chapelle-
-Saint-Maurice (74) 132 B2
la Chapelle-
-Saint-Mesmin (45) 80 D1
la Chapelle-Saint-Ouen (76) 19 E3
la Chapelle-Saint-Quillain (70) 87 E4
la Chapelle-Saint-Rémy (72) 60 C5
la Chapelle-Saint-Robert 123 E5
la Chapelle-
-Saint-Sauveur (44) 75 G3
la Chapelle-
-Saint-Sauveur (71) 102 B4
la Chapelle-
-Saint-Sépulcre (45) 64 B6
la Chapelle-Saint-Sulpice (77) 64 D1
la Chapelle-Saint-Ursin (18) 97 G3
la Chapelle-Souëf (61) 60 D3
la Chapelle-
-sous-Brancion (71) 116 B1
la Chapelle-sous-Dun (71) 115 F4
la Chapelle-sous-Orbais (51) 45 E3
la Chapelle-sous-Uchon (71) 100 C5
Chapelle-Spinasse (19) 139 G1
la Chapelle-sur-Aveyron (45) 82 B1
la Chapelle-sur-Chézy (02) 44 B3
la Chapelle-sur-Coise (69) 129 G4
la Chapelle-sur-Crécy 43 G4
la Chapelle-sur-Dun (76) 7 F2
la Chapelle-sur-Erdre (44) 74 C4
la Chapelle-sur-Furieuse (39) 103 E3
la Chapelle-sur-Loire (37) 94 A1
la Chapelle-sur-Oreuse (89) 65 E3
la Chapelle-sur-Oudon (49) 75 H1
la Chapelle-sur-Usson (63) 127 H6
la Chapelle-sur-Vire 37 G2
la Chapelle-Taillefert (23) 111 G6
la Chapelle-Thècle (71) 116 D1
la Chapelle-Thémer (85) 107 E1
la Chapelle-Thireuil (79) 107 G1
la Chapelle-Thouarault (35) 57 E2
la Chapelle-Urée (50) 37 F5
Chapelle-Vallon (10) 66 A2
la Chapelle-Vaupelteigne (89) 83 H1
la Chapelle-Vendômoise (41) 79 H3
la Chapelle-Vicomtesse (41) 61 G6
la Chapelle-Viel (61) 40 A5
la Chapelle-Villars (42) 129 H5
Chapelle-Viviers (86) 109 G2
Chapelle-Voland (39) 102 B5
la Chapelle-Yvon (14) 17 G5
la Chapelle du Chêne 77 F1
les Chapelles (73) 133 E4
les Chapelles-Bourbon (77) 43 G5
Chapelon (45) 63 H5
la Chapelotte (18) 81 H6
Chapet (78) 42 B3
Chapois (39) 103 F4
Chaponnay (69) 130 B4
Chaponost (69) 129 H3
Chappes (03) 113 F3
Chappes (08) 23 G2
Chappes (10) 66 C4
Chappes (63) 127 F2
Chaptelat (87) 124 B2
Chaptuzat (63) 113 G6
Charancieu (38) 131 F5
Charantonnay (38) 130 C5
Charavines (38) 131 F6
Charbogne (08) 24 A3
Charbonnat (71) 100 B5
Charbonnier-les-Mines (63) 127 G6
Charbonnières (28) 61 F4
Charbonnières (71) 116 B3
Charbonnières-les-Bains (69) 129 H3
Charbonnières-les-Sapins (25) 103 G1
Charbonnières-
-les-Varennes (63) 127 E2
Charbonnières-
-les-Vieilles (63) 127 E1
Charbuy (89) 83 F2
la Charce (26) 159 F3
Charcé-Saint-Ellier-
-sur-Aubance (49) 77 E6
Charcenne (70) 87 E5
Charchigné (53) 59 F2
Charchilla (39) 117 H2
Charcier (39) 103 E6
Chard (23) 126 B1
Chardeny (08) 24 A4
Chardogne (55) 47 E4
Chardonnay (71) 116 B2
Chareil-Cintrat (03) 113 G4
Charencey (21) 85 F5
Charency (39) 103 F5
Charency-Vezin (54) 25 F3
Charens (26) 159 F2
Charensat (63) 126 C1
Charentay (69) 116 A6
Charentenay (89) 83 F3
Charentilly (37) 78 D5
Charenton-du-Cher (18) 98 A6
Charenton-le-Pont (94) 42 D4
Charentonnay (18) 98 B2
Charentus 142 C4
Charette (38) 131 E2
Charette-Varennes (71) 102 A4
Charey (54) 26 A6
Charézier (39) 117 H1
Chargé (37) 79 F5
Chargey-lès-Gray (70) 86 C4
Chargey-lès-Port (70) 87 F2
Chariez (70) 87 F3
Charigny (21) 84 D5
la Charité-sur-Loire (58) 98 C2
Charix (01) 117 G5
Charlas (31) 182 B3
Charleval (13) 173 G4
Charleval (27) 19 E5
Charleville (51) 44 D4
Charleville-Mézières (08) 24 A1
Charleville-sous-Bois (57) 26 D4
Charlieu (42) 115 F5
Charly (02) 44 B3
Charly (18) 98 B4
Charly (69) 130 A4
Charly-Oradour (57) 26 C5
Charmant (16) 122 C5
Charmauvillers (25) 88 D6
Charmé (16) 122 B1
la Charme (39) 102 C4
le Charme (45) 82 C2
la Charmée (71) 101 F6
Charmeil (03) 114 A5
le Charmel (02) 44 C1
Charmensac (15) 141 F2
Charmentray (77) 43 G3
Charmes (02) 22 A2
Charmes (03) 113 H6
Charmes (21) 86 B5
Charmes (52) 68 B6
Charmes (88) 69 G2
Charmes-en-l'Angle (52) 67 G2
Charmes-la-Côte (54) 48 B5
Charmes-la-Grande (52) 67 G2
Charmes-Saint-Valbert (70) 86 D2
Charmes-sur-l'Herbasse (26) 144 B3
Charmes-sur-Rhône (07) 144 A5
les Charmettes 131 H4
Charmoille (25) 88 B6
Charmoille (70) 87 F2
Charmois 25 E4
Charmois (54) 49 E6
Charmois (90) 88 D3
Charmois-
-devant-Bruyères (88) 70 A4
Charmois-l'Orgueilleux (88) 69 G4
Charmont (51) 46 D3
Charmont (95) 42 A1
Charmont-en-Beauce (45) 63 E4
Charmont-sous-Barbuise (10) 66 B2
les Charmontois (51) 46 D2
Charmoy (10) 65 F2
Charmoy (71) 100 D5
Charmoy (89) 65 F6
Charnas (07) 144 A1
Charnat (63) 127 H1
Charnay (25) 103 F2
Charnay (69) 129 H2
Charnay-lès-Chalon (71) 101 H4
Charnay-lès-Mâcon (71) 116 B4
Charnècles (38) 145 F1
Charnizay (37) 95 F4
Charnod (39) 117 F3
Charnois (08) 13 F4
Charnoz-sur-Ain (01) 130 D2
Charny (21) 84 D6
Charny (77) 43 G3
Charny (89) 82 D1
Charny-le-Bachot (10) 66 A1
Charny-sur-Meuse (55) 25 E6
Charolles (71) 115 F3
Charols (26) 158 C2
Charonville (28) 61 H3
Chârost (18) 97 E3
Charpentry (55) 24 C6
Charpey (26) 144 C4
Charpont (28) 41 F5
Charquemont (25) 88 C6
Charrais (86) 94 A6
Charraix (43) 142 A4
Charras (16) 122 D5
Charray (28) 61 H6
Charre (64) 179 G2
Charrecey (71) 101 F5
Charrey-sur-Saône (21) 102 A2
Charrey-sur-Seine (21) 66 D6
Charrin (58) 99 G5
Charritte-de-Bas (64) 179 G2
Charron (17) 106 D3
Charron (23) 112 C6
Charroux (03) 113 G5
Charroux (86) 109 E5
Chars (95) 42 B1
Charsonville (45) 62 B6
Chartainvilliers (28) 62 B1
Chartèves (02) 44 C2
la Chartre-sur-le-Loir (72) 78 D2
Chartrené (49) 77 G4
Chartres (28) 62 B2
Chartres-de-Bretagne (35) 57 E3
Chartrettes (77) 64 A1
Chartrier-Ferrière (19) 138 C4
Chartronges (77) 44 B5
Chartuzac (17) 135 F1
Charvieu-Chavagneux (38) 130 C3
Charvonnex (74) 118 C6
Chas (63) 127 G3
Chaserey (10) 66 B6
Chasnais (85) 91 H6
Chasnans (25) 103 H2
Chasnay (58) 98 D1
Chasné-sur-Illet (35) 57 F1
Chaspinhac (43) 142 C3
Chaspuzac (43) 142 B3
la Chassagne (39) 102 C4
Chassagne (63) 127 F5
Chassagne-Montrachet (21) 101 F4
Chassagne-Saint-Denis (25) 103 G2
Chassagnes (43) 142 A2
Chassagny (69) 129 H4
Chassaignes (24) 136 C2
Chassal (39) 117 H3
Chassant (28) 61 G3
Chassé (72) 60 B2
Chasse-sur-Rhône (38) 130 A4
Chasseguey (50) 37 G5
Chasseignes 93 H3
Chasselas (71) 116 A4
Chasselay (38) 144 D2
Chasselay (69) 130 A2
Chassemy (02) 22 B5
Chassenard (03) 114 D3
Chasseneuil (36) 110 D1
Chasseneuil-du-Poitou (86) 94 B6
Chasseneuil-
-sur-Bonnieure (16) 122 D2
Chassenon (16) 123 F2
Chasseradès (48) 156 C2
Chassey (21) 84 D5
Chassey-Beaupré (55) 68 B1
Chassey-le-Camp (71) 101 F4
Chassey-lès-Montbozon (70) 87 H4
Chassey-lès-Scey (70) 87 F3
Chassiecq (16) 122 D1
Chassiers (07) 157 F2
Chassieu (69) 130 B3
Chassignelles (89) 84 B2
Chassignieu (38) 131 E5
Chassignolles (36) 111 G2
Chassignolles (43) 127 H6
Chassigny (52) 86 B2
Chassigny-sous-Dun (71) 115 F4
Chassillé (72) 59 G5
Chassors (16) 121 H3
Chassy 99 H2
Chassy (18) 98 B3
Chassy (71) 115 E1
Chassy (89) 83 E1
le Chastang (19) 139 E3
Chastanier (48) 156 C1
Chasteaux (19) 138 C3
Chastel (43) 141 G3
Chastel-Arnaud (26) 158 D1
Chastel-Nouvel (48) 156 A2
Chastel-sur-Murat (15) 140 D3
Chastellux-sur-Cure (89) 84 A5
Chastel Marlhac 140 B1
Chasteuil 175 G3
Chastreix (63) 126 C5
Chastreix-Sancy 126 D5
la Châtaigneraie (85) 92 C6
Chatain (86) 109 E6
Châtaincourt (28) 41 E5
Châtas (88) 70 D2
le Château 7 F4
Château (71) 115 H3
Château-Arnoux-
-Saint-Auban (04) 160 B6
Château-Bernard (38) 145 F4
Château-Bréhain (57) 49 F3
Château-Chalon (39) 102 D5
Château-Chervix (87) 124 B4
Château-Chinon
(Campagne) (58) 100 A3
Château-Chinon (Ville) (58) 100 A3
le Château-
-d'Almenêches (61) 39 F5
Château-des-Prés (39) 118 A2
le Château-d'Oléron (17) 120 B1
Château-d'Olonne (85) 91 E5
Château-du-Loir (72) 78 C3
Château-Gaillard (01) 130 D1
Château-Garnier (86) 109 E4
Château-Gontier (53) 76 D1
Château-Guibert (85) 91 H5
Château-la-Vallière (37) 78 B4
Château-l'Abbaye (59) 4 B6
Château-Lambert 70 C6
Château-Landon (77) 64 A4
Château-Larcher (86) 109 E3
Château-l'Évêque (24) 137 F2
Château-l'Hermitage (72) 78 A2
Château-Porcien (08) 23 F3
Château-Regnault 13 F6
Château-Renard (45) 64 C6
Château-Renault (37) 79 F4
Château-Rouge (57) 27 E4
Château-Salins (57) 49 F3
Château-sur-Allier (03) 98 C5
Château-sur-Cher (63) 112 C6
Château-sur-Epte (27) 41 H1
Château-Thébaud (44) 74 D6
Château-Thierry (02) 44 C2
Château-Verdun (09) 198 A2
Château-Ville-Vieille (05) 147 F6
Château-Voué (57) 49 F3
Châteaubernard (16) 121 G4
Châteaubleau (77) 44 A6
Châteaubourg (07) 144 A4
Châteaubourg (35) 57 G3
Châteaubriant (44) 57 G6
le Château de Cuzals 153 E3
Châteaudouble (26) 144 C5
Châteaudouble (83) 175 G5
Châteaudun (28) 61 H5
Châteaufort (04) 160 B4
Châteaufort (78) 42 C5
Châteaugay (63) 127 F2
Châteaugiron (35) 57 G3
Châteaulin (29) 53 G1
Châteaumeillant (18) 112 A2
Châteauneuf (21) 101 E1
Châteauneuf (42) 129 H5
Châteauneuf (71) 115 F5
Châteauneuf (73) 132 B4
Châteauneuf (85) 90 D2
Châteauneuf-
-de-Bordette (26) 158 D4
Châteauneuf-de-Chabre (05) 159 H4
Châteauneuf-
-de-Gadagne (84) 173 E2
Châteauneuf-de-Galaure (26) 144 B2
Châteauneuf-de-Randon (48) 156 B2
Châteauneuf-de-Vernoux (07) 143 H5
Châteauneuf-d'Entraunes (06) 161 G5
Châteauneuf-
-d'Ille-et-Vilaine (35) 34 D4
Châteauneuf-d'Oze (05) 160 A2
Châteauneuf-du-Faou (29) 53 H1
Châteauneuf-du-Pape (84) 172 D1
Châteauneuf-du-Rhône (26) 158 A3
Châteauneuf-
-en-Thymerais (28) 41 E6
Châteauneuf-Grasse (06) 176 C6
Châteauneuf-la-Forêt (87) 124 D3
Châteauneuf-le-Rouge (13) 174 B6
Châteauneuf-les-Bains (63) 113 E6
Châteauneuf-
-les-Martigues (13) 190 B3
Châteauneuf-Miravail (04) 159 H6
Châteauneuf-
-sur-Charente (16) 122 A4
Châteauneuf-sur-Cher (18) 97 G5
Châteauneuf-sur-Isère (26) 144 B4
Châteauneuf-sur-Loire (45) 81 F1
Châteauneuf-sur-Sarthe (49) 77 E3
Châteauneuf-
-Val-de-Bargis (58) 98 D1
Châteauneuf-Val-
-Saint-Donat (04) 160 B6
Châteauneuf-Villevieille (06) 177 E4
Châteauponsac (87) 110 C5
Châteauredon (04) 175 F1
Châteaurenard (13) 172 D3
Château Rouge 20 B5
Châteauroux (36) 96 C5
Châteauroux-les-Alpes (05) 161 E1
Châteauvert (83) 175 E6
Châteauvieux (05) 160 B3
Châteauvieux (41) 96 A1
Châteauvieux (83) 175 H3
Châteauvieux-les-Fossés (25) 103 G2
Châteauvilain (38) 130 D5
Châteauvillain (52) 67 G5
le Châtel (73) 146 C1
Châtel (74) 119 G3
Châtel-Censoir (89) 83 G4
Chatel-Chéhéry (08) 24 C5
Châtel-de-Joux (39) 117 H1
Châtel-de-Neuvre (03) 113 H3
Châtel-Gérard (89) 84 B3
Châtel-Montagne (03) 114 C6
Châtel-Moron (71) 101 F6
Châtel-Saint-Germain (57) 26 B5
Châtel-sur-Moselle (88) 69 H2
Châtelaillon-Plage (17) 106 D5
Châtelain (53) 76 D1
la Châtelaine (39) 103 E4
Châtelais (49) 76 B2
Châtelard (23) 126 B1
le Châtelard (73) 132 B3

Châtelaudren (22) 33 F4
Chatelay (39) 102 D3
Châtelblanc (25) 103 G6
Châteldon (63) 127 H1
le Châtelet (18) 112 B1
le Châtelet-en-Brie (77) 64 B1
le Châtelet-sur-Meuse (52) 68 C5
le Châtelet-sur-Retourne (08) 23 G4
le Châtelet-sur-Sormonne (08) 12 D6
les Châtelets (28) 40 D5
le Châteley (39) 102 C4
Châtelguyon (63) 127 E2
le Châtelier 95 E3
le Châtelier (51) 46 D3
Châtellenot (21) 100 D1
Châtellerault (86) 94 C5
le Châtellier (35) 35 H6
le Châtellier (61) 38 B5
les Châtelliers-Châteaumur (85) 92 C4
les Châtelliers-Notre-Dame (28) 61 H3
Châtelneuf (39) 103 F6
Châtelneuf (42) 128 D4
Châtelperron (03) 114 B3
Châtelraould-Saint-Louvent (51) 46 B5
Châtelus (03) 114 C5
Châtelus (38) 145 E3
Châtelus (42) 129 G4
Châtelus-le-Marcheix (23) 124 D1
Châtelus-Malvaleix (23) 111 H4
Châtenay (01) 116 D6
Châtenay (28) 62 D2
Châtenay (38) 144 D1
Châtenay (71) 115 G4
Châtenay-en-France (95) 43 E2
Chatenay-Mâcheron (52) 86 B1
Châtenay-Malabry (92) 42 D5
Châtenay-sur-Seine (77) 64 D2
Chatenay-Vaudin (52) 86 B1
Chatenet (17) 135 G1
le Châtenet-en-Dognon (87) 124 C2
Châteney (70) 87 H2
Châtenois (39) 102 C2
Châtenois (67) 71 F2
Châtenois (70) 87 H2
Châtenois (88) 69 E3
Châtenois-les-Forges (90) 88 C3
Châtenoy (45) 81 G1
Châtenoy (77) 64 A4
Châtenoy-en-Bresse (71) 101 G5
Châtenoy-le-Royal (71) 101 G5
Châtignac (16) 136 A1
Chatignonville (91) 62 D2
Châtillon 131 G2
Châtillon (03) 113 G2
Châtillon (39) 103 E6
Châtillon (69) 129 H2
Châtillon (86) 108 D4
Châtillon (92) 42 D4
Châtillon-Coligny (45) 82 B2
Châtillon-en-Bazois (58) 99 G3
Châtillon-en-Diois (26) 159 F1
Châtillon-en-Dunois (28) 61 G5
Châtillon-en-Michaille (01) 117 H5
Châtillon-en-Vendelais (35) 58 A3
Châtillon-Guyotte (25) 87 G5
Châtillon-la-Borde (77) 64 B1
Châtillon-la-Palud (01) 130 D1
Châtillon-le-Duc (25) 87 F6
Châtillon-le-Roi (45) 63 E4
Châtillon-lès-Sons (02) 22 C1
Châtillon-Saint-Jean (26) 144 C3
Châtillon-sous-les-Côtes (55) 47 G1
Châtillon-sous-Maîche 88 C5
Châtillon-sur-Bar 24 B4
Châtillon-sur-Broué (51) 46 C6
Châtillon-sur-Chalaronne (01) 116 C5
Châtillon-sur-Cher (41) 96 B1
Châtillon-sur-Cluses (74) 119 E5
Châtillon-sur-Colmont (53) 58 D2
Châtillon-sur-Indre (36) 95 G3
Châtillon-sur-Lison (25) 103 F2
Châtillon-sur-Loire (45) 82 B4
Châtillon-sur-Marne (51) 45 E1
Châtillon-sur-Morin (51) 44 D5
Châtillon-sur-Oise (02) 22 B1
Châtillon-sur-Saône (88) 69 E6
Châtillon-sur-Seine (21) 85 E1
Châtillon-sur-Thouet (79) 93 F6
Châtin (58) 100 A2
Chatoillenot 86 A3
Châtonnay (38) 130 D5
Chatonnay (39) 117 F2
Chatonrupt-Sommermont (52) 67 H1
Chatou (78) 42 C3
la Châtre (36) 111 H1
la Châtre-Langlin (36) 110 D3
Châtres (10) 65 H1
Châtres (24) 138 A2
Châtres (77) 43 G5
Châtres-la-Forêt (53) 59 E4
Châtres-sur-Cher (41) 96 D1
Châtrices (51) 46 D2
Chattancourt (55) 25 E6
Chatte (38) 144 D3
Chatuzange-le-Goubet (26) 144 C4
Chaucenne (25) 87 E6
Chauchailles (48) 141 F6
Chauché (85) 91 H3
le Chauchet (23) 112 B6
Chauchigny (10) 66 A2
Chauconin-Neufmontiers (77) 43 G3
Chaudardes (02) 22 D5
Chaudebonne (26) 158 D3
Chaudefonds-sur-Layon (49) 76 D6
Chaudefontaine (25) 87 G5
Chaudefontaine (51) 46 D1
Chaudenay (52) 86 C1
Chaudenay (71) 101 F4
Chaudenay-la-Ville (21) 101 E2
Chaudenay-le-Château (21) 101 E2
Chaudeney-sur-Moselle (54) 48 B5
Chaudes-Aigues (15) 141 E5
Chaudeyrac (48) 156 C1
Chaudeyrolles (43) 143 E4
la Chaudière (26) 158 D1
Chaudon (28) 41 G5
Chaudon-Norante (04) 175 F1
Chaudrey (10) 66 C1
Chaudron-en-Mauges (49) 75 G4
Chaudun (02) 22 A5
Chauffailles (71) 115 G5
Chauffayer (05) 146 A6
Chauffecourt (88) 69 F2
Chauffour-lès-Bailly (10) 66 C4
Chauffour-lès-Étréchy (91) 63 F1
Chauffour-sur-Vell (19) 138 D4
Chauffours (28) 62 A2
Chauffourt (52) 68 B6
Chauffry (77) 44 A4
Chaufour-lès-Bonnières (78) 41 G2
Chaufour-Notre-Dame (72) 60 A5
Chaugey (21) 85 G2
Chaulgnes (58) 98 D2
Chaulhac (48) 141 G5
Chaulieu (50) 37 H4
la Chaulme (63) 128 C6
Chaulnes (80) 21 F1
Chaum (31) 182 A6
Chaumard (58) 100 A2
la Chaume 90 D5
la Chaume (21) 85 F1
Chaume-et-Courchamp (21) 86 B4
Chaume-lès-Baigneux (21) 85 E3
Chaume du Rouge Gazon 70 D6
Chaumeil (19) 125 F6
Chaumercenne (70) 86 D6
Chaumergy (39) 102 C4
Chaumes-en-Brie (77) 43 G5
Chaumesnil (10) 67 E2
Chaumont 115 G2
Chaumont (18) 98 B5
Chaumont (52) 67 H4
Chaumont (61) 39 G4
Chaumont (74) 118 B6
Chaumont (89) 64 D3
Chaumont-d'Anjou (49) 77 F4
Chaumont-devant-Damvillers (55) 25 F5
Chaumont-en-Vexin (60) 19 H6
Chaumont-la-Ville (52) 68 D4
Chaumont-le-Bois (21) 67 E6
Chaumont-le-Bourg (63) 128 B6
Chaumont-Porcien (08) 23 F2
Chaumont-sur-Aire (55) 47 F3
Chaumont-sur-Loire (41) 79 G5
Chaumont-sur-Tharonne (41) 80 D4
Chaumontel (95) 43 E1
Chaumot (58) 99 G1
Chaumot (89) 64 D5
Chaumousey (88) 69 H4
Chaumoux-Marcilly (18) 98 B2
Chaumussay (37) 95 E4
la Chaumusse (39) 118 A1
Chaumuzy (51) 45 E1
Chaunac (17) 135 G1
Chaunay (86) 108 D5
Chauny (02) 21 H3
Chauray (79) 107 H3
Chauriat (63) 127 G3
la Chaussade (23) 125 H1
la Chaussaire (49) 75 F5
Chaussan (69) 129 H4
la Chaussée (76) 7 G3
la Chaussée (86) 94 A4
la Chaussée-d'Ivry (28) 41 G3
la Chaussée-Saint-Victor (41) 80 A3
la Chaussée-sur-Marne (51) 46 B4
la Chaussée-Tirancourt (80) 9 F5
Chaussenac (15) 139 H3
Chaussenans (39) 103 E4
Chausseterre (42) 128 B2
Chaussin (39) 102 C3
Chaussoy-Epagny (80) 20 C2
Chaussy (45) 63 E4
Chaussy (95) 41 H1
le Chautay (18) 98 C4
Chauvac-Laux-Montaux (26) 159 F4
Chauvé (44) 74 A5
Chauvency-le-Château (55) 25 E3
Chauvency-Saint-Hubert (55) 25 E3
Chauvet 160 B1
Chauvigné (35) 35 G6
Chauvigny (86) 109 G1
Chauvigny-du-Perche (41) 61 G6
Chauvincourt-Provemont (27) 19 G6
Chauvirey-le-Châtel (70) 86 D1
Chauvirey-le-Vieil (70) 86 D1
Chauvoncourt (55) 47 G3
Chauvry (95) 42 D2
Chaux (21) 101 G2
la Chaux (25) 104 A2
la Chaux (61) 38 D6
la Chaux (71) 102 B5
Chaux (90) 88 C2
Chaux-Champagny (39) 103 E4
Chaux-des-Crotenay (39) 103 F6
Chaux-des-Prés (39) 118 A2
la Chaux-du-Dombief (39) 118 A1
la Chaux-en-Bresse (39) 102 C4
Chaux-la-Lotière (70) 87 F5
Chaux-lès-Clerval (25) 88 A5
Chaux-lès-Passavant (25) 87 H6
Chaux-lès-Port (70) 87 F2
Chaux-Neuve (25) 103 G6
Chauzeix 125 E6
Chauzon (07) 157 G3
Chavagnac (15) 140 D3
Chavagnac (24) 138 B3
Chavagne (35) 57 E3
Chavagnes (49) 77 E6
Chavagnes-en-Paillers (85) 91 H2
Chavagnes-les-Redoux (85) 92 B5
Chavaignes (49) 77 H4
Chavanac (19) 125 G4
Chavanat (23) 125 F1
Chavanatte (90) 89 E3
Chavanay (42) 129 H6
Chavanges (10) 67 E1
Chavaniac-Lafayette (43) 142 A3
Chavannaz (74) 118 B6
Chavanne (70) 88 B3
la Chavanne (73) 132 A5
Chavannes 93 F2
Chavannes (18) 97 G5
Chavannes (26) 144 B3
les Chavannes-en-Maurienne (73) 132 C6
Chavannes-les-Grands (90) 89 E3
Chavannes-sur-l'Étang (68) 88 D2
Chavannes-sur-Reyssouze (01) 116 C2
Chavannes-sur-Suran (01) 117 F4
Chavanod (74) 132 A1
Chavanoz (38) 130 C3
Chavaroux (63) 127 G2
la Chavatte (80) 21 E1
Chaveignes (37) 94 B3
Chavelot (88) 69 H3
Chavenat (16) 122 C6
Chavenay (78) 42 B4
Chavençon (60) 42 B1
Chavenon (03) 113 F3
Chavéria (39) 117 G2
Chaveroche (19) 125 H5
Chaveyriat (01) 116 D5
Chavignon (02) 22 B4
Chavigny (02) 22 A4
Chavigny (54) 48 C5
Chavigny-Bailleul (27) 41 E3
Chaville (92) 42 C4
Chavin (36) 111 E2
Chavonne (02) 22 B4
Chavornay (01) 131 G2
Chavot-Courcourt (51) 45 F2
Chavoy (50) 35 H3
Chavroches (03) 114 B3
le Chay (17) 120 D4
Chay (25) 103 E3
Chazay-d'Azergues (69) 129 H2
la Chaze-de-Peyre (48) 155 G1
Chazé-Henry (49) 76 A2
Chazé-sur-Argos (49) 75 H1
Chazeaux (07) 157 F2
le Chazelet 146 C3
Chazelet (36) 110 D2
Chazelles (15) 141 G3
Chazelles (16) 122 D4
Chazelles (39) 117 E3
Chazelles (43) 141 H4
Chazelles-sur-Albe (54) 49 G5
Chazelles-sur-Lavieu (42) 128 D5
Chazelles-sur-Lyon (42) 129 F4
Chazemais (03) 112 C2
Chazeuil (21) 86 A4
Chazeuil (58) 99 F1
Chazey-Bons (01) 131 F2
Chazey-sur-Ain (01) 130 D2
Chazilly (21) 101 E1
Chazot (25) 88 B5
Chécy (45) 81 E1
Chédigny (37) 95 F1
Chef-Boutonne (79) 108 B5
Chef-du-Pont (50) 14 D4
Chef-Haut (88) 69 F2
Cheffes (49) 77 E3
Cheffois (85) 92 C6
Cheffreville-Tonnencourt (14) 17 F6
le Chefresne (50) 37 F3
Chéhéry (08) 24 B2
Cheignieu-la-Balme (01) 131 F2
Cheillé (37) 94 C1
Cheilly-lès-Maranges (71) 101 F4
Chein-Dessus (31) 182 C5
Cheissoux (87) 124 D2
le Cheix (63) 127 F1
Cheix-en-Retz (44) 74 B5
Chélan (32) 182 A2
Chelers (62) 9 H1
Chélieu (38) 131 E5
Chelle-Debat (65) 181 F2
Chelle-Spou (65) 181 F4
Chelles (60) 21 G5
Chelles (77) 43 E4
Chelun (35) 57 H5
Chemaudin (25) 103 E1
Chemazé (53) 76 C2
Chemellier (49) 77 F6
Chemenot (39) 102 C4
Chéméré (44) 74 A6
Chémeré-le-Roi (53) 59 E6
Chémery (41) 80 A6
Chémery-les-Deux (57) 26 D3
Chémery-sur-Bar (08) 24 B2
Chemilla (39) 117 G3
Chemillé (49) 92 C1
Chemillé-sur-Dême (37) 78 D3
Chemillé-sur-Indrois (37) 95 G2
Chemilli (61) 60 C2
Chemilly (03) 113 H2
Chemilly (70) 87 F3
Chemilly-sur-Serein (89) 83 H2
Chemilly-sur-Yonne (89) 83 F1
Chemin (39) 102 B3
le Chemin (51) 46 D2
Chemin-d'Aisey (21) 85 E2
Cheminas (07) 144 A3
Cheminon (51) 46 D5
Cheminot (57) 48 C2
Chemiré-en-Charnie (72) 59 G5
Chemiré-le-Gaudin (72) 59 H6
Chemiré-sur-Sarthe (49) 77 E2
Chemy (59) 3 F6
Chenac-Saint-Seurin-d'Uzet (17) 120 D5
Chenailler-Mascheix (19) 139 E4
la Chenalotte (25) 104 C2
Chénas (69) 116 A4
Chenaud (24) 136 B2
Chenay (51) 23 E5
Chenay (72) 60 A2
Chenay (79) 108 C3
Chenay-le-Châtel (71) 114 D4
le Chêne (10) 66 B1
Chêne-Arnoult (89) 82 C1
Chêne-Bernard (39) 102 C4
Chêne-en-Semine (74) 118 A6
Chêne-Sec (39) 102 C4
Chenebier (70) 88 C3
Chenecey-Buillon (25) 103 F2
Cheneché (86) 94 B6
Chênedollé (14) 38 A3
Chênedouit (61) 38 C4
Chênehutte-Trèves-Cunault (49) 77 G6
Chénelette (69) 115 H5
Chénérailles (23) 112 A6
Chenereilles (42) 128 D5
Chenereilles (43) 143 E3
Chenevelles (86) 94 D6
Chenevières (54) 49 G6
Chenevrey-et-Morogne (70) 86 D6
Chênex (74) 118 B5
Cheney (89) 84 A1
Chenicourt (54) 48 D3
Chenières (54) 25 H3
Chéniers (23) 111 G3
Cheniers (51) 45 H3
Chenillé-Changé (49) 76 D2
Cheniménil (88) 70 B4
Chennebrun (27) 40 B5
Chennegy (10) 65 H4
Chennevières-lès-Louvres (95) 43 E2
Chennevières-sur-Marne (94) 43 E4
Chenois (57) 49 F2
Chenoise (77) 44 A6
Chenommet (16) 122 C1
Chenon (16) 122 C1
Chenonceaux (37) 79 G6
Chenou (77) 64 A4
Chenôve (21) 85 H6
Chenôves (71) 101 F6
Chens-sur-Léman (74) 118 C3
Chenu (72) 78 B3
Cheny (89) 65 F6
Chepniers (17) 135 G2
Chepoix (60) 20 C3
la Cheppe (51) 46 A2
Cheppes-la-Prairie (51) 46 A4
Cheppy (55) 24 D6
Cheptainville (91) 63 F1
Chepy (51) 46 A3
Chépy (80) 8 C4
Chérac (17) 121 F3
Chérancé (53) 76 B1
Chérancé (72) 60 A3
Chéraute (64) 179 G3
Cherbonnières (17) 121 G1
Cherbourg-Octeville (50) 14 C2
Chérence (95) 41 H2
Chérencé-le-Héron (50) 37 F4
Chérencé-le-Roussel (50) 37 G5
Chéreng (59) 3 G5
les Chères (69) 129 H2
Chérêt (02) 22 C3
Chériennes (62) 9 E2
Cherier (42) 128 C1
Chérigné (79) 108 B5
les Chéris (50) 37 F5
Chérisay (72) 60 A2
Chérisey (57) 26 C6
Cherisy (28) 41 F5
Chérisy (62) 10 C3
Chérizet (71) 115 H2
Chermignac (17) 121 E3
Chermisey (88) 68 C2
Chermizy-Ailles (02) 22 C4
Chéronnac (87) 123 F3
Chéronvilliers (27) 40 B4
Chéroy (89) 64 C4
Cherré (49) 77 E2
Cherré (72) 60 D4
Cherreau (72) 60 D4
Cherrueix (35) 35 F4
Cherval (24) 122 D6
Cherveix-Cubas (24) 138 A2
Cherves (86) 93 H6
Cherves-Châtelars (16) 123 E2
Cherves-Richemont (16) 121 G3
Chervettes (17) 107 F6
Cherveux (79) 107 H3
Chervey (10) 66 D4
Cherville (51) 45 G2
Chéry (18) 97 E2
Chéry-Chartreuve (02) 22 C6
Chéry-lès-Pouilly (02) 22 C2
Chéry-lès-Rozoy (02) 23 E2
Chesley (10) 66 B6
le Chesnay (78) 42 C4
le Chesne (08) 24 B3
le Chesne (27) 40 C3
Chesnois-Auboncourt (08) 23 H3
Chesny (57) 26 C6
Chessenaz (74) 118 A6
Chessy (69) 129 G2
Chessy (77) 43 G3
Chessy-les-Prés (10) 66 A5
Chéu (89) 65 H6
Cheuge (21) 86 B5
Cheust (65) 181 E4
Cheux (14) 16 A4
Chevagnes (03) 114 B1
Chevagny-les-Chevrières (71) 116 B3
Chevagny-sur-Guye (71) 115 H2
Chevaigné (35) 57 F2
Chevaigné-du-Maine (53) 59 F2
le Chevain (72) 60 A2
Cheval-Blanc (84) 173 F3
Chevaline (74) 132 B2
la Chevallerais (44) 74 C3
Chevanceaux (17) 135 H1
Chevannay (21) 85 E5
Chevannes (21) 101 G2
Chevannes (45) 64 B4
Chevannes (89) 83 F2
Chevannes (91) 63 G1
Chevannes-Changy (58) 99 F1
Chevennes (02) 22 C1
Chevenon (58) 98 D4
Chevenoz (74) 119 F3
Cheverny (41) 80 A4
Cheveuges (08) 24 B2
Chevières (08) 24 C5
Chevigney (70) 86 C6
Chevigney-lès-Vercel (25) 103 H1
Chevigney-sur-l'Ognon (25) 87 E6
Chevigny (39) 102 C1
Chevigny-en-Valière (21) 101 H3
Chevigny-Saint-Sauveur (21) 86 A6
Chevillard (01) 117 G5
Chevillé (72) 59 G6
Chevillon (52) 67 H1
Chevillon (89) 82 D1
Chevillon-sur-Huillard (45) 64 A6
la Chevillotte (25) 103 G1
Chevilly (45) 62 D5
Chevilly-Larue (94) 42 D5
Chevinay (69) 129 G3
Chevincourt (60) 21 F4
Cheviré-le-Rouge (49) 77 G3
Chevrainvilliers (77) 64 A4
Chevreaux (39) 117 F2
Chevregny (02) 22 C4
Chèvremont (90) 88 D3
la Chèvrerie 119 E4
la Chèvrerie (16) 108 D6
Chevresis-Monceau (02) 22 B1
Chevreuse (78) 42 B5
Chèvreville (50) 37 G5
Chèvreville (60) 43 G1
Chevrier (74) 118 A5
Chevrières (38) 144 D2
Chevrières (42) 129 F4
Chevrières (60) 21 E5
Chevroches (58) 83 F5
la Chevrolière (44) 74 C6
Chevrotaine (39) 103 E6
Chevroux (01) 116 C3
Chevroz (25) 87 F5
Chevru (77) 44 A5
Chevry (01) 118 B4
Chevry (50) 37 G2
Chevry-Cossigny (77) 43 F5
Chevry-en-Sereine (77) 64 C3
Chevry-sous-le-Bignon (45) 64 B4
Chey (79) 108 C4
Cheylade (15) 140 C2
le Cheylard (07) 143 F5
Cheylard-l'Évêque (48) 156 C2
le Cheylas (38) 132 A6
Cheyrac 142 C3
Cheyssieu (38) 130 A6
Chezal-Benoît (18) 97 E5
la Chèze (22) 55 G2
Chèze (65) 180 D6
Chezelle (03) 113 G5
Chezelles (36) 96 B4
Chezelles (37) 94 C3
Chèzeneuve (38) 130 D4
Chézery-Forens (01) 118 A4
la Chezotte 111 H6
Chézy (03) 114 A1
Chézy-en-Orxois (02) 44 A1
Chézy-sur-Marne (02) 44 B2
Chiatra (2B) 205 G2
Chiché (79) 93 E5
Chicheboville (14) 16 C5
Chichée (89) 83 H2
Chichery (89) 83 F1
Chichey (51) 45 E5
Chichilianne (38) 145 F5
Chicourt (57) 49 F3
Chiddes (58) 100 A4
Chiddes (71) 115 H2
Chidrac (63) 127 F5
Chierry (02) 44 C2
Chieulles (57) 26 C5
Chigné (49) 78 A4
Chignin (73) 132 A5
Chigny (02) 11 H5
Chigny-les-Roses (51) 45 F1
Chigy (89) 65 F4
Chilhac (43) 141 H3
Chillac (16) 136 A1
Chille (39) 102 D6
Chilleurs-aux-Bois (45) 63 E5
le Chillou (79) 93 G5
Chilly (08) 12 D6
Chilly (74) 118 B6
Chilly (80) 21 E1
Chilly-le-Vignoble (39) 102 C6
Chilly-Mazarin (91) 42 D5
Chilly-sur-Salins (39) 103 E4
Chimilin (38) 131 F4
le Chinaillon 119 E6
Chindrieux (73) 131 H2
Chinon (37) 94 B2
Chipilly (80) 10 A6
Chirac (16) 123 F2
Chirac (48) 155 G3
Chirac-Bellevue (19) 125 H6
Chirassimont (42) 129 E2
Chirat-l'Église (03) 113 F4
Chiré-en-Montreuil (86) 108 D1
Chirens (38) 131 F6
Chirmont (80) 20 C2
Chirols (07) 157 F1
Chiroubles (69) 116 A5
Chiroulet 181 E5
Chiry-Ourscamp (60) 21 G3
Chis (65) 181 F2
Chisa (2B) 205 F5
Chissay-en-Touraine (41) 79 G6
Chisseaux (37) 79 G6
Chisséria (39) 117 G3
Chissey-en-Morvan (71) 100 C2
Chissey-lès-Mâcon (71) 116 A2
Chissey-sur-Loue (39) 102 D3
Chitenay (41) 80 A5
Chitray (36) 110 D1
Chitry (89) 83 G2
Chitry-les-Mines (58) 99 G1
Chives (17) 122 A1
Chivres (21) 101 H3
Chivres-en-Laonnois (02) 22 D2
Chivres-Val (02) 22 B5
Chivy-lès-Étouvelles (02) 22 C3
Chizé (79) 107 H5
Chocques (62) 2 C6
Choilley-Dardenay (52) 86 B3
Choisel (78) 42 B5
Choiseul (52) 68 C5
Choisey (39) 102 C2
Choisies (59) 12 A3
Choisy (74) 118 B6
Choisy-au-Bac (60) 21 F4
Choisy-en-Brie (77) 44 B5
Choisy-la-Victoire (60) 20 D5
Choisy-le-Roi (94) 42 D5
Cholet (49) 92 B2
Cholonge (38) 145 G4
Choloy-Ménillot (54) 48 B5
Chomelix (43) 142 C2
Chomérac (07) 158 A1
la Chomette (43) 141 H2
Chonas-l'Amballan (38) 130 A5
Chonville-Malaumont (55) 47 G4
Chooz (08) 13 F4
Choqueuse-les-Bénards (60) 20 A2
Choranche (38) 145 E3
Chorey-les-Beaune (21) 101 G3
Chorges (05) 160 C2
Chouain (14) 16 A4
Chouday (36) 97 E4
Choue (41) 61 F6
Chougny (58) 99 H2
Chouilly (51) 45 F2
Chouppes (86) 94 A5
Chourgnac (24) 137 H2
Choussy (41) 80 A6
Chouvigny (03) 113 F5
Choux (39) 117 H3
les Choux (45) 82 A2
Chouy (02) 21 H6
Chouzé-sur-Loire (37) 94 A1
Chouzelot (25) 103 E2
Chouzy-sur-Cisse (41) 79 H4
Choye (70) 86 D5
Chozeau (38) 130 D3
Chuelles (45) 64 C6
Chuffilly-Roche (08) 24 A4
Chuignes (80) 10 B6
Chuignolles (80) 10 B6
Chuisnes (28) 61 H2
Chusclan (30) 158 A6
Chuyer (42) 129 H6
Chuzelles (38) 130 A4
Ciadoux (31) 182 B3
Ciamannacce (2A) 205 E5
Ciboure (64) 178 B1
Cideville (76) 7 F4
Ciel (71) 101 H4
Cier-de-Luchon (31) 182 A6
Cier-de-Rivière (31) 182 A4
Cierges (02) 44 D1
Cierges-sous-Montfaucon (55) 24 D5
Cierp-Gaud (31) 182 A6
Cierrey (27) 41 E2
Cierzac (17) 121 G4
Cieurac (46) 152 D4
Cieutat (65) 181 F4
Cieux (87) 123 H1
Ciez (58) 82 D5
Cigogné (37) 95 F1
Cilly (02) 22 D1
Cimiez 177 E5
Cinais (37) 94 A2
Cindré (03) 114 B4
Cinq-Mars-la-Pile (37) 78 C6
Cinqueux (60) 20 D5
Cintegabelle (31) 183 G2
Cintheaux (14) 16 C5
Cintray (27) 40 C4
Cintray (28) 62 A2
Cintré (35) 56 D2
Cintrey (70) 86 D2
la Ciotat (13) 191 E5
Cipières (06) 176 C5
Ciral (61) 59 G1
Ciran (37) 95 E3
Circourt (88) 69 G3
Circourt-sur-Mouzon (88) 68 D3
Ciré-d'Aunis (17) 107 E6
Cires (31) 181 H6
Cires-lès-Mello (60) 20 C6
Cirey (70) 87 G5
Cirey-lès-Mareilles (52) 68 A4
Cirey-lès-Pontailler (21) 86 B6
Cirey-sur-Blaise (52) 67 G2
Cirey-sur-Vezouze (54) 50 A5
Cirfontaines-en-Azois (52) 67 G4
Cirfontaines-en-Ornois (52) 68 B1

Cirières (79) 92 D4
Ciron (36) 110 C1
Ciry-le-Noble (71) 115 F1
Ciry-Salsogne (02) 22 B5
Cisai-Saint-Aubin (61) 39 H4
Cisery (89) 84 B4
Cissac-Médoc (33) 134 D2
Cissé (86) 94 A6
Cisternes-la-Forêt (63) 126 C3
Cistrières (43) 142 A1
la Cité 185 E3
Citerne (80) 8 D5
Citers (70) 87 H2
Citey (70) 87 E5
Citou (11) 185 F2
Citry (77) 44 B3
Civaux (86) 109 G2
Civens (42) 129 E3
Civières (27) 41 G1
Civrac-de-Blaye (33) 135 F3
Civrac-en-Médoc (33) 134 C1
Civrac-sur-Dordogne (33) 136 A5
Civray (18) 97 F4
Civray (86) 109 E5
Civray-de-Touraine (37) 79 G6
Civray-sur-Esves (37) 94 D3
Civrieux (01) 130 A1
Civrieux-d'Azergues (69) 129 H2
Civry (28) 62 B5
Civry-en-Montagne (21) 85 E6
Civry-la-Forêt (78) 41 G4
Civry-sur-Serein 84 A3
Cizancourt (80) 10 C6
Cizay-la-Madeleine (49) 93 G1
Cize (01) 117 F4
Cize (39) 103 F5
Cizely (58) 99 F3
Cizos (65) 181 H3
Clacy-et-Thierret (02) 22 B3
Cladech (24) 137 H6
Claira (66) 201 E2
Clairac (47) 150 D4
Clairavaux (23) 125 G3
Clairefontaine-en-Yvelines (78) 42 A6
Clairefougère (61) 38 A4
Clairegoutte (70) 88 B2
Clairfayts (59) 12 B3
Clairfontaine (02) 12 A5
Clairmarais (62) 2 B4
Clairoix (60) 21 F4
Clairvaux 67 F4
Clairvaux-d'Aveyron (12) 154 B4
Clairvaux-les-Lacs (39) 117 H1
Clairy-Saulchoix (80) 9 F6
Clais (76) 19 E1
Claix (16) 122 B5
Claix (38) 145 G3
Clam (17) 121 F5
Clamanges (51) 45 G4
Clamart (92) 42 D4
Clamecy (02) 22 A4
Clamecy (58) 83 F5
Clamensane (04) 160 B4
Clamerey (21) 84 D5
Clans (06) 176 D3
Clans (70) 87 F3
Clansayes (26) 158 B4
le Claon (55) 46 D1
le Clapier (12) 170 A3
Clapiers (34) 171 F5
Clara (66) 199 F4
Clarac (31) 182 A4
Clarac (65) 181 F3
Claracq (64) 164 B6
Clarafond (74) 118 A6
Clarbec (14) 17 E4
Clarens (65) 181 G3
Clarensac (30) 171 H3
Claret (04) 160 A4
Claret (34) 171 F3
Clarques (62) 2 B5
la Clarté 32 C1
Clary (59) 11 E4
Classun (40) 164 A4
Clastres (02) 21 H1
Clasville (76) 6 D3
le Clat (11) 198 D2
Claudon (88) 69 F5
Claunay-en-Loudun 94 A3
les Claux 161 F2
le Claux (15) 140 C3
Clavans-en-Haut-Oisans (38) 146 B3
Clavé (79) 108 B2
Claveisolles (69) 115 H6
Clavette (17) 106 D5
Claveyson (26) 144 B2
Clavières (15) 141 G4
Claviers (83) 175 H5
Claville (27) 40 D2
Claville-Motteville (76) 7 H5
Clavy-Warby (08) 23 H1
la Claye (85) 106 C2
Claye-Souilly (77) 43 F3
Clayes (35) 57 E2
les Clayes-sous-Bois (78) 42 B4
la Clayette (71) 115 G4
Clayeures (54) 69 H1
Clécy (14) 38 C3
Cléden-Cap-Sizun (29) 52 C2
Cléden-Poher (29) 32 A6
Cléder (29) 31 G2
Clèdes (40) 164 A5
Cleebourg (67) 29 E6
Clefmont (52) 68 C4
Clefs (49) 77 G3
les Clefs (74) 132 C2
Cléguer (56) 54 C4
Cléguérec (56) 55 E2
Clelles (38) 145 F5
Clémencey (21) 101 G1
Clémensat (63) 127 F5
Clémery (54) 48 D3
Clémont (18) 81 F4
Clénay (21) 85 H5
Clenleu (62) 1 G6
Cléon (76) 18 C5
Cléon-d'Andran (26) 158 C2
Cleppé (42) 129 E3
Clérac (17) 135 H2
Cléré-du-Bois (36) 95 G4
Cléré-les-Pins (37) 78 C5
Cléré-sur-Layon (49) 93 E2
Clères (76) 7 G5
Clérey (10) 66 B4
Clérey-la-Côte (88) 68 D1
Clérey-sur-Brenon (54) 48 D6
Clergoux (19) 139 F2
Clérieux (26) 144 B3
les Clérimois (89) 65 F4
le Clerjus (88) 69 H5
Clerlande (63) 127 F2
Clermain (71) 115 H3
Clermont 58 B4
Clermont 16 D4
Clermont (09) 183 F5
Clermont (40) 163 E4
Clermont (60) 20 C5
Clermont (74) 118 A6
Clermont-Créans (72) 77 H2
Clermont-de-Beauregard (24) 137 E4
Clermont-Dessous (47) 150 D5
Clermont-d'Excideuil (24) 137 H1
Clermont-en-Argonne (55) 47 E1
Clermont-Ferrand (63) 127 F3
Clermont-le-Fort (31) 183 F1
Clermont-les-Fermes (02) 23 E2
Clermont-l'Hérault (34) 170 C5
Clermont-Pouyguillès (32) 181 H1
Clermont-Savès (32) 166 C5
Clermont-Soubiran (47) 151 G6
Clermont-sur-Lauquet (11) 185 E5
Cléron (25) 103 F2
Clerques (62) 1 H3
Clerval (25) 88 A5
Cléry (21) 86 C6
Cléry (73) 132 C3
Cléry-en-Vexin (95) 42 A1
Cléry-le-Grand (55) 24 D5
Cléry-le-Petit (55) 24 D5
Cléry-Saint-André (45) 80 C2
Cléry-sur-Somme (80) 10 B5
Clesles (51) 65 H1
Clessé (71) 116 B3
Clessé (79) 93 E6
Clessy (71) 115 E1
Cléty (62) 2 A5
Cleurie (88) 70 B5
Cleuville (76) 6 D4
Cléville (14) 16 D5
Cléville (76) 6 D4
Clévilliers (28) 62 A1
Cleyrac (33) 150 A1
Cleyzieu (01) 131 E1
Clézentaine (88) 70 A1
Clichy (92) 42 D3
Clichy-sous-Bois (93) 43 E3
Climbach (67) 29 E5
Clinchamp (52) 68 B4
Clinchamps-sur-Orne (14) 16 B5
Clion (17) 121 F5
Clion (36) 95 H4
Cliousclat (26) 158 B1
Cliponville (76) 7 E4
Cliron (08) 13 E6
la Clisse (17) 120 D3
Clisson (44) 75 E6
Clitourps (50) 14 D2
Clohars-Carnoët (29) 54 B5
Clohars-Fouesnant (29) 53 G3
le Cloître-Pleyben (29) 31 H6
le Cloître-Saint-Thégonnec (29) 32 A4
Clomot (21) 100 D1
Clonas-sur-Varèze (38) 130 A6
Clos-Fontaine (77) 43 H6
Clot de la Balme 145 F4
les Clots 145 F3
la Clotte (17) 135 H3
Clouange (57) 26 B4
Cloué (86) 108 D2
les Clouzeaux (85) 91 F4
Cloyes-sur-le-Loir (28) 61 H6
Cloyes-sur-Marne (51) 46 B5
Clucy (39) 103 F3
Clugnat (23) 111 H4
Cluis (36) 111 F2
Clumanc (04) 175 G1
Cluny (71) 116 A2
la Clusaz (74) 132 C1
la Cluse (05) 160 A1
la Cluse-et-Mijoux (25) 104 A4
les Cluses (66) 200 D4
Cluses (74) 119 E5
Clussais 108 C5
Clussais-la-Pommeraie (79) 108 C5
Clux (71) 102 A3
Coadout (22) 33 E4
Coaraze (06) 177 E4
Coarraze (64) 180 C3
Coat-Méal (29) 30 D3
Coat an Poullou 53 H3
Coatascorn (22) 32 D3
Coatréven (22) 32 D2
Cobonne (26) 144 C6
Cobrieux (59) 3 G6
la Cochère (61) 39 F5
Cocherel (77) 44 A2
Cocheren (57) 27 G5
les Coches 133 E4
Coclois (10) 66 C1
Cocquerel (80) 9 E4
Cocumont (47) 150 B3
Cocurès (48) 156 B4
Codalet (66) 199 F3
Codognan (30) 171 H4
Codolet (30) 158 A6
Coësmes (35) 57 G5
Coëtatouz 72 B1
Coëtlogon (22) 55 H2
Coëtmieux (22) 33 H4
Coëtquidan
École de Saint-Cyr 56 C4
Cœuvres-et-Valsery (02) 21 H5
Coëx (85) 90 D4
Coggia (2A) 204 C4
Coglès (35) 35 H5
Cogna (39) 117 H1
Cognac (16) 121 G3
Cognac-la-Forêt (87) 123 H2
Cognat-Lyonne (03) 113 H6
Cogners (72) 78 D1
Cognet (38) 145 G5
Cognières (70) 87 H4
Cognin (73) 131 H4
Cognin-les-Gorges (38) 145 E2
Cognocoli-Monticchi (2A) 206 D1
Cogny (18) 98 A5
Cogny (69) 129 G1
Cogolin (83) 192 C4
Cohade (43) 141 G1
Cohan 22 C6
Cohennoz (73) 132 D2
Cohiniac (22) 33 F5
Cohons (52) 86 B2
Coiffy-le-Bas (52) 68 D6
Coiffy-le-Haut (52) 68 D6
Coigneux (80) 9 H4
Coignières (78) 42 B5
Coigny (50) 14 D5
Coimères (33) 149 H3
Coin-lès-Cuvry (57) 26 B6
Coin-sur-Seille (57) 26 B6
Coinces (45) 62 C6
Coinches (88) 70 D3
Coincourt (54) 49 F4
Coincy (02) 44 C1
Coincy (57) 26 C5
Coings (36) 96 C4
Coingt (02) 23 E1
Cointicourt 44 B1
Coirac (33) 149 H1
Coise (69) 129 G4
Coise-Saint-Jean-Pied-Gauthier (73) 132 B5
Coiselet 117 G4
Coiserette (39) 117 H3
Coisevaux (70) 88 B3
Coisia (39) 117 G3
Coisy (80) 9 G5
Coivert (17) 107 H6
Coivrel (60) 20 D3
Coizard-Joches (51) 45 E4
Colayrac-Saint-Cirq (47) 151 E5
Col de Carri 145 E4
Col de Cranon 147 E4
Col de l'Arzelier 145 F4
Col de Porte 145 G1
Col de Romeyre 145 E2
Col de Rousset 145 E5
Col des Guérins 160 A3
Col de Tamié 132 C3
Col d'Ornon 146 A4
Col du Coq 145 H1
Col du Corbier 119 F3
Colembert (62) 1 G4
Coligny (01) 117 E3
Colincamps (80) 10 A4
Collan (89) 83 H1
la Collancelle (58) 99 G2
Collandres (15) 140 C2
Collandres-Quincarnon (27) 40 C2
Collanges (63) 127 F6
Collat (43) 142 A2
la Colle-sur-Loup (06) 176 D5
Collégien (77) 43 F4
Collemiers (89) 64 D4
Colleret (59) 12 B2
la Colle Saint-Michel 161 F6
le Collet 70 D4
le Collet-de-Dèze (48) 156 D5
le Collet d'Allevard 132 B6
Colletot (27) 17 H3
Colleville (76) 6 C3
Colleville-Montgomery (14) 16 C3
Colleville-sur-Mer (14) 15 G5
Collias (30) 172 B2
Colligis-Crandelain (02) 22 C4
Colligny (57) 26 C5
Colline-Beaumont (62) 8 C2
Collinée (22) 34 A6
Collioure (66) 201 E4
Collobrières (83) 192 B4
Collonge-en-Charollais (71) 101 E6
Collonge-la-Madeleine (71) 101 E4
Collonges (01) 118 A5
Collonges-au-Mont-d'Or (69) 130 A2
Collonges-la-Rouge (19) 138 D4
Collonges-lès-Bévy (21) 101 G2
Collonges-lès-Premières (21) 102 B1
Collonges-sous-Salève (74) 118 C5
Collongues (06) 176 B4
Collongues (65) 181 F2
Collorec (29) 32 A6
Collorgues (30) 172 A2
Colmar (68) 71 F4
Colmars (04) 161 F5
Colmen (57) 27 E3
Colméry (58) 83 E6
Colmesnil-Manneville (76) 7 G2
Colmey (54) 25 F4
la Colmiane 176 D2
la Colmiane-Valdeblore 176 D2
Colmier-le-Bas (52) 85 G2
Colmier-le-Haut (52) 85 G2
Colognac (30) 171 E1
Cologne (32) 166 B4
Colomars (06) 177 E5
Colombe (38) 131 E6
la Colombe (41) 80 A1
la Colombe (50) 37 F3
Colombé-la-Fosse (10) 67 F3
Colombé-le-Sec (10) 67 F3
Colombe-lès-Vesoul (70) 87 G3
Colombelles (14) 16 C4
Colombes (92) 42 C3
Colombey-les-Belles (54) 48 B6
Colombey-lès-Choiseul 68 C5
Colombey-
-les-Deux-Églises (52) 67 G3
Colombier (03) 113 E4
Colombier (21) 101 F2
Colombier (24) 137 E6
Colombier (42) 143 G1
Colombier (70) 87 G2
Colombier-en-Brionnais (71) 115 G3
Colombier-Fontaine (25) 88 B4
Colombier-le-Cardinal (07) 144 A2
Colombier-le-Jeune (07) 143 H4
Colombier-le-Vieux (07) 143 H3
Colombier-Saugnieu (69) 130 C3
Colombières (14) 15 G5
Colombières-sur-Orb (34) 169 H6
Colombiers (17) 121 F4
Colombiers (18) 97 H6
Colombiers (34) 186 D2
Colombiers (61) 60 A1
Colombiers (86) 94 C5
Colombiers-du-Plessis (53) 58 C2
Colombiers-sur-Seulles (14) 16 B3
Colombiès (12) 154 A4
Colombotte (70) 87 H2
Colomby (50) 14 D3
Colomby-sur-Thaon (14) 16 B4
Colomiers (31) 167 E5
Colomieu (01) 131 F3
Colonard-Corubert (61) 60 D2
Colondannes (23) 111 E4
Colonfay (02) 11 G6
Colonne (39) 102 D4
Colonzelle (26) 158 B4
Colpo (56) 55 F5
Colroy-la-Grande (88) 71 E2
Colroy-la-Roche (67) 71 E1
Coltainville (28) 62 B1
Coltines (15) 141 E3
Coly (24) 138 B3
Combaillaux (34) 171 E5
Combas (30) 171 G3
la Combe 131 G4
la Combe-de-Lancey (38) 145 H2
Combeaufontaine (70) 87 E2
Combebonnet 151 G5
Combefa (81) 168 B1
Combelouvière 132 D5
Comberanche-
-et-Épeluche (24) 136 C2
Comberjon (70) 87 G3
Comberouger (82) 166 C3
Combertault (21) 101 G3
les Combes (25) 104 B2
Combes (34) 169 H5
Combe Saint-Pierre 104 C1
Combiers (16) 122 D5
Comblanchien (21) 101 G2
Comblat le Château 140 C4
Combles (80) 10 B5
Combles-en-Barrois (55) 47 E4
Comblessac (35) 56 C4
Combleux (45) 81 E1
Comblot (61) 60 D1
Combloux (74) 133 E1
Combon (27) 40 C1
Combourg (35) 35 E5
Combourtillé (35) 57 H1
Combovin (26) 144 C5
Combrailles (63) 126 C2
Combrand (79) 92 C4
Combray (14) 38 C3
Combre (42) 115 F6
Combrée (49) 76 B2
Combres (28) 61 G3
Combres-sous-les-Côtes (55) 47 H1
Combressol (19) 125 G6
Combret (12) 169 F3
Combreux (45) 63 F6
Combrimont (88) 70 D2
Combrit (29) 53 F3
Combronde (63) 127 F1
Combs-la-Ville (77) 43 E5
la Comelle (71) 100 B4
Comiac (46) 139 F5
Comigne (11) 185 F4
Comines (59) 3 F4
Commagny 99 H3
Commana (29) 31 H5
Commarin (21) 101 E1
Commeaux (61) 39 E4
Commelle (38) 130 D6
Commelle-Vernay (42) 128 D1
Commenailles (39) 102 C5
Commenchon (02) 21 H2
Commensacq (40) 148 D5
Commentry (03) 112 D4
Commeny (95) 42 A1
Commequiers (85) 90 D3
Commer (53) 58 D3
Commercy (55) 47 H4
Commerveil (72) 60 C3
Commes (14) 15 H5
Communailles-
-en-Montagne (39) 103 G5
Communay (69) 130 A4
Commune de Val-d'Orvin (10) 65 F2
Compains (63) 127 E6
Compainville (76) 19 F2
Compans (77) 43 F2
le Compas (23) 126 B1
Comper 56 C3
Compertrix (51) 45 H3
Compeyre (12) 155 F6
Compiègne (60) 21 F4
Compigny (89) 65 E2
Compolibat (12) 153 H4
la Compôte (73) 132 B3
Comprégnac (12) 169 H1
Compreignac (87) 124 B1
Comps 126 D1
Comps (26) 158 D2
Comps (30) 172 C3
Comps (33) 135 E3
Comps-la-Grand-Ville (12) 154 C5
Comps-sur-Artuby (83) 175 H4
la Comté (62) 9 H1
Comus (11) 198 B1
Conan (41) 79 H2
Conand (01) 131 E1
Conat (66) 199 E3
Conca (2A) 207 G1
Concarneau (29) 53 G4
Concevreux (02) 22 D5
Concèze (19) 138 B1
Conches-en-Ouche (27) 40 C3
Conches-sur-Gondoire (77) 43 F4
Conchez-de-Béarn (64) 164 C6
Conchil-le-Temple (62) 8 C1
Conchy-les-Pots (60) 21 E3
Conchy-sur-Canche (62) 9 E1
Concorès (46) 152 C2
Concoret (56) 56 B3
Concots (46) 152 D4
Concoules (30) 156 D4
Concourson-sur-Layon (49) 93 F1
Concremiers (36) 110 B1
Concressault (18) 81 H5
Concriers (41) 80 A2
Condac (16) 108 D6
Condal (71) 117 E2
la Condamine 177 F5
Condamine (01) 117 G5
Condamine (39) 102 C6
la Condamine-Châtelard (04) 161 G3
Condat (15) 140 D1
Condat (46) 138 D4
Condat-en-Combraille (63) 126 B2
Condat-lès-Montboissier (63) 127 H5
Condat-sur-Ganaveix (19) 124 D6
Condat-sur-Trincou (24) 123 F6
Condat-sur-Vézère (24) 138 B3
Condat-sur-Vienne (87) 124 B3
Condé 97 F5
Condé (36) 97 E4
Condé-en-Brie (02) 44 D2
Condé-Folie (80) 9 E5
Condé-lès-Autry (08) 24 B6
Condé-lès-Herpy (08) 23 F3
Condé-Northen (57) 26 D5
Condé-Sainte-Libiaire (77) 43 G3
Condé-sur-Aisne (02) 22 B4
Condé-sur-Huisne (61) 61 F2
Condé-sur-Ifs (14) 16 D6
Condé-sur-Iton (27) 40 D4
Condé-sur-l'Escaut (59) 11 G1
Condé-sur-Marne (51) 45 G2
Condé-sur-Noireau (14) 38 B3
Condé-sur-Risle (27) 17 H3
Condé-sur-Sarthe (61) 59 H2
Condé-sur-Seulles (14) 16 A4
Condé-sur-Suippe (02) 23 E4
Condé-sur-Vesgre (78) 41 H5
Condé-sur-Vire (50) 37 G2
Condeau (61) 61 E2
Condécourt (95) 42 B2
Condeissiat (01) 116 D5
Condéon (16) 121 H6
Condes (39) 117 G3
Condes (52) 67 H4
Condette (62) 1 F5
Condezaygues (47) 151 H3
Condillac (26) 158 B1
Condom (32) 165 F2
Condom-d'Aubrac (12) 155 E2
Condorcet (26) 158 D3
Condren (02) 22 A2
Condres 142 B6
Condrieu (69) 130 A5
Conflandey (70) 87 F2
Conflans 117 F4
Conflans 132 C3
Conflans-en-Jarnisy (54) 25 H6
Conflans-Sainte-Honorine (78) 42 C2
Conflans-sur-Anille (72) 61 E6
Conflans-sur-Lanterne (70) 87 G1
Conflans-sur-Loing (45) 64 B6
Conflans-sur-Seine (51) 65 G1
Confolens (16) 123 F1
Confolent-Port-Dieu (19) 126 B5
Confort 32 D2
Confort (01) 117 H5
Confort-Meilars (29) 52 D2
Confracourt (70) 87 E3
Confrançon (01) 116 D4
Congé-sur-Orne (72) 60 B4
Congénies (30) 171 H4
Congerville-Thionville (91) 63 E2
Congis-sur-Thérouanne (77) 43 H2
Congrier (53) 76 A1
Congy (51) 45 E4
Conie-Molitard (28) 62 A5
Conilhac-Corbières (11) 185 G3
Conilhac-de-
-la-Montagne (11) 184 D5
Conjux (73) 131 G2
Conlie (72) 59 H4
Conliège (39) 102 D6
Connac (12) 169 E2
Connangles (43) 142 A1
Connantray-Vaurefroy (51) 45 G5
Connantre (51) 45 F5
Connaux (30) 172 C1
Conne-de-Labarde (24) 137 E6
Connelles (27) 18 D6
Connerré (72) 60 C5
Connezac (24) 123 E5
Connigis (02) 44 C2
Conquereuil (44) 74 B1
Conques (12) 154 B2
Conques-sur-Orbiel (11) 185 E3
le Conquet (29) 30 C5
Conqueyrac (30) 171 F2
Conros 140 A5
Cons-la-Grandville (54) 25 G3
Cons-Sainte-Colombe (74) 132 C3
Consac (17) 121 E6
Conségudes (06) 176 C4
Consenvoye (55) 25 E5
Consigny (52) 68 B4
Consolation-
-Maisonnettes (25) 104 B1
Contalmaison (80) 10 B5
Contamine-Sarzin (74) 118 B6
Contamine-sur-Arve (74) 118 D5
les Contamines-Montjoie (74) 133 E2
Contault (51) 46 C3
Contaut 134 B2
Contay (80) 9 H5
Conte (39) 103 F5
Contes (06) 177 E4
Contes (62) 9 E1
Contescourt (02) 21 H1
Contest (53) 58 D3
Conteville (14) 16 C5
Conteville (27) 6 C6
Conteville (60) 20 A2
Conteville (76) 19 G2
Conteville (80) 9 E3
Conteville-en-Ternois (62) 9 G1
Conteville-lès-Boulogne (62) 1 F4
Conthil (57) 49 G3
Contigné (49) 77 E2
Contigny (03) 113 H3
Contilly (72) 60 C2
Continvoir (37) 78 A5
Contis les Bains 148 A6
Contoire (80) 20 D2
Contrazy (09) 183 E4
Contré (17) 108 A6
Contre (80) 20 B1
Contréglise (70) 87 F1
Contremoulins (76) 6 C3
Contres (18) 97 H4
Contres (41) 80 A5
Contreuve (08) 24 A5
Contrevoz (01) 131 F2
Contrexéville (88) 69 E4
Contrières (50) 37 E2
Contrisson (55) 46 D4
Conty (80) 20 B1
Contz-les-Bains (57) 26 C2
Conzac 122 A6
Conzieu (01) 131 F3
Coole (51) 46 A5
Coolus (51) 45 H3
la Copechagnière (85) 91 G3
Copponex (74) 118 B6
Coquainvilliers (14) 17 F4
Coquelles (62) 1 G2
la Coquille (24) 123 H5
Corancez (28) 62 B2
Corancy (58) 100 A2
Coray (29) 53 H2
Corbara (2B) 202 C5
Corbarieu (82) 167 E2
Corbas (69) 130 B4
Corbehem (62) 10 C2
Corbeil (51) 46 A6
Corbeil-Cerf (60) 20 B6
Corbeil-Essonnes (91) 43 E6
Corbeilles (45) 63 H5
Corbel (73) 131 H6
Corbelin (38) 131 F4
Corbenay (70) 69 H6
Corbeny (02) 22 D4
Corbère (66) 199 G3
Corbère-Abères (64) 164 C6
Corbère-les-Cabanes (66) 199 G3
Corberon (21) 101 H3
Corbès (30) 171 F1
Corbie (80) 9 H6
le Corbier 146 C1
la Corbière (70) 88 A1
Corbières (04) 174 C3
Corbières (11) 184 B5
Corbigny (58) 99 G1
Corbon (14) 17 E5
Corbon (61) 60 D2
Corbonod (01) 131 G1
Corbreuse (91) 62 D1
Corcelle 116 A3
Corcelle-Mieslot (25) 87 G5
Corcelles (01) 117 G6
Corcelles-en-
-Beaujolais (69) 116 A5
Corcelles-Ferrières (25) 103 E1
Corcelles-les-Arts (21) 101 F3
Corcelles-lès-Cîteaux (21) 101 H1
Corcelles-les-Monts (21) 85 G6
Corcieux (88) 70 C3
Corcondray (25) 103 E1
Corconne (30) 171 F3
Corcoué-sur-Logne (44) 91 F1
Corcy (02) 21 H6
Cordéac (38) 145 H5
Cordebugle (14) 17 G5
Cordelle (42) 128 D1
Cordemais (44) 74 A4

Cordes-sur-Ciel (81) 168 A1
Cordes-Tolosannes (82) 166 C2
Cordesse (71) 100 D3
Cordey (14) 38 D4
Cordon (74) 133 E1
Cordonnet (70) 87 F5
Coren (15) 141 F3
Corenc (38) 145 G2
Corent (63) 127 F4
Corfélix (51) 44 D4
Corgengoux (21) 101 H3
Corgnac-sur-l'Isle (24) 137 G1
Corgoloin (21) 101 G2
Corignac (17) 135 G2
Corlay (22) 33 E6
Corlier (01) 117 F6
Cormainville (28) 62 B4
Cormaranche-en-Bugey (01) 131 F1
Cormatin (71) 116 A1
Corme-Ecluse (17) 120 D4
Corme-Royal (17) 120 D3
Cormeilles (27) 17 G4
Cormeilles (60) 20 B2
Cormeilles-en-Parisis (95) 42 C3
Cormeilles-en-Vexin (95) 42 B1
Cormelles-le-Royal (14) 16 C5
le Cormenier 107 H5
Cormenon (41) 61 F6
Cormeray (41) 80 A5
Cormery (37) 95 E1
Cormes (72) 61 E4
Cormette 2 A4
Cormicy (51) 22 D5
le Cormier (27) 41 F3
Cormolain (14) 37 H1
Cormont (62) 1 F5
Cormontreuil (51) 23 E6
Cormoranche-sur-Saône (01) 116 B4
Cormost (10) 66 B4
Cormot-le-Grand (21) 101 E3
Cormoyeux (51) 45 F1
Cormoz (01) 117 E2
Corn (46) 153 F2
Cornac (46) 139 F5
Cornant (89) 64 D4
Cornas (07) 144 A4
Cornay (08) 24 C5
Corné (49) 77 F4
Cornebarrieu (31) 167 E5
Corneilhan (34) 186 D1
Corneilla-de-Conflent (66) 199 E4
Corneilla-del-Vercol (66) 201 E3
Corneilla-la-Rivière (66) 199 H2
Corneillan (32) 164 B5
Corneuil (27) 41 E3
Corneville-la-Fouquetière (27) 40 B2
Corneville-sur-Risle (27) 17 H3
Cornier (74) 118 D5
Cornil (19) 138 D2
Cornillac (26) 159 E3
Cornille (24) 137 F2
Cornillé (35) 57 H3
Cornillé-les-Caves (49) 77 F4
Cornillon (30) 157 G5
Cornillon-Confoux (13) 173 F5
Cornillon-en-Trièves (38) 145 G5
Cornillon-sur-l'Oule (26) 159 E3
Cornimont (88) 70 C5
Cornod (39) 117 G3
Cornot (70) 87 E2
la Cornuaille (49) 75 G2
Cornus (12) 170 A3
Cornusse (18) 98 A4
Cornusson 153 F5
Corny (27) 19 E6
Corny-Machéroménil (08) 23 H3
Corny-sur-Moselle (57) 26 B6
Coron (49) 92 D2
Corpe (85) 91 H6
Corpeau (21) 101 F4
Corpoyer-la-Chapelle (21) 85 E4
Corps (38) 146 A5
Corps-Nuds (35) 57 F4
Corquilleroy (45) 64 A5
Corquoy (18) 97 F4
Corrano (2A) 205 E6
Corravillers (70) 70 B6
Corre (70) 69 F6
Corrençon-en-Vercors (38) 145 F3
Correns (83) 175 E6
Corrèze (19) 139 F1
Corribert (51) 45 E3
Corrobert (51) 44 D3
Corrombles (21) 84 C4
Corronsac (31) 183 G1
Corroy (51) 45 F5
Corsaint (21) 84 C4
Corsavy (66) 199 G5
Corscia (2B) 204 D2
Corsept (44) 73 H4
Corseul (22) 34 C5
Cortambert (71) 116 A2
Corte (2B) 205 E2
Cortevaix (71) 116 A2
Cortrat (45) 82 B1
les Corvées-les-Yys (28) 61 G2
Corveissiat (01) 117 F4
Corvol-d'Embernard (58) 83 E6
Corvol-l'Orgueilleux (58) 83 F5
Corzé (49) 77 F4
Cos (09) 183 G5
Cosges (39) 102 C5
Coslédaà-Lube-Boast (64) 180 C1
Cosmes (53) 58 C6
Cosnac (19) 138 D3
Cosne-Cours-sur-Loire (58) 82 C5
Cosne-d'Allier (03) 113 E2
Cosnes-et-Romain (54) 25 G3
Cosqueville (50) 14 D1
Cossaye (58) 99 F6
Cossé-d'Anjou (49) 92 D1
Cossé-en-Champagne (53) 59 F6
Cossé-le-Vivien (53) 58 B6
Cossesseville (14) 38 C3
Cosswiller (67) 50 C5
Costa (2B) 202 D5
Costaros (43) 142 C5
les Costes (05) 146 A6
les Costes-Gozon (12) 169 G2
la Côte (70) 88 B2
la Côte-d'Aime (73) 133 E4
la Côte-d'Arbroz (74) 119 F4
la Côte-en-Couzan (42) 128 B3
la Côte-Saint-André (38) 130 D6
le Coteau (42) 115 E6
Côtebrune (25) 87 H6
les Côtes-d'Arey (38) 130 A6
les Côtes-de-Corps (38) 146 A5
Coti-Chiavari (2A) 206 C1
Cotignac (83) 175 E5
la Cotinière 120 A1
Cottance (42) 129 E3
Cottenchy (80) 20 C1
Cottévrard (76) 7 H4
Cottun (14) 15 H5
la Couarde (79) 108 B3
la Couarde-sur-Mer (17) 106 B4
Couargues (18) 98 C1
Coubert (77) 43 F5
Coubeyrac (33) 136 B6
Coubisou (12) 154 D2
Coubjours (24) 138 B2
Coublanc (52) 86 C2
Coublanc (71) 115 F5
Coublevie (38) 131 F6
Coublucq (64) 164 A6
Coubon (43) 142 C4
Coubron (93) 43 E3
Couches (71) 101 E4
Couchey (21) 101 G1
la Coucourde (26) 158 B1
Coucouron (07) 142 D6
Coucy (08) 23 H3
Coucy-la-Ville (02) 22 A3
Coucy-le-Château-Auffrique (02) 22 A3
Coucy-lès-Eppes (02) 22 D3
Couddes (41) 80 A6
Coudehard (61) 39 F4
Coudekerque (59) 2 C2
Coudekerque-Branche (59) 2 B1
Coudes (63) 127 F4
Coudeville-sur-Mer (50) 35 G1
Coudons (11) 184 C6
Coudoux (13) 173 G5
Coudray (27) 19 F5
le Coudray (28) 62 B2
Coudray (45) 63 G3
Coudray (53) 76 D2
Coudray-au-Perche (28) 61 F4
le Coudray-Macouard (49) 93 G1
le Coudray-Montceaux (91) 43 E6
Coudray-Rabut (14) 17 F3
le Coudray-Saint-Germer (60) 19 H4
le Coudray-sur-Thelle (60) 20 B5
le Coudray Montbault 92 D2
la Coudre (79) 93 E3
Coudreceau (28) 61 F3
Coudrecieux (72) 60 D6
Coudres (27) 41 E4
Coudroy (45) 81 G1
Coudun (60) 21 F4
Coudures (40) 163 H4
Coueilles (31) 182 C2
Couëron (44) 74 B5
Couesmes (37) 78 B4
Couesmes-Vaucé (53) 58 D1
Couffé (44) 75 E3
Couffoulens (11) 185 E4
Couffy (41) 96 A1
Couffy-sur-Sarsonne (19) 126 A4
Couflens (09) 197 E4
Coufouleux (81) 167 G3
Couhé (86) 108 D4
Couilly-Pont-aux-Dames (77) 43 G3
Couin (62) 9 H4
Couiza (11) 184 D6
Couladère (31) 182 D3
Coulaines (72) 60 B5
Coulandon (03) 113 H2
Coulangeron (89) 83 F3
Coulanges (03) 114 D2
Coulanges (41) 79 H4
Coulanges-la-Vineuse (89) 83 G3
Coulanges-lès-Nevers (58) 98 D3
Coulanges-sur-Yonne (89) 83 F4
Coulans-sur-Gée (72) 59 H5
Coulaures (24) 137 H1
Couleuvre (03) 98 C6
Coulevon (70) 87 G3
Coulgens (16) 122 C2
Coulimer (61) 60 C1
Coullemelle (80) 20 C2
Coullemont (62) 9 H3
Coullons (45) 81 H3
Coulmer (61) 39 G4
Coulmier-le-Sec (21) 84 D2
Coulmiers (45) 62 C6
Coulobres (34) 187 E1
Coulogne (62) 1 G2
Couloisy (60) 21 G5
Coulombiers (72) 60 A3
Coulombiers (86) 108 D2
Coulombs (14) 16 A4
Coulombs (28) 41 G6
Coulombs-en-Valois (77) 44 A2
Coulomby (62) 1 H4
Coulommes (77) 43 G3
Coulommes-et-Marqueny (08) 24 A4
Coulommes-la-Montagne (51) 23 E6
Coulommiers (77) 44 A4
Coulommiers-la-Tour (41) 79 G2
Coulon (79) 107 G3
Coulonces (14) 37 H3
Coulonces (61) 39 F4
la Coulonche (61) 38 C5
Coulongé (72) 78 A3
Coulonges (16) 122 B2
Coulonges (17) 121 G4
Coulonges (86) 110 B3
Coulonges-Cohan (02) 22 C6
Coulonges-les-Sablons (61) 61 F2
Coulonges-sur-l'Autize (79) 107 G2
Coulonges-sur-Sarthe (61) 60 C1
Coulonges-Thouarsais (79) 93 F4
Coulonvillers (80) 9 E4
Couloumé-Mondebat (32) 164 D5
Coulounieix-Chamiers (24) 137 F2
Coulours (89) 65 G4
Couloutre (58) 82 D5
Coulouvray-Boisbenâtre (50) 37 G4
Coulvain (14) 38 A2
Coulx (47) 151 E3
Coume (57) 27 E4
Counozouls (11) 198 D2
Coupelle-Neuve (62) 2 A6
Coupelle-Vieille (62) 2 A6
Coupesarte (14) 17 E5
Coupetz (51) 45 H4
Coupéville (51) 46 B3
Coupiac (12) 169 E2
Coupray (52) 67 G6
Coupru (02) 44 B2
Couptrain (53) 59 F1
Coupvray (77) 43 G3
Couquèques (33) 134 D1
Cour-Cheverny (41) 80 A4
Cour-et-Buis (38) 130 B6
Cour-l'Évêque (52) 67 G6
la Cour-Marigny (45) 81 H1
Cour-Saint-Maurice (25) 88 C6
Cour-sur-Loire (41) 80 A3
Courances (91) 63 H2
Courant (17) 107 G6
Courban (21) 67 F6
la Courbe (61) 38 D4
Courbehaye (28) 62 B4
Courbépine (27) 17 H5
Courbes (02) 22 B2
Courbesseaux (54) 49 E5
Courbette (39) 117 G1
Courbeveille (53) 58 C5
Courbevoie (92) 42 C3
Courbiac (47) 151 H4
Courbillac (16) 121 H3
Courboin (02) 44 C2
Courbons 160 C6
Courboux 87 F4
Courbouzon (39) 102 C6
Courbouzon (41) 80 B3
Courçais (03) 112 C2
Courçay (37) 95 E1
Courcebœufs (72) 60 B4
Courcelette (80) 10 B4
Courcelles (17) 121 F1
Courcelles (25) 103 F2
Courcelles (45) 63 G5
Courcelles (54) 69 F2
Courcelles (58) 83 F5
Courcelles (90) 89 E4
Courcelles-au-Bois (80) 10 A4
Courcelles-Chaussy (57) 26 D5
Courcelles-de-Touraine (37) 78 B5
Courcelles-en-Barrois (55) 47 G4
Courcelles-en-Bassée (77) 64 C2
Courcelles-en-Montagne (52) 86 A1
Courcelles-Epayelles (60) 21 E3
Courcelles-Frémoy (21) 84 B5
Courcelles-la-Forêt (72) 77 H2
Courcelles-le-Comte (62) 10 B3
Courcelles-lès-Gisors (60) 19 G6
Courcelles-lès-Lens (62) 10 C1
Courcelles-lès-Montbard (21) 84 D4
Courcelles-lès-Montbéliard (25) 88 C4
Courcelles-lès-Semur (21) 84 C5
Courcelles-Sapicourt (51) 22 D6
Courcelles-sous-Châtenois (88) 68 D2
Courcelles-sous-Moyencourt (80) 20 A1
Courcelles-sous-Thoix (80) 20 A2
Courcelles-sur-Aire (55) 47 F3
Courcelles-sur-Blaise (52) 67 G2
Courcelles-sur-Nied (57) 26 C6
Courcelles-sur-Seine (27) 41 F1
Courcelles-sur-Vesles (02) 22 C5
Courcelles-sur-Viosne (95) 42 B2
Courcelles-sur-Voire (10) 66 D1
Courcemain (51) 45 F6
Courcemont (72) 60 B4
Courcerac (17) 121 G2
Courcerault (61) 60 D2
Courceroy (10) 65 E2
Courchamp (77) 44 B6
Courchamps (02) 44 B1
Courchamps (49) 93 G1
Courchapon (25) 86 D6
Courchaton (70) 88 A4
Courchelettes (59) 10 C2
Courchevel 1550 133 E5
Courchevel 1650 Moriond 133 E5
Courchevel 1850 133 E5
Courcité (53) 59 G3
Courcival (72) 60 C4
Courcôme (16) 122 B1
Courçon (17) 107 E4
Courcoué (37) 94 B3
Courcouronnes (91) 42 D6
Courcoury (17) 121 F3
Courcuire (70) 87 E5
Courcy (14) 16 D6
Courcy (50) 37 E2
Courcy (51) 23 E5
Courcy-aux-Loges (45) 63 F5
Courdemanche (27) 41 E4
Courdemanche (72) 78 D2
Courdemanges (51) 46 B5
Courdimanche (95) 42 B2
Courdimanche-sur-Essonne (91) 63 G2
Couret (31) 182 B5
Courgains (72) 60 B3
Courgeac (16) 122 B6
Courgenard (72) 61 E4
Courgenay (89) 65 F3
Courgent (78) 41 H3
Courgeon (61) 60 D1
Courgeoût (61) 60 C1
Courgis (89) 83 H2
Courgivaux (51) 44 C5
Courgoul (63) 127 E5
Courjeonnet (51) 45 E4
Courlac (16) 136 B1
Courlandon (51) 22 C5
Courlans (39) 102 C6
Courlaoux (39) 102 C6
Courlay (79) 92 D5
Courléon (49) 78 A5
Courlon (21) 85 H3
Courlon-sur-Yonne (89) 64 D3
Courmangoux (01) 117 E3
Courmas (51) 23 E6
Courmelles (02) 22 A5
Courmelois 45 G1
Courmemin (41) 80 B5
Courménil (61) 39 G4
Courmes (06) 176 C5
Courmont (02) 44 D1
Courmont (70) 88 B3
Cournanel (11) 184 D5
la Courneuve (93) 42 D3
Courniou (34) 185 G1
Cournols (63) 127 E4
Cournon (56) 56 C6
Cournon-d'Auvergne (63) 127 F3
Cournonsec (34) 171 E6
Cournonterral (34) 171 E6
la Couronne (16) 122 B4
Courouvre (55) 47 F3
Courpalay (77) 43 H6
Courpiac (33) 135 H6
Courpière (63) 128 A3
Courpignac (17) 135 F1
Courquetaine (77) 43 F5
Courrensan (32) 165 E3
Courrières (62) 10 C1
Courris (81) 168 D2
Courry (30) 157 E5
Cours (46) 152 D3
Cours (47) 151 E4
le Cours (56) 55 H6
Cours (79) 107 H2
Cours-de-Monségur (33) 150 B1
Cours-de-Pile (24) 137 E5
Cours-la-Ville (69) 115 G6
Cours-les-Bains (33) 150 A4
Cours-les-Barres (18) 98 C3
Coursac (24) 137 E3
Coursan (11) 186 C3
Coursan-en-Othe (10) 65 H5
Coursegoules (06) 176 C5
Courset (62) 1 G5
Courseulles-sur-Mer (14) 16 B3
Courson (14) 37 G3
Courson-les-Carrières (89) 83 F3
Courson-Monteloup (91) 42 C6
Courtacon (77) 44 B5
Courtagnon (51) 45 F1
Courtalain (28) 61 G5
Courtanvaux 79 E1
Courtaoult (10) 65 H5
Courtauly (11) 184 C5
Courtavon (68) 89 F4
Courtefontaine (25) 88 D5
Courtefontaine (39) 103 E2
Courteilles (27) 40 D5
Courteix (19) 126 A4
Courtelevant (90) 89 E3
Courtemanche (80) 20 D2
Courtemaux (45) 64 C5
Courtémont (51) 46 C1
Courtemont-Varennes (02) 44 C2
Courtempierre (45) 64 A5
Courtenay (38) 131 E3
Courtenay (45) 64 C5
Courtenot (10) 66 C4
Courteranges (10) 66 C3
Courteron (10) 66 D5
Courtes (01) 116 D2
Courtesoult-et-Gatey (70) 86 D3
Courtetain-et-Salans (25) 88 A6
la Courtète (11) 184 C4
Courteuil (60) 20 D6
Courthézon (84) 173 E1
Courthiézy (51) 44 D2
Courthioust 60 D2
Courties (32) 165 E5
Courtieux (60) 21 G5
Courtillers (72) 77 F2
Courtils (50) 35 G4
la Courtine (23) 125 H4
Courtisols (51) 46 A2
Courtivron (21) 85 G4
Courtoin (89) 64 D5
Courtois-sur-Yonne (89) 65 E4
Courtomer (61) 39 H6
Courtomer (77) 43 G6
Courtonne-la-Meurdrac (14) 17 F5
Courtonne-les-Deux-Églises (14) 17 G5
Courtrizy-et-Fussigny (02) 22 D3
Courtry (77) 43 F3
Courvaudon (14) 16 A6
Courvières (25) 103 G4
Courville (51) 22 C6
Courville-sur-Eure (28) 61 H2
Courzieu (69) 129 G3
Cousance (39) 117 F1
Cousances-les-Forges (55) 47 E6
Cousances-lès-Triconville (55) 47 G4
Cousolre (59) 12 B2
Coussa (09) 183 H4
Coussac-Bonneval (87) 124 B5
Coussan (65) 181 F3
Coussay (86) 94 A5
Coussay-les-Bois (86) 95 E5
Coussegrey (10) 66 A6
Cousserans 152 B3
Coussergues (12) 155 E4
Coussey (88) 68 D2
Coust (18) 97 H6
Coustaussa (11) 184 D6
Coustellet 173 F3
Coustouge (11) 185 G5
Coustouges (66) 199 G5
Coutainville 36 D1
Coutances (50) 37 E1
Coutansouze (03) 113 F5
Coutarnoux (89) 84 A4
Coutençon (77) 64 C1
Coutens (09) 184 A4
Couterne (61) 59 F1
Couternon (21) 86 A6
Couteuges (43) 141 H2
Coutevroult (77) 43 G4
Couthenans (70) 88 C3
Couthures-sur-Garonne (47) 150 B3
Coutiches (59) 10 D1
Coutières (79) 108 B2
Coutouvre (42) 115 F6
Coutras (33) 135 H4
Couture (16) 122 C1
la Couture (62) 2 D5
la Couture (85) 91 G5
la Couture-Boussey (27) 41 F3
Couture-d'Argenson (79) 122 A1
Couture-sur-Loir (41) 78 D2
Couturelle (62) 9 H3
Coutures (24) 136 D1
Coutures (33) 150 B1
Coutures (49) 77 F5
Coutures (82) 166 B2
Couvains (50) 15 F6
Couvains (61) 40 A4
la Couvertoirade (12) 170 B3
Couvertpuis (55) 47 F6
Couvignon (10) 67 E4
Couville (50) 14 C3
Couvonges (55) 47 E4
Couvrelles (02) 22 B5
Couvron-et-Aumencourt (02) 22 B2
Couvrot (51) 46 B4
Coux (07) 157 H1
Coux (17) 135 G1
Coux-et-Bigaroque (24) 137 H6
Couy (18) 98 B2
la Couyère (35) 57 G5
Couze-et-Saint-Front (24) 137 F6
Couzeix (87) 124 B2
Couziers (37) 93 H2
Couzon (03) 113 G1
Couzon-au-Mont-d'Or (69) 130 A2
Couzou (46) 138 D6
Cox (31) 166 C4
Coye-la-Forêt (60) 43 E1
Coyecques (62) 2 A5
Coyolles (02) 21 G6
Coyrière (39) 118 A3
Coyron (39) 117 G2
Coyviller (54) 48 D6
Cozes (17) 120 D4
Cozzano (2A) 205 E5
Crach (56) 72 B1
Craches 62 D1
Crachier (38) 130 D5
Crain (89) 83 F4
Craincourt (57) 49 E3
Craintilleux (42) 129 E4
Crainvilliers (88) 69 E4
Cramaille (02) 22 B6
Cramans (39) 103 E3
Cramant (51) 45 F2
Cramchaban (17) 107 F4
Craménil (61) 38 C4
Cramoisy (60) 20 C6
Cramont (80) 9 E3
Crampagna (09) 183 H5
Cran-Gevrier (74) 132 A1
Crancey (10) 65 G1
Crançot (39) 102 D6
Crandelles (15) 140 A5
Crannes-en-Champagne (72) 59 H6
Crans (01) 130 C1
Crans (39) 103 F5
Cransac (12) 154 A3
Crantenoy (54) 69 G1
Cranves-Sales (74) 118 D4
Craon (53) 76 B1
Craon (86) 93 H5
Craonne (02) 22 D4
Craonnelle (02) 22 D4
Crapeaumesnil (60) 21 F2
Craponne (69) 129 H3
Craponne-sur-Arzon (43) 142 C1
Cras (38) 145 E1
Cras (46) 152 D2
Cras-sur-Reyssouze (01) 116 D4
Crastatt (67) 50 C5
Crastes (32) 166 A4
Crasville (27) 18 C6
Crasville (50) 15 E3
Crasville-la-Mallet (76) 7 E3
Crasville-la-Rocquefort (76) 7 F3
la Crau (83) 191 H5
Cravanche (90) 88 C2
Cravans (17) 121 E4
Cravant (45) 80 B2
Cravant (89) 83 G3
Cravant-les-Côteaux (37) 94 B2
Cravencères (32) 164 D4
Cravent (78) 41 G2
Cray 115 H1
Crayssac (46) 152 B3
Craywick (59) 2 B2
Crazannes (17) 121 E2
Cré (72) 77 G3
Créances (50) 14 C6
Créancey (21) 101 E1
Créans 77 H2
Crécey-sur-Tille (21) 85 H4
la Crèche (79) 108 A3
Crêches-sur-Saône (71) 116 B4
Créchets (65) 182 A5
Créchy (03) 114 A4
Crécy-au-Mont (02) 22 A4
Crécy-Couvé (28) 41 E5
Crécy-en-Ponthieu (80) 8 D3
Crécy-la-Chapelle (77) 43 G4
Crécy-sur-Serre (02) 22 C2
Crédin (56) 55 G3
Crégols (46) 153 E3
Crégy-lès-Meaux (77) 43 G3
Créhange 27 E6
Créhange (57) 27 E6
Créhen (22) 34 C4
Creil (60) 20 D6
Creissan (34) 186 C2
Creissels (12) 169 H1
Crémarest (62) 1 G4
Cremeaux (42) 128 C2
Crémel 15 H5
Crémery (80) 21 F1
Crémieu (38) 130 D3
Crempigny-Bonneguête (74) 131 H1
Cremps (46) 152 D4
Crenans (39) 117 H2
Crénénan 54 D2
Creney-près-Troyes (10) 66 B3
Crennes-sur-Fraubée (53) 59 F2
Créon (33) 135 G6
Créon-d'Armagnac (40) 164 C2
Créot (71) 101 E4
Crépand (21) 84 C3
Crépey (54) 48 C6
Crépol (26) 144 C2
Crépon (14) 16 A3
Crépy (02) 22 B3
Crépy (62) 2 A6
Crépy-en-Valois (60) 21 F6
Créquy (62) 1 H6
le Crès (34) 171 F5
Cresancey (70) 86 D5
Crésantignes (10) 66 A4
les Cresnays (50) 37 G5
Crespian (30) 171 G3
Crespières (78) 42 B3
Crespin (12) 154 A6
Crespin (59) 11 G1
Crespin (81) 168 C1
Crespinet (81) 168 C2
Crespy-le-Neuf (10) 67 E2
Cressac-Saint-Genis (16) 122 B6
Cressanges (03) 113 G3
Cressat (23) 111 H5
la Cresse (12) 155 F6
Cressé (17) 121 H1
Cressensac (46) 138 C4
Cresserons (14) 16 C3
Cresseveuille (14) 17 E4
Cressia (39) 117 F1
Cressin-Rochefort (01) 131 G2
la Cressonnière 107 F1
Cressonsacq (60) 20 D4
Cressy (76) 7 H4
Cressy-Omencourt (80) 21 F2
Cressy-sur-Somme (71) 100 A6
Crest (26) 144 C6
le Crest (63) 127 F4
Crest-Voland (73) 132 D2
Creste (63) 127 E5
le Crestet (07) 143 H4
Crestet (84) 158 D5
Crestot (27) 18 C6
Créteil (94) 43 E4
Cretteville (50) 14 D5
Creully (14) 16 A3
la Creuse (70) 87 H2
Creuse (80) 9 F6
le Creusot (71) 100 D5
Creutzwald (57) 27 F4
Creuzier-le-Neuf (03) 114 A5
Creuzier-le-Vieux (03) 114 A5
Crevans-et-la-Chapelle-lès-Granges (70) 88 B3
Crevant (36) 111 G2
Crevant-Laveine (63) 127 G2
Crévéchamps (54) 48 D6
Crèvecœur-en-Auge (14) 17 E5
Crèvecœur-en-Brie (77) 43 G5
Crèvecœur-le-Grand (60) 20 A3
Crèvecœur-le-Petit (60) 20 D3
Crèvecœur-sur-l'Escaut (59) 11 E4
Creveney (70) 87 H2
Crévic (54) 49 E5
Crévin (35) 57 F4
Crévoux (05) 161 F2
le Crévy Château 56 A4
Creys-Mépieu (38) 131 E3
Creyssac (24) 137 E1
Creysse (24) 137 E5
Creysse (46) 138 D5
Creysseilles (07) 143 G6
Creyssensac-et-Pissot (24) 137 F3

Crézançay-sur-Cher (18) 97 G5
Crézancy (02) 44 C2
Crézancy-en-Sancerre (18) 82 A6
Crézières (79) 108 B6
Crézilles (54) 48 B6
Cricquebœuf (14) 6 B6
Cricqueville-en-Auge (14) 16 D4
Cricqueville-en-Bessin (14) 15 F4
Criel-Plage 8 A4
Criel-sur-Mer (76) 8 A5
Crillon (60) 19 H3
Crillon-le-Brave (84) 158 D6
Crimolois (21) 85 H6
Crion (54) 49 F5
la Crique (76) 7 H4
Criquebeuf-en-Caux (76) 6 C3
Criquebeuf-la-Campagne (27) 18 C6
Criquebeuf-sur-Seine (27) 18 C5
Criquetot-le-Mauconduit (76) 6 D3
Criquetot-l'Esneval (76) 6 B4
Criquetot-sur-Longueville (76) 7 G3
Criquetot-sur-Ouville (76) 7 F4
Criquiers (76) 19 G2
Crisenoy (77) 43 F6
Crisolles (60) 21 G3
Crissay-sur-Manse (37) 94 C2
Crissé (72) 59 H4
Crissey (39) 102 C2
Crissey (71) 101 G5
Cristinacce (2A) 204 C3
Cristot (14) 16 A4
Criteuil-la-Magdeleine (16) 121 H5
Critot (76) 7 H5
Croce (2B) 205 F1
Crochte (59) 2 B2
Crocicchia (2B) 203 F6
Crocq (23) 126 A2
le Crocq (60) 20 B2
Crocy (14) 39 E3
Crœttwiller (67) 29 F6
Crognon (33) 135 G6
Croisances (43) 142 A5
Croisette (62) 9 G2
le Croisic (44) 73 E4
la Croisille (27) 40 D3
la Croisille-sur-Briance (87) 124 D4
Croisilles (14) 16 B6
Croisilles (28) 41 G5
Croisilles (61) 39 G4
Croisilles (62) 10 B3
Croismare (54) 49 F5
Croissanville (14) 16 D5
Croissy-Beaubourg (77) 43 F4
Croissy-sur-Celle (60) 20 B2
Croissy-sur-Seine (78) 42 C4
le Croisty (56) 54 C2
Croisy (18) 98 B4
Croisy-sur-Andelle (76) 19 E4
Croisy-sur-Eure (27) 41 F2
Croix (59) 3 G4
Croix (90) 88 D4
la Croix-aux-Bois (08) 24 B4
la Croix-aux-Mines (88) 70 D3
la Croix-Avranchin (50) 35 H4
la Croix-Blanche (47) 151 F5
Croix-Caluyau (59) 11 G3
Croix-Chapeau (17) 106 D5
la Croix-Comtesse (17) 107 G6
la Croix-de-la-Rochette (73) 132 B5
la Croix-du-Perche (28) 61 G3
la Croix-en-Brie (77) 44 A6
la Croix-en-Champagne (51) 46 B2
Croix-en-Ternois (62) 9 G1
la Croix-en-Touraine (37) 79 F6
Croix-Fonsommes (02) 11 F5
la Croix-Helléan (56) 55 H4
Croix-Mare (76) 7 F5
Croix-Moligneaux (80) 21 G1
la Croix-Saint-Leufroy (27) 41 E1
la Croix-sur-Gartempe (87) 110 A5
la Croix-sur-Ourcq (02) 44 B1
la Croix-sur-Roudoule (06) 176 B3
la Croix-Valmer (83) 192 C4
Croixanvec (56) 55 F2
la Croix au Bost 112 B6
Croixdalle (76) 19 E1
la Croixille (53) 58 B3
Croixrault (80) 20 A1
Croizet-sur-Gand (42) 129 E2
la Croizette 113 G5
Crolles (38) 145 H1
Crollon (50) 35 H4
Cromac (87) 110 C3
Cromary (70) 87 F5
Cromières 123 G3
Cronat (71) 99 G6
Cronce (43) 141 G3
la Cropte (53) 59 E6
Cropus (76) 7 G3
Cros (30) 171 E2
le Cros (34) 170 B3
Cros (63) 126 C6
Cros-de-Géorand (07) 143 E6
Cros-de-Montvert (15) 139 G4
Cros-de-Ronesque (15) 140 C5
Crosey-le-Grand (25) 88 A5
Crosey-le-Petit (25) 88 A5
Crosmières (72) 77 G2
Crosne (91) 43 E5
Crossac (44) 73 G3
Crosses (18) 97 H3
Crosville-la-Vieille (27) 40 C1
Crosville-sur-Douve (50) 14 D4
Crosville-sur-Scie (76) 7 G3
Crotelles (37) 79 E4
Crotenay (39) 103 E5
Croth (27) 41 F4
le Crotoy (80) 8 C3
Crots (05) 161 E2
Crottes-en-Pithiverais (45) 63 E5
Crottet (01) 116 B4
le Crouais (35) 56 C1
Crouay (14) 15 H5
la Croupte (14) 17 F6
Crouseilles (64) 164 C6
Croutelle (86) 109 E2
les Croûtes (10) 65 H6
Croutoy (60) 21 G5
Crouttes (61) 39 F3
Crouttes-sur-Marne (02) 44 B3
Crouy (02) 22 A4
Crouy-en-Thelle (60) 20 C6
Crouy-Saint-Pierre (80) 9 F5
Crouy-sur-Cosson (41) 80 B3
Crouy-sur-Ourcq (77) 43 H2
le Crouzet (25) 103 G5
Crouzet-Migette (25) 103 F3
la Crouzille (63) 113 E5
Crouzilles (37) 94 C2
Crozant (23) 111 E3
Croze (23) 125 G3
les Crozes 170 B6
Crozes-Hermitage (26) 144 A3
Crozet (01) 118 B4
le Crozet (42) 114 D5
les Crozets (39) 117 H2
Crozon (29) 30 D6
Crozon-sur-Vauvre (36) 111 G2
Cruas (07) 158 A1
Crucey-Villages (28) 40 D5
Crucheray (41) 79 G2
Cruéjouls (12) 155 E3
Cruet (73) 132 A5
Crugey (21) 101 F1
Crugny (51) 22 D6
Cruguel (56) 55 H4
Cruis (04) 174 C1
Crulai (61) 40 B5
Crupies (26) 158 D2
Crupilly (02) 11 H5
Cruscades (11) 185 H3
Cruseilles (74) 118 B6
Crusnes (54) 26 A2
Cruviers-Lascours (30) 171 H2
Crux-la-Ville (58) 99 F2
Cruzille (71) 116 B2
Cruzilles-lès-Mépillat (01) 116 B4
Cruzy (34) 186 C2
Cruzy-le-Châtel (89) 84 C1
Cry (89) 84 C2
Cubelles (43) 142 A4
Cubières (48) 156 C3
Cubières-sur-Cinoble (11) 185 F6
Cubiérettes (48) 156 C3
Cubjac (24) 137 G2
Cublac (19) 138 B3
Cublize (69) 115 G6
Cubnezais (33) 135 F3
Cubrial (25) 88 A4
Cubry (25) 88 A4
Cubry-lès-Faverney (70) 87 G1
Cubzac-les-Ponts (33) 135 F4
Cucharmoy (77) 44 A6
Cuchery (51) 45 E1
Cucq (62) 1 F6
Cucugnan (11) 199 G1
Cucuron (84) 173 H3
Cudos (33) 149 H4
Cudot (89) 64 D6
Cuébris (06) 176 C4
Cuélas (32) 181 H2
Cuers (83) 191 H4
Cuffies (02) 22 A4
Cuffy (18) 98 C4
Cugand (85) 75 E6
Cuges-les-Pins (13) 191 E4
Cugnaux (31) 167 E6
Cugney (70) 86 D5
Cugny (02) 21 H2
Cugny-lès-Crouttes 22 A6
Cuguen (35) 35 F5
Cuguron (31) 181 H4
Cuhon (86) 93 H5
Cuignières (60) 20 D4
Cuigy-en-Bray (60) 19 H4
Cuillé (53) 58 A6
Cuinchy (62) 2 D6
Cuincy (59) 10 C1
le Cuing (31) 182 A4
Cuinzier (42) 115 F5
Cuirieux (02) 22 D2
Cuiry-Housse (02) 22 B5
Cuiry-lès-Chaudardes (02) 22 D5
Cuiry-lès-Iviers (02) 23 F1
Cuis (51) 45 F2
Cuise-la-Motte (60) 21 G5
Cuiseaux (71) 117 F2
Cuiserey (21) 86 B5
Cuisery (71) 116 C1
Cuisia (39) 117 F1
Cuisiat 117 F4
Cuissai (61) 59 H1
Cuissy-et-Geny (02) 22 C4
Cuisy (55) 24 D5
Cuisy (77) 43 G2
Cuisy-en-Almont (02) 21 H4
Culan (18) 112 B2
Culètre (21) 101 E2
Culey 47 F4
Culey-le-Patry (14) 16 A6
Culhat (63) 127 G2
Culin (38) 130 D5
Culles-les-Roches (71) 101 F6
Cully (14) 16 A4
Culmont (52) 86 B1
Culoz (01) 131 G2
Cult (70) 86 D6
Cultures (48) 155 H3
Cumières (51) 45 F2
Cumières-
-le-Mort-Homme (55) 25 E6
Cumiès (11) 184 A2
Cumond 136 C2
Cumont (82) 166 B3
Cunac (81) 168 C2
Cunault 77 G6
Cuncy-lès-Varzy (58) 83 F6
Cunèges (24) 136 D6
Cunel (55) 24 D5
Cunelières (90) 88 D3
Cunfin (10) 67 E5
Cunlhat (63) 128 A4
Cuon (49) 77 G4
Cuperly (51) 46 A2
Cuq (47) 165 H1
Cuq (81) 168 B5
Cuq-Toulza (81) 167 H6
Cuqueron (64) 180 A2
Curac (16) 136 B1
Curan (12) 155 E6
Curbans (04) 160 B3
Curbigny (71) 115 G4
Curçay-sur-Dive (86) 93 G3
Curchy (80) 21 F1
Curciat-Dongalon (01) 116 D2
Curcy-sur-Orne (14) 16 A6
Curdin (71) 115 E1
Curel (04) 159 G5
Curel (52) 67 H1
Curemonte (19) 139 E4
Cures (72) 59 H5
Curgies (59) 11 F2
Curgy (71) 100 D3
Curienne (73) 132 A4
Curières (12) 155 E2
Curis-au-Mont-d'Or (69) 130 A2
Curley (21) 101 G1
Curlu (80) 10 B5
Curmont (52) 67 G3
Curnier (26) 159 E4
Cursan (33) 135 G6
Curtafond (01) 116 D4
Curtil-Saint-Seine (21) 85 G5
Curtil-sous-Buffières (71) 115 H3
Curtil-sous-Burnand (71) 116 A1
Curtil-Vergy (21) 101 G2
Curvalle (81) 168 D2
Curzay-sur-Vonne (86) 108 C2
Curzon (85) 91 G6
Cusance (25) 88 A5
Cuse-et-Adrisans (25) 87 H4
Cusey (52) 86 B3
Cussac (15) 141 E4
Cussac (87) 123 G3
Cussac-Fort-Médoc (33) 134 D3
Cussac-sur-Loire (43) 142 C4
Cussangy (10) 66 B5
Cussay (37) 95 E3
Cusset (03) 114 A5
Cussey-les-Forges (21) 85 H3
Cussey-sur-Lison (25) 103 F2
Cussey-sur-l'Ognon (25) 87 F5
Cussigny 101 G2
Cussy (14) 15 H5
Cussy-en-Morvan (71) 100 C2
Cussy-la-Colonne (21) 101 E3
Cussy-le-Châtel (21) 101 E2
Cussy-les-Forges (89) 84 B5
Custines (54) 48 C4
Cusy (74) 132 A2
Cutry (02) 21 H5
Cutry (54) 25 H3
Cuts (60) 21 G3
Cutting (57) 49 H3
Cuttoli-Corticchiato (2A) 204 D5
Cuttura (39) 117 H2
Cuvat (74) 118 C6
Cuve (70) 69 G6
Cuvergnon (60) 43 H1
Cuverville (14) 16 C4
Cuverville (27) 19 E6
Cuverville (76) 6 B4
Cuverville-sur-Yères (76) 8 B5
Cuves (50) 37 G5
Cuves (52) 68 B5
Cuvier (39) 103 G4
Cuvillers (59) 11 E3
Cuvilly (60) 21 E3
Cuvry (57) 26 B6
Cuxac-Cabardès (11) 184 D2
Cuxac-d'Aude (11) 186 C3
Cuy 39 E4
Cuy (60) 21 F3
Cuy (89) 65 E3
Cuy-Saint-Fiacre (76) 19 G3
Cuzac (46) 153 H2
Cuzance (46) 138 C4
Cuzieu (01) 131 F2
Cuzieu (42) 129 E4
Cuzion (36) 111 E2
Cuzorn (47) 151 H2
Cuzy (71) 100 B5
Cys-la-Commune (02) 22 C5
Cysoing (59) 3 G5

D

Dabo (57) 50 B5
Dachstein (67) 50 D5
Dadonville (45) 63 F4
Daglan (24) 152 B1
Dagneux (01) 130 C2
Dagny (77) 44 A5
Dagny-Lambercy (02) 23 E1
Dagonville (55) 47 G4
la Daguenière (49) 77 E5
Dahlenheim (67) 50 D5
Daignac (33) 135 G6
Daigny (08) 24 C2
Daillancourt (52) 67 G3
la Daille 133 G5
Daillecourt (52) 68 C5
Dainville (62) 10 B2
Dainville-Bertheléville (55) 68 C1
Daix (21) 85 H6
Dalem (57) 27 E4
Dalhain (57) 49 F3
Dalhunden (67) 51 G3
Dallet (63) 127 G3
Dallon (02) 21 H1
Dalou (09) 183 H5
Dalstein (57) 26 D3
Daluis (06) 176 B3
Damas-aux-Bois (88) 69 H1
Damas-et-Bettegney (88) 69 G3
Damazan (47) 150 C5
Dambach (67) 28 C6
Dambach-la-Ville (67) 71 F2
Dambelin (25) 88 B5
Dambenois (25) 88 C3
Dambenoît-lès-Colombe (70) 87 H2
Damblain (88) 68 D4
Damblainville (14) 39 E3
Dambron (28) 62 D5
Dame-Marie (27) 40 D4
Dame-Marie (61) 60 D2
Dame-Marie-les-Bois (37) 79 F4
Damelevières (54) 49 E6
Daméraucourt (60) 19 H2
Damerey (71) 101 H5
Damery (51) 45 E2
Damery (80) 21 E2
Damgan (56) 73 E2
Damiatte (81) 168 A5
Damigny (61) 60 A2
Damloup (55) 25 F6
Dammard (02) 44 A1
Dammarie (28) 62 B3
Dammarie-en-Puisaye (45) 82 B3
Dammarie-les-Lys (77) 64 A1
Dammarie-sur-Loing (45) 82 B2
Dammarie-sur-Saulx (55) 47 F6
Dammartin-en-Goële (77) 43 F2
Dammartin-en-Serve (78) 41 G3
Dammartin-les-Templiers (25) 87 H6
Dammartin-Marpain (39) 86 C6
Dammartin-sur-Meuse (52) 68 C6
Dammartin-sur-Tigeaux (77) 43 G4
Damousies (59) 12 A3
Damouzy (08) 24 A1
Damparis (39) 102 B2
Dampierre (10) 46 A6
Dampierre (14) 37 H2
Dampierre (39) 102 D1
Dampierre (52) 68 B6
Dampierre-au-Temple (51) 46 A2
Dampierre-en-Bray (76) 19 G3
Dampierre-en-Bresse (71) 102 A5
Dampierre-en-Burly (45) 81 H2
Dampierre-en-Crot (18) 81 H5
Dampierre-en-Graçay (18) 96 D2
Dampierre-en-Montagne (21) 85 E5
Dampierre-en-Yvelines (78) 42 B5
Dampierre-et-Flée (21) 86 B4
Dampierre-le-Château (51) 46 C2
Dampierre-les-Bois (25) 88 D4
Dampierre-lès-Conflans (70) 87 G1
Dampierre-Saint-Nicolas (76) 7 H2
Dampierre-sous-Bouhy (58) 82 D4
Dampierre-sous-Brou (28) 61 G4
Dampierre-sur-Avre (28) 41 E5
Dampierre-sur-Boutonne (17) 107 H6
Dampierre-sur-le-Doubs (25) 88 C4
Dampierre-sur-Linotte (70) 87 G4
Dampierre-sur-Loire 93 H1
Dampierre-sur-Moivre (51) 46 B3
Dampierre-sur-Salon (70) 86 D4
Dampjoux (25) 88 C5
Dampleux (02) 21 H6
Dampmart (77) 43 F3
Dampniat (19) 138 D3
Damprichard (25) 88 D6
les Damps (27) 18 D5
Dampsmesnil (27) 41 H1
Dampvalley-lès-Colombe (70) 87 G3
Dampvalley-
-Saint-Pancras (70) 69 G6
Dampvitoux (54) 48 B2
Damrémont (52) 68 D6
Damville (27) 40 D4
Damvillers (55) 25 F5
Damvix (85) 107 F3
Dancé (42) 128 D2
Dancé (61) 61 E2
Dancevoir (52) 67 G6
Dancourt (76) 8 B6
Dancourt-Popincourt (80) 21 E2
Dancy (28) 62 A4
Danestal (14) 17 E4
Dangé-Saint-Romain (86) 94 D4
Dangeau (28) 61 H4
Dangers (28) 62 A1
Dangeul (72) 60 B3
Dangolsheim (67) 50 D5
Dangu (27) 19 G6
Dangy (50) 37 F2
Danizy (02) 22 A2
Danjoutin (90) 88 C3
Danne-et-Quatre-Vents (57) 50 C4
Dannelbourg (57) 50 B4
Dannemarie (25) 88 D5
Dannemarie (68) 89 E2
Dannemarie (78) 41 G5
Dannemarie-sur-Crète (25) 103 E1
Dannemoine (89) 84 A1
Dannemois (91) 63 H2
Dannes (62) 1 F5
Dannevoux (55) 25 E5
Danvou-la-Ferrière (14) 38 B2
Danzé (41) 79 F1
Daon (53) 76 D2
Daoulas (29) 31 F5
Daours (80) 9 H6
Darazac (19) 139 G3
Darbonnay (39) 102 D5
Darbres (07) 157 G1
Darcey (21) 85 E4
Dardenac (33) 135 G6
Dardez (27) 41 E2
Dardilly (69) 129 H2
Dareizé (69) 129 G2
Dargies (60) 20 A2
Dargnies (80) 8 B4
Dargoire (42) 129 H5
Darmannes (52) 68 A4
Darnac (87) 110 A5
Darnétal (76) 7 G6
Darnets (19) 125 G6
Darney (88) 69 F4
Darney-aux-Chênes (88) 68 D3
Darnieulles (88) 69 H3
Darois (21) 85 G5
Darvault (77) 64 A3
Darvoy (45) 81 E1
Dasle (25) 88 D4
Daubensand (67) 71 H1
Daubeuf-la-Campagne (27) 18 C6
Daubeuf-près-Vatteville (27) 19 E6
Daubeuf-Serville (76) 6 D4
Daubèze (33) 150 A1
Dauendorf (67) 51 E3
Daumazan-sur-Arize (09) 183 F4
Daumeray (49) 77 F2
Dauphin (04) 174 C2
Dausse (47) 151 G4
Daux (31) 166 D4
Dauzat-sur-Vodable (63) 127 F6
Davayat (63) 127 F1
Davayé (71) 116 B4
Davejean (11) 185 G5
Davenescourt (80) 20 D2
Davézieux (07) 143 H2
Davignac (19) 125 G6
Davrey (10) 66 A5
Davron (78) 42 B4
Dax (40) 163 E4
Deauville (14) 17 E3
Deaux (30) 171 H1
Débats-Rivière-d'Orpra (42) 128 C3
Decazeville (12) 154 A2
Dechy (59) 10 D2
Décines-Charpieu (69) 130 B3
Decize (58) 99 F5
Dégagnac (46) 152 B1
Degré (72) 60 A5
Dehault (72) 60 D4
Dehéries (59) 11 E4
Dehlingen (67) 28 A6
Deinvillers (88) 70 A1
Delain (70) 86 D3
Delettes (62) 2 A5
Delincourt (60) 19 H6
Delle (90) 88 D4
Delme (57) 49 E3
Delouze-Rosières (55) 47 H6
le Déluge (60) 20 B5
Delut (55) 25 F4
Deluz (25) 87 G6
Demandolx (04) 175 H2
Demange-aux-Eaux (55) 47 G6
Demangevelle (70) 69 F6
Demi-Quartier (74) 133 E1
la Demie (70) 87 G3
Demigny (71) 101 G4
Démouville (14) 16 C4
Dému (32) 165 E4
Démuin (80) 20 D1
Denain (59) 11 E2
Dénat (81) 168 C3
Denazé (53) 76 C1
Denée (49) 76 D5
Dénestanville (76) 7 G3
Deneuille-lès-Chantelle (03) 113 G4
Deneuille-les-Mines (03) 113 E3
Deneuvre (54) 70 B1
Denèvre (70) 86 D3
Dénezé-sous-Doué (49) 93 F1
Dénezé-sous-le-Lude (49) 78 A4
Denezières (39) 103 E6
Denguin (64) 180 A1
Denicé (69) 129 H1
Denier (62) 9 H2
Denipaire (88) 70 D2
Dennebrœucq (62) 2 A5
Denneville (50) 14 C5
Dennevy (71) 101 F4
Denney (90) 88 D2
Denone 113 H6
Denonville (28) 62 D2
Denting (57) 27 E4
Déols (36) 96 C5
Derbamont (88) 69 G3
Dercé (86) 94 A4
Derchigny (76) 7 H2
Dercy (02) 22 C2
Dernacueillette (11) 185 F6
Dernancourt (80) 10 A5
Derval (44) 74 C1
Désaignes (07) 143 G4
Désandans (25) 88 B3
Descartes (37) 94 D3
le Deschaux (39) 102 C3
le Désert 131 H5
le Désert (14) 38 A3
Désertines (03) 112 D3
Désertines (53) 58 C1
les Déserts (73) 132 A4
Déservillers (25) 103 G3
Desges (43) 141 H4
Desingy (74) 118 A6
Desmonts (45) 63 H4
Desnes (39) 102 C5
Desseling (57) 49 H4
Dessenheim (68) 71 G5
Dessia (39) 117 F3
Destord (88) 70 B3
la Destrousse (13) 191 E3
Destry (57) 49 F2
Desvres (62) 1 G4
Détain-et-Bruant (21) 101 F2
Détrier (73) 132 B5
le Détroit (14) 38 C3
Dettey (71) 100 C5
Dettwiller (67) 50 D4
Deuil-la-Barre (95) 42 D3
Deuillet (02) 22 A2
Deûlémont (59) 3 F4
Deux-Chaises (03) 113 F3
Deux-Évailles (53) 59 E4
les Deux-Fays (39) 102 C4
Deux-Jumeaux (14) 15 G5
Deux-Verges (15) 141 E6
les Deux-Villes (08) 24 D2
les Deux Alpes 146 B3
Deuxville (54) 49 E5
Devay (58) 99 F5
Devecey (25) 87 F6
Devesset (07) 143 F3
Devèze (65) 182 A2
Deviat (16) 122 B6
Dévillac (47) 151 G2
Deville (08) 13 E6
Déville-lès-Rouen (76) 7 G6
Devise (80) 10 C6
Devrouze (71) 102 A5
Deycimont (88) 70 B3
Deyme (31) 183 G1
Deyvillers (88) 70 A3
le Dézert (50) 15 E6
Dezize-lès-Maranges (71) 101 F4
D'Huison-Longueville (91) 63 G2
Dhuisy (77) 44 A2
Dhuizel (02) 22 C5
Dhuizon (41) 80 C4
Diancey (21) 100 D2
Diane-Capelle (57) 49 H4
Diant (77) 64 C3
Diarville (54) 69 F2
le Diben 32 A2
Diconne (71) 102 A5
Dicy (89) 64 D6
Didenheim (68) 89 F2
Die (26) 145 E6
Diebling (57) 27 G5
Diebolsheim (67) 71 H2
Diedendorf (67) 50 A3
Dieffenbach-au-Val (67) 71 F2
Dieffenbach-lès-Wœrth (67) 28 D6
Dieffenthal (67) 71 F2
Diefmatten (68) 89 E2
Diélette 14 A3
Dième (69) 129 F1
Diemeringen (67) 50 B2
Diémoz (38) 130 C4
Diénay (21) 85 H4
Dienne (15) 140 D3
Dienné (86) 109 F3
Diennes-Aubigny (58) 99 G4
Dienville (10) 66 D2
Dieppe (76) 7 G2
Dieppe-sous-Douaumont (55) 25 F6
Dierre (37) 79 F6
Dierrey-Saint-Julien (10) 65 H3
Dierrey-Saint-Pierre (10) 65 H3
Diesen (57) 27 E4
Dietwiller (68) 89 G2
Dieudonné (60) 20 B6
Dieue-sur-Meuse (55) 47 G1
Dieulefit (26) 158 C2
Dieulivol (33) 150 B1
Dieulouard (54) 48 C3
Dieupentale (82) 166 D3
Dieuze (57) 49 G3
Diéval (62) 9 H1
Diffembach-lès-Hellimer (57) 27 F6
Diges (89) 83 E2
Digna (39) 117 F2
Dignac (16) 122 C5
la Digne-d'Amont (11) 184 D5
la Digne-d'Aval (11) 184 D5
Digne-les-Bains (04) 160 C6
Dignonville (88) 70 A3
Digny (28) 61 G1
Digoin (71) 114 D2
Digosville (50) 14 C2
Digulleville (50) 14 B1
Dijon (21) 85 H6
Dimancheville (45) 63 G4
Dimbsthal (67) 50 C4
Dimechaux (59) 12 A3
Dimont (59) 12 A3
Dinan (22) 34 D5
Dinard (35) 34 D3
Dinéault (29) 31 F6
Dingé (35) 35 F6
Dingsheim (67) 51 E5
Dingy-en-Vuache (74) 118 A5
Dingy-Saint-Clair (74) 132 B1
Dinozé (88) 70 A4
Dinsac (87) 110 B4
Dinsheim-sur-Bruche (67) 50 D6
Dinteville (52) 67 F5
Dio-et-Valquières (34) 170 B5
Dionay (38) 144 D2
Dions (30) 172 A2
Diors (36) 96 C5
Diou (03) 114 C2
Diou (36) 97 E3
Dirac (16) 122 C4

Dirinon (29) 31 F5
Dirol (58) 83 G6
Disneyland Paris (77) 43 G4
Dissangis (89) 84 A4
Dissay (86) 94 C6
Dissay-sous-Courcillon (72) 78 C3
Dissé-sous-Ballon (72) 60 B3
Dissé-sous-le-Lude (72) 78 A3
Distré (49) 93 G1
Distroff (57) 26 C3
Diusse (64) 164 C5
Divajeu (26) 158 C1
Dival 44 D6
Dives (60) 21 F3
Dives-sur-Mer (14) 16 D3
Divion (62) 2 C6
Divonne-les-Bains (01) 118 C3
Dixmont (89) 65 E5
Dizimieu (38) 130 D3
Dizy (51) 45 F2
Dizy-le-Gros (02) 23 E2
Doazit (40) 163 G4
Doazon (64) 163 H6
Docelles (88) 70 B4
Dœuil-sur-le-Mignon (17) 107 G5
Dognen (64) 179 H2
Dogneville (88) 69 H3
Dohem (62) 2 A5
Dohis (02) 23 F1
Doignies (59) 10 C4
Doingt (80) 10 C6
Doissat (24) 152 A1
Doissin (38) 131 E5
Doix (85) 107 F3
Doizieux (42) 129 G6
Dol-de-Bretagne (35) 35 E4
Dolaincourt (88) 68 D2
Dolancourt (10) 67 E3
Dolcourt (54) 69 E1
Dole (39) 102 C2
Dolignon (02) 23 E1
Dolleren (68) 88 D1
Dollon (72) 60 D5
Dollot (89) 64 C4
Dolmayrac (47) 151 E4
Dolo (22) 34 B6
Dolomieu (38) 131 E4
Dolus-d'Oléron (17) 120 A1
Dolus-le-Sec (37) 95 F2
Dolving (57) 50 A4
Dom-le-Mesnil (08) 24 B2
Domagné (35) 57 G3
Domaine de Méjanes 172 B5
Domaize (63) 128 A4
Domalain (35) 57 H4
Domancy (74) 133 E1
Domange 116 B3
Domarin (38) 130 D4
Domart-en-Ponthieu (80) 9 F4
Domart-sur-la-Luce (80) 20 D1
Domats (89) 64 C5
Domazan (30) 172 C2
Dombasle-devant-Darney (88) 69 F4
Dombasle-en-Argonne (55) 47 E1
Dombasle-en-Xaintois (88) 69 F2
Dombasle-sur-Meurthe (54) 49 E5
Domblain (52) 67 G1
Domblans (39) 102 D5
Dombras (55) 25 F4
Dombrot-le-Sec (88) 69 E4
Dombrot-sur-Vair (88) 69 E3
Domecy-sur-Cure (89) 83 H5
Domecy-sur-le-Vault (89) 83 H5
Doméliers (60) 20 B2
Domène (38) 145 H2
Domérat (03) 112 C3
Domesmont (80) 9 F4
Domessargues (30) 171 H2
Domessin (73) 131 G5
Domèvre-en-Haye (54) 48 B4
Domèvre-sous-Montfort (88) 69 F3
Domèvre-sur-Avière (88) 69 H3
Domèvre-sur-Durbion (88) 70 A3
Domèvre-sur-Vezouze (54) 49 H6
Domeyrat (43) 141 H2
Domeyrot (23) 112 A4
Domezain-Berraute (64) 179 F2
Domfaing (88) 70 B3
Domfessel (67) 50 B2
Domfront (60) 20 D3
Domfront (61) 38 B6
Domfront-
-en-Champagne (72) 59 H5
Domgermain (54) 48 B5
la Dominelais (35) 57 E6
Dominois (80) 8 D2
Domjean (50) 37 G2
Domjevin (54) 49 G6
Domjulien (88) 69 F3
Domléger-Longvillers (80) 9 F3
Domloup (35) 57 G3
Dommarie-Eulmont (54) 69 F1
Dommarien (52) 86 B2
Dommartemont (54) 48 D4
Dommartin (01) 116 C3
Dommartin (25) 103 H3
Dommartin (58) 99 H3
Dommartin (69) 129 H2
Dommartin (80) 20 C1
Dommartin-aux-Bois (88) 69 G4
Dommartin-Dampierre (51) 46 C2
Dommartin-la-Chaussée (54) 26 A6
Dommartin-la-Montagne (55) 47 H2
Dommartin-le-Coq (10) 66 C1
Dommartin-le-Franc (52) 67 G2
Dommartin-le-Saint-Père (52) 67 G2
Dommartin-lès-Cuiseaux (71) 117 E2
Dommartin-
-lès-Remiremont (88) 70 B5
Dommartin-lès-Toul (54) 48 B5
Dommartin-lès-Vallois (88) 69 F4
Dommartin-Lettrée (51) 45 H4
Dommartin-sous-Amance (54) 48 D4
Dommartin-sous-Hans (51) 46 C1
Dommartin-sur-Vraine (88) 69 E2
Dommartin-Varimont (51) 46 C2
Dommary-Baroncourt (55) 25 G5
Domme (24) 138 A6
Dommerville 63 E3
Dommery (08) 23 H2
Dommiers (02) 21 H5
Domnon-lès-Dieuze (57) 49 G3
Domont (95) 42 D2
Dompaire (88) 69 G3
Dompcevrin (55) 47 G3
Dompierre (60) 20 D3
Dompierre (61) 38 B5
Dompierre (88) 70 A3
Dompierre-aux-Bois (55) 47 H2
Dompierre-Becquincourt (80) 10 B6
Dompierre-du-Chemin (35) 58 A3
Dompierre-en-Morvan (21) 84 C5
Dompierre-les-Églises (87) 110 C5
Dompierre-les-Ormes (71) 115 H3
Dompierre-les-Tilleuls (25) 103 G4
Dompierre-
-sous-Sanvignes (71) 100 C6
Dompierre-sur-Authie (80) 9 E2
Dompierre-sur-Besbre (03) 114 C2
Dompierre-
-sur-Chalaronne (01) 116 C5
Dompierre-sur-Charente (17) 121 F3
Dompierre-sur-Helpe (59) 11 H3
Dompierre-sur-Héry (58) 99 G1
Dompierre-sur-Mer (17) 106 D4
Dompierre-sur-Mont (39) 117 G1
Dompierre-sur-Nièvre (58) 99 E1
Dompierre-sur-Veyle (01) 117 E6
Dompierre-sur-Yon (85) 91 G4
Dompnac (07) 157 E2
Domprel (25) 104 A1
Dompremy (51) 46 C5
Domprix (54) 25 H5
Domps (87) 125 E4
Domptail (88) 70 A1
Domptail-en-l'Air (54) 49 E6
Domptin (02) 44 B2
Domqueur (80) 9 E4
Domremy-la-Canne (55) 25 G5
Domrémy-la-Pucelle (88) 68 D1
Domremy-Landéville (52) 68 A2
Domsure (01) 117 E2
Domvallier (88) 69 F2
Domvast (80) 9 E3
Don (59) 3 E6
Donazac (11) 184 C4
Donchery (08) 24 B2
Doncières (88) 70 B1
Doncourt-aux-Templiers (55) 48 A1
Doncourt-lès-Conflans (54) 26 A5
Doncourt-lès-Longuyon (54) 25 G4
Doncourt-sur-Meuse (52) 68 C4
Dondas (47) 151 G5
Donges (44) 73 H4
Donjeux (52) 67 H2
Donjeux (57) 49 E3
le Donjon (03) 114 C3
Donnant 72 A3
Donnay (14) 16 B6
Donnazac (81) 168 A2
Donnelay (57) 49 G4
Donnemain-Saint-Mamès (28) 62 A5
Donnemarie-Dontilly (77) 64 D1
Donnement (10) 66 D1
Donnenheim (67) 51 E4
Donnery (45) 81 E1
Donneville (31) 183 G1
Donnezac (33) 135 F2
Dontilly 64 D1
Dontreix (23) 126 B1
Dontrien (51) 23 G6
Donville-les-Bains (50) 35 G2
Donzac (33) 149 H1
Donzac (82) 166 A1
Donzacq (40) 163 F4
le Donzeil (23) 111 G6
Donzenac (19) 138 C2
Donzère (26) 158 A3
Donzy (58) 82 D6
Donzy-le-National (71) 115 H2
Donzy-le-Pertuis (71) 116 A2
Donzy-le-Pré 82 D6
Doranges (63) 128 A6
Dorans (90) 88 C3
Dorat (63) 127 H2
le Dorat (87) 110 B5
Dorceau (61) 61 E2
Dordives (45) 64 B4
Dore-l'Église (63) 142 B1
la Dorée (53) 58 B1
Dorengt (02) 11 G5
Dorlisheim (67) 50 D6
Dormans (51) 44 D2
Dormelles (77) 64 B3
la Dornac (24) 138 B3
Dornas (07) 143 F5
Dornecy (58) 83 G5
Dornes (58) 99 E6
Dornot (57) 26 B6
Dorres (66) 198 B4
Dortan (01) 117 G3
Dosches (10) 66 C3
Dosnon (10) 45 H6
Dossenheim-Kochersberg (67) 50 D5
Dossenheim-sur-Zinsel (67) 50 C3
Douadic (36) 95 G6
Douai (59) 10 D1
Douains (27) 41 F2
Douarnenez (29) 53 E2
Douaumont (55) 25 F6
Doubs (25) 103 H3
Doucelles (72) 60 A3
Douchapt (24) 136 D2
Douchy (02) 21 H1
Douchy (45) 64 C6
Douchy-lès-Ayette (62) 10 B3
Douchy-les-Mines (59) 11 E2
Doucier (39) 103 E6
Doucy 132 D5
Doucy-en-Bauges (73) 132 B3
Doudeauville (62) 1 G5
Doudeauville (76) 19 G3
Doudeauville-en-Vexin (27) 19 F5
Doudelainville (80) 8 D5
Doudeville (76) 7 E3
Doudrac (47) 151 F1
Doue (77) 44 A4
Doué-la-Fontaine (49) 93 F1
Douelle (46) 152 C3
le Douhet (17) 121 F2
Douillet (72) 59 H3
Douilly (80) 21 G1
Doulaincourt-Saucourt (52) 68 A3
Doulcon (55) 24 D4
Doulevant-le-Château (52) 67 G2
Doulevant-le-Petit (52) 67 G1
Doulezon (33) 136 A6
le Doulieu (59) 2 D4
Doullens (80) 9 G3
Doumely-Bégny (08) 23 G2
Doumy (64) 180 B1
Dounoux (88) 69 H4
Dourbies (30) 170 C1
Dourdain (35) 57 H2
Dourdan (91) 63 E1
Dourges (62) 10 C1
Dourgne (81) 184 C1
Douriez (62) 8 D2
Dourlers (59) 12 A3
le Dourn (81) 168 D2
Dournazac (87) 123 G4
Dournon (39) 103 F3
Dours (65) 181 F2
Doussard (74) 132 B2
Doussay (86) 94 B5
Douvaine (74) 118 D3
Douville (24) 137 E4
Douville-en-Auge (14) 16 D4
Douville-sur-Andelle (27) 19 E5
Douvrend (76) 8 A6
Douvres (01) 117 F6
Douvres-la-Délivrande (14) 16 B3
Douvrin (62) 3 E6
Doux (08) 23 H3
Doux (79) 93 H5
Douy (28) 61 H5
Douy-la-Ramée (77) 43 G2
Douzains (47) 151 E2
Douzat (16) 122 B3
la Douze (24) 137 G4
Douzens (11) 185 F3
Douzillac (24) 136 D3
Douzy (08) 24 C2
Doville (50) 14 C5
Doye (39) 103 F5
Doyet (03) 113 E4
Dozulé (14) 16 D4
Dracé (69) 116 B5
Draché (37) 94 D3
Drachenbronn-
-Birlenbach (67) 29 E6
Dracy 85 E5
Dracy (89) 83 E2
Dracy-le-Fort (71) 101 F5
Dracy-lès-Couches (71) 101 E4
Dracy-Saint-Loup (71) 100 D3
Dragey-Ronthon (50) 35 G3
Draguignan (83) 175 G5
Draillant (74) 119 E3
Drain (49) 75 F4
Draix (04) 160 D6
Draize (08) 23 G2
Drambon (21) 86 B6
Dramelay (39) 117 F3
le Dramont 193 E2
Drancy (93) 43 E3
Drap (06) 177 E5
Dravegny (02) 22 C6
Draveil (91) 42 D5
Drée (21) 85 F6
Drefféac (44) 73 H2
Drémil-Lafage (31) 167 F5
le Drennec (29) 31 E3
Dreuil-lès-Amiens (80) 9 F6
Dreuilhe (09) 184 B6
Dreux (28) 41 F5
Drevant (18) 97 H6
Dricourt (08) 23 H4
Driencourt (80) 10 C5
Drincham (59) 2 B2
Drocourt (62) 10 C1
Drocourt (78) 41 H2
Droisy (27) 41 E4
Droisy (74) 131 H1
Droiteval 69 F5
Droiturier (03) 114 C4
Droizy (02) 22 A6
Drom (01) 117 E4
Dromesnil (80) 8 D6
Drosay (76) 7 E3
Drosnay (51) 46 B6
Droué (41) 61 G5
Droue-sur-Drouette (28) 41 H6
Drouges (35) 57 H4
Drouilly (51) 46 B4
Droupt-Saint-Basle (10) 66 A1
Droupt-Sainte-Marie (10) 66 A1
Drouville (54) 49 E5
Drouvin-le-Marais (62) 2 D6
Droux (87) 110 B5
Droyes (52) 67 E1
Drubec (14) 17 E4
Drucat (80) 8 D4
Drucourt (27) 17 G5
Drudas (31) 166 C4
Druelle (12) 154 B4
Drugeac (15) 140 A3
Druillat (01) 117 E6
Drulhe (12) 153 H3
Drulingen (67) 50 B3
Drumettaz-Clarafond (73) 131 H3
Drusenheim (67) 51 G3
Druy-Parigny (58) 99 E4
Druye (37) 78 C6
Druyes-
-les-Belles-Fontaines (89) 83 F4
Dry (45) 80 C2
Duault (22) 32 C5
Ducey (50) 35 H4
Duclair (76) 7 F6
Ducy-Sainte-Marguerite (14) 16 A4
Duerne (69) 129 G4
Duesme (21) 85 F3
Duffort (32) 181 G2
Dugny (93) 42 D3
Dugny-sur-Meuse (55) 47 G1
Duhort-Bachen (40) 164 B4
Duilhac-
-sous-Peyrepertuse (11) 185 F6
Duingt (74) 132 B2
Duisans (62) 10 A2
Dullin (73) 131 G4
Dumes (40) 163 H4
Dun (09) 184 A5
Dun-le-Palestel (23) 111 F4
Dun-le-Poëlier (36) 96 C1
Dun-les-Places (58) 84 B6
Dun-sur-Auron (18) 97 H4
Dun-sur-Grandry (58) 99 H2
Dun-sur-Meuse (55) 24 D4
Duneau (72) 60 C5
Dunes (82) 166 A1
Dunet (36) 110 C2
Dung (25) 88 C4
Dunière-sur-Eyrieux (07) 143 H6
Dunières (43) 143 F2
Dunkerque (59) 2 B1
Duntzenheim (67) 50 D4
Duppigheim (67) 51 E6
Duran (32) 165 G5
Durance (47) 150 C6
Duranus (06) 177 E4
Duranville (27) 17 H5
Duras (47) 150 C1
Duravel (46) 152 A3
Durban (32) 165 G6
Durban-Corbières (11) 185 H5
Durban-sur-Arize (09) 183 F5
Durbans (46) 153 E1
Durcet (61) 38 C4
Durdat-Larequille (03) 112 D4
Dureil (72) 77 G1
Durenque (12) 169 E1
Durfort (09) 183 G3
Durfort (81) 184 C1
Durfort-et-Saint-Martin-
-de-Sossenac (30) 171 F2
Durfort-Lacapelette (82) 152 A6
Durlinsdorf (68) 89 F4
Durmenach (68) 89 F3
Durmignat (63) 113 E5
Durnes (25) 103 G2
Durningen (67) 50 D4
Durrenbach (67) 51 E2
Durrenentzen (68) 71 G4
Durstel (67) 50 B3
Durtal (49) 77 F3
Durtol (63) 127 E3
Dury (02) 21 H1
Dury (62) 10 C3
Dury (80) 9 G6
Dussac (24) 123 H6
Duttlenheim (67) 50 D6
Duvy (60) 21 F6
Duzey (55) 25 G4
Dyé (89) 83 H1
Dyo (71) 115 F3

E

Eancé (35) 57 H5
Eaubonne (95) 42 D3
Eaucourt-sur-Somme (80) 8 D4
Eaunes (31) 183 F1
Eaux-Bonnes (64) 180 B5
les Eaux-Chaudes 180 B5
Eaux-Puiseaux (10) 65 H5
Eauze (32) 164 D3
Ébaty (21) 101 F4
Ebblinghem (59) 2 C4
Eberbach-Seltz (67) 29 F6
Ebersheim (67) 71 G2
Ebersmunster (67) 71 G2
Ébersviller (57) 26 D4
Éblange (57) 26 D4
Ébouleau (02) 22 D2
Ébréon (16) 122 B1
Ébreuil (03) 113 G6
l'Écaille (08) 23 F4
Écaillon (59) 10 D2
Écalles-Alix (76) 7 F4
Écaquelon (27) 18 A5
Écardenville-
-la-Campagne (27) 40 C1
Écardenville-sur-Eure (27) 41 E1
Écausseville (50) 14 D3
Écauville (27) 40 D1
Eccica-Suarella (2A) 204 D6
Eccles (59) 12 B3
Échalas (69) 129 H5
Échallat (16) 122 A3
Échallon (01) 117 H4
Échalot (21) 85 G3
Échalou (61) 38 C5
l'Échalp 147 H5
Échandelys (63) 128 A5
Échannay (21) 85 F6
Écharcon (91) 42 D6
les Écharmeaux 115 G5
Échassières (03) 113 F5
Échauffour (61) 39 H5
Échavanne (70) 88 C2
Échay (25) 103 F2
Échebrune (17) 121 F4
l'Échelle 44 D3
l'Échelle (08) 23 H1
l'Échelle-Saint-Aurin (80) 21 E2
les Échelles (73) 131 G5
Échemines (10) 65 H2
Échemiré (49) 77 G4
Échenans (25) 88 B4
Échenans-
-sous-Mont-Vaudois (70) 88 C3
Échenay (52) 68 A1
Échenevex (01) 118 B3
Échenon (21) 102 B2
Échenoz-la-Méline (70) 87 G3
Échenoz-le-Sec (70) 87 G4
Échevannes (21) 86 A4
Échevannes (25) 103 G2
Échevis (26) 145 E4
Échevronne (21) 101 G2
Échigey (21) 102 A1
Échillais (17) 120 C1
Échilleuses (45) 63 G4
Echinghen (62) 1 F4
Échiré (79) 107 H3
Échirolles (38) 145 G2
Échizadour 124 D4
Échouboulains (77) 64 C2
Échourgnac (24) 136 C3
Eckartswiller (67) 50 C4
Eckbolsheim (67) 51 E5
Eckwersheim (67) 51 E4
l'Éclache 126 C3
Éclaibes (59) 12 A3
Éclaires (51) 46 D2
Éclance (10) 67 E3
Éclans-Nenon (39) 102 D2
Éclaron-Braucourt-
-Sainte-Livière (52) 46 D6
Eclassan (07) 144 A3
Écleux (39) 103 E3
Éclimeux (62) 9 F1
Éclimont 62 C1
Eclose (38) 130 D5
Éclusier-Vaux (80) 10 B5
Écluzelles (28) 41 F5
Écly (08) 23 G3
Écoche (42) 115 G5
Écoivres (62) 9 G2
École (73) 132 B3
École-Valentin (25) 87 F6
Écollemont (51) 46 C6
Écommoy (72) 78 B1
Écoquenéauville (50) 15 E4
Écorcei (61) 40 A5
les Écorces (25) 88 C6
Écorches (61) 39 F3
Écordal (08) 24 A3
Écorpain (72) 60 D6
Écos (27) 41 G1
l'Écot 133 H6
Écot (25) 88 C4
Ecot-la-Combe (52) 68 B3
Écotay-l'Olme (42) 128 D4
Écouché (61) 39 E5
Écouen (95) 42 D2
Écouflant (49) 77 E4
Écouis (27) 19 E5
Écourt-Saint-Quentin (62) 10 D3
Écoust-Saint-Mein (62) 10 C3
Écouviez (55) 25 F3
l'Écouvotte (25) 87 H5
Écoyeux (17) 121 F2
Ecquedecques (62) 2 C5
Ecques (62) 2 B4
Ecquetot (27) 40 D1
Ecquevilly (78) 42 B3
Écrainville (76) 6 C4
Écrammeville (14) 15 G5
les Écrennes (77) 64 B1
Écretteville-lès-Baons (76) 7 E4
Écretteville-sur-Mer (76) 6 D3
Écriennes (51) 46 C5
Écrille (39) 117 G2
Écromagny (70) 88 A1
Écrosnes (28) 62 C1
Écrouves (54) 48 B5
Ectot-l'Auber (76) 7 F4
Ectot-lès-Baons (76) 7 E4
Écueil (51) 45 F1
Écueillé (36) 95 H3
Écuélin (59) 12 A3
Écuelle (70) 86 C4
Écuelles (71) 101 H4
Écuelles (77) 64 B3
Écuillé (49) 76 D3
Écuires (62) 8 D1
Écuisses (71) 101 E5
Éculleville (50) 14 B1
Écully (69) 130 A3
Écuras (16) 123 E4
Écurat (17) 121 E2
Écurcey (25) 88 C5
Écurey 47 F6
Écurey-en-Verdunois (55) 25 E5
Écurie (62) 10 B2
Écury-le-Repos (51) 45 F4
Écury-sur-Coole (51) 45 H3
Écutigny (21) 101 E2
Écuvilly (60) 21 F2
Edern (29) 53 G2
Édon (16) 122 D5
les Éduts (17) 121 H1
Eecke (59) 2 D3
Effiat (63) 113 H6
Effincourt (52) 68 A1
Effry (02) 12 A5
Égat (66) 198 C4
Égleny (89) 83 E2
Égletons (19) 125 G6
Égligny (77) 64 D2
Eglingen (68) 89 E2
l'Église-aux-Bois (19) 125 E4
Église-Neuve-de-Vergt (24) 137 F3
Église-Neuve-d'Issac (24) 136 D4
Égliseneuve-d'Entraigues (63) 126 D6
Égliseneuve-des-Liards (63) 127 H5
Égliseneuve-près-Billom (63) 127 G3
les Églises-d'Argenteuil (17) 121 G1
Églisolles (63) 128 C6
les Églisottes-
-et-Chalaures (33) 136 A3
Égly (91) 42 C6
Égreville (77) 64 B4
Égriselles-le-Bocage (89) 64 D5
Égry (45) 63 G5
Éguelshardt (57) 28 C6
Eguenigue (90) 88 D2
l'Éguille (17) 120 C3
Éguilles (13) 173 H5
Éguilly (21) 85 E6
Éguilly-sous-Bois (10) 67 E4
Éguisheim (68) 71 F4
Éguzon-Chantôme (36) 111 E3
Éhuns (70) 87 H1
Eichhoffen (67) 71 F1
Eincheville (57) 27 E6
Einvaux (54) 69 H1
Einville-au-Jard (54) 49 F5
Eix (55) 25 F6
Élan (08) 24 B2
Élancourt (78) 42 B4
Elbach (68) 89 E2
Elbeuf (76) 18 C5
Elbeuf-en-Bray (76) 19 G4
Elbeuf-sur-Andelle (76) 19 E4
Élencourt (60) 19 H2
Élesmes (59) 12 A2
Életot (76) 6 C3
Éleu-dit-Leauwette (62) 10 B1
Élincourt (59) 11 E4
Élincourt-
-Sainte-Marguerite (60) 21 F3
Élise-Daucourt (51) 46 D2
Ellecourt (76) 19 G1
Elliant (29) 53 H3
Ellon (14) 15 H6
Elne (66) 201 E3
Elnes (62) 2 A4
Éloie (90) 88 C2
Éloise (74) 118 A5
Éloyes (88) 70 B4
Elsenheim (67) 71 G3
Elvange (57) 27 E6
Elven (56) 55 H6
Elzange (57) 26 C3
Émagny (25) 87 E6
Émalleville (27) 41 E2
Émancé (78) 41 H6
Émanville (27) 40 C2
Émanville (76) 7 F4
Emberménil (54) 49 G5
Embres-et-Castelmaure (11) 185 H6
Embreville (80) 8 B5
Embrun (05) 161 E2
Embry (62) 1 H6
Émerainville (77) 43 F4
Émerchicourt (59) 11 E2
Émeringes (69) 116 A4
Éméville (60) 21 G6
Émiéville (14) 16 C5
Emlingen (68) 89 F2
Emmerin (59) 3 F5
Émondeville (50) 14 D3
Empeaux (31) 166 C6
Empurany (07) 143 H4
Empuré (16) 108 C6
Empury (58) 83 H6
En Calcat 168 B6
Encausse (32) 166 C4
Encausse-les-Thermes (31) 182 B5
Enchastrayes (04) 161 F3
Enchenberg (57) 28 B6
Encourtiech (09) 183 E5
Endoufielle (32) 166 C6
Énencourt-le-Sec (60) 19 H5
Énencourt-Léage (60) 19 H5
Enfonvelle (52) 69 E6
Engayrac (47) 151 G5
Engente (10) 67 F3
Engenville (45) 63 F4
Enghien-les-Bains (95) 42 D3
Engins (38) 145 F2
Englancourt (02) 11 H5
Englebelmer (80) 10 A4
Englefontaine (59) 11 G3
Englesqueville-en-Auge (14) 17 E3
Englesqueville-la-Percée (14) 15 G4
Englos (59) 3 F5
Engomer (09) 182 D5
Enguinegatte (62) 2 B5
Engwiller (67) 50 D2
Ennemain (80) 10 C6
Ennery (57) 26 C4
Ennery (95) 42 C2
Ennetières-en-Weppes (59) 3 F5
Ennevelin (59) 3 G6
Ennezat (63) 127 F2
Ennordres (18) 81 G5
Enquin-les-Mines (62) 2 B5
Enquin-sur-Baillons (62) 1 G5

Ens (65) 195 G4
Ensigné (79) 108 A6
Ensisheim (68) 71 F6
Ensuès-la-Redonne (13) 190 B3
Entrages (04) 175 F1
Entraigues (38) 146 A5
Entraigues (63) 127 G2
Entraigues-sur-la-Sorgue (84) 173 E1
Entrains-sur-Nohain (58) 83 E5
Entrammes (53) 58 D5
Entrange (57) 26 B3
Entraunes (06) 161 G5
Entraygues-sur-Truyère (12) 154 C2
Entre-deux-Eaux (88) 70 D3
Entre-deux-Guiers (38) 131 G6
Entre-deux-Monts (39) 103 F6
Entrecasteaux (83) 175 F5
Entrechaux (84) 158 D5
Entremont (74) 118 D6
Entremont-le-Vieux (73) 131 H5
Entrepierres (04) 160 B5
Entrevaux (04) 176 B3
Entrevennes (04) 174 D2
Entrevernes (74) 132 B2
Entzheim (67) 51 E6
Enval (63) 127 E2
Enveitg (66) 198 B5
Envermeu (76) 7 H2
Envronville (76) 7 E4
Éourres (05) 159 H5
Eoux (31) 182 C3
Épagne (10) 66 D2
Épagne-Épagnette (80) 8 D4
Épagny (02) 21 H4
Épagny (21) 85 H5
Épagny (74) 132 A1
Épaignes (27) 17 G4
Épaney (14) 39 E3
Épannes (79) 107 G4
Épanvilliers 108 D4
Éparcy (02) 12 B6
les Éparges (55) 47 H1
Épargnes (17) 120 D5
les Éparres (38) 130 D5
Épaumesnil (80) 8 D6
Épaux-Bézu (02) 44 B1
Épeautrolles (28) 61 H3
Épécamps (80) 9 F4
Épégard (27) 40 C1
Épehy (80) 10 D5
Épeigné-les-Bois (37) 95 G1
Épeigné-sur-Dême (37) 78 D3
Épénancourt (80) 21 F1
Épenède (16) 109 F6
Épenouse (25) 104 A1
Épenoy (25) 103 H1
Épense (51) 46 C2
Épercieux-Saint-Paul (42) 129 E3
Éperlecques (62) 2 A3
Épernay (51) 45 F2
Épernay-sous-Gevrey (21) 101 H1
Épernon (28) 41 H6
Eperrais (61) 60 D2
Épersy (73) 131 H3
Épertully (71) 101 E4
Épervans (71) 101 G5
les Epesses (85) 92 B4
Épeugney (25) 103 F2
Epfig (67) 71 G1
Épiais (41) 79 H2
Épiais-lès-Louvres (95) 43 E2
Épiais-Rhus (95) 42 B1
Épieds (02) 44 C1
Épieds (27) 41 F3
Épieds (49) 93 G2
Épieds-en-Beauce (45) 62 B6
Épierre (73) 132 C5
Épiez-sur-Chiers (54) 25 F3
Épiez-sur-Meuse (55) 47 H6
Épinac (71) 101 E3
Épinal (88) 69 H3
Épinay (27) 17 H6
Épinay-Champlâtreux (95) 42 D2
l'Épinay-le-Comte (61) 58 C1
Épinay-sous-Sénart (91) 43 E5
Épinay-sur-Duclair (76) 7 F5
Épinay-sur-Odon (14) 16 A5
Épinay-sur-Orge (91) 42 D5
Épinay-sur-Seine (93) 42 D3
l'Épine (05) 159 G3
l'Épine (51) 46 A2
l'Épine (85) 90 B1
l'Épine-aux-Bois (02) 44 C3
Épineau-les-Voves (89) 65 F6
Épineu-le-Chevreuil (72) 59 G5
Épineuil (89) 84 A1
Épineuil-le-Fleuriel (18) 112 D2
Épineuse (60) 20 D5
Épineux-le-Seguin (53) 59 F6
Epiniac (35) 35 F5
Épinonville (55) 24 D5
Épinouze (26) 144 B1
Épinoy (62) 10 D3
Epiry (58) 99 G2
Épisy (77) 64 B3
Épizon (52) 68 B2
Éplessier (80) 20 A1
Éply (54) 48 D3
Époisses (21) 84 B4
Épône (78) 42 A3
Épothémont (10) 67 E2
Épouville (76) 6 B5
Époye (51) 23 F5
Eppe-Sauvage (59) 12 B4
Eppes (02) 22 C3
Eppeville (80) 21 G1
Epping (57) 28 B5
Épretot (76) 6 C5
Épreville (76) 6 C4
Épreville-en-Lieuvin (27) 17 H4
Épreville-en-Roumois (27) 18 A5
Épreville-
-près-le-Neubourg (27) 40 C1
Épron (14) 16 B4
Eps (62) 9 G1
Épuisay (41) 79 F1
Équancourt (80) 10 C4
Équemauville (14) 17 F2
Équennes-Éramecourt (80) 20 A2
Équeurdreville-
-Hainneville (50) 14 C2
Équevilley (70) 87 G2
Équevillon (39) 103 F5
Équihen-Plage (62) 1 E4
Équilly (50) 35 H2
Équirre (62) 2 B6
Éragny (95) 42 C2
Éragny-sur-Epte (60) 19 G5
Eraines (14) 39 E3
Éraville (16) 122 A4
Erbajolo (2B) 205 F2
Erbéviller-sur-Amezule (54) 49 E4
Erbray (44) 75 E1
Erbrée (35) 58 A4
Ercé (09) 197 F4
Ercé-en-Lamée (35) 57 F5
Ercé-près-Liffré (35) 57 G1
Erceville (45) 63 E4
Erches (80) 21 E2
Ercheu (80) 21 F2
Erchin (59) 10 D2
Erching (57) 28 A5
Erckartswiller (67) 50 C3
Ercourt (80) 8 C4
Ercuis (60) 20 C6
Erdeven (56) 54 D6
Éréac (22) 56 B1
Ergersheim (67) 50 D5
Ergnies (80) 9 E4
Ergny (62) 1 H5
Ergué-Gabéric (29) 53 G3
Érin (62) 9 F1
Éringes (21) 84 D4
Eringhem (59) 2 B2
Érize-la-Brûlée (55) 47 F3
Érize-la-Petite (55) 47 F3
Érize-Saint-Dizier (55) 47 F4
Erlon (02) 22 C1
Erloy (02) 11 H6
Ermenonville (60) 43 F1
Ermenonville-la-Grande (28) 62 A3
Ermenonville-la-Petite (28) 62 A3
Ermenouville (76) 7 E3
l'Ermitage 198 C4
Ermont (95) 42 D3
Ernée (53) 58 B3
Ernemont-Boutavent (60) 19 H3
Ernemont-la-Villette (76) 19 G4
Ernemont-sur-Buchy (76) 19 E3
Ernes (14) 16 D6
Ernestviller (57) 27 G5
Erneville-aux-Bois (55) 47 G4
Ernolsheim-Bruche (67) 50 D5
Ernolsheim-lès-Saverne (67) 50 C3
Erny-Saint-Julien (62) 2 B5
Érôme (26) 144 A3
Érondelle (80) 8 D4
Érone (2B) 205 F1
Éroudeville (50) 14 D3
Erp (09) 183 E6
Erquery (60) 20 D4
Erquinghem-le-Sec (59) 3 F5
Erquinghem-Lys (59) 3 E4
Erquinvillers (60) 20 D4
Erquy (22) 34 A3
Err (66) 198 C5
Erre (59) 11 E2
Errevet (70) 88 C2
Errouville (54) 26 A3
Ersa (2B) 203 F2
Erstein (67) 71 H1
Erstroff (57) 27 F6
Ervauville (45) 64 C5
Ervillers (62) 10 B3
Ervy-le-Châtel (10) 66 A5
Esbareich (65) 182 A5
Esbarres (21) 102 A2
Esbly (77) 43 G3
Esboz-Brest (70) 88 A1
Escala (65) 181 G4
Escalans (40) 164 D2
l'Escale (04) 160 B6
Escales (11) 185 G3
Escalles (62) 1 F2
Escalquens (31) 167 F6
Escames (60) 19 H3
Escamps (46) 152 D4
Escamps (89) 83 F2
Escandolières (12) 154 A3
Escanecrabe (31) 182 B3
Escardes (51) 44 C5
l'Escarène (06) 177 E4
Escarmain (59) 11 F3
Escaro (66) 199 E4
Escassefort (47) 150 C2
Escatalens (82) 166 D2
Escaudain (59) 11 E2
Escaudes (33) 149 H4
Escaudœuvres (59) 11 E3
Escaunets (65) 180 D2
Escautpont (59) 11 F1
Escazeaux (82) 166 C3
Eschau (67) 51 E6
Eschbach (67) 51 E2
Eschbach-au-Val (68) 71 E5
Eschbourg (67) 50 C3
Eschentzwiller (68) 89 G2
Escherange (57) 26 B3
Esches (60) 20 B6
Eschwiller (67) 50 B3
Esclagne (09) 184 A5
Esclainvillers (80) 20 C2
Esclanèdes (48) 155 H3
Esclassan-Labastide (32) 182 A1
Esclauzels (46) 152 D4
Esclavelles (76) 19 E2
Esclavolles-Lurey (51) 65 G1
Escles (88) 69 G4
Escles-Saint-Pierre (60) 19 H1
Esclottes (47) 150 C1
Escobecques (59) 3 E5
Escœuilles (62) 1 G4
Escoire (24) 137 G2
Escolives-Sainte-Camille (89) 83 G2
Escombres-
-et-le-Chesnois (08) 24 D2
Escondeaux (65) 181 F2
Esconnets (65) 181 F4
Escorailles (15) 140 A3
Escornebœuf (32) 166 B5
Escorpain (28) 41 E5
Escos (64) 163 E6
Escosse (09) 183 G4
Escot (64) 180 A4
Escots (65) 181 F4
Escou (64) 180 A3
Escoubès (64) 180 C1
Escoubès-Pouts (65) 181 E4
Escoulis (31) 182 D4
Escouloubre (11) 198 D2
Escource (40) 148 C6
Escoussans (33) 149 H1
Escoussens (81) 168 C6
Escout (64) 180 A3
Escoutoux (63) 128 A2
Escoville (14) 16 C4
Escragnolles (06) 176 B5
Escrennes (45) 63 F5
Escrignelles (45) 82 B3
Escroux (81) 169 E4
Escueillens-et-Saint-Just-
-de-Bélengard (11) 184 C4
Escurès (64) 164 C6
Escurolles (03) 113 H5
Eslettes (76) 7 G5
Esley (88) 69 F4
Eslourenties-Daban (64) 180 D2
Esmans (77) 64 C3
Esmery-Hallon (80) 21 G2
Esmoulières (70) 70 B6
Esmoulins (70) 86 C5
Esnandes (17) 106 D4
Esnans (25) 87 H5
Esnes (59) 11 E4
Esnes-en-Argonne (55) 24 D6
Esnon (89) 65 F6
Esnouveaux (52) 68 B4
Espagnac (19) 139 F2
Espagnac-Sainte-Eulalie (46) 153 F2
Espagnet 164 C4
Espalais (82) 166 B1
Espalem (43) 141 G1
Espalion (12) 154 D3
Espaly-Saint-Marcel (43) 142 C4
Espanès (31) 183 G1
Espaon (32) 182 C1
Esparbès 164 D5
Esparron (05) 160 A3
Esparron (31) 182 B3
Esparron (83) 174 C5
Esparron-de-Verdon (04) 174 D4
Esparros (65) 181 G5
Esparsac (82) 166 B3
Espartignac (19) 124 D6
Espas (32) 164 D4
Espaubourg (60) 19 H4
Espèche (65) 181 G4
Espéchède (64) 180 D2
Espédaillac (46) 153 E2
Espelette (64) 178 C1
Espeluche (26) 158 B3
Espenel (26) 158 D1
Espérausses (81) 169 E5
Espéraza (11) 184 D6
Esperce (31) 183 F2
Espère (46) 152 C3
Espès-Undurein (64) 179 G2
Espeyrac (12) 154 B2
Espeyran 172 B5
Espeyroux (46) 139 F6
Espezel (11) 198 C1
Espiadet 181 G5
Espiaube 195 G4
Espieilh (65) 181 F4
Espiens (47) 150 D6
Espiet (33) 135 G6
Espinas (82) 153 F6
Espinasse (15) 141 E5
Espinasse (63) 112 D6
Espinasse-Vozelle (03) 113 H5
Espinasses (05) 160 C3
Espinchal (63) 126 D6
Espins (14) 16 B6
Espira-de-Conflent (66) 199 F3
Espira-de-l'Agly (66) 200 D2
Espirat (63) 127 G3
Espiute (64) 179 F1
Esplantas (43) 142 A5
Esplas (09) 183 G3
Esplas-de-Sérou (09) 183 F5
Espoey (64) 180 D3
Espondeilhan (34) 187 E1
Esprels (70) 87 H4
Esquay-Notre-Dame (14) 16 B5
Esquay-sur-Seulles (14) 16 A3
Esquéhéries (02) 11 G5
Esquelbecq (59) 2 C3
Esquennoy (60) 20 C2
Esquerchin (59) 10 C1
Esquerdes (62) 2 A4
Esquibien (29) 52 D2
Esquièze-Sère (65) 181 E6
Esquiule (64) 179 H3
les Essards (16) 136 B2
les Essards (17) 120 D2
les Essards (37) 78 B6
les Essards-Taignevaux (39) 102 C4
Essarois (21) 85 F2
Essars (62) 2 D6
les Essarts (27) 40 D3
les Essarts (41) 79 E2
les Essarts (85) 91 H3
les Essarts-le-Roi (78) 42 A5
les Essarts-le-Vicomte (51) 44 D5
les Essarts-lès-Sézanne (51) 44 D5
Essay (61) 60 B1
Esse (16) 109 G6
Essé (35) 57 G4
Essegney (88) 69 G2
les Esseintes (33) 150 A2
Essert (90) 88 C3
Essert-Romand (74) 119 F4
Essertaux (80) 20 B1
Essertenne (71) 101 E5
Essertenne-et-Cecey (70) 86 C5
Essertines-en-Châtelneuf (42) 128 D4
Essertines-en-Donzy (42) 129 F3
Esserts-Blay (73) 132 D4
Esserval-Combe (39) 103 F5
Esserval-Tartre (39) 103 F4
Essey (21) 101 E1
Essey-et-Maizerais (54) 48 A3
Essey-la-Côte (54) 69 H1
Essey-lès-Nancy (54) 48 D4
Essia (39) 117 F1
Essigny-le-Grand (02) 22 A1
Essigny-le-Petit (02) 11 E6
Essises (02) 44 C3
Essômes-sur-Marne (02) 44 B2
Esson (14) 16 B6
Essoyes (10) 67 E5
Essuiles (60) 20 C4
les Estables (43) 143 E5
Estables (48) 156 A1
Establet (26) 159 F3
Estadens (31) 182 C5
Estagel (66) 199 H2
Estaing (12) 154 C2
Estaing (65) 180 C5
Estaires (59) 2 D5
Estal (46) 139 F5
Estampes (32) 181 G1
Estampures (65) 181 G2
Estancarbon (31) 182 B4
Estandeuil (63) 127 H4
Estang (32) 164 C3
l'Estaque 190 C3
Estarvielle (65) 195 H4
Estavar (66) 198 C5
Esteil (63) 127 G6
Esténos (31) 182 A5
Estensan (65) 195 G4
Estérençuby (64) 179 E4
Esternay (51) 44 D5
Esterre (65) 181 E6
Estevelles (62) 3 E6
Esteville (76) 7 H5
Estézargues (30) 172 C2
Estialescq (64) 180 A3
Estibeaux (40) 163 E5
Estigarde (40) 164 C1
Estillac (47) 151 E6
Estipouy (32) 165 F6
Estirac (65) 164 D6
Estissac (10) 65 H3
Estivals (19) 138 C4
Estivareilles (03) 112 D3
Estivareilles (42) 128 D6
Estivaux (19) 138 C1
Estoher (66) 199 F3
Estos (64) 180 A3
Estoublon (04) 175 E2
Estouches (91) 63 E3
Estourmel (59) 11 E3
Estouteville-Écalles (76) 19 E3
Estouy (45) 63 G4
Estrablin (38) 130 B5
Estramiac (32) 166 B3
Estrebay (08) 12 C6
Estrebœuf (80) 8 C3
l'Estréchure (30) 171 E1
Estrée (62) 1 G6
Estrée-Blanche (62) 2 B5
Estrée-Cauchy (62) 10 A1
Estrée-Wamin (62) 9 G2
Estréelles (62) 1 G6
Estrées 95 H4
Estrées (02) 11 E5
Estrées (59) 10 D2
Estrées-Deniécourt (80) 10 B6
Estrées-la-Campagne (14) 16 C6
Estrées-lès-Crécy (80) 9 E3
Estrées-Mons (80) 10 C6
Estrées-Saint-Denis (60) 21 E4
Estrées-sur-Noye (80) 20 C1
Estrennes (88) 69 F3
Estreux (59) 11 G2
Estrun (59) 11 E3
Estry (14) 38 A3
Esves-le-Moutier (37) 95 F3
Esvres (37) 95 E1
Eswars (59) 11 E3
Étable (73) 132 B5
Étables (07) 143 H3
Étables-sur-Mer (22) 33 G3
Étagnac (16) 123 F2
Étaimpuis (76) 7 G4
Étain (55) 25 G6
Étaing (62) 10 C2
Étainhus (76) 6 C5
Étais (21) 84 D2
Étais-la-Sauvin (89) 83 E4
Étalans (25) 103 H1
Étalante (21) 85 F3
Étalle (08) 12 D6
Étalleville (76) 7 F3
Étalon (80) 21 F1
Étalondes (76) 8 A5
Étampes (91) 63 F2
Étampes-sur-Marne (02) 44 C2
l'Étang-Bertrand (50) 14 C3
l'Étang-la-Ville (78) 42 B4
Étang-sur-Arroux (71) 100 C4
l'Étang-Vergy (21) 101 G1
les Étangs (57) 26 D5
Étaples (62) 1 F6
Étaule (89) 84 A4
Étaules (17) 120 B3
Étaules (21) 85 G5
Étauliers (33) 135 E2
Étaux (74) 118 D5
Étaves-et-Bocquiaux (02) 11 F5
Étavigny (60) 43 H1
Etcharry (64) 179 F2
Etchebar (64) 179 G4
Éteignières (08) 12 D6
Eteimbes (68) 88 D2
Étel (56) 54 D6
Ételfay (80) 21 E2
Étercy (74) 132 A1
Éternoz (25) 103 F3
Éterpigny (62) 10 C2
Éterpigny (80) 10 C6
Éterville (14) 16 B5
Étevaux (21) 86 B6
Eth (59) 11 G2
Étienville (50) 14 D4
Étigny (89) 65 E4
les Étilleux (28) 61 E4
Étinehem (80) 10 A5
Étiolles (91) 43 E6
Étival (39) 117 H2
Étival-Clairefontaine (88) 70 C2
Étival-lès-le-Mans (72) 60 A6
Étivey (89) 84 B3
Étobon (70) 88 B2
Étoges (51) 45 E3
l'Étoile (39) 102 C5
l'Étoile (80) 9 E5
Étoile-Saint-Cyrice (05) 159 G4
Étoile-sur-Rhône (26) 144 B5
Éton (55) 25 G5
Étormay (21) 85 E3
Étouars (24) 123 E4
Étourvy (10) 66 B6
Étoutteville (76) 7 E4
Étouvans (25) 88 C4
Étouvelles (02) 22 C3
Étouvy (14) 37 H3
Étouy (60) 20 C4
Étrabonne (25) 102 D1
Étrappe (25) 88 B4
l'Étrat (42) 129 F5
Étray (25) 103 H2
Étraye (55) 25 E5
Étréaupont (02) 12 A6
Étrechet (36) 96 C5
Étréchy (18) 98 A2
Étréchy (51) 45 F3
Étréchy (91) 63 F1
Étréham (14) 15 H5
Étreillers (02) 10 D6
Étréjust (80) 8 D6
Étrelles (35) 58 A5
Étrelles-et-la-Montbleuse (70) 87 E4
Étrelles-sur-Aube (10) 45 E6
Étrembières (74) 118 C4
Étrépagny (27) 19 F5
Étrepigney (39) 102 D2
Étrépigny (08) 24 B2
Étrépilly (02) 44 B2
Étrépilly (77) 43 G2
Étrepy (51) 46 C4
Étretat (76) 6 B4
Étreux (02) 11 G5
Étreval (54) 69 F1
Étréville (27) 18 A5
Étrez (01) 116 D3
Étriac (16) 122 A5
Étriché (49) 77 E3
Étricourt-Manancourt (80) 10 C4
Étrigny (71) 116 B1
Étrochey (21) 85 E1
Étrœungt (59) 12 A4
Étroussat (03) 113 G5
Étrun (62) 10 A2
Etsaut (64) 180 A6
Ettendorf (67) 50 D3
Etting (57) 28 A6
Étueffont (90) 88 D2
Étupes (25) 88 C4
Éturqueraye (27) 18 A5
Étusson (79) 93 E3
Étuz (70) 87 F5
Etzling (57) 27 G4
Eu (76) 8 B4
Euffigneix (52) 67 H4
Eugénie-les-Bains (40) 164 A4
Euilly-et-Lombut (08) 24 D2
Eulmont (54) 48 D4
Eup (31) 182 B6
Eurre (26) 144 B6
Eurville-Bienville (52) 47 E6
Eus (66) 199 F3
Euvezin (54) 48 B3
Euville (55) 47 H4
Euvy (51) 45 F5
Euzet (30) 171 H1
Évaillé (72) 78 D1
Évans (39) 103 E1
Évaux-et-Ménil (88) 69 G2
Évaux-les-Bains (23) 112 C5
Ève (60) 43 F2
Évecquemont (78) 42 B2
Évenos (83) 191 F5
Évergnicourt (02) 23 E4
Everly (77) 64 D1
Évette-Salbert (90) 88 C2
Éveux (69) 129 H2
Évian-les-Bains (74) 119 E2
Évigny (08) 24 A1
Évillers (25) 103 H3
Évin-Malmaison (62) 10 C1
Évires (74) 118 C6
Évisa (2A) 204 C3
Evol 199 E4
Évosges (01) 131 E1
Évran (22) 34 D6
Évrange (57) 26 B2
Évrecy (14) 16 B5
Èvres (55) 47 E2
Évreux (27) 41 E2
Évricourt (60) 21 F3
Évriguet (56) 56 A3
Évron (53) 59 F4
Évry (89) 65 E3
Évry (91) 43 E6
Évry-Grégy-sur-Yerre (77) 43 F6
Excenevex (74) 118 D3
Excideuil (24) 137 H1
Exermont (08) 24 C5
Exideuil (16) 123 F2
Exincourt (25) 88 C4
Exireuil (79) 108 B2
Exmes (61) 39 G4
Exoudun (79) 108 B3
Expiremont (17) 135 G1
Eybens (38) 145 G2
Eybouleuf (87) 124 C3
Eyburie (19) 124 D6
Eycheil (09) 183 E5
Eydoche (38) 130 D6
Eygalayes (26) 159 G5
Eygalières (13) 173 E4
Eygaliers (26) 159 E5
Eygliers (05) 147 E6
Eygluy-Escoulin (26) 144 D6
Eyguians (05) 159 H4
Eyguières (13) 173 F4
Eygurande (19) 126 B4
Eygurande-et-Gardedeuil (24) 136 B3
Eyjeaux (87) 124 C3
Eyliac (24) 137 G3
Eylie 196 D4
Eymet (24) 150 D1
Eymeux (26) 144 D3
Eymouthiers (16) 123 E4
Eymoutiers (87) 125 E3
Eyne (66) 198 C5
Eyne 2600 198 D4
Eynesse (33) 136 B6
Eyragues (13) 172 D3
Eyrans (33) 135 E2
Eyrein (19) 139 F1
Eyres-Moncube (40) 163 H4
Eyroles (26) 158 D3
Eysines (33) 135 E5
Eysson (25) 104 A1
Eysus (64) 180 A3
Eyvirat (24) 137 F1
Eywiller (67) 50 B3
Eyzahut (26) 158 C2
Eyzerac (24) 123 G6
les Eyzies-de-Tayac-
-Sireuil (24) 137 H5
Eyzin-Pinet (38) 130 B5
Ézanville (95) 42 D2
Èze (06) 177 E5
Ézy-sur-Eure (27) 41 F4

F

Fa (11) 184 D6
Fabas (09) 182 D4
Fabas (31) 182 C2
Fabas (82) 167 E3
Fabras (07) 157 F1
Fabrègues (34) 171 E6
Fabrezan (11) 185 G4
Faches-Thumesnil (59) 3 F5
Fâchin (58) 100 A3
la Fage 138 C3
la Fage-Montivernoux (48) 141 F6
la Fage-Saint-Julien (48) 141 F6
le Faget (31) 167 H6
Faget-Abbatial (32) 165 H6
Fagnières (51) 45 H3
Fagnon (08) 24 A1
Fahy-lès-Autrey (70) 86 C4
Failly (57) 26 C5
Faimbe (25) 88 B4
Fain-lès-Montbard (21) 84 D3
Fain-lès-Moutiers (21) 84 C4
Fains (27) 41 F2
Fains-la-Folie (28) 62 C4
Fains-Véel (55) 47 E4
Faissault (08) 23 H2
Fajac-en-Val (11) 185 F4
Fajac-la-Relenque (11) 184 A3
Fajoles (46) 138 C6
la Fajolle (11) 198 C2
Fajolles (82) 166 C2
Falaise (08) 24 B4
Falaise (14) 38 D3
la Falaise (78) 42 A3
Falck (57) 27 E4
Faleyras (33) 135 H6
Falga (31) 184 B1
le Falgoux (15) 140 C3
Falicon (06) 177 E5
Falkwiller (68) 89 E2

Fallencourt (76) 8 C6
Fallerans (25) 103 H2
Falleron (85) 91 E2
Falletans (39) 102 C2
Fallon (70) 88 A4
la Faloise (80) 20 C2
Fals (47) 165 H1
Falvy (80) 21 G1
Famars (59) 11 F2
Famechon (62) 9 H4
Famechon (80) 20 A1
Fameck (57) 26 B4
Familly (14) 17 G6
Fampoux (62) 10 B2
Fanjeaux (11) 184 C3
Fanlac (24) 137 H4
le Faou (29) 31 F6
le Faouët (22) 33 E3
le Faouët (56) 54 B3
Faramans (01) 130 C1
Faramans (38) 130 C6
Farbus (62) 10 B2
Farceaux (27) 19 F5
la Fare-en-Champsaur (05) 160 B1
la Fare-les-Oliviers (13) 173 G5
Farébersviller (57) 27 G5
Fareins (01) 116 B6
Faremoutiers (77) 43 H4
Farges (01) 118 A5
les Farges (24) 138 A3
Farges-Allichamps (18) 97 G5
Farges-en-Septaine (18) 98 A3
Farges-lès-Chalon (71) 101 G5
Farges-lès-Mâcon (71) 116 B2
Fargues (33) 149 G2
Fargues (40) 164 A4
Fargues (46) 152 B4
Fargues-Saint-Hilaire (33) 135 F5
Fargues-sur-Ourbise (47) 150 C5
Farincourt (52) 86 D2
Farinole (2B) 203 F4
la Farlède (83) 191 H5
Farnay (42) 129 G5
Farrou 153 G4
Farschviller (57) 27 G5
Fatines (72) 60 B5
Fatouville-Grestain (27) 6 C6
le Fau (15) 140 B3
Fau-de-Peyre (48) 155 G1
Fauch (81) 168 C3
Faucigny (74) 118 D5
Faucogney-et-la-Mer (70) 88 A1
Faucompierre (88) 70 B4
Faucon (84) 158 D5
Faucon-de-Barcelonnette (04) 161 F3
Faucon-du-Caire (04) 160 B3
Fauconcourt (88) 70 A2
Faucoucourt (02) 22 B3
Faudoas (82) 166 B3
le Fauga (31) 183 F1
Faugères (07) 157 E3
Faugères (34) 170 A6
Fauguernon (14) 17 F4
Fauguerolles (47) 150 C3
Fauillet (47) 150 C3
le Faulq (14) 17 F4
Faulquemont (57) 27 E6
Faulx (54) 48 D4
Faumont (59) 10 D1
Fauquembergues (62) 2 A5
la Faurie (05) 159 H2
Faurilles (24) 151 F1
Fauroux (82) 151 H5
Faussergues (81) 168 D1
la Faute-sur-Mer (85) 106 B3
Fauverney (21) 102 A1
Fauville (27) 41 E2
Fauville-en-Caux (76) 6 D4
Faux (08) 23 H3
Faux (24) 137 E6
Faux-Fresnay (51) 45 F6
Faux-la-Montagne (23) 125 F3
Faux-Mazuras (23) 125 E2
Faux-Vésigneul (51) 46 A4
Faux-Villecerf (10) 65 G3
Favalello (2B) 205 F2
Favars (19) 138 D2
Faveraye-Mâchelles (49) 93 E1
Faverdines (18) 112 C1
Faverelles (45) 82 C4
Faverges (74) 132 C3
Faverges-de-la-Tour (38) 131 F4
Faverney (70) 87 F2
Faverois (90) 88 D3
Faverolles (02) 21 H6
Faverolles (15) 141 F5
Faverolles (28) 41 G5
Faverolles (36) 96 A2
Faverolles (52) 68 A6
Faverolles (61) 38 D5
Faverolles (80) 21 E2
Faverolles-et-Coëmy (51) 22 D6
Faverolles-la-Campagne (27) 40 C2
Faverolles-lès-Lucey (21) 85 G1
Faverolles-sur-Cher (41) 79 G6
la Favière 192 B5
la Favière (39) 103 F5
Favières (28) 61 H1
Favières (54) 69 E1
Favières (77) 43 G5
Favières (80) 8 C3
Favone 207 G1
Favresse (51) 46 C5
Favreuil (62) 10 B4
Favrieux (78) 41 H3
le Favril (27) 17 H4
le Favril (28) 61 G1
le Favril (59) 11 G4
Fay (61) 39 H5
le Fay (71) 102 B6
Fay (72) 60 A5
Fay (80) 10 B6
Fay-aux-Loges (45) 81 F1
Fay-de-Bretagne (44) 74 B3
Fay-en-Montagne (39) 103 E5
Fay-le-Clos (26) 144 B2
Fay-les-Étangs (60) 19 H6
Fay-lès-Marcilly (10) 65 G2
Fay-lès-Nemours (77) 64 A4
le Fay-Saint-Quentin (60) 20 B4
Fay-sur-Lignon (43) 143 E4
Faycelles (46) 153 G2
Faye 136 C2
la Faye (16) 108 D6
Faye (41) 79 G2
Faye-d'Anjou (49) 77 E6
Faye-la-Vineuse (37) 94 B4
Faye-l'Abbesse (79) 93 F5
Faye-sur-Ardin (79) 107 G2
le Fayel (60) 21 E5
Fayence (83) 176 A6
le Fayet 133 E1
Fayet (02) 11 E6
Fayet (12) 169 G4
Fayet-le-Château (63) 127 H4
Fayet-Ronaye (63) 128 A6
Fayl-la-Forêt (52) 86 C2
Faymont (70) 88 B3
Faymoreau (85) 107 G1
Fays (52) 67 G1
Fays (88) 70 B3
Fays-la-Chapelle (10) 66 A4
Fayssac (81) 168 A2
Féas (64) 179 H3
Febvin-Palfart (62) 2 B6
Fécamp (76) 6 C3
Féchain (59) 10 D2
Fêche-l'Église (90) 88 D4
la Féclaz 132 A4
Fécocourt (54) 69 F2
Fédry (70) 87 E3
Fegersheim (67) 51 E6
Fégréac (44) 73 H1
Feigères (74) 118 B5
Feigneux (60) 21 F6
Feignies (59) 12 A2
Feillens (01) 116 B3
Feings (41) 80 A5
Feings (61) 60 D1
Feins (35) 35 F6
Feins-en-Gâtinais (45) 82 B2
Feissons-sur-Isère (73) 132 D4
Feissons-sur-Salins (73) 132 D5
le Fel (12) 154 B2
Fel (61) 39 F4
Felce (2B) 205 G2
Feldbach (68) 89 F3
Feldkirch (68) 71 F6
Feliceto (2B) 202 C6
Félines (07) 143 H1
Félines (43) 142 B2
Félines-Minervois (34) 185 F2
Félines-sur-Rimandoule (26) 158 C2
Félines-Termenès (11) 185 G5
Felleries (59) 12 A3
Fellering (68) 70 D6
Felletin (23) 125 H2
Felluns (66) 199 F2
Felon (90) 88 D2
Felzins (46) 153 H2
Fenain (59) 11 E1
Fénay (21) 101 H1
Fendeille (11) 184 B3
Fénery (79) 93 E6
Fénétrange (57) 50 A3
Feneu (49) 76 D4
Féneyrols (82) 153 F6
Féniers (23) 125 G3
Fenioux (17) 121 F2
Fenioux (79) 107 H1
Fenneviller (54) 49 H6
Fénols (81) 168 B3
le Fenouiller (85) 90 D4
Fenouillet (31) 167 E5
Fenouillet (66) 199 E2
Fenouillet-du-Razès (11) 184 C4
Fépin (08) 13 E4
Fercé (44) 57 G5
Fercé-sur-Sarthe (72) 77 H1
Ferdrupt (88) 70 B6
la Fère (02) 22 A2
Fère-Champenoise (51) 45 F5
Fère-en-Tardenois (02) 22 B6
Fèrebrianges (51) 45 E4
la Férée (08) 23 G1
Férel (56) 73 F2
Ferfay (62) 2 C6
Féricy (77) 64 B2
Férin (59) 10 D2
Fermanville (50) 14 D1
la Fermeté (58) 99 E4
Ferney-Voltaire (01) 118 B4
Fernoël (63) 126 A3
Férolles (45) 81 E2
Férolles-Attilly (77) 43 F5
Féron (59) 12 A4
Ferques (62) 1 G3
Ferrals-les-Corbières (11) 185 G4
Ferrals-les-Montagnes (34) 185 G1
Ferran (11) 184 C4
Ferrassières (26) 159 F6
le Ferré (35) 35 H5
Ferrensac (47) 151 F2
Ferrère (65) 181 H5
les Ferres (06) 176 D4
Ferrette (68) 89 F4
Ferreux-Quincey (10) 65 G2
la Ferrière 96 A2
la Ferrière (22) 55 H2
la Ferrière (37) 79 E3
la Ferrière (38) 146 B1
la Ferrière (85) 91 G4
la Ferrière-Airoux (86) 109 E4
la Ferrière-au-Doyen (61) 40 A5
la Ferrière-aux-Étangs (61) 38 B5
la Ferrière-Béchet (61) 39 F6
la Ferrière-Bochard (61) 59 H2
la Ferrière-de-Flée (49) 76 C2
la Ferrière-en-Parthenay (79) 93 G6
Ferrière-et-Lafolie (52) 67 H2
la Ferrière-Harang (14) 37 H2
Ferrière-la-Grande (59) 12 A2
Ferrière-la-Petite (59) 12 A3
Ferrière-Larçon (37) 95 E3
Ferrière-sur-Beaulieu (37) 95 F2
la Ferrière-sur-Risle (27) 40 C3
Ferrières 152 A4
Ferrières (17) 107 E4
Ferrières (50) 37 G6
Ferrières (54) 48 D6
Ferrières (60) 20 D3
Ferrières (65) 180 C5
Ferrières (80) 9 F6
Ferrières (81) 168 D5
Ferrières-en-Bray (76) 19 G4
Ferrières-en-Brie (77) 43 F4
Ferrières-en-Gâtinais (45) 64 B5
Ferrières-Haut-Clocher (27) 40 D2
Ferrières-la-Verrerie (61) 39 H5
Ferrières-le-Lac (25) 88 D6
Ferrières-les-Bois (25) 103 E1
Ferrières-lès-Ray (70) 87 E3
Ferrières-lès-Scey (70) 87 F3
Ferrières-les-Verreries (34) 171 E3
Ferrières-Poussarou (34) 186 B1
Ferrières-Saint-Hilaire (27) 17 H6
Ferrières-Saint-Mary (15) 141 E3
Ferrières-sur-Ariège (09) 183 H6
Ferrières-sur-Sichon (03) 114 B6
Ferrussac (43) 141 H3
Fertans (25) 103 F2
la Ferté 97 E3
la Ferté 101 G6
la Ferté (39) 102 D3
la Ferté-Alais (91) 63 G1
la Ferté-Beauharnais (41) 80 D4
la Ferté-Bernard (72) 60 D4
la Ferté-Chevresis (02) 22 B1
la Ferté-Frênel (61) 40 A4
la Ferté-Gaucher (77) 44 B4
la Ferté-Hauterive (03) 113 H3
la Ferté-Imbault (41) 80 D6
la Ferté-Loupière (89) 82 D1
la Ferté-Macé (61) 38 C6
la Ferté-Milon (02) 44 A1
la Ferté-Saint-Aubin (45) 80 D3
la Ferté-Saint-Cyr (41) 80 C3
la Ferté-Saint-Samson (76) 19 F3
la Ferté-sous-Jouarre (77) 44 A3
la Ferté-sur-Chiers (08) 25 E3
la Ferté-Vidame (28) 40 C6
la Ferté-Villeneuil (28) 62 A6
Fertrève (58) 99 G4
Fervaches (50) 37 G2
Fervaques (14) 17 F6
Fescamps (80) 21 E2
Fesches-le-Châtel (25) 88 D3
Fesmy-le-Sart (02) 11 G4
Fesques (76) 19 F1
Fessanvilliers-
-Mattanvilliers (28) 40 D5
Fessenheim (68) 71 G5
Fessenheim-le-Bas (67) 50 D5
Fessevillers (25) 88 D6
les Fessey (70) 88 A1
Fessy (74) 118 D3
Festalemps (24) 136 C2
Festes-et-Saint-André (11) 184 C5
Festieux (02) 22 D3
Festigny (51) 45 E2
Festigny (89) 83 F4
Festubert (62) 2 D6
le Fête (21) 101 E1
Féternes (74) 119 E3
Fétigny (39) 117 G2
Feucherolles (78) 42 B4
Feuchy (62) 10 B2
Feugarolles (47) 150 D5
Feugères (50) 14 D6
Feuges (10) 66 B2
Feuguerolles (27) 40 D1
Feuguerolles-Bully (14) 16 B5
Feuilla (11) 186 B6
Feuillade (16) 122 D4
la Feuillade (24) 138 C3
la Feuillée (29) 31 H5
Feuillères (80) 10 B5
la Feuillie (50) 14 D6
la Feuillie (76) 19 F4
Feule (25) 88 C5
Feuquières (60) 19 H2
Feuquières-en-Vimeu (80) 8 C4
Feurs (42) 129 E3
Feusines (36) 111 H2
Feux (18) 98 B1
Fèves (57) 26 B5
Féy (57) 26 B6
Fey-en-Haye (54) 48 B3
Feyt (19) 126 B4
Feytiat (87) 124 B3
Feyzin (69) 130 A4
Fiac (81) 168 A4
Ficaja (2B) 205 F1
Ficheux (62) 10 B3
Fichous-Riumayou (64) 164 A6
le Fidelaire (27) 40 C3
le Fied (39) 102 D5
le Fief-Sauvin (49) 75 F5
Fieffes 9 F4
Fieffes-Montrelet (80) 9 F4
Fiefs (62) 2 B6
Fiennes (62) 1 G3
Fienvillers (80) 9 F4
Fierville-Bray (14) 16 C5
Fierville-les-Mines (50) 14 C4
Fierville-les-Parcs (14) 17 F4
le Fieu (33) 136 A3
Fieulaine (02) 11 F6
Fieux (47) 165 G1
Figanières (83) 175 H5
Figari (2A) 207 F4
Figarol (31) 182 C4
Figeac (46) 153 G2
Fignévelle (88) 69 E5
Fignières (80) 20 D2
Filain (02) 22 B4
Filain (70) 87 G4
Fillé (72) 78 A1
Fillerval 20 C5
Fillières (54) 25 H4
Fillièvres (62) 9 F2
Fillinges (74) 118 D5
Fillols (66) 199 F4
Filstroff (57) 27 E3
Fiménil (88) 70 B3
Finestret (66) 199 F3
Finhan (82) 166 D2
Finiels 156 C4
les Fins (25) 104 B2
Fins (80) 10 C4
Fiquefleur-Equainville (27) 17 F3
Firbeix (24) 123 H4
Firfol (14) 17 F5
Firmi (12) 154 A3
Firminy (42) 129 E6
Fislis (68) 89 G3
Fismes (51) 22 C5
Fitilieu (38) 131 F5
Fitou (11) 186 C6
Fitz-James (60) 20 C5
Fix-Saint-Geneys (43) 142 B3
Fixem (57) 26 C2
Fixin (21) 101 G1
Flacey (21) 86 A5
Flacey (28) 62 A4
Flacey-en-Bresse (71) 117 E1
la Flachère (38) 132 A6
Flachères (38) 130 D5
Flacourt (78) 41 H3
Flacy (89) 65 G4
Flagey (25) 103 G2
Flagey (52) 86 A2
Flagey-Echézeaux (21) 101 H2
Flagey-lès-Auxonne (21) 102 B2
Flagey-Rigney (25) 87 G5
Flagnac (12) 154 A2
Flagy (70) 87 G2
Flagy (71) 116 A2
Flagy (77) 64 C3
Flaignes-Havys (08) 12 D6
Flaine 119 F6
Flainval (54) 49 E5
Flamanville (50) 14 A3
Flamanville (76) 7 F4
Flamarens (32) 166 A2
la Flamengrie (02) 12 A5
la Flamengrie (59) 11 G2
Flamets-Frétils (76) 19 F2
Flammerans (21) 102 C1
Flammerécourt (52) 67 H2
Flancourt-Catelon (27) 18 A5
Flangebouche (25) 104 A1
Flassan (84) 159 E6
Flassans-sur-Issole (83) 192 A3
Flassigny (55) 25 F4
Flastroff (57) 26 D3
Flat (63) 127 G5
Flaucourt (80) 10 B6
Flaugeac (24) 136 D6
Flaugnac (46) 152 C5
Flaujac 154 D3
Flaujac-Gare (46) 153 E1
Flaujac-Poujols (46) 152 D4
Flaujagues (33) 136 B6
Flaumont-Waudrechies (59) 12 A4
Flaux (30) 172 B1
Flavacourt (60) 19 H5
Flaviac (07) 143 H6
Flavignac (87) 124 A3
Flavignerot (21) 85 G6
Flavigny (18) 98 B4
Flavigny (51) 45 F3
Flavigny-le-Grand-
-et-Beaurain (02) 11 G6
Flavigny-sur-Moselle (54) 48 D6
Flavigny-sur-Ozerain (21) 85 E4
Flavin (12) 154 C5
Flavy-le-Martel (02) 21 H2
Flavy-le-Meldeux (60) 21 G2
Flaxieu (01) 131 G2
Flaxlanden (68) 89 F2
Flayat (23) 126 A3
Flayosc (83) 175 G5
Fléac (16) 122 B4
Fléac-sur-Seugne (17) 121 F5
la Flèche (72) 77 G2
Fléchin (62) 2 B5
Fléchy (60) 20 B2
Flée (21) 84 C5
Flée (72) 78 C2
la Flégère 119 G6
Fleigneux (08) 24 C1
Fleisheim (57) 50 B3
le Fleix (24) 136 C5
Fleix (86) 109 H2
Fléré-la-Rivière (36) 95 G3
Flers (61) 38 B4
Flers (62) 9 G2
Flers (80) 10 B4
Flers-en-Escrebieux (59) 10 C1
Flers-le-Bourg 3 G5
Flers-sur-Noye (80) 20 B2
Flesquières (59) 10 D4
Flesselles (80) 9 G5
Flétrange (57) 27 E6
Flêtre (59) 2 D4
Fléty (58) 100 A5
Fleurac (16) 122 A3
Fleurac (24) 137 H4
Fleurance (32) 165 H3
Fleurat (23) 111 F4
Fleurbaix (62) 3 E5
Fleuré (61) 39 E5
Fleuré (86) 109 F2
Fleurey (25) 88 C6
Fleurey-lès-Faverney (70) 87 F2
Fleurey-lès-Lavoncourt (70) 87 E3
Fleurey-lès-Saint-Loup (70) 69 G6
Fleurey-sur-Ouche (21) 85 G6
Fleurie (69) 116 A5
Fleuriel (03) 113 G4
Fleurieu-sur-Saône (69) 130 A2
Fleurieux-sur-l'Arbresle (69) 129 H2
Fleurigné (35) 58 A2
Fleurigny 65 E3
Fleurines (60) 20 D6
Fleurville (71) 116 B2
Fleury (02) 21 H6
Fleury (11) 186 D3
Fleury (50) 37 F3
Fleury (57) 26 C6
Fleury (60) 20 A6
Fleury (62) 9 G1
Fleury (80) 20 B1
Fleury-
-devant-Douaumont (55) 25 F6
Fleury-en-Bière (77) 63 H2
Fleury-la-Forêt (27) 19 F4
Fleury-la-Montagne (71) 115 E5
Fleury-la-Rivière (51) 45 E1
Fleury-la-Vallée (89) 83 F1
Fleury-les-Aubrais (45) 62 D6
Fleury-Mérogis (91) 42 D6
Fleury-sur-Andelle (27) 19 E5
Fleury-sur-Loire (58) 99 E5
Fleury-sur-Orne (14) 16 B5
Fléville (08) 24 C5
Fléville-devant-Nancy (54) 48 D5
Fléville-Lixières (54) 25 H5
Flévy (57) 26 C4
Flexanville (78) 41 H4
Flexbourg (67) 50 D5
Fley (71) 101 F6
Fleys (89) 83 H2
Flez-Cuzy (58) 83 G6
Fligny (08) 12 C6
Flin (54) 49 G6
Flines-lès-Mortagne (59) 4 B6
Flines-lez-Raches (59) 10 D1
Flins-Neuve-Église (78) 41 G3
Flins-sur-Seine (78) 42 A3
Flipou (27) 18 D5
Flirey (54) 48 B3
Flixecourt (80) 9 F5
Flize (08) 24 B2
la Flocellière (85) 92 B4
Flocourt (57) 49 E2
Flocques (76) 8 A4
Flogny-la-Chapelle (89) 65 H6
Floing (08) 24 C1
Floirac (17) 120 D5
Floirac (33) 135 F5
Floirac (46) 138 D5
Florac (48) 156 B4
Florange (57) 26 B3
Florémont (88) 69 G2
Florensac (34) 187 F2
Florent-en-Argonne (51) 46 D1
Florentia (39) 117 F3
Florentin (81) 168 B3
Florentin-la-Capelle (12) 154 C2
Floressas (46) 152 A3
Florimont (90) 89 E4
Florimont-Gaumier (24) 152 B1
Floringhem (62) 2 C6
la Flotte (17) 106 B4
Flottemanville (50) 14 D3
Flottemanville-Hague (50) 14 B2
Floudès (33) 150 A2
Floure (11) 185 F3
Flourens (31) 167 F5
Floursies (59) 12 A3
Floyon (59) 11 H4
Flumet (73) 132 D2
Fluquières (02) 21 H1
Fluy (80) 9 F6
Foameix-Ornel (55) 25 G6
Foce (2A) 207 E3
Focicchia (2B) 205 F3
Foëcy (18) 97 F2
le Fœil (22) 33 F5
Foisches (08) 13 F3
Foissac (12) 153 G3
Foissac (30) 172 A1
Foissiat (01) 116 D3
Foissy (21) 101 E2
Foissy-lès-Vézelay (89) 83 H5
Foissy-sur-Vanne (89) 65 F4
Foix (09) 183 H5
Folcarde (31) 184 A1
Folembray (02) 22 A3
Folgensbourg (68) 89 G3
le Folgoët (29) 31 E3
la Folie (14) 15 G5
la Folie Herbault 62 B4
Folies (80) 21 E1
Folkling (57) 27 G5
Follainville-Dennemont (78) 41 H2
Folles (87) 110 D6
la Folletière (76) 7 E5
la Folletière-Abenon (14) 17 G6
Folleville (27) 17 H5
Folleville (80) 20 C2
Folligny (50) 35 H2
Folschviller (57) 27 F5
Fomerey (88) 69 H3
Fomperron (79) 108 B2
Fonbeauzard (31) 167 E5
Foncegrive (21) 86 A3
Fonches-Fonchette (80) 21 F1
Foncine-le-Bas (39) 103 F6
Foncine-le-Haut (39) 103 G6
Foncquevillers (62) 10 A3
Fondamente (12) 170 A3
Fondettes (37) 78 D5
Fondremand (70) 87 F4
Fongrave (47) 151 E4
Fongueusemare (76) 6 C4
Fonroque (24) 150 D1
Fons (07) 157 F2
Fons (30) 171 H2
Fons (46) 153 F1
Fons-sur-Lussan (30) 157 F6
Fonsommes (02) 11 E6
Fonsorbes (31) 166 D6
Font-d'Urle 145 E5
Font-Romeu-Odeillo-Via (66) 198 C4
Fontain (25) 103 F1
Fontaine (10) 67 F4
Fontaine (38) 145 G2
Fontaine (90) 88 D2
Fontaine-au-Bois (59) 11 G3
Fontaine-au-Pire (59) 11 E4
Fontaine-Bellenger (27) 41 E1
Fontaine-Bonneleau (60) 20 B2
Fontaine-Chaalis (60) 43 F1
Fontaine-Chalendray (17) 121 H1
Fontaine-Couverte (53) 58 A6
Fontaine-de-Vaucluse (84) 173 F2
Fontaine-Denis-Nuisy (51) 44 D6
Fontaine-en-Bray (76) 19 E2
Fontaine-en-Dormois (51) 24 B6
Fontaine-Étoupefour (14) 16 B5
Fontaine-Fourches (77) 65 E2
Fontaine-Française (21) 86 B4
Fontaine-Guérin (49) 77 G4
Fontaine-Henry (14) 16 B3
Fontaine-Heudebourg (27) 41 E1
Fontaine-la-Gaillarde (89) 65 E4
Fontaine-la-Guyon (28) 61 H1
Fontaine-la-Louvet (27) 17 G5
Fontaine-la-Mallet (76) 6 B5
Fontaine-la-Rivière (91) 63 F3
Fontaine-la-Soret (27) 40 B1
Fontaine-l'Abbé (27) 40 B2
Fontaine-Lavaganne (60) 20 A3
Fontaine-le-Bourg (76) 7 H5
Fontaine-le-Comte (86) 109 E2
Fontaine-le-Dun (76) 7 F3
Fontaine-le-Pin (14) 16 C6
Fontaine-le-Port (77) 64 B1
Fontaine-le-Puits (73) 132 D5
Fontaine-le-Sec (80) 8 D5
Fontaine-les-Bassets (61) 39 F3
Fontaine-lès-Boulans (62) 2 B6
Fontaine-lès-Cappy (80) 10 B6
Fontaine-lès-Clercs (02) 21 H1
Fontaine-lès-Clerval (25) 88 A5
Fontaine-les-Coteaux (41) 79 E2
Fontaine-lès-Croisilles (62) 10 C3
Fontaine-lès-Dijon (21) 85 H6
Fontaine-les-Grès (10) 66 A2
Fontaine-lès-Hermans (62) 2 B6
Fontaine-lès-Luxeuil (70) 87 H1
Fontaine-les-Ribouts (28) 41 E5
Fontaine-lès-Vervins (02) 12 A6
Fontaine-l'Étalon (62) 9 E2
Fontaine-Mâcon (10) 65 F1
Fontaine-Milon (49) 77 F4
Fontaine-Notre-Dame (02) 11 F6
Fontaine-Notre-Dame (59) 10 D3
Fontaine-Raoul (41) 61 G6
Fontaine-Saint-Lucien (60) 20 B4
la Fontaine-Saint-Martin (72) 77 H2
Fontaine-Simon (28) 61 G1
Fontaine-sous-Jouy (27) 41 F2
Fontaine-
-sous-Montdidier (80) 20 D2
Fontaine-sous-Préaux (76) 7 H6
Fontaine-sur-Ay (51) 45 G2
Fontaine-sur-Maye (80) 9 E3
Fontaine-sur-Somme (80) 9 E5
Fontaine-Uterte (02) 11 E5
Fontainebleau (77) 64 A2
Fontainebrux (39) 102 C6
Fontaine Daniel 58 D3
Fontaines (71) 101 F4
Fontaines (85) 107 E2
Fontaines (89) 83 E3
Fontaines-d'Ozillac (17) 121 G6
Fontaines-en-Duesmois (21) 85 E3
Fontaines-en-Sologne (41) 80 B4
Fontaines-les-Sèches (21) 84 D2
Fontaines-Saint-Clair (55) 25 E4
Fontaines-Saint-Martin (69) 130 A2
Fontaines-sur-Marne (52) 47 E6
Fontaines-sur-Saône (69) 130 A2
Fontains (77) 64 C1
Fontan (06) 177 G2
Fontanès (30) 171 G3
Fontanès (34) 171 F4
Fontanès (42) 129 F5
Fontanes (46) 152 D5
Fontanes (48) 142 B6
Fontanès-de-Sault (11) 198 C2
Fontanes-du-Causse (46) 153 E1
Fontanges (15) 140 B3
Fontangy (21) 84 D6
Fontanières (23) 112 C6
Fontanil-Cornillon (38) 145 G1
Fontannes (43) 141 H2
Fontans (48) 155 H1
Fontarèches (30) 157 G6

Fontarède 151 E6
Fontclaireau (16) 122 C2
Fontcouverte (11) 185 G4
Fontcouverte (17) 121 F3
Fontcouverte-la Toussuire (73) 146 C1
la Fontelaye (76) 7 F4
Fontenai-les-Louvets (61) 59 H1
Fontenai-sur-Orne (61) 39 E5
Fontenailles (77) 64 C1
Fontenailles (89) 83 F3
Fontenay (27) 19 F6
Fontenay (36) 96 C3
Fontenay (50) 37 G5
Fontenay (71) 115 F2
Fontenay (76) 6 B5
Fontenay (88) 70 A3
Fontenay-aux-Roses (92) 42 D4
Fontenay-de-Bossery (10) 65 F2
Fontenay-en-Parisis (95) 43 E2
Fontenay-le-Comte (85) 107 F2
Fontenay-le-Fleury (78) 42 B4
Fontenay-le-Marmion (14) 16 B5
Fontenay-le-Pesnel (14) 16 A4
Fontenay-le-Vicomte (91) 63 G1
Fontenay-lès-Briis (91) 42 C6
Fontenay-Mauvoisin (78) 41 H3
Fontenay-près-Chablis (89) 83 H1
Fontenay-près-Vézelay (89) 83 H5
Fontenay-Saint-Père (78) 41 H2
Fontenay-sous-Bois (94) 43 E4
Fontenay-
-sous-Fouronnes (89) 83 G3
Fontenay-sur-Conie (28) 62 C4
Fontenay-sur-Eure (28) 62 A2
Fontenay-sur-Loing (45) 64 B5
Fontenay-sur-Mer (50) 15 E3
Fontenay-sur-Vègre (72) 59 G6
Fontenay-Torcy (60) 19 G3
Fontenay-Trésigny (77) 43 G5
Fontenelle (02) 11 H4
Fontenelle (21) 86 B4
la Fontenelle (35) 35 G5
la Fontenelle (41) 61 F5
Fontenelle (90) 88 D3
Fontenelle-en-Brie (02) 44 C3
Fontenelle-Montby (25) 88 A4
les Fontenelles (25) 104 C1
Fontenermont (14) 37 G4
Fontenet (17) 121 F1
Fontenille (16) 122 C1
Fontenille-Saint-Martin-
-d'Entraigues (79) 108 B5
Fontenilles (31) 166 D6
Fontenois-la-Ville (70) 69 G6
Fontenois-
-lès-Montbozon (70) 87 G4
Fontenotte (25) 87 H5
Fontenouilles (89) 82 C1
Fontenoy (02) 21 H4
Fontenoy (89) 83 E3
Fontenoy-la-Joûte (54) 70 B1
Fontenoy-le-Château (88) 69 G5
Fontenoy-sur-Moselle (54) 48 C5
Fontenu (39) 103 E6
Fonteny (57) 49 E3
Fonters-du-Razès (11) 184 B3
Fontès (34) 170 C6
Fontet (33) 150 A2
Fontette (10) 67 E5
Fontevraud-l'Abbaye (49) 93 H1
Fontgombault (36) 95 F6
Fontguenand (36) 96 B1
Fontienne (04) 174 C1
Fontiers-Cabardès (11) 184 D2
Fontiès-d'Aude (11) 185 E3
Fontjoncouse (11) 185 H5
Fontoy (57) 26 A3
Fontpédrouse (66) 198 D4
Fontrabiouse (66) 198 D3
Fontrailles (65) 181 G2
Fontvannes (10) 65 H3
Fontvieille (13) 172 D4
Forbach (57) 27 G4
Forcalqueiret (83) 191 H3
Forcalquier (04) 174 C2
la Force (11) 184 C3
la Force (24) 136 D5
Forcé (53) 58 D5
Forcelles-Saint-Gorgon (54) 69 F1
Forcelles-sous-Gugney (54) 69 F2
Forceville (80) 9 H4
Forceville-en-Vimeu (80) 8 D5
Forcey (52) 68 B4
Forciolo (2A) 204 D6
la Forclaz (74) 119 E3
Forest-en-Cambrésis (59) 11 F3
Forest-l'Abbaye (80) 8 D3
la Forest-Landerneau (29) 31 E4
Forest-Montiers (80) 8 D3
Forest-Saint-Julien (05) 160 B1
Forest-sur-Marque (59) 3 G5
Foreste (02) 21 G1
la Forestière (51) 44 D5
la Forêt-Auvray (61) 38 C4
la Forêt-de-Tessé (16) 108 C6
la Forêt-du-Parc (27) 41 E3
la Forêt-du-Temple (23) 111 G3
la Forêt-Fouesnant (29) 53 G3
Forêt-la-Folie (27) 19 F6
la Forêt-le-Roi (91) 63 E1
la Forêt-Sainte-Croix (91) 63 F2
la Forêt-sur-Sèvre (79) 92 D5
Forfry (77) 43 G2
la Forge (88) 70 B4
les Forges 112 A5
Forges (17) 107 E5
Forgès (19) 139 F3
Forges (49) 93 F1
les Forges (56) 55 G3
Forges (61) 60 A1
Forges (77) 64 C2
les Forges (79) 108 C2
les Forges (88) 69 H4
Forges-la-Forêt (35) 57 H5
Forges-les-Bains (91) 42 C6
Forges-les-Eaux (76) 19 F3
Forges-sur-Meuse (55) 25 E5
les Forges de Paimpont 56 C3
les Forges des Salles 55 E1
Forgues (31) 182 D1
la Forie (63) 128 B4
Forléans (21) 84 C5
Formentin (14) 17 E4
Formerie (60) 19 G2
Formigny (14) 15 G5
Formiguères (66) 198 D3
Fornex (09) 183 E4
Fors (79) 107 H4
Forstfeld (67) 51 G2
Forstheim (67) 51 E2
le Fort-Bloqué 54 B5
Fort-du-Plasne (39) 103 F6
Fort-Louis (67) 51 G3
Fort-Mahon-Plage (80) 8 C2
Fort-Mardyck (59) 2 B1
Fort-Moville (27) 17 G3
Fortan (41) 79 F1
Fortel-en-Artois (62) 9 F3
la Forteresse (38) 145 E1
Fort Sainte-Marguerite 193 F1
Fortschwihr (68) 71 G4
Fos (31) 182 B6
Fos (34) 170 B6
Fos-sur-Mer (13) 189 H4
le Fossat (09) 183 F3
Fossé (08) 24 C4
Fossé (41) 79 H3
Fosse (66) 199 F2
le Fossé (76) 19 F3
la Fosse-Corduan (10) 65 G2
la Fosse-de-Tigné (49) 93 E1
Fossemagne (24) 137 H3
Fossemanant (80) 20 B1
les Fosses (79) 107 H5
Fosses (95) 43 E2
Fossès-et-Baleyssac (33) 150 B2
la Fossette 192 B5
Fosseuse (60) 20 B6
Fosseux (62) 9 H3
Fossieux (57) 49 E3
Fossoy (02) 44 C2
Foucarmont (76) 8 C6
Foucart (76) 6 D4
Foucarville (50) 15 E4
Foucaucourt-en-Santerre (80) 10 B6
Foucaucourt-Hors-Nesle (80) 8 C6
Foucaucourt-sur-Thabas (55) 47 E2
Fouchécourt (70) 87 F1
Fouchécourt (88) 69 E5
Foucherans (25) 103 G1
Foucherans (39) 102 C2
Fouchères (10) 66 C4
Fouchères (89) 64 D4
Fouchères-aux-Bois (55) 47 F5
Foucherolles (45) 64 C5
Fouchy (67) 71 E2
Foucrainville (27) 41 F3
Fouday (67) 71 E1
Fouencamps (80) 20 C1
Fouesnant (29) 53 G4
Foufflin-Ricametz (62) 9 G2
Foug (54) 48 A5
Fougaron (31) 182 C5
Fougax-et-Barrineuf (09) 184 B6
Fougeré (49) 77 G3
Fougeré (85) 91 H4
Fougères (35) 58 A2
Fougères-sur-Bièvre (41) 79 H5
les Fougerêts (56) 56 B6
Fougerolles (36) 111 G2
Fougerolles (70) 69 H6
Fougerolles-du-Plessis (53) 58 B1
Fougueyrolles (24) 136 C5
la Fouillade (12) 153 G5
Fouilleuse (60) 20 D4
Fouillouse 161 G2
Fouillouse (05) 160 B3
la Fouillouse (42) 129 F5
le Fouilloux (17) 135 H2
Fouilloy (60) 19 H2
Fouilloy (80) 9 H6
Fouju (77) 43 G6
Foulain (52) 68 A5
Foulangues (60) 20 C6
Foulayronnes (47) 151 F5
Foulbec (27) 6 C6
Foulcrey (57) 49 H5
Fouleix (24) 137 F4
Foulenay (39) 102 C4
Fouligny (57) 26 D5
Foulognes (14) 38 A1
Fouquebrune (16) 122 C5
Fouquenies 20 A4
Fouquenies (60) 20 A4
Fouquereuil (62) 2 D6
Fouquerolles (60) 20 B4
Fouquescourt (80) 21 E1
Fouqueure (16) 122 B2
Fouqueville (27) 18 B6
Fouquières-lès-Béthune (62) 2 D6
Fouquières-lès-Lens (62) 10 C1
Four (38) 130 C4
Fouras (17) 106 D6
Fourbanne (25) 87 H5
Fourcatier-
-et-Maison-Neuve (25) 103 H5
Fourcès (32) 165 E2
Fourchambault (58) 98 D3
Fourches (14) 39 E3
Fourcigny (80) 19 H1
Fourdrain (02) 22 B3
Fourdrinoy (80) 9 F6
Fourg (25) 103 E2
Fourges (27) 41 H1
les Fourgs (25) 104 A4
Fourilles (03) 113 G4
Fourmagnac (46) 153 G2
Fourmetot (27) 17 H3
Fourmies (59) 12 B5
Fournaudin (89) 65 G4
Fourneaux (42) 129 E1
Fourneaux (50) 37 G2
Fourneaux (73) 147 E2
Fourneaux-le-Val (14) 38 D3
Fournels (48) 141 F6
Fournès (30) 172 C2
Fournes-Cabardès (11) 185 E2
Fournes-en-Weppes (59) 3 E5
le Fournet (14) 17 E4
Fournet-Blancheroche (25) 104 C1
Fournets-Luisans (25) 104 B2
Fourneville (14) 17 F3
Fournival (60) 20 C4
Fournols (63) 128 A5
Fournoulès (15) 154 A1
Fouronnes (89) 83 F3
Fourques (30) 172 C4
Fourques (66) 199 H4
Fourques-sur-Garonne (47) 150 C3
Fourqueux (78) 42 B3
Fourquevaux (31) 167 F6
Fours (33) 135 E2
Fours (58) 99 H5
Fours-en-Vexin (27) 41 G1
Fourtou (11) 185 E6
Foussais-Payré (85) 107 F1
Foussemagne (90) 88 D2
le Fousseret (31) 182 D2
Foussignac (16) 122 A3
Fouvent-Saint-Andoche (70) 86 D3
la Foux d'Allos 161 E4
Fouzilhon (34) 170 B6
Foville (57) 49 E3
Fox-Amphoux (83) 175 E5
la Foye-Monjault (79) 107 G5
Fozières (34) 170 B4
Fozzano (2A) 207 E2
la Frache 161 G3
Fragnes (71) 101 G5
Frahier-et-Chatebier (70) 88 C2
Fraignot-et-Vesvrotte (21) 85 G3
Fraillicourt (08) 23 F2
Fraimbois (54) 49 F6
Frain (88) 69 E4
Frais (90) 88 D2
Fraisans (39) 103 E2
Fraisnes-en-Saintois (54) 69 F2
Fraisse (24) 136 C5
Fraisse-Cabardès (11) 184 D2
Fraissé-des-Corbières (11) 185 H5
Fraisse-sur-Agout (34) 169 G5
Fraisses (42) 129 E6
Fraissines (81) 169 E2
Fraissinet-de-Fourques (48) 156 A5
Fraissinet-de-Lozère (48) 156 B4
Fraize (88) 70 D3
Fralignes (10) 66 D4
la Framboisière (28) 40 D6
Frambouhans (25) 88 C6
Framecourt (62) 9 G2
Framerville-Rainecourt (80) 10 A6
Framicourt (80) 8 C5
Framont (70) 86 C3
Frampas (52) 67 F1
Francalmont (70) 87 G1
Francaltroff (57) 49 G2
Francarville (31) 167 G5
Francastel (60) 20 B3
Françay (41) 79 G3
Francazal (31) 182 D5
Francescas (47) 165 G1
Francheleins (01) 116 B6
Franchesse (03) 113 F1
Francheval (08) 24 C2
Franchevelle (70) 88 A2
la Francheville (08) 24 A1
Francheville (21) 85 G5
Francheville (27) 40 C4
Francheville (39) 102 C4
Francheville (51) 46 B3
Francheville (54) 48 B4
Francheville (61) 39 E5
Francheville (69) 130 A3
Francières (60) 21 E4
Francières (80) 9 E4
Francillon (36) 96 B4
Francillon-sur-Roubion (26) 158 C2
Francilly-Selency (02) 10 D6
Francin (73) 132 A5
Franclens (74) 118 A6
François (79) 108 A3
Francon (31) 182 C3
Franconville (54) 49 E6
Franconville (95) 42 C3
Francoulès (46) 152 D3
Francourt (70) 86 D3
Francourville (28) 62 C2
Francs (33) 136 A4
Francueil (37) 79 G6
Franey (25) 87 E6
Frangy (74) 118 A6
Frangy-en-Bresse (71) 102 B5
Franken (68) 89 F3
Franleu (80) 8 C4
Franois (25) 103 F1
Franquevielle (31) 181 H4
Franqueville (02) 22 D1
Franqueville (27) 40 B1
Franqueville (80) 9 F4
Franqueville-Saint-Pierre (76) 18 D4
la Franqui-Plage 186 C6
Frans (01) 130 A1
Fransart (80) 21 E1
Fransèches (23) 125 G1
Fransu (80) 9 F4
Fransures (80) 20 B2
Franvillers (80) 9 H5
Franxault (21) 102 B2
Frapelle (88) 70 D2
Fraquelfing (57) 50 A5
Fraroz (39) 103 G5
Frasnay-Reugny (58) 99 F3
Frasne (25) 103 G4
la Frasnée (39) 117 H1
Frasne-le-Château (70) 87 E4
Frasne-les-Meulières (39) 102 C1
le Frasnois (39) 103 F6
Frasnoy (59) 11 G2
Frasseto (2A) 205 E6
Frauenberg (57) 27 H5
Frausseilles (81) 168 A2
Fravaux (10) 67 E3
le Fraysse (81) 168 D3
Frayssinet (46) 152 C1
Frayssinet-le-Gélat (46) 152 A2
Frayssinhes (46) 139 F5
Frazé (28) 61 G3
Fréauville (76) 19 E1
Frebécourt (88) 68 D2
Frébuans (39) 102 C6
le Frêche (40) 164 B2
Fréchède (65) 181 F2
Fréchencourt (80) 9 H5
Fréchendets (65) 181 F4
le Fréchet (31) 182 C3
Fréchet-Aure (65) 181 G6
Fréchou (47) 165 F1
Fréchou-Fréchet (65) 181 F3
Frécourt (52) 68 B6
Frédéric-Fontaine (70) 88 B2
la Frédière (17) 121 F2
Frédille (36) 96 A3
Frégimont (47) 151 E5
Frégouville (32) 166 B5
Fréhel (22) 34 B3
Freigné (49) 75 F2
Freissinières (05) 147 E6
la Freissinouse (05) 160 B2
Freistroff (57) 26 D4
Freix-Anglards (15) 140 A4
Fréjairolles (81) 168 C3
Fréjeville (81) 168 B5
Fréjus (83) 192 D2
Fréland (68) 71 E3
Frelinghien (59) 3 F4
Frémainville (95) 42 A2
Frémécourt (95) 42 B1
Fréménil (54) 49 G6
Frémeréville-
-sous-les-Côtes (55) 47 H4
Frémery (57) 49 E3
Frémestroff (57) 27 F6
Frémicourt (62) 10 C4
Fremifontaine (88) 70 B3
Frémontiers (80) 20 A1
Frémonville (54) 49 H5
la Frénaye (76) 6 D5
Frencq (62) 1 F5
Frenelle-la-Grande (88) 69 F2
Frenelle-la-Petite (88) 69 F2
Frênes (61) 38 A4
Freneuse (76) 18 C5
Freneuse (78) 41 G2
Freneuse-sur-Risle (27) 18 A6
Freney (73) 147 E2
le Freney-d'Oisans (38) 146 B3
Fréniches (60) 21 G2
Frénois (21) 85 G4
Frénois (88) 69 F3
Frénouville (14) 16 C5
Frenz 70 D6
Frépillon (95) 42 C2
Fresles (76) 19 E1
la Fresnaie-Fayel (61) 39 G4
la Fresnais (35) 35 E4
Fresnay (10) 67 F3
Fresnay-en-Retz (44) 90 D1
Fresnay-le-Comte (28) 62 B3
Fresnay-le-Gilmert (28) 62 A1
Fresnay-le-Long (76) 7 G4
Fresnay-le-Samson (61) 39 G3
Fresnay-l'Évêque (28) 62 D3
Fresnay-sur-Sarthe (72) 59 H3
la Fresnaye-au-Sauvage (61) 38 D5
la Fresnaye-
-sur-Chédouet (72) 60 B2
le Fresne 59 E2
le Fresne (27) 40 D3
le Fresne (51) 46 B3
le Fresne-Camilly (14) 16 B4
Fresne-Cauverville (27) 17 G4
Fresné-la-Mère (14) 39 E3
Fresne-l'Archevêque (27) 19 E5
Fresne-le-Plan (76) 7 H6
Fresne-Léguillon (60) 20 A6
Fresne-lès-Reims (51) 23 F5
le Fresne-Poret (50) 37 H5
Fresne-Saint-Mamès (70) 87 E4
le Fresne-sur-Loire (44) 75 E6
Fresneaux-Montchevreuil (60) 20 A6
Fresnes (02) 22 A3
Fresnes (21) 84 D3
Fresnes (41) 80 A5
Fresnes (89) 84 A2
Fresnes (94) 42 D5
Fresnes-au-Mont (55) 47 G3
Fresnes-en-Saulnois (57) 49 E3
Fresnes-en-Tardenois (02) 44 C1
Fresnes-en-Woëvre (55) 47 H1
Fresnes-lès-Montauban (62) 10 C2
Fresnes-Mazancourt (80) 10 B6
Fresnes-sur-Apance (52) 69 E6
Fresnes-sur-Escaut (59) 11 F1
Fresnes-sur-Marne (77) 43 F3
Fresnes-Tilloloy (80) 8 D5
Fresneville (80) 8 D6
Fresney (27) 41 F3
Fresney-le-Puceux (14) 16 B5
Fresney-le-Vieux (14) 16 B6
Fresnicourt-le-Dolmen (62) 10 A1
Fresnières (60) 21 F3
Fresnois 25 E3
Fresnois-la-Montagne (54) 25 G3
Fresnoy (62) 9 F2
Fresnoy-Andainville (80) 8 D6
Fresnoy-au-Val (80) 9 E6
Fresnoy-en-Chaussée (80) 20 D1
Fresnoy-en-Gohelle (62) 10 B2
Fresnoy-en-Thelle (60) 20 C6
Fresnoy-Folny (76) 8 B6
Fresnoy-la-Rivière (60) 21 F6
Fresnoy-le-Château (10) 66 C4
Fresnoy-le-Grand (02) 11 F5
Fresnoy-le-Luat (60) 21 E6
Fresnoy-lès-Roye (80) 21 F1
Frespech (47) 151 G5
Fresquiennes (76) 7 G5
Fressac (30) 171 F2
Fressain (59) 10 D2
Fressancourt (02) 22 B2
Fresse (70) 88 B1
Fresse-sur-Moselle (88) 70 C6
Fresselines (23) 111 F3
Fressenneville (80) 8 C4
Fressies (59) 10 D2
Fressin (62) 9 E1
Fressines (79) 108 A3
le Frestoy-Vaux (60) 21 E3
Fresville (50) 14 D4
Fréterive (73) 132 B4
Fréteval (41) 79 H1
Fréthun (62) 1 G2
Fretigney-et-Velloreille (70) 87 F4
Frétigny (28) 61 F2
Fretin (59) 3 G5
Frétoy (77) 44 A5
Frétoy-le-Château (60) 21 G2
la Frette (38) 131 E6
la Frette (71) 101 H6
la Frette-sur-Seine (95) 42 C3
Frettecuisse (80) 8 D6
Frettemeule (80) 8 C5
Fretterans (71) 102 B4
le Fréty (08) 23 G1
Freulleville (76) 7 H3
Frévent (62) 9 G2
Fréville (76) 7 F5
Fréville (88) 68 C2
Fréville-du-Gâtinais (45) 63 G6
Frévillers (62) 9 H1
Frévin-Capelle (62) 10 A2
Freybouse (57) 27 F6
Freycenet-la-Cuche (43) 142 D5
Freycenet-la-Tour (43) 142 D5
Freychenet (09) 183 H6
Freyming-Merlebach (57) 27 F5
Freysselines 125 E6
Freyssenet (07) 157 H1
Friaize (28) 61 G2
Friardel (14) 17 G6
Friaucourt (80) 8 B4
Friauville (54) 48 B1
Fribourg (57) 49 H4
Fricamps (80) 20 A1
Frichemesnil (76) 7 G4
Fricourt (80) 10 B5
Fridefont (15) 141 F5
Friedolsheim (67) 50 D4
Frières-Faillouël (02) 21 H2
Friesen (68) 89 E3
Friesenheim (67) 71 H2
Frignicourt (51) 46 B5
Frise (80) 10 B5
Friville-Escarbotin (80) 8 B4
Frizon (88) 69 H3
Froberville (76) 6 C3
Frocourt (60) 20 A5
Frœningen (68) 89 F2
Frœschwiller (67) 28 D6
Froges (38) 145 H1
Frohen-le-Grand (80) 9 F3
Frohen-le-Petit (80) 9 F3
Frohmuhl (67) 50 B2
Froideconche (70) 87 H1
Froidefontaine (90) 88 D3
Froidestrées (02) 12 A5
Froideterre (70) 88 A2
Froidevaux (25) 88 C6
Froideville (39) 102 C5
Froidfond (85) 91 E2
Froidmont-Cohartille (02) 22 C2
Froidos (55) 47 E2
Froissy 10 B6
Froissy (60) 20 B3
Frôlois (21) 85 E4
Frolois (54) 48 C6
Fromelennes (08) 13 F3
Fromelles (59) 3 E5
Fromental (87) 110 D5
Fromentas 164 D5
Fromentières (51) 44 D3
Fromentières (53) 76 D1
Fromentine 90 B2
Froméréville-les-Vallons (55) 47 F1
Fromezey (55) 25 G6
Fromont (77) 63 H3
Fromy (08) 25 E2
Froncles (52) 67 H3
Fronsac (31) 182 A5
Fronsac (33) 135 G5
Frontenac (33) 135 H6
Frontenac (46) 153 G3
Frontenard (71) 102 A4
Frontenas (69) 129 G1
Frontenat 112 B3
Frontenaud (71) 117 E1
Frontenay (39) 102 D5
Frontenay-Rohan-Rohan (79) 107 G4
Frontenex (73) 132 C4
Frontignan (34) 187 H1
Frontignan-
-de-Comminges (31) 182 A5
Frontignan-Savès (31) 182 C1
Fronton (31) 167 E3
Frontonas (38) 130 C4
Fronville (52) 67 H2
Frossay (44) 74 A4
Frotey-lès-Lure (70) 88 B2
Frotey-lès-Vesoul (70) 87 G3
Frouard (54) 48 C4
Frouville (95) 42 C1
Frouzins (31) 167 E6
Froville (54) 69 H1
Froyelles (80) 9 E3
Frozes (86) 94 A6
Frucourt (80) 8 D5
Frugerès-les-Mines (43) 141 G1
Fruges (62) 2 A6
Frugières-le-Pin (43) 141 H2
Fruncé (28) 61 H2
Fry (76) 19 F3
Fuans (25) 104 B1
Fublaines (77) 43 H3
le Fugeret (04) 175 H1
le Fuilet (49) 75 F4
Fuilla (66) 199 E4
Fuissé (71) 116 B4
Fuligny (10) 67 F3
Fulleren (68) 89 E3
Fultot (76) 7 E3
Fulvy (89) 84 B2
les Fumades les Bains 157 F6
Fumay (08) 13 E5
Fumel (47) 151 H3
Fumichon (14) 17 G4
Furchhausen (67) 50 D4
Furdenheim (67) 50 D5
Furiani (2B) 203 G4
Furigny 94 A6
Furmeyer (05) 160 A2
Fussey (21) 101 G2
Fussy (18) 97 G2
Fustérouau (32) 164 D4
Fustignac (31) 182 D2
Futeau (55) 46 D1
Fuveau (13) 174 B6
Fyé (72) 60 A3

G

Gaas (40) 163 E5
le Gabach 150 D4
Gabarnac (33) 149 H2
Gabarret (40) 164 D2
Gabaston (64) 180 C2
Gabat (64) 179 F1
Gabian (34) 170 B6
Gabillou (24) 137 H2
Gabre (09) 183 F4
Gabriac (12) 154 D3
Gabriac (48) 156 C6
Gabrias (48) 155 H3
Gacé (61) 39 G4
la Gacilly (56) 56 C5
Gâcogne (58) 100 A1
Gadancourt (95) 42 A2
Gadencourt (27) 41 F3
Gaël (35) 56 B2
Gageac-et-Rouillac (24) 136 C6
Gagnac-sur-Cère (46) 139 F5
Gagnac-sur-Garonne (31) 167 E4
Gagnières (30) 157 E5
Gagny (93) 43 E3
Gahard (35) 57 G1
Gailhan (30) 171 G3
Gaillac (81) 167 H3
Gaillac-d'Aveyron (12) 155 E4
Gaillac-Toulza (31) 183 G3
Gaillagos (65) 180 D5
Gaillan-en-Médoc (33) 134 C1
Gaillard (74) 118 C4
Gaillardbois-Cressenville (27) 19 E5
la Gaillarde (76) 7 F2
Gaillefontaine (76) 19 F2
Gaillères (40) 164 A2
Gaillon (27) 41 F1
Gaillon-sur-Montcient (78) 42 A2
Gainneville (76) 6 B5
Gaja-et-Villedieu (11) 184 D4
Gaja-la-Selve (11) 184 B3
Gajac (33) 150 A3
Gajan (09) 182 D5
Gajan (30) 171 H3
Gajoubert (87) 109 H5
Galametz (62) 9 F2
Galan (65) 181 G3
Galapian (47) 150 D5
Galargues (34) 171 G4
la Galère 193 F2
Galéria (2B) 204 B1
Galey (09) 182 C6
Galez (65) 181 G3
Galfingue (68) 89 F2
Galgan (12) 153 H3
Galgon (33) 135 G4
Galiax (32) 164 D5
Galié (31) 182 A5
Galinagues (11) 198 C2
Galinières 155 E4
Gallardon (28) 62 C1
Gallargues-le-Montueux (30) 171 H4
le Gallet (60) 20 B2

Gallician 172 A5
Galluis (78) 42 A4
Gamaches (80) 8 B5
Gamaches-en-Vexin (27) 19 F6
Gamarde-les-Bains (40) 163 F4
Gamarthe (64) 179 E3
Gambais (78) 41 H4
Gambaiseuil (78) 41 H5
Gambsheim (67) 51 F4
Gan (64) 180 B3
Ganac (09) 183 G6
Ganagobie (04) 174 D1
Gancourt-Saint-Etienne (76) 19 G3
Gandelain (61) 59 H1
Gandelu (02) 44 A2
Gandrange (57) 26 B4
Ganges (34) 171 E2
Gannat (03) 113 G6
Gannay-sur-Loire (03) 99 G6
Gannes (60) 20 C3
Gans (33) 150 A3
Ganties (31) 182 B4
Ganzeville (76) 6 C3
Gap (05) 160 B2
Gapennes (80) 9 E3
Gâprée (61) 39 G6
Garac (31) 166 C4
Garancières (78) 41 H4
Garancières-en-Beauce (28) 62 D2
Garancières-en-Drouais (28) 41 E5
Garanou (09) 198 A2
Garat (16) 122 C4
Garcelles-Secqueville (14) 16 C5
Garches (92) 42 C4
Garchizy (58) 98 D3
Garchy (58) 98 D1
Gardanne (13) 174 A6
la Garde (04) 175 H3
la Garde (38) 146 A3
la Garde (83) 191 H5
la Garde-Adhémar (26) 158 A4
la Garde-Freinet (83) 192 C3
la Garde-Guérin 156 D3
Gardefort (18) 98 B1
Gardegan-et-Tourtirac (33) 136 A5
Gardères (65) 180 D2
Gardes 122 D5
les Gardes 75 H6
Gardes-le-Pontaroux (16) 122 C5
Gardie (11) 184 D4
Gardonne (24) 136 C5
Gardouch (31) 183 H2
Garein (40) 163 G1
Garencières (27) 41 E3
la Garenne 187 G1
la Garenne-Colombes (92) 42 C3
Garennes-sur-Eure (27) 41 F3
Garentreville (77) 63 H4
Garéoult (83) 191 H3
la Garette 107 G4
Garganvillar (82) 166 C2
Gargas (31) 167 F4
Gargas (84) 173 H2
Gargenville (78) 42 A2
Garges-lès-Gonesse (95) 42 D3
Gargilesse-Dampierre (36) 111 E2
Garidech (31) 167 F4
Gariès (82) 166 C3
Garigny (18) 98 B2
Garin (31) 196 A4
Garindein (64) 179 F3
Garlan (29) 32 A3
Garlède-Mondebat (64) 164 A6
Garlin (64) 164 B5
le Garn (30) 157 G5
la Garnache (85) 90 D2
Garnat-sur-Engièvre (03) 114 B1
Garnay (28) 41 F5
Garnerans (01) 116 B4
Garons (30) 172 B4
Garos (64) 163 H6
la Garoupe 193 G1
Garravet (32) 182 C1
Garrebourg (57) 50 B4
Garrevaques (81) 184 B1
Garrey (40) 163 E4
le Garric (81) 168 B2
Garrigues (34) 171 G4
Garrigues (81) 167 G5
Garrigues-Sainte-Eulalie (30) 172 A2
Garris (64) 179 F2
Garrosse (40) 163 E1
Gars (06) 176 B4
Gartempe (23) 111 F5
Gas (28) 41 H6
le Gaschney 70 D5
Gasny (27) 41 G2
Gasques (82) 151 G6
Gassicourt 41 H2
Gassin (83) 192 D4
le Gast (14) 37 G4
Gastes (40) 148 B4
Gastines (53) 58 A6
Gastins (77) 43 H6
Gasville-Oisème (28) 62 B1
Gâtelles 61 H1
Gatey (39) 102 C3
Gathemo (50) 37 G4
Gatteville-le-Phare (50) 15 E1
Gattières (06) 176 D5
Gatuzières (48) 156 A6
Gaubertin (45) 63 G5
la Gaubretière (85) 92 A3
Gauchin-Légal (62) 10 A1
Gauchin-Verloingt (62) 9 G1
Gauchy (02) 22 A1
Gauciel (27) 41 E2
la Gaudaine (28) 61 F3
la Gaude (06) 176 D5
Gaudechart (60) 20 A3
Gaudent (65) 182 A5
Gaudiempré (62) 9 H3
Gaudiès (09) 184 A3
Gaudonville (32) 166 B3
Gaudreville-la-Rivière (27) 40 D3
Gaugeac (24) 151 G1
Gaujac (30) 172 C1
Gaujac (32) 182 C1
Gaujac (47) 150 B3
Gaujacq (40) 163 G5
Gaujan (32) 182 B1
le Gault-Perche (41) 61 F5
le Gault-Saint-Denis (28) 62 B4
le Gault-Soigny (51) 44 D4
Gauré (31) 167 G5
Gauriac (33) 135 E3
Gauriaguet (33) 135 G4
Gaussan (65) 181 H3
Gausson (22) 33 G6
Gauville (61) 40 A4
Gauville (80) 19 G1
Gauville-la-Campagne (27) 40 D2
Gavarnie (65) 195 E4
Gavarnie les Espécières 195 E4
Gavarret-sur-Aulouste (32) 165 H4
Gavaudun (47) 151 G2
Gavignano (2B) 205 F1
Gavisse (57) 26 C2
Gavray (50) 35 H1
le Gâvre (44) 74 B2
Gavrelle (62) 10 B2
Gâvres (56) 54 C6
Gavrus (14) 16 B5
Gayan (65) 181 E2
Gaye (51) 45 E5
la Gayolle 191 G3
Gayon (64) 164 B6
Gazaupouy (32) 165 G2
Gazave (65) 181 G5
Gazax-et-Baccarisse (32) 165 E5
Gazeran (78) 41 H6
Gazon 57 H2
Gazost (65) 181 E5
Geaune (40) 164 A5
Geay (17) 120 D2
Geay (79) 93 F4
Gèdre (65) 195 E4
Gée (49) 77 F5
Gée-Rivière (32) 164 B4
Geffosses (50) 36 D1
Géfosse-Fontenay (14) 15 F4
Gehée (36) 96 B3
Geishouse (68) 70 D6
Geispitzen (68) 89 G2
Geispolsheim (67) 51 E6
Geiswasser (68) 71 H5
Geiswiller (67) 50 D3
Gélacourt (54) 70 B1
Gélannes (10) 65 G1
Gélaucourt (54) 69 E1
Gellainville (28) 62 B2
Gellenoncourt (54) 49 E5
Gelles (63) 126 D3
Gellin (25) 103 H5
Gelos (64) 180 B2
Geloux (40) 163 G2
Gelucourt (57) 49 G4
Gelvécourt-et-Adompt (88) 69 G3
Gémages (61) 60 D3
Gemaingoutte (88) 70 D3
Gembrie (65) 182 A5
Gemeaux (21) 86 A4
Gémenos (13) 191 E4
Gémigny (45) 62 C6
Gémil (31) 167 F4
Gemmelaincourt (88) 69 E3
Gémonval (25) 88 B4
Gémonville (54) 69 E2
Gémozac (17) 121 E4
Genac (16) 122 B2
Genainville (95) 41 H1
Genas (69) 130 B3
Génat (09) 197 H4
Genay (21) 84 C4
Genay (69) 130 A2
Gençay (86) 109 E3
Gendreville (88) 68 D3
Gendrey (39) 102 D1
Gené (49) 75 H1
Génébrières (82) 167 F2
Genech (59) 3 G6
Génelard (71) 115 F1
Générac (30) 172 A4
Générac (33) 135 F2
Générargues (30) 171 F1
Générest (65) 181 H5
Generville (11) 184 B3
Geneslay (61) 59 E1
le Genest-Saint-Isle (53) 58 C4
Genestelle (07) 157 G1
Geneston (44) 74 D6
la Genête (71) 116 C1
la Genétouze (17) 136 A2
la Génétouze (85) 91 F4
Genêts (50) 35 G3
les Genettes (61) 40 A5
Geneuille (25) 87 F6
la Genevraie (61) 39 G5
le Genevray 145 G3
la Genevraye (77) 64 A3
Genevreuille (70) 87 H2
Genevrey (70) 87 H2
Genevrières (52) 86 C2
la Genevroye (52) 67 H3
Geney (25) 88 B4
la Geneytouse (87) 124 C3
Génicourt (95) 42 B2
Génicourt-sur-Meuse (55) 47 G2
Genilac (42) 129 G5
Genillé (37) 95 G2
Génis (24) 138 A1
Génissac (33) 135 G5
Génissieux (26) 144 C3
Genlis (21) 102 A1
Gennes (25) 87 G6
Gennes (49) 77 F6
Gennes-Ivergny (62) 9 E2
Gennes-sur-Glaize (53) 76 D1
Gennes-sur-Seiche (35) 58 A5
Genneteil (49) 77 H3
Gennetines (03) 114 A1
Genneton (79) 93 E3
Genneville (14) 17 F3
Gennevilliers (92) 42 D3
Genod (39) 117 F3
Génolhac (30) 156 D4
Génos (31) 182 A5
Génos (65) 195 H4
Genouillac (16) 123 E2
Genouillac (23) 111 H3
Genouillé (17) 107 F6
Genouillé (86) 109 E5
Genouilleux (01) 116 B5
Genouilly (18) 96 D2
Genouilly (71) 101 E6
Gensac (33) 136 B6
Gensac (65) 181 E1
Gensac (82) 166 B2
Gensac-de-Boulogne (31) 182 A3
Gensac-la-Pallue (16) 121 H4
Gensac-sur-Garonne (31) 182 D3
la Gente 125 E6
Genté (16) 121 G4
Gentelles (80) 9 H6
Gentilly (94) 42 D4
Gentioux-Pigerolles (23) 125 F3
Genvry (60) 21 G3
Georfans (70) 88 A4
Géovreisset (01) 117 G4
Géovreissiat (01) 117 G4
Ger (50) 38 A5
Ger (64) 180 D3
Ger (65) 180 D4
Geraise (39) 103 F3
Gérardmer (88) 70 C4
Gérardmer-la-Schlucht 70 C4
Géraudot (10) 66 C3
Gerbaix (73) 131 G4
Gerbamont (88) 70 C5
Gerbécourt (57) 49 F3
Gerbécourt-
-et-Haplemont (54) 69 F1
Gerbépal (88) 70 C4
Gerberoy (60) 19 H3
Gerbéviller (54) 49 F6
Gercourt-et-Drillancourt (55) 25 E5
Gercy (02) 22 D1
Gerde (65) 181 F4
Gerderest (64) 180 D1
Gère-Bélesten (64) 180 B5
Gergny (02) 12 A5
Gergovie 127 F3
Gergueil (21) 101 F1
Gergy (71) 101 G4
Gerland (21) 101 H2
Germ (65) 195 H4
Germagnat (01) 117 F3
Germagny (71) 101 E6
Germaine (02) 21 G1
Germaine (51) 45 F1
Germaines (52) 85 H2
Germainville (28) 41 G5
Germainvilliers (52) 68 D4
Germay (52) 68 B2
Germéfontaine (25) 88 A6
Germenay (58) 99 G1
Germignac (17) 121 G4
Germigney (39) 102 D3
Germigney (70) 86 C5
Germignonville (28) 62 C4
Germigny (51) 22 D6
Germigny (89) 65 H6
Germigny-des-Prés (45) 81 F1
Germigny-l'Évêque (77) 43 H2
Germigny-l'Exempt (18) 98 B4
Germigny-
-sous-Coulombs (77) 44 A2
Germigny-sur-Loire (58) 98 C3
Germinon (51) 45 G3
Germiny (54) 48 C6
Germisay (52) 68 B2
Germolles 101 F5
Germolles-sur-Grosne (71) 115 H4
Germond-Rouvre (79) 107 H2
Germondans (25) 87 G5
Germont (08) 24 B4
Germonville (54) 69 G1
Germs-sur-l'Oussouet (65) 181 E4
Gernelle (08) 24 B1
Gernicourt (02) 22 D4
Géronce (64) 179 H3
Gerponville (76) 6 D3
Gerrots (14) 17 E4
Gerstheim (67) 71 H1
Gertwiller (67) 71 G1
Geruge (39) 102 C6
Gervans (26) 144 A3
Gerville (76) 6 C4
Géry (55) 47 F4
Gerzat (63) 127 F2
Gesnes (53) 59 E4
Gesnes-en-Argonne (55) 24 D5
Gesnes-le-Gandelin (72) 59 H2
Gespunsart (08) 13 F6
Gestas (64) 179 G2
Gesté (49) 75 F5
Gestel (56) 54 C5
Gestiès (09) 197 H4
Gesvres (53) 59 G2
Gesvres-le-Chapitre (77) 43 G2
Gétigné (44) 75 E6
les Gets (74) 119 F4
Geu (65) 180 D4
Geudertheim (67) 51 E4
Géus-d'Arzacq (64) 163 H6
Geüs-d'Oloron (64) 179 H2
Gévezé (35) 57 E1
Gevigney-et-Mercey (70) 87 E1
Geville (55) 48 A4
Gevingey (39) 102 C6
Gevresin (25) 103 F3
Gevrey-Chambertin (21) 101 G1
Gevrolles (21) 67 F6
Gevry (39) 102 C3
Gex (01) 118 B3
Geyssans (26) 144 C3
Gez (65) 180 D5
Gez-ez-Angles (65) 181 E4
Gézaincourt (80) 9 G4
Gézier-et-Fontenelay (70) 87 E5
Gézoncourt (54) 48 C3
Ghisonaccia (2B) 205 G5
Ghisoni (2B) 205 F4
Ghissignies (59) 11 G3
Ghyvelde (59) 2 C1
Giat (63) 126 B3
le Gibanel 139 F3
Gibeaumeix (54) 48 A6
Gibel (31) 183 H2
Gibercourt (02) 22 A1
Giberville (14) 16 C4
Gibles (71) 115 G4
Gibourne (17) 121 G1
Gibret (40) 163 F4
le Gicq (17) 121 H1
Gidy (45) 62 D6
Giel-Courteilles (61) 38 D4
Gien (45) 82 A3
Gien-sur-Cure (58) 100 B2
Giens 192 A6
Gières (38) 145 G2
la Giettaz (73) 132 D1
Giéville (50) 37 G2
Gièvres (41) 96 C1
Giey-sur-Aujon (52) 67 H6
Giez (74) 132 B3
Gif-sur-Yvette (91) 42 C5
Giffaumont-
-Champaubert (51) 46 C6
Gigean (34) 171 E6
Gignac (34) 170 D5
Gignac (46) 138 C4
Gignac (84) 174 A2
Gignac-la-Nerthe (13) 190 B3
Gignat (63) 127 F6
Gignéville (88) 69 E4
Gigney (88) 69 H3
Gigny (39) 117 F2
Gigny (89) 84 C2
Gigny-Bussy (51) 46 B6
Gigny-sur-Saône (71) 101 G6
Gigondas (84) 158 C6
Gigors (04) 160 C3
Gigors-et-Lozeron (26) 144 C6
Gigouzac (46) 152 C2
Gijounet (81) 169 E4
Gildwiller (68) 89 E2
Gilette (06) 176 D4
Gilhac-et-Bruzac (07) 144 A5
Gilhoc-sur-Ormèze (07) 143 H4
Gillancourt (52) 67 G4
Gillaumé (52) 68 B1
Gilles (28) 41 G3
Gillevoisin 63 F1
Gilley (25) 104 A2
Gilley (52) 86 D2
Gillois (39) 103 F5
Gillonnay (38) 130 D6
Gilly-lès-Cîteaux (21) 101 G1
Gilly-sur-Isère (73) 132 C3
Gilly-sur-Loire (71) 114 C2
Gilocourt (60) 21 F5
Gimat (82) 166 B3
Gimbrède (32) 166 A1
Gimeaux (63) 127 F1
Gimécourt (55) 47 G3
Gimel-les-Cascades (19) 139 E1
Gimeux (16) 121 G4
la Gimond (42) 129 F5
Gimont (32) 166 B5
Gimouille (58) 98 D4
Ginai (61) 39 G5
Ginals (82) 153 F6
Ginasservis (83) 174 C4
Ginchy (80) 10 B5
Gincla (11) 199 E2
Gincrey (55) 25 G6
Gindou (46) 152 B2
Ginestas (11) 185 H3
Ginestet (24) 136 D5
Gingsheim (67) 50 D4
Ginoles (11) 184 D6
Ginouillac (46) 152 D1
Gintrac (46) 139 E5
Giocatojo (2B) 205 F1
Gionges (51) 45 F3
Giou-de-Mamou (15) 140 B5
Gioux (23) 125 G3
Gipcy (03) 113 F2
Girac (46) 139 E5
Girancourt (88) 69 G4
Giraumont (54) 26 A5
Giraumont (60) 21 F4
Girauvoisin (55) 47 H4
Gircourt-lès-Viéville (88) 69 G2
Girecourt-sur-Durbion (88) 70 A3
Girefontaine (70) 69 G6
Giremoutiers (77) 43 H4
Girgols (15) 140 B4
Giriviller (54) 70 A1
Girmont (88) 69 H3
Girmont-Val-d'Ajol (88) 70 A5
Girolles (45) 64 A5
Girolles (89) 83 H4
Giromagny (90) 88 C2
Giron (01) 117 H4
Gironcourt-sur-Vraine (88) 69 E2
Gironde-sur-Dropt (33) 150 A2
Girondelle (08) 12 D6
Gironville (77) 63 H4
Gironville-sur-Essonne (91) 63 G2
Gironville sous les Côtes 48 A4
le Girouard (85) 91 E5
Giroussens (81) 167 H4
Giroux (36) 96 D3
Giry (58) 99 E1
Gisay-la-Coudre (27) 40 B3
Giscaro (32) 166 B5
Giscos (33) 149 H5
Gisors (27) 19 G6
Gissac (12) 169 G3
Gissey-le-Vieil (21) 84 D6
Gissey-sous-Flavigny (21) 85 E4
Gissey-sur-Ouche (21) 101 F1
Gisy-les-Nobles (89) 64 D3
Giuncaggio (2B) 205 G3
Giuncheto (2A) 206 D3
Givardon (18) 98 B5
Givarlais (03) 112 D2
Givenchy-en-Gohelle (62) 10 B1
Givenchy-le-Noble (62) 9 H2
Givenchy-lès-la-Bassée (62) 3 E6
Giverny (27) 41 G2
Giverville (27) 17 H4
Givet (08) 13 F3
Givonne (08) 24 C1
Givors (69) 130 A4
Givraines (45) 63 G4
Givrand (85) 90 D4
Givrauval (55) 47 F5
le Givre (85) 91 G6
Givrezac (17) 121 E5
Givron (08) 23 G2
Givry (08) 23 H4
Givry (71) 101 F5
Givry (89) 83 H4
Givry-en-Argonne (51) 46 D3
Givry-lès-Loisy (51) 45 F3
Givrycourt (57) 49 H2
Gizaucourt (51) 46 C2
Gizay (86) 109 E2
Gizeux (37) 78 A5
Gizia (39) 117 F1
Gizy (02) 22 D3
la Glacerie (50) 14 C2
Glageon (59) 12 B4
Glaignes (60) 21 F6
Glaine-Montaigut (63) 127 G3
Glaire (08) 24 C1
le Glaizil (05) 146 A6
Glamondans (25) 87 H6
Gland (02) 44 C2
Gland (89) 84 C1
Glandage (26) 159 G1
Glandon (87) 124 B6
Glanes (46) 139 F5
Glanges (87) 124 C4
Glannes (51) 46 B5
Glanon (21) 101 H3
Glanville (14) 17 E3
Glatens (82) 166 B3
Glatigny (50) 14 C5
Glatigny (57) 26 C5
Glatigny (60) 19 H4
Glay (25) 88 D5
Gleizé (69) 129 H1
Glénac (56) 56 C6
Glénat (15) 139 H5
Glénay (79) 93 F4
Glénic (23) 111 G5
Glennes (02) 22 C5
Glénouze (86) 93 H3
Glény 139 F3
Glère (25) 88 D5
la Glestière 57 E2
Glicourt (76) 7 H2
Glisolles (27) 40 D3
Glisy (80) 9 G6
Glomel (22) 54 C1
Glonville (54) 70 B1
Glorianes (66) 199 G3
Glos (14) 17 F5
Glos-la-Ferrière (61) 40 A4
Glos-sur-Risle (27) 18 A6
Gluiras (07) 143 G5
Glun (07) 144 A4
Glux-en-Glenne (58) 100 B4
Goas (82) 166 B3
la Godefroy (50) 35 H3
Godenvillers (60) 20 D3
Goderville (76) 6 C4
Godewaersvelde (59) 2 D3
Godisson (61) 39 G5
la Godivelle (63) 141 E1
Godoncourt (88) 69 E5
Gœrlingen (67) 50 A3
Gœrsdorf (67) 28 D6
Goès (64) 180 A3
Goetzenbruck (57) 28 B6
Gœulzin (59) 10 D2
Gogney (54) 49 H5
Gognies-Chaussée (59) 12 A2
la Gohannière (50) 37 F5
Gohory (28) 61 H4
Goin (57) 26 C6
Goincourt (60) 20 A4
Golancourt (60) 21 G2
Golbey (88) 69 H3
Goldbach-Altenbach (68) 71 E6
Golfech (82) 166 B1
Golfe Juan 193 G1
Golinhac (12) 154 C2
Golleville (50) 14 C4
Gombergean (41) 79 G3
Gombervaux 47 H5
Gomelange (57) 26 D4
Gomené (22) 56 A2
Gomer (64) 180 D3
Gometz-la-Ville (91) 42 C5
Gometz-le-Châtel (91) 42 C5
Gomiécourt (62) 10 B3
Gommecourt (62) 10 A4
Gommecourt (78) 41 G2
Gommegnies (59) 11 G2
Gommenec'h (22) 33 E3
Gommersdorf (68) 89 E2
Gommerville (28) 62 D3
Gommerville (76) 6 C5
Gomméville (21) 66 D6
Gomont (08) 23 F3
Goncelin (38) 132 A6
Goncourt (52) 68 C3
Gond-Pontouvre (16) 122 C4
Gondecourt (59) 3 F6
Gondenans-les-Moulins (25) 87 H4
Gondenans-Montby (25) 88 A4
Gondeville (16) 121 H4
Gondrecourt-Aix (54) 25 H5
Gondrecourt-le-Château (55) 68 C1
Gondreville (45) 64 A5
Gondreville (54) 48 B5
Gondreville (60) 21 G6
Gondrexange (57) 49 H4
Gondrexon (54) 49 G5
Gondrin (32) 165 E3
les Gonds (17) 121 E3
Gonesse (95) 43 E3
Gonez (65) 181 F3
Gonfaron (83) 192 B3
Gonfreville (50) 14 D5
Gonfreville-Caillot (76) 6 C4
Gonfreville-l'Orcher (76) 6 B5
la Gonfrière (61) 39 H4
Gonnehem (62) 2 C5
Gonnelieu (59) 10 D4
Gonnetot (76) 7 F3
Gonneville (50) 14 D2
Gonneville-en-Auge (14) 16 C4
Gonneville-la-Mallet (76) 6 B4
Gonneville-sur-Honfleur (14) 17 F3
Gonneville-sur-Mer (14) 16 D3
Gonneville-sur-Scie (76) 7 G3
Gonsans (25) 87 H6
Gontaud-de-Nogaret (47) 150 C3
la Gonterie-Boulouneix (24) 123 E6
Gonzeville (76) 7 F3
Goos (40) 163 F4
Gorbio (06) 177 F4
Gorcy (54) 25 G3
Gordes (84) 173 G2
Gorenflos (80) 9 E4
Gorges (44) 75 E6
Gorges (50) 14 D5
Gorges (80) 9 F4
la Gorgue (59) 2 D5
Gorhey (88) 69 G3
Gornac (33) 149 H1
Gorniès (34) 170 D3
Gorre (87) 123 H3
Gorrevod (01) 116 C3
Gorron (53) 58 C2
Gorses (46) 139 G6
Gorze (57) 26 B6
Gosnay (62) 2 D6
Gosné (35) 57 G1
Gosselming (57) 50 A3
Gotein-Libarrenx (64) 179 G3
Gottenhouse (67) 50 C4
Gottesheim (67) 50 D3
Gouaix (77) 65 E1
Goualade (33) 149 H4
Gouarec (22) 54 D1
Gouaux (65) 181 G6
Gouaux-de-Larboust (31) 195 H4
Gouaux-de-Luchon (31) 182 A6
Gouberville (50) 15 E1
Gouchaupre (76) 8 A5
Goudargues (30) 157 G5
Goudelancourt-
-lès-Berrieux (02) 22 D4
Goudelancourt-
-lès-Pierrepont (02) 22 D2
Goudelin (22) 33 F3
Goudet (43) 142 C5
Goudex (31) 182 C2
Goudon (65) 181 F3
Goudourville (82) 166 B1
Gouesnach (29) 53 F3
la Gouesnière (35) 35 E4
Gouesnou (29) 31 E4
Gouex (86) 109 G3
Gouézec (29) 53 G1
Gougenheim (67) 50 D4
Gouhelans (25) 87 H4
Gouhenans (70) 88 A3
Gouillons (28) 62 D3
Gouise (03) 114 A3
Goujounac (46) 152 B2
la Goulafrière (27) 39 H3
Goulet (61) 39 E5
Goulien (29) 52 C2
Goulier (09) 197 G4
Goulles (19) 139 G4
les Goulles (21) 85 G1
Gouloux (58) 100 B1
Goult (84) 173 G3
Goulven (29) 31 F2
Goumois (25) 88 D6
Goupillières (14) 16 B6
Goupillières (27) 40 B1
Goupillières (76) 7 F5
Goupillières (78) 41 H3

Gouraincourt (55) 25 G5
le Gouray (22) 34 A6
Gourbera (40) 163 E3
Gourbesville (50) 14 D4
Gourbit (09) 197 H4
Gourchelles (60) 19 G2
Gourdan-Polignan (31) 182 A4
Gourdièges (15) 140 D5
Gourdon (06) 176 C5
Gourdon (07) 157 G1
Gourdon (46) 152 C1
Gourdon (71) 115 G1
Gourdon-Murat (19) 125 F5
Gourette 180 B5
Gourfaleur (50) 37 G1
Gourgançon (51) 45 F5
Gourgé (79) 93 G6
Gourgeon (70) 87 E2
Gourgue (65) 181 F4
Gourhel (56) 56 A4
Gourin (56) 54 B1
Gourlizon (29) 53 E2
Gournay (36) 111 F1
Gournay-en-Bray (76) 19 G4
Gournay-le-Guérin (27) 40 B5
Gournay-Loizé (79) 108 B5
Gournay-sur-Aronde (60) 21 E4
Gournay-sur-Marne (93) 43 E4
les Gours (16) 122 A1
Gours (33) 136 A4
Gourvieille (11) 184 A2
Gourville (16) 122 A2
Gourvillette (17) 121 H2
Goury 14 A1
Goussaincourt (55) 68 D1
Goussainville (28) 41 G4
Goussainville (95) 43 E2
Goussancourt (02) 44 D1
Gousse (40) 163 F3
Goussonville (78) 41 H3
Goustranville (14) 16 D4
Gout-Rossignol (24) 122 D6
la Goutelle (63) 126 C2
Goutevernisse (31) 183 E3
Goutrens (12) 154 A3
Gouts 151 H4
Gouts (40) 163 F3
les Gouttes 114 B3
Gouttières (27) 40 B2
Gouttières (63) 113 E6
Goutz (32) 166 A3
Gouvernes (77) 43 F4
Gouves (62) 10 A2
Gouvets (50) 37 G3
Gouvieux (60) 42 D1
Gouville (27) 40 D4
Gouville-sur-Mer (50) 36 D1
Gouvix (14) 16 C6
Goux (32) 164 C5
Goux-lès-Dambelin (25) 88 B5
Goux-les-Usiers (25) 103 H3
Goux-sous-Landet (25) 103 F2
Gouy (02) 11 E5
Gouy (76) 18 D5
Gouy-en-Artois (62) 10 A3
Gouy-en-Ternois (62) 9 G2
Gouy-les-Groseillers (60) 20 B2
Gouy-Saint-André (62) 8 D1
Gouy-Servins (62) 10 A1
Gouy-sous-Bellonne (62) 10 C2
Gouzangrez (95) 42 A1
Gouzeaucourt (59) 10 D4
Gouzens (31) 183 E3
Gouzon (23) 112 A5
Goven (35) 57 E3
Goviller (54) 69 F1
Goxwiller (67) 71 G1
Goyencourt (80) 21 E2
Goyrans (31) 183 F1
Grabels (34) 171 E5
Graçay (18) 96 D2
Grâce-Uzel (22) 55 G1
Grâces (22) 33 E4
Gradignan (33) 135 E6
Graffigny-Chemin (52) 68 C4
Gragnague (31) 167 F5
Graignes (50) 15 E6
Grailhen (65) 181 G6
Graimbouville (76) 6 C5
Graincourt-
-lès-Havrincourt (62) 10 D4
Grainville (27) 19 E5
Grainville-la-Teinturière (76) 7 E3
Grainville-Langannerie (14) 16 C6
Grainville-sur-Odon (14) 16 A5
Grainville-sur-Ry (76) 7 H6
Grainville-Ymauville (76) 6 C4
le Grais (61) 38 C5
Graissac (12) 140 D6
Graissessac (34) 170 A5
Graix (42) 143 G1
le Grallet 120 B3
Gramat (46) 139 E6
Gramazie (11) 184 C4
Grambois (84) 174 B3
Grammond (42) 129 F5
Grammont (70) 88 A4
Gramond (12) 154 A5
Gramont (82) 166 A2
Granace (2A) 207 E2
Grancey-le-Château-
-Neuvelle (21) 85 H3
Grancey-sur-Ource (21) 67 E5
Grand (88) 68 B2
le Grand-Abergement (01) 117 G6
Grand-Auverné (44) 75 E2
le Grand-Bornand (74) 132 C1
le Grand-Bourg (23) 111 E5
Grand-Brassac (24) 136 D1
Grand-Camp (27) 17 H6
Grand-Camp (76) 6 D5
le Grand-Celland (50) 37 F5
Grand-Champ (56) 55 F5
Grand-Charmont (25) 88 C3
la Grand-Combe (30) 156 D5
Grand-Corent (01) 117 F4
Grand-Couronne (76) 18 C5
la Grand-Croix (42) 129 G5
Grand-Failly (54) 25 F4
Grand-Fayt (59) 11 H4
Grand-Fort-Philippe (59) 2 A2
Grand-Fougeray (35) 57 E6
Grand-Laviers (80) 8 D4
le Grand-Lemps (38) 131 E6
le Grand-Lucé (72) 78 C1
le Grand-Madieu (16) 122 D1
le Grand-Pressigny (37) 95 E4
le Grand-Quevilly (76) 7 G6
Grand-Rozoy (02) 22 A6
Grand-Rullecourt (62) 9 H3
le Grand-Serre (26) 144 C1
Grand-Vabre (12) 154 A2
Grand-Verly (02) 11 G5
le Grand-Village-Plage (17) 120 B2
le Grand Ballon 71 E6
Grandcamp-Maisy (14) 15 F4
Grandchain (27) 40 B2
Grandchamp (08) 23 G2
Grandchamp (52) 86 B2
Grandchamp (72) 60 A3
Grandchamp (78) 41 G5
Grandchamp (89) 82 D2
Grandchamp-le-Château (14) 17 E5
Grandchamps-
-des-Fontaines (44) 74 C4
Grand'Combe-Châteleu (25) 104 B2
Grand'Combe-des-Bois (25) 104 C1
Grandcourt (76) 8 B6
Grandcourt (80) 10 A4
la Grande-Fosse (88) 70 D2
la Grande-Motte (34) 171 G6
la Grande-Paroisse (77) 64 B2
la Grande-Résie (70) 86 C6
Grande-Rivière (39) 118 A1
Grande-Synthe (59) 2 B1
la Grande-Verrière (71) 100 B3
la Grande Côte 120 B4
Grandecourt (70) 87 E3
la Grande Halte 53 G3
Grand Eich 50 A4
les Grandes-Armoises (08) 24 C3
les Grandes-Chapelles (10) 66 A1
les Grandes-Loges (51) 45 H2
les Grandes-Ventes (76) 7 H3
la Grande Terche 119 F4
Grandeyrolles (63) 127 E5
Grandfontaine (25) 103 E1
Grandfontaine (67) 50 B6
Grandfontaine-
-sur-Creuse (25) 104 A1
Grandfresnoy (60) 21 E5
Grandham (08) 24 B5
Grandjean (17) 121 E2
Grand'Landes (85) 91 E3
Grandlup-et-Fay (02) 22 C2
Grand Naves 132 D4
le Grand Palteau 65 E5
Grandpré (08) 24 B5
Grandpuits-Bailly-Carrois (77) 43 H6
le Grand Puy 160 D4
Grandrieu (48) 142 A6
Grandrieux (02) 23 F1
Grandrif (63) 128 B5
Grandris (69) 115 H6
Grandrû (60) 21 G3
Grandrupt (88) 70 D2
Grandrupt-de-Bains (88) 69 G5
les Grands-Chézeaux (87) 110 D3
Grandsaigne (19) 125 F5
Grand Soldat 50 B5
Grandval 141 F5
Grandval (63) 128 A4
Grandvals (48) 155 F1
le Grand Valtin 70 D4
Grandvaux (71) 115 F2
Grandvelle-et-le-Perrenot (70) 87 F4
Grandvillars (90) 88 D3
la Grandville (08) 24 B1
Grandville (10) 45 H6
Grandvillers (88) 70 B3
Grandvillers-aux-Bois (60) 21 E4
Grandvilliers (27) 40 D4
Grandvilliers (60) 19 H2
Grane (26) 144 B6
Granès (11) 184 D6
la Grange (25) 88 B6
Grange-de-Vaivre (39) 103 E3
Grangermont (45) 63 G4
les Granges (10) 66 B5
Granges (71) 101 F5
Granges-d'Ans (24) 138 A2
les Granges-Gontardes (26) 158 A3
Granges-la-Ville (70) 88 B3
Granges-le-Bourg (70) 88 B3
les Granges-le-Roi (91) 63 E1
Granges-les-Beaumont (26) 144 B3
Granges-Narboz (25) 103 H4
Granges-sur-Aube (51) 45 E6
Granges-sur-Baume (39) 102 D5
Granges-sur-Lot (47) 151 E4
Granges-sur-Vologne (88) 70 C4
les Granges d'Astau 196 A4
les Grangettes (25) 103 H4
Grangues (14) 16 D4
Granier (73) 133 E4
Granieu (38) 131 F4
Grans (13) 173 F5
Granville (50) 35 F2
Granzay-Gript (79) 107 G4
le Graou 176 A4
Gras (07) 157 H3
les Gras (25) 104 B3
Grassac (16) 122 D4
Grasse (06) 176 C6
Grassendorf (67) 51 E3
Grateloup-Saint-Gayrand (47) 150 D4
Gratens (31) 182 D2
Gratentour (31) 167 E4
Gratibus (80) 20 D2
Gratot (50) 36 D1
Gratreuil (51) 24 A6
Grattepanche (80) 20 C1
le Gratteris (25) 103 G1
Grattery (70) 87 F2
le Grau-d'Agde 187 F2
le Grau-du-Roi (30) 171 H6
Graufthal 50 C3
les Graulges (24) 122 D5
Graulhet (81) 168 A4
Grauves (51) 45 F3
Graval (76) 19 F2
la Grave (05) 146 C3
Gravelines (59) 2 A2
la Gravelle (53) 58 B5
Gravelotte (57) 26 B5
la Graverie (14) 37 H3
Graveron-Sémerville (27) 40 D2
Graves-Saint-Amant (16) 122 A4
Graveson (13) 172 D3
le Gravier 98 C4
Gravières (07) 157 E4
Gravigny (27) 41 E2
Gravon (77) 64 D2
Gray (70) 86 C5
Gray-la-Ville (70) 86 C5
Grayan-et-l'Hôpital (33) 120 B5
Graye-et-Charnay (39) 117 F2
Graye-sur-Mer (14) 16 B3
Grayssas (47) 151 G6
Grazac (31) 183 G2
Grazac (43) 143 E2
Grazac (81) 167 G3
Grazay (53) 59 E3
Gréalou (46) 153 F3
Gréasque (13) 190 D3
Grébault-Mesnil (80) 8 C5
Grécourt (80) 21 G2
Gredisans (39) 102 C2
la Grée-Saint-Laurent (56) 55 H3
Gréez-sur-Roc (72) 61 E4
Greffeil (11) 185 E4
Grèges (76) 7 G2
Grémecey (57) 49 E4
Grémévillers (60) 19 H3
Gremilly (55) 25 F5
Grémonville (76) 7 F4
Grenade (31) 166 D4
Grenade-sur-l'Adour (40) 164 A3
Grenand-lès-Sombernon (21) 101 F1
Grenant (52) 86 C2
Grenay (38) 130 C4
Grenay (62) 10 B1
Grendelbruch (67) 50 C6
la Grènerie 124 C5
Greneville-en-Beauce (45) 63 E4
Grenier-Montgon (43) 141 F2
Gréning (57) 27 G6
Grenoble (38) 145 G2
Grenois (58) 83 F6
Grentheville (14) 16 C5
Grentzingen (68) 89 F3
Greny (76) 8 A5
Gréolières (06) 176 C5
Gréolières les Neiges 176 C4
Gréoux-les-Bains (04) 174 D3
Grépiac (31) 183 G1
les Grès 66 A2
le Grès (31) 166 C4
Grésigny-Sainte-Reine (21) 84 D4
Gresin (73) 131 G4
la Gresle (42) 115 F6
Gresse-en-Vercors (38) 145 F5
Gressey (78) 41 G4
Gresswiller (67) 50 D6
Gressy (77) 43 F3
Grésy-sur-Aix (73) 131 H3
Grésy-sur-Isère (73) 132 B4
Gretz-Armainvilliers (77) 43 F5
Greucourt (70) 87 E4
Greuville (76) 7 F3
Greux (88) 68 D1
la Grève-sur-Mignon (17) 107 F4
Gréville-Hague (50) 14 B1
Grévillers (62) 10 B4
Grevilly (71) 116 B2
Grez (60) 20 A2
le Grez (72) 59 G4
Grez-en-Bouère (53) 77 E1
Grez-Neuville (49) 76 D3
Grez-sur-Loing (77) 64 A3
Grézac (17) 120 D4
Grézels (46) 152 A3
Grèzes (24) 138 B3
Grèzes (43) 141 H5
Grèzes (46) 153 F2
Grèzes (48) 155 H3
Grézet-Cavagnan (47) 150 B4
Grézian (65) 181 G6
Grézieu-la-Varenne (69) 129 H3
Grézieu-le-Marché (69) 129 F4
Grézieux-le-Fromental (42) 129 E4
Grézillac (33) 135 H6
Grézillé (49) 77 F6
Grézolles (42) 128 C2
Gricourt (02) 11 E6
Grièges (01) 116 B4
la Grière 106 B3
Gries (67) 51 F3
Griesbach-au-Val (68) 71 E5
Griesheim-près-Molsheim (67) 50 D6
Griesheim-sur-Souffel (67) 51 E5
Grignan (26) 158 B3
Grigneuseville (76) 7 H4
Grignols (24) 137 E3
Grignols (33) 150 A4
Grignon (21) 84 D4
Grignon (73) 132 C3
Grignoncourt (88) 69 E6
Grigny (62) 9 E1
Grigny (69) 130 A4
Grigny (91) 42 D6
la Grigonnais (44) 74 C2
Grillon (84) 158 C4
Grilly (01) 118 B3
les Grimardies 128 A3
Grimaucourt-en-Woëvre (55) 25 G6
Grimaucourt-
-près-Sampigny (55) 47 G4
Grimaud (83) 192 C4
la Grimaudière (86) 93 H5
Grimault (89) 84 A3
Grimbosq (14) 16 B5
Grimesnil (50) 35 H1
Grimonviller (54) 69 F2
Grincourt-lès-Pas (62) 9 H3
Grindorff-Bizing (57) 26 D3
la Gripperie-
-Saint-Symphorien (17) 120 C2
Gripport (54) 69 G1
Griscourt (54) 48 C3
Griselles (21) 84 C1
Griselles (45) 64 B5
Grisolles (02) 44 B1
Grisolles (82) 166 D3
Grisy-les-Plâtres (95) 42 B1
Grisy-Suisnes (77) 43 F5
Grisy-sur-Seine (77) 65 E2
Grives (24) 137 H6
Grivesnes (80) 20 D2
Grivillers (80) 21 E2
Grivy-Loisy (08) 24 A4
Groffliers (62) 8 C1
la Groise (59) 11 G4
Groises (18) 98 B1
Groissiat (01) 117 G4
Groisy (74) 118 C6
Groix (56) 54 B6
Groléjac (24) 138 B6
Gron (18) 98 A2
Gron (89) 65 E4
Gronard (02) 22 D1
Gros-Chastang (19) 139 F2
Gros-Réderching (57) 28 A5
le Gros-Theil (27) 18 B6
Grosbliederstroff (57) 27 H5
Grosbois (25) 87 H5
Grosbois-en-Montagne (21) 85 E6
Grosbois-lès-Tichey (21) 102 A3
Grosbreuil (85) 91 E5
les Groseillers (79) 107 H2
Groslay (95) 42 D3
Groslée (01) 131 F3
Grosley-sur-Risle (27) 40 C2
Grosmagny (90) 88 C2
Grosne (90) 88 D3
Grospierres (07) 157 F4
Grosrouvre (78) 41 H4
Grosrouvres (54) 48 B3
Grossa (2A) 206 D3
Grosseto-Prugna (2A) 204 D6
Grossœuvre (27) 41 E3
Grossouvre (18) 98 C4
Grostenquin (57) 27 F6
Grosville (50) 14 B3
Grouanec 31 E3
Grouches-Luchuel (80) 9 G3
Grougis (02) 11 F5
la Groutte (18) 97 H6
Grozon (39) 102 D4
Gruchet-le-Valasse (76) 6 D5
Gruchet-Saint-Siméon (76) 7 F3
Grues (85) 106 B2
Gruey-lès-Surance (88) 69 G5
Gruffy (74) 132 A2
Grugé-l'Hôpital (49) 76 B2
Grugies (02) 22 A1
Grugny (76) 7 G4
Gruissan (11) 186 D4
Gruissan-Plage 186 D4
Grumesnil (76) 19 G3
Grun-Bordas (24) 137 F4
Grundviller (57) 27 G6
Gruny (80) 21 F2
Grury (71) 100 A6
Gruson (59) 3 G5
Grusse (39) 117 F1
Grussenheim (68) 71 G3
Grust (65) 180 D6
Gruyères (08) 24 A2
le Gua (17) 120 C3
le Gua (38) 145 G4
Guagno (2A) 204 D3
Guagno-les-Bains 204 C3
Guainville (28) 41 G3
Guarbecque (62) 2 C5
Guargualé (2A) 206 D1
Guchan (65) 181 G6
Guchen (65) 181 G6
Gudas (09) 183 H5
Gudmont-Villiers (52) 67 H2
le Gué-d'Alleré (17) 107 E5
le Gué-de-la-Chaîne (61) 60 D2
le Gué-de-Longroi (28) 62 C1
le Gué-de-Velluire (85) 107 E3
Gué-d'Hossus (08) 12 D5
Guebenhouse (57) 27 G5
Gueberschwihr (68) 71 F5
Guébestroff (57) 49 G3
Guéblange-lès-Dieuze (57) 49 G4
Guébling (57) 49 G3
Guebwiller (68) 71 E6
Guécélard (72) 78 A1
le Guédéniau (49) 77 H4
le Gué du Loir 79 F2
Guégon (56) 55 H4
Guéhébert (50) 37 E2
Guéhenno (56) 55 G4
Gueltas (56) 55 G2
Guémappe (62) 10 B3
Guémar (68) 71 F3
Guémené-Penfao (44) 74 B1
Guémené-sur-Scorff (56) 54 D2
Guemps (62) 1 H2
Guénange (57) 26 C4
Guengat (29) 53 F2
Guénin (56) 55 E4
Guenroc (22) 34 C6
Guenrouet (44) 74 A2
Guenviller (57) 27 F5
Guêprei (61) 39 E4
Guer (56) 56 C4
Guérande (44) 73 F4
Guérard (77) 43 H4
Guerbigny (80) 21 E2
la Guerche (37) 95 E4
la Guerche-de-Bretagne (35) 57 H4
la Guerche-sur-l'Aubois (18) 98 C4
Guercheville (77) 63 H3
Guerchy (89) 83 F1
Guéreins (01) 116 B5
Guéret (23) 111 G5
Guerfand (71) 101 H5
Guérigny (58) 98 D2
Guérin (47) 150 B4
la Guérinière (85) 90 B1
Guerlesquin (29) 32 B4
Guermange (57) 49 G3
Guermantes (77) 43 F4
Guern (56) 55 E3
Guernanville (27) 40 C3
Guernes (78) 41 H2
le Guerno (56) 73 F1
Guerny (27) 19 G6
Guéron (14) 15 H6
la Guéroulde (27) 40 C4
Guerpont (55) 47 F5
Guerquesalles (61) 39 G3
les Guerreaux (71) 114 D2
Guerstling (57) 27 E3
Guerting (57) 27 E4
Guerville (76) 8 B5
Guerville (78) 41 H3
Gueschart (80) 9 E3
Guesnain (59) 10 D2
Guesnes (86) 94 A4
Guessling-Hémering (57) 27 E6
Guéthary (64) 162 A6
Gueudecourt (80) 10 B4
Gueugnon (71) 115 E1
Gueures (76) 7 F2
Gueutteville (76) 7 G4
Gueutteville-les-Grès (76) 7 E2
Gueux (51) 23 E6
Guevenatten (68) 89 E2
Guewenheim (68) 89 E1
Gueytes-et-Labastide (11) 184 C4
Gugnécourt (88) 70 B3
Gugney (54) 69 F2
Gugney-aux-Aulx (88) 69 G2
Guibeville (91) 42 D6
Guichainville (27) 41 E3
Guiche (64) 162 C6
la Guiche (71) 115 G2
Guichen (35) 57 E4
Guiclan (29) 31 H3
Guidel (56) 54 B5
la Guierche (72) 60 B5
Guignecourt (60) 20 B4
Guignemicourt (80) 9 F6
Guignen (35) 56 D4
Guignes (77) 43 G6
Guigneville (45) 63 F4
Guigneville-sur-Essonne (91) 63 G1
Guignicourt (02) 23 E4
Guignicourt-sur-Vence (08) 24 A2
Guigny (62) 9 E2
Guilberville (50) 37 H2
le Guildo 34 C4
Guiler-sur-Goyen (29) 53 E2
Guilers (29) 30 D4
Guilherand-Granges (07) 144 B5
Guillac (33) 135 H6
Guillac (56) 56 A4
Guillaucourt (80) 10 A6
Guillaumes (06) 161 G6
Guillemont (80) 10 B5
la Guillermie (03) 128 A1
Guillerval (91) 63 E2
Guillestre (05) 161 F1
Guilleville (28) 62 D4
Guilliers (56) 56 A3
Guilligomarc'h (29) 54 C3
Guillon (89) 84 B4
Guillon-les-Bains (25) 88 A6
Guillonville (28) 62 C5
Guillos (33) 149 F2
Guilly (36) 96 C3
Guilly (45) 81 F2
Guilmécourt (76) 8 A5
Guilvinec (29) 53 E4
Guimaëc (29) 32 B2
Guimiliau (29) 31 G4
la Guimorais 34 D3
Guimps (16) 121 H5
Guinarthe-Parenties (64) 179 F1
Guincourt (08) 24 A3
Guindrecourt-
-aux-Ormes (52) 67 G1
Guindrecourt-sur-Blaise (52) 67 G3
Guinecourt (62) 9 F2
Guînes (62) 1 G3
Guingamp (22) 33 E4
Guinglange (57) 27 E5
Guinkirchen (57) 26 D4
Guinzeling (57) 49 H3
Guipavas (29) 31 E4
Guipel (35) 57 E1
Guipronvel (29) 30 D4
Guipry (35) 57 E5
Guipy (58) 99 G1
Guiry-en-Vexin (95) 42 A1
Guiscard (60) 21 G2
Guiscriff (56) 54 A2
Guise (02) 11 G6
Guiseniers (27) 19 F6
le Guislain (50) 37 F2
Guissény (29) 31 E2
Guisy (62) 9 E1
Guitalens (81) 168 B5
Guitera-les-Bains (2A) 205 E6
Guitinières (17) 121 F6
Guitrancourt (78) 42 A2
Guîtres (33) 135 H4
Guitry (27) 19 F6
Guitté (22) 56 C1
Guivry (02) 21 H2
Guizancourt (80) 20 A1
Guizengeard (16) 136 A1
Guizerix (65) 181 H2
Gujan-Mestras (33) 148 C1
Gumbrechtshoffen (67) 51 E2
Gumery (10) 65 F2
Gumiane (26) 159 E3
Gumières (42) 128 D5
Gumond (19) 139 F2
Gundershoffen (67) 51 E2
Gundolsheim (68) 71 F5
Gungwiller (67) 50 B3
Gunsbach (68) 71 E4
Gunstett (67) 51 E2
Guntzviller (57) 50 B4
Guny (02) 22 A3
Guran (31) 182 A6
Gurat (16) 122 C6
Gurcy-le-Châtel (77) 64 C1
Gurgy (89) 83 F1
Gurgy-la-Ville (21) 85 G1
Gurgy-le-Château (21) 85 G1
Gurmençon (64) 180 A3
Gurs (64) 179 H2
Gurunhuel (22) 32 D4
Gury (60) 21 F3
Gussainville (55) 25 G6
Gussignies (59) 11 G2
Guyancourt (78) 42 B4
Guyans-Durnes (25) 103 H2
Guyans-Vennes (25) 104 B1
Guyencourt (02) 22 D5
Guyencourt-Saulcourt (80) 10 D5
Guyencourt-sur-Noye (80) 20 C1
la Guyonnière (85) 91 H2
Guyonvelle (52) 86 D1
Guzargues (34) 171 F4
Guzet-Neige 197 F4
Gy (70) 87 E5
Gy-en-Sologne (41) 80 B6
Gy-les-Nonains (45) 64 B6
Gy-l'Evêque (89) 83 F2
Gye (54) 48 B5
Gyé-sur-Seine (10) 66 D5

H

Habarcq (62) 10 A2
Habas (40) 163 E5
Habère-Lullin (74) 119 E4
Habère-Poche (74) 119 E4
l'Habit (27) 41 F4
l'Habitarelle 156 B2
Hablainville (54) 49 G6
Habloville (61) 38 D4
Haboudange (57) 49 F3
Habsheim (68) 89 G1
Hachan (65) 181 H2
Hâcourt (52) 68 C4
Hacqueville (27) 19 F6
Hadancourt-
-le-Haut-Clocher (60) 42 A1
Hadigny-les-Verrières (88) 69 H2
Hadol (88) 70 A4
Haegen (67) 50 C4
Hagécourt (88) 69 G3
Hagedet (65) 164 C6
Hagen (57) 26 B2
Hagenbach (68) 89 E2
Hagenthal-le-Bas (68) 89 G3
Hagenthal-le-Haut (68) 89 G3
Haget (32) 181 F1
Hagetaubin (64) 163 G6
Hagetmau (40) 163 G5
Hagéville (54) 26 A6
Hagnéville-et-Roncourt (88) 68 D3
Hagnicourt (08) 24 A2
Hagondange (57) 26 B4
Haguenau (67) 51 F3
la Haie-Fouassière (44) 74 D5
la Haie-Traversaine (53) 58 D2
les Haies (69) 130 A5
Haigneville (54) 69 H1
Haillainville (88) 70 A2
le Haillan (33) 135 E5
Hailles (80) 20 D1
Haillicourt (62) 2 D6
Haimps (17) 121 H2
Haims (86) 110 A2
Hainneville 14 C2
Hainvillers (60) 21 E3
Haironville (55) 47 E5
Haisnes (62) 3 E6
Haleine (61) 59 F1
Halinghen (62) 1 F5
Hallencourt (80) 8 D5

Hallennes-lez-Haubourdin (59) ... 3 F5
Hallering (57) ... 27 E5
les Halles (69) ... 129 F3
Halles-sous-les-Côtes (55) ... 24 D4
Hallignicourt (52) ... 46 D5
Hallines (62) ... 2 A4
Hallivillers (80) ... 20 C2
la Hallotière (76) ... 19 F3
Halloville (54) ... 49 H6
Halloy (60) ... 19 H2
Halloy (62) ... 9 H3
Halloy-lès-Pernois (80) ... 9 F4
Hallu (80) ... 21 F1
Halluin (59) ... 3 G3
Halsou (64) ... 178 C1
Halstroff (57) ... 26 D3
le Ham (50) ... 14 D4
le Ham (53) ... 59 F2
Ham (80) ... 21 G1
Ham-en-Artois (62) ... 2 C5
Ham-les-Moines (08) ... 24 A1
Ham-sous-Varsberg (57) ... 27 E4
Ham-sur-Meuse (08) ... 13 F4
Hamars (14) ... 16 A6
Hambach (57) ... 27 H5
Hambers (53) ... 59 F3
Hamblain-les-Prés (62) ... 10 C2
Hambye (50) ... 37 F2
Hamel (59) ... 10 D2
le Hamel (60) ... 20 A2
le Hamel (80) ... 10 A6
Hamelet (80) ... 9 H6
Hamelin (50) ... 37 F6
Hamelincourt (62) ... 10 B3
Hames-Boucres (62) ... 1 G3
Hammeville (54) ... 69 F1
Hamonville (54) ... 48 B4
Hampigny (10) ... 67 E1
Hampont (57) ... 49 F3
Han-devant-Pierrepont (54) ... 25 G4
Han-lès-Juvigny (55) ... 25 E3
Han-sur-Meuse (55) ... 47 H3
Han-sur-Nied (57) ... 26 D6
Hanc (79) ... 108 C6
Hanches (28) ... 41 H6
Hancourt (80) ... 10 D6
Handschuheim (67) ... 50 D5
Hangard (80) ... 20 D1
Hangenbieten (67) ... 51 E5
Hangest-en-Santerre (80) ... 21 E1
Hangest-sur-Somme (80) ... 9 E5
Hangviller (57) ... 50 B3
Hannaches (60) ... 19 H4
Hannapes (02) ... 11 G5
Hannappes (08) ... 12 C6
Hannescamps (62) ... 10 A3
Hannocourt (57) ... 49 E3
Hannogne-Saint-Martin (08) ... 24 B2
Hannogne-Saint-Rémy (08) ... 23 F3
Hannonville-
-sous-les-Côtes (55) ... 47 H2
Hannonville-Suzémont (54) ... 48 B1
le Hanouard (76) ... 7 E3
Hans (51) ... 46 C1
Hantay (59) ... 3 E6
Hanvec (29) ... 31 F5
Hanviller (57) ... 28 B5
Hanvoile (60) ... 19 H4
Haplincourt (62) ... 10 C4
Happencourt (02) ... 21 H1
Happonvilliers (28) ... 61 G3
Harambeltz ... 179 F2
Haramont (02) ... 21 G6
le Haras du Pin ... 39 F5
Haraucourt (08) ... 24 C2
Haraucourt (54) ... 49 E5
Haraucourt-sur-Seille (57) ... 49 F4
Haravesnes (62) ... 9 F2
Haravilliers (95) ... 42 B1
Harbonnières (80) ... 10 A6
Harbouey (54) ... 49 H6
Harcanville (76) ... 7 E4
Harchéchamp (88) ... 68 D2
Harcigny (02) ... 23 E1
Harcourt (27) ... 40 C1
Harcy (08) ... 13 E6
Hardancourt (88) ... 70 A2
Hardanges (53) ... 59 F2
Hardecourt-aux-Bois (80) ... 10 B5
Hardelot-Plage ... 1 E5
Hardencourt-Cocherel (27) ... 41 F2
Hardifort (59) ... 2 C3
Hardinghen (62) ... 1 G3
Hardinvast (50) ... 14 C2
Hardivillers (60) ... 20 B3
Hardivillers-en-Vexin (60) ... 19 H5
Hardricourt (78) ... 42 A2
la Harengère (27) ... 18 C6
Haréville (88) ... 69 F3
Harfleur (76) ... 6 B5
Hargarten-aux-Mines (57) ... 27 E4
Hargeville (78) ... 41 H3
Hargicourt (02) ... 10 D5
Hargicourt (80) ... 20 D2
Hargnies (08) ... 13 F4
Hargnies (59) ... 11 H2
Harly (02) ... 11 E6
Harmonville (88) ... 69 E1
la Harmoye (22) ... 33 F6
Harnes (62) ... 10 C1
Harol (88) ... 69 G4
Haroué (54) ... 69 G1
Harponville (80) ... 9 H5
Harprich (57) ... 49 F2
Harquency (27) ... 19 F6
Harreberg (57) ... 50 B5
Harréville-les-Chanteurs (52) ... 68 C3
Harricourt (08) ... 24 C4
Harsault (88) ... 69 G5
Harskirchen (67) ... 50 A2
Hartennes-et-Taux (02) ... 22 A6
Hartmannswiller (68) ... 71 E6
Hartzviller (57) ... 50 A5
Harville (55) ... 48 A1
Hary (02) ... 23 E1
Haselbourg (57) ... 50 B4
Hasnon (59) ... 11 E1
Hasparren (64) ... 178 D1
Haspelschiedt (57) ... 28 C5
Haspres (59) ... 11 F2
Hastingues (40) ... 162 D5
Hatrize (54) ... 26 A5
Hatten (67) ... 51 G2
Hattencourt (80) ... 21 F1
Hattenville (76) ... 6 D4
Hattigny (57) ... 50 A5
Hattmatt (67) ... 50 C3
Hattonchâtel ... 48 A2
Hattstatt (68) ... 71 F5
Hauban (65) ... 181 F4
Haubourdin (59) ... 3 F5
Hauconcourt (57) ... 26 C4
Haucourt (60) ... 19 H4
Haucourt (62) ... 10 C3
Haucourt (76) ... 19 G2
Haucourt-en-Cambrésis (59) ... 11 E4
Haucourt-Moulaine (54) ... 25 H3
Haudainville (55) ... 47 G1
Haudiomont (55) ... 47 H1
Haudivillers (60) ... 20 B4
Haudonville (54) ... 49 F6
Haudrecy (08) ... 24 A1
Haudricourt (76) ... 19 G2
Haulchin (59) ... 11 F2
Haulies (32) ... 165 H6
Haulmé (08) ... 13 F6
Haumont-
-près-Samogneux (55) ... 25 E5
Hauriet (40) ... 163 G4
Hausgauen (68) ... 89 F3
Haussez (76) ... 19 G3
Haussignémont (51) ... 46 C5
Haussimont (51) ... 45 G5
Haussonville (54) ... 49 E6
Haussy (59) ... 11 F3
Haut-Asco ... 204 D1
le Haut-Clairvaux ... 94 C5
Haut-Clocher (57) ... 50 A4
le Haut-Corlay (22) ... 33 E6
Haut-de-Bosdarros (64) ... 180 C3
Haut-du-Them-
-Château-Lambert (70) ... 88 B1
Haut-Lieu (59) ... 12 A4
Haut-Loquin (62) ... 1 H4
Haut-Mauco (40) ... 163 H3
Hautaget (65) ... 181 H4
Hautbos (60) ... 19 H2
le Haut du Tot ... 70 C5
Haute-Amance (52) ... 86 C1
Haute-Avesnes (62) ... 10 A2
la Haute-Beaume (05) ... 159 G2
la Haute-Chapelle (61) ... 38 A6
Haute-Épine (60) ... 20 A3
Haute-Goulaine (44) ... 74 D5
Haute-Isle (95) ... 41 H2
Haute-Kontz (57) ... 26 C2
la Haute-Maison (77) ... 43 H3
Haute-Rivoire (69) ... 129 F3
Haute-Vigneulles (57) ... 27 E5
Hautecloque (62) ... 9 G2
Hautecour (39) ... 117 H1
Hautecour (73) ... 132 D5
Hautecourt-Romanèche (01) ... 117 F5
Hautefage (19) ... 139 F3
Hautefage-la-Tour (47) ... 151 G4
Hautefaye (24) ... 123 E5
Hautefeuille (77) ... 43 H5
Hautefond (71) ... 115 F3
Hautefontaine (60) ... 21 G5
Hautefort (24) ... 138 A2
Hauteluce (73) ... 132 D2
Hautepierre-le-Châtelet (25) ... 103 H2
Hauterive (03) ... 114 A6
Hauterive (61) ... 60 B1
Hauterive (89) ... 65 G6
Hauterive-la-Fresse (25) ... 104 A3
Hauterives (26) ... 144 C2
Hauteroche (21) ... 85 E4
Hautes-Duyes (04) ... 160 C5
les Hautes-Rivières (08) ... 13 F6
Hautesvignes (47) ... 150 D3
Hautevelle (70) ... 87 G1
Hautevesnes (02) ... 44 B1
Hauteville (02) ... 11 F6
Hauteville (08) ... 23 G3
Hauteville (51) ... 46 C5
Hauteville (62) ... 10 A2
Hauteville (73) ... 132 B5
la Hauteville (78) ... 41 G5
Hauteville-Gondon ... 133 F4
Hauteville-la-Guichard (50) ... 37 F1
Hauteville-lès-Dijon (21) ... 85 H5
Hauteville-Lompnes (01) ... 131 F1
Hauteville-sur-Fier (74) ... 131 H1
Hauteville-sur-Mer (50) ... 36 D2
le Haut Folin ... 100 B3
Haution (02) ... 11 H6
le Haut Langoiran ... 149 G1
Hautmont (59) ... 12 A2
Hautmougey (88) ... 69 G5
Hautot-l'Auvray (76) ... 7 E3
Hautot-le-Vatois (76) ... 7 E4
Hautot-Saint-Sulpice (76) ... 7 E4
Hautot-sur-Mer (76) ... 7 G2
Hautot-sur-Seine (76) ... 18 C5
les Hauts-de-Chée (55) ... 47 E3
les Hauts Gicons ... 145 H6
Hautteville-Bocage (50) ... 14 D4
Hautvillers (51) ... 45 F2
Hautvillers-Ouville (80) ... 8 D3
Hauville (27) ... 18 A4
Hauviné (08) ... 23 G5
Haux (33) ... 135 G6
Haux (64) ... 179 G4
Havange (57) ... 26 A3
Havelu (28) ... 41 G4
Haveluy (59) ... 11 E2
Havernas (80) ... 9 F4
Haverskerque (59) ... 2 C5
le Havre (76) ... 6 A5
Havrincourt (62) ... 10 D4
l'Hay-les-Roses (94) ... 42 D4
Hayange (57) ... 26 B3
Haybes (08) ... 13 E5
la Haye (76) ... 19 E4
la Haye (88) ... 69 G5
la Haye-Aubrée (27) ... 18 A5
la Haye-Bellefond (50) ... 37 F2
la Haye-de-Calleville (27) ... 40 C1
la Haye-de-Routot (27) ... 7 E6
la Haye-d'Ectot (50) ... 14 B4
la Haye-du-Puits (50) ... 14 C5
la Haye-du-Theil (27) ... 18 B6
la Haye-le-Comte (27) ... 18 D6
la Haye-Malherbe (27) ... 18 C6
la Haye-Pesnel (50) ... 35 H2
la Haye-Saint-Sylvestre (27) ... 40 A3
les Hayes (41) ... 79 E2
Hayes (57) ... 26 D5
Haynecourt (59) ... 10 D3
les Hays (39) ... 102 B4
Hazebrouck (59) ... 2 C4
Hazembourg (57) ... 27 G6
le Heaulme (95) ... 42 B1
Héauville (50) ... 14 B2
Hébécourt (27) ... 19 G5
Hébécourt (80) ... 20 C1
Hébécrevon (50) ... 37 F1
Héberville (76) ... 7 E3
Hébuterne (62) ... 10 A4
Hèches (65) ... 181 G5
Hecken (68) ... 89 E2
Heckenransbach ... 27 G5
Hecmanville (27) ... 40 B1
Hécourt (27) ... 41 F3
Hécourt (60) ... 19 G3
Hecq (59) ... 11 G3
Hectomare (27) ... 18 B6
Hédauville (80) ... 9 H4
Hédé (35) ... 57 E1
Hédouville (95) ... 42 C1
Hegeney (67) ... 51 E2
Hégenheim (68) ... 89 G3
Heidolsheim (67) ... 71 G3
Heidwiller (68) ... 89 F2
Heiligenberg (67) ... 50 C6
Heiligenstein (67) ... 71 F1
Heillecourt (54) ... 48 D5
Heilles (60) ... 20 C5
Heilly (80) ... 9 H5
Heiltz-le-Hutier (51) ... 46 C5
Heiltz-le-Maurupt (51) ... 46 C4
Heiltz-l'Évêque (51) ... 46 C4
Heimersdorf (68) ... 89 F3
Heimsbrunn (68) ... 89 F2
Heining-lès-Bouzonville (57) ... 27 E3
Heippes (55) ... 47 F2
Heiteren (68) ... 71 G5
Heiwiller (68) ... 89 F2
Hélesmes (59) ... 11 E1
Hélette (64) ... 178 D2
Helfaut (62) ... 2 B4
Helfrantzkirch (68) ... 89 G3
Héliopolis ... 192 C6
Helléan (56) ... 56 A3
Hellenvilliers ... 40 D4
Hellering-lès-Fénétrange (57) ... 50 A3
Helleville (50) ... 14 B3
Hellimer (57) ... 27 F6
Héloup (61) ... 59 H2
Helstroff (57) ... 26 D5
Hem (59) ... 3 G5
Hem-Hardinval (80) ... 9 G3
Hem-Lenglet (59) ... 10 D2
Hem-Monacu (80) ... 10 B5
Hémévez (50) ... 14 D3
Hémévillers (60) ... 21 E4
Hémilly (57) ... 26 D6
Héming (57) ... 50 A4
Hémonstoir (22) ... 55 F2
Hénaménil (54) ... 49 F5
Hénanbihen (22) ... 34 B4
Hénansal (22) ... 34 A4
Hendaye (64) ... 178 A1
Hendaye-Plage ... 178 A1
Hendecourt-
-lès-Cagnicourt (62) ... 10 C3
Hendecourt-lès-Ransart (62) ... 10 B3
Hénencourt (80) ... 9 H5
Henflingen (68) ... 89 F3
Hengoat (22) ... 33 E2
Hengwiller (67) ... 50 C4
Hénin-Beaumont (62) ... 10 C1
Hénin-sur-Cojeul (62) ... 10 B3
Héninel (62) ... 10 B3
Hennebont (56) ... 54 D5
Hennecourt (88) ... 69 G3
Hennemont (55) ... 47 H1
Henneveux (62) ... 1 G4
Hennezel (88) ... 69 F5
Hennezis (27) ... 41 G1
Hénon (22) ... 33 G5
Hénonville (60) ... 20 A6
Hénouville (76) ... 7 F6
Henrichemont (18) ... 81 H6
Henridorff (57) ... 50 B4
Henriville (57) ... 27 G5
Hénu (62) ... 9 H3
Henvic (29) ... 31 H3
Hérange (57) ... 50 B4
l'Herbaudière ... 90 A1
Herbault (41) ... 79 G4
Herbécourt (80) ... 10 B6
Herbelles (62) ... 2 A5
l'Herbergement (85) ... 91 G2
Herbeuval (08) ... 25 E2
Herbeville (55) ... 47 H2
Herbeville (78) ... 42 A3
Herbéviller (54) ... 49 G6
Herbeys (38) ... 145 G2
les Herbiers (85) ... 92 A4
Herbignac (44) ... 73 F3
Herbinghen (62) ... 1 G4
Herbisse (10) ... 45 G6
Herbitzheim (67) ... 27 H6
Herblay (95) ... 42 C3
Herbouilly ... 145 E3
Herbsheim (67) ... 71 H2
Hercé (53) ... 58 C2
Herchies (60) ... 20 A4
la Hérelle (60) ... 20 C3
Hérenguerville (50) ... 36 D2
Hérépian (34) ... 170 A5
Hères (65) ... 164 D6
Hergnies (59) ... 4 B6
Hergugney (88) ... 69 G2
Héric (44) ... 74 C3
Héricourt (62) ... 9 G2
Héricourt (70) ... 88 C3
Héricourt-en-Caux (76) ... 7 E4
Héricourt-sur-Thérain (60) ... 19 G3
Héricy (77) ... 64 B2
la Hérie (02) ... 12 B6
le Hérie-la-Viéville (02) ... 22 C1
Hériménil (54) ... 49 F6
Hérimoncourt (25) ... 88 D4
Hérin (59) ... 11 F2
Hérissart (80) ... 9 G5
Hérisson ... 93 E6
Hérisson (03) ... 112 D2
Herleville (80) ... 10 B6
la Herlière (62) ... 9 H3
Herlies (59) ... 3 E5
Herlin-le-Sec (62) ... 9 G2
Herlincourt (62) ... 9 G2
Herly (62) ... 1 H6
Herly (80) ... 21 F1
l'Herm (09) ... 183 H5
Herm (40) ... 162 D3
Hermanville (76) ... 7 G3
Hermanville-sur-Mer (14) ... 16 C3
les Hermaux (48) ... 155 F3
Hermaville (62) ... 10 A2
Hermé (77) ... 65 E1
Hermelange (57) ... 50 A4
Hermelinghen (62) ... 1 G3
l'Hermenault (85) ... 107 E2
Herment (63) ... 126 B3
Hermeray (78) ... 41 H6
Hermes (60) ... 20 B5
Hermeville (76) ... 6 B5
Herméville-en-Woëvre (55) ... 25 G6
Hermies (62) ... 10 C4
Hermillon (73) ... 146 C1
Hermin (62) ... 9 H1
l'Hermitage (35) ... 57 E2
l'Hermitage-Lorge (22) ... 33 G6
les Hermites (37) ... 79 E3
l'Hermitière (61) ... 60 D3
Hermival-les-Vaux (14) ... 17 F5
Hermonville (51) ... 23 E5
Hernicourt (62) ... 9 G1
Herny (57) ... 26 D6
le Héron (76) ... 19 E4
Héronchelles (76) ... 19 E3
Hérouville (95) ... 42 C2
Hérouville-Saint-Clair (14) ... 16 C4
Hérouvillette (14) ... 16 C4
Herpelmont (88) ... 70 B3
Herpont (51) ... 46 C2
Herpy-l'Arlésienne (08) ... 23 F3
Herqueville (27) ... 18 D6
Herqueville (50) ... 14 A1
Herran (31) ... 182 C5
Herré (40) ... 164 D1
Herrebouc ... 165 F4
Herrère (64) ... 180 A3
Herrin (59) ... 3 F6
Herrlisheim (67) ... 51 F4
Herrlisheim-près-Colmar (68) ... 71 F5
Herry (18) ... 98 C1
Herserange (54) ... 25 H3
Hersin-Coupigny (62) ... 10 A1
Hertzing (57) ... 50 A4
Hervelinghen (62) ... 1 F3
Hervilly (80) ... 10 D5
Héry ... 132 D2
Héry (58) ... 99 G1
Héry (89) ... 83 G1
Héry-sur-Alby (74) ... 132 A2
Herzeele (59) ... 2 C3
Hesbécourt (80) ... 10 D5
Hescamps (80) ... 19 H2
Hesdigneul-lès-Béthune (62) ... 2 D6
Hesdigneul-lès-Boulogne (62) ... 1 F5
Hesdin (62) ... 9 E1
Hesdin-l'Abbé (62) ... 1 F4
Hésingue (68) ... 89 G3
Hesmond (62) ... 9 E1
Hesse (57) ... 50 A4
Hessenheim (67) ... 71 G3
Hestroff (57) ... 26 D4
Hestrud (59) ... 12 B3
Hestrus (62) ... 9 G1
Hétomesnil (60) ... 20 A2
Hettange-Grande (57) ... 26 B3
Hettenschlag (68) ... 71 G5
Heubécourt-Haricourt (27) ... 41 G1
Heuchin (62) ... 2 B6
Heucourt-Croquoison (80) ... 8 D5
Heudebouville (27) ... 18 D6
Heudicourt (27) ... 19 G5
Heudicourt (80) ... 10 D5
Heudicourt-
-sous-les-Côtes (55) ... 48 A3
Heudreville-en-Lieuvin (27) ... 17 H4
Heudreville-sur-Eure (27) ... 41 E1
Heugas (40) ... 162 D5
Heugleville-sur-Scie (76) ... 7 G3
Heugnes (36) ... 96 A3
Heugon (61) ... 39 H4
Heugueville-sur-Sienne (50) ... 36 D2
Heuilley-Cotton (52) ... 86 B2
Heuilley-le-Grand (52) ... 86 B2
Heuilley-sur-Saône (21) ... 86 C6
Heuland (14) ... 17 E3
Heume-l'Église (63) ... 126 C3
la Heunière (27) ... 41 F2
Heuqueville (27) ... 19 E5
Heuqueville (76) ... 6 B4
l'Heure ... 8 D4
Heuringhem (62) ... 2 B4
Heurteauville (76) ... 7 E6
Heurtevent (14) ... 17 E6
Heussé (50) ... 58 C1
Heutrégiville (51) ... 23 G5
Heuzecourt (80) ... 9 F3
Hévilliers (55) ... 47 F6
Heyrieux (38) ... 130 C4
Hézecques (62) ... 2 A6
le Hézo (56) ... 72 D1
Hibarette (65) ... 181 E3
Hielzas ... 155 H5
Hières-sur-Amby (38) ... 130 D2
Hierges (08) ... 13 F4
Hiermont (80) ... 9 E3
Hiers-Brouage (17) ... 120 C2
Hiersac (16) ... 122 B4
Hiesse (16) ... 109 F6
Hiesville (50) ... 15 E4
Hiéville (14) ... 16 D6
Higuères-Souye (64) ... 180 C1
Hiis (65) ... 181 E4
Hilbesheim (57) ... 50 A4
Hillion (22) ... 33 H4
Hilsenheim (67) ... 71 G2
Hilsprich (57) ... 27 G6
Hinacourt (02) ... 22 A1
Hinckange (57) ... 26 D4
Hindisheim (67) ... 51 E6
Hindlingen (68) ... 89 E3
Hinges (62) ... 2 D5
le Hinglé (22) ... 34 C6
Hinsbourg (67) ... 50 C2
Hinsingen (67) ... 50 A2
Hinx (40) ... 163 E4
Hippoltskirch ... 89 F4
Hipsheim (67) ... 51 E6
Hirel (35) ... 35 E4
Hirmentaz ... 119 E4
Hirschland (67) ... 50 B3
Hirsingue (68) ... 89 F3
Hirson (02) ... 12 B5
Hirtzbach (68) ... 89 F3
Hirtzfelden (68) ... 71 G6
His (31) ... 182 C4
Hitte (65) ... 181 F4
Hix ... 198 C5
Hochfelden (67) ... 50 D4
Hochstatt (68) ... 89 F2
Hochstett (67) ... 51 E3
Hocquigny (50) ... 35 H2
Hocquinghen (62) ... 1 H4
Hodenc-en-Bray (60) ... 19 H4
Hodenc-l'Évêque (60) ... 20 B5
Hodeng-au-Bosc (76) ... 8 C6
Hodeng-Hodenger (76) ... 19 F3
Hodent (95) ... 41 H1
Hœdic (56) ... 72 C3
Hœnheim (67) ... 51 E5
Hœrdt (67) ... 51 F4
Hoéville (54) ... 49 E4
Hoffen (67) ... 29 E6
les Hogues (27) ... 19 E4
la Hoguette (14) ... 39 E3
Hohatzenheim (67) ... 51 E4
Hohengœft (67) ... 50 D4
Hohfrankenheim (67) ... 50 D4
le Hohneck ... 70 D4
Hohrod (68) ... 71 E4
Hohrodberg ... 71 E4
le Hohwald (67) ... 71 F1
Hohwiller ... 29 E6
Holacourt (57) ... 49 F2
Holling (57) ... 26 D4
Holnon (02) ... 10 D6
Holque (59) ... 2 A3
Holtzheim (67) ... 51 E5
Holtzwihr (68) ... 71 F4
Holving (57) ... 27 G6
Hombleux (80) ... 21 G1
Homblières (02) ... 11 E6
Hombourg (68) ... 89 G1
Hombourg-Budange (57) ... 26 C4
Hombourg-Haut (57) ... 27 F5
l'Hôme-Chamondot (61) ... 40 B6
le Hôme-Varaville ... 16 D3
Homécourt (54) ... 26 A4
Hommarting (57) ... 50 B4
Hommert (57) ... 50 B4
Hommes (37) ... 78 B5
le Hommet-d'Arthenay (50) ... 15 E6
Homps (11) ... 185 G3
Homps (32) ... 166 B3
Hon-Hergies (59) ... 11 H2
Hondainville (60) ... 20 C5
Hondeghem (59) ... 2 C4
Hondevilliers (77) ... 44 B3
Hondouville (27) ... 40 D1
Hondschoote (59) ... 2 D2
Honfleur (14) ... 6 B6
Honguemare-Guenouville (27) ... 18 B5
Honnechy (59) ... 11 F4
Honnecourt-sur-Escaut (59) ... 10 D4
l'Honor-de-Cos (82) ... 152 C6
Honskirch (57) ... 49 H2
Hontanx (40) ... 164 B3
l'Hôpital (57) ... 27 F5
Hôpital-Camfrout (29) ... 31 F5
l'Hôpital-d'Orion (64) ... 179 G1
l'Hôpital-du-Grosbois (25) ... 103 G1
l'Hôpital-le-Grand (42) ... 129 E4
l'Hôpital-le-Mercier (71) ... 115 E3
l'Hôpital-Saint-Blaise (64) ... 179 G2
l'Hôpital-Saint-Lieffroy (25) ... 88 A5
l'Hôpital-sous-Rochefort (42) ... 128 C3
les Hôpitaux-Neufs (25) ... 104 A5
les Hôpitaux-Vieux (25) ... 104 A5
Horbourg-Wihr (68) ... 71 F4
Hordain (59) ... 11 E2
la Horgne (08) ... 24 A2
Horgues (65) ... 181 E3
l'Horme (42) ... 129 G5
Hornaing (59) ... 11 E1
Hornoy-le-Bourg (80) ... 8 D6
le Horps (53) ... 59 E2
Horsarrieu (40) ... 163 G4
Horville-en-Ornois (55) ... 68 B1
l'Hosmes (27) ... 40 D4
Hospice de France ... 196 B5
l'Hospitalet ... 138 D6
l'Hospitalet (04) ... 159 H6
l'Hospitalet-du-Larzac (12) ... 170 A2
l'Hospitalet-
-près-l'Andorre (09) ... 198 B3
Hosta (64) ... 179 E3
Hoste (57) ... 27 G5
Hostens (33) ... 149 E3
Hostias (01) ... 131 E1
Hostun (26) ... 144 D3
l'Hôtellerie (14) ... 17 G5
l'Hôtellerie-de-Flée (49) ... 76 C2
Hotonnes (01) ... 117 H6
Hotot-en-Auge (14) ... 16 D4
Hottot-les-Bagues (14) ... 16 A4
Hottviller (57) ... 28 B5
la Houblonnière (14) ... 17 E5
les Houches (74) ... 133 F1
Houchin (62) ... 2 D6
Houdain (62) ... 9 H1
Houdain-lez-Bavay (59) ... 11 H2
Houdan (78) ... 41 G4
Houdancourt (60) ... 21 E5
Houdelaincourt (55) ... 47 G6
Houdelmont (54) ... 48 C6
Houdemont (54) ... 48 D5
Houdetot (76) ... 7 E3
Houdilcourt (08) ... 23 F4
Houdreville (54) ... 48 C6
Houécourt (88) ... 69 E3
Houeillès (47) ... 150 B5
Houesville (50) ... 15 E4
Houetteville (27) ... 40 D1
Houéville (88) ... 68 D2
Houeydets (65) ... 181 G3
le Houga (32) ... 164 C4
Houilles (78) ... 42 C3
Houlbec-Cocherel (27) ... 41 F2
Houlbec-
-près-le-Gros-Theil (27) ... 18 B6
Houldizy (08) ... 13 E6
Houlette (16) ... 121 H3
Houlgate (14) ... 16 D3
Houlle (62) ... 2 A3
le Houlme (76) ... 7 G5
l'Houmeau (17) ... 106 C4
Hounoux (11) ... 184 C4
Houplin-Ancoisne (59) ... 3 F5
Houplines (59) ... 3 E4
Houppeville (76) ... 7 G5
Houquetot (76) ... 6 C4
Hourc (65) ... 181 F3
le Hourdel ... 8 C3
Hourges (51) ... 22 D6
Hours (64) ... 180 D3
Hourtin (33) ... 134 B2
Hourtin-Plage ... 134 B2
Hourtin-Port ... 134 B2
Houry (02) ... 22 D1
Houssay (41) ... 79 F2
Houssay (53) ... 58 D6
la Houssaye ... 33 G5
la Houssaye (27) ... 40 C2
la Houssaye-Béranger (76) ... 7 G4
la Houssaye-en-Brie (77) ... 43 G5
le Housseau-Brétignolles (53) ... 59 E1
Houssen (68) ... 71 F4
Housseras (88) ... 70 B2
Housset (02) ... 22 C1
Housséville (54) ... 69 F2
la Houssière (88) ... 70 C3
la Houssoye (60) ... 19 H5
Houtaud (25) ... 103 H3
Houtkerque (59) ... 2 D3
Houtteville (50) ... 14 D5
Houville-en-Vexin (27) ... 19 E5
Houville-la-Branche (28) ... 62 C2
Houvin-Houvigneul (62) ... 9 G2
Houx (28) ... 41 G6
Hoymille (59) ... 2 C2
Huanne-Montmartin (25) ... 87 H5
Hubersent (62) ... 1 F5
Hubert-Folie (14) ... 16 C5
Huberville (50) ... 14 D3
Huby-Saint-Leu (62) ... 9 E1
Huchenneville (80) ... 8 D4
Huclier (62) ... 9 G1
Hucqueliers (62) ... 1 G5
Hudimesnil (50) ... 35 G1
Hudiviller (54) ... 49 E5
Huelgoat (29) ... 32 A5
Huest (27) ... 41 E2
Huêtre (45) ... 62 C6
Huez (38) ... 146 A3
Hugier (70) ... 86 D6

Hugleville-en-Caux (76) 7 F4
Huillé (49) 77 F3
Huilliécourt (52) 68 C4
Huilly-sur-Seille (71) 116 C1
Huiron (51) 46 B5
Huismes (37) 94 B1
Huisnes-sur-Mer (50) 35 G4
Huisseau-en-Beauce (41) 79 F2
Huisseau-sur-Cosson (41) 80 A4
Huisseau-sur-Mauves (45) 80 C1
l'Huisserie (53) 58 C5
Hulluch (62) 3 E6
Hultehouse (57) 50 B4
Humbauville (51) 46 A5
Humbécourt (52) 46 D6
Humbercamps (62) 10 A3
Humbercourt (80) 9 H3
Humbert (62) 1 G6
Humberville (52) 68 B3
Humbligny (18) 98 A1
la Hume 148 B1
Humerœuille (62) 9 F1
Humes-Jorquenay (52) 68 B6
Humières (62) 9 F1
Hunawihr (68) 71 F3
Hundling (57) 27 G5
Hundsbach (68) 89 F3
Huningue (68) 89 H3
Hunspach (67) 29 E6
Hunting (57) 26 C2
Huos (31) 182 A4
Huparlac (12) 154 D1
Huppain 15 H5
Huppy (80) 8 D5
Hurbache (88) 70 C2
Hure (33) 150 B2
Hurecourt (70) 69 F6
Hures 155 H5
Hures-la-Parade (48) 155 H5
Huriel (03) 112 C3
Hurigny (71) 116 B3
Hurtières (38) 146 A1
Hurtigheim (67) 50 D5
Husseren-les-Châteaux (68) 71 F4
Husseren-Wesserling (68) 70 D6
Hussigny-Godbrange (54) 25 H3
Husson (50) 37 H6
Huttendorf (67) 51 E3
Huttenheim (67) 71 G1
Hydrequent 1 F3
Hyds (03) 113 E4
Hyémondans (25) 88 B5
Hyencourt-le-Grand (80) 21 F1
Hyenville (50) 37 E2
Hyères (83) 191 H5
Hyères-Plage 192 A6
Hyet (70) 87 F4
Hyèvre-Magny (25) 88 A5
Hyèvre-Paroisse (25) 88 A5
Hymont (88) 69 F3

I

Ibarrolle (64) 179 E3
Ibigny (57) 49 H5
Ibos (65) 181 E3
Ichtratzheim (67) 51 E6
Ichy (77) 63 H4
Idaux-Mendy (64) 179 F3
Idrac-Respaillès (32) 165 G6
Idron (64) 180 C2
Ids-Saint-Roch (18) 97 F6
Iffendic (35) 56 D2
les Iffs (35) 57 E1
Ifs (14) 16 B5
les Ifs (76) 8 B6
Igé (61) 60 D3
Igé (71) 116 B3
Ignaucourt (80) 20 D1
Ignaux (09) 198 B2
Igney (54) 49 H5
Igney (88) 69 H3
Ignol (18) 98 B4
Igny (70) 86 D4
Igny (91) 42 C5
Igny-Comblizy (51) 44 D2
Igon (64) 180 C3
Igornay (71) 100 D3
Igoville (27) 18 D5
Iguerande (71) 115 E5
Ihalar 178 B2
Iholdy (64) 179 E2
Ilay 103 F6
l'Île 97 F6
Île-aux-Moines (56) 72 C1
l'Île-Bouchard (37) 94 C2
Île-d'Aix (17) 106 C6
Île-d'Arz (56) 72 D1
Île-de-Batz (29) 31 H2
Île-de-Bréhat (22) 33 F1
Île-de-Sein (29) 52 B2
l'Île-d'Elle (85) 107 E3
Île-d'Houat (56) 72 C3
l'Île-d'Olonne (85) 90 D5
l'Île-d'Yeu (85) 90 A3
Île-Molène (29) 30 B4
l'Île-Rousse (2B) 202 C5
l'Île-Saint-Denis (93) 42 D3
Île-Tudy (29) 53 F4
Île de Fédrun 73 G3
Île Grande 32 B1
les Iles Menéfrier 84 A6
Ilharre (64) 179 F1
Ilhat (09) 184 A5
les Ilhes (11) 185 E2
Ilhet (65) 181 G5
Ilheu (65) 182 A5
Illange (57) 26 B3
Illartein (09) 182 C6
Illats (33) 149 G2
Ille-sur-Têt (66) 199 G3
Illeville-sur-Montfort (27) 18 A5
Illfurth (68) 89 F2
Illhaeusern (68) 71 G3
Illiat (01) 116 B5
Illier-et-Laramade (09) 197 H4
Illiers-Combray (28) 61 H3
Illiers-l'Évêque (27) 41 E4
Illies (59) 3 E5
Illifaut (22) 56 B2
Illkirch-Graffenstaden (67) 51 E6
Illois (76) 19 G1
Illoud (52) 68 C3
Illy (08) 24 C1
Illzach (68) 89 F1
Ilonse (06) 176 D2
Imbleville (76) 7 F4
Imécourt (08) 24 C5
Imling (57) 50 A4
Imphy (58) 99 E4
Inaumont (08) 23 G3
Incarville (27) 18 D6
Incheville (76) 8 B5
Inchy (59) 11 F4
Inchy-en-Artois (62) 10 C3
Incourt (62) 9 F1
Indevillers (25) 88 D5
Indre (44) 74 C5
Ineuil (18) 97 F5
les Infournas (05) 146 B6
Infreville 18 B5
Ingenheim (67) 50 D4
Ingersheim (68) 71 F4
Inghem (62) 2 B5
Inglange (57) 26 C3
Ingolsheim (67) 29 E6
Ingouville (76) 7 E2
Ingrandes (36) 110 A1
Ingrandes (49) 75 G3
Ingrandes (86) 94 C4
Ingrandes-de-Touraine (37) 78 B6
Ingrannes (45) 63 F6
Ingré (45) 80 D1
Inguiniel (56) 54 D3
Ingwiller (67) 50 D3
Inières 154 C5
Injoux-Génissiat (01) 117 H6
Innenheim (67) 50 D6
Innimond (01) 131 F2
Inor (55) 24 D3
Insming (57) 49 H2
Insviller (57) 49 H3
Intraville (76) 7 H2
Intres (07) 143 F4
Intréville (28) 62 D3
Intville-la-Guétard (45) 63 F3
Inval-Boiron (80) 8 D6
Inxent (62) 1 G6
Inzinzac-Lochrist (56) 54 D4
Ippécourt (55) 47 F2
Ippling (57) 27 G5
Irai (61) 40 B5
Irais (79) 93 G4
Irancy (89) 83 G3
Iré-le-Sec (55) 25 E3
Irigny (69) 130 A4
Irissarry (64) 178 D2
Irles (80) 10 B4
Irodouër (35) 56 D1
Iron (02) 11 G5
Irouléguy (64) 178 D3
Irreville (27) 41 E2
Irvillac (29) 31 F5
Is-en-Bassigny (52) 68 B5
Is-sur-Tille (21) 85 H4
Isbergues (62) 2 C5
Isches (88) 69 E5
Isdes (45) 81 F3
Isenay (58) 99 G4
Isigny-le-Buat (50) 37 F5
Isigny-sur-Mer (14) 15 F5
Island (89) 83 H5
Isle (87) 124 B3
l'Isle-Adam (95) 42 C1
l'Isle-Arné (32) 166 A5
Isle-Aubigny (10) 66 C1
Isle-Aumont (10) 66 B4
l'Isle-Bouzon (32) 166 A2
l'Isle-d'Abeau (38) 130 D4
l'Isle-de-Noé (32) 165 F5
l'Isle-d'Espagnac (16) 122 C4
l'Isle-en-Dodon (31) 182 C2
Isle-et-Bardais (03) 98 B6
l'Isle-Jourdain (32) 166 C5
l'Isle-Jourdain (86) 109 G4
Isle-Saint-Georges (33) 135 F6
l'Isle-sur-la-Sorgue (84) 173 F2
l'Isle-sur-le-Doubs (25) 88 B4
Isle-sur-Marne (51) 46 C5
l'Isle-sur-Serein (89) 84 A4
les Isles-Bardel (14) 38 D4
Isles-les-Meldeuses (77) 43 H2
Isles-lès-Villenoy (77) 43 G3
Isles-sur-Suippe (51) 23 F5
l'Islette 94 C1
les Islettes (55) 46 D1
Isneauville (76) 7 G6
Isola (06) 176 C1
Isola 2000 176 D1
Isolaccio-di-Fiumorbo (2B) 205 F5
Isômes (52) 86 B3
Ispagnac (48) 156 A4
Ispoure (64) 178 D3
Isques (62) 1 F4
Issac (24) 136 D4
les Issambres 192 D3
Issamoulenc (07) 143 G6
Issan 135 E3
Issancourt-et-Rumel (08) 24 B1
Issanlas (07) 142 D6
Issans (25) 88 C4
Issarbe 179 G5
les Issards (09) 184 A4
Issarlès (07) 142 D5
Issé (44) 74 D1
Isse (51) 45 G2
Issel (11) 184 B2
Issendolus (46) 153 E1
Issenhausen (67) 50 D3
Issenheim (68) 71 F6
Issepts (46) 153 F1
Isserpent (03) 114 B5
Isserteaux (63) 127 G4
Issigeac (24) 151 F1
Issirac (30) 157 G5
Issoire (63) 127 G5
Issor (64) 179 H4
Issou (78) 42 A3
Issoudun (36) 97 E4
Issoudun-Létrieix (23) 112 A6
Issus (31) 183 G1
Issy-les-Moulineaux (92) 42 D4
Issy-l'Évêque (71) 100 A6
Istres (13) 173 E6
les Istres-et-Bury (51) 45 G2
Isturits (64) 179 E1
Itancourt (02) 22 A1
Iteuil (86) 109 E2
Ittenheim (67) 51 E5
Itterswiller (67) 71 F1
Itteville (91) 63 G1
Itxassou (64) 178 C2
Itzac (81) 167 H1
Ivergny (62) 9 G3
Iverny (77) 43 G2
Iviers (02) 23 F1
Iville (27) 40 C1
Ivors (60) 21 G6
Ivory (39) 103 E4
Ivoy-le-Pré (18) 81 H6
Ivrey (39) 103 E3
Ivry-en-Montagne (21) 101 E3
Ivry-la-Bataille (27) 41 F3
Ivry-le-Temple (60) 20 A6
Ivry-sur-Seine (94) 42 D4
Iwuy (59) 11 E3
Izaourt (65) 182 A5
Izaut-de-l'Hôtel (31) 182 B5
Izaux (65) 181 G4
Izé (53) 59 F3
Izeaux (38) 145 E1
Izel-lès-Équerchin (62) 10 C2
Izel-les-Hameaux (62) 9 H2
Izenave (01) 117 G6
Izernore (01) 117 G4
Izeron (38) 145 E2
Izeste (64) 180 B4
Izeure (21) 102 A1
Izier (21) 86 A6
Izieu (01) 131 F4
Izon (33) 135 G5
Izon-la-Bruisse (26) 159 G5
Izotges (32) 164 D5

J

Jablines (77) 43 G3
Jabreilles-les-Bordes (87) 124 C1
Jabrun (15) 141 E6
Jacob-Bellecombette (73) 131 H4
Jacou (34) 171 F5
Jacque (65) 181 F2
Jagny-sous-Bois (95) 43 E2
Jaignes (77) 43 H2
Jaillans (26) 144 D4
la Jaille-Yvon (49) 76 D2
la Jaillette 75 H1
Jaillon (54) 48 B4
Jailly (58) 99 F2
Jailly-les-Moulins (21) 85 E5
Jainvillotte (88) 68 D3
Jalesches (23) 111 H4
Jaleyrac (15) 140 A2
Jaligny-sur-Besbre (03) 114 B3
Jallais (49) 75 H5
Jallanges (21) 102 A3
Jallans (28) 62 A5
Jallaucourt (57) 49 E3
Jallerange (25) 86 D6
Jalognes (18) 98 B1
Jalogny (71) 116 A3
Jâlons (51) 45 G2
Jambles (71) 101 F5
Jambville (78) 42 A2
Jaméricourt (60) 19 H5
Jametz (55) 25 E4
Janailhac (87) 124 B4
Janaillat (23) 111 F6
Jancigny (21) 86 B5
Jandun (08) 23 H2
Janneyrias (38) 130 C3
Jans (44) 74 C1
Janville 7 E2
Janville (14) 16 D4
Janville (28) 62 D4
Janville (60) 21 F4
Janville-sur-Juine (91) 63 F1
Janvilliers (51) 44 D3
Janvry (51) 22 D6
Janvry (91) 42 C6
Janzé (35) 57 G4
Jarcieu (38) 144 B1
la Jard (17) 121 F4
Jard-sur-Mer (85) 91 E6
le Jardin (19) 139 G1
Jardin (38) 130 B5
Jardres (86) 109 F1
Jargeau (45) 81 E1
la Jarjatte 159 H1
Jarjayes (05) 160 B2
Jarménil (88) 70 A4
Jarnac (16) 121 H4
Jarnac-Champagne (17) 121 G5
Jarnages (23) 111 H5
la Jarne (17) 106 D5
Jarnioux (69) 129 G1
Jarnosse (42) 115 F5
Jarny (54) 26 A5
Jarny Ville 26 A5
Jarret (65) 181 E4
la Jarrie (17) 106 D5
Jarrie (38) 145 G3
la Jarrie-Audouin (17) 107 G6
Jarrier (73) 146 C1
Jars (18) 82 A5
Jarsy (73) 132 B3
Jarville-la-Malgrange (54) 48 D5
Jarzé (49) 77 F4
Jas (42) 129 F3
Jasney (70) 69 G6
Jassans-Riottier (01) 129 H1
Jasseines (10) 66 D1
Jasseries du Grand Genévrier 128 C4
Jasseron (01) 117 E4
Jasses (64) 179 H2
Jatxou (64) 178 C1
Jau-Dignac-et-Loirac (33) 120 C6
Jaucourt (10) 67 E3
la Jaudonnière (85) 92 B6
Jaudrais (28) 40 D6
Jaujac (07) 157 F2
Jauldes (16) 122 C3
Jaulges (89) 65 H6
Jaulgonne (02) 44 C2
Jaulnay (37) 94 C4
Jaulnes (77) 65 E2
Jaulny (54) 48 B2
Jaulzy (60) 21 G5
Jaunac (07) 143 F5
Jaunay-Clan (86) 94 B6
Jaure (24) 137 E4
Jausiers (04) 161 F3
Jaux (60) 21 F5
Jauzé (72) 60 C4
Javarzay 108 B5
Javaugues (43) 141 H2
Javené (35) 58 A2
Javerdat (87) 123 H1
Javerlhac-et-la-Chapelle-
-Saint-Robert (24) 123 E5
Javernant (10) 66 A4
la Javie (04) 160 D5
Javols (48) 155 H1
Javrezac (16) 121 G3
Javron-les-Chapelles (53) 59 F2
Jax (43) 142 A3
Jaxu (64) 179 E3
Jayac (24) 138 B4
Jayat (01) 116 D3
Jazeneuil (86) 108 C2
Jazennes (17) 121 E4
Jeancourt (02) 10 D5
Jeandelaincourt (54) 48 D3
Jeandelize (54) 25 H6
Jean d'Heurs 47 E5
Jeanménil (88) 70 B2
Jeansagnière (42) 128 C3
Jeantes (02) 23 E1
Jebsheim (68) 71 G4
Jegun (32) 165 G4
la Jemaye (24) 136 C2
Jenlain (59) 11 G2
Jenzat (03) 113 G5
Jésonville (88) 69 F4
Jessains (10) 67 E3
Jetterswiller (67) 50 C4
Jettingen (68) 89 F3
Jeu-les-Bois (36) 96 C6
Jeu-Maloches (36) 96 A3
Jeufosse (78) 41 G2
Jeugny (10) 66 B4
Jeumont (59) 12 B2
Jeurre (39) 117 H3
Jeux-lès-Bard (21) 84 C4
Jeuxey (88) 70 A3
Jevoncourt (54) 69 G1
Jezainville (54) 48 C3
Jézeau (65) 181 G6
Joannas (07) 157 F2
Job (63) 128 B4
Jobourg (50) 14 A1
Joch (66) 199 F3
Joches 45 E4
Jœuf (54) 26 A4
Joganville (50) 14 D3
Joigny (89) 65 E6
Joigny-sur-Meuse (08) 13 F6
Joinville (52) 67 H1
Joinville-le-Pont (94) 43 E4
Joiselle (51) 44 C4
Jolimetz (59) 11 G3
Jolivet (54) 49 F5
Jonage (69) 130 B2
Joncels (34) 170 A4
la Jonchère (85) 91 G6
la Jonchère-
-Saint-Maurice (87) 124 C1
Jonchères (26) 159 F2
Joncherey (90) 88 D3
Jonchery (52) 67 H4
Jonchery-sur-Suippe (51) 46 A1
Jonchery-sur-Vesle (51) 22 D5
Joncourt (02) 11 E5
Joncreuil (10) 67 E1
Joncy (71) 115 H1
Jongieux (73) 131 G3
Jonquerets-de-Livet (27) 17 H6
Jonquerettes (84) 173 E2
Jonquery (51) 45 E1
Jonquières (11) 185 G5
Jonquières (34) 170 C5
Jonquières (60) 21 E5
Jonquières (81) 168 B5
Jonquières (84) 158 B6
Jonquières-Saint-Vincent (30) 172 C3
Jons (69) 130 C2
Jonval (08) 24 A3
Jonvelle (70) 69 E6
Jonville-en-Woëvre (55) 48 A1
Jonzac (17) 121 F6
Jonzier-Épagny (74) 118 B5
Jonzieux (42) 143 F1
Joppécourt (54) 25 H4
Jort (14) 16 D6
Jorxey (88) 69 G2
Josat (43) 142 A2
Joserand (63) 113 G6
Josnes (41) 80 B2
Josse (40) 162 C4
Josselin (56) 55 H4
Jossigny (77) 43 F4
Jou-sous-Monjou (15) 140 C5
Jouac (87) 110 C3
Jouaignes (02) 22 B5
Jouancy (89) 84 B3
Jouarre (77) 44 A3
Jouars-Pontchartrain (78) 42 A4
Jouaville (54) 26 A5
Joucas (84) 173 G2
Joucou (11) 198 C1
Joudes (71) 117 E2
Joudreville (54) 25 H5
Joué-du-Bois (61) 38 D6
Joué-du-Plain (61) 39 E5
Joué-en-Charnie (72) 59 G5
Joué-l'Abbé (72) 60 B5
Joué-lès-Tours (37) 78 D6
Joué-sur-Erdre (44) 74 D2
la Joue du Loup 160 A1
Jouers 180 A5
Jouet-sur-l'Aubois (18) 98 C3
Jouey (21) 100 D2
Jougne (25) 104 A5
Jouhé 108 C6
Jouhe (39) 102 C2
Jouhet (86) 109 H2
Jouillat (23) 111 G4
Jouques (13) 174 B5
Jouqueviel (81) 153 H6
Jourgnac (87) 124 A3
Journans (01) 117 E5
Journet (86) 110 A2
Journiac (24) 137 G4
Journy (62) 1 H4
Jours-en-Vaux (21) 101 E3
Jours-lès-Baigneux (21) 85 E3
Joursac (15) 141 E3
Joussé (86) 109 F4
les Jouvencelles 118 B2
Jouvençon (71) 116 C1
Joux (69) 129 F2
Joux-la-Ville (89) 83 H3
Jouy (28) 62 B1
Jouy (89) 64 C4
Jouy-aux-Arches (57) 26 B6
Jouy-en-Argonne (55) 47 F1
Jouy-en-Josas (78) 42 C5
Jouy-en-Pithiverais (45) 63 E4
Jouy-le-Châtel (77) 44 A5
Jouy-le-Moutier (95) 42 B2
Jouy-le-Potier (45) 80 D2
Jouy-lès-Reims (51) 23 E6
Jouy-Mauvoisin (78) 41 H3
Jouy-sous-Thelle (60) 20 A5
Jouy-sur-Eure (27) 41 F2
Jouy-sur-Morin (77) 44 B4
Jouy le Comte 42 C1
Joyeuse (07) 157 F3
Joyeux (01) 130 C1
Joze (63) 127 G2
Jû-Belloc (32) 164 D5
Juan les Pins 193 G1
Juaye-Mondaye (14) 15 H6
Jubainville (88) 68 D1
la Jubaudière (49) 75 G5
Jublains (53) 59 E3
le Juch (29) 53 F2
Jugazan (33) 135 H6
Jugeals-Nazareth (19) 138 D3
Jugon-les-Lacs (22) 34 B5
Jugy (71) 116 B1
Juicq (17) 121 F2
Juif (71) 102 A6
Juignac (16) 122 B6
Juigné-des-Moutiers (44) 75 F1
Juigné-sur-Loire (49) 77 E5
Juigné-sur-Sarthe (72) 77 F1
Juignettes (27) 40 B4
Juillac 152 B3
Juillac (19) 138 B1
Juillac (32) 164 D6
Juillac (33) 136 B6
Juillac-le-Coq (16) 121 H4
Juillaguet (16) 122 C5
Juillan (65) 181 E3
Juillé (16) 122 B1
Juillé (72) 60 A3
Juillé (79) 108 A5
Juillenay (21) 84 C6
Juilles (32) 166 A5
Juilley (50) 35 H4
Juilly (21) 84 D4
Juilly (77) 43 F2
Jujols (66) 199 E4
Jujurieux (01) 117 F6
Julianges (48) 141 G5
Juliénas (69) 116 A4
Julienne (16) 121 H3
Jullianges (43) 142 B1
Jullié (69) 116 A4
Jullouville (50) 35 G2
Jully (89) 84 C2
Jully-lès-Buxy (71) 101 F6
Jully-sur-Sarce (10) 66 C5
Julos (65) 181 E4
Julvécourt (55) 47 E2
Jumeauville (78) 42 A3
Jumeaux (63) 127 G6
Jumel (80) 20 C1
Jumelles (27) 41 E3
la Jumellière (49) 76 C6
Jumencourt (02) 22 A4
Jumièges (76) 7 F6
Jumigny (02) 22 C4
Jumilhac-le-Grand (24) 123 H5
Junas (30) 171 G4
Junay (89) 84 A1
Juncalas (65) 181 E4
Jungholtz (68) 71 E6
Junhac (15) 154 B1
les Junies (46) 152 B3
Juniville (08) 23 G4
Jupilles (72) 78 C2
Jurançon (64) 180 B2
Juranville (45) 63 H5
Juré (42) 128 C2
Jurignac (16) 122 A5
Jurques (14) 38 A2
Jurvielle (31) 195 H4
Jury (57) 26 C6
Juscorps (79) 107 H4
Jusix (47) 150 B2
Jussac (15) 140 A4
Jussarupt (88) 70 B4
Jussas (17) 135 G1
Jussat-sur-Randan 127 G1
Jussecourt-Minecourt (51) 46 C4
Jussey (70) 87 E1
Jussy (02) 21 H2
Jussy (57) 26 B5
Jussy (89) 83 G2
Jussy-Champagne (18) 98 A3
Jussy-le-Chaudrier (18) 98 C2
Justian (32) 165 F3
Justine-Herbigny (08) 23 G3
Justiniac (09) 183 G3
Jutigny (77) 64 D1
Juvaincourt (88) 69 F2
Juvancourt (10) 67 F4
Juvanzé (10) 67 E3
Juvardeil (49) 77 E3
Juvelize (57) 49 G4
Juvignac (34) 171 E5
Juvigné (53) 58 B3
Juvignies (60) 20 A3
Juvigny (02) 22 A4
Juvigny (51) 45 H2
Juvigny (74) 118 C4
Juvigny-en-Perthois (55) 47 E6
Juvigny-le-Tertre (50) 37 G5
Juvigny-sous-Andaine (61) 38 B6
Juvigny-sur-Loison (55) 25 E4
Juvigny-sur-Orne (61) 39 F5
Juvigny-sur-Seulles (14) 16 A4
Juville (57) 49 E2
Juvinas (07) 157 F1
Juvincourt-et-Damary (02) 22 D4
Juvisy-sur-Orge (91) 42 D5
Juvrecourt (54) 49 F4
Juxue (64) 179 F2
Juzanvigny (10) 67 E2
Juzennecourt (52) 67 G4
Juzes (31) 184 A1
Juzet-de-Luchon (31) 196 A4
Juzet-d'Izaut (31) 182 B5
Juziers (78) 42 A2

K

Kalhausen (57) 27 H6
Kaltenhouse (67) 51 F3
Kanfen (57) 26 B2
Kappelen (68) 89 G2
Kappelkinger (57) 27 G6
les Karellis 146 D1
Katzenthal (68) 71 F4
Kauffenheim (67) 51 G3
Kaysersberg (68) 71 F4
Kédange-sur-Canner (57) 26 C3
Keffenach (67) 29 E6
Kembs (68) 89 G2
Kemplich (57) 26 D3
Keralio 32 D1
Keramanac'h 32 C3
Keraménez 31 E5
Keraudy 32 C3
Kerbach (57) 27 G4
Kerbors (22) 33 E1
Kerdéniel 31 E5
Kerestat 31 H2
Kerfany-les-Pins 54 A4
Kerfeunteun 53 F2
Kerfot (22) 33 F2
Kerfourn (56) 55 F3
Kergloff (29) 32 B6
Kergoat 53 F1
Kergrist (56) 55 F2
Kergrist-Moëlou (22) 32 D6
Kergroadès 30 C4
Kerguet 72 D2
Kerhinet 73 F3
Kerhostin 72 B1
Kerien (22) 32 D5
Kerity 53 E4
Kerity 33 F2
Kerlaz (29) 53 E2
Kerling-lès-Sierck (57) 26 C3
Kerlouan (29) 31 E2

Kermaria 33 F3
Kermaria-Sulard (22) 32 D2
Kermorgan 55 F3
Kermoroc'h (22) 32 D3
Kernascléden (56) 54 C3
Kernével 53 H3
Kernilis (29) 31 E3
Kernitron 32 A3
Kernouës (29) 31 E3
Kerouat 31 G5
Kerpert (22) 33 E5
Kerprich-aux-Bois (57) 50 A4
Kerroué Braz 32 C4
Kersaint-Plabennec (29) 31 E4
Kertzfeld (67) 71 G1
Kervignac (56) 54 D5
Keskastel (67) 27 H6
Kesseldorf (67) 51 G2
Kienheim (67) 50 D4
Kientzheim (68) 71 F4
Kiffis (68) 89 F4
Killem (59) 2 C2
Kilstett (67) 51 F4
Kindwiller (67) 50 D3
Kingersheim (68) 89 F1
Kintzheim (67) 71 F2
Kirchberg (68) 88 D1
Kirchheim (67) 50 D5
Kirrberg (67) 50 A3
Kirrwiller-Bosselshausen (67) 50 D3
Kirsch-lès-Sierck (57) 26 D2
Kirschnaumen (57) 26 D3
Kirviller (57) 50 A2
Klang (57) 26 D3
Kleingœft (67) 50 D4
Knœringue (68) 89 G3
Knœrsheim (67) 50 D4
Knutange (57) 26 B3
Kœnigsmacker (57) 26 C3
Kœstlach (68) 89 F4
Kœtzingue (68) 89 G2
Kœur-la-Grande (55) 47 G3
Kœur-la-Petite (55) 47 G3
Kogenheim (67) 71 G2
Kolbsheim (67) 51 E5
Krautergersheim (67) 50 D6
Krautwiller (67) 51 E4
le Kremlin-Bicêtre (94) 42 D4
Kriegsheim (67) 51 E3
Kruth (68) 70 D6
Kuhlendorf 51 F2
Kunheim (68) 71 G4
Kuntzig (57) 26 C3
Kurtzenhouse (67) 51 F4
Kuttolsheim (67) 50 D5
Kutzenhausen (67) 29 E6

L

Laà-Mondrans (64) 163 F6
Laas (32) 181 G1
Laas (45) 63 F5
Laàs (64) 179 G1
Labalme (01) 117 F5
Labarde (33) 135 E4
Labaroche (68) 71 E4
Labarrère (32) 165 E2
Labarthe 140 C6
Labarthe (32) 182 A1
Labarthe (82) 152 B6
Labarthe-Bleys (81) 168 A1
Labarthe-Inard (31) 182 C4
Labarthe-Rivière (31) 182 A4
Labarthe-sur-Lèze (31) 183 F1
Labarthète (32) 164 C5
Labassère (65) 181 E4
Labastide (65) 181 G5
Labastide-Beauvoir (31) 183 H1
Labastide-Castel-Amouroux (47) 150 B4
Labastide-Cézéracq (64) 180 A1
Labastide-Chalosse (40) 163 G5
Labastide-Clermont (31) 182 D2
Labastide-d'Anjou (11) 184 B2
Labastide-d'Armagnac (40) 164 C2
Labastide-de-Lévis (81) 168 A2
Labastide-de-Penne (82) 152 D5
Labastide-de-Virac (07) 157 G4
Labastide-Dénat (81) 168 C3
Labastide-du-Haut-Mont (46) 139 G6
Labastide-du-Temple (82) 166 D1
Labastide-du-Vert (46) 152 B3
Labastide-en-Val (11) 185 F4
Labastide-Esparbairenque (11) 185 E2
Labastide-Gabausse (81) 168 B1
Labastide-Marnhac (46) 152 C4
Labastide-Monréjeau (64) 180 A1
Labastide-Murat (46) 152 D2
Labastide-Paumès (31) 182 C2
Labastide-Rouairoux (81) 185 G1
Labastide-Saint-Georges (81) 167 H4
Labastide-Saint-Pierre (82) 167 E2
Labastide-Saint-Sernin (31) 167 F4
Labastide-Savès (32) 166 B6
Labastide-sur-Bésorgues (07) 157 F1
Labastide-Villefranche (64) 163 E6
Labastidette (31) 183 E1
Labathude (46) 153 G1
Labatie-d'Andaure (07) 143 G4
Labatmale (64) 180 D3
Labatut (09) 183 G3
Labatut (40) 163 E5
Labatut (64) 181 E1
Labatut-Rivière (65) 164 D6
Labbeville (95) 42 C1
Labeaume (07) 157 F3
Labécède-Lauragais (11) 184 C2
Labège (31) 167 F6
Labégude (07) 157 G2
Labéjan (32) 165 G6
Labenne (40) 162 B5
Labenne Océan 162 B5
Labergement-du-Navois (25) 103 G3
Labergement-Foigney (21) 102 A1
Labergement-lès-Auxonne (21) 102 B2
Labergement-lès-Seurre (21) 101 H3
Labergement-Sainte-Marie (25) 103 H5
Laberlière (60) 21 E3
Labescau (33) 150 A3
Labesserette (15) 154 B1
Labessette (63) 126 B5
Labessière-Candeil (81) 168 A4
Labets-Biscay (64) 179 F1
Labeuville (55) 48 A1
Labeuvrière (62) 2 C6
Labeyrie (64) 163 G6
Lablachère (07) 157 F3
Laboissière-en-Santerre (80) 21 E2
Laboissière-en-Thelle (60) 20 B6
Laborde (65) 181 G5
Laborel (26) 159 G4
Labosse (60) 19 H5
Labouheyre (40) 148 C5
Laboulbène (81) 168 C5
Laboule (07) 157 E2
Labouquerie (24) 151 G1
Labourgade (82) 166 C2
Labourse (62) 2 D6
Laboutarie (81) 168 B4
Labretonie (47) 150 D3
Labrihe (32) 166 B4
Labrit (40) 149 F6
Labroquère (31) 182 A5
Labrosse (45) 63 G4
Labrousse (15) 140 B5
Labroye (62) 9 E2
Labruguière (81) 168 C6
Labruyère (21) 102 A3
Labruyère (60) 20 D5
Labruyère-Dorsa (31) 183 G1
Labry (54) 26 A5
Laburgade (46) 152 D4
Lac-des-Rouges-Truites (39) 103 F6
le Lac-d'Issarlès (07) 142 D6
Lacabarède (81) 185 F1
Lacadée (64) 163 G6
Lacajunte (40) 164 A5
Lacalm (12) 140 D6
Lacam-d'Ourcet (46) 139 F6
Lacanau (33) 134 B4
Lacanau-Océan 134 A4
Lacanche (21) 101 E2
Lacapelle-Barrès (15) 140 C5
Lacapelle-Biron (47) 151 G2
Lacapelle-Cabanac (46) 152 A3
Lacapelle-del-Fraisse (15) 140 A6
Lacapelle-Livron (82) 153 E5
Lacapelle-Marival (46) 153 F1
Lacapelle-Pinet (81) 168 D1
Lacapelle-Ségalar (81) 168 A1
Lacapelle-Viescamp (15) 139 H5
Lacarre (64) 179 E3
Lacarry-Arhan-Charritte-de-Haut (64) 179 F4
Lacassagne (65) 181 F2
Lacaugne (31) 183 E2
Lacaune (81) 169 F4
Lacaussade (47) 151 G3
Lacave (09) 182 D5
Lacave (46) 138 D6
Lacaze (81) 169 E4
Lacelle (19) 125 E4
Lacenas (69) 129 H1
Lacépède (47) 151 E4
Lachaise (16) 121 H5
Lachalade (55) 46 D1
Lachambre (57) 27 F5
Lachamp (48) 155 H2
Lachamp-Raphaël (07) 143 F6
Lachapelle (47) 150 C2
Lachapelle (54) 70 C1
Lachapelle (80) 20 A1
Lachapelle (82) 166 B2
Lachapelle-aux-Pots (60) 19 H4
Lachapelle-Auzac (46) 138 C5
Lachapelle-en-Blaisy (52) 67 G4
Lachapelle-Graillouse (07) 142 D6
Lachapelle-Saint-Pierre (60) 20 B6
Lachapelle-sous-Aubenas (07) 157 G2
Lachapelle-sous-Chanéac (07) 143 F4
Lachapelle-sous-Chaux (90) 88 C2
Lachapelle-sous-Gerberoy (60) 19 H3
Lachapelle-sous-Rougemont (90) 88 D2
Lachassagne (69) 129 H1
Lachau (26) 159 G5
Lachaussée (55) 48 A2
Lachaussée-du-Bois-d'Écu (60) 20 B3
Lachaux (63) 128 A1
Lachelle (60) 21 E4
Lachy (51) 44 D4
Lacollonge (90) 88 D2
Lacombe (11) 184 D1
Lacommande (64) 180 A2
Lacoste (34) 170 C5
Lacoste (84) 173 G3
Lacougotte-Cadoul (81) 167 H5
Lacour (82) 151 H5
Lacour-d'Arcenay (21) 84 C6
Lacourt (09) 183 E5
Lacourt-Saint-Pierre (82) 166 D2
Lacoux 131 F1
Lacq (64) 180 A1
Lacquy (40) 164 B2
Lacrabe (40) 163 G5
Lacres (62) 1 F5
Lacroisille (81) 168 A6
Lacroix-Barrez (12) 140 C6
Lacroix-Falgarde (31) 167 E6
Lacroix-Saint-Ouen (60) 21 F5
Lacroix-sur-Meuse (55) 47 G2
Lacropte (24) 137 G4
Lacrost (71) 116 C1
Lacrouzette (81) 168 D5
Lacs (36) 111 H1
La Cure 118 B2
Ladapeyre (23) 111 H4
Ladaux (33) 149 H1
Ladern-sur-Lauquet (11) 185 E4
Ladevèze-Rivière (32) 164 D6
Ladevèze-Ville (32) 164 D6
Ladignac-le-Long (87) 124 A5
Ladignac-sur-Rondelles (19) 139 E2
Ladinhac (15) 154 B1
Ladirat (46) 139 F6
Ladiville (16) 122 A5
Ladoix-Serrigny (21) 101 G2
Ladon (45) 63 H6
Lados (33) 150 A3
Ladoye-sur-Seille (39) 102 D5
Laduz (89) 83 F1
Lafage (11) 184 B3
Lafage-sur-Sombre (19) 139 G2
Lafare (84) 158 C6
Lafarge 124 D5
Lafarre (07) 143 G3
Lafarre (43) 142 D5
Lafat (23) 111 E4
Lafauche (52) 68 C3
Laféline (03) 113 G3
Laferté-sur-Amance (52) 86 D1
Laferté-sur-Aube (52) 67 F5
Lafeuillade-en-Vézie (15) 140 B6
Laffaux (02) 22 B4
Laffite-Toupière (31) 182 C4
Laffrey (38) 145 G3
Lafitole (65) 181 E1
Lafitte (82) 166 C2
Lafitte-sur-Lot (47) 150 D4
Lafitte-Vigordane (31) 183 E2
Lafox (47) 151 F6
Lafrançaise (82) 152 B6
Lafraye (60) 20 B4
Lafresguimont-Saint-Martin (80) 19 H1
Lafrimbolle (57) 50 A5
Lagamas (34) 170 D5
Lagarde (09) 184 B5
Lagarde (31) 183 H2
Lagarde (32) 165 G2
Lagarde (57) 49 G4
Lagarde (65) 181 E2
Lagarde-d'Apt (84) 174 A2
Lagarde-Enval (19) 139 E2
Lagarde-Hachan (32) 181 H1
Lagarde-Paréol (84) 158 B5
Lagarde-sur-le-Né (16) 121 H5
Lagardelle (46) 152 A3
Lagardelle-sur-Lèze (31) 183 F1
Lagardère (32) 165 F3
Lagardiolle (81) 168 B6
Lagarrigue (47) 150 D5
Lagarrigue (81) 168 C6
Lageon (79) 93 F5
Lagery (51) 22 D6
Lagesse (10) 66 B5
Laghet 177 F5
Lagleygeolle (19) 138 D3
Laglorieuse (40) 164 A3
Lagnes (84) 173 F2
Lagney (54) 48 B4
Lagnicourt-Marcel (62) 10 C3
Lagnieu (01) 130 D1
Lagny (60) 21 F3
Lagny-le-Sec (60) 43 F2
Lagny-sur-Marne (77) 43 F4
Lagor (64) 179 H1
Lagorce (07) 157 G3
Lagorce (33) 135 H3
Lagord (17) 106 C4
Lagos (64) 180 C3
Lagrâce-Dieu (31) 183 F2
Lagrand (05) 159 H4
Lagrange (40) 164 C2
Lagrange (65) 181 G4
Lagrange (90) 88 D2
Lagrasse (11) 185 G4
Lagraulet-du-Gers (32) 165 E2
Lagraulet-Saint-Nicolas (31) 166 C4
Lagraulière (19) 138 D1
Lagrave (81) 168 A3
Lagruère (47) 150 C4
Laguenne (19) 139 E2
Laguépie (82) 153 G6
Laguian-Mazous (32) 181 F1
Laguinge-Restoue (64) 179 G4
Laguiole (12) 155 E1
Lagupie (47) 150 B2
Lahage (31) 182 D1
Lahas (32) 166 B6
Lahaymeix (55) 47 G3
Lahayville (55) 48 A3
Laheycourt (55) 47 E3
Lahitère (31) 183 E4
Lahitte 165 F1
Lahitte (32) 165 H5
Lahitte-Toupière (65) 181 E1
Lahonce (64) 162 B6
Lahontan (64) 163 E6
Lahosse (40) 163 F4
Lahourcade (64) 180 A2
Lahoussoye (80) 9 H5
Laifour (08) 13 E5
la Laigne (17) 107 F4
Laigné (53) 76 C1
Laigné-en-Belin (72) 78 B1
Laignelet (35) 58 A2
Laignes (21) 84 D1
Laigneville (60) 20 D5
Laigny (02) 11 H6
Laillé (35) 57 E4
Lailly (89) 65 F3
Lailly-en-Val (45) 80 C2
Laimont (55) 47 E4
Lain (89) 83 E3
Laines-aux-Bois (10) 66 A4
Lains (39) 117 F3
Lainsecq (89) 83 E4
Lainville-en-Vexin (78) 42 A2
Laire (25) 88 C3
Laires (62) 2 B6
Lairière (11) 185 F5
Lairoux (85) 91 G6
Laissac (12) 154 D4
Laissaud (73) 132 A5
Laissey (25) 87 G6
Laître-sous-Amance (54) 48 D4
Laives (71) 101 G6
Laix (54) 25 H4
Laiz (01) 116 B4
Laizé (71) 116 B3
Laize-la-Ville (14) 16 B5
Laizy (71) 100 C4
Lajo (48) 141 H6
Lajoux (39) 118 A3
Lalacelle (61) 59 G1
Lalande (89) 83 E3
Lalande-de-Pomerol (33) 135 H4
Lalande-en-Son (60) 19 G5
Lalandelle (60) 19 H5
Lalandusse (47) 151 E1
Lalanne (32) 165 H3
Lalanne (65) 182 A3
Lalanne-Arqué (32) 182 A2
Lalanne-Trie (65) 181 G2
Lalaye (67) 71 E2
Lalbarède (81) 168 B5
Lalbenque (46) 152 D4
Laleu (61) 39 H6
Laleu (80) 9 E5
Lalevade-d'Ardèche (07) 157 F1
Lalheue (71) 101 G6
Lalinde (24) 137 F6
Lalizolle (03) 113 F5
Lallaing (59) 10 D1
Lalleu (35) 57 G5
Lalley (38) 145 G6
Lalley-le-Jocou 145 G6
Lalleyriat (01) 117 H5
Lalobbe (08) 23 G2
Lalœuf (54) 69 F1
Lalongue (64) 164 B6
Lalonquette (64) 164 B6
Laloubère (65) 181 E3
Lalouret-Laffiteau (31) 182 B3
Lalouvesc (07) 143 G3
Laluque (40) 163 E3
Lama (2B) 203 E5
Lamadeleine-Val-des-Anges (90) 88 D1
Lamagdelaine (46) 152 C3
Lamagistère (82) 151 G6
Lamaguère (32) 165 H6
Lamaids (03) 112 C4
Lamalou-les-Bains (34) 170 A5
Lamancine (52) 67 H4
Lamanère (66) 199 F6
Lamanon (13) 173 F4
Lamarche (88) 68 D5
Lamarche-sur-Saône (21) 86 B6
Lamargelle (21) 85 G4
Lamaronde (80) 19 H1
Lamarque (33) 135 E3
Lamarque-Pontacq (65) 180 D3
Lamarque-Rustaing (65) 181 G2
Lamasquère (31) 183 E1
Lamastre (07) 143 G4
Lamath (54) 49 E6
Lamativie (46) 139 G5
Lamayou (64) 181 E1
Lamazère (32) 165 G6
Lamazière-Basse (19) 139 G1
Lamazière-Haute (19) 126 A4
Lambach (57) 28 B6
Lambader 31 G3
Lamballe (22) 34 A5
Lambersart (59) 3 F5
les Lamberts 132 B5
Lamberville (50) 37 H1
Lamberville (76) 7 G3
Lambesc (13) 173 G5
Lamblore (28) 40 C6
Lambrecht 29 F2
Lambres (62) 2 B5
Lambres-lez-Douai (59) 10 D2
Lambrey (70) 87 E2
Lambruisse (04) 161 E6
Laméac (65) 181 F2
Lamécourt (60) 20 D4
Lamelouze (30) 156 D6
Lamenay-sur-Loire (58) 99 G5
Lamérac (16) 121 H6
Lametz (08) 24 A3
Lamillarié (81) 168 B3
Lammerville (76) 7 G3
Lamnay (72) 61 E5
Lamongerie (19) 124 D5
Lamontélarié (81) 169 E5
Lamontgie (63) 127 G6
Lamontjoie (47) 165 G1
Lamonzie-Montastruc (24) 137 E5
Lamonzie-Saint-Martin (24) 136 D5
Lamorlaye (60) 43 E1
Lamorville (55) 47 H2
Lamothe 154 A1
Lamothe (40) 163 G3
Lamothe (43) 141 H1
Lamothe-Capdeville (82) 167 E1
Lamothe-Cassel (46) 152 D2
Lamothe-Cumont (82) 166 B3
Lamothe-en-Blaisy (52) 67 G3
Lamothe-Fénelon (46) 138 C6
Lamothe-Goas (32) 165 G3
Lamothe-Landerron (33) 150 B2
Lamothe-Montravel (24) 136 A5
Lamotte-Beuvron (41) 81 E4
Lamotte-Brebière (80) 9 G6
Lamotte-Buleux (80) 8 D3
Lamotte-du-Rhône (84) 158 A5
Lamotte-Warfusée (80) 10 A6
Lamouilly (55) 25 E3
Lamoura (39) 118 A3
Lampaul-Guimiliau (29) 31 G4
Lampaul-Plouarzel (29) 30 C4
Lampaul-Ploudalmézeau (29) 30 D3
Lampertheim (67) 51 E4
Lampertsloch (67) 29 E6
Lamure-sur-Azergues (69) 115 H6
Lanans (25) 88 A6
Lanarce (07) 156 D1
Lanarvily (29) 31 E3
Lanas (07) 157 G3
Lanau 141 E5
Lancé (41) 79 G3
Lancey 145 H2
Lancharre 116 B1
Lancheneil 58 C5
Lanchères (80) 8 B3
Lanches-Saint-Hilaire (80) 9 F4
Lanchy (02) 21 G1
Lancié (69) 116 A5
Lancieux (22) 34 C4
Lancôme (41) 79 G3
Lançon (08) 24 B5
Lançon (65) 181 G6
Lançon-Provence (13) 173 F5
Lancrans (01) 118 A5
Landal 35 F5
Landange (57) 50 A5
Landas (59) 3 H6
Landaul (56) 55 E5
Landaville (88) 68 D3
Landaville le Haut 68 D3
Landavran (35) 57 H2
la Lande-Chasles (49) 77 G5
la Lande-d'Airou (50) 35 H2
la Lande-de-Fronsac (33) 135 G4
la Lande-de-Goult (61) 39 E6
la Lande-de-Lougé (61) 38 D5
la Lande-Patry (61) 38 B4
la Lande-Saint-Léger (27) 17 G3
la Lande-Saint-Siméon (61) 38 C4
la Lande-sur-Drôme (14) 37 H1
la Lande-sur-Eure (61) 40 C6
Landéan (35) 58 A2
Landebaëron (22) 32 D3
Landébia (22) 34 B4
la Landec (22) 34 C5
Landécourt (54) 49 E6
Landéda (29) 30 D3
Landéhen (22) 33 H5
Landeleau (29) 32 A6
Landelles (28) 61 H1
Landelles-et-Coupigny (14) 37 G3
Landemer 14 B1
Landemont (49) 75 E5
Landepéreuse (27) 17 H6
Landerneau (29) 31 F4
Landeronde (85) 91 F4
Landerrouat (33) 136 B6
Landerrouet-sur-Ségur (33) 150 B1
Landersheim (67) 50 D4
Landes (17) 107 G6
les Landes-Genusson (85) 92 A3
Landes-le-Gaulois (41) 79 G3
Landes-sur-Ajon (14) 16 A5
Landes-Vieilles-et-Neuves (76) 19 G1
Landévant (56) 54 D5
Landévennec (29) 31 F6
Landevieille (85) 90 D4
Landeyrat (15) 140 D2
Landifay-et-Bertaignemont (02) 22 C1
Landigou (61) 38 C4
le Landin (27) 18 B4
Landiras (33) 149 G2
Landisacq (61) 38 B4
Landivisiau (29) 31 G4
Landivy (53) 58 B1
Landogne (63) 126 C2
Landorthe (31) 182 B4
Landos (43) 142 C6
Landouzy-la-Cour (02) 12 A6
Landouzy-la-Ville (02) 12 B6
Landrais (17) 107 E6
le Landreau (44) 75 E5
Landrecies (59) 11 G4
Landrecourt-Lempire (55) 47 F1
Landremont (54) 48 C3
Landres (54) 25 H5
Landres-et-Saint-Georges (08) 24 C5
Landresse (25) 88 A6
Landrethun-le-Nord (62) 1 G3
Landrethun-lès-Ardres (62) 1 H3
Landrévarzec (29) 53 G2
Landreville 24 C4
Landreville (10) 66 D5
Landrichamps (08) 13 F4
Landricourt (02) 22 A4
Landricourt (51) 46 C6
Landroff (57) 49 F2
Landry (73) 133 F4
Landser (68) 89 G2
Landudal (29) 53 G2
Landudec (29) 53 E2
Landujan (35) 56 D1
Landunvez (29) 30 C3
Lanespède (65) 181 F3
Lanester (56) 54 C5
Lanet (11) 185 F5
Laneuvelle (52) 68 D6
Laneuvelotte (54) 48 D4
Laneuveville-aux-Bois (54) 49 G5
Laneuveville-derrière-Foug (54) 48 B5
Laneuveville-devant-Bayon (54) 69 G1
Laneuveville-devant-Nancy (54) 48 D5
Laneuveville-en-Saulnois (57) 49 E3
Laneuveville-lès-Lorquin (57) 50 A5
Laneuville-au-Pont (52) 46 D6
Laneuville-au-Rupt (55) 47 H5
Laneuville-sur-Meuse (55) 24 D3
Lanfains (22) 33 F6
Lanfroicourt (54) 49 E4
Langan (35) 57 E1
Langast (22) 33 H6
Langatte (57) 50 A4
Langé (36) 96 B3
Langeac (43) 141 H3
Langeais (37) 78 C6
Langensoultzbach (67) 28 D6
Langeron (58) 98 D5
Langesse (45) 82 A2
Langey (28) 61 G5
Langlade (30) 171 H3
Langley (88) 69 G2
Langoat (22) 32 D2
Langoëlan (56) 54 D2
Langogne (48) 156 C1
Langoiran (33) 149 G1
Langolen (29) 53 H2
Langon (33) 149 H2
Langon (35) 56 D6
Langon (41) 96 D1
le Langon (85) 107 E2
Langonnet (56) 54 B2
Langouet (35) 57 E1
Langourla (22) 56 A1
Langres (52) 86 B1
Langrolay-sur-Rance (22) 34 D4
Langrune-sur-Mer (14) 16 B3
Languédias (22) 34 C6
Languenan (22) 34 C4
Langueux (22) 33 G4
Languevoisin-Quiquery (80) 21 F1
Languidic (56) 54 D4
Languimberg (57) 49 H4
Langy (03) 114 A4
Lanhélin (35) 35 E5
Lanhères (55) 25 G6
Lanhouarneau (29) 31 F3
Lanildut (29) 30 C4
Laning (57) 27 F6
Laniscat (22) 55 E1
Laniscourt (02) 22 B3
Lanleff (22) 33 E2
Lanloup (22) 33 F2
Lanmérin (22) 32 D2
Lanmeur (29) 32 A3
Lanmodez (22) 33 E1
Lanne (65) 181 E3
Lanne-en-Barétous (64) 179 G4
Lanne-Soubiran (32) 164 C4
Lannéanou (29) 32 B4
Lannebert (22) 33 F3
Lannecaube (64) 164 B6
Lannédern (29) 31 H6
Lannelou 56 C1
Lannemaignan (32) 164 B2
Lannemezan (65) 181 G4
Lannepax (32) 165 E3
Lanneplaà (64) 163 F6
Lanneray (28) 61 H5
Lannes (47) 165 F1
Lanneuffret (29) 31 F4
Lannilis (29) 30 D3
Lannion (22) 32 C2
Lannoy (59) 3 G4
Lannoy-Cuillère (60) 19 G2
Lannux (32) 164 B5
Lano (2B) 205 F1
Lanobre (15) 126 B6
Lanouaille (24) 124 A6
Lanouée (56) 55 H3
Lanoux (09) 183 F4
Lanquais (24) 137 F6
Lanques-sur-Rognon (52) 68 B5
Lanquetot (76) 6 D5
Lanrelas (22) 56 B1
Lanrigan (35) 35 F6
Lanrivain (22) 32 D6
Lanrivoaré (29) 30 D4
Lanrodec (22) 33 E4
Lans (71) 101 G5
Lans-en-Vercors (38) 145 F3
Lansac (33) 135 F3
Lansac (65) 181 F3
Lansac (66) 199 G2
Lansalaün 32 C6
Lansargues (34) 171 G5
Lanslebourg-Mont-Cenis (73) 147 G1
Lanslevillard (73) 147 G1
Lanta (31) 167 G6
Lantabat (64) 179 E2
Lantages (10) 66 C5
Lantan (18) 98 A4
Lantéfontaine (54) 26 A4
Lantenay (01) 117 G6
Lantenay (21) 85 G6
Lantenne-Vertière (25) 103 E1
Lantenot (70) 88 A2
la Lanterne-et-les-Armonts (70) 88 A1

Lanteuil (19) 138 D3
Lanthenans (25) 88 B5
Lanthenay 80 C6
Lanthes (21) 102 A3
Lantheuil (14) 16 B3
Lantic (22) 33 F3
Lantiern 73 F2
Lantignié (69) 116 A5
Lantillac (56) 55 G4
Lantilly 99 G1
Lantilly (21) 84 D4
Lanton (33) 148 C1
Lantosque (06) 177 E3
Lantriac (43) 142 D4
Lanty (58) 99 H5
Lanty-sur-Aube (52) 67 F5
Lanuéjols (30) 155 H6
Lanuéjols (48) 156 A3
Lanuéjouls (12) 153 H4
Lanvallay (22) 34 D5
Lanvaudan (56) 54 D4
Lanvellec (22) 32 C3
Lanvénégen (56) 54 B3
Lanvéoc (29) 30 D5
Lanville 122 B2
Lanvollon (22) 33 F3
Lanzac (46) 138 C5
Laon (02) 22 C3
Laons (28) 41 E5
Lapalisse (03) 114 B4
Lapalud (84) 158 A5
Lapan (18) 97 F4
Lapanouse (12) 155 F4
Lapanouse-de-Cernon (12) 170 A2
Laparade (47) 150 D4
Laparrouquial (81) 168 A1
Lapège (09) 197 H4
Lapenche (82) 152 D5
Lapenne (09) 184 A4
Lapenty (50) 37 G6
Laperche (47) 150 D2
Laperrière-sur-Saône (21) 102 B2
Lapeyre (65) 181 G2
Lapeyrère (31) 183 F3
Lapeyrouse 152 B6
Lapeyrouse (01) 130 B1
Lapeyrouse (63) 113 E5
Lapeyrouse-Fossat (31) 167 F5
Lapeyrouse-Mornay (26) 144 B1
Lapeyrugue (15) 154 C1
Lapleau (19) 139 G2
Laplume (47) 151 E6
Lapoutroie (68) 71 E3
Lapouyade (33) 135 G3
Lappion (02) 23 E3
Laprade (11) 184 D1
Laprade (16) 136 C2
Laprugne (03) 128 B1
Laps (63) 127 G4
Lapte (43) 143 E2
Lapugnoy (62) 2 C6
Laquenexy (57) 26 C5
Laqueuille (63) 126 C4
Laragne-Montéglin (05) 159 H4
Larajasse (69) 129 G4
Laramière (46) 153 F4
Laran (65) 181 H3
Larbey (40) 163 G4
Larbont (09) 183 F5
Larbroye (60) 21 G3
Larcan (31) 182 B3
Larcat (09) 198 A2
Larçay (37) 79 E6
Larceveau-Arros-Cibits (64) 179 E2
Larchamp (53) 58 B2
Larchamp (61) 38 A5
Larchant (77) 63 H3
Larche (04) 161 G3
Larche (19) 138 C3
le Larderet (39) 103 F4
Lardier-et-Valença (05) 160 B3
Lardières 20 B6
Lardiers (04) 174 B1
le Lardin-Saint-Lazare (24) 138 A3
Lardy (91) 63 F1
Larée (32) 164 C2
Laréole (31) 166 C4
Largeasse (79) 93 E6
Largentière (07) 157 F2
Largillay-Marsonnay (39) 117 G1
Largitzen (68) 89 E3
Largny-sur-Automne (02) 21 G6
Larians-et-Munans (70) 87 G5
Larivière (90) 88 D2
Larivière-Arnoncourt (52) 68 D5
Larmor-Baden (56) 72 C1
Larmor-Plage (56) 54 C5
Larnage (26) 144 B3
Larnagol (46) 153 E3
Larnas (07) 157 H3
Larnat (09) 197 H4
Larnaud (39) 102 C6
Larnod (25) 103 F1
Laroche-près-Feyt (19) 126 B4
Laroche-Saint-Cydroine (89) 65 F6
Larochemillay (58) 100 B4
Larodde (63) 126 B5
Laroin (64) 180 B2
Laronxe (54) 49 F6
Laroque (33) 149 G1
Laroque (34) 171 E2
Laroque-de-Fa (11) 185 F5
Laroque-des-Albères (66) 200 D4
Laroque-des-Arcs (46) 152 C3
Laroque-d'Olmes (09) 184 B5
Laroque-Timbaut (47) 151 F5
Laroquebrou (15) 139 H4
Laroquevieille (15) 140 B4
Larouillies (59) 12 A4
Larra (31) 166 D4
Larrau (64) 179 F4
Larrazet (82) 166 C2
Larré (56) 55 H6
Larré (61) 60 A1
Larressingle (32) 165 F2
Larressore (64) 178 C1
Larret (70) 86 D3
Larreule (64) 163 H6
Larreule (65) 181 E1
Larrey (21) 84 D1
Larribar-Sorhapuru (64) 179 F2
Larringes (74) 119 E3
Larrivière (40) 164 A4
Larrivoire (39) 117 H3
Larroque (31) 182 A3
Larroque (65) 181 H2
Larroque (81) 167 G2
Larroque-Engalin (32) 165 G2
Larroque-Saint-Sernin (32) 165 G3
Larroque-sur-l'Osse (32) 165 F2
Larroque-Toirac (46) 153 F3
Lartigue (32) 165 H6
Lartigue (33) 150 A5
Laruns (64) 180 B5
Laruscade (33) 135 G3
Larzac (24) 151 H1
Larzicourt (51) 46 C5
Lasalle (30) 171 F1
Lasbordes (11) 184 C2
Lascabanes (46) 152 B4
Lascaux (19) 138 B1
Lascazères (65) 164 C6
Lascelle (15) 140 B4
Lasclaveries (64) 180 C1
Lasfaillades (81) 169 E6
Lasgraisses (81) 168 B3
Laslades (65) 181 F3
Lassales (65) 181 H3
Lassay-les-Châteaux (53) 59 E1
Lassay-sur-Croisne (41) 80 B6
Lasse (49) 77 H4
Lasse (64) 178 D3
Lasserade (32) 164 D5
Lasséran (32) 165 G5
Lasserre (09) 183 E4
Lasserre (31) 166 D5
Lasserre (47) 165 F1
Lasserre (64) 164 C6
Lasserre-de-Prouille (11) 184 C3
Lasseube (64) 180 B3
Lasseube-Propre (32) 165 H5
Lasseubetat (64) 180 B3
Lassicourt (10) 66 D2
Lassigny (60) 21 F3
Lasson (14) 16 B4
Lasson (89) 65 H5
Lassouts (12) 155 E3
Lassur (09) 198 A2
Lassy (14) 38 B3
Lassy (35) 56 D4
Lassy (95) 43 E2
Lastic (15) 141 F3
Lastic (63) 126 B3
Lastours 152 C6
Lastours (11) 185 E2
Lasvaux 138 D4
Lataule (60) 21 E3
le Latet (39) 103 F5
la Latette (39) 103 G5
Lathuile (74) 132 B2
Lathus-Saint-Rémy (86) 110 A4
Latillé (86) 108 C1
Latilly (02) 44 B1
Latoue (31) 182 B3
Latouille-Lentillac (46) 139 F5
Latour 142 C4
Latour (31) 183 E3
Latour-Bas-Elne (66) 201 E3
Latour-de-Carol (66) 198 B5
Latour-de-France (66) 199 G2
Latour-en-Woëvre (55) 48 A1
Latrape (31) 183 F3
Latrecey-
-Ormoy-sur-Aube (52) 67 G6
Latresne (33) 135 F6
Latrille (40) 164 B5
Latronche (19) 139 H2
Latronquière (46) 139 G6
Lattainville (60) 19 H6
Lattes (34) 171 F6
Lattre-Saint-Quentin (62) 10 A2
Lau-Balagnas (65) 180 D5
Laubach (67) 51 E2
Laubert (48) 156 B2
les Laubies (48) 155 H1
Laubressel (10) 66 C3
Laubrières (53) 58 A6
Laucourt (80) 21 E2
Laudrefang (57) 27 E5
Laudun-l'Ardoise (30) 158 A6
Laugerie-Haute 137 H5
Laugnac (47) 151 E5
Laujuzan (32) 164 C3
Laulne (50) 14 D5
Laumesfeld (57) 26 D3
Launac (31) 166 D4
Launaguet (31) 167 E5
Launay 19 G4
Launay 38 C3
Launay (27) 40 B1
Launay-Villiers (53) 58 B4
Launois-sur-Vence (08) 23 H2
Launoy (02) 22 B6
Launstroff (57) 26 D2
la Laupie (26) 158 B2
Laurabuc (11) 184 B3
Laurac (11) 184 B3
Laurac-en-Vivarais (07) 157 F3
Lauraët (32) 165 E2
Lauraguel (11) 184 D4
Laure-Minervois (11) 185 F3
Laurède (40) 163 F4
Laurenan (22) 55 H1
Laurenque 151 G2
Laurens (34) 170 A6
Lauresses (46) 139 G6
Lauret (34) 171 F3
Lauret (40) 164 A5
Laurie (15) 141 F2
Laurière (87) 110 D6
Lauris (84) 173 H4
Lauroux (34) 170 B4
Laussonne (43) 142 D4
Laussou (47) 151 G2
Lautenbach (68) 71 E5
Lautenbachzell (68) 71 E5
Lauterbourg (67) 29 G6
Lauthiers (86) 109 G1
Lautignac (31) 182 D2
Lautrec (81) 168 B4
Lauw (68) 88 D1
Lauwin-Planque (59) 10 C1
Lauzach (56) 73 E1
Lauzerte (82) 152 A5
Lauzerville (31) 167 F6
Lauzès (46) 152 D2
le Lauzet-Ubaye (04) 161 E3
Lauzun (47) 151 E2
Lavacquerie (60) 20 B2
Laval (38) 145 H1
Laval (53) 58 C5
Laval-Atger (48) 142 B6
Laval-d'Aix (26) 159 F1
Laval-d'Aurelle (07) 156 D2
Laval-de-Cère (46) 139 F5
Laval-Dieu 13 F6
Laval-du-Tarn (48) 155 H4
Laval-en-Brie (77) 64 C2
Laval-en-Laonnois (02) 22 C4
Laval-le-Prieuré (25) 104 B1
Laval-Morency (08) 12 D6
Laval-Pradel (30) 157 E5
Laval-Roquecezière 169 E4
Laval-Roquecezière (12) 169 F4
Laval-Saint-Roman (30) 157 H5
Laval-sur-Doulon (43) 142 A1
Laval-sur-Luzège (19) 139 G2
Laval-sur-Tourbe (51) 46 B1
Laval-sur-Vologne (88) 70 B3
Lavalade (24) 151 G1
Lavaldens (38) 145 H4
Lavalette (11) 184 D3
Lavalette (31) 167 F5
Lavalette (34) 170 B5
Lavallée (55) 47 F4
Lavancia-Epercy (39) 117 G3
le Lavandou (83) 192 B5
Lavangeot (39) 102 D2
Lavannes (51) 23 F5
Lavans-lès-Dole (39) 102 D1
Lavans-lès-Saint-Claude (39) 117 H3
Lavans-Quingey (25) 103 E2
Lavans-sur-Valouse (39) 117 G3
Lavans-Vuillafans (25) 103 H2
Lavaqueresse (02) 11 G5
Lavardac (47) 150 C6
Lavardens (32) 165 G4
Lavardin (41) 79 F2
Lavardin (72) 60 A5
Lavaré (72) 60 D5
Lavars (38) 145 G5
Lavasina 203 G4
Lavastrie (15) 141 E5
Lavatoggio (2B) 202 C6
Lavau (10) 66 B3
Lavau (89) 82 C4
Lavau-sur-Loire (44) 74 A4
Lavaudieu (43) 141 H2
Lavaufranche (23) 112 B4
Lavault-de-Frétoy (58) 100 B2
Lavault-Sainte-Anne (03) 112 D4
Lavaur (24) 151 H2
Lavaur (81) 167 H4
Lavaurette (82) 153 E6
Lavausseau (86) 108 C1
Lavaveix-les-Mines (23) 111 H6
Lavazan (33) 150 A4
Laveissenet (15) 140 D3
Laveissière (15) 140 D3
Lavelanet (09) 184 A6
Lavelanet-
-de-Comminges (31) 182 D3
Laveline-devant-Bruyères (88) 70 B3
Laveline-du-Houx (88) 70 B4
Lavenay (72) 78 D2
Laventie (62) 3 E5
Laveraët (32) 165 E6
Lavercantière (46) 152 B2
Laverdines (18) 98 B3
Lavergne (46) 139 E6
Lavergne (47) 150 D2
Lavernat (72) 78 B2
Lavernay (25) 87 E6
Lavernhe (12) 155 F5
Lavernose-Lacasse (31) 183 E1
Lavernoy (52) 68 C6
Laverrière (60) 20 A2
Laversine (02) 21 H5
Laversines (60) 20 B4
Lavérune (34) 171 E5
Laveyron (26) 144 A2
Laveyrune (07) 156 D2
Laveyssière (24) 136 D5
Lavieu (42) 128 D5
Laviéville 69 G3
Laviéville (80) 10 A5
Lavigerie (15) 140 C3
Lavignac (87) 124 A3
Lavigney (70) 87 E2
Lavigny (39) 102 D5
Lavillatte (07) 156 D1
Laville-aux-Bois (52) 68 A5
Lavilledieu (07) 157 G2
Lavilleneuve (52) 68 C5
Lavilleneuve-aux-Fresnes 67 F3
Lavilletertre (60) 42 B1
Lavincourt (55) 47 E5
Laviolle (07) 143 F6
Laviron (25) 88 B6
Lavit (82) 166 B2
Lavoine (03) 128 B1
Lavoncourt (70) 87 E3
Lavours (01) 131 G2
Lavoûte-Chilhac (43) 141 H3
Lavoûte-sur-Loire (43) 142 C3
Lavoux (86) 109 F1
Lavoye (55) 47 E2
Lawarde-
-Mauger-l'Hortoy (80) 20 C2
Laxou (54) 48 D5
Lay (42) 129 E1
Lay-Lamidou (64) 179 H2
Lay-Saint-Christophe (54) 48 D4
Lay-Saint-Remy (54) 48 A5
Laye (05) 160 B1
Laymont (32) 182 D1
Layrac (47) 151 F6
Layrac-sur-Tarn (31) 167 F3
Layrisse (65) 181 E4
Lays-sur-le-Doubs (71) 102 B4
Laz (29) 53 H1
Lazenay 97 G3
Lazenay (18) 97 E3
Lazer (05) 160 A4
Léalvillers (80) 9 H4
Léaupartie (14) 17 E4
Léaz (01) 118 A5
Lebetain (90) 88 D4
Lebeuville (54) 69 G1
Lebiez (62) 1 H6
Leboulin (32) 165 H5
Lebreil (46) 152 A5
Lebucquière (62) 10 C4
Lécaude (14) 17 E5
Lecci (2A) 207 G2
Lecelles (59) 3 H6
Lecey (52) 86 B1
Lechâtelet (21) 102 A2
Léchelle (62) 10 C4
Léchelle (77) 44 C6
la Léchère (73) 132 D4
la Léchère-les-Bains 132 D5
les Lèches (24) 136 D4
Lécluse (59) 10 C2
Lécousse (35) 58 A2
les Lecques 191 E5
Lecques (30) 171 G3
Lect (39) 117 G3
Lectoure (32) 165 H2
Lecumberry (64) 179 E3
Lécussan (31) 181 H3
Lédas-et-Penthiès (81) 168 D1
Lédat (47) 151 F3
Lédenon (30) 172 B2
Lédergues (12) 168 D1
Lederzeele (59) 2 B3
Ledeuix (64) 180 A3
Lédignan (30) 171 G2
Ledinghem (62) 1 H5
Ledringhem (59) 2 C3
Lée (64) 180 C2
Leers (59) 3 G4
Lées-Athas (64) 179 H5
Lefaux (62) 1 F6
Leffard (14) 38 D3
Leffincourt (08) 23 H4
Leffonds (52) 68 A6
Leffrinckoucke (59) 2 C1
Leforest (62) 10 C1
Lège (31) 182 A6
Legé (44) 91 F2
Lège-Cap-Ferret (33) 134 B6
Légéville-et-Bonfays (88) 69 G3
Léglantiers (60) 20 D4
Légna (39) 117 G2
Légny (69) 129 G2
Léguevin (31) 166 D5
Léguillac-de-Cercles (24) 123 E6
Léguillac-de-l'Auche (24) 137 E2
Lehaucourt (02) 11 E6
Léhon (22) 34 D5
Leigné-les-Bois (86) 94 D5
Leigné-sur-Usseau (86) 94 C4
Leignes-sur-Fontaine (86) 109 H2
Leigneux (42) 128 C3
Leimbach (68) 89 E1
Leintrey (54) 49 G5
Leiterswiller 29 E6
Lélex (01) 118 A3
Lelin-Lapujolle (32) 164 C4
Lelling (57) 27 F6
Lemainville (54) 48 D6
le Lemay 55 H4
Lembach (67) 28 D6
Lemberg (57) 28 B6
Lembeye (64) 180 D1
Lembras (24) 137 E5
Lemé (02) 11 H6
Lème (64) 164 A6
Leménil-Mitry (54) 69 G1
Lémeré (37) 94 B2
Lemmecourt (88) 68 D3
Lemmes (55) 47 F1
Lemoncourt (57) 49 E3
Lempaut (81) 168 B6
Lempdes (63) 127 F3
Lempdes-sur-Allagnon (43) 141 G1
Lempire (02) 10 D5
Lemps (07) 144 A3
Lemps (26) 159 F4
Lempty (63) 127 G2
Lempzours (24) 137 G1
Lemud (57) 26 D6
Lemuy (39) 103 F4
Lénault (14) 38 B3
Lenax (03) 114 C4
Lencloître (86) 94 B5
Lencouacq (40) 149 G6
Lengelsheim (57) 28 B5
Lengronne (50) 35 H1
Lenharrée (51) 45 G4
Léning (57) 49 G2
Lennon (29) 53 H1
Lenoncourt (54) 49 E5
Lens (62) 10 B1
Lens-Lestang (26) 144 C1
Lent (01) 116 D5
Lent (39) 103 F5
Lente 145 E4
Lentigny (42) 128 C1
Lentillac-du-Causse (46) 152 D2
Lentillac-Saint-Blaise (46) 153 H2
Lentillères (07) 157 F2
Lentilles (10) 67 E1
Lentilly (69) 129 H2
Lentiol (38) 144 C1
Lento (2B) 203 F6
Léobard (46) 152 B1
Léogeats (33) 149 G3
Léognan (33) 135 E6
Léojac (82) 167 E2
Léon (40) 162 C2
Léoncel (26) 144 D5
Léotoing (43) 141 F1
Léouville (45) 63 E4
Léoville (17) 121 G6
Lépanges-sur-Vologne (88) 70 B3
Lépaud (23) 112 B4
Lépin-le-Lac (73) 131 G5
Lépinas (23) 111 G6
Lépine (62) 8 C1
Lépron-les-Vallées (08) 23 H1
Lepuix (90) 88 C1
Lepuix-Neuf (90) 89 E3
Léran (09) 184 B5
Lercoul (09) 197 H4
Léré (18) 82 B5
Léren (64) 162 D6
Lérigneux (42) 128 C4
Lerm-et-Musset (33) 149 H4
Lerné (37) 94 A2
Lérouville (55) 47 H4
Lerrain (88) 69 G4
Léry (21) 85 G4
Léry (27) 18 D6
Lerzy (02) 11 H5
Lesbœufs (80) 10 B4
Lesbois (53) 58 C1
Lescar (64) 180 B2
Leschaux (74) 132 B2
Leschelles (02) 11 H5
Lescheraines (73) 132 A3
Leschères (39) 117 H2
Leschères-
-sur-le-Blaiseron (52) 67 G2
Lescherolles (77) 44 B5
Lescheroux (01) 116 D3
Lesches (77) 43 G3
Lesches-en-Diois (26) 159 F2
Lescouët-Gouarec (22) 54 D1
Lescousse (09) 183 G4
Lescout (81) 168 B6
Lescun (64) 179 H5
Lescuns (31) 182 D3
Lescure (09) 183 E5
Lescure-d'Albigeois (81) 168 B2
Lescure-Jaoul (12) 153 H5
Lescurry (65) 181 F2
Lesdain (59) 11 E4
Lesdins (02) 11 E6
Lesges (02) 22 B5
Lesgor (40) 163 F3
Lésignac-Durand (16) 123 F2
Lésigny (77) 43 F5
Lésigny (86) 95 E5
le Leslay (22) 33 F5
Lesme (71) 114 C1
Lesménils (54) 48 C3
Lesmont (10) 66 D2
Lesneven (29) 31 F3
Lesparre-Médoc (33) 134 C1
Lesparrou (09) 184 B6
Lespéron (07) 156 D1
Lesperon (40) 162 D2
Lespesses (62) 2 C5
Lespielle (64) 164 C6
Lespignan (34) 186 C3
Lespinasse 137 H4
Lespinasse (31) 167 E4
Lespinassière (11) 185 F1
Lespinoy (62) 8 D1
Lespiteau (31) 182 B4
Lespouey (65) 181 F3
Lespourcy (64) 180 D2
Lespugue (31) 182 A3
Lesquerde (66) 199 F2
Lesquielles-
-Saint-Germain (02) 11 G5
Lesquin (59) 3 G5
Lessac (16) 109 G6
Lessard-en-Bresse (71) 101 H5
Lessard-et-le-Chêne (14) 17 E5
Lessard-le-National (71) 101 G4
Lessay (50) 14 C6
Lesse (57) 49 F2
Lesseux (88) 70 D2
Lessy (57) 26 B5
Lestanville (76) 7 F3
Lestards (19) 125 F5
Lestelle-Bétharram (64) 180 C4
Lestelle-de-Saint-Martory (31) 182 C4
Lesterps (16) 123 F1
Lestiac-sur-Garonne (33) 149 G1
Lestiou (41) 80 B2
Lestrade-et-Thouels (12) 169 F1
Lestre (50) 15 E3
Lestrem (62) 2 D5
Létanne (08) 24 D3
Lételon (03) 112 D1
Léthuin (28) 62 D2
Letia (2A) 204 C3
Létra (69) 129 G1
Létricourt (54) 48 D3
Letteguives (27) 19 E4
Lettret (05) 160 B3
Leubringhen (62) 1 F3
Leuc (11) 185 E4
Leucamp (15) 140 B6
Leucate (11) 186 C6
Leucate-Plage 186 C6
Leuchey (52) 86 A2
Leudeville (91) 42 D6
Leudon-en-Brie (77) 44 B5
Leuglay (21) 85 F1
Leugney 88 A6
Leugny (86) 94 D4
Leugny (89) 83 E3
Leuhan (29) 54 A2
Leuilly-sous-Coucy (02) 22 A4
Leulinghem (62) 2 A4
Leulinghen-Bernes (62) 1 F3
Leurville (52) 68 B2
Leury (02) 22 A4
Leutenheim (67) 51 G3
Leuville-sur-Orge (91) 42 D6
Leuvrigny (51) 45 E2
le Leuy (40) 163 G3
Leuze (02) 12 B6
Levainville (28) 62 C1
Leval (59) 11 H3
Leval (90) 88 D2
Levallois-Perret (92) 42 D3
Levaré (53) 58 C2
Levécourt (52) 68 C4
Levens (06) 176 D4
Levergies (02) 11 E5
Levernois (21) 101 G3
Lèves (28) 62 B1
les Lèves-
-et-Thoumeyragues (33) 136 B6
Levesville-la-Chenard (28) 62 D3
Levet (18) 97 G4
Levéville 62 A1
Levie (2A) 207 E2
Levier (25) 103 G3
Lévignac (31) 166 D5
Lévignac-de-Guyenne (47) 150 C2
Lévignacq (40) 162 D1
Lévignen (60) 21 F6
Lévigny (10) 67 F3
Levis (89) 83 E3
Lévis-Saint-Nom (78) 42 B5
Levoncourt (55) 47 F4
Levoncourt (68) 89 F4
Levroux (36) 96 B3
Lewarde (59) 10 D2
Lexy (54) 25 G3
Ley (57) 49 G4
Leychert (09) 184 A6
Leyme (46) 139 F6
Leymen (68) 89 G4
Leyment (01) 130 D1
Leynes (71) 116 A4
Leynhac (15) 154 A1
Leyr (54) 48 D4
Leyrat (23) 112 B3
Leyrieu (38) 130 D3
Leyritz-Moncassin (47) 150 C4
Leyssard (01) 117 F5
Leyvaux (15) 141 F1
Leyviller (57) 27 F6
Lez (31) 182 B6
Lez-Fontaine (59) 12 B3
Lézan (30) 171 G2
Lézardrieux (22) 33 E2
Lézat (39) 118 A2
Lézat-sur-Lèze (09) 183 F3
Lezay (79) 108 C4
Lezennes (59) 3 G5
Lezéville (52) 68 B2
Lezey (57) 49 F4
Lézignan (65) 181 E4
Lézignan-Corbières (11) 185 G3
Lézignan-la-Cèbe (34) 170 C6
Lézigné (49) 77 F3
Lézigneux (42) 128 D5
Lézinnes (89) 84 B2
Lezoux (63) 127 G2
Lhéraule (60) 19 H4
Lherm (31) 183 E1
Lherm (46) 152 B2
Lhéry (51) 22 D6
Lhez (65) 181 F3
Lhommaizé (86) 109 G3
Lhomme (72) 78 D2
Lhôpital (01) 117 H6
Lhor (57) 49 H3
Lhospitalet (46) 152 C4
Lhoumois (79) 93 G6
Lhuis (01) 131 F3
Lhuître (10) 45 H6
Lhuys (02) 22 B6
Liac (65) 181 E1
Lialores 165 F2
Liancourt (60) 20 D5
Liancourt-Fosse (80) 21 F1
Liancourt-Saint-Pierre (60) 19 H6
Liart (08) 23 G1
Lias (32) 166 C6
Lias-d'Armagnac (32) 164 C3
Liaucous 155 G6
Liausson (34) 170 C5
Libaros (65) 181 G3

Libercourt (62) 3 F6
Libermont (60) 21 G2
Libourne (33) 135 G5
Licey-sur-Vingeanne (21) 86 B4
Lichans-Sunhar (64) 179 G4
Lichères (16) 122 C2
Lichères-près-Aigremont (89) 83 H2
Lichères-sur-Yonne (89) 83 G4
Lichos (64) 179 G2
Lichtenberg (67) 50 D2
Licourt (80) 21 F1
Licq-Athérey (64) 179 G4
Licques (62) 1 H3
Licy-Clignon (02) 44 B1
Lidrezing (57) 49 G3
Liebenswiller (68) 89 G4
Liebsdorf (68) 89 F4
Liebvillers (25) 88 C5
Liederschiedt (57) 28 C5
Lieffrans (70) 87 F4
le Liège (37) 95 G1
Liéhon (57) 26 C6
Liencourt (62) 9 H2
Lièpvre (68) 71 F2
Liéramont (80) 10 C5
Liercourt (80) 8 D4
Lières (62) 2 C6
Liergues (69) 129 H1
Liernais (21) 100 C1
Liernolles (03) 114 C3
Lierval (02) 22 C4
Lierville (60) 42 A1
Lies (65) 181 F4
Liesle (25) 103 E2
Liesse-Notre-Dame (02) 22 D3
Liessies (59) 12 B4
Liesville-sur-Douve (50) 14 D4
Liettres (62) 2 B5
Lieu-Saint-Amand (59) 11 E2
Lieuche (06) 176 C3
Lieucourt (70) 86 D5
Lieudieu (38) 130 C5
Lieurac (09) 184 A5
Lieuran-Cabrières (34) 170 C5
Lieuran-lès-Béziers (34) 187 E1
Lieurey (27) 17 H4
Lieuron (35) 56 D5
Lieusaint (50) 14 D3
Lieusaint (77) 43 E6
Lieutadès (15) 140 D6
Lieuvillers (60) 20 D4
Liévans (70) 87 H3
Liévin (62) 10 B1
Liez (02) 22 A2
Liez (85) 107 F3
Liézey (88) 70 C4
Liffol-le-Grand (88) 68 C2
Liffol-le-Petit (52) 68 C3
Liffré (35) 57 G2
Ligardes (32) 165 G1
Ligescourt (80) 8 D2
Liginiac (19) 126 A6
Liglet (86) 110 B2
Lignac (36) 110 C2
Lignairolles (11) 184 B4
Lignan-de-Bazas (33) 149 H3
Lignan-de-Bordeaux (33) 135 F6
Lignan-sur-Orb (34) 186 D2
Lignareix (19) 125 H4
Ligné (16) 122 B1
Ligné (44) 75 E3
Lignères (61) 39 G5
Lignereuil (62) 9 H2
Lignerolles (03) 112 C4
Lignerolles (21) 85 G1
Lignerolles (27) 41 E4
Lignerolles (36) 112 A2
Lignerolles (61) 40 A6
Lignéville (88) 69 E4
Ligneyrac (19) 138 D4
Lignières (10) 66 A6
Lignières (18) 97 F6
Lignières (41) 79 G1
Lignières (80) 21 E2
Lignières-Châtelain (80) 19 H1
Lignières-de-Touraine (37) 78 C6
Lignières-en-Vimeu (80) 8 D6
Lignières-la-Carelle (72) 60 A2
Lignières-Orgères (53) 38 D6
Lignières-Sonneville (16) 121 H5
Lignières-sur-Aire (55) 47 G4
Lignol (56) 54 D3
Lignol-le-Château (10) 67 F3
Lignon (51) 46 B6
Lignorelles (89) 83 G1
Lignou (61) 38 C5
Ligny-en-Barrois (55) 47 F5
Ligny-en-Brionnais (71) 115 F4
Ligny-en-Cambrésis (59) 11 E4
Ligny-le-Châtel (89) 83 H1
Ligny-le-Ribault (45) 80 C3
Ligny-lès-Aire (62) 2 B6
Ligny-Saint-Flochel (62) 9 H2
Ligny-sur-Canche (62) 9 G2
Ligny-Thilloy (62) 10 B4
Ligré (37) 94 B2
Ligron (72) 77 H2
Ligsdorf (68) 89 F4
Ligueil (37) 95 E3
Ligueux (24) 137 G1
Ligueux (33) 136 C6
Ligugé (86) 109 E2
Lihons (80) 21 E1
Lihus (60) 20 A3
les Lilas (93) 42 D4
Lilhac (31) 182 B2
Lille (59) 3 F5
Lillebonne (76) 6 D5
Lillemer (35) 35 E4
Lillers (62) 2 C5
Lilly (27) 19 F4
Limalonges (79) 108 D5
Limans (04) 174 B1
Limanton (58) 99 H3
Limas (69) 129 H1
Limay (78) 41 H2
Limbrassac (09) 184 A5
Limé (02) 22 B5
Limeil-Brévannes (94) 43 E5
Limendous (64) 180 D2
Limeray (37) 79 G5
Limersheim (67) 51 E6
Limerzel (56) 73 F1
Limésy (76) 7 F4
Limetz-Villez (78) 41 G2
Limeuil (24) 137 G5
Limeux (18) 97 E3
Limeux (80) 8 D5
Limey-Remenauville (54) 48 B3
Limeyrat (24) 137 H3
Limoges (87) 124 B2
Limoges-Fourches (77) 43 F6
Limogne-en-Quercy (46) 153 E4
Limoise (03) 98 C6
Limon (58) 99 E4
Limonest (69) 130 A2
Limons (63) 127 H1
Limont-Fontaine (59) 12 A3
Limony (07) 144 A1
Limours (91) 42 B6
Limousis (11) 185 E2
Limoux (11) 184 D5
la Limouzinière (44) 91 F1
Limpiville (76) 6 D4
Linac (46) 153 H1
Linard (23) 111 G3
Linards 152 C1
Linards (87) 124 C4
Linars (16) 122 B4
Linas (91) 42 D6
Linay (08) 24 D2
Linazay (86) 108 D5
Lincel 174 B2
Lindebeuf (76) 7 F4
le Lindois (16) 123 E3
Lindre-Basse (57) 49 G3
Lindre-Haute (57) 49 G3
Lindry (89) 83 F2
Linexert (70) 88 A2
Lingé (36) 95 G5
Lingeard (50) 37 G4
Lingèvres (14) 15 H6
Linghem (62) 2 B5
Lingolsheim (67) 51 E5
Lingreville (50) 35 G1
Linguizzetta (2B) 205 G2
Linières-Bouton (49) 77 H5
Liniers (86) 109 F1
Liniez (36) 96 C3
Linsdorf (68) 89 G3
Linselles (59) 3 F4
Linthal (68) 71 E5
Linthelles (51) 45 E5
Linthes (51) 45 E5
Lintot (76) 6 D5
Lintot-les-Bois (76) 7 G3
Linxe (40) 162 C2
Liny-devant-Dun (55) 24 D5
Linzeux (62) 9 F2
Liocourt (57) 49 E3
Liomer (80) 8 D6
le Lion-d'Angers (49) 76 D3
Lion-devant-Dun (55) 25 E4
Lion-en-Beauce (45) 62 D5
Lion-en-Sullias (45) 81 H2
Lion-sur-Mer (14) 16 C3
Liorac-sur-Louyre (24) 137 E5
le Lioran 140 C3
Liouc (30) 171 G3
le Liouquet 191 E5
Liourdres (19) 139 E5
Lioux (84) 173 G2
Lioux-les-Monges (23) 126 B1
Liposthey (40) 148 D4
Lipsheim (67) 51 E6
Lirac (30) 172 C1
Liré (49) 75 F4
Lirey (10) 66 B4
Lironcourt (88) 69 E6
Lironville (54) 48 B3
Liry (08) 24 A5
Lisbourg (62) 2 A6
Lisieux (14) 17 F5
Lisle (24) 137 E2
Lisle (41) 79 G1
Lisle-en-Barrois (55) 47 E3
Lisle-en-Rigault (55) 47 E5
Lisle-sur-Tarn (81) 167 H3
Lislet (02) 23 E2
Lison (14) 15 F5
Lisores (14) 39 G3
Lisors (27) 19 F5
Lissac (09) 183 G3
Lissac (43) 142 B3
Lissac-et-Mouret (46) 153 G2
Lissac-sur-Couze (19) 138 C3
Lissay-Lochy (18) 97 G4
Lisse-en-Champagne (51) 46 B4
Lisses (91) 43 E6
Lisseuil (63) 113 F6
Lissey (55) 25 E4
Lissieu (69) 129 H2
Lissy (77) 43 F6
Listrac-de-Durèze (33) 136 B6
Listrac-Médoc (33) 134 D3
Lit-et-Mixe (40) 162 C1
Lithaire (50) 14 D5
Litteau (14) 37 H1
Littenheim (67) 50 D4
Litz (60) 20 C4
Livaie (61) 59 H1
Livarot (14) 17 E6
Liverdun (54) 48 C4
Liverdy-en-Brie (77) 43 G5
Livernon (46) 153 F2
Livers-Cazelles (81) 168 A1
Livet (53) 59 E4
Livet-en-Saosnois (72) 60 B2
Livet-et-Gavet (38) 145 H3
Livet-sur-Authou (27) 18 A6
Livilliers (95) 42 C2
Livinhac-le-Haut (12) 153 H2
la Livinière (34) 185 G2
Livré (53) 76 B1
Livré-sur-Changeon (35) 57 H2
Livron (64) 180 D3
Livron-sur-Drôme (26) 144 A6
Livry (14) 38 A1
Livry (58) 98 D5
Livry-Gargan (93) 43 E3
Livry-Louvercy (51) 45 H1
Livry-sur-Seine (77) 64 A1
Lixhausen (67) 50 D3
Lixheim (57) 50 B4
Lixing-lès-Rouhling (57) 27 G5
Lixing-lès-Saint-Avold (57) 27 F6
Lixy (89) 64 D4
Lizac (82) 166 D1
Lizant (86) 109 E6
Lizeray (36) 96 D3
Lizières (23) 111 E5
Lizine (25) 103 F2
Lizines (77) 64 D1
Lizio (56) 55 H4
Lizos (65) 181 F2
Lizy (02) 22 B3
Lizy-sur-Ourcq (77) 43 H2
la Llagonne (66) 198 D4
Llauro (66) 199 H4
Llo (66) 198 C5
Llupia (66) 199 H3
Lobsann (67) 29 E6
Loc-Brévalaire (29) 31 E3
Loc-Dieu 153 F4
Loc-Eguiner (29) 31 G4
Loc-Eguiner-
-Saint-Thégonnec (29) 31 H4
Loc-Envel (22) 32 C4
Locarn (22) 32 C6
Loché-sur-Indrois (37) 95 H2
Loches (37) 95 F2
Loches-sur-Ource (10) 66 D5
le Locheur (14) 16 A5
Lochieu (01) 131 G1
Lochwiller (67) 50 C4
Locmalo (56) 54 D2
Locmaria 32 C4
Locmaria 53 F3
Loc Maria 31 E3
Locmaria 54 B6
Locmaria (56) 72 B4
Locmaria-Berrien (29) 32 A5
Locmaria-Grand-Champ (56) 55 F5
Locmaria-Hent 53 H3
Locmaria-Plouzané (29) 30 C5
Locmariaquer (56) 72 C1
Locmélar (29) 31 G4
Locminé (56) 55 F4
Locmiquélic (56) 54 C5
Locoal-Mendon (56) 55 E6
Locon (62) 2 D5
Loconville (60) 19 H6
Locqueltas (56) 55 G5
Locquémeau 32 B2
Locquénolé (29) 31 H3
Locquignol (59) 11 G3
Locquirec (29) 32 B2
Locronan (29) 53 F2
Loctudy (29) 53 F4
Locunolé (29) 54 B3
Loddes (03) 114 C4
Lodes (31) 182 A3
Lodève (34) 170 B4
Lods (25) 103 H2
Lœuilley (70) 86 B4
Lœuilly (80) 20 B1
Loffre (59) 10 D2
la Loge (62) 9 E1
la Loge-aux-Chèvres (10) 66 D3
Loge-Fougereuse (85) 107 F1
la Loge-Pomblin (10) 66 B5
la Loge des Gardes 128 B1
Logelheim (68) 71 F5
les Loges 60 D6
les Loges (14) 38 A2
les Loges (52) 86 C2
les Loges (76) 6 B4
les Loges-en-Josas (78) 42 C5
les Loges-Marchis (50) 37 G6
les Loges-Margueron (10) 66 B5
les Loges-Saulces (14) 38 D3
les Loges-sur-Brécey (50) 37 F4
Lognes (77) 43 F4
Logny-Bogny (08) 23 G1
Logny-lès-Aubenton (02) 12 C6
Logonna-Daoulas (29) 31 E5
Logrian-Florian (30) 171 G2
Logron (28) 61 H4
Loguivy 33 E1
Loguivy 32 C2
Loguivy-Plougras (22) 32 C4
Lohéac (35) 56 D5
Lohitzun-Oyhercq (64) 179 F2
Lohr (67) 50 B3
Lohuec (22) 32 C4
Loigné-sur-Mayenne (53) 76 C1
Loigny-la-Bataille (28) 62 C5
Loiré (49) 75 G1
Loire-les-Marais (17) 107 E6
Loiré-sur-Nie (17) 121 H1
Loire-sur-Rhône (69) 130 A5
Loiron (53) 58 B5
Loisail (61) 60 D1
Loisé 60 D1
Loisey-Culey (55) 47 F4
Loisia (39) 117 F2
Loisieux (73) 131 G4
Loisin (74) 118 D3
Loison (55) 25 G5
Loison-sous-Lens (62) 10 B1
Loison-sur-Créquoise (62) 9 E1
Loisy (54) 48 C3
Loisy (71) 116 C1
Loisy-en-Brie (51) 45 F3
Loisy-sur-Marne (51) 46 B4
Loivre (51) 23 E5
Loix (17) 106 B4
Lolif (50) 35 H3
Lolme (24) 151 G1
Lombard (25) 103 E2
Lombard (39) 102 C5
les Lombards 158 D2
Lombers (81) 168 B4
Lombez (32) 182 C1
Lombia (64) 180 D2
Lombrès (65) 181 H4
Lombreuil (45) 64 A6
Lombron (72) 60 C5
Lomener 54 C5
Lomme (59) 3 F4
Lommerange (57) 26 A3
Lommoye (78) 41 G2
Lomné (65) 181 G4
Lomont (70) 88 B3
Lomont-sur-Crête (25) 88 A5
Lompnas (01) 131 E2
Lompnieu (01) 131 F1
Lompret (59) 3 F4
Lonçon (64) 164 A6
la Londe (76) 18 C5
la Londe-les-Maures (83) 192 A5
Londigny (16) 108 D6
Londinières (76) 8 B6
Long (80) 9 E4
Longages (31) 183 E2
Longaulnay (35) 34 D6
Longavesnes (80) 10 D5
Longchamp (21) 86 B6
Longchamp (52) 68 B4
Longchamp (88) 70 A3
Longchamp-
-sous-Châtenois (88) 69 E3
Longchamp-sur-Aujon (10) 67 F4
Longchamp 1650 132 C5
Longchamps (27) 19 F5
Longchamps-sur-Aire (55) 47 F3
Longchaumois (39) 118 A2
Longcochon (39) 103 G5
Longeau-Percey (52) 86 B2
Longeault (21) 102 A1
Longeaux (55) 47 F5
Longechaux (25) 104 A1
Longechenal (38) 130 D6
Longecourt-en-Plaine (21) 102 A1
Longecourt-lès-Culêtre (21) 101 E2
Longemaison (25) 104 A2
Longepierre (71) 102 A4
le Longeron (49) 92 A3
Longes (69) 129 H5
Longessaigne (69) 129 F3
Longevelle (70) 88 A3
Longevelle-lès-Russey (25) 88 B6
Longevelle-sur-Doubs (25) 88 B4
Longèves (17) 106 D4
Longèves (85) 107 E2
la Longeville (25) 104 A3
Longeville (25) 103 G2
Longeville-en-Barrois (55) 47 F4
Longeville-lès-Metz (57) 26 B5
Longeville-
-lès-Saint-Avold (57) 27 E5
Longeville-sur-la-Laines (52) 67 E1
Longeville-sur-Mer (85) 91 F6
Longeville-sur-Mogne (10) 66 B4
Longevilles-Mont-d'Or (25) 103 H5
Longfossé (62) 1 G5
la Longine (70) 70 B6
Longjumeau (91) 42 D5
Longlaville (54) 25 H3
Longmesnil (76) 19 F3
Longnes (72) 59 H5
Longnes (78) 41 G3
Longny-au-Perche (61) 61 E1
Longperrier (77) 43 F2
Longpont (02) 21 H6
Longpont-sur-Orge (91) 42 D6
Longpré-le-Sec (10) 66 D4
Longpré-
-les-Corps-Saints (80) 9 E5
Longraye (14) 38 A1
Longré (16) 122 B1
Longroy (76) 8 B5
Longsols (10) 66 C2
Longué-Jumelles (49) 77 G5
Longueau (80) 9 G6
Longuefuye (53) 76 D1
Longueil (76) 7 F2
Longueil-Annel (60) 21 F4
Longueil-Sainte-Marie (60) 21 E5
Longuenesse (62) 2 B4
Longuenoë (61) 59 H1
Longuerue (76) 7 H5
Longues-sur-Mer (14) 15 H5
Longuesse (95) 42 B2
Longueval (80) 10 B5
Longueval-Barbonval (02) 22 C5
Longueville (14) 15 G5
Longueville (47) 150 C3
Longueville (50) 35 G2
la Longueville (59) 11 H2
Longueville (62) 1 G4
Longueville (77) 64 D1
Longueville-sur-Aube (10) 45 F6
Longueville-sur-Scie (76) 7 G3
Longuevillette (80) 9 G4
Longuyon (54) 25 G4
Longvic (21) 85 H6
Longvillers (14) 16 A5
Longvilliers (62) 1 F6
Longvilliers (78) 42 B6
Longwé (08) 24 B4
Longwy (54) 25 H3
Longwy-sur-le-Doubs (39) 102 B3
Lonlay-l'Abbaye (61) 38 A5
Lonlay-le-Tesson (61) 38 C5
Lonnes (16) 122 C1
Lonny (08) 13 E6
Lonrai (61) 60 A1
Lons (64) 180 B2
Lons-le-Saunier (39) 102 D6
Lonzac (17) 121 G4
le Lonzac (19) 125 E6
Looberghe (59) 2 B2
Loon-Plage (59) 2 A2
Loos (59) 3 F5
Loos-en-Gohelle (62) 10 B1
Looze (89) 65 F6
Lopérec (29) 31 G6
Loperhet 55 F5
Loperhet (29) 31 E5
Lopigna (2A) 204 C4
Loqueffret (29) 31 H5
Lor (02) 23 E3
Loray (25) 104 A1
Lorcières (15) 141 G5
Lorcy (45) 63 H5
Lordat (09) 198 A2
Loré (61) 59 E1
Lorentzen (67) 28 A6
Loreto-di-Casinca (2B) 203 G6
Loreto-di-Tallano (2A) 207 E2
Lorette (42) 129 G5
le Loreur (50) 35 G1
Loreux (41) 80 D5
le Lorey (50) 37 F1
Lorey (54) 49 E6
Lorges (41) 80 B2
Lorgies (62) 3 E5
Lorgues (83) 175 G6
Lorient (56) 54 C5
Loriges (03) 113 H4
Lorignac (17) 121 E5
Lorigné (79) 108 C5
Loriol-du-Comtat (84) 173 E1
Loriol-sur-Drôme (26) 144 A6
Lorlanges (43) 141 G1
Lorleau (27) 19 F4
Lormaison (60) 20 B6
Lormaye (28) 41 G6
Lormes (58) 83 H6
Lormont (33) 135 F5
Lornay (74) 131 H1
Loromontzey (54) 69 H1
le Loroux (35) 58 B2
le Loroux-Bottereau (44) 75 E5
Loroy 81 G6
Lorp-Sentaraille (09) 182 D5
Lorquin (57) 50 A5
Lorrez-le-Bocage-Préaux (77) 64 B4
Lorris (45) 81 H1
Lorry-lès-Metz (57) 26 B5
Lorry-Mardigny (57) 48 C2
Lortet (65) 181 G5
Loscouët-sur-Meu (22) 56 B2
Los Masos (66) 199 F3
Losne (21) 102 B2
Losse (40) 150 A6
Lostanges (19) 139 E4
Lostroff (57) 49 H3
Lothey (29) 53 G1
Lottinghen (62) 1 G4
le Lou-du-Lac (35) 56 D2
Louailles (72) 77 F2
Louan-Villegruis-Fontaine (77) 44 C6
Louannec (22) 32 C1
Louans (37) 95 E2
Louargat (22) 32 D3
Louâtre (02) 21 H6
Loubajac (65) 180 D4
Loubarcet 141 F3
Loubaresse (07) 157 E2
Loubaresse (15) 141 F5
Loubaut (09) 183 F3
Loubédat (32) 164 D4
Loubejac (24) 152 A2
Loubens (09) 183 G5
Loubens (33) 150 A2
Loubens-Lauragais (31) 167 H6
Loubers (81) 167 H1
Loubersan (32) 165 G6
Loubès-Bernac (47) 150 D1
Loubeyrat (63) 127 E1
Loubieng (64) 179 H1
la Loubière (12) 154 C4
Loubières (09) 183 H5
Loubigné (79) 108 B6
Loubillé (79) 108 B6
Loubressac (46) 139 E5
Loucé (61) 39 E5
Loucelles (14) 16 A4
Louchats (33) 149 F3
Louches (62) 1 H3
Louchy-Montfand (03) 113 H4
Loucrup (65) 181 E4
Loudéac (22) 55 G2
Loudenvielle (65) 195 H4
Loudervielle (65) 195 H4
Loudes (43) 142 B3
Loudet (31) 182 A4
Loudrefing (57) 49 H3
Loudun (86) 93 H3
Loué (72) 59 G6
Louer (40) 163 F4
Louerre (49) 77 F6
Louesme (21) 85 F1
Louestault (37) 78 D3
Loueuse (60) 19 H3
Louey (65) 181 E3
Lougé-sur-Maire (61) 38 D5
Lougratte (47) 151 F2
Lougres (25) 88 B4
Louhans (71) 102 A6
Louhossoa (64) 178 D2
Louignac (19) 138 B2
Louin (79) 93 G5
Louisfert (44) 74 D1
Louit (65) 181 F2
Loulans-Verchamp (70) 87 G4
Loulay (17) 107 G6
Loulle (39) 103 F5
la Loupe (28) 61 G1
Loupeigne (02) 22 B6
Loupershouse (57) 27 G5
Loupes (33) 135 F6
Loupfougères (53) 59 F2
Loupia (11) 184 C5
Loupiac (33) 149 G2
Loupiac (46) 138 C6
Loupiac (81) 167 H3
Loupiac-de-la-Réole (33) 150 A2
Loupian (34) 187 G1
Louplande (72) 59 H6
Loupmont (55) 48 A3
Louppy-le-Château (55) 47 E3
Louppy-sur-Chée 47 E3
Louppy-sur-Loison (55) 25 E4
la Louptière-Thénard (10) 65 F2
Lourches (59) 11 E2
Lourde (31) 182 A5
Lourdes (65) 180 D4
Lourdios-Ichère (64) 179 H4
Lourdoueix-Saint-Michel (36) 111 F3
Lourdoueix-Saint-Pierre (23) 111 F3
Lourenties (64) 180 D2
Loures-Barousse (65) 182 A5
Louresse-Rochemenier (49) 93 F1
Lourmais (35) 35 F5
Lourmarin (84) 173 H4
Lournand (71) 116 A2
Lourouer-Saint-Laurent (36) 111 H1
le Louroux (37) 95 E2
le Louroux-Béconnais (49) 75 H2
Louroux-Bourbonnais (03) 113 E2
Louroux-de-Beaune (03) 113 E4
Louroux-de-Bouble (03) 113 F5
Louroux-Hodement (03) 112 D2
Lourps 64 D1
Lourquen (40) 163 F4
Lourties-Monbrun (32) 181 H1
Loury (45) 63 E6
Louslitges (32) 165 E5
Loussous-Débat (32) 164 D5
Loutehel (35) 56 C4
Loutzviller (57) 28 B5
Louvagny (14) 39 E3
Louvaines (49) 75 H1
Louvatange (39) 102 D1
Louveciennes (78) 42 C4
Louvemont (52) 46 D6
Louvemont-
-Côte-du-Poivre (55) 25 F6
Louvencourt (80) 9 H4
Louvenne (39) 117 F2
Louvergny (08) 24 B3
Louverné (53) 58 D4
le Louverot (39) 102 D5
Louversey (27) 40 C2
Louvetot (76) 7 E5
Louvie-Juzon (64) 180 B4
Louvie-Soubiron (64) 180 B5
la Louvière-Lauragais (11) 184 A3
Louvières (14) 15 G4
Louvières (52) 68 A5
Louvières-en-Auge (61) 39 F3
Louviers (27) 18 D6
Louvigné (53) 58 D5
Louvigné-de-Bais (35) 57 H3
Louvigné-du-Désert (35) 58 A1
Louvignies-Quesnoy (59) 11 G3
Louvigny (14) 16 B4
Louvigny (57) 48 D2
Louvigny (64) 164 A6
Louvigny (72) 60 B3
Louvil (59) 3 G5
Louville-la-Chenard (28) 62 C3
Louvilliers-en-Drouais (28) 41 E5
Louvilliers-lès-Perche (28) 40 D6
Louvois (51) 45 G1
Louvrechy (80) 20 C2
Louvres (95) 43 E2
Louvroil (59) 12 A2
Louye (27) 41 F4
Louzac-Saint-André (16) 121 G3
Louze (52) 67 F2
Louzes (72) 60 B2
Louzignac (17) 121 H2
Louzouer (45) 64 B5
Louzy (79) 93 G3
Lovagny (74) 132 A1
Loyat (56) 56 A3
la Loye (39) 102 C3
Loye-sur-Arnon (18) 112 B1
la Loyère (71) 101 G4
Loyettes (01) 130 C3
Lozanne (69) 129 H2
Lozay (17) 107 G6
Loze (82) 153 E5
Lozinghem (62) 2 C6
Lozon (50) 37 F1
Lozzi (2B) 204 D2
Luant (36) 96 B6
le Luart (72) 60 D5
Lubbon (40) 150 A6

Lubécourt (57) 49 F3
Lubersac (19) 124 C6
Lubey (54) 25 H5
Lubilhac (43) 141 G2
Lubine (88) 71 E2
Lublé (37) 78 B4
Lubret-Saint-Luc (65) 181 G2
Luby-Betmont (65) 181 G2
Luc (12) 154 C5
Luc (48) 156 D2
Luc (65) 181 F3
le Luc (83) 192 B3
Luc-Armau (64) 180 D1
Luc-en-Diois (26) 159 F2
Luc-sur-Aude (11) 184 D5
Luc-sur-Mer (14) 16 C3
Luc-sur-Orbieu (11) 185 H3
Lucarré (64) 180 D1
Luçay-le-Libre (36) 96 D3
Luçay-le-Mâle (36) 96 A2
Lucbardez-et-Bargues (40) 164 A2
Lucciana (2B) 203 G6
Lucé (28) 62 A2
Lucé (61) 38 B6
Lucé-sous-Ballon (72) 60 B4
Luceau (72) 78 C2
Lucelle (68) 89 F4
Lucenay (69) 129 H1
Lucenay-le-Duc (21) 85 E3
Lucenay-lès-Aix (58) 99 F6
Lucenay-l'Évêque (71) 100 C2
Lucéram (06) 177 E4
la Lucerne-d'Outremer (50) 35 G2
Lucey (21) 85 G1
Lucey (54) 48 B4
Lucey (73) 131 G3
Lucgarier (64) 180 C3
Luchapt (86) 109 H5
Luchat (17) 120 D3
Luché-Pringé (72) 78 A2
Luché-sur-Brioux (79) 108 B5
Luché-Thouarsais (79) 93 F4
Lucheux (80) 9 G3
Luchy (60) 20 B3
Lucinges (74) 118 D4
Lucmau (33) 149 G4
Luçon (85) 91 H6
Lucq-de-Béarn (64) 179 H2
Lucquy (08) 23 H3
les Lucs-sur-Boulogne (85) 91 F3
Lucy (57) 49 E2
Lucy (76) 19 E1
Lucy-le-Bocage (02) 44 B2
Lucy-le-Bois (89) 84 A4
Lucy-sur-Cure (89) 83 H3
Lucy-sur-Yonne (89) 83 G4
le Lude (72) 78 A3
Ludes (51) 45 G1
Ludesse (63) 127 F4
Ludiès (09) 183 H4
Ludon-Médoc (33) 135 E4
Ludres (54) 48 D5
Lue 26 D5
Lüe (40) 148 C5
Lué-en-Baugeois (49) 77 F4
Luemschwiller (68) 89 F2
Lugagnac (46) 153 E4
Lugagnan (65) 180 D4
Lugaignac (33) 135 H6
Lugan (12) 154 A3
Lugan (81) 167 G4
Lugarde (15) 140 D2
Lugasson (33) 135 H6
Luglon (40) 149 E6
Lugny 85 F2
Lugny (02) 22 D1
Lugny (71) 116 B2
Lugny-Bourbonnais (18) 98 A4
Lugny-Champagne (18) 98 B2
Lugny-lès-Charolles (71) 115 F3
Lugo-di-Nazza (2B) 205 F4
Lugon-et-l'Île-du-Carnay (33) 135 G4
Lugos (33) 148 D3
Lugrin (74) 119 F2
Lugy (62) 2 A6
le Luhier (25) 104 B1
Luigné (49) 77 E6
Luigny (28) 61 G3
Luisant (28) 62 B2
Luisetaines (77) 64 D1
Luitré (35) 58 A3
Lullin (74) 119 E3
Lully (74) 118 D3
Lumbin (38) 145 H1
Lumbres (62) 2 A4
Lumeau (28) 62 C5
Lumes (08) 24 B1
Lumigny-Nesles-Ormeaux (77) 43 H5
Lumio (2B) 202 C6
Lunac (12) 153 H5
Lunan (46) 153 G2
Lunas (24) 136 D5
Lunas (34) 170 A4
Lunax (31) 182 B2
Lunay (41) 79 F2
Luneau (03) 114 D3
Lunegarde (46) 153 E1
Lunel (34) 171 H5
Lunel-Viel (34) 171 G5
Luneray (76) 7 F3
Lunery (18) 97 F4
Lunéville (54) 49 F5
le Luot (50) 35 H2
Lupcourt (54) 48 D5
Lupé (42) 129 H6
Lupersat (23) 126 A1
Lupiac (32) 165 E4
Luplanté (28) 62 A3
Luppé-Violles (32) 164 C4
Luppy (57) 49 E2
Lupsault (16) 122 A1
Lupstein (67) 50 D4
Luquet (65) 180 D2
Lurais (36) 95 F6
Luray (28) 41 F5
Lurbe-Saint-Christau (64) 180 A4
Lurcy (01) 116 B6
Lurcy-le-Bourg (58) 99 E2
Lurcy-Lévis (03) 98 C6
Luré (42) 128 C2
Lure (70) 88 A2
Lureuil (36) 95 F6
Luri (2B) 203 F2
Luriecq (42) 128 D6
Lurs (04) 174 C2
Lury-sur-Arnon (18) 97 E2
Lus-la-Croix-Haute (26) 159 G1
Lusanger (44) 74 C1
Luscan (31) 182 A5
Lusignac (24) 136 C1
Lusignan (86) 108 D2
Lusignan-Petit (47) 151 E5
Lusigny (03) 114 A1
Lusigny-sur-Barse (10) 66 C3
Lusigny-sur-Ouche (21) 101 F2
Lussac (16) 122 D2
Lussac (17) 121 F5
Lussac (33) 136 A4
Lussac-les-Châteaux (86) 109 G3
Lussac-les-Églises (87) 110 B3
Lussagnet (40) 164 B4
Lussagnet-Lusson (64) 180 D1
Lussan (30) 157 G6
Lussan (32) 166 A5
Lussan-Adeilhac (31) 182 C2
Lussant (17) 120 D1
Lussas (07) 157 G2
Lussas-et-Nontronneau (24) 123 E5
Lussat (23) 112 B5
Lussat (63) 127 F2
Lussault-sur-Loire (37) 79 F5
Lusse (88) 70 D2
Lusseray (79) 108 B5
Lustar (65) 181 G2
Luthenay-Uxeloup (58) 99 E5
Lutilhous (65) 181 G4
Luttange (57) 26 C4
Luttenbach-près-Munster (68) 71 E5
Lutter (68) 89 G4
Lutterbach (68) 89 F1
Lutz-en-Dunois (28) 62 A5
Lutzelbourg (57) 50 B4
Lutzelhouse (67) 50 C6
Luvigny (88) 50 A6
Lux (21) 86 A4
Lux (31) 184 A1
Lux (71) 101 G5
Luxé (16) 122 B2
Luxe-Sumberraute (64) 179 E1
Luxémont-et-Villotte (51) 46 B5
Luxeuil-les-Bains (70) 87 H1
Luxey (40) 149 F5
Luxiol (25) 87 H5
Luyères (10) 66 B2
Luynes (37) 78 D5
Luz-Saint-Sauveur (65) 181 E6
Luzancy (77) 44 A3
Luzarches (95) 42 D1
Luzay (79) 93 G4
Luzé (37) 94 C3
Luze (70) 88 C3
Luzech (46) 152 B3
Luzenac 182 D5
Luzenac (09) 198 A2
Luzeret (36) 110 D2
la Luzerne (50) 37 G1
Luzillat (63) 127 G1
Luzillé (37) 95 G1
Luzinay (38) 130 B4
Luzoir (02) 12 A5
Luzy (58) 100 A5
Luzy-Saint-Martin (55) 24 D3
Luzy-sur-Marne (52) 68 A5
Ly-Fontaine (02) 22 A1
Lyas (07) 143 H6
Lyaud (74) 119 E3
Lye (36) 96 A1
Lynde (59) 2 C4
Lyoffans (70) 88 B2
Lyon (69) 130 A3
Lyons-la-Forêt (27) 19 F5
Lys (58) 83 G6
Lys (64) 180 B4
Lys-lez-Lannoy (59) 3 G4
Lys-Saint-Georges (36) 111 F1

M

Maast-et-Violaine (02) 22 B6
Maâtz (52) 86 B2
Mably (42) 115 E6
Macau (33) 135 E4
Macaye (64) 178 D2
Macé (61) 39 F6
Macey (10) 66 A3
Macey (50) 35 G4
Machault (08) 23 H5
Machault (77) 64 B2
Maché (85) 91 E3
Machecoul (44) 90 D1
Mâchecourt (02) 22 D2
Machemont (60) 21 F4
Macheren (57) 27 F5
Machézal (42) 129 E1
Machiel (80) 8 D2
Machilly (74) 118 D4
la Machine (58) 99 F4
Machy (10) 66 B4
Machy (80) 8 D2
Macinaggio 203 G2
Mackenheim (67) 71 G3
Mackwiller (67) 50 B2
Maclas (42) 143 H1
Macogny (02) 44 B1
Mâcon (71) 116 B4
Maconcourt (88) 69 E2
Maconge (21) 101 E1
Macornay (39) 102 C6
Mâcot-la-Plagne (73) 133 E4
Macqueville (17) 121 H2
Macquigny (02) 11 F6
Madaillan (47) 151 E5
Madecourt (88) 69 F3
Madegney (88) 69 G3
la Madeleine-sous-Montreuil (62) 1 F6
la Madeleine 158 D6
la Madeleine (59) 3 F5
la Madeleine-Bouvet (61) 61 F1
la Madeleine-de-Nonancourt (27) 41 E4
la Madeleine-sur-Loing (77) 64 A4
la Madeleine-Villefrouin (41) 80 A2
Madic (15) 140 B1
Madière (09) 183 G4
Madirac (33) 135 F6
Madiran (65) 164 C6
la Madone de Fenestre 177 E2
Madonne-et-Lamerey (88) 69 G3
la Madrague 191 E5
Madranges (19) 125 E6
Madré (53) 59 F1
Madriat (63) 127 F6
Maël-Carhaix (22) 32 C6
Maël-Pestivien (22) 32 D5
Maennolsheim (67) 50 D4
Maffliers (95) 42 D2
Maffrécourt (51) 46 C1
Magagnosc 176 C6
Magalas (34) 186 D1
la Magdelaine-sur-Tarn (31) 167 F3
la Magdeleine 70 B5
la Magdeleine (16) 108 C6
le Mage (61) 61 E1
Magenta (51) 45 F2
les Mages (30) 157 E5
Magescq (40) 162 C3
Magland (74) 119 F6
Magnac-Bourg (87) 124 C4
Magnac-Laval (87) 110 B5
Magnac-Lavalette-Villars (16) 122 C5
Magnac-sur-Touvre (16) 122 C4
Magnan (32) 164 C4
la Magnane 57 F1
Magnant (10) 66 D4
Magnanville (78) 41 H3
Magnas (32) 166 A3
Magnat-l'Étrange (23) 125 H3
Magné (79) 107 G3
Magné (86) 109 E3
Magnet (03) 114 B5
Magnette 112 D2
Magneux (51) 22 C5
Magneux (52) 67 G1
Magneux-Haute-Rive (42) 129 E4
Magneville (50) 14 C4
Magnicourt (10) 66 D2
Magnicourt-en-Comte (62) 9 H1
Magnicourt-sur-Canche (62) 9 G2
Magnien (21) 100 D2
Magnières (54) 70 A1
Magnieu (01) 131 G2
les Magnils-Reigniers (85) 91 H6
Magnitot 41 H1
Magnivray (70) 88 A1
Magnoncourt (70) 69 G6
le Magnoray (70) 87 G4
Magny (28) 61 H3
le Magny (36) 111 G1
Magny (68) 89 E3
les Magny (70) 88 A4
le Magny (88) 69 G5
Magny (89) 84 A5
Magny-Châtelard (25) 87 H6
Magny-Cours (58) 98 D4
Magny-Danigon (70) 88 B2
Magny-en-Bessin (14) 16 A3
Magny-en-Vexin (95) 42 A1
Magny-Fouchard (10) 67 E3
Magny-Jobert (70) 88 B2
Magny-la-Campagne (14) 16 D6
Magny-la-Fosse (02) 11 E5
Magny-la-Ville (21) 84 D5
Magny-Lambert (21) 85 E3
Magny-le-Désert (61) 38 C6
Magny-le-Freule (14) 16 D5
Magny-le-Hongre (77) 43 G4
Magny-lès-Aubigny (21) 102 A2
Magny-les-Hameaux (78) 42 B5
Magny-lès-Jussey (70) 87 F1
Magny-lès-Villers (21) 101 G2
Magny-Lormes (58) 83 H6
Magny-Montarlot (21) 102 B1
Magny-Saint-Médard (21) 86 A5
Magny-sur-Tille (21) 86 A6
Magny-Vernois (70) 88 A2
Magoar (22) 32 D5
Magrie (11) 184 D5
Magrigne 135 F3
Magrin (81) 168 A5
Magstatt-le-Bas (68) 89 G2
Magstatt-le-Haut (68) 89 G2
Mahalon (29) 52 D2
Mahéru (61) 39 H5
Maîche (25) 88 C6
Maidières (54) 48 C3
Maignaut-Tauzia (32) 165 F3
Maigné (72) 59 H6
Maignelay-Montigny (60) 20 D3
Mailhac (11) 185 H2
Mailhac-sur-Benaize (87) 110 C4
Mailhat 127 G6
Mailhoc (81) 168 B2
Mailholas (31) 183 E3
Maillane (13) 172 D3
Maillas (40) 149 H5
Maillat (01) 117 G5
Maillé (37) 94 D3
Maillé (85) 107 F3
Maillé (86) 93 H6
Maillebois (28) 41 E6
la Mailleraye-sur-Seine (76) 7 E6
Maillères (40) 164 A1
Mailleroncourt-Charette (70) 87 G2
Mailleroncourt-Saint-Pancras (70) 69 G6
Maillet (03) 112 D2
Maillet (36) 111 F1
Mailley-et-Chazelot (70) 87 F4
Maillezais (85) 107 F3
Maillot (89) 65 E4
Mailly (71) 115 E4
Mailly-Champagne (51) 45 G1
Mailly-la-Ville (89) 83 G4
Mailly-le-Camp (10) 45 G5
Mailly-le-Château (89) 83 G4
Mailly-Maillet (80) 10 A4
Mailly-Raineval (80) 20 D1
Mailly-sur-Seille (54) 48 D3
les Maillys (21) 102 B2
Maimbeville (60) 20 D4
Maincy (77) 64 A1
Maine-de-Boixe (16) 122 C2
Mainfonds (16) 122 B5
Maing (59) 11 F2
Mainneville (27) 19 G5
Mainsat (23) 112 B6
Maintenay (62) 8 D2
Maintenon (28) 41 G6
Mainvillers (57) 27 E6
Mainvilliers (28) 62 A2
Mainvilliers (45) 63 F3
Mainxe (16) 121 H4
Mainzac (16) 123 E5
Mairé (86) 95 E4
Mairé-Levescault (79) 108 C5
Mairieux (59) 12 A2
Mairy (08) 24 C2
Mairy-Mainville (54) 25 H5
Mairy-sur-Marne (51) 46 A3
Maisdon-sur-Sèvre (44) 74 D6
Maisey-le-Duc (21) 85 E1
Maisnières (80) 8 C5
le Maisnil (59) 3 E5
Maisnil (62) 9 G2
Maisnil-lès-Ruitz (62) 10 A1
Maisod (39) 117 G2
Maison-des-Champs (10) 67 E3
la Maison-Dieu (58) 83 G5
Maison-Feyne (23) 111 F4
Maison-Maugis (61) 61 E2
Maison-Ponthieu (80) 9 E3
Maison-Roland (80) 9 E4
Maison-Rouge (77) 64 D1
Maisoncelle (62) 9 F1
Maisoncelle-et-Villers (08) 24 C3
Maisoncelle-Saint-Pierre (60) 20 B4
Maisoncelle-Tuilerie (60) 20 B3
Maisoncelles (52) 68 C4
Maisoncelles (72) 60 D6
Maisoncelles-du-Maine (53) 58 D6
Maisoncelles-en-Brie (77) 43 H4
Maisoncelles-en-Gâtinais (77) 64 A4
Maisoncelles-la-Jourdan (14) 37 H4
Maisoncelles-Pelvey (14) 38 B2
Maisoncelles-sur-Ajon (14) 16 A5
Maison du Buronnier 140 D3
Maisonnais (18) 112 A1
Maisonnais-sur-Tardoire (87) 123 F3
Maisonnay (79) 108 B5
Maisonneuve (86) 93 H6
Maisonnisses (23) 111 G6
Maisons (11) 185 G6
Maisons (14) 15 H5
Maisons (28) 62 D2
Maisons-Alfort (94) 43 E4
Maisons-du-Bois-Lièvremont (25) 104 A3
Maisons-en-Champagne (51) 46 A4
Maisons-Laffitte (78) 42 C3
Maisons-lès-Chaource (10) 66 B5
Maisons-lès-Soulaines (10) 67 F3
Maisonsgoutte (67) 71 E2
Maisontiers (79) 93 F5
Maisse (91) 63 G2
Maissemy (02) 10 D6
Maixe (54) 49 E5
Maizeray (55) 48 A1
Maizeroy (57) 26 D5
Maizery (57) 26 C5
Maizet (14) 16 B5
Maizey (55) 47 G3
Maizicourt (80) 9 F3
Maizières 100 D2
Maizières (14) 16 D6
Maizières (52) 67 H1
Maizières (54) 48 C6
Maizières (62) 9 H2
Maizières (70) 87 F4
Maizières-la-Grande-Paroisse (10) 65 H1
Maizières-lès-Brienne (10) 67 E2
Maizières-lès-Metz (57) 26 B4
Maizières-lès-Vic (57) 49 G4
Maizières-sur-Amance (52) 86 C1
Maizilly (42) 115 F5
Maizy (02) 22 C5
Majastres (04) 175 F2
Malabat (32) 181 F1
la Malachère (70) 87 F4
Malafretaz (01) 116 D3
Mâlain (21) 85 F6
Malaincourt (88) 68 D3
Malaincourt-sur-Meuse (52) 68 C4
Malakoff (92) 42 D4
Malancourt (55) 24 D6
Malandry (08) 24 D3
Malange (39) 102 D1
Malans (25) 103 F2
Malans (70) 86 D6
Malansac (56) 56 B6
Malarce-sur-la-Thines (07) 157 E3
Malataverne (26) 158 A3
Malaucène (84) 158 D6
Malaucourt-sur-Seille (57) 49 E3
Malaumont 47 G4
Malaunay (76) 7 G5
Malause (82) 166 B1
Malaussanne (64) 163 H5
Malaussène (06) 176 D3
Malauzat (63) 127 E2
Malaville (16) 122 A5
Malavillers (54) 25 H4
Malay (71) 116 A1
Malay-le-Grand (89) 65 E4
Malay-le-Petit (89) 65 E4
Malbo (15) 140 D4
Malbosc (07) 157 E4
Malbouhans (70) 88 B2
Malbouzon (48) 155 F1
Malbrans (25) 103 G2
Malbuisson (25) 103 H5
Mâle (61) 61 E3
Malegoude (09) 184 B4
Malemort-du-Comtat (84) 173 F1
Malemort-sur-Corrèze (19) 138 D3
la Malène (48) 155 H5
Malesherbes (45) 63 G3
Malestroit (56) 56 A5
Malétable (61) 40 B6
Maleville (12) 153 G4
Malguénac (56) 55 E2
la Malhoure (22) 34 A5
Malicornay (36) 111 E1
Malicorne (03) 113 E4
Malicorne (89) 82 D2
Malicorne-sur-Sarthe (72) 77 G1
Maligny (21) 101 E2
Maligny (89) 83 H1
Malijai (04) 174 D1
Malincourt (59) 11 E4
Malintrat (63) 127 F3
Malissard (26) 144 B5
Maljasset 161 G1
Mallefougasse-Augès (04) 174 C1
Malleloy (54) 48 D4
Mallemoisson (04) 175 E1
Mallemort (13) 173 G4
Malléon (09) 183 H5
Malleret (23) 126 A3
Malleret-Boussac (23) 112 A4
Mallerey (39) 102 C6
Malleval (38) 145 E2
Malleval (42) 129 H6
Malleville-les-Grès (76) 6 D2
Malleville-sur-le-Bec (27) 18 A6
Mallièvre (85) 92 B4
Malling (57) 26 C2
Malloué (14) 37 H2
la Malmaison (02) 23 E3
Malmerspach (68) 70 D6
Malmy 24 B2
Malmy (51) 24 B6
Malo les Bains 2 B1
Malons-et-Elze (30) 156 D4
Malouy (27) 17 H5
Malpart (80) 20 D2
Malpas (25) 103 H4
Malplaquet 11 H2
Malras (11) 184 D4
Malrevers (43) 142 D3
Malrieu 140 B3
Malroy (57) 26 C5
Maltat (71) 99 H6
Maltot (14) 16 B5
Malval (23) 111 G3
Malvalette (43) 143 E1
Malves-en-Minervois (11) 185 E3
Malvezie (31) 182 B5
Malvières (43) 142 B1
Malviès (11) 184 D4
Malville 56 A4
Malville (44) 74 B3
Malvillers (70) 87 E2
Malzéville (54) 48 D4
le Malzieu-Forain (48) 141 G5
le Malzieu-Ville (48) 141 G5
Malzy (02) 11 G6
Mamers (72) 60 C2
Mametz (62) 2 B5
Mametz (80) 10 B5
Mamey (54) 48 B3
Mamirolle (25) 103 G1
Manas (26) 158 C2
Manas-Bastanous (32) 181 G2
Manaurie (24) 137 H4
Mance (54) 26 A4
la Mancelière (28) 40 D6
la Mancellière-sur-Vire (50) 37 G1
Mancenans (25) 88 B4
Mancenans-Lizerne (25) 88 C6
Mancey (71) 116 B1
Manchecourt (45) 63 G4
Manciet (32) 164 D3
Mancieulles (54) 26 A4
Mancioux (31) 182 C4
Mancy (51) 45 F2
Mandagout (30) 170 D2
Mandailles-Saint-Julien (15) 140 C4
Mandelieu-la-Napoule (06) 193 F1
Manderen (57) 26 D2
Mandeure (25) 88 C4
Mandeville (27) 18 C6
Mandeville-en-Bessin (14) 15 G5
Mandray (88) 70 D3
Mandres (27) 40 C5
Mandres-aux-Quatre-Tours (54) 48 A3
Mandres-en-Barrois (55) 68 B1
Mandres-la-Côte (52) 68 B5
Mandres-les-Roses (94) 43 E5
Mandres-sur-Vair (88) 69 E3
Mandrevillars (70) 88 C3
Manduel (30) 172 B3
Mane (04) 174 C2
Mane (31) 182 C4
Manéglise (76) 6 B5
Manéhouville (76) 7 G2
Manent-Montané (32) 182 A2
Manerbe (14) 17 F4
Mangiennes (55) 25 F5
Manglieu (63) 127 G4
Mangonville (54) 69 G1
Manhac (12) 154 B5
Manheulles (55) 47 H1
Manhoué (57) 49 E3
Manicamp (02) 21 H3
Manigod (74) 132 C1
Manin (62) 9 H2
Maninghem (62) 1 H6
Maninghen-Henne (62) 1 F4
Maniquerville (76) 6 C4
Manlay (21) 100 D2
Manneville-ès-Plains (76) 7 E2
Manneville-la-Goupil (76) 6 C4
Manneville-la-Pipard (14) 17 F4
Manneville-la-Raoult (27) 17 F3
Manneville-sur-Risle (27) 17 H3
Mannevillette (76) 6 B5
Mano (40) 149 E3
le Manoir (14) 16 A3
le Manoir (27) 18 D5
Manois (52) 68 B3
Manom (57) 26 B3
Manoncourt-en-Vermois (54) 48 D5
Manoncourt-en-Woëvre (54) 48 B4
Manonville (54) 48 B3
Manonviller (54) 49 G5
Manosque (04) 174 C3
Manot (16) 123 F1
Manou (28) 61 F1
Manre (08) 24 A6
le Mans (72) 60 B5
Mansac (19) 138 B3
Mansan (65) 181 F2
Mansat-la-Courrière (23) 125 E1
Mansempuy (32) 166 A4
Mansencôme (32) 165 F3
Manses (09) 184 A4
Mansigné (72) 78 A2
Mansle (16) 122 C2
Manso (2B) 204 C2
Mansonville (82) 166 B2
Manspach (68) 89 E3
Mant (40) 163 H5
Mantallot (22) 32 D2
Mantenay-Montlin (01) 116 D2
Mantes-la-Jolie (78) 41 H2
Mantes-la-Ville (78) 41 H3
Mantet (66) 199 E4
Manteyer (05) 160 A2
Manthelan (37) 95 E2
Manthelon (27) 40 D3
Manthes (26) 144 B1
Mantilly (61) 58 C1
Mantoche (70) 86 C5
Mantry (39) 102 C5
Manvieux (14) 16 A3
Many (57) 27 E6
Manzac-sur-Vern (24) 137 E3
Manzat (63) 127 E1
Manziat (01) 116 C3
Maquinghen 1 F4
Marac (52) 68 A6
Marainville-sur-Madon (88) 69 G2
Marainviller (54) 49 F5
le Marais 42 C6
le Marais-la-Chapelle (14) 39 E3
Marais-Vernier (27) 6 C6
Marambat (32) 165 F4
Marandeuil (21) 86 B6
Marange-Silvange (57) 26 B4
Marange-Zondrange (57) 27 E5
Marans (17) 106 D3
Marans (49) 75 H1
Maransin (33) 135 G3
Marant (62) 1 G6
Maranville (52) 67 G4
Maranwez (08) 23 G1
Marast (70) 87 H3
Marat (63) 128 B4
Maraussan (34) 186 D2
Maravat (32) 166 A4
Maray (41) 96 D1
Maraye-en-Othe (10) 65 H4
Marbache (54) 48 C4
Marbaix (59) 11 H4
Marbeuf (27) 40 D1
Marbéville (52) 67 G3
Marbotte 47 H4
Marboué (28) 62 A5
Marboz (01) 117 E3
Marby (08) 12 D6
Marc-la-Tour (19) 139 E2
Marçais (18) 97 G6
Marçay (37) 94 A2
Marçay (86) 108 D2
Marcé (49) 77 F4
Marcé-sur-Esves (37) 94 D3
Marcei (61) 39 F5
Marcelcave (80) 10 A6
Marcellaz (74) 118 D5

Marcellaz-Albanais (74) 132 A1
Marcellois (21) 85 E6
Marcellus (47) 150 B3
Marcenais (33) 135 G3
Marcenat (03) 114 A4
Marcenat (15) 140 D1
Marcenay (21) 84 D1
Marcenod (42) 129 G5
Marcey-les-Grèves (50) 35 H3
Marchainville (61) 40 C6
Marchais (02) 22 D3
Marchais-Beton (89) 82 C1
Marchais-en-Brie (02) 44 C3
Marchamp (01) 131 F2
Marchampt (69) 115 H5
Marchastel (15) 140 C2
Marchastel (48) 155 F2
Marchaux (25) 87 G6
la Marche (58) 98 C2
Marché-Allouarde (80) 21 F2
Marchélepot (80) 10 B6
Marchemaisons (61) 60 B1
Marchémoret (77) 43 G2
Marchenoir (41) 80 A2
Marcheprime (33) 148 D1
Marches (26) 144 C4
les Marches (73) 132 A5
Marcheseuil (21) 100 D2
Marchésieux (50) 15 E6
Marchéville (28) 61 H2
Marchéville-en-Woëvre (55) 47 H1
Marchezais (28) 41 G4
Marchiennes (59) 11 E1
Marciac (32) 165 E6
Marcieu (38) 145 G4
Marcieux (73) 131 G4
Marcigny (71) 115 E4
Marcigny-sous-Thil (21) 84 D5
Marcilhac-sur-Célé (46) 153 E2
Marcillac 152 B5
Marcillac (33) 135 F1
Marcillac-la-Croisille (19) 139 G2
Marcillac-la-Croze (19) 139 E4
Marcillac-Lanville (16) 122 B2
Marcillac-Saint-Quentin (24) 138 A5
Marcillac-Vallon (12) 154 B3
Marcillat (63) 113 F6
Marcillat-en-Combraille (03) 112 D5
Marcillé-la-Ville (53) 59 E3
Marcillé-Raoul (35) 35 F6
Marcillé-Robert (35) 57 G4
Marcilleux 130 D2
Marcilloles (38) 144 C1
Marcilly (50) 37 F5
Marcilly (77) 43 G2
Marcilly-d'Azergues (69) 129 H2
Marcilly-en-Bassigny (52) 68 C6
Marcilly-en-Beauce (41) 79 F2
Marcilly-en-Gault (41) 80 D5
Marcilly-en-Villette (45) 81 E2
Marcilly-et-Dracy (21) 84 D5
Marcilly-la-Campagne (27) 41 E4
Marcilly-la-Gueurce (71) 115 F3
Marcilly-le-Châtel (42) 128 D4
Marcilly-le-Hayer (10) 65 G3
Marcilly-lès-Buxy (71) 101 E6
Marcilly-Ogny (21) 100 D1
Marcilly-sur-Eure (27) 41 F4
Marcilly-sur-Maulne (37) 78 B4
Marcilly-sur-Seine (51) 44 D6
Marcilly-sur-Tille (21) 85 H4
Marcilly-sur-Vienne (37) 94 C3
Marck (62) 1 H2
Marckolsheim (67) 71 G3
Marclopt (42) 129 E4
Marcoing (59) 10 D4
Marcolès (15) 140 A6
Marcollin (38) 144 C1
Marcols-les-Eaux (07) 143 F6
Marçon (72) 78 C3
Marconne (62) 9 E1
Marconnelle (62) 9 E1
Marcorignan (11) 186 B3
Marcoussis (91) 42 C6
Marcoux (04) 160 D6
Marcoux (42) 128 D3
Marcq (08) 24 C5
Marcq (78) 42 A4
Marcq-en-Barœul (59) 3 F4
Marcq-en-Ostrevent (59) 11 E2
Marcy (02) 11 F6
Marcy (58) 83 F6
Marcy (69) 129 H1
Marcy-l'Étoile (69) 129 H3
Marcy-sous-Marle (02) 22 C1
Mardeuil (51) 45 F2
Mardié (45) 81 E1
Mardigny 48 C2
Mardilly (61) 39 G4
Mardor (52) 86 A1
Mardore (69) 115 G6
Mareau-aux-Bois (45) 63 F5
Mareau-aux-Prés (45) 80 C1
Marèges 140 A1
Mareil-en-Champagne (72) 59 G6
Mareil-en-France (95) 43 E2
Mareil-le-Guyon (78) 42 A4
Mareil-Marly (78) 42 B3
Mareil-sur-Loir (72) 77 H2
Mareil-sur-Mauldre (78) 42 A3
Mareilles (52) 68 A4
Marenla (62) 8 D1
Marennes (17) 120 B2
Marennes (69) 130 B4
Maresché (72) 60 A4
Maresches (59) 11 F2
Maresquel-Ecquemicourt (62) 9 E1
Marest (62) 2 C6
Marest-Dampcourt (02) 21 H3
Marest-sur-Matz (60) 21 F4
Marestaing (32) 166 C5
Marestay 121 G2
Marestmontiers (80) 20 D2
Maresville (62) 1 F6
les Marêts (77) 44 B5
Maretz (59) 11 F4
Mareugheol (63) 127 F5
Mareuil (16) 122 A3
Mareuil (24) 122 D6
Mareuil-Caubert (80) 8 D4
Mareuil-en-Brie (51) 45 E3
Mareuil-en-Dôle (02) 22 B6
Mareuil-la-Motte (60) 21 F3
Mareuil-le-Port (51) 45 E2
Mareuil-lès-Meaux (77) 43 G3
Mareuil-sur-Arnon (18) 97 F4
Mareuil-sur-Ay (51) 45 F2
Mareuil-sur-Cher (41) 79 H6
Mareuil-sur-Lay-Dissais (85) 91 H5
Mareuil-sur-Ourcq (60) 44 A1
Marey (88) 69 E4
Marey-lès-Fussey (21) 101 G2
Marey-sur-Tille (21) 85 H3
Marfaux (51) 45 E1
Marfontaine (02) 22 D1
Margaux (33) 135 E3
Margencel (74) 118 D3
Margency (95) 42 D2
Margerides (19) 126 A6
Margerie-Chantagret (42) 128 D5
Margerie-Hancourt (51) 46 B6
Margès (26) 144 C3
Margival (02) 22 A4
le Margnès (81) 169 E5
Margny (08) 25 E2
Margny (51) 44 D3
Margny-aux-Cerises (60) 21 F2
Margny-lès-Compiègne (60) 21 F4
Margny-sur-Matz (60) 21 F3
Margon (28) 61 E3
Margon (34) 170 B6
Margouët-Meymes (32) 164 D4
Margueray (50) 37 F3
Marguerittes (30) 172 B3
Margueron (33) 136 C6
Marguestau (32) 164 C3
Margut (08) 25 E3
Mariac (07) 143 F5
Maricourt (80) 10 B5
Marie (06) 176 D2
Marienthal 51 F3
Marieulles (57) 26 B6
Marieux (80) 9 H4
Marigna-sur-Valouse (39) 117 F2
Marignac (17) 121 F5
Marignac (31) 182 A6
Marignac (82) 166 B3
Marignac-en-Diois (26) 145 E6
Marignac-Lasclares (31) 182 D2
Marignac-Laspeyres (31) 182 C3
Marignana (2A) 204 C3
Marignane (13) 190 B3
Marigné (49) 76 D2
Marigné-Laillé (72) 78 B1
Marigné-Peuton (53) 76 C1
Marignier (74) 119 E5
Marignieu (01) 131 G2
Marigny (03) 113 G1
Marigny (39) 103 E6
Marigny (50) 37 F1
Marigny (51) 45 E5
Marigny (71) 100 D6
Marigny (79) 107 H5
Marigny-Brizay (86) 94 B5
Marigny-Chemereau (86) 108 D3
Marigny-en-Orxois (02) 44 B2
Marigny-le-Cahouët (21) 84 D5
Marigny-le-Châtel (10) 65 G2
Marigny-l'Église (58) 84 A6
Marigny-lès-Reullée (21) 101 G3
Marigny-les-Usages (45) 63 E6
Marigny-Marmande (37) 94 C3
Marigny-Saint-Marcel (74) 132 A2
Marigny-sur-Yonne (58) 99 G1
Marillac-le-Franc (16) 122 D3
le Marillais (49) 75 F4
Marillet (85) 107 G1
Marimbault (33) 149 H3
Marimont 49 G4
Marimont-lès-Bénestroff (57) 49 G3
Marin (74) 119 E3
Marines (95) 42 B1
Maringes (42) 129 F4
Maringues (63) 127 G2
Mariol (03) 127 H1
Marions (33) 150 A4
Marissel 20 B4
Marizy (71) 115 G1
Marizy-Saint-Mard (02) 44 B1
Marizy-Sainte-Geneviève (02) 44 A1
le Markstein 70 D6
Marle (02) 22 D1
Marlemont (08) 23 G1
Marlenheim (67) 50 D5
Marlens (74) 132 C2
Marlers (80) 19 H1
Marles-en-Brie (77) 43 G5
Marles-les-Mines (62) 2 C6
Marles-sur-Canche (62) 8 D1
Marlhes (42) 143 F1
Marliac (31) 183 G3
Marliens (21) 102 A1
la Marlière 3 G4
Marlieux (01) 116 D6
Marlioz (74) 118 B6
Marly (57) 26 B6
Marly (59) 11 F2
Marly-Gomont (02) 11 H6
Marly-la-Ville (95) 43 E2
Marly-le-Roi (78) 42 C4
Marly-sous-Issy (71) 100 A6
Marly-sur-Arroux (71) 115 E1
Marmagne (18) 97 F2
Marmagne (21) 84 D3
Marmagne (71) 100 D5
Marmande (47) 150 C3
Marmanhac (15) 140 B4
Marmeaux (89) 84 B4
Marminiac (46) 152 B1
Marmont-Pachas (47) 165 H1
Marmouillé (61) 39 G5
Marmoutier (67) 50 C4
Marnac (24) 137 H6
Marnand (69) 115 G6
Marnans (38) 144 D1
Marnaves (81) 167 H1
Marnay 78 C6
Marnay (70) 87 E6
Marnay (71) 101 G6
Marnay (86) 109 E3
Marnay-sur-Marne (52) 68 A5
Marnay-sur-Seine (10) 65 F1
Marnaz (74) 119 E5
la Marne (44) 91 E1
Marnefer (61) 40 A3
Marnes (79) 93 H4
Marnes-la-Coquette (92) 42 C4
Marnézia (39) 117 G1
Marnhagues-et-Latour (12) 169 H3
Marnoz (39) 103 E3
Marœuil (62) 10 A2
Maroilles (59) 11 H4
la Marolle-en-Sologne (41) 80 C4
Marolles (14) 17 G5
Marolles (41) 79 H3
Marolles (51) 46 B5
Marolles (60) 44 A1
Marolles-en-Beauce (91) 63 F2
Marolles-en-Brie (77) 44 A4
Marolles-en-Brie (94) 43 E5
Marolles-en-Hurepoix (91) 63 F1
Marolles-lès-Bailly (10) 66 C4
Marolles-les-Braults (72) 60 B3
Marolles-les-Buis (28) 61 F2
Marolles-lès-Saint-Calais (72) 79 E1
Marolles-sous-Lignières (10) 66 A6
Marolles-sur-Seine (77) 64 C2
Marollette (72) 60 C2
Marols (42) 128 D5
Maromme (76) 7 G6
Mâron (36) 96 D5
Maron (54) 48 C5
Maroncourt (88) 69 G3
la Maroutière 76 D1
Marpaps (40) 163 G5
Marpent (59) 12 B2
Marpiré (35) 57 H2
Marquaix (80) 10 D5
Marquay (24) 138 A5
Marquay (62) 9 G1
Marquefave (31) 183 E2
Marquéglise (60) 21 E3
Marquein (11) 184 A2
Marquerie (65) 181 F3
Marques (76) 19 G1
Marquette-en-Ostrevant (59) 11 E2
Marquette-lez-Lille (59) 3 F4
Marquèze 148 D6
Marquigny (08) 24 A3
Marquillies (59) 3 E6
Marquion (62) 10 D3
Marquise (62) 1 F3
Marquivillers (80) 21 E2
Marquixanes (66) 199 F3
Marrault 84 A5
Marray (37) 78 D3
la Marre (39) 102 D5
Marre (55) 25 E6
Mars (07) 143 F4
les Mars (23) 126 B1
Mars (30) 170 D2
Mars (42) 115 F5
Mars-la-Tour (54) 26 A5
Mars-sous-Bourcq (08) 24 A4
Mars-sur-Allier (58) 98 D5
Marsa (11) 198 D1
Marsac (16) 122 B3
Marsac (23) 111 E6
Marsac (65) 181 E2
Marsac (82) 166 A2
Marsac-en-Livradois (63) 128 B6
Marsac-sur-Don (44) 74 C1
Marsac-sur-l'Isle (24) 137 F2
Marsainvilliers (45) 63 F4
Marsais (17) 107 G5
Marsais-
-Sainte-Radégonde (85) 107 E1
Marsal (57) 49 F4
Marsal (81) 168 C2
Marsalès (24) 151 G1
Marsan (32) 166 A5
Marsaneix (24) 137 F3
Marsangis (51) 45 E6
Marsangy (89) 65 E5
Marsannay-la-Côte (21) 85 H6
Marsannay-le-Bois (21) 85 H5
Marsanne (26) 158 B1
Marsas (33) 135 G3
Marsas (65) 181 F4
Marsat (63) 127 F2
Marsaz (26) 144 B3
Marseillan (32) 165 F6
Marseillan (34) 187 F2
Marseillan (65) 181 F2
Marseille (13) 190 C4
Marseille-en-Beauvaisis (60) 20 A3
Marseilles-lès-Aubigny (18) 98 C3
Marseillette (11) 185 F3
Marsillargues (34) 171 H5
Marsilly (17) 106 C4
Marsilly (57) 26 C5
Marsolan (32) 165 G2
Marson (51) 46 B3
Marson-sur-Barboure (55) 47 G5
Marsonnas (01) 116 D3
Marsoulas (31) 182 D4
Marssac-sur-Tarn (81) 168 B3
Martagny (27) 19 G5
Martailly-lès-Brancion (71) 116 B2
Martainneville (80) 8 C5
Martainville (14) 16 B6
Martainville (27) 17 G3
Martainville-Épreville (76) 7 H6
Martaizé (86) 93 H4
Martel (46) 138 D5
Marthemont (54) 48 C6
Marthille (57) 49 F2
Marthod (73) 132 C3
Marthon (16) 122 D4
Martiel (12) 153 F4
Martigna (39) 117 G3
Martignac 152 A3
Martignargues (30) 171 H1
Martignas-sur-Jalle (33) 134 D5
Martignat (01) 117 G4
Martigné-Briand (49) 93 E1
Martigné-Ferchaud (35) 57 H5
Martigné-sur-Mayenne (53) 58 D4
Martigny (02) 12 B6
Martigny (50) 37 G5
Martigny (76) 7 H2
Martigny-Courpierre (02) 22 C4
Martigny-le-Comte (71) 115 G2
Martigny-les-Bains (88) 69 E4
Martigny-les-Gerbonvaux (88) 68 D1
Martigny-sur-l'Ante (14) 38 D3
Martigues (13) 190 A3
Martillac (33) 149 F1
Martin-Église (76) 7 G2
Martincourt (54) 48 B3
Martincourt (60) 19 H3
Martincourt-sur-Meuse (55) 24 D3
le Martinet (30) 157 E5
Martinet (85) 91 E4
Martinpuich (62) 10 B4
Martinvast (50) 14 C2
Martinvelle (88) 69 F5
Martisserre (31) 182 C1
Martizay (36) 95 F5
Martot (27) 18 C5
Martragny (14) 16 A4
la Martre (83) 175 H3
Martres (33) 149 H1
les Martres-d'Artière (63) 127 G2
Martres-de-Rivière (31) 182 A4
les Martres-de-Veyre (63) 127 F4
Martres-sur-Morge (63) 127 F1
Martres-Tolosane (31) 182 D3
Martrin (12) 169 E2
Martrois (21) 85 E6
Martrou 120 C1
la Martyre (29) 31 F4
les Martys (11) 185 E1
Maruéjols-lès-Gardon (30) 171 G2
Marval (87) 123 G4
Marvaux-Vieux (08) 24 A5
Marvejols (48) 155 G2
Marvelise (25) 88 B4
Marville (55) 25 F4
Marville-Moutiers-Brûlé (28) 41 F5
Mary (71) 115 H1
Mary-sur-Marne (77) 43 H2
Marzan (56) 73 G2
Marzens (81) 167 H5
Marzy (58) 98 D3
le Mas (06) 176 B4
Mas-Blanc-des-Alpilles (13) 172 D3
Mas-Cabardès (11) 185 E2
le Mas-d'Agenais (47) 150 C4
le Mas-d'Artige (23) 125 H3
Mas-d'Auvignon (32) 165 G3
le Mas-d'Azil (09) 183 F4
Mas-de-Londres (34) 171 E4
le Mas-de-Tence (43) 143 F3
Mas-des-Cours (11) 185 E4
Mas-d'Orcières (48) 156 B3
Mas-Grenier (82) 166 D3
Mas-Saint-Chély (48) 155 H5
Mas-Saintes-Puelles (11) 184 B2
Masbaraud-Mérignat (23) 125 E1
Mascaraàs-Haron (64) 164 B6
Mascaras (32) 165 E6
Mascaras (65) 181 F3
Mascarville (31) 167 G6
Masclat (46) 138 B6
le Mas de la Barque 156 C4
Masevaux (68) 88 D1
Maslacq (64) 179 H1
Masléon (87) 124 D3
Maslives (41) 80 B3
le Masnau-Massuguiès (81) 169 E4
Masnières (59) 10 D4
Masny (59) 10 D2
Masparraute (64) 179 E1
Maspie-Lalonquère-
-Juillacq (64) 180 D1
Masquières (47) 152 A4
Massabrac (31) 183 F3
Massac (11) 185 F6
Massac (17) 121 H2
Massac-Séran (81) 167 H5
Massaguel (81) 168 B6
Massais (79) 93 F3
Massals (81) 169 E3
Massanes (30) 171 G1
Massangis (89) 84 A3
Massat (09) 183 F6
Massay (18) 97 E2
le Massegros (48) 155 G5
Masseilles (33) 150 A4
Massels (47) 151 G5
Massérac (44) 56 D6
Masseret (19) 124 C5
Masseube (32) 182 A1
Masseuil 108 D1
Massiac (15) 141 F2
Massieu (38) 131 F6
Massieux (01) 130 A1
Massiges (51) 24 B6
Massignac (16) 123 F3
Massignieu-de-Rives (01) 131 G3
Massillargues-Attuech (30) 171 G2
Massilly (71) 116 A2
Massingy (21) 85 E1
Massingy (74) 131 H2
Massingy-lès-Semur (21) 84 D4
Massingy-lès-Vitteaux (21) 85 E5
Massognes (86) 93 H5
Massoins (06) 176 D3
Massongy (74) 118 D3
Mas Soubeyran 171 F1
Massoulès (47) 151 G4
Massugas (33) 136 B6
Massy (71) 115 H2
Massy (76) 19 E2
Massy (91) 42 D5
Mastaing (59) 11 E2
Matafelon-Granges (01) 117 G4
les Matelles (34) 171 E4
Matemale (66) 198 D3
Matha (17) 121 G2
Mathaux (10) 66 D2
Mathay (25) 88 C4
Mathenay (39) 102 D3
les Mathes (17) 120 B3
Mathieu (14) 16 B4
Mathons (52) 67 H2
Mathonville (76) 19 E2
Matignicourt-Goncourt (51) 46 C5
Matignon (22) 34 B4
Matigny (80) 21 G1
Matougues (51) 45 H2
Matour (71) 115 H4
Matra (2B) 205 G2
Matringhem (62) 2 A6
Mattaincourt (88) 69 F3
Mattexey (54) 70 A1
Matton-et-Clémency (08) 24 D2
Matzenheim (67) 71 H1
Maubec (38) 130 D4
Maubec (82) 166 B3
Maubec (84) 173 F3
Maubert-Fontaine (08) 12 D6
Maubeuge (59) 12 A2
Maubourguet (65) 164 D6
Maubranche 97 H2
Maubuisson 134 B3
Mauchamps (91) 63 F1
Maucomble (76) 19 E2
Maucor (64) 180 C2
Maucourt (60) 21 G2
Maucourt (80) 21 E1
Maucourt-sur-Orne (55) 25 F6
Maudétour-en-Vexin (95) 42 A2
Mauguio (34) 171 G5
Maulan (55) 47 F5
Maulay (86) 94 A3
Maulde (59) 4 A6
Maule (78) 42 A3
Mauléon (79) 92 C4
Mauléon-Barousse (65) 182 A5
Mauléon-d'Armagnac (32) 164 C2
Mauléon-Licharre (64) 179 G3
Maulers (60) 20 B3
Maulette (78) 41 G4
Maulévrier (49) 92 C3
Maulévrier-
-Sainte-Gertrude (76) 7 E5
Maulichères (32) 164 C4
Maulnes 84 C1
Maumont 139 G1
Maumusson (44) 75 F3
Maumusson (82) 166 B2
Maumusson-Laguian (32) 164 C5
Mauny (76) 18 B5
Maupas (10) 66 B4
Maupas (32) 164 C3
Mauperthuis (77) 43 H4
Maupertuis (50) 37 F2
Maupertus-sur-Mer (50) 14 D2
Mauprévoir (86) 109 F5
Mauquenchy (76) 19 F3
Mauran (31) 182 D3
Maure (64) 180 D1
Maure-de-Bretagne (35) 56 D4
Maurecourt (78) 42 B2
Mauregard (77) 43 E2
Mauregny-en-Haye (02) 22 D3
Maureilhan (34) 186 D2
Maureillas-las-Illas (66) 199 H4
Mauremont (31) 183 H1
Maurens (24) 136 D5
Maurens (31) 184 A1
Maurens (32) 166 B5
Maurens-Scopont (81) 167 H5
Maurepas (78) 42 B5
Maurepas (80) 10 B5
Mauressac (31) 183 F2
Mauressargues (30) 171 H2
Maureville (31) 167 G6
Mauriac 168 A2
Mauriac 136 D3
Mauriac (15) 140 A2
Mauriac (33) 136 A6
Mauries (40) 164 A5
Maurin 161 G1
Maurines (15) 141 F5
Maurois (59) 11 F4
Mauron (56) 56 B3
Mauroux (32) 166 A2
Mauroux (46) 151 H3
Maurrin (40) 164 A3
Maurs (15) 153 H1
Maurupt-le-Montois (51) 46 D4
Maury (66) 199 G1
la Mauselaine 70 C4
Mausoléo (2B) 202 D6
Maussac (19) 125 G6
Maussane-les-Alpilles (13) 172 D4
Maussans (70) 87 G5
Mautes (23) 126 A1
Mauvages (55) 47 H6
Mauvaisin (31) 183 G2
Mauves (07) 144 A4
Mauves-sur-Huisne (61) 60 D2
Mauves-sur-Loire (44) 74 D4
Mauvezin (31) 182 C2
Mauvezin (32) 166 B4
Mauvezin (65) 181 G4
Mauvezin-d'Armagnac (40) 164 C2
Mauvezin-de-Prat (09) 182 D5
Mauvezin-
-de-Sainte-Croix (09) 183 E4
Mauvezin-sur-Gupie (47) 150 C2
Mauvières (36) 110 B1
Mauvilly (21) 85 F2
Maux (58) 99 H3
Mauzac (31) 183 F2
Mauzac-
-et-Grand-Castang (24) 137 F5
Mauzé-sur-le-Mignon (79) 107 F4
Mauzé-Thouarsais (79) 93 F3
Mauzens-et-Miremont (24) 137 G4
Mauzun (63) 127 H4
Mavaleix 123 G5
Maves (41) 80 A2
Mavilly-Mandelot (21) 101 F3
la Maxe (57) 26 C5
Maxent (35) 56 C4
Maxéville (54) 48 D4
Maxey-sur-Meuse (88) 68 D1
Maxey-sur-Vaise (55) 48 A6
Maxilly-sur-Léman (74) 119 F2
Maxilly-sur-Saône (21) 86 B6
Maxou (46) 152 C3
Maxstadt (57) 27 F6
May-en-Multien (77) 43 H2
le May-sur-Èvre (49) 75 G6
May-sur-Orne (14) 16 B5
Mayac (24) 137 G2
Mayenne (53) 58 D3
Mayet (72) 78 B2
le Mayet-de-Montagne (03) 114 C6
le Mayet-d'École (03) 113 H5
Maylis (40) 163 G4
Maynal (39) 117 F1
les Mayons (83) 192 B3
Mayot (02) 22 A2
Mayrac (46) 138 D5
Mayran (12) 154 A4
Mayrègne (31) 181 H6
Mayres (07) 157 E1
Mayres (63) 128 B6
Mayres-Savel (38) 145 G5
Mayreville (11) 184 A3
Mayrinhac-Lentour (46) 139 E6
Mayronnes (11) 185 F5
Maysel (60) 20 C6
Mazamet (81) 168 D6
Mazan (84) 173 F1
Mazan-l'Abbaye (07) 157 E1
Mazangé (41) 79 F2
Mazaugues (83) 191 G3
Mazaye (63) 126 D3
Mazé (49) 77 F5
le Mazeau (85) 107 F3
Mazeirat (23) 111 G5
Mazeley (88) 69 H3
Mazerat-Aurouze (43) 142 A2
Mazeray (17) 121 F1
Mazères 164 D5
Mazères (09) 183 H3
Mazères (33) 149 H3
Mazères-de-Neste (65) 181 H4
Mazères-Lezons (64) 180 B2
Mazères-sur-Salat (31) 182 C4
Mazerier (03) 113 G5
Mazerny (08) 24 A2
Mazerolles (16) 123 E3
Mazerolles (17) 121 F5
Mazerolles (40) 164 A3
Mazerolles (64) 180 B1
Mazerolles (65) 181 G2
Mazerolles (86) 109 G3
Mazerolles-du-Razès (11) 184 C4
Mazerolles-le-Salin (25) 103 E1
Mazerulles (54) 49 E4
Mazet-Saint-Voy (43) 143 E4
Mazeuil (86) 93 H5
Mazeyrat-d'Allier (43) 142 A3
Mazeyrolles (24) 151 H1
la Mazière-
-aux-Bons-Hommes (23) 126 A2
Mazières (16) 123 E2
Mazières-de-Touraine (37) 78 C5
Mazières-en-Gâtine (79) 108 A2
Mazières-en-Mauges (49) 92 C3
Mazières-Naresse (47) 151 F1
Mazières-sur-Béronne (79) 108 B5
Mazille (71) 116 A3
Mazingarbe (62) 2 D6
Mazinghem (62) 2 B5
Mazinghien (59) 11 G4
Mazion (33) 135 E2
Mazirat (03) 112 C5
Mazirot (88) 69 F2
le Mazis (80) 8 D6
Mazoires (63) 127 E6
Mazouau (65) 181 G5
Mazuby (11) 198 C2
les Mazures (08) 13 E6
Mazzola (2B) 205 F2
Méailles (04) 175 H1
Méallet (15) 140 A2

Méasnes (23) 111 F3
Meauce 98 C4
Meaucé (28) 61 F1
Méaudre (38) 145 F3
la Meauffe (50) 15 F6
la Méaugon (22) 33 G4
Meaulne (03) 112 D1
Méaulte (80) 10 A5
Méautis (50) 15 E5
Meaux (77) 43 G3
Meaux-la-Montagne (69) 115 G6
Meauzac (82) 166 D1
Mecé (35) 57 H1
Mechmont (46) 152 C2
Mécleuves (57) 26 C6
Mecquignies (59) 11 H2
Mécrin (55) 47 H4
Mécringes (51) 44 C4
Médan (78) 42 B3
Médavy (61) 39 F5
Medeyrolles (63) 128 B6
Médière (25) 88 B4
Médillac (16) 136 B2
Médis (17) 120 C4
Médonville (88) 68 D3
Médréac (35) 56 C1
le Mée (28) 62 A6
Mée (53) 76 C1
le Mée-sur-Seine (77) 64 A1
les Mées (04) 174 D1
Mées (40) 162 D4
les Mées (72) 60 B3
Mégange (57) 26 D4
Megève (74) 133 E1
Mégevette (74) 119 E4
Mégrit (22) 34 B6
Méharicourt (80) 21 E1
Méharin (64) 179 E2
Méhers (41) 80 A6
Méhoncourt (54) 49 E6
Méhoudin (61) 59 F1
Mehun-sur-Yèvre (18) 97 F2
la Meignanne (49) 76 D4
Meigné (49) 93 G1
Meigné-le-Vicomte (49) 78 A4
Meigneux (77) 64 D1
Meigneux (80) 19 H1
Meilars (29) 52 D2
Meilhac (87) 124 A3
Meilhan (32) 182 B1
Meilhan (40) 163 G3
Meilhan-sur-Garonne (47) 150 B3
Meilhards (19) 124 D5
Meilhaud (63) 127 F5
Meillac (35) 35 E5
Meillant (18) 97 H5
Meillard (03) 113 H3
le Meillard (80) 9 F3
la Meilleraie-Tillay (85) 92 B5
Meilleray (77) 44 C4
la Meilleraye-de-Bretagne (44) 74 D2
Meillerie (74) 119 F2
Meillers (03) 113 G2
Meillon (64) 180 C2
Meillonnas (01) 117 E4
Meilly-sur-Rouvres (21) 101 E1
Meisenthal (57) 28 B6
Meistratzheim (67) 71 G1
le Meix (21) 85 G3
le Meix-Saint-Epoing (51) 44 D5
le Meix-Tiercelin (51) 46 A6
le Méjanel 155 E5
Méjannes-le-Clap (30) 157 G5
Méjannes-lès-Alès (30) 171 H1
Mela (2A) 207 E2
Mélagues (12) 169 H4
Mélamare (76) 6 C5
Mélas 158 A2
Melay (49) 92 D1
Melay (52) 69 E6
Melay (71) 115 E5
le Mêle-sur-Sarthe (61) 60 C1
Mélecey (70) 88 A4
Melesse (35) 57 F2
Melgven (29) 53 H3
Mélicocq (60) 21 F4
Mélicourt (27) 40 A3
Méligny-le-Grand (55) 47 G5
Méligny-le-Petit (55) 47 G5
Melin (70) 87 E2
Melincourt (70) 69 G6
Mélisey (70) 88 B2
Mélisey (89) 84 B1
Meljac (12) 154 B6
Mellac (29) 54 B4
Mellé (35) 58 A1
Melle (79) 108 B4
Mellecey (71) 101 F5
Melleran (79) 108 C5
Melleray (72) 61 E5
Melleray-la-Vallée 59 E1
Melleroy (45) 82 C1
Melles (31) 182 B6
Melleville (76) 8 B5
Mellionnec (22) 54 D1
Mello (60) 20 C6
Meloisey (21) 101 F3
Melrand (56) 55 E3
Melsheim (67) 50 D4
Melun (77) 64 A1
Melve (04) 160 B4
Melz-sur-Seine (77) 65 E1
Membrey (70) 86 D3
la Membrolle-sur-Choisille (37) 78 D5
la Membrolle-
-sur-Longuenée (49) 76 D4
Membrolles (41) 62 A6
Méménil (88) 70 B3
Memmelshoffen (67) 29 E6
le Mémont (25) 104 C1
Menades (89) 83 H5
Ménarmont (88) 70 B1
Menars (41) 80 A3
Menat (63) 113 F6
Menaucourt (55) 47 G5
Mencas (62) 2 A5
Menchhoffen (67) 50 D3
Mende (48) 156 A3
Mendionde (64) 178 D1
Menditte (64) 179 F3
Mendive (64) 179 E3
Ménéac (56) 56 A2
le Ménec 72 B1
Ménerbes (84) 173 G3
Ménerval (76) 19 G3
Ménerville (78) 41 G3
Menesble (21) 85 G2
Méneslies (80) 8 B4
Ménesplet (24) 136 B4
Ménesqueville (27) 19 E5
Ménessaire (21) 100 B2
Menestreau (58) 83 E5
Ménestreau-en-Villette (45) 81 E3
Menet (15) 140 B2
Menetou-Couture (18) 98 C3
Menetou-Râtel (18) 82 B6
Menetou-Salon (18) 97 H1
Menetou-sur-Nahon (36) 96 B1
Ménétréol-sous-Sancerre (18) 82 B6
Ménétréol-sur-Sauldre (18) 81 G5
Ménétréols-sous-Vatan (36) 96 D3
Ménetreuil (71) 116 D1
Ménétreux-le-Pitois (21) 84 D4
Ménétrol (63) 127 F2
Ménétru-le-Vignoble (39) 102 D5
Ménétrux-en-Joux (39) 103 E6
Ménévillers (60) 21 E3
Menglon (26) 159 F1
Ménigoute (79) 108 C2
Ménil (53) 76 D2
le Ménil (88) 70 C6
Ménil-Annelles (08) 23 H4
Ménil-aux-Bois (55) 47 G4
le Ménil-Bérard (61) 40 A5
le Ménil-Broût (61) 60 B1
le Ménil-Ciboult (61) 38 A4
le Ménil-de-Briouze (61) 38 C5
Ménil-de-Senones (88) 70 D2
Ménil-en-Xaintois (88) 69 E2
Ménil-Erreux (61) 60 B1
Ménil-Froger (61) 39 G5
Ménil-Gondouin (61) 38 D4
le Ménil-Guyon (61) 39 G6
Ménil-Hermei (61) 38 D4
Ménil-Hubert-en-Exmes (61) 39 G4
Ménil-Hubert-sur-Orne (61) 38 C3
Ménil-Jean (61) 38 D5
Ménil-la-Horgne (55) 47 H5
Ménil-la-Tour (54) 48 B4
Ménil-Lépinois (08) 23 G5
le Ménil-Scelleur (61) 39 E6
Ménil-sur-Belvitte (88) 70 B1
Ménil-sur-Saulx (55) 47 F5
le Ménil-Vicomte (61) 39 G5
Ménil-Vin (61) 38 D4
Ménilles (27) 41 F2
la Ménitré (49) 77 F5
Mennecy (91) 43 E6
Mennessis (02) 22 A2
Mennetou-sur-Cher (41) 96 D1
Menneval (27) 17 H5
Menneville (02) 23 E4
Menneville (62) 1 G4
Mennevret (02) 11 F5
Mennouveaux (52) 68 B4
Ménoire (19) 139 E3
Menomblet (85) 92 C5
Menoncourt (90) 88 D2
Ménonval (76) 19 F1
Menotey (39) 102 C1
Menou (58) 83 E6
Menouville (95) 42 C1
le Menoux (36) 111 E2
Menoux (70) 87 F1
Mens (38) 145 G5
Mensignac (24) 137 E2
Menskirch (57) 26 D3
Mentheville (76) 6 C4
Menthières 118 A5
Menthon-Saint-Bernard (74) 132 B2
Menthonnex-en-Bornes (74) 118 C6
Menthonnex-
-sous-Clermont (74) 131 H1
Mentières (15) 141 F4
Menton (06) 177 F5
Mentque-Nortbécourt (62) 1 H3
Menucourt (95) 42 B2
les Menuires 132 D6
les Menus (61) 61 F1
Menville (31) 166 D5
Méobecq (36) 96 A6
Méolans-Revel (04) 161 E3
Méon (49) 78 A4
Méounes-lès-Montrieux (83) 191 G4
Mer (41) 80 B3
Méracq (64) 164 A6
Méral (53) 58 B6
Méras (09) 183 F3
Mercatel (62) 10 B3
Mercenac (09) 182 D5
Merceuil (21) 101 G4
Mercey 116 B2
Mercey (27) 41 F2
Mercey-le-Grand (25) 102 D1
Mercey-sur-Saône (70) 86 D4
Mercin-et-Vaux (02) 22 A5
Merck-Saint-Liévin (62) 2 A5
Merckeghem (59) 2 B3
Mercœur (19) 139 F4
Mercœur (43) 141 G2
Mercuer (07) 157 G2
Mercuès (46) 152 C3
Mercurey (71) 101 F5
Mercurol (26) 144 B3
Mercury (73) 132 C3
Mercus-Garrabet (09) 183 H6
Mercy (03) 114 B2
Mercy (89) 65 G5
Mercy-le-Bas (54) 25 H4
Mercy-le-Haut (54) 25 H4
Merdrignac (22) 56 A2
Méré (78) 42 A4
Méré (89) 83 H1
Méreau (18) 97 E2
Méréaucourt (80) 19 H2
Méréglise (28) 61 G3
Mérélessart (80) 8 D5
Mérens (32) 165 G4
Mérens-les-Vals (09) 198 B3
Mérenvielle (31) 166 D5
Méreuil (05) 159 H4
Méréville (54) 48 D6
Méréville (91) 63 E3
Merey (27) 41 F3
Mérey-sous-Montrond (25) 103 F1
Mérey-Vieilley (25) 87 F5
Merfy (51) 23 E5
Mergey (10) 66 A2
Meria (2B) 203 G2
Mérial (11) 198 C2
Méribel-les Allues 133 E6
Méribel-Mottaret 133 E6
Méricourt (62) 10 B1
Méricourt (78) 41 G2
Méricourt-en-Vimeu (80) 9 E6
Méricourt-l'Abbé (80) 9 H5
Méricourt-sur-Somme (80) 10 A6
Mériel (95) 42 C2
Mérifons (34) 170 B5
Mérignac (16) 122 A3
Mérignac (17) 135 G1
Mérignac (33) 135 E5
Mérignas (33) 136 A6
Mérignat (01) 117 F6
Mérignies (59) 3 G6
Mérigny (36) 110 A1
Mérigon (09) 183 E4
Mérilheu (65) 181 F4
Mérillac (22) 56 A1
Mérinchal (23) 126 B2
Mérindol (84) 173 G4
Mérindol-les-Oliviers (26) 158 D5
Mérinville (45) 64 C5
le Mériot (10) 65 F1
Méritein (64) 179 G2
Merkwiller-Pechelbronn (67) 29 E6
Merlas (38) 131 F5
la Merlatière (85) 91 G3
Merlaut (51) 46 B4
Merle-Leignec (42) 142 D1
Merléac (22) 33 F6
Merlebach 27 F5
le Merlerault (61) 39 G5
Merles (82) 166 B1
Merles-sur-Loison (55) 25 F4
Merlevenez (56) 54 D5
Merlieux-et-Fouquerolles (02) 22 B3
Merlimont (62) 8 C1
Merlines (19) 126 B4
Mernel (35) 56 D4
Mérobert (91) 63 E2
Mérona (39) 117 G1
Mérouville (28) 62 D3
Meroux (90) 88 D3
Merpins (16) 121 G4
Merrey (52) 68 C5
Merrey-sur-Arce (10) 66 D5
Merri (61) 39 E4
Merris (59) 2 D4
Merry-la-Vallée (89) 83 E2
Merry-Sec (89) 83 F3
Merry-sur-Yonne (89) 83 G4
Mers-les-Bains (80) 8 B4
Mers-sur-Indre (36) 111 G1
Merschweiller (57) 26 D2
Mersuay (70) 87 G1
Merten (57) 27 E4
Mertrud (52) 67 G2
Mertzen (68) 89 E3
Mertzwiller (67) 51 E3
Méru (60) 20 B6
Merval 19 F3
Merval (02) 22 C5
Mervans (71) 102 A5
Mervent (85) 107 F2
Mervilla (31) 167 F6
Merville 16 C3
Merville (31) 166 D4
Merville (59) 2 D5
Merville-Franceville-Plage (14) 16 C3
Merviller (54) 49 G6
Merxheim (68) 71 F6
Méry (73) 131 H4
Méry-Corbon (14) 16 D5
Méry-ès-Bois (18) 81 G6
Méry-la-Bataille (60) 21 E3
Méry-Prémecy (51) 22 D6
Méry-sur-Cher (18) 97 E1
Méry-sur-Marne (77) 44 A3
Méry-sur-Oise (95) 42 C2
Méry-sur-Seine (10) 65 H1
le Merzer (22) 33 E4
Mésandans (25) 87 H5
Mésanger (44) 75 E3
Mésangueville (76) 19 F3
Mesbrecourt-Richecourt (02) 22 B2
Meschers-sur-Gironde (17) 120 C4
Mescoules (24) 136 D6
le Mesge (80) 9 E5
Mesgrigny (10) 65 H1
Mésigny (74) 118 B6
Meslan (56) 54 C3
Mesland (41) 79 G4
Meslay 91 H1
Meslay (14) 16 B6
Meslay (41) 79 G2
Meslay-du-Maine (53) 59 E6
Meslay-le-Grenet (28) 62 A2
Meslay-le-Vidame (28) 62 A3
Meslières (25) 88 D4
Meslin (22) 33 H5
Mesmay (25) 103 E2
Mesmont (08) 23 G2
Mesmont (21) 85 F6
Mesnac (16) 121 G3
Mesnard-la-Barotière (85) 92 A4
Mesnay (39) 103 E4
les Mesneux (51) 23 E6
la Mesnière (61) 60 C1
Mesnières-en-Bray (76) 19 E1
le Mesnil (50) 14 B4
le Mesnil-Adelée (50) 37 G5
le Mesnil-Amand (50) 35 H1
le Mesnil-Amelot (77) 43 F2
le Mesnil-Amey (50) 37 F1
le Mesnil-Angot (50) 15 E6
le Mesnil-au-Grain (14) 16 A5
le Mesnil-au-Val (50) 14 C2
le Mesnil-Aubert (50) 35 H1
le Mesnil-Aubry (95) 42 D2
le Mesnil-Auzouf (14) 38 A2
le Mesnil-Bacley (14) 17 E6
le Mesnil-Benoist (14) 37 G3
Mesnil-Bruntel (80) 10 C6
le Mesnil-Caussois (14) 37 G3
Mesnil-Clinchamps (14) 37 G3
le Mesnil-Conteville (60) 20 A2
Mesnil-Domqueur (80) 9 E4
le Mesnil-Durand (14) 17 E6
le Mesnil-Durdent (76) 7 E3
Mesnil-en-Arrouaise (80) 10 C4
le Mesnil-en-Thelle (60) 42 D1
le Mesnil-en-Vallée (49) 75 G4
le Mesnil-Esnard (76) 7 G6
le Mesnil-Eudes (14) 17 F5
le Mesnil-Eury (50) 15 E6
Mesnil-Follemprise (76) 7 H3
le Mesnil-Fuguet (27) 40 D2
le Mesnil-Garnier (50) 35 H2
le Mesnil-Geoffroy 7 E3
le Mesnil-Germain (14) 17 F6
le Mesnil-Gilbert (50) 37 G5
le Mesnil-Guillaume (14) 17 F5
le Mesnil-Hardray (27) 40 D3
le Mesnil-Herman (50) 37 F2
le Mesnil-Jourdain (27) 40 D1
Mesnil-la-Comtesse (10) 66 B1
le Mesnil-le-Roi (78) 42 C3
Mesnil-Lettre (10) 66 C1
le Mesnil-Lieubray (76) 19 F3
Mesnil-Martinsart (80) 10 A4
le Mesnil-Mauger (14) 17 E5
Mesnil-Mauger (76) 19 F2
le Mesnil-Opac (50) 37 G2
le Mesnil-Ozenne (50) 37 F5
Mesnil-Panneville (76) 7 F5
le Mesnil-Patry (14) 16 A4
le Mesnil-Rainfray (50) 37 G5
Mesnil-Raoul (76) 18 D5
le Mesnil-Raoult (50) 37 G2
le Mesnil-Réaume (76) 8 B5
le Mesnil-Robert (14) 37 H3
le Mesnil-Rogues (50) 35 H2
Mesnil-Rousset (27) 40 A3
le Mesnil-Rouxelin (50) 37 G1
le Mesnil-Saint-Denis (78) 42 B5
le Mesnil-Saint-Firmin (60) 20 C2
Mesnil-Saint-Georges (80) 20 D2
Mesnil-Saint-Laurent (02) 11 E6
Mesnil-Saint-Loup (10) 65 H3
Mesnil-Saint-Nicaise (80) 21 F1
Mesnil-Saint-Père (10) 66 C3
Mesnil-Sellières (10) 66 C3
le Mesnil-Simon (14) 17 E5
le Mesnil-Simon (28) 41 G3
le Mesnil-sous-Jumièges (76) 7 F6
Mesnil-sous-Vienne (27) 19 G5
le Mesnil-sur-Blangy (14) 17 F4
le Mesnil-sur-Bulles (60) 20 C4
Mesnil-sur-l'Estrée (27) 41 F4
le Mesnil-sur-Oger (51) 45 F3
le Mesnil-Théribus (60) 20 A5
le Mesnil-Thomas (28) 40 D6
le Mesnil-Tôve (50) 37 G5
Mesnil-Val-Plage 8 A4
le Mesnil-Véneron (50) 15 E6
Mesnil-Verclives (27) 19 F5
le Mesnil-Vigot (50) 15 E6
le Mesnil-Villeman (50) 35 H2
le Mesnil-Villement (14) 38 C3
le Mesnilbus (50) 37 E1
le Mesnillard (50) 37 G5
Mesnois (39) 117 G1
les Mesnuls (78) 42 A5
Mespaul (29) 31 G3
Mesplède (64) 163 G6
Mesples (03) 112 B3
Mespuits (91) 63 F3
Mesquer (44) 73 F3
Messac 139 H4
Messac (17) 135 G1
Messac (35) 57 E5
Messanges (21) 101 G2
Messanges (40) 162 B3
Messas (45) 80 B2
Messé (79) 108 D4
Messei (61) 38 B5
Messein (54) 48 D5
Messeix (63) 126 B4
Messemé (86) 94 A3
Messery (74) 118 C3
Messey-sur-Grosne (71) 101 F6
Messia-sur-Sorne (39) 102 C6
Messigny-et-Vantoux (21) 85 H5
Messimy (69) 129 H3
Messimy-sur-Saône (01) 116 B6
Messincourt (08) 24 D2
Messon (10) 66 A3
Messy (77) 43 F3
Mesterrieux (33) 150 B1
Mestes (19) 126 A5
Mesves-sur-Loire (58) 98 C1
Mesvres (71) 100 C4
Métabief (25) 104 A5
les Métairies (16) 121 H3
Métairies-Saint-Quirin (57) 50 A5
Méteren (59) 2 D4
Méthamis (84) 173 G1
Métigny (80) 9 E5
Metting (57) 50 B3
Mettray (37) 78 D5
Metz (57) 26 B5
Metz-en-Couture (62) 10 D4
Metz-le-Comte (58) 83 G5
Metz-Robert (10) 66 B5
Metz-Tessy (74) 132 A1
Metzeral (68) 70 D5
Metzeresche (57) 26 C4
Metzervisse (57) 26 C3
Metzing (57) 27 G5
Meucon (56) 55 G6
Meudon (92) 42 C4
Meuilley (21) 101 G2
Meulan (78) 42 A2
Meulers (76) 7 H2
Meulles (14) 17 F6
Meulson (21) 85 F3
Meunet-Planches (36) 96 D5
Meunet-sur-Vatan (36) 96 D3
Meung-sur-Loire (45) 80 C2
Meurcé (72) 60 B3
Meurchin (62) 3 E6
Meurcourt (70) 87 G1
la Meurdraquière (50) 35 H2
Meures (52) 67 H4
Meurival (02) 22 D5
Meursac (17) 120 D4
Meursanges (21) 101 G3
Meursault (21) 101 F3
Meurville (10) 67 E4
Meusnes (41) 96 B1
Meussia (39) 117 H2
Meuvaines (14) 16 A3
Meux (17) 121 G6
le Meux (60) 21 E5
Meuzac (87) 124 C5
Mévoisins (28) 62 B1
Mévouillon (26) 159 F5
Meximieux (01) 130 C1
Mexy (54) 25 H3
Mey (57) 26 C5
Meyenheim (68) 71 F6
Meygeas 124 A2
Meylan (38) 145 G2
Meymac (19) 125 G5
Meynes (30) 172 C3
Meyraguet 138 C5
Meyrals (24) 137 H5
Meyrannes (30) 157 E5
Meyrargues (13) 174 A5
Meyras (07) 157 F1
Meyreuil (13) 174 A6
Meyrié (38) 130 D5
Meyrieu-les-Étangs (38) 130 D5
Meyrieux-Trouet (73) 131 G4
Meyrignac-l'Église (19) 125 E6
Meyronne (46) 138 D5
Meyronnes (04) 161 G2
Meyrueis (48) 155 H6
Meys (69) 129 F4
Meyssac (19) 138 D4
Meysse (07) 158 A2
Meyssiès (38) 130 C5
Meythet (74) 132 A1
la Meyze (87) 124 A4
Meyzieu (69) 130 B3
Mézangers (53) 59 E4
Mèze (34) 187 G1
Mézel (04) 175 E1
Mezel (63) 127 G3
Mézens (81) 167 G4
Mézeray (72) 77 H1
Mézères (43) 142 D3
Mézériat (01) 116 C4
Mézerolles (80) 9 F3
Mézerville (11) 184 A3
Mézidon-Canon (14) 16 D5
la Mézière (35) 57 E2
Mézières-au-Perche (28) 61 H3
Mézières-en-Brenne (36) 95 G5
Mézières-en-Drouais (28) 41 F5
Mézières-en-Gâtinais (45) 63 H5
Mézières-en-Santerre (80) 20 D1
Mézières-en-Vexin (27) 41 G1
Mézières-lez-Cléry (45) 80 C2
Mézières-sous-Lavardin (72) 59 H4
Mézières-sur-Couesnon (35) 57 G1
Mézières-sur-Issoire (87) 110 A6
Mézières-sur-Oise (02) 22 A1
Mézières-sur-Ponthouin (72) 60 B4
Mézières-sur-Seine (78) 42 A3
Mézilhac (07) 143 F6
Mézilles (89) 82 D3
Mézin (47) 165 E1
Méziré (90) 88 D3
Mézos (40) 148 B6
Mézy-Moulins (02) 44 C2
Mézy-sur-Seine (78) 42 A2
Mhère (58) 99 H1
Mialet (24) 123 G5
Mialet (30) 171 F1
Mialos (64) 164 A6
Miannay (80) 8 C4
Michaugues (58) 99 F1
Michelbach (68) 89 E1
Michelbach-le-Bas (68) 89 G3
Michelbach-le-Haut (68) 89 G3
Michery (89) 64 D3
Midrevaux (88) 68 C2
Mièges (39) 103 F5
Miélan (32) 181 G1
Miellin (70) 88 C1
Miermaigne (28) 61 F3
Miers (46) 139 E5
Miéry (39) 102 D5
Mietesheim (67) 51 E2
Mieussy (74) 119 E5
Mieuxcé (61) 59 H2
Mifaget 180 C4
Migé (89) 83 F3
Migennes (89) 65 F6
Miglos (09) 197 H4
Mignaloux-Beauvoir (86) 109 E2
Mignavillers (70) 88 B3
Migné (36) 95 H6
Migné-Auxances (86) 109 E1
Mignères (45) 64 A5
Mignerette (45) 63 H5
Mignéville (54) 49 G6
Mignières (28) 62 A2
Mignovillard (39) 103 G5
Migny (36) 97 E3
Migré (17) 107 G6
Migron (17) 121 G2
Mijanès (09) 198 C2
Mijanès-Donezan 198 C2
Mijoux (01) 118 B3
la Milesse (72) 60 A5
Milhac (46) 138 B6
Milhac-d'Auberoche (24) 137 G3
Milhac-de-Nontron (24) 123 F6
Milhars (81) 153 F6
Milhas (31) 182 B5
Milhaud (30) 172 A4
Milhavet (81) 168 B2
Milizac (29) 30 D4
Millac (86) 109 G5
Millam (59) 2 B3
Millançay (41) 80 C5
Millas (66) 199 H3
Millau (12) 169 H1
Millay (58) 100 B5
Millebosc (76) 8 B5
Millemont (78) 41 H4
Millencourt (80) 10 A5
Millencourt-en-Ponthieu (80) 8 D3
Millery (21) 84 C4
Millery (54) 48 C4
Millery (69) 130 A4
Millevaches (19) 125 G4
Millières (50) 14 D6
Millières (52) 68 B4
Millonfosse (59) 11 E1
Milly (50) 37 G6
Milly-la-Forêt (91) 63 G2
Milly-Lamartine (71) 116 A3
Milly-sur-Bradon (55) 24 D4
Milly-sur-Thérain (60) 20 A4
Milon-la-Chapelle (78) 42 B5
Mimbaste (40) 163 E4
Mimet (13) 190 D3
Mimeure (21) 101 E2
Mimizan (40) 148 A5
Mimizan Plage 148 A5
Minaucourt-le-Mesnil-
-lès-Hurlus (51) 46 C1
Minerve (34) 185 G2
Mingot (65) 181 F2
Mingoval (62) 10 A1
Miniac-Morvan (35) 35 E4
Miniac-sous-Bécherel (35) 56 D1
le Minihic-sur-Rance (35) 34 D4
Minihy-Tréguier (22) 32 D2
Minorville (54) 48 B4
Minot (21) 85 G3
Minversheim (67) 51 E3
Minzac (24) 136 B4
Minzier (74) 118 B6
Miolles (81) 169 E3
Mionnay (01) 130 B2
Mions (69) 130 B4
Mios (33) 148 C2
Miossens-Lanusse (64) 164 B6
Mirabeau (04) 160 B6
Mirabeau (84) 174 B4
Mirabel (07) 157 G2
Mirabel (82) 152 C6
Mirabel-aux-Baronnies (26) 158 D4
Mirabel-et-Blacons (26) 158 D1
Miradoux (32) 166 A2
Miramar 193 F2
Miramas (13) 173 F5
Miramas le Vieux 173 F5
Mirambeau (17) 121 F6
Mirambeau (31) 182 C1
Miramont-d'Astarac (32) 165 G6
Miramont-
-de-Comminges (31) 182 B4
Miramont-de-Guyenne (47) 150 D2
Miramont-de-Quercy (82) 152 A5
Miramont-Latour (32) 165 H4
Miramont-Sensacq (40) 164 B5
Mirande (32) 165 F6
Mirandol-Bourgnounac (81) 153 H6
Mirannes (32) 165 F5
Miraumont (80) 10 B4
Miraval-Cabardes (11) 185 E2
Mirbel (52) 67 H3
Miré (49) 77 E2
Mirebeau (86) 94 A5
Mirebeau-sur-Bèze (21) 86 B5
Mirebel (39) 103 E6
Mirecourt (88) 69 F2

Mirefleurs (63) 127 F4
Miremont (31) 183 F2
Miremont (63) 126 C2
Mirepeisset (11) 186 B2
Mirepeix (64) 180 C3
Mirepoix (09) 184 B4
Mirepoix (32) 165 H4
Mirepoix-sur-Tarn (31) 167 F3
Mireval (34) 171 E6
Mireval-Lauragais (11) 184 B3
Miribel (01) 130 B2
Miribel (26) 144 C2
Miribel-Lanchâtre (38) 145 F4
Miribel-les-Échelles (38) 131 G6
Mirmande (26) 158 B1
le Miroir 133 F4
le Miroir (71) 117 E1
Miromesnil 7 G2
Mirvaux (80) 9 G5
Mirville (76) 6 C4
Miscon (26) 159 F1
Miserey (27) 41 E2
Miserey-Salines (25) 87 F6
Misérieux (01) 130 A1
Misery (80) 10 C6
Mison (04) 160 A5
Missé (79) 93 G4
Missècle (81) 168 A4
Missègre (11) 185 E5
Missery (21) 84 D6
Missillac (44) 73 G2
Missiriac (56) 56 A5
Misson (40) 163 E5
Missy (14) 16 A5
Missy-aux-Bois (02) 21 H5
Missy-lès-Pierrepont (02) 22 D2
Missy-sur-Aisne (02) 22 B5
Misy-sur-Yonne (77) 64 D2
Mitry-Mory (77) 43 F3
Mitschdorf 28 D6
Mittainville (78) 41 H5
Mittainvilliers (28) 61 H1
Mittelbergheim (67) 71 F1
Mittelbronn (57) 50 B4
Mittelhausbergen (67) 51 E5
Mittelhausen (67) 51 E4
Mittelschaeffolsheim (67) 51 E4
Mittelwihr (68) 71 F3
Mittersheim (57) 49 H3
Mittlach (68) 70 D5
Mittois (14) 17 E6
Mitzach (68) 70 D6
Mizérieux (42) 129 E3
Mizoën (38) 146 B3
Mobecq (50) 14 C5
Moca-Croce (2A) 207 E1
Modane (73) 147 E2
Modène (84) 158 D6
Moëlan-sur-Mer (29) 54 A4
les Moëres (59) 2 C1
Mœrnach (68) 89 F4
Moëslains (52) 46 D6
Mœurs-Verdey (51) 44 D5
Mœuvres (59) 10 D3
Moëze (17) 120 C1
Moffans-et-Vacheresse (70) 88 A3
Mogeville (55) 25 F6
Mognard (73) 131 H3
Mogneneins (01) 116 B5
Mognéville (55) 46 D4
Mogneville (60) 20 D5
Mogues (08) 25 E2
Mohon 24 B1
Mohon (56) 55 H3
Moidieu-Détourbe (38) 130 B5
Moigné 57 E3
Moigny-sur-École (91) 63 G2
Moimay (70) 88 A3
Moineville (54) 26 A4
Moings (17) 121 G5
Moingt 128 D4
Moinville-la-Jeulin (28) 62 C2
Moirans (38) 145 F1
Moirans-en-Montagne (39) 117 H2
Moirax (47) 151 E6
Moiré (69) 129 G1
Moiremont (51) 46 D1
Moirey-Flabas-Crépion (55) 25 F5
Moiron (39) 102 D6
Moiry (08) 25 E2
Moisdon-la-Rivière (44) 75 E1
Moisenay (77) 43 F6
Moislains (80) 10 C5
Moissac (82) 166 C1
Moissac-Bellevue (83) 175 E4
Moissac-Vallée-Française (48) 156 C6
Moissannes (87) 124 D2
Moissat (63) 127 G3
Moisselles (95) 42 D2
Moissey (39) 102 C1
Moissieu-sur-Dolon (38) 130 B6
Moisson (78) 41 H2
Moissy-Cramayel (77) 43 F6
Moissy-Moulinot (58) 83 G6
Moisville (27) 41 E4
Moisy (41) 79 H1
Moïta (2B) 205 G2
les Moitiers-d'Allonne (50) 14 B4
les Moitiers-en-Bauptois (50) 14 D4
Moitron (21) 85 F3
Moitron-sur-Sarthe (72) 59 H3
Moivre (51) 46 B3
Moivrons (54) 48 D3
Molac (56) 56 A6
Molagnies (76) 19 G3
Molain (02) 11 F4
Molain (39) 103 E4
Molamboz (39) 102 D3
Molandier (11) 183 H3
les Molanès 161 F3
le Molant 57 E3
Molas (31) 182 B1
Molay (39) 102 C3
Molay (70) 86 D2
Môlay (89) 84 A2
le Molay-Littry (14) 15 G6
la Môle (83) 192 C4
Moléans (28) 62 A5
Molèdes (15) 141 E2
Molère (65) 181 G4
Molesme (21) 66 D6
Molesmes (89) 83 F3
Molezon (48) 156 B6
Molhain 13 E4
Moliens (60) 19 H2
Molières (24) 137 G6
Molières (46) 139 F6
Molières (82) 152 C6
les Molières (91) 42 B5
Molières-Cavaillac (30) 170 D2
Molières-Glandaz (26) 145 E6
Molières-sur-Cèze (30) 157 E5
Moliets-et-Maa (40) 162 C3
Moliets Plage 162 B3
Molinchart (02) 22 B3
Molines-en-Queyras (05) 147 G6
Molinet (03) 114 D2
Molineuf (41) 79 H4
Molinges (39) 117 H3
Molinons (89) 65 F4
Molinot (21) 101 E3
Molins-sur-Aube (10) 66 D2
Molitg-les-Bains (66) 199 E3
Mollans (70) 87 H3
Mollans-sur-Ouvèze (26) 158 D5
Mollau (68) 70 D6
Mollégès (13) 173 E3
Molles (03) 114 B6
les Mollettes (73) 132 A5
Molleville (11) 184 A2
Molliens-au-Bois (80) 9 G5
Molliens-Dreuil (80) 9 E6
Mollkirch (67) 50 C6
Molompize (15) 141 F2
Molosmes (89) 84 B1
Moloy (21) 85 G4
Molphey (21) 84 C6
Molpré (39) 103 G5
Molring (57) 49 G3
Molsheim (67) 50 D6
Moltifao (2B) 203 E6
les Molunes (39) 118 A3
Momas (64) 180 B1
Mombrier (33) 135 F3
Momères (65) 181 E3
Momerstroff (57) 27 E5
Mommenheim (67) 51 E4
Momuy (40) 163 G5
Momy (64) 180 D1
Monacia-d'Aullène (2A) 207 E4
Monacia-d'Orezza (2B) 205 G1
Monampteuil (02) 22 B4
Monassut-Audiracq (64) 180 D1
le Monastère (12) 154 C4
le Monastier-Pin-Moriès (48) 155 G3
le Monastier-sur-Gazeille (43) 142 D5
Monay (39) 102 D4
Monbahus (47) 151 E2
Monbalen (47) 151 F5
Monbardon (32) 182 B2
Monbazillac (24) 136 D6
Monbéqui (82) 166 D3
Monblanc (32) 182 D1
Monbrun (32) 166 C5
Moncale (2B) 202 C6
Moncassin (32) 181 H1
Moncaup (31) 182 B5
Moncaup (64) 164 C6
Moncaut (47) 151 E6
Moncayolle-Larrory-
-Mendibieu (64) 179 G2
Moncé-en-Belin (72) 78 A1
Moncé-en-Saosnois (72) 60 C3
Monceau-le-Neuf-
-et-Faucouzy (02) 22 C1
Monceau-le-Waast (02) 22 C2
Monceau-lès-Leups (02) 22 B2
Monceau-Saint-Waast (59) 11 H3
Monceau-sur-Oise (02) 11 G6
les Monceaux (14) 17 E5
Monceaux (60) 20 D5
Monceaux-au-Perche (61) 61 E1
Monceaux-en-Bessin (14) 15 H6
Monceaux-l'Abbaye (60) 19 G2
Monceaux-le-Comte (58) 83 G6
Monceaux-sur-Dordogne (19) 139 F3
Moncel-lès-Lunéville (54) 49 F6
Moncel-sur-Seille (54) 49 E4
Moncel-sur-Vair (88) 68 D2
la Moncelle (08) 24 C2
Moncetz-l'Abbaye (51) 46 B5
Moncetz-Longevas (51) 46 A3
Moncey (25) 87 G5
Monchaux-Soreng (76) 8 C5
Monchaux-sur-Écaillon (59) 11 F2
Moncheaux (59) 10 D1
Moncheaux-lès-Frévent (62) 9 G2
Monchecourt (59) 10 D2
Monchel-sur-Canche (62) 9 F2
Moncheux (57) 49 E2
Monchiet (62) 10 A3
Monchy-au-Bois (62) 10 A3
Monchy-Breton (62) 9 H1
Monchy-Cayeux (62) 9 G1
Monchy-Humières (60) 21 E4
Monchy-Lagache (80) 10 C6
Monchy-le-Preux (62) 10 C2
Monchy-Saint-Éloi (60) 20 D6
Monchy-sur-Eu (76) 8 B5
Moncla (64) 164 B5
Monclar (32) 164 C2
Monclar (47) 151 E3
Monclar-de-Quercy (82) 167 F2
Monclar-sur-Losse (32) 165 F6
Moncley (25) 87 E6
Moncontour (22) 33 H6
Moncontour (86) 93 H4
Moncorneil-Grazan (32) 182 A1
Moncourt (57) 49 F4
Moncoutant (79) 92 D5
Moncrabeau (47) 165 F1
Moncy (61) 38 A4
Mondavezan (31) 182 D3
Mondelange (57) 26 B4
Mondement-Montgivroux (51) 45 E4
Mondescourt (60) 21 G3
Mondétour 7 H5
Mondevert (35) 58 A5
Mondeville (14) 16 C4
Mondeville (91) 63 G1
Mondicourt (62) 9 H3
Mondigny (08) 24 A2
Mondilhan (31) 182 B2
Mondion (86) 94 C4
Mondon (25) 87 H4
Mondonville (31) 166 D5
Mondonville-Saint-Jean (28) 62 D2
Mondorff (57) 26 C2
Mondoubleau (41) 61 F6
Mondouzil (31) 167 F5
Mondragon (84) 158 A5
Mondrainville (14) 16 B5
Mondrepuis (02) 12 B5
Mondreville (77) 63 H4
Mondreville (78) 41 G3
Monein (64) 180 A2
Monès (31) 182 D1
Monesple (09) 183 G4
Monestier (03) 113 G4
Monestier (07) 143 G2
Monestier (24) 136 C6
le Monestier (63) 128 B5
Monestier-d'Ambel (38) 146 A6
Monestier-de-Clermont (38) 145 G4
le Monestier-du-Percy (38) 145 G6
Monestier-Merlines (19) 126 B4
Monestier-Port-Dieu (19) 126 B5
Monestiés (81) 168 B1
Monestir del Camp 200 D3
Monestrol (31) 183 H2
Monétay-sur-Allier (03) 113 H3
Monétay-sur-Loire (03) 114 C3
Monéteau (89) 83 G1
Monêtier-Allemont (05) 160 A3
le Monêtier-les-Bains (05) 146 D4
Monfaucon (24) 136 C5
Monfaucon (65) 181 F1
Monferran-Plavès (32) 165 H6
Monferran-Savès (32) 166 B5
Monferrand 127 F3
Monflanquin (47) 151 G3
Monfort (32) 166 A4
Monfréville (14) 15 F5
Mongaillard (47) 150 C5
Mongausy (32) 166 A6
Mongauzy (33) 150 B2
Monget (40) 163 H5
la Mongie 181 F6
Monguilhem (32) 164 C3
Monheurt (47) 150 D4
Monhoudou (72) 60 B3
Monieux (84) 173 H1
Monistrol-d'Allier (43) 142 A4
Monistrol-sur-Loire (43) 143 E1
Monlaur-Bernet (32) 181 H2
Monléon-Magnoac (65) 181 H3
Monlet (43) 142 B2
Monlezun (32) 165 E6
Monlezun-d'Armagnac (32) 164 C3
Monlong (65) 181 H3
Monmadalès (24) 137 E6
Monmarvès (24) 151 F1
Monnai (61) 39 H3
Monnaie (37) 79 E4
Monneren (57) 26 D3
la Monnerie-le-Montel (63) 128 A2
Monnerville (91) 63 E3
Monnes (02) 44 A1
Monnet-la-Ville (39) 103 E5
Monnetay (39) 117 F2
Monnetier-Mornex (74) 118 C5
Monneville (60) 20 A6
Monnières (39) 102 C2
Monnières (44) 75 E6
Monoblet (30) 171 F2
Monpardiac (32) 181 F1
Monpazier (24) 151 G1
Monpezat (64) 164 C6
Monplaisant (24) 137 H6
Monprimblanc (33) 149 H2
Mons (16) 122 A2
Mons (17) 121 G2
Mons (30) 157 E6
Mons (31) 167 F5
Mons (34) 169 H6
Mons (63) 127 H1
Mons (83) 176 A6
Mons-Boubert (80) 8 C4
Mons-en-Barœul (59) 3 G5
Mons-en-Laonnois (02) 22 B3
Mons-en-Montois (77) 64 D1
Mons-en-Pévèle (59) 3 F6
Monsac (24) 137 F6
Monsaguel (24) 151 E1
Monsec (24) 123 E6
Monségur (33) 150 B1
Monségur (40) 163 H5
Monségur (47) 151 G3
Monségur (64) 181 E1
la Monselie (15) 140 B1
Monsempron-Libos (47) 151 H3
Monsireigne (85) 92 B5
Monsols (69) 115 H4
Monsteroux-Milieu (38) 130 B6
Monsures (80) 20 B2
Monswiller (67) 50 C4
le Mont 86 B2
Mont (64) 179 H1
Mont (65) 195 H4
Mont (71) 114 D1
le Mont (88) 70 D1
Mont-Bernanchon (62) 2 D5
Mont-Bertrand (14) 37 H2
Mont-Bonvillers (54) 25 H5
Mont-Cauvaire (76) 7 G5
Mont-d'Astarac (32) 182 A2
Mont-Dauphin (05) 161 F1
Mont-de-Galié (31) 182 A5
Mont-de-Lans (38) 146 B3
Mont-de-Laval (25) 104 B1
Mont-de-l'If (76) 7 F5
Mont-de-Marrast (32) 181 G1
Mont-de-Marsan (40) 163 H2
Mont-de-Vougney (25) 88 C6
Mont-devant-Sassey (55) 24 D4
le Mont-Dieu (08) 24 B3
Mont-Disse (64) 164 C5
Mont-Dol (35) 35 E4
Mont-Dore (63) 126 D5
Mont-d'Origny (02) 11 F6
Mont-et-Marré (58) 99 G2
Mont-Laurent (08) 23 H4
Mont-le-Vernois (70) 87 F3
Mont-le-Vignoble (54) 48 B5
Mont-lès-Lamarche (88) 69 E5
Mont-lès-Neufchâteau (88) 68 C2
Mont-lès-Seurre (71) 102 A3
Mont-l'Étroit (54) 68 D1
Mont-l'Évêque (60) 43 F1
Mont-Louis (66) 198 D4
Mont-Notre-Dame (02) 22 C5
Mont-Ormel (61) 39 F4
Mont-près-Chambord (41) 80 A4
Mont-Roc (81) 168 D4
le Mont-Saint-Adrien (60) 20 A4
Mont-Saint-Aignan (76) 7 G6
Mont-Saint-Éloi (62) 10 A2
Mont-Saint-Jean (02) 23 F1
Mont-Saint-Jean (21) 84 D6
Mont-Saint-Jean (72) 59 G3
Mont-Saint-Léger (70) 87 E3
Mont-Saint-Martin (02) 22 C6
Mont-Saint-Martin (08) 24 A5
Mont-Saint-Martin (38) 145 G1
Mont-Saint-Martin (54) 25 H3
le Mont-Saint-Michel (50) 35 G4
Mont-Saint-Père (02) 44 C2
Mont-Saint-Remy (08) 23 H4
Mont-Saint-Sulpice (89) 65 G6
Mont-Saint-Vincent (71) 115 H1
Mont-Saxonnex (74) 119 E5
Mont-sous-Vaudrey (39) 102 D3
Mont-sur-Courville (51) 22 C6
Mont-sur-Meurthe (54) 49 E6
Mont-sur-Monnet (39) 103 E5
Montabard (61) 39 E4
Montabon (72) 78 C3
Montabot (50) 37 G3
Montacher-Villegardin (89) 64 C4
Montadet (32) 182 C1
Montady (34) 186 D2
Montagagne (09) 183 F5
Montagna-le-Reconduit (39) 117 F2
Montagna-le-Templier (39) 117 F3
Montagnac (30) 171 H2
Montagnac (34) 187 F1
Montagnac-d'Auberoche (24) 137 G2
Montagnac-la-Crempse (24) 137 E4
Montagnac-Montpezat (04) 175 E3
Montagnac-sur-Auvignon (47) 150 D6
Montagnac-sur-Lède (47) 151 G3
Montagnat (01) 117 E5
Montagne (33) 135 H5
Montagne (38) 144 D3
la Montagne (44) 74 C5
la Montagne (70) 70 B6
Montagne-Fayel (80) 9 E6
Montagne de Lachens 176 A5
Montagney (70) 86 D6
Montagney-Servigney (25) 87 H4
Montagnieu (01) 131 E2
Montagnieu (38) 131 E5
Montagnol (12) 169 H3
Montagnole (73) 131 H5
Montagny (42) 115 F6
Montagny (69) 129 H4
Montagny (73) 133 E5
Montagny-en-Vexin (60) 42 A1
Montagny-lès-Beaune (21) 101 G3
Montagny-lès-Buxy (71) 101 F6
Montagny-les-Lanches (74) 132 A2
Montagny-lès-Seurre (21) 102 B3
Montagny-près-Louhans (71) 102 B6
Montagny-Sainte-Félicité (60) 43 F1
Montagny-sur-Grosne (71) 115 H3
Montagoudin (33) 150 B2
Montagrier (24) 136 D2
Montagudet (82) 152 A5
Montagut (64) 163 H6
Montaignac-
-Saint-Hippolyte (19) 139 F1
Montaigu (02) 22 D3
Montaigu (39) 102 D6
Montaigu (85) 91 G1
Montaigu-de-Quercy (82) 151 H4
Montaigu-la-Brisette (50) 14 D3
Montaigu-le-Blin (03) 114 B4
Montaigu-les-Bois (50) 37 F3
Montaiguët-en-Forez (03) 114 C4
Montaigut (63) 113 E5
Montaigut-le-Blanc (23) 111 F5
Montaigut-le-Blanc (63) 127 F5
Montaigut-sur-Save (31) 166 D4
Montaillé (72) 61 E6
Montailleur (73) 132 C4
Montaillou (09) 198 B2
Montaimont (73) 132 C6
Montain (39) 102 D5
Montaïn (82) 166 C2
Montainville (28) 62 B3
Montainville (78) 42 A3
Montalba-d'Amélie 199 G5
Montalba-le-Château (66) 199 G3
Montalbert 133 E4
Montalembert (79) 108 D5
Montalet-le-Bois (78) 42 A2
Montalieu-Vercieu (38) 131 E2
Montalivet-les-Bains 120 B6
Montalzat (82) 152 D6
Montamat (32) 166 A6
Montambert (58) 99 G5
Montamel (46) 152 C2
Montamisé (86) 109 F1
Montamy (14) 38 A2
Montanay (69) 130 A2
Montancy (25) 88 D5
Montandon (25) 88 C5
Montanel (50) 35 G5
Montaner (64) 181 E2
Montanges (01) 117 H5
Montans (81) 167 H3
Montapas (58) 99 G3
Montarcher (42) 128 D6
Montardit (09) 183 E4
Montardon (64) 180 C1
Montaren-
-et-Saint-Médiers (30) 172 A1
Montargis (45) 64 A6
Montarlot (77) 64 B3
Montarlot-lès-Rioz (70) 87 F5
Montarnaud (34) 171 E5
Montaron (58) 99 H4
Montastruc (47) 151 E3
Montastruc (65) 181 G3
Montastruc (82) 166 D1
Montastruc-de-Salies (31) 182 C5
Montastruc-la-Conseillère (31) 167 F4
Montastruc-Savès (31) 182 D2
le Montat (46) 152 C4
Montataire (60) 20 D6
Montauban (82) 167 E2
Montauban-de-Bretagne (35) 56 C2
Montauban-de-Luchon (31) 196 A4
Montauban-de-Picardie (80) 10 B5
Montauban-sur-l'Ouvèze (26) 159 F5
Montaud (34) 171 F4
Montaud (38) 145 F1
Montaudin (53) 58 B2
Montaulieu (26) 158 D4
Montaulin (10) 66 B3
Montaure (27) 18 C6
Montauriol (11) 184 A3
Montauriol (47) 151 E2
Montauriol (66) 199 H4
Montauriol (81) 168 C1
Montauroux (83) 176 B6
Montaut (09) 183 H3
Montaut (24) 137 E6
Montaut (31) 183 F2
Montaut (32) 181 H1
Montaut (40) 163 G4
Montaut (47) 151 F2
Montaut (64) 180 C4
Montaut-les-Créneaux (32) 165 H4
Montautour (35) 58 A3
Montauville (54) 48 C3
Montay (59) 11 F4
Montayral (47) 151 H3
Montazeau (24) 136 B5
Montazels (11) 184 D6
Montbard (21) 84 C3
Montbarla (82) 152 A5
Montbarrey (39) 102 D3
Montbarrois (45) 63 G5
Montbartier (82) 166 D3
Montbavin (02) 22 B3
Montbazens (12) 153 H3
Montbazin (34) 171 E6
Montbazon (37) 78 D6
Montbel (09) 184 B5
Montbel (48) 156 B2
Montbéliard (25) 88 C4
Montbéliardot (25) 104 B1
Montbellet (71) 116 B2
Montbenoît (25) 104 A3
Montberaud (31) 183 E4
Montbernard (31) 182 B2
Montberon (31) 167 F4
Montbert (44) 74 D6
Montberthault (21) 84 B5
Montbeton (82) 166 D2
Montbeugny (03) 114 A2
Montbizot (72) 60 A4
Montblainville (55) 24 C6
Montblanc (34) 187 E1
Montboillon (70) 87 E5
Montboissier (28) 62 A4
Montbolo (66) 199 G4
Montbonnot-Saint-Martin (38) 145 G2
Montboucher (23) 124 D1
Montboucher-sur-Jabron (26) 158 B2
Montboudif (15) 140 C1
Montbouton (90) 88 D4
Montbouy (45) 82 B1
Montboyer (16) 136 B1
Montbozon (70) 87 G4
Montbrand (05) 159 G2
Montbras (55) 48 A6
Montbray (50) 37 G3
Montbré (51) 23 E6
Montbrehain (02) 11 E5
Montbrison (42) 128 D4
Montbrison-sur-Lez (26) 158 C3
Montbron (16) 123 E4
Montbronn (57) 28 B6
Montbrun (46) 153 F3
Montbrun (48) 156 A4
Montbrun-Bocage (31) 183 E4
Montbrun-des-Corbières (11) 185 G3
Montbrun-Lauragais (31) 183 G1
Montbrun-les-Bains (26) 159 F5
Montcabrier (46) 152 A3
Montcabrier (81) 167 G5
Montcaret (24) 136 B5
Montcarra (38) 131 E4
Montcavrel (62) 1 G6
Montceau-et-Écharnant (21) 101 F3
Montceau-les-Mines (71) 100 D6
Montceaux (01) 116 B5
Montceaux-lès-Meaux (77) 43 H3
Montceaux-lès-Provins (77) 44 C5
Montceaux-lès-Vaudes (10) 66 B4
Montceaux-l'Étoile (71) 115 E3
Montceaux-Ragny (71) 116 B1
Montcel (63) 127 E1
Montcel (73) 132 A3
Montcenis (71) 100 D5
Montcet (01) 116 D4
Montcey (70) 87 G3
Montchaboud (38) 145 G3
Montchal (42) 129 F2
Montchâlons (02) 22 C3
Montchamp (14) 38 A3
Montchamp (15) 141 F4
Montchanin (71) 100 D5
Montcharvot (52) 68 D6
Montchaton (50) 36 D2
Montchaude (16) 121 H6
Montchauvet (14) 38 A3
Montchauvet (78) 41 G3
Montchavin 133 F4
Montchenu (26) 144 C2
Montcheutin (08) 24 B5
Montchevrel (61) 39 G6
Montchevrier (36) 111 F2
Montclar (04) 160 D3
Montclar (11) 184 D4
Montclar (12) 169 F2
Montclar-de-Comminges (31) 182 D3
Montclar-Lauragais (31) 183 H2
Montclar-sur-Gervanne (26) 144 C6
Montclard (43) 142 A2
Montcléra (46) 152 B2
Montclus (05) 159 G3
Montclus (30) 157 G5
Montcombroux-
-les-Mines (03) 114 C3
Montcombroux-Vieux Bourg 114 C3
Montcony (71) 102 B6
Montcorbon (45) 64 C6
Montcornet (02) 23 E2
Montcornet (08) 13 E6
Montcourt (70) 69 E6
Montcourt-Fromonville (77) 64 A3
Montcoy (71) 101 H5
Montcresson (45) 82 B1
Montcuit (50) 37 E1
Montcuq (46) 152 B4
Montcusel (39) 117 G3
Montcy-Notre-Dame (08) 24 B1
Montdardier (30) 170 D2
Montdauphin (77) 44 C4
Montdidier (57) 49 G2
Montdidier (80) 20 D2
Montdoré (70) 69 F6
Montdoumerc (46) 152 D5
Montdragon (81) 168 B4
Montdurausse (81) 167 F2
Monte (2B) 203 G6
Monteaux (41) 79 G5
Montebourg (50) 14 D3
Montech (82) 166 D2
Montécheroux (25) 88 C5
Montegrosso (2B) 202 C6
Montégut 169 G3
Montégut (32) 165 H5
Montégut (40) 164 B3
Montégut (65) 181 H4
Montégut-Arros (32) 181 F1
Montégut-Bourjac (31) 182 D2
Montégut-en-Couserans (09) 182 D5
Montégut-Lauragais (31) 184 B1
Montégut-Plantaurel (09) 183 G4
Montégut-Savès (32) 182 C1
Monteignet-sur-l'Andelot (03) 113 H5
le Monteil (15) 140 B2
le Monteil (43) 142 C3
le Monteil-au-Vicomte (23) 125 F2
Monteille (14) 17 E5
Monteils (12) 153 G5
Monteils (30) 171 H1
Monteils (82) 152 D6
Montel-de-Gelat (63) 126 B1
Montéléger (26) 144 B5
Montélier (26) 144 C4
Montélimar (26) 158 A2
le Montellier (01) 130 C1
Montels (09) 183 G5
Montels (34) 186 C2
Montels (81) 167 H2
Montembœuf (16) 123 E3
Montenach (57) 26 D2
Montenay (53) 58 C3
Montendre (17) 135 G1
Montendry (73) 132 B5
Montenescourt (62) 10 A2
Monteneuf (56) 56 B4
Montenils (77) 44 C4
Montenois (25) 88 B4
Montenoison (58) 99 F1
Montenoy (54) 48 D4
le Montenvers 133 F1
Montépilloy (60) 21 E6

Monteplain (39) 102 D1
Montépreux (51) 45 G5
Monterblanc (56) 55 G5
Montereau (45) 81 H1
Montereau-Fault-Yonne (77) 64 C2
Montereau-sur-le-Jard (77) 43 F6
Monterfil (35) 56 D3
Montérolier (76) 19 E2
Monterrein (56) 56 A4
Montertelot (56) 56 A4
Montescot (66) 200 D3
Montescourt-Lizerolles (02) 21 H1
Montespan (31) 182 C4
Montesquieu (34) 170 B6
Montesquieu (47) 150 D6
Montesquieu (82) 152 A6
Montesquieu-Avantès (09) 183 E5
Montesquieu-
-des-Albères (66) 200 D4
Montesquieu-Guittaut (31) 182 B2
Montesquieu-Lauragais (31) 183 H1
Montesquieu-Volvestre (31) 183 E3
Montesquiou (32) 165 F5
Montessaux (70) 88 B2
Montesson (78) 42 C3
Montestruc-sur-Gers (32) 165 H4
le Montet (03) 113 F3
Montet-et-Bouxal (46) 153 G1
Monteton (47) 150 C2
Monteux (84) 173 E1
Montévrain (77) 43 F4
Monteynard (38) 145 G4
Montézic (12) 154 C1
Montfa (09) 183 E4
Montfa (81) 168 C4
Montfalcon (38) 144 C2
Montfarville (50) 15 E2
Montfaucon (02) 44 C3
Montfaucon (25) 103 G1
Montfaucon (30) 172 D1
Montfaucon (46) 152 D1
Montfaucon-d'Argonne (55) 24 D5
Montfaucon-en-Velay (43) 143 F2
Montfaucon-Montigné (49) 75 F6
Montfavet 173 E2
Montfermeil (93) 43 E3
Montfermier (82) 152 C5
Montfermy (63) 126 D2
Montferrand (11) 184 A2
Montferrand-du-Périgord (24) 137 G6
Montferrand-la-Fare (26) 159 F4
Montferrand-le-Château (25) 103 E1
Montferrat (38) 131 F5
Montferrat (83) 175 G5
Montferrer (66) 199 G5
Montferrier 167 H4
Montferrier (09) 184 A6
Montferrier-sur-Lez (34) 171 F5
Montfey (10) 65 H5
Montfiquet (14) 15 G6
Montfleur (39) 117 F3
Montflours (53) 58 D4
Montflovin (25) 104 A3
Montfort 138 B6
Montfort (04) 174 D1
Montfort (25) 103 E2
Montfort (49) 93 G1
Montfort (64) 179 G1
Montfort-en-Chalosse (40) 163 F4
Montfort-l'Amaury (78) 42 A4
Montfort-le-Gesnois (72) 60 C5
Montfort-sur-Argens (83) 175 E6
Montfort-sur-Boulzane (11) 199 E2
Montfort-sur-Meu (35) 56 D2
Montfort-sur-Risle (27) 18 A5
Montfranc (12) 169 E3
Montfrin (30) 172 C3
Montfroc (26) 159 G5
Montfuron (04) 174 B3
Montgaillard (09) 183 H6
Montgaillard (11) 185 G6
Montgaillard (40) 163 H4
Montgaillard (65) 181 E4
Montgaillard (81) 167 F3
Montgaillard (82) 166 B2
Montgaillard-de-Salies (31) 182 C4
Montgaillard-Lauragais (31) 183 H1
Montgaillard-sur-Save (31) 182 B3
Montgardin (05) 160 C2
Montgardon (50) 14 C5
Montgaroult (61) 39 E4
Montgauch (09) 182 D5
Montgaudry (61) 60 C2
Montgazin (31) 183 F2
Montgé-en-Goële (77) 43 F2
Montgeard (31) 183 H2
Montgellafrey (73) 132 C6
Montgenèvre (05) 147 F4
Montgenost (51) 44 D6
Montgérain (60) 20 D3
Montgermont (35) 57 E2
Montgeron (91) 43 E5
Montgeroult (95) 42 B2
Montgesoye (25) 103 G2
Montgesty (46) 152 B2
Montgey (81) 168 A6
Montgibaud (19) 124 C5
Montgilbert (73) 132 C4
Montgirod (73) 133 E4
Montgiroux 58 D3
Montgiscard (31) 183 G1
Montgivray (36) 111 G1
Montgobert (02) 21 H5
Montgon (08) 24 A3
Montgradail (11) 184 C4
Montgras (31) 182 D1
Montgreleix (15) 140 D1
Montgru-Saint-Hilaire (02) 44 B1
Montguers (26) 159 F4
Montgueux (10) 66 A3
Montguillon (49) 76 C2
Montguyon (17) 135 H2
les Monthairons (55) 47 G2
Montharville (28) 62 A4
Monthault (35) 58 A1
Monthaut (11) 184 C4
Monthelie (21) 101 F3
Monthelon (51) 45 F2
Monthelon (71) 100 C4
Monthenault (02) 22 C4
Montheries (52) 67 G4
Montherlant (60) 20 A6
Monthermé (08) 13 E6
Monthières 8 C5
Monthiers (02) 44 B1
Monthieux (01) 130 B1
Monthion (73) 132 C4
Monthodon (37) 79 E3
Monthoiron (86) 94 D6
Monthois (08) 24 A5
Montholier (39) 102 D4
Monthorin 58 A1
Monthou-sur-Bièvre (41) 79 H5
Monthou-sur-Cher (41) 79 H6
Monthuchon (50) 37 E1
Monthurel (02) 44 C2
Monthureux-le-Sec (88) 69 F4
Monthureux-sur-Saône (88) 69 F5
Monthyon (77) 43 G2
Monticello (2B) 202 D5
Montier-en-Der (52) 67 F1
Montier-en-l'Isle (10) 67 E3
Montiéramey (10) 66 C3
Montierchaume (36) 96 C5
Montiers (60) 20 D4
Montiers-sur-Saulx (55) 47 F6
Monties (32) 182 B1
Montignac (24) 138 A4
Montignac (33) 149 H1
Montignac (65) 181 F3
Montignac-Charente (16) 122 B3
Montignac-de-Lauzun (47) 151 E2
Montignac-le-Coq (16) 136 C1
Montignac-Toupinerie (47) 150 D2
Montignargues (30) 171 H2
Montigné (16) 122 A2
Montigné-le-Brillant (53) 58 C5
Montigné-lès-Rairies (49) 77 G3
Montigné-sur-Moine (49) 75 F6
Montigny 20 D3
Montigny (14) 16 A5
Montigny (18) 98 A1
Montigny (45) 63 E5
Montigny (54) 49 H6
Montigny (72) 60 B1
Montigny (76) 7 G6
Montigny-aux-Amognes (58) 99 E3
Montigny-devant-Sassey (55) 24 D4
Montigny-en-Arrouaise (02) 11 F6
Montigny-en-Cambrésis (59) 11 F4
Montigny-en-Gohelle (62) 10 C1
Montigny-en-Morvan (58) 99 H2
Montigny-en-Ostrevent (59) 10 D1
Montigny-la-Resle (89) 83 G1
Montigny-l'Allier (02) 44 A1
Montigny-le-Bretonneux (78) 42 B4
Montigny-le-Chartif (28) 61 G3
Montigny-le-Franc (02) 22 D2
Montigny-le-Gannelon (28) 61 H6
Montigny-le-Guesdier (77) 64 D2
Montigny-Lencoup (77) 64 C2
Montigny-Lengrain (02) 21 G5
Montigny-lès-Arsures (39) 103 E4
Montigny-lès-Cherlieu (70) 87 E1
Montigny-lès-Condé (02) 44 D2
Montigny-lès-Cormeilles (95) 42 C2
Montigny-les-Jongleurs (80) 9 F3
Montigny-lès-Metz (57) 26 B5
Montigny-les-Monts (10) 66 A5
Montigny-lès-Vaucouleurs (55) 47 H6
Montigny-lès-Vesoul (70) 87 F3
Montigny-Montfort (21) 84 D4
Montigny-Mornay-Villeneuve-
-sur-Vingeanne (21) 86 B4
Montigny-
-Saint-Barthélemy (21) 84 C5
Montigny-sous-Marle (02) 22 D1
Montigny-sur-Armançon (21) 84 D5
Montigny-sur-Aube (21) 67 F6
Montigny-sur-Avre (28) 40 D5
Montigny-sur-Canne (58) 99 G4
Montigny-sur-Chiers (54) 25 G3
Montigny-sur-Crécy (02) 22 C2
Montigny-sur-l'Ain (39) 103 E5
Montigny-sur-l'Hallue (80) 9 H5
Montigny-sur-Loing (77) 64 A3
Montigny-sur-Meuse (08) 13 E4
Montigny-sur-Vence (08) 24 A2
Montigny-sur-Vesle (51) 22 D5
Montilliers (49) 93 E1
Montillot (89) 83 G4
Montilly (03) 113 H1
Montilly-sur-Noireau (61) 38 B4
Montils (17) 121 F4
les Montils (41) 79 H5
Montipouret (36) 111 G1
Montirat (11) 185 E4
Montirat (81) 153 G6
Montireau (28) 61 G2
Montiron (32) 166 A5
Montivernage (25) 88 A6
Montivilliers (76) 6 B5
Montjalin 84 A4
Montjardin (11) 184 C5
Montjaux (12) 169 G1
Montjavoult (60) 19 G6
Montjay (05) 159 G4
Montjay (71) 102 B5
Montjean (16) 108 D6
Montjean (53) 58 B5
Montjean-sur-Loire (49) 75 H4
Montjoi (11) 185 F5
Montjoi (82) 151 G6
Montjoie-en-Couserans (09) 183 E5
Montjoie-le-Château (25) 88 D5
Montjoie-Saint-Martin (50) 35 H5
Montjoire (31) 167 F4
Montjoux (26) 158 D3
Montjoyer (26) 158 B3
Montjustin (04) 174 B3
Montjustin-et-Velotte (70) 87 H3
Montlandon (28) 61 G2
Montlaur (11) 185 F4
Montlaur (12) 169 G3
Montlaur (31) 183 G1
Montlaur-en-Diois (26) 159 F1
Montlaux (04) 174 C1
Montlauzun (46) 152 B5
Montlay-en-Auxois (21) 84 C6
Montlebon (25) 104 B2
Montlevicq (36) 111 H1
Montlevon (02) 44 C3
Montlhéry (91) 42 D6
Montliard (45) 63 G6
Montlieu-la-Garde (17) 135 G2
Montlignon (95) 42 D2
Montliot-et-Courcelles (21) 85 E1
Montlivault (41) 80 A3
Montlognon (60) 43 F1
Montloué (02) 23 E2
Montlouis (18) 97 F5
Montlouis-sur-Loire (37) 79 E5
Montluçon (03) 112 D4
Montluel (01) 130 C2
Montmachoux (77) 64 C3
Montmacq (60) 21 F4
Montmagny (95) 42 D3
Montmahoux (25) 103 F3
Montmain (21) 101 H3
Montmain (76) 7 H6
Montmançon (21) 86 B5
Montmarault (03) 113 F4
Montmarlon (39) 103 F4
Montmartin (60) 21 E4
Montmartin-en-Graignes (50) 15 F5
Montmartin-le-Haut (10) 67 E4
Montmartin-sur-Mer (50) 36 D2
Montmaur (05) 160 A2
Montmaur (11) 184 A2
Montmaur-en-Diois (26) 159 E1
Montmaurin (31) 182 A3
Montmédy (55) 25 E3
Montmeillant (08) 23 G2
Montmelard (71) 115 G3
Montmelas-Saint-Sorlin (69) 116 A6
Montmélian (73) 132 A5
Montmerle-sur-Saône (01) 116 B6
Montmerrei (61) 39 F6
Montmeyan (83) 175 E4
Montmeyran (26) 144 B5
Montmin (74) 132 B2
Montmirail (51) 44 C4
Montmirail (72) 61 E5
Montmiral (26) 144 C2
Montmirat (30) 171 G3
Montmirey-la-Ville (39) 102 C1
Montmirey-le-Château (39) 102 C1
Montmoreau-
-Saint-Cybard (16) 122 B6
Montmorency (95) 42 D3
Montmorency-Beaufort (10) 67 E1
Montmorillon (86) 109 H3
Montmorin (05) 159 F3
Montmorin (63) 127 G4
Montmorot (39) 102 C6
Montmort (71) 100 B6
Montmort-Lucy (51) 45 E3
Montmotier (88) 69 G5
Montmoyen (21) 85 F2
Montmurat (15) 153 H2
Montner (66) 199 G2
Montoillot (21) 101 E1
Montoir-de-Bretagne (44) 73 G4
Montoire-sur-le-Loir (41) 79 E2
Montois-la-Montagne (57) 26 B4
Montoison (26) 144 B6
Montoldre (03) 114 A4
Montolieu (11) 184 D2
Montolivet (77) 44 C4
Montonvillers (80) 9 G5
Montord (03) 113 H4
Montory (64) 179 G4
Montot (21) 102 A2
Montot (70) 86 D4
Montot-sur-Rognon (52) 68 A3
Montouliers (34) 186 B2
Montoulieu (09) 183 H6
Montoulieu (34) 171 E2
Montoulieu-Saint-Bernard (31) 182 C3
Montournais (85) 92 C5
Montours (35) 35 H5
Montourtier (53) 59 E4
Montoussé (65) 181 G4
Montoussin (31) 182 D3
Montoy-Flanville (57) 26 C5
Montpascal 132 C6
Montpellier (34) 171 F5
Montpellier-de-Médillan (17) 121 E4
Montpensier (63) 113 H6
Montperreux (25) 103 H4
Montpeyroux (12) 154 D2
Montpeyroux (24) 136 B5
Montpeyroux (34) 170 C4
Montpeyroux (63) 127 F4
Montpezat (30) 171 H3
Montpézat (32) 182 C1
Montpezat (47) 151 E4
Montpezat-de-Quercy (82) 152 C5
Montpezat-sous-Bauzon (07) 157 F1
Montpinchon (50) 37 F2
Montpinier (81) 168 C5
Montpitol (31) 167 G4
Montplacé 77 G4
Montplonne (55) 47 E5
Montpollin (49) 77 G4
Montpon-Ménestérol (24) 136 B4
Montpont-en-Bresse (71) 116 D1
Montpothier (10) 44 C6
Montpouillan (47) 150 B3
Montrabé (31) 167 F5
Montrabot (50) 37 H1
Montracol (01) 116 D5
Montravers (79) 92 C4
Montréal (07) 157 F3
Montréal (11) 184 C3
Montréal (32) 165 E2
Montréal (89) 84 B4
Montréal-la-Cluse (01) 117 G5
Montréal-les-Sources (26) 159 E4
Montrécourt (59) 11 F3
Montredon (46) 153 H2
Montredon--
des-Corbières (11) 186 C3
Montredon-Labessonnié (81) 168 C4
Montregard (43) 143 F3
Montréjeau (31) 182 A4
Montrelais (44) 75 G3
Montrem (24) 137 E3
Montrésor (37) 95 G2
Montret (71) 102 A6
Montreuil (28) 41 F4
Montreuil (62) 1 G6
Montreuil (85) 107 E3
Montreuil (93) 43 E4
Montreuil-au-Houlme (61) 38 D5
Montreuil-aux-Lions (02) 44 A2
Montreuil-Bellay (49) 93 G2
Montreuil-Bonnin (86) 108 D1
Montreuil-des-Landes (35) 58 A3
Montreuil-en-Auge (14) 17 E4
Montreuil-en-Caux (76) 7 G4
Montreuil-en-Touraine (37) 79 F5
Montreuil-Juigné (49) 76 D4
Montreuil-la-Cambe (61) 39 F3
Montreuil-l'Argillé (27) 40 A3
Montreuil-le-Chétif (72) 59 H3
Montreuil-le-Gast (35) 57 E1
Montreuil-le-Henri (72) 78 D1
Montreuil-Poulay (53) 59 E2
Montreuil-sous-Pérouse (35) 57 H2
Montreuil-sur-Barse (10) 66 C4
Montreuil-sur-Blaise (52) 67 G1
Montreuil-sur-Brêche (60) 20 C4
Montreuil-sur-Epte (95) 41 H1
Montreuil-sur-Ille (35) 57 F1
Montreuil-sur-Loir (49) 77 E3
Montreuil-sur-Lozon (50) 37 F1
Montreuil-sur-Maine (49) 76 D3
Montreuil-sur-Thérain (60) 20 B5
Montreuil-sur-Thonnance (52) 68 A1
Montreuillon (58) 99 H2
Montreux (54) 49 H6
Montreux-Château (90) 88 D3
Montreux-Jeune (68) 88 D3
Montreux-Vieux (68) 88 D3
Montrevault (49) 75 F5
Montrevel (38) 131 E5
Montrevel (39) 117 F2
Montrevel-en-Bresse (01) 116 D3
Montrichard (41) 79 G6
Montricher-Albanne (73) 146 D1
Montricoux (82) 167 G1
Montrieux-en-Sologne (41) 80 C4
Montrieux-le-Vieux 191 G4
Montrigaud (26) 144 C2
Montriond (74) 119 F4
Montroc 119 H6
Montrodat (48) 155 H2
Montrol-Sénard (87) 110 A6
Montrollet (16) 123 G1
Montromant (69) 129 G3
Montrond (05) 159 H4
Montrond (39) 103 E5
Montrond-le-Château (25) 103 F1
Montrond-les-Bains (42) 129 E4
Montrosier (81) 153 F6
Montrot 67 H6
Montrottier (69) 129 G3
Montroty (76) 19 G4
Montrouge (92) 42 D4
Montrouveau (41) 79 E2
Montroy (17) 106 D5
Montrozier (12) 154 D4
Montry (77) 43 G3
Monts (37) 94 D1
Monts (60) 20 A6
Monts-en-Bessin (14) 16 A5
Monts-en-Ternois (62) 9 G2
Monts-sur-Guesnes (86) 94 A4
les Monts-Verts (48) 141 F5
Montsabert 77 F5
Montsalès (12) 153 G3
Montsalier (04) 174 B1
Montsalvy (15) 154 B1
Montsapey (73) 132 C5
Montsauche-les-Settons (58) 100 B1
Montsaugeon (52) 86 B3
Montsaunès (31) 182 C4
Monts des Cats 2 D3
les Monts d'Olmes 198 A1
Montsec (55) 48 A3
Montsecret (61) 38 A4
Montségur (09) 184 A6
Montségur-sur-Lauzon (26) 158 B4
Montselgues (07) 156 D3
Mont Serein 159 E5
Montséret (11) 185 H4
Montsérié (65) 181 H4
Montseron (09) 183 F5
Montseugny 86 C5
Montseveroux (38) 130 B6
Montsoreau (49) 93 H1
Montsoué (40) 163 H4
Montsoult (95) 42 D2
Montsûrs (53) 59 E4
Montsurvent (50) 36 D1
Montsuzain (10) 66 B2
Montureux-et-Prantigny (70) 86 D4
Montureux-lès-Baulay (70) 87 F1
Montusclat (43) 143 E4
Montussaint (25) 87 H5
Montussan (33) 135 F5
Montuzet 135 E3
Montvalen (81) 167 F3
Montvalent (46) 138 D5
Montvalezan (73) 133 F4
Montvendre (26) 144 C5
Montverdun (42) 128 D3
Montvernier (73) 132 C6
Montvert (15) 139 G4
Montvicq (03) 113 E4
Montviette (14) 17 E6
Montville (76) 7 G5
Montviron (50) 35 G3
Montzéville (55) 25 E6
Monviel (47) 151 E2
Monze (11) 185 F4
Moon-sur-Elle (50) 15 F6
Moosch (68) 70 D6
Mooslargue (68) 89 F4
Moraches (58) 99 F1
Moragne (17) 120 D1
Morainville (28) 62 D2
Morainville-Jouveaux (27) 17 G4
Morainvilliers (78) 42 B3
Morancé (69) 129 H2
Morancez (28) 62 B2
Morancourt (52) 67 G2
Morand (37) 79 F4
Morangis (51) 45 F3
Morangis (91) 42 D5
Morangles (60) 42 D1
Morannes (49) 77 E2
Moranville (55) 25 F6
Moras (38) 130 D3
Moras-en-Valloire (26) 144 B1
Morbecque (59) 2 C4
Morbier (39) 118 B1
Morcenx (40) 163 F1
Morchain (80) 21 F1
Morchies (62) 10 C4
Morcourt (02) 11 E6
Morcourt (80) 10 A6
Mordelles (35) 57 E3
Moréac (56) 55 F4
Morée (41) 79 H1
Moreilles (85) 106 D2
Morelmaison (88) 69 E2
Morembert (10) 66 C1
Morestel (38) 131 E3
Moret-sur-Loing (77) 64 B2
Morêtel-de-Mailles (38) 132 A6
Morette (38) 145 E1
Moreuil (80) 20 D1
Morey 48 D3
Morey (71) 101 E5
Morey-Saint-Denis (21) 101 G1
Morez (39) 118 B1
Morfontaine (54) 25 H4
Morganx (40) 163 H5
Morgat 30 D6
Morgemoulin (55) 25 G6
Morgny (27) 19 F5
Morgny-en-Thiérache (02) 23 E1
Morgny-la-Pommeraye (76) 7 H5
Morhange (57) 49 F2
Moriani-Plage 205 H1
Moriat (63) 127 G6
Moricq 106 B2
Morienne (76) 19 G1
Morienval (60) 21 F5
Morières-lès-Avignon (84) 173 E2
Moriers (28) 62 A4
Morieux (22) 33 H4
Moriez (04) 175 G1
Morigny (50) 37 G3
Morigny-Champigny (91) 63 F2
Morillon (74) 119 F5
Moringhem (62) 2 A4
Morionvilliers (52) 68 B2
Morisel (80) 20 D1
Moriville (88) 69 H2
Moriviller (54) 69 H1
Morizécourt (88) 69 E5
Morizès (33) 150 A2
Morlaàs (64) 180 C2
Morlac (18) 97 G6
Morlaix (29) 32 A3
Morlancourt (80) 10 A5
Morlange 26 B3
Morlanne (64) 163 H6
Morlet (71) 101 E4
Morley (55) 47 F6
Morlhon-le-Haut (12) 153 G5
Morlincourt (60) 21 G3
Mormaison (85) 91 F2
Mormant (77) 43 G6
Mormant-sur-Vernisson (45) 64 A6
Mormès (32) 164 C3
Mormoiron (84) 173 G1
Mornac (16) 122 C4
Mornac-sur-Seudre (17) 120 C3
Mornand-en-Forez (42) 128 D4
Mornans (26) 158 D2
Mornant (69) 129 H4
Mornas (84) 158 A5
Mornay 117 F4
Mornay (71) 115 G2
Mornay-Berry (18) 98 B3
Mornay-sur-Allier (18) 98 C5
Moroges (71) 101 F5
Morogues (18) 97 H1
Morosaglia (2B) 205 F1
Morre (25) 103 F1
Morsain (02) 21 H4
Morsains (51) 44 C4
Morsalines (50) 15 E2
Morsan (27) 17 H4
Morsang-sur-Orge (91) 42 D5
Morsang-sur-Seine (91) 43 E6
Morsbach (57) 27 G5
Morsbronn-les-Bains (67) 51 E2
Morschwiller (67) 51 E3
Morschwiller-le-Bas (68) 89 F1
Morsiglia (2B) 203 F2
Mortagne (88) 70 B3
Mortagne-au-Perche (61) 60 D1
Mortagne-du-Nord (59) 4 A6
Mortagne-sur-Gironde (17) 120 D5
Mortagne-sur-Sèvre (85) 92 B3
Mortain (50) 37 H5
Mortcerf (77) 43 G4
la Morte (38) 145 H3
Morteau (25) 104 B2
Morteaux-Coulibœuf (14) 39 E3
Mortefontaine (02) 21 G5
Mortefontaine (60) 43 F1
Mortefontaine-en-Thelle (60) 20 B6
Mortemart (87) 110 A6
Mortemer (60) 21 E3
Mortemer (76) 19 F1
Mortery (77) 44 B6
Morthemer 109 G2
Morthomiers (18) 97 F3
Mortiers (02) 22 C2
Mortiers (17) 121 G6
Morton (86) 93 H2
Mortrée (61) 39 F5
Mortroux (23) 111 G3
Mortzwiller (68) 88 D2
Morval (62) 10 B5
Morvillars (90) 88 D3
Morville (50) 14 C3
Morville (88) 68 D3
Morville-en-Beauce (45) 63 F3
Morville-lès-Vic (57) 49 F3
Morville-sur-Andelle (76) 19 E4
Morville-sur-Nied (57) 49 E2
Morville-sur-Seille (54) 48 D3
Morvillers (60) 19 H3
Morvillers-Saint-Saturnin (80) 19 H1
Morvilliers (10) 67 E2
Morvilliers (28) 40 C6
Mory (62) 10 B3
Mory-Montcrux (60) 20 C3
Morzine (74) 119 F4
Mosles (14) 15 G5
Moslins (51) 45 F3
Mosnac (16) 122 A4
Mosnac (17) 121 F5
Mosnay (36) 111 E1
Mosnes (37) 79 G5
Mosset (66) 199 E3
Mosson (21) 67 E6
Mostuéjouls (12) 155 G6
Motel 41 F4
Motey-Besuche (70) 86 D6
Motey-sur-Saône (70) 86 D4
la Mothe-Achard (85) 91 E4
la Mothe-Saint-Héray (79) 108 B3
Mothern (67) 29 G6
Motreff (29) 54 B1
la Motte (22) 55 G1
la Motte (83) 175 H6
la Motte-Chalancon (26) 159 E3
la Motte-d'Aigues (84) 174 A3
la Motte-d'Aveillans (38) 145 G4
la Motte-de-Galaure (26) 144 B2
la Motte-du-Caire (04) 160 B4
la Motte-en-Bauges (73) 132 B3
la Motte-en-Champsaur (05) 146 B6
la Motte-Fanjas (26) 144 D3
la Motte-Feuilly (36) 111 H2
la Motte-Fouquet (61) 38 D6
la Motte-Saint-Jean (71) 114 D2
la Motte-Saint-Martin (38) 145 G4
la Motte-Servolex (73) 131 H4
la Motte-Ternant (21) 84 C6
la Motte-Tilly (10) 65 F1
Mottereau (28) 61 G3
Motteville (76) 7 F4
Mottier (38) 130 D6
Motz (73) 131 G1
Mouacourt (54) 49 F5
Mouais (44) 57 F6
Mouans-Sartoux (06) 176 C6
Mouaville (54) 25 H6
Mouazé (35) 57 F1
Mouchamps (85) 92 A5
Mouchan (32) 165 F2
Mouchard (39) 103 E3
la Mouche (50) 35 H2
Mouchès (32) 165 F6
Mouchin (59) 3 H6
Mouchy-le-Châtel (60) 20 B5
Moudeyres (43) 142 D4
Mouen (14) 16 B5
Mouettes (27) 41 F3
Mouffy (89) 83 F3
Mouflaines (27) 19 F6
Mouflers (80) 9 E4
Mouflières (80) 8 D6
Mougins (06) 176 C6
Mougon (79) 108 A4
Mouguerre (64) 162 B6
Mouhers (36) 111 F2
Mouhet (36) 110 D3
Mouhous (64) 164 B6
Mouillac (33) 135 G4
Mouillac (82) 153 E5
la Mouille (39) 118 A2
Mouilleron (52) 85 H2

Mouilleron-en-Pareds (85) 92 B6
Mouilleron-le-Captif (85)............91 F4
Mouilly (55) 47 G2
Moulainville (55) 25 F6
Moularès (81) 168 C1
Moulay (53).................................58 D3
Moulayrès (81) 168 B4
Moulédous (65)..........................181 F3
Moulès-et-Baucels (34) 171 E2
Mouleydier (24)..........................137 E5
Moulézan (30)............................171 G2
Moulhard (28) 61 G4
Moulicent (61).............................40 B6
Moulidars (16)...........................122 A4
Mouliets-et-Villemartin (33)......136 A5
Mouliherne (49)...........................77 H5
Moulin-Mage (81) 169 G4
Moulin-Neuf (09)........................184 B4
Moulin-Neuf (24)........................136 B4
Moulin-sous-Touvent (60)...........21 G4
Moulineaux (76) 18 C5
Moulines (14) 16 C6
Moulines (50) 37 G6
Moulinet (06)..............................177 F3
Moulinet (47)..............................151 E2
le Moulinet-sur-Solin (45) 82 A1
le Moulin Neuf 42 B6
Moulins (02) 22 C4
Moulins (03) 113 H1
Moulins (35) 57 G4
Moulins-en-Tonnerrois (89).......84 B2
Moulins-Engilbert (58) 99 H3
Moulins-la-Marche (61) 39 H5
Moulins-le-Carbonnel (72) 59 H2
Moulins-lès-Metz (57).................26 B5
Moulins-Saint-Hubert (55) 24 D3
Moulins-sur-Céphons (36) 96 B3
Moulins-sur-Orne (61) 39 E4
Moulins-sur-Ouanne (89) 83 E3
Moulins-sur-Yèvre (18) 97 H3
Moulis (09) 182 D5
Moulis-en-Médoc (33) 134 D3
Moulismes (86)..........................109 H4
Moulle (62) 2 A3
le Moulleau 148 B1
Moulon (33)................................135 H5
Moulon (45)..................................63 H6
Moulotte (55) 48 A1
Moult (14) 16 D5
Moumoulous (65) 181 F2
Moumour (64)...........................179 H3
Mounes-Prohencoux (12).........169 G4
Mourède (32) 165 F3
Mourens (33)..............................149 H1
Mourenx (64) 180 A1
Mourenx-Ville-Nouvelle 180 A1
Mouret (12) 154 B3
Moureuille (63) 113 F5
Mourèze (34)..............................170 B5
Mouriès (13) 173 E4
Mouriez (62) 9 E2
le Mourillon 191 G5
Mourioux-Vieilleville (23)..........111 E6
Mourjou (15) 154 A1
Mourmelon-le-Grand (51)............45 H1
Mourmelon-le-Petit (51) 45 H1
Mournans-Charbonny (39) 103 F5
Mouron (08) 24 B5
Mouron-sur-Yonne (58)..............99 H2
Mouroux (77) 43 H4
Mourrens 151 E6
Mours (95) 42 D1
Mours-Saint-Eusèbe (26) 144 C3
Mourvilles-Basses (31) 183 H1
Mourvilles-Hautes (31) 184 A1
Mouscardès (40)........................163 F5
Moussac (30) 171 H2
Moussac (86) 109 G4
Moussages (15) 140 B2
Moussan (11) 186 C3
Moussé (35) 57 H4
Mousseaux-lès-Bray (77) 64 D2
Mousseaux-Neuville (27) 41 F3
Mousseaux-sur-Seine (78) 41 H2
Moussey (10) 66 B4
Moussey (57) 49 G5
Moussey (88) 70 D1
les Moussières (39)...................118 A3
Mousson (54) 48 C3
Moussonvilliers (61) 40 B6
Moussoulens (11) 184 D3
Moussy......................................118 D5
Moussy (51) 45 F2
Moussy (58) 99 F2
Moussy (95) 42 A1
Moussy-le-Neuf (77) 43 F2
Moussy-le-Vieux (77) 43 F2
Moussy-Verneuil (02) 22 C4
Moustajon (31) 196 A4
Moustéru (22) 32 D4
Moustey (40)..............................148 D4
le Moustier 137 H4
Moustier (47)..............................150 D2
Moustier-en-Fagne (59) 12 B4
Moustier-Ventadour (19) 125 G6
la Moustière 96 B2
Moustiers-Sainte-Marie (04)......175 F3
le Moustoir (22)...........................32 B6
Moustoir-Ac (56)..........................55 F4
Moustoir-Remungol (56).............55 F3
la Moutade (63) 127 F1
le Moutaret (38) 132 A5
le Moutchic 134 B4
Mouterhouse (57) 28 B6
Mouterre-Silly (86) 93 H3
Mouterre-sur-Blourde (86) 109 H5
la Mouthe 137 H5
Mouthe (25) 103 G5
le Moutherot (25) 102 D1
Mouthier-en-Bresse (71)..........102 B4
Mouthier-Haute-Pierre (25)......103 H2
Mouthiers-sur-Boëme (16) 122 B5
Mouthoumet (11) 185 F5
Moutier-d'Ahun (23) 111 H6
Moutier-Malcard (23) 111 G3
Moutier-Rozeille (23)...............125 H2
Moutiers (28)...............................62 C3
Moutiers (35)...............................58 A6
Moutiers (54)...............................26 A4
Moûtiers (73)..............................132 D5
Moutiers-au-Perche (61)............61 E1
les Moutiers-en-Auge (14) 39 E3
les Moutiers-en-Cinglais (14) 16 B6
Moutiers-en-Puisaye (89) 82 D3
les Moutiers-en-Retz (44)..........73 H6
les Moutiers-Hubert (14)............17 F6
Moutiers-les-Mauxfaits (85) 91 F6
Moutiers-Saint-Jean (21) 84 C4
Moutiers-sous-Argenton (79) 93 E3
Moutiers-
-sous-Chantemerle (79) 92 D6
Moutiers-sur-le-Lay (85)............91 H5
Mouton (16) 122 C2
Moutonne (39) 117 G1
Moutonneau (16) 122 C2
Moutoux (39) 103 F5
Moutrot (54) 48 B6
la Moutte 192 D4
Mouvaux (59) 3 G4
Moux (11) 185 G3
Moux-en-Morvan (58)................100 B2
Mouxy (73) 131 H3
Mouy (60) 20 C5
Mouy-sur-Seine (77)...................64 D2
Mouzay (37) 95 F2
Mouzay (55) 24 D4
Mouzeil (44) 75 E3
Mouzens (24) 137 H5
Mouzens (81) 167 H6
Mouzeuil-Saint-Martin (85).......106 D2
Mouzieys-Panens (81) 168 A1
Mouzieys-Teulet (81)................168 C3
Mouzillon (44) 75 E6
Mouzon (08) 24 D2
Mouzon (16) 123 E3
Moval (90) 88 D3
Moy-de-l'Aisne (02) 22 A1
Moyaux (14) 17 G4
Moydans (05) 159 F3
Moye (74) 131 H1
Moyemont (88) 70 A2
Moyen (54) 70 A1
Moyencourt (80) 21 G2
Moyencourt-lès-Poix (80)............20 A1
Moyenmoutier (88) 70 C2
Moyenneville (60) 21 E4
Moyenneville (62) 10 B3
Moyenneville (80) 8 D4
Moyenvic (57) 49 F4
Moyeuvre-Grande (57) 26 B4
Moyeuvre-Petite (57) 26 B4
Moyon (50) 37 G2
Moyrazès (12) 154 B4
Moyvillers (60)..............................21 E4
Mozac (63) 127 F2
Mozé-sur-Louet (49) 76 D5
Muchedent (76) 7 H3
Mudaison (34)............................171 G5
Muel (35) 56 C2
Muespach (68) 89 G3
Muespach-le-Haut (68)...............89 G3
Mugron (40) 163 F4
Muhlbach-sur-Bruche (67) 50 C6
Muhlbach-sur-Munster (68) 71 E5
Muides-sur-Loire (41) 80 B3
Muidorge (60) 20 B3
Muids (27)....................................18 D6
Muille-Villette (80) 21 G2
Muirancourt (60) 21 G2
Muizon (51)..................................22 D6
les Mujouls (06) 176 B4
la Mulatière (69) 130 A3
Mulcent (78) 41 H3
Mulcey (57)..................................49 G3
Mulhausen (67) 50 D2
Mulhouse (68)..............................89 F1
Mulsanne (72) 60 B6
Mulsans (41) 80 A3
Mun (65) 181 G2
Munchhausen (67) 29 G6
Munchhouse (68) 71 G6
Muncq-Nieurlet (62) 2 A3
Mundolsheim (67) 51 E5
Muneville-le-Bingard (50) 37 E1
Muneville-sur-Mer (50) 35 G1
le Mung (17) 121 E2
Munster (57) 49 H2
Munster (68) 71 E4
Muntzenheim (68)........................71 G4
Munwiller (68) 71 F5
Mur-de-Barrez (12) 140 C6
Mûr-de-Bretagne (22) 55 F1
Mur-de-Sologne (41) 80 B5
Muracciole (2B) 205 E3
Murasson (12)............................169 F4
Murat (03) 113 F3
Murat (15) 140 D3
Murat-le-Quaire (63) 126 C5
Murat-sur-Vèbre (81) 169 G5
Murato (2B)...............................203 F5
la Muraz (74)..............................118 C5
Murbach (68) 71 E6
la Mure (38)................................145 G5
la Mure-Argens (04) 175 H1
Mureaumont (60) 19 G2
les Mureaux (78) 42 A2
Mureils (26) 144 B2
Mûres (74)..................................132 A2
Muret (31) 183 F1
Muret-et-Crouttes (02) 22 B6
Muret-le-Château (12) 154 C3
la Murette (38) 131 F6
Murianette (38) 145 H2
Murinais (38).............................144 D2
Murles (34) 171 E4
Murlin (58)....................................98 D1
Muro (2B) 202 C6
Murol (63) 127 E5
Murols (12) 154 C1
Muron (17) 107 E6
Murs (36) 95 G4
Murs (84) 173 G2
Mûrs-Erigné (49).........................76 D5
Murs-et-Gélignieux (01) 131 F4
Mursay 107 H3
Murtin-et-Bogny (08) 12 D6
Murvaux (55)................................25 E4
Murviel-lès-Béziers (34) 186 D1
Murviel-lès-Montpellier (34) 171 E5
Murville (54) 25 H5
Murzo (2A) 204 C4
Mus (30) 171 H4
Muscourt (02) 22 D5
Musculdy (64) 179 F3
Musièges (74) 118 B6
Musigny (21) 101 E2
Mussey-sur-Marne (52) 67 H2
Mussidan (24)...........................136 D4
Mussig (67)..................................71 G3
Mussy-la-Fosse (21)...................84 D4
Mussy-sous-Dun (71) 115 G4
Mussy-sur-Seine (10) 66 D6
Mutigney (39) 86 C6
Mutigny (51) 45 F2
Mutrécy (14) 16 B5
Muttersholtz (67)..........................71 G2
Mutzenhouse (67).........................50 D4
Mutzig (67) 50 D6
le Muy (83) 175 H6
Muzeray (55)................................25 G5
Muzillac (56) 73 F2
Muzy (27) 41 F4
Myans (73) 132 A5
Myennes (58) 82 C5
Myon (25) 103 F3

N

Nabas (64) 179 G2
Nabinaud (16) 136 C1
Nabirat (24) 152 B1
Nabringhen (62) 1 G4
Nachamps (17) 107 G6
Nadaillac (24) 138 C4
Nadaillac-de-Rouge (46) 138 C6
Nades (03) 113 F5
Nadillac (46) 152 D2
Nagel-Séez-Mesnil (27) 40 C3
Nages (81) 169 F5
Nages-et-Solorgues (30) 171 H4
Nahuja (66) 198 C5
Nailhac (24)...............................138 A2
Naillat (23).................................111 E4
Nailloux (31) 183 H2
Nailly (89) 64 D4
Naintré (86) 94 C5
Nainville-les-Roches (91) 63 H1
Naisey-les-Granges (25)...........103 G1
Naives-en-Blois (55) 47 H5
Naives-Rosières (55) 47 F4
Naix-aux-Forges (55) 47 G5
Naizin (56).....................................55 F3
Najac (12) 153 G6
Nalliers (85)................................106 D2
Nalliers (86)................................109 H1
Nalzen (09) 184 A6
Nambsheim (68) 71 G5
Nampcel (60) 21 G4
Nampcelles-la-Cour (02) 23 E1
Nampont (80) 8 D2
Namps-au-Mont 20 B1
Namps-Maisnil (80) 20 B1
Nampteuil-sous-Muret (02) 22 B5
Nampty (80) 20 B1
Nan-sous-Thil (21) 84 D5
Nanc-lès-Saint-Amour (39).......117 E2
Nançay (18) 81 F6
Nance (39) 102 C5
Nances (73) 131 G4
Nanclars (16) 122 C2
Nançois-le-Grand (55) 47 G5
Nançois-sur-Ornain (55) 47 F5
Nancras (17) 120 D3
Nancray (25) 87 G6
Nancray-sur-Rimarde (45) 63 G5
Nancuise (39) 117 F2
Nancy (54) 48 D5
Nancy-sur-Cluses (74) 119 E5
Nandax (42) 115 F6
Nandy (77) 43 E6
Nangeville (45) 63 G3
Nangis (77) 64 C1
Nangy (74) 118 D5
Nannay (58) 98 D1
Nans (25) 88 A4
les Nans (39)..............................103 F5
Nans-les-Pins (83) 191 F3
Nans-sous-Sainte-Anne (25) 103 F3
Nant (12) 170 B2
Nant-le-Grand (55) 47 F5
Nant-le-Petit (55) 47 F5
Nanteau-sur-Essonne (77) 63 G3
Nanteau-sur-Lunain (77)..............64 B3
Nanterre (92)................................42 C3
Nantes (44) 74 C5
Nantes-en-Ratier (38) 145 H4
Nanteuil 79 G6
Nanteuil (79) 108 B3
Nanteuil-
-Auriac-de-Bourzac (24).........122 C6
Nanteuil-en-Vallée (16) 122 D1
Nanteuil-la-Forêt (51) 45 F1
Nanteuil-la-Fosse (02) 22 B4
Nanteuil-le-Haudouin (60) 43 G1
Nanteuil-lès-Meaux (77) 43 G3
Nanteuil-Notre-Dame (02) 22 B6
Nanteuil-sur-Aisne (08)...............23 G3
Nanteuil-sur-Marne (77) 44 B3
Nantey (39) 117 F3
Nantheuil (24) 123 G6
Nanthiat (24) 123 H6
Nantiat (87) 124 A1
Nantillé (17)...............................121 F2
Nantillois (55) 24 D5
Nantilly 94 A5
Nantilly (70)..................................86 C4
Nantoin (38) 130 D6
Nantois (55) 47 G5
Nanton (71)................................116 B1
Nantouillet (77) 43 F2
Nantoux (21) 101 F3
Nantua (01) 117 G5
Naours (80) 9 G5
la Napoule 193 F1
Narbéfontaine (57) 27 E5
Narbief (25) 104 C1
Narbonne (11)............................186 C3
Narbonne-Plage 186 D4
Narcastet (64) 180 C3
Narcy (52) 47 E6
Narcy (58) 98 D1
Nargis (45) 64 B5
Narnhac (15) 140 D5
Narp (64)....................................179 G1
Narrosse (40) 163 E4
la Nartelle 192 D3
Nasbinals (48)............................155 F1
Nassandres (27) 40 B1
Nassiet (40)................................163 G5
Nassigny (03) 112 D2
Nastringues (24) 136 B5
Nattages (01) 131 G3
Natzwiller (67) 71 E1
Naucelle (12)..............................154 A6
Naucelles (15)............................140 A5
Naujac-sur-Mer (33) 134 C1
Naujan-et-Postiac (33) 135 H6
Nauroy (02) 11 E5
Nausan 120 B4
Naussac (12)..............................153 G3
Naussac (48)..............................156 C1
Naussannes (24)........................137 F6
Nauvay (72)..................................60 C3
Nauviale (12)..............................154 B3
Navacelles (30) 157 F6
Navailles-Angos (64)..................180 C1
Navarrenx (64) 179 G2
Navas 143 H3
Naveil (41)....................................79 F2
Navenne (70) 87 G3
Naves 157 E4
Naves (03)..................................113 G5
Naves (19)..................................139 E1
Naves (59)....................................11 E3
Navès (81)..................................168 C6
Nâves-Parmelan (74) 132 B1
Navilly (71) 102 A4
Nay (50) 14 D5
Nay (64) 180 C3
Nayemont-les-Fosses (88) 70 D2
le Nayrac (12) 154 C2
Nazelles-Négron (37) 79 F5
Néac (33) 135 H5
Néant-sur-Yvel (56)......................56 B3
Neau (53) 59 E4
Neaufles-Auvergny (27) 40 B4
Neaufles-Saint-Martin (27) 19 G6
Neauphe-sous-Essai (61) 39 G6
Neauphe-sur-Dive (61) 39 F4
Neauphle-le-Château (78) 42 A4
Neauphle-le-Vieux (78)................42 A4
Neauphlette (78)...........................41 G3
Neaux (42) 129 E1
Nébian (34) 170 C5
Nébias (11) 184 C6
Nébing (57) 49 G3
Nébouzat (63) 126 D3
Nécy (61) 39 E4
Nedde (87) 125 E3
Nédon (62) 2 B6
Nédonchel (62) 2 B6
Neewiller-
-près-Lauterbourg (67) 29 F6
Neffes (05) 160 B2
Neffiès (34) 170 B6
Néfiach (66) 199 G3
Nègrepelisse (82) 167 F1
Négreville (50) 14 C3
Négron 79 F5
Négrondes (24)...........................137 G1
Néhou (50) 14 C4
Nelling (57) 27 G6
Nemours (77) 64 A3
Nempont-Saint-Firmin (62)............8 D2
Nénigan (31) 182 B2
Néons-sur-Creuse (36) 95 F6
Néoules (83) 191 G4
Néoux (23) 125 H2
Nepvant (55) 24 D3
Nérac (47) 150 D6
Nerbis (40) 163 G4
Nercillac (16)..............................121 H3
Néré (17)....................................121 H1
Néret (36) 112 A1
Nérigean (33) 135 G5
Nérignac (86) 109 G4
Néris-les-Bains (03) 112 D4
Nernier (74) 118 D3
Néron (28)....................................41 G6
Néronde (42) 129 E2
Néronde-sur-Dore (63) 127 H3
Nérondes (18)...............................98 B3
Ners (30)....................................171 H1
Nersac (16) 122 B4
Nervieux (42)..............................129 E3
Nerville-la-Forêt (95)...................42 D2
Néry (60)......................................21 F6
Neschers (63) 127 F5
Nescus (09)................................183 F5
Nesle (80) 21 F1
Nesle-et-Massoult (21)................84 D2
Nesle-Hodeng (76) 19 F2
Nesle-la-Reposte (51)..................44 D6
Nesle-le-Repons (51) 44 D2
Nesle-l'Hôpital (80).......................8 C6
Nesle-Normandeuse (76) 8 C6
Nesles (62) 1 F5
Nesles-la-Montagne (02) 44 C2
Nesles-la-Vallée (95)...................42 C1
Neslette (80) 8 C5
Nesmy (85) 91 G5
Nesploy (45) 63 G6
Nespouls (19) 138 C4
Nessa (2B) 202 D6
Nestier (65) 181 H4
Nettancourt (55) 46 D3
les Nétumières 58 A4
Neublans-Abergement (39) 102 B4
Neubois (67) 71 F2
le Neubourg (27)..........................40 C1
Neuchâtel-Urtière (25) 88 C5
Neuf-Berquin (59) 2 D5
Neuf-Brisach (68) 71 G5
Neuf-Église (63) 113 E6
Neuf-Marché (76) 19 G4
Neuf-Mesnil (59) 12 A2
Neufbosc (76)...............................19 E2
le Neufbourg (50) 37 H5
Neufchâteau (88) 68 D2
Neufchâtel-en-Bray (76) 19 E2
Neufchâtel-en-Saosnois (72) 60 B2
Neufchâtel-Hardelot (62) 1 F5
Neufchâtel-sur-Aisne (02)...........23 E4
Neufchef (57) 26 B3
Neufchelles (60) 43 H1
Neuffons (33) 150 B1
Neuffontaines (58) 83 H6
Neufgrange (57) 27 H5
Neuflieux (02) 21 H3
Neuflize (08) 23 G4
Neufmaison (08) 23 H1
Neufmaisons (54) 70 C1
Neufmanil (08) 13 F6
Neufmesnil (50)............................14 C5
Neufmoulin (80) 9 E4
Neufmoulins (57) 50 A4
Neufmoutiers-en-Brie (77) 43 G4
le Neufour (55) 46 D1
Neufvillage (57)............................49 G2
Neufvy-sur-Aronde (60) 21 E4
Neugartheim-Ittlenheim (67).......50 D5
Neuhaeusel (67) 51 G3
Neuil (37) 94 C2
Neuilh (65) 181 E4
Neuillac (17) 121 G5
Neuillay-les-Bois (36) 96 A5
Neuillé (49) 77 H6
Neuillé-le-Lierre (37) 79 F4
Neuillé-Pont-Pierre (37) 78 D4
Neuilly (27) 41 F3
Neuilly (58) 99 F1
Neuilly (89) 83 F1
Neuilly-en-Donjon (03) 114 D3
Neuilly-en-Dun (18)......................98 B5
Neuilly-en-Sancerre (18).............82 A6
Neuilly-en-Thelle (60) 20 C6
Neuilly-en-Vexin (95)...................42 B1
Neuilly-la-Forêt (14) 15 F5
Neuilly-le-Bisson (61) 60 B1
Neuilly-le-Brignon (37) 95 E3
Neuilly-le-Dien (80) 9 E3
Neuilly-le-Réal (03) 114 A2
Neuilly-le-Vendin (53) 59 F1
Neuilly-lès-Dijon (21) 85 H6
Neuilly-l'Évêque (52)...................68 B6
Neuilly-l'Hôpital (80) 8 D3
Neuilly-Plaisance (93) 43 E4
Neuilly-Saint-Front (02)...............44 B1
Neuilly-sous-Clermont (60)..........20 C5
Neuilly-sur-Eure (61)....................61 F1
Neuilly-sur-Marne (93) 43 E4
Neuilly-sur-Seine (92) 42 D3
Neuilly-sur-Suize (52) 67 H5
Neulette (62) 9 F1
Neulise (42)................................129 E2
Neulles (17)................................121 G5
Neulliac (56) 55 F2
Neung-sur-Beuvron (41) 80 C4
Neunhoffen 28 C6
Neunkirch 71 H2
Neunkirchen-
-lès-Bouzonville (57)...............27 E3
Neure (03) 98 C6
Neurey-en-Vaux (70)...................87 G2
Neurey-lès-la-Demie (70) 87 G3
Neussargues-Moissac (15).......141 E3
Neuve-Chapelle (62) 3 E5
Neuve-Église (67) 71 F2
la Neuve-Grange (27) 19 F5
la Neuve-Lyre (27) 40 B3
Neuve-Maison (02) 12 A5
Neuvecelle (74) 119 E2
Neuvéglise (15).........................141 E5
Neuvelle-lès-Cromary (70) 87 F5
Neuvelle-lès-la-Charité (70) 87 F4
la Neuvelle-lès-Lure (70).............88 A2
la Neuvelle-lès-Scey (70) 87 E2
Neuvelle-lès-Voisey (52) 86 D1
Neuves-Maisons (54) 48 C5
la Neuveville-
-devant-Lépanges (88) 70 B4
la Neuveville-
-sous-Châtenois (88) 69 E3
la Neuveville-
-sous-Montfort (88) 69 F3
Neuvic (19) 139 H1
Neuvic (24) 136 D3
Neuvic-Entier (87).....................124 D3
Neuvicq (17) 135 H2
Neuvicq-le-Château (17) 121 H2
Neuvillalais (72)...........................59 H4
la Neuville.....................................9 H6
Neuville (19) 139 E3
la Neuville (59) 3 F6
Neuville (63) 127 H3
la Neuville-à-Maire (08) 24 B3
Neuville-au-Bois (80) 8 D5
Neuville-au-Cornet (62) 9 G2
Neuville-au-Plain (50) 15 E4
la Neuville-au-Pont (51) 46 C1
Neuville-aux-Bois (45) 63 E5
la Neuville-aux-Bois (51) 46 D2
la Neuville-aux-Joûtes (08).........12 C5
la Neuville-aux-Larris (51)...........45 E1
Neuville-Bosc (60) 20 A6
la Neuville-Bosmont (02) 22 D2
Neuville-Bourjonval (62) 10 C4
la Neuville-Chant-d'Oisel (76) ..18 D5
Neuville-Coppegueule (80)...........8 D6
la Neuville-d'Aumont (60) 20 B5
Neuville-Day (08) 24 A3
Neuville-de-Poitou (86)...............94 A6
la Neuville-du-Bosc (27)..............18 B6
Neuville-en-Avesnois (59)............11 F3
Neuville-en-Beaumont (50).........14 C4
la Neuville-en-Beine (02) 21 H2
Neuville-en-Ferrain (59) 3 G4
la Neuville-en-Hez (60) 20 C4
la Neuville-
-en-Tourne-à-Fuy (08) 23 G5
Neuville-en-Verdunois (55) 47 F3
Neuville-Ferrières (76)................19 F2
la Neuville-Garnier (60) 20 A5
la Neuville-Housset (02) 22 C1
la Neuville-lès-Bray (80) 10 B5
Neuville-les-Dames (01) 116 C5
Neuville-lès-Decize (58) 99 E5
la Neuville-lès-Dorengt (02) 11 G5
Neuville-lès-Lœuilly (80) 20 B1
Neuville-lès-This (08) 24 A1
Neuville-lès-Vaucouleurs (55)....48 A6
la Neuville-lès-Wasigny (08) 23 G2
Neuville-lez-Beaulieu (08) 12 C6
Neuville-près-Sées (61) 39 G5
Neuville-Saint-Amand (02) 22 A1
la Neuville-Saint-Pierre (60) 20 B3
Neuville-Saint-Rémy (59) 10 D3
Neuville-Saint-Vaast (62) 10 B2
la Neuville-Sire-Bernard (80) 20 D1
Neuville-sous-Montreuil (62)........1 G6
Neuville-sur-Ailette (02) 22 C4
Neuville-sur-Ain (01) 117 F5
Neuville-sur-Authou (27)..............17 H4
Neuville-sur-Brenne (37)..............79 F3
Neuville-sur-Escaut (59) 11 E2
la Neuville-sur-Essonne (45)......63 G4
Neuville-sur-Margival (02)...........22 A4
Neuville-sur-Oise (95) 42 B2
Neuville-sur-Ornain (55) 47 E4
la Neuville-sur-Oudeuil (60) 20 A3
la Neuville-sur-Ressons (60).......21 E3
la Neuville-Roy (60) 38 B1
Neuville-sur-Saône (69) 130 A2
Neuville-sur-Sarthe (72) 60 A5
Neuville-sur-Seine (10) 66 D5
Neuville-sur-Touques (61)...........39 G4
Neuville-sur-Vannes (10)............65 H3
la Neuville-Vault (60) 20 A4
Neuville-Vitasse (62) 10 B3
Neuviller-la-Roche (67) 71 E1
Neuviller-lès-Badonviller (54) 49 H6
Neuviller-sur-Moselle (54)...........69 G1
Neuvillers-sur-Fave (88) 70 D2
Neuvillette (02) 11 F6
Neuvillette (80) 9 G3
Neuvillette-en-Charnie (72).........59 G5
Neuvilley (39) 102 D4
Neuvilly (59) 11 F3
Neuvilly-en-Argonne (55) 47 E1
Neuvireuil (62) 10 C2
Neuvizy (08) 23 H2
Neuvy (03) 113 H2
Neuvy (41) 80 B4
Neuvy (51) 44 C5
Neuvy-au-Houlme (61) 38 D4
Neuvy-Bouin (79) 93 E6
Neuvy-Deux-Clochers (18)..........98 A1
Neuvy-en-Beauce (28) 62 D3
Neuvy-en-Champagne (72) 59 H5
Neuvy-en-Dunois (28)..................62 B4
Neuvy-en-Mauges (49)................75 H5
Neuvy-en-Sullias (45) 81 F2
Neuvy-Grandchamp (71) 114 D1
Neuvy-le-Barrois (18) 98 C5
Neuvy-le-Roi (37) 78 D3
Neuvy-Pailloux (36)......................96 D4
Neuvy-Saint-Sépulchre (36) 111 F1
Neuvy-Sautour (89) 65 H5
Neuvy-sur-Barangeon (18) 81 F6
Neuvy-sur-Loire (58) 82 B4
Neuwiller (68) 89 G3
Neuwiller-lès-Saverne (67) 50 C3
Névache (05) 147 E3
Nevers (58) 98 D3
Névez (29).....................................53 H4
Névian (11) 186 B3
Néville (76) 7 E3
Néville-sur-Mer (50) 15 E1
Nevoy (45) 81 H3
Nevy-lès-Dole (39) 102 C3
Nevy-sur-Seille (39) 102 D5
Nexon (87) 124 A4

Ney (39) 103 F5
Neydens (74) 118 B5
Neyrac-les-Bains 157 F1
les Neyrolles (01) 117 G5
Neyron (01) 130 B2
Nézel (78) 42 A3
Nézignan-l'Évêque (34) 187 F1
Niafles (53) 76 B1
Niaux (09) 197 H4
Nibas (80) 8 C4
Nibelle (45) 63 G6
Nibles (04) 160 B4
Nice (06) 177 E5
Nicey (21) 84 C1
Nicey-sur-Aire (55) 47 F3
Nicole (47) 150 D4
Nicorps (50) 37 E2
le Nid d'Aigle 133 F1
Niderhoff (57) 50 A5
Niderviller (57) 50 B4
Niederbronn-les-Bains (67) 28 D6
Niederbruck (68) 88 D1
Niederentzen (68) 71 F5
Niederhaslach (67) 50 C6
Niederhausbergen (67) 51 E5
Niederhergheim (68) 71 F5
Niederlauterbach (67) 29 F6
Niedermodern (67) 51 E3
Niedermorschwihr (68) 71 F4
Niedernai (67) 71 G1
Niederrœdern (67) 51 G2
Niederschaeffolsheim (67) 51 E3
Niedersoultzbach (67) 50 D3
Niedersteinbach (67) 28 D5
Niederstinzel (57) 50 A3
Niedervisse (57) 27 E5
Nielles-lès-Ardres (62) 1 H3
Nielles-lès-Bléquin (62) 1 H4
Nielles-lès-Calais (62) 1 G2
Nieppe (59) 3 E4
Niergnies (59) 11 E3
Nieudan (15) 139 H4
Nieuil (16) 123 E2
Nieuil-l'Espoir (86) 109 F2
Nieul (87) 124 A2
Nieul-le-Dolent (85) 91 F5
Nieul-le-Virouil (17) 121 F6
Nieul-lès-Saintes (17) 121 E3
Nieul-sur-l'Autise (85) 107 F2
Nieul-sur-Mer (17) 106 C4
Nieulle-sur-Seudre (17) 120 C3
Nieurlet (59) 2 B3
Niévroz (01) 130 C2
Niffer (68) 89 G2
Niherne (36) 96 B5
Nijon (52) 68 C4
Nilvange (57) 26 B3
Nîmes (30) 172 A3
Ninville (52) 68 B5
Niort (79) 107 H3
Niort-de-Sault (11) 198 C2
Niou Uhella 30 A4
Niozelles (04) 174 C2
Nissan-lez-Enserune (34) 186 D2
Nistos (65) 181 H5
Nitry (89) 84 A3
Nitting (57) 50 A5
Nivelle (59) 4 B6
Nivillac (56) 73 G2
Nivillers (60) 20 B4
Nivolas-Vermelle (38) 130 D5
Nivollet-Montgriffon (01) 117 F6
Nixéville-Blercourt (55) 47 F1
le Nizan (33) 149 H3
Nizan-Gesse (31) 182 A3
Nizas (32) 166 B6
Nizas (34) 170 C6
Nizerolles (03) 114 B6
Nizon 53 H4
Nizy-le-Comte (02) 23 E3
Noailhac (12) 154 A2
Noailhac (19) 138 D4
Noailhac (81) 168 D6
Noaillac (33) 150 B3
Noaillan (33) 149 G3
Noailles (19) 138 C3
Noailles (60) 20 B5
Noailles (81) 168 A2
Noailly (42) 115 E5
Noalhac (48) 141 F6
Noalhat (63) 127 H2
Noards (27) 17 H4
Nocario (2B) 205 F1
Nocé (61) 60 D2
Noceta (2B) 205 F3
Nochize (71) 115 F3
la Nocle-Maulaix (58) 99 H5
Nod-sur-Seine (21) 85 E2
Nods (25) 103 H2
Noé (31) 183 E2
Noé (89) 65 E4
la Noë-Blanche (35) 57 E5
Noë-les-Mallets (10) 67 E5
la Noë-Poulain (27) 17 H4
Noël-Cerneux (25) 104 B2
Noël-Saint-Martin 21 E6
Noëllet (49) 75 F1
les Noës (42) 114 D6
les Noës-près-Troyes (10) 66 A3
Nœux-lès-Auxi (62) 9 F3
Nœux-les-Mines (62) 2 D6
Nogaret (31) 168 A6
Nogaro (32) 164 C4
Nogent (52) 68 B5
Nogent-en-Othe (10) 65 H4
Nogent-l'Abbesse (51) 23 F6
Nogent-l'Artaud (02) 44 B3
Nogent-le-Bernard (72) 60 C3
Nogent-le-Phaye (28) 62 B2
Nogent-le-Roi (28) 41 G6
Nogent-le-Rotrou (28) 61 E3
Nogent-le-Sec (27) 40 D3
Nogent-lès-Montbard (21) 84 D3
Nogent-sur-Aube (10) 66 C1
Nogent-sur-Eure (28) 62 A2
Nogent-sur-Loir (72) 78 C3
Nogent-sur-Marne (94) 43 E4
Nogent-sur-Oise (60) 20 D6
Nogent-sur-Seine (10) 65 F1
Nogent-sur-Vernisson (45) 82 A1
Nogentel (02) 44 C2
Nogna (39) 117 G1
Noguères (64) 180 A1
Nohanent (63) 127 E3
Nohant 111 G1
Nohant-en-Goût (18) 97 H2
Nohant-en-Graçay (18) 96 D2
Nohant-Vic (36) 111 G1
Nohèdes (66) 199 E3
Nohic (82) 167 E3
Noidan (21) 84 D6
Noidans-le-Ferroux (70) 87 F3
Noidans-lès-Vesoul (70) 87 G3
Noidant-Chatenoy (52) 86 B2
Noidant-le-Rocheux (52) 86 A1
Noilhan (32) 166 B6
Nointel (60) 20 D5
Nointel (95) 42 D1
Nointot (76) 6 D5
Noircourt (02) 23 E2
Noirefontaine (25) 88 C5
Noirémont (60) 20 B3
Noirétable (42) 128 B2
Noirlac 97 G6
Noirlieu (51) 46 C3
Noirmoutier-en-l'Île (85) 90 B1
Noiron (70) 86 D5
Noiron-sous-Gevrey (21) 101 H1
Noiron-sur-Bèze (21) 86 B5
Noiron-sur-Seine (21) 66 D6
Noironte (25) 87 E6
Noirval (08) 24 B4
Noiseau (94) 43 E4
Noisiel (77) 43 F4
Noisseville (57) 26 C5
Noisy-le-Grand (93) 43 E4
Noisy-le-Roi (78) 42 B4
Noisy-le-Sec (93) 43 E3
Noisy-Rudignon (77) 64 C3
Noisy-sur-École (77) 63 H2
Noisy-sur-Oise (95) 42 D1
Noizay (37) 79 F5
Noizé 93 G4
Nojals-et-Clotte (24) 151 G1
Nojeon-en-Vexin (27) 19 F5
Nolay (21) 101 E4
Nolay (58) 99 E2
Nolléval (76) 19 F4
Nollieux (42) 128 D2
Nomain (59) 3 G6
Nomdieu (47) 165 G1
Nomécourt (52) 67 H1
Nomeny (54) 48 D3
Nomexy (88) 69 H2
Nommay (25) 88 C3
Nompatelize (88) 70 C2
Nonac (16) 122 B6
Nonancourt (27) 41 E4
Nonant (14) 16 A4
Nonant-le-Pin (61) 39 G5
Nonards (19) 139 E4
Nonaville (16) 122 A5
Noncourt-
-sur-le-Rongeant (52) 68 A2
Nonette (63) 127 G6
Nonglard (74) 132 A1
Nonhigny (54) 49 H6
Nonières (07) 143 G5
Nonsard-Lamarche (55) 48 A3
Nontron (24) 123 F5
Nonville (77) 64 B3
Nonville (88) 69 F4
Nonvilliers-Grandhoux (28) 61 G3
Nonza (2B) 203 F3
Nonzeville (88) 70 B3
Noordpeene (59) 2 B3
Nordausques (62) 1 H3
Nordheim (67) 50 D5
Nordhouse (67) 51 E6
Noreuil (62) 10 C3
Norges-la-Ville (21) 85 H5
la Norma 147 E2
Normandel (61) 40 B6
Normanville (27) 41 E2
Normanville (76) 6 D4
Normée 45 G4
Normier (21) 84 D6
Norolles (14) 17 F4
Noron-la-Poterie (14) 15 H6
Noron-l'Abbaye (14) 38 D3
Noroy (60) 20 D4
Noroy-le-Bourg (70) 87 H3
Noroy-sur-Ourcq (02) 21 H6
Norrent-Fontes (62) 2 C5
Norrey-en-Auge (14) 39 E3
Norrey-en-Bessin 16 B4
Norrois (51) 46 B5
Norroy (88) 69 E3
Norroy-le-Sec (54) 25 H5
Norroy-le-Veneur (57) 26 B5
Norroy-
-lès-Pont-à-Mousson (54) 48 C3
Nort-Leulinghem (62) 2 A3
Nort-sur-Erdre (44) 74 D3
Nortkerque (62) 1 H3
Norville (76) 6 D6
la Norville (91) 42 D6
Nossage-et-Bénévent (05) 159 H4
Nossoncourt (88) 70 B1
Nostang (56) 54 D5
Noth (23) 111 E4
Nothalten (67) 71 F2
Notre-Dame-d'Aliermont (76) 7 H2
Notre-Dame-d'Allençon (49) 77 E6
Notre-Dame-
-de-Bellecombe (73) 132 D2
Notre-Dame-de-Bliquetuit (76) 7 E6
Notre-Dame-de-Boisset (42) 128 D1
Notre-Dame-de-Bondeville (76) 7 G6
Notre-Dame-de-Cenilly (50) 37 F2
Notre-Dame-
-de-Commiers (38) 145 G4
Notre-Dame-de-Courson (14) 17 F6
Notre-Dame-
-de-Gravenchon (76) 6 D6
Notre-Dame-
-de-la-Rouvière (30) 171 E1
Notre-Dame-de-l'Isle (27) 41 F1
Notre-Dame-de-Livaye (14) 17 E5
Notre-Dame-de-Livoye (50) 37 F4
Notre-Dame-de-Londres (34) 171 E3
Notre-Dame-de-l'Osier (38) 145 E2
Notre-Dame-de-Mésage (38) 145 G3
Notre-Dame-de-Monts (85) 90 B2
Notre-Dame-de-Riez (85) 90 D3
Notre-Dame-de-Sanilhac (24) 137 F3
Notre-Dame-de-Vaulx (38) 145 G4
Notre-Dame-d'Elle (50) 37 H1
Notre-Dame-d'Épine (27) 17 H4
Notre-Dame-des-Landes (44) 74 B3
Notre-Dame-des-Millières (73) 132 C4
Notre-Dame-d'Estrées (14) 17 E5
Notre-Dame-d'Oé (37) 78 D5
Notre-Dame-d'Or 93 H5
Notre-Dame-du-Bec (76) 6 B5
Notre-Dame-du-Cruet (73) 132 C6
Notre-Dame-du-Hamel (27) 40 A3
Notre-Dame-du-Parc (76) 7 G3
Notre-Dame-du-Pé (72) 77 F2
Notre-Dame-du-Pré (73) 133 E5
Notre-Dame-du-Rocher (61) 38 C4
Notre-Dame-du-Touchet (50) 37 G6
Notre-Dame de Mons 128 B5
Notre-Dame du Laus 160 C2
Nottonville (28) 62 B5
la Nouaille (23) 125 G2
Nouaillé-Maupertuis (86) 109 E2
Nouainville (50) 14 C2
Nouan-le-Fuzelier (41) 81 E4
Nouans (72) 60 B3
Nouans-les-Fontaines (37) 95 H2
Nouart (08) 24 C4
Nouâtre (37) 94 C3
la Nouaye (35) 56 D2
la Noue (51) 44 D5
Noueilles (31) 183 G1
Nougaroulet (32) 166 A4
Nouhant (23) 112 B4
Nouic (87) 110 A6
Nouilhan (65) 181 E1
les Nouillers (17) 121 E1
Nouillonpont (55) 25 G4
Nouilly (57) 26 C5
Noulens (32) 165 E3
Nourard-le-Franc (60) 20 C4
Nourray (41) 79 G2
Nousse (40) 163 F4
Nousseviller-lès-Bitche (57) 28 B5
Nousseviller-Saint-Nabor (57) 27 G5
Nousty (64) 180 C2
Nouvelle-Église (62) 1 H2
Nouvion (80) 8 D3
le Nouvion-en-Thiérache (02) 11 H5
Nouvion-et-Catillon (02) 22 B2
Nouvion-le-Comte (02) 22 B2
Nouvion-le-Vineux (02) 22 C4
Nouvion-sur-Meuse (08) 24 B2
Nouvoitou (35) 57 F3
Nouvron-Vingré (02) 21 H4
Nouzerines (23) 111 H3
Nouzerolles (23) 111 F3
Nouziers (23) 111 G3
Nouzilly (37) 79 E4
Nouzonville (08) 13 F6
Novacelles (63) 128 A6
Novalaise (73) 131 G4
Novale (2B) 205 G2
Novéant-sur-Moselle (57) 26 B6
Novel (74) 119 G2
Novella (2B) 203 E5
Noves (13) 173 E3
Noviant-aux-Prés (54) 48 B3
Novillard (90) 88 D3
Novillars (25) 87 G6
Novillers (60) 20 B6
Novion-Porcien (08) 23 G3
Novy-Chevrières (08) 23 H3
Noyal (22) 34 A5
Noyal-Châtillon-
-sur-Seiche (35) 57 F3
Noyal-Muzillac (56) 73 F1
Noyal-Pontivy (56) 55 F2
Noyal-sous-Bazouges (35) 35 F5
Noyal-sur-Brutz (44) 57 G6
Noyal-sur-Vilaine (35) 57 G3
Noyales (02) 11 F6
Noyalo (56) 72 D1
Noyant (49) 78 A4
Noyant-d'Allier (03) 113 G2
Noyant-de-Touraine (37) 94 D2
Noyant-et-Aconin (02) 22 A5
Noyant-la-Gravoyère (49) 76 B2
Noyant-la-Plaine (49) 77 F6
Noyarey (38) 145 F2
Noyelle-Vion (62) 9 H2
Noyelles-en-Chaussée (80) 9 E3
Noyelles-Godault (62) 10 C1
Noyelles-lès-Humières (62) 9 F1
Noyelles-lès-Seclin (59) 3 F5
Noyelles-lès-Vermelles (62) 2 D6
Noyelles-sous-Bellonne (62) 10 C2
Noyelles-sous-Lens (62) 10 B1
Noyelles-sur-Escaut (59) 10 D4
Noyelles-sur-Mer (80) 8 C3
Noyelles-sur-Sambre (59) 11 H3
Noyelles-sur-Selle (59) 11 E2
Noyellette (62) 10 A2
Noyen-sur-Sarthe (72) 77 G1
Noyen-sur-Seine (77) 65 E2
le Noyer (05) 146 A6
le Noyer (18) 82 A6
le Noyer (73) 132 A3
le Noyer-en-Ouche (27) 40 B2
Noyers 19 E6
Noyers (27) 19 G6
Noyers (45) 81 H1
Noyers (52) 68 C5
Noyers (89) 84 A3
Noyers-Auzécourt (55) 46 D3
Noyers-Bocage (14) 16 A5
Noyers-Pont-Maugis (08) 24 C2
Noyers-Saint-Martin (60) 20 C3
Noyers-sur-Cher (41) 96 A1
Noyers-sur-Jabron (04) 160 A5
Noyon (60) 21 G3
Nozay (10) 66 B1
Nozay (44) 74 C2
Nozay (91) 42 C5
Nozeroy (39) 103 F5
Nozières (07) 143 G4
Nozières (18) 97 G6
Nuaillé (49) 75 H6
Nuaillé-d'Aunis (17) 107 E4
Nuaillé-sur-Boutonne (17) 107 H6
Nuars (58) 83 G5
Nubécourt (55) 47 E2
Nucourt (95) 42 A1
Nueil-les-Aubiers (79) 92 D4
Nueil-sous-Faye (86) 94 B3
Nueil-sur-Layon (49) 93 F2
Nuelles (69) 129 H2
Nuillé-le-Jalais (72) 60 C5
Nuillé-sur-Vicoin (53) 58 C5
Nuisement-sur-Coole (51) 45 H3
Nuits (89) 84 C2
Nuits-Saint-Georges (21) 101 G2
Nullemont (76) 19 G1
Nully (52) 67 F2
Nuncq-Hautecôte (62) 9 G2
Nuret-le-Ferron (36) 96 A6
Nurieux-Volognat (01) 117 F5
Nurlu (80) 10 C5
Nuzéjouls (46) 152 C3
Nyer (66) 199 E4
Nyoiseau (49) 76 B2
Nyons (26) 158 D4

O

Obenheim (67) 71 H1
Oberbronn (67) 28 C6
Oberbruck (68) 88 D1
Oberdorf (68) 89 F3
Oberdorf-Spachbach (67) 51 E2
Oberdorff (57) 27 E4
Oberentzen (68) 71 F5
Obergailbach (57) 28 A5
Oberhaslach (67) 50 C6
Oberhausbergen (67) 51 E5
Oberhergheim (68) 71 F5
Oberhoffen-
-lès-Wissembourg (67) 29 E5
Oberhoffen-sur-Moder (67) 51 F3
Oberlarg (68) 89 F4
Oberlauterbach (67) 29 F6
Obermodern-Zutzendorf (67) 50 D3
Obermorschwihr (68) 71 F5
Obermorschwiller (68) 89 F2
Obernai (67) 50 D6
Oberrœdern (67) 29 F6
Obersaasheim (68) 71 G5
Oberschaeffolsheim (67) 51 E5
Obersoultzbach (67) 50 D3
Obersteigen 50 C5
Obersteinbach (67) 28 D5
Oberstinzel (57) 50 A3
Obervisse (57) 27 E5
Obies (59) 11 H2
Objat (19) 138 C2
Oblinghem (62) 2 D6
Obrechies (59) 12 A3
Obreck (57) 49 F3
Obsonville (77) 63 H4
Obterre (36) 95 F4
Obtrée (21) 67 E6
Ocana (2A) 204 D5
Occagnes (61) 39 E4
Occey (52) 86 A3
Occhiatana (2B) 202 D5
Occoches (80) 9 G3
Ochancourt (80) 8 C4
Oches (08) 24 C3
Ochey (54) 48 B6
Ochiaz 117 H5
Ochtezeele (59) 2 B3
Ocquerre (77) 43 H2
Ocqueville (76) 7 E3
Octeville (Cherbourg) 14 C2
Octeville-l'Avenel (50) 14 D3
Octeville-sur-Mer (76) 6 A5
Octon (34) 170 B5
Odars (31) 167 F6
Odenas (69) 116 A6
Oderen (68) 70 D6
Odomez (59) 11 F1
Odos (65) 181 E3
Odratzheim (67) 50 D5
Oëlleville (88) 69 F2
Oermingen (67) 27 H6
Œting (57) 27 G4
Œuf-en-Ternois (62) 9 F2
Œuilly (02) 22 C5
Œuilly (51) 45 E2
Oeyregave (40) 162 D5
Oeyreluy (40) 162 D4
Offekerque (62) 1 H2
Offémont 21 G4
Offemont (90) 88 C2
Offendorf (67) 51 F4
Offignies (80) 19 H1
Offin (62) 9 E1
Offlanges (39) 102 C1
Offoy (60) 20 A2
Offoy (80) 21 G1
Offranville (76) 7 G2
Offrethun (62) 1 F3
Offroicourt (88) 69 F3
Offwiller (67) 50 D2
Ogenne-Camptort (64) 179 H2
Oger (51) 45 F3
Ogeu-les-Bains (64) 180 A3
Ogéviller (54) 49 G6
Ogliastro (2B) 203 F3
Ognes (02) 21 H3
Ognes (51) 45 F5
Ognes (60) 43 G2
Ognéville (54) 69 F1
Ognolles (60) 21 F2
Ognon (60) 21 E6
Ogy (57) 26 C5
Ohain (59) 12 B4
Oherville (76) 7 E3
Ohis (02) 12 A5
Ohlungen (67) 51 E3
Ohnenheim (67) 71 G3
l'Oie (85) 92 A5
Oigney (70) 87 E2
Oignies (62) 3 F6
Oigny (21) 85 F4
Oigny (41) 61 F5
Oigny-en-Valois (02) 21 H6
Oingt (69) 129 G1
Oinville-Saint-Liphard (28) 62 D4
Oinville-sous-Auneau (28) 62 C2
Oinville-sur-Montcient (78) 42 A2
Oiron (79) 93 G4
Oiry (51) 45 F2
Oiselay-et-Grachaux (70) 87 F5
Oisemont (80) 8 D5
Oisilly (21) 86 B5
Oisly (41) 80 A5
Oison (45) 62 D4
Oisseau (53) 58 D2
Oisseau-le-Petit (72) 60 A2
Oissel (76) 18 C5
Oissery (77) 43 G2
Oissy (80) 9 E6
Oisy (02) 11 G5
Oisy (58) 83 F5
Oisy (59) 11 F2
Oisy-le-Verger (62) 10 D3
Oizé (72) 78 A2
Oizon (18) 81 H5
Olargues (34) 169 G6
Olbreuse 107 G5
Olby (63) 126 D3
Olcani (2B) 203 F3
Oléac-Debat (65) 181 F2
Oléac-Dessus (65) 181 F3
Olemps (12) 154 C4
Olendon (14) 16 C6
Oletta (2B) 203 F5
Olette (66) 199 E4
Olivese (2A) 205 E6
Olivet (45) 80 D1
Olivet (53) 58 C4
Olizy (51) 45 E1
Olizy-Primat (08) 24 B5
Olizy-sur-Chiers (55) 24 D3
Ollainville (88) 68 D3
Ollainville (91) 42 C6
Ollans (25) 87 G5
Ollé (28) 61 H2
Olley (54) 25 H6
Ollezy (02) 21 H2
les Ollières (74) 118 C6
Ollières (83) 174 C6
les Ollières-sur-Eyrieux (07) 143 H6
Olliergues (63) 128 A4
Ollioules (83) 191 F5
Olloix (63) 127 E4
les Olmes (69) 129 G2
Olmet (63) 128 A3
Olmet-et-Villecun (34) 170 B4
Olmeta-di-Capocorso (2B) 203 F4
Olmeta-di-Tuda (2B) 203 F5
Olmeto (2A) 206 D2
Olmi-Cappella (2B) 202 D6
Olmiccia (2A) 207 E2
Olmo (2B) 203 G6
Olonne-sur-Mer (85) 90 D5
Olonzac (34) 185 G3
Oloron-Sainte-Marie (64) 180 A3
Ols-et-Rinhodes (12) 153 G3
Oltingue (68) 89 G4
Olwisheim (67) 51 E4
Omblèze (26) 144 D5
Omécourt (60) 19 H3
Omelmont (54) 69 F1
les Omergues (04) 159 G5
Omerville (95) 41 H1
Omessa (2B) 205 E2
Omet (33) 149 H1
Omex (65) 180 D4
Omey (51) 46 A4
Omicourt (08) 24 B2
Omiécourt (80) 21 F1
Omissy (02) 11 E6
Omméel (61) 39 F4
Ommeray (57) 49 G4
Ommoy (61) 39 E4
Omont (08) 24 B3
Omonville (76) 7 G3
Omonville-la-Petite (50) 14 A1
Omonville-la-Rogue (50) 14 B1
Omps (15) 139 H5
Oms (66) 199 H4
Onans (25) 88 B4
Onard (40) 163 F3
Onay (70) 86 D5
Oncieu (01) 131 E1
Oncourt (88) 69 H3
Oncy-sur-École (91) 63 H2
Ondefontaine (14) 38 B2
Ondes (31) 167 E4
Ondres (40) 162 B5
Ondreville-sur-Essonne (45) 63 G4
Onesse-et-Laharie (40) 163 E1
Onet-le-Château (12) 154 C4
Oneux (80) 9 E4
Ongles (04) 174 B1
Onglières (39) 103 F5
Onival 8 B4
Onjon (10) 66 C2
Onlay (58) 100 A4
Onnaing (59) 11 G1
Onnion (74) 119 E4
Onoz (39) 117 G2
Ons-en-Bray (60) 19 H4
Ontex (73) 131 G3
Onville (54) 26 A6
Onzain (41) 79 G4
Oô (31) 196 A4
Oost-Cappel (59) 2 D2
Opio (06) 176 C6
Opme 127 F3
Opoul-Périllos (66) 185 H6
Oppède (84) 173 G3
Oppède le Vieux 173 F3
Oppedette (04) 174 B2
Oppenans (70) 87 H3
Oppy (62) 10 C2
Optevoz (38) 130 D3
Oraàs (64) 179 F1
Oradour (15) 141 E5
Oradour (16) 122 A2
Oradour-Fanais (16) 109 H5
Oradour-Saint-Genest (87) 110 B4
Oradour-sur-Glane (87) 123 H1
Oradour-sur-Vayres (87) 123 G3
Orain (21) 86 B3
Orainville (02) 23 E5
Oraison (04) 174 D2
Orange (84) 158 B6
Orbagna (39) 117 F1
Orbais-l'Abbaye (51) 44 D3
Orban (81) 168 B3
Orbec (14) 17 G6
Orbeil (63) 127 G5
Orbessan (32) 165 H6
Orbey (68) 71 E4
Orbigny (37) 95 H1
Orbigny-au-Mont (52) 86 B1
Orbigny-au-Val (52) 86 B1
l'Orbrie (85) 107 F2
Orçay (41) 97 E1
Orcemont (78) 42 A6
Orcenais (18) 97 G6
Orcet (63) 127 F4
Orcevaux (52) 86 A2
Orchaise (41) 79 G4
Orchamps (39) 102 D2
Orchamps-Vennes (25) 104 B1
Orches (86) 94 B4
Orchies (59) 3 G6
Orcier (74) 119 E3
Orcières (05) 160 D1
Orcières-Merlette 146 C6
Orcinas (26) 158 D2
Orcines (63) 127 E3
Orcival (63) 126 D4
Orconte (51) 46 C5
Orcun 180 A5
Ordan-Larroque (32) 165 G4
Ordiarp (64) 179 F3
Ordizan (65) 181 F4
Ordonnac (33) 134 D1
Ordonnaz (01) 131 F2
Ore (31) 182 A5
Orègue (64) 179 E1
Oreilla (66) 199 E4
Orelle (73) 146 D2
Oresmaux (80) 20 C1
Organ (65) 181 H2
Orgeans-Blanchefontaine (25) 88 C6
Orgedeuil (16) 123 E4
Orgeix (09) 198 B2
Orgelet (39) 117 G1
Orgères (35) 57 F3
Orgères (61) 39 H4
Orgères-en-Beauce (28) 62 C4
Orgerus (78) 41 H4
Orges (52) 67 G5
Orgeux (21) 86 A5
Orgeval (02) 22 C3
Orgeval (78) 42 B3
Orgibet (09) 182 C6
Orglandes (50) 14 D4
Orgnac-l'Aven (07) 157 G5
Orgnac-sur-Vézère (19) 138 C1
Orgnat 112 A5
Orgon (13) 173 F3
Orgueil (82) 167 E3
Oricourt (70) 87 H3
Orieux (65) 181 G3
Orignac (65) 181 F4
Origne (33) 149 F3
Origné (53) 58 D6
Orignolles (17) 135 H2
Origny (21) 85 E3
Origny-en-Thiérache (02) 12 A6

Origny-le-Butin (61) 60 C2
Origny-le-Roux (61) 60 C2
Origny-le-Sec (10) 65 H1
Origny-Sainte-Benoite (02) 11 F6
Orin (64) 179 H3
Orincles (65) 181 E4
Oriocourt (57) 49 E3
Oriol-en-Royans (26) 144 D4
Oriolles (16) 135 H1
Orion (64) 179 G1
Oris-en-Rattier (38) 145 H4
Orist (40) 162 D4
Orival (16) 136 B1
Orival (76) 18 C5
Orléans (45) 80 D1
Orléat (63) 127 H2
Orleix (65) 181 F2
Orliac (24) 152 A1
Orliac-de-Bar (19) 139 E1
Orliaguet (24) 138 B5
Orliénas (69) 129 H4
Orlu (09) 198 B2
Orlu (28) 62 D2
Orly (94) 42 D5
Orly-sur-Morin (77) 44 B3
Ormancey (52) 68 A6
Ormenans (70) 87 G4
Ormersviller (57) 28 B5
Ormes (10) 45 G6
Ormes (27) 40 D2
Ormes (45) 62 D6
Ormes (51) 23 E6
Ormes (71) 101 H6
les Ormes (86) 94 D3
les Ormes (89) 83 E1
Ormes-et-Ville (54) 69 G1
les Ormes-sur-Voulzie (77) 64 D2
Ormesson (77) 64 A4
Ormesson-sur-Marne (94) 43 E4
Ormoiche (70) 87 H1
Ormoy (28) 41 G6
Ormoy (70) 69 F6
Ormoy (89) 65 F6
Ormoy (91) 43 E6
Ormoy-la-Rivière (91) 63 F2
Ormoy-le-Davien (60) 43 H1
Ormoy-lès-Sexfontaines (52) 67 H3
Ormoy-Villers (60) 21 F6
Ornacieux (38) 130 D6
Ornaisons (11) 185 H3
Ornans (25) 103 G2
Ornes (55) 25 F5
Ornex (01) 118 B4
Ornézan (32) 165 H6
Orniac (46) 153 E3
Ornolac-Ussat-les-Bains (09) 197 H4
Ornon (38) 146 A3
Orny (57) 26 C6
Oroër (60) 20 B4
Oroix (65) 181 E2
Oron (57) 49 E3
Oroux (79) 93 G6
Orphin (78) 42 A6
Orpierre (05) 159 G4
Orquevaux (52) 68 B3
les Orres (05) 161 E2
Orret (21) 85 F3
Orriule (64) 179 G1
Orrouer (28) 61 H2
Orrouy (60) 21 F5
Orry-la-Ville (60) 43 E1
Ors (59) 11 G4
Orsan (30) 158 A6
Orsanco (64) 179 E2
Orsans (11) 184 B4
Orsans (25) 88 A6
Orsay (91) 42 C5
Orschwihr (68) 71 E5
Orschwiller (67) 71 F3
Orsennes (36) 111 F2
Orsinval (59) 11 G2
Orsonnette (63) 127 G6
Orsonville (78) 62 D1
Ortaffa (66) 200 D4
Ortale (2B) 205 G2
Orthevielle (40) 162 D5
Orthez (64) 163 F6
Orthoux-Sérignac-Quilhan (30) 171 G3
Ortillon (10) 66 C1
Ortiporio (2B) 203 F6
Orto (2A) 204 D3
Ortoncourt (88) 70 A2
Orus (09) 197 G4
Orval (18) 97 H6
Orval (50) 37 E2
Orvault (44) 74 C4
Orvaux (27) 40 D3
Orve (25) 88 B5
Orveau (91) 63 F2
Orveau-Bellesauve (45) 63 G3
Orville (21) 86 A4
Orville (36) 96 C2
Orville (45) 63 G4
Orville (61) 39 G3
Orville (62) 9 G4
Orvillers-Sorel (60) 21 E3
Orvilliers (78) 41 H4
Orvilliers-Saint-Julien (10) 65 H2
Orx (40) 162 B5
Os-Marsillon (64) 180 A1
Osani (2A) 204 B2
Osches (55) 47 F2
Osenbach (68) 71 E5
Oslon (71) 101 G5
Osly-Courtil (02) 21 H4
Osmanville (14) 15 F5
Osmery (18) 98 A4
Osmets (65) 181 G2
Osmoy (18) 97 H3
Osmoy (78) 41 H4
Osmoy-Saint-Valery (76) 19 E1
Osne-le-Val (52) 68 A1
Osnes (08) 24 D2
Osny (95) 42 B2
Ossages (40) 163 F5
Ossas-Suhare (64) 179 G3
Osse (25) 87 G6
Ossé (35) 57 G3
Osse-en-Aspe (64) 179 H5
Osséja (66) 198 C5
Osselle (25) 103 E2
Ossen (65) 180 D4
Ossenx (64) 179 G1
Osserain-Rivareyte (64) 179 F1
Ossès (64) 178 D2
Ossey-les-Trois-Maisons (10) 65 G2
Ossun (65) 181 E3
Ossun-ez-Angles (65) 181 E4
Ostabat-Asme (64) 179 E2
Ostel (02) 22 B4
Ostheim (68) 71 F3
Osthoffen (67) 50 D5
Osthouse (67) 71 H1
Ostreville (62) 9 G1
Ostricourt (59) 10 C1
Ostwald (67) 51 E5
Ota (2A) 204 B3
Othe (54) 25 F3
Othis (77) 43 F2
Ottange (57) 26 A2
Ottersthal (67) 50 C4
Otterswiller (67) 50 C4
Ottmarsheim (68) 89 G1
Ottonville (57) 26 D4
Ottrott (67) 50 D6
Ottwiller (67) 50 B3
Ouagne (58) 83 F5
Ouainville (76) 6 D3
Ouanne (89) 83 F3
Ouarville (28) 62 C3
les Oubeaux (14) 15 F5
Ouchamps (41) 79 H5
Ouches (42) 115 E6
Oucques (41) 79 H2
Oudalle (76) 6 B5
Oudan (58) 83 E6
Oudeuil (60) 20 A3
Oudezeele (59) 2 C3
Oudincourt (52) 67 H3
l'Oudon (14) 17 E6
Oudon (44) 75 E4
Oudrenne (57) 26 C3
Oudry (71) 115 F1
Oueilloux (65) 181 F3
Ouerre (28) 41 G5
Ouessant (29) 30 A4
Ouézy (14) 16 D5
Ouffières (14) 16 B6
Ouge (70) 86 D1
Ouges (21) 101 H1
Ougney (39) 102 D1
Ougney-Douvot (25) 87 H6
Ougny (58) 99 G3
Ougy 116 A1
Ouhans (25) 103 H3
Ouides (43) 142 B5
Ouillon (64) 180 C2
Ouilly-du-Houley (14) 17 G5
Ouilly-le-Tesson (14) 16 C6
Ouilly-le-Vicomte (14) 17 F4
Ouistreham (14) 16 C3
Oulches (36) 110 C1
Oulches-la-Vallée-Foulon (02) 22 D4
Oulchy-la-Ville (02) 22 A6
Oulchy-le-Château (02) 22 A6
Oulins (28) 41 G4
Oulles (38) 146 A3
Oullins (69) 130 A3
Oulmes (85) 107 F3
Oulon (58) 99 F1
Ounans (39) 102 D3
Oupia (34) 185 H2
Our (39) 102 D2
les Ouraoux 152 D4
Ourches (26) 144 C6
Ourches-sur-Meuse (55) 48 A5
Ourde (65) 181 H5
Ourdis-Cotdoussan (65) 181 E4
Ourdon (65) 181 E5
Ourouër (58) 99 E3
Ourouer-les-Bourdelins (18) 98 B4
Ouroux (69) 116 A4
Ouroux-en-Morvan (58) 100 A2
Ouroux-sous-le-Bois-Sainte-Marie (71) 115 G3
Ouroux-sur-Saône (71) 101 G6
Oursbelille (65) 181 E2
Ourscamps 21 G3
Oursel-Maison (60) 20 B3
Ourton (62) 9 H1
Ourville-en-Caux (76) 6 D3
Ousse (64) 180 C2
Ousse-Suzan (40) 163 F2
Oussières (39) 102 D4
Ousson-sur-Loire (45) 82 B4
Oussoy-en-Gâtinais (45) 82 A1
Oust (09) 183 E6
Oust-Marest (80) 8 B4
Ousté (65) 181 E4
Outarville (45) 63 E4
Outines (51) 46 B6
Outreau (62) 1 F4
Outrebois (80) 9 G3
Outremécourt (52) 68 D3
Outrepont (51) 46 C4
Outriaz (01) 117 G6
Ouvans (25) 88 A6
Ouve-Wirquin (62) 2 A5
Ouveillan (11) 186 C2
Ouville (50) 37 E2
Ouville-la-Bien-Tournée (14) 16 D6
Ouville-la-Rivière (76) 7 F2
Ouville-l'Abbaye (76) 7 F4
Ouvrouer-les-Champs (45) 81 F2
Ouzilly (86) 94 B5
Ouzilly-Vignolles 93 H4
Ouzouer-des-Champs (45) 82 A1
Ouzouer-le-Doyen (41) 62 A6
Ouzouer-le-Marché (41) 80 B1
Ouzouer-sous-Bellegarde (45) 63 G6
Ouzouer-sur-Loire (45) 81 H2
Ouzouer-sur-Trézée (45) 82 B3
Ouzous (65) 180 D5
Ovanches (70) 87 F3
Ovillers-la-Boisselle (80) 10 A5
Oxelaëre (59) 2 C3
Oyé (71) 115 F4
Oye-et-Pallet (25) 103 H4
Oye-Plage (62) 1 H2
Oyes (51) 45 E4
Oyeu (38) 131 E6
Oyonnax (01) 117 G4
Oyré (86) 94 D4
Oyrières (70) 86 C4
Oysonville (28) 62 D2
Oytier-Saint-Oblas (38) 130 B5
Oz (38) 146 A2
Ozan (01) 116 C3
Oze (05) 159 H2
Ozenay (71) 116 B1
Ozenx-Montestrucq (64) 179 G1
Ozerailles (54) 25 H6
Ozeville (50) 15 E3
Ozières (52) 68 B4
Ozillac (17) 121 G6
Ozoir-la-Ferrière (77) 43 F4
Ozoir-le-Breuil (28) 62 B6
Ozolles (71) 115 G3
Ozon 94 C5
Ozon (07) 144 A2
Ozon (65) 181 F3
Ozouer-le-Voulgis (77) 43 G5
Ozourt (40) 163 F4

P

Paars (02) 22 C5
Pabu (22) 33 E3
la Pacaudière (42) 114 D5
Pacé (35) 57 E2
Pacé (61) 59 H2
Pact (38) 144 B1
Pacy-sur-Armançon (89) 84 B2
Pacy-sur-Eure (27) 41 F2
Padern (11) 185 G6
Padiès (81) 168 D1
Padirac (46) 139 E6
Padoux (88) 70 A3
Pageas (87) 123 H4
Pagney (39) 86 D6
Pagney-derrière-Barine (54) 48 B5
Pagnoz (39) 103 E3
Pagny-la-Blanche-Côte (55) 48 A6
Pagny-la-Ville (21) 102 A2
Pagny-le-Château (21) 102 A3
Pagny-lès-Goin (57) 48 D2
Pagny-sur-Meuse (55) 48 A5
Pagny-sur-Moselle (54) 48 C2
Pagolle (64) 179 F3
Pailhac (65) 181 G6
Pailharès (07) 143 G3
Pailherols (15) 140 C5
Pailhès (09) 183 G4
Pailhès (34) 186 D1
Paillart (60) 20 C2
Paillé (17) 121 G1
Paillencourt (59) 11 E3
Paillet (33) 149 G1
Pailloles (47) 151 F3
le Pailly (52) 86 B2
Pailly (89) 65 E3
Paimbœuf (44) 73 H4
Paimpol (22) 33 F2
Paimpont (35) 56 C3
Painblanc (21) 101 E2
Pair-et-Grandrupt (88) 70 D2
Paissy (02) 22 C4
Paisy-Cosdon (10) 65 G4
Paizay-le-Chapt (79) 108 B6
Paizay-le-Sec (86) 109 H1
Paizay-le-Tort (79) 108 B5
Paizay-Naudouin-Embourie (16) 108 C6
Pajay (38) 130 C6
Paladru (38) 131 F5
Palairac (11) 185 G5
le Palais (56) 72 A3
le Palais-sur-Vienne (87) 124 B2
Palaiseau (91) 42 C5
Palaiseul (52) 86 B2
Palaja (11) 185 E4
Palalda 199 G4
Palaminy (31) 182 D3
Palante (70) 88 B2
Palantine (25) 103 F2
Palasca (2B) 202 D5
Palau-de-Cerdagne (66) 198 C5
Palau-del-Vidre (66) 201 E4
Palavas-les-Flots (34) 171 F6
Palazinges (19) 138 D3
Paley (77) 64 B4
Palhers (48) 155 G3
Palinges (71) 115 F1
Palis (10) 65 G3
Palise (25) 87 G5
Palisse (19) 125 H6
Palladuc (63) 128 A2
Pallanne (32) 165 E6
Palleau (71) 101 H3
Pallegney (88) 69 H2
le Pallet (44) 75 E6
Palleville (81) 168 A6
la Pallice 106 C5
la Pallu (53) 59 F1
Palluau (85) 91 E3
Palluau-sur-Indre (36) 95 H4
Palluaud (16) 136 C1
Pallud (73) 132 C3
Palluel (62) 10 D2
Palmas (12) 155 E4
la Palme (11) 186 C5
la Palmyre 120 B3
Palneca (2A) 205 E5
Palogneux (42) 128 C3
la Palud-sur-Verdon (04) 175 F3
Paluel (76) 6 D2
Pamfou (77) 64 B2
Pamiers (09) 183 H4
Pampelonne (81) 168 C1
Pamplie (79) 107 H1
Pamproux (79) 108 C3
Panassac (32) 182 A1
Panazol (87) 124 B2
Pancé (35) 57 F5
Pancey (52) 68 A1
Pancheraccia (2B) 205 G3
Pancy-Courtecon (02) 22 C4
Pandrignes (19) 139 E2
Pange (57) 26 D5
Panges (21) 85 F5
Panilleuse (27) 41 G1
Panissage (38) 131 E5
Panissières (42) 129 F3
Panjas (32) 164 C3
Pannecé (44) 75 E3
Pannecières (45) 63 F3
Pannes (45) 64 A6
Pannes (54) 48 A3
Pannessières (39) 102 D6
Panon (72) 60 B3
Panossas (38) 130 D3
la Panouse (48) 156 B1
Pantin (93) 42 D3
Panzoult (37) 94 C2
Papleux (02) 11 H5
le Paradis 33 E3
Paradou (13) 172 D4
Paramé 34 D3
Parassy (18) 97 H1
Parata (2B) 205 G1
Paray-Douaville (78) 62 D2
Paray-le-Frésil (03) 99 G6
Paray-le-Monial (71) 115 E2
Paray-sous-Briailles (03) 114 A4
Paray-Vieille-Poste (91) 42 D5
Paraza (11) 185 H3
Parbayse (64) 180 A2
Parc-d'Anxtot (76) 6 C5
Parçay-les-Pins (49) 78 A5
Parçay-Meslay (37) 79 E5
Parçay-sur-Vienne (37) 94 C2
Parcé (35) 58 A3
Parcé-sur-Sarthe (72) 77 G1
Parcey (39) 102 C3
Parcieux (01) 130 A1
Parcoul (24) 136 B2
le Parcq (62) 9 F1
Parcy 22 A6
Parcy-et-Tigny (02) 22 A6
Pardailhan (34) 185 H1
Pardaillan (47) 150 C1
Pardeillan 165 F3
Pardies (64) 180 A1
Pardies-Piétat (64) 180 C3
Pardines (63) 127 F5
Paréac (65) 181 E4
Pareid (55) 48 A1
Parempuyre (33) 135 E4
Parennes (72) 59 G4
Parent (63) 127 F4
Parentignat (63) 127 G5
Parentis-en-Born (40) 148 B4
Parenty (62) 1 G5
Parey-Saint-Césaire (54) 48 C6
Parey-sous-Montfort (88) 69 E3
Parfondeval (02) 23 F1
Parfondeval (61) 60 C1
Parfondru (02) 22 C3
Parfondrupt (55) 25 H6
Parfouru-sur-Odon (14) 16 A5
Parfouru l'Éclin 38 A1
Pargnan (02) 22 C4
Pargny (80) 21 G1
Pargny-Filain (02) 22 B4
Pargny-la-Dhuys (02) 44 C3
Pargny-les-Bois (02) 22 C2
Pargny-lès-Reims (51) 23 E6
Pargny-sous-Mureau (88) 68 C2
Pargny-sur-Saulx (51) 46 C4
Pargues (10) 66 C5
Parignargues (30) 171 H3
Parigné (35) 58 A1
Parigné-le-Pôlin (72) 78 A1
Parigné-l'Évêque (72) 60 B6
Parigné-sur-Braye (53) 58 D3
Parigny (42) 128 D1
Parigny (50) 37 G6
Parigny-la-Rose (58) 83 F6
Parigny-les-Vaux (58) 98 D2
Paris (75) 42 D4
Paris-l'Hôpital (71) 101 E4
Parisot (81) 167 H4
Parisot (82) 153 F5
Parlan (15) 139 G6
Parleboscq (40) 164 D2
Parly (89) 83 E2
Parmain (95) 42 C1
Parmilieu (38) 130 D2
Parnac (36) 110 D2
Parnac (46) 152 B3
Parnans (26) 144 C3
Parnay (18) 97 H5
Parnay (49) 93 H1
Parné-sur-Roc (53) 58 D5
Parnes (60) 19 G6
Parnoy-en-Bassigny (52) 68 D5
les Paroches (55) 47 G3
Paron (89) 64 D4
Paroy (25) 103 E2
Paroy (77) 64 D1
Paroy-en-Othe (89) 65 F5
Paroy-sur-Saulx (52) 68 A1
Paroy-sur-Tholon (89) 65 E6
Parpeçay (36) 96 C1
Parpeville (02) 22 B1
Parranquet (47) 151 G1
Parroy (54) 49 F5
Pars-lès-Chavanges (10) 66 D1
Pars-lès-Romilly (10) 65 G1
Parsac 136 A5
Parsac (23) 112 A5
Parthenay (79) 93 F6
Parthenay-de-Bretagne (35) 57 E2
Parthenay-le-Vieux 93 F6
Partinello (2A) 204 B2
Parux (54) 49 H6
Parves (01) 131 G3
Parville (27) 40 D2
Parvillers-le-Quesnoy (80) 21 E1
Parzac (16) 122 D1
le Pas (53) 58 D2
Pas-de-Jeu (79) 93 G3
Pas-en-Artois (62) 9 H3
le Pas-Saint-l'Homer (61) 61 F1
Pasilly (89) 84 B3
Paslières (63) 127 H1
Pasly (02) 22 A4
Pasques (21) 85 G5
le Pasquier (39) 103 F5
Passa (66) 199 H4
le Passage (38) 131 E5
le Passage (47) 151 E6
Passais (61) 58 D1
Passavant (25) 87 H6
Passavant-en-Argonne (51) 46 D2
Passavant-la-Rochère (70) 69 F5
Passavant-sur-Layon (49) 93 E2
Passel (60) 21 G3
Passenans (39) 102 D5
Passins (38) 131 E3
Passirac (16) 136 A1
Passonfontaine (25) 104 A2
Passy 119 G5
Passy (71) 115 H2
Passy (74) 133 E1
Passy (89) 65 E5
Passy-en-Valois (02) 44 A1
Passy-Grigny (51) 44 D1
Passy-sur-Marne (02) 44 D2
Passy-sur-Seine (77) 65 E2
Pastricciola (2A) 204 D4
Patay (45) 62 C5
Patornay (39) 117 G1
Patrimonio (2B) 203 F4
Pau (64) 180 B2
Paucourt (45) 64 B5
Paudy (36) 96 D3
Pauilhac (32) 165 H3
Pauillac (33) 134 D2
Paule (22) 54 C1
Paulhac (15) 140 D4
Paulhac (31) 167 F4
Paulhac (43) 141 G1
Paulhac-en-Margeride (48) 141 H5
Paulhaguet (43) 141 H2
Paulhan (34) 170 C6
Paulhe (12) 155 F6
Paulhenc (15) 140 D5
Paulhiac (47) 151 G2
Pauligne (11) 184 D4
Paulin (24) 138 B4
Paulinet (81) 168 D3
Paulmy (37) 95 E3
Paulnay (36) 95 G5
Paulx (44) 91 E1
Paunat (24) 137 G5
Paussac-et-Saint-Vivien (24) 137 E1
Pautaines-Augeville (52) 68 A2
Pauvres (08) 23 H4
Pavant (02) 44 B3
Pavezin (42) 129 H5
Pavie (32) 165 H5
le Pavillon-Sainte-Julie (10) 66 A2
les Pavillons-sous-Bois (93) 43 E3
Pavilly (76) 7 F5
Payns (10) 66 A2
Payra-sur-l'Hers (11) 184 B3
Payrac (46) 138 C6
Payré (86) 108 D3
Payrignac (46) 138 B6
Payrin-Augmontel (81) 168 D6
Payros-Cazautets (40) 164 A5
Payroux (86) 109 F5
Payssous (31) 182 B5
Payzac (07) 157 E3
Payzac (24) 124 A6
Pazayac (24) 138 B3
Paziols (11) 185 G6
Pazy (58) 99 G1
le Péage-de-Roussillon (38) 130 A6
Péas (51) 45 E5
Peaugres (07) 143 H1
Péaule (56) 73 F1
Péault (85) 91 H6
Pébées (32) 182 D1
Pébrac (43) 141 H4
Pech (09) 198 A2
Pech-Luna (11) 184 A3
Péchabou (31) 167 F6
Pécharic-et-le-Py (11) 184 A3
Péchaudier (81) 168 A6
Pechbonnieu (31) 167 F4
Pechbusque (31) 167 E6
le Pêchereau (36) 111 E1
Pécorade (40) 164 A5
le Pecq (78) 42 C3
Pecquencourt (59) 10 D1
Pecqueuse (91) 42 B6
Pécy (77) 44 A6
Pédernec (22) 32 D3
Pégairolles-de-Buèges (34) 170 D3
Pégairolles-de-l'Escalette (34) 170 B4
Pégomas (06) 176 C6
le Pègue (26) 158 C3
Péguilhan (31) 182 B2
Peigney (52) 86 B1
Peillac (56) 56 B6
Peille (06) 177 F4
Peillon (06) 177 F5
Peillonnex (74) 118 D5
Peintre (39) 102 C1
les Peintures (33) 136 A3
Peipin (04) 160 B6
Peïra Cava 177 E3
Peisey-Nancroix (73) 133 F4
Pel-et-Der (10) 66 D2
Pélissanne (13) 173 F5
la Pelissonnière 92 B5
Pellafol (38) 145 H5
Pelleautier (05) 160 B2
Pellefigue (32) 182 B1
Pellegrue (33) 136 B6
Pelleport (31) 166 C4
Pellerey (21) 85 F4
le Pellerin (44) 74 B5
la Pellerine (49) 78 A5
la Pellerine (53) 58 B2
Pellevoisin (36) 96 A3
Pellouailles-les-Vignes (49) 77 E4
Pelonne (26) 159 F4
Pelouse (48) 156 B2
Pelousey (25) 87 F6
Peltre (57) 26 C6
Pélussin (42) 129 H6
Pelves (62) 10 C2
Pelvoux (05) 146 D5
Pen-ar-Hoat-ar-Gorré 31 G5
Penchard (77) 43 G3
Pencran (29) 31 F4
Pendé (80) 8 C3
Penerf 73 E2
Pénestin (56) 73 F2
Penguily (22) 34 A6
Penhors 53 E3
Penin (62) 9 H2
Penly (76) 7 H1
Penmarch (29) 53 E4
Pennautier (11) 185 E3
la Penne (06) 176 C3
Penne (81) 167 G1
Penne-d'Agenais (47) 151 G4
la Penne-sur-Huveaune (13) 190 D4
la Penne-sur-l'Ouvèze (26) 159 E5
Pennedepie (14) 6 B6
Pennes-le-Sec (26) 159 E1
les Pennes-Mirabeau (13) 190 C3
Pennesières (70) 87 G4
Penol (38) 130 D6
le Penon 162 B4
Pensol (87) 123 G4
Penta-Acquatella (2B) 203 F6
Penta-di-Casinca (2B) 203 G6
Penthièvre 72 B1
Penvénan (22) 32 D1
Péone (06) 161 H6
Pépieux (11) 185 G2
Pérassay (36) 112 A2
Peray (72) 60 C3
Perceneige (89) 65 E3
Percey (89) 65 H6
Percey-le-Grand (70) 86 B3
Percey-le-Pautel 86 B2
le Perchay (95) 42 B1
la Perche (18) 112 C1
Perchède (32) 164 C4
le Percher 76 D2
Percy (38) 145 G6
Percy (50) 37 F3
Percy-en-Auge (14) 16 D5
Perdreauville (78) 41 G3
Péré (17) 107 E5
Péré (65) 181 G4
Péreille (09) 184 A6
Perelli (2B) 205 G2
Pérenchies (59) 3 F4
Péret (34) 170 C6
Péret-Bel-Air (19) 125 G6
Péreuil (16) 122 A5
Péreyres (07) 143 E6
Pergain-Taillac (32) 165 H1
Perguet 53 G4
Peri (2A) 204 D5
le Périer (38) 146 A4
Périers (50) 14 D6
Périers-en-Auge (14) 16 D4
Périers-sur-le-Dan (14) 16 C4
Pérignac (16) 122 B6
Pérignac (17) 121 F4
Pérignat-lès-Sarliève (63) 127 F3
Pérignat-sur-Allier (63) 127 F3
Périgné (79) 108 A5
Périgneux (42) 129 E6
Périgny (03) 114 B4
Périgny (14) 38 B3
Périgny (17) 106 D5
Périgny (41) 79 G2
Périgny (94) 43 E5
Périgny-la-Rose (10) 65 G1
Périgueux (24) 137 F2

Périssac (33) 135 G4
Perles (02) 22 C5
Perles-et-Castelet (09) 198 A2
Pern (46) 152 C4
Pernand-Vergelesses (21) 101 G2
Pernant (02) 21 H5
Pernay (37) 78 C5
la Pernelle (50) 15 E2
Pernes (62) 2 C6
Pernes-lès-Boulogne (62) 1 F4
Pernes-les-Fontaines (84) 173 F1
Pernois (80) 9 F4
Pero-Casevecchie (2B) 205 G1
Pérols (34) 171 F6
Pérols-sur-Vézère (19) 125 F5
Péron (01) 118 A4
Péronnas (01) 116 D5
Péronne (71) 116 B2
Péronne (80) 10 C5
Péronne-en-Mélantois (59) 3 G5
Péronville (28) 62 B5
Pérouges (01) 130 C1
la Pérouille (36) 96 B6
Pérouse (90) 88 D2
Péroy-les-Gombries (60) 43 G1
Perpezac-le-Blanc (19) 138 B2
Perpezac-le-Noir (19) 138 D1
Perpezat (63) 126 D4
Perpignan (66) 200 D2
Perquelin 145 H1
les Perques (50) 14 C4
Perquie (40) 164 B3
Perrancey-
-les-Vieux-Moulins (52) 86 A1
le Perray-en-Yvelines (78) 42 A5
Perrecy-les-Forges (71) 115 F1
le Perréon (69) 116 A6
Perret (22) 54 D1
Perreuil (71) 101 E5
Perreux (42) 115 E6
Perreux (89) 82 D1
le Perreux-sur-Marne (94) 43 E4
Perrex (01) 116 C4
Perricard 151 H3
Perrier (63) 127 F5
le Perrier (85) 90 C3
la Perrière (61) 60 C2
la Perrière (73) 133 E5
Perrières (14) 16 D6
Perriers-en-Beauficel (50) 37 G4
Perriers-la-Campagne (27) 40 B1
Perriers-sur-Andelle (27) 19 E4
Perrignier (74) 118 D3
Perrigny (39) 102 D6
Perrigny (89) 83 F2
Perrigny-lès-Dijon (21) 85 H6
Perrigny-sur-Armançon (89) 84 C3
Perrigny-sur-l'Ognon (21) 86 C6
Perrigny-sur-Loire (71) 114 D2
Perrogney-les-Fontaines (52) 86 A1
le Perron (50) 37 H2
Perros-Guirec (22) 32 C1
Perrou (61) 38 B6
Perrouse (70) 87 F5
Perroy (58) 82 D5
Perruel (27) 19 E4
Perrusse (52) 68 C4
Perrusson (37) 95 F2
Pers (15) 139 H5
Pers (79) 108 C4
Pers-en-Gâtinais (45) 64 B5
Pers-Jussy (74) 118 C5
Persac (86) 109 G3
Persan (95) 42 D1
Persquen (56) 54 D3
Pertain (80) 21 F1
Perthes (08) 23 G4
Perthes (52) 46 C5
Perthes (77) 63 H1
Perthes-lès-Brienne (10) 66 D2
Pertheville-Ners (14) 39 E3
le Perthus (66) 200 D5
le Pertre (35) 58 B5
le Pertuis (43) 142 D3
Pertuis (84) 174 A4
la Péruse (16) 123 E2
Pervenchères (61) 60 C2
Perville (82) 151 G6
Pescadoires (46) 152 A3
Peschadoires (63) 127 H2
le Pescher (19) 139 E4
Péseux (25) 88 B5
Peseux (39) 102 B3
Peslières (63) 127 H6
Pesmes (70) 86 C6
Pessac (33) 135 E6
Pessac-sur-Dordogne (33) 136 B6
Pessan (32) 165 H5
Pessans (25) 103 E2
Pessat-Villeneuve (63) 127 F2
la Pesse (39) 118 A4
Pessines (17) 121 E3
Pessoulens (32) 166 B3
Pestivien 32 D5
Petersbach (67) 50 B3
le Petit-Abergement (01) 117 G6
Petit-Auverné (44) 75 E1
Petit-Bersac (24) 136 C1
le Petit-Bornand-
-les-Glières (74) 118 D6
le Petit-Celland (50) 37 F5
Petit-Couronne (76) 18 C5
Petit-Croix (90) 88 D3
Petit-Failly (54) 25 F4
Petit-Fayt (59) 11 H4
Petit-Fort-Philippe 2 A1
le Petit-Fougeray (35) 57 F4
Petit-Landau (68) 89 G1
Petit-Mars (44) 74 D3
le Petit-Mercey (39) 102 D1
Petit-Mesnil (10) 67 E2
Petit-Noir (39) 102 B4
Petit-Palais-et-Cornemps (33) 136 A4
le Petit-Pressigny (37) 95 F4
le Petit-Quevilly (76) 7 G6
Petit-Réderching (57) 28 A5
Petit-Tenquin (57) 27 G6
Petit-Verly (02) 11 F5
le Petit Carluc 174 B3
la Petite-Boissière (79) 92 C4
Petite-Chaux (25) 103 G5
Petite-Forêt (59) 11 F1
la Petite-Fosse (88) 70 D2
la Petite-Marche (03) 112 C5
la Petite-Pierre (67) 50 C3
la Petite-Raon (88) 70 D1
Petite-Rosselle (57) 27 F4
la Petite-Verrière (71) 100 C3
Petitefontaine (90) 88 D2
Petit Eich 50 A4
les Petites-Armoises (08) 24 B3
les Petites-Loges (51) 45 G1
Petites Dalles 6 D3
le Petit Fays 69 H6
Petitmagny (90) 88 D2
le Petit Mailly 45 G5
Petitmont (54) 50 A6
Petit Niort 121 F6
le Petit Tremblay 43 E3
Petiville (14) 16 D4
Petiville (76) 6 D6
Petosse (85) 107 E2
Petreto-Bicchisano (2A) 206 D1
Pettoncourt (57) 49 E4
Pettonville (54) 49 G6
Peudry 136 B1
Peujard (33) 135 F4
Peumérit (29) 53 E3
Peumerit-Quintin (22) 32 D5
Peuplingues (62) 1 G2
Peuton (53) 76 C1
Peuvillers (55) 25 F4
Peux-et-Couffouleux (12) 169 G4
Pévange (57) 49 F3
Pévy (51) 22 D5
Pexiora (11) 184 C3
Pexonne (54) 49 H6
Pey (40) 162 D5
Peymeinade (06) 176 B6
Peynier (13) 174 B6
Peypin (13) 191 E3
Peypin-d'Aigues (84) 174 A3
Peyrabout (23) 111 G6
Peyragodes 195 H4
le Peyrat 187 E1
le Peyrat (09) 184 B5
Peyrat-de-Bellac (87) 110 B5
Peyrat-la-Nonière (23) 112 A6
Peyrat-le-Château (87) 125 E3
la Peyratte (79) 93 G6
Peyraube (65) 181 F3
Peyraud (07) 144 A1
Peyre (40) 163 H5
Peyrecave (32) 166 A2
Peyrefitte-du-Razès (11) 184 C5
Peyrefitte-sur-l'Hers (11) 184 A3
Peyregoux (81) 168 C4
Peyrehorade (40) 162 D5
Peyreleau (12) 155 G6
Peyrelevade (19) 125 G4
Peyrelongue-Abos (64) 180 D1
Peyremale (30) 157 E5
Peyrens (11) 184 B2
Peyresourde Balestas 195 H4
Peyrestortes (66) 200 D2
Peyret-Saint-André (65) 181 H2
Peyriac-de-Mer (11) 186 C4
Peyriac-Minervois (11) 185 F2
Peyriat (01) 117 F5
Peyrière (47) 150 D2
Peyrieu (01) 131 F3
Peyrignac (24) 138 A3
Peyriguère (65) 181 F3
Peyrilhac (87) 124 A1
Peyrillac-et-Millac (24) 138 C5
Peyrilles (46) 152 C2
Peyrins (26) 144 C3
Peyrissac (19) 125 E5
Peyrissas (31) 182 C2
Peyrole (81) 168 A4
Peyroles (30) 171 E1
Peyrolles (11) 185 E6
Peyrolles-en-Provence (13) 174 B5
Peyroules (04) 176 A4
Peyrouse (65) 180 D4
Peyrouzet (31) 182 C3
Peyruis (04) 174 D1
Peyrun (65) 181 F2
Peyrus (26) 144 C5
Peyrusse 141 H3
Peyrusse (15) 141 E2
Peyrusse-Grande (32) 165 E5
Peyrusse-le-Roc (12) 153 H3
Peyrusse-Massas (32) 165 G4
Peyrusse-Vieille (32) 165 E5
Peyruzel 138 A6
Peyssies (31) 183 E2
Peyzac-le-Moustier (24) 137 H4
Peyzieux-sur-Saône (01) 116 B5
Pézarches (77) 43 H5
Pezé-le-Robert (72) 59 H4
Pézenas (34) 187 F1
Pézènes-les-Mines (34) 170 B5
Pezens (11) 184 D3
Pézilla-de-Conflent (66) 199 F2
Pézilla-la-Rivière (66) 199 H3
Pezou (41) 79 G1
Pezuls (24) 137 F5
Pézy (28) 62 B3
Pfaffenheim (68) 71 F5
Pfaffenhoffen (67) 50 D3
Pfalzweyer (67) 50 B3
Pfastatt (68) 89 F1
Pfetterhouse (68) 89 E4
Pfettisheim (67) 51 E4
Pfulgriesheim (67) 51 E5
Phaffans (90) 88 D2
Phalempin (59) 3 F6
Phalsbourg (57) 50 B4
Philippsbourg (57) 28 C6
Philondenx (40) 164 A5
Phlin (54) 48 D3
Pia (66) 200 D2
Piacé (72) 60 A3
le Pian-Médoc (33) 135 E4
le Pian-sur-Garonne (33) 149 H2
Piana (2A) 204 B3
Pianello (2B) 205 F2
Piano (2B) 205 G1
Pianottoli-Caldarello (2A) 207 E4
les Piards (39) 117 H2
la Piarre (05) 159 G3
Piau Engaly 195 F4
Piazzali (2B) 205 G2
Piazzole (2B) 205 G1
Piblange (57) 26 D4
Pibrac (31) 166 D5
Picarreau (39) 103 E5
Picauville (50) 14 D4
Pichanges (21) 86 A5
Picherande (63) 126 D6
Picquigny (80) 9 F5
Pie-d'Orezza (2B) 205 F1
Pied-de-Borne (48) 156 D3
Piedicorte-di-Gaggio (2B) 205 F3
Piedicroce (2B) 205 F1
Piedigriggio (2B) 205 E1
Piedipartino (2B) 205 F1
Piégon (26) 158 D4
Piégros-la-Clastre (26) 158 D1
Piégut (04) 160 C3
Piégut-Pluviers (24) 123 F4
Piencourt (27) 17 G5
Piennes (54) 25 H5
Piennes-Onvillers (80) 21 E2
Piépape 86 B2
Pierlas (06) 176 C2
la Pierre (38) 145 H1
Pierre-Bénite (69) 130 A3
Pierre-Buffière (87) 124 B4
Pierre-Châtel (38) 145 G4
Pierre-de-Bresse (71) 102 B4
Pierre-la-Treiche (54) 48 B5
Pierre-Levée (77) 43 H3
Pierre-Morains (51) 45 F4
Pierre-Percée (54) 70 C1
Pierre-Perthuis (89) 83 H5
Pierreclos (71) 116 A3
Pierrecourt (70) 86 C3
Pierrecourt (76) 8 C6
Pierrefeu (06) 176 D4
Pierrefeu-du-Var (83) 192 A4
Pierrefiche (12) 155 E3
Pierrefiche (48) 156 C1
Pierrefiques (76) 6 B4
Pierrefitte (19) 124 D6
Pierrefitte (23) 112 A5
Pierrefitte (79) 93 F4
Pierrefitte (88) 69 G4
Pierrefitte-en-Auge (14) 17 F4
Pierrefitte-en-Beauvaisis (60) 20 A4
Pierrefitte-en-Cinglais (14) 38 C3
Pierrefitte-ès-Bois (45) 82 A4
Pierrefitte-Nestalas (65) 180 D5
Pierrefitte-sur-Aire (55) 47 F3
Pierrefitte-sur-Loire (03) 114 C2
Pierrefitte-sur-Sauldre (41) 81 F4
Pierrefitte-sur-Seine (93) 42 D3
Pierrefonds (60) 21 G5
Pierrefontaine-
-lès-Blamont (25) 88 C5
Pierrefontaine-les-Varans (25) 104 B1
Pierrefort (15) 140 D5
Pierregot (80) 9 G5
Pierrelatte (26) 158 A4
Pierrelaye (95) 42 C2
Pierrelongue (26) 158 D5
Pierremande (02) 21 H3
Pierremont (62) 9 G1
Pierremont-sur-Amance (52) 86 D1
Pierrepont (02) 22 D2
Pierrepont (14) 38 D3
Pierrepont (54) 25 G4
Pierrepont-sur-Avre (80) 20 D2
Pierrepont-sur-l'Arentèle (88) 70 B3
Pierrerue (04) 174 C2
Pierrerue (34) 186 C1
Pierres (14) 38 A3
Pierres (28) 41 G6
Pierreval (76) 7 H5
Pierrevert (04) 174 C3
Pierreville (50) 14 B3
Pierreville (54) 48 C6
Pierrevillers (57) 26 B4
Pierric (44) 57 E6
Pierry (51) 45 F2
Pietra-di-Verde (2B) 205 G2
Pietracorbara (2B) 203 G3
Pietralba (2B) 203 E6
Pietrapola 205 F5
Pietraserena (2B) 205 F3
Pietricaggio (2B) 205 G2
Pietrosella (2A) 206 C1
Pietroso (2B) 205 F3
Piets-Plasence-Moustrou (64) 163 H6
Pieusse (11) 184 D4
les Pieux (50) 14 B3
Piève (2B) 203 F5
Piffonds (89) 64 D5
Pigna (2B) 202 C5
Pignan (34) 171 E5
Pignans (83) 192 A4
Pignicourt (02) 23 E4
Pignol 83 G6
Pignols (63) 127 G4
Pigny (18) 97 G2
Pihem (62) 2 A4
Pihen-lès-Guînes (62) 1 G3
la Pihoraye 58 B2
Pila-Canale (2A) 206 D1
le Pilat Plage 148 B1
Pillac (16) 136 C1
Pillemoine (39) 103 F6
les Pilles (26) 158 D4
Pillon (55) 25 G4
Pimbo (40) 164 A5
Pimelles (89) 84 B1
Pimorin (39) 117 F2
Pimprez (60) 21 G3
le Pin (03) 114 D3
le Pin (14) 17 G4
le Pin (17) 135 G1
le Pin (30) 172 B1
le Pin (38) 131 E5
le Pin (39) 102 D6
le Pin (44) 75 F2
Pin (70) 87 E6
le Pin (77) 43 F3
le Pin (79) 92 D4
le Pin (82) 166 B1
le Pin-au-Haras (61) 39 F5
Pin-Balma (31) 167 F5
le Pin-en-Mauges (49) 75 G5
le Pin-la-Garenne (61) 60 D2
le Pin-Murelet (31) 182 D1
Pinarellu 207 G2
Pinas (65) 181 H4
Pinay (42) 128 D2
Pincé (72) 77 F2
Pindères (47) 150 B5
Pindray (86) 109 H2
les Pineaux (85) 91 H5
Pinel-Hauterive (47) 151 E3
Pinet 155 F6
Pinet (34) 187 F1
Pineuilh (33) 136 C6
Piney (10) 66 C2
Pino (2B) 203 F2
Pinols (43) 141 H4
Pinon (02) 22 B4
les Pins (16) 122 D2
Pins-Justaret (31) 183 F1
Pinsac (46) 138 C5
Pinsaguel (31) 167 E6
Pinsot (38) 132 B6
Pintac (65) 181 E2
Pinterville (27) 41 E1
Pintheville (55) 47 H1
les Pinthières (28) 41 G5
Piobetta (2B) 205 G2
Pioch Badet 172 B6
Pioggiola (2B) 202 D6
Piolenc (84) 158 B6
Pionnat (23) 111 H5
Pionsat (63) 112 D6
Pioussay (79) 108 C6
Pipay 146 A1
Pipriac (35) 56 D5
Piquecos (82) 167 E1
Pirajoux (01) 117 E3
Piré-sur-Seiche (35) 57 G3
Pirey (25) 87 F6
Piriac-sur-Mer (44) 73 E3
Pirmil (72) 59 G6
Pirou (50) 14 C6
Pirou-Plage 14 C6
Pis (32) 165 H4
Pisany (17) 120 D3
Piscop (95) 42 D2
Piseux (27) 40 D4
Pisieu (38) 130 C6
Pisseleu (60) 20 A3
Pisseloup (52) 86 D1
la Pisseure (70) 87 G1
Pissos (40) 148 D4
Pissotte (85) 107 F2
Pissy (80) 9 F6
Pissy-Pôville (76) 7 G5
Pisy (89) 84 B4
Pitgam (59) 2 B2
Pithiviers (45) 63 F4
Pithiviers-le-Vieil (45) 63 F4
Pithon (02) 21 G1
Pîtres (27) 18 D5
Pittefaux (62) 1 F4
Pizay (01) 130 C2
Pizieux (72) 60 B3
le Pizou (24) 136 B4
le Pla (09) 198 C2
Plabennec (29) 31 E4
Placé (53) 58 C3
les Places (27) 17 G5
Placey (25) 87 E6
Plachy-Buyon (80) 20 B1
Placy (14) 16 B6
Placy-Montaigu (50) 37 H2
le Pla d'Adet 195 G4
le Plagnal (07) 156 D1
la Plagne 133 E5
Plagne (01) 117 H4
Plagne (31) 182 D4
Plagne-Villages 133 E5
Plagne 1800 133 E5
Plagne Bellecôte 133 E5
Plagnole (31) 182 D1
Plaigne (11) 184 A3
Plailly (60) 43 E2
Plaimbois-du-Miroir (25) 104 B1
Plaimbois-Vennes (25) 104 B1
Plaimpied-Givaudins (18) 97 G3
Plain Bosc 7 E4
la Plaine (49) 92 D2
Plaine (67) 71 E1
Plaine-de-Walsch (57) 50 B4
Plaine-Haute (22) 33 F5
la Plaine-sur-Mer (44) 73 G5
Plaine Joux 119 F6
la Plainelière 92 D5
Plainemont (70) 87 G1
Plaines-Saint-Lange (10) 66 D6
Plainfaing (88) 70 D3
Plainoiseau (39) 102 C5
les Plains-
-et-Grands-Essarts (25) 88 D5
Plaintel (22) 33 G5
Plainval (60) 20 D3
Plainville (27) 17 G5
Plainville (60) 20 D3
Plaisance (12) 169 E2
Plaisance (24) 151 E1
Plaisance (32) 164 D5
Plaisance (86) 109 H4
Plaisance-du-Touch (31) 166 D6
Plaisia (39) 117 G1
Plaisians (26) 159 E5
Plaisir (78) 42 B4
Plaissan (34) 170 D6
Plaizac (16) 122 A3
Plampinet 147 E3
le Plan (31) 182 D4
Plan (38) 145 E1
Plan-d'Aups-
-Sainte-Baume (83) 191 F3
Plan-de-Baix (26) 144 D6
Plan-de-Cuques (13) 190 D3
Plan-de-la-Tour (83) 192 C3
Plan-d'Orgon (13) 173 E3
Planaise (73) 132 A5
Planay (21) 84 D2
Planay (73) 133 E5
Planchamp 156 D3
la Planche (44) 91 G1
Plancher-Bas (70) 88 C2
Plancher-les-Mines (70) 88 C1
Plancherine (73) 132 C3
Planches (61) 39 H5
les Planches-
-en-Montagne (39) 103 F6
les Planches-près-Arbois (39) 103 E4
Planchez (58) 100 B2
Plancoët (22) 34 C4
Plancy-l'Abbaye (10) 45 F6
le Plan du Var 176 D4
la Planée (25) 103 H4
Planès (66) 198 D4
le Planey 132 D3
le Planey 147 F2
Planèzes (66) 199 G2
Planfoy (42) 129 F6
Planguenoual (22) 33 H4
Planioles (46) 153 G2
le Planois (71) 102 B5
le Planolet 131 H6
Plan Peisey 133 F4
le Planquay (27) 17 G5
Planquery (14) 15 G6
Planques (62) 1 H6
Planrupt (52) 67 F1
les Plans (30) 157 F6
les Plans (34) 170 B4
les Plans d'Hotonnes 117 H6
le Plantay (01) 116 D6
les Plantiers (30) 156 C6
le Plantis (61) 39 H6
Planty (10) 65 G3
Planzolles (07) 157 E3
Plappeville (57) 26 B5
Plascassier 176 C6
Plasne (39) 102 D5
Plasnes (27) 17 H5
Plassac (17) 121 F5
Plassac (33) 135 E3
Plassac-Rouffiac (16) 122 B5
Plassay (17) 121 E2
les Plats 138 D1
Plats (07) 144 A4
Plaudren (56) 55 G5
Plauzat (63) 127 F4
Plavilla (11) 184 B4
Plazac (24) 137 H4
Pleaux (15) 139 H3
Pléboulle (22) 34 B4
Pléchâtel (35) 57 E4
Plédéliac (22) 34 B5
Plédran (22) 33 G5
Pléguien (22) 33 F3
Pléhédel (22) 33 F2
Pleine-Fougères (35) 35 G4
Pleine-Selve (02) 22 B1
Pleine-Selve (33) 135 E1
Pleine-Sève (76) 7 E3
Pleine-Sévette 7 E3
Plélan-le-Grand (35) 56 C3
Plélan-le-Petit (22) 34 C5
Pléauff (22) 54 D1
Plélo (22) 33 F4
Plémet (22) 55 H2
Plémy (22) 33 G6
Plénée-Jugon (22) 34 A6
Pléneuf-Val-André (22) 34 A4
Plénise (39) 103 F5
Plénisette (39) 103 F5
Plerguer (35) 35 E4
Plérin (22) 33 G4
Plerneuf (22) 33 F4
Plescop (56) 55 F6
Plesder (35) 34 D5
Plésidy (22) 33 E5
Pleslin-Trigavou (22) 34 D4
Plesnois (57) 26 B5
Plesnoy (52) 68 C6
Plessala (22) 55 H1
Plessé (44) 74 A2
le Plessier-Huleu (02) 22 A6
le Plessier-Rozainvillers (80) 20 D1
le Plessier-sur-Bulles (60) 20 C4
le Plessier-sur-Saint-Just (60) 20 D4
le Plessis 40 C2
le Plessis-aux-Bois (77) 43 G2
Plessis-Barbuise (10) 44 D6
le Plessis-Belleville (60) 43 F2
le Plessis-Bouchard (95) 42 C2
le Plessis-Brion (60) 21 F4
Plessis-de-Roye (60) 21 F3
le Plessis-Dorin (41) 61 F5
le Plessis-Feu-Aussoux (77) 43 H5
le Plessis-Gassot (95) 42 D2
le Plessis-Grammoire (49) 77 E4
le Plessis-Grimoult (14) 16 A6
le Plessis-Grohan (27) 40 D3
le Plessis-Hébert (27) 41 F2
le Plessis-Lastelle (50) 14 D5
le Plessis-l'Échelle (41) 80 A2
le Plessis-l'Évêque (77) 43 G2
le Plessis-Luzarches (95) 43 E2
le Plessis-Macé (49) 76 D4
le Plessis-Pâté (91) 42 D6
le Plessis-Patte-d'Oie (60) 21 G2
le Plessis-Placy (77) 43 H2
le Plessis-Robinson (92) 42 D4
Plessis-Saint-Benoist (91) 63 E2
Plessis-Saint-Jean (89) 65 E3
le Plessis-
-Sainte-Opportune (27) 40 C2
le Plessis-Trévise (94) 43 E4
Plessix-Balisson (22) 34 C4
Plestan (22) 34 A5
Plestin-les-Grèves (22) 32 B3
Pleubian (22) 33 E1
Pleucadeuc (56) 56 A5
Pleudaniel (22) 33 E2
Pleudihen-sur-Rance (22) 34 D5
Pleugriffet (56) 55 G3
Pleugueneuc (35) 34 D6
Pleumartin (86) 95 E6
Pleumeleuc (35) 56 D2
Pleumeur-Bodou (22) 32 C2
Pleumeur-Gautier (22) 33 E1
Pleure (39) 102 C4
Pleurs (51) 45 E5
Pleurtuit (35) 34 D4
Pleuven (29) 53 G3
Pleuvezain (88) 69 E2
Pleuville (16) 109 F6
Pléven (22) 34 B5
Plévenon (22) 34 B3
Plévin (22) 54 B1
Pleyben (29) 31 G6
Pleyber-Christ (29) 31 H4
le Pleynet 146 A1
Pliboux (79) 108 D5
Plichancourt (51) 46 B5
Plieux (32) 166 A2
Plivot (51) 45 G2
Ploaré 53 E2
Plobannalec (29) 53 E4
Plobannalec-Lesconil (29) 53 F4
Plobsheim (67) 51 E6
Ploemel (56) 55 E6
Ploemeur (56) 54 C5
Ploërdut (56) 54 D2
Ploeren (56) 55 F6
Ploërmel (56) 56 A4
Plœuc-sur-Lié (22) 33 G6
Ploéven (29) 53 F1
Ploëzal (22) 33 E2
Plogastel-Saint-Germain (29) 53 E3
Plogoff (29) 52 C2
Plogonnec (29) 53 F2
Ploisy (02) 22 A5
Plomb (50) 35 H3
Plombières-les-Bains (88) 70 A5
Plombières-lès-Dijon (21) 85 G6
Plomelin (29) 53 F3
Plomeur (29) 53 E4
Plomion (02) 23 E1
Plomodiern (29) 53 F1
Plonéis (29) 53 F2
Plonéour-Lanvern (29) 53 E3
Plonévez-du-Faou (29) 31 H6
Plonévez-Porzay (29) 53 F1
Plorec-sur-Arguenon (22) 34 B5
Plottes (71) 116 B2
Plou (18) 97 E3
Plouagat (22) 33 F4
Plouaret (22) 32 C3
Plouarzel (29) 30 C4
Plouasne (22) 56 D1
Plouay (56) 54 C4
Ploubalay (22) 34 C4
Ploubazlanec (22) 33 F2
Ploubezre (22) 32 C2
Ploudalmézeau (29) 30 C3
Ploudaniel (29) 31 F3
Ploudiry (29) 31 F4
Plouëc-du-Trieux (22) 33 E3
Plouédern (29) 31 F4
Plouégat-Guérand (29) 32 B3
Plouégat-Moysan (29) 32 B3
Plouénan (29) 31 H3
Plouër-sur-Rance (22) 34 D4
Plouescat (29) 31 F2
Plouézec (22) 33 F2
Plouézoc'h (29) 32 A3
Ploufragan (22) 33 G4
Plougar (29) 31 G3
Plougasnou (29) 32 A2
Plougastel-Daoulas (29) 31 E5
Plougonvelin (29) 30 C5
Plougonven (29) 32 A4
Plougonver (22) 32 C4
Plougoumelen (56) 55 F6
Plougourvest (29) 31 G3

Plougras (22) 32 B4
Plougrescant (22) 32 D1
Plouguenast (22) 33 G6
Plouguerneau (29) 30 D3
Plouguernével (22) 54 D1
Plouguiel (22) 32 D1
Plouguin (29) 30 D3
Plouha (22) 33 F3
Plouharnel (56) 72 B1
Plouhinec (29) 52 D2
Plouhinec (56) 54 D6
Plouider (29) 31 F3
Plouigneau (29) 32 B3
Plouisy (22) 33 E3
Ploujean 32 A3
Ploulec'h (22) 32 C2
Ploumagoar (22) 33 E4
Ploumanac'h 32 C1
Ploumilliau (22) 32 C2
Ploumoguer (29) 30 C4
Plounéour-Ménez (29) 31 H4
Plounéour-Trez (29) 31 F2
Plounérin (22) 32 B3
Plounéventer (29) 31 F4
Plounévez-Lochrist (29) 31 F3
Plounévez-Moëdec (22) 32 C4
Plounévez-Quintin (22) 32 D6
Plounévézel (29) 32 B6
Plourac'h (22) 32 B5
Plouray (56) 54 C2
Plourhan (22) 33 F3
Plourin (29) 30 C3
Plourin-lès-Morlaix (29) 32 A4
Plourivo (22) 33 E2
Plouvain (62) 10 C2
Plouvara (22) 33 F4
Plouvien (29) 31 E3
Plouvorn (29) 31 G3
Plouyé (29) 32 A6
Plouzané (29) 30 D5
Plouzélambre (22) 32 B3
Plouzévédé (29) 31 G3
Plovan (29) 53 E3
Ployart-et-Vaurseine (02) 22 C4
le Ployron (60) 20 D3
Plozévet (29) 52 D2
Pludual (22) 33 F3
Pluduno (22) 34 B4
Plufur (22) 32 B3
Pluguffan (29) 53 F3
Pluherlin (56) 56 A6
Plumaudan (22) 34 C6
Plumaugat (22) 56 B1
Plumelec (56) 55 G5
Pluméliau (56) 55 E3
Plumelin (56) 55 F4
Plumergat (56) 55 F5
Plumetot (14) 16 B3
Plumieux (22) 55 H2
Plumont (39) 102 D2
Pluneret (56) 55 E6
Plurien (22) 34 B3
Plusquellec (22) 32 C5
Plussulien (22) 33 E6
Pluvault (21) 102 A1
Pluvet (21) 102 B1
Pluvigner (56) 55 E5
Pluzunet (22) 32 D3
Pocancy (51) 45 G3
Pocé-les-Bois (35) 57 H3
Pocé-sur-Cisse (37) 79 F5
Podensac (33) 149 G1
le Poët (05) 160 A4
le Poët-Célard (26) 158 D2
le Poët-en-Percip (26) 159 F5
le Poët-Laval (26) 158 C2
le Poët-Sigillat (26) 159 E4
Pœuilly (80) 10 D6
Poey-de-Lescar (64) 180 B2
Poey-d'Oloron (64) 179 H2
Poëzat (03) 113 H6
Poggio-di-Nazza (2B) 205 F4
Poggio-di-Venaco (2B) 205 E3
Poggio-d'Oletta (2B) 203 F5
Poggio-Marinaccio (2B) 205 F1
Poggio-Mezzana (2B) 205 G1
Poggiolo (2A) 204 D3
Pogny (51) 46 A4
Poids-de-Fiole (39) 117 G1
Poigny (77) 65 E1
Poigny-la-Forêt (78) 41 H5
Poil (58) 100 B4
Poilcourt-Sydney (08) 23 F4
Poilhes (34) 186 D2
Poillé-sur-Vègre (72) 59 F6
Poilley (35) 35 H5
Poilley (50) 35 H4
Poilly (51) 22 D6
Poilly-lez-Gien (45) 81 H3
Poilly-sur-Serein (89) 84 A2
Poilly-sur-Tholon (89) 83 E1
Poinçon-lès-Larrey (21) 84 D1
le Poinçonnet (36) 96 C5
Poincy (77) 43 H3
Poinsenot (52) 85 G2
Poinson-lès-Fayl (52) 86 C2
Poinson-lès-Grancey (52) 85 G2
Poinson-lès-Nogent (52) 68 B5
Pointel (61) 38 C5
Pointis-de-Rivière (31) 182 A4
Pointis-Inard (31) 182 B4
Pointre (39) 102 C1
Pointvillers (25) 103 E2
Poinville (28) 62 D4
le Poiré-sur-Velluire (85) 107 E2
le Poiré-sur-Vie (85) 91 F3
Poiroux (85) 91 F6
Poisat (38) 145 G2
Poiseul (52) 68 C6
Poiseul-la-Grange (21) 85 F4
Poiseul-la-Ville-
-et-Laperrière (21) 85 E4
Poiseul-lès-Saulx (21) 85 G4
Poiseux (58) 98 D2
Poisieux (18) 97 E3
le Poislay (41) 61 G5
Poisson (71) 115 E3
Poissons (52) 68 A2
Poissy (78) 42 B3
Poisvilliers (28) 62 B1
Poisy (74) 132 A1
la Poitevinière (49) 75 G5
Poitiers (86) 109 E1
Poivres (10) 45 H5
Poix (51) 46 B3
Poix-de-Picardie (80) 20 A1
Poix-du-Nord (59) 11 G3
Poix-Terron (08) 24 A2
le Poizat (01) 117 H5
Polaincourt-
-et-Clairefontaine (70) 69 F6
Polastron (31) 182 C2
Polastron (32) 166 A6
Poleymieux-
-au-Mont-d'Or (69) 130 A2
Poliénas (38) 145 E2
Polignac (17) 135 G1
Polignac (43) 142 C3
Poligné (35) 57 E4
Poligny (05) 160 B1
Poligny (10) 66 C4
Poligny (39) 102 D4
Poligny (77) 64 A4
Polincove (62) 2 A3
Polisot (10) 66 D5
Polisy (10) 66 D5
Pollestres (66) 200 D3
Polliat (01) 116 D4
Pollieu (01) 131 G2
Pollionnay (69) 129 H3
Polminhac (15) 140 B5
Polveroso (2B) 205 F1
Pomacle (51) 23 F5
la Pomarède (11) 184 B1
Pomarède (46) 152 A2
Pomarez (40) 163 F5
Pomas (11) 184 D4
Pomayrols (12) 155 F3
Pomerol (33) 135 H5
Pomérols (34) 187 F1
Pomeys (69) 129 F4
Pommard (21) 101 F3
Pommera (62) 9 H3
la Pommeraie-sur-Sèvre (85) 92 C4
la Pommeraye (14) 38 C3
la Pommeraye (49) 75 H4
Pommeret (22) 33 H5
Pommereuil (59) 11 G4
Pommereux (76) 19 F3
Pommeréval (76) 19 E1
Pommerieux (53) 76 C1
Pommérieux (57) 26 C6
Pommerit-Jaudy (22) 32 D2
Pommerit-le-Vicomte (22) 33 E3
Pommerol (26) 159 F3
Pommeuse (77) 43 H4
Pommevic (82) 166 B1
Pommier (62) 10 A3
Pommier-
-de-Beaurepaire (38) 130 C6
Pommiers (02) 22 A5
Pommiers (30) 170 D2
Pommiers (36) 111 E2
Pommiers (42) 128 D2
Pommiers (69) 129 H1
Pommiers-la-Placette (38) 145 F1
Pommiers-Moulons (17) 135 G1
Pomoy (70) 87 H2
Pompaire (79) 108 A1
Pompéjac (33) 149 G4
Pompertuzat (31) 167 F6
Pompey (54) 48 C4
Pompiac (32) 166 C6
le Pompidou (48) 156 B6
Pompierre (88) 68 D3
Pompierre-sur-Doubs (25) 88 A5
Pompiey (47) 150 C6
Pompignac (33) 135 F5
Pompignan (30) 171 F3
Pompignan (82) 167 E3
Pompogne (47) 150 B5
Pomponne (77) 43 F3
Pomport (24) 136 D6
Pomps (64) 163 H6
Pomy (11) 184 C5
Poncé-sur-le-Loir (72) 78 D2
Poncey-lès-Athée (21) 102 B1
Poncey-sur-l'Ignon (21) 85 F4
le Ponchel (62) 9 E3
Ponches-Estruval (80) 8 D2
Ponchon (60) 20 B5
Poncin (01) 117 F5
Poncins (42) 129 E3
Pondaurat (33) 150 A2
Pondres 171 G3
Pondron 21 G6
le Pondy (18) 98 A5
Ponet-et-Saint-Auban (26) 145 E6
Ponlat-Taillebourg (31) 182 A4
Pons (17) 121 F4
Ponsampère (32) 181 G1
Ponsan-Soubiran (32) 181 H2
Ponsas (26) 144 A2
Ponson-Debat-Pouts (64) 181 E2
Ponson-Dessus (64) 180 D2
Ponsonnas (38) 145 H5
Pont (21) 102 B1
Pont-à-Marcq (59) 3 G6
Pont-à-Mousson (54) 48 C3
Pont-à-Vendin (62) 3 E6
Pont-Arcy (02) 22 C5
Pont-Audemer (27) 17 H3
Pont-Authou (27) 18 A6
Pont-Aven (29) 54 A4
Pont-Bellanger (14) 37 G3
Pont-Chevron 82 B3
le Pont-Chrétien-
-Chabenet (36) 110 D1
Pont-Croix (29) 52 D2
Pont-d'Ain (01) 117 E6
Pont-de-Barret (26) 158 C2
le Pont-de-Beauvoisin (38) 131 F5
le Pont-de-Beauvoisin (73) 131 G5
Pont-de-Buis-
-lès-Quimerch (29) 31 G6
Pont-de-Chéruy (38) 130 C3
le Pont-de-Claix (38) 145 G3
Pont-de-Labeaume (07) 157 F1
Pont-de-l'Arche (27) 18 D5
Pont-de-Larn (81) 168 D6
Pont-de-l'Isère (26) 144 B4
Pont-de-Metz (80) 9 F6
le Pont-de-Montvert (48) 156 C4
le Pont-de-Planches (70) 87 E4
Pont-de-Poitte (39) 117 G1
Pont-de-Roide (25) 88 C5
Pont-de-Ruan (37) 94 D1
Pont-de-Salars (12) 154 D5
Pont-de-Vaux (01) 116 C2
Pont-de-Veyle (01) 116 B4
Pont-d'Héry (39) 103 F4
Pont-d'Ouilly (14) 38 C3
Pont-du-Bois (70) 69 F5
Pont-du-Casse (47) 151 F5
Pont-du-Château (63) 127 G3
Pont-du-Navoy (39) 103 E5
Pont-en-Royans (38) 145 E3
Pont-Erambourg 38 B3
Pont-et-Massène (21) 84 D5
Pont-Évêque (38) 130 B5
Pont-Farcy (14) 37 G3
Pont-Hébert (50) 15 F6
Pont-la-Ville (52) 67 G5
Pont-l'Abbé (29) 53 F4
Pont-l'Abbé-d'Arnoult (17) 120 D2
Pont-lès-Bonfays (88) 69 F4
Pont-les-Moulins (25) 87 H5
Pont-l'Évêque (14) 17 F3
Pont-l'Évêque (60) 21 G3
Pont-Melvez (22) 32 D4
Pont-Noyelles (80) 9 H5
Pont-Péan (35) 57 E3
Pont-Ravagers 156 B6
Pont-Remy (80) 8 D4
Pont-Saint-Esprit (30) 158 A5
Pont-Saint-Mard (02) 22 A4
Pont-Saint-Martin (44) 74 C6
Pont-Saint-Pierre (27) 18 D5
Pont-Saint-Vincent (54) 48 C5
Pont-Sainte-Marie (10) 66 B3
Pont-Sainte-Maxence (60) 21 E5
Pont-Salomon (43) 143 E1
Pont-Scorff (56) 54 C4
Pont-sur-l'Ognon (70) 87 H4
Pont-sur-Madon (88) 69 F2
Pont-sur-Meuse (55) 47 H4
Pont-sur-Sambre (59) 11 H3
Pont-sur-Seine (10) 65 G1
Pont-sur-Vanne (89) 65 F4
Pont-sur-Yonne (89) 64 D3
Pont-Trambouze (69) 115 G6
Pontacq (64) 180 D3
Pontaillac 120 C4
Pontailler-sur-Saône (21) 86 B6
Pontaix (26) 144 D6
Pontamafrey-Montpascal (73) 146 C1
Pontarion (23) 125 E1
Pontarlier (25) 104 A4
Pontarmé (60) 43 E1
Pontaubault (50) 35 H4
Pontaubert (89) 83 H5
Pontault-Combault (77) 43 F4
Pontaumur (63) 126 C2
Pontavert (02) 22 D4
Pontcallec 54 C3
Pontcarré (77) 43 F4
Pontcey (70) 87 F3
Pontchardon (61) 39 G3
Pontcharra (38) 132 A5
Pontcharra-sur-Turdine (69) 129 G2
Pontcharraud (23) 125 H2
Pontchâteau (44) 73 H3
Pontcirq (46) 152 B2
Pont de la Taule 197 E4
le Pont de Sains 12 A4
Pont d'Hérault 171 E2
Pontécoulant (14) 38 B3
Ponteilla (66) 199 H3
Ponteils-et-Brésis (30) 156 D4
Pontenx-les-Forges (40) 148 B5
le Pontet (73) 132 B5
le Pontet (84) 172 D2
les Pontets (25) 103 G5
Pontevès (83) 175 E5
Ponteyraud (24) 136 C2
Pontfaverger-
-Moronvilliers (51) 23 G5
Pontgibaud (63) 126 D2
Pontgouin (28) 61 G1
Ponthévrard (78) 62 D1
Ponthion (51) 46 C4
Ponthoile (80) 8 C3
le Ponthou (29) 32 B3
Ponthoux (39) 117 H3
Pontiacq-Viellepinte (64) 180 D2
Pontigné (49) 77 H4
Pontigny (89) 83 G1
Pontis (04) 160 D2
Pontivy (56) 55 F2
Pontlevoy (41) 79 H5
Pontmain (53) 58 B1
Pontoise (95) 42 C2
Pontoise-lès-Noyon (60) 21 G3
Pontonx-sur-l'Adour (40) 163 E3
Pontorson (50) 35 G4
Pontours (24) 137 F6
Pontoux (71) 102 A4
Pontoy (57) 26 C6
Pontpierre (57) 27 E6
Pontpoint (60) 21 E5
Pontrieux (22) 33 E2
Pontru (02) 10 D6
Pontruet (02) 11 E6
Ponts (50) 35 H3
les Ponts-de-Cé (49) 77 E5
Ponts-et-Marais (76) 8 B4
Pontvallain (72) 78 A2
Poperdu 123 F5
Popian (34) 170 D5
Popolasca (2B) 205 E1
Porcaro (56) 56 B4
Porcelette (57) 27 E5
Porchères (33) 136 A4
Porcheresse 122 B6
la Porcherie (87) 124 D5
Porcheux (60) 19 H5
Porcheville (78) 42 A3
Porcieu-Amblagnieu (38) 131 E2
Pordic (22) 33 G4
le Porge (33) 134 B5
Pornic (44) 73 H6
Pornichet (44) 73 F4
Porquéricourt (60) 21 G3
Porquerolles 192 A6
Porri (2B) 203 G6
Porspoder (29) 30 C3
Port (01) 117 G5
le Port (09) 183 F6
Port-Blanc 32 D1
Port-Brillet (53) 58 B4
Port-Camargue 171 H6
Port-de-Bouc (13) 190 A3
Port-de-Lanne (40) 162 D5
Port-de-Piles (86) 94 D3
Port-d'Envaux (17) 121 E2
Port-des-Barques (17) 120 C1
Port-en-Bessin-Huppain (14) 15 H5
Port-Haliguen 72 B2
Port-la-Nouvelle (11) 186 C5
Port-Launay (29) 31 G6
Port-le-Grand (80) 8 D3
Port-Lesney (39) 103 E3
Port-Louis (56) 54 C5
Port-Manec'h 54 A4
le Port-Marly (78) 42 C4
Port-Moguer 33 F2
Port-Mort (27) 41 F1
Port-Navalo 72 C1
Port-Saint-Louis-
-du-Rhône (13) 189 G5
Port-Saint-Père (44) 74 B6
Port-Sainte-Foy-
-et-Ponchapt (24) 136 C5
Port-Sainte-Marie (47) 150 D5
Port-sur-Saône (70) 87 F2
Port-sur-Seille (54) 48 C3
Port-Tudy 54 B6
Port-Vendres (66) 201 F4
Port-Villez (78) 41 G2
la Porta (2B) 205 F1
Porta (66) 198 B4
Portbail (50) 14 B4
Port Cros 192 B6
Port de la Meule 90 A4
Porte-Joie (27) 18 D6
Porté-Puymorens (66) 198 B4
le Portel (62) 1 F4
Portel-des-Corbières (11) 186 C5
Portes (27) 40 C2
Portes (30) 156 D5
les Portes-en-Ré (17) 106 A4
Portes-en-Valdaine (26) 158 B2
Portes-lès-Valence (26) 144 B5
Portet (64) 164 B5
Portet-d'Aspet (31) 182 C6
Portet-de-Luchon (31) 195 H4
Portet-sur-Garonne (31) 167 E6
Portets (33) 149 G1
Port Grimaud 192 D4
Porticcio 204 C6
Portieux (88) 69 H2
Portiragnes (34) 187 E2
le Port Janier 74 B1
Port Man 192 C6
Porto 204 B3
Porto-Vecchio (2A) 207 G3
Portout 131 G2
Ports (37) 94 C3
Portsall 30 C3
Posanges (21) 85 E5
Poses (27) 18 D5
Possesse (51) 46 C3
la Possonnière (49) 76 D5
la Postolle (89) 65 F3
Postroff (57) 50 A3
Potangis (51) 44 D6
Potelières (30) 157 F5
Potelle (59) 11 G3
la Poterie-au-Perche (61) 40 B6
la Poterie-Cap-d'Antifer (76) 6 B4
la Poterie-Mathieu (27) 17 H4
Pothières (21) 66 D6
Potigny (14) 16 C6
Potte (80) 21 F1
Pouan-les-Vallées (10) 66 B1
Pouançay (86) 93 G2
Pouancé (49) 76 A2
Pouant (86) 94 B3
Poubeau (31) 195 H4
Poucharramet (31) 183 E1
Poudenas (47) 165 E1
Poudenx (40) 163 H5
Poudis (81) 168 A6
Poueyferré (65) 180 D4
la Pouëze (49) 75 H2
Pouffonds (79) 108 B5
la Pouge (23) 125 F1
le Pouget (34) 170 D5
Pougnadoresse (30) 172 B1
Pougne-Hérisson (79) 93 E6
Pougny (01) 118 A5
Pougny (58) 82 C6
Pougues-les-Eaux (58) 98 D3
Pougy (10) 66 C2
Pouillac (17) 135 H1
Pouillat (01) 117 F3
Pouillé (41) 79 H6
Pouillé (85) 107 E2
Pouillé (86) 109 F2
Pouillé-les-Côteaux (44) 75 F3
Pouillenay (21) 84 D4
Pouilley-Français (25) 103 E1
Pouilley-les-Vignes (25) 87 F6
Pouillon (40) 163 E5
Pouillon (51) 23 E5
Pouilloux (71) 115 G1
Pouilly (57) 26 C6
Pouilly (60) 20 A6
Pouilly-en-Auxois (21) 101 E1
Pouilly-le-Monial (69) 129 H1
Pouilly-lès-Feurs (42) 129 E3
Pouilly-les-Nonains (42) 115 E6
Pouilly-sous-Charlieu (42) 115 E5
Pouilly-sur-Loire (58) 98 C1
Pouilly-sur-Meuse (55) 24 D3
Pouilly-sur-Saône (21) 102 A3
Pouilly-sur-Serre (02) 22 C2
Pouilly-sur-Vingeanne (21) 86 B4
le Poujol-sur-Orb (34) 169 H6
Poujols (34) 170 B4
Poulaines (36) 96 C2
Poulainville (80) 9 G5
Poulan-Pouzols (81) 168 B3
Poulangy (52) 68 A5
Pouldergat (29) 53 E2
Pouldouran (22) 33 E2
Pouldreuzic (29) 53 E3
le Pouldu 54 B5
Poule-les-Écharmeaux (69) 115 H5
Pouliacq (64) 164 A6
les Poulières (88) 70 C3
Pouligney-Lusans (25) 87 G5
Pouligny-Notre-Dame (36) 111 H2
Pouligny-Saint-Martin (36) 111 H2
Pouligny-Saint-Pierre (36) 95 F6
le Pouliguen (44) 73 F4
Poullan-sur-Mer (29) 53 E2
Poullaouen (29) 32 B5
Poullignac (16) 122 A6
Poulx (30) 172 B2
Poumarous (65) 181 F4
Poupas (82) 166 A2
Poupry (28) 62 D5
Pouques-Lormes (58) 83 H6
Pourcharesses (48) 156 D3
Pourchères (07) 143 G6
Pourcieux (83) 174 C6
Pourcy (51) 45 F1
Pourlans (71) 102 A3
Pournoy-la-Chétive (57) 26 B6
Pournoy-la-Grasse (57) 26 C6
Pourrain (89) 83 F2
Pourrières (83) 174 C6
Poursac (16) 122 C1
Poursay-Garnaud (17) 121 F1
Poursiugues-Boucoue (64) 164 A6
Pouru-aux-Bois (08) 24 D1
Pouru-Saint-Remy (08) 24 D2
Pourville 7 G2
Poussan (34) 171 E6
Poussanges (23) 125 H2
Poussay (88) 69 F2
Pousseaux (58) 83 F4
Poussignac (47) 150 B4
Poussy-la-Campagne (14) 16 C5
Pousthomy (12) 169 E3
le Pout (33) 135 G6
Poutignac 122 D5
Pouvrai (61) 60 C3
Pouxeux (88) 70 A4
Pouy (65) 182 A3
Pouy-de-Touges (31) 182 D2
Pouy-Loubrin (32) 182 A1
Pouy-Roquelaure (32) 165 G1
Pouy-sur-Vannes (10) 65 G3
Pouyastruc (65) 181 F2
Pouydesseaux (40) 164 B2
Pouydraguin (32) 164 D5
Pouylebon (32) 165 F6
Pouzac (65) 181 F4
Pouzauges (85) 92 C5
Pouzaugues-le-Vieux 92 C5
Pouzay (37) 94 C2
Pouze (31) 183 G1
Pouzilhac (30) 172 C1
le Pouzin (07) 144 A6
Pouzol (63) 113 F6
Pouzolles (34) 187 E1
Pouzols (34) 170 C5
Pouzols-Minervois (11) 185 H2
Pouzy-Mésangy (03) 98 C6
Poyanne (40) 163 F4
Poyans (70) 86 C5
Poyartin (40) 163 F4
Poyols (26) 159 F2
Pozières (80) 10 B4
Pra-Loup 161 F3
le Pradal (34) 170 A5
les Pradeaux (63) 127 G5
Pradelle (26) 159 E2
Pradelles 137 G5
Pradelles (43) 142 C6
Pradelles (59) 2 D4
Pradelles-Cabardès (11) 185 E1
Pradelles-en-Val (11) 185 F4
Pradère-les-Bourguets (31) 166 D5
Prades 156 A4
Prades (07) 157 F2
Prades (09) 198 B2
Prades (43) 142 A4
Prades (66) 199 F3
Prades (81) 168 A5
Prades-d'Aubrac (12) 155 E3
Prades-le-Lez (34) 171 F4
Prades-Salars (12) 154 D5
Prades-sur-Vernazobre (34) 186 C1
le Pradet (83) 191 H5
Pradettes (09) 184 A5
Pradières (09) 183 H5
Pradiers (15) 141 E2
Pradinas (12) 154 A5
Pradines (19) 125 F5
Pradines (42) 129 E1
Pradines (46) 152 C3
Pradons (07) 157 G3
Prads-Haute-Bléone (04) 161 E5
Pragnères 195 E4
Prahecq (79) 108 A4
Prailles (79) 108 A3
Pralognan-la-Vanoise (73) 133 E6
Prâlon (21) 85 F6
Pralong (42) 128 D4
Pramousquier 192 C5
Pramouton 161 E2
Prangey 86 A2
Pranles (07) 143 G6
Pranzac (16) 122 D4
Prapic 146 D6
Prapoutel 146 A1
Praslay (52) 85 H2
Praslin (10) 66 C5
Prasville (28) 62 C3
Prat (22) 32 D3
Prat-Bonrepaux (09) 182 D5
Prato-di-Giovellina (2B) 205 E1
Prat Peyrot 170 D1
Prats-de-Carlux (24) 138 B5
Prats-de-Mollo-la-Preste (66) 199 F5
Prats-de-Sournia (66) 199 F2
Prats-du-Périgord (24) 152 A1
Pratviel (81) 167 H5
Pratz (39) 117 H3
Prauthoy (52) 86 B3
Pray (41) 79 G3
Praye (54) 69 F1
Prayols (09) 183 H6
Prayssac (46) 152 B3
Prayssas (47) 151 E5
le Praz 133 E5
Praz-sur-Arly (74) 132 D2
les Praz de Chamonix 119 G6
le Praz de Lys 119 E5
le Pré-d'Auge (14) 17 E5
Pré-en-Pail (53) 59 G1
Pré-Saint-Évroult (28) 62 A4
le Pré-Saint-Gervais (93) 42 D3
Pré-Saint-Martin (28) 62 A4
Préaux (07) 143 H3
les Préaux (27) 17 G3
Préaux (36) 95 H3
Préaux (53) 59 E6
Préaux (76) 7 H6
Préaux-Bocage (14) 16 B5
Préaux-du-Perche (61) 61 E3
Préaux-Saint-Sébastien (14) 17 F6
Prébois (38) 145 G6
Précey (50) 35 H4
Préchac (32) 165 G4
Préchac (33) 149 G4
Préchac (65) 180 D5
Préchac-sur-Adour (32) 164 D5
Préchacq-Josbaig (64) 179 H2
Préchacq-les-Bains (40) 163 E4
Préchacq-Navarrenx (64) 179 H2
Précieux (42) 129 E4
Précigné (72) 77 F2
Précilhon (64) 180 A3
Précorbin (50) 37 H1
Précy (18) 98 C2
Précy-le-Sec (89) 83 H4
Précy-Notre-Dame (10) 66 D2
Précy-Saint-Martin (10) 66 D2
Précy-sous-Thil (21) 84 C5
Précy-sur-Marne (77) 43 G3
Précy-sur-Oise (60) 20 C6
Précy-sur-Vrin (89) 64 D6
Prédefin (62) 2 B6
Préfailles (44) 73 G5
Préfontaines (45) 64 A5
Prégilbert (89) 83 G3
Préguillac (17) 121 E4
Préhy (89) 83 H2
Preignac (33) 149 G2
Preignan (32) 165 H4
Preigney (70) 86 D2
Preisch 26 C2
Preixan (11) 184 D4
Prélenfrey 145 F4
Prelles 147 E5
Prémanon (39) 118 B2
Premeaux-Prissey (21) 101 G2
Prémery (58) 99 E2
Prémesques (59) 3 F5
Prémeyzel (01) 131 F3
Prémian (34) 169 G6
Premières (21) 102 B1
Prémierfait (10) 66 A1
Prémilhat (03) 112 C4
Prémillieu (01) 131 F2
Prémont (02) 11 E5
Prémontré (02) 22 B3
Prendeignes (46) 153 G1
Préneron (32) 165 E4

la Prénessaye (22) 55 H2
Prenois (21) 85 G5
Prénouvellon (41) 62 B6
Prénovel (39) 117 H2
Prény (54) 48 C2
Préporché (58) 99 H4
Prépotin (61) 40 A6
les Prés 146 D5
les Prés (26) 159 G2
Présailles (43) 142 D5
Préseau (59) 11 F2
Présentevillers (25) 88 C4
Préserville (31) 167 G6
Présilly (39) 117 G1
Présilly (74) 118 B5
Presle (73) 132 B5
Presles (14) 38 A3
Presles (38) 145 E3
Presles (95) 42 D1
Presles-en-Brie (77) 43 F5
Presles-et-Boves (02) 22 B5
Presles-et-Thierny (02) 22 C3
Presly (18) 81 G6
Presnoy (45) 63 H6
Pressac (86) 109 F5
Pressagny-l'Orgueilleux (27) 41 F1
Pressiat (01) 117 F3
Pressignac (16) 123 F2
Pressignac-Vicq (24) 137 F5
Pressigny (52) 86 D2
Pressigny (79) 93 G5
Pressigny-les-Pins (45) 82 B1
Pressins (38) 131 F5
Pressy (62) 2 B6
Pressy-sous-Dondin (71) 115 H2
la Preste 199 F5
la Prétière (25) 88 B4
Pretin (39) 103 E3
Prétot-Sainte-Suzanne (50) 14 D5
Prétot-Vicquemare (76) 7 F3
Prêtreville (14) 17 F5
Préty (71) 116 C1
Pretz-en-Argonne (55) 47 E3
Preuilly (18) 97 F2
Preuilly-la-Ville (36) 95 F6
Preuilly-sur-Claise (37) 95 F5
Preures (62) 1 G5
Preuschdorf (67) 28 D6
Preuseville (76) 8 B6
Preutin-Higny (54) 25 H5
Preux-au-Bois (59) 11 G3
Preux-au-Sart (59) 11 G2
Préval (72) 60 D3
Prévelles (72) 60 C4
Prévenchères (48) 156 D3
Préveranges (18) 112 A3
Prévessin-Moëns (01) 118 B4
la Prévière (49) 76 A2
Prévillers (60) 20 A3
Prévinquières (12) 153 H4
Prévocourt (57) 49 E3
Prey (27) 41 E3
Prey (88) 70 B3
Preyssac-d'Excideuil (24) 138 A1
Prez (08) 23 G1
Prez-sous-Lafauche (52) 68 C3
Priaires (79) 107 G5
Priay (01) 117 E6
Priez (02) 44 B1
Prignac (17) 121 G2
Prignac-en-Médoc (33) 134 C1
Prignac-et-Marcamps (33) 135 F4
Prigonrieux (24) 136 D5
Primarette (38) 130 B6
Primel-Trégastel 32 A2
Primelin (29) 52 C2
Primelles (18) 97 F4
Prin-Deyrançon (79) 107 G4
Prinçay (86) 94 B4
Princé (35) 58 B3
Pringé 77 H2
Pringy (51) 46 B4
Pringy (74) 132 A1
Pringy (77) 63 H1
Prinquiau (44) 73 H3
Prinsuéjols (48) 155 G1
Printzheim (67) 50 D3
Prisces (02) 22 D1
Prisches (59) 11 H4
Prissac (36) 110 C2
Prissé (71) 116 B3
Prissé-la-Charrière (79) 107 G5
Privas (07) 157 H1
Privezac (12) 153 H4
Prix-lès-Mézières (08) 24 A1
Priziac (56) 54 C2
Prizy (71) 115 F3
la Proiselière-et-Langle (70) 88 A1
Proissans (24) 138 B5
Proisy (02) 11 G6
Proix (02) 11 F6
Projan (32) 164 B5
Promilhanes (46) 153 F4
Prompsat (63) 127 E1
Prondines (63) 126 C3
Pronleroy (60) 20 D4
Pronville (62) 10 C3
Propiac (26) 158 D5
Propières (69) 115 G5
Propriano (2A) 206 D2
Prosnes (51) 23 G6
Prouilly (51) 22 D5
Proupiary (31) 182 C4
Proussy (14) 38 B3
Prouvais (02) 23 E4
Prouville (80) 9 F3
Prouvy (59) 11 F2
Prouzel (80) 20 B1
Provenchère (25) 88 B6
Provenchère (70) 87 G2
Provenchères-lès-Darney (88) 69 E4
Provenchères-sur-Fave (88) 70 D2
Provency (89) 84 A4
Proverville (10) 67 E3
Proveysieux (38) 145 G1
Proville (59) 10 D3
Provin (59) 3 E6
Provins (77) 65 E1
Proviseux-et-Plesnoy (02) 23 E4
Proyart (80) 10 A6
Prudemanche (28) 41 E5
Prudhomat (46) 139 E5
Prugnanes (66) 199 F1
Prugny (10) 66 A3
Pruillé (49) 76 D3
Pruillé-le-Chétif (72) 60 A6
Pruillé-l'Éguillé (72) 78 C1
Pruines (12) 154 B3
Prunay (51) 23 F6
Prunay-Belleville (10) 65 H2
Prunay-Cassereau (41) 79 F3
Prunay-en-Yvelines (78) 62 C1
Prunay-le-Gillon (28) 62 C2
Prunay-le-Temple (78) 41 H4
Prunay-sur-Essonne (91) 63 G3
Prunelli-di-Casacconi (2B) 203 G6
Prunelli-di-Fiumorbo (2B) 205 F5
Prunet (07) 157 F2
Prunet (15) 140 B6
Prunet (31) 167 G6
Prunet-et-Belpuig (66) 199 G4
Prunete 205 H2
Prunières (05) 160 D2
Prunières (38) 145 G5
Prunières (48) 141 G6
Pruniers (36) 97 E5
Pruniers-en-Sologne (41) 80 C6
Pruno (2B) 205 G1
Prunoy (89) 82 D1
Prusly-sur-Ource (21) 85 E1
Prusy (10) 66 B6
Pruzilly (71) 116 A4
Puberg (67) 50 C2
Publier (74) 119 E2
Publy (39) 102 D6
Puceul (44) 74 C2
le Puch (09) 198 D2
Puch-d'Agenais (47) 150 C4
Puchay (27) 19 F5
Puchevillers (80) 9 G4
le Puech (34) 170 B4
Puéchabon (34) 170 D4
Puéchoursi (81) 168 A6
Puechredon (30) 171 G2
Puellemontier (52) 67 E1
Puessans (25) 87 H5
Puget (84) 173 G4
Puget-Rostang (06) 176 B3
Puget-sur-Argens (83) 192 D2
Puget-Théniers (06) 176 B3
Puget-Ville (83) 191 H4
Pugey (25) 103 F1
Pugieu (01) 131 F2
Puginier (11) 184 B2
Pugnac (33) 135 F3
Pugny (79) 92 D5
Pugny-Chatenod (73) 131 H3
Puichéric (11) 185 G3
le Puid (88) 70 D1
Puihardy (79) 107 G2
Puilacher (34) 170 C6
Puilaurens (11) 199 E2
Puilboreau (17) 106 D4
Puilly-et-Charbeaux (08) 25 E2
Puimichel (04) 174 D1
Puimisson (34) 186 D1
Puimoisson (04) 175 E2
la Puisaye (28) 40 C6
Puiseaux (45) 63 H4
Puiselet-le-Marais (91) 63 F2
Puisenval (76) 8 B6
le Puiset (28) 62 D4
le Puiset-Doré (49) 75 F5
Puiseux (08) 23 H3
Puiseux (28) 41 F6
Puiseux-en-Bray (60) 19 G4
Puiseux-en-France (95) 43 E2
Puiseux-en-Retz (02) 21 H5
Puiseux-le-Hauberger (60) 20 B6
Puiseux-Pontoise (95) 42 B2
Puisieulx (51) 23 F6
Puisieux (62) 10 A4
Puisieux (77) 43 G2
Puisieux-et-Clanlieu (02) 11 G6
Puissalicon (34) 187 E1
Puisseguin (33) 136 A5
Puisserguier (34) 186 C2
Puits (21) 84 D2
Puits-et-Nuisement (10) 66 D4
Puits-la-Vallée (60) 20 B3
Puivert (11) 184 C6
Pujaudran (32) 166 C5
Pujaut (30) 172 D1
Pujo (65) 181 E2
Pujo-le-Plan (40) 164 B3
les Pujols (09) 183 H4
Pujols (33) 136 A6
Pujols (47) 151 F4
Pujols-sur-Ciron (33) 149 G2
le Puley (71) 101 E6
Puligny-Montrachet (21) 101 F4
Pullay (27) 40 C5
Pulligny (54) 48 D6
Pulney (54) 69 F2
Pulnoy (54) 48 D5
Pulvérières (63) 126 D2
Pulversheim (68) 71 F6
Punchy (80) 21 F1
Punerot (88) 68 D1
Puntous (65) 181 H2
Pupillin (39) 103 E4
Pure (08) 24 D2
Purgerot (70) 87 F2
Pusey (70) 87 G3
Pusignan (69) 130 C3
Pussay (91) 63 E3
Pussigny (37) 94 D3
Pusy-et-Épenoux (70) 87 G2
Putanges-Pont-Écrepin (61) 38 D4
Puteaux (92) 42 C3
Putot-en-Auge (14) 16 D4
Putot-en-Bessin (14) 16 A4
Puttelange-aux-Lacs (57) 27 G6
Puttelange-lès-Thionville (57) 26 C2
Puttigny (57) 49 F3
Puxe (54) 25 H6
Puxieux (54) 26 A6
le Puy (25) 87 G5
le Puy (33) 150 B1
Puy-d'Arnac (19) 139 E4
Puy-de-Serre (85) 107 F1
Puy-de-Val 139 E2
Puy-du-Lac (17) 121 E1
le Puy-en-Velay (43) 142 C4
Puy-Guillaume (63) 127 H1
Puy-l'Évêque (46) 152 A3
Puy-Malsignat (23) 112 A6
le Puy-Notre-Dame (49) 93 F2
Puy-Saint-André (05) 147 E5
Puy-Saint-Eusèbe (05) 160 D2
Puy-Saint-Gulmier (63) 126 C3
Puy-Saint-Martin (26) 158 C2
Puy-Saint-Pierre (05) 147 E4
Puy-Saint-Vincent (05) 146 D5
le Puy-Sainte-Réparade (13) 173 H4
Puy-Sanières (05) 160 D2
Puybarban (33) 150 A2
Puybegon (81) 167 H4
Puybrun (46) 139 E5
Puycalvel (81) 168 B5
Puycasquier (32) 166 A4
Puycelci (81) 167 G2
Puy Chalvin 147 E5
Puycornet (82) 152 B6
Puydaniel (31) 183 F2
Puydarrieux (65) 181 G2
la Puye (86) 109 H1
Puygaillard-de-Lomagne (82) 166 B2
Puygaillard-de-Quercy (82) 167 G2
Puygiron (26) 158 B2
Puygouzon (81) 168 B3
Puygros (73) 132 A4
Puyguilhem 150 D1
Puyjourdes (46) 153 F4
Puylagarde (82) 153 F5
Puylaroque (82) 152 D5
Puylaurens (81) 168 A6
Puylaurent 156 C3
Puylausic (32) 182 C1
Puyloubier (13) 174 B6
Puymangou (24) 136 B2
Puymaurin (31) 182 B2
Puyméras (84) 158 D5
Puymiclan (47) 150 D3
Puymirol (47) 151 G6
Puymoyen (16) 122 C4
Puynormand (33) 136 A4
Puyol-Cazalet (40) 164 A5
Puyoô (64) 163 E6
Puyravault (17) 107 E5
Puyravault (85) 106 D3
Puyréaux (16) 122 C2
Puyrenier (24) 122 D5
Puyrolland (17) 107 G6
Puys 7 G2
le Puy Saint-Astier 137 E3
Puységur (32) 165 H4
Puysségur (31) 166 C4
Puysserampion (47) 150 D2
Puyval 138 B2
Puyvalador (66) 198 D3
Puyvert (84) 173 H4
Puzeaux (80) 21 F1
Puzieux (57) 49 E3
Puzieux (88) 69 F2
Py (66) 199 E4
Pyla sur Mer 148 B1
la Pyle (27) 18 B6
Pyrénées 2000 198 C4
Pys (80) 10 B4

Q

Quaëdypre (59) 2 C2
Quaix-en-Chartreuse (38) 145 G1
Quantilly (18) 97 G1
Quarante (34) 186 C2
Quarouble (59) 11 G1
Quarré-les-Tombes (89) 84 A6
la Quarte (70) 86 D2
le Quartier (63) 113 E5
Quasquara (2A) 204 D6
Quatre-Champs (08) 24 B4
les Quatre-Routes-
-du-Lot (46) 138 D4
Quatremare (27) 40 D1
Quatzenheim (67) 50 D5
Quéant (62) 10 C3
Queaux (86) 109 G4
Québriac (35) 35 E6
Quédillac (35) 56 C1
Queige (73) 132 D3
Quelaines-Saint-Gault (53) 58 C6
Quelmes (62) 2 A4
Quelneuc (56) 56 C5
Quelven 55 E3
Quéménéven (29) 53 F1
Quemigny-Poisot (21) 101 G1
Quemigny-sur-Seine (21) 85 E3
Quemper-Guézennec (22) 33 E2
Quemperven (22) 32 D2
Quend (80) 8 C2
Quend-Plage 8 B2
Quenne (89) 83 G2
Quenoche (70) 87 G4
Quenza (2A) 207 E1
Quercamps (62) 1 H4
Quercitello (2B) 205 F1
Quérénaing (59) 11 F2
Quérézieux 128 D5
Quérigut (09) 198 D2
Quernes (62) 2 B5
Querqueville (50) 14 B2
Querré (49) 76 D3
Querrien 55 H1
Querrien (29) 54 B3
Querrieu (80) 9 H5
Quers (70) 88 A2
Quesmy (60) 21 G2
le Quesne (80) 8 D6
le Quesnel (80) 21 E1
le Quesnel-Aubry (60) 20 C4
le Quesnoy (59) 11 G3
le Quesnoy-en-Artois (62) 9 E2
Quesnoy-le-Montant (80) 8 C4
Quesnoy-sur-Airaines (80) 9 E5
Quesnoy-sur-Deûle (59) 3 F4
Quesques (62) 1 G4
Quessigny (27) 41 E3
Quessoy (22) 33 H5
Questembert (56) 56 A6
Questrecques (62) 1 F5
Quet-en-Beaumont (38) 145 H5
Quetigny (21) 85 H6
Quettehou (50) 15 E2
Quettetot (50) 14 C3
Quetteville (14) 17 F3
Quettreville-sur-Sienne (50) 37 E2
Queudes (51) 45 E5
la Queue-en-Brie (94) 43 E4
la Queue-les-Yvelines (78) 41 H4
Queuille (63) 126 D1
Quevauvillers (80) 20 A1
Quéven (56) 54 C5
Quévert (22) 34 C5
Quevillon (76) 7 F6
Quevilloncourt (54) 69 F1
Quévreville-la-Poterie (76) 18 D5
Queyrac (33) 120 C6
Queyrières 147 E5
Queyrières (43) 142 D3
Queyssac (24) 137 E5
Queyssac-les-Vignes (19) 139 E4
Quézac (15) 153 H1
Quézac (48) 156 A4
Quiberon (56) 72 B2
Quiberville (76) 7 F2
Quibou (50) 37 F1
Quié (09) 197 H4
Quiers (77) 43 H6
Quiers-sur-Bézonde (45) 63 G6
Quiéry-la-Motte (62) 10 C2
Quierzy (02) 21 H3
Quiestède (62) 2 B4
Quiévelon (59) 12 B3
Quiévrechain (59) 11 G1
Quièvrecourt (76) 19 E1
Quiévy (59) 11 F3
Quilen (62) 1 G6
Quillan (11) 184 D6
Quillebeuf-sur-Seine (27) 6 D6
le Quillio (22) 55 F1
Quilly (08) 24 A4
Quilly (44) 74 A3
Quily (56) 56 A4
Quimper (29) 53 F3
Quimperlé (29) 54 B4
Quincampoix (76) 7 H5
Quincampoix-Fleuzy (60) 19 G1
Quinçay (86) 108 D1
Quincerot (21) 84 C3
Quincerot (89) 66 B6
Quincey (21) 101 G2
Quincey (70) 87 G3
Quincié-en-Beaujolais (69) 116 A5
Quincieu (38) 145 E1
Quincieux (69) 130 A1
Quincy (18) 97 F2
Quincy-Basse (02) 22 A3
Quincy-Landzécourt (55) 25 E3
Quincy-le-Vicomte (21) 84 C3
Quincy-sous-le-Mont (02) 22 B5
Quincy-sous-Sénart (91) 43 E5
Quincy-Voisins (77) 43 G3
Quinéville (50) 15 E3
Quingey (25) 103 E2
Quinquempoix (60) 20 C3
Quins (12) 154 A5
Quinsac (24) 123 F6
Quinsac (33) 135 F6
Quinson (04) 175 E4
Quinssaines (03) 112 C4
Quint-Fonsegrives (31) 167 F5
Quintal (74) 132 A2
la Quinte (72) 59 H5
Quintenas (07) 143 H2
Quintenic (22) 34 A4
Quintigny (39) 102 C5
Quintillan (11) 185 G5
Quintin (22) 33 F5
le Quiou (22) 34 D6
Quirbajou (11) 198 D1
Quiry-le-Sec (80) 20 C2
Quissac (30) 171 G2
Quissac (46) 153 E2
Quistinic (56) 54 D4
Quittebeuf (27) 40 D1
Quivières (80) 21 G1
Quœux-Haut-Maînil (62) 9 F2

R

Rabastens (81) 167 G3
Rabastens-de-Bigorre (65) 181 F1
Rabat-les-
-Trois-Seigneurs (09) 183 G6
la Rabatelière (85) 91 H2
Rablay-sur-Layon (49) 76 D6
Rabodanges (61) 38 D4
Rabou (05) 160 B2
Raboué 109 E2
Rabouillet (66) 199 E2
Racécourt (88) 69 G3
Rachecourt-sur-Marne (52) 67 H1
Rachecourt-Suzémont (52) 67 G1
Râches (59) 10 D1
Racines (10) 65 H5
la Racineuse (71) 102 A5
Racquinghem (62) 2 B4
Racrange (57) 49 G2
Raddon-et-Chapendu (70) 88 A1
Radenac (56) 55 G3
Radepont (27) 19 E5
Radinghem (62) 2 A6
Radinghem-en-Weppes (59) 3 E5
Radon (61) 60 A1
Radonvilliers (10) 66 D2
Raedersdorf (68) 89 G4
Raedersheim (68) 71 F6
Raffetot (76) 6 D5
Rageade (15) 141 G3
Rahart (41) 79 G1
Rahay (72) 61 E6
Rahling (57) 28 A6
Rahon (25) 88 B5
Rahon (39) 102 C3
Rai (61) 40 A5
Raids (50) 14 D6
Raillencourt-Sainte-Olle (59) 10 D3
Railleu (66) 198 D4
Raillicourt (08) 24 A2
Raillimont (02) 23 F2
Raimbeaucourt (59) 10 D1
Rainans (39) 102 C2
Raincheval (80) 9 H4
Raincourt (70) 87 E1
le Raincy (93) 43 E3
Rainfreville (76) 7 F3
Rainneville (80) 9 G5
Rainsars (59) 12 A4
Rainville (88) 69 E2
Rainvillers (60) 20 A4
les Rairies (49) 77 G3
Raismes (59) 11 F1
Raissac (09) 184 A6
Raissac-d'Aude (11) 185 H3
Raissac-sur-Lampy (11) 184 D3
Raival (55) 47 F3
Raix (16) 122 B1
Raizeux (78) 41 H6
le Ram 155 E5
Ramasse (01) 117 E4
Ramatuelle (83) 192 D4
Rambaud (05) 160 C2
Rambervillers (88) 70 B2
Rambluzin-
-et-Benoite-Vaux (55) 47 F2
Rambouillet (78) 42 A6
Rambucourt (55) 48 A3
Ramburelles (80) 8 C5
Rambures (80) 8 C5
Ramecourt (62) 9 G1
Ramecourt (88) 69 F2
Ramerupt (10) 66 C1
Ramicourt (02) 11 E5
Ramillies (59) 11 E3
Rammersmatt (68) 89 E1
Ramonchamp (88) 70 C6
Ramonville-Saint-Agne (31) 167 F6
Ramoulu (45) 63 F4
Ramous (64) 163 E6
Ramousies (59) 12 A4
Ramouzens (32) 165 E3
Rampan (50) 37 G1
Rampieux (24) 151 G1
Rampillon (77) 64 C1
Rampoux (46) 152 B2
Rancé (01) 130 A1
Rancenay (25) 103 F1
Rancennes (08) 13 F4
Rances (10) 67 E1
Ranchal (69) 115 G5
Ranchot (39) 102 D2
Ranchy (14) 15 H5
Rancogne (16) 122 D3
Rancon (87) 110 B5
Rançonnières (52) 68 C6
Rancourt (80) 10 C5
Rancourt (88) 69 F3
Rancourt-sur-Ornain (55) 46 D4
Rancy (71) 116 D1
Randan (63) 127 G1
Randens (73) 132 C4
Randevillers (25) 88 A6
Randonnai (61) 40 B5
Rânes (61) 38 D5
Rang (25) 88 B4
Rang-du-Fliers (62) 8 C1
Rangecourt (52) 68 C5
Rangen (67) 50 D4
Ranguevaux (57) 26 B4
Rannée (35) 57 H4
Ranrupt (67) 71 E1
Rans (39) 102 D2
Ransart (62) 10 A3
Ranspach (68) 70 D6
Ranspach-le-Bas (68) 89 G3
Ranspach-le-Haut (68) 89 G3
Rantechaux (25) 104 A2
Rantigny (60) 20 D5
Ranton (86) 93 H3
Rantzwiller (68) 89 F2
Ranville (14) 16 C4
Ranville-Breuillaud (16) 122 A2
Ranzevelle (70) 69 F6
Ranzières (55) 47 G2
Raon-aux-Bois (88) 70 A5
Raon-lès-Leau (54) 50 B6
Raon-l'Étape (88) 70 C1
Raon-sur-Plaine (88) 50 B6
Rapaggio (2B) 205 G1
Rapale (2B) 203 F5
Rapey (88) 69 G2
Rapilly (14) 38 D3
Rapsécourt (51) 46 C2
Raray (60) 21 E6
Rarécourt (55) 47 E1
Rasiguères (66) 199 G2
Raslay (86) 93 H2
Rasteau (84) 158 C5
Ratenelle (71) 116 C2
Ratières (26) 144 B2
Ratte (71) 102 B6
Ratzwiller (67) 28 A6
Raucoules (43) 143 F2
Raucourt (54) 48 D3
Raucourt-au-Bois (59) 11 G3
Raucourt-et-Flaba (08) 24 C2
Raulhac (15) 140 C5
Rauret (43) 142 B6
Rauville-la-Bigot (50) 14 B3
Rauville-la-Place (50) 14 C4
Rauwiller (67) 50 B3
Rauzan (33) 135 H6
Raveau (58) 98 D2
Ravel (63) 127 G3
Ravenel (60) 20 D3
Ravenoville (50) 15 E4
Raves (88) 70 D3
Ravières (89) 84 C2
Ravigny (53) 59 H1
Raville (57) 26 D5
Raville-sur-Sânon (54) 49 F5
Ravilloles (39) 117 H2
la Ravoire (73) 131 H4
Ray-sur-Saône (70) 87 E3
Raye-sur-Authie (62) 9 E2
Rayet (47) 151 G2
Raymond (18) 98 A4
Raynans (25) 88 C3
le Rayol 192 C5
Rayol-Canadel-sur-Mer (83) 192 C5
Rayssac (81) 168 D3
Razac-de-Saussignac (24) 136 C6
Razac-d'Eymet (24) 151 E1
Razac-sur-l'Isle (24) 137 E3
Raze (70) 87 F3
Razecueillé (31) 182 B5
Razengues (32) 166 B5
Razès (87) 110 C6
Razimet (47) 150 C4
Razines (37) 94 B3
Réal (66) 198 D3
Réalcamp (76) 8 C6
Réallon (05) 160 D1
Réalmont (81) 168 C4
Réalville (82) 167 F1
Réans (32) 164 D3
Réau (77) 43 F6
Réaumont (38) 131 F6
Réaumur (85) 92 C5
Réaup-Lisse (47) 165 E1
Réauville (26) 158 B3
Réaux (17) 121 G5
Rebais (77) 44 B4
Rebecques (62) 2 B5
Rébénacq (64) 180 B3
Rebergues (62) 1 H4
Reberty 132 D6
Rebets (76) 19 E3
Rebeuville (88) 68 D2
Rebigue (31) 167 F6
Rebourguil (12) 169 F3
Reboursin (36) 96 D2
Rebréchien (45) 63 E6
Rebreuve-Ranchicourt (62) 9 H1
Rebreuve-sur-Canche (62) 9 G2
Rebreuviette (62) 9 G2
Recanoz (39) 102 C5
Recey-sur-Ource (21) 85 G2
Réchésy (90) 89 E4
Réchicourt-la-Petite (54) 49 F4
Réchicourt-le-Château (57) 49 H5
Récicourt (55) 47 E1
Réclainville (28) 62 C3
Reclesne (71) 100 C3
Reclinghem (62) 2 A5
Réclonville (54) 49 G6
Recloses (77) 64 A3
le Recoin de Chamrousse 145 H3
Recologne (25) 87 E6
Recologne (70) 87 E3
Recologne-lès-Rioz (70) 87 F4
Recoubeau-Jansac (26) 159 F1
Recoules-d'Aubrac (48) 155 F1
Recoules-de-Fumas (48) 155 H2
Recoules-Prévinquières (12) 155 E4
Récourt (62) 10 C3
Récourt-le-Creux (55) 47 G2
Recouvrance (90) 88 D3
le Recoux (48) 155 F4
Recques-sur-Course (62) 1 G6
Recques-sur-Hem (62) 2 A3
Recquignies (59) 12 A2
le Reculey (14) 37 H3
Reculfoz (25) 103 G5
Recurt (65) 181 H3
Recy (51) 45 H2
Rédange (57) 26 A2

26

Rédené (29) 54 B4
Redessan (30) 172 B3
Réding (57) 50 B4
Redon (35) 73 H1
la Redorte (11) 185 G3
Redortiers (04) 159 G6
Réez-Fosse-Martin (60) 43 H1
Reffannes (79) 108 B1
Reffroy (55) 47 G5
Reffuveille (50) 37 G5
Refuge des Mines d'Or 119 G4
Refuge du Pré de la Chaumette 146 C6
Refuge Napoléon 147 F5
Régades (31) 182 B5
Régat (09) 184 B5
Regnauville (62) 9 E2
Regnévelle (88) 69 F5
Regnéville-sur-Mer (50) 36 D2
Regnéville-sur-Meuse (55) 25 E6
Regney (88) 69 G3
Regnié-Durette (69) 116 A5
Regnière-Ecluse (80) 8 D2
Regniowez (08) 12 D5
Regny (02) 11 F6
Régny (42) 129 E1
Regourdou 138 A4
la Regrippière (44) 75 F5
Réguiny (56) 55 G3
Réguisheim (68) 71 F6
Régusse (83) 175 E4
Rehaincourt (88) 70 A2
Rehainviller (54) 49 F6
Rehaupal (88) 70 B4
Reherrey (54) 49 G6
Réhon (54) 25 H3
Reichsfeld (67) 71 F1
Reichshoffen (67) 28 D6
Reichstett (67) 51 E5
Reignac (16) 121 H6
Reignac (33) 135 F2
Reignac-sur-Indre (37) 95 F1
Reignat (63) 127 G3
Reigneville-Bocage (50) 14 D4
Reignier (74) 118 C5
Reigny (18) 112 B1
Reilhac (15) 140 A4
Reilhac (46) 153 E1
Reilhaguet (46) 138 C6
Reilhanette (26) 159 F6
Reillanne (04) 174 B2
Reillon (54) 49 G5
Reilly (60) 19 H6
Reims (51) 23 E6
Reims-la-Brûlée (51) 46 B5
Reinhardsmunster (67) 50 C4
Reiningue (68) 89 F1
Reipertswiller (67) 50 D2
Reithouse (39) 117 G1
Réjaumont (32) 165 G3
Réjaumont (65) 181 H3
Rejet-de-Beaulieu (59) 11 G4
Relanges (88) 69 F4
Relans (39) 102 C5
le Relecq 31 H4
le Relecq-Kerhuon (29) 31 E4
Relevant (01) 116 C6
Rely (62) 2 B5
Remaisnil (80) 9 F3
Rémalard (61) 61 E2
Remaucourt (02) 11 E6
Remaucourt (08) 23 F3
la Remaudière (44) 75 E5
Remaugies (80) 21 E2
Remauville (77) 64 B4
Rembercourt-Sommaisne (55) 47 E3
Rembercourt-sur-Mad (54) 48 B2
Rémécourt (60) 20 D4
Rémelfang (57) 26 D4
Rémelfing (57) 27 H5
Rémeling (57) 26 D2
Remennecourt (55) 46 D4
Remenoville (54) 69 H1
Rémérangles (60) 20 C4
Réméréville (54) 49 E4
Rémering (57) 27 E4
Rémering-lès-Puttelange (57) 27 G6
Remicourt (51) 46 D3
Remicourt (88) 69 F3
Remiencourt (80) 20 C1
Remies (02) 22 B2
la Remigeasse 120 A1
Remigny (02) 22 A2
Remigny (71) 101 F4
Rémilly (57) 26 D6
Rémilly (58) 99 H5
Remilly-Aillicourt (08) 24 C2
Remilly-en-Montagne (21) 85 F6
Remilly-les-Pothées (08) 23 H1
Remilly-sur-Lozon (50) 15 E6
Remilly-sur-Tille (21) 86 A6
Remilly-Wirquin (62) 2 A4
Réminiac (56) 56 B5
Remiremont (88) 70 B5
Remoiville (55) 25 E4
Remollon (05) 160 C3
Remomeix (88) 70 D2
Remoncourt (54) 49 G5
Remoncourt (88) 69 F3
Rémondans-Vaivre (25) 88 C5
Remoray-Boujeons (25) 103 H5
Remouillé (44) 91 G1
Remoulins (30) 172 C2
Removille (88) 69 E2
Rempnat (87) 125 F4
la Remuée (76) 6 C5
Remungol (56) 55 F4
Rémuzat (26) 159 E3
Remy (60) 21 E4
Rémy (62) 10 C3
Renac (35) 56 D6
Renage (38) 145 E1
Renaison (42) 114 D6
Renansart (02) 22 B1
Renaucourt (70) 86 D3
la Renaudie (63) 128 B3
la Renaudière (49) 75 F6
Renauvoid (88) 69 H4
Renay (41) 79 G1
Renazé (53) 76 B1
Rencurel (38) 145 E3
René (72) 60 B3
Renédale (25) 103 H3
Renescure (59) 2 B4
Renève (21) 86 B5
Réning (57) 49 H2
Rennemoulin (78) 42 B4
Rennepont (52) 67 F4
Rennes (35) 57 F2
Rennes-en-Grenouilles (53) 59 E1
Rennes-le-Château (11) 184 D6
Rennes-les-Bains (11) 185 E6
Rennes-sur-Loue (25) 103 E3
Renneval (02) 23 E1
Renneville (08) 23 F2
Renneville (27) 19 E4
Renneville (31) 184 A2
Renno (2A) 204 C3
le Renouard (61) 39 F3
Rentières (63) 127 F6
Renty (62) 1 H5
Renung (40) 164 A4
Renwez (08) 13 E6
la Réole (33) 150 A2
la Réorthe (85) 106 D1
Réotier (05) 161 E1
Repaix (54) 49 H5
la Répara-Auriples (26) 158 C1
Réparsac (16) 121 H3
Repel (88) 69 E2
Repentigny (14) 17 E4
Replonges (01) 116 B4
le Reposoir (74) 119 E6
les Repôts (39) 102 C6
Reppe (90) 88 D2
Requeil (72) 78 A2
Réquista (12) 169 E1
Résenlieu (61) 39 G4
la Résie-Saint-Martin (70) 86 D6
Résigny (02) 23 F1
Resson (55) 47 F4
Ressons-l'Abbaye (60) 20 A5
Ressons-le-Long (02) 21 H5
Ressons-sur-Matz (60) 21 E3
les Ressuintes (28) 40 C6
Restigné (37) 78 A6
Restinclières (34) 171 G4
le Retail (79) 107 H1
Rétaud (17) 121 E3
Reterre (23) 112 C6
Rethel (08) 23 G3
Retheuil (02) 21 G5
Rethondes (60) 21 F4
Rethonvillers (80) 21 F2
Réthoville (50) 14 D1
Retiers (35) 57 G4
Retjons (40) 149 G6
Retonfey (57) 26 C5
Rétonval (76) 19 F1
Retournac (43) 142 D2
Retschwiller (67) 29 E6
Rettel (57) 26 C2
Rety (62) 1 G3
Retzwiller (68) 89 E2
Reugney (25) 103 G3
Reugny (03) 112 D2
Reugny (37) 79 F5
Reuil (51) 45 E2
Reuil-en-Brie (77) 44 A3
Reuil-sur-Brêche (60) 20 B3
Reuilly (27) 41 E2
Reuilly (36) 97 E3
Reuilly-Sauvigny (02) 44 D2
Reulle-Vergy (21) 101 G1
Reumont (59) 11 F4
la Réunion (47) 150 B5
Reutenbourg (67) 50 C4
Reuves (51) 45 E4
Reuville (76) 7 F3
Reux (14) 17 E4
le Revard 132 A3
Réveillon (51) 44 C5
Réveillon (61) 60 D1
Revel (31) 184 C1
Revel (38) 145 H2
Revel-Tourdan (38) 130 C6
Revelles (80) 9 F6
Revens (30) 170 B1
Reventin-Vaugris (38) 130 A5
Revercourt (28) 40 D5
Revest-des-Brousses (04) 174 B2
Revest-du-Bion (04) 159 G6
le Revest-les-Eaux (83) 191 G5
Revest-les-Roches (06) 176 D4
Revest-Saint-Martin (04) 174 C1
Reviers (14) 16 B3
Revigny (39) 102 D6
Revigny-sur-Ornain (55) 46 D4
Réville (50) 15 E2
Réville-aux-Bois (55) 25 E5
Révillon (02) 22 C5
Revin (08) 13 E5
Revonnas (01) 117 E5
Rexingen (67) 50 B2
Rexpoëde (59) 2 C2
Reyersviller (57) 28 B5
Reygade (19) 139 F4
Reynel (52) 68 B3
Reynès (66) 199 H4
Reyniès (82) 167 E2
Reyrevignes (46) 153 F2
Reyrieux (01) 130 A1
Reyssouze (01) 116 C2
Reyvroz (74) 119 E3
Rezay (18) 97 F6
Rezé (44) 74 C5
Rézentières (15) 141 F3
Rezonville (57) 26 A5
Rezza (2A) 204 D4
Rhèges (10) 66 A1
le Rheu (35) 57 E3
Rhinau (67) 71 H2
Rhodes (57) 49 H4
Rhodon (41) 79 H2
Rhuis (60) 21 E5
Ri (61) 39 E4
Ria-Sirach (66) 199 F3
Riaillé (44) 75 E2
le Rialet (81) 168 D6
Rians (18) 98 A2
Rians (83) 174 C5
Riantec (56) 54 C5
Riaucourt (52) 67 H4
Riaville (55) 47 H1
Ribagnac (24) 136 D6
Ribarrouy (64) 164 B6
Ribaute (11) 185 G4
Ribaute-les-Tavernes (30) 171 G1
le Ribay (53) 59 F2
Ribeaucourt (55) 47 G6
Ribeaucourt (80) 9 F4
Ribeauville (02) 11 G4
Ribeauvillé (68) 71 F3
Ribécourt-Dreslincourt (60) 21 F4
Ribécourt-la-Tour (59) 10 D4
Ribemont (02) 22 B1
Ribemont-sur-Ancre (80) 9 H5
Ribennes (48) 155 H2
Ribérac (24) 136 D2
Ribes (07) 157 F3
Ribeyret (05) 159 G3
Ribiers (05) 160 A5
Ribouisse (11) 184 B3
Riboux (83) 191 F4
la Ricamarie (42) 129 F6
Ricarville (76) 6 D4
Ricarville-du-Val (76) 7 H3
Ricaud (11) 184 B2
Ricaud (65) 181 F4
les Riceys (10) 66 D6
la Richardais (35) 34 D4
Richardménil (54) 48 D6
Richarville (91) 63 E1
la Riche (37) 78 D5
Riche (57) 49 F3
Richebourg (52) 67 H5
Richebourg (62) 2 D5
Richebourg (78) 41 H4
Richecourt (55) 48 A3
Richelieu (37) 94 B3
Richeling (57) 27 G6
Richemont 121 G3
Richemont (57) 26 B4
Richemont (76) 19 G1
Richerenches (84) 158 B4
Richeval (57) 49 H5
Richeville (27) 19 F6
Richtolsheim (67) 71 G3
Richwiller (68) 89 F1
Ricourt (32) 165 E6
Ricquebourg (60) 21 E3
Riec-sur-Belon (29) 54 A4
Riedisheim (68) 89 F1
Riedseltz (67) 29 E6
Riedwihr (68) 71 G4
Riel-les-Eaux (21) 67 E6
Riencourt (80) 9 E6
Riencourt-lès-Bapaume (62) 10 B4
Riencourt-lès-Cagnicourt (62) 10 C3
Riervescemont (90) 88 C1
Riespach (68) 89 F3
Rieucazé (31) 182 B4
Rieucros (09) 184 A4
Rieulay (59) 11 E1
Rieumajou (31) 184 A1
Rieumes (31) 182 D1
Rieu Montagné 169 F5
Rieupeyroux (12) 153 H5
Rieussec (34) 185 G1
Rieutort-de-Randon (48) 156 A2
Rieux (31) 183 E3
Rieux (51) 44 C4
Rieux (56) 73 H1
Rieux (60) 20 D5
Rieux (76) 8 C5
Rieux-de-Pelleport (09) 183 H5
Rieux-en-Cambrésis (59) 11 E3
Rieux-en-Val (11) 185 F4
Rieux-Minervois (11) 185 F3
Riez (04) 175 E3
Rigarda (66) 199 F3
Rigaud (06) 176 C3
Rignac 138 C5
Rignac (12) 154 A4
Rignac (46) 138 D6
Rigney (25) 87 G5
Rignieux-le-Franc (01) 130 C1
Rignosot (25) 87 G5
Rignovelle (70) 88 A1
Rigny (70) 86 D4
Rigny-la-Nonneuse (10) 65 G2
Rigny-la-Salle (55) 48 A5
Rigny-le-Ferron (10) 65 G4
Rigny-Saint-Martin (55) 48 A5
Rigny-sur-Arroux (71) 115 E2
Rigny-Ussé (37) 94 B1
Riguepeu (32) 165 F5
Rilhac-Lastours (87) 124 A4
Rilhac-Rancon (87) 124 B2
Rilhac-Treignac (19) 124 D5
Rilhac-Xaintrie (19) 139 H3
Rillans (25) 87 H5
Rillé (37) 78 B5
Rillieux-la-Pape (69) 130 B2
Rilly-la-Montagne (51) 45 F1
Rilly-Sainte-Syre (10) 66 A2
Rilly-sur-Aisne (08) 24 A4
Rilly-sur-Loire (41) 79 G5
Rilly-sur-Vienne (37) 94 C3
Rimaucourt (52) 68 B3
Rimbach-près-Guebwiller (68) 71 E6
Rimbach-près-Masevaux (68) 88 D1
Rimbachzell (68) 71 E6
Rimbez-et-Baudiets (40) 164 D1
Rimboval (62) 1 H6
Rimeize (48) 141 G6
Rimling (57) 28 A5
Rimogne (08) 12 D6
Rimon-et-Savel (26) 159 E1
Rimondeix (23) 111 H5
Rimons (33) 150 B1
Rimont (09) 183 E5
Rimou (35) 35 G6
Rimouren 157 H4
Rimplas (06) 176 D2
Rimsdorf (67) 50 B2
Ringeldorf (67) 50 D3
Ringendorf (67) 50 D3
Rinxent (62) 1 F3
Riocaud (33) 136 C6
Riolas (31) 182 C2
Riols (34) 169 F6
le Riols (81) 153 F6
Riom (63) 127 F2
Riom-ès-Montagnes (15) 140 C2
Rioms (26) 159 F5
Rion-des-Landes (40) 163 E2
Rions (33) 149 G1
Riorges (42) 115 E6
Riotord (43) 143 F2
Rioux (17) 121 E4
Rioux-Martin (16) 136 A2
Rioz (70) 87 F5
Riqueval 11 E5
Riquewihr (68) 71 F3
Ris (63) 127 H1
Ris (65) 181 G6
Ris-Orangis (91) 42 D6
Riscle (32) 164 C5
Risoul (05) 161 F1
Risoul 1850 161 F1
Ristolas (05) 147 G5
Rittershoffen (67) 51 F2
Ritzing (57) 26 D2
Riupeyrous (64) 180 C1
Riva Bella 16 C3
Rivarennes (36) 110 D1
Rivarennes (37) 94 B1
Rivas (42) 129 E4
Rive-de-Gier (42) 129 H5
Rivecourt (60) 21 E5
Rivedoux-Plage (17) 106 C5
Rivehaute (64) 179 G2
Rivel (11) 184 C6
Riventosa (2B) 205 E3
Rivèrenert (09) 183 E5
Riverie (69) 129 G4
Rivery (80) 9 G6
les Rives (34) 170 B3
Rives (38) 131 E6
Rives (47) 151 F2
Rivesaltes (66) 200 D2
Rivière 9 E5
la Rivière (33) 135 G4
Rivière (37) 94 B2
la Rivière (38) 145 F2
Rivière (62) 10 A3
la Rivière-de-Corps (10) 66 A3
la Rivière-Drugeon (25) 103 H4
la Rivière-Enverse (74) 119 F5
Rivière-les-Fosses (52) 86 A3
Rivière-Saas-et-Gourby (40) 162 D4
la Rivière-Saint-Sauveur (14) 6 B6
Rivière-sur-Tarn (12) 155 F6
la Rivière Bourdet 7 F6
Rivières (16) 122 D3
Rivières (30) 157 F5
Rivières (81) 168 A3
les Rivières-Henruel (51) 46 B5
Rivières-le-Bois (52) 86 B2
Riville (76) 6 D3
Rivolet (69) 116 A6
Rivray 61 F2
Rix (39) 103 G5
Rix (58) 83 F5
Rixheim (68) 89 G1
la Rixouse (39) 118 A2
Rizaucourt-Buchey (52) 67 F3
Roaillan (33) 149 H3
Roaix (84) 158 C5
Roanne (42) 115 E6
Roannes-Saint-Mary (15) 140 A6
Robécourt (88) 68 D4
Robecq (62) 2 C5
Robersart (59) 11 G3
Robert-Espagne (55) 47 E4
Robert-Magny-Laneuville-à-Rémy (52) 67 F1
Robertot (76) 7 E3
Roberval (60) 21 E5
Robiac-Rochessadoule (30) 157 E5
la Robine-sur-Galabre (04) 160 C5
Robion 175 G3
Robion (84) 173 F3
le Roc (46) 138 C5
le Roc-Saint-André (56) 56 A4
Rocamadour (46) 138 D6
Rocbaron (83) 191 H4
Rocé (41) 79 G2
Rochambeau 79 F2
la Roche 157 H2
la Roche 112 D2
Roche (38) 130 C4
Roche (42) 128 C4
la Roche-Bernard (56) 73 G2
la Roche-Blanche (44) 75 F3
la Roche-Blanche (63) 127 F4
la Roche-Canillac (19) 139 F2
la Roche-Chalais (24) 136 A3
Roche-Charles-la-Mayrand (63) 127 E6
la Roche-Clermault (37) 94 A2
Roche-d'Agoux (63) 112 D6
la Roche-de-Glun (26) 144 A4
la Roche-de-Rame (05) 147 E6
la Roche-Derrien (22) 32 D2
la Roche-des-Arnauds (05) 160 A2
la Roche-en-Brenil (21) 84 C5
Roche-en-Régnier (43) 142 C2
Roche-et-Raucourt (70) 86 D3
la Roche-Guyon (95) 41 H2
Roche-la-Molière (42) 129 F6
la Roche-l'Abeille (87) 124 B4
Roche-le-Peyroux (19) 126 A6
Roche-lès-Clerval (25) 88 A5
Roche-lez-Beaupré (25) 87 G6
la Roche-Mabile (61) 59 H1
la Roche-Maurice (29) 31 F4
la Roche-Morey (70) 86 D2
la Roche-Noire (63) 127 F3
la Roche-Posay (86) 95 E5
la Roche-Rigault (86) 94 A3
Roche-Saint-Secret-Béconne (26) 158 C3
la Roche-sur-Foron (74) 118 D5
la Roche-sur-Grane (26) 158 C1
la Roche-sur-le-Buis (26) 159 E5
Roche-sur-Linotte-et-Sorans-les-Cordiers (70) 87 G4
la Roche-sur-Yon (85) 91 G4
la Roche-Vanneau (21) 85 E5
la Roche-Vineuse (71) 116 A3
Rochebaudin (26) 158 C2
la Rochebeaucourt-et-Argentine (24) 122 D5
Roche Béranger 145 H3
Rochebrune 141 E5
Rochebrune (05) 160 C3
Rochebrune (26) 159 E4
Rochechinard 144 D4
Rochechinard (26) 144 D4
Rochechouart (87) 123 G2
Rochecolombe (07) 157 G3
Rochecorbon (37) 79 E5
Rochefort (17) 120 C1
Rochefort (73) 131 G4
Rochefort-du-Gard (30) 172 C2
Rochefort-en-Terre (56) 56 A6
Rochefort-en-Valdaine (26) 158 B3
Rochefort-en-Yvelines (78) 42 B6
Rochefort-Montagne (63) 126 D4
Rochefort-Samson (26) 144 C4
Rochefort-sur-Brévon (21) 85 F2
Rochefort-sur-la-Côte (52) 68 A3
Rochefort-sur-Loire (49) 76 D5
Rochefort-sur-Nenon (39) 102 C2
la Rochefoucauld (16) 122 D3
Rochefourchat (26) 159 E2
la Rochegiron (04) 159 G6
Rochegude (26) 158 B5
Rochegude (30) 157 F5
la Roche Jagu 33 E2
Rochejean (25) 103 H5
la Rochelle (17) 106 C5
la Rochelle (70) 86 D2
la Rochelle-Normande (50) 35 G2
Rochemaure (07) 158 A2
la Rochénard (79) 107 G4
Rochepaule (07) 143 G3
la Rochepot (21) 101 F3
Rocher (07) 157 F2
le Rocher du Portail 35 H5
le Rochereau (86) 94 A6
Roches (23) 111 H4
Roches (41) 80 A2
Roches-Bettaincourt (52) 68 A3
les Roches-de-Condrieu (38) 130 A6
Roches-lès-Blamont (25) 88 C5
les Roches-l'Évêque (41) 79 F2
Roches-Prémarie-Andillé (86) 109 E2
Roches-sur-Marne (52) 47 E6
les Roches Baritaud 92 A5
Rocheservière (85) 91 F2
Rochessauve (07) 157 H1
Rochesson (88) 70 C5
Rochetaillée 129 F6
Rochetaillée (52) 85 H1
Rochetaillée-sur-Saône (69) 130 A2
Rochetoirin (38) 131 E4
Rochetrejoux (85) 92 B5
la Rochette (04) 176 B3
la Rochette (05) 160 C2
la Rochette (07) 143 E5
la Rochette (16) 122 D3
la Rochette (73) 132 B5
la Rochette (77) 64 A1
la Rochette-du-Buis (26) 159 F5
Rocheville (50) 14 C3
Rochonvillers (57) 26 B3
Rochy-Condé (60) 20 B5
Rocles (03) 113 F3
Rocles (07) 157 F2
Rocles (48) 156 C1
Roclincourt (62) 10 B2
Rocourt (88) 68 D4
Rocourt-Saint-Martin (02) 44 B1
Rocquancourt (14) 16 C5
la Rocque (14) 38 B3
Rocquefort (76) 7 E4
Rocquemont (60) 21 F6
Rocquemont (76) 7 H5
Rocquencourt (60) 20 C2
Rocquencourt (78) 42 C4
Rocques (14) 17 F4
Rocquigny (02) 12 A5
Rocquigny (08) 23 F2
Rocquigny (62) 10 C4
Rocroi (08) 12 D5
Rodalbe (57) 49 G3
Rodelinghem (62) 1 G3
Rodelle (12) 154 C3
Rodemack (57) 26 C2
Roderen (68) 89 E1
Rodern (68) 71 F3
Rodès (66) 199 G3
Rodez (12) 154 C4
Rodilhan (30) 172 B3
Rodome (11) 198 C2
la Roë (53) 58 A6
Roëllecourt (62) 9 G2
Rœschwoog (67) 51 G3
Rœulx (59) 11 E2
Rœux (62) 10 C2
Roézé-sur-Sarthe (72) 78 A1
Roffey (89) 84 A1
Roffiac (15) 141 E4
Rogécourt (02) 22 B2
Rogerville (76) 6 B5
Rogéville (54) 48 C4
Roggenhouse (68) 71 G6
Rogliano (2B) 203 F2
Rogna (39) 117 H3
Rognac (13) 173 G6
Rognaix (73) 132 D4
Rognes (13) 173 H4
Rognon (25) 87 H5
Rognonas (13) 172 D2
Rogny (02) 22 D1
Rogny-les-Sept-Écluses (89) 82 B2
Rogues (30) 170 D3
Rogy (80) 20 B2
Rohaire (28) 40 C5
Rohan (56) 55 G2
Rohr (67) 50 D4
Rohrbach-lès-Bitche (57) 28 A5
Rohrwiller (67) 51 F3
Roiffé (86) 93 H2
Roiffieux (07) 143 H2
Roiglise (80) 21 F2
Roilly (21) 84 D5
Roinville (28) 62 C2
Roinville (91) 63 E1
Roinvilliers (91) 63 F3
Roisel (80) 10 D5
les Roises (55) 68 C1
Roisey (42) 129 H6
Roissac 121 G4
Roissard (38) 145 G5
Roissy-en-Brie (77) 43 F4
Roissy-en-France (95) 43 E2
Roiville (61) 39 G3
Roizy (08) 23 F4
Rolampont (52) 68 A6
Rolbing (57) 28 B4
Rollainville (88) 68 D2
Rollancourt (62) 9 F1
Rolleboise (78) 41 G2
Rolleville (76) 6 B5
Rollot (80) 21 E3
la Rolphie 137 F3
Rom (79) 108 D4
Romagnat (63) 127 F3
la Romagne (08) 23 G2
Romagne (33) 135 H6
Romagné (35) 35 H6
la Romagne (49) 92 A2
Romagne (86) 109 E4
Romagne-sous-les-Côtes (55) 25 F5
Romagne-sous-Montfaucon (55) 24 D5
Romagnieu (38) 131 F4
Romagny (50) 37 G5
Romagny (68) 89 E3
Romagny-sous-Rougemont (90) 88 D2
Romain (25) 87 H4
Romain (39) 102 D1
Romain (51) 22 D5
Romain (54) 49 E6
Romain-aux-Bois (88) 68 D5
Romain-sur-Meuse (52) 68 C4
Romainville (93) 43 E3
Roman (27) 40 D4
Romanèche-Thorins (71) 116 B5
Romange (39) 102 D1
Romans (01) 116 C5
Romans (79) 108 A3
Romans-sur-Isère (26) 144 C4
Romanswiller (67) 50 C5
Romazières (17) 121 H1
Romazy (35) 35 G6
Rombach-le-Franc (68) 71 E2
Rombas (57) 26 B4
Rombies-et-Marchipont (59) 11 G1
Rombly (62) 2 B5
Romefort 110 C1
Romegoux (17) 120 D2
Romelfing (57) 50 A3
Romenay 99 F4
Romenay (71) 116 D2
Romeny-sur-Marne (02) 44 B3
Romeries (59) 11 F3
Romery (02) 11 G6
Romery (51) 45 F1
Romescamps (60) 19 H2
Romestaing (47) 150 B4
Romeyer (26) 145 E6
la Romieu (32) 165 G2
Romigny (51) 45 E1
Romiguières (34) 170 B3
Romillé (35) 56 D1
Romilly (41) 61 G6
Romilly-la-Puthenaye (27) 40 C2

Romilly-sur-Aigre (28) 61 H6
Romilly-sur-Andelle (27) 18 D5
Romilly-sur-Seine (10) 65 G1
Romme 119 E6
Romont (88) 70 A2
Romorantin-Lanthenay (41) 80 C6
Rompon (07) 144 A6
Rônai (61) 39 E4
Ronce-les-Bains 120 B2
Roncenay (10) 66 B4
le Roncenay-Authenay (27) 40 D4
Roncey (50) 37 E2
Ronchamp (70) 88 B2
Ronchaux (25) 103 E2
Ronchères (02) 44 D1
Ronchères (89) 82 D3
Roncherolles-en-Bray (76) 19 F3
Roncherolles-sur-le-Vivier (76) 7 H6
Ronchin (59) 3 F5
Ronchois (76) 19 G2
Roncourt (57) 26 B4
Roncq (59) 3 G4
la Ronde (17) 107 E4
la Ronde-Haye (50) 37 E1
Rondefontaine (25) 103 G5
Ronel (81) 168 C3
Ronfeugerai (61) 38 C4
Rongères (03) 114 A4
Ronnet (03) 112 D5
Ronno (69) 129 F1
Ronquerolles (95) 42 C1
Ronsenac (16) 122 C5
Ronssoy (80) 10 D5
Rontalon (69) 129 H4
Rontignon (64) 180 C2
Ronvaux (55) 47 H1
Ronzières 127 F5
Roost-Warendin (59) 10 D1
Roppe (90) 88 D2
Roppenheim (67) 51 G3
Roppentzwiller (68) 89 F3
Roppeviller (57) 28 C5
la Roque-Alric (84) 158 D6
la Roque-Baignard (14) 17 E4
la Roque-d'Anthéron (13) 173 H4
la Roque-Esclapon (83) 176 A5
la Roque-Gageac (24) 138 A6
la Roque-
-Sainte-Marguerite (12) 155 G6
la Roque-sur-Cèze (30) 157 H6
la Roque-sur-Pernes (84) 173 F2
Roquebillière (06) 177 E2
Roquebrun (34) 169 H6
Roquebrune (32) 165 F4
Roquebrune (33) 150 B2
Roquebrune-Cap-Martin (06) 177 F5
Roquebrune-sur-Argens (83) 192 D2
la Roquebrussanne (83) 191 G3
Roquecor (82) 151 H4
Roquecourbe (81) 168 C5
Roquecourbe-Minervois (11) 185 G3
Roquedur (30) 171 E2
Roquefère 151 F2
Roquefère (11) 185 E2
Roquefeuil (11) 198 C1
Roquefixade (09) 184 A6
Roquefort (32) 165 H4
Roquefort (40) 164 B1
Roquefort (47) 151 E6
Roquefort-de-Sault (11) 198 D2
Roquefort-des-Corbières (11) 186 C5
Roquefort-la-Bédoule (13) 191 E4
Roquefort-les-Cascades (09) 184 A5
Roquefort-les-Pins (06) 176 C6
Roquefort-sur-Garonne (31) 182 C4
Roquefort-sur-Soulzon (12) 169 H2
Roquelaure (32) 165 G4
Roquelaure-Saint-Aubin (32) 166 B5
Roquemaure (30) 172 D1
Roquemaure (81) 167 G3
Roquepine (32) 165 G2
Roqueredonde (34) 170 B4
Roques (31) 167 E6
Roques (32) 165 F3
Roqueserière (31) 167 G4
Roquessels (34) 170 B6
Roquesteron (06) 176 C4
Roquestéron-Grasse (06) 176 C4
Roquetaillade (11) 184 D5
Roquetoire (62) 2 B4
la Roquette (27) 19 E6
la Roquette-sur-Siagne (06) 176 C6
la Roquette-sur-Var (06) 176 D4
Roquettes (31) 167 E6
Roquevaire (13) 191 E3
Roquevidal (81) 167 H5
Roquiague (64) 179 G3
la Roquille (33) 136 C6
Rorbach-lès-Dieuze (57) 49 H3
Rorschwihr (68) 71 F3
les Rosaires 33 G4
Rosans (05) 159 F4
Rosay (39) 117 F1
Rosay (76) 7 H4
Rosay (78) 41 H3
Rosay-sur-Lieure (27) 19 E5
Rosazia (2A) 204 C4
Rosbruck (57) 27 F5
Roscanvel (29) 30 D5
Roscoff (29) 31 H2
Rosel (14) 16 B4
Rosenau (68) 89 G2
Rosenwiller (67) 50 D6
Roset-Fluans (25) 103 E1
Rosey (70) 87 F3
Rosey (71) 101 F5
Rosheim (67) 50 D6
la Rosière 133 F3
la Rosière 119 F5
la Rosière (70) 70 B6
Rosières (07) 157 F3
Rosières (43) 142 D3
Rosières (60) 43 G1
Rosières (81) 168 C1
Rosières-aux-Salines (54) 49 E5
Rosières-en-Haye (54) 48 C4
Rosières-en-Santerre (80) 21 E1
Rosières-près-Troyes (10) 66 B3
Rosières-sur-Barbèche (25) 88 B5
Rosières-sur-Mance (70) 87 E1
Rosiers-de-Juillac (19) 138 B1
Rosiers-d'Égletons (19) 139 F1
les Rosiers-sur-Loire (49) 77 F6
Rosis (34) 169 H5
Rosnay (36) 95 G6
Rosnay (51) 22 D6
Rosnay (85) 91 G5
Rosnay-l'Hôpital (10) 66 D1
Rosnoën (29) 31 F6
Rosny-sous-Bois (93) 43 E4
Rosny-sur-Seine (78) 41 H2
Rosoy (60) 20 D5
Rosoy-en-Multien (60) 43 H2
Rosoy-le-Vieil (45) 64 C5
Rospez (22) 32 C2
Rospigliani (2B) 205 F3
Rosporden (29) 53 H3
Rosselange (57) 26 B4
Rossfeld (67) 71 H2
Rossillon (01) 131 F2
Rosteig (67) 50 C2
Rostrenen (22) 54 D1
Rosult (59) 11 E1
Rosureux (25) 88 C6
Rotalier (39) 117 F1
Rotangy (60) 20 A3
Rothau (67) 71 E1
Rothbach (67) 50 D2
Rothéneuf 34 D3
Rotherens (73) 132 B5
la Rothière (10) 67 E2
Rothois (60) 20 A3
Rothonay (39) 117 F1
les Rotours (61) 38 D4
Rots (14) 16 B4
Rott (67) 29 E5
Rottelsheim (67) 51 E4
Rottier (26) 159 F3
Rou-Marson (49) 93 G1
Rouairoux (81) 169 E6
Rouans (44) 74 A5
la Rouaudière (53) 76 A1
Roubaix (59) 3 G4
Roubia (11) 185 H3
Roubion (06) 176 C2
Roucamps (14) 16 A6
Roucourt (59) 10 D2
Roucy (02) 22 D5
Roudouallec (56) 54 A2
Rouécourt (52) 67 H3
Rouède (31) 182 C5
Rouellé (61) 38 A6
Rouelles (52) 85 H1
Rouen (76) 7 G6
Rouessé-Fontaine (72) 60 A3
Rouessé-Vassé (72) 59 G4
Rouet (34) 171 E3
Rouez (72) 59 G4
Rouffach (68) 71 F5
Rouffange (39) 102 D1
Rouffiac (15) 139 G4
Rouffiac (16) 136 B2
Rouffiac (17) 121 F3
Rouffiac (81) 168 B3
Rouffiac-d'Aude (11) 184 D4
Rouffiac-des-Corbières (11) 185 F6
Rouffiac-Tolosan (31) 167 F5
Rouffignac (17) 135 F1
Rouffignac-de-Sigoulès (24) 136 D6
Rouffignac-Saint-Cernin-
-de-Reilhac (24) 137 H4
Rouffigny (50) 37 F4
Rouffilhac (46) 138 C6
Rouffillac 138 B5
Rouffy (51) 45 G3
Rougé (44) 57 G6
la Rouge (61) 61 E3
Rouge-Perriers (27) 40 C1
Rougefay (62) 9 F2
Rougegoutte (90) 88 C2
Rougemont (21) 84 C3
Rougemont (25) 87 H4
Rougemont-le-Château (90) 88 D2
Rougemontiers (27) 18 A5
Rougemontot (25) 87 H5
Rougeou (41) 80 B6
Rougeries (02) 22 D1
les Rouges-Eaux (88) 70 C3
le Rouget (15) 139 H5
Rougeux (52) 86 C1
Rougiers (83) 191 F3
Rougnac (16) 122 D5
Rougnat (23) 112 C6
Rougon (04) 175 G3
Rouhe (25) 103 F2
Rouhling (57) 27 G5
Rouillac (16) 122 A3
Rouillac (22) 34 B6
Rouillé (86) 108 C3
Rouillon (72) 60 A5
Rouilly (77) 44 B6
Rouilly-Sacey (10) 66 C2
Rouilly-Saint-Loup (10) 66 B3
Roujan (34) 170 B6
Roulans (25) 87 G6
le Roulier (88) 70 B4
Roullée (72) 60 B1
Roullens (11) 184 D4
Roullet-Saint-Estèphe (16) 122 B4
Roullours (14) 37 H4
Roumagne (47) 150 D2
Roumanou 168 A2
Roumare (76) 7 F5
Roumazières-Loubert (16) 123 E2
Roumégoux (15) 139 H5
Roumégoux (81) 168 C4
Roumengoux (09) 184 B4
Roumens (31) 184 B1
Roumoules (04) 175 E3
Rountzenheim (67) 51 G3
Roupeldange (57) 26 D4
Rouperroux (61) 39 E6
Rouperroux-le-Coquet (72) 60 C4
Roupy (02) 21 H1
la Rouquette (12) 153 G5
Roure (06) 176 C2
le Rouret (06) 176 C6
Rousies (59) 12 A2
Roussac (87) 110 C6
Roussas (26) 158 B3
Roussay (49) 75 F6
Roussayrolles (81) 167 H1
Rousseloy (60) 20 C5
Roussennac (12) 154 A3
Roussent (62) 8 D1
les Rousses (39) 118 B2
Rousses (48) 156 B6
Rousset (05) 160 C3
Rousset (13) 174 B6
le Rousset (71) 115 G1
Rousset-les-Vignes (26) 158 C3
la Roussie 138 B5
la Roussière (27) 40 A3
Roussieux (26) 159 F4
Roussillon (38) 130 A6
Roussillon (84) 173 G2
Roussillon-en-Morvan (71) 100 B3
Roussines (16) 123 E3
Roussines (36) 110 D2
Rousson (30) 157 E6
Rousson (89) 65 E5
Roussy-le-Village (57) 26 B2
Routelle (25) 103 E1
Routes (76) 7 E3
Routier (11) 184 C4
Routot (27) 18 A5
Rouvenac (11) 184 C6
Rouves (54) 48 D3
la Rouvière 156 B3
la Rouvière (30) 171 H2
Rouvignies (59) 11 F2
Rouville (60) 21 F6
Rouville (76) 6 D4
Rouvillers (60) 21 E4
Rouvray (21) 84 B5
Rouvray (27) 41 F2
Rouvray (89) 83 G1
Rouvray-Catillon (76) 19 F3
Rouvray-Saint-Denis (28) 62 D3
Rouvray-Saint-Florentin (28) 62 B3
Rouvray-Sainte-Croix (45) 62 C5
Rouvrel (80) 20 C1
Rouvres (14) 16 C6
Rouvres (28) 41 G4
Rouvres (77) 43 F2
Rouvres-en-Multien (60) 43 H1
Rouvres-en-Plaine (21) 102 A1
Rouvres-en-Woëvre (55) 25 G6
Rouvres-en-Xaintois (88) 69 F2
Rouvres-la-Chétive (88) 68 D2
Rouvres-les-Bois (36) 96 C3
Rouvres-les-Vignes (10) 67 F3
Rouvres-Saint-Jean (45) 63 F3
Rouvres-sous-Meilly (21) 101 E1
Rouvres-sur-Aube (52) 85 G1
Rouvrois-sur-Meuse (55) 47 G3
Rouvrois-sur-Othain (55) 25 G4
Rouvroy (02) 11 E6
Rouvroy (62) 10 C1
Rouvroy-en-Santerre (80) 21 E1
Rouvroy-les-Merles (60) 20 C2
Rouvroy-Ripont (51) 24 B6
Rouvroy-sur-Audry (08) 23 H1
Rouvroy-sur-Marne (52) 67 H2
Rouvroy-sur-Serre (02) 23 F2
le Roux (07) 157 E1
Rouxeville (50) 37 H1
la Rouxière (44) 75 F3
Rouxmesnil-Bouteilles (76) 7 G2
Rouy (58) 99 F3
Rouy-le-Grand (80) 21 G1
Rouy-le-Petit (80) 21 G1
Rouze (09) 198 C2
Rouzède (16) 123 E3
Rouziers (15) 139 H6
Rouziers-de-Touraine (37) 78 D4
le Rove (13) 190 B3
Roville-aux-Chênes (88) 70 A2
Roville-devant-Bayon (54) 69 G1
Rovon (38) 145 E2
Roy-Boissy (60) 19 H3
Royan (17) 120 C4
Royas (38) 130 C5
Royat (63) 127 E3
Royaucourt (60) 20 D3
Royaucourt-et-Chailvet (02) 22 B3
Royaumeix (54) 48 B4
Roybon (38) 144 D2
Roye (70) 88 A2
Roye (80) 21 F2
Roye-sur-Matz (60) 21 F3
Royer (71) 116 B1
Royère-de-Vassivière (23) 125 F2
Royères (87) 124 C2
Roynac (26) 158 C1
Royon (62) 1 H6
Royville (76) 7 F3
Roz-Landrieux (35) 35 E4
Roz-sur-Couesnon (35) 35 F4
Rozay-en-Brie (77) 43 H5
le Rozel (50) 14 B3
Rozelieures (54) 69 H1
Rozérieulles (57) 26 B5
Rozerotte (88) 69 F3
Rozès (32) 165 F3
Rozet 122 D5
Rozet-Saint-Albin (02) 22 A6
le Rozier (48) 155 G6
Rozier-Côtes-d'Aurec (42) 142 D1
Rozier-en-Donzy (42) 129 E3
Rozières-en-Beauce (45) 62 C6
Rozières-sur-Crise (02) 22 A5
Rozières-sur-Mouzon (88) 68 D4
Roziers-Saint-Georges (87) 124 D3
Rozoy-Bellevalle (02) 44 C3
Rozoy-sur-Serre (02) 23 F2
Ruages (58) 83 G6
Ruan (45) 62 D5
Ruan-sur-Egvonne (41) 61 G6
Ruaudin (72) 60 B6
Rubécourt-et-Lamécourt (08) 24 C2
Rubelles (77) 64 A1
Rubempré (80) 9 G5
Rubercy (14) 15 G5
Rubescourt (80) 20 D3
Rubigny (08) 23 F2
Rubrouck (59) 2 B3
Ruca (22) 34 B4
Ruch (33) 136 A6
la Ruchère 131 G6
Rucqueville (14) 16 A4
Rudeau-Ladosse (24) 123 E5
Rudelle (46) 153 F1
Rue (80) 8 C2
la Rue-Saint-Pierre (60) 20 C4
la Rue-Saint-Pierre (76) 7 H5
Ruederbach (68) 89 F3
Rueil-la-Gadelière (28) 40 D5
Rueil-Malmaison (92) 42 C4
Ruelisheim (68) 71 F6
Ruelle-sur-Touvre (16) 122 C4
les Rues-des-Vignes (59) 11 E4
Ruesnes (59) 11 G2
Rueyres (46) 153 F1
Ruffec (16) 108 D6
Ruffec (36) 110 B1
Ruffey-le-Château (25) 87 E6
Ruffey-lès-Beaune (21) 101 G3
Ruffey-lès-Echirey (21) 85 H5
Ruffey-sur-Seille (39) 102 C5
Ruffiac (47) 150 B4
Ruffiac (56) 56 B5
Ruffieu (01) 117 G6
Ruffieux (73) 131 G2
Ruffigné (44) 57 G6
Rugles (27) 40 B4
Rugney (88) 69 G2
Rugny (89) 84 B1
Ruhans (70) 87 G4
Ruillé-en-Champagne (72) 59 H5
Ruillé-Froid-Fonds (53) 58 D6
Ruillé-le-Gravelais (53) 58 B5
Ruillé-sur-Loir (72) 78 D2
Ruisseauville (62) 2 A6
Ruitz (62) 2 D6
Rullac-Saint-Cirq (12) 154 B6
Rully (14) 38 A4
Rully (60) 21 E6
Rully (71) 101 F4
Rumaucourt (62) 10 C3
Rumegies (59) 3 H6
Rumengol 31 F5
Rumersheim-le-Haut (68) 71 G6
Rumesnil (14) 17 E4
Rumigny (08) 23 F1
Rumigny (80) 20 C1
Rumilly (62) 1 H5
Rumilly (74) 131 H2
Rumilly-en-Cambrésis (59) 10 D4
Rumilly-lès-Vaudes (10) 66 C4
Ruminghem (62) 2 A3
Rumont (55) 47 F4
Rumont (77) 63 H3
Runan (22) 32 D2
Rungis (94) 42 D5
Ruoms (07) 157 F3
Rupéreux (77) 44 B6
Ruppes (88) 68 D1
Rupt (52) 67 H2
Rupt-aux-Nonains (55) 47 E5
Rupt-devant-Saint-Mihiel (55) 47 G3
Rupt-en-Woëvre (55) 47 G2
Rupt-sur-Moselle (88) 70 B6
Rupt-sur-Othain (55) 25 F4
Rupt-sur-Saône (70) 87 E3
Rurange-lès-Thionville (57) 26 C4
Rurey (25) 103 F2
Rusio (2B) 205 F2
Russ (67) 50 C6
Russange (57) 26 A2
le Russey (25) 104 C1
Russy (14) 15 G5
Russy-Bémont (60) 21 G6
Rustenhart (68) 71 G5
Rustiques (11) 185 F3
Rustrel (84) 174 A2
Rustroff (57) 26 D2
Rutali (2B) 203 F5
Ruvigny (10) 66 B3
Ruy (38) 130 D4
Ruyaulcourt (62) 10 C4
Ruynes-en-Margeride (15) 141 F4
Ry (76) 19 E4
Rye (39) 102 C4
Ryes (14) 16 A3

S

Saâcy-sur-Marne (77) 44 A3
Saales (67) 70 D2
Saâne-Saint-Just (76) 7 F3
Saasenheim (67) 71 H3
Sabadel-Latronquière (46) 153 G1
Sabadel-Lauzès (46) 152 D2
Sabaillan (32) 182 B1
Sabalos (65) 181 F2
Sabarat (09) 183 F4
Sabarros (65) 181 H3
Sabazan (32) 164 D4
Sablé 150 D3
Sablé-sur-Sarthe (72) 77 F1
les Sables-d'Olonne (85) 90 D6
Sables-d'Or-les-Pins 34 B3
Sablet (84) 158 C5
les Sablettes 191 G6
Sablières (07) 157 E3
Sablonceaux (17) 120 D3
Sablonnières (77) 44 B4
Sablons (33) 135 H4
Sablons (38) 144 A1
Sabonnères (31) 182 D1
la Sabotterie (08) 24 A3
Sabran (30) 157 H6
Sabres (40) 148 D6
Saccourvielle (31) 196 A4
Sacé (53) 58 D4
Sacey (50) 35 G5
Saché (37) 94 C1
Sachin (62) 2 B6
Sachy (08) 24 D2
Sacierges-Saint-Martin (36) 110 D2
Saclas (91) 63 E2
Saclay (91) 42 C5
Saconin-et-Breuil (02) 21 H5
Sacoué (65) 182 A5
le Sacq (27) 40 D3
Sacquenay (21) 86 B3
Sacquenville (27) 40 D2
Sacy (51) 23 E6
Sacy (89) 83 H3
Sacy-le-Grand (60) 20 D5
Sacy-le-Petit (60) 21 E5
Sadeillan (32) 181 G1
Sadillac (24) 151 E1
Sadirac (33) 135 F6
Sadournin (65) 181 G2
Sadroc (19) 138 D2
Saessolsheim (67) 50 D4
Saffais (54) 49 E6
Saffloz (39) 103 E6
Saffré (44) 74 C2
Saffres (21) 85 E6
Sagelat (24) 137 H6
Sagnat (23) 111 E4
Sagnes-et-Goudoulet (07) 143 E6
Sagone 204 B4
Sagonne (18) 98 B5
Sagy (71) 117 E1
Sagy (95) 42 B2
Sahorre (66) 199 E4
Sahune (26) 159 E3
Sahurs (76) 18 B5
Sai (61) 39 F5
Saignes (15) 140 B1
Saignes (46) 139 E6
Saigneville (80) 8 C4
Saignon (84) 173 H3
Saiguède (31) 166 C6
Sail-les-Bains (42) 114 D4
Sail-sous-Couzan (42) 128 C3
Sailhan (65) 195 G4
Saillac (19) 138 D4
Saillac (46) 153 E4
Saillagouse (66) 198 C5
Saillans (26) 158 D1
Saillans (33) 135 G4
le Saillant 141 E4
le Saillant 138 C2
Saillant (63) 128 C6
Saillat-sur-Vienne (87) 123 G2
Saillé 73 F4
Saillenard (71) 102 B6
Sailly (08) 24 D2
Sailly (52) 68 A1
Sailly (71) 115 H2
Sailly (78) 42 A2
Sailly-Achâtel (57) 48 D2
Sailly-au-Bois (62) 10 A4
Sailly-en-Ostrevent (62) 10 C2
Sailly-Flibeaucourt (80) 8 D3
Sailly-Labourse (62) 2 D6
Sailly-Laurette (80) 10 A6
Sailly-le-Sec (80) 10 A6
Sailly-lez-Cambrai (59) 10 D3
Sailly-lez-Lannoy (59) 3 G5
Sailly-Saillisel (80) 10 C5
Sailly-sur-la-Lys (62) 3 E5
Sain-Bel (69) 129 G2
Saincaize-Meauce (58) 98 D4
Sainghin-en-Mélantois (59) 3 G5
Sainghin-en-Weppes (59) 3 E5
Sainneville (76) 6 B5
Sainpuits (89) 83 E4
Sains (35) 35 F4
Sains-du-Nord (59) 12 A4
Sains-en-Amiénois (80) 20 C1
Sains-en-Gohelle (62) 10 A1
Sains-lès-Fressin (62) 1 H6
Sains-lès-Marquion (62) 10 D3
Sains-lès-Pernes (62) 2 B6
Sains-Morainvillers (60) 20 D3
Sains-Richaumont (02) 11 G6
le Saint (56) 54 B2
Saint-Abit (64) 180 C3
Saint-Abraham (56) 56 A5
Saint-Acheul (80) 9 F3
Saint-Adjutory (16) 123 E3
Saint-Adrien 55 E4
Saint-Adrien 31 E5
Saint-Adrien (22) 33 E4
Saint-Affrique (12) 169 G2
Saint-Affrique-
-les-Montagnes (81) 168 C6
Saint-Affrique du Causse 154 D3
Saint-Agathon (22) 33 E4
Saint-Agil (41) 61 F5
Saint-Agnan 154 D5
Saint-Agnan (02) 44 D2
Saint-Agnan (58) 84 B6
Saint-Agnan (71) 114 D2
Saint-Agnan (81) 167 G4
Saint-Agnan (89) 64 C3
Saint-Agnan-
-de-Cernières (27) 40 A3
Saint-Agnan-en-Vercors (26) 145 E4
Saint-Agnan-le-Malherbe (14) 16 A5
Saint-Agnan-sur-Erre (61) 61 E3
Saint-Agnan-sur-Sarthe (61) 39 H6
Saint-Agnant (17) 120 C2
Saint-Agnant-de-Versillat (23) 111 E4
Saint-Agnant-près-Crocq (23) 126 A3
Saint-Agne (24) 137 E6
Saint-Agnet (40) 164 B5
Saint-Agnin-sur-Bion (38) 130 D5
Saint-Agoulin (63) 113 G6
Saint-Agrève (07) 143 F4
Saint-Aignan (08) 24 B2
Saint-Aignan (33) 135 G4
Saint-Aignan (41) 96 A1
Saint-Aignan (56) 55 E1
Saint-Aignan (72) 60 B4
Saint-Aignan (82) 166 C2
Saint-Aignan-
-de-Couptrain (53) 59 F1
Saint-Aignan-
-de-Cramesnil (14) 16 C5
Saint-Aignan-des-Gués (45) 81 G1
Saint-Aignan-des-Noyers (18) 98 B5
Saint-Aignan-Grandlieu (44) 74 C6
Saint-Aignan-le-Jaillard (45) 81 G2
Saint-Aignan-sur-Roë (53) 76 A1
Saint-Aignan-sur-Ry (76) 19 E4
Saint-Aigny (36) 110 B1
Saint-Aigulin (17) 136 A3
Saint-Ail (54) 26 A5
Saint-Albain (71) 116 B2
Saint-Alban (01) 117 F5
Saint-Alban (22) 34 A4
Saint-Alban (31) 167 E5
Saint-Alban-Auriolles (07) 157 F3
Saint-Alban-d'Ay (07) 143 H2
Saint-Alban-de-Montbel (73) 131 G4
Saint-Alban-de-Roche (38) 130 D4
Saint-Alban-
-des-Hurtières (73) 132 C5
Saint-Alban-des-Villards (73) 146 C1
Saint-Alban-du-Rhône (38) 130 A6
Saint-Alban-
-en-Montagne (07) 156 D1
Saint-Alban-les-Eaux (42) 128 C1
Saint-Alban-Leysse (73) 131 H4
Saint-Alban-
-sur-Limagnole (48) 141 H6
Saint-Albin-de-Vaulserre (38) 131 G5
Saint-Alexandre (30) 157 H5
Saint-Algis (02) 11 H6
Saint-Allouestre (56) 55 G4
Saint-Alpinien (23) 125 H1
Saint-Alyre-d'Arlanc (63) 142 A1
Saint-Alyre-ès-Montagne (63) 141 E1
Saint-Amadou (09) 184 A4
Saint-Amancet (81) 184 C1
Saint-Amand (23) 125 H1
Saint-Amand (50) 37 H2
Saint-Amand (62) 9 H3
Saint-Amand-de-Belvès (24) 137 H6
Saint-Amand-de-Coly (24) 138 B4
Saint-Amand-de-Vergt (24) 137 F4
Saint-Amand-
-des-Hautes-Terres (27) 18 B6
Saint-Amand-
-en-Puisaye (58) 82 C4
Saint-Amand-Jartoudeix (23) 124 D2
Saint-Amand-le-Petit (87) 125 E3
Saint-Amand-les-Eaux (59) 11 F1
Saint-Amand-Longpré (41) 79 F3
Saint-Amand-Magnazeix (87) 110 D5
Saint-Amand-Montrond (18) 97 H6
Saint-Amand-sur-Fion (51) 46 B4
Saint-Amand-sur-Ornain (55) 47 G5
Saint-Amand-sur-Sèvre (79) 92 C4
Saint-Amandin (15) 140 C1
Saint-Amans (09) 183 G4
Saint-Amans (11) 184 B3
Saint-Amans (48) 156 A1
Saint-Amans-de-Pellagal (82) 152 A5
Saint-Amans-des-Cots (12) 154 C1
Saint-Amans-du-Pech (82) 151 G5
Saint-Amans-Soult (81) 185 F1
Saint-Amans-Valtoret (81) 185 F1
Saint-Amant (16) 122 B6
Saint-Amant-de-Boixe (16) 122 B3
Saint-Amant-
-de-Bonnieure (16) 122 C2
Saint-Amant-de-Nouère (16) 122 B3
Saint-Amant-
-Roche-Savine (63) 128 A5
Saint-Amant-Tallende (63) 127 F4
Saint-Amarin (68) 70 D6
Saint-Ambreuil (71) 101 G6
Saint-Ambroix (18) 97 E4
Saint-Ambroix (30) 157 F5
Saint-Amé (88) 70 B5
Saint-Amour (39) 117 E2
Saint-Amour-Bellevue (71) 116 B4
Saint-Andelain (58) 82 C6
Saint-Andéol 144 B2
Saint-Andéol (26) 144 D6
Saint-Andéol (38) 145 F4
Saint-Andéol-de-Berg (07) 157 H3
Saint-Andéol-
-de-Clerguemort (48) 156 D5

Saint-Andéol-de-Fourchades (07) 143 F5
Saint-Andéol-de-Vals (07) 157 G1
Saint-Andéol-le-Château (69) 129 H4
Saint-Andeux (21) 84 B5
Saint-Andiol (13) 173 E3
Saint-André (31) 182 C3
Saint-André (32) 166 B6
Saint-André (66) 201 E4
Saint-André (73) 147 E2
Saint-André (81) 168 D2
Saint-André-Capcèze (48) 156 D4
Saint-André-d'Allas (24) 138 A5
Saint-André-d'Apchon (42) 114 D6
Saint-André-de-Bâgé (01) 116 C4
Saint-André-de-Boëge (74) 118 D4
Saint-André-de-Bohon (50) 15 E6
Saint-André-de-Briouze (61) 38 D5
Saint-André-de-Buèges (34) 170 D3
Saint-André-de-Chalencon (43) 142 D2
Saint-André-de-Corcy (01) 130 B1
Saint-André-de-Cruzières (07) 157 F4
Saint-André-de-Cubzac (33) 135 F4
Saint-André-de-Double (24) 136 C3
Saint-André-de-la-Marche (49) 75 G6
Saint-André-de-Lancize (48) 156 C5
Saint-André-de-la-Roche (06) 177 E5
Saint-André-de-l'Épine (50) 37 G1
Saint-André-de-l'Eure (27) 41 E3
Saint-André-de-Lidon (17) 120 D4
Saint-André-de-Majencoules (30) 170 D1
Saint-André-de-Messei (61) 38 B5
Saint-André-de-Najac (12) 153 G6
Saint-André-de-Roquelongue (11) 185 H4
Saint-André-de-Roquepertuis (30) 157 G5
Saint-André-de-Rosans (05) 159 F4
Saint-André-de-Sangonis (34) 170 C5
Saint-André-de-Seignanx (40) 162 B5
Saint-André-de-Valborgne (30) 156 B6
Saint-André-de-Vézines (12) 155 G6
Saint-André-d'Embrun (05) 161 E1
Saint-André-des-Eaux (22) 34 D6
Saint-André-des-Eaux (44) 73 F4
Saint-André-d'Hébertot (14) 17 F3
Saint-André-d'Huiriat (01) 116 C4
Saint-André-d'Olérargues (30) 157 G6
Saint-André-du-Bois (33) 149 H2
Saint-André-en-Barrois (55) 47 F2
Saint-André-en-Bresse (71) 101 H6
Saint-André-en-Morvan (58) 83 H5
Saint-André-en-Royans (38) 145 E3
Saint-André-en-Terre-Plaine (89) 84 B5
Saint-André-en-Vivarais (07) 143 F3
Saint-André-et-Appelles (33) 136 C6
Saint-André-Farivillers (60) 20 C3
Saint-André-Goule-d'Oie (85) 91 H3
Saint-André-la-Côte (69) 129 G4
Saint-André-Lachamp (07) 157 E3
Saint-André-le-Bouchoux (01) 116 D5
Saint-André-le-Coq (63) 127 G1
Saint-André-le-Désert (71) 115 H2
Saint-André-le-Gaz (38) 131 F5
Saint-André-le-Puy (42) 129 E4
Saint-André-les-Alpes (04) 175 G1
Saint-André-les-Vergers (10) 66 B3
Saint-André-lez-Lille (59) 3 F5
Saint-André-sur-Cailly (76) 7 H5
Saint-André-sur-Orne (14) 16 B5
Saint-André-sur-Sèvre (79) 92 C5
Saint-André-sur-Vieux-Jonc (01) 116 D5
Saint-André-Treize-Voies (85) 91 G2
Saint-Androny (33) 135 E2
Saint-Ange 144 C3
Saint-Ange-et-Torçay (28) 41 E6
Saint-Ange-le-Viel (77) 64 B3
Saint-Angeau (16) 122 C2
Saint-Angel (03) 112 D3
Saint-Angel (19) 125 H5
Saint-Angel (63) 127 E1
Saint-Anthème (63) 128 C5
Saint-Anthot (21) 85 E6
Saint-Antoine 32 D6
Saint-Antoine 33 F3
Saint-Antoine (15) 154 A1
Saint-Antoine (25) 103 H5
Saint-Antoine (32) 166 B1
Saint-Antoine (33) 135 F4
Saint-Antoine-Cumond (24) 136 C2
Saint-Antoine-d'Auberoche (24) 137 G3
Saint-Antoine-de-Breuilh (24) 136 B5
Saint-Antoine-de-Ficalba (47) 151 F4
Saint-Antoine-du-Queyret (33) 136 A6
Saint-Antoine-du-Rocher (37) 78 D4
Saint-Antoine-la-Forêt (76) 6 C5
Saint-Antoine-l'Abbaye (38) 144 D2
Saint-Antoine-sur-l'Isle (33) 136 B4
Saint-Antonin (06) 176 C4
Saint-Antonin (32) 166 A4
Saint-Antonin-de-Lacalm (81) 168 C4
Saint-Antonin-de-Sommaire (27) 40 B4
Saint-Antonin-du-Var (83) 175 F6
Saint-Antonin-Noble-Val (82) 153 E6
Saint-Antonin-sur-Bayon (13) 174 B6
Saint-Aoustrille (36) 96 D4
Saint-Août (36) 96 D6
Saint-Apollinaire (05) 160 D2
Saint-Apollinaire (21) 85 H6
Saint-Apollinaire-de-Rias (07) 143 H5
Saint-Appolinaire (69) 129 F1
Saint-Appolinard (38) 144 D2
Saint-Appolinard (42) 143 H1
Saint-Aquilin (24) 137 E2
Saint-Aquilin-de-Corbion (61) 40 A6
Saint-Aquilin-de-Pacy (27) 41 F2
Saint-Araille (31) 182 D2
Saint-Arailles (32) 165 F5
Saint-Arcons-d'Allier (43) 142 A4
Saint-Arcons-de-Barges (43) 142 C6
Saint-Arey (38) 145 G5
Saint-Armel (35) 57 F3
Saint-Armel (56) 72 D1
Saint-Armou (64) 180 C1
Saint-Arnac (66) 199 F2
Saint-Arnoult (14) 17 E3
Saint-Arnoult (41) 79 F3
Saint-Arnoult (60) 19 H2
Saint-Arnoult (76) 7 E5
Saint-Arnoult-des-Bois (28) 61 H1
Saint-Arnoult-en-Yvelines (78) 42 B6
Saint-Arroman (32) 181 H1
Saint-Arroman (65) 181 G4
Saint-Arroumex (82) 166 C2
Saint-Astier (24) 137 E3
Saint-Astier (47) 150 C1
Saint-Auban 160 B6
Saint-Auban (06) 176 A4
Saint-Auban-d'Oze (05) 160 A3
Saint-Auban-sur-l'Ouvèze (26) 159 F4
Saint-Aubert (59) 11 F3
Saint-Aubert-sur-Orne (61) 38 D4
Saint-Aubin (02) 21 H4
Saint-Aubin (10) 65 F1
Saint-Aubin (21) 101 F4
Saint-Aubin (36) 97 E5
Saint-Aubin (39) 102 B3
Saint-Aubin (40) 163 G4
Saint-Aubin (47) 151 G3
Saint-Aubin (59) 12 A3
Saint-Aubin (62) 8 C1
Saint-Aubin (91) 42 C5
Saint-Aubin-Celloville (76) 18 D5
Saint-Aubin-Château-Neuf (89) 83 E2
Saint-Aubin-d'Appenai (61) 60 B1
Saint-Aubin-d'Arquenay (14) 16 C4
Saint-Aubin-d'Aubigné (35) 57 F1
Saint-Aubin-de-Blaye (33) 135 F1
Saint-Aubin-de-Bonneval (61) 39 H3
Saint-Aubin-de-Branne (33) 135 H6
Saint-Aubin-de-Cadelech (24) 151 E1
Saint-Aubin-de-Courteraie (61) 39 H6
Saint-Aubin-de-Crétot (76) 6 D5
Saint-Aubin-de-Lanquais (24) 137 E6
Saint-Aubin-de-Locquenay (72) 59 H3
Saint-Aubin-de-Luigné (49) 76 D6
Saint-Aubin-de-Médoc (33) 134 D5
Saint-Aubin-de-Nabirat (24) 152 B1
Saint-Aubin-de-Scellon (27) 17 G5
Saint-Aubin-de-Terregatte (50) 35 H4
Saint-Aubin-d'Écrosville (27) 40 D1
Saint-Aubin-des-Bois (14) 37 G4
Saint-Aubin-des-Bois (28) 62 A1
Saint-Aubin-des-Châteaux (44) 57 G6
Saint-Aubin-des-Chaumes (58) 83 H5
Saint-Aubin-des-Coudrais (72) 60 D4
Saint-Aubin-des-Grois (61) 60 D2
Saint-Aubin-des-Hayes (27) 40 B2
Saint-Aubin-des-Landes (35) 57 H3
Saint-Aubin-des-Ormeaux (85) 92 A3
Saint-Aubin-des-Préaux (50) 35 G2
Saint-Aubin-du-Cormier (35) 57 G1
Saint-Aubin-du-Désert (53) 59 G3
Saint-Aubin-du-Pavail (35) 57 G3
Saint-Aubin-du-Perron (50) 14 D6
Saint-Aubin-du-Plain (79) 93 E4
Saint-Aubin-du-Thenney (27) 17 G6
Saint-Aubin-en-Bray (60) 19 H4
Saint-Aubin-en-Charollais (71) 115 F2
Saint-Aubin-Épinay (76) 7 H6
Saint-Aubin-Fosse-Louvain (53) 58 C1
Saint-Aubin-la-Plaine (85) 106 D2
Saint-Aubin-le-Cauf (76) 7 H2
Saint-Aubin-le-Cloud (79) 93 E6
Saint-Aubin-le-Dépeint (37) 78 C3
Saint-Aubin-le-Guichard (27) 40 B2
Saint-Aubin-le-Monial (03) 113 F2
Saint-Aubin-le-Vertueux (27) 17 H6
Saint-Aubin-lès-Elbeuf (76) 18 C5
Saint-Aubin-les-Forges (58) 98 D2
Saint-Aubin-Montenoy (80) 9 E6
Saint-Aubin-Rivière (80) 8 D6
Saint-Aubin-Routot (76) 6 C5
Saint-Aubin-sous-Erquery (60) 20 D4
Saint-Aubin-sur-Aire (55) 47 G5
Saint-Aubin-sur-Gaillon (27) 41 F1
Saint-Aubin-sur-Loire (71) 114 C1
Saint-Aubin-sur-Mer (14) 16 B3
Saint-Aubin-sur-Mer (76) 7 F2
Saint-Aubin-sur-Quillebeuf (27) 6 D6
Saint-Aubin-sur-Scie (76) 7 G2
Saint-Aubin-sur-Yonne (89) 65 E6
Saint-Augustin (17) 120 B3
Saint-Augustin (19) 125 E6
Saint-Augustin (77) 43 H4
Saint-Augustin-des-Bois (49) 75 H3
Saint-Aulaire (19) 138 B2
Saint-Aulais-la-Chapelle (16) 122 A6
Saint-Aulaye (24) 136 B2
Saint-Aunès (34) 171 F5
Saint-Aunix-Lengros (32) 164 D5
Saint-Aupre (38) 131 G6
Saint-Austremoine (43) 141 G3
Saint-Auvent (87) 123 G3
Saint-Avaugourd-des-Landes (85) 91 F5
Saint-Avé (56) 55 G6
Saint-Aventin (31) 196 A4
Saint-Avertin (37) 79 E6
Saint-Avit 151 G2
Saint-Avit (16) 136 B2
Saint-Avit (26) 144 B2
Saint-Avit (40) 164 A2
Saint-Avit (41) 61 F5
Saint-Avit (47) 150 C2
Saint-Avit (63) 126 B2
Saint-Avit (81) 168 B6
Saint-Avit-de-Soulège (33) 136 B6
Saint-Avit-de-Tardes (23) 125 H2
Saint-Avit-de-Vialard (24) 137 G5
Saint-Avit-Frandat (32) 165 H2
Saint-Avit-le-Pauvre (23) 125 G1
Saint-Avit-les-Guespières (28) 61 H3
Saint-Avit-Rivière (24) 137 G6
Saint-Avit-Saint-Nazaire (33) 136 C5
Saint-Avit-Sénieur (24) 137 G6
Saint-Avold (57) 27 F5
Saint-Avre (73) 132 C6
Saint-Ay (45) 80 C1
Saint-Aybert (59) 11 G1
Saint-Aygulf 192 D3
Saint-Babel (63) 127 G4
Saint-Baldoph (73) 131 H5
Saint-Bandry (02) 21 H5
Saint-Baraing (39) 102 C3
Saint-Barbant (87) 109 H5
Saint-Bard (23) 126 A2
Saint-Bardoux (26) 144 B3
Saint-Barnabé (22) 55 G2
Saint-Barthélemy (38) 144 C1
Saint-Barthélemy (40) 162 C6
Saint-Barthélemy (50) 37 G5
Saint-Barthélemy (56) 55 E4
Saint-Barthélemy (70) 88 B2
Saint-Barthélemy (77) 44 B4
Saint-Barthélemy-d'Agenais (47) 150 D3
Saint-Barthélemy-d'Anjou (49) 77 E4
Saint-Barthélemy-de-Bellegarde (24) 136 C3
Saint-Barthélemy-de-Bussière (24) 123 F4
Saint-Barthélemy-de-Séchilienne (38) 145 H3
Saint-Barthélemy-de-Vals (26) 144 B2
Saint-Barthélemy-Grozon (07) 143 H4
Saint-Barthélemy-le-Meil (07) 143 G5
Saint-Barthélemy-le-Plain (07) 144 A3
Saint-Barthélemy-Lestra (42) 129 F3
Saint-Basile (07) 143 G4
Saint-Baslemont (88) 69 F4
Saint-Baudel (18) 97 F5
Saint-Baudelle (53) 58 D3
Saint-Baudille-de-la-Tour (38) 130 D2
Saint-Baudille-et-Pipet (38) 145 G6
Saint-Bauld (37) 95 E2
Saint-Baussant (54) 48 A3
Saint-Bauzeil (09) 183 G4
Saint-Bauzély (30) 171 H2
Saint-Bauzile (07) 158 A1
Saint-Bauzile (48) 156 A3
Saint-Bauzille-de-la-Sylve (34) 170 D5
Saint-Bauzille-de-Montmel (34) 171 F4
Saint-Bauzille-de-Putois (34) 171 E3
Saint-Bazile (87) 123 G3
Saint-Bazile-de-la-Roche (19) 139 F3
Saint-Bazile-de-Meyssac (19) 139 E4
Saint-Béat (31) 182 B6
Saint-Beaulize (12) 170 A3
Saint-Beauzeil (82) 151 G4
Saint-Beauzély (12) 155 E6
Saint-Beauzile (81) 167 H2
Saint-Beauzire (43) 141 G2
Saint-Beauzire (63) 127 F2
Saint-Bénézet (30) 171 G2
Saint-Bénigne (01) 116 C2
Saint-Benin (59) 11 F4
Saint-Benin-d'Azy (58) 99 E3
Saint-Benin-des-Bois (58) 99 F2
Saint-Benoist-sur-Mer (85) 91 G6
Saint-Benoist-sur-Vanne (10) 65 G4
Saint-Benoît (01) 131 F3
Saint-Benoît (04) 176 A3
Saint-Benoît (11) 184 C5
Saint-Benoît (86) 109 E1
Saint-Benoît-de-Carmaux (81) 168 B1
Saint-Benoît-des-Ombres (27) 17 H4
Saint-Benoît-des-Ondes (35) 35 E4
Saint-Benoît-d'Hébertot (14) 17 F3
Saint-Benoît-du-Sault (36) 110 D3
Saint-Benoit-en-Diois (26) 159 E1
Saint-Benoît-la-Chipotte (88) 70 B2
Saint-Benoît-la-Forêt (37) 94 B1
Saint-Benoît-sur-Loire (45) 81 G2
Saint-Benoît-sur-Seine (10) 66 A2
Saint-Bérain (43) 142 A4
Saint-Berain-sous-Sanvignes (71) 100 C6
Saint-Bérain-sur-Dheune (71) 101 E5
Saint-Bernard (01) 129 H1
Saint-Bernard (21) 101 H2
Saint-Bernard (38) 145 H1
Saint-Bernard (68) 89 E2
Saint-Béron (73) 131 G5
Saint-Berthevin (53) 58 C5
Saint-Berthevin-la-Tannière (53) 58 B2
Saint-Bertrand-de-Comminges (31) 182 A5
Saint-Biez-en-Belin (72) 78 B1
Saint-Bihy (22) 33 F5
Saint-Blaise (06) 177 E4
Saint-Blaise (74) 118 B5
Saint-Blaise-du-Buis (38) 131 F6
Saint-Blaise-la-Roche (67) 71 E1
Saint-Blancard (32) 182 A2
Saint-Blimont (80) 8 C4
Saint-Blin (52) 68 B3
Saint-Boès (64) 163 F6
Saint-Bohaire (41) 79 H3
Saint-Boil (71) 101 F6
Saint-Boingt (54) 69 H1
Saint-Bois (01) 131 F3
Saint-Bomer (28) 61 E4
Saint-Bômer-les-Forges (61) 38 B5
Saint-Bon (51) 44 C5
Saint-Bon-Tarentaise (73) 133 E5
Saint-Bonnet (16) 122 A5
Saint-Bonnet-Avalouze (19) 139 E2
Saint-Bonnet-Briance (87) 124 C3
Saint-Bonnet-de-Bellac (87) 110 A5
Saint-Bonnet-de-Chavagne (38) 144 D3
Saint-Bonnet-de-Chirac (48) 155 G3
Saint-Bonnet-de-Condat (15) 140 D2
Saint-Bonnet-de-Cray (71) 115 F5
Saint-Bonnet-de-Four (03) 113 F4
Saint-Bonnet-de-Joux (71) 115 G2
Saint-Bonnet-de-Montauroux (48) 142 B6
Saint-Bonnet-de-Mure (69) 130 B3
Saint-Bonnet-de-Rochefort (03) 113 G5
Saint-Bonnet-de-Salendrinque (30) 171 F1
Saint-Bonnet-de-Salers (15) 140 B3
Saint-Bonnet-de-Valclérieux (26) 144 C2
Saint-Bonnet-de-Vieille-Vigne (71) 115 F2
Saint-Bonnet-des-Bruyères (69) 115 H4
Saint-Bonnet-des-Quarts (42) 114 D5
Saint-Bonnet-du-Gard (30) 172 B2
Saint-Bonnet-Elvert (19) 139 F3
Saint-Bonnet-en-Bresse (71) 102 A4
Saint-Bonnet-en-Champsaur (05) 160 B1
Saint-Bonnet-la-Rivière (19) 138 B1
Saint-Bonnet-le-Bourg (63) 128 A6
Saint-Bonnet-le-Chastel (63) 128 A6
Saint-Bonnet-le-Château (42) 128 D6
Saint-Bonnet-le-Courreau (42) 128 C4
Saint-Bonnet-le-Froid (43) 143 F3
Saint-Bonnet-le-Troncy (69) 115 G6
Saint-Bonnet-l'Enfantier (19) 138 C1
Saint-Bonnet-lès-Allier (63) 127 G3
Saint-Bonnet-les-Oules (42) 129 F5
Saint-Bonnet-les-Tours-de-Merle (19) 139 G4
Saint-Bonnet-près-Bort (19) 126 A5
Saint-Bonnet-près-Orcival (63) 126 D4
Saint-Bonnet-près-Riom (63) 127 F2
Saint-Bonnet-sur-Gironde (17) 121 E6
Saint-Bonnet-Tronçais (03) 112 D1
Saint-Bonnot (58) 99 E1
Saint-Bouize (18) 98 B1
Saint-Brancher (89) 84 A5
Saint-Branchs (37) 95 E1
Saint-Brandan (22) 33 F5
Saint-Brès (30) 157 F5
Saint-Brès (32) 166 A4
Saint-Brès (34) 171 G5
Saint-Bresson (30) 170 D2
Saint-Bresson (70) 70 A6
Saint-Bressou (46) 153 G1
Saint-Brevin-les-Pins (44) 73 G4
Saint-Brévin l'Océan 73 G5
Saint-Briac-sur-Mer (35) 34 C3
Saint-Brice (16) 121 G3
Saint-Brice (33) 150 A1
Saint-Brice (50) 35 H3
Saint-Brice (53) 77 E1
Saint-Brice (61) 38 B6
Saint-Brice (77) 44 B6
Saint-Brice-Courcelles (51) 23 E6
Saint-Brice-de-Landelles (50) 37 F6
Saint-Brice-en-Coglès (35) 35 H6
Saint-Brice-sous-Forêt (95) 42 D2
Saint-Brice-sous-Rânes (61) 38 D5
Saint-Brice-sur-Vienne (87) 123 H2
Saint-Brieuc (22) 33 G4
Saint-Brieuc-de-Mauron (56) 56 B2
Saint-Brieuc-des-Iffs (35) 57 E1
Saint-Bris-des-Bois (17) 121 F3
Saint-Bris-le-Vineux (89) 83 G2
Saint-Brisson (58) 100 B1
Saint-Brisson-sur-Loire (45) 82 A3
Saint-Broing (70) 86 D5
Saint-Broing-les-Moines (21) 85 G2
Saint-Broingt-le-Bois (52) 86 B2
Saint-Broingt-les-Fosses (52) 86 A2
Saint-Broladre (35) 35 F4
Saint-Bueil (38) 131 G5
Saint-Cado 54 D6
Saint-Calais (72) 61 E6
Saint-Calais-du-Désert (53) 59 G1
Saint-Calez-en-Saosnois (72) 60 B3
Saint-Cannat (13) 173 G5
Saint-Caprais (03) 112 D2
Saint-Caprais (18) 97 F4
Saint-Caprais (32) 166 A5
Saint-Caprais (46) 152 A2
Saint-Caprais-de-Blaye (33) 135 F1
Saint-Caprais-de-Bordeaux (33) 135 F6
Saint-Caprais-de-Lerm (47) 151 F5
Saint-Capraise-de-Lalinde (24) 137 E5
Saint-Capraise-d'Eymet (24) 151 E1
Saint-Caradec (22) 55 F1
Saint-Caradec-Trégomel (56) 54 C3
Saint-Carné (22) 34 C5
Saint-Carreuc (22) 33 G5
Saint-Cassien 193 F1
Saint-Cassien (24) 151 G1
Saint-Cassien (38) 131 F6
Saint-Cassin (73) 131 H5
Saint-Cast-le-Guildo (22) 34 B3
Saint-Castin (64) 180 C1
Saint-Célerin (72) 60 C4
Saint-Céneré (53) 58 D4
Saint-Céneri-le-Gérei (61) 59 H2
Saint-Céols (18) 98 A1
Saint-Céré (46) 139 F5
Saint-Cergues (74) 118 D4
Saint-Cernin (15) 140 A4
Saint-Cernin (46) 152 D2
Saint-Cernin-de-Labarde (24) 137 E6
Saint-Cernin-de-Larche (19) 138 C3
Saint-Cernin-de-l'Herm (24) 151 H2
Saint-Césaire (17) 121 F3
Saint-Césaire-de-Gauzignan (30) 171 H1
Saint-Cézaire-sur-Siagne (06) 176 B6
Saint-Cézert (31) 166 D4
Saint-Chabrais (23) 112 A5
Saint-Chaffrey (05) 147 E4
Saint-Chamant (15) 140 A3
Saint-Chamant (19) 139 F3
Saint-Chamarand (46) 152 C1
Saint-Chamas (13) 173 F6
Saint-Chamassy (24) 137 G5
Saint-Chamond (42) 129 G5
Saint-Champ (01) 131 G2
Saint-Chaptes (30) 172 A2
Saint-Charles-de-Percy (14) 38 A3
Saint-Charles-la-Forêt (53) 59 E6
Saint-Chartier (36) 111 G1
Saint-Chef (38) 131 E4
Saint-Chels (46) 153 F3
Saint-Chély-d'Apcher (48) 141 G6
Saint-Chély-d'Aubrac (12) 155 E2
Saint-Chély-du-Tarn 155 H4
Saint-Chéron (51) 46 B6
Saint-Chéron (91) 63 E1
Saint-Chinian (34) 186 C1
Saint-Christ-Briost (80) 10 C6
Saint-Christau 180 A4
Saint-Christaud (31) 182 D3
Saint-Christaud (32) 165 E6
Saint-Christo-en-Jarez (42) 129 G5
Saint-Christol (07) 143 G5
Saint-Christol (34) 171 G4
Saint-Christol (84) 174 A1
Saint-Christol-de-Rodières (30) 157 H5
Saint-Christol-lès-Alès (30) 171 G1
Saint-Christoly-de-Blaye (33) 135 F3
Saint-Christoly-Médoc (33) 120 D6
Saint-Christophe 117 G1
Saint-Christophe (03) 114 B5
Saint-Christophe (16) 123 G1
Saint-Christophe (17) 107 E5
Saint-Christophe (23) 111 G6
Saint-Christophe (28) 62 A5
Saint-Christophe (69) 115 H4
Saint-Christophe (73) 131 G5
Saint-Christophe (81) 153 G6
Saint-Christophe (86) 94 B4
Saint-Christophe-à-Berry (02) 21 H4
Saint-Christophe-d'Allier (43) 142 B5
Saint-Christophe-de-Chaulieu (61) 37 H4
Saint-Christophe-de-Double (33) 136 A3
Saint-Christophe-de-Valains (35) 35 G6
Saint-Christophe-des-Bardes (33) 135 H5
Saint-Christophe-des-Bois (35) 57 H2
Saint-Christophe-Dodinicourt (10) 66 D2
Saint-Christophe-du-Bois (49) 92 B3
Saint-Christophe-du-Foc (50) 14 B3
Saint-Christophe-du-Jambet (72) 59 H3
Saint-Christophe-du-Ligneron (85) 91 E3
Saint-Christophe-du-Luat (53) 59 E4
Saint-Christophe-en-Bazelle (36) 96 C2
Saint-Christophe-en-Boucherie (36) 97 E6
Saint-Christophe-en-Bresse (71) 101 H5
Saint-Christophe-en-Brionnais (71) 115 F4
Saint-Christophe-en-Champagne (72) 59 G6
Saint-Christophe-en-Oisans (38) 146 B4
Saint-Christophe-et-le-Laris (26) 144 C2
Saint-Christophe-la-Couperie (49) 75 F5
Saint-Christophe-le-Chaudry (18) 112 B1
Saint-Christophe-le-Jajolet (61) 39 E5
Saint-Christophe-sur-Avre (27) 40 C5
Saint-Christophe-sur-Condé (27) 17 H3
Saint-Christophe-sur-Dolaison (43) 142 C4
Saint-Christophe-sur-Guiers (38) 131 G5
Saint-Christophe-sur-le-Nais (37) 78 C3
Saint-Christophe-sur-Roc (79) 108 A2
Saint-Christophe-Vallon (12) 154 B3
Saint-Cibard (33) 136 A5
Saint-Cierge-la-Serre (07) 143 H6
Saint-Cierge-sous-le-Cheylard (07) 143 G5
Saint-Ciergues (52) 86 A1
Saint-Ciers-Champagne (17) 121 G6
Saint-Ciers-d'Abzac (33) 135 G4
Saint-Ciers-de-Canesse (33) 135 E3
Saint-Ciers-du-Taillon (17) 121 E6
Saint-Ciers-sur-Bonnieure (16) 122 C2
Saint-Ciers-sur-Gironde (33) 135 E1
Saint-Cirgue (81) 168 D2
Saint-Cirgues (43) 141 H3
Saint-Cirgues (46) 153 H1
Saint-Cirgues-de-Jordanne (15) 140 B4
Saint-Cirgues-de-Malbert (15) 140 A4
Saint-Cirgues-de-Prades (07) 157 F2
Saint-Cirgues-en-Montagne (07) 142 D6
Saint-Cirgues-la-Loutre (19) 139 G3
Saint-Cirgues-sur-Couze (63) 127 F5
Saint-Cirice (82) 166 B1
Saint-Cirq (24) 137 H5
Saint-Cirq (82) 152 D6
Saint-Cirq-Lapopie (46) 153 E3
Saint-Cirq-Madelon (46) 138 B6
Saint-Cirq-Souillaguet (46) 152 C1
Saint-Civran (36) 110 D2
Saint-Clair 192 B5
Saint-Clair (07) 143 H1
Saint-Clair (46) 152 C1
Saint-Clair (82) 151 H6
Saint-Clair (86) 93 H4
Saint-Clair-d'Arcey (27) 40 B2
Saint-Clair-de-Halouze (61) 38 B5
Saint-Clair-de-la-Tour (38) 131 E4
Saint-Clair-du-Rhône (38) 130 A6
Saint-Clair-sur-Epte (95) 19 G6
Saint-Clair-sur-Galaure (38) 144 C2
Saint-Clair-sur-l'Elle (50) 15 F6
Saint-Clair-sur-les-Monts (76) 7 E5
Saint-Clar (32) 166 A3
Saint-Clar-de-Rivière (31) 183 E1
Saint-Claud (16) 123 E2
Saint-Claude (39) 118 A3
Saint-Claude-de-Diray (41) 80 A3
Saint-Clément (02) 23 E1
Saint-Clément (03) 114 C6
Saint-Clément (07) 143 E4
Saint-Clément (15) 140 C4
Saint-Clément (19) 138 D1
Saint-Clément (30) 171 G3
Saint-Clément (54) 49 F6
Saint-Clément (89) 65 E4
Saint-Clément-à-Arnes (08) 23 H5
Saint-Clément-de-la-Place (49) 76 C4
Saint-Clément-de-Régnat (63) 127 G1
Saint-Clément-de-Rivière (34) 171 F5
Saint-Clément-de-Valorgue (63) 128 C5
Saint-Clément-de-Vers (69) 115 G4
Saint-Clément-des-Baleines (17) 106 A4
Saint-Clément-des-Levées (49) 77 G6
Saint-Clément-les-Places (69) 129 F3
Saint-Clément-Rancoudray (50) 37 H5
Saint-Clément-sur-Durance (05) 161 E1
Saint-Clément-sur-Guye (71) 115 H1
Saint-Clément-sur-Valsonne (69) 129 F1
Saint-Clémentin (79) 93 E3
Saint-Clet (22) 33 E3
Saint-Cloud (92) 42 C4
Saint-Cloud-en-Dunois (28) 62 A5
Saint-Colomb-de-Lauzun (47) 151 E2
Saint-Colomban 72 B1
Saint-Colomban (44) 91 F1
Saint-Colomban-des-Villards (73) 146 B1
Saint-Côme 53 E1
Saint-Côme (33) 149 H3
Saint-Côme-de-Fresné (14) 16 A3
Saint-Côme-d'Olt (12) 154 D3
Saint-Côme-du-Mont (50) 15 E5
Saint-Côme-et-Maruéjols (30) 171 H3
Saint-Congard (56) 56 B5
Saint-Connan (22) 33 E5
Saint-Connec (22) 55 F1
Saint-Constant (15) 153 H1
Saint-Contest (14) 16 B4
Saint-Corneille (72) 60 B5
Saint-Cornier-des-Landes (61) 38 A5
Saint-Cosme (68) 89 E2
Saint-Cosme-en-Vairais (72) 60 C3
Saint-Couat-d'Aude (11) 185 G3
Saint-Couat-du-Razès (11) 184 C5
Saint-Coulitz (29) 53 G1
Saint-Coulomb (35) 35 E3
Saint-Coutant (16) 122 D1
Saint-Coutant (79) 108 C4
Saint-Coutant-le-Grand (17) 120 D1
Saint-Créac (32) 166 A2
Saint-Créac (65) 181 E4
Saint-Crépin 169 E4
Saint-Crépin (05) 147 E6
Saint-Crépin (17) 107 F6
Saint-Crépin-aux-Bois (60) 21 G4
Saint-Crépin-d'Auberoche (24) 137 G3
Saint-Crépin-de-Richemont (24) 123 E6
Saint-Crépin-et-Carlucet (24) 138 B4
Saint-Crépin-Ibouvillers (60) 20 A6
Saint-Crespin (76) 7 G3
Saint-Crespin-sur-Moine (49) 75 F6
Saint-Cricq (32) 166 B4
Saint-Cricq-Chalosse (40) 163 G5
Saint-Cricq-du-Gave (40) 163 E5

Saint-Cricq-Villeneuve (40) 164 A2
Saint-Cybardeaux (16) 122 A3
Saint-Cybranet (24) 138 A6
Saint-Cydroine 65 F6
Saint-Cyprien (19) 138 B2
Saint-Cyprien (24) 137 H5
Saint-Cyprien (42) 129 E5
Saint-Cyprien (46) 152 B5
Saint-Cyprien (66) 201 E3
Saint-Cyprien-Plage 201 E3
Saint-Cyprien-sur-Dourdou (12) 154 B3
Saint-Cyr (07) 143 H2
Saint-Cyr (50) 14 D3
Saint-Cyr (71) 101 G6
Saint-Cyr (86) 94 C6
Saint-Cyr (87) 123 H3
Saint-Cyr-au-Mont-d'Or (69) 130 A2
Saint-Cyr-de-Favières (42) 128 D1
Saint-Cyr-de-Salerne (27) 40 B1
Saint-Cyr-de-Valorges (42) 129 E2
Saint-Cyr-des-Gâts (85) 107 E1
Saint-Cyr-du-Bailleul (50) 38 A6
Saint-Cyr-du-Doret (17) 107 E4
Saint-Cyr-du-Gault (41) 79 F3
Saint-Cyr-du-Ronceray (14) 17 F6
Saint-Cyr-en-Arthies (95) 41 H2
Saint-Cyr-en-Bourg (49) 93 G1
Saint-Cyr-en-Pail (53) 59 G2
Saint-Cyr-en-Talmondais (85) 91 G6
Saint-Cyr-en-Val (45) 80 D2
Saint-Cyr-la-Campagne (27) 18 C6
Saint-Cyr-la-Lande (79) 93 G3
Saint-Cyr-la-Rivière (91) 63 F3
Saint-Cyr-la-Roche (19) 138 C2
Saint-Cyr-la-Rosière (61) 60 D3
Saint-Cyr-le-Chatoux (69) 115 H6
Saint-Cyr-le-Gravelais (53) 58 B5
Saint-Cyr-l'École (78) 42 B4
Saint-Cyr-les-Champagnes (24) 138 B1
Saint-Cyr-les-Colons (89) 83 G2
Saint-Cyr-les-Vignes (42) 129 F4
Saint-Cyr-Montmalin (39) 102 D3
Saint-Cyr-sous-Dourdan (91) 42 B6
Saint-Cyr-sur-le-Rhône (69) 130 A5
Saint-Cyr-sur-Loire (37) 78 D5
Saint-Cyr-sur-Menthon (01) 116 C4
Saint-Cyr-sur-Mer (83) 191 F5
Saint-Cyr-sur-Morin (77) 44 A3
Saint-Cyran-du-Jambot (36) 95 G3
Saint-Cyr sur Chars 42 B1
Saint-Dalmas 176 D2
Saint-Dalmas-de-Tende 177 G2
Saint-Dalmas-le-Selvage (06) 161 G4
Saint-Dalmazy 155 F5
Saint-Daunès (46) 152 B4
Saint-Dégan 55 E6
Saint-Denis (11) 184 D2
Saint-Denis (30) 157 F5
Saint-Denis (89) 65 E4
Saint-Denis (93) 42 D3
Saint-Denis-Catus (46) 152 C2
Saint-Denis-Combarnazat (63) 127 G1
Saint-Denis-d'Aclon (76) 7 F2
Saint-Denis-d'Anjou (53) 77 E2
Saint-Denis-d'Augerons (27) 39 H3
Saint-Denis-d'Authou (28) 61 F3
Saint-Denis-de-Cabanne (42) 115 F5
Saint-Denis-de-Gastines (53) 58 C2
Saint-Denis-de-Jouhet (36) 111 G2
Saint-Denis-de-l'Hôtel (45) 81 E1
Saint-Denis-de-Mailloc (14) 17 F5
Saint-Denis-de-Méré (14) 38 B3
Saint-Denis-de-Palin (18) 97 H4
Saint-Denis-de-Pile (33) 135 H4
Saint-Denis-de-Vaux (71) 101 F5
Saint-Denis-de-Villenette (61) 59 E1
Saint-Denis-des-Coudrais (72) 60 C4
Saint-Denis-des-Monts (27) 18 B6
Saint-Denis-des-Murs (87) 124 D3
Saint-Denis-des-Puits (28) 61 G2
Saint-Denis-d'Oléron (17) 106 B6
Saint-Denis-d'Orques (72) 59 F5
Saint-Denis-du-Béhélan (27) 40 C3
Saint-Denis-du-Maine (53) 59 E6
Saint-Denis-du-Payré (85) 106 C2
Saint-Denis-du-Pin (17) 121 F1
Saint-Denis-en-Bugey (01) 130 D1
Saint-Denis-en-Margeride (48) 156 A1
Saint-Denis-en-Val (45) 80 D1
Saint-Denis-la-Chevasse (85) 91 G3
Saint-Denis-le-Ferment (27) 19 G5
Saint-Denis-le-Gast (50) 35 H1
Saint-Denis-le-Thiboult (76) 19 E4
Saint-Denis-le-Vêtu (50) 37 E2
Saint-Denis-lès-Bourg (01) 116 D4
Saint-Denis-lès-Martel (46) 138 D5
Saint-Denis-les-Ponts (28) 61 H5
Saint-Denis-lès-Rebais (77) 44 A4
Saint-Denis-Maisoncelles (14) 37 H2
Saint-Denis-sur-Coise (42) 129 F4
Saint-Denis-sur-Huisne (61) 60 D1
Saint-Denis-sur-Loire (41) 80 A3
Saint-Denis-sur-Ouanne (89) 82 D2
Saint-Denis-sur-Sarthon (61) 59 H1
Saint-Denis-sur-Scie (76) 7 G4
Saint-Deniscourt (60) 19 H3
Saint-Denœux (62) 1 G6
Saint-Denoual (22) 34 B4
Saint-Derrien (29) 31 F3
Saint-Désert (71) 101 F5
Saint-Désir (14) 17 F5
Saint-Désirat (07) 144 A2
Saint-Désiré (03) 112 C2
Saint-Dézéry (30) 172 A2
Saint-Didier (21) 84 C6
Saint-Didier (35) 57 G3
Saint-Didier (39) 102 C6
Saint-Didier (58) 83 G6
Saint-Didier (84) 173 F1
Saint-Didier-au-Mont-d'Or (69) 130 A2
Saint-Didier-d'Allier (43) 142 B4
Saint-Didier-d'Aussiat (01) 116 D4
Saint-Didier-de-Bizonnes (38) 130 D5
Saint-Didier-de-Formans (01) 130 A1
Saint-Didier-de-la-Tour (38) 131 E4
Saint-Didier-des-Bois (27) 18 C6
Saint-Didier-en-Bresse (71) 101 H4
Saint-Didier-en-Brionnais (71) 115 E3
Saint-Didier-en-Donjon (03) 114 D3
Saint-Didier-en-Velay (43) 143 E1
Saint-Didier-la-Forêt (03) 113 H5
Saint-Didier-sous-Aubenas (07) 157 G2
Saint-Didier-sous-Écouves (61) 59 H1
Saint-Didier-sous-Riverie (69) 129 G4
Saint-Didier-sur-Arroux (71) 100 B5
Saint-Didier-sur-Beaujeu (69) 115 H5
Saint-Didier-sur-Chalaronne (01) 116 B5
Saint-Didier-sur-Doulon (43) 142 A1
Saint-Didier-sur-Rochefort (42) 128 C3
Saint-Dié-des-Vosges (88) 70 D2
Saint-Dier-d'Auvergne (63) 127 H4
Saint-Diéry (63) 127 E5
Saint-Dionizy (30) 171 H3
Saint-Disdier (05) 145 H6
Saint-Divy (29) 31 E4
Saint-Dizant-du-Bois (17) 121 F6
Saint-Dizant-du-Gua (17) 121 E6
Saint-Dizier (52) 46 D5
Saint-Dizier-en-Diois (26) 159 F2
Saint-Dizier-la-Tour (23) 112 A5
Saint-Dizier-les-Domaines (23) 111 H4
Saint-Dizier-l'Évêque (90) 88 D4
Saint-Dizier-Leyrenne (23) 111 F6
Saint-Dolay (56) 73 H2
Saint-Domet (23) 112 B6
Saint-Domineuc (35) 35 E6
Saint-Donan (22) 33 F5
Saint-Donat (63) 126 C6
Saint-Donat-sur-l'Herbasse (26) 144 B3
Saint-Dos (64) 163 E6
Saint-Doulchard (18) 97 G2
Saint-Drézéry (34) 171 G4
Saint-Dyé-sur-Loire (41) 80 B3
Saint-Ebremond-de-Bonfossé (50) 37 F1
Saint-Edmond (71) 115 F5
Saint-Efflam 32 B2
Saint-Égrève (38) 145 G2
Saint-Elier (27) 40 D3
Saint-Éliph (28) 61 G2
Saint-Élix (32) 166 A6
Saint-Élix-le-Château (31) 183 E2
Saint-Élix-Séglan (31) 182 C3
Saint-Élix-Theux (32) 181 H1
Saint-Ellier-du-Maine (53) 58 B2
Saint-Ellier-les-Bois (61) 59 H1
Saint-Éloi 33 E6
Saint-Éloi (01) 130 C1
Saint-Éloi (23) 111 G6
Saint-Éloi (58) 98 D3
Saint-Éloi-de-Fourques (27) 18 B6
Saint-Élophe 68 D2
Saint-Eloy (29) 31 G5
Saint-Éloy-d'Allier (03) 112 B2
Saint-Éloy-de-Gy (18) 97 G2
Saint-Éloy-la-Glacière (63) 128 A5
Saint-Éloy-les-Mines (63) 113 E5
Saint-Éloy-les-Tuileries (19) 124 B6
Saint-Éman (28) 61 H3
Saint-Émiland (71) 101 E4
Saint-Émilion (33) 135 H5
Saint-Ennemond (03) 99 F6
Saint-Épain (37) 94 C2
Saint-Epvre (57) 49 E2
Saint-Erblon (35) 57 F3
Saint-Erblon (53) 76 A1
Saint-Erme-Outre-et-Ramecourt (02) 22 D3
Saint-Escobille (91) 62 D2
Saint-Esprit des Bois 34 B5
Saint-Esteben (64) 179 E2
Saint-Estèphe 122 B4
Saint-Estèphe (24) 123 F4
Saint-Estèphe (33) 134 D1
Saint-Estève (66) 200 D2
Saint-Estève-Janson (13) 173 H4
Saint-Étienne 46 A6
Saint-Étienne 56 C4
Saint-Étienne (42) 129 F6
Saint-Étienne-à-Arnes (08) 23 H5
Saint-Étienne-au-Mont (62) 1 F4
Saint-Étienne-au-Temple (51) 46 A2
Saint-Étienne-aux-Clos (19) 126 B5
Saint-Étienne-Cantalès (15) 139 H5
Saint-Étienne-d'Albagnan (34) 169 G6
Saint-Étienne-de-Baïgorry (64) 178 D3
Saint-Étienne-de-Boulogne (07) 157 G1
Saint-Étienne-de-Brillouet (85) 106 D1
Saint-Étienne-de-Carlat (15) 140 B5
Saint-Étienne-de-Chigny (37) 78 C6
Saint-Étienne-de-Chomeil (15) 140 C1
Saint-Étienne-de-Crossey (38) 131 F6
Saint-Étienne-de-Cuines (73) 132 C6
Saint-Étienne-de-Fontbellon (07) 157 G2
Saint-Étienne-de-Fougères (47) 151 E4
Saint-Étienne-de-Fursac (23) 111 E5
Saint-Étienne-de-Gourgas (34) 170 C4
Saint-Étienne-de-Lisse (33) 136 A5
Saint-Étienne-de-l'Olm (30) 171 H1
Saint-Étienne-de-Lugdarès (07) 156 D2
Saint-Étienne-de-Maurs (15) 153 H1
Saint-Étienne-de-Mer-Morte (44) 91 E2
Saint-Étienne-de-Montluc (44) 74 B4
Saint-Étienne-de-Puycorbier (24) 136 C3
Saint-Étienne-de-Saint-Geoirs (38) 145 E1
Saint-Étienne-de-Serre (07) 143 G6
Saint-Étienne-de-Tinée (06) 161 H4
Saint-Étienne-de-Tulmont (82) 167 F1
Saint-Étienne-de-Valoux (07) 144 A2
Saint-Étienne-de-Vicq (03) 114 B5
Saint-Étienne-de-Villeréal (47) 151 G2
Saint-Étienne-des-Champs (63) 126 B2
Saint-Étienn-des-Guérets (41) 79 G4
Saint-Étienne-des-Oullières (69) 116 A6
Saint-Étienne-des-Sorts (30) 158 A6
Saint-Étienne-d'Orthe (40) 162 D5
Saint-Étienne-du-Bois (01) 117 E4
Saint-Étienne-du-Bois (85) 91 F3
Saint-Étienne-du-Grès (13) 172 D4
Saint-Étienne-du-Gué-de-l'Isle (22) 55 H2
Saint-Étienne-du-Rouvray (76) 18 C5
Saint-Étienne-du-Valdonnez (48) 156 A3
Saint-Étienne-du-Vauvray (27) 18 D6
Saint-Étienne-du-Vigan (43) 142 C6
Saint-Étienne-en-Bresse (71) 101 H6
Saint-Étienne-en-Coglès (35) 35 H6
Saint-Étienne-en-Dévoluy (05) 160 A1
Saint-Étienne-Estréchoux (34) 170 A5
Saint-Étienne-la-Cigogne (79) 107 G5
Saint-Étienne-la-Geneste (19) 126 A6
Saint-Étienne-la-Thillaye (14) 17 E3
Saint-Étienne-la-Varenne (69) 116 A6
Saint-Étienne-l'Allier (27) 17 H4
Saint-Étienne-Lardeyrol (43) 142 D3
Saint-Étienne-le-Laus (05) 160 C2
Saint-Étienne-le-Molard (42) 128 D3
Saint-Étienne-les-Orgues (04) 174 C1
Saint-Étienne-lès-Remiremont (88) 70 B5
Saint-Étienne-Roilaye (60) 21 G5
Saint-Étienne-sous-Bailleul (27) 41 F1
Saint-Étienne-sous-Barbuise (10) 66 B1
Saint-Étienne-sur-Blesle (43) 141 F1
Saint-Étienne-sur-Chalaronne (01) 116 B5
Saint-Étienne-sur-Reyssouze (01) 116 C3
Saint-Étienne-sur-Suippe (51) 23 F5
Saint-Étienne-sur-Usson (63) 127 H5
Saint-Étienne-Vallée-Française (48) 156 C6
Saint-Étienne de Viauresque 155 E5
Saint-Eugène (02) 44 C2
Saint-Eugène (17) 121 G5
Saint-Eugène (71) 100 C6
Saint-Eulien (51) 46 D5
Saint-Euphraise-et-Clairizet (51) 22 D6
Saint-Euphrône (21) 84 D5
Saint-Eusèbe (71) 100 D6
Saint-Eusèbe (74) 131 H1
Saint-Eusèbe-en-Champsaur (05) 146 A6
Saint-Eustache (74) 132 B2
Saint-Eustache-la-Forêt (76) 6 C5
Saint-Eutrope (16) 122 B6
Saint-Eutrope-de-Born (47) 151 F2
Saint-Évarzec (29) 53 G3
Saint-Evroult-de-Montfort (61) 39 G4
Saint-Evroult-Notre-Dame-du-Bois (61) 39 H4
Saint-Exupéry (33) 150 A2
Saint-Exupéry-les-Roches (19) 126 A5
Saint-Fargeau (89) 82 C3
Saint-Fargeau-Ponthierry (77) 63 H1
Saint-Fargeol (03) 112 D5
Saint-Faust (64) 180 B2
Saint-Félicien (07) 143 H3
Saint-Féliu-d'Amont (66) 199 H3
Saint-Féliu-d'Avall (66) 199 H3
Saint-Félix 150 A1
Saint-Félix (03) 114 A4
Saint-Félix (16) 122 B6
Saint-Félix (17) 107 G5
Saint-Félix (46) 153 H2
Saint-Félix (60) 20 C5
Saint-Félix (74) 131 H2
Saint-Félix-de-Bourdeilles (24) 123 E6
Saint-Félix-de-Foncaude (33) 150 A1
Saint-Félix-de-l'Héras (34) 170 B3
Saint-Félix-de-Lodez (34) 170 C5
Saint-Félix-de-Lunel (12) 154 C2
Saint-Félix-de-Pallières (30) 171 F1
Saint-Félix-de-Reillac-et-Mortemart (24) 137 G4
Saint-Félix-de-Rieutord (09) 183 H5
Saint-Félix-de-Sorgues (12) 169 H3
Saint-Félix-de-Tournegat (09) 184 A4
Saint-Félix-de-Villadeix (24) 137 F5
Saint-Félix-Lauragais (31) 184 B1
Saint-Fergeux (08) 23 F3
Saint-Ferjeux (70) 88 A3
Saint-Ferme (33) 150 B1
Saint-Ferréol 184 C1
Saint-Ferréol (74) 132 C2
Saint-Ferréol-d'Auroure (43) 143 E1
Saint-Ferréol-de-Comminges (31) 182 B2
Saint-Ferréol-des-Côtes (63) 128 B5
Saint-Ferréol-Trente-Pas (26) 158 D3
Saint-Ferriol (11) 184 D6
Saint-Fiacre 54 B3
Saint-Fiacre 55 G3
Saint-Fiacre (22) 33 E5
Saint-Fiacre (77) 43 H3
Saint-Fiacre-sur-Maine (44) 74 D6
Saint-Fiel (23) 111 G5
Saint-Firmin 43 E1
Saint-Firmin (05) 146 A6
Saint-Firmin (54) 69 F1
Saint-Firmin (58) 99 E3
Saint-Firmin (71) 100 D5
Saint-Firmin-des-Bois (45) 64 B6
Saint-Firmin-des-Prés (41) 79 G1
Saint-Firmin-sur-Loire (45) 82 A3
Saint-Flavy (10) 65 H2
Saint-Florent 93 G1
Saint-Florent (2B) 203 F4
Saint-Florent (45) 81 H3
Saint-Florent-des-Bois (85) 91 G5
Saint-Florent-le-Vieil (49) 75 G4
Saint-Florent-sur-Auzonnet (30) 157 E5
Saint-Florent-sur-Cher (18) 97 F3
Saint-Florentin (36) 96 C3
Saint-Florentin (89) 65 G6
Saint-Floret (63) 127 F5
Saint-Floris (62) 2 C5
Saint-Flour (15) 141 F4
Saint-Flour (63) 127 H3
Saint-Flour-de-Mercoire (48) 156 C1
Saint-Flovier (37) 95 F4
Saint-Floxel (50) 14 D3
Saint-Folquin (62) 2 A2
Saint-Fons (69) 130 A3
Saint-Forgeot (71) 100 C3
Saint-Forget (78) 42 B5
Saint-Forgeux (69) 129 G2
Saint-Forgeux-Lespinasse (42) 114 D5
Saint-Fort (53) 76 D1
Saint-Fort-sur-Gironde (17) 121 E5
Saint-Fort-sur-le-Né (16) 121 G4
Saint-Fortunat-sur-Eyrieux (07) 143 H5
Saint-Fraigne (16) 122 B1
Saint-Fraimbault (61) 58 D1
Saint-Fraimbault-de-Prières (53) 59 E2
Saint-Fraimbault de Lassay 59 E1
Saint-Frajou (31) 182 C2
Saint-Franc (73) 131 G5
Saint-Franchy (58) 99 F2
Saint-François-de-Sales (73) 132 A3
Saint-François-Lacroix (57) 26 D3
Saint-François-Longchamp (73) 132 C6
Saint-Frégant (29) 31 E3
Saint-Fréjoux (19) 126 A5
Saint-Frézal-d'Albuges (48) 156 C2
Saint-Frézal-de-Ventalon (48) 156 C5
Saint-Frichoux (11) 185 F3
Saint-Frion (23) 125 H2
Saint-Fromond (50) 15 F6
Saint-Front (16) 122 C2
Saint-Front (43) 143 E4
Saint-Front-d'Alemps (24) 137 F1
Saint-Front-de-Pradoux (24) 136 D4
Saint-Front-la-Rivière (24) 123 F6
Saint-Front-sur-Lémance (47) 151 H2
Saint-Front-sur-Nizonne (24) 123 E5
Saint-Froult (17) 120 C1
Saint-Fulgent (85) 91 H3
Saint-Fulgent-des-Ormes (61) 60 C3
Saint-Fuscien (80) 9 G6
Saint-Gabriel 172 C4
Saint-Gabriel-Brécy (14) 16 A3
Saint-Gal (48) 155 H1
Saint-Gal-sur-Sioule (63) 113 F6
Saint-Galmier (42) 129 F4
Saint-Gand (70) 87 E4
Saint-Ganton (35) 56 D6
Saint-Gatien-des-Bois (14) 17 F3
Saint-Gaudens (31) 182 B4
Saint-Gaudent (86) 109 E5
Saint-Gaudéric (11) 184 B4
Saint-Gaultier (36) 110 D1
Saint-Gauzens (81) 168 A4
Saint-Gein (40) 164 B3
Saint-Gelais (79) 107 H3
Saint-Gelven (22) 55 E1
Saint-Gély-du-Fesc (34) 171 E4
Saint-Génard (79) 108 B5
Saint-Gence (87) 124 A2
Saint-Généroux (79) 93 G4
Saint-Genès-Champanelle (63) 127 E3
Saint-Genès-Champespe (63) 126 C6
Saint-Genès-de-Blaye (33) 135 E2
Saint-Genès-de-Castillon (33) 136 A5
Saint-Genès-de-Fronsac (33) 135 G4
Saint-Genès-de-Lombaud (33) 135 G6
Saint-Genès-du-Retz (63) 113 G6
Saint-Genès-la-Tourette (63) 127 H5
Saint-Genest (03) 112 D4
Saint-Genest (88) 70 A2
Saint-Genest-d'Ambière (86) 94 B5
Saint-Genest-de-Beauzon (07) 157 E3
Saint-Genest-de-Contest (81) 168 B4
Saint-Genest-Lachamp (07) 143 F5
Saint-Genest-Lerpt (42) 129 F6
Saint-Genest-Malifaux (42) 143 F1
Saint-Genest-sur-Roselle (87) 124 C4
Saint-Geneys-près-Saint-Paulien (43) 142 C3
Saint-Gengoulph (02) 44 A1
Saint-Gengoux-de-Scissé (71) 116 B2
Saint-Gengoux-le-National (71) 116 A1
Saint-Geniès (24) 138 B4
Saint-Geniès-Bellevue (31) 167 F5
Saint-Geniès-de-Comolas (30) 172 D1
Saint-Geniès-de-Fontedit (34) 186 D1
Saint-Geniès-de-Malgoirès (30) 171 H2
Saint-Geniès-de-Varensal (34) 169 H5
Saint-Geniès-des-Mourgues (34) 171 G4
Saint-Geniez (04) 160 B5
Saint-Geniez-d'Olt (12) 155 E3
Saint-Geniez-ô-Merle (19) 139 G3
Saint-Genis (05) 159 H4
Saint-Genis-de-Saintonge (17) 121 F5
Saint-Génis-des-Fontaines (66) 200 D4
Saint-Genis-d'Hiersac (16) 122 B3
Saint-Genis-du-Bois (33) 149 H1
Saint-Genis-l'Argentière (69) 129 G3
Saint-Genis-Laval (69) 130 A3
Saint-Genis-les-Ollières (69) 129 H3
Saint-Genis-Pouilly (01) 118 B4
Saint-Genis-sur-Menthon (01) 116 C4
Saint-Genix-sur-Guiers (73) 131 F4
Saint-Genou (36) 95 H4
Saint-Genouph (37) 78 D5
Saint-Geoire-en-Valdaine (38) 131 F5
Saint-Geoirs (38) 145 E1
Saint-Georges 135 H5
Saint-Georges (15) 141 F4
Saint-Georges (16) 122 C1
Saint-Georges (32) 166 B4
Saint-Georges (47) 151 H3
Saint-Georges (57) 49 H5
Saint-Georges (62) 9 F2
Saint-Georges (82) 152 D5
Saint-Georges-Antignac (17) 121 F5
Saint-Georges-Armont (25) 88 B5
Saint-Georges-Blancaneix (24) 136 D5
Saint-Georges-Buttavent (53) 58 D3
Saint-Georges-d'Annebecq (61) 38 D5
Saint-Georges-d'Aunay (14) 38 B2
Saint-Georges-d'Aurac (43) 142 A3
Saint-Georges-de-Baroille (42) 128 D2
Saint-Georges-de-Bohon (50) 15 E5
Saint-Georges-de-Chesné (35) 57 H1
Saint-Georges-de-Commiers (38) 145 G3
Saint-Georges-de-Didonne (17) 120 C4
Saint-Georges-de-Gréhaigne (35) 35 G4
Saint-Georges-de-la-Couée (72) 78 D1
Saint-Georges-de-la-Rivière (50) 14 B4
Saint-Georges-de-Lévéjac (48) 155 G5
Saint-Georges-de-Livoye (50) 37 F4
Saint-Georges-de-Longuepierre (17) 107 H6
Saint-Georges-de-Luzençon (12) 169 H1
Saint-Georges-de-Mons (63) 126 D1
Saint-Georges-de-Montaigu (85) 91 G2
Saint-Georges-de-Montclard (24) 137 E5
Saint-Georges-de-Noisné (79) 108 A2
Saint-Georges-de-Pointindoux (85) 91 E4
Saint-Georges-de-Poisieux (18) 97 H6
Saint-Georges-de-Reintembault (35) 58 A1
Saint-Georges-de-Reneins (69) 116 B6
Saint-Georges-de-Rex (79) 107 F4
Saint-Georges-de-Rouelley (50) 38 A6
Saint-Georges-d'Elle (50) 37 H1
Saint-Georges-des-Agoûts (17) 121 E6
Saint-Georges-des-Coteaux (17) 121 E3
Saint-Georges-des-Gardes (49) 75 H6
Saint-Georges-des-Groseillers (61) 38 B4
Saint-Georges-des-Hurtières (73) 132 C5
Saint-Georges-des-Sept-Voies (49) 77 F6
Saint-Georges-d'Espérance (38) 130 C5
Saint-Georges-d'Oléron (17) 106 B6
Saint-Georges-d'Orques (34) 171 E5
Saint-Georges-du-Bois (17) 107 F5
Saint-Georges-du-Bois (49) 77 F4
Saint-Georges-du-Bois (72) 60 A6
Saint-Georges-du-Mesnil (27) 17 H4
Saint-Georges-du-Rosay (72) 60 C4
Saint-Georges-du-Vièvre (27) 17 H4
Saint-Georges-en-Auge (14) 17 E6
Saint-Georges-en-Couzan (42) 128 C3
Saint-Georges-Haute-Ville (42) 128 D5
Saint-Georges-la-Pouge (23) 125 F1
Saint-Georges-Lagricol (43) 142 C1
Saint-Georges-le-Fléchard (53) 59 E5
Saint-Georges-le-Gaultier (72) 59 G3
Saint-Georges-lès-Baillargeaux (86) 94 B6
Saint-Georges-les-Bains (07) 144 A5
Saint-Georges-les-Landes (87) 110 C3
Saint-Georges-Montcocq (50) 37 G1
Saint-Georges-Motel (27) 41 F4
Saint-Georges-Nigremont (23) 125 H2
Saint-Georges-sur-Allier (63) 127 G3
Saint-Georges-sur-Arnon (36) 97 E3
Saint-Georges-sur-Baulche (89) 83 F2
Saint-Georges-sur-Cher (41) 79 G6
Saint-Georges-sur-Erve (53) 59 F4
Saint-Georges-sur-Eure (28) 62 A2
Saint-Georges-sur-Fontaine (76) 7 H5
Saint-Georges-sur-la-Prée (18) 96 D1
Saint-Georges-sur-l'Aa (59) 2 A2
Saint-Georges-sur-Layon (49) 93 F1
Saint-Georges-sur-Loire (49) 75 H3
Saint-Georges-sur-Moulon (18) 97 G2
Saint-Georges-sur-Renon (01) 116 C5
Saint-Geours-d'Auribat (40) 163 F4
Saint-Geours-de-Maremne (40) 162 C4
Saint-Gérand (56) 55 F2
Saint-Gérand-de-Vaux (03) 114 A3
Saint-Gérand-le-Puy (03) 114 B4
Saint-Géraud (47) 150 C2
Saint-Géraud-de-Corps (24) 136 C4
Saint-Géréon (44) 75 F4
Saint-Germain 130 D4
Saint-Germain (07) 157 G2
Saint-Germain (10) 66 A3
Saint-Germain (54) 69 H1
Saint-Germain (70) 88 A2
Saint-Germain (86) 109 H1
Saint-Germain-au-Mont-d'Or (69) 130 A2
Saint-Germain-Beaupré (23) 111 E4
Saint-Germain-Chassenay (58) 99 F5
Saint-Germain-d'Anxure (53) 58 D3
Saint-Germain-d'Arcé (72) 78 B3
Saint-Germain-d'Aunay (61) 39 H3
Saint-Germain-de-Belvès (24) 137 H6
Saint-Germain-de-Calberte (48) 156 C5
Saint-Germain-de-Clairefeuille (61) 39 G5
Saint-Germain-de-Confolens (16) 109 G6
Saint-Germain-de-Coulamer (53) 59 G3
Saint-Germain-de-Fresney (27) 41 E3
Saint-Germain-de-Grave (33) 149 H2
Saint-Germain-de-Joux (01) 117 H5
Saint-Germain-de-la-Coudre (61) 60 D3
Saint-Germain-de-la-Grange (78) 42 A4
Saint-Germain-de-la-Rivière (33) 135 G4
Saint-Germain-de-Livet (14) 17 F5
Saint-Germain-de-Longue-Chaume (79) 93 F6
Saint-Germain-de-Lusignan (17) 121 F6
Saint-Germain-de-Marencennes (17) 107 F6
Saint-Germain-de-Martigny (61) 39 H6
Saint-Germain-de-Modéon (21) 84 B5
Saint-Germain-de-Montbron (16) 122 D4
Saint-Germain-de-Montgommery (14) 39 G3
Saint-Germain-de-Pasquier (27) 18 C6
Saint-Germain-de-Prinçay (85) 92 A5
Saint-Germain-de-Salles (03) 113 G5
Saint-Germain-de-Tallevende-la-Lande-Vaumont (14) 37 H4
Saint-Germain-de-Tournebut (50) 14 D3
Saint-Germain-de-Varreville (50) 15 E4
Saint-Germain-de-Vibrac (17) 121 G6
Saint-Germain-d'Ectot (14) 38 A1
Saint-Germain-d'Elle (50) 37 H1
Saint-Germain-des-Angles (27) 41 E2
Saint-Germain-des-Bois (18) 97 G4
Saint-Germain-des-Bois (58) 83 F6
Saint-Germain-des-Champs (89) 84 A5
Saint-Germain-des-Essourts (76) 19 E3
Saint-Germain-des-Fossés (03) 114 A5
Saint-Germain-des-Grois (61) 61 E2
Saint-Germain-des-Prés (24) 137 H1
Saint-Germain-des-Prés (45) 64 B6
Saint-Germain-des-Prés (49) 75 H3
Saint-Germain-des-Prés (81) 168 B6
Saint-Germain-des-Vaux (50) 14 A1
Saint-Germain-d'Esteuil (33) 134 D1
Saint-Germain-d'Étables (76) 7 H2
Saint-Germain-du-Bel-Air (46) 152 C2
Saint-Germain-du-Bois (71) 102 B5
Saint-Germain-du-Corbéis (61) 60 A2
Saint-Germain-du-Crioult (14) 38 B3
Saint-Germain-du-Pert (14) 15 F5
Saint-Germain-du-Pinel (35) 58 A5
Saint-Germain-du-Plain (71) 101 H6
Saint-Germain-du-Puch (33) 135 G5
Saint-Germain-du-Puy (18) 97 H2
Saint-Germain-du-Salembre (24) 136 D3
Saint-Germain-du-Seudre (17) 121 E5
Saint-Germain-du-Teil (48) 155 G3
Saint-Germain-du-Val 77 H2
Saint-Germain-en-Brionnais (71) 115 F3
Saint-Germain-en-Coglès (35) 35 H6
Saint-Germain-en-Laye (78) 42 C3

Saint-Germain-
-en-Montagne (39) 103 F5
Saint-Germain-et-Mons (24)....137 E5
Saint-Germain-
-la-Blanche-Herbe (14)..........16 B4
Saint-Germain-
-la-Campagne (27) 17 G6
Saint-Germain-
-la-Chambotte (73)..............131 H2
Saint-Germain-
-la-Montagne (42)................115 G5
Saint-Germain-la-Poterie (60)....20 A4
Saint-Germain-la-Ville (51) 46 A3
Saint-Germain-l'Aiguiller (85) 92 B6
Saint-Germain-Langot (14)........38 D3
Saint-Germain-Laprade (43)....142 D4
Saint-Germain-Laval (42) 128 D2
Saint-Germain-Laval (77) 64 C2
Saint-Germain-Lavolps (19) 125 H4
Saint-Germain-Laxis (77) 43 F6
Saint-Germain-
-le-Châtelet (90) 88 D2
Saint-Germain-
-le-Fouilloux (53).....................58 C4
Saint-Germain-le-Gaillard (28) ..61 H2
Saint-Germain-le-Gaillard (50) ..14 B3
Saint-Germain-
-le-Guillaume (53)...................58 C3
Saint-Germain-
-le-Rocheux (21).....................85 E2
Saint-Germain-le-Vasson (14)....16 C6
Saint-Germain-le-Vieux (61) 39 G6
Saint-Germain-Lembron (63) ..127 G6
Saint-Germain-lès-Arlay (39) ..102 D5
Saint-Germain-
-lès-Arpajon (91).....................42 C6
Saint-Germain-les-Belles (87)..124 C4
Saint-Germain-lès-Buxy (71) ..101 F6
Saint-Germain-
-lès-Corbeil (91) 43 E6
Saint-Germain-
-les-Paroisses (01) 131 F3
Saint-Germain-
-lès-Senailly (21).....................84 C3
Saint-Germain-
-les-Vergnes (19) 138 D2
Saint-Germain-
-Lespinasse (42)...................114 D6
Saint-Germain-l'Herm (63) 128 A6
Saint-Germain-
-près-Herment (63)..............126 B3
Saint-Germain-
-Source-Seine (21) 85 F4
Saint-Germain-sous-Cailly (76) ..7 H5
Saint-Germain-sous-Doue (77)..44 A4
Saint-Germain-sous-Durtal 77 F2
Saint-Germain-sur-Avre (27)......41 E4
Saint-Germain-sur-Ay (50) 14 C5
Saint-Germain-sur-Bresle (80) 8 C6
Saint-Germain-sur-Eaulne (76)....19 F1
Saint-Germain-sur-Ecole (77) 63 H1
Saint-Germain-sur-Ille (35) 57 F1
Saint-Germain-
-sur-l'Arbresle (69) 129 G2
Saint-Germain-sur-Meuse (55)....48 A5
Saint-Germain-sur-Moine (49) 75 F6
Saint-Germain-sur-Morin (77) 43 G3
Saint-Germain-sur-Renon (01)..116 D6
Saint-Germain-sur-Rhône (74)..117 H6
Saint-Germain-sur-Sarthe (72)....60 A3
Saint-Germain-sur-Sèves (50) 14 D6
Saint-Germain-sur-Vienne (37)....94 A1
Saint-Germain-Village (27) 17 H3
Saint-Germainmont (08) 23 F3
Saint-Germé (32) 164 C4
Saint-Germer-de-Fly (60) 19 G4
Saint-Germier (31) 184 A1
Saint-Germier (32) 166 B5
Saint-Germier (79) 108 C2
Saint-Germier (81) 168 C5
Saint-Géron (43) 141 G1
Saint-Gérons (15) 139 H5
Saint-Gervais (30).....................157 H6
Saint-Gervais (33).....................135 F4
Saint-Gervais (38).....................145 E2
Saint-Gervais (85).......................90 C2
Saint-Gervais (95).......................42 A1
Saint-Gervais-d'Auvergne (63)..113 E6
Saint-Gervais-de-Vic (72) 79 E1
Saint-Gervais-
-des-Sablons (61)...................39 F3
Saint-Gervais-du-Perron (61) 60 A1
Saint-Gervais-en-Belin (72) 78 B1
Saint-Gervais-en-Vallière (71)..101 G4
Saint-Gervais-la-Forêt (41)........80 A4
Saint-Gervais-les-Bains (74)....133 E1
Saint-Gervais-
-les-Trois-Clochers (86) 94 C4
Saint-Gervais-
-sous-Meymont (63)............128 A4
Saint-Gervais-
-sur-Couches (71)................101 E4
Saint-Gervais-sur-Mare (34)....169 H5
Saint-Gervais-
-sur-Roubion (26) 158 B2
Saint-Gervasy (30) 172 B3
Saint-Gervazy (63) 127 F6
Saint-Géry (24) 136 C4
Saint-Géry (46) 152 D3
Saint-Geyrac (24) 137 G3
Saint-Gibrien (51) 45 H3
Saint-Gildas (22).........................33 F5
Saint-Gildas-de-Rhuys (56) 72 C2
Saint-Gildas-des-Bois (44) 73 H2
Saint-Gilles 94 C2
Saint-Gilles (30) 172 B4
Saint-Gilles (35) 57 E2
Saint-Gilles (36) 110 D2
Saint-Gilles (50) 37 F1
Saint-Gilles (51) 22 C6
Saint-Gilles (71) 101 F4
Saint-Gilles-Croix-de-Vie (85)....90 C4
Saint-Gilles-de-Crétot (76) 6 D5
Saint-Gilles-
-de-la-Neuville (76)..................6 C5
Saint-Gilles-des-Marais (61)......38 A6
Saint-Gilles-du-Mené (22) 55 H1
Saint-Gilles-les-Bois (22) 33 E3
Saint-Gilles-les-Forêts (87)......124 D4
Saint-Gilles-Pligeaux (22)..........33 E5
Saint-Gilles-
-Vieux-Marché (22)................55 F1
Saint-Gineis-en-Coiron (07) 157 H2
Saint-Gingolph (74) 119 G2
Saint-Girod (73) 131 H2
Saint-Girons (09)......................183 E5
Saint-Girons (64)......................163 F5
Saint-Girons-d'Aiguevives (33)..135 F3
Saint-Gladie-
-Arrive-Munein (64)..............179 F1
Saint-Glen (22) 34 A6
Saint-Goazec (29).......................54 A1
Saint-Gobain (02) 22 A3
Saint-Gobert (02) 22 D1
Saint-Goin (64) 179 H2
Saint-Gondon (45) 81 H3
Saint-Gondran (35).....................57 E1
Saint-Gonlay (35) 56 C2
Saint-Gonnery (56) 55 F2
Saint-Gor (40) 164 B1
Saint-Gorgon (56)......................73 G1
Saint-Gorgon (88)......................70 B2
Saint-Gorgon-Main (25) 103 H2
Saint-Gouéno (22) 55 H1
Saint-Gourgon (41).....................79 F3
Saint-Gourson (16) 122 D1
Saint-Goussaud (23)................111 E6
Saint-Gratien (80) 9 G5
Saint-Gratien (95) 42 D3
Saint-Gratien-Savigny (58) 99 G4
Saint-Gravé (56) 56 B6
Saint-Grégoire 155 F5
Saint-Grégoire (35) 57 F2
Saint-Grégoire (81) 168 C2
Saint-Grégoire-
-d'Ardennes (17)..................121 F5
Saint-Grégoire-du-Vièvre (27)....17 H4
Saint-Griède (32) 164 C4
Saint-Groux (16) 122 C2
Saint-Guen (22) 55 F1
Saint-Guénolé.............................31 E5
Saint-Guénolé.............................53 E4
Saint-Guilhem-le-Désert (34) ..170 D4
Saint-Guillaume (38)................145 F4
Saint-Guinoux (35) 35 E4
Saint-Guiraud (34) 170 C5
Saint-Guyomard (56) 55 H5
Saint-Haon (43) 142 B5
Saint-Haon-le-Châtel (42)........114 D6
Saint-Haon-le-Vieux (42) 114 D6
Saint-Héand (42) 129 F5
Saint-Hélen (22) 34 D5
Saint-Hélier (21) 85 F5
Saint-Hellier (76)...........................7 H3
Saint-Herblain (44) 74 C5
Saint-Herblon (44) 75 F3
Saint-Herbot...............................32 A5
Saint-Hérent (63) 127 F6
Saint-Hernin (29) 54 B1
Saint-Hervé................................54 B1
Saint-Hervé (22) 33 G6
Saint-Hilaire 77 G6
Saint-Hilaire (03).......................113 F2
Saint-Hilaire (11).......................185 E4
Saint-Hilaire (25).........................87 G5
Saint-Hilaire (31).......................183 E1
Saint-Hilaire (38).......................145 H1
Saint-Hilaire (43).......................141 H1
Saint-Hilaire (46).......................139 G6
Saint-Hilaire (63).......................112 D6
Saint-Hilaire (91).........................63 E2
Saint-Hilaire-au-Temple (51)......46 A2
Saint-Hilaire-Bonneval (87)......124 B3
Saint-Hilaire-Cottes (62)..............2 C5
Saint-Hilaire-
-Cusson-la-Valmitte (42)......142 D1
Saint-Hilaire-de-Beauvoir (34)..171 G4
Saint-Hilaire-de-Brens (38)......130 D3
Saint-Hilaire-de-Brethmas (30)..171 G1
Saint-Hilaire-de-Briouze (61) 38 D5
Saint-Hilaire-de-Chaléons (44)....74 A6
Saint-Hilaire-de-Clisson (44) 75 E6
Saint-Hilaire-de-Court (18) 97 E1
Saint-Hilaire-de-Gondilly (18)....98 B3
Saint-Hilaire-de-la-Côte (38) ..130 D6
Saint-Hilaire-de-la-Noaille (33)..150 B2
Saint-Hilaire-de-Lavit (48)........156 C5
Saint-Hilaire-de-Loulay (85) 91 G1
Saint-Hilaire-
-de-Lusignan (47)................151 E5
Saint-Hilaire-de-Riez (85) 90 C3
Saint-Hilaire-
-de-Villefranche (17) 121 F2
Saint-Hilaire-de-Voust (85) 107 G1
Saint-Hilaire-des-Landes (35)....35 H6
Saint-Hilaire-des-Loges (85)....107 F2
Saint-Hilaire-d'Estissac (24) 137 E4
Saint-Hilaire-d'Ozilhan (30)......172 C2
Saint-Hilaire-du-Bois (17)........121 F6
Saint-Hilaire-du-Bois (33)........150 A1
Saint-Hilaire-du-Harcouët (50) ..37 G6
Saint-Hilaire-du-Maine (53) 58 B3
Saint-Hilaire-du-Rosier (38) 144 D3
Saint-Hilaire-en-Lignières (18)....97 F6
Saint-Hilaire-en-Morvan (58) ..100 A3
Saint-Hilaire-en-Woëvre (55) 48 A1
Saint-Hilaire-Foissac (19) 139 G1
Saint-Hilaire-Fontaine (58) 99 G5
Saint-Hilaire-la-Croix (63)........113 F6
Saint-Hilaire-la-Forêt (85)..........91 F6
Saint-Hilaire-la-Gérard (61) 39 F6
Saint-Hilaire-la-Gravelle (41) 61 H6
Saint-Hilaire-la-Palud (79) 107 F4
Saint-Hilaire-la-Plaine (23) 111 G5
Saint-Hilaire-la-Treille (87) 110 C4
Saint-Hilaire-le-Château (23) ..125 F1
Saint-Hilaire-le-Châtel (61)........40 A6
Saint-Hilaire-le-Grand (51) 46 A1
Saint-Hilaire-le-Lierru (72) 60 D5
Saint-Hilaire-le-Petit (51) 23 G6
Saint-Hilaire-le-Vouhis (85)........92 A6
Saint-Hilaire-les-Andrésis (45) 64 C5
Saint-Hilaire-les-Courbes (19) ..125 E4
Saint-Hilaire-les-Monges (63) ..126 C3
Saint-Hilaire-les-Places (87)....124 A4
Saint-Hilaire-lez-Cambrai (59)....11 F3
Saint-Hilaire-Luc (19) 139 H1
Saint-Hilaire-Petitville (50) 15 E5
Saint-Hilaire-Peyroux (19)........138 D2
Saint-Hilaire-
-Saint-Mesmin (45)................80 D1
Saint-Hilaire-
-sous-Charlieu (42)..............115 F5
Saint-Hilaire-sous-Romilly (10)....65 G1
Saint-Hilaire-sur-Benaize (36)..110 B1
Saint-Hilaire-sur-Erre (61)..........61 E3
Saint-Hilaire-sur-Helpe (59) 12 A4
Saint-Hilaire-sur-Puiseaux (45)....82 A1
Saint-Hilaire-sur-Risle (61) 40 A5
Saint-Hilaire-sur-Yerre (28) 61 H5
Saint-Hilaire-Taurieux (19) 139 E4
Saint-Hilarion (78)......................41 H6
Saint-Hilliers (77) 44 B6
Saint-Hippolyte.........................139 F1
Saint-Hippolyte (12) 154 C1
Saint-Hippolyte (15) 140 C2
Saint-Hippolyte (17) 120 D1
Saint-Hippolyte (25) 88 C5
Saint-Hippolyte (33) 135 H5
Saint-Hippolyte (37) 95 G3
Saint-Hippolyte (66) 201 E2
Saint-Hippolyte (68) 71 F3
Saint-Hippolyte-de-Caton (30)..171 H1
Saint-Hippolyte-
-de-Montaigu (30)................172 B1
Saint-Hippolyte-du-Fort (30) ..171 F2
Saint-Hippolyte-
-le-Graveyron (84) 158 D6
Saint-Honoré (38) 145 H4
Saint-Honoré (76) 7 H3
Saint-Honoré-les-Bains (58)......99 H4
Saint-Hostien (43)....................142 D3
Saint-Hubert (57) 26 C4
Saint-Hugues 145 G1
Saint-Huruge (71) 115 H1
Saint-Hymer (14) 17 F4
Saint-Hymetière (39)................117 G3
Saint-Hyppolite........................116 A1
Saint-Igeaux (22) 33 E6
Saint-Igest (12) 153 G4
Saint-Ignan (31) 182 B4
Saint-Ignat (63)........................127 G2
Saint-Igny-de-Roche (71)........115 F5
Saint-Igny-de-Vers (69) 115 G4
Saint-Illide (15) 140 A4
Saint-Illiers-la-Ville (78)..............41 G3
Saint-Illiers-le-Bois (78) 41 G3
Saint-Ilpize (43)........................141 H2
Saint-Imoges (51) 45 F1
Saint-Inglevert (62) 1 F3
Saint-Ismier (38) 145 H1
Saint-Izaire (12)........................169 F2
Saint-Jacques 33 E3
Saint-Jacques 34 A4
Saint-Jacques (04) 175 G1
Saint-Jacques-
-d'Aliermont (76).......................7 H2
Saint-Jacques-d'Ambur (63) ..126 D2
Saint-Jacques-d'Atticieux (07)..143 H1
Saint-Jacques-
-de-la-Lande (35) 57 E3
Saint-Jacques-de-Néhou (50) ..14 C4
Saint-Jacques-
-de-Thouars (79)....................93 F3
Saint-Jacques-
-des-Arrêts (69) 116 A4
Saint-Jacques-des-Blats (15)..140 C4
Saint-Jacques-
-des-Guérets (41) 79 E2
Saint-Jacques-
-en-Valgodemard (05)..........146 A6
Saint-Jacques-
-sur-Darnétal (76) 7 H6
Saint-Jacut-de-la-Mer (22)........34 C4
Saint-Jacut-du-Mené (22) 56 A1
Saint-Jacut-les-Pins (56) 56 B6
Saint-Jal (19) 124 D6
Saint-James (50) 35 H5
Saint-Jammes (64) 180 C2
Saint-Jans-Cappel (59)................2 D4
Saint-Jaoua 31 E3
Saint-Jean 101 F4
Saint-Jean 160 C1
Saint-Jean 161 E2
Saint-Jean 31 E4
Saint-Jean 160 D3
Saint-Jean (31) 167 F5
Saint-Jean-aux-Amognes (58)....99 E3
Saint-Jean-aux-Bois (08) 23 G1
Saint-Jean-aux-Bois (60) 21 F5
Saint-Jean-Bonnefonds (42) ..129 F6
Saint-Jean-Brévelay (56) 55 G5
Saint-Jean-Cap-Ferrat (06) 177 E5
Saint-Jean-Chambre (07)........143 G5
Saint-Jean-
-d'Aigues-Vives (09) 184 B6
Saint-Jean-d'Alcapiès (12) 169 H2
Saint-Jean-d'Angély (17) 121 F1
Saint-Jean-d'Angle (17) 120 C2
Saint-Jean-d'Ardières (69) 116 B5
Saint-Jean-d'Arves (73) 146 C2
Saint-Jean-d'Arvey (73) 132 A4
Saint-Jean-d'Assé (72)..............60 A4
Saint-Jean-d'Ataux (24) 136 D3
Saint-Jean-d'Aubrigoux (43) ..142 B1
Saint-Jean-d'Aulps (74) 119 F4
Saint-Jean-d'Avelanne (38) 131 G5
Saint-Jean-de-Barrou (11) 185 H5
Saint-Jean-de-Bassel (57) 50 A3
Saint-Jean-
-de-Beauregard (91)..............42 C5
Saint-Jean-de-Belleville (73) ..132 D5
Saint-Jean-de-Beugné (85) 106 D1
Saint-Jean-de-Blaignac (33)....135 H6
Saint-Jean-de-Bœuf (21) 101 F1
Saint-Jean-de-Boiseau (44) 74 B5
Saint-Jean-de-Bonneval (10) 66 B4
Saint-Jean-de-Bournay (38)....130 C5
Saint-Jean-de-Braye (45)..........80 D1
Saint-Jean-de-Buèges (34) 170 D3
Saint-Jean-
-de-Ceyrargues (30) 171 H1
Saint-Jean-de-Chevelu (73) 131 G3
Saint-Jean-de-Côle (24)..........123 G6
Saint-Jean-de-Cornies (34) 171 G4
Saint-Jean-de-Couz (73) 131 G5
Saint-Jean-de-Crieulon (30)....171 G2
Saint-Jean-de-Cuculles (34)....171 F4
Saint-Jean-de-Daye (50) 15 F6
Saint-Jean-de-Duras (47)........150 D1
Saint-Jean-de-Folleville (76)........6 D5
Saint-Jean-de-Fos (34)............170 D4
Saint-Jean-de-Gonville (01) 118 A4
Saint-Jean-
-de-la-Blaquière (34) 170 C4
Saint-Jean-de-la-Croix (49) 76 D5
Saint-Jean-de-la-Forêt (61) 60 D2
Saint-Jean-de-la-Haize (50) 35 H3
Saint-Jean-
-de-la-Léqueraye (27)............17 H4
Saint-Jean-de-la-Motte (72)......77 H2
Saint-Jean-de-la-Neuville (76)......6 C5
Saint-Jean-de-la-Porte (73) 132 B4
Saint-Jean-de-la-Rivière (50) 14 B4
Saint-Jean-de-la-Ruelle (45) 80 D1
Saint-Jean-de-Laur (46) 153 F4
Saint-Jean-de-Lier (40)............163 F3
Saint-Jean-de-Linières (49) 76 D5
Saint-Jean-de-Liversay (17) 107 E4
Saint-Jean-de-Livet (14)............17 F5
Saint-Jean-de-Losne (21)........102 B2
Saint-Jean-de-Luz (64)............178 B1
Saint-Jean-de-Marcel (81) 168 C1
Saint-Jean-de-Marsacq (40) ..162 C5
Saint-Jean-de-Maruéjols-
-et-Avéjan (30) 157 F5
Saint-Jean-de-Maurienne (73)..146 C1
Saint-Jean-de-Minervois (34)..185 H2
Saint-Jean-de-Moirans (38) 145 F1
Saint-Jean-de-Monts (85) 90 C3
Saint-Jean-de-Muzols (07)......144 A3
Saint-Jean-de-Nay (43) 142 B3
Saint-Jean-de-Niost (01) 130 D2
Saint-Jean-de-Paracol (11) 184 C6
Saint-Jean-de-Pourcharesse ..157 E3
Saint-Jean-
-de-Rebervilliers (28) 41 E6
Saint-Jean-de-Rives (81) 167 H4
Saint-Jean-de-Sauves (86)........93 H5
Saint-Jean-de-Savigny (50) 15 F6
Saint-Jean-de-Serres (30) 171 G2
Saint-Jean-de-Sixt (74) 132 C1
Saint-Jean-de-Soudain (38) 131 E4
Saint-Jean-de-Tholome (74) ..118 D5
Saint-Jean-de-Thouars (79) 93 F3
Saint-Jean-de-Thurac (47) 151 F6
Saint-Jean-
-de-Thurigneux (01) 130 A1
Saint-Jean-de-Touslas (69) 129 H4
Saint-Jean-de-Trézy (71) 101 E5
Saint-Jean-de-Valériscle (30) ..157 E5
Saint-Jean-de-Vals (81) 168 C5
Saint-Jean-de-Vaulx (38) 145 G4
Saint-Jean-de-Vaux (71)..........101 F5
Saint-Jean-de-Védas (34) 171 F5
Saint-Jean-de-Verges (09) 183 H5
Saint-Jean-Delnous (12)..........169 E1
Saint-Jean-des-Baisants (50)....37 H1
Saint-Jean-des-Bois (61) 38 A5
Saint-Jean-des-Champs (50) 35 G2
Saint-Jean-des-Échelles (72) 61 E4
Saint-Jean-des-Essartiers (14)....37 H2
Saint-Jean-des-Mauvrets (49) 77 E5
Saint-Jean-des-Ollières (63)....127 H4
Saint-Jean-des-Vignes (69) 129 H2
Saint-Jean-d'Estissac (24) 137 E4
Saint-Jean-d'Étreux (39)..........117 E3
Saint-Jean-
-devant-Possesse (51) 46 C3
Saint-Jean-d'Eyraud (24) 136 D4
Saint-Jean-d'Hérans (38) 145 G5
Saint-Jean-d'Heurs (63) 127 H2
Saint-Jean-d'Illac (33) 134 D5
Saint-Jean-d'Ormont (88)..........70 D2
Saint-Jean-du-Bleymard 156 C3
Saint-Jean-du-Bois (72) 77 H1
Saint-Jean-du-Bouzet (82) 166 B2
Saint-Jean-du-Bruel (12) 170 B2
Saint-Jean-du-Cardonnay (76)......7 G5
Saint-Jean-
-du-Castillonnais (09) 182 C6
Saint-Jean-du-Corail (50)..........37 H6
Saint-Jean-
-du-Corail-des-Bois (50) 37 F4
Saint-Jean-du-Doigt (29) 32 A2
Saint-Jean-du-Falga (09) 183 H4
Saint-Jean-du-Gard (30) 171 F1
Saint-Jean-du-Pin (30) 157 E6
Saint-Jean-du-Thenney (27)......17 G6
Saint-Jean-en-Royans (26)......144 D4
Saint-Jean-en-Val (63) 127 G5
Saint-Jean-et-Saint-Paul (12)..169 H2
Saint-Jean-Froidmentel (41)......61 H6
Saint-Jean-Kerdaniel (22)..........33 F4
Saint-Jean-Kourtzerode (57) 50 B4
Saint-Jean-la-Bussière (69) 129 F1
Saint-Jean-la-Fouillouse (48) ..156 B1
Saint-Jean-la-Poterie (56) 73 H1
Saint-Jean-la-Vêtre (42) 128 B3
Saint-Jean-Lachalm (43) 142 B4
Saint-Jean-Lagineste (46) 139 E6
Saint-Jean-Lasseille (66) 200 D4
Saint-Jean-le-Blanc (14)............38 B3
Saint-Jean-le-Blanc (45)............80 D1
Saint-Jean-le-Centenier (07) ..157 H2
Saint-Jean-le-Comtal (32) 165 G5
Saint-Jean-le-Fromental..........144 D2
Saint-Jean-le-Thomas (50)........35 G3
Saint-Jean-le-Vieux (01) 117 F6
Saint-Jean-le-Vieux (38) 145 H2
Saint-Jean-le-Vieux (64) 179 E3
Saint-Jean-lès-Buzy (55) 25 H6
Saint-Jean-
-les-Deux-Jumeaux (77)........43 H3
Saint-Jean-lès-Longuyon (54) ..25 F4
Saint-Jean-Lespinasse (46) 139 F5
Saint-Jean-Lherm (31) 167 F4
Saint-Jean-Ligoure (87) 124 B4
Saint-Jean-Mirabel (46) 153 G2
Saint-Jean-Pied-de-Port (64) ..178 D3
Saint-Jean-Pierre-Fixte (28) 61 E3
Saint-Jean-Pla-de-Corts (66) ..199 H4
Saint-Jean-Poudge (64) 164 B6
Saint-Jean-Poutge (32) 165 F4
Saint-Jean-Rohrbach (57) 27 G6
Saint-Jean-Roure (07) 143 F5
Saint-Jean-Saint-Germain (37)....95 F2
Saint-Jean-Saint-Gervais (63) ..127 G6
Saint-Jean-Saint-Maurice
-sur-Loire (42).......................128 D1
Saint-Jean-Saint-Nicolas (05)..160 C1
Saint-Jean-Saverne (67)............50 C4
Saint-Jean-Soleymieux (42) 128 D5
Saint-Jean-sur-Couesnon (35)....57 H1
Saint-Jean-sur-Erve (53)............59 F5
Saint-Jean-sur-Mayenne (53) 58 D4
Saint-Jean-sur-Moivre (51)........46 B3
Saint-Jean-
-sur-Reyssouze (01) 116 C3
Saint-Jean-sur-Tourbe (51)........46 B1
Saint-Jean-sur-Veyle (01) 116 C4
Saint-Jean-sur-Vilaine (35) 57 H3
Saint-Jean-Trolimon (29) 53 E4
Saint-Jean Balanan 31 E3
Saint-Jean d'Abbetot 6 C5
Saint-Jean la Rivière 177 E3
Saint-Jeannet (04) 175 E2
Saint-Jeannet (06) 176 D5
Saint-Jeanvrin (18) 112 A1
Saint-Jeoire (74) 119 E5
Saint-Jeoire-Prieuré (73)..........132 A5
Saint-Jeure-d'Andaure (07) 143 G4
Saint-Jeure-d'Ay (07) 143 H3
Saint-Jeures (43) 143 E3
Saint-Joachim (44) 73 G3
Saint-Jodard (42) 128 D2
Saint-Joire (55) 47 G6
Saint-Jores (50) 14 D5
Saint-Jorioz (74) 132 B2
Saint-Jory (31) 167 E4
Saint-Jory-de-Chalais (24) 123 G5
Saint-Jory-las-Bloux (24) 137 H1
Saint-Joseph 112 D4
Saint-Joseph (42) 129 H5
Saint-Joseph (50) 14 C3
Saint-Joseph-de-Rivière (38) ..131 G6
Saint-Joseph-des-Bancs (07) ..157 G1
Saint-Josse (62) 1 F6
Saint-Jouan-de-l'Isle (22) 56 C1
Saint-Jouan-des-Guérets (35) 34 D4
Saint-Jouin (14) 16 D4
Saint-Jouin-Bruneval (76)............6 B4
Saint-Jouin-de-Blavou (61) 60 C2
Saint-Jouin-de-Marnes (79) 93 G4
Saint-Jouin-de-Milly (79) 92 D5
Saint-Jouvent (87) 124 A1
Saint-Juan (25) 87 H6
Saint-Judoce (22).......................34 D6
Saint-Juéry (12) 169 F3
Saint-Juéry (48) 141 F6
Saint-Juéry (81) 168 C2
Saint-Juire-Champgillon (85) ..106 D1
Saint-Julia (31) 184 B1
Saint-Julia-de-Bec (11) 184 D6
Saint-Julien..............................130 D3
Saint-Julien..............................190 A3
Saint-Julien (21) 86 A5
Saint-Julien (22) 33 G5
Saint-Julien (31) 183 E3
Saint-Julien (34) 169 G6
Saint-Julien (39) 117 F3
Saint-Julien (69) 116 A6
Saint-Julien (83) 174 D4
Saint-Julien (88) 69 E5
Saint-Julien-aux-Bois (19) 139 G3
Saint-Julien-Beychevelle (33)..134 D2
Saint-Julien-Boutières (07)......143 F4
Saint-Julien-Chapteuil (43)......142 D4
Saint-Julien-d'Ance (43)..........142 C1
Saint-Julien-d'Armagnac (40)..164 C2
Saint-Julien-d'Arpaon (48) 156 B5
Saint-Julien-d'Asse (04) 175 E2
Saint-Julien-
-de-Bourdeilles (24) 137 E1
Saint-Julien-de-Briola (11) 184 B4
Saint-Julien-
-de-Cassagnas (30) 157 F5
Saint-Julien-de-Chédon (41) 79 G6
Saint-Julien-de-Civry (71)........115 F3
Saint-Julien-de-Concelles (44)..74 D5
Saint-Julien-de-Coppel (63) 127 G4
Saint-Julien-de-Crempse (24)..137 E4
Saint-Julien-
-de-Gras-Capou (09) 184 B5
Saint-Julien-de-Jonzy (71) 115 F4
Saint-Julien-de-la-Liègue (27) ..41 F1
Saint-Julien-de-la-Nef (30) 171 E2
Saint-Julien-de-Lampon (24) ..138 B5
Saint-Julien-de-l'Escap (17) 121 F1
Saint-Julien-de-l'Herms (38) ..130 C6
Saint-Julien-de-Mailloc (14) 17 F5
Saint-Julien-de-Peyrolas (30) ..157 H5
Saint-Julien-de-Raz (38)..........131 G6
Saint-Julien-de-Toursac (15) ..139 H6
Saint-Julien-
-de-Vouvantes (44) 75 E1
Saint-Julien-des-Chazes (43) ..142 A4
Saint-Julien-des-Landes (85) 91 E4
Saint-Julien-des-Points (48)....156 D5
Saint-Julien-d'Eymet (24)........150 D1
Saint-Julien-d'Oddes (42) 128 D2
Saint-Julien-du-Gua (07) 143 G6
Saint-Julien-du-Pinet (43) 142 D3
Saint-Julien-du-Puy (81)..........168 B4
Saint-Julien-du-Sault (89)..........65 E5
Saint-Julien-du-Serre (07) 157 G1
Saint-Julien-du-Terroux (53)......59 F1
Saint-Julien-du-Tournel (48)....156 B3
Saint-Julien-du-Verdon (04) 175 H2
Saint-Julien-
-en-Beauchêne (05) 159 G1
Saint-Julien-en-Born (40) 162 D1
Saint-Julien-
-en-Champsaur (05) 160 B1
Saint-Julien-en-Genevois (74)..118 B5
Saint-Julien-en-Quint (26) 144 D5
Saint-Julien-
-en-Saint-Alban (07) 143 H6
Saint-Julien-en-Vercors (26)....145 E3
Saint-Julien-Gaulène (81)........168 D2
Saint-Julien-la-Geneste (63)....112 D6
Saint-Julien-la-Genête (23) 112 C5
Saint-Julien-la-Vêtre (42) 128 B2
Saint-Julien-Labrousse (07) 143 G5
Saint-Julien-l'Ars (86) 109 F1
Saint-Julien-le-Châtel (23) 112 B6
Saint-Julien-le-Faucon (14) 17 E5
Saint-Julien-le-Pèlerin (19) 139 G4
Saint-Julien-le-Petit (87)..........125 E2
Saint-Julien-le-Roux................143 H5
Saint-Julien-le-Roux (07) 143 H5
Saint-Julien-
-le-Vendômois (19) 124 B6
Saint-Julien-lès-Gorze (54)........26 A6
Saint-Julien-lès-Metz (57) 26 C5
Saint-Julien-
-lès-Montbéliard (25) 88 C4
Saint-Julien-les-Rosiers (30) ..157 E6
Saint-Julien-lès-Russey (25)......88 C6
Saint-Julien-les-Villas (10) 66 B3
Saint-Julien-Maumont (19)......139 E4
Saint-Julien-Molhesabate (43)..143 F2
Saint-Julien-
-Molin-Molette (42)..............143 H1
Saint-Julien-Mont-Denis (73) ..146 D1
Saint-Julien-près-Bort (19)......126 A6
Saint-Julien-Puy-Lavèze (63) ..126 C4
Saint-Julien-
-sous-les-Côtes (55)..............47 H4
Saint-Julien-sur-Bibost (69) 129 G2
Saint-Julien-sur-Calonne (14)....17 F3
Saint-Julien-sur-Cher (41) 96 C1
Saint-Julien-sur-Dheune (71) ..101 E5
Saint-Julien-
-sur-Reyssouze (01) 116 D3
Saint-Julien-sur-Sarthe (61) 60 C1
Saint-Julien-sur-Veyle (01) 116 C5
Saint-Julien-Vocance (07) 143 G2
Saint-Julien d'Empare 153 G2
Saint-Junien (87) 123 G2
Saint-Junien-la-Bregère (23) ..125 E2
Saint-Junien-les-Combes (87)..110 B6
Saint-Jure (57) 48 D2
Saint-Jurs (04) 175 F2
Saint-Just (01) 117 E5
Saint-Just (07) 157 H5
Saint-Just (15) 141 F5
Saint-Just (18) 97 H3
Saint-Just (24) 137 E1
Saint-Just (27) 41 F1
Saint-Just (34) 171 G5
Saint-Just (35) 56 D5
Saint-Just (63) 128 B6
Saint-Just-Chaleyssin (38) 130 B4
Saint-Just-d'Avray (69)............129 F1
Saint-Just-de-Claix (38) 144 D3
Saint-Just-en-Bas (42) 128 C3
Saint-Just-en-Brie (77) 44 A6
Saint-Just-en-Chaussée (60) 20 C4
Saint-Just-en-Chevalet (42) 128 C2
Saint-Just-et-le-Bézu (11) 184 D6
Saint-Just-et-Vacquières (30)..157 F6
Saint-Just-Ibarre (64) 179 E3
Saint-Just-la-Pendue (42) 129 E2
Saint-Just-le-Martel (87)..........124 C2
Saint-Just-Luzac (17) 120 C2
Saint-Just-Malmont (43)..........143 F1
Saint-Just-près-Brioude (43) ..141 G2
Saint-Just-Saint-Rambert (42)..129 E5
Saint-Just-Sauvage (51)............45 E6
Saint-Just-sur-Dive (49) 93 G1
Saint-Just-sur-Viaur (12)..........168 D1
Saint-Justin (32) 165 E6
Saint-Justin (40) 164 B2
Saint-Juvat (22) 34 D6
Saint-Juvin (08)..........................24 C5
Saint-Lactencin (36) 96 B4
Saint-Lager (69) 116 A5
Saint-Lager-Bressac (07) 158 A1
Saint-Lamain (39) 102 D5
Saint-Lambert (14) 38 B3
Saint-Lambert (78) 42 B5
Saint-Lambert-du-Lattay (49)....76 D6
Saint-Lambert-
-et-Mont-de-Jeux (08) 24 A3
Saint-Lambert-la-Potherie (49)..76 D4
Saint-Lambert-sur-Dive (61)......39 F4

Saint-Langis-
-lès-Mortagne (61) ... 60 D1
Saint-Lanne (65) ... 164 C5
Saint-Laon (86) ... 93 H3
Saint-Lary (09) ... 182 C6
Saint-Lary (32) ... 165 G4
Saint-Lary-Boujean (31) ... 182 B3
Saint-Lary-Soulan (65) ... 195 G4
Saint-Lattier (38) ... 144 D3
Saint-Launeuc (22) ... 56 B1
Saint-Laure (63) ... 127 G2
Saint-Laurent (08) ... 24 B1
Saint-Laurent (18) ... 97 F1
Saint-Laurent (22) ... 32 D3
Saint-Laurent (23) ... 111 G5
Saint-Laurent (31) ... 182 B2
Saint-Laurent (47) ... 150 D5
Saint-Laurent (74) ... 118 D6
Saint-Laurent-Blangy (62) ... 10 B2
Saint-Laurent-Bretagne (64) ... 180 C1
Saint-Laurent-
-Chabreuges (43) ... 141 G2
Saint-Laurent-d'Agny (69) ... 129 H4
Saint-Laurent-d'Aigouze (30) ... 171 H5
Saint-Laurent-d'Andenay (71) ... 101 E5
Saint-Laurent-d'Arce (33) ... 135 F4
Saint-Laurent-
-de-Belzagot (16) ... 122 B6
Saint-Laurent-de-Brèvedent (76) ... 6 B5
Saint-Laurent-de-Carnols (30) ... 157 H5
Saint-Laurent-
-de-Cerdans (66) ... 199 G5
Saint-Laurent-de-Céris (16) ... 123 E1
Saint-Laurent-
-de-Chamousset (69) ... 129 G3
Saint-Laurent-de-Cognac (16) ... 121 G3
Saint-Laurent-de-Condel (14) ... 16 B6
Saint-Laurent-de-Cuves (50) ... 37 G4
Saint-Laurent-de-Gosse (40) ... 162 C5
Saint-Laurent-
-de-Jourdes (86) ... 109 F3
Saint-Laurent-
-de-la-Barrière (17) ... 107 F6
Saint-Laurent-
-de-la-Cabrerisse (11) ... 185 G4
Saint-Laurent-
-de-la-Plaine (49) ... 75 H4
Saint-Laurent-de-la-Prée (17) ... 106 D6
Saint-Laurent-
-de-la-Salanque (66) ... 201 E2
Saint-Laurent-
-de-la-Salle (85) ... 107 E1
Saint-Laurent-
-de-Lévézou (12) ... 155 E6
Saint-Laurent-de-Lin (37) ... 78 B4
Saint-Laurent-de-Mure (69) ... 130 B3
Saint-Laurent-de-Muret (48) ... 155 G2
Saint-Laurent-de-Neste (65) ... 181 H4
Saint-Laurent-
-de-Terregatte (50) ... 37 F6
Saint-Laurent-de-Trèves (48) ... 156 B5
Saint-Laurent-de-Vaux (69) ... 129 H3
Saint-Laurent-de-Veyrès (48) ... 141 F6
Saint-Laurent-des-Arbres (30) ... 172 C1
Saint-Laurent-des-Autels (49) ... 75 F4
Saint-Laurent-des-Bâtons (24) ... 137 F4
Saint-Laurent-des-Bois (27) ... 41 F4
Saint-Laurent-des-Bois (41) ... 80 A1
Saint-Laurent-
-des-Combes (16) ... 136 B1
Saint-Laurent-
-des-Combes (33) ... 135 H5
Saint-Laurent-
-des-Hommes (24) ... 136 C4
Saint-Laurent-
-des-Mortiers (53) ... 77 E2
Saint-Laurent-des-Vignes (24) ... 136 D6
Saint-Laurent-d'Oingt (69) ... 129 G1
Saint-Laurent-d'Olt (12) ... 155 F3
Saint-Laurent-d'Onay (26) ... 144 C2
Saint-Laurent-du-Bois (33) ... 150 A2
Saint-Laurent-du-Cros (05) ... 160 B1
Saint-Laurent-du-Mont (14) ... 17 E5
Saint-Laurent-du-Mottay (49) ... 75 G4
Saint-Laurent-du-Pape (07) ... 144 A6
Saint-Laurent-du-Plan (33) ... 150 A2
Saint-Laurent-du-Pont (38) ... 131 G6
Saint-Laurent-
-du-Tencement (27) ... 39 H3
Saint-Laurent-du-Var (06) ... 176 D6
Saint-Laurent-du-Verdon (04) ... 175 E4
Saint-Laurent-
-en-Beaumont (38) ... 145 H5
Saint-Laurent-
-en-Brionnais (71) ... 115 F4
Saint-Laurent-en-Caux (76) ... 7 F3
Saint-Laurent-en-Gâtines (37) ... 79 E4
Saint-Laurent-
-en-Grandvaux (39) ... 118 A1
Saint-Laurent-en-Royans (26) ... 144 D4
Saint-Laurent-l'Abbaye (58) ... 82 C6
Saint-Laurent-la-Conche (42) ... 129 E4
Saint-Laurent-la-Gâtine (28) ... 41 G5
Saint-Laurent-la-Roche (39) ... 117 F1
Saint-Laurent-la-Vallée (24) ... 152 A1
Saint-Laurent-la-Vernède (30) ... 157 G6
Saint-Laurent-le-Minier (30) ... 170 D2
Saint-Laurent-les-Bains (07) ... 156 D2
Saint-Laurent-les-Églises (87) ... 124 C1
Saint-Laurent-les-Tours (46) ... 139 F5
Saint-Laurent-Lolmie (46) ... 152 B5
Saint-Laurent-Médoc (33) ... 134 D2
Saint-Laurent-Nouan (41) ... 80 B3
Saint-Laurent-Rochefort (42) ... 128 C3
Saint-Laurent-
-sous-Coiron (07) ... 157 G2
Saint-Laurent-sur-Gorre (87) ... 123 H3
Saint-Laurent-
-sur-Manoire (24) ... 137 F3
Saint-Laurent-sur-Mer (14) ... 15 G5
Saint-Laurent-sur-Othain (55) ... 25 F4
Saint-Laurent-sur-Oust (56) ... 56 B5
Saint-Laurent-sur-Saône (01) ... 116 B4
Saint-Laurent-sur-Sèvre (85) ... 92 B3
Saint-Laurs (79) ... 107 G2
Saint-Léger ... 40 C2
Saint-Léger (06) ... 176 B3
Saint-Léger (16) ... 122 B6
Saint-Léger (17) ... 121 F4
Saint-Léger (47) ... 150 D5
Saint-Léger (53) ... 59 E5
Saint-Léger (62) ... 10 B3
Saint-Léger (73) ... 132 C5
Saint-Léger (77) ... 44 B4
Saint-Léger-aux-Bois (60) ... 21 G4
Saint-Léger-aux-Bois (76) ... 8 C6
Saint-Léger-Bridereix (23) ... 111 E4
Saint-Léger-de-Balson (33) ... 149 F3
Saint-Léger-de-Fougeret (58) ... 100 A3
Saint-Léger-
-de-la-Martinière (79) ... 108 B4
Saint-Léger-
-de-Montbrillais (86) ... 93 G2
Saint-Léger-de-Montbrun (79) ... 93 G3
Saint-Léger-de-Peyre (48) ... 155 G2
Saint-Léger-de-Rôtes (27) ... 40 B1
Saint-Léger-des-Aubées (28) ... 62 C2
Saint-Léger-des-Bois (49) ... 76 D5
Saint-Léger-des-Prés (35) ... 35 F6
Saint-Léger-des-Vignes (58) ... 99 F5
Saint-Léger-du-Bois (71) ... 100 D3
Saint-Léger-
-du-Bourg-Denis (76) ... 7 G6
Saint-Léger-du-Gennetey (27) ... 18 A5
Saint-Léger-du-Malzieu (48) ... 141 G5
Saint-Léger-du-Ventoux (84) ... 159 E5
Saint-Léger-Dubosq (14) ... 16 D4
Saint-Léger-en-Bray (60) ... 20 A5
Saint-Léger-en-Yvelines (78) ... 41 H5
Saint-Léger-la-Montagne (87) ... 110 D6
Saint-Léger-le-Guérétois (23) ... 111 F5
Saint-Léger-le-Petit (18) ... 98 C2
Saint-Léger-lès-Authie (80) ... 9 H4
Saint-Léger-lès-Domart (80) ... 9 F4
Saint-Léger-les-Mélèzes (05) ... 160 C1
Saint-Léger-lès-Paray (71) ... 115 E2
Saint-Léger-les-Vignes (44) ... 74 B6
Saint-Léger-Magnazeix (87) ... 110 C4
Saint-Léger-près-Troyes (10) ... 66 B3
Saint-Léger-
-sous-Beuvray (71) ... 100 B4
Saint-Léger-sous-Brienne (10) ... 66 D2
Saint-Léger-sous-Cholet (49) ... 75 G6
Saint-Léger-
-sous-la-Bussière (71) ... 115 H4
Saint-Léger-
-sous-Margerie (10) ... 66 D1
Saint-Léger-sur-Bresle (80) ... 8 C6
Saint-Léger-sur-Dheune (71) ... 101 E4
Saint-Léger-sur-Roanne (42) ... 115 E6
Saint-Léger-sur-Sarthe (61) ... 60 B1
Saint-Léger-
-sur-Vouzance (03) ... 114 D3
Saint-Léger-Triey (21) ... 86 B6
Saint-Léger-Vauban (89) ... 84 B5
Saint-Léomer (86) ... 110 A3
Saint-Léon ... 55 F1
Saint-Léon (03) ... 114 C3
Saint-Léon (31) ... 183 G1
Saint-Léon (33) ... 135 G6
Saint-Léon (47) ... 150 C5
Saint-Léon-d'Issigeac (24) ... 151 F1
Saint-Léon-sur-l'Isle (24) ... 137 E3
Saint-Léon-sur-Vézère (24) ... 137 H4
Saint-Léonard (32) ... 166 A3
Saint-Léonard (51) ... 23 F6
Saint-Léonard (62) ... 1 F4
Saint-Léonard (76) ... 6 C3
Saint-Léonard (88) ... 70 D3
Saint-Léonard-de-Noblat (87) ... 124 C2
Saint-Léonard-des-Bois (72) ... 59 H2
Saint-Léonard-des-Parcs (61) ... 39 G5
Saint-Léonard-en-Beauce (41) ... 80 A2
Saint-Léons (12) ... 155 E6
Saint-Léopardin-d'Augy (03) ... 98 D6
Saint-Léry (56) ... 56 B2
Saint-Leu-d'Esserent (60) ... 20 C6
Saint-Leu-la-Forêt (95) ... 42 C2
Saint-Lézer (65) ... 181 E2
Saint-Lézin (49) ... 75 H5
Saint-Lieux-Lafenasse (81) ... 168 C4
Saint-Lieux-lès-Lavaur (81) ... 167 G4
Saint-Lin (79) ... 108 A2
Saint-Lions (04) ... 175 G2
Saint-Lizier (09) ... 183 E5
Saint-Lizier-du-Planté (32) ... 182 C1
Saint-Lô (50) ... 37 G1
Saint-Lô-d'Ourville (50) ... 14 B5
Saint-Lon-les-Mines (40) ... 162 D5
Saint-Longis (72) ... 60 B2
Saint-Lormel (22) ... 34 C4
Saint-Lothain (39) ... 102 D4
Saint-Loube (32) ... 182 D1
Saint-Loubert (33) ... 149 H2
Saint-Loubès (33) ... 135 F5
Saint-Loubouer (40) ... 164 A4
Saint-Louet-sur-Seulles (14) ... 38 B1
Saint-Louet-sur-Vire (50) ... 37 G2
Saint-Louis (57) ... 50 B4
Saint-Louis (68) ... 89 H3
Saint-Louis-
-de-Montferrand (33) ... 135 F4
Saint-Louis-en-l'Isle (24) ... 136 D3
Saint-Louis-et-Parahou (11) ... 199 E1
Saint-Louis-lès-Bitche (57) ... 28 B6
Saint-Loup ... 153 G3
Saint-Loup (03) ... 114 A3
Saint-Loup (17) ... 107 G6
Saint-Loup (23) ... 112 B5
Saint-Loup (39) ... 102 B3
Saint-Loup (41) ... 96 D1
Saint-Loup (50) ... 35 H3
Saint-Loup (51) ... 45 E5
Saint-Loup (58) ... 82 C5
Saint-Loup (69) ... 129 G2
Saint-Loup (82) ... 166 B1
Saint-Loup-Cammas (31) ... 167 F4
Saint-Loup-de-Buffigny (10) ... 65 G2
Saint-Loup-de-Fribois (14) ... 17 E5
Saint-Loup-de-Gonois (45) ... 64 C5
Saint-Loup-de-Naud (77) ... 64 D1
Saint-Loup-de-Varennes (71) ... 101 G6
Saint-Loup-
-des-Chaumes (18) ... 97 G5
Saint-Loup-des-Vignes (45) ... 63 G5
Saint-Loup-d'Ordon (89) ... 64 D6
Saint-Loup-du-Dorat (53) ... 77 E1
Saint-Loup-du-Gast (53) ... 59 E2
Saint-Loup-
-en-Champagne (08) ... 23 F4
Saint-Loup-
-en-Comminges (31) ... 182 A3
Saint-Loup-Géanges (71) ... 101 G4
Saint-Loup-Hors (14) ... 15 H5
Saint-Loup-Lamairé (79) ... 93 G5
Saint-Loup-Nantouard (70) ... 86 D5
Saint-Loup-sur-Aujon (52) ... 85 H1
Saint-Loup-sur-Semouse (70) ... 69 G6
Saint-Loup-Terrier (08) ... 24 A3
Saint-Loyer-des-Champs (61) ... 39 F5
Saint-Lubin-de-Cravant (28) ... 40 D5
Saint-Lubin-de-la-Haye (28) ... 41 G4
Saint-Lubin-
-des-Joncherets (28) ... 41 E4
Saint-Lubin-
-en-Vergonnois (41) ... 79 H3
Saint-Luc (27) ... 41 E3
Saint-Lucien (28) ... 41 G6
Saint-Lumier-
-en-Champagne (51) ... 46 B4
Saint-Lumier-la-Populeuse (51) ... 46 C5
Saint-Lumine-de-Clisson (44) ... 75 E6
Saint-Lumine-de-Coutais (44) ... 74 B6
Saint-Lunaire (35) ... 34 C3
Saint-Luperce (28) ... 61 H2
Saint-Lupicin (39) ... 117 H3
Saint-Lupien (10) ... 65 G2
Saint-Lyé (10) ... 66 A2
Saint-Lyé-la-Forêt (45) ... 63 E5
Saint-Lyphard (44) ... 73 G3
Saint-Lys (31) ... 166 D6
Saint-Macaire (33) ... 149 H2
Saint-Macaire-du-Bois (49) ... 93 F2
Saint-Macaire-en-Mauges (49) ... 75 G6
Saint-Maclou (27) ... 17 G3
Saint-Maclou-
-de-Folleville (76) ... 7 G4
Saint-Maclou-la-Brière (76) ... 6 C4
Saint-Macoux (86) ... 108 D5
Saint-Maden (22) ... 34 C6
Saint-Magne (33) ... 149 E2
Saint-Magne-de-Castillon (33) ... 136 A5
Saint-Maigner (63) ... 112 D6
Saint-Maigrin (17) ... 121 G6
Saint-Maime (04) ... 174 C2
Saint-Maime-de-Péreyrol (24) ... 137 E4
Saint-Maixant (23) ... 125 H1
Saint-Maixant (33) ... 149 H2
Saint-Maixent (72) ... 60 D5
Saint-Maixent-de-Beugné (79) ... 107 G2
Saint-Maixent-l'École (79) ... 108 B3
Saint-Maixent-sur-Vie (85) ... 90 D3
Saint-Maixme-Hauterive (28) ... 41 E6
Saint-Malo (35) ... 34 D3
Saint-Malo-de-Beignon (56) ... 56 C4
Saint-Malo-de-Guersac (44) ... 73 G3
Saint-Malo-de-la-Lande (50) ... 36 D1
Saint-Malo-de-Phily (35) ... 57 E5
Saint-Malo-
-des-Trois-Fontaines (56) ... 56 A3
Saint-Malô-du-Bois (85) ... 92 B4
Saint-Malo-en-Donziois (58) ... 83 E6
Saint-Malon-sur-Mel (35) ... 56 C3
Saint-Mamert (69) ... 115 H4
Saint-Mamert-du-Gard (30) ... 171 H3
Saint-Mamet (31) ... 196 A4
Saint-Mamet-la-Salvetat (15) ... 140 A5
Saint-Mammès (77) ... 64 B2
Saint-Mandé (94) ... 42 D4
Saint-Mandé-sur-Brédoire (17) ... 108 A6
Saint-Mandrier-sur-Mer (83) ... 191 G6
Saint-Manvieu-Bocage (14) ... 37 G4
Saint-Manvieu-Norrey (14) ... 16 B4
Saint-Marc ... 73 G4
Saint-Marc (15) ... 141 F5
Saint-Marc-à-Frongier (23) ... 125 G2
Saint-Marc-à-Loubaud (23) ... 125 F2
Saint-Marc-du-Cor (41) ... 61 F6
Saint-Marc-Jaumegarde (13) ... 174 A5
Saint-Marc-la-Lande (79) ... 107 H2
Saint-Marc-le-Blanc (35) ... 35 G6
Saint-Marc-sur-Couesnon (35) ... 57 H1
Saint-Marc-sur-Seine (21) ... 85 E3
Saint-Marcan (35) ... 35 F4
Saint-Marceau (08) ... 24 A2
Saint-Marceau (72) ... 60 A4
Saint-Marcel (01) ... 130 B1
Saint-Marcel (08) ... 23 H1
Saint-Marcel (27) ... 41 F2
Saint-Marcel (36) ... 111 E1
Saint-Marcel (54) ... 26 A5
Saint-Marcel (56) ... 56 A5
Saint-Marcel (70) ... 87 E1
Saint-Marcel (71) ... 101 G5
Saint-Marcel (73) ... 132 D5
Saint-Marcel-Bel-Accueil (38) ... 130 D4
Saint-Marcel-Campes (81) ... 168 A1
Saint-Marcel-d'Ardèche (07) ... 157 H4
Saint-Marcel-de-Careiret (30) ... 157 G6
Saint-Marcel-de-Félines (42) ... 129 E2
Saint-Marcel-du-Périgord (24) ... 137 F5
Saint-Marcel-d'Urfé (42) ... 128 C2
Saint-Marcel-en-Marcillat (03) ... 112 D5
Saint-Marcel-en-Murat (03) ... 113 F4
Saint-Marcel-l'Éclairé (69) ... 129 F2
Saint-Marcel-lès-Annonay (07) ... 143 H1
Saint-Marcel-lès-Sauzet (26) ... 158 B2
Saint-Marcel-lès-Valence (26) ... 144 B4
Saint-Marcel-Paulel (31) ... 167 F5
Saint-Marcel-sur-Aude (11) ... 186 B3
Saint-Marcelin-de-Cray (71) ... 115 H1
Saint-Marcellin ... 161 E1
Saint-Marcellin ... 161 F1
Saint-Marcellin (38) ... 144 D2
Saint-Marcellin-en-Forez (42) ... 129 E5
Saint-Marcellin-
-lès-Vaison (84) ... 158 D5
Saint-Marcet (31) ... 182 B3
Saint-Marcory (24) ... 151 H1
Saint-Marcouf (14) ... 15 F5
Saint-Marcouf (50) ... 15 E3
Saint-Mard (02) ... 22 C5
Saint-Mard (17) ... 107 F5
Saint-Mard (54) ... 49 E6
Saint-Mard (77) ... 43 F2
Saint-Mard (80) ... 21 E2
Saint-Mard-de-Réno (61) ... 60 D1
Saint-Mard-de-Vaux (71) ... 101 F5
Saint-Mard-lès-Rouffy (51) ... 45 G3
Saint-Mard-sur-Auve (51) ... 46 C2
Saint-Mard-sur-le-Mont (51) ... 46 C3
Saint-Mards (76) ... 7 G3
Saint-Mards-
-de-Blacarville (27) ... 17 H3
Saint-Mards-de-Fresne (27) ... 17 G5
Saint-Mards-en-Othe (10) ... 65 H4
Saint-Marien (23) ... 112 A3
Saint-Mariens (33) ... 135 G3
Saint-Mars-de-Coutais (44) ... 74 B6
Saint-Mars-
-de-Locquenay (72) ... 60 C6
Saint-Mars-d'Égrenne (61) ... 38 A6
Saint-Mars-d'Outillé (72) ... 78 B1
Saint-Mars-du-Désert (44) ... 74 D4
Saint-Mars-du-Désert (53) ... 59 G3
Saint-Mars-la-Brière (72) ... 60 C5
Saint-Mars-la-Jaille (44) ... 75 F2
Saint-Mars-la-Réorthe (85) ... 92 B4
Saint-Mars-sous-Ballon (72) ... 60 B4
Saint-Mars-sur-Colmont (53) ... 58 D2
Saint-Mars-sur-la-Futaie (53) ... 58 B1
Saint-Mars-
-Vieux-Maisons (77) ... 44 B5
Saint-Marsal (66) ... 199 G4
Saint-Martial (07) ... 143 F5
Saint-Martial (15) ... 141 E5
Saint-Martial (16) ... 122 B6
Saint-Martial (17) ... 107 H6
Saint-Martial (30) ... 171 E1
Saint-Martial (33) ... 149 H1
Saint-Martial-d'Albarède (24) ... 137 H1
Saint-Martial-d'Artenset (24) ... 136 C4
Saint-Martial-de-Gimel (19) ... 139 F2
Saint-Martial-
-de-Mirambeau (17) ... 121 E6
Saint-Martial-de-Nabirat (24) ... 152 B1
Saint-Martial-de-Valette (24) ... 123 F5
Saint-Martial-de-Vitaterne (17) ... 121 F5
Saint-Martial-Entraygues (19) ... 139 F3
Saint-Martial-le-Mont (23) ... 111 H6
Saint-Martial-le-Vieux (23) ... 125 H4
Saint-Martial-sur-Isop (87) ... 109 H5
Saint-Martial-sur-Né (17) ... 121 G4
Saint-Martial-Viveyrol (24) ... 136 D1
Saint-Martin ... 46 B2
Saint-Martin ... 136 D5
Saint-Martin ... 137 G5
Saint-Martin (32) ... 165 F6
Saint-Martin (54) ... 49 G6
Saint-Martin (56) ... 56 B6
Saint-Martin (65) ... 181 E3
Saint-Martin (66) ... 199 F2
Saint-Martin (67) ... 71 F2
Saint-Martin (83) ... 174 D5
Saint-Martin-au-Bosc (76) ... 8 C6
Saint-Martin-au-Laërt (62) ... 2 B4
Saint-Martin-aux-Arbres (76) ... 7 F4
Saint-Martin-aux-Bois (60) ... 20 D3
Saint-Martin-aux-Buneaux (76) ... 6 D3
Saint-Martin-aux-Champs (51) ... 46 A4
Saint-Martin-
-aux-Chartrains (14) ... 17 F3
Saint-Martin-
-Belle-Roche (71) ... 116 B3
Saint-Martin-Bellevue (74) ... 132 B1
Saint-Martin-Boulogne (62) ... 1 F4
Saint-Martin-Cantalès (15) ... 139 H3
Saint-Martin-Château (23) ... 125 E2
Saint-Martin-Choquel (62) ... 1 G4
Saint-Martin-Curton (47) ... 150 B4
Saint-Martin-d'Abbat (45) ... 81 F1
Saint-Martin-d'Ablois (51) ... 45 E2
Saint-Martin-d'Août (26) ... 144 B2
Saint-Martin-d'Arberoue (64) ... 179 E1
Saint-Martin-d'Arc (73) ... 146 D2
Saint-Martin-d'Arcé (49) ... 77 G4
Saint-Martin-d'Ardèche (07) ... 157 H5
Saint-Martin-d'Armagnac (32) ... 164 C4
Saint-Martin-d'Arrossa (64) ... 178 D2
Saint-Martin-d'Ary (17) ... 135 H2
Saint-Martin-d'Aubigny (50) ... 14 D6
Saint-Martin-d'Audouville (50) ... 14 D3
Saint-Martin-d'Auxigny (18) ... 97 G1
Saint-Martin-d'Auxy (71) ... 101 E6
Saint-Martin-de-Bavel (01) ... 131 F2
Saint-Martin-de-Beauville (47) ... 151 G5
Saint-Martin-de-Belleville (73) ... 132 D6
Saint-Martin-
-de-Bernegoue (79) ... 107 H4
Saint-Martin-de-Bienfaite-la-
Cressonnière (14) ... 17 G6
Saint-Martin-de-Blagny (14) ... 15 G5
Saint-Martin-de-Bonfossé (50) ... 37 F1
Saint-Martin-
-de-Boscherville (76) ... 7 F6
Saint-Martin-de-Bossenay (10) ... 65 G2
Saint-Martin-
-de-Boubaux (48) ... 156 D6
Saint-Martin-
-de-Bréthencourt (78) ... 62 D1
Saint-Martin-de-Brômes (04) ... 174 D3
Saint-Martin-de-Caralp (09) ... 183 G5
Saint-Martin-de-Castillon (84) ... 174 A3
Saint-Martin-de-Cenilly (50) ... 37 F2
Saint-Martin-de-Clelles (38) ... 145 F5
Saint-Martin-
-de-Commune (71) ... 101 E4
Saint-Martin-de-Connée (53) ... 59 G4
Saint-Martin-de-Coux (17) ... 136 A3
Saint-Martin-de-Crau (13) ... 172 D5
Saint-Martin-de-Fontenay (14) ... 16 B5
Saint-Martin-
-de-Fraigneau (85) ... 107 F2
Saint-Martin-
-de-Fressengeas (24) ... 123 G6
Saint-Martin-de-Fugères (43) ... 142 C5
Saint-Martin-de-Goyne (32) ... 165 G2
Saint-Martin-de-Gurson (24) ... 136 B4
Saint-Martin-de-Hinx (40) ... 162 C5
Saint-Martin-de-Juillers (17) ... 121 G1
Saint-Martin-de-Jussac (87) ... 123 G2
Saint-Martin-
-de-la-Brasque (84) ... 174 A3
Saint-Martin-de-la-Cluze (38) ... 145 G4
Saint-Martin-de-la-Lieue (14) ... 17 F5
Saint-Martin-de-la-Mer (21) ... 100 C1
Saint-Martin-de-la-Place (49) ... 77 G6
Saint-Martin-de-la-Porte (73) ... 146 D1
Saint-Martin-de-Lamps (36) ... 96 B3
Saint-Martin-de-Landelles (50) ... 37 F6
Saint-Martin-
-de-Lansuscle (48) ... 156 C5
Saint-Martin-de-l'Arçon (34) ... 169 H6
Saint-Martin-de-Laye (33) ... 135 H4
Saint-Martin-de-Lenne (12) ... 155 E4
Saint-Martin-de-Lerm (33) ... 150 A1
Saint-Martin-de-Lixy (71) ... 115 F5
Saint-Martin-de-Londres (34) ... 171 E4
Saint-Martin-de-Mâcon (79) ... 93 G3
Saint-Martin-de-Mailloc (14) ... 17 F5
Saint-Martin-de-Mieux (14) ... 38 D3
Saint-Martin-de-Nigelles (28) ... 41 G6
Saint-Martin-
-de-Queyrières (05) ... 147 E5
Saint-Martin-de-Ré (17) ... 106 B4
Saint-Martin-de-Ribérac (24) ... 136 D2
Saint-Martin-
-de-Saint-Maixent (79) ... 108 B3
Saint-Martin-
-de-Salencey (71) ... 115 H2
Saint-Martin-de-Sallen (14) ... 16 A6
Saint-Martin-de-Sanzay (79) ... 93 G2
Saint-Martin-
-de-Seignanx (40) ... 162 B5
Saint-Martin-de-Sescas (33) ... 149 H2
Saint-Martin-de-Valamas (07) ... 143 F5
Saint-Martin-
-de-Valgalgues (30) ... 157 E6
Saint-Martin-de-Varreville (50) ... 15 E4
Saint-Martin-
-de-Vaulserre (38) ... 131 G5
Saint-Martin-de-Vers (46) ... 152 D2
Saint-Martin-de-Villeréal (47) ... 151 G2
Saint-Martin-
-de-Villereglan (11) ... 184 D4
Saint-Martin-d'Ecublei (61) ... 40 B4
Saint-Martin-d'Entraunes (06) ... 161 G5
Saint-Martin-
-des-Besaces (14) ... 37 H2
Saint-Martin-des-Bois (41) ... 79 E2
Saint-Martin-des-Champs (18) ... 98 C2
Saint-Martin-des-Champs (29) ... 32 A3
Saint-Martin-des-Champs (50) ... 35 H3
Saint-Martin-des-Champs (77) ... 44 B4
Saint-Martin-des-Champs (78) ... 41 H3
Saint-Martin-des-Champs (89) ... 82 C3
Saint-Martin-
-des-Combes (24) ... 137 E4
Saint-Martin-des-Entrées (14) ... 15 H5
Saint-Martin-
-des-Fontaines (85) ... 107 E1
Saint-Martin-des-Lais (03) ... 99 G6
Saint-Martin-des-Landes (61) ... 39 E6
Saint-Martin-des-Monts (72) ... 60 D4
Saint-Martin-des-Noyers (85) ... 91 H4
Saint-Martin-des-Olmes (63) ... 128 B5
Saint-Martin-des-Pézerits (61) ... 40 A6
Saint-Martin-des-Plains (63) ... 127 G5
Saint-Martin-des-Prés (22) ... 33 F6
Saint-Martin-des-Puits (11) ... 185 F5
Saint-Martin-des-Tilleuls (85) ... 92 A3
Saint-Martin-d'Estréaux (42) ... 114 C5
Saint-Martin-
-d'Hardinghem (62) ... 2 A5
Saint-Martin-d'Hères (38) ... 145 G2
Saint-Martin-d'Heuille (58) ... 99 E3
Saint-Martin-d'Ollières (63) ... 127 H6
Saint-Martin-Don (14) ... 37 H3
Saint-Martin-d'Oney (40) ... 163 G2
Saint-Martin-d'Ordon (89) ... 64 D5
Saint-Martin-d'Oydes (09) ... 183 G4
Saint-Martin-du-Bec (76) ... 6 B4
Saint-Martin-du-Bois (33) ... 135 G4
Saint-Martin-du-Bois (49) ... 76 C2
Saint-Martin-du-Boschet (77) ... 44 C5
Saint-Martin-du-Clocher (16) ... 108 D6
Saint-Martin-du-Fault ... 124 A2
Saint-Martin-du-Fouilloux (49) ... 76 D5
Saint-Martin-
-du-Fouilloux (79) ... 108 B1
Saint-Martin-du-Frêne (01) ... 117 G5
Saint-Martin-du-Lac (71) ... 115 E4
Saint-Martin-du-Limet (53) ... 76 B1
Saint-Martin-du-Manoir (76) ... 6 B5
Saint-Martin-
-du-Mesnil-Oury (14) ... 17 E6
Saint-Martin-du-Mont (01) ... 117 E5
Saint-Martin-du-Mont (21) ... 85 F5
Saint-Martin-du-Mont (71) ... 117 E1
Saint-Martin-du-Puy (33) ... 150 A1
Saint-Martin-du-Puy (58) ... 84 A6
Saint-Martin-du-Tartre (71) ... 101 E6
Saint-Martin-du-Tertre (89) ... 65 E4
Saint-Martin-du-Tertre (95) ... 42 D1
Saint-Martin-du-Tilleul (27) ... 17 H5
Saint-Martin-du-Var (06) ... 176 D4
Saint-Martin-
-du-Vieux-Bellême (61) ... 60 D2
Saint-Martin-du-Vivier (76) ... 7 H6
Saint-Martin-d'Uriage (38) ... 145 H2
Saint-Martin-en-Bière (77) ... 63 H2
Saint-Martin-en-Bresse (71) ... 101 H5
Saint-Martin-
-en-Campagne (76) ... 7 H1
Saint-Martin-en-Gâtinois (71) ... 101 H4
Saint-Martin-en-Haut (69) ... 129 G4
Saint-Martin-en-Vercors (26) ... 145 E4
Saint-Martin-Gimois (32) ... 166 A6
Saint-Martin-
-la-Campagne (27) ... 40 D2
Saint-Martin-la-Garenne (78) ... 41 H2
Saint-Martin-la-Méanne (19) ... 139 F3
Saint-Martin-la-Patrouille (71) ... 115 H1
Saint-Martin-la-Plaine (42) ... 129 G5
Saint-Martin-la-Sauveté (42) ... 128 C2
Saint-Martin-Labouval (46) ... 153 E3
Saint-Martin-Lacaussade (33) ... 135 E3
Saint-Martin-Laguépie (81) ... 153 G6
Saint-Martin-l'Aiguillon (61) ... 38 D6
Saint-Martin-Lalande (11) ... 184 C2
Saint-Martin-l'Ars (86) ... 109 F4
Saint-Martin-Lars-
-en-Sainte-Hermine (85) ... 107 E1
Saint-Martin-l'Astier (24) ... 136 C4
Saint-Martin-le-Beau (37) ... 79 F6
Saint-Martin-le-Bouillant (50) ... 37 F4
Saint-Martin-le-Châtel (01) ... 116 D4
Saint-Martin-le-Colonel (26) ... 144 D4
Saint-Martin-le-Gaillard (76) ... 8 A5
Saint-Martin-le-Gréard (50) ... 14 C3
Saint-Martin-le-Hébert (50) ... 14 C3
Saint-Martin-le-Mault (87) ... 110 C3
Saint-Martin-le-Nœud (60) ... 20 A5
Saint-Martin-le-Pin (24) ... 123 E5
Saint-Martin-le-Redon (46) ... 151 H3
Saint-Martin-le-Vieil (11) ... 184 C2
Saint-Martin-le-Vieux (87) ... 124 A3
Saint-Martin-le-Vinoux (38) ... 145 G2
Saint-Martin-les-Eaux (04) ... 174 C2
Saint-Martin-lès-Langres (52) ... 86 A1
Saint-Martin-lès-Melle (79) ... 108 B4
Saint-Martin-lès-Seyne (04) ... 160 C3
Saint-Martin-Lestra (42) ... 129 F3
Saint-Martin-l'Heureux (51) ... 23 G6
Saint-Martin-l'Hortier (76) ... 19 E1
Saint-Martin-Longueau (60) ... 21 E5
Saint-Martin-Lys (11) ... 198 D1
Saint-Martin-Osmonville (76) ... 7 H4
Saint-Martin-Petit (47) ... 150 B2
Saint-Martin-Rivière (02) ... 11 F4
Saint-Martin-Saint-Firmin (27) ... 17 H3
Saint-Martin-
-Sainte-Catherine (23) ... 124 D1
Saint-Martin-Sepert (19) ... 124 C6
Saint-Martin-
-sous-Montaigu (71) ... 101 F5
Saint-Martin-
-sous-Vigouroux (15) ... 140 D5
Saint-Martin-
-sur-Armançon (89) ... 84 B1
Saint-Martin-sur-Cojeul (62) ... 10 B3
Saint-Martin-sur-Écaillon (59) ... 11 F3
Saint-Martin-
-sur-la-Chambre (73) ... 132 C6
Saint-Martin-sur-Lavezon (07) ... 158 A2
Saint-Martin-sur-le-Pré (51) ... 45 H2
Saint-Martin-sur-Nohain (58) ... 82 C6
Saint-Martin-sur-Ocre (45) ... 82 A3
Saint-Martin-sur-Ocre (89) ... 83 E2
Saint-Martin-sur-Ouanne (89) ... 82 D1
Saint-Martin-Terressus (87) ... 124 C2
Saint-Martin-Valmeroux (15) ... 140 A3
Saint-Martin-Vésubie (06) ... 177 E2
Saint-Martin de Fenollar ... 200 D4
Saint-Martin de Peille ... 177 F5
Saint-Martinien (03) ... 112 C4
Saint-Martory (31) ... 182 C4
Saint-Mary (16) ... 122 D2
Saint-Mary-le-Plain (15) ... 141 F2
Saint-Masmes (51) ... 23 G5
Saint-Mathieu ... 30 C5
Saint-Mathieu (87) ... 123 F3
Saint-Mathieu-de-Tréviers (34) ... 171 F4
Saint-Mathurin (85) ... 91 E5
Saint-Mathurin-Léobazel ... 139 F4
Saint-Mathurin-sur-Loire (49) ... 77 F5
Saint-Matré (46) ... 152 A4
Saint-Maudan (22) ... 55 G2
Saint-Maudez (22) ... 34 C5
Saint-Maugan (35) ... 56 C2
Saint-Maulvis (80) ... 8 D6
Saint-Maur ... 77 F5
Saint-Maur (18) ... 112 B1
Saint-Maur (32) ... 165 F6
Saint-Maur (36) ... 96 B5
Saint-Maur (39) ... 117 G1
Saint-Maur (60) ... 19 H3
Saint-Maur-des-Bois (50) ... 37 F4
Saint-Maur-des-Fossés (94) ... 43 E4
Saint-Maur-sur-le-Loir (28) ... 62 A4
Saint-Maurice ... 137 F4
Saint-Maurice ... 3 F5
Saint-Maurice (52) ... 86 B1
Saint-Maurice (58) ... 99 G2
Saint-Maurice (63) ... 127 G4
Saint-Maurice (67) ... 71 F2
Saint-Maurice (94) ... 43 E4
Saint-Maurice-aux-Forges (54) ... 49 H6

Saint-Maurice-aux-Riches-Hommes (89) … 65 F3
Saint-Maurice-Colombier (25) … 88 B4
Saint-Maurice-Crillat (39) … 117 H1
Saint-Maurice-d'Ardèche (07) … 157 G3
Saint-Maurice-de-Beynost (01) … 130 B2
Saint-Maurice-de-Cazevieille (30) … 171 H1
Saint-Maurice-de-Gourdans (01) … 130 C2
Saint-Maurice-de-Lestapel (47) … 151 E2
Saint-Maurice-de-Lignon (43) … 143 E2
Saint-Maurice-de-Rémens (01) … 130 D1
Saint-Maurice-de-Roche … 142 C2
Saint-Maurice-de-Rotherens (73) … 131 G4
Saint-Maurice-de-Satonnay (71) … 116 B3
Saint-Maurice-de-Tavernole (17) … 121 G5
Saint-Maurice-de-Ventalon (48) … 156 C4
Saint-Maurice-des-Champs (71) … 116 A1
Saint-Maurice-des-Lions (16) … 123 F1
Saint-Maurice-des-Noues (85) … 107 F1
Saint-Maurice-d'Ételan (76) … 6 D6
Saint-Maurice-d'Ibie (07) … 157 G3
Saint-Maurice-du-Désert (61) … 38 C6
Saint-Maurice-en-Chalencon (07) … 143 H5
Saint-Maurice-en-Cotentin (50) … 14 B4
Saint-Maurice-en-Gourgois (42) … 129 E6
Saint-Maurice-en-Quercy (46) … 153 F1
Saint-Maurice-en-Rivière (71) … 101 H4
Saint-Maurice-en-Trièves (38) … 145 G6
Saint-Maurice-en-Valgodemard (05) … 146 B5
Saint-Maurice-la-Clouère (86) … 109 E3
Saint-Maurice-la-Fougereuse (79) … 93 E3
Saint-Maurice-la-Souterraine (23) … 110 D5
Saint-Maurice-le-Girard (85) … 92 C6
Saint-Maurice-le-Vieil (89) … 83 E2
Saint-Maurice-les-Brousses (87) … 124 B4
Saint-Maurice-lès-Charencey (61) … 40 B5
Saint-Maurice-lès-Châteauneuf (71) … 115 F5
Saint-Maurice-lès-Couches (71) … 101 E4
Saint-Maurice-l'Exil (38) … 130 A6
Saint-Maurice-Montcouronne (91) … 42 C6
Saint-Maurice-Navacelles (34) … 170 D3
Saint-Maurice-près-Crocq (23) … 126 A2
Saint-Maurice-près-Pionsat (63) … 112 D6
Saint-Maurice-Saint-Germain (28) … 61 G1
Saint-Maurice-sous-les-Côtes (55) … 48 A2
Saint-Maurice-sur-Adour (40) … 163 H3
Saint-Maurice-sur-Aveyron (45) … 82 C1
Saint-Maurice-sur-Dargoire (69) … 129 H4
Saint-Maurice-sur-Eygues (26) … 158 C4
Saint-Maurice-sur-Fessard (45) … 64 A6
Saint-Maurice-sur-Huisne (61) … 61 E2
Saint-Maurice-sur-Loire … 128 D1
Saint-Maurice-sur-Mortagne (88) … 70 A2
Saint-Maurice-sur-Moselle (88) … 70 C6
Saint-Maurice-sur-Vingeanne (21) … 86 B3
Saint-Maurice-Thizouaille (89) … 83 E1
Saint-Maurice des Chasaux … 117 F4
Saint-Maurin (47) … 151 G6
Saint-Max (54) … 48 D5
Saint-Maxent (80) … 8 C5
Saint-Maximin (30) … 172 B2
Saint-Maximin (38) … 132 A6
Saint-Maximin (60) … 20 D6
Saint-Maximin-la-Sainte-Baume (83) … 174 D6
Saint-Maxire (79) … 107 H3
Saint-May (26) … 159 E3
Saint-Mayeux (22) … 55 E1
Saint-Méard (87) … 124 D4
Saint-Méard-de-Drône (24) … 136 D2
Saint-Méard-de-Gurçon (24) … 136 B5
Saint-Médard (16) … 121 H5
Saint-Médard (17) … 121 G6
Saint-Médard (31) … 182 C4
Saint-Médard (32) … 165 G6
Saint-Médard (36) … 95 H3
Saint-Médard (46) … 152 B3
Saint-Médard (57) … 49 F3
Saint-Médard (64) … 163 G6
Saint-Médard (79) … 108 A4
Saint-Médard-d'Aunis (17) … 106 D5
Saint-Médard-de-Guizières (33) … 136 A4
Saint-Médard-de-Mussidan (24) … 136 D4
Saint-Médard-de-Presque (46) … 139 E5
Saint-Médard-d'Excideuil (24) … 137 H1
Saint-Médard-d'Eyrans (33) … 149 F1
Saint-Médard-en-Forez (42) … 129 F4
Saint-Médard-en-Jalles (33) … 134 D5
Saint-Médard-la-Rochette (23) … 112 A6
Saint-Médard-Nicourby (46) … 139 G6
Saint-Médard-sur-Ille (35) … 57 F1
Saint-Méen (29) … 31 F3
Saint-Méen-le-Grand (35) … 56 C2
Saint-Melaine-sur-Aubance (49) … 77 E5
Saint-Mélany (07) … 157 E3
Saint-Méloir-des-Bois (22) … 34 B5
Saint-Méloir-des-Ondes (35) … 35 E3
Saint-Même-le-Tenu (44) … 90 D1
Saint-Même-les-Carrières (16) … 121 H4
Saint-Memmie … 46 A2
Saint-Memmie (51) … 46 A3
Saint-Menge (88) … 69 E3
Saint-Menges (08) … 24 C1
Saint-Menoux (03) … 113 G1
Saint-Merd-de-Lapleau (19) … 139 G2
Saint-Merd-la-Breuille (23) … 126 A3
Saint-Merd-les-Oussines (19) … 125 G4
Saint-Méry (77) … 43 G6
Saint-Meslin-du-Bosc (27) … 18 B6
Saint-Mesmes (77) … 43 F3
Saint-Mesmin (10) … 66 A2
Saint-Mesmin (21) … 85 E6
Saint-Mesmin (24) … 138 A1
Saint-Mesmin (85) … 92 C5
Saint-Mexant (19) … 138 D2
Saint-Mézard (32) … 165 G1
Saint-M'Hervé (35) … 58 A4
Saint-M'Hervon (35) … 56 C1
Saint-Micaud (71) … 101 E6
Saint-Michel … 160 C1
Saint-Michel (02) … 12 B5
Saint-Michel (09) … 183 G4
Saint-Michel (16) … 122 B4
Saint-Michel (31) … 182 D3
Saint-Michel (32) … 181 H1
Saint-Michel (34) … 170 C3
Saint-Michel (45) … 63 G5
Saint-Michel (64) … 178 D3
Saint-Michel (82) … 166 B1
Saint-Michel-Chef-Chef (44) … 73 G5
Saint-Michel-d'Aurance (07) … 143 G5
Saint-Michel-de-Bannières (46) … 138 D4
Saint-Michel-de-Boulogne (07) … 157 G1
Saint-Michel-de-Castelnau (33) … 150 A5
Saint-Michel-de-Chabrillanoux (07) … 143 H5
Saint-Michel-de-Chaillol (05) … 160 C1
Saint-Michel-de-Chavaignes (72) … 60 D5
Saint-Michel-de-Dèze (48) … 156 D5
Saint-Michel-de-Double (24) … 136 C3
Saint-Michel-de-Feins (53) … 77 E2
Saint-Michel-de-Fronsac (33) … 135 G5
Saint-Michel-de-la-Pierre (50) … 37 E1
Saint-Michel-de-la-Roë (53) … 58 A6
Saint-Michel-de-Lanès (11) … 184 A2
Saint-Michel-de-Lapujade (33) … 150 B2
Saint-Michel-de-Livet (14) … 17 E6
Saint-Michel-de-Llotes (66) … 199 G3
Saint-Michel-de-Maurienne (73) … 146 D2
Saint-Michel-de-Montaigne (24) … 136 A5
Saint-Michel-de-Montjoie (50) … 37 G4
Saint-Michel-de-Plélan (22) … 34 C5
Saint-Michel-de-Rieufret (33) … 149 G2
Saint-Michel-de-Saint-Geoirs (38) … 145 E1
Saint-Michel-de-Vax (81) … 167 H1
Saint-Michel-de-Veisse (23) … 125 G1
Saint-Michel-de-Villadeix (24) … 137 F4
Saint-Michel-de-Volangis (18) … 97 H2
Saint-Michel-des-Andaines (61) … 38 C6
Saint-Michel-d'Euzet (30) … 157 H5
Saint-Michel-d'Halescourt (76) … 19 G3
Saint-Michel-en-Beaumont (38) … 145 H5
Saint-Michel-en-Brenne (36) … 95 G5
Saint-Michel-en-Grève (22) … 32 B2
Saint-Michel-en-l'Herm (85) … 106 C3
Saint-Michel-Escalus (40) … 162 C2
Saint-Michel-et-Chanveaux (49) … 75 F1
Saint-Michel-Labadié (81) … 168 D2
Saint-Michel-le-Cloucq (85) … 107 F2
Saint-Michel-les-Portes (38) … 145 F5
Saint-Michel-l'Observatoire (04) … 174 B2
Saint-Michel-Loubéjou (46) … 139 E5
Saint-Michel-Mont-Mercure (85) … 92 B4
Saint-Michel-sous-Bois (62) … 1 G6
Saint-Michel-sur-Loire (37) … 78 B6
Saint-Michel-sur-Meurthe (88) … 70 C2
Saint-Michel-sur-Orge (91) … 42 D6
Saint-Michel-sur-Rhône (42) … 130 A6
Saint-Michel-sur-Savasse (26) … 144 C3
Saint-Michel-sur-Ternoise (62) … 9 G1
Saint-Michel-Tubœuf (61) … 40 B5
Saint-Mihiel (55) … 47 H3
Saint-Mitre-les-Remparts (13) … 190 A2
Saint-Molf (44) … 73 F3
Saint-Momelin (59) … 2 B3
Saint-Mont (32) … 164 C5
Saint-Montan (07) … 157 H3
Saint-Moré (89) … 83 H4
Saint-Moreil (23) … 124 D2
Saint-Morel (08) … 24 A5
Saint-Morillon (33) … 149 F1
Saint-Mury-Monteymond (38) … 145 H2
Saint-Myon (63) … 127 F1
Saint-Nabor (67) … 71 F1
Saint-Nabord (88) … 70 A5
Saint-Nabord-sur-Aube (10) … 66 C1
Saint-Nauphary (82) … 167 E2
Saint-Nazaire (30) … 157 H5
Saint-Nazaire (44) … 73 G4
Saint-Nazaire (66) … 201 E3
Saint-Nazaire-d'Aude (11) … 186 B3
Saint-Nazaire-de-Ladarez (34) … 169 H6
Saint-Nazaire-de-Pézan (34) … 171 G5
Saint-Nazaire-de-Valentane (82) … 151 H5
Saint-Nazaire-des-Gardies (30) … 171 G2
Saint-Nazaire-en-Royans (26) … 144 D3
Saint-Nazaire-le-Désert (26) … 159 E2
Saint-Nazaire-les-Eymes (38) … 145 H1
Saint-Nazaire-sur-Charente (17) … 120 C1
Saint-Nectaire (63) … 127 E5
Saint-Nexans (24) … 137 E6
Saint-Nic (29) … 31 E6
Saint-Nicodème … 55 E3
Saint-Nicodème (22) … 32 D5
Saint-Nicolas (62) … 10 B2
Saint-Nicolas-aux-Bois (02) … 22 B3
Saint-Nicolas-d'Aliermont (76) … 7 H2
Saint-Nicolas-d'Attez (27) … 40 C4
Saint-Nicolas-de-Bliquetuit (76) … 7 E5
Saint-Nicolas-de-Bourgueil (37) … 78 A6
Saint-Nicolas-de-la-Balerme (47) … 151 F6
Saint-Nicolas-de-la-Grave (82) … 166 C1
Saint-Nicolas-de-la-Haie (76) … 6 D5
Saint-Nicolas-de-la-Taille (76) … 6 C5
Saint-Nicolas-de-Macherin (38) … 131 F6
Saint-Nicolas-de-Pierrepont (50) … 14 C5
Saint-Nicolas-de-Port (54) … 49 E5
Saint-Nicolas-de-Redon (44) … 73 H1
Saint-Nicolas-de-Sommaire (61) … 40 A4
Saint-Nicolas-de-Véroce … 133 E1
Saint-Nicolas-des-Biefs (03) … 114 C6
Saint-Nicolas-des-Bois (50) … 37 F4
Saint-Nicolas-des-Bois (61) … 59 H1
Saint-Nicolas-des-Eaux … 55 E3
Saint-Nicolas-des-Laitiers (61) … 39 H4
Saint-Nicolas-des-Motets (37) … 79 G4
Saint-Nicolas-du-Bosc (27) … 18 B6
Saint-Nicolas-du-Pélem (22) … 33 E6
Saint-Nicolas-du-Tertre (56) … 56 B5
Saint-Nicolas-la-Chapelle (10) … 65 F1
Saint-Nicolas-la-Chapelle (73) … 132 D2
Saint-Nicolas-lès-Cîteaux (21) … 101 H2
Saint-Nizier-d'Azergues (69) … 115 H6
Saint-Nizier-de-Fornas (42) … 128 D6
Saint-Nizier-du-Moucherotte (38) … 145 F2
Saint-Nizier-le-Bouchoux (01) … 116 D2
Saint-Nizier-le-Désert (01) … 116 D6
Saint-Nizier-sous-Charlieu (42) … 115 E5
Saint-Nizier-sur-Arroux (71) … 100 B5
Saint-Nolff (56) … 55 G6
Saint-Nom-la-Bretèche (78) … 42 B4
Saint-Offenge-Dessous (73) … 132 A3
Saint-Offenge-Dessus (73) … 132 A3
Saint-Omer (14) … 38 C3
Saint-Omer (62) … 2 B4
Saint-Omer-Capelle (62) … 2 A2
Saint-Omer-en-Chaussée (60) … 20 A3
Saint-Ondras (38) … 131 F5
Saint-Onen-la-Chapelle (35) … 56 C2
Saint-Oradoux-de-Chirouze (23) … 126 A3
Saint-Oradoux-près-Crocq (23) … 126 A2
Saint-Orens (32) … 166 B4
Saint-Orens-de-Gameville (31) … 167 F6
Saint-Orens-Pouy-Petit (32) … 165 G2
Saint-Ost (32) … 181 H2
Saint-Ouen (17) … 121 H2
Saint-Ouen (41) … 79 G2
Saint-Ouen (80) … 9 F4
Saint-Ouen (93) … 42 D3
Saint-Ouen-d'Attez (27) … 40 C4
Saint-Ouen-d'Aunis (17) … 106 D4
Saint-Ouen-de-la-Cour (61) … 60 D2
Saint-Ouen-de-Mimbré (72) … 60 A3
Saint-Ouen-de-Pontcheuil (27) … 18 B6
Saint-Ouen-de-Sécherouvre (61) … 40 A6
Saint-Ouen-de-Thouberville (27) … 18 B5
Saint-Ouen-des-Alleux (35) … 35 G6
Saint-Ouen-des-Besaces (14) … 37 H2
Saint-Ouen-des-Champs (27) … 17 H3
Saint-Ouën-des-Toits (53) … 58 C4
Saint-Ouën-des-Vallons (53) … 59 E4
Saint-Ouen-Domprot (51) … 46 A6
Saint-Ouen-du-Breuil (76) … 7 G4
Saint-Ouen-du-Mesnil-Oger (14) … 16 D5
Saint-Ouen-du-Tilleul (27) … 18 B5
Saint-Ouen-en-Belin (72) … 78 B1
Saint-Ouen-en-Brie (77) … 64 B1
Saint-Ouen-en-Champagne (72) … 59 G6
Saint-Ouen-la-Rouërie (35) … 35 G5
Saint-Ouen-l'Aumône (95) … 42 C2
Saint-Ouen-le-Brisoult (61) … 59 F1
Saint-Ouen-le-Houx (14) … 17 F6
Saint-Ouen-le-Mauger (76) … 7 F3
Saint-Ouen-le-Pin (14) … 17 E5
Saint-Ouen-lès-Parey (88) … 68 D4
Saint-Ouen-les-Vignes (37) … 79 F5
Saint-Ouen-Marchefroy (28) … 41 G4
Saint-Ouen-sous-Bailly (76) … 8 A6
Saint-Ouen-sur-Gartempe (87) … 110 B5
Saint-Ouen-sur-Iton (61) … 40 B5
Saint-Ouen-sur-Loire (58) … 99 E4
Saint-Ouen-sur-Maire (61) … 38 D5
Saint-Ouen-sur-Morin (77) … 44 A3
Saint-Oulph (10) … 65 H1
Saint-Ours (63) … 126 D2
Saint-Ours (73) … 132 A3
Saint-Outrille (18) … 96 D2
Saint-Ovin (50) … 37 F5
Saint-Oyen (73) … 132 D5
Saint-Pabu (29) … 30 D3
Saint-Paër (76) … 7 F5
Saint-Pair (14) … 16 C4
Saint-Pair-sur-Mer (50) … 35 G2
Saint-Pal-de-Chalencon (43) … 142 C1
Saint-Pal-de-Mons (43) … 143 E2
Saint-Pal-de-Senouire (43) … 142 A2
Saint-Palais (03) … 112 B3
Saint-Palais (18) … 97 G1
Saint-Palais (33) … 135 E1
Saint-Palais (64) … 179 F2
Saint-Palais-de-Négrignac (17) … 135 H2
Saint-Palais-de-Phiolin (17) … 121 E5
Saint-Palais-du-Né (16) … 121 H5
Saint-Palais-sur-Mer (17) … 120 B4
Saint-Pancrace (24) … 123 F6
Saint-Pancrace (73) … 146 C1
Saint-Pancrasse (38) … 145 H1
Saint-Pancré (54) … 25 G3
Saint-Pandelon (40) … 163 E4
Saint-Pantaléon (46) … 152 B4
Saint-Pantaléon (84) … 173 G3
Saint-Pantaléon-de-Lapleau (19) … 139 H1
Saint-Pantaléon-de-Larche (19) … 138 C3
Saint-Pantaléon-les-Vignes (26) … 158 C4
Saint-Pantaly-d'Ans (24) … 137 H2
Saint-Pantaly-d'Excideuil (24) … 137 H1
Saint-Papoul (11) … 184 C2
Saint-Pardon-de-Conques (33) … 149 H2
Saint-Pardoult (17) … 107 H6
Saint-Pardoux … 126 C5
Saint-Pardoux (63) … 113 F6
Saint-Pardoux (79) … 108 A1
Saint-Pardoux (87) … 110 C6
Saint-Pardoux-Corbier (19) … 124 C6
Saint-Pardoux-d'Arnet (23) … 126 A2
Saint-Pardoux-de-Drône (24) … 136 D2
Saint-Pardoux-de-Mareuil … 122 D6
Saint-Pardoux-du-Breuil (47) … 150 C3
Saint-Pardoux-et-Vielvic (24) … 137 H6
Saint-Pardoux-Isaac (47) … 150 D2
Saint-Pardoux-la-Croisille (19) … 139 F2
Saint-Pardoux-la-Rivière (24) … 123 F5
Saint-Pardoux-le-Neuf (19) … 126 A4
Saint-Pardoux-le-Neuf (23) … 125 H2
Saint-Pardoux-le-Vieux (19) … 125 H4
Saint-Pardoux-les-Cards (23) … 111 H6
Saint-Pardoux-l'Ortigier (19) … 138 D1
Saint-Pardoux-Morterolles (23) … 125 E2
Saint-Pargoire (34) … 170 D6
Saint-Parize-en-Viry (58) … 99 E5
Saint-Parize-le-Châtel (58) … 98 D5
Saint-Parres-aux-Tertres (10) … 66 B3
Saint-Parres-lès-Vaudes (10) … 66 C4
Saint-Parthem (12) … 154 A2
Saint-Pastour (47) … 151 E3
Saint-Pastous (65) … 180 D5
Saint-Paterne (72) … 60 A2
Saint-Paterne-Racan (37) … 78 C3
Saint-Pathus (77) … 43 G2
Saint-Patrice (37) … 78 B6
Saint-Patrice-de-Claids (50) … 14 D5
Saint-Patrice-du-Désert (61) … 38 D6
Saint-Pau … 165 E1
Saint-Paul … 172 D4
Saint-Paul (06) … 176 D5
Saint-Paul (19) … 139 F2
Saint-Paul (33) … 135 E3
Saint-Paul (60) … 20 A4
Saint-Paul (61) … 38 B4
Saint-Paul (65) … 181 H4
Saint-Paul (73) … 131 G3
Saint-Paul (87) … 124 C3
Saint-Paul (88) … 69 E2
Saint-Paul-aux-Bois (02) … 21 H3
Saint-Paul-Cap-de-Joux (81) … 168 A5
Saint-Paul-de-Baïse (32) … 165 F4
Saint-Paul-de-Fenouillet (66) … 199 F1
Saint-Paul-de-Fourques (27) … 18 B6
Saint-Paul-de-Jarrat (09) … 183 H6
Saint-Paul-de-Loubressac (46) … 152 C5
Saint-Paul-de-Salers (15) … 140 B3
Saint-Paul-de-Serre (24) … 137 E3
Saint-Paul-de-Tartas (43) … 142 C6
Saint-Paul-de-Varax (01) … 116 D5
Saint-Paul-de-Varces (38) … 145 F3
Saint-Paul-de-Vern (46) … 139 F6
Saint-Paul-de-Vézelin (42) … 128 D2
Saint-Paul-des-Landes (15) … 140 A5
Saint-Paul-d'Espis (82) … 151 H6
Saint-Paul-d'Izeaux (38) … 145 E1
Saint-Paul-d'Oueil (31) … 196 A4
Saint-Paul-du-Bois (49) … 92 D2
Saint-Paul-du-Vernay (14) … 15 H6
Saint-Paul-d'Uzore (42) … 128 D4
Saint-Paul-en-Born (40) … 148 B5
Saint-Paul-en-Chablais (74) … 119 F2
Saint-Paul-en-Cornillon (42) … 129 E6
Saint-Paul-en-Forêt (83) … 192 D1
Saint-Paul-en-Gâtine (79) … 92 D6
Saint-Paul-en-Jarez (42) … 129 G5
Saint-Paul-en-Pareds (85) … 92 B4
Saint-Paul-et-Valmalle (34) … 171 E5
Saint-Paul-la-Coste (30) … 156 D6
Saint-Paul-la-Roche (24) … 123 H6
Saint-Paul-le-Froid (48) … 142 A6
Saint-Paul-le-Gaultier (72) … 59 G3
Saint-Paul-le-Jeune (07) … 157 E4
Saint-Paul-lès-Dax (40) … 162 D4
Saint-Paul-lès-Durance (13) … 174 B4
Saint-Paul-les-Fonts (30) … 172 C1
Saint-Paul-lès-Monestier (38) … 145 F4
Saint-Paul-lès-Romans (26) … 144 C3
Saint-Paul-Lizonne (24) … 136 C1
Saint-Paul-Mont-Penit (85) … 91 E3
Saint-Paul-sur-Isère (73) … 132 D4
Saint-Paul-sur-Save (31) … 166 D4
Saint-Paul-sur-Ubaye (04) … 161 G2
Saint-Paul-Trois-Châteaux (26) … 158 B4
Saint-Paulet (11) … 184 B1
Saint-Paulet-de-Caisson (30) … 157 H5
Saint-Paulien (43) … 142 C3
Saint-Pavace (72) … 60 A5
Saint-Pé-d'Ardet (31) … 182 A5
Saint-Pé-de-Bigorre (65) … 180 D4
Saint-Pé-de-Léren (64) … 163 E6
Saint-Pé-Delbosc (31) … 182 B3
Saint-Pé-Saint-Simon (47) … 164 D2
Saint-Pée-sur-Nivelle (64) … 178 B1
Saint-Pellerin (28) … 61 G5
Saint-Pellerin (50) … 15 E5
Saint-Péran (35) … 56 C3
Saint-Péravy-la-Colombe (45) … 62 C6
Saint-Péray (07) … 144 A4
Saint-Perdon (40) … 163 H3
Saint-Perdoux (24) … 151 E1
Saint-Perdoux (46) … 153 G1
Saint-Père (35) … 34 D4
Saint-Père (58) … 82 C5
Saint-Père (89) … 83 H5
Saint-Père-en-Retz (44) … 73 H5
Saint-Père-sur-Loire (45) … 81 G2
Saint-Péreuse (58) … 99 H3
Saint-Pern (35) … 56 D1
Saint-Perreux (56) … 56 C6
Saint-Péver (22) … 33 E4
Saint-Pey-d'Armens (33) … 135 H5
Saint-Pey-de-Castets (33) … 136 A6
Saint-Phal (10) … 66 A5
Saint-Philbert-de-Bouaine (85) … 91 F1
Saint-Philbert-de-Grand-Lieu (44) … 91 E1
Saint-Philbert-des-Champs (14) … 17 F4
Saint-Philbert-du-Peuple (49) … 77 H5
Saint-Philbert-en-Mauges (49) … 75 G6
Saint-Philbert-sur-Boissey (27) … 18 B6
Saint-Philbert-sur-Orne (61) … 38 C4
Saint-Philbert-sur-Risle (27) … 18 A5
Saint-Philibert (21) … 101 H1
Saint-Philibert (56) … 72 B1
Saint-Philippe-d'Aiguille (33) … 136 A5
Saint-Philippe-du-Seignal (33) … 136 C6
Saint-Piat (28) … 62 B1
Saint-Pierre … 192 D2
Saint-Pierre … 53 E4
Saint-Pierre … 100 D3
Saint-Pierre (04) … 176 C4
Saint-Pierre (15) … 140 A1
Saint-Pierre (31) … 167 G5
Saint-Pierre (39) … 118 A1
Saint-Pierre (51) … 45 H3
Saint-Pierre (67) … 71 G1
Saint-Pierre-à-Arnes (08) … 23 H5
Saint-Pierre-Aigle (02) … 21 H5
Saint-Pierre-Avez (05) … 159 H5
Saint-Pierre-Azif (14) … 17 E3
Saint-Pierre-Bellevue (23) … 125 F2
Saint-Pierre-Bénouville (76) … 7 F3
Saint-Pierre-Bois (67) … 71 F2
Saint-Pierre-Brouck (59) … 2 A2
Saint-Pierre-Canivet (14) … 38 D3
Saint-Pierre-Chérignat (23) … 124 D1
Saint-Pierre-Colamine (63) … 127 E5
Saint-Pierre-d'Albigny (73) … 132 B4
Saint-Pierre-d'Allevard (38) … 132 A6
Saint-Pierre-d'Alvey (73) … 131 G4
Saint-Pierre-d'Amilly (17) … 107 F5
Saint-Pierre-d'Argençon (05) … 159 G2
Saint-Pierre-d'Arthéglise (50) … 14 B4
Saint-Pierre-d'Aubézies (32) … 165 E5
Saint-Pierre-d'Aurillac (33) … 149 H2
Saint-Pierre-d'Autils (27) … 41 F1
Saint-Pierre-de-Bailleul (27) … 41 F1
Saint-Pierre-de-Bat (33) … 149 H1
Saint-Pierre-de-Belleville (73) … 132 C5
Saint-Pierre-de-Bœuf (42) … 130 A6
Saint-Pierre-de-Bressieux (38) … 144 D1
Saint-Pierre-de-Buzet (47) … 150 C5
Saint-Pierre-de-Cernières (27) … 40 A3
Saint-Pierre-de-Chandieu (69) … 130 B4
Saint-Pierre-de-Chartreuse (38) … 131 G6
Saint-Pierre-de-Chérennes (38) … 145 E3
Saint-Pierre-de-Chevillé (72) … 78 C3
Saint-Pierre-de-Chignac (24) … 137 G3
Saint-Pierre-de-Clairac (47) … 151 F6
Saint-Pierre-de-Côle (24) … 137 F1
Saint-Pierre-de-Colombier (07) … 157 F1
Saint-Pierre-de-Commiers … 145 G3
Saint-Pierre-de-Cormeilles (27) … 17 G4
Saint-Pierre-de-Coutances (50) … 37 E2
Saint-Pierre-de-Curtille (73) … 131 G2
Saint-Pierre-de-Frugie (24) … 123 H5
Saint-Pierre-de-Fursac (23) … 111 E5
Saint-Pierre-de-Genebroz (73) … 131 G5
Saint-Pierre-de-Jards (36) … 96 D2
Saint-Pierre-de-Juillers (17) … 121 G1
Saint-Pierre-de-la-Fage (34) … 170 C4
Saint-Pierre-de-Lages (31) … 167 G6
Saint-Pierre-de-Lamps (36) … 96 B4
Saint-Pierre-de-l'Île (17) … 107 H6
Saint-Pierre-de-Maillé (86) … 95 E6
Saint-Pierre-de-Mailloc (14) … 17 F5
Saint-Pierre-de-Manneville (76) … 18 B5
Saint-Pierre-de-Méaroz (38) … 145 H5
Saint-Pierre-de-Mésage (38) … 145 G3
Saint-Pierre-de-Mézoargues (13) … 172 C3
Saint-Pierre-de-Mons (33) … 149 H2
Saint-Pierre-de-Nogaret (48) … 155 F3
Saint-Pierre-de-Plesguen (35) … 34 D5
Saint-Pierre-de-Rivière (09) … 183 G5
Saint-Pierre-de-Salerne (27) … 18 A6
Saint-Pierre-de-Semilly (50) … 37 G1
Saint-Pierre-de-Sommaire … 40 B4
Saint-Pierre-de-Soucy (73) … 132 B5
Saint-Pierre-de-Trivisy (81) … 168 D4
Saint-Pierre-de-Varengeville (76) … 7 F5
Saint-Pierre-de-Varennes (71) … 101 E5
Saint-Pierre-de-Vassols (84) … 158 D6
Saint-Pierre-dels-Forcats (66) … 198 D4
Saint-Pierre-d'Entremont (38) … 131 H6
Saint-Pierre-d'Entremont (61) … 38 B4
Saint-Pierre-d'Entremont (73) … 131 H6
Saint-Pierre-des-Bois (72) … 59 G6
Saint-Pierre-des-Champs (11) … 185 F5
Saint-Pierre-des-Corps (37) … 79 E5
Saint-Pierre-des-Échaubrognes (79) … 92 C3
Saint-Pierre-des-Fleurs (27) … 18 C6
Saint-Pierre-des-Ifs (14) … 17 E5
Saint-Pierre-des-Ifs (27) … 17 H4
Saint-Pierre-des-Jonquières (76) … 8 B6
Saint-Pierre-des-Landes (53) … 58 B3
Saint-Pierre-des-Loges (61) … 39 H5
Saint-Pierre-des-Nids (53) … 59 H2
Saint-Pierre-des-Ormes (72) … 60 C3
Saint-Pierre-des-Tripiers (48) … 155 G5
Saint-Pierre-d'Exideuil (86) … 108 D5
Saint-Pierre-d'Eyraud (24) … 136 C5
Saint-Pierre-d'Irube (64) … 162 B6
Saint-Pierre-d'Oléron (17) … 120 A1
Saint-Pierre-du-Bosguérard (27) … 18 B6
Saint-Pierre-du-Bû (14) … 38 D3
Saint-Pierre-du-Champ (43) … 142 C2
Saint-Pierre-du-Chemin (85) … 92 C6
Saint-Pierre-du-Fresne (14) … 38 A2
Saint-Pierre-du-Jonquet (14) … 16 D4
Saint-Pierre-du-Lorouër (72) … 78 C2
Saint-Pierre-du-Mesnil (27) … 40 A3
Saint-Pierre-du-Mont (14) … 15 G4
Saint-Pierre-du-Mont (40) … 163 H2
Saint-Pierre-du-Mont (58) … 83 F5
Saint-Pierre-du-Palais (17) … 135 H2
Saint-Pierre-du-Perray (91) … 43 E6
Saint-Pierre-du-Regard (61) … 38 B4
Saint-Pierre-du-Val (27) … 6 C6
Saint-Pierre-du-Vauvray (27) … 18 D6
Saint-Pierre-Église (50) … 14 D2
Saint-Pierre-en-Faucigny (74) … 118 D5
Saint-Pierre-en-Port (76) … 6 D3
Saint-Pierre-en-Val (76) … 8 B5
Saint-Pierre-en-Vaux (21) … 101 E3
Saint-Pierre-es-Champs (60) … 19 G4
Saint-Pierre-Eynac (43) … 142 D4
Saint-Pierre-la-Bourlhonne (63) … 128 B4
Saint-Pierre-la-Bruyère (61) … 61 E2
Saint-Pierre-la-Cour (53) … 58 B4
Saint-Pierre-la-Garenne (27) … 41 F1
Saint-Pierre-la-Noaille (42) … 115 E5
Saint-Pierre-la-Palud (69) … 129 G3
Saint-Pierre-la-Rivière (61) … 39 G4
Saint-Pierre-la-Roche (07) … 157 H1
Saint-Pierre-la-Vieille (14) … 38 B3
Saint-Pierre-Lafeuille (46) … 152 C3
Saint-Pierre-Langers (50) … 35 G2
Saint-Pierre-Laval (03) … 114 C5
Saint-Pierre-Lavis (76) … 6 D4
Saint-Pierre-le-Bost (23) … 112 B3
Saint-Pierre-le-Chastel (63) … 126 D3
Saint-Pierre-le-Moûtier (58) … 98 D5
Saint-Pierre-le-Vieux (48) … 141 G6
Saint-Pierre-le-Vieux (71) … 115 H4
Saint-Pierre-le-Vieux (76) … 7 F2
Saint-Pierre-le-Vieux (85) … 107 F3
Saint-Pierre-le-Viger (76) … 7 F3
Saint-Pierre-lès-Bitry (60) … 21 G4
Saint-Pierre-les-Bois (18) … 97 F6
Saint-Pierre-lès-Elbeuf (76) … 18 C6
Saint-Pierre-les-Églises … 109 G1
Saint-Pierre-les-Étieux (18) … 98 A6
Saint-Pierre-lès-Franqueville (02) … 22 D1
Saint-Pierre-lès-Nemours (77) … 64 A3
Saint-Pierre-Montlimart (49) … 75 G5
Saint-Pierre-Quiberon (56) … 72 B2
Saint-Pierre-Roche (63) … 126 D3
Saint-Pierre-Saint-Jean (07) … 157 E3
Saint-Pierre-sur-Dives (14) … 16 D6
Saint-Pierre-sur-Doux (07) … 143 G3
Saint-Pierre-sur-Dropt (47) … 150 C2
Saint-Pierre-sur-Erve (53) … 59 F5
Saint-Pierre-sur-l'Hâte … 71 E3
Saint-Pierre-sur-Orthe (53) … 59 G4
Saint-Pierre-sur-Vence (08) … 24 A2
Saint-Pierre-Tarentaine (14) … 38 A2
Saint-Pierre-Toirac (46) … 153 F3
Saint-Pierre des Embiez … 191 F6
Saint-Pierre le Potier … 58 C5
Saint-Pierremont (02) … 22 D2
Saint-Pierremont (08) … 24 C3
Saint-Pierremont (88) … 70 A1
Saint-Pierreville (07) … 143 G6
Saint-Pierrevillers (55) … 25 G4
Saint-Plaisir (03) … 113 F1

Saint-Plancard (31) 182 A3
Saint-Planchers (50) 35 G2
Saint-Plantaire (36) 111 F2
Saint-Point (71) 116 A3
Saint-Point-Lac (25) 103 H4
Saint-Pois (50) 37 G4
Saint-Poix (53) 58 B6
Saint-Pol-de-Léon (29) 31 H2
Saint-Pol-sur-Mer (59) 2 B1
Saint-Pol-sur-Ternoise (62) 9 G1
Saint-Polgues (42) 128 C2
Saint-Polycarpe (11) 184 D5
Saint-Pompain (79) 107 G2
Saint-Pompont (24) 152 A1
Saint-Poncy (15) 141 F3
Saint-Pons 177 E5
Saint-Pons (04) 161 F3
Saint-Pons (07) 157 H2
Saint-Pons-de-Mauchiens (34) 170 D6
Saint-Pons-de-Thomières (34) 185 H1
Saint-Pons-la-Calm (30) 157 H6
Saint-Pont (03) 113 H5
Saint-Porchaire (17) 120 D2
Saint-Porquier (82) 166 D2
Saint-Pôtan (22) 34 B4
Saint-Pouange (10) 66 B4
Saint-Pourçain-sur-Besbre (03) 114 B2
Saint-Pourçain-sur-Sioule (03) 113 H4
Saint-Prancher (88) 69 E2
Saint-Préjet-Armandon (43) 142 A2
Saint-Préjet-d'Allier (43) 142 A5
Saint-Prest (28) 62 B1
Saint-Preuil (16) 121 H4
Saint-Priest 124 D4
Saint-Priest (07) 157 H1
Saint-Priest (23) 112 B6
Saint-Priest (69) 130 B3
Saint-Priest-Bramefant (63) 114 A6
Saint-Priest-d'Andelot (03) 113 G6
Saint-Priest-de-Gimel (19) 139 F1
Saint-Priest-des-Champs (63) 126 D1
Saint-Priest-en-Jarez (42) 129 F5
Saint-Priest-en-Murat (03) 113 F3
Saint-Priest-la-Feuille (23) 111 E5
Saint-Priest-la-Marche (18) 112 A3
Saint-Priest-la-Plaine (23) 111 E5
Saint-Priest-la-Prugne (42) 128 B1
Saint-Priest-la-Roche (42) 128 D2
Saint-Priest-la-Vêtre (42) 128 B3
Saint-Priest-les-Fougères (24) 123 H5
Saint-Priest-Ligoure (87) 124 B4
Saint-Priest-Palus (23) 124 D2
Saint-Priest-sous-Aixe (87) 124 A2
Saint-Priest-Taurion (87) 124 C2
Saint-Prim (38) 130 A6
Saint-Privat (07) 157 G2
Saint-Privat (19) 139 G3
Saint-Privat (34) 170 C4
Saint-Privat-d'Allier (43) 142 B4
Saint-Privat-de-Champclos (30) 157 G5
Saint-Privat-de-Vallongue (48) 156 C5
Saint-Privat-des-Prés (24) 136 C2
Saint-Privat-des-Vieux (30) 157 E6
Saint-Privat-du-Dragon (43) 141 H2
Saint-Privat-du-Fau (48) 141 G5
Saint-Privat-la-Montagne (57) 26 B5
Saint-Privé (71) 101 E6
Saint-Privé (89) 82 C3
Saint-Prix 45 E4
Saint-Prix (03) 114 B4
Saint-Prix (07) 143 G5
Saint-Prix (71) 100 B4
Saint-Prix (95) 42 D2
Saint-Prix-lès-Arnay (21) 101 E2
Saint-Projet 154 B2
Saint-Projet (46) 152 D1
Saint-Projet (82) 153 E5
Saint-Projet-de-Salers (15) 140 B3
Saint-Projet-Saint-Constant (16) 122 D3
Saint-Prouant (85) 92 B5
Saint-Pryvé-Saint-Mesmin (45) 80 D1
Saint-Puy (32) 165 G3
Saint-Python (59) 11 F3
Saint-Quantin-de-Rançanne (17) 121 E5
Saint-Quay-Perros (22) 32 C1
Saint-Quay-Portrieux (22) 33 G3
Saint-Quentin 16 C6
Saint-Quentin 15 G6
Saint-Quentin (02) 11 E6
Saint-Quentin-au-Bosc (76) 8 A5
Saint-Quentin-de-Baron (33) 135 G6
Saint-Quentin-de-Blavou (61) 60 C1
Saint-Quentin-de-Caplong (33) 136 B6
Saint-Quentin-de-Chalais (16) 136 B2
Saint-Quentin-des-Isles (27) 17 H6
Saint-Quentin-des-Prés (60) 19 G3
Saint-Quentin-du-Dropt (47) 151 F1
Saint-Quentin-en-Mauges (49) 75 G4
Saint-Quentin-en-Tourmont (80) 8 C2
Saint-Quentin-Fallavier (38) 130 C4
Saint-Quentin-la-Chabanne (23) 125 G2
Saint-Quentin-la-Motte-Croix-au-Bailly (80) 8 B4
Saint-Quentin-la-Poterie (30) 172 B1
Saint-Quentin-la-Tour (09) 184 B5
Saint-Quentin-le-Petit (08) 23 E3
Saint-Quentin-le-Verger (51) 45 E6
Saint-Quentin-les-Anges (53) 76 C2
Saint-Quentin-lès-Beaurepaire (49) 77 G3
Saint-Quentin-les-Chardonnets (61) 38 A4
Saint-Quentin-les-Marais (51) 46 B4
Saint-Quentin-sur-Charente (16) 123 F2
Saint-Quentin-sur-Coole (51) 45 H4
Saint-Quentin-sur-Indrois (37) 95 F1
Saint-Quentin-sur-Isère (38) 145 F1
Saint-Quentin-sur-le-Homme (50) 35 H3
Saint-Quentin-sur-Nohain (58) 82 C6
Saint-Quentin-sur-Sauxillanges (63) 127 H5
Saint-Quintin-sur-Sioule (63) 113 G6
Saint-Quirc (09) 183 G3
Saint-Quirin (57) 50 A5
Saint-Rabier (24) 138 A3
Saint-Racho (71) 115 G4
Saint-Rambert-d'Albon (26) 144 A1
Saint-Rambert-en-Bugey (01) 131 E1
Saint-Raphaël (24) 137 H1
Saint-Raphaël (83) 193 E2
Saint-Régis-du-Coin (42) 143 G1
Saint-Règle (37) 79 G5
Saint-Reine 87 E3
Saint-Remèze (07) 157 H4
Saint-Remimont (54) 69 G1
Saint-Remimont (88) 69 E3
Saint-Rémy (01) 116 D5
Saint-Rémy (12) 153 G4
Saint-Rémy (14) 38 C3
Saint-Rémy (19) 125 H4
Saint-Rémy (21) 84 C3
Saint-Rémy (24) 136 C4
Saint-Remy (70) 87 F1
Saint-Rémy (71) 101 G5
Saint-Rémy (79) 107 G3
Saint-Remy (88) 70 C2
Saint-Rémy-au-Bois (62) 8 D2
Saint-Rémy-aux-Bois (54) 69 H1
Saint-Rémy-Blanzy (02) 22 A6
Saint-Rémy-Boscrocourt (76) 8 B5
Saint-Remy-Chaussée (59) 11 H3
Saint-Rémy-de-Blot (63) 113 F6
Saint-Rémy-de-Chargnat (63) 127 G5
Saint-Rémy-de-Chaudes-Aigues (15) 141 E6
Saint-Rémy-de-Maurienne (73) 132 C6
Saint-Rémy-de-Provence (13) 172 D3
Saint-Rémy-de-Sillé (72) 59 H4
Saint-Rémy-des-Landes 42 A6
Saint-Rémy-des-Landes (50) 14 C5
Saint-Rémy-des-Monts (72) 60 C3
Saint-Remy-du-Nord (59) 12 A3
Saint-Rémy-du-Plain (35) 35 F6
Saint-Rémy-du-Val (72) 60 B2
Saint-Remy-en-Bouzemont-Saint-Genest-et-Isson (51) 46 B6
Saint-Remy-en-l'Eau (60) 20 C4
Saint-Rémy-en-Mauges (49) 75 F5
Saint-Rémy-en-Rollat (03) 114 A5
Saint-Remy-la-Calonne (55) 47 H2
Saint-Rémy-la-Vanne (77) 44 B4
Saint-Rémy-la-Varenne (49) 77 F5
Saint-Remy-le-Petit (08) 23 F4
Saint-Rémy-lès-Chevreuse (78) 42 B5
Saint-Rémy-l'Honoré (78) 42 A5
Saint-Remy-sous-Barbuise (10) 66 B1
Saint-Remy-sous-Broyes (51) 45 E5
Saint-Rémy-sur-Avre (28) 41 E5
Saint-Remy-sur-Bussy (51) 46 B2
Saint-Rémy-sur-Creuse (86) 94 D4
Saint-Rémy-sur-Durolle (63) 128 A2
Saint-Renan (29) 30 D4
Saint-Restitut (26) 158 B4
Saint-Révérend (85) 90 D4
Saint-Révérien (58) 99 F1
Saint-Rieul (22) 34 A5
Saint-Rigomer-des-Bois (72) 60 A2
Saint-Rimay (41) 79 F2
Saint-Riquier (80) 9 E4
Saint-Riquier-en-Rivière (76) 8 B6
Saint-Riquier-ès-Plains (76) 7 E3
Saint-Rirand (42) 114 D6
Saint-Rivoal (29) 31 G5
Saint-Robert (19) 138 B2
Saint-Robert (47) 151 G5
Saint-Roch (37) 78 D5
Saint-Roch-sur-Égrenne (61) 38 A6
Saint-Rogatien (17) 106 D5
Saint-Romain (16) 136 B2
Saint-Romain (21) 101 F3
Saint-Romain (63) 128 C5
Saint-Romain (86) 109 E4
Saint-Romain-au-Mont-d'Or (69) 130 A2
Saint-Romain-d'Ay (07) 143 H2
Saint-Romain-de-Benet (17) 120 D3
Saint-Romain-de-Colbosc (76) 6 C5
Saint-Romain-de-Jalionas (38) 130 D3
Saint-Romain-de-Lerps (07) 144 A4
Saint-Romain-de-Monpazier (24) 151 G1
Saint-Romain-de-Popey (69) 129 G2
Saint-Romain-de-Surieu (38) 130 B6
Saint-Romain-d'Urfé (42) 128 B2
Saint-Romain-en-Gal (69) 130 A5
Saint-Romain-en-Gier (69) 129 H5
Saint-Romain-en-Jarez (42) 129 G5
Saint-Romain-en-Viennois (84) 158 D5
Saint-Romain-et-Saint-Clément (24) 123 G6
Saint-Romain-la-Motte (42) 115 E6
Saint-Romain-la-Virvée (33) 135 F4
Saint-Romain-Lachalm (43) 143 F2
Saint-Romain-le-Noble (47) 151 G6
Saint-Romain-le-Preux (89) 64 D6
Saint-Romain-le-Puy (42) 128 D5
Saint-Romain-les-Atheux (42) 143 F1
Saint-Romain-sous-Gourdon (71) 115 G1
Saint-Romain-sous-Versigny (71) 100 C6
Saint-Romain-sur-Cher (41) 80 A6
Saint-Romain-sur-Gironde (17) 120 D5
Saint-Roman (26) 159 F1
Saint-Roman-de-Codières (30) 171 E2
Saint-Roman-de-Malegarde (84) 158 C5
Saint-Romans (38) 144 D3
Saint-Romans-des-Champs (79) 107 H4
Saint-Romans-lès-Melle (79) 108 B4
Saint-Rome (31) 183 H1
Saint-Rome-de-Cernon (12) 169 H2
Saint-Rome-de-Dolan (48) 155 G5
Saint-Rome-de-Tarn (12) 169 G1
Saint-Romphaire (50) 37 G2
Saint-Rustice (31) 167 E3
Saint-Saëns (76) 7 H4
Saint-Saire (76) 19 F2
Saint-Salvadou (12) 153 G5
Saint-Salvadour (19) 125 E6
Saint-Salvi-de-Carcavès (81) 169 E4
Saint-Salvy (47) 150 D5
Saint-Salvy-de-la-Balme (81) 168 D5
Saint-Samson (14) 16 D4
Saint-Samson (53) 59 G1
Saint-Samson-de-Bonfossé (50) 37 G2
Saint-Samson-de-la-Roque (27) 6 C6
Saint-Samson-la-Poterie (60) 19 G3
Saint-Samson-sur-Rance (22) 34 D5
Saint-Sandoux (63) 127 F4
Saint-Santin (12) 153 H2
Saint-Santin-Cantalès (15) 139 H4
Saint-Santin-de-Maurs (15) 153 H2
Saint-Sardos (47) 151 E4
Saint-Sardos (82) 166 C3
Saint-Satur (18) 82 B6
Saint-Saturnin (15) 140 D2
Saint-Saturnin (16) 122 B4
Saint-Saturnin (18) 112 A2
Saint-Saturnin (48) 155 G4
Saint-Saturnin (51) 45 F6
Saint-Saturnin (63) 127 F4
Saint-Saturnin (72) 60 A5
Saint-Saturnin-de-Lenne (12) 155 E4
Saint-Saturnin-de-Lucian (34) 170 C4
Saint-Saturnin-du-Bois (17) 107 F5
Saint-Saturnin-du-Limet (53) 76 A1
Saint-Saturnin-lès-Apt (84) 173 H2
Saint-Saturnin-lès-Avignon (84) 173 E2
Saint-Saturnin-sur-Loire (49) 77 E5
Saint-Saud-Lacoussière (24) 123 G5
Saint-Sauflieu (80) 20 B1
Saint-Saulge (58) 99 F2
Saint-Saulve (59) 11 F1
Saint-Saury (15) 139 G5
Saint-Sauvant (17) 121 F3
Saint-Sauvant (86) 108 C3
Saint-Sauves-d'Auvergne (63) 126 C4
Saint-Sauveur 90 A3
Saint-Sauveur (05) 161 E2
Saint-Sauveur (21) 86 B5
Saint-Sauveur (24) 137 E5
Saint-Sauveur (29) 31 G4
Saint-Sauveur (31) 167 E4
Saint-Sauveur (33) 134 D2
Saint-Sauveur (38) 145 E2
Saint-Sauveur (54) 50 A6
Saint-Sauveur (60) 21 F5
Saint-Sauveur (70) 87 H1
Saint-Sauveur (80) 9 F5
Saint-Sauveur (86) 94 D5
Saint-Sauveur-Camprieu (30) 170 C1
Saint-Sauveur-d'Aunis (17) 107 E4
Saint-Sauveur-de-Carrouges (61) 39 E6
Saint-Sauveur-de-Cruzières (07) 157 F5
Saint-Sauveur-de-Flée (49) 76 C2
Saint-Sauveur-de-Ginestoux (48) 156 B1
Saint-Sauveur-de-Landemont (49) 75 E4
Saint-Sauveur-de-Meilhan (47) 150 B3
Saint-Sauveur-de-Montagut (07) 143 G6
Saint-Sauveur-de-Peyre (48) 155 G2
Saint-Sauveur-de-Pierrepont (50) 14 C5
Saint-Sauveur-de-Puynormand (33) 136 A4
Saint-Sauveur-d'Émalleville (76) 6 C4
Saint-Sauveur-des-Landes (35) 35 H6
Saint-Sauveur-en-Diois (26) 158 D1
Saint-Sauveur-en-Puisaye (89) 82 D3
Saint-Sauveur-en-Rue (42) 143 G2
Saint-Sauveur-Gouvernet (26) 159 E4
Saint-Sauveur-la-Pommeraye (50) 35 G2
Saint-Sauveur-la-Sagne (63) 128 B6
Saint-Sauveur-la-Vallée (46) 152 D2
Saint-Sauveur-Lalande (24) 136 C4
Saint-Sauveur-le-Vicomte (50) 14 C4
Saint-Sauveur-Lendelin (50) 37 E1
Saint-Sauveur-lès-Bray (77) 64 D2
Saint-Sauveur-Marville (28) 41 E6
Saint-Sauveur-sur-École (77) 63 H1
Saint-Sauveur-sur-Tinée (06) 176 D2
Saint-Sauvier (03) 112 B3
Saint-Sauvy (32) 166 A4
Saint-Savin (33) 135 F3
Saint-Savin (38) 130 D4
Saint-Savin (65) 180 D5
Saint-Savin (86) 109 H1
Saint-Savinien (17) 121 E2
Saint-Saviol (86) 108 D5
Saint-Savournin (13) 190 D3
Saint-Sébastien 31 G6
Saint-Sébastien (23) 111 E3
Saint-Sébastien (38) 145 H5
Saint-Sébastien-d'Aigrefeuille (30) 171 G1
Saint-Sébastien-de-Morsent (27) 40 D2
Saint-Sébastien-de-Raids (50) 14 D6
Saint-Sébastien-sur-Loire (44) 74 D5
Saint-Secondin (86) 109 F4
Saint-Ségal (29) 31 G6
Saint-Séglin (35) 56 D5
Saint-Seine (58) 99 H6
Saint-Seine-en-Bâche (21) 102 B2
Saint-Seine-l'Abbaye (21) 85 F5
Saint-Seine-sur-Vingeanne (21) 86 B4
Saint-Selve (33) 149 F1
Saint-Senier-de-Beuvron (50) 35 H4
Saint-Senier-sous-Avranches (50) 35 H3
Saint-Senoch (37) 95 F3
Saint-Senoux (35) 57 E4
Saint-Sériès (34) 171 G4
Saint-Sernin 183 E6
Saint-Sernin (07) 157 G2
Saint-Sernin (11) 184 A3
Saint-Sernin (47) 150 C1
Saint-Sernin-du-Bois (71) 100 D5
Saint-Sernin-du-Plain (71) 101 E4
Saint-Sernin-lès-Lavaur (81) 168 A6
Saint-Sernin-sur-Rance (12) 169 E3
Saint-Sérotin (89) 64 D3
Saint-Servais (22) 32 C5
Saint-Servais (29) 31 F4
Saint-Servan-sur-Mer 34 D3
Saint-Servant (56) 55 H4
Saint-Setiers (19) 125 G4
Saint-Seurin-de-Bourg (33) 135 E3
Saint-Seurin-de-Cadourne (33) 134 D1
Saint-Seurin-de-Cursac (33) 135 E2
Saint-Seurin-de-Palenne (17) 121 F4
Saint-Seurin-de-Prats (24) 136 B6
Saint-Seurin-sur-l'Isle (33) 136 A4
Saint-Sève (33) 150 A2
Saint-Sever (40) 163 H4
Saint-Sever-Calvados (14) 37 G3
Saint-Sever-de-Rustan (65) 181 F2
Saint-Sever-de-Saintonge (17) 121 F3
Saint-Sever-du-Moustier (12) 169 F4
Saint-Séverin (16) 136 C1
Saint-Séverin-d'Estissac (24) 136 D4
Saint-Séverin-sur-Boutonne (17) 107 H6
Saint-Siffret (30) 172 B1
Saint-Sigismond (45) 62 C6
Saint-Sigismond (49) 75 G3
Saint-Sigismond (74) 119 F5
Saint-Sigismond (85) 107 F3
Saint-Sigismond-de-Clermont (17) 121 F5
Saint-Silvain-Bas-le-Roc (23) 112 A4
Saint-Silvain-Bellegarde (23) 125 H1
Saint-Silvain-Montaigut (23) 111 F5
Saint-Silvain-sous-Toulx (23) 112 A4
Saint-Siméon (27) 17 H3
Saint-Siméon (61) 58 D1
Saint-Siméon (77) 44 A4
Saint-Siméon-de-Bressieux (38) 144 D1
Saint-Simeux (16) 122 A4
Saint-Simon (02) 21 H1
Saint-Simon (15) 140 B5
Saint-Simon (16) 122 A4
Saint-Simon (46) 153 F1
Saint-Simon-de-Bordes (17) 121 F6
Saint-Simon-de-Pellouaille (17) 121 E4
Saint-Sixt (74) 118 D5
Saint-Sixte (42) 128 D3
Saint-Sixte (47) 151 G6
Saint-Solve (19) 138 C1
Saint-Sorlin (69) 129 H4
Saint-Sorlin-d'Arves (73) 146 B2
Saint-Sorlin-de-Conac (17) 121 E6
Saint-Sorlin-de-Morestel (38) 131 E4
Saint-Sorlin-de-Vienne (38) 130 B5
Saint-Sorlin-en-Bugey (01) 130 D2
Saint-Sorlin-en-Valloire (26) 144 B1
Saint-Sornin (03) 113 F3
Saint-Sornin (16) 122 D4
Saint-Sornin (17) 120 C3
Saint-Sornin-la-Marche (87) 110 A5
Saint-Sornin-Lavolps (19) 138 C1
Saint-Sornin-Leulac (87) 110 C5
Saint-Soulan (32) 166 B6
Saint-Souplet (59) 11 F4
Saint-Souplet-sur-Py (51) 23 H6
Saint-Soupplets (77) 43 G2
Saint-Sozy (46) 138 D5
Saint-Stail (88) 70 D2
Saint-Suliac (35) 34 D4
Saint-Sulpice 94 D4
Saint-Sulpice (01) 116 C3
Saint-Sulpice (46) 153 E2
Saint-Sulpice (49) 77 E5
Saint-Sulpice (53) 58 D6
Saint-Sulpice (58) 99 E3
Saint-Sulpice (60) 20 B5
Saint-Sulpice (63) 126 C4
Saint-Sulpice (70) 88 A3
Saint-Sulpice (73) 131 H4
Saint-Sulpice (81) 167 G4
Saint-Sulpice-d'Arnoult (17) 120 D2
Saint-Sulpice-de-Cognac (16) 121 G3
Saint-Sulpice-de-Faleyrens (33) 135 H5
Saint-Sulpice-de-Favières (91) 63 F1
Saint-Sulpice-de-Grimbouville (27) 17 G3
Saint-Sulpice-de-Guilleragues (33) 150 B2
Saint-Sulpice-de-Mareuil (24) 123 E6
Saint-Sulpice-de-Pommeray (41) 79 H3
Saint-Sulpice-de-Pommiers (33) 150 A1
Saint-Sulpice-de-Roumagnac (24) 136 D2
Saint-Sulpice-de-Royan (17) 120 C3
Saint-Sulpice-de-Ruffec (16) 122 D1
Saint-Sulpice-des-Landes (35) 57 F6
Saint-Sulpice-des-Landes (44) 75 F2
Saint-Sulpice-des-Rivoires (38) 131 F5
Saint-Sulpice-d'Excideuil (24) 123 H6
Saint-Sulpice-en-Pareds (85) 107 E1
Saint-Sulpice-et-Cameyrac (33) 135 G5
Saint-Sulpice-la-Forêt (35) 57 F2
Saint-Sulpice-Laurière (87) 110 D6
Saint-Sulpice-le-Dunois (23) 111 F4
Saint-Sulpice-le-Guérétois (23) 111 G5
Saint-Sulpice-le-Verdon (85) 91 G2
Saint-Sulpice-les-Bois (19) 125 G4
Saint-Sulpice-les-Champs (23) 125 G1
Saint-Sulpice-les-Feuilles (87) 110 D4
Saint-Sulpice-sur-Lèze (31) 183 F2
Saint-Sulpice-sur-Risle (61) 40 B4
Saint-Supplet (54) 25 H4
Saint-Sylvain (14) 16 C5
Saint-Sylvain (19) 139 F3
Saint-Sylvain (76) 7 E2
Saint-Sylvain-d'Anjou (49) 77 E4
Saint-Sylvestre (07) 144 A4
Saint-Sylvestre (74) 132 A2
Saint-Sylvestre (87) 124 C1
Saint-Sylvestre-Cappel (59) 2 C4
Saint-Sylvestre-de-Cormeilles (27) 17 G4
Saint-Sylvestre-Pragoulin (63) 114 A6
Saint-Sylvestre-sur-Lot (47) 151 G4
Saint-Symphorien (18) 97 G5
Saint-Symphorien (27) 17 G3
Saint-Symphorien (33) 149 F3
Saint-Symphorien (48) 142 A6
Saint-Symphorien (72) 59 G5
Saint-Symphorien (79) 107 G4
Saint-Symphorien-d'Ancelles (71) 116 B5
Saint-Symphorien-de-Lay (42) 129 E1
Saint-Symphorien-de-Mahun (07) 143 G3
Saint-Symphorien-de-Marmagne (71) 100 D5
Saint-Symphorien-de-Thénières (12) 154 D1
Saint-Symphorien-des-Bois (71) 115 F3
Saint-Symphorien-des-Bruyères (61) 40 A4
Saint-Symphorien-des-Monts (50) 37 G6
Saint-Symphorien-d'Ozon (69) 130 A4
Saint-Symphorien-le-Château (28) 62 C1
Saint-Symphorien-le-Valois (50) 14 C5
Saint-Symphorien-sous-Chomérac (07) 158 A1
Saint-Symphorien-sur-Coise (69) 129 F4
Saint-Symphorien-sur-Couze (87) 110 C6
Saint-Symphorien-sur-Saône (21) 102 B2
Saint-Thégonnec (29) 31 H4
Saint-Thélo (22) 55 F1
Saint-Théodorit (30) 171 G2
Saint-Théoffrey (38) 145 G4
Saint-Thibaud-de-Couz (73) 131 H5
Saint-Thibault (10) 66 B4
Saint-Thibault (21) 84 D5
Saint-Thibault (60) 19 H2
Saint-Thibault-des-Vignes (77) 43 F4
Saint-Thibaut (02) 22 C5
Saint-Thibéry (34) 187 F1
Saint-Thiébaud (39) 103 E3
Saint-Thiébault (52) 68 C4
Saint-Thierry (51) 23 E5
Saint-Thois (29) 53 H1
Saint-Thomas (02) 22 D4
Saint-Thomas (31) 166 C6
Saint-Thomas-de-Conac (17) 121 E6
Saint-Thomas-de-Courceriers (53) 59 F3
Saint-Thomas-en-Argonne (51) 24 B6
Saint-Thomas-en-Royans (26) 144 D3
Saint-Thomas-la-Garde (42) 128 D5
Saint-Thomé (07) 157 H3
Saint-Thonan (29) 31 E4
Saint-Thual (35) 34 D6
Saint-Thurial (35) 56 D3
Saint-Thuriau (56) 55 F3
Saint-Thurien (27) 6 D6
Saint-Thurien (29) 54 B3
Saint-Thurin (42) 128 C2
Saint-Thyrs 175 H3
Saint-Tricat (62) 1 G2
Saint-Trimoël (22) 33 H5
Saint-Trinit (84) 159 F6
Saint-Trivier-de-Courtes (01) 116 D2
Saint-Trivier-sur-Moignans (01) 116 C6
Saint-Trojan (33) 135 E3
Saint-Trojan-les-Bains (17) 120 B2
Saint-Tropez (83) 192 D4
Saint-Tugdual (56) 54 C2
Saint-Tugen 52 C2
Saint-Ulphace (72) 61 E4
Saint-Ulrich (68) 89 E3
Saint-Uniac (35) 56 D2
Saint-Urbain (29) 31 F5
Saint-Urbain (85) 90 C2
Saint-Urbain-Maconcourt (52) 67 H2
Saint-Urcisse (47) 151 G6
Saint-Urcisse (81) 167 G2
Saint-Urcize (15) 155 F1
Saint-Urlo 54 B3
Saint-Usage (10) 67 E5
Saint-Usage (21) 102 B2
Saint-Usuge (71) 102 B6
Saint-Utin (51) 46 B6
Saint-Uze (26) 144 A2
Saint-Vaast-de-Longmont (60) 21 E5
Saint-Vaast-d'Équiqueville (76) 7 H3
Saint-Vaast-Dieppedalle (76) 7 E3
Saint-Vaast-du-Val (76) 7 G4
Saint-Vaast-en-Auge (14) 17 E3
Saint-Vaast-en-Cambrésis (59) 11 F3
Saint-Vaast-en-Chaussée (80) 9 F5
Saint-Vaast-la-Hougue (50) 15 E2
Saint-Vaast-lès-Mello (60) 20 C6
Saint-Vaast-sur-Seulles (14) 16 A5
Saint-Vaize (17) 121 E2
Saint-Valbert (70) 87 H1
Saint-Valentin (36) 96 D4
Saint-Valérien (85) 107 E1
Saint-Valérien (89) 64 D4
Saint-Valery (60) 19 G2
Saint-Valery-en-Caux (76) 7 E2
Saint-Valery-sur-Somme (80) 8 C3
Saint-Vallerin (71) 101 F6
Saint-Vallier (16) 136 A1
Saint-Vallier (26) 144 A2
Saint-Vallier (71) 115 G1
Saint-Vallier (88) 69 G3
Saint-Vallier-de-Thiey (06) 176 B5
Saint-Vallier-sur-Marne (52) 86 B1
Saint-Varent (79) 93 F4
Saint-Vaury (23) 111 F5
Saint-Venant (62) 2 C5
Saint-Venec 53 G2
Saint-Vénérand (43) 142 B5
Saint-Vérain (58) 82 C5
Saint-Véran 170 B1
Saint-Véran (05) 147 G6
Saint-Vérand (38) 144 D2
Saint-Vérand (69) 129 G1
Saint-Vérand (71) 116 B4
Saint-Vert (43) 142 A1
Saint-Viance (19) 138 C2
Saint-Viâtre (41) 80 D4
Saint-Viaud (44) 73 H4
Saint-Victeur (72) 59 H3
Saint-Victor (03) 112 D3
Saint-Victor (07) 143 H3
Saint-Victor (15) 139 H4
Saint-Victor (24) 136 D2
Saint-Victor-de-Buthon (28) 61 F2
Saint-Victor-de-Cessieu (38) 131 E5
Saint-Victor-de-Chrétienville (27) 17 H5
Saint-Victor-de-Malcap (30) 157 F5
Saint-Victor-de-Morestel (38) 131 E3
Saint-Victor-de-Réno (61) 61 E1
Saint-Victor-d'Épine (27) 17 H4
Saint-Victor-des-Oules (30) 172 B1
Saint-Victor-en-Marche (23) 111 F6
Saint-Victor-et-Melvieu (12) 169 G1
Saint-Victor-la-Coste (30) 172 C1
Saint-Victor-la-Rivière (63) 127 E5
Saint-Victor-l'Abbaye (76) 7 G4
Saint-Victor-Malescours (43) 143 F1
Saint-Victor-Montvianeix (63) 128 A1
Saint-Victor-Rouzaud (09) 183 G4
Saint-Victor-sur-Arlanc (43) 142 B1
Saint-Victor-sur-Avre (27) 40 C5
Saint-Victor-sur-Loire 129 E6
Saint-Victor-sur-Ouche (21) 101 F1
Saint-Victor-sur-Rhins (42) 129 E1
Saint-Victoret (13) 190 B3
Saint-Victour (19) 126 A6
Saint-Victurnien (87) 123 H2
Saint-Vidal (43) 142 B3
Saint-Vigor (27) 41 E2
Saint-Vigor-des-Mézerets (14) 38 B3
Saint-Vigor-des-Monts (50) 37 G3
Saint-Vigor-d'Ymonville (76) 6 C5
Saint-Vigor-le-Grand (14) 15 H5
Saint-Vincent 129 H4
Saint-Vincent 157 H3
Saint-Vincent (31) 184 A1
Saint-Vincent (43) 142 C3
Saint-Vincent (63) 127 F5
Saint-Vincent (64) 180 D3
Saint-Vincent (82) 152 C6
Saint-Vincent-Bragny (71) 115 E2
Saint-Vincent-Cramesnil (76) 6 C5
Saint-Vincent-de-Barbeyrargues (34) 171 F4
Saint-Vincent-de-Barrès (07) 158 A1
Saint-Vincent-de-Boisset (42) 128 D1
Saint-Vincent-de-Connezac (24) 136 D3
Saint-Vincent-de-Cosse (24) 138 A6
Saint-Vincent-de-Durfort (07) 143 H6
Saint-Vincent-de-Lamontjoie (47) 165 G1
Saint-Vincent-de-Mercuze (38) 131 H6
Saint-Vincent-de-Paul (33) 135 F4
Saint-Vincent-de-Paul (40) 163 E4

Saint-Vincent-de-Pertignas (33) 135 H6
Saint-Vincent-de-Reins (69) 115 G6
Saint-Vincent-de-Salers (15) 140 B2
Saint-Vincent-de-Tyrosse (40) 162 C4
Saint-Vincent-des-Bois (27) 41 F2
Saint-Vincent-des-Landes (44) 74 D1
Saint-Vincent-des-Prés (71) 115 H2
Saint-Vincent-des-Prés (72) 60 C3
Saint-Vincent-d'Olargues (34) 169 G6
Saint-Vincent-du-Boulay (27) 17 G5
Saint-Vincent-du-Lorouër (72) 78 C1
Saint-Vincent-du-Pendit (46) 139 F6
Saint-Vincent-en-Bresse (71) 101 H6
Saint-Vincent-Jalmoutiers (24) 136 C2
Saint-Vincent-la-Châtre (79) 108 C4
Saint-Vincent-la-Commanderie (26) 144 C4
Saint-Vincent-le-Paluel (24) 138 B5
Saint-Vincent-les-Forts (04) 160 D3
Saint-Vincent-Lespinasse (82) 151 H6
Saint-Vincent-Rive-d'Olt (46) 152 B3
Saint-Vincent-Sterlanges (85) 92 A5
Saint-Vincent-sur-Graon (85) 91 G5
Saint-Vincent-sur-Jabron (04) 159 H5
Saint-Vincent-sur-Jard (85) 106 A2
Saint-Vincent-sur-l'Isle (24) 137 G2
Saint-Vincent-sur-Oust (56) 56 C6
Saint-Vit (25) 103 E1
Saint-Vital (73) 132 C4
Saint-Vite (47) 151 H3
Saint-Vitte (18) 112 C2
Saint-Vitte-sur-Briance (87) 124 D4
Saint-Vivien (17) 106 D5
Saint-Vivien (24) 136 B5
Saint-Vivien-de-Blaye (33) 135 F3
Saint-Vivien-de-Médoc (33) 120 C6
Saint-Vivien-de-Monségur (33) 150 B2
Saint-Voir (03) 114 B3
Saint-Vougay (29) 31 G3
Saint-Voy 143 E4
Saint-Vrain (51) 46 C5
Saint-Vrain (91) 63 G1
Saint-Vran (22) 56 A1
Saint-Vulbas (01) 130 D2
Saint-Waast (59) 11 G2
Saint-Wandrille-Rançon (76) 7 E5
Saint-Witz (95) 43 E2
Saint-Xandre (17) 106 D4
Saint-Yaguen (40) 163 G2
Saint-Yan (71) 115 E3
Saint-Ybard (19) 124 C6
Saint-Ybars (09) 183 F3
Saint-Yon (91) 63 F1
Saint-Yorre (03) 114 A6
Saint-Yrieix-la-Montagne (23) 125 G2
Saint-Yrieix-la-Perche (87) 124 A5
Saint-Yrieix-le-Déjalat (19) 125 F6
Saint-Yrieix-les-Bois (23) 111 G6
Saint-Yrieix-sous-Aixe (87) 123 H2
Saint-Yrieix-sur-Charente (16) 122 B3
Saint-Ythaire (71) 116 A1
Saint-Yvoine (63) 127 G5
Saint-Yvy (29) 53 G3
Saint-Yzan-de-Soudiac (33) 135 F3
Saint-Yzans-de-Médoc (33) 134 D1
Saint-Zacharie (83) 191 E3
Sainte-Adresse (76) 6 A5
Sainte-Agathe (63) 128 A2
Sainte-Agathe-d'Aliermont (76) 8 A6
Sainte-Agathe-en-Donzy (42) 129 F2
Sainte-Agathe-la-Bouteresse (42) 128 D3
Sainte-Agnès (06) 177 F4
Sainte-Agnès (38) 145 H2
Sainte-Agnès (39) 117 F1
Sainte-Alauzie (46) 152 B5
Sainte-Alvère (24) 137 F5
Sainte-Anastasie (15) 141 E3
Sainte-Anastasie (30) 172 A2
Sainte-Anastasie-sur-Issole (83) 191 H3
Sainte-Anne 73 G2
Sainte-Anne (25) 103 F3
Sainte-Anne (32) 166 B4
Sainte-Anne (41) 79 G2
Sainte-Anne-d'Auray (56) 55 E6
Sainte-Anne-du-Portzic 30 D5
Sainte-Anne-la-Condamine 161 F2
Sainte-Anne-Saint-Priest (87) 124 D3
Sainte-Anne-sur-Brivet (44) 74 A3
Sainte-Anne-sur-Gervonde (38) 130 D5
Sainte-Anne-sur-Vilaine (35) 57 E6
Sainte-Anne d'Entremont 39 E3
Sainte-Anne la Palud 53 F1
Sainte-Aulde (77) 44 A2
Sainte-Aurence-Cazaux (32) 181 H2
Sainte-Austreberthe (62) 9 E2
Sainte-Austreberthe (76) 7 F5
Sainte-Austremoine 154 B3
Sainte-Avoye 55 E6
Sainte-Barbe (57) 26 C5
Sainte-Barbe (88) 70 B1
Sainte-Barbe-sur-Gaillon (27) 41 F1
Sainte-Bazeille (47) 150 B2
Sainte-Beuve-en-Rivière (76) 19 F1
Sainte-Blandine (38) 131 E5
Sainte-Blandine (79) 108 A4
Sainte-Brigitte (56) 55 E2
Sainte-Camelle (11) 184 A3
Sainte-Catherine (62) 10 B2
Sainte-Catherine (63) 127 H6
Sainte-Catherine (69) 129 G4
Sainte-Catherine-de-Fierbois (37) 94 D2
Sainte-Cécile (36) 96 C2
Sainte-Cécile (50) 37 F3
Sainte-Cécile (71) 116 A3
Sainte-Cécile (85) 92 A5
Sainte-Cécile-d'Andorge (30) 156 D5
Sainte-Cécile-du-Cayrou (81) 167 H2
Sainte-Cécile-les-Vignes (84) 158 B5
Sainte-Céronne-lès-Mortagne (61) 40 A6
Sainte-Cérotte (72) 78 D1
Sainte-Christie (32) 165 H4
Sainte-Christie-d'Armagnac (32) 164 D3
Sainte-Christine 31 E5
Sainte-Christine (49) 75 H4
Sainte-Christine (63) 113 E6
Sainte-Colombe 159 E6
Sainte-Colombe 137 F5
Sainte-Colombe (05) 159 G4
Sainte-Colombe (16) 122 D2
Sainte-Colombe (17) 135 G1
Sainte-Colombe (21) 84 D5
Sainte-Colombe (25) 103 H4
Sainte-Colombe (33) 136 A5
Sainte-Colombe (35) 57 G5
Sainte-Colombe (40) 163 H4
Sainte-Colombe (46) 153 G1
Sainte-Colombe (50) 14 C4
Sainte-Colombe (69) 130 A5
Sainte-Colombe (76) 7 E3
Sainte-Colombe (77) 65 E1
Sainte-Colombe (89) 84 A4
Sainte-Colombe-de-Duras (47) 150 B1
Sainte-Colombe-de-la-Commanderie (66) 199 H3
Sainte-Colombe-de-Peyre (48) 155 G1
Sainte-Colombe-de-Villeneuve (47) 151 F4
Sainte-Colombe-des-Bois (58) 82 D6
Sainte-Colombe-en-Bruilhois (47) 151 E6
Sainte-Colombe-la-Commanderie (27) 40 C1
Sainte-Colombe-près-Vernon (27) 41 F2
Sainte-Colombe-sur-Gand (42) 129 E2
Sainte-Colombe-sur-Guette (11) 198 D2
Sainte-Colombe-sur-l'Hers (11) 184 B5
Sainte-Colombe-sur-Loing (89) 82 D4
Sainte-Colombe-sur-Seine (21) 85 E1
Sainte-Colome (64) 180 B4
Sainte-Consorce (69) 129 H3
Sainte-Croix (01) 130 B2
Sainte-Croix (02) 22 D4
Sainte-Croix (12) 153 G4
Sainte-Croix (24) 151 G1
Sainte-Croix (26) 144 D6
Sainte-Croix (46) 152 A4
Sainte-Croix (71) 117 E1
Sainte-Croix (81) 168 B2
Sainte-Croix-à-Lauze (04) 174 B2
Sainte-Croix-aux-Mines (68) 71 E2
Sainte-Croix-de-Caderle (30) 171 F1
Sainte-Croix-de-Mareuil (24) 122 D6
Sainte-Croix-de-Quintillargues (34) 171 F4
Sainte-Croix-du-Verdon (04) 175 E3
Sainte-Croix-du-Mont (33) 149 H2
Sainte-Croix-en-Jarez (42) 129 H5
Sainte-Croix-en-Plaine (68) 71 F5
Sainte-Croix-Grand-Tonne (14) 16 A4
Sainte-Croix-Hague (50) 14 B2
Sainte-Croix-sur-Aizier (27) 6 D6
Sainte-Croix-sur-Buchy (76) 19 E3
Sainte-Croix-sur-Mer (14) 16 B3
Sainte-Croix-sur-Orne (61) 38 D4
Sainte-Croix-Vallée-Française (48) 156 C6
Sainte-Croix-Volvestre (09) 183 E4
Sainte-Dode (32) 181 G1
Sainte-Eanne (79) 108 B3
Sainte-Engrâce (64) 179 G5
Sainte-Enimie (48) 155 H4
Sainte-Eugénie-de-Villeneuve (43) 142 A3
Sainte-Eulalie 153 F2
Sainte-Eulalie (07) 143 E6
Sainte-Eulalie (11) 184 D3
Sainte-Eulalie (15) 140 A3
Sainte-Eulalie (33) 135 F5
Sainte-Eulalie (48) 141 H6
Sainte-Eulalie-d'Ans (24) 137 H2
Sainte-Eulalie-de-Cernon (12) 170 A2
Sainte-Eulalie-d'Eymet (24) 150 D1
Sainte-Eulalie-d'Olt (12) 155 E3
Sainte-Eulalie-en-Born (40) 148 B5
Sainte-Eulalie-en-Royans (26) 145 E3
Sainte-Euphémie (01) 130 A1
Sainte-Euphémie-sur-Ouvèze (26) 159 E4
Sainte-Eusoye (60) 20 B3
Sainte-Fauste (36) 96 D5
Sainte-Féréole (19) 138 D2
Sainte-Feyre (23) 111 G5
Sainte-Feyre-la-Montagne (23) 125 H2
Sainte-Flaive-des-Loups (85) 91 F5
Sainte-Florence (33) 136 A6
Sainte-Florence (85) 91 H3
Sainte-Florine (43) 127 G6
Sainte-Foi (09) 184 B4
Sainte-Fortunade (19) 139 E2
Sainte-Foy (40) 164 B2
Sainte-Foy (71) 115 E4
Sainte-Foy (76) 7 G3
Sainte-Foy (85) 91 E5
Sainte-Foy-d'Aigrefeuille (31) 167 F6
Sainte-Foy-de-Belvès (24) 151 H1
Sainte-Foy-de-Longas (24) 137 F5
Sainte-Foy-de-Montgommery (14) 39 G3
Sainte-Foy-de-Peyrolières (31) 166 C6
Sainte-Foy-la-Grande (33) 136 C5
Sainte-Foy-la-Longue (33) 150 A2
Sainte-Foy-l'Argentière (69) 129 G3
Sainte-Foy-lès-Lyon (69) 130 A3
Sainte-Foy-Saint-Sulpice (42) 128 D3
Sainte-Foy-Tarentaise (73) 133 F4
Sainte-Gauburge-Sainte-Colombe (61) 39 H5
Sainte-Gemme (17) 120 D3
Sainte-Gemme (32) 166 A4
Sainte-Gemme (33) 150 B2
Sainte-Gemme (36) 95 H5
Sainte-Gemme (51) 44 D1
Sainte-Gemme (79) 93 F4
Sainte-Gemme (81) 168 C1
Sainte-Gemme-en-Sancerrois (18) 82 B5
Sainte-Gemme-la-Plaine (85) 106 D2
Sainte-Gemme-Martaillac (47) 150 C4
Sainte-Gemme-Moronval (28) 41 F5
Sainte-Gemmes (41) 79 H2
Sainte-Gemmes-d'Andigné (49) 75 H1
Sainte-Gemmes-le-Robert (53) 59 F4
Sainte-Gemmes-sur-Loire (49) 76 D5
Sainte-Geneviève (02) 23 E2
Sainte-Geneviève (50) 15 E2
Sainte-Geneviève (54) 48 C3
Sainte-Geneviève (60) 20 B6
Sainte-Geneviève (76) 19 E2
Sainte-Geneviève-des-Bois (45) 82 B2
Sainte-Geneviève-des-Bois (91) 42 D6
Sainte-Geneviève-lès-Gasny (27) 41 G2
Sainte-Geneviève-sur-Argence (12) 140 D6
Sainte-Gertrude 7 E5
Sainte-Hélène (33) 134 C4
Sainte-Hélène (48) 156 B3
Sainte-Hélène (56) 54 D5
Sainte-Hélène (71) 101 F5
Sainte-Hélène (88) 70 B2
Sainte-Hélène-Bondeville (76) 6 C3
Sainte-Hélène-du-Lac (73) 132 A5
Sainte-Hélène-sur-Isère (73) 132 C4
Sainte-Hermine (85) 106 D1
Sainte-Honorine-de-Ducy (14) 38 A1
Sainte-Honorine-des-Pertes (14) 15 H5
Sainte-Honorine-du-Fay (14) 16 B5
Sainte-Honorine-la-Chardonne (61) 38 C4
Sainte-Honorine-la-Guillaume (61) 38 C4
Sainte-Innocence (24) 150 D1
Sainte-Jalle (26) 159 E4
Sainte-Jamme-sur-Sarthe (72) 60 A4
Sainte-Julie (01) 130 D2
Sainte-Juliette (82) 152 A5
Sainte-Juliette-sur-Viaur (12) 154 B6
Sainte-Léocadie (66) 198 C5
Sainte-Lheurine (17) 121 G5
Sainte-Livrade (31) 166 C5
Sainte-Livrade-sur-Lot (47) 151 E4
Sainte-Lizaigne (36) 97 E3
Sainte-Luce (38) 145 H5
Sainte-Luce-sur-Loire (44) 74 D5
Sainte-Lucie-de-Tallano (2A) 207 E2
Sainte-Lunaise (18) 97 G4
Sainte-Magnance (89) 84 B5
Sainte-Marguerite 22 B5
Sainte-Marguerite 73 F4
Sainte-Marguerite (43) 142 A2
Sainte-Marguerite (88) 70 D2
Sainte-Marguerite-de-Carrouges (61) 39 E6
Sainte-Marguerite-de-l'Autel (27) 40 C3
Sainte-Marguerite-de-Viette (14) 17 E6
Sainte-Marguerite-d'Elle (14) 15 F6
Sainte-Marguerite-des-Loges (14) 17 F6
Sainte-Marguerite-en-Ouche (27) 40 B2
Sainte-Marguerite-Lafigère (07) 156 D3
Sainte-Marguerite-sur-Duclair (76) 7 F5
Sainte-Marguerite-sur-Fauville (76) 6 D4
Sainte-Marguerite-sur-Mer (76) 7 F2
Sainte-Marie (05) 159 F3
Sainte-Marie (08) 24 A5
Sainte-Marie (15) 140 D5
Sainte-Marie (25) 88 B4
Sainte-Marie (32) 166 B5
Sainte-Marie (35) 56 C6
Sainte-Marie (58) 99 F2
Sainte-Marie (65) 182 A5
Sainte-Marie (66) 201 E2
Sainte-Marie-à-Py (51) 23 H6
Sainte-Marie-au-Bosc (76) 6 B4
Sainte-Marie-aux-Chênes (57) 26 A5
Sainte-Marie-aux-Mines (68) 71 E3
Sainte-Marie-Cappel (59) 2 C3
Sainte-Marie-d'Alloix (38) 132 A6
Sainte-Marie-d'Alvey (73) 131 G4
Sainte-Marie-de-Chignac (24) 137 G3
Sainte-Marie-de-Cuines (73) 132 C6
Sainte-Marie-de-Gosse (40) 162 C5
Sainte-Marie-de-Ré (17) 106 B5
Sainte-Marie-de-Vatimesnil (27) 19 F6
Sainte-Marie-de-Vaux (87) 123 H2
Sainte-Marie-des-Champs (76) 7 E4
Sainte-Marie-du-Bois (50) 37 H6
Sainte-Marie-du-Bois (53) 59 E1
Sainte-Marie-du-Lac-Nuisement (51) 46 C6
Sainte-Marie-du-Mont (38) 131 H6
Sainte-Marie-du-Mont (50) 15 E4
Sainte-Marie-en-Chanois (70) 88 A1
Sainte-Marie-en-Chaux (70) 87 H1
Sainte-Marie-Kerque (62) 2 A2
Sainte-Marie-la-Blanche (21) 101 G3
Sainte-Marie-la-Robert (61) 39 E6
Sainte-Marie-Lapanouze (19) 126 A6
Sainte-Marie-Laumont (14) 37 H3
Sainte-Marie-Outre-l'Eau (14) 37 G3
Sainte-Marie-sur-Ouche (21) 85 F6
Sainte-Marie aux-Anglais 17 E5
Sainte-Marie de Campan 181 F5
Sainte-Marie du Ménez Hom 31 F6
Sainte-Marthe (27) 40 C3
Sainte-Marthe (47) 150 C4
Sainte-Maure (10) 66 B2
Sainte-Maure-de-Peyriac (47) 165 E1
Sainte-Maure-de-Touraine (37) 94 D2
Sainte-Maxime (83) 192 D3
Sainte-Même (17) 121 F2
Sainte-Menehould (51) 46 D1
Sainte-Mère (32) 165 H2
Sainte-Mère-Église (50) 15 E4
Sainte-Mesme (78) 62 D1
Sainte-Mondane (24) 138 B6
Sainte-Montaine (18) 81 G5
Sainte-Nathalène (24) 138 B5
Sainte-Néomaye (79) 108 A3
Sainte-Noyale 55 F2
Sainte-Odile 71 F1
Sainte-Olive (01) 116 C6
Sainte-Opportune (61) 38 C4
Sainte-Opportune-du-Bosc (27) 40 C1
Sainte-Opportune-la-Mare (27) 6 D6
Sainte-Orse (24) 137 H2
Sainte-Osmane (72) 78 D1
Sainte-Ouenne (79) 107 H2
Sainte-Pallaye (89) 83 G3
Sainte-Paule (69) 129 G1
Sainte-Pazanne (44) 74 B6
Sainte-Pexine (85) 91 H5
Sainte-Pience (50) 35 H2
Sainte-Pôle (54) 49 H6
Sainte-Preuve (02) 22 D2
Sainte-Radegonde (12) 154 C4
Sainte-Radegonde (17) 120 D2
Sainte-Radegonde (24) 151 F1
Sainte-Radegonde (32) 165 H3
Sainte-Radegonde (33) 136 A6
Sainte-Radegonde (71) 100 B6
Sainte-Radegonde (79) 93 F3
Sainte-Radégonde (86) 109 G1
Sainte-Radégonde-des-Noyers (85) 106 D3
Sainte-Ramée (17) 121 E6
Sainte-Reine (70) 87 E4
Sainte-Reine (73) 132 B4
Sainte-Reine-de-Bretagne (44) 73 G3
Sainte-Ruffine (57) 26 B5
Sainte-Sabine (21) 101 E1
Sainte-Sabine-Born (24) 151 F1
Sainte-Sabine-sur-Longève (72) 60 A4
Sainte-Savine (10) 66 B3
Sainte-Scolasse-sur-Sarthe (61) 39 H6
Sainte-Segrée (80) 19 H1
Sainte-Sève (29) 31 H3
Sainte-Sévère (16) 121 H3
Sainte-Sévère-sur-Indre (36) 111 H2
Sainte-Sigolène (43) 143 E2
Sainte-Solange (18) 97 H2
Sainte-Soline (79) 108 C4
Sainte-Souline (16) 122 A6
Sainte-Soulle (17) 106 D4
Sainte-Suzanne (09) 183 F3
Sainte-Suzanne (25) 88 C4
Sainte-Suzanne (53) 59 F5
Sainte-Suzanne-sur-Vire (50) 37 G1
Sainte-Terre (33) 135 H5
Sainte-Thérence (03) 112 C4
Sainte-Thorette (18) 97 F3
Sainte-Tréphine (22) 33 E6
Sainte-Trie (24) 138 A1
Sainte-Tulle (04) 174 C3
Sainte-Valière (11) 185 H3
Sainte-Vaubourg (08) 24 A4
Sainte-Verge (79) 93 F3
Sainte-Vertu (89) 84 A2
Saintény (50) 15 E5
Saintes (17) 121 E3
Saintes-Maries-de-la-Mer (13) 189 E4
Saintines (60) 21 E5
Saintry-sur-Seine (91) 43 E6
Saints (77) 43 H5
Saints (89) 83 E3
Saints-Geosmes (52) 86 B1
Sainville (28) 62 D2
Saires (86) 94 B4
Saires-la-Verrerie (61) 38 C5
les Saisies 132 D2
Saissac (11) 184 D2
Saisseval (80) 9 F6
Saisy (71) 101 E3
Saivres (79) 108 A2
le Saix (05) 159 H3
Saïx (81) 168 C6
Saix (86) 93 H2
Saizenay (39) 103 F3
Saizerais (54) 48 C4
Saizy (58) 83 G6
Sajas (31) 182 D2
Salagnac (24) 138 A1
Salagnon (38) 130 D4
Salaise-sur-Sanne (38) 144 A1
Salans (39) 103 E1
Salasc (34) 170 B5
Salau 197 E4
Salaunes (33) 134 D4
Salavas (07) 157 G4
Salavre (01) 117 E3
Salazac (30) 157 H5
Salbris (41) 81 E5
les Salces 170 C4
les Salces (48) 155 G3
Saléchan (65) 182 A5
Saleich (31) 182 C5
Saleignes (17) 108 B6
Saleilles (66) 201 E3
les Salelles 157 E4
les Salelles 157 G3
les Salelles (07) 157 E3
les Salelles (48) 155 G3
Salency (60) 21 G3
Salenthal (67) 50 C4
Saléon (05) 159 H4
Salérans (05) 159 H5
Salerm (31) 182 B2
Salernes (83) 175 F5
Salers (15) 140 B3
Sales (74) 131 H1
Salesches (59) 11 G3
la Salette-Fallavaux (38) 146 A5
Salettes (26) 158 C2
Salettes (43) 142 D5
Saleux (80) 9 F6
Salice (2A) 204 D4
Saliceto (2B) 205 F1
Saliès (81) 168 B3
Salies-de-Béarn (64) 163 E6
Salies-du-Salat (31) 182 C4
Salignac (04) 160 B6
Salignac (33) 135 G4
Salignac-de-Mirambeau (17) 135 F1
Salignac-Eyvigues (24) 138 B4
Salignac-sur-Charente (17) 121 G4
Saligney (39) 102 D1
Saligny (85) 91 G3
Saligny (89) 65 E4
Saligny-le-Vif (18) 98 B3
Saligny-sur-Roudon (03) 114 C2
Saligos (65) 181 E6
Salin-de-Badon 172 C6
Salindres (30) 157 E6
Salinelles (30) 171 G3
Salins (15) 140 A2
Salins (77) 64 C2
Salins-les-Bains (39) 103 E3
Salins-les-Thermes (73) 132 D5
Salives (21) 85 G3
Sallagriffon (06) 176 B4
Sallanches (74) 133 E1
Sallaumines (62) 10 B1
la Salle (71) 116 B3
la Salle (88) 70 C2
la Salle-de-Vihiers (49) 92 D2
la Salle-en-Beaumont (38) 145 H5
la Salle-et-Chapelle-Aubry (49) 75 G5
la Salle-Prunet (48) 156 B5
Sallebœuf (33) 135 F5
Sallèdes (63) 127 G4
Sallèles-Cabardès (11) 185 E2
Sallèles-d'Aude (11) 186 C3
la Salle les Alpes (05) 147 E4
Sallen (14) 38 A1
Sallenelles (14) 16 C4
Sallenôves (74) 118 B6
Sallertaine (85) 90 C2
Salles (33) 148 D2
les Salles (42) 128 B2
Salles (47) 151 G2
Salles (65) 180 D5
Salles (79) 108 B3
Salles (81) 168 B1
Salles-Adour (65) 181 E3
Salles-Arbuissonnas-en-Beaujolais (69) 116 A6
Salles-Courbatiès (12) 153 G3
Salles-Curan (12) 154 D6
Salles-d'Angles (16) 121 G4
Salles-d'Armagnac (32) 164 C3
Salles-d'Aude (11) 186 D3
Salles-de-Barbezieux (16) 121 H6
Salles-de-Belvès (24) 151 H1
les Salles-de-Castillon (33) 136 A5
Salles-de-Villefagnan (16) 122 C1
les Salles-du-Gardon (30) 157 E5
Salles-en-Toulon 109 G2
Salles-et-Pratviel (31) 196 A4
Salles-la-Source (12) 154 B4
Salles-Lavalette (16) 122 C6
les Salles-Lavauguyon (87) 123 F3
Salles-Mongiscard (64) 163 F6
Salles-sous-Bois (26) 158 C3
Salles-sur-Garonne (31) 183 E3
Salles-sur-l'Hers (11) 184 A2
Salles-sur-Mer (17) 106 D5
les Salles-sur-Verdon (83) 175 F3
Salles lès Aulnay 108 A6
Sallespisse (64) 163 G6
Salmagne (55) 47 F4
Salmaise (21) 85 E5
Salmbach (67) 29 F6
Salmiech (12) 154 C6
Salomé (59) 3 E6
Salon (10) 45 F6
Salon (24) 137 F4
Salon-de-Provence (13) 173 F5
Salon-la-Tour (19) 124 C5
Salonnes (57) 49 F4
Salornay-sur-Guye (71) 115 H2
Salouël (80) 9 F6
Salperwick (62) 2 B4
Salsein (09) 182 D6
Salses-le-Château (66) 200 D1
Salsigne (11) 185 E2
Salt-en-Donzy (42) 129 E3
Salvagnac (81) 167 G3
Salvagnac-Cajarc (12) 153 F3
Salvagny 119 G5
la Salvetat-Belmontet (82) 167 F2
la Salvetat-Lauragais (31) 167 H6
la Salvetat-Peyralès (12) 153 H5
la Salvetat-Saint-Gilles (31) 166 D6
la Salvetat-sur-Agout (34) 169 F5
Salvezines (11) 199 E2
Salviac (46) 152 B1
Salvizinet (42) 129 E3
Salza (11) 185 F5
Salzuit (43) 141 H2
Samadet (40) 163 H5
Saman (31) 182 B3
Samaran (32) 181 H1
Samatan (32) 166 B6
Samazan (47) 150 B3
Sambin (41) 79 H5
Sambourg (89) 84 B2
le Sambuc 172 D6
Saméon (59) 3 H6
Samer (62) 1 F5
Samerey (21) 102 B2
Sames (64) 162 D6
Sammarçolles (86) 94 A3
Sammeron (77) 44 A3
Samoëns (74) 119 F5
Samognat (01) 117 G4
Samogneux (55) 25 E5
Samois-sur-Seine (77) 64 A2
Samonac (33) 135 E3
Samoreau (77) 64 B2
Samouillan (31) 182 C3
Samoussy (02) 22 C3
Sampans (39) 102 C2
Sampigny (55) 47 G4
Sampigny-lès-Maranges (71) 101 F4
Sampolo (2A) 205 E5
Sampzon (07) 157 F3
Samson (25) 103 E2
Samsons-Lion (64) 180 D1
Samuran (65) 182 A5
San-Damiano (2B) 205 G1
San-Gavino-d'Ampugnani (2B) 205 G1
San-Gavino-di-Carbini (2A) 207 F2
San-Gavino-di-Fiumorbo (2B) 205 F5
San-Gavino-di-Tenda (2B) 203 F5
San-Giovanni-di-Moriani (2B) 205 G1
San-Giuliano (2B) 205 G2
San-Lorenzo (2B) 205 F1
San-Martino-di-Lota (2B) 203 G4
San-Nicolao (2B) 205 G1
San Pancrazio 203 G6
Sana (31) 182 D3
Sanary-sur-Mer (83) 191 F5
Sancé (71) 116 B3
Sancergues (18) 98 C2
Sancerre (18) 82 B6
Sancey-le-Grand (25) 88 B6
Sancey-le-Long (25) 88 B6
Sancheville (28) 62 B4
Sanchey (88) 69 H4
Sancoins (18) 98 C5
Sancourt (27) 19 G5
Sancourt (59) 10 D3
Sancourt (80) 21 G1
Sancy (54) 26 A3
Sancy (77) 43 H3
Sancy-les-Cheminots (02) 22 B4
Sancy-lès-Provins (77) 44 C5
Sand (67) 71 G1
Sandarville (28) 62 A3
Sandaucourt (88) 69 E3
Sandillon (45) 81 E1
Sandouville (76) 6 C5
Sandrans (01) 116 C6
Sangatte (62) 1 F2
Sanghen (62) 1 G4
Sanguinet (40) 148 B3
Sanilhac (07) 157 F3
Sanilhac-Sagriès (30) 172 B2
Sannat (23) 112 B6
Sannerville (14) 16 C4
Sannes (84) 174 A4
Sannois (95) 42 D3
Sanous (65) 181 E1
Sanry-lès-Vigy (57) 26 C5
Sanry-sur-Nied (57) 26 D6
Sans-Vallois (88) 69 F4
Sansa (66) 198 D3
Sansac-de-Marmiesse (15) 140 A5
Sansac-Veinazès (15) 154 B1
Sansais (79) 107 G4
Sansan (32) 165 H6
Sanssac-l'Église (43) 142 B4
Sanssat (03) 114 A4
Santa-Lucia-di-Mercurio (2B) 205 F2
Santa-Lucia-di-Moriani (2B) 205 H1
Santa-Maria-di-Lota (2B) 203 G4
Santa-Maria-Figaniella (2A) 207 E2
Santa-Maria-Poggio (2B) 205 G2
Santa-Maria-Siché (2A) 204 D6
Santa-Reparata-di-Balagna (2B) 202 C5
Santa-Reparata-di-Moriani (2B) 205 G2
Sant'Andréa-di-Bozio (2B) 205 F2
Sant'Andréa-di-Cotone (2B) 205 G2
Sant'Andréa-d'Orcino (2A) 204 C5
Santans (39) 102 D3
Sant'Antonino (2B) 202 C5

Santeau (45) 63 F5
Santec (29) 31 G2
Santenay (21) 101 F4
Santenay (41) 79 G4
Santeny (94) 43 E5
Santes (59) 3 F5
Santeuil (28) 62 C2
Santeuil (95) 42 B1
Santigny (89) 84 B4
Santilly (28) 62 D4
Santilly (71) 116 A1
Santo-Pietro-di-Tenda (2B) 203 F5
Santo-Pietro-di-Venaco (2B) 205 E3
Santoche (25) 88 A5
Santosse (21) 101 E3
Santranges (18) 82 B5
Sanvensa (12) 153 G5
Sanvignes-les-Mines (71) 100 C6
Sanxay (86) 108 C2
Sanzay (79) 93 E3
Sanzey (54) 48 B4
Saon (14) 15 G5
Saône (25) 103 G1
Saonnet (14) 15 G5
Saorge (06) 177 G3
Saosnes (72) 60 B3
Saou (26) 158 C1
le Sap (61) 39 H3
le Sap-André (61) 39 H4
le Sapey 145 H3
Sapignicourt (51) 46 C5
Sapignies (62) 10 B4
Sapogne-et-Feuchères (08) 24 B2
Sapogne-sur-Marche (08) 25 E2
Sapois (39) 103 F5
Sapois (88) 70 B5
Saponay (02) 22 B6
Saponcourt (70) 69 F6
le Sappey (74) 118 C5
le Sappey-en-Chartreuse (38) 145 G1
Saramon (32) 166 A6
Saran (45) 62 D6
Saraz (25) 103 F3
Sarbazan (40) 164 B1
Sarcé (72) 78 B2
Sarceaux (61) 39 E5
Sarcelles (95) 42 D2
Sarcenas (38) 145 G1
Sarcey (52) 68 A5
Sarcey (69) 129 G2
Sarcos (32) 182 B2
Sarcus (60) 19 H2
Sarcy (51) 22 D6
Sardan (30) 171 G3
Sardent (23) 111 G6
Sardieu (38) 130 D6
Sardon (63) 127 F1
Sardy-lès-Épiry (58) 99 G2
Sare (64) 178 B2
Sargé-lès-le-Mans (72) 60 B5
Sargé-sur-Braye (41) 61 E6
Sari-d'Orcino (2A) 204 C5
Sari-Solenzara (2A) 205 G6
Sariac-Magnoac (65) 181 H2
Sarlabous (65) 181 G4
Sarlande (24) 124 A6
Sarlat-la-Canéda (24) 138 A5
Sarliac-sur-l'Isle (24) 137 G2
Sarniguet (65) 181 E2
Sarnois (60) 19 H2
Saron-sur-Aube (51) 45 E6
Sarp (65) 182 A5
Sarpourenx (64) 163 G6
Sarragachies (32) 164 C4
Sarrageois (25) 103 H5
Sarraguzan (32) 181 G2
Sarralbe (57) 27 H6
Sarraltroff (57) 50 A4
Sarran (19) 125 F6
Sarrance (64) 180 A4
Sarrancolin (65) 181 G5
Sarrant (32) 166 B4
Sarras (07) 144 A2
Sarrazac (24) 123 H6
Sarrazac (46) 138 D4
Sarraziet (40) 163 H4
Sarre-Union (67) 50 A2
Sarrebourg (57) 50 A4
Sarrecave (31) 182 A3
Sarreguemines (57) 27 H5
Sarreinsming (57) 27 H5
Sarremezan (31) 182 A3
Sarrewerden (67) 50 A2
Sarrey (52) 68 B5
Sarriac-Bigorre (65) 181 F1
Sarrians (84) 173 E1
Sarrigné (49) 77 F4
Sarrogna (39) 117 G2
Sarrola-Carcopino (2A) 204 C5
Sarron (40) 164 B5
Sarrouilles (65) 181 F3
Sarroux (19) 126 A6
Sarry (51) 46 A3
Sarry (71) 115 E4
Sarry (89) 84 B3
le Sars (62) 10 B4
Sars-et-Rosières (59) 11 E1
Sars-le-Bois (62) 9 H2
Sars-Poteries (59) 12 A3
Sartène (2A) 206 D3
Sartes (88) 68 D3
Sartilly (50) 35 G2
Sarton (62) 9 H4
Sartrouville (78) 42 C3
Sarzay (36) 111 G1
Sarzeau (56) 72 D2
Sasnières (41) 79 F2
Sassangy (71) 101 F6
Sassay (41) 80 A5
Sassegnies (59) 11 H3
Sassenage (38) 145 G2
Sassenay (71) 101 G5
Sassetot-le-Malgardé (76) 7 F3
Sassetot-le-Mauconduit (76) 6 D3
Sasseville (76) 7 E3
Sassey (27) 41 E2
Sassey-sur-Meuse (55) 24 D4
Sassierges-
-Saint-Germain (36) 96 D5
Sassis (65) 181 E6
Sassy (14) 16 D6
Sathonay-Camp (69) 130 A2
Sathonay-Village (69) 130 A2
Satillieu (07) 143 H3
Satolas-et-Bonce (38) 130 C3
Saturargues (34) 171 G4
Saubens (31) 183 F1
Saubion (40) 162 C4
Saubole (64) 180 D2
Saubrigues (40) 162 C5
Saubusse (40) 162 D4
Saucats (33) 149 F1
Saucède (64) 179 H2
la Saucelle (28) 40 D6
Sauchay (76) 7 H2
Sauchy-Cauchy (62) 10 D3
Sauchy-Lestrée (62) 10 D3
Sauclières (12) 170 C2
Saudemont (62) 10 C3
Saudoy (51) 44 D5
Saudreville 63 E1
Saudron (52) 68 A1
Saudrupt (55) 47 E5
Saugeot (39) 117 H1
Saugnac-et-Cambran (40) 163 E4
Saugnacq-et-Muret (40) 148 D3
Saugon (33) 135 F2
Saugues (43) 142 A4
Sauguis-Saint-Étienne (64) 179 G3
Saugy (18) 97 E4
Saujac (12) 153 F3
Saujon (17) 120 C3
la Saulce (05) 160 B3
Saulce-sur-Rhône (26) 158 B1
Saulces-Champenoises (08) 23 H4
Saulces-Monclin (08) 23 H3
Saulcet (03) 113 H4
Saulchery (02) 44 B3
le Saulchoy (60) 20 B2
Saulchoy (62) 8 D2
Saulchoy-sous-Poix (80) 19 H1
Saulcy (10) 67 F3
le Saulcy (88) 70 D1
Saulcy-sur-Meurthe (88) 70 D3
Saules (25) 103 G2
Saules (71) 101 F6
Saulgé (86) 109 H3
Saulgé-l'Hôpital (49) 77 E6
Saulges (53) 59 F6
Saulgond (16) 123 G1
Sauliac-sur-Célé (46) 153 E3
Saulieu (21) 100 C1
Saulles (52) 86 C2
Saulmory-et-Villefranche (55) 24 D4
Saulnay (36) 95 H4
Saulnes (54) 25 H3
Saulnières (28) 41 E5
Saulnières (35) 57 F4
Saulnot (70) 88 B3
Saulny (57) 26 B5
Saulon-la-Chapelle (21) 101 H1
Saulon-la-Rue (21) 101 H1
la Saulsotte (10) 65 F1
Sault (84) 159 F6
Sault-Brénaz (01) 131 E2
Sault-de-Navailles (64) 163 G5
Sault-lès-Rethel (08) 23 G4
Sault-Saint-Remy (08) 23 F4
Saultain (59) 11 F2
Saulty (62) 9 H3
Saulvaux (55) 47 G5
Saulx (70) 87 H2
Saulx-le-Duc (21) 85 H4
Saulx-lès-Champlon (55) 47 H1
Saulx-les-Chartreux (91) 42 D5
Saulx-Marchais (78) 42 A4
Saulxerotte (54) 69 E1
Saulxures (67) 71 E1
Saulxures-lès-Bulgnéville (88) 68 D3
Saulxures-lès-Nancy (54) 48 D5
Saulxures-lès-Vannes (54) 48 B6
Saulxures-sur-Moselotte (88) 70 C5
Saulzais-le-Potier (18) 112 C1
Saulzet (03) 113 G5
Saulzet-le-Froid (63) 127 E4
Saulzoir (59) 11 F3
Saumane (04) 159 H6
Saumane (30) 156 C6
Saumane-de-Vaucluse (84) 173 F2
Sauméjan (47) 150 B5
Saumeray (28) 61 H3
Saumont (47) 150 D6
Saumont-la-Poterie (76) 19 F3
Saumos (33) 134 C4
Saumoussay 93 G1
Saumur (49) 93 G1
Saunay (37) 79 F4
la Saunière (23) 111 G5
Saunières (71) 101 H4
Sauqueville (76) 7 G2
Saurais (79) 108 B1
Saurat (09) 183 G6
Sauret-Besserve (63) 126 D1
Saurier (63) 127 E5
Sausheim (68) 89 F1
Saussan (34) 171 E6
Saussay (28) 41 F4
Saussay (76) 7 F4
Saussay-la-Campagne (27) 19 F5
la Saussaye (27) 18 C6
Saussemesnil (50) 14 D2
Saussenac (81) 168 C2
Saussens (31) 167 G5
Sausses (04) 176 B3
Sausset-les-Pins (13) 190 B4
Sausseuzemare-en-Caux (76) 6 C4
Saussey (21) 101 E2
Saussey (50) 37 E2
Saussignac (24) 136 C6
Saussines (34) 171 G4
Saussy (21) 85 G5
Sautel (09) 184 A5
Sauternes (33) 149 G2
Sauteyrargues (34) 171 F3
Sauto (66) 198 D4
Sautron (44) 74 C4
Sauvage 41 H6
la Sauvagère (61) 38 C6
les Sauvages (69) 129 F1
Sauvagnac (16) 123 F3
Sauvagnas (47) 151 F5
Sauvagnat (63) 126 C3
Sauvagnat-Sainte-Marthe (63) 127 F5
Sauvagney (25) 87 E6
Sauvagnon (64) 180 B1
Sauvagny (03) 113 E3
Sauvain (42) 128 C4
Sauvat (15) 140 B1
Sauve (30) 171 F2
la Sauve (33) 135 G6
Sauvelade (64) 179 H1
Sauveplantade 157 G2
Sauverny (01) 118 B3
Sauvessanges (63) 128 C6
la Sauvetat (32) 165 G3
la Sauvetat (63) 127 F4
la Sauvetat-de-Savères (47) 151 G5
la Sauvetat-du-Dropt (47) 150 D1
la Sauvetat-sur-Lède (47) 151 F3
Sauveterre (30) 172 D1
Sauveterre (32) 182 C1
Sauveterre (65) 164 D6
Sauveterre (81) 185 F1
Sauveterre (82) 152 B5
Sauveterre-de-Béarn (64) 179 F1
Sauveterre-
-de-Comminges (31) 182 A5
Sauveterre-de-Guyenne (33) 150 A1
Sauveterre-de-Rouergue (12) 154 A5
Sauveterre-la-Lémance (47) 151 H2
Sauveterre-Saint-Denis (47) 151 F6
Sauviac (32) 181 H1
Sauviac (33) 149 H4
Sauvian (34) 187 E2
Sauviat (63) 128 A3
Sauviat-sur-Vige (87) 124 D2
Sauvignac (16) 136 A2
Sauvigney-lès-Gray (70) 86 D5
Sauvigney-lès-Pesmes (70) 86 C6
Sauvigny (55) 68 D1
Sauvigny-le-Beuréal (89) 84 B5
Sauvigny-le-Bois (89) 84 A4
Sauvigny-les-Bois (58) 99 E4
Sauville (08) 24 B3
Sauville (88) 68 D4
Sauvillers-Mongival (80) 20 D2
Sauvimont (32) 182 C1
Sauvoy (55) 47 H5
Saux (46) 152 A4
Saux-et-Pomarède (31) 182 B4
Sauxillanges (63) 127 G5
le Sauze 161 F3
Sauze (06) 161 G6
le Sauze-du-Lac (05) 160 D3
Sauzé-Vaussais (79) 108 C5
Sauzelles (36) 95 F6
Sauzet (26) 158 B2
Sauzet (30) 171 H2
Sauzet (46) 152 B4
la Sauzière-Saint-Jean (81) 167 G2
Sauzon (56) 72 A3
Savarthès (31) 182 B4
Savas (07) 143 H1
Savas-Mépin (38) 130 C5
Savasse (26) 158 B2
Saveille 108 C6
Savenay (44) 74 A3
Savenès (82) 166 D3
Savennes (23) 111 G6
Savennes (63) 126 B5
Savennières (49) 76 D5
Saverdun (09) 183 G3
Savères (31) 182 D2
Saverne (67) 50 C4
Saveuse (80) 9 F6
Savianges (71) 101 E6
Savières (10) 66 A2
Savigna (39) 117 G2
Savignac (12) 153 G4
Savignac (33) 150 A3
Savignac-de-Duras (47) 150 C1
Savignac-de-l'Isle (33) 135 H4
Savignac-de-Miremont (24) 137 G4
Savignac-de-Nontron (24) 123 F5
Savignac-Lédrier (24) 138 A1
Savignac-les-Églises (24) 137 G2
Savignac-les-Ormeaux (09) 198 B2
Savignac-Mona (32) 166 C6
Savignac-sur-Leyze (47) 151 G3
Savignargues (30) 171 G2
Savigné (86) 109 E5
Savigné-l'Évêque (72) 60 B5
Savigné-sous-le-Lude (72) 77 H3
Savigné-sur-Lathan (37) 78 B5
Savigneux (01) 116 B6
Savigneux (42) 128 D4
Savignies (60) 20 A4
Savigny (50) 37 E1
Savigny (52) 86 D2
Savigny (69) 129 G2
Savigny (74) 118 B5
Savigny (88) 69 G2
Savigny-en-Revermont (71) 102 C6
Savigny-en-Sancerre (18) 82 B5
Savigny-en-Septaine (18) 97 H3
Savigny-en-Terre-Plaine (89) 84 B4
Savigny-en-Véron (37) 94 A1
Savigny-le-Sec (21) 85 H5
Savigny-le-Temple (77) 43 E6
Savigny-le-Vieux (50) 37 G6
Savigny-lès-Beaune (21) 101 G2
Savigny-Lévescault (86) 109 F2
Savigny-Poil-Fol (58) 100 A5
Savigny-sous-Faye (86) 94 B4
Savigny-sous-Mâlain (21) 85 F6
Savigny-sur-Aisne (08) 24 B5
Savigny-sur-Ardres (51) 22 D6
Savigny-sur-Braye (41) 79 E1
Savigny-sur-Clairis (89) 64 D5
Savigny-sur-Grosne (71) 116 A1
Savigny-sur-Orge (91) 42 D5
Savigny-sur-Seille (71) 116 D1
Savilly (21) 100 C2
Savines-le-Lac (05) 160 D2
Savins (77) 64 D1
Savoillan (84) 159 E5
Savoisy (21) 84 D2
Savolles (21) 86 B5
Savonnières (37) 78 C6
Savonnières-devant-Bar (55) 47 E4
Savonnières-en-Perthois (55) 47 E6
Savouges (21) 101 H1
Savournon (05) 159 H3
Savoyeux (70) 86 D4
Savy (02) 10 D6
Savy-Berlette (62) 9 H2
Saxel (74) 118 D4
Saxi-Bourdon (58) 99 F3
Saxon-Sion (54) 69 F1
Sayat (63) 127 E2
Saze (30) 172 C2
Sazeray (36) 111 H3
Sazeret (03) 113 F4
Sazilly (37) 94 B2
Sazos (65) 180 D6
Scaër (29) 54 A2
Scata (2B) 205 G1
Sceau-Saint-Angel (24) 123 F5
Sceautres (07) 157 H2
Sceaux (89) 84 B4
Sceaux (92) 42 D4
Sceaux-d'Anjou (49) 76 D3
Sceaux-du-Gâtinais (45) 63 H5
Sceaux-sur-Huisne (72) 60 D5
Scey-l'Église 87 F2
Scey-Maisières (25) 103 G2
Scey-sur-Saône-
-et-Saint-Albin (70) 87 F3
Schaeffersheim (67) 71 H1
Schaffhouse-près-Seltz (67) 51 G2
Schaffhouse-sur-Zorn (67) 50 D4
Schalbach (57) 50 B3
Schalkendorf (67) 50 D3
Scharrachbergheim-
-Irmstett (67) 50 D5
Scheibenhard (67) 29 F6
Scherlenheim (67) 50 D4
Scherwiller (67) 71 F2
Schillersdorf (67) 50 D3
Schiltigheim (67) 51 E5
Schirmeck (67) 50 B6
Schirrhein (67) 51 F3
Schirrhoffen (67) 51 F3
Schleithal (67) 29 F6
Schlierbach (68) 89 G2
Schlucht 70 D4
Schmittviller (57) 28 A6
Schneckenbusch (57) 50 A4
Schnepfenriedwasen 70 D5
Schnersheim (67) 50 D4
Schœnau (67) 71 H3
Schœnbourg (67) 50 B3
Schœneck (57) 27 G4
Schœnenbourg (67) 29 E6
Schopperten (67) 50 A2
Schorbach (57) 28 B5
Schweighouse-sur-Moder (67) 51 E3
Schweighouse-Thann (68) 89 E1
Schwenheim (67) 50 C4
Schwerdorff (57) 27 E3
Schweyen (57) 28 B4
Schwindratzheim (67) 50 D4
Schwoben (68) 89 F3
Schwobsheim (67) 71 G3
Sciecq (79) 107 H3
Scientrier (74) 118 D5
Scieurac-et-Flourès (32) 165 E6
Sciez (74) 118 D3
Scillé (79) 107 G1
Scionzier (74) 119 E5
Scolca (2B) 203 F6
Scorbé-Clairvaux (86) 94 C5
Scrignac (29) 32 B5
Scrupt (51) 46 C5
Scy-Chazelles (57) 26 B5
Scye (70) 87 F3
Séailles (32) 164 D4
la Séauve-sur-Semène (43) 143 E1
Sébazac-Concourès (12) 154 C4
Sébécourt (27) 40 C3
Sébeville (50) 15 E4
Seboncourt (02) 11 F5
Sebourg (59) 11 G2
Sébrazac (12) 154 C3
Séby (64) 164 A6
Secenans (70) 88 B3
Séchault (08) 24 B6
Sécheras (07) 144 A3
Sécheval (08) 13 E6
Séchilienne (38) 145 H3
Séchin (25) 87 H5
Seclin (59) 3 F6
Secondigné-sur-Belle (79) 108 A5
Secondigny (79) 107 H1
Secourt (57) 48 D2
Secqueville-en-Bessin (14) 16 B4
Sedan (08) 24 C2
Sédeilhac (31) 182 A4
Séderon (26) 159 G5
Sédières 139 F2
Sedze-Maubecq (64) 180 D2
Sedzère (64) 180 D2
Seebach (67) 29 F6
Sées (61) 39 F6
Séez (73) 133 F3
Ségalas (47) 151 E2
Ségalas (65) 181 F1
la Ségalassière (15) 139 H5
Séglien (56) 54 D2
Ségny (01) 118 B3
Segonzac (16) 121 H4
Segonzac (19) 138 B2
Segonzac (24) 136 D2
Ségos (32) 164 B5
Ségoufielle (32) 166 C5
Segré (49) 75 H1
Ségreville (31) 167 G6
Ségrie (72) 59 H4
Ségrie-Fontaine (61) 38 C4
Segrois (21) 101 G2
Ségry (36) 97 E4
la Séguinière (49) 92 B2
Ségur (12) 154 D5
le Ségur (81) 168 B1
Ségur-le-Château (19) 124 B6
Ségur-les-Villas (15) 140 D2
Ségura (09) 183 H5
Séguret (84) 158 C5
Ségus (65) 180 D4
Seich (65) 181 H5
Seichamps (54) 48 D4
Seichebrières (45) 63 F6
Seicheprey (54) 48 A3
Seiches-sur-le-Loir (49) 77 F4
Seignalens (11) 184 B4
Seigné (17) 121 H1
Seignelay (89) 83 G1
Seigneulles (55) 47 F3
Seignosse (40) 162 B4
le Seignus Bas 161 F5
Seigny (21) 84 D4
Seigy (41) 96 A1
Seilh (31) 167 E4
Seilhac (19) 139 E1
Seilhan (31) 182 A4
Seillac (41) 79 G4
Seillans (83) 176 A6
Seillonnaz (01) 131 E2
Seillons-Source-d'Argens (83) 174 D6
Seine-Port (77) 63 H1
Seingbouse (57) 27 F5
Seissan (32) 165 G6
Seix (09) 183 E6
le Sel-de-Bretagne (35) 57 F4
Selaincourt (54) 69 E1
Selens (02) 21 H4
Sélestat (67) 71 G2
Séligné (79) 108 A5
Séligney (39) 102 C3
Selincourt 8 D6
la Selle 40 B4
la Selle-Craonnaise (53) 76 B1
la Selle-en-Coglès (35) 35 H5
la Selle-en-Hermoy (45) 64 B6
la Selle-en-Luitré (35) 58 A2
la Selle-Guerchaise (35) 58 A6
la Selle-la-Forge (61) 38 B5
la Selle-sur-le-Bied (45) 64 B5
Selles (27) 17 H3
Selles (51) 23 G5
Selles (62) 1 G4
Selles (70) 69 F6
Selles-Saint-Denis (41) 80 D6
Selles-sur-Cher (41) 96 B1
Selles-sur-Nahon (36) 96 A3
Sellières (39) 102 C4
Selommes (41) 79 G2
Seloncourt (25) 88 C4
Selongey (21) 86 A3
Selonnet (04) 160 D3
Seltz (67) 51 G2
la Selve (02) 23 E3
la Selve (12) 169 E1
Sem (09) 197 G4
Sémalens (81) 168 B5
Semallé (61) 60 A1
Semarey (21) 101 E1
Sembadel (43) 142 B2
Sembas (47) 151 F4
Semblançay (37) 78 D4
Sembleçay (36) 96 C1
Sembouès (32) 181 F1
Séméac (65) 181 E3
Séméacq-Blachon (64) 164 C6
Semécourt (57) 26 B5
Sémelay (58) 99 H5
Semens (33) 149 H2
Sementron (89) 83 E3
Sémeries (59) 12 A4
Semerville (41) 62 A6
Semezanges (21) 101 G1
Sémézies-Cachan (32) 166 A6
Semide (08) 24 A5
Semillac (17) 121 E6
Semilly (52) 68 B3
Semmadon (70) 87 E2
Semoine (10) 45 G5
Semond (21) 85 E2
Semondans (25) 88 B3
Semons (38) 130 D6
Semousies (59) 12 A3
Semoussac (17) 121 E6
Semoutiers-Montsaon (52) 67 H5
Semoy (45) 62 D6
Sempesserre (32) 165 H2
Sempigny (60) 21 G3
Sempy (62) 1 G6
Semur-en-Auxois (21) 84 C4
Semur-en-Brionnais (71) 115 E4
Semur-en-Vallon (72) 60 D5
Semussac (17) 120 C4
Semuy (08) 24 A4
le Sen (40) 149 F6
Sénac (65) 181 F2
Senaide (88) 69 E6
Sénaillac-Latronquière (46) 139 G6
Sénaillac-Lauzès (46) 153 E2
Senailly (21) 84 C4
Senan (89) 83 E1
Senantes (28) 41 G5
Senantes (60) 19 H4
Sénarens (31) 182 D2
Senargent-Mignafans (70) 88 A3
Senarpont (80) 8 C6
Sénas (13) 173 F4
Senaud (39) 117 E3
Senaux (81) 169 E4
Sencenac-
-Puy-de-Fourches (24) 137 F1
Senconac (09) 198 A2
Sendets (33) 150 A3
Sendets (64) 180 C2
Séné (56) 72 D1
Sénéchas (30) 156 D4
Sénergues (12) 154 B2
Sénestis (47) 150 C3
Séneujols (43) 142 B4
Senez (04) 175 G2
Sénezergues (15) 154 B1
Sengouagnet (31) 182 B5
Séniergues (46) 152 D1
Senillé (86) 94 D5
Seninghem (62) 1 H4
Senlecques (62) 1 G5
Senlis (60) 20 D6
Senlis (62) 2 A6
Senlis-le-Sec (80) 10 A5
Senlisse (78) 42 B5
Senneçay (18) 97 G4
Sennecey-le-Grand (71) 101 G6
Sennecey-lès-Dijon (21) 85 H6
Sennely (45) 81 F3
Sennevières (37) 95 G2
Senneville-sur-Fécamp (76) 6 C3
Sennevoy-le-Bas (89) 84 C2
Sennevoy-le-Haut (89) 84 C2
Senon (55) 25 G5
Senonches (28) 40 D6
Senoncourt (70) 87 F1
Senoncourt-les-Maujouy (55) 47 F2
Senones (88) 70 D1
Senonges (88) 69 F4
Senonnes (53) 76 A1
Senots (60) 20 A6
Senouillac (81) 168 A2
Sénoville (50) 14 B4
Senozan (71) 116 B3
Sens (89) 65 E4
Sens-Beaujeu (18) 82 A6
Sens-de-Bretagne (35) 35 G6
Sens-sur-Seille (71) 102 B5
Sentein (09) 182 C6
Sentelie (80) 20 A2
Sentenac-de-Sérou (09) 183 F5
Sentenac-d'Oust (09) 183 E6
Sentheim (68) 88 D1
Sentilly (61) 39 E4
la Sentinelle (59) 11 F2
Sentous (65) 181 G3
Senuc (08) 24 B5
Senven-Léhart (22) 33 E5
Sépeaux (89) 64 D6
Sepmeries (59) 11 F2
Sepmes (37) 94 D3
Seppois-le-Bas (68) 89 E3
Seppois-le-Haut (68) 89 E3
Sept-Forges (61) 59 E1
Sept-Frères (14) 37 G3
Sept-Meules (76) 8 B5
Sept-Saulx (51) 45 H1
Sept-Sorts (77) 44 A3
Sept-Vents (14) 38 A1
Septème (38) 130 B5
Septèmes-les-Vallons (13) 190 C3
Septeuil (78) 41 H3
Septfonds (82) 152 D6
Septfontaines (25) 103 G3
Septmoncel (39) 118 A3
Septmonts (02) 22 A5
les Sept Saints 32 C3
Septsarges (55) 24 D5
Septvaux (02) 22 A3
Sepvigny (55) 48 A6
Sepvret (79) 108 B4
Sepx (31) 182 C4
Sequedin (59) 3 F5
Sequehart (02) 11 E5
le Sequestre (81) 168 B3
Serain (02) 11 E5
Seraincourt (08) 23 F2
Seraincourt (95) 42 A2
Sérandon (19) 140 A1
Séranon (06) 176 A5
Serans (60) 42 A1
Serans (61) 39 E5
Seranville (54) 70 A1
Séranvillers-Forenville (59) 11 E4
Seraucourt-le-Grand (02) 21 H1
Seraumont (88) 68 C1
Serazereux (28) 41 F6
Serbannes (03) 114 A6
Serbonnes (89) 64 D3
Serches (02) 22 B5
Sercœur (88) 70 A3

Sercus (59) 2 C4
Sercy (71) 116 A1
Serdinya (66) 199 E4
Sère 181 E6
Sère (32) 182 A1
Sère-en-Lavedan (65) 180 D5
Sère-Lanso (65) 181 E4
Sère-Rustaing (65) 181 G3
Serécourt (88) 69 E5
Séreilhac (87) 124 A3
Serémange-Erzange (57) 26 B3
Sérempuy (32) 166 A4
Sérénac (81) 168 C2
Sérent (56) 55 H5
Sérévillers (60) 20 C2
Serez (27) 41 F3
Sérézin-de-la-Tour (38) 130 D5
Sérézin-du-Rhône (69) 130 A4
Sergeac (24) 138 A4
Sergenaux (39) 102 C4
Sergenon (39) 102 C4
Sergines (89) 65 E3
Sergy (01) 118 B4
Sergy (02) 44 D1
Séricourt (62) 9 G2
Sériers (15) 141 E4
Sérifontaine (60) 19 G5
Sérignac (46) 152 A4
Sérignac (82) 166 C2
Sérignac-Péboudou (47) 151 E2
Sérignac-sur-Garonne (47) 151 E5
Sérignan (34) 187 E2
Sérignan-du-Comtat (84) 158 B6
Sérigné (85) 107 E2
Sérigny (61) 60 D2
Sérigny (86) 94 B4
Sérilhac (19) 139 E3
Seringes-et-Nesles (02) 22 B6
Séris (41) 80 B2
Serley (71) 102 A5
Sermages (58) 99 H3
Sermaise (49) 77 G4
Sermaise (91) 63 E1
Sermaises (45) 63 F3
Sermaize (60) 21 G3
Sermaize-les-Bains (51) 46 D4
Sermamagny (90) 88 C2
Sermange (39) 102 D1
Sermano (2B) 205 F2
Sermentizon (63) 127 H3
Sermérieu (38) 131 E3
Sermersheim (67) 71 G2
Sermesse (71) 101 H4
Sermiers (51) 45 F1
Sermizelles (89) 83 H4
Sermoise (02) 22 B5
Sermoise-sur-Loire (58) 98 D4
Sermoyer (01) 116 C2
Sermur (23) 126 A1
Sernhac (30) 172 C2
Serocourt (88) 69 E4
Séron (65) 180 D2
Serpaize (38) 130 B5
la Serpent (11) 184 D5
Serques (62) 2 A3
Serqueux (52) 68 D5
Serqueux (76) 19 F2
Serquigny (27) 40 B1
Serra-di-Ferro (2A) 206 C2
Serra-di-Fiumorbo (2B) 205 G5
Serra-di-Scopamène (2A) 207 E1
Serrabonne 199 G3
Serralongue (66) 199 G5
Serraval (74) 132 C2
la Serre (12) 169 E3
la Serre-Bussière-Vieille (23) 112 B6
Serre-Eyrauds 160 C1
Serre-les-Moulières (39) 102 D1
Serre-les-Sapins (25) 87 F6
Serre-Nerpol (38) 145 E1
Serres (05) 159 H3
Serres (11) 185 E6
Serres (54) 49 E5
Serres-Castet (64) 180 B1
Serres-et-Montguyard (24) 151 E1
Serres-Gaston (40) 163 H5
Serres-Morlaàs (64) 180 C2
Serres-Sainte-Marie (64) 180 A1
Serres-sur-Arget (09) 183 G5
Serreslous-et-Arribans (40) 163 G4
Serriera (2A) 204 B2
Serrières 130 D3
Serrières (07) 144 A1
Serrières (71) 116 A4
Serrières-de-Briord (01) 131 E2
Serrières-en-Chautagne (73) 131 G1
Serrières-sur-Ain (01) 117 F5
Serrigny (89) 84 A1
Serrigny-en-Bresse (71) 102 A5
Serris (77) 43 G4
Serrouville (54) 26 A3
Serruelles (18) 97 G4
Sers (16) 122 D4
Sers (65) 181 E6
Servais (02) 22 A3
Serval (02) 22 C5
Servance (70) 88 B1
Servanches (24) 136 B3
Servant (63) 113 F5
Servas (01) 116 D5
Servas (30) 157 F6
Servaville-Salmonville (76) 7 H6
Serverette (48) 155 H1
Serves-sur-Rhône (26) 144 A3
Servian (34) 187 E1
Servières 154 C2
Servières (48) 155 H2
Servières-le-Château (19) 139 G3
Serviers-et-Labaume (30) 172 A1
Serviès (81) 168 A5
Serviès-en-Val (11) 185 F4
Servignat (01) 116 D2
Servigney (70) 87 H2
Servigny (50) 37 E1
Servigny-lès-Raville (57) 26 D5
Servigny-
-lès-Sainte-Barbe (57) 26 C5
Serville (28) 41 G4
Servilly (03) 114 B4
Servin (25) 88 A6
Servins (62) 10 A1
Servion 23 H1
Servon (50) 35 G4
Servon (77) 43 E5
Servon-Melzicourt (51) 24 B6
Servon-sur-Vilaine (35) 57 G2
Servoz (74) 133 E1
Sery (08) 23 G3
Sery (89) 83 G3
Séry-lès-Mézières (02) 22 B1
Séry-Magneval (60) 21 F6
Serzy-et-Prin (51) 22 D6
Sessenheim (67) 51 G3
Sète (34) 187 H1
Setques (62) 2 A4
Seugy (95) 42 D1
Seuil (08) 23 H4
Seuil-d'Argonne (55) 47 E2
Seuillet (03) 114 A5
Seuilly (37) 94 A2
Seur (41) 79 H4
le Seure (17) 121 G2
Seurre (21) 102 A3
Seux (80) 9 F6
Seuzey (55) 47 H2
Sevelinges (42) 115 G6
Sevenans (90) 88 C3
Sévérac (44) 73 H2
Sévérac-le-Château (12) 155 F5
Sévérac-l'Église (12) 155 E4
Seveux (70) 86 D4
Séviac 165 E2
Sévignac (22) 34 B6
Sévignacq (64) 180 C1
Sévignacq-Meyracq (64) 180 B4
Sévigny (61) 39 E4
Sévigny-la-Forêt (08) 12 D6
Sévigny-Waleppe (08) 23 E3
Sévis (76) 7 H4
Sevrai (61) 39 E5
Sevran (93) 43 E3
Sèvres (92) 42 C4
Sèvres-Anxaumont (86) 109 F1
Sevrey (71) 101 G5
Sévrier (74) 132 B2
Sévry (18) 98 B2
Sewen (68) 88 D1
Sexcles (19) 139 F4
Sexey-aux-Forges (54) 48 C5
Sexey-les-Bois (54) 48 C4
Sexfontaines (52) 67 H4
Seychalles (63) 127 G3
Seyches (47) 150 D2
Seyne (04) 160 D4
la Seyne-sur-Mer (83) 191 G5
Seynes (30) 157 F6
Seynod (74) 132 A1
Seyre (31) 183 H2
Seyresse (40) 162 D4
Seyssel (01) 131 G1
Seyssel (74) 131 G1
Seysses (31) 167 E6
Seysses-Savès (32) 166 C6
Seyssinet-Pariset (38) 145 G2
Seyssins (38) 145 G2
Seyssuel (38) 130 A5
Seythenex (74) 132 C3
Seytroux (74) 119 F4
Sézanne (51) 45 E5
Siarrouy (65) 181 E2
Siaugues-Sainte-Marie (43) 142 A3
Sibiril (29) 31 G2
Sibiville (62) 9 G2
Siccieu-Saint-Julien-
-et-Carisieu (38) 130 D3
Sichamps (58) 99 E2
Sickert (68) 88 D1
Sideville (50) 14 C2
Sidiailles (18) 112 B2
Siecq (17) 121 H2
Siegen (67) 29 F6
les Sièges (89) 65 F4
Sierck-les-Bains (57) 26 C2
Sierentz (68) 89 G2
la Sierre 145 F3
Siersthal (57) 28 B5
Sierville (76) 7 G5
Siest (40) 162 D4
Sieurac (81) 168 B4
Sieuras (09) 183 F3
Siévoz (38) 145 H5
Siewiller (67) 50 B3
Sigale (06) 176 C4
Sigalens (33) 150 A3
Sigean (11) 186 C5
Sigloy (45) 81 F2
Signac (31) 182 A6
Signes (83) 191 G4
Signéville (52) 68 A3
Signy-l'Abbaye (08) 23 G2
Signy-le-Petit (08) 12 C6
Signy-Montlibert (08) 25 E3
Signy-Signets (77) 43 H3
Sigogne (16) 121 H3
Sigolsheim (68) 71 F4
Sigonce (04) 174 C1
Sigottier (05) 159 G3
Sigoulès (24) 136 D6
Sigournais (85) 92 B6
Sigoyer (04) 160 B4
Sigoyer (05) 160 B3
Siguer (09) 197 H4
Sigy (77) 64 D1
Sigy-en-Bray (76) 19 F3
Sigy-le-Châtel (71) 115 H1
Silfiac (56) 54 D2
Silhac (07) 143 H5
Sillans (38) 145 E1
Sillans-la-Cascade (83) 175 F5
Sillars (86) 109 H3
Sillas (33) 150 A4
Sillé-le-Guillaume (72) 59 G4
Sillé-le-Philippe (72) 60 B5
Sillegny (57) 48 D2
Silleron 7 F2
Sillery (51) 23 F6
Silley-Amancey (25) 103 G2
Silley-Bléfond (25) 87 H5
Sillingy (74) 132 A1
Silly-en-Gouffern (61) 39 F4
Silly-en-Saulnois (57) 26 C6
Silly-la-Poterie (02) 21 H6
Silly-le-Long (60) 43 G1
Silly-sur-Nied (57) 26 D5
Silly-Tillard (60) 20 B5
Silmont (55) 47 F4
Siltzheim (67) 27 H5
Silvareccio (2B) 205 G1
Silvarouvres (52) 67 F5
Simacourbe (64) 180 D1
Simandre (71) 116 C1
Simandre-sur-Suran (01) 117 F4
Simandres (69) 130 A4
Simard (71) 102 A5
Simencourt (62) 10 A2
Simeyrols (24) 138 B5
Simiane-Collongue (13) 190 D3
Simiane-la-Rotonde (04) 174 A2
Simorre (32) 182 B1
Simplé (53) 58 C6
Sin-le-Noble (59) 10 D2
Sinard (38) 145 G4
Sinceny (02) 21 H3
Sincey-lès-Rouvray (21) 84 B5
Sindères (40) 163 E1
Singles (63) 126 B5
Singleyrac (24) 151 E1
Singly (08) 24 A2
Singrist (67) 50 C4
Sinsat (09) 198 A2
Sinzos (65) 181 F3
Sion (32) 164 D4
Sion-les-Mines (44) 57 F6
Sioniac (19) 139 E4
Sionne (88) 68 C2
Sion sur l'Océan 90 C4
Sionviller (54) 49 F5
Siorac-de-Ribérac (24) 136 D2
Siorac-en-Périgord (24) 137 H6
Siouville-Hague (50) 14 B2
Sirac (32) 166 B4
Siracourt (62) 9 G1
Siradan (65) 182 A5
Siran (15) 139 G5
Siran (34) 185 G2
Sireix (65) 180 D5
Sireuil 137 H5
Sireuil (16) 122 B4
Sirod (39) 103 F5
Siros (64) 180 B2
Sisco (2B) 203 G3
Sissonne (02) 22 D3
Sissy (02) 22 B1
Sistels (82) 166 A1
Sisteron (04) 160 A5
Sivergues (84) 173 H3
Sivignon (71) 115 H3
Sivry (54) 48 D3
Sivry-Ante (51) 46 D2
Sivry-Courtry (77) 64 B1
Sivry-la-Perche (55) 47 F1
Sivry-sur-Meuse (55) 25 E5
Six-Fours-les-Plages (83) 191 F6
Sixt-Fer-à-Cheval (74) 119 G5
Sixt-sur-Aff (35) 56 C5
Sizun (29) 31 G5
Smarves (86) 109 E2
Smermesnil (76) 8 B6
Soccia (2A) 204 D3
Sochaux (25) 88 C4
Socoa 178 A1
Socourt (88) 69 G2
Socx (59) 2 C2
Sode (31) 196 A4
Sœurdres (49) 76 D2
Sognes 65 F2
Sognolles-en-Montois (77) 64 D1
Sogny-aux-Moulins (51) 46 A3
Sogny-en-l'Angle (51) 46 C4
Soignolles (14) 16 C6
Soignolles-en-Brie (77) 43 F6
Soilly 44 D2
Soindres (78) 41 H3
Soing-Cubry-
-Charentenay (70) 87 E3
Soings-en-Sologne (41) 80 B5
Soirans (21) 102 B1
Soissons (02) 22 A5
Soissons-sur-Nacey (21) 86 C6
Soisy-Bouy (77) 65 E1
Soisy-sous-Montmorency (95) 42 D3
Soisy-sur-École (91) 63 H1
Soisy-sur-Seine (91) 43 E6
Soize (02) 23 E2
Soizé (28) 61 F4
Soizy-aux-Bois (51) 45 E4
Solaize (69) 130 A4
Solaro (2B) 205 G6
Solbach (67) 71 E1
Soleilhas (04) 176 A4
Solemont (25) 88 C5
Solente (60) 21 F2
Solenzara 205 G6
le Soler (66) 199 H3
Solérieux (26) 158 B4
Solers (77) 43 F5
Solesmes (59) 11 F3
Solesmes (72) 77 F1
Soleymieu (38) 130 D3
Soleymieux (42) 128 D5
Solférino (40) 148 C6
Solgne (57) 48 D2
Soliers (14) 16 C5
Solignac (87) 124 B3
Solignac-sous-Roche (43) 142 D2
Solignac-sur-Loire (43) 142 C4
Solignat (63) 127 F5
Soligny-la-Trappe (61) 40 A6
Soligny-les-Étangs (10) 65 F2
Sollacaro (2A) 206 D2
Sollières-Sardières (73) 147 F1
Solliès-Pont (83) 191 H5
Solliès-Toucas (83) 191 H4
Solliès-Ville (83) 191 H5
Sologny (71) 116 A3
Solomiac (32) 166 B3
Solre-le-Château (59) 12 B3
Solrinnes (59) 12 B3
Solterre (45) 82 A1
Solutré-Pouilly (71) 116 A4
le Somail 186 B3
Somain (59) 11 E2
Sombacour (25) 103 H3
Sombernon (21) 85 F6
Sombrin (62) 9 H3
Sombrun (65) 164 D6
Somloire (49) 92 D3
Sommaing (59) 11 F2
Sommancourt (52) 67 G1
Sommant 119 E4
Sommant (71) 100 C3
Sommauthe (08) 24 C3
Somme-Bionne (51) 46 C1
Somme-Suippe (51) 46 B1
Somme-Tourbe (51) 46 B1
Somme-Vesle (51) 46 B2
Somme-Yèvre (51) 46 C3
Sommecaise (89) 82 D1
Sommedieue (55) 47 G1
Sommeilles (55) 46 D3
Sommelans (02) 44 B1
Sommelonne (55) 47 E5
Sommepy-Tahure (51) 23 H6
Sommerance (08) 24 C5
Sommerécourt (52) 68 D3
Sommereux (60) 20 A2
Sommeron (02) 12 A5
Sommervieu (14) 16 A3
Sommerviller (54) 49 E5
Sommery (76) 19 E2
Sommesnil (76) 7 E4
Sommesous (51) 45 G5
la Sommette (25) 104 A1
Sommette-Eaucourt (02) 21 G1
Sommeval (10) 66 A4
Sommevoire (52) 67 F2
Sommières (30) 171 G4
Sommières-du-Clain (86) 109 E4
Sompt (79) 108 B5
Sompuis (51) 46 A5
Somsois (51) 46 B6
Son (08) 23 G3
Sonac (46) 153 F1
Sonchamp (78) 42 A6
Soncourt (88) 69 E2
Soncourt-sur-Marne (52) 67 H3
Sondernach (68) 70 D5
Sondersdorf (68) 89 F4
la Sône (38) 144 D3
Songeons (60) 19 H3
Songeson (39) 103 E6
Songieu (01) 131 G1
Songy (51) 46 A4
Sonnac (12) 153 G3
Sonnac (17) 121 H2
Sonnac-sur-l'Hers (11) 184 B5
Sonnay (38) 144 B1
Sonnaz (73) 131 H4
Sonneville (16) 122 A2
Sons-et-Ronchères (02) 22 C1
Sonthonnax-la-Montagne (01) 117 F4
Sonzay (37) 78 C4
Soorts-Hossegor (40) 162 B4
Sophia Antipolis 176 C6
Soppe-le-Bas (68) 89 E2
Soppe-le-Haut (68) 89 E2
Sor (09) 182 D6
Sorans-lès-Breurey (70) 87 F5
Sorbais (02) 12 A6
Sorbets (32) 164 D4
Sorbets (40) 164 A5
Sorbey (55) 25 G4
Sorbey (57) 26 C6
Sorbier (03) 114 C3
Sorbiers (05) 159 G4
Sorbiers (42) 129 F5
Sorbo-Ocagnano (2B) 203 G6
Sorbollano (2A) 207 E1
Sorbon (08) 23 G3
Sorbs (34) 170 C3
Sorcy-Bauthémont (08) 23 H3
Sorcy-Saint-Martin (55) 47 H5
Sorde-l'Abbaye (40) 162 D6
Sore (40) 149 F4
Soréac (65) 181 F2
Sorède (66) 201 E4
Sorel (80) 10 C5
Sorel-en-Vimeu (80) 9 E5
Sorel-Moussel (28) 41 F4
Sorèze (81) 184 C1
Sorgeat (09) 198 B2
Sorges (24) 137 G1
Sorgues (84) 173 E1
Sorigny (37) 94 D1
la Sorinièr 92 D1
les Sorinières (44) 74 C5
Sorio (2B) 203 F5
Sormery (89) 65 H5
Sormonne (08) 13 E6
Sornac (19) 125 H4
Sornay (70) 86 D6
Sornay (71) 102 A6
Sornéville (54) 49 E4
Sorquainville (76) 6 D4
Sorrus (62) 8 C1
Sort-en-Chalosse (40) 163 E4
Sortosville (50) 14 D3
Sortosville-en-Beaumont (50) 14 B4
Sos (47) 165 E1
Sospel (06) 177 F4
Sossais (86) 94 B4
Sost (65) 182 A6
Sotta (2A) 207 F3
Sottevast (50) 14 C3
Sotteville (50) 14 B3
Sotteville-lès-Rouen (76) 7 G6
Sotteville-sous-le-Val (76) 18 D5
Sotteville-sur-Mer (76) 7 F2
Soturac (46) 151 H3
Sotzeling (57) 49 F3
Souain-
-Perthes-lès-Hurlus (51) 23 H6
Soual (81) 168 B6
Souancé-au-Perche (28) 61 F3
Souanyas (66) 199 E4
Souastre (62) 9 H3
Soubès (34) 170 B4
Soubise (17) 120 C1
Soublecause (65) 164 C6
Soubran (17) 135 F1
Soubrebost (23) 125 E1
Soucé (53) 58 D1
Soucelles (49) 77 E4
la Souche (07) 157 E2
Souchez (62) 10 B1
Soucht (57) 28 B6
Soucia (39) 117 H1
Soucieu-en-Jarrest (69) 129 H4
Soucirac (46) 152 D1
Souclin (01) 131 E2
Soucy (02) 21 H5
Soucy (89) 65 E3
Soudaine-Lavinadière (19) 125 E5
Soudan (44) 57 H6
Soudan (79) 108 B3
Soudat (24) 123 E4
Souday (41) 61 F5
Soudé (51) 45 H5
Soudeilles (19) 125 G6
Soudorgues (30) 171 E1
Soudron (51) 45 G4
Soueich (31) 182 B5
Soueix-Rogalle (09) 183 E6
Souel (81) 168 A1
Soues (65) 181 E3
Soues (80) 9 E5
Souesmes (41) 81 F5
Souffelweyersheim (67) 51 E5
Soufflenheim (67) 51 G3
Souffrignac (16) 123 E4
Sougé (36) 96 A4
Sougé (41) 79 E2
Sougé-le-Ganelon (72) 59 H3
Sougéal (35) 35 G5
Sougères-en-Puisaye (89) 83 E4
Sougraigne (11) 185 E6
Sougy (45) 62 C5
Sougy-sur-Loire (58) 99 F5
les Souhesmes-Rampont (55) 47 F1
Souhey (21) 84 D4
le Souich (62) 9 G3
Souilhanels (11) 184 B2
Souilhe (11) 184 B2
Souillac (46) 138 C5
Souillé (72) 60 A4
Souilly (55) 47 F2
Soula (09) 183 H6
Soulac-sur-Mer (33) 120 B5
Soulages (15) 141 G3
Soulages-Bonneval (12) 154 D1
Soulaines-Dhuys (10) 67 F2
Soulaines-sur-Aubance (49) 77 E5
Soulaire-et-Bourg (49) 77 E3
Soulaires (28) 62 B1
Soulan (09) 183 E6
Soulanges (51) 46 B4
Soulangis (18) 97 H2
Soulangy (14) 38 D3
Soulatgé (11) 185 F6
Soulaucourt-sur-Mouzon (52) 68 D4
Soulaures (24) 151 H2
Soulce-Cernay (25) 88 D5
Soulgé-sur-Ouette (53) 59 E5
le Soulié (34) 169 F6
Soulières (51) 45 F3
Soulignac (33) 149 H1
Souligné-Flacé (72) 59 H6
Souligné-sous-Ballon (72) 60 B4
Soulignonne (17) 120 D3
Souligny (10) 66 A4
Soulitré (72) 60 C5
Soullans (85) 90 D3
Soulles (50) 37 F2
Soulom (65) 180 D5
Soulomès (46) 152 D2
Soulosse-
-sous-Saint-Élophe (88) 68 D2
Soultz-Haut-Rhin (68) 71 E6
Soultz-les-Bains (67) 50 D5
Soultz-sous-Forêts (67) 29 E6
Soultzbach-les-Bains (68) 71 E4
Soultzeren (68) 71 E4
Soultzmatt (68) 71 E5
Soulvache (44) 57 G5
Soumaintrain (89) 65 H5
Soumans (23) 112 B4
Soumensac (47) 150 D1
Souméras (17) 135 F1
Soumont (34) 170 B4
Soumont-Saint-Quentin (14) 16 C6
Soumoulou (64) 180 D2
Soupex (11) 184 B2
Soupir (02) 22 C4
Souppes-sur-Loing (77) 64 A4
Souprosse (40) 163 G3
Souraïde (64) 178 C1
Sourans (25) 88 B5
Sourcieux-les-Mines (69) 129 H2
le Sourd (02) 11 H6
Sourdeval (50) 37 H5
Sourdeval-les-Bois (50) 37 F3
Sourdon (80) 20 C2
Sourdun (77) 65 E1
le Sourn (56) 55 E3
Sournia (66) 199 F2
Sourniac (15) 140 A2
Sourribes (04) 160 B6
Sours (28) 62 B2
Soursac (19) 139 H2
Sourzac (24) 136 D4
Sous-Parsat (23) 111 G6
Sousceyrac (46) 139 G5
Sousigné 93 E1
Sousmoulins (17) 135 G1
Souspierre (26) 158 C2
Soussac (33) 150 B1
Soussans (33) 135 E3
Soussey-sur-Brionne (21) 85 E6
Soustelle (30) 156 D6
Soustons (40) 162 C3
Sousville (38) 145 H4
Souternon (42) 128 D2
la Souterraine (23) 110 D4
Soutiers (79) 108 A1
Souvans (39) 102 C3
Souvignargues (30) 171 G3
Souvigné (16) 122 B1
Souvigné (37) 78 C4
Souvigné (79) 108 B3
Souvigné-sur-Même (72) 60 D4
Souvigné-sur-Sarthe (72) 77 F1
Souvigny (03) 113 G2
Souvigny-de-Touraine (37) 79 G5
Souvigny-en-Sologne (41) 81 F3
Souyeaux (65) 181 F3
Souyri 154 B4
Souzay-Champigny (49) 93 H1
Souzy (69) 129 F3
Souzy-la-Briche (91) 63 F1
Soveria (2B) 205 E2
Soyans (26) 158 C2
Soyaux (16) 122 C4
Soye (25) 88 A4
Soye-en-Septaine (18) 97 H3
Soyécourt (80) 10 B6
Soyers (52) 86 D1
Soyons (07) 144 B5
Sparsbach (67) 50 C3
Spay (72) 60 A6
Spechbach-le-Bas (68) 89 F2
Spechbach-le-Haut (68) 89 F2
Speloncato (2B) 202 D6
Spéracèdes (06) 176 B6
Spézet (29) 54 A1
Spicheren (57) 27 G4
Spincourt (55) 25 G5
Spontour 139 H2
Sponville (54) 48 B1
Spoy (10) 67 E3
Spoy (21) 86 A5
Spycker (59) 2 B2
Squiffiec (22) 33 E3
Stade de Neige de Vauplane 175 H2
Stade de Neige du Margeriaz 132 A4
Staffelfelden (68) 71 F6
Stains (93) 42 D3
Stainville (55) 47 F5
Staple (59) 2 C4
Station 1600 146 D5
Station de l'Audibergue 176 B5
Station de Laye 160 B1
Station de Lure 159 H6
Station de Luz Ardiden 180 D6
Station de Nistos Cap Nestès 181 H5
Station de Payolle 181 G5
Station de Puyvalador 198 C3
Station d'Err-Puigmal 198 C5
Station de
Saint-Pierre-dels-Forcats 198 D5
Station de Serre-Chevalier 147 E4
Station de Ski de Brameloup 155 F2
Station de Ski de Fond
du Somport 194 B4
Station des Orres 161 E2
Station de Valdrôme 159 G3
Station
de Saint-Jean-Montclar 160 D3
Station du Granier 131 H5
Station du Hautacam 181 E5
Station du Mourtis 182 B6
Station du Val d'Ese 205 E5
Stattmatten (67) 51 G3
Stazzona (2B) 205 G1
Steenbecque (59) 2 C4
Steene (59) 2 B2
Steenvoorde (59) 2 D3
Steenwerck (59) 3 E4
Steige (67) 71 E2
Steinbach (68) 89 E1
Steinbourg (67) 50 C4
Steinbrunn-le-Bas (68) 89 F2
Steinbrunn-le-Haut (68) 89 F2
Steinseltz (67) 29 E6
Steinsoultz (68) 89 F3

Stella-Plage 1 F6
Stenay (55) 24 D3
Sternenberg (68) 89 E2
Stetten (68) 89 G2
Stigny (89) 84 C2
Still (67) 50 C5
Stiring-Wendel (57) 27 G4
Stival 55 E2
Stonne (08) 24 C3
Stoppia Nova 205 F1
Storckensohn (68) 70 D6
Stosswihr (68) 71 E4
Stotzheim (67) 71 G1
Strasbourg (67) 51 E5
Strazeele (59) 2 D4
Strenquels (46) 138 D4
Strueth (68) 89 E3
Struth (67) 50 B2
Stuckange (57) 26 C3
Stundwiller (67) 29 F6
Sturzelbronn (57) 28 C5
Stutzheim-Offenheim (67) 51 E5
Suarce (90) 89 E3
Suaux (16) 123 E2
le Subdray (18) 97 F3
Sublaines (37) 95 F1
Subles (14) 15 H6
Subligny (18) 82 B5
Subligny (50) 35 H3
Subligny (89) 64 D4
Suc-et-Sentenac (09) 197 G4
Succieu (38) 130 D5
Sucé-sur-Erdre (44) 74 D4
Sucy-en-Brie (94) 43 E5
Suèvres (41) 80 A3
Sugères (63) 127 H4
Sugny (08) 24 A5
Suhescun (64) 179 E2
Suilly-la-Tour (58) 82 C6
Suin (71) 115 H3
Suippes (51) 46 B1
Suisnes 43 F5
Suisse (57) 49 F2
Suizy-le-Franc (51) 45 E3
Sulignat (01) 116 C5
Sully (14) 15 H5
Sully (60) 19 G3
Sully (71) 100 D3
Sully-la-Chapelle (45) 63 F6
Sully-sur-Loire (45) 81 G2
Sulniac (56) 55 H6
Sumène (30) 171 E2
Sundhoffen (68) 71 F4
Sundhouse (67) 71 H2
Super-Besse 126 D5
Super-Lioran 140 C3
Super-Pontarlier 104 A4
le Super-Sauze 161 F3
Superbagnères 196 A4
Super Barèges 181 F6
Superbolquère 198 C4
Super Cannes 193 F1
Superdévoluy 160 A1
Supt (39) 103 F4
le Suquet 177 E3
Surat (63) 127 G1
Surba (09) 183 G6
Surbourg (67) 51 F2
Surcamps (80) 9 E4
Surdoux (87) 124 D4
la Sure 145 F2
Suré (61) 60 C2
Suresnes (92) 42 C4
Surfonds (72) 60 C6
Surfontaine (02) 22 B1
Surgères (17) 107 F5
Surgy (58) 83 F4
Suriauville (88) 69 E4
Surin (79) 107 H2
Surin (86) 109 E6
Suris (16) 123 F2
Surjoux (01) 117 H6
Surmont (25) 88 B6
Surques (62) 1 G4
Surrain (14) 15 G5
Surtainville (50) 14 B3
Surtauville (27) 18 C6
Survie (61) 39 G4
Surville (14) 17 F3
Surville (27) 18 C6
Surville (50) 14 C5
Survilliers (95) 43 E2
Sury 24 A1
Sury-aux-Bois (45) 63 G6
Sury-en-Vaux (18) 82 B6
Sury-ès-Bois (18) 82 A5
Sury-le-Comtal (42) 129 E5
Sury-près-Léré (18) 82 B5
Surzur (56) 73 E1
Sus (64) 179 G2
Sus-Saint-Léger (62) 9 H3
Suscinio 72 D2
Susmiou (64) 179 G2
Sussac (87) 124 D4
Sussargues (34) 171 G4
Sussat (03) 113 G5
Sussey (21) 100 D1
Susville (38) 145 G4
Sutrieu (01) 131 F1
Suzan (09) 183 F5
Suzanne (08) 24 A3
Suzanne (80) 10 B5
Suzannecourt (52) 67 H1
Suzay (27) 19 F6
Suze (26) 144 C6
Suze-la-Rousse (26) 158 B5
la Suze-sur-Sarthe (72) 77 H1
Suzette (84) 158 D6
Suzoy (60) 21 G3
Suzy (02) 22 B3
Sy (08) 24 B3
Syam (39) 103 F5
Sylvains-les-Moulins (27) 40 D3
Sylvanès (12) 169 H3
le Syndicat (88) 70 B5

T

Tabaille-Usquain (64) 179 G1
Tabanac (33) 149 G1
la Table (73) 132 B5
le Tablier (85) 91 G5
Tabre (09) 184 B5
la Tâche (16) 122 D2
Tachoires (32) 182 A1
Tacoignières (78) 41 H4
Taconnay (58) 83 F6
Taden (22) 34 D5
Tadousse-Ussau (64) 164 B6
Taglio-Isolaccio (2B) 205 G1
la Tagna 133 E5
la Tagnière (71) 100 C5
Tagnon (08) 23 G4
Tagolsheim (68) 89 F2
Tagsdorf (68) 89 F2
Tailhac (43) 141 H4
Taillades (84) 173 F3
le Taillan-Médoc (33) 135 E5
Taillancourt (55) 48 A6
Taillant (17) 121 E1
Taillebois (61) 38 C4
Taillebourg (17) 121 E2
Taillebourg (47) 150 C3
Taillecavat (33) 150 C1
Taillecourt (25) 88 C4
la Taillée (85) 107 E3
Taillefontaine (02) 21 G5
Taillepied (50) 14 C4
Taillet (66) 199 G4
Taillette (08) 12 D5
Taillis (35) 57 H2
Tailly (08) 24 D4
Tailly (21) 101 G3
Tailly (80) 9 E5
Tain-l'Hermitage (26) 144 A3
Taingy (89) 83 E3
Taintrux (88) 70 C3
Taisey 101 G5
Taisnières-en-Thiérache (59) 11 H3
Taisnières-sur-Hon (59) 11 H2
Taissy (51) 23 F6
Taïx (81) 168 B2
Taizé (71) 116 A2
Taizé (79) 93 G4
Taizé-Aizie (16) 108 D6
Taizon 93 F3
Taizy (08) 23 G3
Tajan (65) 181 H3
Talairan (11) 185 G5
Talais (33) 120 B5
Talange (57) 26 B4
Talant (21) 85 H6
Talasani (2B) 205 G1
la Talaudière (42) 129 F5
Talazac (65) 181 E2
Talcy (41) 80 A2
Talcy (89) 84 B4
Talence (33) 135 E6
Talencieux (07) 144 A2
Talensac (35) 56 D2
Talissieu (01) 131 G2
Talizat (15) 141 E3
Tallans (25) 87 H5
Tallard (05) 160 B3
Tallenay (25) 87 F6
Tallende (63) 127 F4
Taller (40) 162 D2
Talloires (74) 132 B2
Tallone (2B) 205 G3
le Tallud (79) 108 A1
Tallud-Sainte-Gemme (85) 92 B6
Talmas (80) 9 G5
Talmay (21) 86 C5
Talmont-Saint-Hilaire (85) 91 E6
Talmont-sur-Gironde (17) 120 C5
Talmontiers (60) 19 G5
Taloire 175 G3
Talon (58) 83 F6
Talus-Saint-Prix (51) 45 E4
Taluyers (69) 129 H4
Tamerville (50) 14 D3
Tamnay-en-Bazois (58) 99 H3
Tamniès (24) 138 A4
Tanavelle (15) 141 E4
Tanay (21) 86 B5
Tancarville (76) 6 C6
Tancoigné (49) 93 E1
Tancon (71) 115 F5
Tanconville (54) 49 H5
Tancrou (77) 43 H2
Tancua (39) 118 A1
le Tanet 70 D4
Tangry (62) 2 B6
Taninges (74) 119 E5
Tanis (50) 35 G4
Tanlay (89) 84 B1
Tannay (08) 24 B3
Tannay (58) 83 G6
Tanneron (83) 193 E1
Tannerre-en-Puisaye (89) 82 D2
Tannières (02) 22 B5
Tannois (55) 47 F5
Tanques (61) 39 E5
Tantonville (54) 69 F1
le Tanu (50) 35 H2
Tanus (81) 168 C1
Tanville (61) 39 E6
Tanzac (17) 121 E4
Taponas (69) 116 B5
Taponnat-Fleurignac (16) 122 D3
Tarabel (31) 167 G6
Taradeau (83) 175 G6
Tarare (69) 129 F2
Tarascon (13) 172 C3
Tarascon-sur-Ariège (09) 197 H4
Tarasteix (65) 181 E2
Tarbes (65) 181 E3
Tarcenay (25) 103 G1
Tardes (23) 112 B5
Tardets-Sorholus (64) 179 G4
la Tardière (85) 92 C6
Tardinghen (62) 1 F3
Tarentaise (42) 129 G6
Tarerach (66) 199 F3
Targassonne (66) 198 C4
Targé 94 D5
Target (03) 113 F4
Targon (33) 135 G6
Tarnac (19) 125 F4
Tarnès (33) 135 G4
Tarnos (40) 162 B5
Taron-Sadirac-Viellenave (64) 164 B6
Tarquimpol (57) 49 G4
Tarrano (2B) 205 G2
Tarsac (32) 164 C5
Tarsacq (64) 180 A2
Tarsul (21) 85 G4
Tart-l'Abbaye (21) 102 A1
Tart-le-Bas (21) 102 A1
Tart-le-Haut (21) 102 A1
Tartaras (42) 129 H5
Tartas (40) 163 F3
Tartécourt (70) 87 F1
Tartiers (02) 21 H4
Tartigny (60) 20 C2
Tartonne (04) 160 D6
le Tartre (71) 102 B5
le Tartre-Gaudran (78) 41 G5
Tarzy (08) 12 C6
Tasque (32) 164 D5
Tassé (72) 77 G1
Tassenières (39) 102 C4
Tassillé (72) 59 G6
Tassin-la-Demi-Lune (69) 130 A3
Tasso (2A) 205 E5
Tatinghem (62) 2 A4
le Tâtre (16) 121 H6
Taugon (17) 107 E3
Taulé (29) 31 H3
Taulignan (26) 158 C3
Taulis (66) 199 G4
Taupont (56) 56 A4
Tauriac (33) 135 F3
Tauriac (46) 139 E5
Tauriac (81) 167 F3
Tauriac-de-Camarès (12) 169 H4
Tauriac-de-Naucelle (12) 154 A6
Tauriers (07) 157 F2
Taurignan-Castet (09) 182 D5
Taurignan-Vieux (09) 182 D5
Taurinya (66) 199 F4
Taurize (11) 185 F4
Taussac (12) 140 C6
Taussac-la-Billière (34) 169 H5
Taussat 134 B6
Tautavel (66) 199 H1
Tauves (63) 126 C5
Tauxières-Mutry (51) 45 G1
Tauxigny (37) 95 E1
Tavaco (2A) 204 D5
Tavant (37) 94 B2
Tavaux (39) 102 B3
Tavaux-et-Pontséricourt (02) 22 D1
Tavel (30) 172 C1
Tavera (2A) 204 D4
Tavernay (71) 100 C3
Tavernes (83) 174 D5
Taverny (95) 42 C2
Tavers (45) 80 B2
Tavey (70) 88 C3
Taxat-Senat (03) 113 G5
Taxenne (39) 102 D1
Tayac 137 H5
Tayac (33) 136 A4
Taybosc (32) 166 A4
Taye 70 C6
Tayrac (12) 153 H6
Tayrac (47) 151 G6
Tazilly (58) 100 A5
le Tech (66) 199 G5
Tèche (38) 145 E2
Técou (81) 168 A3
le Teich (33) 148 C1
Teigny (58) 83 G6
le Teil (07) 158 A2
Teilhède (63) 127 E1
Teilhet (09) 184 A4
Teilhet (63) 113 E6
Teillay (35) 57 F5
Teillé (44) 75 E3
Teillé (72) 60 A4
Teillet (81) 168 D3
Teillet-Argenty (03) 112 C4
le Teilleul (50) 37 H6
Teillots (24) 138 A2
Teissières-de-Cornet (15) 140 A4
Teissières-lès-Bouliès (15) 140 B6
Telgruc-sur-Mer (29) 31 E6
Tellancourt (54) 25 G3
Tellecey (21) 86 B6
Tellières-le-Plessis (61) 39 H6
Teloché (72) 78 B1
Temniac 138 A5
le Temple (33) 134 C5
le Temple (41) 61 F6
le Temple-de-Bretagne (44) 74 B4
Temple-Laguyon (24) 138 A2
le Temple-sur-Lot (47) 151 E4
Templemars (59) 3 F5
Templeuve (59) 3 G6
Templeux-la-Fosse (80) 10 C5
Templeux-le-Guérard (80) 10 D5
Tenay (01) 131 E1
Tence (43) 143 F3
Tencin (38) 146 A1
Tende (06) 177 G2
Tendon (88) 70 B4
Tendron (18) 98 B4
Tendu (36) 111 E1
Teneur (62) 9 F1
Tennie (72) 59 H5
Tenteling (57) 27 G5
Tercé (86) 109 F2
Tercillat (23) 111 H3
Tercis-les-Bains (40) 162 D4
Terdeghem (59) 2 C3
Tergnier (02) 22 A2
Terjat (03) 112 D5
Termes (08) 24 B5
Termes (11) 185 F5
Termes (48) 141 F6
Termes-d'Armagnac (32) 164 D5
Termignon (73) 147 F1
Terminiers (28) 62 C5
Ternand (69) 129 G1
Ternant (17) 121 F1
Ternant (21) 101 G1
Ternant (58) 99 H5
Ternant-les-Eaux (63) 127 F6
Ternas (62) 9 G2
Ternat (52) 67 H6
Ternay (41) 79 E2
Ternay (69) 130 A4
Ternay (86) 93 G3
les Ternes (15) 141 E4
Ternuay-Melay-
-et-Saint-Hilaire (70) 88 B1
Terny-Sorny (02) 22 A4
Terramesnil (80) 9 G4
Terrans 102 A4
la Terrasse (38) 145 H1
la Terrasse-sur-Dorlay (42) 129 G6
les Terrasses 146 C3
Terrasson-Lavilledieu (24) 138 B3
Terrats (66) 199 H3
Terraube (32) 165 G2
Terre-Clapier (81) 168 C3
Terre-Natale (52) 68 C6
Terrebasse (31) 182 C3
Terrefondrée (21) 85 G2
Terrehault (72) 60 C4
les Terres-de-Chaux (25) 88 C5
la Terrisse (12) 154 D1
Terroles (11) 185 E5
Terron-sur-Aisne (08) 24 A4
Terrou (46) 139 F6
Tersanne (26) 144 B2
Tersannes (87) 110 B4
Terssac (81) 168 B2
le Tertre-Saint-Denis (78) 41 G3
Tertry (80) 10 D6
Terville (57) 26 B3
Tessancourt-sur-Aubette (78) 42 B2
Tessé-Froulay (61) 59 F1
Tessé-la-Madeleine (61) 38 C6
Tessel (14) 16 A4
Tesson (17) 121 E4
Tessonnière (79) 93 G5
la Tessoualle (49) 92 C3
Tessy-sur-Vire (50) 37 G2
la Teste-de-Buch (33) 148 B1
Tétaigne (08) 24 D2
Téteghem (59) 2 C1
Téterchen (57) 27 E4
Téthieu (40) 163 E4
Teting-sur-Nied (57) 27 E6
Teuillac (33) 135 F3
Teulat (81) 167 G5
Teurthéville-Bocage (50) 14 D2
Teurthéville-Hague (50) 14 B2
Teyjat (24) 123 E4
Teyran (34) 171 F5
Teyssières (26) 158 D3
Teyssieu (46) 139 F5
Teyssode (81) 168 A5
Thaas (51) 45 E5
Thaims (17) 120 D4
Thairé (17) 106 D5
Thaix (58) 99 G5
Thal-Drulingen (67) 50 B2
Thal-Marmoutier (67) 50 C4
Thalamy (19) 126 B5
Thann (68) 89 E1
Thannenkirch (68) 71 F3
Thanvillé (67) 71 F2
Thaon (14) 16 B4
Thaon-les-Vosges (88) 69 H3
Tharaux (30) 157 F5
Tharoiseau (89) 83 H5
Tharon-Plage 73 G5
Tharot (89) 83 H4
Thaumiers (18) 98 A5
Thauron (23) 125 E1
Thauvenay (18) 82 B6
Thèbe (65) 182 A5
Théding (57) 27 G5
Thédirac (46) 152 B2
Thégra (46) 139 E6
Théhillac (56) 73 H2
le Theil (03) 113 G3
le Theil (50) 14 D2
le Theil (61) 61 E3
le Theil-Bocage (14) 38 A3
le Theil-de-Bretagne (35) 57 G4
le Theil-en-Auge (14) 17 F3
le Theil-Nolent (27) 17 H5
Theil-Rabier (16) 108 C6
Theil-sur-Vanne (89) 65 F4
Theillay (41) 81 E6
Theillement (27) 18 B5
Theix (56) 73 E1
Theizé (69) 129 G1
Thel (69) 115 G5
Théligny (72) 61 E4
Thélis-la-Combe (42) 143 G1
Thélod (54) 48 C6
Thelonne (08) 24 C2
Thélus (62) 10 B2
Théméricourt (95) 42 A2
Thémines (46) 153 F1
Théminettes (46) 153 F1
Thénac (17) 121 E4
Thénac (24) 136 C6
Thenailles (02) 23 E1
Thenay (36) 110 D1
Thenay (41) 79 H5
Thenelles (02) 11 F6
Thénésol (73) 132 C3
Theneuil (37) 94 C2
Theneuille (03) 113 E1
Thénezay (79) 93 G6
Thénioux (18) 96 D1
Thenissey (21) 85 E4
Thénisy (77) 64 D1
Thennelières (10) 66 B3
Thennes (80) 20 D1
Thenon (24) 137 H3
Thénorgues (08) 24 C4
Théoule-sur-Mer (06) 193 F1
Therdonne (60) 20 B4
Thérines (60) 19 H3
Thermes-Magnoac (65) 182 A2
le Théron 152 A3
Thérondels (12) 140 D5
Thérouanne (62) 2 B5
Thérouldeville (76) 6 D3
Thervay (39) 86 D6
Thésée (41) 79 H6
Thésy (39) 103 F4
Theuley (70) 87 E3
Théus (05) 160 C3
Theuville (28) 62 B3
Theuville (95) 42 B1
Theuville-aux-Maillots (76) 6 D3
Thevet-Saint-Julien (36) 111 H1
Théville (50) 14 D2
Thevray (27) 40 B3
They-sous-Montfort (88) 69 E3
They-sous-Vaudemont (54) 69 F2
Theys (38) 146 A1
Théza (66) 201 E3
Thézac (17) 120 D3
Thézac (47) 151 H4
Thézan-des-Corbières (11) 185 H4
Thézan-lès-Béziers (34) 186 D1
Thèze (04) 160 A4
Thèze (64) 164 A6
Thézey-Saint-Martin (54) 48 D3
Théziers (30) 172 C2
Thézillieu (01) 131 F1
Thézy-Glimont (80) 20 C1
Thiais (94) 42 D5
Thiancourt (90) 88 D3
Thianges (58) 99 F4
Thiant (59) 11 F2
Thiat (87) 110 A4
Thiaucourt-Regniéville (54) 48 B2
Thiaville-sur-Meurthe (54) 70 C1
Thiberville (27) 17 G5
Thibie (51) 45 G3
Thibivillers (60) 19 H5
Thibouville (27) 40 C1
Thicourt (57) 27 E6
Thiébauménil (54) 49 F6
Thiéblemont-Farémont (51) 46 C5
Thiébouhans (25) 88 C6
Thieffrain (10) 66 D4
Thieffrans (70) 87 H4
Thiéfosse (88) 70 B5
Thiel-sur-Acolin (03) 114 B2
Thiembronne (62) 1 H5
Thiénans (70) 87 H4
Thiennes (59) 2 C5
Thiepval (80) 10 A4
Thiergeville (76) 6 D3
Thiernu (02) 22 D1
Thiers (63) 128 A2
Thiers-sur-Thève (60) 43 E1
Thierville (27) 18 A6
Thierville-sur-Meuse (55) 25 E6
Thiéry (06) 176 C3
Thiescourt (60) 21 F3
Thiétreville (76) 6 D3
le Thieulin (28) 61 G2
Thieulloy-la-Ville (80) 19 H1
Thieulloy-l'Abbaye (80) 20 A1
Thieuloy-Saint-Antoine (60) 20 A2
la Thieuloye (62) 9 H1
Thieux (60) 20 C3
Thieux (77) 43 F2
Thiéville (14) 16 D6
Thièvres (62) 9 H4
Thièvres (80) 9 H4
Thiézac (15) 140 C4
Thignonville (45) 63 F3
Thil (01) 130 B2
Thil (10) 67 F2
le Thil (27) 19 F5
Thil (31) 166 D4
Thil (51) 23 E5
Thil (54) 26 A2
Thil-Manneville (76) 7 G2
le Thil-Riberpré (76) 19 F2
Thil-sur-Arroux (71) 100 B5
Thilay (08) 13 F6
le Thillay (95) 43 E2
Thilleux (52) 67 F2
les Thilliers-en-Vexin (27) 19 F6
Thillois (51) 23 E6
Thillombois (55) 47 G2
Thillot (55) 47 H2
le Thillot (88) 70 C6
Thilouze (37) 94 D1
Thimert-Gâtelles (28) 41 E6
Thimonville (57) 49 E2
Thimory (45) 81 H1
Thin-le-Moutier (08) 23 H1
Thines 157 E3
le Thiolent 142 B4
Thiolières (63) 128 B5
Thionne (03) 114 B3
Thionville (57) 26 B3
Thiors 93 F4
Thiouville (76) 6 D4
Thiraucourt (88) 69 F3
Thiré (85) 106 D1
Thiron Gardais (28) 61 F3
This (08) 24 A1
Thise (25) 87 F6
Thivars (28) 62 A2
Thivencelle (59) 11 G1
Thiverny (60) 20 D6
Thiverval-Grignon (78) 42 B4
Thivet (52) 68 A5
Thiviers (24) 123 G6
Thiville (28) 62 A5
Thizay (36) 96 D4
Thizay (37) 94 A2
Thizy (69) 115 G6
Thizy (89) 84 B4
Thoard (04) 160 C6
Thodure (38) 144 C1
Thoigné (72) 60 B3
Thoiras (30) 171 F1
Thoiré-sous-Contensor (72) 60 B3
Thoiré-sur-Dinan (72) 78 C2
Thoires (21) 67 E6
Thoirette (39) 117 F4
Thoiria (39) 117 H1
Thoiry (01) 118 B4
Thoiry (73) 132 A4
Thoiry (78) 42 A4
Thoissey (01) 116 B5
Thoissia (39) 117 F2
Thoisy-la-Berchère (21) 100 D1
Thoisy-le-Désert (21) 101 E1
Thoix (80) 20 A2
Thol-lès-Millières (52) 68 C4
Thollet (86) 110 B3
Thollon-les-Mémises (74) 119 F2
le Tholonet (13) 174 A6
le Tholy (88) 70 B4
Thomer-la-Sôgne (27) 41 E3
Thomery (77) 64 B2
Thomirey (21) 101 E2
Thonac (24) 138 A4
Thônes (74) 132 C1
Thonnance-lès-Joinville (52) 67 H1
Thonnance-les-Moulins (52) 68 A2
Thonne-la-Long (55) 25 F3
Thonne-le-Thil (55) 25 E3
Thonne-les-Près (55) 25 E3
Thonnelle (55) 25 E3
Thonon-les-Bains (74) 119 E3
les Thons (88) 69 E5
Thonville (57) 27 E6
le Thor (84) 173 E2
Thorailles (45) 64 B5
Thoraise (25) 103 E1
Thorame-Basse (04) 161 E6
Thorame-Haute (04) 161 E6
Thoras (43) 142 A5
Thoré-la-Rochette (41) 79 F2
Thorée-les-Pins (72) 77 H3
Thorenc-Station 176 B5
Thorens-Glières (74) 118 C6
Thorey (89) 84 B1
Thorey-en-Plaine (21) 102 A1
Thorey-Lyautey (54) 69 F1
Thorey-sous-Charny (21) 84 D6
Thorey-sur-Ouche (21) 101 F2
Thorigné (79) 108 A4
Thorigné-d'Anjou (49) 76 D3
Thorigné-en-Charnie (53) 59 F5
Thorigné-Fouillard (35) 57 F2
Thorigné-sur-Dué (72) 60 D5
Thorigny-sur-le-Mignon (79) 107 G5
Thorigny (85) 91 H5
Thorigny-sur-Marne (77) 43 F3
Thorigny-sur-Oreuse (89) 65 E3
le Thoronet (83) 175 F6
Thorrenc (07) 144 A2
Thors (10) 67 F3
Thors (17) 121 G2
Thory (80) 20 D2
Thory (89) 84 A4
Thoste (21) 84 C5
le Thou (17) 107 E5
Thou (18) 82 A5
Thou (45) 82 B4
Thouarcé (49) 77 E6
Thouaré-sur-Loire (44) 74 D4
Thouars (79) 93 F3
Thouars-sur-Arize (09) 183 E3
Thouars-sur-Garonne (47) 150 D5
Thouarsais-Bouildroux (85) 92 B6
le Thoult-Trosnay (51) 44 D4
le Thour (08) 23 F3
le Thoureil (49) 77 F5
Thourie (35) 57 G5
Thouron (87) 124 B1
Thourotte (60) 21 F4
Thoury (41) 80 B3
Thoury-Férottes (77) 64 C3
Thoux (32) 166 B5
Thouzon 173 E2
Thubœuf (53) 59 E1
le Thuel (02) 23 E2
Thuès-Entre-Valls (66) 198 D4
Thuès-les Bains 199 E4

Thueyts (07) 157 F1
Thugny-Trugny (08) 23 G4
la Thuile (73) 132 A5
les Thuiles (04) 161 E3
Thuilley-aux-Groseilles (54) 48 C6
Thuillières (88) 69 F4
Thuir (66) 199 H3
Thuisy 65 H3
le Thuit (27) 19 E6
le Thuit-Anger (27) 18 C6
Thuit-Hébert (27) 18 B5
le Thuit-Signol (27) 18 B6
le Thuit-Simer (27) 18 B6
Thulay (25) 88 C4
Thumeréville (54) 25 H6
Thumeries (59) 3 F6
Thun-l'Évêque (59) 11 E3
Thun-Saint-Amand (59) 4 A6
Thun-Saint-Martin (59) 11 E3
Thurageau (86) 94 A5
Thuré (86) 94 C5
Thuret (63) 127 G1
Thurey (71) 102 A5
Thurey-le-Mont (25) 87 G5
Thurins (69) 129 H4
Thury (21) 101 E3
Thury (89) 83 E4
Thury-en-Valois (60) 43 H1
Thury-Harcourt (14) 16 B6
Thury-sous-Clermont (60) 20 C5
Thusy (74) 131 H1
Thuy (65) 181 F3
Thyez (74) 119 E5
Tibiran-Jaunac (65) 181 H4
Ticheville (61) 39 G3
Tichey (21) 102 B3
Tieffenbach (67) 50 B2
Tiercé (49) 77 E3
Tiercelet (54) 25 H4
le Tiercent (35) 35 G6
Tierceville (14) 16 A3
Tieste-Uragnoux (32) 164 D6
la Tieule (48) 155 G4
Tiffauges (85) 92 A3
Tigeaux (77) 43 G4
Tigery (91) 43 E6
Tignac (09) 198 B2
Tigné (49) 93 E1
Tignécourt (88) 69 E5
Tignes (73) 133 G5
le Tignet (06) 176 B6
Tignieu-Jameyzieu (38) 130 C3
Tigny-Noyelle (62) 8 C2
Tigy (45) 81 F2
Til-Châtel (21) 86 A4
Tilh (40) 163 F5
Tilhouse (65) 181 G4
Tillac (32) 165 E6
Tillard 20 B5
Tillay-le-Péneux (28) 62 C4
Tillé (60) 20 B4
Tillenay (21) 102 B1
le Tilleul (76) 6 B4
Tilleul-Dame-Agnès (27) 40 C2
le Tilleul-Lambert (27) 40 C2
le Tilleul-Othon (27) 40 C1
Tilleux (88) 68 D3
Tillières (49) 75 F6
Tillières-sur-Avre (27) 40 D5
Tilloloy (80) 21 E2
Tillou (79) 108 B5
Tilloy-et-Bellay (51) 46 B2
Tilloy-Floriville (80) 8 C5
Tilloy-lès-Conty (80) 20 B1
Tilloy-lès-Hermaville (62) 9 H2
Tilloy-lès-Mofflaines (62) 10 B2
Tilloy-lez-Cambrai (59) 10 D3
Tilloy-lez-Marchiennes (59) 11 E1
Tilly (27) 41 G1
Tilly (36) 110 C3
Tilly (78) 41 G3
Tilly-Capelle (62) 9 F1
Tilly-la-Campagne (14) 16 C5
Tilly-sur-Meuse (55) 47 G2
Tilly-sur-Seulles (14) 16 A4
Tilques (62) 2 A4
Tincey-et-Pontrebeau (70) 87 E3
Tinchebray (61) 38 A4
Tincourt-Boucly (80) 10 C5
Tincques (62) 9 H2
Tincry (57) 49 E3
Tingry (62) 1 F5
Tinqueux (51) 23 E6
Tinténiac (35) 35 E6
Tintry (71) 101 E4
Tintury (58) 99 G3
Tiranges (43) 142 D1
Tirent-Pontéjac (32) 166 A6
Tirepied (50) 37 F5
Tissey (89) 84 A1
le Titre (80) 8 D3
Tivernon (45) 62 D4
Tiviers (15) 141 F4
Tizac-de-Curton (33) 135 G6
Tizac-de-Lapouyade (33) 135 G3
Tocane-Saint-Apre (24) 137 E2
Tocqueville (27) 6 D6
Tocqueville (50) 15 E2
Tocqueville-en-Caux (76) 7 F3
Tocqueville-les-Murs (76) 6 D4
Tocqueville-sur-Eu (76) 7 H1
Tœufles (80) 8 C4
Toges (08) 24 B4
Togny-aux-Bœufs (51) 46 A4
Tolla (2A) 204 D5
Tollaincourt (88) 68 D4
Tollent (62) 9 E2
Tollevast (50) 14 C2
la Tombe (77) 64 D2
Tombebœuf (47) 151 E3
Tomblaine (54) 48 D5
Tomino (2B) 203 G2
les Tonils (26) 158 D2
Tonnac (81) 167 H1
Tonnay-Boutonne (17) 121 E1
Tonnay-Charente (17) 120 D1
Tonneins (47) 150 D4
Tonnerre (89) 84 A1
Tonneville (50) 14 B2
Tonnoy (54) 48 D6
Tonquédec (22) 32 C3
Torcé (35) 57 H3
Torcé-en-Vallée (72) 60 C4
Torcé-Viviers-en-Charnie (53) 59 F5
Torcenay (52) 86 C1
Torchamp (61) 38 A6
Torchefelon (38) 131 E5
Torcheville (57) 49 H2
Torcieu (01) 131 E1
Torcy (62) 1 H6
Torcy (71) 100 D5
Torcy (77) 43 F4
Torcy-en-Valois (02) 44 B2
Torcy-et-Pouligny (21) 84 C4
Torcy-le-Grand (10) 66 B1
Torcy-le-Grand (76) 7 H3
Torcy-le-Petit (10) 66 B1
Torcy-le-Petit (76) 7 H3
Tordères (66) 199 H4
Tordouet (14) 17 F6
Torfou (49) 92 A3
Torfou (91) 63 F1
Torigni-sur-Vire (50) 37 G2
Tornac (30) 171 G1
Tornay (52) 86 C2
le Torp-Mesnil (76) 7 F4
Torpes (25) 103 E1
Torpes (71) 102 B4
le Torpt (27) 17 G3
le Torquesne (14) 17 F4
Torreilles (66) 201 E2
Torsac (16) 122 C5
Torsiac (43) 141 F1
Tortebesse (63) 126 C3
Tortefontaine (62) 9 E2
Tortequesne (62) 10 C2
Torteron (18) 98 C3
Torteval-Quesnay (14) 38 A1
Tortezais (03) 113 E3
Tortisambert (14) 17 E6
Torvilliers (10) 66 A3
Torxé (17) 121 E1
Tosny (27) 19 E6
Tosse (40) 162 C4
Tossiat (01) 117 E5
Tostat (65) 181 E2
Tostes (27) 18 C6
Totainville (88) 69 E2
Tôtes (76) 7 G4
Touchay (18) 97 F6
la Touche (26) 158 B3
Touches 101 F5
les Touches (44) 74 D3
les Touches-de-Périgny (17) 121 H1
Toucy (89) 83 E2
Toudon (06) 176 D4
Touët-de-l'Escarène (06) 177 E4
Touët-sur-Var (06) 176 C3
Touffailles (82) 151 H5
Toufflers (59) 3 G5
Touffréville (14) 16 C4
Touffreville (27) 19 E5
Touffreville-la-Cable (76) 6 D5
Touffreville-la-Corbeline (76) 7 E5
Touffreville-sur-Eu (76) 8 A5
Touget (32) 166 B4
Touille (31) 182 C4
Touillon (21) 84 D3
Touillon-et-Loutelet (25) 104 A5
Toujouse (32) 164 C3
Toul (54) 48 B5
Toulaud (07) 144 A5
Toulenne (33) 149 H2
Touligny (08) 24 A2
Toulis-et-Attencourt (02) 22 C2
Toulon (83) 191 G5
Toulon-sur-Allier (03) 113 H2
Toulon-sur-Arroux (71) 100 B6
Toulongergues 153 G4
Toulonjac (12) 153 G4
Toulouges (66) 200 D3
Toulouse (31) 167 E5
Toulouse-le-Château (39) 102 D4
Toulouzette (40) 163 G4
Toulx-Sainte-Croix (23) 112 A4
Touques (14) 17 E3
le Touquet-Paris-Plage (62) 1 E6
Touquettes (61) 39 H4
Touquin (77) 43 H5
le Tour 119 H6
la Tour (06) 176 D3
la Tour (74) 118 D5
la Tour-Blanche (24) 136 D1
la Tour-d'Aigues (84) 174 A4
la Tour-d'Auvergne (63) 126 C5
Tour-de-Faure (46) 153 E3
la Tour-de-Salvagny (69) 129 H2
la Tour-de-Sçay (25) 87 G5
la Tour-du-Crieu (09) 183 H4
la Tour-du-Meix (39) 117 G1
le Tour-du-Parc (56) 73 E2
la Tour-du-Pin (38) 131 E4
Tour-en-Bessin (14) 15 H5
la Tour-en-Jarez (42) 129 F5
Tour-en-Sologne (41) 80 B4
la Tour-Saint-Gelin (37) 94 C3
la Tour-sur-Orb (34) 170 A5
Tourailles (41) 79 G3
les Tourailles (61) 38 C4
Tourbes (34) 187 E1
Tourcelles-Chaumont (08) 24 A4
Tourch (29) 53 H2
Tourcoing (59) 3 G4
Tourdun (32) 165 E6
la Tourette (42) 128 D6
la Tourette-Cabardès (11) 185 E2
Tourette-du-Château (06) 176 D4
les Tourettes 158 B1
Tourgéville (14) 17 E3
la Tourlandry (49) 92 D2
Tourlaville (50) 14 C2
Tourliac (47) 151 G1
Tourly (60) 19 H6
Tourmignies (59) 3 F6
Tourmont (39) 102 D4
Tournai-sur-Dive (61) 39 F4
Tournan (32) 182 B1
Tournan-en-Brie (77) 43 G5
Tournans (25) 87 H5
Tournavaux (08) 13 F6
Tournay (65) 181 F3
Tournay-sur-Odon (14) 16 A5
le Tourne (33) 149 G1
Tournebu (14) 16 B6
Tournecoupe (32) 166 A3
Tournedos-Bois-Hubert (27) 40 D2
Tournedos-sur-Seine (27) 18 D6
Tournefeuille (31) 167 E5
Tournefort (06) 176 D3
Tournehem-sur-la-Hem (62) 1 H3
Tournemire (12) 169 H2
Tournemire (15) 140 B4
Tournes (08) 24 A1
le Tourneur (14) 38 A2
Tourneville (27) 40 D2
Tournières (14) 15 G6
Tournissan (11) 185 G4
Tournoisis (45) 62 B6
Tournon (73) 132 C3
Tournon-d'Agenais (47) 151 H4
Tournon-Saint-Martin (36) 95 F6
Tournon-Saint-Pierre (37) 95 F6
Tournon-sur-Rhône (07) 144 A3
Tournous-Darré (65) 181 G2
Tournous-Devant (65) 181 H3
Tournus (71) 116 C1
Tourny (27) 41 G1
Tourouvre (61) 40 B6
Tourouzelle (11) 185 G3
Tourreilles (11) 184 D5
les Tourreilles (31) 182 A4
Tourrenquets (32) 165 H4
Tourrette-Levens (06) 177 E5
les Tourrettes (26) 158 B1
Tourrettes (83) 176 A6
Tourrettes-sur-Loup (06) 176 D5
Tourriers (16) 122 C3
Tours (37) 78 D5
Tours-en-Savoie (73) 132 D3
Tours-en-Vimeu (80) 8 C4
Tours-sur-Marne (51) 45 G2
Tours-sur-Meymont (63) 128 A4
Tour Sancy 126 C5
Tourtenay (79) 93 G3
Tourteron (08) 24 A3
Tourtoirac (24) 137 H2
Tourtour (83) 175 F5
Tourtouse (09) 182 D4
Tourtrès (47) 150 D3
Tourtrol (09) 184 A4
Tourves (83) 191 G3
Tourville-en-Auge (14) 17 F3
Tourville-la-Campagne (27) 18 B6
Tourville-la-Chapelle (76) 7 H2
Tourville-la-Rivière (76) 18 C5
Tourville-les-Ifs (76) 6 C3
Tourville-sur-Arques (76) 7 G2
Tourville-sur-Odon (14) 16 B5
Tourville-sur-Pont-Audemer (27) 17 H3
Tourville-sur-Sienne (50) 36 D1
Toury (28) 62 D4
Toury-Lurcy (58) 99 F6
Toury-sur-Jour (58) 99 E6
Tourzel-Ronzières (63) 127 F5
Toussaint (76) 6 C3
Toussieu (69) 130 B4
Toussieux (01) 130 A1
Tousson (77) 63 G3
la Toussuire 146 C1
Toussus-le-Noble (78) 42 C5
Toutainville (27) 17 G3
Toutenant (71) 102 A4
Toutencourt (80) 9 H5
Toutens (31) 184 A1
Toutlemonde (49) 92 C2
Toutry (21) 84 B4
Touvérac (16) 121 H6
le Touvet (38) 131 H6
Touville (27) 18 A5
Touvois (44) 91 E2
Touvre (16) 122 C4
Touzac (16) 121 H5
Touzac (46) 152 A3
Tox (2B) 205 G2
Toy-Viam (19) 125 F4
Tracy-Bocage (14) 38 A1
Tracy-le-Mont (60) 21 G4
Tracy-le-Val (60) 21 G4
Tracy-sur-Loire (58) 82 B6
Tracy-sur-Mer (14) 16 A3
Trades (69) 115 H4
Traenheim (67) 50 D5
Tragny (57) 49 E2
Traînel (10) 65 F2
Traînou (45) 63 E6
le Trait (76) 7 E6
Traitiéfontaine (70) 87 F5
Traize (73) 131 G3
Tralaigues (63) 126 B2
Tralonca (2B) 205 E2
Tramain (22) 34 A5
Tramayes (71) 116 A4
Trambly (71) 115 H3
Tramecourt (62) 2 A6
Tramery (51) 22 D6
Tramezaïgues (65) 195 G4
Tramolé (38) 130 D5
Tramont-Émy (54) 69 E2
Tramont-Lassus (54) 69 E2
Tramont-Saint-André (54) 69 E2
Tramoyes (01) 130 B2
Trampot (88) 68 B2
Trancault (10) 65 F2
la Tranche-sur-Mer (85) 106 B3
la Tranclière (01) 117 E5
Trancrainville (28) 62 D4
Trangé (72) 60 A5
le Tranger (36) 95 H4
Trannes (10) 67 E3
Tranqueville-Graux (88) 69 E1
Trans (53) 59 F3
Trans-en-Provence (83) 175 H6
Trans-la-Forêt (35) 35 F5
Trans-sur-Erdre (44) 75 E3
le Translay (80) 8 C5
le Transloy (62) 10 C4
Tranzault (36) 111 G1
Trappes (78) 42 B4
Trassanel (11) 185 E2
Traubach-le-Bas (68) 89 E2
Traubach-le-Haut (68) 89 E2
Trausse (11) 185 F2
Travaillan (84) 158 B6
Travecy (02) 22 A2
Traversères (32) 165 H6
Traves (70) 87 F3
le Travet (81) 168 C3
le Trayas 193 F2
Trayes (79) 93 E6
Tré-le-Champ 119 H6
Tréal (56) 56 B5
Tréauville (50) 14 B3
Trébabu (29) 30 C5
Treban (03) 113 G3
Tréban (81) 168 D1
Trébas (81) 168 D2
Trébédan (22) 34 C5
Trèbes (11) 185 E3
Trébeurden (22) 32 B2
Trébons (65) 181 F4
Trébons-de-Luchon (31) 196 A4
Trébons-sur-la-Grasse (31) 184 A1
Tréboul 53 E2
Trébrivan (22) 32 C6
Trébry (22) 33 H6
Tréclun (21) 102 B1
Trécon (51) 45 G3
Trédaniel (22) 33 H6
Trédarzec (22) 33 E2
Trédias (22) 34 B6
Trédion (56) 55 H5
Trédrez-Locquémeau (22) 32 B2
Tréduder (22) 32 B3
Trefcon (02) 10 D6
Treffendel (35) 56 D3
Treffiagat (29) 53 E4
Treffieux (44) 74 D1
Trefflean (56) 55 G6
Treffort (38) 145 G4
Treffort-Cuisiat (01) 117 E4
Treffrin (22) 32 B6
Tréflaouénan (29) 31 G3
Tréflévénez (29) 31 F4
Tréflez (29) 31 F3
Tréfols (51) 44 C4
Tréfumel (22) 34 D6
Trégarantec (29) 31 F3
Trégarvan (29) 31 F6
Trégastel (22) 32 C1
Trégastel-Plage 32 C1
Tréglamus (22) 32 D4
Tréglonou (29) 30 D3
Trégomeur (22) 33 F4
Trégon (22) 34 C4
Trégonneau (22) 33 E3
Trégourez (29) 53 H2
Trégranteur 55 H4
Trégrom (22) 32 C3
Tréguennec (29) 53 E3
Trégueux (22) 33 G4
Tréguidel (22) 33 F3
Tréguier (22) 32 D2
Trégunc (29) 53 H4
Tréhet (41) 78 D2
Tréhorenteuc (56) 56 B3
le Tréhou (29) 31 G5
Treignac (19) 125 E5
Treignat (03) 112 B3
Treigny (89) 82 D4
Treilles (11) 186 C6
Treilles-en-Gâtinais (45) 64 A5
Treillières (44) 74 C4
Treix (52) 68 A4
Treize-Septiers (85) 91 H1
Treize-Vents (85) 92 C4
Tréjouls (82) 152 B5
Trélans (48) 155 F3
Trélazé (49) 77 E5
Trélévern (22) 32 D1
Trelins (42) 128 D3
Trélissac (24) 137 F2
Trélivan (22) 34 C5
Trelly (50) 37 E2
Trélon (59) 12 B4
Trélou-sur-Marne (02) 44 D2
Trémaouézan (29) 31 F4
Trémargat (22) 32 D6
Trémauville (76) 6 D4
la Tremblade (17) 120 B2
Tremblay (35) 35 G5
le Tremblay (49) 75 G1
Tremblay-en-France (93) 43 E3
Tremblay-les-Villages (28) 41 F6
le Tremblay-Omonville (27) 40 C1
le Tremblay-sur-Mauldre (78) 42 A4
Tremblecourt (54) 48 B4
le Tremblois (70) 86 C5
Tremblois-lès-Carignan (08) 25 E2
Tremblois-lès-Rocroi (08) 12 D6
Trémeheuc (35) 35 F5
Trémel (22) 32 B3
Tréméloir (22) 33 G4
Trémentines (49) 75 H6
Tréméoc (29) 53 F3
Tréméreuc (22) 34 D4
Trémery (57) 26 C4
Trémeur (22) 34 B6
Tréméven (22) 33 F3
Tréméven (29) 54 B4
Trémilly (52) 67 F2
Tréminis (38) 145 G6
Trémoins (70) 88 B3
Trémolat (24) 137 G5
Trémons (47) 151 G4
Trémont (49) 93 E2
Trémont (61) 39 G6
Trémont-sur-Saulx (55) 47 E4
Trémonzey (88) 69 G5
Trémorel (22) 56 B1
Trémouille (15) 140 C1
Trémouille-Saint-Loup (63) 126 B5
Trémouilles (12) 154 C5
Trémoulet (09) 184 A4
Trémuson (22) 33 G4
Trenal (39) 102 C6
Trenquéléon 150 D5
Trensacq (40) 148 D5
Trentels (47) 151 G3
Tréogan (22) 54 B1
Tréogat (29) 53 E3
Tréon (28) 41 F5
Tréouergat (29) 30 D4
Trépail (51) 45 G1
le Tréport (76) 8 A4
Trépot (25) 103 G1
Trépel (14) 38 C3
Trept (38) 130 D3
Trésauvaux (55) 47 H1
Tresbœuf (35) 57 F5
Trescault (62) 10 D4
Treschenu-Creyers (26) 145 F6
Trescléoux (05) 159 H4
Trésilley (70) 87 F4
Treslon (51) 22 D6
Tresnay (58) 98 D6
Trespoux-Rassiels (46) 152 C4
Tresques (30) 157 H6
Tressan (34) 170 C6
Tressandans (25) 87 H4
Tressange (57) 26 A3
Tressé (35) 35 E5
Tresserre (66) 200 D4
Tresserve (73) 131 H3
Tresses (33) 135 F5
Tressignaux (22) 33 F3
Tressin (59) 3 G5
Tresson (72) 78 D1
Treteau (03) 114 B3
la Trétoire (77) 44 B4
Trets (13) 174 B6
Treux (80) 10 A5
Treuzy-Levelay (77) 64 B3
Trévé (22) 55 G1
Trévenans (90) 88 C3
Tréveneuc (22) 33 G3
Tréveray (55) 47 G6
Trévérec (22) 33 E3
Trévérien (35) 34 D6
Trèves (30) 170 C1
Trèves (69) 129 H5
Trèves-Cunault 77 G6
Trévien (81) 168 B1
Trévières (14) 15 G5
Trévignin (73) 131 H3
Trévillach (66) 199 F2
Tréville (11) 184 B2
Trévillers (25) 88 D6
Trévilly (89) 84 B4
Trévol (03) 113 H1
Trévou-Tréguignec (22) 32 D1
Trévoux (01) 130 A1
le Trévoux (29) 54 A4
Trévron (22) 34 C6
Trézelles (03) 114 B4
Trézény (22) 32 D2
le Trez Hir 30 C5
Tréziers (11) 184 B5
Trézilidé (29) 31 G3
Trézioux (63) 127 H3
Triac-Lautrait (16) 122 A3
le Triadou (34) 171 F4
Triaize (85) 106 C3
Tribehou (50) 15 E6
Trichey (89) 66 B6
Tricot (60) 20 D3
Trie-Château (60) 19 H6
Trie-la-Ville (60) 19 H6
Trie-sur-Baïse (65) 181 G2
Triel-sur-Seine (78) 42 B3
Triembach-au-Val (67) 71 F2
Trieux (54) 26 A3
Trigance (83) 175 G3
Trignac (44) 73 G4
Trigny (51) 22 D5
Triguères (45) 64 C6
Trilbardou (77) 43 G3
Trilla (66) 199 F2
Trilport (77) 43 H3
Trimbach (67) 29 F6
Trimer (35) 34 D6
la Trimouille (86) 110 B2
Trinay (45) 62 D5
la Trinitat (15) 155 E1
la Trinité 53 H3
la Trinité (06) 177 E5
la Trinité (27) 41 E2
la Trinité (50) 37 F4
la Trinité (73) 132 B5
la Trinité-de-Réville (27) 17 H6
la Trinité-de-Thouberville (27) 18 B5
la Trinité-des-Laitiers (61) 39 H4
la Trinité-du-Mont (76) 6 D5
la Trinité-Langonnet 54 C1
la Trinité-Porhoët (56) 55 H2
la Trinité-sur-Mer (56) 72 B1
la Trinité-Surzur (56) 73 E1
Triors (26) 144 C3
le Trioulou (15) 153 H1
Tripleville (41) 62 B6
Triquerville (76) 6 D5
Triqueville (27) 17 G3
Trith-Saint-Léger (59) 11 F2
Tritteling-Redlach (57) 49 F1
Trivy (71) 115 H3
Trizac (15) 140 B2
Trizay (17) 120 D2
Trizay-Coutretot-Saint-Serge (28) 61 F3
Trizay-lès-Bonneval (28) 62 A4
Troarn (14) 16 C4
Troche (19) 138 C1
Trochères (21) 86 B6
Trocy-en-Multien (77) 43 H2
Troësnes (02) 44 A1
Troguéry (22) 32 D2
Trogues (37) 94 C2
les Trois-Domaines (55) 47 F2
Trois-Fonds (23) 112 A4
Trois-Fontaines-l'Abbaye (51) 46 D5
Trois-Monts (14) 16 B5
les Trois-Moutiers (86) 93 H3
Trois-Palis (16) 122 B4
les Trois-Pierres (76) 6 C5
Trois-Puits (51) 23 E6
Trois-Vèvres (58) 99 F4
Trois-Villes (64) 179 G3
Trois Épis 71 E4
Troisfontaines (57) 50 B5
Troisfontaines-la-Ville (52) 47 E6
Troisgots (50) 37 G2
Troissereux (60) 20 A4
Troissy (51) 44 D2
Troisvaux (62) 9 G1
Troisvilles (59) 11 F4
Tromarey (70) 86 D6
Tromborn (57) 27 E4
Troncens (32) 181 F1
la Tronche (38) 145 G2
le Tronchet (35) 35 E5
le Tronchet (72) 60 A4
Tronchoy (89) 84 A1
Tronchy (71) 101 H5
le Troncq (27) 18 B6
Trondes (54) 48 A5
Tronget (03) 113 G3
le Tronquay (14) 15 G6
le Tronquay (27) 19 F4
Tronsanges (58) 98 C2
Tronville (54) 26 A6
Tronville-en-Barrois (55) 47 F5
Troo (41) 79 E2
Trosly-Breuil (60) 21 G5
Trosly-Loire (02) 21 H3
Trouans (10) 45 H6
Troubat (65) 182 A5
Trouhans (21) 102 B2
Trouhaut (21) 85 F5
Trouillas (66) 199 H3
Trouley-Labarthe (65) 181 F2
Troussencourt (60) 20 B3
Troussey (55) 48 A5
Troussures (60) 20 A5
Trouvans (25) 87 H5
Trouville (76) 6 D5
Trouville-la-Haule (27) 6 D6
Trouville-sur-Mer (14) 17 E3
Trouy (18) 97 G3
Troye-d'Ariège (09) 184 B5
Troyes (10) 66 B3
Troyon (55) 47 G2
la Truchère (71) 116 C2
Truchtersheim (67) 51 E4
Trucy (02) 22 C4
Trucy-l'Orgueilleux (58) 83 F5
Trucy-sur-Yonne (89) 83 G3
le Truel (12) 169 F1
Trugny (21) 102 A3
Truinas (26) 158 C2
Trumilly (60) 21 F6
Trun (61) 39 F4
Trungy (14) 15 H6
Truttemer-le-Grand (14) 37 H4
Truttemer-le-Petit (14) 38 A4
Truyes (37) 95 E1
Tubersent (62) 1 F6
Tubœuf 40 B5
Tuchan (11) 185 G6
Tucquegnieux (54) 26 A4
Tudeils (19) 139 E4
Tudelle (32) 165 F4
Tuffé (72) 60 C5
Tugéras-Saint-Maurice (17) 121 G6
Tugny-et-Pont (02) 21 H1
la Tuilière (42) 128 B1
Tulette (26) 158 C5
Tulle (19) 139 E2
Tullins (38) 145 E1
Tully (80) 8 B4
Tupigny (02) 11 G5
Tupin-et-Semons (69) 130 A5
la Turballe (44) 73 E3

la Turbie (06) 177 F5
Turcey (21) 85 F5
Turckheim (68) 71 F4
Turenne (19) 138 D4
Turgon (16) 122 D1
Turgy (10) 66 B5
Turny (89) 65 G5
Turquant (49) 93 H1
Turquestein-Blancrupt (57) 50 B5
Turqueville (50) 15 E4
Turretot (76) 6 B4
Turriers (04) 160 C3
Tursac (24) 137 H4
Tusson (16) 122 B1
Tuzaguet (65) 181 H4
le Tuzan (33) 149 F3
Tuzie (16) 122 C1

U

Uberach (67) 51 E3
Ubexy (88) 69 G2
Ubraye (04) 176 A4
Ucciani (2A) 204 D5
Ucel (07) 157 G2
Uchacq-et-Parentis (40) 163 H2
Uchaud (30) 172 A4
Uchaux (84) 158 B5
Uchentein (09) 182 D6
Uchizy (71) 116 B2
Uchon (71) 100 C5
Uckange (57) 26 B4
Ueberstrass (68) 89 E3
Uffheim (68) 89 G2
Uffholtz (68) 89 E1
Ugine (73) 132 C2
Uglas (65) 181 H4
Ugnouas (65) 181 E2
Ugny (54) 25 G3
Ugny-le-Gay (02) 21 H2
Ugny-l'Équipée (80) 21 G1
Ugny-sur-Meuse (55) 48 A5
Uhart-Cize (64) 178 D3
Uhart-Mixe (64) 179 F2
Uhlwiller (67) 51 E3
Uhrwiller (67) 50 D2
Ulcot (79) 93 E3
les Ulis (91) 42 C5
Ully-Saint-Georges (60) 20 C6
les Ulmes (49) 93 G1
Umpeau (28) 62 C1
Unac (09) 198 A2
Uncey-le-Franc (21) 85 E6
Unchair (51) 22 D5
Ungersheim (68) 71 F6
Unias (42) 129 E4
Unienville (10) 67 E3
Unieux (42) 129 E6
l'Union (31) 167 F5
Unverre (28) 61 G4
Unzent (09) 183 G3
Upaix (05) 160 A4
Upie (26) 144 B6
Ur (66) 198 B5
Urau (31) 182 C5
Urbalacone (2A) 206 D1
Urbanya (66) 199 E3
Urbeis (67) 71 E2
Urbès (68) 70 D6
Urbise (42) 114 D4
Urçay (03) 112 D1
Urcel (02) 22 B4
Urcerey (90) 88 C3
Urciers (36) 112 A2
Urcuit (64) 162 C6
Urcy (21) 101 G1
Urdens (32) 165 H3
Urdès (64) 180 A1
Urdos 178 D3
Urdos (64) 180 A6
Urepel (64) 178 C4
Urgons (40) 164 A5
Urgosse (32) 164 D4
Uriage-les-Bains 145 H2
Uriménil (88) 69 H4
Urmatt (67) 50 C6
Urost (64) 180 D2
Urou-et-Crennes (61) 39 F4
Urrugne (64) 178 A1
Urs (09) 198 A2
Urschenheim (68) 71 G4
Urt (64) 162 C6
Urtaca (2B) 203 E5
Urtière (25) 88 D6
Uruffe (54) 48 A6
Urval (24) 137 G6
Urville (10) 67 E4
Urville (14) 16 C6
Urville (50) 14 D4
Urville (88) 68 D4
Urville-Nacqueville (50) 14 B1
Urvillers (02) 22 A1
Ury (77) 63 H3
Urzy (58) 98 D3
Us (95) 42 B2
Usclades-et-Rieutord (07) 143 E6
Usclas-d'Hérault (34) 170 C6
Usclas-du-Bosc (34) 170 C4
Usinens (74) 118 A6
Ussac (19) 138 C2
Ussat (09) 197 H4
Ussat-les-Bains 197 H4
Usseau (79) 107 G5
Usseau (86) 94 C4
Ussel (15) 141 E3
Ussel (19) 126 A5
Ussel (46) 152 D2
Ussel-d'Allier (03) 113 G5
Usson (63) 127 G5
Usson-du-Poitou (86) 109 F4
Usson-en-Forez (42) 128 C6
Ussy (14) 38 D3
Ussy-sur-Marne (77) 43 H3
Ustaritz (64) 178 C1
Ustou (09) 197 F4
Utelle (06) 177 E3
Uttenheim (67) 71 G1
Uttenhoffen (67) 51 E2
Uttwiller (67) 50 D3
Uvernet-Fours (04) 161 F3
Uxeau (71) 100 B6
Uxegney (88) 69 H3
Uxelles (39) 117 H1
Uxem (59) 2 C1
Uz (65) 180 D5
Uza (40) 162 D1
Uzan (64) 163 H6
Uzay-le-Venon (18) 97 G5
Uzech (46) 152 C2
Uzein (64) 180 B1
Uzel (22) 33 F6
Uzelle (25) 88 A4
Uzemain (88) 69 H4
Uzer (07) 157 F3
Uzer (65) 181 F4
Uzerche (19) 124 D6
Uzès (30) 172 B1
Uzeste (33) 149 G3
Uzos (64) 180 C2

V

Vaas (72) 78 B3
Vabre (81) 168 D5
Vabre-Tizac (12) 153 H5
Vabres (15) 141 F4
Vabres (30) 171 F1
Vabres-l'Abbaye (12) 169 G2
Vacherauville (55) 25 E6
Vachères 142 D5
Vachères (04) 174 B2
Vachères-en-Quint (26) 144 D6
Vacheresse (74) 119 F3
la Vacheresse-
-et-la-Rouillie (88) 68 D4
Vacheresses-les-Basses 41 G6
la Vacherie 40 C2
la Vacherie (27) 41 E1
Vacognes-Neuilly (14) 16 A5
la Vacquerie (14) 37 H1
la Vacquerie-et-Saint-Martin-
-de-Castries (34) 170 C4
Vacquerie-le-Boucq (62) 9 F2
Vacqueriette-Erquières (62) 9 F2
Vacqueville (54) 49 H6
Vacqueyras (84) 158 C6
Vacquières (34) 171 F3
Vacquiers (31) 167 F4
Vadans (39) 102 D3
Vadans (70) 86 C5
Vadelaincourt (55) 47 F1
Vadenay (51) 46 A2
Vadencourt (02) 11 G5
Vadencourt (80) 9 H5
Vadonville (55) 47 H4
Vagnas (07) 157 G4
Vagney (88) 70 B5
Vahl-Ebersing (57) 27 F6
Vahl-lès-Bénestroff (57) 49 G2
Vahl-lès-Faulquemont (57) 27 E6
Vaiges (53) 59 E5
Vailhan (34) 170 B6
Vailhauquès (34) 171 E5
Vailhourles (12) 153 F5
Vaillac (46) 152 D1
Vaillant (52) 86 A2
Vailly (10) 66 B2
Vailly (74) 119 E3
Vailly-sur-Aisne (02) 22 B4
Vailly-sur-Sauldre (18) 82 A5
Vains (50) 35 G3
Vairé (85) 90 D5
Vaire-Arcier (25) 87 G6
Vaire-le-Petit (25) 87 G6
Vaire-sous-Corbie (80) 9 H6
Vaires-sur-Marne (77) 43 F4
Vaison-la-Romaine (84) 158 D5
Vaïssac (82) 167 F1
Vaite (70) 86 D3
la Vaivre (70) 69 H6
Vaivre-et-Montoille (70) 87 F3
le Val (83) 175 E6
le Val-André 33 H4
le Val-d'Ajol (88) 70 A6
Val-d'Auzon (10) 66 C2
le Val-David (27) 41 E2
Val-de-Bride (57) 49 G3
Val-de-Chalvagne (04) 176 B4
Val-de-Fier (74) 131 H1
le Val-de-Gouhenans (70) 88 A3
le Val-de-Guéblange (57) 27 G6
Val-de-la-Haye (76) 18 C5
Val-de-Mercy (89) 83 G3
Val-de-Meuse (52) 68 C5
Val-de-Reuil (27) 18 D6
Val-de-Roulans (25) 87 H5
Val-de-Saâne (76) 7 F4
Val-de-Vesle (51) 45 G1
Val-de-Vière (51) 46 C4
Val-d'Épy (39) 117 F3
Val-des-Marais (51) 45 F4
Val-des-Prés (05) 147 E4
le Val-d'Esnoms (52) 86 A3
Val-d'Isère (73) 133 G5
Val-d'Izé (35) 57 H2
Val-d'Ornain (55) 47 E4
Val-et-Châtillon (54) 50 A6
Val-Maravel (26) 159 G2
le Val-Saint-Éloi (70) 87 G2
le Val-Saint-Germain (91) 42 B6
le Val-Saint-Père (50) 35 H3
Val-Suzon (21) 85 G5
Valady (12) 154 B3
Valailles (27) 17 H5
Valaire (41) 79 H5
Valanjou (49) 92 D1
Valaurie (26) 158 B3
Valavoire (04) 160 B4
Valay (70) 86 D6
Valbeleix (63) 127 E6
Valbelle (04) 160 A6
Valberg 161 H6
Valbois (55) 47 H3
Valbonnais (38) 145 H5
Valbonne (06) 176 C6
Valcabrère (31) 182 A5
Valcanville (50) 15 E2
Val Castérino 177 F1
Valcebollère (66) 198 C5
Valcivières (63) 128 B4
Val Claret 133 G5
Valcourt (52) 46 D6
Valdahon (25) 103 H1
Valdampierre (60) 20 A5
Val d'Azun 180 C5
Valdeblore (06) 176 D2
le Valdécie (50) 14 C4
Valderiès (81) 168 C2
Valderoure (06) 176 A5
Val d'Esquières 192 D3
Valdieu-Lutran (68) 89 E3
Valdivienne (86) 109 G2
Valdoie (90) 88 C2
Valdrôme (26) 159 G3
Valdurenque (81) 168 C6
Valeille (42) 129 F3
Valeilles (82) 151 H4
Valeins (01) 116 B5
Valempoulières (39) 103 E4
Valençay (36) 96 B2
Valence (16) 122 D2
Valence (26) 144 B5
Valence (82) 166 B1
Valence-d'Albigeois (81) 168 D2
Valence-en-Brie (77) 64 B2
Valence-sur-Baïse (32) 165 F3
Valenciennes (59) 11 F2
Valencin (38) 130 B4
Valencogne (38) 131 F5
Valennes (72) 61 E6
Valensole (04) 174 D3
Valentigney (25) 88 C4
Valentine (31) 182 B4
Valenton (94) 43 E5
Valergues (34) 171 G5
Valernes (04) 160 B5
Valescourt (60) 20 D4
Valescure 193 E2
Valette (15) 140 C2
la Valette (38) 145 H4
la Valette-du-Var (83) 191 G5
Valeuil (24) 137 E1
Valeyrac (33) 120 C6
Valezan (73) 133 E4
Valff (67) 71 G1
Valfin-sur-Valouse (39) 117 F3
Valflaunès (34) 171 F3
Valfleury (42) 129 G5
Valframbert (61) 60 A1
Valfréjus 147 E2
Valfroicourt (88) 69 F3
Valgorge (07) 157 E2
Valhey (54) 49 F5
Valhuon (62) 9 G1
Valiergues (19) 125 H6
Valignat (03) 113 G5
Valigny (03) 98 B6
Valin 135 H3
Valines (80) 8 C4
Val Joly 133 E2
Valjouffrey (38) 146 A5
Valjouze (15) 141 E3
la Valla-en-Gier (42) 129 G6
la Valla-sur-Rochefort (42) 128 C3
Vallabrègues (30) 172 C3
Vallabrix (30) 172 B1
Vallan (89) 83 F2
Vallandry 133 F4
Vallangoujard (95) 42 C1
Vallans (79) 107 G4
Vallant-Saint-Georges (10) 66 A1
Vallauris (06) 193 F1
Valle-d'Alesani (2B) 205 G2
Valle-di-Campoloro (2B) 205 G2
Valle-di-Mezzana (2A) 204 C5
Valle-di-Rostino (2B) 205 F1
Valle-d'Orezza (2B) 205 G1
Vallecalle (2B) 203 F5
la Vallée (17) 120 D1
la Vallée-au-Blé (02) 11 H6
la Vallée-Mulâtre (02) 11 F5
Vallègue (31) 184 A1
Valleiry (74) 118 B5
Vallenay (18) 97 G5
Vallentigny (10) 67 E2
Vallerange (57) 49 G2
Vallérargues (30) 157 G6
Valleraugue (30) 170 D1
Vallères (37) 78 C6
Valleret (52) 67 G1
Vallereuil (24) 137 E3
Vallerois-le-Bois (70) 87 H3
Vallerois-Lorioz (70) 87 G3
Valleroy (25) 87 G5
Valleroy (52) 86 D2
Valleroy (54) 26 A4
Valleroy-aux-Saules (88) 69 F3
Valleroy-le-Sec (88) 69 F4
Vallery (89) 64 C4
Vallesvilles (31) 167 G5
Vallet (44) 75 E5
Valletot (27) 17 H3
Vallica (2B) 202 D6
Vallière (23) 125 G2
Vallières (10) 66 B6
Vallières (74) 131 H1
Vallières-les-Grandes (41) 79 G5
Valliguières (30) 172 C2
Valliquerville (76) 7 E4
Valloire (73) 146 D2
Vallois (54) 70 A1
les Vallois (88) 69 F4
Vallon-en-Sully (03) 112 D2
Vallon-Pont-d'Arc (07) 157 G4
Vallon-sur-Gée (72) 59 H6
Vallorcine (74) 119 H5
Vallouise (05) 146 D5
Val Louron 195 H4
Valmanya (66) 199 F4
Valmascle (34) 170 B5
Valmeinier (73) 146 D2
Valmeinier 1800 146 D2
Valmestroff (57) 26 C3
Valmigère (11) 185 E5
Valmondois (95) 42 C2
Valmont (57) 27 F5
Valmont (76) 6 D3
Valmorel 132 D5
Valmunster (57) 26 D4
Valmy (51) 46 C1
Valognes (50) 14 D3
Valojoulx (24) 138 A4
Valonne (25) 88 B5
Valoreille (25) 88 C6
Valouse (26) 158 D3
Val Pelens 161 G5
Valpréveyre 147 G5
Valprionde (46) 152 A4
Valprivas (43) 142 D1
Valpuiseaux (91) 63 G2
Valras-Plage (34) 187 E3
Valréas (84) 158 C4
Valros (34) 187 E1
Valroufié (46) 152 C3
Vals (09) 184 A4
Vals-des-Tilles (52) 85 H2
Vals-le-Chastel (43) 142 A2
Vals-les-Bains (07) 157 G1
Vals-près-le-Puy (43) 142 C4
Valsemé (14) 17 E4
Valsenestre 146 A4
Valserres (05) 160 C2
Valsonne (69) 129 F1
Valstes 174 B2
Val Thorens 147 E1
le Valtin (88) 70 D4
Valuéjols (15) 141 E4
Valvignères (07) 157 H3
Valz-sous-Châteauneuf (63) 127 H6
Valzergues (12) 153 H3
Vanault-le-Châtel (51) 46 C3
Vanault-les-Dames (51) 46 C4
Vançais (79) 108 C4
Vancé (72) 78 D1
la Vancelle (67) 71 F2
Vanclans (25) 103 H2
Vandeins (01) 116 D4
Vandelainville (54) 26 A6
Vandelans (70) 87 G5
Vandeléville (54) 69 E1
Vandélicourt (60) 21 F4
Vandenesse (58) 99 H4
Vandenesse-en-Auxois (21) 101 E1
Vandeuil (51) 22 D6
Vandières (51) 45 E1
Vandières (54) 48 C2
Vandœuvre-lès-Nancy (54) 48 D5
Vandoncourt (25) 88 D4
Vandré (17) 107 F6
Vandrimare (27) 19 E5
Vandy (08) 24 A4
Vanlay (10) 66 A5
Vannaire (21) 67 E6
Vanne (70) 87 E3
le Vanneau-Irleau (79) 107 G4
Vannecourt (57) 49 F3
Vannecrocq (27) 17 G3
la Vannerie 58 D4
Vannes (56) 55 G6
Vannes-le-Châtel (54) 48 A6
Vannes-sur-Cosson (45) 81 F3
Vannoz (39) 103 F5
Vanosc (07) 143 G2
les Vans (07) 157 E4
Vantoux (57) 26 C5
Vantoux-et-Longevelle (70) 87 E5
Vantoux-lès-Dijon 85 H5
Vanves (92) 42 D4
Vanvey (21) 85 F1
Vanvillé (77) 64 D1
Vanxains (24) 136 C2
Vany (57) 26 C5
Vanzac (17) 135 G1
Vanzay (79) 108 C4
Vanzy (74) 118 A6
Vaour (81) 167 H1
Varacieux (38) 144 D2
Varades (44) 75 G3
Varages (83) 174 D5
Varaignes (24) 123 E4
Varaire (46) 153 E4
Varaize (17) 121 G1
Varambon (01) 117 E6
Varanges (21) 102 A1
Varangéville (54) 49 E5
Varaville (14) 16 D4
Varces-Allières-et-Risset (38) 145 G3
Vareilles (23) 110 D4
Vareilles (71) 115 F4
Vareilles (89) 65 F4
Varen (82) 153 F6
Varengeville-sur-Mer (76) 7 G2
Varenguebec (50) 14 D5
la Varenne (49) 75 E4
Varenne-l'Arconce (71) 115 F3
Varenne-Saint-Germain (71) 115 E3
Varennes 77 F2
Varennes (24) 137 F6
Varennes (31) 183 H1
Varennes (37) 95 F3
Varennes (80) 9 H4
Varennes (82) 167 F3
Varennes (86) 94 A5
Varennes (89) 83 H1
Varennes-Changy (45) 82 A1
Varennes-en-Argonne (55) 24 C6
Varennes-Jarcy (91) 43 E5
Varennes-le-Grand (71) 101 G6
Varennes-lès-Mâcon (71) 116 B4
Varennes-lès-Narcy (58) 98 C1
Varennes-Saint-Honorat (43) 142 A3
Varennes-Saint-Sauveur (71) 117 E2
Varennes-sous-Dun (71) 115 G4
Varennes-sur-Allier (03) 114 A4
Varennes-sur-Fouzon (36) 96 B1
Varennes-sur-Loire (49) 93 H1
Varennes-sur-Morge (63) 127 F1
Varennes-sur-Seine (77) 64 C2
Varennes-sur-Tèche (03) 114 B4
Varennes-sur-Usson (63) 127 G5
Varennes-Vauzelles (58) 98 D3
Varès (47) 150 D3
Varesnes (60) 21 G3
Varessia (39) 117 F1
Varetz (19) 138 C2
Varilhes (09) 183 H5
Varinfroy (60) 43 H2
Variscourt (02) 23 E4
Varize (28) 62 B5
Varize (57) 26 D5
Varmonzey (88) 69 G2
Varnéville (55) 47 H3
Varneville-Bretteville (76) 7 G4
Varogne (70) 87 G2
Varois-et-Chaignot (21) 86 A6
Varouville (50) 14 D2
Varrains (49) 93 G1
Varreddes (77) 43 G2
Vars 161 F2
Vars (05) 161 F1
Vars (16) 122 B3
Vars (70) 86 C4
Vars-sur-Roseix (19) 138 B2
Varsberg (57) 27 E5
Varzay (17) 121 E3
Varzy (58) 83 E6
Vascœuil (27) 19 E4
Vasles (79) 108 C1
Vasperviller (57) 50 A5
Vassel (63) 127 G3
Vasselay (18) 97 G2
Vasselin (38) 131 E4
Vassens (02) 21 H4
Vasseny (02) 22 B5
Vassieux-en-Vercors (26) 145 E5
Vassimont-et-Chapelaine (51) 45 G4
Vassincourt (55) 47 E4
Vassivière 125 F3
Vassogne (02) 22 C4
Vassonville (76) 7 G4
Vassy (14) 38 B3
Vassy (89) 84 B4
le Vast (50) 14 D2
Vasteville (50) 14 B2
les Vastres (43) 143 E4
Vatan (36) 96 C3
Vathiménil (54) 49 F6
Vatierville (76) 19 F1
Vatilieu (38) 145 E2
Vatimont (57) 26 D6
Vatry (51) 45 H4
Vattetot-sous-Beaumont (76) 6 C4
Vattetot-sur-Mer (76) 6 B3
Vatteville (27) 19 E6
Vatteville-la-Rue (76) 7 E6
Vaubadon (14) 15 G6
Vauban (71) 115 F4
Vaubecourt (55) 47 E3
Vaubexy (88) 69 G3
Vaucelles (14) 15 H5
Vaucelles-et-Beffecourt (02) 22 B3
Vauchamps (25) 87 G6
Vauchamps (51) 44 D3
Vauchassis (10) 66 A4
Vauchelles (60) 21 G3
Vauchelles-lès-Authie (80) 9 H4
Vauchelles-lès-Domart (80) 9 E4
Vauchelles-les-Quesnoy (80) 8 D4
Vauchignon (21) 101 E3
Vauchonvilliers (10) 66 D3
Vauchoux (70) 87 F3
Vauchrétien (49) 77 E6
Vauciennes (51) 45 E2
Vauciennes (60) 21 G6
Vauclaix (58) 99 H1
Vauclerc (51) 46 B5
Vaucluse (25) 88 B6
Vauclusotte (25) 88 C6
Vaucogne (10) 66 C1
Vauconcourt-Nervezain (70) 87 E3
Vaucouleurs (55) 48 A6
Vaucourt (54) 49 G5
Vaucourtois (77) 43 H3
Vaucresson (92) 42 C4
Vaudancourt (60) 19 G6
Vaudebarrier (71) 115 G3
Vaudelnay (49) 93 G2
Vaudeloges (14) 39 F3
Vaudemange (51) 45 G1
Vaudémont (54) 69 F1
Vaudes (10) 66 B4
Vaudesincourt (51) 23 G6
Vaudesson (02) 22 B4
Vaudeurs (89) 65 F4
Vaudevant (07) 143 H3
Vaudeville (54) 69 G1
Vaudéville (88) 70 A3
Vaudeville-le-Haut (55) 68 C1
Vaudherland (95) 43 E2
Vaudigny (54) 69 G1
le Vaudioux (39) 103 F6
Vaudoncourt (55) 25 G5
Vaudoncourt (88) 68 D3
le Vaudoué (77) 63 H3
Vaudoy-en-Brie (77) 44 A5
Vaudreching (57) 26 D4
Vaudrecourt (52) 68 D3
Vaudrémont (52) 67 G4
le Vaudreuil (27) 18 D6
Vaudreuille (31) 184 B1
Vaudreville (50) 14 D3
Vaudrey (39) 102 D3
Vaudricourt (62) 2 D6
Vaudricourt (80) 8 B4
Vaudrimesnil (50) 14 D6
Vaudringhem (62) 1 H5
Vaudrivillers (25) 88 A6
Vaudry (14) 37 H3
Vaufrey (25) 88 D5
Vaugines (84) 173 H3
Vaugneray (69) 129 H3
Vaugrigneuse (91) 42 C6
Vauhallan (91) 42 C5
Vaujany (38) 146 B2
Vaujours (93) 43 E3
Vaulandry (49) 77 H3
le Vaulmier (15) 140 B2
Vaulnaveys-le-Bas (38) 145 H3
Vaulnaveys-le-Haut (38) 145 H3
Vaulry (87) 110 B6
Vault-de-Lugny (89) 83 H4
Vaulx (62) 9 F2
Vaulx (74) 132 A1
Vaulx-en-Velin (69) 130 B3
Vaulx-Milieu (38) 130 C4
Vaulx-Vraucourt (62) 10 C3
le Vaumain (60) 19 H5
Vaumas (03) 114 B3
Vaumeilh (04) 160 B4
Vaumoise (60) 21 G6
Vaumort (89) 65 F4
Vaunac (24) 137 G1
Vaunaveys-la-Rochette (26) 144 C6
Vaunoise (61) 60 C2
la Vaupalière (76) 7 G6
Vaupillon (28) 61 F2
Vaupoisson (10) 66 C1
Vauquois (55) 24 D6
Vauréal (95) 42 B2
Vaureilles (12) 153 H3
Vaurois 85 E2
le Vauroux (60) 19 H5
Vaussais 108 C5
Vausseroux (79) 108 B1
Vautebis (79) 108 B2
Vauthiermont (90) 88 D2
Vautorte (53) 58 C3
Vauvenargues (13) 174 B5
Vauvert (30) 172 A4
Vauville (14) 17 E3
Vauville (50) 14 B2
Vauvillers (70) 69 F6
Vauvillers (80) 10 A6
Vaux (03) 112 D3
Vaux (31) 184 A1
Vaux (57) 26 B5
Vaux (86) 108 D4
Vaux-Andigny (02) 11 F5
Vaux-Champagne (08) 23 H4
Vaux-devant-Damloup (55) 25 F6
Vaux-en-Amiénois (80) 9 F5
Vaux-en-Beaujolais (69) 116 A6
Vaux-en-Bugey (01) 130 D1
Vaux-en-Dieulet (08) 24 C4
Vaux-en-Pré (71) 115 H1
Vaux-en-Vermandois (02) 21 H1
Vaux-et-Chantegrue (25) 103 H4
Vaux-Lavalette (16) 122 C6
Vaux-le-Moncelot (70) 87 E4
Vaux-le-Pénil (77) 64 A1
Vaux-lès-Mouron (08) 24 B5
Vaux-lès-Mouzon (08) 24 D2
Vaux-lès-Palameix (55) 47 H2
Vaux-les-Prés (25) 103 E1
Vaux-lès-Rubigny (08) 23 F2
Vaux-lès-Saint-Claude (39) 117 H3
Vaux-Marquenneville (80) 8 D5
Vaux-Montreuil (08) 23 H3
Vaux-Rouillac (16) 122 A3
Vaux-Saules (21) 85 F5
Vaux-sous-Aubigny (52) 86 B3
Vaux-sur-Aure (14) 15 H5
Vaux-sur-Blaise (52) 67 G1
Vaux-sur-Eure (27) 41 F2
Vaux-sur-Lunain (77) 64 C4
Vaux-sur-Mer (17) 120 C4
Vaux-sur-Poligny (39) 102 D4
Vaux-sur-Saint-Urbain (52) 68 A2
Vaux-sur-Seine (78) 42 B2
Vaux-sur-Seulles (14) 16 A4
Vaux-sur-Somme (80) 9 H6
Vaux-sur-Vienne (86) 94 C4
Vaux-Villaine (08) 23 H1
Vauxaillon (02) 22 B4
Vauxbons (52) 85 H1
Vauxbuin (02) 22 A5
Vauxcéré (02) 22 C5
les Vaux de Cernay 42 B5

Vauxrenard (69) 116 A5
Vauxrezis (02) 22 A4
Vauxtin (02) 22 C5
Vavincourt (55) 47 F4
Vavray-le-Grand (51) 46 C4
Vavray-le-Petit (51) 46 C4
Vaxainville (54) 49 G6
Vaxoncourt (88) 69 H2
Vaxy (57) 49 F3
Vay (44) 74 C2
Vaychis (09) 198 B2
Vaylats (46) 152 D4
Vayrac (46) 139 E5
Vayres (33) 135 G5
Vayres (87) 123 G3
Vayres-sur-Essonne (91) 63 G2
Vazeilles-Limandre (43) 142 B3
Vazeilles-près-Saugues (43) 142 A5
Vazerac (82) 152 B6
Veauce (03) 113 F5
Veauche (42) 129 E5
Veauchette (42) 129 E5
Veaugues (18) 98 B1
Veaunes (26) 144 B3
Veauville-lès-Baons (76) 7 E4
Veauville-lès-Quelles (76) 7 E3
Vèbre (09) 198 A2
Vebret (15) 140 B1
Vebron (48) 156 B5
Veckersviller (57) 50 B3
Veckring (57) 26 D3
Vecoux (88) 70 B5
Vecquemont (80) 9 H6
Vecqueville (52) 67 H1
Vedène (84) 173 E2
Védrines-Saint-Loup (15) 141 G4
Véel 47 E4
Végennes (19) 139 E4
Vého (54) 49 G5
Veigné (37) 79 E6
Veigy-Foncenex (74) 118 C4
Veilhes (81) 167 H5
Veilleins (41) 80 C5
Veilly (21) 101 E2
Veix (19) 125 E5
Velaine-en-Haye (54) 48 C5
Velaine-sous-Amance (54) 49 E4
Velaines (55) 47 F5
Velanne (38) 131 F5
Velars-sur-Ouche (21) 85 G6
Velaux (13) 173 G6
Velennes (60) 20 B4
Velennes (80) 20 B1
Velesmes-Echevanne (70) 86 D5
Velesmes-Essarts (25) 103 E1
Velet (70) 86 C5
Vélieux (34) 185 G2
Vélines (24) 136 B5
Vélizy-Villacoublay (78) 42 C4
Velle-le-Châtel (70) 87 F3
Velle-sur-Moselle (54) 48 D6
Vellèches (86) 94 C4
Vellechevreux-
-et-Courbenans (70) 88 A3
Velleclaire (70) 87 E5
Vellefaux (70) 87 G3
Vellefrey-et-Vellefrange (70) 87 E5
Vellefrie (70) 87 G2
Velleguindry-et-Levrecey (70) 87 F3
Velleminfroy (70) 87 H2
Vellemoz (70) 87 E4
Velleron (84) 173 F2
Vellerot-lès-Belvoir (25) 88 B5
Vellerot-lès-Vercel (25) 88 A6
Velles (36) 96 B6
Velles (52) 86 D1
Vellescot (90) 88 D3
Vellevans (25) 88 A6
Vellexon-Queutrey-
-et-Vaudey (70) 87 E3
Velloreille-lès-Choye (70) 86 D5
Velluire (85) 107 E3
Velogny (21) 84 D5
Velone-Orneto (2B) 205 G1
Velorcey (70) 87 G1
Velosnes (55) 25 F3
Velotte-et-Tatignécourt (88) 69 G3
Vélu (62) 10 C4
Velving (57) 27 E4
Vélye (51) 45 G3
Velzic (15) 140 B4
Vémars (95) 43 E2
Venables (27) 19 E6
Venaco (2B) 205 E3
Venansault (85) 91 F4
Venanson (06) 177 E2
Venarey-les-Laumes (21) 84 D4
Venarsal (19) 138 D2
Venas (03) 113 E2
Venasque (84) 173 F1
Vence (06) 176 D5
Vendargues (34) 171 F5
Vendat (03) 113 H5
Vendays-Montalivet (33) 120 B6
Vendegies-au-Bois (59) 11 F3
Vendegies-sur-Écaillon (59) 11 F2
Vendel (35) 57 H1
la Vendelée (50) 37 E1
Vendelles (02) 10 D6
Vendémian (34) 170 D5
Vendenesse-lès-Charolles (71) 115 G2
Vendenesse-sur-Arroux (71) 115 E1
Vendenheim (67) 51 E4
Vendes 140 A2
Vendes (14) 16 A5
Vendeuil (02) 22 A2
Vendeuil-Caply (60) 20 C3
Vendeuvre (14) 16 D6
Vendeuvre-du-Poitou (86) 94 B6
Vendeuvre-sur-Barse (10) 66 D3
Vendeville (59) 3 F5
Vendhuile (02) 10 D5
Vendières (02) 44 C4
Vendin-le-Vieil (62) 3 E6
Vendin-lès-Béthune (62) 2 D6
Vendine (31) 167 G5
Vendœuvres (36) 96 A5
Vendoire (24) 122 C6
Vendôme (41) 79 G2
Vendranges (42) 128 D1
Vendrennes (85) 92 A4
Vendres (34) 186 D3
Vendresse (08) 24 B2
Vendresse-Beaulne (02) 22 C4
Vendrest (77) 44 A2
la Vendue-Mignot (10) 66 B4
Vénéjan (30) 158 A5
Venelles (13) 174 A5
Vénérand (17) 121 F2
Venère (70) 86 D5
Vénérieu (38) 130 D4
Vénérolles (02) 11 G5
Venerque (31) 183 G1
Vénès (81) 168 C4
Venesmes (18) 97 G5
Vénestanville (76) 7 F3
Venette (60) 21 F4
Veneux-les-Sablons (77) 64 B2
Venevelles 78 A2
Veney (54) 70 C1
Vengeons (50) 37 H4
Venise (25) 87 G5
Venisey (70) 87 F1
Vénissieux (69) 130 A3
Venizel (02) 22 A5
Venizy (89) 65 G5
Vennans (25) 87 G5
Vennecy (45) 63 E6
Vennes (25) 104 B1
Vennezey (54) 69 H1
Venon (27) 40 D1
Venon (38) 145 G2
Vénosc (38) 146 B4
Venouse (89) 83 G1
Venoy (89) 83 G2
Vensac (33) 120 C6
Vensat (63) 113 G6
Ventabren (13) 173 G6
Ventavon (05) 160 A4
Ventelay (51) 22 D5
Ventenac (09) 184 A5
Ventenac-Cabardès (11) 184 D3
Ventenac-en-Minervois (11) 185 H3
Venterol (04) 160 B3
Venterol (26) 158 D4
les Ventes (27) 40 D3
les Ventes-de-Bourse (61) 60 B1
Ventes-Saint-Rémy (76) 19 E2
Venteuges (43) 141 H4
Venteuil (51) 45 E2
Venthon (73) 132 C3
Ventiseri (2B) 205 G5
Ventouse (16) 122 D2
Ventron (88) 70 C5
la Ventrouze (61) 40 B6
Venzolasca (2B) 203 G6
Ver (50) 35 H1
Ver-lès-Chartres (28) 62 B2
Ver-sur-Launette (60) 43 F1
Ver-sur-Mer (14) 16 A3
Vérac (33) 135 G4
Véranne (42) 143 H1
Vérargues (34) 171 G4
Véraza (11) 185 E5
Verberie (60) 21 E5
Verbiesles (52) 68 A5
Vercel-Villedieu-le-Camp (25) 104 A1
Verchain-Maugré (59) 11 F2
Verchaix (74) 119 F5
Vercheny (26) 159 E1
les Verchers-sur-Layon (49) 93 F2
Verchin (62) 2 A6
Verchocq (62) 1 H5
Vercia (39) 117 F1
Verclause (26) 159 F4
Vercoiran (26) 159 E4
Vercourt (80) 8 C2
Verdaches (04) 160 D4
Verdalle (81) 168 B6
Verdelais (33) 149 H2
Verdelot (77) 44 B4
Verdenal (54) 49 H5
Verderel-lès-Sauqueuse (60) 20 B4
Verderonne (60) 20 D5
Verdes (41) 62 A6
Verdèse (2B) 205 F1
Verdets (64) 179 H3
le Verdier (81) 167 H2
la Verdière (83) 174 D4
Verdigny (18) 82 B6
Verdille (16) 122 A2
Verdilly (02) 44 C2
Verdon (24) 137 E6
Verdon (51) 44 D3
le Verdon-sur-Mer (33) 120 B5
Verdonnet (21) 84 C2
Verdun (09) 198 A2
Verdun (55) 47 G1
Verdun-en-Lauragais (11) 184 C2
Verdun-sur-Garonne (82) 166 D3
Verdun-sur-le-Doubs (71) 101 H4
Vereaux (18) 98 B4
Verel-de-Montbel (73) 131 G4
Verel-Pragondran (73) 131 H4
Véretz (37) 79 E6
Vereux (70) 86 D4
Verfeil (31) 167 G5
Verfeil (82) 153 F6
Verfeuil (30) 157 G6
Vergaville (57) 49 G3
Vergéal (35) 57 H3
la Vergenne (70) 88 A3
le Verger (35) 56 D3
Vergeroux (17) 120 C1
Verges (39) 102 D6
Vergetot (76) 6 B4
Vergezac (43) 142 B4
Vergèze (30) 171 H4
Vergheas (63) 112 D6
Vergies (80) 8 D5
Vergigny (89) 65 G6
Vergisson (71) 116 A4
la Vergne (17) 121 F1
Vergné (17) 107 G6
Vergoignan (32) 164 B4
Vergoncey (50) 35 H4
Vergongheon (43) 141 G1
Vergonnes (49) 76 A2
Vergons (04) 175 H2
Vergranne (25) 87 H5
Vergt (24) 137 F4
Vergt-de-Biron (24) 151 G2
le Verguier (02) 10 D5
Véria (39) 117 F2
Vérignon (83) 175 F4
Vérigny (28) 61 H1
Vérin (42) 130 A6
Vérines (17) 106 D4
Vérissey (71) 102 A6
Verjon (01) 117 E3
Verjux (71) 101 G4
Verlans (70) 88 C3
Verlhac-Tescou (82) 167 F2
Verlhaguet 167 E2
Verlin (89) 64 D6
Verlincthun (62) 1 F5
Verlinghem (59) 3 F4
Verlus (32) 164 B5
Vermand (02) 10 D6
Vermandovillers (80) 10 B6
Vermelles (62) 2 D6
Vermenton (89) 83 G3
le Vermont (88) 70 D1
Vern-d'Anjou (49) 75 H2
Vern-sur-Seiche (35) 57 F3
Vernais (18) 98 A5
Vernaison (69) 130 A4
Vernajoul (09) 183 H5
Vernancourt (51) 46 C3
Vernantes (49) 77 H5
Vernantois (39) 102 D6
la Vernarède (30) 156 D5
Vernas (38) 130 D3
Vernassal (43) 142 B3
Vernaux (09) 198 A2
Vernay (69) 115 H5
la Vernaz (74) 119 E3
Verne (25) 87 H5
Vernègues (13) 173 G4
Verneiges (23) 112 B4
le Verneil (73) 132 B5
Verneil-le-Chétif (72) 78 B2
Verneix (03) 112 D3
la Vernelle (36) 96 B1
le Vernet (03) 114 A6
le Vernet (04) 160 D4
le Vernet (09) 183 H3
Vernet (31) 183 F1
le Vernet (43) 142 B4
Vernet-la-Varenne (63) 127 H6
Vernet-les-Bains (66) 199 E4
le Vernet-
-Sainte-Marguerite (63) 127 E4
Verneugheol (63) 126 B3
Verneuil (16) 123 F3
Verneuil (18) 98 A5
Verneuil (51) 44 D1
Verneuil (58) 99 G4
Verneuil-en-Bourbonnais (03) 113 H3
Verneuil-en-Halatte (60) 20 D6
Verneuil-Grand (55) 25 F3
Verneuil-le-Château (37) 94 C3
Verneuil-l'Étang (77) 43 G6
Verneuil-Moustiers (87) 110 B3
Verneuil-Petit (55) 25 F3
Verneuil-sous-Coucy (02) 22 A3
Verneuil-sur-Avre (27) 40 C5
Verneuil-sur-Igneraie (36) 111 H1
Verneuil-sur-Indre (37) 95 F3
Verneuil-sur-Seine (78) 42 B3
Verneuil-sur-Serre (02) 22 C2
Verneuil-sur-Vienne (87) 124 A2
Verneusses (27) 39 H3
Vernéville (57) 26 A5
Vernie (72) 59 H4
Vernierfontaine (25) 103 H2
Verniette 59 H5
Vernines (63) 126 D4
Verniolle (09) 183 H4
Vernioz (38) 130 B6
Vernix (50) 37 F5
Vernoil (49) 77 H5
le Vernois (39) 102 D5
Vernois-lès-Belvoir (25) 88 B5
Vernois-lès-Vesvres (21) 86 A3
Vernois-sur-Mance (70) 86 D1
Vernols (15) 140 D2
Vernon (07) 157 F3
Vernon (27) 41 G2
Vernon (86) 109 F3
Vernonvilliers (10) 67 E3
Vernosc-lès-Annonay (07) 143 H2
Vernot (21) 85 G4
la Vernotte (70) 87 E4
Vernou-en-Sologne (41) 80 C4
Vernou-la-Celle-sur-Seine (77) 64 B2
Vernou-sur-Brenne (37) 79 E5
Vernouillet (28) 41 F5
Vernouillet (78) 42 B3
Vernoux (01) 116 D2
Vernoux-en-Gâtine (79) 92 D6
Vernoux-en-Vivarais (07) 143 H5
Vernoux-sur-Boutonne (79) 108 A5
le Vernoy (25) 88 B3
Vernoy (89) 64 D5
Vernusse (03) 113 F4
Verny (57) 26 C6
Vero (2A) 204 D4
Véron (89) 65 E5
Véronne (26) 144 D6
Véronnes (21) 86 A4
Verosvres (71) 115 G3
Verpel (08) 24 C4
la Verpillière (38) 130 C4
Verpillières (80) 21 F2
Verpillières-sur-Ource (10) 67 E5
Verquières (13) 173 E3
Verquin (62) 2 D6
Verrens-Arvey (73) 132 C3
Verreries-de-Moussans (34) 185 G1
Verrey-sous-Drée (21) 85 F6
Verrey-sous-Salmaise (21) 85 F5
Verricourt (10) 66 C2
Verrie (49) 93 G1
la Verrie (85) 92 B3
la Verrière (78) 42 B5
Verrières (08) 24 B3
Verrières (10) 66 B4
Verrières (12) 155 F6
Verrières (16) 121 H4
Verrières (51) 46 D2
Verrières (61) 61 E2
Verrières (63) 127 E5
Verrières (86) 109 G3
Verrières-de-Joux (25) 104 A4
Verrières-du-Grosbois (25) 103 H1
Verrières-en-Forez (42) 128 D5
Verrières-le-Buisson (91) 42 D5
Verrines-sous-Celles 108 A4
Verrue (86) 94 A4
Verruyes (79) 108 A2
Vers (46) 152 D3
Vers (71) 116 B1
Vers (74) 118 B5
Vers-en-Montagne (39) 103 F4
Vers-Pont-du-Gard (30) 172 B2
Vers-sous-Sellières (39) 102 C4
Vers-sur-Méouge (26) 159 G5
Vers-sur-Selles (80) 9 F6
Versailles (78) 42 C4
Versailleux (01) 130 C1
Versainville (14) 38 D3
la Versanne (42) 143 G1
Versaugues (71) 115 E3
Verseilles-le-Bas (52) 86 B2
Verseilles-le-Haut (52) 86 B2
Versigny (02) 22 B2
Versigny (60) 43 G1
Versilhac 143 E3
Versols-et-Lapeyre (12) 169 G3
Verson (14) 16 B4
Versonnex (01) 118 B3
Versonnex (74) 131 H1
le Versoud (38) 145 H2
Vert (40) 149 E6
Vert (78) 41 H3
le Vert (79) 107 H5
Vert-Bois 120 A1
Vert-en-Drouais (28) 41 E5
Vert-le-Grand (91) 42 D6
Vert-le-Petit (91) 63 G1
Vert-Saint-Denis (77) 43 F6
Vert-Toulon (51) 45 F4
Vertain (59) 11 F3
Vertaizon (63) 127 G3
Vertamboz (39) 117 H1
Vertault (21) 66 C6
Verteillac (24) 136 D1
Verteuil-d'Agenais (47) 150 D3
Verteuil-sur-Charente (16) 122 C1
Verthemex (73) 131 G4
Vertheuil (33) 134 D2
Vertolaye (63) 128 B4
Verton (62) 8 C1
Vertou (44) 74 D5
Vertrieu (38) 130 D2
les Vertus 73 E1
Vertus (51) 45 F3
Vervant (16) 122 B2
Vervant (17) 121 F1
Vervezelle (88) 70 B3
Vervins (02) 12 A6
Véry (55) 24 D6
Verzé (71) 116 A3
Verzeille (11) 185 E4
Verzenay (51) 45 G1
Verzy (51) 45 G1
Vesaignes-sous-Lafauche (52) 68 B3
Vesaignes-sur-Marne (52) 68 A5
Vesancy (01) 118 B3
Vesc (26) 158 D2
Vescemont (90) 88 C2
Vescheim (57) 50 B3
Vescles (39) 117 G3
Vescours (01) 116 C2
Vescovato (2B) 203 G6
Vesdun (18) 112 C2
Vésigneul-sur-Marne (51) 46 A3
Vésigneux 84 A6
Vésines (01) 116 B3
le Vésinet (78) 42 C3
Vesles-et-Caumont (02) 22 D2
Veslud (02) 22 C3
Vesly (27) 19 G6
Vesly (50) 14 C5
Vesoul (70) 87 G3
la Vespière (14) 17 G6
Vesseaux (07) 157 G1
Vessey (50) 35 G5
Vestric-et-Candiac (30) 171 H4
Vesvres (21) 85 E5
Vesvres-sous-Chalancey (52) 86 A2
Vétheuil (95) 41 H2
Vétraz-Monthoux (74) 118 C4
Vétrigne (90) 88 D2
Veuil (36) 96 B2
Veuilly-la-Poterie (02) 44 A2
Veules-les-Roses (76) 7 E2
Veulettes-sur-Mer (76) 6 D2
le Veurdre (03) 98 C5
Veurey-Voroize (38) 145 F1
la Veuve (51) 45 H2
Veuves (41) 79 G5
Veuvey-sur-Ouche (21) 101 F1
Veuxhaulles-sur-Aube (21) 67 F6
Vevy (39) 102 D6
Vexaincourt (88) 50 A6
le Vey (14) 38 C3
Veynes (05) 159 H2
Veyrac (87) 124 A2
Veyras (07) 157 H1
Veyre-Monton (63) 127 F4
Veyreau (12) 155 G6
Veyrier-du-Lac (74) 132 B1
Veyrières (15) 140 A1
Veyrières (19) 126 A5
Veyrignac (24) 138 B6
Veyrines 143 G3
Veyrines-de-Domme (24) 138 A6
Veyrines-de-Vergt (24) 137 F4
Veyrins-Thuellin (38) 131 F4
les Veys (50) 15 F5
Veyssilieu (38) 130 D3
Vez (60) 21 G6
Vézac (15) 140 B5
Vézac (24) 138 A6
Vézannes (89) 83 H1
Vézaponin (02) 21 H4
Vèze (15) 141 E2
la Vèze (25) 103 F1
Vézelay (89) 83 H5
Vézelise (54) 69 F1
Vézelois (90) 88 D3
Vezels-Roussy (15) 140 B6
Vézénobres (30) 171 G1
Vézeronce-Curtin (38) 131 E4
Vezet (70) 87 E4
Vézézoux (43) 127 G6
le Vézier (51) 44 C4
Vézières (86) 94 A2
Vézillon (27) 19 E6
Vézilly (02) 44 D1
Vezin-le-Coquet (35) 57 E2
Vézinnes (89) 84 A1
Vezins (49) 92 C2
Vézins-de-Lévézou (12) 155 E5
Vezot (72) 60 B2
Vezzani (2B) 205 F3
Viabon (28) 62 C4
Viala-du-Pas-de-Jaux (12) 169 H2
Viala-du-Tarn (12) 169 G1
Vialas (48) 156 D4
Vialer (64) 164 B6
Viam (19) 125 F4
Viane (81) 169 E4
Vianges (21) 100 C2
Vianne (47) 150 D6
Viâpres-le-Petit (10) 45 F6
Viarmes (95) 42 D1
Vias (34) 187 F2
Viazac (46) 153 G2
le Vibal (12) 154 D5
Vibersviller (57) 49 H2
Vibeuf (76) 7 F4
Vibrac (16) 122 A4
Vibrac (17) 135 G1
Vibraye (72) 61 E5
Vic-de-Chassenay (21) 84 C5
Vic-des-Prés (21) 101 E2
Vic-en-Bigorre (65) 181 E1
Vic-Fezensac (32) 165 F4
Vic-la-Gardiole (34) 171 E6
Vic-le-Comte (63) 127 G4
Vic-le-Fesq (30) 171 G3
Vic-sous-Thil (21) 84 C6
Vic-sur-Aisne (02) 21 H4
Vic-sur-Cère (15) 140 C4
Vic-sur-Seille (57) 49 F4
Vicdessos (09) 197 G4
Vic d'Oust 183 E6
le Vicel (50) 15 E2
Vichel (63) 127 G6
Vichel-Nanteuil (02) 44 B1
Vichères (28) 61 F3
Vicherey (88) 69 E2
Vichy (03) 114 A5
Vico (2A) 204 C4
la Vicogne (80) 9 G4
la Vicomté-sur-Rance (22) 34 D5
Vicq (03) 113 G5
Vicq (52) 68 C6
Vicq (59) 11 G1
Vicq (78) 42 A4
Vicq-d'Auribat (40) 163 F3
Vicq-Exemplet (36) 112 A1
Vicq-sur-Breuilh (87) 124 C4
Vicq-sur-Gartempe (86) 95 E6
Vicq-sur-Nahon (36) 96 B2
Vicques (14) 39 E3
Victot-Pontfol (14) 16 D5
Vidai (61) 60 C1
Vidaillac (46) 153 F4
Vidaillat (23) 125 F1
Vidauban (83) 175 G6
Videcosville (50) 14 D3
Videix (87) 123 F3
Videlles (91) 63 G2
Vidou (65) 181 G2
Vidouville (50) 37 H1
Vidouze (65) 180 D1
Viefvillers (60) 20 B3
le Vieil-Baugé (49) 77 G4
le Vieil-Dampierre (51) 46 D2
le Vieil-Evreux (27) 41 E2
Vieil-Hesdin (62) 9 F2
Vieil-Moutier (62) 1 G4
Vieille-Brioude (43) 141 H2
Vieille-Chapelle (62) 2 D5
Vieille-Église (62) 1 H2
Vieille-Église-en-Yvelines (78) 42 A5
la Vieille-Loye (39) 102 D3
la Vieille-Lyre (27) 40 B3
Vieille-Toulouse (31) 167 E6
Vieilles-Maisons-
-sur-Joudry (45) 81 G1
Vieillespesse (15) 141 F3
Vieillevie (15) 154 B2
Vieillevigne (31) 183 H1
Vieillevigne (44) 91 G1
Vieilley (25) 87 F5
Vieilmoulin (21) 85 F6
Viel-Arcy (02) 22 C5
Viel-Saint-Remy (08) 23 H2
Viella (32) 164 C5
Viella (65) 181 E6
Vielle-Adour (65) 181 E4
Vielle-Aure (65) 195 G4
Vielle-Louron (65) 195 H4
Vielle-Saint-Girons (40) 162 C2
Vielle-Soubiran (40) 164 C1
Vielle-Tursan (40) 164 A4
Viellenave-d'Arthez (64) 180 B1
Viellenave-de-Navarrenx (64) 179 G2
Viellenave-sur-Bidouze 179 F1
Vielleségure (64) 179 H1
Vielmanay (58) 98 D1
Vielmur-sur-Agout (81) 168 B5
Vielprat (43) 142 C5
Viels-Maisons (02) 44 C3
Vielverge (21) 86 C6
Viennay (79) 93 F6
Vienne (38) 130 A5
Vienne-en-Arthies (95) 41 H2
Vienne-en-Bessin (14) 16 A3
Vienne-en-Val (45) 81 E2
Vienne-la-Ville (51) 46 C1
Vienne-le-Château (51) 24 C6
Viens (84) 174 A2
Vienville (88) 70 C3
Vier-Bordes (65) 180 D5
Viersat (23) 112 C4
Vierville (28) 62 D2
Vierville (50) 15 E4
Vierville-sur-Mer (14) 15 G4
Vierzon (18) 97 E1
Vierzy (02) 22 A5
Viesly (59) 11 F3
Viessoix (14) 38 A3
Viéthorey (25) 88 A5
Vieu (01) 131 F1
Vieu-d'Izenave (01) 117 G5
Vieure (03) 113 E2
Vieussan (34) 169 H6
Vieuvicq (28) 61 H3
Vieuvy (53) 58 C1
Vieux (14) 16 B5
Vieux (81) 167 H2
Vieux-Berquin (59) 2 D4
Vieux-Boucau-les-Bains (40) 162 B3
Vieux-Boucau-
-Port-d'Albret-Plage 162 B3
Vieux-Bourg (14) 17 F3
le Vieux-Bourg (22) 33 F5
Vieux-Bourg-d'Artins 79 E2
le Vieux-Cérier (16) 122 D1
Vieux-Champagne (77) 44 A6
Vieux-Charmont (25) 88 C4
Vieux-Château (21) 84 B5
Vieux-Condé (59) 4 B6
Vieux-Ferrette (68) 89 F4
Vieux-Fumé (14) 16 D5
Vieux-lès-Asfeld (08) 23 F4
Vieux-Lixheim (57) 50 B4
Vieux-Manoir (76) 7 H5
le Vieux-Marché (22) 32 C3
Vieux-Mareuil (24) 123 E6
Vieux-Mesnil (59) 11 H2
Vieux-Moulin (60) 21 F5
Vieux-Moulin (88) 70 D1
Vieux-Pont (61) 39 E5
Vieux-Pont-en-Auge (14) 39 F2
Vieux-Port (27) 6 D6
Vieux-Reng (59) 12 A2
Vieux-Rouen-sur-Bresle (76) 8 C6
la Vieux-Rue (76) 7 H6
Vieux-Ruffec (16) 122 D1
Vieux-Thann (68) 89 E1
Vieux-Viel (35) 35 G5
Vieux-Villez (27) 41 E1
Vieux-Vy-sur-Couesnon (35) 35 G6
le Vieux Beausset 191 F5
le Vieux Bourg 75 F2
Vieux Bourg 94 B2
le Vieux Cannet 192 B3
Vieux Rouen 7 G6
Vieuzos (65) 181 H3
Viévigne (21) 86 A5
Viéville (52) 67 H3
Viéville-en-Haye (54) 48 B2
Viévy (21) 100 D3
Vievy-le-Rayé (41) 79 H1
Viey (65) 181 E6
Vif (38) 145 G3
Viffort (02) 44 C3
le Vigan (30) 170 D2
le Vigan (46) 152 C1
le Vigean (15) 140 A2
le Vigeant (86) 109 G4
le Vigen (87) 124 B3
Vigeois (19) 138 C1
Viger (65) 180 D4
Vigeville (23) 111 H5
Viggianello (2A) 206 D2

Viglain (45) 81 F2
Vignacourt (80) 9 F5
Vignale (2B) 203 F6
Vignats (14) 39 E4
le Vignau (40) 164 B3
Vignaux (31) 166 C5
les Vigneaux (05) 147 E5
Vignec (65) 195 G4
Vignely (77) 43 G3
Vignemont (60) 21 F4
les Vignes (48) 155 G5
Vignes (64) 164 A6
Vignes (89) 84 B4
Vignes-la-Côte (52) 68 A3
Vigneul-
-sous-Montmédy (55) 25 E3
Vigneulles (54) 49 E6
Vigneulles-
-lès-Hattonchâtel (55) 48 A2
Vigneux-de-Bretagne (44) 74 B4
Vigneux-Hocquet (02) 23 E1
Vigneux-sur-Seine (91) 42 D5
Vignevieille (11) 185 F5
Vignieu (38) 131 E4
Vignoc (35) 57 E1
Vignol (58) 83 G6
Vignoles (21) 101 G3
Vignolles (16) 122 A5
Vignols (19) 138 C1
Vignonet (33) 135 H5
Vignory (52) 67 H3
Vignot (55) 47 H4
Vignoux-sous-les-Aix (18) 97 G2
Vignoux-sur-Barangeon (18) 97 F1
Vigny (57) 48 D2
Vigny (95) 42 B2
Vigoulant (36) 111 H3
Vigoulet-Auzil (31) 167 E6
Vigoux (36) 110 D2
Vigueron (82) 166 C3
Vigy (57) 26 C4
Vihiers (49) 93 E2
Vijon (36) 111 H3
Vilcey-sur-Trey (54) 48 B3
Vildé-Guingalan (22) 34 C5
le Vilhain (03) 113 E2
Vilhonneur (16) 122 D4
Villabé (91) 43 E6
Villabon (18) 98 A2
Villac (24) 138 B2
Villacerf (10) 66 A2
Villacourt (54) 69 H1
Villadin (10) 65 G3
Villafans (70) 88 A3
Village-Neuf (68) 89 H2
Villaines-en-Duesmois (21) 85 E3
Villaines-la-Carelle (72) 60 B2
Villaines-la-Gonais (72) 60 D4
Villaines-la-Juhel (53) 59 F2
Villaines-les-Prévôtes (21) 84 C4
Villaines-les-Rochers (37) 94 C1
Villaines-sous-Bois (95) 42 D2
Villaines-sous-Lucé (72) 78 C1
Villaines-sous-Malicorne (72) 77 G2
Villainville (76) 6 B4
Villalet (27) 40 D3
Villalier (11) 185 E3
Villamblain (45) 62 B6
Villamblard (24) 137 E4
Villamée (35) 58 A1
Villampuy (28) 62 B5
Villandraut (33) 149 G3
Villandry (37) 78 C6
Villanière (11) 185 E2
Villanova (2A) 204 B5
Villapourçon (58) 100 A4
Villar-d'Arêne (05) 146 C3
Villar-en-Val (11) 185 F4
Villar-Loubière (05) 146 B5
Villar-Saint-Anselme (11) 184 D5
Villar-Saint-Pancrace (05) 147 E5
Villarceaux 41 H1
le Villard 155 G3
Villard (23) 111 F4
Villard (74) 118 D4
Villard-Bonnot (38) 145 H2
Villard-de-Lans (38) 145 F3
Villard-d'Héry (73) 132 B5
Villard-Léger (73) 132 B5
Villard-Notre-Dame (38) 146 A3
Villard-Reculas (38) 146 A3
Villard-Reymond (38) 146 A3
Villard-Saint-Christophe (38) 145 H4
Villard-Saint-Sauveur (39) 118 A3
Villard-Sallet (73) 132 B5
Villard-sur-Bienne (39) 118 A2
Villard-sur-Doron (73) 132 D3
Villardebelle (11) 185 E5
Villardonnel (11) 185 E2
Villards-d'Héria (39) 117 H2
les Villards-sur-Thônes (74) 132 C1
Villarembert (73) 146 C1
Villargent (70) 88 A3
Villargerel 132 D4
Villargoix (21) 84 C6
Villargondran (73) 146 C1
Villariès (31) 167 F4
Villarlurin (73) 132 D5
Villarodin-Bourget (73) 147 E2
Villaroger (73) 133 F4
Villaroux (73) 132 A5
Villars (24) 123 F6
Villars (28) 62 B4
Villars (42) 129 F6
le Villars (71) 116 C2
Villars (84) 173 H2
Villars-Colmars (04) 161 F5
Villars-en-Azois (52) 67 F5
Villars-en-Pons (17) 121 E4
Villars-et-Villenotte (21) 84 D4
Villars-Fontaine (21) 101 G2
Villars-le-Pautel (70) 69 E6
Villars-le-Sec (90) 88 D4
Villars-lès-Blamont (25) 88 D5
Villars-les-Bois (17) 121 G2
Villars-les-Dombes (01) 116 C6
Villars-Saint-Georges (25) 103 E2
Villars-Saint-Marcellin 68 D6
Villars-Santenoge (52) 85 G2
Villars-sous-Dampjoux (25) 88 C5
Villars-sous-Écot (25) 88 C4
Villars-sur-Var (06) 176 D3
Villarzel-Cabardès (11) 185 F3
Villarzel-du-Razès (11) 184 D4
Villasavary (11) 184 C3
Villate (31) 183 F1
Villaudric (31) 167 E3
Villautou (11) 184 A4
Villavard (41) 79 F2
Villaz (74) 132 B1
Ville (60) 21 F3
Villé (67) 71 F2
Ville-au-Montois (54) 25 H4
Ville-au-Val (54) 48 C3
la Ville-aux-Bois (10) 67 E2
la Ville-aux-Bois-lès-Dizy (02) 23 E2
la Ville-aux-Bois-
-lès-Pontavert (02) 22 D4
la Ville-aux-Clercs (41) 79 G1
la Ville-aux-Dames (37) 79 E5
Ville-d'Avray (92) 42 C4
Ville-devant-Belrain (55) 47 F3
Ville-devant-Chaumont (55) 25 F5
Ville-di-Paraso (2B) 202 D6
Ville-di-Pietrabugno (2B) 203 G4
la Ville-Dieu-du-Temple (82) 166 D1
Ville-Dommange (51) 23 E6
la Ville-du-Bois (91) 42 D5
Ville-du-Pont (25) 104 A3
Ville-en-Blaisois (52) 67 G2
Ville-en-Sallaz (74) 118 D5
Ville-en-Selve (51) 45 G1
Ville-en-Tardenois (51) 45 E1
Ville-en-Vermois (54) 48 D5
Ville-en-Woëvre (55) 47 H1
la Ville-ès-Nonais (35) 34 D4
Ville-Houdlémont (54) 25 G3
Ville-la-Grand (74) 118 C4
Ville-Langy (58) 99 F4
Ville-le-Marclet (80) 9 F5
Ville-Saint-Jacques (77) 64 B3
Ville-Savoye (02) 22 C5
Ville-sous-Anjou (38) 130 A6
Ville-sous-la-Ferté (10) 67 F4
la Ville-sous-Orbais (51) 44 D3
Ville-sur-Ancre (80) 10 A5
Ville-sur-Arce (10) 66 D5
Ville-sur-Cousances (55) 47 E1
Ville-sur-Illon (88) 69 G4
Ville-sur-Jarnioux (69) 129 G1
Ville-sur-Lumes (08) 24 B1
Ville-sur-Retourne (08) 23 H4
Ville-sur-Saulx (55) 47 E5
Ville-sur-Terre (10) 67 F3
Ville-sur-Tourbe (51) 24 B6
Ville-sur-Yron (54) 26 A5
Villeau (28) 62 B4
Villebadin (61) 39 F4
Villebarou (41) 79 H3
Villebaudon (50) 37 F2
Villebazy (11) 185 E4
Villebéon (77) 64 C4
Villebernier (49) 93 H1
Villeberny (21) 85 E5
Villebichot (21) 101 H2
Villeblevin (89) 64 C3
Villebois (01) 131 E2
Villebois-Lavalette (16) 122 C5
Villebois-les-Pins (26) 159 G4
Villebon (28) 61 H2
Villebon-sur-Yvette (91) 42 C5
Villebougis (89) 64 D4
Villebourg (37) 78 C3
Villebout (41) 61 G6
Villebramar (47) 151 E3
Villebret (03) 112 D4
Villebrumier (82) 167 E3
Villecelin (18) 97 F5
Villecerf (77) 64 B3
Villecey-sur-Mad (54) 26 A6
Villechantria (39) 117 F3
Villechauve (41) 79 F3
Villechenève (69) 129 F2
Villechétif (10) 66 B3
Villechétive (89) 65 F5
Villechien (50) 37 G6
Villecien (89) 65 E6
la Ville Close 53 G4
Villécloye (55) 25 E3
Villecomtal (12) 154 C3
Villecomtal-sur-Arros (32) 181 F1
Villecomte (21) 85 H4
Villeconin (91) 63 E1
Villecourt (80) 21 G1
Villecresnes (94) 43 E5
Villecroze (83) 175 F5
Villedaigne (11) 185 H3
Villedieu (15) 141 E4
la Villedieu (17) 108 A6
Villedieu (21) 66 D6
la Villedieu (23) 125 F3
les Villedieu (25) 103 H5
la Villedieu (48) 156 A1
Villedieu (84) 158 C5
la Villedieu-de-Comblé 108 B3
la Villedieu-du-Clain (86) 109 E2
la Villedieu-en-Fontenette (70) 87 G1
Villedieu-la-Blouère (49) 75 F6
Villedieu-le-Château (41) 78 D2
Villedieu-lès-Bailleul (61) 39 F4
Villedieu-les-Poêles (50) 37 F3
Villedieu-sur-Indre (36) 96 B5
Villedômain (37) 95 H3
Villedômer (37) 79 F4
Villedoux (17) 106 D4
Villedubert (11) 185 E3
Villefagnan (16) 108 C6
Villefargeau (89) 83 F2
Villefavard (87) 110 C5
Villeferry (21) 85 E5
Villefloure (11) 185 E4
Villefollet (79) 108 A5
Villefontaine (38) 130 C4
Villefort (11) 184 C5
Villefort (48) 156 D3
Villefranche (32) 182 B1
Villefranche (89) 64 D6
Villefranche-d'Albigeois (81) 168 C3
Villefranche-d'Allier (03) 113 E3
Villefranche-de-Conflent (66) 199 E3
Villefranche-de-Lauragais (31) 184 A1
Villefranche-de-Lonchat (24) 136 B4
Villefranche-de-Panat (12) 169 F1
Villefranche-de-Rouergue (12) 153 G4
Villefranche-du-Périgord (24) 152 A2
Villefranche-du-Queyran (47) 150 C5
Villefranche-le-Château (26) 159 F5
Villefranche-sur-Cher (41) 96 C1
Villefranche-sur-Mer (06) 177 E5
Villefranche-sur-Saône (69) 129 H1
Villefrancœur (41) 79 H3
Villefrancon (70) 86 D5
Villefranque (64) 162 B6
Villefranque (65) 164 D6
Villegailhenc (11) 185 E3
Villegats (16) 122 C1
Villegats (27) 41 G2
Villegaudin (71) 101 H5
Villegenon (18) 81 H5
Villegly (11) 185 E2
Villegongis (36) 96 B4
Villegouge (33) 135 G4
Villegouin (36) 96 A4
Villegusien-le-Lac (52) 86 B2
la Ville Haute 25 E3
Villeherviers (41) 80 C6
Villejésus (16) 122 B2
Villejoubert (16) 122 C2
Villejuif (94) 42 D4
Villejust (91) 42 C5
Villelaure (84) 173 H4
Villeloin-Coulangé (37) 95 H2
Villelongue 154 A6
Villelongue (65) 180 D5
Villelongue-d'Aude (11) 184 C5
Villelongue-
-de-la-Salanque (66) 201 E2
Villelongue-dels-Monts (66) 200 D4
Villeloup (10) 65 H2
Villemade (82) 166 D1
Villemagne (11) 184 C2
Villemagne-l'Argentière (34) 170 A5
Villemain (79) 108 B6
Villemandeur (45) 64 A6
Villemanoche (89) 64 D3
Villemardy (41) 79 G2
Villemaréchal (77) 64 B3
Villemareuil (77) 43 H3
Villematier (31) 167 F3
Villemaur-sur-Vanne (10) 65 G3
Villembits (65) 181 G2
Villembray (60) 19 H4
Villemer (77) 64 B3
Villemer (89) 83 F1
Villemereuil (10) 66 B4
Villemeux-sur-Eure (28) 41 F5
Villemoirieu (38) 130 D3
Villemoiron-en-Othe (10) 65 H4
Villemoisan (49) 75 G3
Villemolsson-sur-Orge (91) 42 D5
Villemolaque (66) 200 D3
Villemomble (93) 43 E3
Villemontais (42) 128 C1
Villemonteix 112 A6
Villemontoire (02) 22 A5
Villemorien (10) 66 C5
Villemorin (17) 108 A6
Villemort (86) 110 A2
Villemotier (01) 117 E3
Villemoustaussou (11) 185 E3
Villemoutiers (45) 63 H6
Villemoyenne (10) 66 C4
Villemur (65) 182 A3
Villemur-sur-Tarn (31) 167 F3
Villemurlin (45) 81 G3
Villemus (04) 174 B3
Villenauxe-la-Grande (10) 44 D6
Villenauxe-la-Petite (77) 65 E2
Villenave (40) 163 F2
Villenave-de-Rions (33) 149 G1
Villenave-d'Ornon (33) 135 F6
Villenave-près-Béarn (65) 180 D2
Villenave-près-Marsac (65) 181 E2
Villenavotte (89) 64 D3
Villeneuve 147 E4
Villeneuve (01) 116 B6
Villeneuve (04) 174 C2
Villeneuve (09) 182 C6
Villeneuve (12) 153 G4
la Villeneuve (23) 126 A2
Villeneuve (33) 135 E3
Villeneuve (63) 127 F6
la Villeneuve (71) 102 A3
la Villeneuve-au-Châtelot (10) 65 G1
Villeneuve-au-Chemin (10) 65 H5
la Villeneuve-au-Chêne (10) 66 D3
la Villeneuve-Bellenoye-
-et-la-Maize (70) 87 G2
Villeneuve-d'Allier (43) 141 G2
Villeneuve-d'Amont (25) 103 F3
Villeneuve-d'Ascq (59) 3 G5
Villeneuve-d'Aval (39) 103 E3
Villeneuve-de-Berg (07) 157 G2
Villeneuve-de-Duras (47) 136 C6
Villeneuve-de-la-Raho (66) 200 D3
Villeneuve-de-Marc (38) 130 C5
Villeneuve-de-Marsan (40) 164 B2
Villeneuve-de-Mézin 165 E1
Villeneuve-de-Rivière (31) 182 A4
Villeneuve-d'Entraunes (06) 161 G6
Villeneuve-d'Olmes (09) 184 A6
Villeneuve-du-Latou (09) 183 F3
Villeneuve-du-Paréage (09) 183 H4
la Villeneuve-en-Chevrie (78) 41 G2
Villeneuve-en-Montagne (71) 101 E5
Villeneuve-Frouville (41) 79 H2
Villeneuve-la-Comptal (11) 184 B2
Villeneuve-la-Comtesse (17) 107 G5
Villeneuve-la-Dondagre (89) 64 D4
Villeneuve-la-Garenne (92) 42 D3
Villeneuve-la-Guyard (89) 64 C3
Villeneuve-la-Lionne (51) 44 C4
Villeneuve-la-Rivière (66) 199 H3
Villeneuve-l'Archevêque (89) 65 F4
Villeneuve-le-Comte (77) 43 G4
Villeneuve-le-Roi (94) 42 D5
Villeneuve-Lécussan (31) 181 H4
Villeneuve-lès-Avignon (30) 172 D2
Villeneuve-lès-Béziers (34) 187 E2
Villeneuve-les-Bordes (77) 64 C1
Villeneuve-lès-Bouloc (31) 167 E4
Villeneuve-les-Cerfs (63) 127 G1
la Villeneuve-
-lès-Charleville (51) 44 D4
Villeneuve-lès-Charnod (39) 117 F3
la Villeneuve-les-Convers (21) 85 E4
Villeneuve-les-Corbières (11) 185 H5
Villeneuve-les-Genêts (89) 82 D2
Villeneuve-lès-Lavaur (81) 167 H5
Villeneuve-lès-Maguelone (34) 171 F6
Villeneuve-lès-Montréal (11) 184 C3
Villeneuve-les-Sablons (60) 20 A6
Villeneuve-Loubet (06) 176 D6
Villeneuve-Minervois (11) 185 F2
Villeneuve-Renneville-
-Chevigny (51) 45 G3
Villeneuve-Saint-Denis (77) 43 G4
Villeneuve-Saint-Georges (94) 43 E5
Villeneuve-Saint-Germain (02) 22 A5
Villeneuve-Saint-Nicolas (28) 62 B3
Villeneuve-Saint-Salves (89) 83 G1
Villeneuve-Saint-Vistre-
-et-Villevotte (51) 45 E6
Villeneuve-sous-Charigny (21) 84 D5
Villeneuve-
-sous-Dammartin (77) 43 F2
Villeneuve-sous-Pymont (39) 102 C6
la Villeneuve-sous-Thury (60) 43 H1
Villeneuve-sur-Allier (03) 99 E6
Villeneuve-sur-Auvers (91) 63 F1
Villeneuve-sur-Bellot (77) 44 B4
Villeneuve-sur-Cher (18) 97 F3
Villeneuve-sur-Conie (45) 62 C5
Villeneuve-sur-Fère (02) 44 C1
Villeneuve-sur-Lot (47) 151 F4
Villeneuve-sur-Verberie (60) 21 E6
Villeneuve-sur-Vère (81) 168 B2
Villeneuve-sur-Yonne (89) 65 E5
Villeneuve-Tolosane (31) 167 E6
Villeneuvette (34) 170 C5
Villennes-sur-Seine (78) 42 B3
Villenouvelle 107 H5
Villenouvelle (31) 183 H1
Villenoy (77) 43 G3
Villentrois (36) 96 A2
Villeny (41) 80 C3
Villepail (53) 59 G2
Villeparisis (77) 43 F3
Villeparois (70) 87 G3
Villeperdrix (26) 159 E3
Villeperdue (37) 94 D1
Villeperrot (89) 64 D3
Villepinte (11) 184 C3
Villepinte (93) 43 E3
Villeporcher (41) 79 F3
Villepot (44) 57 H6
Villepreux (78) 42 B4
Villeprévost 62 C4
Villequier (76) 7 E5
Villequier-Aumont (02) 21 H2
Villequiers (18) 98 B3
Viller (57) 27 E6
Villerable (41) 79 F2
Villeray 61 E2
Villerbon (41) 80 A3
Villeréal (47) 151 F2
Villereau (45) 63 E5
Villereau (59) 11 G2
Villerest (42) 128 D1
Villeret (02) 10 D5
Villeret (10) 67 E1
Villereversure (01) 117 F5
Villermain (41) 80 B1
Villeromain (41) 79 G2
Villeron (95) 43 E2
Villerouge-la-Crémade 185 G4
Villerouge-Termenès (11) 185 G5
Villeroy (77) 43 G3
Villeroy (80) 8 C5
Villeroy (89) 64 D4
Villeroy-sur-Méholle (55) 47 H6
Villers (42) 115 F5
Villers (88) 69 G2
Villers-Agron-Aiguizy (02) 44 D1
Villers-Allerand (51) 45 F1
Villers-au-Bois (62) 10 A1
Villers-au-Flos (62) 10 C4
Villers-au-Tertre (59) 10 D2
Villers-aux-Bois (51) 45 F3
Villers-aux-Érables (80) 20 D1
Villers-aux-Nœuds (51) 23 E6
Villers-aux-Vents (55) 46 D3
Villers-Bettnach 26 D4
Villers-Bocage (14) 16 A5
Villers-Bocage (80) 9 G5
Villers-Bouton (70) 87 F4
Villers-Bretonneux (80) 9 H6
Villers-Brûlin (62) 9 H2
Villers-Buzon (25) 103 E1
Villers-Campsart (80) 8 D6
Villers-Canivet (14) 38 D3
Villers-Carbonnel (80) 10 C6
Villers-Cernay (08) 24 C1
Villers-Châtel (62) 10 A1
Villers-Chemin-
-et-Mont-lès-Étrelles (70) 87 E4
Villers-Chief (25) 88 A6
Villers-Cotterêts (02) 21 G6
Villers-devant-Dun (55) 24 D4
Villers-devant-le-Thour (08) 23 E3
Villers-devant-Mouzon (08) 24 C2
Villers-Écalles (76) 7 F5
Villers-en-Argonne (51) 46 D2
Villers-en-Arthies (95) 41 H2
Villers-en-Cauchies (59) 11 E3
Villers-en-Haye (54) 48 C3
Villers-en-Ouche (61) 39 H4
Villers-en-Prayères (02) 22 C5
Villers-en-Vexin (27) 19 F6
Villers-Farlay (39) 103 E3
Villers-Faucon (80) 10 D5
Villers-Franqueux (51) 23 E5
Villers-Grélot (25) 87 G5
Villers-Guislain (59) 10 D4
Villers-Hélon (02) 22 A6
Villers-la-Chèvre (54) 25 G3
Villers-la-Combe (25) 88 A6
Villers-la-Faye (21) 101 G2
Villers-la-Montagne (54) 25 H3
Villers-la-Ville (70) 88 A3
Villers-le-Château (51) 45 H3
Villers-le-Lac (25) 104 C2
Villers-le-Rond (54) 25 F4
Villers-le-Sec (02) 22 B1
Villers-le-Sec (51) 46 D4
Villers-le-Sec (55) 47 F6
Villers-le-Sec (70) 87 G3
Villers-le-Tilleul (08) 24 B2
Villers-le-Tourneur (08) 23 H2
Villers-les-Bois (39) 102 D4
Villers-lès-Cagnicourt (62) 10 C3
Villers-lès-Guise (02) 11 G5
Villers-lès-Luxeuil (70) 87 H1
Villers-lès-Mangiennes (55) 25 F4
Villers-lès-Moivrons (54) 48 D4
Villers-lès-Nancy (54) 48 D5
Villers-les-Ormes (36) 96 B4
Villers-les-Pots (21) 102 B1
Villers-lès-Roye (80) 21 E2
Villers-l'Hôpital (62) 9 F3
Villers-Marmery (51) 45 G1
Villers-Outréaux (59) 11 E4
Villers-Pater (70) 87 G4
Villers-Patras (21) 67 E6
Villers-Plouich (59) 10 D4
Villers-Pol (59) 11 G2
Villers-Robert (39) 102 C3
Villers-Rotin (21) 102 B2
Villers-Saint-Barthélemy (60) 20 A5
Villers-Saint-Christophe (02) 21 G1
Villers-Saint-Frambourg (60) 21 E6
Villers-Saint-Genest (60) 43 G1
Villers-Saint-Martin (25) 88 A5
Villers-Saint-Paul (60) 20 D6
Villers-Saint-Sépulcre (60) 20 B5
Villers-Semeuse (08) 24 B1
Villers-Sir-Simon (62) 9 H2
Villers-Sire-Nicole (59) 12 A2
Villers-sous-Ailly (80) 9 E4
Villers-sous-Chalamont (25) 103 F4
Villers-sous-Châtillon (51) 45 E1
Villers-sous-Foucarmont (76) 8 C6
Villers-sous-Montrond (25) 103 G1
Villers-sous-Pareid (55) 48 A1
Villers-sous-Prény (54) 48 C2
Villers-sous-Saint-Leu (60) 20 C6
Villers-Stoncourt (57) 26 D6
Villers-sur-Auchy (60) 19 G4
Villers-sur-Authie (80) 8 C2
Villers-sur-Bar (08) 24 B2
Villers-sur-Bonnières (60) 20 A3
Villers-sur-Coudun (60) 21 F4
Villers-sur-Fère (02) 44 C1
Villers-sur-le-Mont (08) 24 A2
Villers-sur-le-Roule (27) 19 E6
Villers-sur-Mer (14) 17 E3
Villers-sur-Meuse (55) 47 G2
Villers-sur-Nied (57) 49 F2
Villers-sur-Port (70) 87 F2
Villers-sur-Saulnot (70) 88 B3
Villers-sur-Trie (60) 19 H5
Villers-Tournelle (80) 20 D2
Villers-Vaudey (70) 86 D3
Villers-Vermont (60) 19 G3
Villers-Vicomte (60) 20 B2
Villerserine (39) 102 D4
Villersexel (70) 88 A3
Villerupt (54) 26 A2
Villerville (14) 6 A6
Villery (10) 66 A4
Villes (01) 117 H5
Villes-sur-Auzon (84) 173 G1
Villesalem 110 A2
Villeselve (60) 21 G2
Villeseneux (51) 45 G4
Villesèque (46) 152 B4
Villesèque-des-Corbières (11) 185 H5
Villesèquelande (11) 184 D3
Villesiscle (11) 184 C3
Villespassans (34) 186 B2
Villespy (11) 184 C2
Villetaneuse (93) 42 D3
la Villetelle (23) 126 A2
Villetelle (34) 171 H4
Villethierry (89) 64 C3
Villeton (47) 150 C4
la Villetour 127 E5
Villetoureix (24) 136 D2
Villetritouls (11) 185 F4
Villetrun (41) 79 G2
la Villette (14) 38 B3
Villette (54) 25 F3
Villette (78) 41 H3
Villette-d'Anthon (38) 130 C2
Villette-de-Vienne (38) 130 B4
Villette-lès-Arbois (39) 103 E4
Villette-lès-Dole (39) 102 C2
Villette-sur-Ain (01) 130 D1
Villette-sur-Aube (10) 66 B1
Villettes (27) 40 D1
les Villettes (43) 143 E2
Villeurbanne (69) 130 A3
Villevallier (89) 65 E5
Villevaudé (77) 43 F3
Villevenard (51) 45 E4
Villevêque (49) 77 E4
Villeveyrac (34) 170 D6
Villevieille (30) 171 G4
Villevieux (39) 102 C5
Villevocance (07) 143 G2
Villevoques (45) 64 A5
Villexanton (41) 80 A2
Villexavier (17) 121 F6
le Villey (39) 102 C4
Villey-le-Sec (54) 48 C5
Villey-Saint-Étienne (54) 48 C4
Villey-sur-Tille (21) 85 H4
Villez-sous-Bailleul (27) 41 F1
Villez-sur-le-Neubourg (27) 40 C1
Villié-Morgon (69) 116 A5
Villiers 80 A2
Villiers (36) 95 G4
Villiers (86) 94 A6
Villiers-Adam (95) 42 C2
Villiers-au-Bouin (37) 78 B4
Villiers-aux-Corneilles (51) 44 D6
Villiers-Charlemagne (53) 58 D6
Villiers-Couture (17) 122 A1
Villiers-en-Bière (77) 63 H1
Villiers-en-Bois (79) 107 H5
Villiers-en-Désœuvre (27) 41 G3
Villiers-en-Lieu (52) 46 D5
Villiers-en-Morvan (21) 100 C2
Villiers-en-Plaine (79) 107 G3
Villiers-Fossard (50) 15 F6
Villiers-Herbisse (10) 45 G6
Villiers-le-Bâcle (91) 42 C5
Villiers-le-Bel (95) 42 D2
Villiers-le-Bois (10) 66 B6
Villiers-le-Duc (21) 85 F1
Villiers-le-Mahieu (78) 41 H4
Villiers-le-Morhier (28) 41 G6
Villiers-le-Pré (50) 35 H4
Villiers-le-Roux (16) 108 C6
Villiers-le-Sec (14) 16 A3
Villiers-le-Sec (52) 67 H4
Villiers-le-Sec (58) 83 F6
Villiers-le-Sec (95) 42 D2
Villiers-lès-Aprey (52) 86 A2
Villiers-les-Hauts (89) 84 B2
Villiers-Louis (89) 65 E4
Villiers-Saint-Benoît (89) 82 D2
Villiers-Saint-Denis (02) 44 B2
Villiers-Saint-Fréderic (78) 42 A4
Villiers-Saint-Georges (77) 44 C6
Villiers-Saint-Orien (28) 62 B4
Villiers-sous-Grez (77) 64 A3
Villiers-sous-Mortagne (61) 60 D1
Villiers-sous-Praslin (10) 66 C5
Villiers-sur-Chizé (79) 108 A5
Villiers-sur-Loir (41) 79 F2
Villiers-sur-Marne (94) 43 E4
Villiers-sur-Morin (77) 43 G4
Villiers-sur-Orge (91) 42 D6
Villiers-sur-Seine (77) 65 E2
Villiers-sur-Suize (52) 68 A6
Villiers-sur-Tholon (89) 83 E1
Villiers-sur-Yonne (58) 83 G5
Villiers-Vineux (89) 65 H6
Villiersfaux (41) 79 F2
Villieu-Loyes-Mollon (01) 130 D1
Villing (57) 27 E4
Villognon (16) 122 B2
Villon (89) 84 B1
Villoncourt (88) 70 A3
Villons-les-Buissons (14) 16 B4
Villorceau (45) 80 B2
Villosanges (63) 126 C2
Villotran (60) 20 A5
Villotte (88) 68 D4
Villotte-devant-Louppy (55) 47 E3
Villotte-Saint-Seine (21) 85 F5
Villotte-sur-Aire (55) 47 F3
Villotte-sur-Ource (21) 85 E1
Villouxel (88) 68 C2
Villuis (77) 65 E2
Villy (08) 24 D2
Villy (89) 83 H1
Villy-Bocage (14) 16 A5
Villy-en-Auxois (21) 85 E5
Villy-en-Trodes (10) 66 D4
Villy-le-Bois (10) 66 B4
Villy-le-Bouveret (74) 118 C6
Villy-le-Maréchal (10) 66 B4
Villy-le-Moutier (21) 101 H3
Villy-le-Pelloux (74) 118 C6
Villy-lez-Falaise (14) 39 E3
Villy-sur-Yères (76) 8 B5
Vilory (70) 87 [illegible]
Vilosnes-Haraumont (55) 2[illegible]
Vilsberg (57) [illegible]
Vimarcé (53) [illegible]
Vimenet (12) [illegible]
Viménil (88) [illegible]
Vimines (73) [illegible]

Commune	Page
Vimont (14)	16 C5
Vimory (45)	64 A6
Vimoutiers (61)	39 G3
Vimpelles (77)	64 D2
Vimy (62)	10 B1
Vinantes (77)	43 F2
Vinassan (11)	186 C3
Vinax (17)	108 A6
Vinay (38)	145 E2
Vinay (51)	45 F2
Vinça (66)	199 F3
Vincelles (39)	117 F1
Vincelles (51)	44 D2
Vincelles (71)	102 B6
Vincelles (89)	83 G3
Vincelottes (89)	83 G3
Vincennes (94)	43 E4
Vincent (39)	102 C5
Vincey (88)	69 H2
Vincly (62)	2 A5
Vincy-Manœuvre (77)	43 H2
Vincy-Reuil-et-Magny (02)	23 E2
Vindecy (71)	115 E3
Vindefontaine (50)	14 D5
Vindelle (16)	122 B3
Vindey (51)	44 B5
Vindrac-Alayrac (81)	168 A1
Vinets (10)	66 C2
Vineuil (36)	96 B4
Vineuil (41)	80 A4
Vineuil-Saint-Firmin (60)	20 D6
la Vineuse (71)	115 H2
Vinezac (07)	157 F2
Vingrau (66)	199 H1
Vingt-Hanaps (61)	60 A1
Vinnemerville (76)	6 D3
Vinneuf (89)	64 D3
Vinon (18)	98 B1
Vinon-sur-Verdon (83)	174 C4
Vins-sur-Caramy (83)	175 E6
Vinsobres (26)	158 C4
le Vintrou (81)	168 D6
Vinzelles (63)	127 G2
Vinzelles (71)	116 B4
Vinzier (74)	119 F3
Vinzieux (07)	143 H1
Viocourt (88)	69 E2
Viodos-Abense-de-Bas (64)	179 G2
Violaines (62)	3 E6
Violay (42)	129 F2
Violès (84)	158 C6
Violot (52)	86 B2
Viols-en-Laval (34)	171 E4
Viols-le-Fort (34)	171 E4
Vioménil (88)	69 G4
Vion (07)	144 A3
Vion (72)	77 G1
Vions (73)	131 G2
Vionville (57)	26 A5
Viozan (32)	181 H1
Viplaix (03)	112 B2
Vira (09)	184 A5
Vira (66)	199 F2
Virac (81)	168 B1
Virandeville (50)	14 B2
Virargues (15)	140 D3
Virazeil (47)	150 C3
Vire (14)	37 H3
Viré (71)	116 B2
Viré-en-Champagne (72)	59 F6
Vire-sur-Lot (46)	152 A3
Vireaux (89)	84 B2
Virecourt (54)	69 G1
Virelade (33)	149 G1
Vireux-Molhain (08)	13 E4
Vireux-Wallerand (08)	13 E4
Virey (50)	37 F6
Virey-le-Grand (71)	101 G4
Virey-sous-Bar (10)	66 C4
Virginy (51)	24 B6
Viriat (01)	117 E4
Viricelles (42)	129 F4
Virieu (38)	131 E5
Virieu-le-Grand (01)	131 F2
Virieu-le-Petit (01)	131 G1
Virigneux (42)	129 F4
Virignin (01)	131 G3
Viriville (38)	144 D1
Virlet (63)	112 D5
Virming (57)	49 G2
Viroflay (78)	42 C4
Virollet (17)	121 E5
Vironchaux (80)	8 D2
Vironvay (27)	18 D6
Virsac (33)	135 F4
Virson (17)	107 E5
Virville (76)	6 C5
Viry (39)	117 H3
Viry (71)	115 G2
Viry (74)	118 B5
Viry-Châtillon (91)	42 D5
Viry-Noureuil (02)	21 H2
Vis-en-Artois (62)	10 C3
Visan (84)	158 C4
Viscomtat (63)	128 B2
Viscos (65)	180 D6
Viserny (21)	84 C4
Visker (65)	181 E4
Vismes (80)	8 C5
...	87 H2
... (80)	142 A3
...	42 A1
...	70 C3
...	57 H4
...	168 A5
...	40 C1
...	40 C1
...	140 A6
...	138 A6

Commune	Page
Vitrac (63)	126 D1
Vitrac-en-Viadène (12)	140 D6
Vitrac-Saint-Vincent (16)	123 E3
Vitrac-sur-Montane (19)	139 F3
Vitrai-sous-Laigle (61)	40 B5
Vitray (03)	112 D1
Vitray-en-Beauce (28)	62 A3
Vitré (35)	58 A4
Vitré (79)	108 B4
Vitreux (39)	102 D1
Vitrey (70)	69 F1
Vitrey-sur-Mance (70)	86 D2
Vitrimont (54)	49 E5
Vitrolles (05)	160 A3
Vitrolles (13)	173 G6
Vitrolles-en-Lubéron (84)	174 B3
Vitry-aux-Loges (45)	63 F6
Vitry-en-Artois (62)	10 C2
Vitry-en-Charollais (71)	115 E2
Vitry-en-Montagne (52)	85 H1
Vitry-en-Perthois (51)	46 B4
Vitry-la-Ville (51)	46 A4
Vitry-Laché (58)	99 G1
Vitry-le-Croisé (10)	67 E4
Vitry-le-François (51)	46 B5
Vitry-lès-Cluny (71)	115 H2
Vitry-lès-Nogent (52)	68 B5
Vitry-sur-Loire (71)	99 G6
Vitry-sur-Orne (57)	26 B4
Vitry-sur-Seine (94)	42 D4
Vittarville (55)	25 F4
Vitteaux (21)	85 E5
Vittefleur (76)	7 E3
Vittel (88)	69 E3
Vittersbourg (57)	49 H2
Vittoncourt (57)	27 E6
Vittonville (54)	48 C2
Vitz-sur-Authie (80)	9 E3
Viuz-en-Sallaz (74)	118 D5
Viuz-la-Chiésaz (74)	132 A2
Vivaise (02)	22 B2
Vivans (42)	114 D5
Vivario (2B)	205 E3
Viven (64)	164 A6
Viverols (63)	128 C6
Vivès (66)	199 H4
Vivey (52)	85 H2
le Vivier (66)	199 F2
Vivier-au-Court (08)	24 B1
le Vivier-sur-Mer (35)	35 E4
Vivières (02)	21 G5
Viviers (07)	158 A3
Viviers (57)	49 E3
Viviers (89)	84 A2
Viviers-du-Lac (73)	131 H4
Viviers-le-Gras (88)	69 E4
Viviers-lès-Lavaur (81)	167 H5
Viviers-lès-Montagnes (81)	168 B6
Viviers-lès-Offroicourt (88)	69 F3
Viviers-sur-Artaut (10)	66 D5
Viviers-sur-Chiers (54)	25 G3
Viviès (09)	184 A4
Viviez (12)	153 H2
Viville (16)	122 A5
Vivoin (72)	60 A3
Vivonne (86)	109 E3
Vivy (49)	77 G6
Vix (21)	85 E1
Vix (85)	107 E3
Vixouze	140 B5
Vizille (38)	145 G3
Vizos (65)	181 E6
Vizzavona	205 E4
Vocance (07)	143 G2
Vodable (63)	127 F5
Vœgtlinshoffen (68)	71 F5
Vœlfling-lès-Bouzonville (57)	27 E3
Vœllerdingen (67)	27 H6
Vœuil-et-Giget (16)	122 B4
Vogelgrun (68)	71 G5
Voglans (73)	131 H4
Vogüé (07)	157 G2
Voharies (02)	22 D1
Void-Vacon (55)	47 H5
Voigny (10)	67 F3
Voilemont (51)	46 C2
Voillans (25)	88 A5
Voillecomte (52)	67 F1
Voimhaut (57)	26 D6
Voinémont (54)	48 D6
Voingt (63)	126 B3
Voinsles (77)	43 H5
Voipreux (51)	45 F3
Voires (25)	103 H2
Voiron (38)	131 F6
Voiscreville (27)	18 A6
Voise (28)	62 C2
Voisenon (77)	43 F6
Voisey (52)	68 D6
Voisines (52)	86 A1
Voisines (89)	65 E3
Voisins-le-Bretonneux (78)	42 B5
Voissant (38)	131 G5
Voissay (17)	121 F1
Voiteur (39)	102 D5
la Voivre (70)	88 A1
la Voivre (88)	70 C2
les Voivres (88)	69 G5
Voivres-lès-le-Mans (72)	60 A6
Volckerinckhove (59)	2 B3
Volesvres (71)	115 F2
Volgelsheim (68)	71 G5
Volgré (89)	83 E1
Volhac	142 C4
Volksberg (67)	28 B6
Vollore-Montagne (63)	128 B3
Vollore-Ville (63)	128 A3
Volmerange-les-Boulay (57)	26 D5
Volmerange-les-Mines (57)	26 B2
Volmunster (57)	28 B5

Commune	Page
Volnay (21)	101 F3
Volnay (72)	60 C6
Volon (70)	86 D3
Volonne (04)	160 B6
Volstroff (57)	26 C3
Volvent (26)	159 E2
Volvic (63)	127 E2
Volx (04)	174 C2
Vomécourt (88)	70 B2
Vomécourt-sur-Madon (88)	69 G2
Voncourt (52)	86 D2
Voncq (08)	24 A4
Vongnes (01)	131 G2
Vongy	119 E2
Vonnas (01)	116 C4
Voray-sur-l'Ognon (70)	87 F5
Voreppe (38)	145 F1
Vorey (43)	142 C2
Vorges (02)	22 C3
Vorges-les-Pins (25)	103 F1
Vorly (18)	97 G4
Vornay (18)	97 H4
Vosbles (39)	117 F3
Vosnon (10)	65 H5
Vou (37)	95 E2
Vouarces (51)	45 F6
Voudenay (21)	100 D2
Voué (10)	66 B1
Vouécourt (52)	67 H3
Vougécourt (70)	69 F6
Vougeot (21)	101 G1
Vougrey (10)	66 C5
Vougy (42)	115 E6
Vougy (74)	119 E5
Vouharte (16)	122 B2
Vouhé (17)	107 E5
Vouhé (79)	108 A1
Vouhenans (70)	88 A2
Vouillé (79)	107 H3
Vouillé (86)	108 D1
Vouillé-les-Marais (85)	107 E3
Vouillers (51)	46 C5
Vouillon (36)	96 D5
Vouilly (14)	15 F5
Voujeaucourt (25)	88 C4
Voulaines-les-Templiers (21)	85 F1
Voulangis (77)	43 G4
Voulême (86)	108 D6
Voulgézac (16)	122 B5
Voulon (86)	108 D3
Voulpaix (02)	11 H6
la Voulte-sur-Rhône (07)	144 A6
Voultegon (79)	93 E4
Voulton (77)	44 B6
Voulx (77)	64 C3
Vouneuil-sous-Biard (86)	109 E1
Vouneuil-sur-Vienne (86)	94 C6
Vourey (38)	145 F1
Vourles (69)	130 A4
Voussac (03)	113 F4
Voutenay-sur-Cure (89)	83 H4
Voutezac (19)	138 C2
Vouthon (16)	122 D4
Vouthon-Bas (55)	68 C1
Vouthon-Haut (55)	68 C1
Voutré (53)	59 F4
Vouvant (85)	107 F1
Vouvray (37)	79 E5
Vouvray-sur-Huisne (72)	60 D5
Vouvray-sur-Loir (72)	78 C3
Vouxey (88)	69 E2
Vouzailles (86)	93 H6
Vouzan (16)	122 D4
Vouzeron (18)	97 F1
Vouziers (08)	24 A4
Vouzon (41)	81 E3
Vouzy (51)	45 G3
Voves (28)	62 B3
Vovray-en-Bornes (74)	118 C5
Voyenne (02)	22 C2
Voyennes (80)	21 G1
Voyer (57)	50 A5
la Vraie-Croix (56)	55 H6
Vraignes-en-Vermandois (80)	10 D6
Vraignes-lès-Hornoy (80)	19 H1
Vraincourt (52)	67 H3
Vraiville (27)	18 C6
Vraux (51)	45 G2
Vrécourt (88)	68 D4
Vred (59)	10 D1
Vregille (70)	87 E6
Vregny (02)	22 B4
Vrély (80)	21 E1
le Vrétot (50)	14 B3
Vriange (39)	102 C1
Vrigne-aux-Bois (08)	24 B1
Vrigne-Meuse (08)	24 B2
Vrigny (45)	63 F5
Vrigny (51)	23 E6
Vrigny (61)	39 E5
Vritz (44)	75 F2
Vrizy (08)	24 A4
Vrocourt (60)	19 H3
Vroil (51)	46 D4
Vron (80)	8 D1
Vroncourt (54)	69 F1
Vroncourt-la-Côte (52)	68 C4
Vroville (88)	69 G3
Vry (57)	26 C4
Vue (44)	74 A5
Vue des Alpes	104 D2
Vuillafans (25)	103 G2
Vuillecin (25)	103 H3
Vuillery (02)	22 A4
Vulaines (10)	65 H4
Vulaines-lès-Provins (77)	64 D1
Vulaines-sur-Seine (77)	64 B2

Commune	Page
Vulbens (74)	118 A5
Vulmont (57)	48 D3
Vulvoz (39)	117 H3
Vy-le-Ferroux (70)	87 F3
Vy-lès-Filain (70)	87 G4
Vy-lès-Lure (70)	88 A3
Vy-lès-Rupt (70)	87 E3
Vyans-le-Val (70)	88 C3
Vyt-lès-Belvoir (25)	88 B5

W

Commune	Page
Waben (62)	8 C1
Wacquemoulin (60)	21 E4
Wacquinghen (62)	1 F3
Wadelincourt (08)	24 C2
Wagnon (08)	23 G2
Wahagnies (59)	3 F6
Wahlbach (68)	89 F2
Wahlenheim (67)	51 E3
Wail (62)	9 F2
Wailly (80)	20 B1
Wailly (62)	10 B3
Wailly-Beaucamp (62)	8 C1
Walbach (68)	71 E4
Walbourg (67)	51 F2
la Walck (67)	50 D3
Waldeck	28 C6
Waldersbach (67)	71 E1
Waldhambach (67)	50 B2
Waldhouse (57)	28 B5
Waldighofen (68)	89 F3
Waldolwisheim (67)	50 D4
Waldweistroff (57)	26 D3
Waldwisse (57)	26 D2
Walheim (68)	89 F2
Walincourt-Selvigny (59)	11 E4
Wallers (59)	11 E1
Wallers-Trélon (59)	12 B4
Wallon-Cappel (59)	2 C4
Walschbronn (57)	28 B4
Walscheid (57)	50 B5
Waltembourg (57)	50 B4
Waltenheim (68)	89 G2
Waltenheim-sur-Zorn (67)	51 E4
Waly (55)	47 E2
Wambaix (59)	11 E4
Wambercourt (62)	9 E1
Wambez (60)	19 H3
Wambrechies (59)	3 F4
Wamin (62)	9 E1
Wanchy-Capval (76)	8 A6
Wancourt (62)	10 B3
Wandignies-Hamage (59)	11 E1
Wangen (67)	50 D5
Wangenbourg	50 C5
Wangenbourg-Engenthal (67)	50 C5
Wannehain (59)	3 G5
Wanquetin (62)	10 A2
la Wantzenau (67)	51 F4
Warcq (08)	24 A1
Warcq (55)	25 G6
Wardrecques (62)	2 B4
Wargemoulin-Hurlus (51)	46 C1
Wargnies (80)	9 G5
Wargnies-le-Grand (59)	11 G2
Wargnies-le-Petit (59)	11 G2
Warhem (59)	2 C2
Warlaing (59)	11 E1
Warlencourt-Eaucourt (62)	10 B4
Warlincourt-lès-Pas (62)	9 H3
Warloy-Baillon (80)	9 H5
Warluis (60)	20 B5
Warlus (62)	10 A2
Warlus (80)	9 E6
Warluzel (62)	9 H3
Warmeriville (51)	23 F5
Warnécourt (08)	23 A1
Warneton (59)	3 F4
Warsy (80)	21 E2
Warvillers (80)	21 E1
Wasigny (08)	23 G2
Wasnes-au-Bac (59)	11 E2
Wasquehal (59)	3 G4
Wasselonne (67)	50 D5
Wasserbourg (68)	71 E5
Wassigny (02)	11 G5
Wassy (52)	67 G1
le Wast (62)	1 G4
Watigny (02)	12 B6
Watronville (55)	47 G1
Watten (59)	2 A3
Wattignies (59)	3 F5
Wattignies-la-Victoire (59)	12 A3
Wattrelos (59)	3 G4
Wattwiller (68)	71 E6
Wavignies (60)	20 C3
Waville (54)	26 A6
Wavrans-sur-l'Aa (62)	2 A4
Wavrans-sur-Ternoise (62)	9 G1
Wavrechain-sous-Denain (59)	11 F2
Wavrechain-sous-Faulx (59)	11 E2
Wavrille (55)	25 E5
Waziers (59)	10 D1
Weckolsheim (68)	71 G5
Wegscheid (68)	88 D1
Weidesheim	27 H6
Weinbourg (67)	50 C3
Weislingen (67)	50 B2
Weitbruch (67)	51 F3
Weiterswiller (67)	50 C3
Welles-Pérennes (60)	20 D3
Wemaers-Cappel (59)	2 C3
Wentzwiller (68)	89 G3
Werentzhouse (68)	89 F3
Wervicq-Sud (59)	3 F4
West-Cappel (59)	2 C2
Westhalten (68)	71 F5

Commune	Page
Westhoffen (67)	50 D5
Westhouse (67)	71 G1
Westhouse-Marmoutier (67)	50 D4
Westrehem (62)	2 B6
Wettolsheim (68)	71 F4
Weyer (57)	50 B3
Weyersheim (67)	51 F4
Wickerschwihr (68)	71 G4
Wickersheim-Wilshausen (67)	50 D3
Wicquinghem (62)	1 H5
Wicres (59)	3 E5
Widehem (62)	1 F5
Widensolen (68)	71 G4
Wideville	42 B4
Wiège-Faty (02)	11 G6
Wiencourt-l'Équipée (80)	10 A6
Wierre-au-Bois (62)	1 F5
Wierre-Effroy (62)	1 F4
Wiesviller (57)	28 A5
Wignehies (59)	12 A5
Wignicourt (08)	24 A3
Wihr-au-Val (68)	71 E4
Wildenstein (68)	70 D5
Wildersbach (67)	71 E1
Willeman (62)	9 F2
Willems (59)	3 G5
Willencourt (62)	9 F3
Willer (68)	89 F3
Willer-sur-Thur (68)	71 E6
Willeroncourt (55)	47 G5
Willerval (62)	10 B2
Willerwald (57)	27 H6
Willgottheim (67)	50 D4
Williers (08)	25 E2
Willies (59)	12 B4
Wilwisheim (67)	50 D4
Wimereux (62)	1 F4
Wimille (62)	1 F4
Wimmenau (67)	50 C2
Wimy (02)	12 A5
Windstein (67)	28 D6
Wingen (67)	29 E5
Wingen-sur-Moder (67)	50 C2
Wingersheim (67)	51 E4
Wingles (62)	3 E6
Winkel (68)	89 F4
Winnezeele (59)	2 C3
Wintersbourg (57)	50 B3
Wintershouse (67)	51 E3
Wintzenbach (67)	29 F6
Wintzenheim (68)	71 F4
Wintzenheim-Kochersberg (67)	50 D4
Wirwignes (62)	1 F4
Wiry-au-Mont (80)	8 D5
Wisches (67)	50 C6
Wisembach (88)	71 E2
Wiseppe (55)	24 D4
Wismes (62)	1 H5
Wisques (62)	2 A4
Wissant (62)	1 F3
Wissembourg (67)	29 E5
Wissignicourt (02)	22 B3
Wissous (91)	42 D5
Witry-lès-Reims (51)	23 F5
Wittelsheim (68)	89 F1
Wittenheim (68)	89 F1
Witternesse (62)	2 B5
Witternheim (67)	71 H2
Wittersdorf (68)	89 F2
Wittersheim (67)	51 E3
Wittes (62)	2 B4
Wittisheim (67)	71 G2
Wittring (57)	27 H5
Wiwersheim (67)	51 E5
Wizernes (62)	2 A4
Wœl (55)	48 A2
Wœlfling-lès-Sarreguemines (57)	28 A5
Wœrth (67)	28 D6
Woignarue (80)	8 B4
Woimbey (55)	47 G2
Woincourt (80)	8 B4
Woippy (57)	26 B5
Woirel (80)	8 D5
Wolfersdorf (68)	89 E2
Wolfgantzen (68)	71 G4
Wolfisheim (67)	51 E5
Wolfskirchen (67)	50 A3
Wolschheim (67)	50 D4
Wolschwiller (68)	89 G4
Wolxheim (67)	50 D5
Wormhout (59)	2 C3
Woustviller (57)	27 G6
Wuenheim (68)	71 E6
Wuisse (57)	49 F3
Wulverdinghe (59)	2 B3
Wy-dit-Joli-Village (95)	42 A1
Wylder (59)	2 C2

X

Commune	Page
Xaffévillers (88)	70 A1
Xaintrailles (47)	150 C5
Xaintray (79)	107 H2
Xambes (16)	122 B2
Xammes (54)	48 B2
Xamontarupt (88)	70 B4
Xanrey (57)	49 F4
Xanton-Chassenon (85)	107 F2
Xaronval (88)	69 G2
Xermaménil (54)	49 F6
Xertigny (88)	69 H5
Xeuilley (54)	48 C6
Xirocourt (54)	69 G1
Xivray-et-Marvoisin (55)	48 A3
Xivry-Circourt (54)	25 H4
Xocourt (57)	49 E3
Xonrupt-Longemer (88)	70 D4

Commune	Page
Xonville (54)	48 B1
Xouaxange (57)	50 A4
Xousse (54)	49 G5
Xures (54)	49 G5

Y

Commune	Page
Y (80)	21 G1
Yainville (76)	7 F6
Yaucourt-Bussus (80)	9 E4
le Yaudet	32 C2
Ychoux (40)	148 C4
Ydes (15)	140 B1
Ydes (15)	140 A1
Yébleron (76)	6 D4
Yèbles (77)	43 G6
Yenne (73)	131 G3
Yermenonville (28)	62 B1
Yerres (91)	43 E5
Yerville (76)	7 F4
Yèvre-la-Ville (45)	63 G4
Yèvre le Chatel	63 G4
Yèvres (28)	61 H4
Yèvres-le-Petit (10)	66 D1
Yffiniac (22)	33 H4
Ygos-Saint-Saturnin (40)	163 G4
Ygrande (03)	113 F2
Ymare (76)	18 D5
Ymeray (28)	62 C1
Ymonville (28)	62 C3
Yolet (15)	140 B5
Yoncq (08)	24 C3
Yonval (80)	8 D4
Youx (63)	113 E5
Yport (76)	6 C3
Ypreville-Biville (76)	6 D4
Yquebeuf (76)	7 H5
Yquelon (50)	35 G2
Yronde-et-Buron (63)	127 G4
Yrouerre (89)	84 A2
Yssac-la-Tourette (63)	127 F1
Yssandon (19)	138 B2
Yssingeaux (43)	143 E3
Ytrac (15)	140 A5
Ytres (62)	10 C4
Yutz (57)	26 B3
Yvecrique (76)	7 E4
Yvernaumont (08)	24 A2
Yversay (86)	94 A6
Yves (17)	106 D6
les Yveteaux (61)	38 D5
Yvetot (76)	7 E4
Yvetot-Bocage (50)	14 D3
Yvias (22)	33 E2
Yviers (16)	136 A1
Yvignac-la-Tour (22)	34 C6
Yville-sur-Seine (76)	18 B4
Yvoire (74)	118 D3
Yvoy-le-Marron (41)	80 D3
Yvrac (33)	135 F5
Yvrac-et-Malleyrand (16)	122 D3
Yvrandes (61)	38 A5
Yvré-le-Pôlin (72)	78 A1
Yvré-l'Évêque (72)	60 B5
Yvrench (80)	9 E3
Yvrencheux (80)	9 E3
Yzengremer (80)	8 B4
Yzernay (49)	92 C3
Yzeron (69)	129 G3
Yzeure (03)	113 H1
Yzeures-sur-Creuse (37)	95 E5
Yzeux (80)	9 F5
Yzosse (40)	163 E4

Z

Commune	Page
Zaessingue (68)	89 F2
Zalana (2B)	205 G2
Zarbeling (57)	49 G3
Zegerscappel (59)	2 B3
Zehnacker (67)	50 D4
Zeinheim (67)	50 D4
Zellenberg (68)	71 F4
Zellwiller (67)	71 G1
Zermezeele (59)	2 C3
Zérubia (2A)	207 E1
Zetting (57)	27 H5
Zévaco (2A)	205 E6
Zicavo (2A)	205 E6
Zigliara (2A)	204 D6
Zilia (2B)	202 C6
Zilling (57)	50 B3
Zillisheim (68)	89 F2
Zimmerbach (68)	71 E4
Zimmersheim (68)	89 G2
Zimming (57)	27 E5
Zincourt (88)	69 H2
Zinswiller (67)	50 D2
Zittersheim (67)	50 C2
Zœbersdorf (67)	50 D3
Zommange (57)	49 G3
Zonza (2A)	207 F1
Zoteux (62)	1 G5
Zouafques (62)	1 H3
Zoufftgen (57)	26 B2
Zoza (2A)	207 E2
Zuani (2B)	205 F2
Zudausques (62)	2 A4
Zutkerque (62)	1 H3
Zuydcoote (59)	2 C1
Zuytpeene (59)	2 C3